2019年度国家出版基金资助项目"中国农村调查（村庄类）·黄河区域"的成果之一

教育部人文社会科学重点研究基地华中师范大学中国农村研究院2016年基地重大项目"作为政策和理论依据的深度中国农村调查与研究"（16JJD810004）的成果之一

华中师范大学中国农村研究院"2015版中国农村调查"的成果之一

中国农村调查

徐勇 邓大才
主编

江苏人民出版社

• 总第 53 卷

• 村庄类第 22 卷

• 黄河区域第 3 卷

• 汝南县 · 武陟县

图书在版编目(CIP)数据

中国农村调查. 总第53卷，村庄类. 第22卷，黄河区域. 第3卷 / 徐勇，邓大才主编. -- 南京：江苏人民出版社，2020.9

ISBN 978-7-214-16657-9

Ⅰ. ①中… Ⅱ. ①徐… ②邓… Ⅲ. ①农村调查—研究报告—中国 Ⅳ. ①F32

中国版本图书馆CIP数据核字(2019)第283849号

出 版 人	徐　海
出版统筹	杨建平　鲁从阳
策划编辑	汪意云　陈俊阳

书　　　名	中国农村调查(总第53卷·村庄类第22卷·黄河区域第3卷)
主　　　编	徐勇　邓大才
责任编辑	魏　冉
特约编辑	陈俊阳
装帧设计	姜　嵩
出版发行	江苏人民出版社
出版社地址	南京市湖南路1号A楼,邮编:210009
出版社网址	http://www.jspph.com
照　　　排	江苏凤凰制版有限公司
印　刷　者	苏州越洋印刷有限公司
开　　　本	787毫米×1092毫米　1/16
印　　　张	50.5
插　　　页	6
字　　　数	925千字
版　　　次	2020年10月第1版　2020年10月第1次印刷
标准书号	ISBN 978-7-214-16657-9
定　　　价	850.00元（精装）

(江苏人民出版社图书凡印装错误可向承印厂调换)

《中国农村调查》编辑委员会

主　　编　徐　勇　邓大才

编辑委员会成员（以姓氏笔画为序）

丁　文　马　华　万婷婷　邓大才　王　静
王　勇　王义保　石　挺　卢福营　冯春凤
刘义强　刘金海　刘筱红　李华胤　李海金
朱敏杰　任　路　汤晋苏　肖盼晴　何包钢
应小丽　吴晓燕　陆汉文　陈军亚　张大维
张向东　张利明　张晶晶　胡平江　郝亚光
姚锐敏　徐　勇　徐　剑　徐小青　徐增阳
董江爱　黄振华　詹成付　彭正德　熊彩云

本卷编辑整理　李华胤

总　序

2015年是华中师范大学中国农村研究院历史上的关键一年。在这一年，本院不仅成为完全独立建制的研究机构，更重要的是进一步明确了目标，特别是进行学术整合，构建了一个全新的调查研究计划。这一计划的内容包括多个方面，其中，中国农村调查是基础性工程。从2015年开始出版的《中国农村调查》便是其主要成果。

学术研究是一个代际接力、不断提升的过程。农村调查是本院的立院之本，兴院之基。本院的农村调查经历了三个阶段。

第一阶段主要是基于项目调查基础上的个案调查（1985—2005年）。

20世纪80年代开启的中国改革开放，起始于农村改革。延续20多年的人民公社体制废除后，农村的生产功能由家庭所承担，社会管理功能则成为一个新的问题。这一问题引起我院学者的关注。1928年出生的张厚安先生是中国政治学恢复以后较早从事政治学研究的学者之一。他与当时其他政治学者不同，比较早地关注农村政治问题，并承担了农村基层政权方面的国家研究课题。与此同时，本校其他学者也承担了有关农村政治研究的课题。1988年，这些学者建立起以张厚安先生为主任的农村基层政权研究中心，由此形成了一个自由结合的学术共同体。

作为一个学术共同体，农村基层政权研究中心有其研究宗旨和方法。在学术共同体建立之初，张厚安先生就提出了"三个面向，理论务农"的宗旨。"三个面向"是指面向社会、面向基层、面向农村。"理论务农"是指立足于农村改革实践，服务于农村改革实践。这一宗旨对于政治学者是一个全新的使命。政治学研究政治价值、政治制度与政治行为。传统政治学更多研究的是国家制度和国家统治，以文本研究为主要研究方法。"三个面向"的宗旨，必然要求方法的改变，这就是进行实地调查。自学术共同体形成开始，实地调查便成为我们的主要研究方法。

自20世纪80年代中期，以张厚安先生为领头人的学者就开始进行农村调查。最初是走向农村，进行全国性的广泛调查，主要是面上了解。1995年，在原农村基层政权研究中心的基础上，成立了农村问题研究中心，由张厚安先生担任主任，由1955年出生的中年学者徐勇教授担任常务副主任。新的中心的研究重点仍然是基层政权与村民自治，但领域有所扩大，并将研究方法概括为"实际、实证、实验"，更加强调"实"。这种务实的方法开始引起了学术界的关注，并注入国际学术界的一些研究理念和方法。我们的农村调查由面上的了解走向个案调查。年届七旬的张厚安先生亲自带领和参与个案村庄调查，其代表作是《中国农村村级治理——22个村的调查与比较》。这一项目在全国东、中、西三个地区选择了6个重点村和18个对照村进行个案调查，参与调查人员数十人，并形成了一个由全国相关人员参与的学术调查研究团队。

第二阶段主要是基于机构调查基础上的全面调查（2005—2015年）。

1999年，国家教育部为推动人文社会科学研究，启动了教育部人文社会科学重点研究基地建设。当年，华中师范大学农村问题研究中心更名为"华中师范大学中国农村问题研究中心"，由徐勇教授担任主任。2000年，中心成为首批教育部人文社会科学重点研究基地。在基地成立之前，以张厚安教授为首的研究人员是一个没有体制性资源保障，纯因个人兴趣而结合的学术共同体，有人坚持下来，也有人离开。成为教育部基地以后，中心仍然坚持调查这一基本方法，并试图体制化。其主要进展是在全国选择了20多家机构作为调研基地，以为全国性调查提供相应的保障，并建立相互合作关系。

作为教育部重点基地，中心是一个有一定资源保障的学术共同体，有固定的编制人员，也有固定的项目经费，条件大为改善，但也产生了新的问题。这就是农村调查根据各人承担的研究项目而开展。这不仅会造成研究人员过分关注项目资源分配，更重要的是造成调查研究的"碎片化"和"片断化"，难以形成整体和持续性的调查。同时，研究人员也会因为理念和风格不同而产生分歧，造成体制性的学术共同体动荡。为了改变调查研究项目体制引起的"碎片化"倾向，2005年，徐勇教授重新规划了基地的发展，提出"百村观察计划"，计划在全国选择100多个村进行为期10年、20年、30年以至更长时间的调查和跟踪观察。目标是如建立气象观测点一样，能够及时有效地长期观测农村的基本状况及变化走向。这一计划得到时任华中师范大学社会科学研究处处长的石挺先生的鼎力支持。2006年，计划得以试行，主要由刘金海副教授具体负责。最初的试点调查村只有6个，后有所扩展。2008年，在试点基础上，由邓大才教授主持，全面落实计划，调查团队根据严格的抽样，确定了200多个村和3000多个农户的调查样本。

"百村观察"是一项大规模和持续性的调查工程，需要更多人的参与。同时它又是一项公共性的基础工程，人们对其认识有所不同。因为它要求改变项目体制造成的调查"碎片化"和研究"个体化"的工作模式。为此，学术共同体再次发生了有人退出、有人坚持、有人加入的变化。

2009年正式启动的"百村观察计划"，取得了超出预想的成绩：一是从2009年开始，我们每年都要对样本村和户进行调查，调查内容和形式逐步完善，并形成相对稳定的调查体系。除了暑假定点调查以外，还扩展到寒假专题调查。每年参与调查的人员达500人左右，并出版《中国农村调查》等系列著作。二是因为是大规模的调查，可以进行分析，并在此基础上形成调查报告，提供给决策部门，由此也形成了"顶天立地"的理念。"顶天"就是为决策部门服务，"立地"就是立足于实地调查。这一收获，使中心得以在教育部第二次基地评估中成为优秀基地，并于2010年更名为"华中师范大学中国农村研究院"，由徐勇教授担任院长，邓大才教授担任执行院长。三是形成了一支专门的调查队伍并体制化。起初的调查者有相当部分是没有受到严格专业训练的志愿者。为了提高调查质量，自2012年起，研究院将原来分别归于导师名下指导的研究生进行整合，举办"重点基地班"。基地班以提高学生的调查研究能力为导向，实行开放式教学、阶梯性培养、自主性管理，形成社会大生产培养模式，改变了过往一个老师带三五个学生的小作坊培养方式。至此，农村调查完全由受到专门调查和学术训练的人员承担，走向了专业化道路。四是资料数据库得以建立并大大扩展。过往的调查因为是项目式调查，资料难以统一保管和使用。2006年，我们启动了中国农村数据库建设。随着"百村观察计划"的正式实施，大量数据需要录入，并收集到许多第一手资料，资料数据库得以迅速扩展。

第三阶段主要是基于历史使命基础上的深度调查（2015年至今）。

农村调查的深入和相应工作的扩展，势必与以行政方式组织科研的现行大学体制产生碰撞。但是，已经有一个良好开端的调查不可停止。适逢中国的智库建设时机，2015年，华中师范大学中国农村研究院成为完全独立建制的研究机构，由1970年出生的邓大才教授担任行政负责人。

中国农村研究院独立建制，并不简单是成为一个独立的研究机构，而是克服体制障碍，进一步改变学术"碎片化"倾向，加强整合，提升调查和研究水平，目标是在高等学校中建设适应国家需要的智库。实现这一目标有五大支撑点：一是大学术，以政治学为主，多学科参与，协同研究；二是大服务，继续坚持"顶天立地"的宗旨，全面提高服务决策的能力，争取成为有影响力的决策咨询机构；三是大调查，在原有"百村观察计划"基础上构建内容更加丰富的农村调查体系，争取成为世界农村调查重镇；四是大数据，收集和扩充农村资料和数据，争取成为最为丰富的农村资料数据库；五是大平台，将全校、全省、全国，乃至全球的农村研究学者吸引并参与到农村研究院的工作中来，争取成为世界性的调查研究平台。这显然是一个完全不同于以往的宏大计划，也标志着中国农村研究院的全新起步。

独立建制后的中国农村研究院仍然将农村调查作为自己的基础性工作，且成为体制性保障的工作。除了"百村观察计划"的持续推进以外，我们重新设计了2015版的农村调查体系。这一体系包括"一主三辅"："一主"即以长期延续并重新设计的"中国农村调查"为主体；"三辅"包括"满铁农村调查"翻译、"俄国农村调查"翻译和我们团队到海外农村进行实地调查的"海外农村调查"，目的是完善农村调查体系，并为中国农村调查提供借鉴。

现代化是一个由传统农业社会向现代工业社会转变的过程，这一转变是从农村开始的。农村和农民成为现代化的起点，并规制着现代化的路径。19世纪后期，处于历史大转变时期的俄国，数千人参与对俄国农村的调查，持续时间长达40多年。20世纪上半叶，日本在对华扩张中，以南满洲铁道株式会社为依托开展对中国农村的大规模调查，持续时间长达40多年，形成著名的"满铁调查"。进入21世纪，中国作为一个世界农业文明最为发达的大国，正在以超出想象的速度向现代工业文明迈进。中国需要也应有能够超越前人的大规模农村调查。"2015版中国农村调查"正是基于这一历史背景设计的。

"2015版中国农村调查"超越过往的项目或者机构调查体制，而具有更为宏大的历史使命：一是政策目的。智库理所当然要出思想，但"思想"除了源自思考以外，更要源自可供分析的实地调查。过往的调查虽然也是实地调查，但难以对调查进行系统化的分析，并根据调查提出有预见性的结论。在这方面，19世纪的俄国农村调查有其长处。"2015版中国农村调查"将非常重视实地调查的可分析性和可预测性，以此提高决策服务成效。二是学术目的。调查主要在于知道"是什么"或者"发生了什么"，是事实的描述。但是，这些事实为什么发生？其中存在什么关联？这是过往调查关注比较少的。以致大量的调查难以进行深度的学术开发，学术研究主要依靠的还是规范方法，实地调查难以为学术研究提供必要的基础，由此会大大制约调查的影响力。"2015版中国农村调查"特别重视实地调查的深度学术开发性，调查包含着学术目的，并可以通过调查提炼学术思想。其作为一种有实地调查支撑的学术思想也可以间接影响决策。为此，"2015版中国农村调查"在设计时，除了关注"是什么"以外，也特别重视"为什么"，试图对中国农村社会的底色及其变迁进行类似于生物学"基因测序"的调查。三是历史传承目的。在现代化进程中，传统农村正在迅速消逝。"留得住乡愁"需要对"乡愁"的记录和保存。20世纪以来，中国农村发生了太多的变化，中国农民经历了太多的起伏，农民的历史构成了国家历史不可或缺的部分。"2015版中国农村调查"因此特别关注历史的传承。

基于以上三个目的，"2015版中国农村调查"由四个部分构成：

其一，口述史调查。主要是通过当事人的口述，记录20世纪上半期以来农村的变化及其对当事人命运的影响。其主体是农民个人。在历史上，他们是微不足道的，尽管是历史的创造者，但没有历史记载他们的状况与命运。进入 20 世纪以后，这些微不足道的人物成为"政治人物"，尽管是"小人物"，但他们是大历史的折射。通过他们自己的讲述，我们可以更加充分地了解历史的真实和细节，也可以更好地"以史为鉴"。口述史调查关注的是大历史下的个人行为。

其二，家户调查。主要是以家户为单位的调查，了解中国农村家户制度的基本特性及其变迁。中国在历史上创造了世界最为灿烂的农业文明，必然有其基本组织制度支撑。但长期以来，人们只知道世界上有成型的农村庄园制、部落制和村社制，而没有了解研究中国自己的农村基本组织制度。受 20 世纪以来的革命和现代化思维的影响，人们对传统一味否定，更忽视对中国农村传统制度的科学研究，以致我们在否定自己传统的同时引进和借鉴的体制并不一定更为高明，使得中国农村变迁还得在一定程度上向传统回归。实际上，中国有自己特有的农村基本组织制度，这就是延续上千年的家户制度。家户调查关注的是家户制度的原型及其变迁，目的是了解和寻求影响中国农业社会变迁的基因和特性。

其三，村庄调查。主要是以村庄为单位的调查，了解不同类型的村庄形态及其变迁、实态。农村社会是由一个个村庄构成的。与海洋文明、游牧文明相比，农业文明的社会联系更为丰富，"关系"在中国农村社会形成及演变中居于重要地位。中国在某种意义上说是一个"关系国家"，但是作为一个历史悠久、人口众多、地域辽阔、文明多样的大国，关系格局在不同的地方有不同的表现，由此形成不同类型的村庄。国家政策要"因地制宜"，必须了解各个"地"的属性和差异。村庄调查以"关系"为核心，注重分区域的类型调查。通过不同区域的村庄形态和变迁的调查，了解和回答在国家"无为而治"的传统条件下，一个超大的农业社会是如何通过自我治理实现持续运转的；了解和回答在国家深度介入的现代条件下，农业社会是如何反应和变化的。

其四，专题调查。主要是以特定的专题为单位的调查，了解选定的专题领域的状况及其变化。如果说前三类调查是基本调查的话，专题调查则是专门性调查，针对某一个专题领域，从不同角度进行广泛深入的调查，以期获得对某一个专门领域的全面认识和把握。

"2015版中国农村调查"是一项世纪性的大型工程，它是原有基础的延续，也是当下正在从事，更是未来需要长期接续的事业。这一事业已有数千人参与，特别是有若干人在其中发挥了关键性作用；当下和未来将有更多的人参与。历史将会记录下他们的功绩，他们的名字将与我们的事业同辉！

　　2016年6月，教育部公布了对人文社会科学重点研究基地的评审结果，我院排名全国第一，并再获优秀。这既是对过往的高度肯定，也是对进一步发展的有力鞭策。为此，本院再次明确自己的目标，这就是建设全球顶级农村调查机构、顶级农村资料数据机构，并在此基础上，形成自己的学术领域和学术风格，而达到这一目标，需要一代又一代人克难攻坚，不懈努力！

徐　勇

2015年7月15日初序

2016年7月15日补记

凡 例

作为教育部人文社会科学重点研究基地,华中师范大学中国农村研究院历来重视农村调查与研究,《中国农村调查》(村庄类)是基地新版"中国农村调查"项目的重要成果,在付梓之际,特做以下说明。

1. 根据徐勇教授提出的"中国农村七大区域学说",即华南区域、长江区域、黄河区域、西南区域、西北区域、东北区域、东南区域,本项目在借鉴日本满铁调查的基础上,按照七大区域的次序,进行村庄形态与实态的调查。这也是整个项目实施所遵循的技术路线。

2. 在村庄调查点的选取上,结合"中国农村七大区域学说",依据每个区域所辐射的省、市、县,一是按照每个地级市两个县、每个县一个村的标准,二是按照典型点与普遍点结合的原则,三是按照中心与边缘结合的原则,随机抽样选点。每个村庄一位调查员,在调查之前均受过严格的学术培训,每个村的调查时间为60天以上。

3. 每一篇村庄调查报告的写作分为村庄由来与形成、自然、经济、社会、文化、治理六章,以"传统形态—变迁—当下实态"为主线,进行写作。在每篇报告的后面附有调查员的调查小记、调查日记等,以供读者了解整个调查的心路历程。

4. 在报告的写作中,县名、镇名、村名、人名、部门单位等均为实名。但是,报告中所出现的照片、人名、数据等信息,均得到了访谈对象或数据提供对象的口头授权或书面授权。另外,档案材料、政府部门提供的资料、历史材料等,在写作中均做了详细的引用说明。

5. 农村传统形态的调查,主要靠老人口述来获取信息、数据,因而报告中的数据可能不甚精确,仅供参考,也请各位读者、学者在引用、使用的过程中,酌情处理。

6. 农村变迁调查会涉及土地改革、"文化大革命"、"四清"等内容,但是,调查者均怀揣学术研究之心,从农村变迁与发展的历史视角去调查与写作,力求客观、真实地再现中国农村的历史变迁。

7. 在出版方面,项目组组建了审稿与编辑小组,严格审查、校审每一篇村庄调查报告,并从中挑选优秀报告,分七大区域,集结成卷出版。

8. 《中国农村调查》(村庄类)的重点在于传统形态的调查,是一项抢救历史的学术工程。由于时间仓促,其中不免有错漏,也希望海内外学术界、读书界提出批评、建议,帮助我们提高这套丛书的质量。

《中国农村调查》编辑组

2016年12月19日

目 录

村庄类分序　质性研究视角下农村区域性村庄分类 ·············· 1
 一、"因地"与"分类"：质性研究方法 ····················· 1
 二、"分"与"合"：维度与条件 ··························· 3
 三、作为农村研究对象的区域 ··························· 6
 四、作为农村研究对象的村庄 ··························· 8
 五、作为农村研究对象的区域性村庄分类 ················· 12

互斥互依：多精英主导型村庄的博弈与治理
——黄河区域楚铺村调查

第一章　村落的由来与演变 ································· 23
 第一节　楚铺村的由来与形成 ··························· 23
  一、名称由来与村落起源 ··························· 23
  二、姓氏流动与村落发展 ··························· 25
  三、村民概况与村落结构 ··························· 26
 第二节　楚铺村的建制沿革 ····························· 31
  一、1949年之前的村落建制 ························· 31
  二、1949年之后的村落建制 ························· 33
 第三节　村落当下概况 ································· 34
  一、地理位置 ····································· 34
  二、行政村概况 ··································· 34
  三、自然村概况 ··································· 35

第二章　楚铺村的自然形态与实态 ··························· 38
 第一节　自然形态 ····································· 38

一、气温与降水	38
二、土壤与作物产量	42
三、自然灾害	43
四、地形地貌	46
五、交通特征	47
第二节　水利与灌溉	48
一、干旱底色	49
二、水井	50
三、河流	53
四、堰塘	53
五、沟渠	55
第三节　麦作体系	55
一、田块	56
二、种子	58
三、播种	59
四、施肥	61
五、护青	61
六、收割	62
七、晾晒	63
八、储存	65
第四节　居住格局	65
一、城寨：村落集居与共同防护	65
二、村落：依街布局与杂乱聚居	68
三、房屋布局：家内布局与居住关系	72
第五节　楚铺村自然变迁与实态	76
一、麦作体系	76
二、水利与灌溉	77
三、居住格局	78
第三章　楚铺村的经济形态与实态	**79**
第一节　人与土地及其生产能力	79
一、人与土地关系	80

二、人与生产能力 …………………………………………………… 82

第二节　产权与产权关系 ……………………………………………… 90
　　一、土地产权概况 …………………………………………………… 90
　　二、土地产权边界 …………………………………………………… 94
　　三、土地买卖关系 …………………………………………………… 96
　　四、土地租赁关系 ………………………………………………… 105
　　五、典当关系 ……………………………………………………… 113
　　六、扩地 …………………………………………………………… 114
　　七、宅基地产权买卖 ……………………………………………… 116

第三节　经营与经营关系 …………………………………………… 118
　　一、经营单元 ……………………………………………………… 118
　　二、家户独立经营权 ……………………………………………… 120
　　三、经营分工与投入 ……………………………………………… 122
　　四、经营与合作 …………………………………………………… 126
　　五、经营与市场 …………………………………………………… 134

第四节　交换与交换关系 …………………………………………… 148
　　一、村内交易 ……………………………………………………… 148
　　二、村外交易 ……………………………………………………… 158
　　三、借钱与借贷 …………………………………………………… 159

第五节　分配与分配关系 …………………………………………… 163
　　一、分配模式 ……………………………………………………… 163
　　二、分配决策 ……………………………………………………… 164
　　三、分配内容 ……………………………………………………… 167
　　四、分配关系 ……………………………………………………… 172

第六节　消费和消费关系 …………………………………………… 174
　　一、消费单元 ……………………………………………………… 174
　　二、家户消费内容 ………………………………………………… 175
　　三、家庭消费顺序及关系 ………………………………………… 182

第七节　继承与继承关系 …………………………………………… 184
　　一、分家与继承 …………………………………………………… 184
　　二、遗产与继承 …………………………………………………… 194

　　　　三、继承关系 ·· 197
　第八节　楚铺村经济变迁 ·· 198
　　　　一、土地改革与传统农业改造 ·· 198
　　　　二、集体化运动与集体经营 ·· 201
　　　　三、包产到户与回归家户 ·· 201
　第九节　楚铺村经济实态 ·· 201
　　　　一、产权 ·· 202
　　　　二、经营 ·· 202
　　　　三、分配 ·· 203
　　　　四、市场交换 ·· 203
　　　　五、消费 ·· 204
　　　　六、继承 ·· 204

第四章　楚铺村的社会形态与实态 ··· 205
　第一节　血缘与血缘关系 ·· 205
　　　　一、家庭及家庭关系 ·· 205
　　　　二、亲属关系 ·· 211
　　　　三、干亲及干亲关系 ·· 214
　第二节　地缘与地缘关系 ·· 216
　　　　一、四邻 ·· 216
　　　　二、地邻 ·· 219
　　　　三、熟人 ·· 220
　　　　四、好友 ·· 221
　　　　五、乡亲 ·· 224
　第三节　业缘与业缘关系 ·· 226
　　　　一、业缘组织 ·· 226
　　　　二、业缘关系 ·· 228
　　　　三、手艺传承 ·· 229
　第四节　信缘与信缘关系 ·· 233
　　　　一、庙宇概况 ·· 233
　　　　二、信仰概况 ·· 235
　　　　三、私人信仰行为 ·· 237

四、集体祭拜行为 ………………………………………………………… 239
　　五、信缘关系 …………………………………………………………… 241
第五节　交往与交往关系 …………………………………………………… 243
　　一、家内交往 …………………………………………………………… 243
　　二、亲族交往 …………………………………………………………… 245
　　三、村落内部的交往 …………………………………………………… 247
　　四、村外交往 …………………………………………………………… 250
第六节　会社与会社关系 …………………………………………………… 251
　　一、丧葬组织：老佬会 ………………………………………………… 251
　　二、娱乐性会社：囊囊会 ……………………………………………… 253
　　三、防卫型社会组织：大刀会、红枪会 ……………………………… 254
　　四、辅助性会社：玩意儿会、烟火会 ………………………………… 255
第七节　流动与流动关系 …………………………………………………… 256
　　一、流动概况 …………………………………………………………… 256
　　二、流动过程 …………………………………………………………… 258
　　三、流动关系 …………………………………………………………… 260
第八节　分化与群体关系 …………………………………………………… 262
　　一、职业的分化 ………………………………………………………… 262
　　二、财富的分化 ………………………………………………………… 269
　　三、权力的分化 ………………………………………………………… 271
第九节　冲突与冲突关系 …………………………………………………… 272
　　一、家内矛盾纠纷 ……………………………………………………… 273
　　二、村内矛盾纠纷 ……………………………………………………… 275
　　三、村际矛盾 …………………………………………………………… 278
第十节　保护与保护关系 …………………………………………………… 279
　　一、家庭保护及其关系 ………………………………………………… 279
　　二、亲族之间的保护 …………………………………………………… 281
　　三、四邻之间的保护 …………………………………………………… 283
　　四、村落保护 …………………………………………………………… 284
第十一节　楚铺村社会变迁 ………………………………………………… 285
　　一、土地改革运动时期的社会状况 …………………………………… 285

二、人民公社时期的社会状况 ……………………………………………… 286

　　三、分田到户之后的社会状况 ……………………………………………… 287

第十二节　楚铺村社会实态 …………………………………………………… 287

　　一、血缘关系 ……………………………………………………………… 287

　　二、地缘关系 ……………………………………………………………… 288

　　三、业缘关系 ……………………………………………………………… 289

　　四、信仰关系 ……………………………………………………………… 289

　　五、交往关系 ……………………………………………………………… 289

　　六、社会分化 ……………………………………………………………… 290

　　七、社会冲突 ……………………………………………………………… 290

　　八、社会保障 ……………………………………………………………… 291

第五章　楚铺村的文化形态与实态 …………………………………………… 292

　第一节　崇拜与崇拜关系 …………………………………………………… 292

　　一、祖先崇拜 ……………………………………………………………… 292

　　二、自然崇拜 ……………………………………………………………… 296

　　三、鬼魂崇拜 ……………………………………………………………… 298

　　四、其他崇拜 ……………………………………………………………… 299

　第二节　思维与思维关系 …………………………………………………… 299

　　一、经验思维 ……………………………………………………………… 300

　　二、务实思维 ……………………………………………………………… 303

　　三、循环思维 ……………………………………………………………… 305

　　四、中庸思维 ……………………………………………………………… 306

　　五、露能思维 ……………………………………………………………… 307

　　六、平均思维 ……………………………………………………………… 308

　第三节　态度与态度关系 …………………………………………………… 310

　　一、生育态度 ……………………………………………………………… 310

　　二、生产态度 ……………………………………………………………… 319

　　三、生活态度 ……………………………………………………………… 320

　　四、社会态度及其关系 …………………………………………………… 321

　　五、政治态度及其关系 …………………………………………………… 322

　　六、人生态度及其关系 …………………………………………………… 323

第四节　信仰与信仰关系	324
一、庙宇与信仰关系	324
二、巫婆与信仰关系	326
三、"先生"与信仰关系	328

第五节　习俗与习俗关系	331
一、生产习俗及其关系	331
二、节日习俗及其关系	332
三、婚姻习俗及其关系	336
四、丧葬习俗及其关系	349

第六节　文娱与文娱关系	351
一、日常文娱及其关系	351
二、节日文娱及其关系	353
三、陋习	356

第七节　规训与规训关系	357
一、家庭规训及其关系	357
二、村落规训及其关系	359
三、私塾规训及其关系	360
四、洋学规训及其关系	363

第八节　楚铺村文化变迁	364
一、崇拜和信仰的变迁	365
二、生育观念的变迁	365
三、规训关系的变迁	366
四、文化娱乐关系的变迁	366
五、思想和态度的变迁	367
六、村落习俗的变迁	367

第九节　楚铺村文化实态	368
一、崇拜关系	368
二、生育关系	369
三、文娱关系	369
四、婚丧关系	369
五、思想态度	370

第六章　楚铺村的治理形态与实态 ······ 371
第一节　政权治理与治理关系 ······ 371
　　一、政权治理体系 ······ 371
　　二、治理主体 ······ 374
　　三、治理内容 ······ 379
　　四、治理方式 ······ 383
　　五、政权治理关系 ······ 384
第二节　村落治理与治理关系 ······ 386
　　一、村落治理主体 ······ 386
　　二、治理内容 ······ 392
　　三、治理方式 ······ 393
　　四、村落治理关系 ······ 394
第三节　家户治理与治理关系 ······ 395
　　一、家户治理主体 ······ 396
　　二、治理内容 ······ 403
　　三、治理方式 ······ 406
　　四、家户治理关系 ······ 408
第四节　楚铺村治理变迁 ······ 410
　　一、土地改革运动时期的村落治理 ······ 410
　　二、集体化时期的村落治理 ······ 411
　　三、包产到户之后的村落治理 ······ 412
第五节　楚铺村治理实态 ······ 413
　　一、村民自治概况 ······ 413
　　二、村民自治的困境 ······ 414
　　三、家户治理 ······ 416

附录一：楚铺村调查小记 ······ 417

附录二：楚铺村调查日记（节选） ······ 421

联利互保：农商结合型村庄的发展与治理
——黄河区域任徐店村调查

第一章 村庄的由来与演变 ·· 449
  第一节 村落的形成 ··· 449
    一、村落起源与演变 ··· 449
    二、1949年前任徐店村姓氏变动情况 ···························· 451
  第二节 村庄的建制 ··· 454
    一、1949年前任徐店村建制沿革 ································· 455
    二、1949年后任徐店村建制沿革 ································· 457
  第三节 村庄当下概况 ··· 458

第二章 任徐店村的自然形态与实态 ································· 460
  第一节 自然形态 ··· 460
    一、地理概况 ··· 460
    二、气候特征 ··· 461
    三、土壤特征 ··· 464
    四、自然资源 ··· 465
    五、交通条件 ··· 467
  第二节 干旱与水利 ··· 468
    一、干旱社会及其影响 ··· 468
    二、水利社会与村庄特色 ·· 473
    三、水井灌溉与农业生产 ·· 476
    四、水患与救灾 ·· 479
    五、人与干旱、水利的关系 ······································ 480
  第三节 平原与麦作 ··· 481
    一、地块分布 ··· 481
    二、地块边界 ··· 481
    三、地块距离与看守 ··· 484
    四、田块耕作 ··· 484
  第四节 集居与空间 ··· 487

　　　　一、民居与村庄···487
　　　　二、神居与村庄···492
　　　　三、祖居与村庄···496
　　　　四、公共空间与村庄··498
　　第五节　任徐店村自然变迁与实态···500
　　　　一、耕地···501
　　　　二、水利···501
　　　　三、交通···502
　　　　四、居住特征··503

第三章　任徐店村的经济形态与实态···504
　　第一节　人与土地及其生产能力···504
　　　　一、人与土地的关系··504
　　　　二、人与生产能力的关系···506
　　第二节　产权与产权关系···516
　　　　一、土地产权概况···517
　　　　二、土地买卖及其关系··523
　　　　三、土地租佃及其关系··527
　　　　四、土地典当及其关系··532
　　　　五、土地置换及其关系··534
　　第三节　经营与经营关系···534
　　　　一、家户经营及其关系··534
　　　　二、合作经营及其关系··536
　　　　三、雇工经营及其关系··540
　　第四节　交换与交换关系···546
　　　　一、村内交换及其关系··547
　　　　二、村外交易及其关系··548
　　　　三、村落借贷及其关系··557
　　第五节　分配与分配关系···560
　　　　一、分配单位··561
　　　　二、分配权···562
　　　　三、分配内容··564

四、分配关系 ··· 564
第六节　消费与消费关系 ··· 565
　　一、消费决策 ··· 565
　　二、消费内容与消费方式 ·· 566
　　三、家户内部消费及其关系 ·· 566
　　四、家户外部消费及其关系 ·· 569
第七节　继承与继承关系 ··· 572
　　一、财产继承权 ··· 572
　　二、继承物 ··· 574
　　三、分家及其继承关系 ·· 574
　　四、遗产继承及其关系 ·· 578
第八节　任徐店村经济变迁 ··· 578
　　一、1949年前传统经济形态状况 ·· 578
　　二、1949年后传统经济形态的变迁 ·· 579
第九节　任徐店村经济实态 ··· 581
　　一、村庄经济概况 ··· 582
　　二、土地产权 ··· 582
　　三、分家关系 ··· 583
　　四、村庄交换 ··· 583

第四章　任徐店村的社会形态与实态 ·· 584
第一节　血缘与血缘关系 ··· 584
　　一、家庭及其关系 ··· 584
　　二、亲属及其关系 ··· 588
　　三、拟血缘及其关系 ··· 593
第二节　地缘与地缘关系 ··· 593
　　一、邻居及其关系 ··· 593
　　二、熟人及其关系 ··· 596
第三节　业缘与业缘关系 ··· 597
　　一、牛市及其关系 ··· 597
　　二、羊市及其关系 ··· 598
　　三、猪市及其关系 ··· 598

第四节　信缘与信缘关系 …… 598
　　一、信缘主体 …… 599
　　二、信缘关系 …… 600
　　三、信缘组织：火神会 …… 602

第五节　交往与交往关系 …… 603
　　一、交往概况 …… 603
　　二、亲族交往及其关系 …… 605
　　三、邻里交往及其关系 …… 605
　　四、地邻交往及其关系 …… 605
　　五、熟人交往及其关系 …… 606

第六节　流动与流动关系 …… 606
　　一、灾害与人口流动 …… 606
　　二、市场与人口流动 …… 607
　　三、战乱与人口流动 …… 607
　　四、职业与人口流动 …… 608
　　五、婚配与人口流动 …… 609

第七节　分化与群体关系 …… 610
　　一、财富分化 …… 610
　　二、职业分化 …… 610
　　三、血缘分化 …… 623

第八节　冲突与冲突关系 …… 624
　　一、家庭内部冲突 …… 624
　　二、村落内部冲突 …… 625
　　三、村落之间冲突 …… 627

第九节　保护与保护关系 …… 627
　　一、家庭保护 …… 627
　　二、亲族保护 …… 628
　　三、村落保护 …… 628

第十节　任徐店村社会变迁 …… 629
　　一、1949年以前的村庄社会形态 …… 629
　　二、1949年以后的村庄社会形态变迁 …… 630

第十一节　任徐店村社会实态 …………………………………… 631
　　　　一、血缘关系 …………………………………………………… 631
　　　　二、信缘关系 …………………………………………………… 632
　　　　三、交往关系 …………………………………………………… 632
　　　　四、社会流动 …………………………………………………… 633

第五章　任徐店村的文化形态与实态 …………………………………… 634
　　第一节　崇拜与崇拜关系 ………………………………………… 634
　　　　一、祠堂崇拜及其关系 ………………………………………… 634
　　　　二、祖坟崇拜及其关系 ………………………………………… 636
　　　　三、善坟地崇拜及其关系 ……………………………………… 637
　　　　四、族谱崇拜及其关系 ………………………………………… 638
　　　　五、孝道及其关系 ……………………………………………… 640
　　　　六、祭祖及其关系 ……………………………………………… 641
　　第二节　信仰与信仰关系 ………………………………………… 645
　　　　一、神灵信仰及其关系 ………………………………………… 645
　　　　二、鬼怪信仰及其关系 ………………………………………… 648
　　　　三、"信命"及其关系 ………………………………………… 649
　　第三节　思维与思维关系 ………………………………………… 650
　　　　一、经验思维及其关系 ………………………………………… 650
　　　　二、务实思维及其关系 ………………………………………… 651
　　　　三、循环思维及其关系 ………………………………………… 652
　　　　四、中庸思维及其关系 ………………………………………… 652
　　　　五、平均思维及其关系 ………………………………………… 653
　　第四节　态度与态度关系 ………………………………………… 653
　　　　一、生育态度及其关系 ………………………………………… 653
　　　　二、生产态度及其关系 ………………………………………… 660
　　　　三、生活态度及其关系 ………………………………………… 660
　　　　四、社会态度及其关系 ………………………………………… 661
　　　　五、政治态度及其关系 ………………………………………… 661
　　第五节　习俗与习俗关系 ………………………………………… 662
　　　　一、婚丧习俗及其关系 ………………………………………… 662

二、节庆习俗及其关系 …………………………………… 676
　　三、日常习俗与关系 ……………………………………… 682
第六节　规训与规训关系 ……………………………………… 684
　　一、家庭教化及其关系 …………………………………… 684
　　二、私学教化及其关系 …………………………………… 686
　　三、新式学堂教化及其关系 ……………………………… 690
　　四、学徒教育及其关系 …………………………………… 691
第七节　文娱与文娱关系 ……………………………………… 691
　　一、打牌娱乐及其关系 …………………………………… 691
　　二、节庆娱乐及其关系 …………………………………… 693
第八节　任徐店村文化变迁 …………………………………… 696
　　一、崇拜与信仰的变迁 …………………………………… 696
　　二、生育观念的变迁 ……………………………………… 696
　　三、教育观念的变迁 ……………………………………… 697
　　四、文化活动的变迁 ……………………………………… 698
　　五、村落习俗的变迁 ……………………………………… 698
第九节　任徐店村文化实态 …………………………………… 699
　　一、祖先崇拜 ……………………………………………… 699
　　二、文化信仰 ……………………………………………… 699
　　三、娱乐活动 ……………………………………………… 700

第六章　任徐店村的治理形态与实态 ………………………………… 702
　第一节　政权治理与治理关系 ……………………………… 702
　　一、政权治理概况 ………………………………………… 702
　　二、政权治理主体 ………………………………………… 703
　　三、政权治理内容 ………………………………………… 706
　　四、政权治理方式 ………………………………………… 710
　第二节　村落治理与治理关系 ……………………………… 711
　　一、村落治理主体 ………………………………………… 711
　　二、村落治理内容 ………………………………………… 714
　　三、村落治理方式 ………………………………………… 717
　第三节　家户治理与家户关系 ……………………………… 719
　　一、家户治理概况 ………………………………………… 720

二、家户治理主体……720
　　三、家户治理内容……722
　　四、家户治理方式……724
　　五、家户治理关系……725
　第四节　亲族治理与治理关系……727
　　一、亲族治理概况……728
　　二、亲族治理主体……728
　　三、亲族治理内容……729
　　四、亲族治理规则……730
　　五、亲族治理关系……731
　第五节　信缘治理与治理关系……732
　　一、信缘组织及其治理关系……732
　　二、祈雨及其治理关系……735
　第六节　业缘治理与治理关系……736
　　一、集市治理及其关系……736
　　二、行户治理及其关系……737
　第七节　任徐店村治理变迁……738
　第八节　任徐店村治理实态……739

附录一：任徐店村调查小记……741

附录二：任徐店村调查日记（节选）……745

本卷后记……775

村庄类分序

质性研究视角下农村区域性村庄分类

徐 勇

在我国，经历了数十年的艰苦探索，且付出了沉重代价，才得以形成农村基本的经营制度及相应的基本政策和基本方法，即以家庭经营为基础，统分结合，双层经营，宜统则统，宜分则分，因地制宜，分类指导。但在实际进程中，为什么和怎么样才能做到"宜统则统、宜分则分"，"因地制宜"，进行"分类指导"，却还有待继续深入探讨。在实践中往往出现的是"统得过死，分得过多"，或者"一刀切"，很难因地制宜，分类指导做出决策。其重要原因之一就是对"地"的属性和"类"的区分缺乏深入调查和研究，对整个农村实际情况的认识更多的是片断的、零碎的、表层的。这就需要学界对中国农村进行深入调查和深度研究，以为因地制宜，分类指导的国家决策提供依据。而"区域性村庄"，则是农村研究的重要内容。自2015年，华中师范大学中国农村研究院开启大规模的"2015年版中国农村调查"工程，其中包括对中国七大区域的村庄进行调查。为什么要进行区域性村庄调查，为什么要分为七大区域进行村庄调查？以下就此做出说明。

一、"因地"与"分类"：质性研究方法

社会科学是现代社会分工的产物。作为一种社会科学研究，重要的不是发表政策言论，而是为制定政策提供理论与实际依据，供决策者参考和选择。这是现代社会分

工的要求。学者只有寻找到最适合于自己的位置，才能发挥自己独特的优势。长期以来，从事农村研究的学者不少，发表的成果更是浩如烟海，但是能够对决策层产生直接或间接、短期或长期影响的成果却少之又少。作为学人，我们可以对政策发表意见，乃至评头论足，但最重要的是要反思，学者对政策的制定提供了什么有独特价值的贡献？

中国是一个历史悠久、地域辽阔的大国，地区发展不平衡。因此，"因地制宜与分类指导"成为制定农村政策的基本原则，也是农村研究的重要目标。所谓"因地制宜"，就是根据各地的实际情况，制定适宜的办法。这就意味着，此"地"与彼"地"不同。所谓"分类指导"，就是根据事物的类型状况进行有针对性的指导。这就意味着，此"类"与彼"类"不同。因此，"地"和"类"是在比较中界定的，具有一种区别于其他"地"和"类"的特质或特性。农村研究最重要的是准确把握"地"和"类"的属性和特质，政策制定者才有可能"因地"和"分类"做出决策。

社会科学研究不同一般的言论发表，特别需要方法论的自觉，并选择最为适合的方法达到自己的研究目的。农村研究要准确把握"地"和"类"的属性和特质，需要研究者在学术目标指导下，进行实地调查，收集资料，通过分析来完成，因此特别适合于"质性研究"（又被称为"质化研究""质的研究"）方法。这一方法被认为是"以研究者本人作为研究工具，在自然情境下采用多种资料收集方法对社会现象进行整体性探究，使用归纳法分析资料和形成理论，通过与研究对象互动对其行为和意义建构获得解释性理解的一种活动"[1]。质性研究方法为什么是最为适合的方法呢？

首先在于以实际调查为基础的多种资料的收集。农村研究要了解"地"和"类"的属性，需要直接面对"地"和"类"加以认识，而不能凭空想象。即使是文学作品特别强调想象力，也有必要的实体基础。正如鲁迅所说，"燕山雪花大如席"尚属正常的夸张，而说"广州雪花大如席"就太离谱了。正因为如此，做农村研究的，一开始就将实地调查作为首要方法。人类学、民族学、社会学等重视实地调查的学科成为农村研究的重要支撑。实地调查的目的是认识对象，收集资料，但收集资料不仅仅依靠实地调查，还需要其他方法加以补充，如历史文献资料的收集等。

其次在于整体性探究。农村研究要了解"地"和"类"的属性，需要在整体比较中发现。换言之，农村研究不能仅仅只是对某一个"地"和"类"进行了调查便可以得出结论，它需要对构成"地"和"类"的范围进行整体比较才能发现此"地"与彼"地"、此"类"与彼"类"的不同。在农村研究中，我们经常会看到对村庄的分类，

---

[1] 陈向明：《质的研究方法与社会科学研究》，教育科学出版社2000年版，第12页。

但这种分类大多属于研究者对某一个地方和类型进行调查后得出来的结论，而不是整体内相同维度中的差异比较，因此很容易产生一村一类型的轻率结论。所以，为了在普遍性中发现差异性，质化研究并不排斥量化研究。只是量化研究很容易采用他人资料和数据，往往会造成资料来源的同质性而无法发现"地"和"类"的差异性。

再次在于通过归纳产生理论。农村研究要了解"地"和"类"的属性，调查和比较是基础，最后要产生结论和理论，即通过调查和比较，我们能够做出什么判断，并提供给他人。从提供理论的角度看，质性研究与其他研究没有区别，区别在于如何得出理论。质性研究是通过归纳的方法产生理论的，这不同于理论演绎和量化假设。为了得出准确的判断，质性研究要求在自然情境下，而不是人为制造的场景下，通过客观中立的调查，获得完整准确的材料，然后对材料加以归纳，最后得出结论。只有这样，我们对"地"和"类"的界定才是可供参考和验证的。

第四在于与对象的互动。农村研究要了解"地"和"类"的属性，要在与对象互动中发现。因为，农村研究的"地"和"类"与一般自然界的"地"和"类"有所不同，它是自然—社会—历史交互作用的产物。研究者在进行调查时，不仅要把握自然环境，而且要掌握人文社会和历史，调查中要与人交往和互动，才能发现"地"和"类"的属性及其与他"地"和"类"的区别。如在调查中，我们可以通过方言发现某"地"和"类"的属性及其区别，但方言只有在与对象互动中才能意识到。

二、"分"与"合"：维度与条件

农村研究关注"因地"与"分类"，均涉及整体与部分的关系。"因地"通常是指在一个国家整体内，由于条件不同而形成不同地方的特点；"分类"通常是指对一个事物整体内的不同要素区分为不同类型。如何界定农村研究中的整体与部分的关系呢？这就需要寻找统一的维度。这一维度就是"分"与"合"。

"分"是由整体中分化或产生出部分，包括分开、分散、分化、分离等。"合"是指各个部分合为一个整体，包括合作、合成、整合、结合、联合等。"分"在于个别性、部分性，"合"在于一般性、整体性。

"分"与"合"是人类社会一般的表现形态。中国著名小说《三国演义》开篇就表达："话说天下大势，分久必合，合久必分。"现代社会科学通过不同的科学概念对"分"与"合"的状态进行概括，如经济学领域的"分工"与"合作"，社会学领域的"社会分化"与"社会整合"，政治学领域的"分权"与"集权"等。

人类是作为个体的"人"与作为整体的"类"共同构成的。从人类社会的发展看，"分"通常意味着变化，由一个整体向不同部分的变化过程。如在中国，由"天下为公"分裂为"天下为家"，由"天下为家"分裂为"天下为人"，整体社会不断裂变为一个一个独立的个体，先是家庭，后是个人。"合"通常意味着秩序，由不同的部分通过一定方式形成一个有序的整体。整体尽管会裂变为个体，但个体不可能脱离整体而存在，任何个体都是相对整体而言的。将不同的个体结合为整体就会形成一种秩序。有序，整体就会存在；无序，整体就会解体。"天下为公"尽管会裂变为"天下为家"，但是一个个"家"又会结合成为"国"和"天下"。如"齐家治国平天下"，"齐""治""平"就是结合的机制与手段。"分"与"合"是相对而言的，是部分与整体的关系。这一关系是农村研究中的"因地"和"分类"的基本维度。

人类社会的"分"与"合"不是无缘无故发生的，必然受条件的制约。马克思说："人们自己创造自己的历史，但是他们并不是随心所欲地创造，并不是在他们自己选定的条件下创造，而是在直接碰到的、既定的、从过去承继下来的条件下创造。"[1] 构成农村研究中的"地"与"类"的条件并影响农村社会"分"与"合"的条件主要有：

（一）自然条件

自然是指人所面对的宇宙万物，是宇宙生物界和非生物界的总和。对于农村来说，自然具有十分特殊的意义。这在于农村是农业产业为基础的，而农业与工业相比，对自然具有高度的依存度。自然条件为人们的生存设置前提条件，构成人们生存的自然环境。愈是人类早期，受自然条件的制约愈大；愈是农业社会，对自然条件的依赖愈大，甚至赋予其神圣价值，如"风水"。

自然条件是由各种自然因素（包括人化自然）构成的自然环境系统，主要包括：天（气候）、地（地形）、水、土、区位等，形成了所谓的"一方水土"，即"地"，并分为不同的类型。而"一方水土养育一方人"，不同地方会产生不同人的特性和行为。法国启蒙学者孟德斯鸠认为，气候是人的品性和行为的决定因素，"气候的权力强于一切权力"。酷热有害于力量和勇气，寒冷赋予人类头脑和身体以某种力量，使人们能够从事持久、艰巨、伟大而勇敢的行动，因此，"热带民族的懦弱往往使他们陷于奴隶地位，而寒带民族的强悍则使他们保持自由的地位。所有这些都是自然原因造成的"[2]。孟德斯鸠可能言过其实，但自然条件对人类社会的影响无疑具有重大作用，并制约着"分"与"合"。一般来讲，在自然条件比较适宜的地方，"分"的可能性更大；而为了

---

[1]《马克思恩格斯选集》第1卷，人民出版社1995年版，第585页。
[2] 参见［法］孟德斯鸠《论法的精神》（上卷），许明龙译，商务印书馆2013版，第321页。

应对恶劣的条件,"合"的可能性更大。

（二）社会条件

社会是人们通过交往形成的社会关系的总和,是人类生活的共同体。社会是由各种要素构成的社会环境系统,主要包括：以物质生产为基础的经济要素、以人口生产为基础的社会因素、以观念生产为基础的文化因素和以治理生产为基础的政治因素。不同性质的要素,决定了社会分为不同的形态。而人类社会形态又是在一定的空间里存在的。法国学者列斐伏尔认为："社会生产关系仅就其在空间中存在而言才具有社会存在；社会生产关系在生产空间的同时将自身投射到空间中,将自身铭刻进空间。否则,社会生产关系就仍然停留在'纯粹的'的抽象中。"[1] 因此,不同的社会条件便造成不同的"地"和"类",对人的行为产生直接的作用,并成为造成人类社会"分"与"合"的直接因素。如在自然经济条件下,"合"的可能性更大,最小的经济单位也是作为共同体的"家"；在商品经济条件下,"分"的可能性更大,最小的经济主体可以是作为个体的个人,商品经济伴随着社会分化,当然也意味着更高层次的社会整合。

（三）历史条件

人类社会是一个不断生长、发展、演化的漫长进程。无论是自然,还是社会,都是在历史进程中变化并构成人类存在条件的,由此构成由不同文明断层组合的历史形态。只有将自然和社会条件置于不同的历史形态中才能发现其动态演化的过程,也才能更准确理解"地"与"类"的特性和对人的行为的制约。如人类社会就是共同体裂变为个体,分化为不同个体的过程,同时也是一个由不同个体结合为新的共同体的历史演变过程。"分"与"合"贯穿于整个历史过程之中,但在不同的历史时空里表现形式则不一。德国社会学家滕尼斯在其《共同体与社会》一书中便表达了这一思想。马克思更是从自由的角度论述了个人与共同体（"类"）结合的演变及其不同类型,指出："从前各个人联合而成的虚假的共同体,总是相对于各个人而独立的；由于这种共同体是一个阶级反对另一个阶级的联合,因此对于被统治的阶级来说,它不仅是完全虚幻的共同体,而且是新的桎梏。在真正的共同体的条件下,各个人在自己的联合中并通过这种联合获得自己的自由。"[2] 人类社会是一个过程,形成不同的层面,有的进化时间长,层面多,有的反之。因此,对农村研究中的"地"与"类"及其"分"与"合"的考察,要十分注意历史条件。

---

[1] 转引自［英］德雷克·格利高里、［英］约翰·厄里编《社会关系与空间结构》,谢礼圣、吕增奎等译,北京师范大学出版社2011年版,第95页。

[2]《马克思恩格斯选集》第1卷,人民出版社1995年版,第119页。

历史是一个过程。这一过程是由不同阶段与节点构成的。中国农村研究的历史维度主要有两个：一是传统与现代。一般来讲，人们将农业社会称为传统社会，将工业社会称为现代社会。由此，现代工业社会之前的社会都可以称之为农业社会。现代化就是由传统农业社会向现代工业社会转变的过程。传统性与现代性是了解作为农村研究对象的区域性的重要历史维度。二是形态与实态（1949年前后）。在传统农业社会，由于各种条件的制约，区域的异质性差别非常突出，并构成不同区域的传统形态。而现代国家则是一个由多样性向一致性、一体性变迁的过程。但是这一过程正在变化之中，尚未完全定型，因此构成当下的研究者着手研究时的实际状态。在中国，形态与实态的分界线可以1949年为界。尽管1949年前，中国的传统形态已有些许变化，但由"改朝换代"的高层变动到"改天换地"的全面变革则在1949年以后，且这一变革尚处于了而未了的过程之中。

只有在充分了解自然、社会和历史条件的基础上，我们才能有效地"因地"和"分类"，了解人为何而"分"，因何而"合"，其内在的机理如何。

三、作为农村研究对象的区域

"因地"着重于整体中不同部分，"分类"也在于对整体中不同类型加以区分。就整体和类型单位而言，国家是整体，"地"和"类"分别是国家整体之下的不同部分。换言之，国家是由不同的部分构成的。农村研究要通过调查和归纳方法，研究一个国家的"地"和"类"的特性，但我们不可能穷尽所有对象，而且也没有必要。如中国有数十万个村庄，数亿农村人口，我们不可能，也没有必要都进行调查，再归纳出"地"和"类"的属性。这就需要寻找合适的研究单位。而区域是重要的研究单位。

区域是一个地域空间概念。一定地域总是由不同的区域所构成的。农村研究要了解的"地"和"类"，总是存在于一定的区域空间内。在农村研究中，引进"区域"单位是非常必要的。

从农村研究传统看，主要有两种研究单位。一是整体国家的视角，即将全国整体作为研究对象，是一种宏大叙事式的宏观研究。这种研究的资料来源主要是档案文献，或者理论建构，其成果甚多。代表性著作有费孝通的《乡土中国》等。这种研究将国家作为一个整体研究，具有高度的概括性，但也存在相当的局限。例如，《乡土中国》一书就主要是基于中国核心区域的研究，而许多次生区域或边缘区域的现象就被忽视。

二是个案社区，即将某一个个案作为研究对象，是一种微小叙事式的微观研究。

目前，这种研究日益增多。可以费孝通的《江村经济》为代表。这种研究主要是基于实地调查，其优点是可以进行深入的挖掘。但其也有一定的限度：一是在社会多样化的条件下，一个案例很难解释一类现象；二是因为选取的案例不同，一个地区可以得出完全不同，甚至自相矛盾的结论。

因此，为了弥补现有研究的不足，需要借助于其他学科在研究方法上的进展。近些年来，历史学界开始注意寻找新的研究视角，也就是区域性研究。傅衣凌先生提出："由于生产方式、社会控制体系和思想文化的多元化，由于这种多元化又表现出明显的地域不平衡性和动态的变化趋势，中国传统社会产生了许多西欧社会发展模式所难以理解的现象。"[1]而杨念群则从方法论的角度提出了"中观"理论。由于区域社会研究进展较快，产生了不少区域性研究成果，它们开始被视为某种"学派"。其中，山西大学和南开大学对华北农村的研究被视为一派，而基于对华南农村的研究也出现了所谓的"华南学派"等。

与中国学界的情况类似，国外对于中国问题的研究视角也经历了一个由整体到部分的变化过程。在早期，比较多的研究是国家整体研究，以美国学者费正清的《美国与中国》一书为代表。后来，随着美国学者柯文《在中国发现历史》一书的问世，区域社会研究开始迅速增多，其代表性著作有美国学者裴宜理（Elizabeth J. Perry）的《华北的叛乱者与革命者：1845—1945》、美国学者黄宗智的《长江三角洲的小农家庭与乡村发展》和《华北的小农经济与社会变迁》、美国学者濮德培（Peter C. Perdue）的《榨干土地：湖南的政府与农民，1500—1800》等。

现有的区域社会研究无疑大大弥补了原有学术传统的不足。但是，对于"地"和"类"的农村研究来说，它们仍然不够理想。其主要在于：相当多数的区域研究，只是对某一个地区的某一现象的研究，更多属于国家整体之下的地方性研究，如华南的宗族研究，华北的水利社会研究，湖南的土地、农民与政府研究，等等。有学者甚至将区域史与地方史加以等同，认为"区域史，又称地方史"[2]。

严格来说，区域研究不能等同于地方研究，区域社会研究的价值不仅仅在于对某一个地方的现象的研究，更重要的是寻求造成区域性特性的构成要素，从而形成区别于其他区域的特质。因此，区域研究至少有两个基本特征：一是同质性，即同一区域具有大体相同的特质，正因为这一特质而导致该区域相类似的现象较多，具有区域普遍性。当然这种同质性并不是区域现象的绝对同一性，主要在于其规定的现象多于其

---

[1] 傅衣凌：《集前题记》，收于《明清社会经济史论文集》，人民出版社1982年版。
[2] 李玉：《中国近代区域史研究综述》，《贵州师范大学学报（社会科学版）》2002年第6期。

他区域。二是异质性,即不同区域具有比较明显的差异性特征,正因为这一特质促成该区域同类现象不同于其他区域的同类现象。无论是同质性,还是异质性,都需要经过比较才能体现。而比较则需要有确定的标准。因此,区域研究与地方研究都属于国家整体的部分研究,但又有不同。地方研究可以不用比较,是某个地方就是某个地方,其研究限定于某个地方。而区域研究一定要发现该区域与其他区域所不同的特质,一定是在比较中才能发现其特质,且这种特质是内生的、内在的,而不只是外部性的现象。

作为农村研究对象的区域性,主要是指某类现象在某个区域内更为集中,并因此与其他区域不同。在中国,最大的区域差异是北方与南方。中国地理分布的分界线之一是秦岭—淮河一线,以北为北方区域,以南为南方区域。费正清曾描述道:"凡是飞过大陆中国那一望无际的灰色云天、薄雾和晴空的任何一位旅客,都会显眼地看到两幅典型的画面,一幅是华北的画面,一幅是华南的画面。"[1] 在世界上,很难找到有中国这样南北差异之大,并对经济社会政治产生巨大影响的国家。中国历史上就曾数度出现过南北分化、分裂、分治时期,如南朝、南宋。南北差异也给政治决策和走向带来影响,如开辟大运河,首都东移和北进,政治过程中的南巡和北伐等。这都表明中国北方和南方有着不同的自然—社会—历史土壤,会生长出不同的结果。如我国农村合作化起源于北方,而分田到户则发源于南方。因此,将区域性作为农村研究的对象,有利于根据区域性特质,"因地制宜"和"分类指导"。

四、作为农村研究对象的村庄

国家是由不同区域构成的空间单位。一般来讲,区域的范围比较大。要对区域内的所有对象进行调查研究,不可能也无必要。由此需要进行二次分类。村庄则是农村研究的基本单位,也是发现区域特性的重要基础。只有通过对村庄性的深刻把握才能深入把握区域性。

农村社会由一个个村庄构成。村庄是农村社会成员的地域聚落。农民的生产、生活和社会交往都是在村庄内完成的。对于传统社会的农民来说,村庄就是其世界,人的终生都可能在村庄内度过,因此有所谓"十里不同音,百里不同俗"的说法。愈是进入现代社会,村庄的地位愈是重要。1949年以后,伴随着集体化,村庄成为具有明确和固定边界的单位,集体经济以村庄为单位组织,即"村集体"。同时,村庄也成为

---

[1] [美] 费正清:《美国与中国》,世界知识出版社1999年版,第4页。

国家治理的基本单位,即"行政村"。

更重要的是,村庄不仅仅是农业空间聚落,而且是人与人的结合,并形成人与人之间的关系及其相应的意识形态。透过村庄这一微观的社会组织,我们有可能发现整个农业社会及其区域性特质的构成要素。法国学者列斐伏尔认为:"社会生产关系仅就其在空间中存在而言才具有社会存在;社会生产关系在生产空间的同时将自身投射到空间中,将自身铭刻进空间。否则,社会生产关系就仍然停留在'纯粹的'的抽象中。"[1] 农业社会关系及其区域性特质都将通过一个个村落空间体现出来。换言之,没有村庄载体,农业社会及其区域性就无从充分展示出来。因此,村庄是农村社会一个完备的基本组织单位,亦成为农村研究的基本单位。

将村庄作为农村研究的基本单位,并通过村庄性把握区域性,对于运用质化研究方法把握农村研究中的"地"与"类"具有重要价值。

与量化研究强调普遍性相比,质性研究更强调深度性,即通过深度调查,"将一口井打深",来获得对对象特性的深入理解。因此,质性研究十分强调"扎根理论"和"深描"。

"扎根理论"是质性研究的一种重要方法。"扎根理论方法包括一些系统而又灵活的准则(guideline),让你搜集和分析质性数据,并扎根在数据中建构理论。"[2] 这一方法要求:第一,进入现场搜集和分析,这是前提;第二,数据是质性数据,得是最能反映对象本质特征的数据;第三,扎根于所搜集的数据之中建构理论,而不是在数据之外推导出来理论。因此,运用扎根理论方法,进入村庄现场调查,是了解村庄特性的有效方法。

"深描"作为质性研究方法,是相对"浅描"而言的,特别强调互动性、过程性、细节性和情境性。[3] "深描"最早用于人类学研究,是基于一种异文化的调查研究方法,用此方法可以更好地发现和比较不同对象的特质,也是发现村庄特性的有效方法。尽管"深描"注重细节,甚至微不足道的小事,但是决不是什么小事都要进行研究,恰恰相反,对对象必须有所取舍,以选择最能达到研究目的的对象。[4] 这种研究显然有助于在比较取舍中把握村庄的特性。

质性研究的"扎根理论"和"深描"都特别强调研究者的亲身调查与经验。但是,

---

1 转引自[英]德雷克·格利高里、[英]约翰·厄里编《社会关系与空间结构》,谢礼圣、吕增奎等译,北京师范大学出版社2011年版,第95页。
2 [英]凯西·卡麦兹:《建构扎根理论:质性研究实践指南》,重庆大学出版社2009年版,第3页。
3 参见陈向明《质的研究方法与社会科学研究》,教育科学出版社2000年版,第347页。
4 参见澜清《深描与人类学田野调查》,《苏州大学学报(哲学社会科学版)》2005年第1期。

要让调查者对调查区域的所有村庄进行调查，然后产生结论，是不可能，也没有必要的。村庄在英文中为"village"。有一句西方谚语说，"Every village has its idiosyncrasy and its constitution"，就是说每一个村庄，都有自己的特性和脾气。但每一个村庄也有其同类型的共同性。我们可以通过寻找其共同性把握某区域的村庄性。这就需要寻找符合区域理想类型的村庄。

理想类型研究是德国社会学家韦伯所创立的研究方法。这种研究将事物的本质特性抽象出来，加以分类，如韦伯将统治合法性的类型分为三类。在农村研究中，可以借用这一研究思路和方法，选择最符合区域性特征的村庄进行深度调查。区域性特征就是研究者的目标和理想类型。只要选择若干最能体现区域性的村庄进行调查研究，就有可能从总体上把握该区域类似村庄的共同特征，而不必要对所在区域的所有村庄都进行调查研究。因此，村庄性与区域性是相联系的。只有从区域性整体特征出发，才能选择最能反映区域特征的村庄；只有深度把握村庄特性，才能充分说明区域特性。

相对区域而言，村庄的范围小得多，更容易做深度调查基础上的质化研究，将区域性具体化、实证化、动态化。"因地制宜"的"地"和"分类指导"的"类"最具体和最终体现在村庄属性上。由此要根据不同的标准对村庄加以分类。在对村庄性研究中，以下标准及其分类非常重要：

1. 以村庄名称为标准的分类。村庄名称是一种符号，通过这一符号，可以发现某类村庄的特质。在中国，村庄的"姓"以人的姓命名的非常多，反映了血缘关系与农耕社会同一体的特质。但在不同区域，村庄的"名"却有区别。如在黄河区域，村庄更多是以庄、寨、营、屯、卫等冠名，村庄的建构性、群体性强；在长江区域，村庄更多是以村、冲、湾、垸、岗、台等冠名，村庄的自然性、个体性强，与水相关。

2. 以居住状态为标准的分类。村庄是农村社会成员的居住聚落。村庄名称是一个村庄的标识和指称。这种标识和指称并不是随心所欲的想象，而有其内在的含义，反映了一种居住状态。根据居住状态，可以分为"集居村"和"散居村"。庄、寨、营、屯、卫、店等，更多的是一个人口居住相对集中的农村聚落，集居、群居，集聚度高，属于集居型村庄，即"由许多乡村住宅集聚在一起而形成的大型村落或乡村集市。其规模相差极大，从数千人的大村到几十人的小村不等，但各农户须密集居住，且以道路交叉点、溪流、池塘或庙宇、祠堂等公共设施作为标志，形成聚落的中心；农家集中于有限的范围，耕地则分布于所有房舍的周围，每一农家的耕地分散在几个地点"[1]。

---

[1] 鲁西奇：《散村与集村：传统中国的乡村聚落形态及其演变》，《华中师范大学学报（人文社会科学版）》2013年第4期。

村、冲、湾、垸、岗、台等，更多的是人口居住相对分散的农村聚落，主要是散居，甚至独居，分散度高，属于散漫型村庄，即"每个农户的住宅零星分布，尽可能地靠近农户生计依赖的田地、山林或河流湖泊；彼此之间的距离因地而异，但并无明显的隶属关系或阶层差别，所以聚落也就没有明显的中心"[1]。鲁西奇认为，传统中国的农村聚落状态，"从总体上看，北方地区的乡村聚落规模普遍较大，较大规模的集居村落占据主导地位"；而在南方地区，"大抵一直是散村状态占据主导地位；南方地区的乡村聚落，虽然也有部分发展成为集村，但集村在全部村落中所占的比例一直比较低，而散村无论是数量，还是居住的人口总数，则一直占据压倒性多数"[2]。

3. 以村庄形成为标准的分类。无论是集村，还是散村，都是历史进程中形成的。根据村庄形成的标准，可以分为自然村和行政村。自然村是由村民经过长时间聚居而自然形成的村落。其语音相对独立统一，风俗习惯约定俗成，以家族为中心。自然村数量大、分布广、规模大小不一，有仅个别住户的孤村（如在山区），也有数百人口的大村（如在人口稠密的平原地区）。自然村是农民日常生活和交往的单位，但不是一个社会管理单位。为便于国家管理，国家建构了农村社会管理单位，即行政村。行政村是为实现国家意志而设立的，是一种体制性组织，又称为"建制村"。在不同的时代，行政建制名称不一样。如秦汉时期的乡里、明清时期的保甲。自然村与行政村有可能相重合，也有可能不一致。在南方散村区域，自然村一般较小，通常是若干个自然村合为一个行政村。在北方集村区域，自然村较大，往往是一个自然村为一个行政村。显然，自然村与行政村的合一，有助于国家意志的贯彻实施，村与户的关系更为紧密。

4. 以血缘关系为标准的分类。无论是自然村，还是行政村，其基本组织单元都是由血缘关系构成的家庭。血缘关系是农村村庄存在的基本关系。在中国，血缘通常以姓氏加以表征。根据血缘关系，村庄可以分为"单姓村"和"多姓村"。单姓村指一个村一个姓氏。如宗族社会的村庄通常都是单姓村，自然村往往是单姓村。多姓村指一个村庄由多个姓氏的人构成，意味着村庄成员来自不同的血缘家庭，村庄的因地缘结合的特征突出。而"多姓村"又可以进一步分类："主姓村"和"杂姓村"。前者意味着以一个，或者若干个姓为主，后者看不出明显的主姓。

根据不同标准，村庄还可以进一步细化，如根据经济水平分为贫困村和富裕村；根据产业类型，可以分为农业村、牧业村、农工商合一村；根据村庄成长历史，可以

---

[1] 鲁西奇：《散村与集村：传统中国的乡村聚落形态及其演变》，《华中师范大学学报（人文社会科学版）》2013年第4期。

[2] 鲁西奇：《散村与集村：传统中国的乡村聚落形态及其演变》，《华中师范大学学报（人文社会科学版）》2013年第4期。

分为历史名村、移民新村；根据民族归属，可以分为汉族村、少数民族村，等等。但就作为农村研究对象的村庄性而言，村庄的分类不是随意和无限的，而要与区域性的理想类型关联起来，寻找村庄分类对于理解区域性和村庄性的价值与意义。比如，集聚和散居不仅仅是一种居住形态的差异，同时也蕴育着人与人之间的结合关系及其意识形态，从而建构起"村庄性"。鲁西奇就认为："采用怎样的居住方式，是集中居住（形成大村）还是分散居住（形成散村或独立农舍），对于乡村居民来说，至关重要，它不仅关系到他们从事农业生产的方式（来往田地、山林或湖泊间的距离，运送肥料、种子与收获物的方式等），还关系到乡村社会的社会关系与组织方式，甚至关系到他们对待官府（国家）、社会的态度与应对方式。"[1] 而在法国学者阿·德芒戎看来：每一居住形式，都为社会生活提供一个不同的背景；村庄就是靠近、接触，使思想感情一致；散居状态下，"一切都谈的是分离，一切都标志着分开住"。因此，也就产生了法国学者维达尔·德·拉·布拉什所精辟指出的村民和散居农民的差异："在聚居的教堂钟楼周围的农村人口中，发展成一种特有的生活，即具有古老法国的力量和组织的村庄生活。虽然村庄的天地很局限，从外面进来的声音很微弱，它却组成一个能接受普遍影响的小小社会。它的人口不是分散成分子，而是结合成一个核心；而且这种初步的组织就足以把握住它"。[2] 所以，村庄分类不是为了分类，更主要的是通过分类，更好地把握村庄性乃至区域性。

五、作为农村研究对象的区域性村庄分类

"分"与"合"是对人类社会的存在状态，也是农村研究的基本标准。由于自然—社会—历史的条件不同，"分"与"合"在一个国家内不同农村区域的表现形式不一样，使得某些村庄在一定区域存在多一些，某些村庄在一定区域存在少些，由此构成不同的区域性村庄。

根据"分"与"合"的维度与自然—社会—历史条件，执照典型化分类的标准，我们可以将中国农村分为以下七大区域性村庄：

1. "有分化更有整合"的华南宗族村庄

"聚族而居"是华南宗族村庄的存在状态。血缘关系是人类最原始、最基本、最古

---

[1] 鲁西奇：《散村与集村：传统中国的乡村聚落形态及其演变》，《华中师范大学学报（人文社会科学版）》2013年第4期。
[2] ［法］阿·德芒戎：《人文地理学问题》，葛以德译，商务印书馆1993年版，第192页。

老的关系。人类最初是以"群"("类")的方式生存,早期传统农村实行"聚族而居",通过一个个由血缘姓氏结合而成的宗族将农村社会成员组织起来,形成"家族同构、族高于家"的宗族村庄。宗族村庄普遍存在于早期中国农耕区域。在漫长的历史长河里,由于多种原因,"聚族而居"的宗族村庄社会四分五裂为一个个体家庭构成的分散型村庄。但在中国的南方,特别是赣南、闽西南、粤东北、浙南、皖南、湘南、鄂南、四川等区域尚存在比较完整的宗族村庄。这类宗族村庄因集中存在于赣南、闽西南、粤东北等地,所以以"华南宗族村庄"加以概括,其最典型的特征就是保留了完整的传统宗族社会,构成了中国传统农村的历史底色。

需要说明注意的是,华南是一个区域性概念,并不是所有的华南区域的农村都是以宗族村庄的形式加以体现,也不是只有华南才有宗族村庄,而是指宗族村庄在华南区域更为集中,保存得更为完整。我们通过对华南区域的宗族村庄的了解,则基本可以把握宗族村庄的整体状况。

华南宗族村庄的气候环境和水利条件适宜于农耕,属于水稻产区。许多村庄交通便利,有一定的商业,但总体来看,地理位置偏僻,处于国家地域中的边缘地带。与南方区域的散村形态不同,宗族村庄通常为集居形态。这与宗族村庄大多因战乱迁移,特别注重整体安全有关。

"有分化更有整合"是宗族村庄的鲜明特征。宗族与氏族不同,它是以个体家庭为基本单位的。如果说宗族是"大家",那么,个体家庭则是"小家",只是"小家"是由以共同的祖宗为纽带的宗族"大家"分化出来的。"小家"尽管有相对独立性,但是与宗族"大家"有紧密的联系,宗族村庄通过共同的血缘关系、财产关系、社会关系、文化关系和治理关系将各个小家和个人结合或者整合在一起,形成以血缘关系为基础的共同体。这类村庄有"分",但更有"合",或者更强调"合",并有促进"合"的机制。因此,宗族村庄以宗族整体性为最高标准,其内部存在差异性,但更有将差异性抑制在整体性框架内的机制,从而形成宗族村庄秩序。

宗族村庄在"因地"和"分类"的农村研究中具有重要价值。其核心是整体性与差异性、"分"与"合"的并存,特别是在如何"分"与"合"方面有诸多机制。如通过适度的"分"获得宗族竞争活力,通过公共财产形成维系宗族共同体的财产基础。中国农村改革权威杜润生就在论证"分田到户"的合理性时指出:"所有权和使用权的两权分离,过去在中国社会也曾经存在过,但不是很普遍,比如,村庄的祠堂地、村社土地一类。"[1] 当下,许多地方以行政村为基础的村民自治陷入困境,而在广东清远

---

[1] 杜润生:《杜润生:中国农村体制变革重大决策》,人民出版社2005年版,第153页。

市农村的村民自治却十分活跃，其重要原因是以宗族为基础的自然村作为自治载体，并以自然村的自治推动着土地的整合。

正因为宗族村庄存在久远，至今仍然有很大影响，且内在机理仍然有重要价值，所以成为农村研究中的重要对象，产出的成果也较多。只是对这类村庄为何存在，如何存续还有许多未解之谜，也还存在许多问题需要通过调查进一步探讨。如研究中国宗族村庄的权威专家弗里德曼将水稻种植作为宗族村庄存续的理由之一，但是我们如果进一步追问，同样是水稻区，为什么有的宗族村庄未能存续呢？显然，宗族村庄还有许多问题有在充分调查基础上进行研究的必要。

2."有分化缺整合"的长江家户村庄

"随水而居"是长江家户村庄的存在形态。气候与水对于农业具有至关重要的影响。以秦岭—淮河为界，中国形成南北两大区域，分别有两大水系，即南方的长江与北方的黄河，由此构成南北两大农村核心区域，并具有各自的特质。在长江流域，特别是长江中上游，即四川、重庆、湖北、湖南、江西、安徽等地，主要为平原与丘陵，主产水稻，属于稻作区，人们随水而居。自然村和散居村多，村名大多与水相关，如冲、湾、垸、岗、台等。一个个家户星罗棋布，散落于平面形态的小块水田旁，形成最为典型的传统小农经济，即一家一户、农业与手工业结合、自给自足的自然经济。在自然经济形态占主导地位的传统社会，小农经济状态决定着国家的兴衰，所谓"湖广熟，天下足"。长江中上游区域最为典型的特征是家户小农经济基础上的家户社会。家户社会以血缘关系为基础，以裂变的个体家庭为中心和本位，不同于宗族社会。

"有分化缺整合"是长江家户村庄的鲜明特征。如果将"聚族而居"的宗族村庄视为大树的话，那么，"随水而居"的家户村庄则是大树的枝丫和树叶。只是与宗族村庄不同，家户村庄的个体家户与远祖缺乏内在的联系，犹如脱离了树干，散落在各地的枝叶。个体家户及其相近的亲族在日常生活中占主导地位，近亲愈近，远亲愈远，缺乏共同祖宗崇拜、共同地域、共同财产、共同社会关系、共同价值、共同治理等机制将一个个个体家户联结起来，形成具有整体性的共同体。家户本位的私人性、差异性、竞争性强，村庄联系和合作的整体性、共同性弱。

家户村庄是最为典型的中国农村底色。毛泽东在1940年代就指出："在农民群众方面，几千年来都是个体经济，一家一户就是一个生产单位，这种分散的个体生产，就是封建统治的经济基础，而使农民自己陷于永远的穷苦。克服这种状况的唯一办法，就是逐步地集体化；而达到集体化的唯一道路，依据列宁所说，就是经过合作社"[1]。

---

[1]《毛泽东选集》第3卷，人民出版社1991年版，第931页。

由分散的个体家户生产走向农民合作的集体生产，是中国农业社会主义改造的基本前提。只是这种改造带有很强的国家整合的特点，换言之，农村的"合"主要是外部力量推动，由此形成的人民公社统一经营体制缺乏必要的农村社会基础。而对公社统一经营最不适应且率先对这一经营体制进行挑战，探索包产到户（民间习称"分田单干"）的则集中于长江中上游区域。民间一度流行"要吃粮，找紫阳；要吃米，找万里"[1]的说法。邓小平就表示：以包产到户为主要内容的农村改革"开始的时候，有两个省带头。一个是赵紫阳同志主持的四川省，那是我的家乡；一个是万里同志主持的安徽省"[2]。

当然，家户村庄也有其限度。一家一户为单位的家户村庄将个体家户的私人性激发出来，分化带来了活力，但由于缺乏必要的横向机制将一家一户联结起来，形成有机的整体，只能依靠政府的纵向整合，而这种整合往往会进一步弱化家户村庄的公共性。在当下的新农村建设中，人们会经常发现，由于一家一户分散的原因，造成道路难修、水管难通等。因此，对于"有分化缺整合"的长江家户村庄而言，在私人性基础上发育和形成公共性，还有大量问题需要研究。而这对于全国也具有普遍性价值。

3. "弱分化强整合"的黄河村户村庄

"集村而居"是黄河村户村庄的存在形态。黄河区域主要指黄河中下游区域，包括陕西、山西、河南、河北、山东等地。这一区域本是中华农业文明的主要发源地。农业文明最早就是以人们群居的村庄聚落形态表现出来的。同时，黄河区域紧邻北方游牧区域，长期是国家的政治中心地带，受战乱的影响深远。黄河区域农耕的自然条件与长江区域截然不同，属于干旱区，主产小麦等旱作物，地势平坦。一个个村庄聚集在一大块农田麦田旁边。村庄大多以庄、寨、营、屯、卫等命名，属于人口集居村庄。本来，宗族社会最早起源于黄河区域，后因为战乱、灾害等原因，南移到华南。黄河区域由宗族社会而裂变为个体家户社会。但因为自然—社会—历史原因，黄河区域村庄的存在形态在于其集聚性、集体性，个体家户集聚、集中在一个空间领域，村庄群体与家户个体具有紧密的依赖关系，由此构成村户社会，与长江区域的分散性、个体性的家户村庄形成鲜明的差别。

"弱分化强整合"是黄河村户村庄的鲜明特征。自然条件、社会条件和历史境遇的同一性，使得黄河区域村庄内部的分化程度不高，或者分化比较简单。同时，黄河区

---

[1] 赵紫阳于1975—1979年间担任中共四川省委书记，万里于1977—1979年间担任安徽省主要领导。他们在任职期间都积极支持以家庭为生产经营单位的农村改革。
[2] 中共中央文献研究室：《十二大以来重要文献选编》（下），人民出版社1988年版，第1443页。

域的农村社会成员的集聚度高，人与人之间的联系紧密，村民之间的横向联系较强，特别是由于外部自然条件恶劣（如缺水）和社会条件严酷（如经常性战乱）而产生的强制性整合，导致村庄的集体依赖性和整体性强。如果说，在中国，少数民族进入中原地区后会"汉化"，那么，中原地区也会"胡化"。其游牧民族的部落群体对于中原，尤其是黄河区域有很大影响。这也是黄河区域村庄整体性强的重要原因。总体上看，黄河区域的村庄地域整体的地位高于血缘家户个体，集体意识和行动能力强。

黄河区域的村户村庄在中国农村社会变迁中有其特殊地位。在20世纪，中国共产党改造传统个体家户社会的依据是一家一户小农经济，通过集体合作的集体化，避免社会分化。但集体化最早起源于黄河区域。例如，山西的张庄早在1940年代后期土地改革刚结束时，就开始了集体互助。1950年代农业集体化进程中的模范典型也大多产生于黄河区域。例如，山东的厉家寨就被视为合作化的典范。人民公社最早发源于河南和河北。在人民公社化的进程中，最早实现人民公社化的9个省，有8个在黄河区域。[1] 到六七十年代，作为全国集体经营旗帜的大寨则位于山西。直到1980年代后，黄河区域还有一些村庄仍然在坚持集体统一经营。

当然，黄河区域的集体化在相当程度上是特定的自然—社会—历史条件造就的，具有强大外部整合的特点，村庄缺乏个体性和差异性，也缺乏竞争和活力。随着社会发展，家户在农村社会的地位愈益突出，社会分化、分离性增强。但是，其集体性、整体性、共同性的历史底色仍然存在，且还会发挥作用。如在黄河区域的山东、河南、山西、河北等地，以行政村为单位的农民股份合作、农村城镇化、农村社区建设、农村村民代表会议等发展较快。因此，对于"弱分化强整合"的黄河区域村庄来说，如何在社会分化日益突出的基础上，推进自愿基础上的社会联合、社会合作，具有重要价值，也具有普遍意义。

4."小分化大整合"的西北部落村庄

"逐草而居"是西北部落村庄的存在形态。中华文明是在农业文明与游牧文明互动中形成的。游牧文明主要发生和存在于西北区域。游牧是一种不同于农耕的生产方式，具有很强的流动性和不可控性。以游牧为生的人通过一个个部落群体组织起来，共同应对外部挑战。一个个部落逐草而居，分布于茫茫草原上。在农业文明与游牧文明互动中，游牧部落会受到农耕家户的影响，农耕家户也会受到游牧部落的影响。如黄河区域的集体性既有古典的宗族社会影响，也有游牧部落的影响。西北区域主要包括新

---

[1] 参见《当代中国农业合作化》编辑室编《建国以来农业合作化史料汇编》，中共党史出版社1992年版，第501页。

疆、内蒙古、西藏、甘肃、青海、宁夏等牧区，其典型特征是部落村庄。

"小分化大整合"是西北部落村庄的鲜明特征。家庭是部落构成的微小单元，但家户寓于部落之中，部落的地位远高于家户，其内部的分化程度非常小。同时，为了应对恶劣的环境，部落之间还会形成联盟，由此形成大整合。这种整合不同于黄河区域以村庄为单位的整合，而经常会超越一个个部落单位，从而获得更为强大的整体性和集体行动能力。传统游牧部落以"十户长""百户长""千户长"作为组织建制，便反映了大整合的特点。这也是游牧民族得以经常战胜农业民族的重要组织原因。

西北部落村庄在中国农村社会变迁中有其独特地位，并形成鲜明特色。农村村庄本来是固定在一个地域上的农民聚落。而部落村庄的特点是流动性，并在流动中形成整体性和共同性。长江区域家户村庄因"随水而居"产生的是分散性、个体性，西北区域部落村庄则因"逐草而居"产生的是集聚性和整体性。同时，西北部落村庄位于国家边陲的浩瀚草原中，流动性强，其特点突出，治理难度大。如何针对这一特点，"因地制宜"进行"分类指导"，是国家治理的重大问题。如在流动性的西北区域，实行与内地"包产到户"类似的农业政策，其难度就较大。

5. "低分化自整合"的西南村寨村庄

"靠山而居"是西南村寨村庄的存在形态。中华文明是在由核心向边缘不断扩展中形成的。除了黄河、长江等核心区域以外，还有广阔的边缘区域。与茫茫草原和沙漠地带的西北边缘区域不同，处于崇山峻岭之中的西南边缘区域与核心区域的互动较少，相对封闭，主要包括广西、贵州、云南，以及四川、重庆、湖北与湖南部分被称为少数民族地区的区域。这些区域远离政治中心，自然条件恶劣、文明发育进程较缓，有自己独特的自然、社会、文化与政治形态。为了应对环境，人们大多"靠山而居"，以山区村寨的小集居、大散居的方式居住、生活，村庄大多以"寨""屯"之类的集居聚落命名。尽管家庭是基本单元，但村寨共同体的地位高于个体家户。因此，西南区域村庄组织形态是村寨社会。

"低分化自整合"是西南村寨村庄的鲜明特征。由于自然、社会和历史条件的同一性，西南村寨的社会分化程度很低，人们世世代代过着相同的生活，与外部交往很少。正是在封闭的生活空间里，形成了独特的习俗，人们根据世代传承的习俗进行自我调节，其自我整合的自治性强。与此同时，由于位置偏远，中央政府对于这些地区实行"因俗而治"的政策，使得村庄自我调节得以长期存续。

与黄河区域村户村庄的集体性主要是外力推动不同，西南村寨的合作与集体性主要源于内在的动力与机制，是人们长期共同生活中获得的一种自我认同。这种基于村民自我认同的集体性比较容易达成一致，进行有效的自我治理。人民公社体制废除以后，中国在村一级实行村民自治，其制度来源于广西自治区的合寨村。在西南区域，实行自治更多带来的是团结，而不像社会分化程度比较高的地方，实行自治往往带来的是进一步的分裂、分散。当然，西南区域村寨的"低分化自整合"与其地理位置和交通条件相关，随着交通和通信条件的改善，其对外开放程度提高，"低分化自整合"的形态也在悄然发生变化。

6. "高分化高整合"的东南农工村庄

"逐市而居"是东南农工村庄的存在形态。文明可以分为原生、次生、再生等不同层次。再生即在原生文明基础上再生出一种新的文明形态。中国的东南区域，包括江苏、浙江、福建、广东等地本属于南方农耕区域，具有农业社会底色，且属于农业文明非常发达的地区，如长江三角洲和珠江三角洲，曾经有"苏常熟，天下足"之说，江苏和浙江更号称"天下粮仓"。但这些地方属于沿海地带。随着文明的进步，人们除了以农业获得生存资料以外，还试图通过工业和商业获取生存和发展，而东南沿海赋予这一地带优越的条件，使得这一区域的人们率先挣脱土地和农业的束缚，形成农业与工业、商业相结合的村庄。工商业与市场和城市相关。人们"逐市而居"，尽管仍然是农村聚落，但与城市和市场联系非常紧密。这与"小村庄小集市"的长江家户村庄形成明显的差异。

"高分化高整合"是东南农工村庄的鲜明特征。农工村庄的商品经济较为发达，开放度高，与市场和城市联系紧密，社会分化程度高。这种分化不再限于农业村庄，而是跨越村庄，与城市和市场相关。如1949年前，东南区域出现许多城居地主和工商业地主，这与其他区域主要是在村的"土地主"有所不同。伴随高分化的是高整合，这种整合也不再只是局限于村庄内部，而是跨城乡，以市场为中心的整合。人们之间的横向联系不仅仅限于乡土人情，更重要的是市场理性网络。村庄只是整个市场社会之中的一个环节。

东南农工村庄在整个中国农村变迁中处于领先地位。除了领先于农业文明以外，也领先于工业文明。在中国由农业社会向工业社会转变中，率先崛起的就是东南农工村庄。费孝通先生在其著名的《江村经济》中提出了通过"草根工业"解决中国农村农民问题的超前思路，得益于他在其家乡——江苏吴江的调查。改革开放以来领先于中国的"苏南模式""温州模式"和"珠三角模式"都位于东南区域。只是随着工业化、城镇化，这一区域的农业底色逐渐消退，但其底色却规制着这一区域的工业化和城镇化道路，如"小城镇大市场"。

7. "强分化弱整合"的东北大农村庄

"因垦而居"是东北大农村庄的存在形态。包括黑龙江、吉林、辽宁及部分内蒙古地方的东北区域,原属于非农耕区,且是满族圈禁的地带。只是在数百年前,这一地方因为地广人稀,土地肥沃,导致大量来自山海关内的农民迁移到那里开荒垦殖,将其变为农耕区,俗称"闯关东"。在金其铭看来,"东北的农村聚落实际上是华北聚落的一个分支"[1]。这一地带是狩猎、游牧、农耕的混合文明区域,又属于边疆地区,具有晚开发、跳跃性、移动性特性,农耕文明的历史短暂,但地域辽阔,人少地多,与核心地带的"人多地少"形成鲜明的区别。广阔的大平原、广袤的大草原、广大的大森林,使这里以"大"为特(当地称"大"为"海"),并为"大农业""大农村""大农民"提供了基础,与长江地带的小农有着明显的区别。农村社会成员"因垦而居",属于集居村庄,大多以"屯""堡"之类的集聚村落命名。

"强分化弱整合"是东北大农村庄的鲜明特征。开荒垦殖意味着原地荒无人烟,人们依靠强力获得土地而定居,并产生社会分化。这种分化不是经长期历史自然形成的,而具有很显著的突然性、人为性和强力性。同时,国家治理的缺失,也造成了社会的强力占有和争夺,"匪气"和"匪患"严重。正因为如此,尽管东北村庄以集居方式存在,但相互间的横向联系纽带缺失,村庄犹如一个"拼盘",人虽在一起,但缺乏共同财产和共同心理认同,村庄整合度弱。

由于优越的自然地理条件,东北可以在大农业发展方面发挥重要作用。如中华人民共和国建立以后,东北的"北大荒"成为"北大仓"。改革开放以来,东北成为村民自治"海选"的发源地。但是,"人心不齐"的弱整合也制约着东北大农村庄的发展。人们难以通过村庄提供大农业发展需要的社会服务。一家一户的生产经营方式仍然占主导地位。而东北的"海选"恰恰是因为缺乏村庄共同性而产生的不得已的行为,也正因为缺乏共同的心理基础,"海选"之后的治理仍然困难。

---

[1] 金其铭:《中国农村聚落地理》,江苏科学技术出版社1989年版,第137页。

互斥互依：
多精英主导型村庄的博弈与治理
——黄河区域楚铺村调查

魏　晨[*]

[*] 魏晨，男，河南驻马店人，华中师范大学中国农村研究院（政治科学高等研究院）2015级博士研究生。

第一章　村落的由来与演变

楚铺村是隶属于河南省驻马店市汝南县罗店镇袁庄行政村的一个自然村。该自然村形成于明朝中前期，因楚氏最早前来此地开设店铺而得名。不过，该村并不是以楚姓为主的单一姓氏村落。随着时间的推移，迁入和迁出该村落的姓氏变得越来越多，促使该村日益形成多姓混居的基本格局。据调查，在该村落居住的姓氏最多时曾达到了72个。姓氏的流动以及姓氏间的互动是该村形成和发展的主要推动力。同时官道穿行该村而过，发达的交通为楚铺形成辐射周边几个乡镇的繁荣集市提供了良好的条件，这为村落的发展带来了经济推力。以经济发展为契机，该村在民国时已经成为乡政府所在地，其也在一定程度上促进了村落的发展。中华人民共和国成立之后，该村政治经济情况发生了很大的变化，但是自然村这一基本的地域单元却仍是村民生产和生活的基本场域。

第一节　楚铺村的由来与形成

楚铺村的形成并非无源之水，其形成过程既受到历史因素的深刻影响，又掺杂着众多偶然因素。在多元要素的影响下，楚铺村的形成不仅是大时代的产物，还带有明显的自身特色，这都集中地反映在村落的姓氏关系上。

一、名称由来与村落起源

"楚铺"这一名称在明朝时期便已经形成。据村内老人口述，这个名称的由来与最早定居于此的楚氏有着莫大的联系,但是楚氏却对村落的形成贡献不大。

(一)来自大槐树

元朝末期,黄河区域自然灾害频发,特别是水患尤为严重。加之统治阶级对汉人的高压统治,致使红巾军起义。在这一时期,河南受到了战乱和自然灾害的双重影响,导致人口锐减、荒野千里局面的出现。为了扭转这一局面,明朝洪武年间开始从山西移民垦荒,使农业有所恢复。但是,在明惠帝建文元年(1399年)明朝又发生了"靖难之变",在4年之中河南等地受到了战乱的破坏,经济和社会凋零的现象再次出现。为了恢复社会秩序,复兴社会经济,自洪武六年(1373年)到永乐十五年(1417年)近50年内,明政府先后从山西移民18次,其中洪武年间10次,永乐年间8次。在此阶段,从山西迁出的村民皆集中于大槐树下,因此村民们对于故乡的回忆皆是大槐树。

据村内老人介绍,最先定居于楚铺的楚氏在明朝前期直接由山西迁居至此。当时,楚铺附近较为荒凉,存在大量的荒地,但其靠近官道为开设店铺提供了条件。相传,最早来到这里居住的村民叫楚盘,因此也有不少人称此地为"楚盘"。虽然楚氏是最先来到此地定居的村民,但是在楚氏定居于此时是否有其他村民与其同行并没有明确的说法。与此同时,楚氏迁到此处时到底迁来了多少人也无法找到明确的答案。在调查中,村内老人普遍认可的说法是:楚氏定居于此时只来了1户人,家庭人口规模在4人左右。实际上不仅是楚氏,在该村居住的大多数村民都声称自己的祖先来自大槐树下,只是他们的祖先并没有直接定居于楚铺。在楚氏定居后十数年中楚铺村还没有正式形成。据村内老人介绍,在楚氏到来之前此处也未曾形成过有人居住的村落。因此,可以基本断定楚氏为该村第一批居民,楚氏的到来是楚铺村形成的起点,从楚氏入村算起,楚铺的历史当在600年左右。

(二)定名楚家店

在楚氏定居于此之初,楚铺的名称还没有正式出现。他们定居之后,为了生存就在路边开了一家店铺,随着时间的推移,来往路人便以"楚盘"(后改为"楚家店")称呼此地。在当地,村民们常常采用"姓氏+店/铺/庄"为某一地区命名。不过,"楚家店"名称的出现要早于村落的形成,在楚氏定居后的50—80年间该地才形成了小具规模的村落。"楚家店"的名字一直延续到了清朝中后期,在清朝中后期随着楚家店集市的日益繁荣,村民们便开始称其为"楚铺庄"或者是"楚铺街"。换言之,"楚铺庄"这个名称正式形成于清朝中后期。

二、姓氏流动与村落发展

相对优渥的自然条件，使得楚铺开始聚居越来越多的村民，也正是居民的不断聚居才为楚铺村的形成奠定了基础。不过，该村的发展也伴随着人口的不断流出。在流入与流出的双重作用下才孕育出了楚铺。

(一) 村落形成之前：姓氏的缓慢流入

在楚氏定居此地不久，楚铺便开始有其他村民迁入。但是，迁入该地居住的村民并不算多。据村内老人介绍，此阶段迁入该地居住的村民在10—15户之间，迁居者有着不同的姓氏，但基本上都来自山西大槐树下。村民迁入此地后，主要的谋生手段是耕种开荒或者占有原来的土地。明朝初期，河南地区大多数村民都因战乱而家破人亡或者是迁到了较为安全的地区，因此楚铺周边也留下了大量的无主地。据《驻马店通史》记载，洪武初年（1368年）该县仅剩7000余人。不过，当地并非所有的土地都是无主地。在战乱或者灾祸侵袭时，不少村民也会将自己的土地低价变卖给周边富户。因此，一些后迁入的村民也会选择租种地主的土地。此外，在村落还未形成的阶段只有楚氏在经营店铺，其他村民均未通过经商的方式谋生。

(二) 村落日渐形成：姓氏的不断流动

进入明朝中后期，该地居住的村民日渐增多，楚铺村也正式形成。据村内老人介绍，此时楚铺的人口规模仅维持在200—300人之间。村民迁入该村居住，除为了获得更好的生存机会，更多是为了避免自然灾害的侵扰或是战乱和匪患的影响。在此阶段，由于楚铺具有地理上的优势，经商的村民也变得越来越多。不少没有谋生手段的村民纷纷来到楚铺，富裕的村民想方设法开设店铺，贫穷的村民则在街上推车售卖。村内有老人认为，此时经商的村民并不算多，大约只有5—10户在村内经商，集市也只是初具规模。与此相对，大多数村民仍以耕种自家土地或者是租赁地主土地为生，经营土地仍是村民主要的谋生手段。在村民不断迁入的同时，迁出楚铺的村民也变得越来越多。地理上的优势为村民带来良好的谋生条件，但楚铺也常是土匪侵扰的对象，加之战乱和自然灾害，一些村民在不得已情况下只得再次迁徙。在此阶段村落中已经出现了不少富户，他们中也有人开始定居于此，不再和没有土地的村民一样四处漂泊。

(三) 村落快速发展：大户开始定居

明朝末期，社会再次动乱，楚铺村中又出现了大规模的人口流动。这次波动直到清朝正式建立才宣告结束。在此之后，楚铺迈上了快速发展的道路，不少富户也因楚铺的发达而选择迁居于此。此阶段，在楚铺居住的姓氏也日益增多，出现了即使是相同姓氏的村民之间也完全没有血缘关系的现象。此外，村落中也开始居住有越来越多的"大地主"[1]。当时村东边是小高庄，西北角是小贾庄，三村日益合为一体，被当地村民合称为楚铺店。也有老人认为，楚铺店由周边六村合并而来，但是这种说法没有得到村内老人的普遍认可。

民国时，为了加强村落防卫能力，楚铺村构筑起了能够防御匪患的寨墙。寨墙的建设为村落提供了安全保护，因此不少村民在"跑反"[2]的过程中也通过种种方式定居于楚铺。一些有钱有势的富户更是为了保护自己的私有财产，选择在楚铺买地建房。此后，无产和少产的村民虽仍流动频繁，但大户基本上不再流动。与此类似，一些开设有店铺、拥有少量土地或者是租赁有地主土地的村民生活也日渐安定了下来。虽然他们对于灾祸的抵御能力仍较低，但无论遇到什么灾祸，一旦情况有所好转，他们仍会在第一时间返回楚铺。此时，村内的姓氏达到了72个[3]。除了汉族，村内还居住有回族等少数民族。

随着村落村民和姓氏结构基本趋于稳定，村落经济也越来越发达，店铺的规模和数量都达到了顶峰。如前所述，清朝中后期该村便出现了"楚铺街"的称呼。在当地，一般的集市并不能被称为"街"，只有较发达的集市才能被周边村民称为"街"。

三、村民概况与村落结构

楚铺村拥有着自己的独特姓氏结构，生活在其中的村民的情况也是千差万别。1949年之前，除了赵、靳、李等大户[4]，村内的其他姓氏也存在着各自特殊的情况。姓氏结构以及由此产生的姓氏关系是村落社会关系、经济关系、治理关系存在的基石。

（一）村落姓氏构成

截至1949年9月，在村落居住的姓氏主要包括：刘、张、赵、李、罗、艾、陈、楚、萧、金、潘、靳、米、牛、彭、杨、姚、袁、王、冯等。具体情况请参见表1-1。不过，由于人口流动性极大，在当时楚铺居住的姓氏并不仅仅包括上述姓氏。据村内老人介绍，这些姓氏的村民主要长期居住在村中，也基本上都是在村户数较多的姓氏。还有许多村民，由于在村居住时间并不太长，1949年之前又迁到了其他村落居住，因此村民对其记忆相对有限。至于民国时在村固定居住和临时居住的姓氏具体有多少，现在村内存在多种说法。有老人认为，民国时村内存在的姓氏应在30—40之间，也有老人认为此时村落中存在的姓氏应在50—60之间。对于这两种说法，老人普遍认可的是第一种。同时，老人普遍认为民国末期长期定居于该村的户数约为150—250户，短暂定居该村的

---

[1] 大地主，此为村民俗称，意指拥有土地超过70亩的村民。特殊场合下，其主要代指拥有土地超过500亩的赵氏三门。
[2] 指村民为了躲避灾祸，白天在自己的村落中生活，夜晚则在拥有城寨的村落中居住。
[3] "72个"仅为村民对楚铺姓氏较多的一种形容。同时，当地村民在统计姓氏时会把嫁入该村妇女的姓氏也一并算上。
[4] 大户，当地村民对于有权有势村民的俗称。

户数约为50—100户,该村的人口规模约在800—1200人。不过,由于"跑反"现象的存在,在村落中居住的临时人口有时甚至会超过2000人。

表1-1 民国末期楚铺村主要姓氏(部分)

姓 氏	户 数	家中人口数
刘	8	39
张	6	22
赵	10	45
李	5	22
罗	4	13
艾	3	19
陈	3	10
楚	3	14
萧	3	13
金	2	7
潘	2	8
靳	1	6
米	1	4
牛	1	4
彭	1	1
杨	1	4
姚	1	5
袁	1	3
王	1	7
冯	1	6
总 计	58	252

说明:数据由艾宝玉、刘万斤、靳逢安、李邦存等多位老人共同回忆而来。受流动性等原因所限,老人仅能回忆出来部分姓氏。还有部分姓氏老人无法说清是否是1949年之前便定居楚铺,因此写作中不予采纳。

最早居住在村落中的楚氏并没有发展为村中的主姓,民国时期在村内仅存3户。楚氏在村居住期间并没有发财致富,因此不少楚姓村民为了获得更好的生存机会便搬迁到了其他村落。民国时,在村户数较多的姓氏为刘、张、赵、李四大姓,但是每个姓氏内部也并不都是带有血缘关系的亲属。例如，村内地主赵文国与地主赵九儒之间就不存在亲属关系。

（二）村落姓氏概况

1. 大地主

民国时期，楚铺已演变为以地主为中心的村落。1949年之前，该村在村地主主要有：赵国兴、赵氏（"七老婆"[1]）、赵文圆、赵九儒、赵国柱、赵国费、赵开元、李子峰、李子振、刘开基、萧景云、靳仲楹。其中，赵国兴是汝南县城以西最大的地主。当地村民曾传说，赵国兴拥有的土地面积达到了2万亩。但实地调查中，老人普遍认为其拥有的土地面积应在4000亩以内。赵国兴与"七老婆"、赵文圆本为一家，后分为三门，赵氏三门拥有的土地面积约在5000亩。赵国兴拥有的土地除了集中在楚铺村，还遍布在楚铺四周的村落中，周边每一村都有赵国兴的佃户。赵氏三门的土地主要继承自祖上，但是他们土地具体的来源目前已经无从知晓。历史上赵家从未担任过任何官职，只与袁世凯有亲属关系。因此，村内老人认为其土地来自灾荒和战乱之后的土地兼并。在当地，灾年买地是地主积累土地的主要途径。村内赵氏地主普遍都较为富有，但他们之间并不存在血缘关系（除赵氏三门），他们与村中其他赵氏也没有血缘关系。赵氏地主都没有权力背景，因此被当地地主称为"土鳖地主"或者是"鳖地主"。与赵氏情况类似的还有刘开基和萧景云，他们的土地多是靠自身的努力积累而来。

2. 有权有枪者

上述地主虽然较有经济实力，但是在村中的地位并不算非常高（除赵国兴之外）。在楚铺，地位最高的是担任有官职的地主。地主靳仲楹祖上由安徽搬迁而来，祖父曾在清朝末年中过进士，在民国时靳在县城中担任兵役局长一职。其在村的土地主要由本人购买而来（1945年之后购买），不在村的70亩地则是通过扩地的方式从县政府那里得来。靳仲楹本人常年不在村居住，平日里只有其妻子和儿子住在村中。不过，由于他在政府中担任有官职，所以其在村中地位最高。在靳之下，地位最高的是李子峰，其本为楚铺所在镇的镇长，手上还管辖有3支预备队。

3. 村落其他姓氏

除了赵、李、靳等有钱或是有势的村民，其他村民普遍地位不高，他们拥有土地的数量也相对较少。条件较好的村民会以租赁地主的土地为生，部分村民还因大规模

---

[1] "七老婆"是村民对赵氏的俗称，她是村民赵老七（俗名）的妻子，赵老七死后村民就称其为"七老婆"。"七老婆"原名是什么现在已经无从考证，为了叙述的统一性，下文将统一用"七老婆"这一称呼。

租赁地主的土地而变得越来越富有;条件一般的村民会通过开设店铺的方式赚钱;条件再差一点的村民会通过流动摊贩的方式或者是通过从事工匠等职业来谋生;条件最差的村民则只能以出卖劳力的方式谋生。各家具体情况请参见表1-2。

表1-2 民国末期楚铺村各姓氏家庭基本结构(部分)

姓 名	家中人口总数	家庭成员结构				拥有土地亩数
		儿子	儿媳	女儿	其他	
楚宝伦	6	1	0	3		10
楚宝庆	4	1	0	1		6
楚马虎*	4	1	0	1		6
张泰园	5	0	0	0	4个姐妹	5
张富中	1	0	0	0		0
张贵林	1	0	0	0		0
张文清	6	1	0	3		0
张荣青	4	1	0	1		10
张得柱	5	2	0	1		0
赵国兴	6	2	0	1	1个弟弟	4000
"七老婆"	3	0	0	0	侄子、侄媳妇	500
赵文圆	6	1	1	0	1个孙子、1个孙女	500
赵九儒	5	1	1	1		100
赵国柱	3	1	0	1		170
赵国费	4	2	0	0		80
赵国富	3	1	0	1		0
赵开元	7	2	1	1	1个孙子	100
赵喜	2	0	0	0		0
赵昌福	6	2	0	2		4
李子峰	5	2	0	1		150
李子振	4	1	0	1		100
李俊山	4	1	0	1		6
李发祥	5	2	0	1		0
李发荣	4	2	0	0		5
刘开基	5	1	0	0	1个姜、父亲	80
刘景文	4	2	0	0		14
刘永宽	2	0	0	0		0
刘清源	10	2	2	0	1个孙子、2个孙女、母亲	28
刘保安	4	2	0	0		0
刘保庆	5	2	0	1		3
刘万城	3	1	0	0		0

续表

姓　名	家中人口总数	家庭成员结构				拥有土地亩数
		儿子	儿媳	女儿	其他	
刘永元	6	4	0	0		0
陈应露	5	1	0	2		12
陈本	3	1	0	0		0
陈发泰	2		0	0		0
姚西全	5	1	1	0	1个孙女	20
金毛顶	4	1	0	1		5
金毛山	3	1	0	0		0
袁宏喜	3	1	0	0		0
牛青	4	1	1	0		0
杨毛	4	1	1	0		0
米四荣	4	1	1	0		0
罗海山	2	0	0	0		0
罗海广	2	0	0	0		0
罗清秀	6	1	1	1	1个孙子	0
罗世杰	3	1	0	0		0
艾常青	8	2	0	2	2个妾	1
艾宝仁	3	1	0	0		0
艾常秀	8	3	3	0		0
萧景云	5	1	1	1		100
萧景洋	4	1	0	1		16
萧清奎	4	2	0	0		0
靳仲楹	6	2	0	2		37**
彭荣庆	1		0	0		0
潘阳辰	5	1	0	2		0
潘阳林	3		0	1		0
王干辰	7	2	0	1	父亲、母亲	5
冯自勋	6	2	1	1		6

　　＊"楚马虎"为该村民的俗名，该村民的正名已经无人知晓。
　　＊＊靳仲楹另（扩）有70亩土地在其他乡镇。
　　说明：数据由艾、陈、李、靳等多位老人共同回忆而来，受村庄流动性限制，老人仅回忆出部分在村村民的基本情况。其中数据存有争议，在此仅选取老人们大致认可的部分。"儿子"一栏空白表示家庭为核心家庭且无子。

第二节　楚铺村的建制沿革

传统时期，楚铺与国家政权的联系较为密切，民国时楚铺村便是基层政府所在地。在这种背景下，基层建制的变革往往会给村民的生活带来不小的影响。该村形成与发展的历史又是建制不断变化的过程，村落建制的沿革能从侧面反映村民与国家的基本关系。

一、1949年之前的村落建制

（一）明朝以前的行政隶属

历史上，楚铺一直隶属于汝南县。夏禹时，汝南属豫州之域，西周属挚地，春秋为沈、蔡两国地，战国属楚，秦属颍川郡，后属陈郡，西汉为汝南郡之上蔡、宜春、安成等县地，东汉沿袭了西汉的建置，三国属魏之豫州。东晋元熙元年（419年）汝南郡始治悬瓠城（今汝南县城），因濒临汝水，城若悬瓠系于藤蔓而得名"悬瓠城"。汝南置县于北魏时期，因"周公营洛建表测影，豫州为天地之中，汝南又豫州之中"，故有"天中"之称。北魏改置上蔡县，县治仍称悬瓠城，兼为豫州州治和汝南郡治所在地。到了隋朝，该县的县名被改为汝阳县。唐朝把豫州改为蔡州，因此该县属蔡州管辖，唐贞元七年（791年），政府置汝南县，汝阳等县并入汝南县。五代时期汝阳县均属蔡州。北宋时，该县仍归蔡州管辖，隶属于京西北路。元朝初年（1271年）于舞阳截断汝河，下游水患解除，人民生活相对得以安宁，故蔡州改称汝宁府。

（二）明清时期的行政隶属

明清时，该地县一级建制基本保持不变，汝阳县也得以一直保留。楚铺成村于明朝中前期，楚铺村归属汝阳县遂平路管辖，此时汝阳县又分为10坊，坊相当于乡，但其在明朝并不是一级行政组织。同时，明朝在基层奉行里甲制，汝阳县共分33里，但楚铺具体归属哪一里并没有明确的记载。

据《汝南县志》叙述："清，汝阳县设44店……5个集市。"[1] 店与集相当于镇和乡，两者仅在所辖人数上存在区分，店所管人数要多于乡所管人数。此时，楚铺店为44店中的一店，楚铺村也隶属于楚铺店。在镇乡之下，还设有保、甲、牌三级组织，但是楚铺具体的保甲建制现在已经无从考察。

（三）民国时期的行政隶属

民国时（1913年）改汝阳县为汝南县，先属豫南道，后属汝阳道。1927年国民政

---

[1]《汝南县志》，中州古籍出版社1997年版，第77页。

府废除"道"这一行政层级，汝南县此时直属于河南省政府。1932年之后，汝南县隶属于河南省第八行政督察区。

民国早期，汝南县沿用清末旧制，县下设置镇和乡。不过，此时乡和镇也不是行政单位。民国十七年（1928年），国民政府颁布《县组织法》，县下设区，区下设村、里，村、里之下设闾，闾下设邻。1930年里和村又被改编为乡和镇，其中不满100户的村落称为乡，超过100户的村落称之为镇[1]，楚铺村上便设有镇公所，不过此时汝南县并未划区。民国二十二年（1933年），国民政府为了完成"剿共"总任务，从"三分军事，七分政治"的方略出发，在河南、湖北、安徽三省重新实施保甲制。据《汝南县志》记载，"民国二十二年（1933年）全县共设10区，90个联保，1095个保，11215个甲"[2]。在这一阶段，楚铺村上新设区一级行政组织，乡镇一级建制被政府裁撤。当时，保甲也开始重新编制，该村为楚铺区第一保。此后，汝南县建制变动频繁，区、联保、保和甲的范围长期都处于变动的状态中。民国二十九年（1940年），汝南县撤销区、联保两级行政层级，恢复了以乡镇为核心的行政建制，在全县建立24个乡、5个镇，楚铺镇的建制也得以恢复。与此同时，保、甲两级行政体系继续保留，该村被划为楚铺镇第一保。1940—1948年间，该地建制基本趋于稳定，未有太大变革。民国三十三年（1944年）5月至民国三十四年（1945年）8月，日军侵占汝南县，在此期间，日军在楚铺村成立了维持会，保甲体系仍正常运转。日军投降后，镇、保、甲三级政权一直沿用至1949年前后。具体情况，请参见表1-3。

表1-3　1949年之前楚铺行政隶属情况

时　间	建制隶属情况
夏禹	豫州
西周	挚地
春秋	分属沈、蔡两国
战国	楚国
秦	先属颍川郡，后属陈郡
西汉	汝南郡
东晋元熙元年（419年）	汝南郡
……	……
明	汝阳县

---

[1] 各地可根据情况自行划定镇和乡，有些镇经济较为发达，常住人口即使不足100户也可能被划定为镇。
[2]《汝南县志》，中州古籍出版社1997年版，第77页。

续表

时　间	建制隶属情况
清	汝阳县楚家店
民国十七年（1928年）	汝南县楚铺镇
民国二十二年（1933年）	汝南县楚铺区第一保
民国二十九年（1940年）	汝南县楚铺镇第一保
民国三十三年（1944年）	楚铺村维持会*
民国三十四年（1945年）	汝南县楚铺镇第一保

* 名称为老人口述，官方称谓不详。

二、1949年之后的村落建制

1949年1月，汝南县全境解放，全县共设12个区，楚铺区为其中之一区。1949年夏，全县设10个区，辖38乡。此时，楚铺区的建制得以保留，楚铺村隶属于楚铺区。同时得以保留的还有保甲制，不过时间并不太长。1950年2月23日，河南省人民政府批准建汝南市，同年11月5日，将原10个区划为15个区，楚铺为六区，辖24个乡。此时，乡一级建制与民国时期基本类似，户数在100户左右的自然村便设立为一个乡，户数不足的自然村则会被并入其他乡。1951年4月26日，撤销汝南市，改为县辖镇，县东部8个区划出新建平舆县。上蔡县划出6个乡归汝南。全县共划为10个区，辖144个乡、1个城关镇。此阶段，楚铺仍为六区，辖15个乡。1956年2月，汝南县撤销区级建制，设24个中心乡，楚铺为24个中心乡之一。1958年8月，汝南县撤销乡建制，实行人民公社制，全县设12个人民公社。此时，楚铺归大王桥人民公社管辖，为袁庄生产大队下辖的5个生产队。不过，由于楚铺位于宿鸭湖湖区，属于移民范畴，在1961—1962年间楚铺村村民曾短暂搬迁。此后，楚铺村不再是人民公社或者乡镇一级组织机关的所在地。1981年底，根据国务院《关于地名命名、更名的暂行规定》，大王桥人民公社更名为罗店公社。1983年12月，改公社为乡，原大队更名为村民委员会，楚铺村原5个生产队也更名为5个村民小组。详情请见表1-4。

表1-4　1949年之后楚铺行政隶属情况

时　间	建制隶属情况
1949年夏	汝南县楚铺区
1950年11月	汝南县楚铺区（六区）
1951年4月	汝南县楚铺区（六区）

续表

时　　间	建制隶属情况
1956年2月	汝南县楚铺乡
1958年8月	汝南县大王桥人民公社袁庄生产大队*
1961年（具体月份不详）	汝南县大王桥人民公社别桥生产大队**
1963年（具体月份不详）	汝南县大王桥人民公社袁庄生产大队
1981年12月	汝南县罗店公社袁庄生产大队
1983年12月	汝南县罗店乡袁庄村

* 当时，楚铺只有4个生产队的村民迁到别桥生产队居住，第2生产队并没有离开楚铺。

** 由于村民经常受到别桥村民的欺负，所以他们自发搬回楚铺，县政府和公社对他们的行为也采取了默认的态度。搬迁时间大约在楚铺村民迁到别桥村一年半以后。

第三节　村落当下概况

伴随着新时期的到来，楚铺村的姓氏结构、社会构成、建筑布局等方面都在发生着翻天覆地的变化。如今的楚铺村既保留了村落传统底色，又融入了现代元素，正是传统与现在的有机结合才孕育出了该村当下的基本格局。

一、地理位置

罗店镇位于汝南县城西北，距驻马店市区12公里，距汝南县城35公里。其濒临宿鸭湖西岸，位于驻马店市驿城区、遂平县、上蔡县、汝南县四县交界之处。自古以来，罗店镇就位于交通要道之上，是兵家必争之地。1949年之后，省道S206也贯穿罗店镇全境，更加凸显了罗店镇的交通优势。

由于袁庄行政村原本归属楚铺店管辖，1958年之后才归属罗店镇（前身为大王桥人民公社）管辖，因此袁庄村距离罗店镇仍有一定距离。此外，袁庄村临近汝南县、遂平县、驿城区三地交界处，其距离驿城区的距离甚至小于到汝南县城的距离。具体而言，袁庄村距离驿城区的距离为17.1公里，距离遂平县县城的距离为34.3公里，距离汝南县县城的距离为28.5公里，距离罗店镇政府的距离为8公里。袁庄村紧邻别桥行政村和大陈庄行政村，村民出行可在别桥村乘坐公共汽车，两村相距约为1.3公里。此外，当下楚铺村距离袁庄村村委会的距离在1公里左右。

二、行政村概况

据袁庄村村委会统计，截至2017年袁庄村共有3797人，其中劳动力人口为2095

人，劳动力占总人口的比例为55.18%。同时，常年外出务工人口为1298人，占劳动力人口总数的61.96%。村庄共有耕地面积3622亩，人均占有耕地面积0.95亩，该村所有耕地均为旱地，并没有水田。同时，由于该村地处平原地区，附近没有森林，所以该村除了耕地外并没有其他集体财产。目前，袁庄村共有13个村民小组，人数最多的村民小组大约有500人。这13个村民小组基本由民国时期的甲演化而来。在集体化时期，一个甲就相当于一个生产队，在生产大队改制为村民委员会之后，生产队也随之转变为村民小组。

三、自然村概况

截至2017年，楚铺村共有5个村民小组，总户数360户，共有村民1182人。其中劳动力人口702人，占总人口的比例为59.39%。当下，楚铺村共有土地515.8亩，户均拥有土地1.43亩，人均拥有土地0.44亩。不过，上述仅是能够确权的土地面积，每户实际拥有的土地面积为7—8亩。具体情况请参见表1-5。当下楚铺村内共有姓氏46个，家中人口数排在前五位的姓氏分别为陈、刘、张、艾、李，人口数分别为223、140、110、73、64，这五个姓氏家庭人口数和耕地面积在全村的占比均达到了50%以上。具体情况请参见表1-6。

表1-5 当下楚铺村基本情况统计表

村民小组	户数	人口数	耕地亩数	户均耕地亩数	人均耕地亩数
第一组	61	201	91.09	1.49	0.45
第二组	136	467	273.57	2.01	0.59
第三组	40	119	67.49	1.69	0.57
第四组	60	192	44.49	0.74	0.23
第五组	63	203	39.16	0.62	0.19
合计	360	1182	515.8	1.43	0.44

表1-6 当下楚铺村各姓氏人口及土地面积情况统计表

姓氏	户数	人口数	耕地亩数	人口百分比	耕地面积百分比
陈	65	223	98.1	18.87	19.02
刘	41	140	47.86	11.84	9.28
张	31	110	61.64	9.31	11.95
艾	22	73	17.15	6.18	3.32
李	20	64	35.85	5.41	6.95
王	13	41	23.77	3.47	4.61

续表

姓　氏	户　数	人口数	耕地亩数	人口百分比	耕地面积百分比
肖	13	48	21.53	4.06	4.17
曹	12	45	25.65	3.81	4.97
孟	10	30	5.97	2.54	1.16
吴	9	26	9.38	2.20	1.82
米	8	20	7.9	1.69	1.53
徐	8	24	6.45	2.03	1.25
罗	7	18	13.11	1.52	2.54
彭	7	26	16.35	2.20	3.17
袁	7	21	2.37	1.78	0.46
周	7	20	7.58	1.69	1.47
朱	7	20	8.3	1.69	1.61
赵	6	13	6.3	1.10	1.22
金	5	17	3.65	1.44	0.71
裴	5	17	5.85	1.44	1.13
沈	5	15	10.97	1.27	2.13
冯	4	12	7.49	1.02	1.45
龚	4	14	6.03	1.18	1.17
孙	4	14	3.83	1.18	0.74
杨	4	21	14.41	1.78	2.79
郑	4	15	5.37	1.27	1.04
范	3	11	7.86	0.93	1.52
顾	3	9	7.79	0.76	1.51
靳	3	6	3.23	0.51	0.63
楚	2	8	3.9	0.68	0.76
董	2	6	4.1	0.51	0.79
宫	2	6	2.02	0.51	0.39
韩	2	8	3.05	0.68	0.59
霍	2	6	5.79	0.51	1.12
殷	2	6	0	0.51	0.00
贺	1	4	1.67	0.34	0.32
孔	1	1	0.92	0.08	0.18

续表

姓 氏	户 数	人口数	耕地亩数	人口百分比	耕地面积百分比
雷	1	4	0	0.34	0.00
吕	1	4	0	0.34	0.00
牛	1	3	1.14	0.25	0.22
石	1	5	0	0.42	0.00
史	1	1	0.82	0.08	0.16
武	1	2	0	0.17	0.00
熊	1	1	0.65	0.08	0.13
薛	1	1	0	0.08	0.00
叶	1	3	0	0.25	0.00
合 计	360	1182	515.8	100	100

第二章　楚铺村的自然形态与实态

自然环境是影响村民生产和生活的基础因素。楚铺村形成与发展的过程也是村民利用和改造自然的过程。特定的自然环境既为楚铺村民生产提供所需的生产资料，也为村民的日常生活提供了必要条件。不过，自然环境又是一把"双刃剑"，它在为村民的生产和生活带来便利的同时，也给村民制造了一些障碍。旱灾、蝗灾、水灾的侵袭，使村民们不仅难以完成农业生产，就连生存都会变成一件极为困难的事情。在特有的气候、土壤、资源条件下，楚铺村的村民即使掌握了与大自然相处的基本法则，也需要通过对自然环境的不断改造才能实现对自然资源的有效利用。

第一节　自 然 形 态

适宜的气候、平坦的地形、充沛的水源是楚铺村村民繁衍和生息最基本的外部条件。然而，在自然面前村民往往又会显得无能为力，每当自然灾害侵袭之时，村内大量村民的生活便无以为继。自然在为村民带来丰富资源的同时，也给村民的生产和生活带来诸多不确定性因素。

一、气温与降水

楚铺村位于暖温带南部，是北亚热带向暖温带过渡的地带，兼有两种气候带的特征，属大陆性季风性的亚湿润气候。在河南省农业气候区划分中，该村被划入淮北平原温暖易涝区。其基本的气候特征为：气温差异性很小，四季较为分明；春季气温多变，夏热冬冷，秋季降温较快；雨热同季且干湿冷暖适中。同时，该村气候还具有光热水资源丰富，但雨水集中变率大，易旱易涝的特征。

（一）气温基本特点与农业生产

1. 气温概况

据《汝南县志》记载，汝南县历年平均气温为14.9℃，最高年份16.0℃，最低年份14.0℃。1951年至1980年历年最高气温41.2℃，出现在1967年6月6日。历年平均最高气温40℃，日数共21天，其中有14天出现在夏旱严重的1959年和1966年。历年最低气温-20.7℃，出现在1955年1月6日。

从四季温度来看：汝南县春季平均温度为14.6℃，由10℃上升为22℃经历56天。这种气温特征较适合越冬作物生长，特别适合冬小麦的冬后生长。夏季平均温度为26.9℃，5月中旬到9月中旬，该村的平均气温基本上都在20℃以上，这种温度条件能满足棉花、芝麻、玉米等喜温作物的生长要求。秋季平均温度在15.6℃，秋季温度高于春季温度，寒露到立冬的平均气温由17℃逐渐下降到12℃，宜于喜凉作物的播种，并在冬前有足够的积温条件形成壮苗。冬季平均温度为2.4℃，整个冬季日平均气温在0℃以下的天数共24天，负积温44.9℃，这种并不是很冷的气候条件，使越冬作物安全越冬。通常每年1月份平均温度最低，而7月份平均温度最高。各月平均及极端气温表请参见表2-1。此外，汝南县地表年平均温度为17.5℃，冬季地面平均温度为2.6℃，夏季地面平均温度达32.4℃。一年平均霜期145天，无霜期最长年份可达285天，最短年份仅为194天。早霜一般在11月上旬出现，个别最早年份在10月15日。终霜期平均在3月28日，最晚可持续到4月18日。一年4月上、中旬发生霜冻的频率为44%。

表2-1　汝南县各月平均及极端气温表　　　　　（单位：摄氏度）

月 份	1	2	3	4	5	6	7	8	9	10	11	12	年平均
平 均	0.9	3.1	8.4	15.0	20.5	26.1	27.8	26.8	21.7	16.0	9.2	3.1	14.9
极端最高	14.9	19.9	24.9	29.9	34.1	37.8	37.6	36.9	33.5	29.4	23.7	17.5	28.3
极端最低	-9.7	-7.6	-2.9	2.3	8.6	15.5	19.5	18.4	11.2	4.4	-2.7	-6.7	4.2

资料来源：数据引自《汝南县志》，中州古籍出版社1997年版，第129页。

2. 气温与种植结构

汝南县的气温特征较有利于小麦、大麦、大豆、玉米、高粱、黄豆、棉花、油菜、芝麻、豌豆、红薯等作物的生长。传统时期，楚铺村村民通常奉行麦豆混种制。在每年公历9月种小麦或者大麦，次年芒种前后收割大麦或者小麦。小麦收割之后，一般种植红薯、荞麦、芝麻、棉花等作物。这些作物生产周期较短，一般在9月中旬便能收获。此外，村民在种植小麦或者大麦时也会在麦田中搭上架子种植豌豆。由于气温很少低于零度且霜期通常较短，因此村民所种农作物较少受到霜冻灾害的影响。同时，在冬季该地常常伴有几场大雪，大雪覆盖地面有利于保留地温，这为小麦顺利过冬提供了便利，有利于冬小麦的高产。

（二）降水与生产、生活

1. 降水量概况

据《汝南县志》记载，1951—1980年间，该县年平均降水量为869毫米。多数年份的降水量在855—1042毫米的范围内。1951—1980年汝南县5个气象站侦测的降水情况请参见表2-2。在这5个气象站中，距离楚铺村最近的是和庄气象站，两者的距离约为7.5公里。由此可见，楚铺村年平均降水量在934毫米左右。同时，该村每年降水主要集中在夏季，冬季降水相对较少。在当地曾流传有"干冬湿年下"的说法，如果冬季下雨较少，第二年往往会比前一年下更多的雨。

表2-2 汝南县各地平均年、季总雨量表 （单位：毫米）

地　点	春	夏	秋	冬	平　均
桂庄	200	448	171	68	887
城关	198	430	174	68	869
和庄	208	479	174	73	934
和孝	223	471	175	77	946
沙口	198	470	176	83	927

2. 降水与麦作

小麦生产与降水量有一定的联系，降水较少有时甚至可以提高小麦产量，而降水较多则需合理施肥才能实现小麦高产。以往，该村主要的灌溉水源是井水和河水，靠近冷水河的村民主要靠建造水渠自然引水灌溉，不靠近冷水河的村民则主要使用井水和雨水进行灌溉（一说，村民很少灌溉，麦作主要是靠天吃饭）。所以，降水量的多少将在一定程度上影响到小麦的生产情况。降水量适度，村民依靠雨水并少量使用其他水源便能实现有效灌溉；降水量过多，则有造成洪涝的风险。楚铺村地势低洼，受雨水影响较为严重，每到夏季降水集中期就会出现农作物减产，甚至全部被淹。正常年份，人工灌溉是保证小麦生长的主要途径，降水基本上不能满足需求。

3. 雨水与产权

以往，对雨水也有相应的产权。不过，由于村落中的饮水井较少干涸，所以村民对于村落内雨水的产权并不是特别在意。与此相对，田中也有水井，但由于雨水充足可减少人工灌溉的成本，因此各家各户都较为注重雨水产权。一般而言，雨水落在谁家田地或者菜地中，其产权就归谁家所拥有。田主在享受雨水带来的便利的同时，还要对雨水的具体处置方式负责。在降水较多时，田主不能将水直接排入他人田中。如果某一村民的田地被他人田地所包围，排水时必须将雨水引流入沟渠之中。

4. 降水与共筑地基

1949年之前，由于该地地势较低，村落被洪涝影响的情况也时有发生。为了有效抵御洪涝，住在一起的邻居会合力将房屋地基垫高，以免洪水将房屋损毁。具体而言，关系较好且同时有建房意愿的3—4户村民或者是具有血缘关系的同姓人，会相约在某一地段购置宅基地或者利用荒地建房，并一同修建1—2米的高台。修建过程中，合修村民不互相计算成本。例如，村民A家中劳动力较多或者是能找来帮忙的村民较多，那么村民A可能提供3—4个劳动力。村民B与村民C如果只能提供1—2个劳动力，那么合建高台结束后村民A不会向村民B和村民C讨要多提供几个劳动力的工本，村民B和村民C也无须对村民A表示感谢。与此相对，如果村民A家中有充足的劳动力而无故不愿提供相应劳动力反倒会影响三者之间的关系。当然，村民B和村民C也并不是不用偿还村民A所多付出的工本，只是无须立刻偿还。据村内老人介绍，村民A所付出的成本一般会通过其他形式偿还。例如，在村民A家被雨水冲毁屋顶时，村民B和村民C要主动伸出援手，收留村民A在家中居住，并在降雨结束之后无偿帮村民A修补房屋。

虽然该村及其附近村落有联合修建高台的现象，不过由于种种原因，这种情况并不是非常普遍。一般而言，住宅不靠近街道的村民独立垫高自家住宅的地基。多数的村民联合防汛的方式是共同给房前屋后的排水沟清淤，或者是修补排水沟。以往，村落内家家户户都有排水沟，排水沟多分布在住宅的空地上，但全村大多数住宅的排水沟连为一体，经东门排入田中。为了加强排水效能，每年春季保甲长（甲长组织就可以）都会组织村民共同清淤。在清淤的过程中，保甲长会安排家中劳动力较多的村民前去清淤。保甲长安排到谁家，谁家就要提供2—3个劳动力。清淤不给工钱，也不管饭，完全属于义务工。

二、土壤与作物产量

特殊的土壤类型，在为楚铺村村民的日常生产提供便利的同时，也制造了些许麻烦。此外，土壤的质量也与作物的产量有着密切的联系，进而影响了村民的日常饮食结构。

（一）土质概况

该村土壤主要为灰砂土，由灰粗砂土、灰细砂土、灰青砂土等几类土种构成。这种类型的土壤主要分布在河漫滩和河流故道上，由河内杂质沉积或者是因河水裹挟杂质向岸边冲积而成。该土种通透性强，通气良好，好气性微生物活动占优势，可以促进有机质分解，且土壤疏松，易耕作。土壤毛管作用强，水分运行快，适耕期也长。但是，养分含量低，保肥性能差，作物后期易脱肥早衰。该地土地的 pH 值约在 6.3—7.5 之间，土壤有机质含量高于 1.07%。这种土壤特质造成村民在农业生产时，必须更加注重保水以及肥料的作用，无形中增加了耕种的人力投入。

（二）土地质量与作物产量

楚铺村是传统旱作区，灌溉对作物生长有很大的影响，但是土壤对于产量的影响却更为关键。一般而言，该村小麦亩产量通常在 100—170 斤，土质最差土地的产量甚至会低于 80 斤。大豆的亩产量约在 80—100 斤；芝麻的亩产量约在 50—60 斤；谷子的亩产量约在 120—140 斤；大麦的亩产量约在 120—200 斤；红薯亩产量略高，通常在 700—800 斤。详细情况请参见表 2-3。

表 2-3　传统时期楚铺村主要农作物一般及最高单产

品　　种	一般亩产斤数	最高亩产斤数	用　　途
小麦	100—170	220	主要食用作物
大麦	120—200	250	主要食用作物
大豆	80—100	120	辅助食用作物
芝麻	50—60	80	榨油
谷子	120—140	160*	主要食用作物
红薯	700—800	1000	主要食用作物
皮棉	20—40	50	售卖为主
高粱	180—220	250	辅助食用作物
豌豆角	200—300	330	主要食用作物

* 谷子脱壳后可以产糠 80—100 斤。
资料来源：数据由李、艾、张等多位老人口述，笔者整理而来。

（三）作物产量与日常饮食结构

传统时期，由于耕作技术的相对落后，该村超过半数村民都无法从农业生产中获得较为充足的食用作物。一般而言，村民最喜欢食用的作物是小麦，但小麦往往只能生产一季，产量也相对较低，因此小麦基本上是村民们都舍不得吃的作物。据村中老人回忆，村中富户"七老婆"每天也只是吃由白面和杂面混合后做成的花卷，并配以去除尖端的炒豆芽。一般村民通常在豌豆角成熟后先吃豌豆，在小麦或者大麦成熟之后只能吃2—3天小麦和大麦，之后吃大麦与其他杂粮混合后制作的花卷、面条以及其他面食。"瘟鸡子，烂红薯"是当地村民对于日常饮食的基本形容。每到年底村民们能吃的基本上都是杂粮和谷糠，偶尔能吃上一顿肉也都是自己家病死的瘟鸡。因为红薯的产量相对较高，因此其也是村民越冬的主要食物。在冬季，村民即使手上还存有一些小麦也不会随意食用，因为小麦还能充当一般等价物。如果家中粮食不足，村民通常要向粮店或者是富户借粮，待第二年再归还粮食。

三、自然灾害

由于该村地势低洼，夏季受到洪涝灾害影响的程度相对较高。与此同时，旱灾和蝗灾也给村民的生产和生活带来一定的冲击，因此而破产的村民也不在少数。

（一）洪涝及其关系

1. 洪涝概况

传统时期，该地受洪涝的影响较为严重。据村内老人介绍，洪涝主要分春涝、夏涝和秋涝，其中夏涝和秋涝带来的影响较为严重。该村平均每2—3年就会受到1次洪涝灾害的影响，但是影响的程度相对有限，并不是每一次发洪水都会造成村民房屋垮毁或者是作物的全面减产。就农作物而言，小麦、芝麻、谷子等作物最怕水淹。其中，小麦如果短期之内被水浸没，对产量的影响还不算大，但是，长期浸泡在水中则会全面死亡。芝麻和谷子等作物对水的耐受度最差，一旦被秋涝波及往往会大幅度减产。但是，高粱、大豆等作物对于洪涝的抵抗能力相对较强，即使遇到洪涝减产幅度也不会太大。

2. 洪涝与农田防护

以往，一旦发生洪涝村民往往只能各顾各，要自己想法将田中的水尽量排出去。在此过程中，村民之间很少有相互合作的情况出现，特别是在连续多天下雨之时村民就更是不能兼顾彼此了，即使亲兄弟间也是如此。但是，这并不是说，村民之间不愿互相帮助，而是因为防洪设施的缺乏使得村民即使合作也无法有效抵御洪涝。如遇连天阴雨，雨水不能向其他村民田地排放的惯习也会失效，村民完全不用对雨水的具体流向负责。

3. 洪涝与共同防护

1949年之前，楚铺外有寨墙，在发洪水时村民往往会躲在寨墙上以避免出现生命危险。由于洪水速度较快，村民撤到高墙时并没有人进行组织，但四邻间通常会保证老人和孩子先撤到高墙上，再力保大家都能安全。如果有人无法撤退，村民们也会尽力救援，救援不成功无须负任何责任。据村内老人介绍，民国时基本没有发生过太严重的洪涝灾害，水位较高时村民撤离至寨墙便可，很少造成人员伤亡。

虽然村民很少受伤，但是房屋却会出现不同程度的损坏，有的甚至会垮塌。传统时期，楚铺多数房屋是茅草屋，被水冲毁的概率相对较高，一旦垮毁就需要重建。此时，房屋被毁的村民会请求四邻或者同姓亲戚收留。如果某一受灾村民兄弟都不在村中居住，或者没有亲属，那么四邻通常也有收留该村民暂时居住的义务。据艾宝玉老人叙述："过去，有事儿了亲戚都要帮，借住一下都不是啥稀罕事儿。"当然，如果四邻家中条件不是很好，也可以不收留受灾村民。与此相对，如果家中条件较好，那么最好尽量收留。如果某一村民条件较好，其又拒绝了受灾村民的请求，那么受灾村民虽不能当面对其进行指责，但可在对方遇到困难时委婉拒绝其请求帮助的要求。此外，有些村民如果财产不多，也可以迁到其他村落谋生并想办法定居。

除了收留，四邻和同姓亲属还有帮受灾村民重新修建房屋的义务。在受灾后，一般四邻或者同姓亲属会主动前来帮忙，直到房屋修补完成为止。对于帮忙的四邻及亲属，受灾村民虽然会表示感谢，但无须回赠礼物。同时，由受灾等不可抗力因素造成的村民房屋损坏，其他村民前来帮忙并不构成人情上的亏欠，受灾村民无须刻意偿还人情。在对方遇到同样困难时，接受过帮助的村民也要尽力提供帮助。

(二) 旱灾及其关系

1. 旱灾概况

以往，旱灾对于楚铺村村民的影响主要是在农业生产上。一般而言，每年该村都会遇到一次旱灾，只是旱灾的影响程度有所不同。该村所受旱灾通常分为春旱、初夏旱、伏旱、秋旱等四种类型，又有轻重之分。同时，该村旱灾多为季节性干旱，很少出现连续两个季节都干旱的情况。如果旱灾不是太重，对农业生产的影响也相对较小，1—2个月之后便会随着降雨的到来有所好转。如果旱灾较为严重，那么无论是村民，还是村落都会采取一些措施以降低旱灾的影响。

2. 日常防护与家户本位

如果旱灾不是太严重，一般适当向土地中补水便可。不过，在旱灾较为严重时，村民们只能通过灌溉才能解决作物缺水问题。过去，该村农业生产主要是"靠天吃饭"，地中虽有水井，能够灌溉的范围却非常有限。同时，该村属传统的自流灌溉区，能够利用渠道将冷水河等水源引入田中。不过，它们与水井一样，灌溉范围相对有限，能起到的作用也是微乎其微。在旱灾到来时，村民通常以户为单位进行自救，很少有联合救灾的情况出现。肩挑水桶将水运到地中浇入作物根部是村民抗灾的基本方式，只有靠近冷水河的村民才能享受到自流灌溉的便利。在当家人的领导下，家庭中能干体力活的男性成员都要前往水井、河流等水源处将水不断运送入田中。

3. 背雨与共同防护

在当地，"背雨"又称背水或者取水，是村落集体求雨的一种方式。在楚铺，背雨通常由赵国兴等地主主动发起，村中其他村民如果不表示反对，背雨仪式便正式开始。背雨由赵国兴等邀请村落中年长且懂得相关仪式的排场人负责主持，村落内信众自由集结后出发前往老乐山。在背雨时，但凡有地村民都会前去，有时周边村落的村民也会一同前往（也有老人表示，背雨只是村落行为，不存在多村一起背雨的情况）。在出发前，主持人要头戴柳枝帽，并带一个空瓶装水。到了老乐山，先拜龙王庙。祭拜仪式由主持人负责，村中排场人往往站在队列的最前面。叩拜上香之后，背雨队伍再前往背雨的地点将空瓶内装满水并封牢瓶口。在背雨的地点，仍要举行相应的仪式以求神明恩赐雨水。取水完成之后，背水队伍要星夜返回村落把水洒在村中庙宇的神案上。此外，背雨队伍必须配上4—12名精壮的青年男性，以免路上有人劫雨。这几位青壮男性，通常由组织者去请，如有自愿前来者也可随队前往。组织者还要为这几位男性村民配上刀剑、木棍、红缨枪等武器（民国中后期主要配枪，每次背雨至少要配6—12把枪）。这么做一方面是起到震慑作用，另一方面也是为了避免在打斗中吃亏。不过，楚铺被劫雨的情况在历史上未曾发生过。

4. 挖井与共同防护

在旱灾到来时，村民还能通过挖井来缓解旱情。一般而言，挖井可以自己挖，也可以共同挖。关于具体的修井方式，将在水利部分继续叙述，此处不再赘述。

5. 旱灾与救助

旱灾如果无法及时缓解，必然会造成大规模减产，此时村内地主也会在村口的庙田处施舍一些粮食。但是，这能起到的作用相对有限，不少村民仍需外出逃荒才能解决旱灾所带来的影响。村民外出逃荒主要前往受旱灾影响相对较小的地方，这与水灾发生时没有本质区别。

（三）蝗灾及其关系

1. 蝗灾概况

以往，蝗灾也是发生频率较高的灾害，在当地曾流传有"种地不治虫，等于给虫当长工"的谚语。民国时期该村也发生了三四次蝗灾。蝗虫趋水喜洼，该村正好处于低洼地段，因此历来都是蝗灾侵袭的主要对象。同时，严重旱灾又往往伴随着蝗灾，两种灾害同时侵扰势必会给村民生产和生活带来严重的影响。

2. 蝗灾与日常防护

1949年之前，当地曾流传有"要想害虫少，锄尽田边草"的说法。一般而言，蝗虫防治的最基本的方式就是清除田内和田边的杂草。因此，村民在日常生产过程中都会将锄草放在非常重要的位置。在正常年份，这么做能够在某种程度上抵御蝗灾，但是在极端天气下此举也收效甚微。

3. 蝗灾与共同防护

在蝗灾大面积到来之时，单靠一家的力量往往无法有效治理。为了有效治理蝗灾，保长通常会组织村内村民共同参与治蝗。具体而言，共同治蝗主要采取以下两种方式：其一，村民一起在田头挖深沟，让蝗虫无法通过；其二，由保长带领村民用锣鼓驱赶蝗虫。具体防护过程中，各家各户一般都要提供劳动力，有田的村民甚至会让家中全部劳动力参与其中。当然，即使是没有地的村民，也会在保长的组织下参与到治蝗的过程中。不过，如果蝗灾非常严重，这些治蝗方式也无法有效治理蝗虫，大规模减产将无可避免。

四、地形地貌

以往，地形地貌不仅会对村民的生产生活产生影响，还能为村落物理边界和村民心理边界的形成提供依据。

（一）地形地貌与生产生活

楚铺村地处平原，地势相对平坦，整体海拔略高于全县平均海拔。在平坦的地势上，虽然略有坡度起伏，但多为缓坡，对农业生产影响不大。不过，该村又地处洼地之中，村落及村落所属耕地略低于全镇其他村落。

村落的地形给村民生产带来以下影响：其一，可耕地面积较多。该村境内较少有缓坡和山地，大多数土地均能开垦为可耕地。其二，地势平坦，为土地连片生产和土地兼并提供了前提条件。如前所述，村中有拥有4000亩土地的地主赵国兴，还有数位拥有数百亩土地的地主。他们的土地虽分布在周边几个村落中，但是在各村土地多集中在一起，平均每片的面积都在10亩以上。土地的集中也为佃户的租赁提供了便利，该村地主的佃户会整片租赁地主土地，大佃户租赁面积可以达到100亩以上。其三，地势平坦，为农业生产带来了便利条件。以往，该村属于自流灌溉区，无须耗费太多的人力就能获得较为充足的水源。地势平坦，还降低了村民生产时的难度，无须投入太多劳动力和畜力就能完成深耕、翻土等生产环节。

与此同时，地形地貌还给村民的生活带来了以下影响：其一，地处洼地之中，较易受到洪涝灾害的影响。其二，地势平坦，缺乏丘陵、山地的保护，村落整体暴露在宽阔的平原上，容易成为土匪袭击的对象。在清朝时，当地匪患较为严重，这一情况直到建成寨墙才有所改善。其三，地势平坦，较易形成集中居住的大型村落。虽然地形和地貌并不是楚铺村形成的主要原因，但是却为楚铺的形成提供了重要条件。

（二）地形地貌与村落边界

以往，该村与周边村落并没有太明确的边界，造成这种现象的原因主要为地势平坦，没有丘陵等明显的地形阻隔。楚铺与附近村落的边界基本由祖上约定俗成，主要划界方式是田埂和河流。在当地曾流传"田到中心，河到底"的俗语，其既是对村民间土地分界方式的形容，也可以是村落间分界的主要依据。楚铺虽有与其他村落约定俗成的边界，但是却没有明显的分界物，边界对于村民也没有太大意义。村落与村落之间的土地可以自由买卖，村民也可以自由往来，完全没有限制。

五、交通特征

如前所述，该村位于官道之上，因此交通相当便利。除了官道，供村民行走的还有村落内的道路以及田间地头的路。不过无论是哪种道路，都要遵循特定的行走和维护原则，否则不仅不能维持交通秩序，还会影响村民的生产和生活。

（一）大路：官道

以往，楚铺村内有官道穿行而过，由寨墙的南门延伸至北门。官道可以通往西平、遂平、漯河、武钢等县市。此外，在村落内还有一条主路从东门伸出，与官道呈垂直状态。此外，在靠近北门的地方还有两条小路，分别为西背街和东背街。楚铺内主路请参见图2-1。上述所列主路又被村民称为"大路"，通常由村落内的地保负责道路的清洁以及道路秩序的维护。除

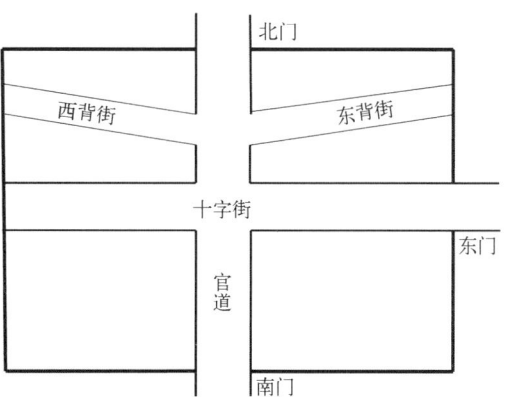

图2-1 楚铺村内交通示意图

了每天清扫路面,地保对于道路秩序维护的主要内容为保证道路顺畅通行。例如,在逃荒者过多将道路阻塞时,地保要负责清出一条可以通行的通道。以往,大路基本上由政府或者村落共同修造,在道路损坏时由保长组织劳动力修补。修补时,各家各户均要提供至少一个劳动力。

(二)小路

与大路相对,村落内各家各户门前经过的道路被村民称为"小路"。小路主要是各家门前的晒场,村民们走得多了便形成了道路。小路主要为泥路,如果下雨或者是大型牲口踩踏很容易造成路面损坏。如果路面损坏,谁家门口的道路谁就要负责修补,而将道路损坏的村民对此没有任何责任。此外,无论是村落内的大路还是小路,任何村民、牲畜、车均能自由通行,不存在任何限制。但是,村中有一种大车被称为"太平车",是运粮食的大车,一般宽于小路。同时,太平车在运送粮食时,由于重量过大也容易将路面压坏。所以,佃户和地主在使用太平车时,要事先用秸秆或者稻草铺在小路两侧,以免损坏四邻门前的道路。

(三)田间的路

与村落内的道路不同的是,田间的道路主要为自然形成。以往,村民都会将自己田地的一段留出,供人、牲畜、车辆行走。例如,某一村民在开荒之后会自觉留出一部分空地。此后,紧邻其开荒的村民也会在与其相通的部分预留一块空地,并使得两块空地可以连为一体。依次往复,田地中便形成了一条条道路。田地中的道路任何人都可以使用,骡子、马、驴、耕牛等牲畜也能自由通行。但是,太平车在田间的道路上行驶时必须注意道路的宽度,不能轧到两侧的作物。因此,在使用太平车时,村民必须在道路的两侧垫上稻草、石头等,避免车辆将作物轧坏。田间的道路损坏时由田主负责修理,但这并没有强制要求。如果田主不修理,使用者如遇不便也可以用石头、稻草等垫在道路上,满足暂时的通行需求。此外,道路一旦形成,田主便不能随意改变道路的方位和路面宽度,即使产权转移之后也是如此。

第二节　水利与灌溉

楚铺村虽然为旱作区,但是小麦等作物的生长仍需要适度灌溉。以往,在靠天吃饭的基础上,水井、河流、堰塘也能为该村村民提供相对充足的灌溉水源。不过,水井、河流、堰塘并不构成一个完整的水网体系,各级水系基本相互独立,自成一个独立的水利系统。在这三个层级的水系中,水井是村民生产和生活最主要的用水来源,河流是最为重要的补充水源，堰塘数量非常稀少，能起到的灌溉作用也相对较小。此外，各级水系的独立性不仅体现在互不连通上，还体现在产权规则和使用规则上。

一、干旱底色

以往，由于该村气候带更适宜种植小麦，所以该村多数村民以种植小麦为生。在特定的种植结构的影响之下，村民对于水利的重视程度相对较低，由此也形成了该村特殊的干旱底色。

（一）干旱特征与作物选择

如前所述，楚铺村所属的汝南县兼具暖温带和北亚热带向暖带过渡的地带两种气候特征。这种气候特征虽然属于湿润型气候，全年降雨量多，但是却较为集中且变动率大，较易形成洪涝灾害或者是干旱灾害。如果种植水稻，一旦遭遇旱灾，绝收便无法避免，而需要水源较少的小麦生存的概率则相对较高。同时，该村干旱的底色还主要体现在空气的湿度上。该村空气湿度小，较有利于小麦的光合作用以及营养的积累，因此该村自古以来就是小麦的主产区。当然，小麦要经历低温发育，种植过程中需要充足的光照以及较大的昼夜温差，也是该村主要种植小麦的原因。据艾宝玉老人叙述："咱这为啥不种水稻哩，要说水也不是太缺，但是哩气候就不是非常适合。咱这过去南边正阳县有种水稻哩，那气温还高一点儿，咱汝南不中。"

（二）小麦种植与水利建设

在这样的气候环境下，村民选择种植小麦以及其他旱作物就成为保证粮食产量的基本选择。由于小麦对水的需求量较少，因此村民们便养成了依靠雨水进行灌溉的习惯。该村附近虽有冷水河，村落中或者田中也有一些灌溉用井，村民却并不是非常在乎这些水源的产权归属，因此没有形成较为复杂的水权分配机制。与此类似，村民也不重视水利设施的建设和维护，村内任何一个村民都对此没有明确的义务和责任。

（三）干旱底色与家户关系

受种植结构的影响，村民对于水源并没有产生较强的竞争性。据李邦存老人叙述："水没啥稀罕哩，水井、河流、堰塘里面的水大家都能用，谁也不限制。"由于该村多数村民都是无地或者是少地村民，因此村民们对于灌溉水源的需求程度相对较低。同时，该村民国时期每个家庭每天约需要7—8桶生活用水，用水量约在80—120升，村内三个饮用水井完全可以满足村民的日常生活所需。因此，大多数村民并没有建造水井的需求，建造了水井的村民也因为水源可以满足自身的需要，而让周边村民无偿使用。可以说，建造饮水井和灌溉用井也变成了富户对本村村民的一种福利。富户建造水井时，其他村民可以提供帮助，也可以不提供帮助，这并不影响村民使用水源。

二、水井

1949年之前，楚铺村为较典型的"水井社会"，无论是村落中，还是土地上都分布有水井。可以说，村民的生产和生活均离不开水井。以水井为依托，楚铺村也形成了不同的生活和生产区域。

（一）水井的类型

该村水井主要分为饮水井和灌溉用井两种类型。饮水井建在村落中，而灌溉用井则建在田中。不过这并不是两种水井最为明显的区别，两者在建造方式和使用规则上还存在着些许区分。据《汝南县志》记载，该村所在罗店镇为富水区，地表水的深度一般为1—3米。[1] 但据村内老人介绍，村民挖井至少要挖6—10米才能见到水源。

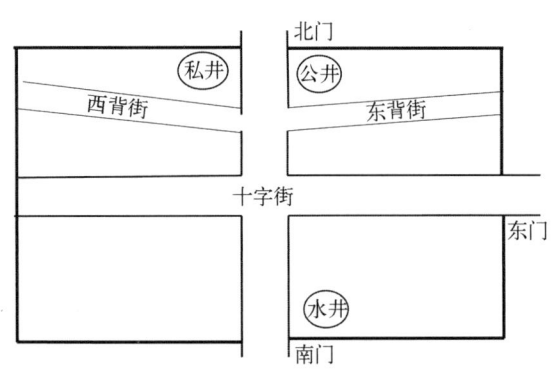

图 2-2 楚铺村内饮水井分布示意图

（二）水井的概况

1. 饮水井

1949年之前，该村共有3处饮水井，其中一处在主路边靠近北门，为村落共同所有。另外两处其中一处在公井附近，为赵国兴所有；另一处在奶奶殿附近，靠近南门，但具体归属说法不一。具体情况请参见图2-2。

2. 灌溉用井[2]

据艾宝玉和靳逢安老人介绍，以往楚铺村中约有10—12口灌溉用水井，多建造于干旱时期，也有少数水井为土地所有者为了解决灌溉问题而建造。据李邦存老人叙述："过去，就是有水都不浇，基本上都是靠天吃饭。"所以，除非是一些地主或者是租赁土地较多的佃户，拥有土地较少的村民不会建造水井。当然，即使是地主或者租赁土地较多的佃户也多在天气干旱时才会修建水井。造成这一现象主要基于以下两个原因：其一，多数年份雨水适宜，无须灌溉便可满足旱作物的需求。其二，局势不稳，村民生产方式较为粗放，只要能保证作物健康生长便可。以往由于战乱、匪患、灾荒的侵袭，多数村民都处于朝不保夕的状态。该地传统小麦的耕作方式主要包括一年一熟、二年三熟和三年五熟等多种形式。民国时，为了缩短生产周期，提高杂粮的产量，该

---

[1]《汝南县志》，中州古籍出版社1997年版，第154页。
[2] 村中老人李邦存认为该村地里没有灌溉井，但艾宝玉、靳逢安等老人认为地里拥有灌溉井。李邦存老人虽年少时就在楚铺街上谋生，但土改后才迁入楚铺村居住，此前只是住在楚铺附近，而艾宝玉等老人祖辈便定居在楚铺村。因此，本文采用艾宝玉等老人地上有灌溉井的说法。

村村民基本采取一年一熟的耕作方式。因此，对于多数村民来说，通过建造水井而提高产量并不是需要解决的核心生产问题，保证在生产周期内粮食不因灾祸而减产，或者是在作物成熟之前不逃荒至外地以及不把粮食抵出去才是关键。

3. 水井的建造方式

（1）饮水井

1949 年之前，私井通常由个人发起兴建。例如，赵国兴所拥有的私井便由其主动出资修建。但是，即使是私人水井，所有者在建造时所花费的成本也很低。如果村民 A 修建水井，通常会请村落内村民共同出力。由于修建水井对于村落是一件好事，所以村民 A 请某些村民前来帮忙，那么他们一定会前来帮忙。当然，村民前来帮忙还要看修建者的个人威望。村中地主赵国兴本是村落中大多数公共活动的出资者，因此在村中享有极高的威望，由其前去委托村民帮忙，村民都会乐意前来。同时，村民 A 所请帮忙的人不一定是自己的同姓亲属，村落内村民都可以被邀请，同姓亲属一般要主动前来帮忙，但也不具有强制性。村民前来帮忙完全属于义务，不需要给钱，也不需要管饭，更无须回礼。帮忙过程中，村民也无须天天都来，有事也可以不来。村民 A 在修建水井时主要的成本为砌井所需石头或者是砖头。水井基本建成之后，村中木匠会捐一个做好的辘轳，供村民自由使用。木匠的捐赠行为完全属于自愿，村民 A 即使不去请，村落中的木匠也会主动捐赠。

与私井相对，公井由政府组织修建。民国时期，河南省政府曾组织村民修建水井，并对村民进行修井技术培训。在修井时，由保长统筹安排，村内村民没事一般都会前去帮忙。修井所需砖石由地主捐赠，所需辘轳也由木匠自愿捐赠。

（2）灌溉用井

灌溉用井主要建在地中。该村的灌溉用井基本上为私人水井，也有多人合修水井。具体修井时间多发生在天气干旱时。也有少数村民为了提高土地的灌溉效率选择在地上挖井。

私人挖井时，可请土地相邻的村民一起帮忙，也可以请自己的邻居、同姓亲属或者是村落中其他关系较好的村民帮忙。共同挖井，通常是指土地相邻的几户村民合挖水井。在共同挖井时，各家可根据情况提供适当的劳动力，土地较多的家庭往往要提供更多的劳动力。但是，这并没有明确的规定。如果村民 A、B、C 共同挖井，其中村民 A 拥有土地 20 亩，村民 B 拥有土地 10 亩，村民 C 拥有土地 8 亩，那么村民 A 理应提供更多劳动力。如果村民 A 家人口较少，也可以提供和村民 B、村民 C 数量相当的劳动力。在共同挖井时，如果家中劳动力不足也可以请亲戚朋友前来帮忙，其中同姓亲属会优先来帮忙。亲友前来帮忙，并一定需要天天来，有事也可以不来。无论是私人挖井，还是几户村民共同挖井，村中其他村民均能利用井中水源。不过，产权所有者具备优先使用权，帮了忙的村民也能获得相对优先的使用权。

此外，如果是佃户修井，则必须告知地主。一般而言，佃户修井能提供给土地更好的灌溉机会，也能提高土地的出售价值，所以地主基本都会同意佃户的修井请求。佃户前去请求地主，要带一些礼物，但不用带太多。同时，佃户全部修井成本由佃户承担，地主对此不负有任何责任。

（三）水井的产权归属

以往，无论是饮水井还是灌溉用井其产权均归水井建造者所有，即使是周边村民提供了无偿的劳动也是如此。如果是公井，无论楚铺村民是否提供了无偿的劳动，其产权均归村落内村民共同所有。不过，私人水井的井主享有对水井的处置权，而公共水井村民却不享有处置权。一般而言，公共水井的处置权归村落所有，具体处置权由保甲长掌握。与此同时，如果是佃户所建灌溉用井，其产权归地主所有，但是在佃户耕种期间，佃户对其具有相应的处置权。一旦租赁期结束，佃户也将随之失去对水井的处置权。如果地主在出租土地之前就已经修建了水井，在租赁期间佃户也将获得水井的处置权。不过，无论是佃户自建水井还是地主自修水井，佃户均无权无故将之废弃。此外，灌溉水井在土地交易时也会发生产权的转移，具体情况将在后文详述。

（四）水井的使用规则

就饮水井而言，村中任何村民都能从中取水，取水时按照先来后到的顺序依次进行。一般而言，无论是公井还是私井，取水用的辘轳均长时间放置于井上，没人会把辘轳收起。取水时，村民要自己带水桶，然后将水桶挂于辘轳连接的绳子之下，再将水桶送入井底之后通过摇晃的方式将水桶装满水后拉出。与此相对，灌溉井虽然也可以按照先来后到的顺序依次使用，但是必须保障产权所有者的优先使用权，特别是天旱时水井主人灌溉完成之后其他村民才能使用，即使是其他村民在修井时提供了帮助也是如此。如果是几人合修水井，在干旱时基本上按照各人所拥有土地旱情的轻重缓急来决定具体的使用顺序。

（五）水井的维护

水井的维护主要是淘井，也可以称之为洗井，时间多在每年的春天。私人水井无论是饮水井还是灌溉用井，一般由水井所有者负责维护。具体而言，水井所有者会请村落内的一个村民帮其将井中的垃圾杂质清理出来，淘完之后井主会给淘井者一天的工钱作为酬劳。对于公共水井，通常由保甲长委托村内1—3位淘井经验丰富的男性村民代为清洗。公井与私井不同的是，淘井无须给予任何报酬，完全属于村民义务。此外，无论是私人水井还是公共水井，如果产权拥有者不淘井，或者是保长不主动组织村民淘井，住在水井周边的村民通常会共同掏钱洗井。在分摊成本时，无须严格按照一家一户平均分摊的方式筹集资金。村民若有钱可以多出一些，没钱则可以不出，并没有明确的限制。当然，淘井花费的成本也相对较少，分摊到每一位村民身上的负担并不重。

三、河流

1949年之前，河流是灌溉水源的重要补充，对于其产权归属的判定以及使用的具体方式也存在相应的原则。

（一）河流概况

以往，在村落北门外有一条河流被称为冷水河。冷水河由村落大门外经过，并与整个村落平行。冷水河又被称为楚铺沟，其发源于驻马店市确山县范楼村，于罗店乡刘家南入境，向东经牛王庙南、大石磙庄南、米庄南，最终流经楚铺庄。除此以外，楚铺境内没有其他河流流经。

（二）河流产权

1949年之前，当地河流产权一般按段划分。例如，流经楚铺的部分由楚铺村村民共同享有产权。换言之，在祖上协商而定的村落边界内，冷水河的产权归楚铺村村民所有。对于此段河流，村民可以自由将其内的水源用于生活和生产，其内的水产也归楚铺村民所有。冷水河内的鱼主要为野生鱼，名义上归楚铺村所有，但是其他村庄的村民也可以自由捕捞，村民并不限制外村人捕捞。此外，如果河流两边各存在一个村落，那么河流的产权以中线为界，两边各享有一半的产权。不过，实际上两边村民都可以自由使用河中水源，并在河中自由捕鱼，中线对于村民没有限制。

（三）河流水源使用与管理

日常生活中，村民可以任意使用河中水源灌溉，即使是不靠近河流的村民，也能挑水到地中灌溉。河流的管理主要涉及对于岸堤的管理，无论是本村还是外村人在使用水资源时都不能毁坏岸堤。这主要是因为，岸堤被毁可能造成村内低洼土地被淹。如果有村民故意毁坏岸堤，通常由保甲长带人将该村民暴打一顿，再组织村民修补和加固岸堤。

四、堰塘

1949年之前，该村堰塘基本集中在村落内，又有公私之分。但是，堰塘水源仅仅用于蔬菜生产和村民日常生活所需，管理方式相对粗放，使用规则也相对简单。

（一）堰塘概况及产权归属

以往，楚铺有5—7座堰塘，主要分布在村落内，田地中并没有堰塘。据村民介绍，楚铺内共有两座私人堰塘[1]，3—5座公共堰塘。这两座私人堰塘主要用于菜园的灌溉。民国时，村内有一些村民以种菜为生，还有一些地主拥有自己的菜园。为了种菜，拥有菜园的村民除了可以利用井水灌溉，也可以利用自家土地挖坑造堰塘。据村内老人介绍，该村堰塘面积均不算大，水量也相对有限。私人堰塘的产权归挖掘者所有，包括其中水源和渔产的产权。村内3—5座公共堰塘多形成于地势低洼的地段，其产权则归楚铺村村民共同所有。

（二）堰塘的建造方式

一般而言，该地私人堰塘主要建造在村落内的洼地上，但必须建在私人土地上才能称为私人堰塘。换言之，如果某一户村民拥有的土地较为低洼，且其有灌溉菜地的需求，那么该村民便会利用自家洼地建造堰塘。如果家中没有洼地且有灌溉菜园的需求，那么村民会首选建造水井。例如，村落南边的私井就主要用于灌溉村民自家菜园。建造堰塘时，由建造者自主负责，四邻没有帮忙的义务。建造者也可以请同姓亲属或者是四邻前来帮忙，亲属和四邻如有时间会前来帮忙，但没有时间也可以不来。

公共堰塘一般不需要维护，它们多形成于村落低洼的"无主地"上。但是，仅靠雨水冲刷也无法形成公共堰塘。据村内老人介绍，村民在盖房时，常常会从低洼地段取土抬高地基。取土的过程中，洼地会被村民越挖越深，并最终形成可储备水源的深潭，降雨后雨水多日不能有效排泄，一座公共堰塘便正式形成。

（三）堰塘的使用规则

与水井不同的是，私人堰塘内的水源仅供产权所有者使用，其他村民均不能用其水源进行生产。但是，村民能在堰塘内洗工具、洗手或者是担一些水回家使用。如果需要，村民也可以向堰塘的主人借水，但是一般不能借太多。视双方关系的好与坏，堰塘主人可以收钱，也可以不收钱。1949年之前该村并不存在偷堰塘水的行为。这主要是因为，该村土地全部在村落之外，在村落内拥有菜园的村民必须事先解决好种植蔬菜的用水问题。此外，公共堰塘并不是村内村民生活的主要水源，任何人都能随意使用塘内水源，即使用于蔬菜生产也是被允许的行为。相较于公共堰塘内的水源，塘内的黑泥才是村民最为看重的资源。以往，村民染布时需要使用塘底黑泥。不过，使用黑泥并不存在限制，任何村民都能随意使用。

---

[1] 对此老人意见不一，本文仅采用多数老人同意的说法。

（四）堰塘内的渔产

以往，该村两处私人堰塘的主人都在堰塘内养了鱼。养鱼属于私人行为，堰塘主人可以根据实际需要选择抛鱼的鱼种和数量。养殖鱼的产权归堰塘主所有，其他村民并没有捕捞的权利，私下捕捞被抓后不仅要折价赔偿，还要受到主人的拳打脚踢。此外，公共堰塘内一般没有鱼，如果有鱼村民可以随意捕捞。

（五）堰塘的维护

私人堰塘的维护由堰塘主人自行负责，即使是以其为主要生活用水来源的四邻也对此不负任何责任。在春天，堰塘主人一般会请村落内的青壮年替其将塘内的污泥或者垃圾捞出来。维护期一般为一天，维护完成之后塘主要按照工价支付报酬。与私人堰塘相对，公共堰塘完全不需要维护，即使再脏也不用洗塘。这主要是因为，公共堰塘并不是村民日常生活生产用水的主要来源。

五、沟渠

以往，该村的沟渠主要是排水沟，包括村落内的排水沟和耕地中的排水沟。村落内的排水沟主要建造于村民盖房时，村民如果盖房必在房前屋后的空地上建造排水沟，并与附近房屋连为一体。如果排水沟堵塞，村民只要负责自家排水沟的清淤便可。但是，每年保甲长都会组织集体清淤，对此前文已做叙述，此处不再赘述。

与村落内排水沟不同的是，地中排水沟基本上是天然形成和人工挖掘的结合，秉承"水往低处流"的原则。1949年之前，虽然该村土地平坦，但也略有起伏，因此高处的田一般会向低处排水。此时，高处田中的水无论流经谁家的田地，田地主人都要自觉改道，将排水沟与高处的田连为一体。据李邦存老人叙述："水往低处流，小沟汇到河流，河流汇到大海，这就是常识，高处的田人家走哪儿排，低处的就得往哪儿改道，这也是规矩。"在这个过程中，高处的田主完全不用负责，也无须对低处田地的改道付出劳动或者其他成本。当然，高处的田主在种植时必须建造好自己的排水沟。水源无法引流，漫入低处田中，无论低处田中作物是否受到波及，高处田主都要受到低处田主的指责。

第三节　麦作体系

1949年之前，小麦是楚铺村村民的主要粮食作物。以麦作为基础，辅以种植各种杂粮是村民们最为基本的农业生产模式。村民对于小麦的种植方式虽然相对粗放，但是为了保证小麦的产出，村民也会尽量把控每一个生产环节的品质。为了实现这一目标，村民不仅需要获得更为优质的土地，还要储备优质的麦种，更需要投入充足的人力和畜力。此外，耕作小麦的过程又可被视为家户间的合作和竞争的过程。

一、田块

小麦的生产田地是丰收的基础，田块的面积和肥力将直接影响小麦的产量。从某种程度上来说，田块的质量甚至是决定小麦产量的核心要素。

（一）田块规模

1. 田块数量与划分方式

传统时期，该村的土地田块较细碎，据村内老人估计全村约有800—1000块田块。其中，面积最小的只有几分，面积最大的却达到了100亩以上。田块细碎与田块面积的参差不齐，构成了该村耕地田块的基本特征。同时，田块还遵循着特定的划定方式。一般而言，田块最基本的划分方式是依据产权所有。开荒之后，村民顺势获得某一块土地的产权，此时村民开荒得来的土地便能称为一个田块。另外，某一村民在购买土地并长期经营之后也能将相连的土地变成一个田块。例如，村内地主赵国兴拥有的最大田块在100亩之上，但是这100亩土地并不是一次性获得，而是赵国兴的祖上通过多次购买的方式才获得了这100亩土地的产权。也就是说，赵国兴的祖上可能先购买了一个20亩的田块，又购买了一个30亩的田块，最后再一次购买了50亩的田块。在赵国兴的祖先刚获得这3个田块时，它们并不能成为一个田块，只有在赵家经营数年之后这3个田块才被村民称为一个田块。在田块未形成之前，一般没有名字，在被村民认定为田块之后才会被命名。此外，田块还可以拆分。例如，一个家庭拥有的田块面积为30亩，在分家时平分给了3个兄弟。3个兄弟在刚获得土地时，手中的土地并不能被称为田块，只有分别经营土地数年，或者是土地被变卖之后，他们手中分别掌握的土地才能被称为田块。

2. 田块面积与家户关系

以往，田块的面积也从侧面反映着村落中的家户关系。对于没有多少土地的村民来说，其手中的田块一般只有2亩以下，有的甚至只有几分。同时，贫穷村民拥有的地块往往更为细碎。例如，一个村民拥有5亩地，但可能是由10—15个田块构成。这主要是因为，贫穷村民的土地主要是继承自祖上的开荒地，本身面积就非常小，不断的分家又进一步将家中相对较大的田块分拆为面积狭小的田块。这些拥有少量土地的村民即使有钱购买土地，也很难一下购买1亩地，选择购买3—8分大小的田块成为他们购买土地时的常态。因此，贫穷村民手上的田块往往面积狭小且数量较多。

与贫穷村民相比，村中几个拥有土地面积超过100亩的地主所拥有的田块多在10亩以上。据李邦存老人叙述："那楚铺街上的大地主哪个拥有的地块不是几十亩，10亩以下的都很少。"这是因为地主买地不会只买几亩,一般会购买 30—50 亩,赵国兴等有钱富户甚至一下会购买 80—100 亩土地。即使他们会吸纳零散土地,也会为了经营方便而将周边土地逐渐买下。不过,这并不是富户田块面积较大的主要原因。据村内老人介绍,每到荒年村内就有很多村民卖地,或者是将自家土地委托给县托管办代管。此时,便是富户大量吸纳土地的好时机。购买自不用说,很多富户还会从县托管办扩地。扩地类似于长期典当,对此后文将详细叙述。对于长期外出逃荒且未返回的村民,县政府一般会选择将土地扩给当地富户。还有一些军阀手中的土地也会被县政府扩给富户典种。例如,村中靳姓地主就从县里扩了 70 亩赵倜的土地。赵倜曾为河南督军,相传曾拥有 10 万亩土地,兵败后土地也被收归政府所有。[1] 可以说,抵御风险的能力较强,加之拥有更多的能力大面积购买土地或者是扩地经营,是村内地主拥有地块面积较大的主要原因。

(二)田块等级

以往,该村的田地也有好坏之分。一般来说,田块可以分为三个等级:头头黄、二头黄、赖坡地。这三个等级并非随意划分,而是要基于特定的标准。具体而言,该村田块划分的核心原则是不涝以及小麦的长势。该村作为旱作区,水源并不是影响田块的核心要素,但是村民在种植的过程中却特别在意该地块是不是会涝,所以该村地势较高的田块一般等级也相对较高。据李邦存老人叙述:"一般哩,就是坡上的地比较好。比方,东边的坡高,东边的地就好,再往西边地势低点就是二等地,最西边的就是赖坡地。"由此可见防涝对于土地等级的重要性,"坡地最好,洼地最差"成为判断田块等级的主要因素。但是,这并不是判断田块好坏的全部因素。除了不会涝,田地等级的判断还要遵循另一个要素,即土地的肥力。当然,土地的肥力并不是通过杂粮的种植效果展现,而是通过小麦的种植情况展现。所谓的"头头黄"和"二头黄",实际上就是村民对小麦长势的贴切形容。此外,耕种是否方便,是否有独立的水源或者灌溉是否方便也会略微影响田块等级的划分。三个等级土地划分的具体依据,请参见表 2-4。

表 2-4 传统时期楚铺村田块等级划分依据

田块等级	等级称谓	具体特征
第一等	头头黄	地势较高,一般不会被水淹,肥力较强,耕种方便,灌溉条件好为最佳;小麦长势最好

---

[1] 对于赵倜具体拥有多少亩地主,文献中并未有详细记载。

续表

田块等级	等级称谓	具体特征
第二等	二头黄	地势平缓,除非长期下雨否则不易被淹没,肥力较强,耕种较为方便,灌溉条件较好;小麦长势较好
第三等	赖坡地	洼地,下两三天雨便会被淹,肥力较差,耕种不便;不太利于小麦种植

(三) 田块命名

以往,在该村,每一个田块都有自己的名字,命名方式主要依据方位,如海河子里田、外海子田、河头地等。此外,还有少数土地会依据功能而命名,如舍地坟。因为该村土地的命名方式主要依据方位或者功能,因此田块常常会出现命名重复的情况。例如,在该村就有5块舍地坟。为此,村民在具体指某一舍地坟时便会加上方向或方位,如东舍地坟或者是村东的舍地坟。田块命名的作用主要体现在土地交易方面,具体内容将在后文详述,此处不做赘述。

二、种子

麦种的好坏将直接影响种植的质量,因此村民们都非常重视储备麦种,也会在合适的地方储存麦种以避免种植失败。

(一) 种子的储备

一般而言,村民在每年小麦丰收后会首先留出谷种,其他的部分再做日常食用或者是消费。挑选种子之前,村民会先将收获来的麦子晒干,待晒干之后再将全部的麦子过筛子,筛出最优质的部分保存。即使是以租种他人土地为生的佃户,也会先留出种子再将租金交给地主。在选出优质的麦种之后,村民会将种子放在"穴"里。"穴"用荆条做底,下垫有砖石用于防潮。在荆条顶上,用高粱秆皮编成宽约1—2尺的席片,一圈一圈从底部盘到1.2—1.5米高。"穴"的整体形状类似于碗,下窄而上宽,上不封口。这么做主要是为了防止老鼠由下往上爬,致使麦种被毁。如果容积不够,还可以不断加高,直到不能再加高的时候再做另一个"穴"。村民一般将"穴"放置在阴凉且无人居住的房屋。1949年之前,储备谷种以家户为单位,没有村民会和别人联合保存谷种,即使是兄弟之间在分家之后也会独立完成此环节。

(二) 调种

以往,相互调种以提高麦种质量也是经常发生的事情,但调种行为主要发生在关系较好的村民之间。一般而言,调种只发生在两户村民之间。关系较好则主要包括以下几类:其一,分家之后的亲兄弟;其二,同姓同宗的村民;其三,四邻;其四,同村或者附近村落日常往来较多的村民。关系亲密的村民之间相互调种主要是因为,这么做不用检测双方的诚信,不用担心调种过程中的欺诈行为。相互调种的村民除了关系较好之外,经济情况也基本类似,特别是耕地的面积基本上差别不大。社会地位也会对调种产生影响,地主、拥有土地面积较多的佃户、保甲长以及其他排场人不会和普通村民调种。调种按照1∶1的比例调配,村民会用秤精确把控重量。

(三)买种

1949年之前,有地的村民一般会预留麦种,但是仍有少数村民会在青黄不接时或者遇到严重的灾祸时不得不将种子吃掉或者变卖给他人。如果村民将种子卖掉,在需要种子时一般会到集市去买种,但是不会跟富户借种。据艾宝玉老人叙述:"借种的情况没有,老财家里有也不会借,穷户也不会开口跟老财借种子。"除了村内富户,普通村民很少会多留麦种。这主要是因为,小麦产量极低且交易价格较高。除了少量食用,村民会拿出大部分小麦用于交易。因此,地少村民不会预留多余麦种。因为种子的质量较普通麦子高,所以村民买种往往要花费更多的成本。此外,根据每年行情的不同,村民花费的成本也不尽相同。

除了购买小麦种,村民最常购买的还有荞麦种。地多的家庭会在早夏时将芝麻种在不适宜种植小麦的低洼地上,但是芝麻最怕水淹,一旦夏季雨水较多就会造成芝麻绝收。此时,村民会通过补种荞麦的方式弥补损失。不过,种植荞麦的村民非常少,也很少有人会预留荞麦种。需要种植荞麦的村民只能前往集市去购买荞麦种,荞麦种的价格也非常昂贵,种植之后也只能达到不亏损的效果。

三、播种

播种是小麦耕种的核心环节,需要经过储种、深耕、盖土等几个环节,同时施肥也非常重要。不过,施肥并不仅存在于播种一个环节,之后将对此详述。

(一)深耕:家户间的合作

以往,每年寒露时节就是需要播种冬小麦的时候。在当地曾流传"秋分早,霜降迟,寒露种麦正当时"的俗语。寒露时节不开始翻耕土地将会直接影响冬小麦的种植。深耕往往需要耕牛和驴,当地人常使用犁和耙,需要一牛一驴协作才能完成生产,所以除非是耕种面积超过50亩的地主,或者是租种面积超过100亩的佃户,多数有地村民均需要和邻居配合,一些土地较少的村民甚至需要借用耕牛和驴才能完成深耕这一生产环节。

具体而言,小地主和大佃户[1]通常养有自己的牛、驴和骡子[2],而且数量往往不止

---

1 该村拥有土地面积在70亩以上的地主往往会将土地全部租赁给佃户耕种,因此家中不养耕牛、驴、骡子等牲畜。当然,有的地主也会养驴和骡子,但一般不会养牛。
2 翻耕时,骡子可以代替驴,但不能代替耕牛。

一头。从调查的情况来看，租种面积超过 100 亩的佃户，至少要有一头牛、一头驴以及一头骡子。有些佃户家中甚至会养四五头耕牛。耕种面积在 50 亩以下的小地主也会养齐牛、驴、骡子，只是每类牲畜只养一头。对于普通村民而言，如果家中拥有土地超过 7 亩，才会养头耕牛，也有村民会养头骡子或者驴，但无论家中饲养何种牲畜，只会养一头。如果家庭条件允许，耕种面积在 5—7 亩的村民也会尽量养头牛，但这种情况相对较少。对于耕种面积在 5 亩以下的村民而言，他们基本上没有饲养任何牲畜的能力。当地有句俗语："没有百亩田，不给骡马缠。"这句话实际上是说，土地面积较少的村民没有饲养大型牲口的能力。

小地主和大佃户完全有能力自主完成深耕。但是，拥有土地面积在 12 亩以下的村民想独立完成这一生产环节便需要向其他村民借牛。1949 年之前，借牛并不是一件难事，向与自己关系好的村民借牛，对方有牛一般没有不借的道理。据李邦存老人叙述："过去，我去做长工的那一户，就养了好几头牛，有一头大黄牛是专门借给村里人用哩，那牛可大哩，门都出不去，牛也有劲儿，可好使了。"据了解，民国时期类似的情况很多，不少富户都会多养头耕牛供其他村民借用。对于具体的借牛方式后文将详细叙述。此外，借驴和借骡子的情况也基本与借牛类似。

对于只有一头牲畜的村民而言，他们还可以找与自己关系较好的村民在深耕环节伙种。一般而言，他们所找对象不会超出兄弟、四邻、同姓亲属以及关系较好的同村村民这个范围，但是在实际操作中土地邻近的村民会优先结成联合生产的关系。此外，该村还存在着有犁和有牲口的村民互相配合生产的情况。有些村民虽然有犁但不一定有牲畜，有些村民虽然有牲畜却没有犁或者是犁以原来家庭为单位共用，因此有犁和有牲畜的村民也能在深耕时相互配合。具体配合的方式，将在其他章节详细叙述，此处不再赘述。

家里完全没有牲口的村民一般只能通过人力换牲口力的方式才能完成深耕这一环节。人力换牲口力并不是严格地按照比例对换，没有牲口的村民往往在换工中始终处于弱势，但是不用牲口又不能完成生产。具体细节将在后文叙述。

（二）撒种与盖土：独立完成

深耕之后的播种和盖土环节，基本上由每个家庭独立完成，此环节并不存在伙种的情况。以往，播种又可以分为撒播、点播和条播三种形式。其中，点播需要使用镢头，而条播则需要使用耧车。土地在 5 亩以下的村民，最常使用的播种方式是撒播和点播，2—3 个劳动力在一天内便能完成。与此相对，使用条播的通常是土地在 5 亩以上的村民。条播所使用的耧车，由 3 根木腿、种子斗、扶手和耧杆构成，铁犁铧安装在腿上，一天可播种 5—10 亩。一般而言，耧车以家庭为单位所有，分家之后则以大家庭为单位共有。不过，即使刚分家的兄弟也不会共同使用耧车撒种。这主要是因为，耧车由一人或者一头牲畜便能牵引，配合生产的效率不会太高。与撒种类似，盖土环节也由一个家庭独立完成，家户之间相互配合的情况相对较少。如果使用耧车播种，播种和盖土的环节可以合二为一。在撒种和盖土的环节还存在请工的情况，这发生在小地主或者是大佃户的劳动过程中，其他村民完全没有这个需求。

四、施肥

以往，小麦对于灌溉的需求不大，但是却对肥料的要求相对较高，特别是在播种和中耕两个时段均需要不断追肥才能保证小麦正常生长。

（一）积肥与施肥单位

传统时期，该村肥料主要有厩肥、人粪尿、土杂肥、饼肥、塘泥等有机肥。化学肥料和菌肥虽已经传入，但知道的村民相对较少，更无人使用。在该村，积肥和施肥均是单家独户自主完成的事情，没有村民会联合起来合作积肥或施肥。这主要是因为，肥料在过去是极为珍贵的东西，联合积肥很难保证肥料的合理分配。在施肥时，村民往往以农家肥做底肥，并以腐熟的农家肥做追肥和种肥。根据家庭拥有土地面积的不同，播种和中耕时施肥的周期通常在 1—3 天，需要 1—3 个劳动力。当然，如果家中耕地较多会需要投入更多的劳动力。

（二）积肥与家户关系

以往，村民积肥主要通过以下几种方式：其一，收集自家饲肥。村民所养鸡、鸭、猪、牛、驴等牲畜或家禽在自家晒场所产生的粪便归属主人所有，其他村民无权收集。其二，收集厕所人粪肥。1949 年之前，各家各户并没有独立的厕所，有条件的家庭会在院落外的空地上搭建一个简易厕所。除了厕所的搭建者，其他村民均能随意使用厕所，但是厕所内的人粪肥却归厕所的建造者所有。其三，收集牲畜拉磨时所拉粪便。在该村，村民可以随意借用其他村民的磨盘，但是拉动磨盘通常需要牛或者驴等牲畜。牛和驴在拉动磨盘时所拉粪便并不归借用磨盘的村民所有，而是归磨盘主人所有。其四，收集道路和田间的粪肥。如果某村民的牲畜或者家禽将粪便拉在道路上，且该村民并没有马上将其清走，那么粪便归全村落村民所有。一般而言，在没分家时，家中老父亲清早背着竹筐前去捡拾路边肥料，家中主要劳动力不会去捡。不过，在农闲时家中主要劳动力也会去捡拾肥料。

五、护青

在该村，护青又可以被称为"看青"或者是"看坡"，一般是由有地的村民共同找一个或几个在村庄中较有威信且体力较好的中青年，并请其看管地中青苗。据艾宝玉老人叙述："看青的都是大家捧的，都是那些体力好，在村里说了比较算的，有些就是村上的光棍，也就是穷人头儿。"成为护青者要由村民共同确认，但村落中的排场人的确认才是护青者身份得以确认的关键。此外，成为护青者并不需要财产上的担保。看青者有些有枪，有些只携带木棒等武器。如果看青者发现有人偷割青苗，能用武力将其赶走。如果盗青者被抓，护青者可以对其进行体罚，此外盗青者不会受到任何形式的处罚。护青者的报酬通常由村内有地者共同给付，但地少者不出钱也可以。

六、收割

收割与播种一样也是耗费劳动力较多的生产环节，不少家庭在独立收割的基础上仍需要借助其他家庭的力量才能完成小麦的收割。这一过程也能反映出家户与家户之间的基本关系。

（一）收割单位

以往，收割是各家各户独立完成的生产环节，但是相互合作的情况也时有发生。具体而言，拥有土地面积在5亩以下的村民一般可以完全独立地完成收割。拥有土地面积在5亩以上、20亩以下的村民，如果不能独立完成收割会找其他村民相互配合，但合作的形式却存在区别。拥有土地面积在20亩以上的大佃户或者小地主会通过请临工的方式完成收割这一生产环节。总体而言，无论是否独立完成收割环节，家庭劳动力的具体安排方式、是否与其他家庭合作、是否需要请工等决策均由当家人视具体的情况而定。

（二）收割与合作

1949年之前，收割环节的合作范围一般为两户村民，但合作对象的选择基于关系的好坏。具体而言，合作对象主要包括：自己兄弟、同姓亲属、四邻以及日常与自己往来较多的同村落村民。在上述关系的基础上，如果合作的对象是自己的地邻则是最好的状态。不过，收割时排场人不会找没有社会地位的普通村民合作。从合作的形式来看，主要包括以下两种形式：其一，在收割时合作。收割时合作的情况相对较少，但也不是完全不存在。如果两个家庭关系较好，土地又相隔不远，且家中均没有足够的劳动力，则会在收割时选择合作。合作收割不一定要求双方拥有的土地数量完全相同，但面积一般要大体相当。土地面积相差在5亩以内，大多数村民都能接受。合作收割时双方均不用管对方饭，也不用提供加餐，收割完成之后，双方各自将小麦运回家中便可。其二，在运送时合作。以往，小麦收割之后运送回家时必须两头牲口才能拉动太平车，但是经营土地面积较少的村民往往只能饲养一头牲口。因此，合作运送粮食的情况在该村较为普遍。与收割小麦不同的是，合作运送粮食的村民主要是土地相邻的村民。此时，对于村民之间的关系并不做太多要求，即使关系不是非常亲密的村民也可能因为运送的共同需求结成合作关系。合作时，有车的村民要提供车辆，没车的村民只提供驴、牛、骡子等牲口便可。不提供车辆的村民会将牲口先牵到有车村民的家中，待套好车之后再由车主将车赶往地中。粮食运送完毕之后，两家人可以各自取回牲口和车。整个过程中，村民仍独立照料自家牲口，不存在一起吃饭等现象。

（三）拾麦

1949年之前，在该村，拾麦是一种非常普遍的现象。在收割完成之后，多数家境贫寒的村民都会去地中拾麦。在小麦收割时，少许小麦穗会散落到地上，地少的村民会在收割后再在自己的地里拾麦。与地少村民不同的是，村内富户由于经营土地面积较大，所以在收割后不会在地中拾麦。当然，他们不拾麦并不全部是因为经营面积过大。据村内老人介绍，拾麦实际上就是富户对无地村民的变相补贴。拾麦的习俗古已有之，富户这么做也不是完全出于自愿，而是担心无地村民会抢收他们的粮食。过去，少地村落甚至会组织村民去地多的村落抢劫富户粮食。因此，不仅是该村村民，附近村落无地村民也能在收割之后去富户地中拾麦。收割之后，谁捡到地中散落的麦子，麦子就归谁所有。拾麦时，通常是家中妇女带着未成年的孩子去，家中男性去拾麦的情况也时有发生。一个人一天最多也就能拾一斤左右小麦，只能起到补贴作用，并不能大幅改善家庭的经济情况。与拾麦类似，大麦、豆子[1]、棉花等作物在收割之后也会有人去地中拾取。

七、晾晒

小麦收割之后，第一件要做的事情是晾晒。如果晾晒不及时，小麦发霉可能造成大半年艰辛的劳动付诸东流。在晾晒的过程中，晒场的利用则是家户之间关系的集中展现。

（一）晾晒单位

以往，村民一旦分家之后，或者说一旦分伙之后，便不会再和原来的家庭一起晾晒小麦。即使是分家之后兄弟之间还共同利用原有的晒场，也不会共同晾晒小麦。四邻间共同晾晒小麦的情况更是非常罕见。这主要是因为各家生产小麦的品质和数量都不尽相同，合作晾晒很有可能导致小麦无法区分，这势必会引起不必要的矛盾。

（二）晒场与家户关系

1. 大佃户交租时的晾晒

1949年之前，楚铺村并不是所有的家庭都有晒场，也不是每一个家庭都会在自家

---

[1] 黄豆。

的晒场晾晒粮食。一般而言，大佃户会在地主家谷仓外的晒场上晾晒粮食。该村地主所拥有的土地遍布周边数村，他们不仅会在楚铺村建立谷仓，还会在外村建立谷仓。谷仓外一般都有晒场，大佃户收割完成之后要在第一时间将粮食运到谷仓旁晾晒，再由地主家的管事负责"分偿"。这么做主要是防止佃户隐瞒产量，少交应交租金。当然，这与当地的租佃制度有直接关系，具体将在其他章节详细叙述。

2. 临街村民的晾晒

该村临路居住的村民实际上很多都没有自己独立的晒场，在他们需要晾晒粮食时，道路就变成临时性的晒场。对于村民利用道路晾晒小麦的行为，村内其他村民一般都采取默认的态度。在晾晒时，村民会占用靠近自己一侧的道路，但一般不会超过道路的中线。村民还会在自己的小麦旁放上石头以区分自己与邻居的小麦。对于晾晒在道路上的小麦，其他人通常不能在上面行走，但是马车等却能在麦子上任意压过。这主要是因为小麦并不怕压，在道路上晒谷要以不影响其他村民的正常行走为前提。村民一般不会踩压小麦，但马车宽度较大，需要充足的路面才能通过。因此，马车碾压小麦被视为可以接受的行为。

（三）晒场与家内关系

以往，不临路的村民均有自己独立的晒场，不过大多数村民的晒场面积很小。在分家之后，晒场的面积有时也能影响兄弟之间的关系。一般而言，晒场如果面积够大，在分家时就不分配，分家后仍共同使用。具体使用时，先来的兄弟占据了阳光较充足的地方，后来的兄弟不能有所异议。不过，晾晒小麦时兄弟之间通常会相互商量，协商该如何有效利用晒场。对于晒场面积较小的家庭，分家时晒场通常会分配给其中一个孩子，或者是留给父母继续使用。此时，没有分到晒场的兄弟会利用房前屋后的空地开辟晒场，也有村民会在离自己屋院较近的地方开辟晒场。

（四）晾晒关系

1. 晾晒过程中的分工：男女配合

在当地，晾晒小麦通常由家中有经验的男性劳动力负责。可以说，小麦的晾晒过程需要耗费大量时间和一定的人力成本。在晾晒时，一般由男性牵引牲口拉动碌碡反复碾压小麦，致使麦粒和麦秆相分离。家中女性劳动力则主要负责不停翻转碾压后的麦秆。麦粒和麦秆完全分离之后，由女性劳动力用扫帚将麦粒扫到一堆，再将麦秆分捆绑起。晾晒最后一道程序是男性劳动力用木锨将麦粒扬起到天空，以达到麦粒和麦壳、碎麦秆等分离的效果。这道工序被村民称为"扬场"。不过，在民国之前一般严禁女性进晒场。这主要是因为，当地风俗认为女性进晒场会影响来年产量。民国时期，由于家家户户都比较缺乏劳动力，这才放开了女性进入晒场的限制。

2. 晾晒与互助

在晾晒时，村民往往会亲自监管。在扬场之后的晾晒阶段，有些村民也可能因为临时有事，需要四邻或者兄弟临时帮忙看管。无论是兄弟还是四邻，只要是对方给自己打了招呼通常都要认真负责照看。但是，看管的时间一般不会超过半天，帮忙的前提是不影响别人吃饭。当然，如果打招呼的对象是自己的兄弟则没有那么多讲究，临时外出几日也可以全权委托兄弟照看。拜托四邻或者是兄弟照看，主要是防止小麦被盗或者是突然下雨导致小麦被浸湿。在突然下雨时，兄弟或者四邻要帮忙将小麦收到家中。如果有外人经过，兄弟或者四邻也要注意盯防，以免外人偷盗。被请求照看别家小麦的村民虽会悉心照看，但若小麦晾晒中出了问题，他们却没有赔偿的义务。对此，发出请求的村民只能指责几句，并没有要求他人赔偿的权利。因此，除非是遇到必须举家出门的情况，村民不会委托他人照看自己晾晒的小麦，即使请求他人照看也会优先找自己的兄弟。

八、储存

以往，小麦价格相对较高，因此少地村民不会随意食用。小麦收割后，大多数少地村民会选择在第一时间将小麦换成现金，仅将麦种和少部分小麦储存起来。与此相对，富户虽会变卖一些小麦，却仍会大量储存小麦。富户储备小麦的方式与储存麦种类似，一般存于"穴"中，并在家中专门设置仓库用于存储。不过，富户存储小麦的过程反映出较强的管理性，涉及管理权、钥匙、印版等诸多关系，对此后文将详细叙述。

第四节 居 住 格 局

1949年之前，楚铺村是典型的集居型村庄，全村300多户村民集中居住于城寨之内。村落集居的属性主要产生于村落共同防卫的需要，但地势的平坦也为集居提供了外在条件。作为该县远近有名的大集市，该村的街道布局也对村民的居住格局产生了较大的影响，临街居屋与背街居屋有着明显的不同。此外，在村落大格局之下，村内房屋与房屋之间也要遵循一些特殊的微布局原则。

一、城寨：村落集居与共同防护

由于战乱不断，该村在民国时也建立起了与城墙类似的寨墙，其在具备较强防御功能的同时也在改变着村落内村民的居住关系。

（一）寨墙概况

民国时，寨墙的周长在5公里左右，高约5米，底部宽度约为16米。寨墙东、南、北各有一处寨门。西边本身也要开一处寨门，但风水先生认为西边开门会败坏楚铺风水，因此楚铺的寨墙并没有西门。以往，寨墙内也可以住人，镇上的后备队便住在寨墙里。该村共有3支后备队，每一支约有30人，共有100条枪。寨墙四个角各有一个炮楼，四周均有枪眼。楚铺村每一门还有一个看门的老者。此外，寨墙内外还有两条宽约5米的护寨河，为修寨墙时取土所形成，它们分别被村民称为"外海子"和"内海子"。

（二）寨墙修建

由于寨墙修建的时间久远，村内大多数老人已经说不清寨墙的具体修建时间，但大多数老人认为寨墙修建于民国中前期。寨墙修建由区政府组织，具体修建事务由保甲长牵头组织，寨墙内家家户户都要提供劳动力。保甲长在安排劳动力时，并不是严格地按照每家一人或者几人的方式分配，每家需要提供几个劳动力由他们视情况而定。例如，某一村民家中有3—5个劳动力，保甲长可能就会让其出3个劳动力；如果某一村民家中只有1个劳动力，保甲长也可能不安排其去修建寨墙。实际上保甲长的分配不具备强制性，如果让村民A提供3个劳动力，其只提供2个劳动力保甲长也不会深究。除了楚铺村内的村民，该保其他甲的村民也会被保甲长要求提供劳动力。这主要是因为，寨墙具备容留周边村民的功能，其他村落的村民也能享受相应的保护待遇。

修建寨墙时，村民要听从保甲长的安排，并在其要求下完成相应工作。工作内容主要包括挖土，向墙上扔泥饼，砌墙等。据艾宝玉老人介绍，当时大多数村民所干的工作是向墙上扔泥饼。将泥饼扔于墙上，可以增加墙壁的厚度和高度，扔完之后再请工匠修砌便可。在整个修建过程中，村民完全为义务工，保上不管饭，也不发工钱。村民每天按时上工，到了吃饭的时间便回家吃饭，吃完之后再继续工作。除了普通村民，修建寨墙时工匠们也得不到任何报酬。修建寨墙所需工具由村民自行携带，保甲并不负责提供。修建寨墙的其他花销则由保甲长向赵国兴等富户筹集。

在修建寨墙的时候很少存在有村民偷懒的现象。据艾宝玉老人叙述："过去，村里的村民一般比较实在，对于筹资筹劳的事儿都不敢说啥。"不过，这并不是村民积极参与寨墙修建的主因。村民乐于参与主要基于以下原因：其一，寨墙确实能起到保护村民的作用。无论是战乱还是匪患，高达5米的寨墙都能在一定程度上抵挡外界的进攻；在发水灾时，寨墙也能起到保护村民的作用。其二，干部权威较大。由于该村先后为区政府和镇政府所在地，镇上又有后备队，因此村民不敢违抗来自上级的命令。

（三）村落共同防卫

1. 后备队

寨墙建成之后，东、南、北三道门分别归镇后备队管理。其中，在镇长李子峰任大队长时，该村共有2支后备队，队长分别为赵昌福和王干辰。在赵国兴当镇长的时期，其为了加强防卫便收编了土匪陈胜霖，并任命王干辰担任大队长。此后，东门由赵昌福负责护卫，北门由王干辰负责，南门由陈盛霖负责。

虽然后备队归镇管辖，但是镇上却不会给予其报酬，其工资由楚铺村村民负责。具体而言，后备队多数枪支由镇上提供，枪支来源则比较复杂。该镇以30人为单位凑钱买一条枪，再从这30个人中抽一个人背枪，也就是从30个村民中抽一个精壮青年加入后备队。该村村民俗称此为"30个人一杆枪"。后备队日常报酬由村内村民提供，有地村民要按照田亩数分摊后备队报酬。不过，实际操作过程中并不是严格按照田亩数分摊，村内拥有土地较多的富户会支付更多的报酬，而土地较少的村民也要象征性地分摊一部分。

以往，后备队的防卫实际上并没有起到太大的作用，他们更多的是起到警示作用。他们的存在使得楚铺村不会轻易受到土匪的威胁，但是威胁真正到来时后备队也不会真刀真枪地与敌人拼命。同时，后备队之间内耗也非常严重，火并事件也时有发生。

2. 寨门管理

1949年之前，每一个寨门都有一个管理者。所谓寨门的管理者，一般就是村落内或者村落附近无依无靠、没有自己的子女、年纪较大的村民。寨门的管理主要涉及寨门的开门时间，楚铺村寨门日出开启，日落关闭。在寨门开启的时段，是村民外出到田中耕种的时间。除了楚铺村内的村民，别村村民也能自由出入楚铺，寨门的管理者不能干预任何村民的出入，也不用对此负责。晚归者如果不能在日落前回到寨里，必须通过叫门的方式才能进入到寨门内。此外，村民如果晚归，也可以跟寨门的管理者借备用钥匙。以往，钥匙完全由寨门的管理者负责，其他人没有备份钥匙。

寨门的管理者也能获得相应的报酬，但是这笔钱并不是由政府出，而是由楚铺内的村民负责。具体而言，楚铺村内的村民以户为单位平摊寨门管理者的报酬，有地者不用多出，没地者也要承担一部分。由于寨门管理者的报酬相对较少，分摊到每一户村民的部分也很少，所以每一户家庭基本上都能负担得起。此外村民过年打牌时，如果寨门管理者从牌摊经过，打牌村民也会从抽头中拿出一小部分送给他们。

3. 打更

以往，在村落内还有打更者负责夜晚治安的维系。不过，打更者并不是由保甲长负责安排，而是由村民自发组织。村内的排场人为了维持夜晚治安，会组织村内各家各户轮流负责打更。具体而言，一个晚上村落有3—4名打更者负责巡逻。轮到某一家打更时，此户村民一般要派出家中的青壮劳动力负责打更。这里所指的青壮劳动力，通常是指20岁以上45岁以下、身体条件出众的村民。打更者并不配备枪支，只在打更时准备一根木棍，作为防身之用。

打更者主要负责以下事项：其一，夜间巡逻。如果匪徒攻击寨墙，通常由打更者负责通知村内村民。其二，防止偷盗。村落内如有小偷偷盗，通常由打更者喝止，但打更者并没有处罚权。其三，防范火灾。由于该村房屋连片的情况非常普遍，如果夜晚发生火灾，可能造成村落内住房被大面积烧毁。夜晚发生火灾时，打更者要赶快呼叫村民前来救火。不过，以往发生火灾的情况相对较少，因为夜晚使用油灯等明火的村民较少。也正因为如此，防范火灾并不是打更者的主要任务。其四，报时。打更者要在打更的过程中不断向村民报时，直到五更才算结束。

打更者没有报酬，完全属于义务工。除非家中没有劳动力，村民一般会在轮到自家打更时提供一个劳动力。据村内老人介绍，村民外出务工或者是无故长期外出的情况相对较少。在民国时期，还没有出现过不愿意承担打更职责的情况。轮到某一户村民时，即使最近几日家中农活较为繁忙，或者是家中劳动力生病，村民也不会推脱职责。不过，在轮到自己时，家中确实没有青壮劳动力也可以给组织者说明情况，请组织者酌情处理。

二、村落：依街布局与杂乱聚居

由于楚铺村是较为发达的集市，因此在楚铺村内也形成了几条主路，依据街道布局房屋就成为该村村落整体布局的主要形态。不过，不临街地段的房屋往往不会像临街的房屋一样布置得那么规整。以往，临街与背街的房屋不仅体现出了不同的村落布局模式，其建房的规则也体现出了家户之间的不同关系。

（一）村落内部整体布局

过去，楚铺村的中心为"十字街"，即由官道与从东门延伸出来的主路交叉而形成的"十字路口"。楚铺村的村落布局便围绕十字街而展开。位于官道两侧的多是店铺，包括饭店、粮行等。商铺一般采取商住结合的模式，白天营业，到了晚上便成为主人居住的房间。除了商铺，在官道上还有普通村民居住的房屋，但大户很少居住在官道上。这主要是因为官道上房屋相对密集，难以布置下面积较大的房屋，而大户的房屋往往占地面积较大。同时，官道附近人流量较大，在官道附近建宅也不太安全。与此相对，与官道交叉的道路，店铺的数量相对稀少，房屋的密集度也相对较低，因此也有大户将宅子建在这里。例如村中刘姓地主便将宅子建在此街道之上。

以往十字街虽然是村落的中心，但并不是村中最适合居住的地段，大户在街上建房的意愿相对较低。与此相对，在北门附近的西背街和东背街则是相对较好的地段。例如，村中首富赵国兴的两处宅基地（一说，赵家只有一处宅院）都建在西背街，西院在路南，东院在路北。村内大户还乐于居住在离主路不远，但不直接临路的地段，例如村内富户赵九儒（又名赵其三）便居住在靠近"西门"[1] 与十字街相隔不远的地方。此外，村落内相对隐蔽，且房屋数量不是非常密集的地段也是大户乐于建造屋院的地段。

与村内大户相对，多数村民建造房屋并不会首先考虑地段。如果条件允许，村民更乐意将房屋建在地势较高、相对宽阔且交通较为隐秘的地段。因此，符合条件的地段常常是村民集中居住的地段。不过，富户的宅院虽然处于较好的地段，却不一定是村民集居的地段。这主要是因为过去建房必须建在自己的土地之上，大户宅院附近的少量土地往往也归大户所有，因此其他村民并不能随意在其附近建房。生产与生活分离的格局，使得房屋布局不会影响到田间的作物生产，这造成了该村建筑的整体布局并没有呈现出太强的规划性。

（二）临街房屋与家户关系

1. 房屋建造与互助："官山挨官山，官墙靠官墙"

临街房屋，特别是在十字街建造的房屋，往往没有独立的院落，只有富户才能建造得起宅院。因此，临街建造的房屋往往占地面积较小且没有独立的晒场。由于临街房屋相对集中，村民为了节省土地面积和建筑成本，经常会与邻居共用墙壁。

当地村民所说的"官山"和"官墙"实际上就是指房屋侧面的墙壁。在建造房屋时，村民可与邻居商量，利用其建造好的墙壁作为自己房屋的一部分。以往，但凡村民向邻居提出要求，邻居一般都会表示同意。因此，四五户临街房屋连在一起的情况相当常见，这逐渐形成了一种习俗。如果村民向邻居提出了共用墙壁的要求，邻居答应是正常的事情，如果不答应则会被其他村民认为是"小气"的表现，这会直接影响四邻之间的交往。可以说，无论自己的四邻是排场人还是普通村民，只要村民提出了要求，四邻基本上都会表示同意。此外，即使四邻之间关系不是非常熟络，村民也可以向四邻提出共用墙壁的要求。

2. 墙壁共用与产权归属

一旦共用墙壁，共用的墙壁就归两家人共同所有。也就是说，只要邻居提出了

---

[1] 该村虽然没有西门，但是村民有时也会用"西门"来表示村落的西边。

要求，并利用自家墙壁盖成了房屋，共用墙壁的产权就归双方所有。在这个过程中，后盖房屋的村民不用给邻居补贴建造成本，也不用花钱赎买共用墙壁及所占地皮的部分产权。

但是，后建房者并没有共用墙壁的优先处置权。例如，村民 A 和村民 B 的房屋共用同一墙壁，其中村民 B 为后建房屋者。如果村民 A 想拆除房屋，那么其便具有处置共用墙壁的资格。村民 A 虽然具备优先处置权，但是其对于共用墙壁的处置必须征得村民 B 的同意。村民 A 如果擅自拆除墙壁，造成村民 B 房屋倒塌，村民 A 必须照价赔偿村民 B 的损失。如果村民 A 想拆除房屋，那么必须事先告知村民 B。如果村民 A 与村民 B 本身关系就非常好，村民 A 向村民 B 打过招呼之后，便会将共同墙壁的产权赠送给村民 B，此后村民 B 就能获得共用墙壁的全部产权。如果村民 A 与村民 B 关系不是很好，村民 A 则会向村民 B 收取一定数量的现金，用以出售共用墙壁的产权。在购买共同墙壁时，并不一定严格按照地皮、墙壁材料、人工费用等核算具体费用。村民 A 与村民 B 会按照实际情况，协商一个大致的价格，这个价格往往会低于村民 A 建房时的实际花销。村民 A 与村民 B 协商完成之后，村民 B 会将钱直接交给村民 A，此过程不需要签订契约，也不需要写收据，当面结算清楚便可。

（三）背街房屋与家户关系

1. 房屋建造原则与四邻关系

以往，位于背街的房屋往往占地面积较大，彼此的间距也比临街房屋要宽上不少。不过，村民建造背街房屋也要遵循相应的建造原则，以避免影响与邻居之间的关系。具体而言，当地的建房原则主要包括以下两条：其一，西边的房屋不能高过东边的房屋。西边的房屋无论是先建还是后建，均不能高过东边的房屋。这一原则不仅是对于村民在西边建房的要求，同时还是对于在东边建房村民的要求。如果村民的房屋建在东边且建设时间晚于西边的房屋，那么在东边建房的村民会自然而然地把房屋建设得比西边的房屋高一些。其二，在前方建造的房屋不能高过后方的房屋。这并不是说，前方的房屋一定不能高过后方的房屋。例如，村民 A 的房屋建在前方，且建造时间早于村民 B 在后方建房的时间，那么村民 B 的房屋建造得比村民 A 高一些便是无所谓的事情，此时无论村民 B 的房屋比村民 A 盖得高或者盖得低都是被允许的行为。

上述两条原则均是当地盖房时自古有之的惯习，这么做主要是出于风水上的要求。这两条原则对于村落中普通村民具有很大的约束力，如果不按要求建房一般会引起彼此之间的矛盾与冲突。例如，西边的房屋如果建造的高度高于东边的房屋，将直接影响东边房屋的整体风水。但是,从单独的房屋来看,房屋盖得越高就越能反映某一村民在村中的地位,因此村落中的排场人都乐意将自己的房屋建得高一些。在排场人建房时,这些惯习对他们完全形不成制约。例如,某排场人打算在西边建房,但是东边已经有了房屋,排场人可以将房屋建得比东边的房屋更高。这么做虽然违背了建房的惯习,也会对东边村民的风水产生影响,东边村民却不敢对此表示不满。据李邦存老人叙述:"排场人爱盖多高就盖多高,谁叫人家是排场人哩,啥人也管不了。"当然,如果在东边已经建造了房屋的村民也是一个排场人,那么其仍要按照惯习建房。

2. 房屋与房屋间的分界

以往,该村多数背街房屋都带有自己独立的围墙,但是也有一些房屋并没有围墙。带不带围墙会造成房屋分界方式的不同。

(1) 带围墙房屋间的分界方式

一般而言,带有围墙的房屋,围墙就是房屋所有者与其他村民房屋的分界方式。但是,实际上分界时并不是简单地以围墙为界线。具有围墙的房屋,围墙只能建在村民的宅基地内,而不能正好建在宅基地的边缘。这主要是因为,以往大多数村民的宅基地连在一起,如果都把围墙建在宅基地边缘,房屋与房屋之间将完全没有空隙。如果没有空隙,将造成以下问题:其一,不预留通行小路,将会造成出行不便。村民如果想去屋后的村民家,只能从房门出去,绕一大圈才能到达。其二,不方便修葺房顶。以往,村内不少村民的宅基地并不算非常大,盖上围墙之后,院子内就基本上没有太多空间了。因此,在盖围墙时适当留出一些空间,可为村民春季维修房屋提供便利。村民维修房屋时,在两房之间的过道搭上木架,顺着架子爬到屋顶便可以对屋顶进行维修。

基于上述原则,村民在盖围墙时会自动让出一部分宅基地,留出两房之间的一点空隙。与此同时,与其相邻的村民在建造围墙时也会留出面积相等的空间。围墙之间的空隙为两家人共有,并不详细区分彼此的产权。以往,两房之间的空隙只能当作道路,没有人会在空隙中种植蔬菜等作物,因此也没有村民在意空隙具体的产权归属。此外,除了房屋紧邻的双方,任何人都能在两房之间的空隙通行,不存在限制。

(2) 无围墙房屋之间的分界方式

1949年之前,无围墙的房屋通常是宅基地面积较小的房屋。因此,房屋与房屋之间的间距便相对较小。此时,两房之间的分界方式主要遵循"滴水为界"的原则。具体而言,以村民房屋屋檐滴下来的水线为界,界线内的产权完全归属该村民所有。与其相邻的村民如果打算建房,不能超过这个界线。同理,邻居房屋屋檐滴下来的水线内，产权也归其完全所有。

"滴水为界"是区分村民房屋边界的主要方式。不过，在房屋之间仍存在一定的"公共空间"。一般来说，两房之间留有一定的间距，它实际上承载的作用与有围墙房屋间留有的空隙基本类似。只不过无围墙的房屋的间距并不用刻意留出。两家人宅基地相交且经常有人行走的通道，就自然而然会变成两家人共有的部分，此部分产权归两家人共同所有。两户村民都不会在这部分空间种植作物或者是堆放杂物。久而久之，它就会变成一块完全的空地，也就起到在两家之间分界的作用。这块空地，虽然原则上以中线为界分别归属两家人，但是实际上村民并不会计较其具体归属，他们也不会在空地的边缘放置石头、草墩等分界物，更不会刻意在边缘处种树。

总体而言，"滴水为界"更多是纵向空间所有权的界定方式，而空地则是地面的具体界分方式。两者之间并不存在矛盾，宅基地与宅基地之间的空地基本上在两家滴水线之外，即使是非常狭窄的空地也是如此。

（3）无围墙房屋与有围墙房屋的分界方式

无围墙房屋与有围墙房屋之间的分界也遵循"滴水为界"和"空地为界"两个基本原则。例如，村民 A 和村民 B 房屋相邻，其中村民 A 的房屋有围墙，而村民 B 的房屋没有围墙。那么村民 A 在建造围墙时，也会建在自己的宅基地内，而不会建在自己的宅基地边缘。与此类似，村民 B 也会留出一部分宅基地用于与村民 A 分界。

三、房屋布局：家内布局与居住关系

1949 年之前，房屋的建造与居住也能反映出家庭成员的关系。对于请有长工的家庭，房屋的居住方式还能反映主雇关系。

（一）房屋的基本布局

以往，该村的房屋基本包括堂屋、东屋、西屋三个部分，但这三部分并不会一次性建成。多数贫穷家庭在建造房屋时，一般会先建造堂屋，有能力时再建造东屋和西屋。堂屋主要包括中堂以及两间偏房，而东西屋也由数间房屋构成，富户甚至会分别建造 8—9 间东西屋。此后，富户还会在后院建造 4—5 间南屋作为仓库，一般村民只会选择东西屋中的一间作为仓库。就房屋的建材而言，富户的房屋一般由瓦片和砖块构成，普通村民的房屋通常是茅草屋。

（二）普通家庭的居住关系

1. 家内房屋分配与家庭关系

1949 年之前，堂屋一般由父母居住，东屋归属大儿子居住，而西屋归属二儿子居住。但是，这主要是针对家中只有两个儿子的情况。如果家中儿子较多，则按照由东向西的分配方式来分配房间。当地奉行"东为大"的原则，因此无论家中有几个儿子，大儿子通常都住在东屋。

2. 家内房间的分界

在没有分家之前，全家房屋归家庭共有，儿子们共享其产权。但是，在分家之后，房屋将被具体分配给每一个儿子，因此房屋的分界也随之出现。房屋最基本的分界方式是墙壁，房屋相邻的兄弟共享墙壁产权以及墙壁所占地皮。

在共同居住在原有屋子期间，任何兄弟都不能无故毁坏共用墙壁，也不能随意拆除墙壁。如果有兄弟搬出原有房屋并另盖新屋，搬出的兄弟仍具有自己分得房屋及共用墙壁的产权。如果其不与其他兄弟说明会放弃自己所有房屋的产权，其他兄弟仍不能随意占用或者拆除共用墙壁。如果其与其他兄弟说明打算放弃自己拥有房屋的产权，那么情况将有所不同。此时，如果兄弟关系较为和睦，且搬出的兄弟较为有钱，那么搬出的兄弟可主动放弃房屋产权。对于其放弃的房屋，一般由仍居住在原房屋的兄弟共同商议，以此来决定由谁享有产权。如果与其相邻的兄弟获得了产权，那么该兄弟可以任意拆除两房之间的墙壁，其他兄弟无权干涉。不过，如果兄弟关系不甚融洽，那么搬出去的兄弟通常会向希望获得房屋产权的兄弟收取一定的费用。当然，这笔费用要低于正常购买房屋所需花费。

3. 分家与设施共用

在该村，兄弟分家之后，中堂、大门和厨房等仍以原来的家庭为单位共用。

(1) 分家与共门

在当地，分家不分门的情况较为普遍。这主要是因为，该地宅基地外围多由院落保护，分家后如果同住在一个院中并没有另开一门的必要。如果不另开一门，保甲长也不会为其另外安装一个门牌号。此时，在外人看来居住在一起的村民仍可以算作是"一家人"，但村民会称他们为"张家三门人"或者是"李家两门人"。换言之，是否同出一个大门，并不是判断一户村民是否已经分家的基本依据。此后，如果有兄弟从原来的家庭迁出另建房屋，那么保甲长便会为其新安一个门牌号。但是，这仅是从赋税关系出发对于他们已经分户的确认，并不是确认他们已经分家。

(2) 分家不分堂

以往，当地奉行"分家不分堂"的原则，即使分家之后中堂也将归家庭共同所有。当然，不仅是中堂的产权，兄弟们还能自由使用中堂。例如，某一兄弟有朋友前来做客，可以请其在中堂就座，吃饭时也能使用中堂。

(3) 分家与其他设施共用

分家之后,厨房和磨盘的产权也归家庭共同所有,家庭成员可以随意使用。如果两个兄弟同时需要使用厨房或者磨盘,在互不影响的情况下可以共同使用;但是如果不能共同使用,则要按照先来后到的方式进行分配。不过,厨房虽为家庭共有,但是老灶却归大儿子所有。此时,如果厨房内仍有空间可以建造新灶则由其他儿子自由搭建,如果没有足够的空间也可以另外搭建厨房。

4. 收留与房屋赠予

以往,由于外来人口相对较多,因此该村也有很多收留外来村民的好心人。据李邦存老人介绍:"过去,那些外地来哩,走到楚铺要是和村里人谈哩来,就在人家家里住下了。那个时候好人多,好多人没有自己的房子也都住在楚铺了。"一般而言,村民收留外来村民通常会将西屋中的一间借给其短暂居住。此后,这些村民如果在楚铺找到了较好的谋生方式,则会长期居住。待有些积蓄后,他们会想方设法在村中无主的低洼地盖一个简易的茅棚。如果没有获得充足的积蓄,主家也没有赶走他们的意思,这些村民则会在借来的房屋中一直居住。只要主家不赶,借来的房屋便会发生实质上的产权转移。在此过程中,无须签订任何契约,也无须进行任何形式的口头确认。随着这些村民家庭人口的不断增加,他们还会在借来的房屋旁边再加盖房屋,对此房屋原来的所有者并不会采取任何干预措施。

(三)富有家庭的居住关系

1. 家庭成员的居住关系

1949年之前,富户与普通村民居住格局基本类似,堂屋归父母所有,而其他房屋基本上按照兄弟辈分的高低由东向西地进行分配。只不过,富裕家庭的家庭关系更为复杂,体现出来的关系也更为复杂。例如,村内赵姓地主赵文圆、"七老婆"和赵国兴三门人住在同一个院落内。其中,"七老婆"是赵国兴的奶奶辈[1],赵文圆是赵国兴的叔叔。三门人在赵国兴的父亲一辈分家,"七老婆"由于辈分最高便住在堂屋的3间房屋内,赵国兴的父亲住在东屋的3间房屋内,赵文圆则获得西屋的9间房屋[2]。在赵国兴的父亲死后,赵国兴继承了父亲的遗产,因此虽然赵国兴的辈分较赵文圆低,其也有住在东屋的资格。

2. 分家与分宅

由于村内富户都比较有钱,因此兄弟分家几年后分宅的情况相对普遍。在当地奉

---

[1] 不是亲奶奶。
[2] 一说,开始并没有9间房屋,后赵文圆根据自家经济情况加盖才有了9间房屋。

行"长子不离中堂"和"长子不离灶"的原则,所以分宅时通常是长子留在老宅,其他儿子则要另盖房屋。例如,该镇镇长李子峰便与其弟弟分宅而居。在分宅时,迁出的兄弟一般会放弃原有房屋的产权,但是也不会随意放弃。作为大儿子,必须按照市价足额购买迁出兄弟手上房屋的产权,即使家庭和睦也是如此。

3. 分家与设施共用

分家之后,富户家中也存在设施共用的情况。实际上不仅是家庭设施,就连家庭的仆人和牲口也存在共用的现象。以赵国兴家为例,其在分家之后除了共用厨房之外,还共用马、骡子、驴等牲口。民国时,赵家只有一辆出行用的马车,这辆马车也为三人共用,包括赶马车的吴把[1]也为三家共同雇用。赵家人在分家之后,仍共用一个厨房,但是却不在一起吃饭,三门人各自开火,三门长工也是各吃各自雇主的饭。赵家还养有两名护院,分别名为高得友和郭耀东。两人也为赵家共同雇用,两人手上的冲锋枪[2]为赵家共同所有。此外,不少富户即使分宅居住也会共用一些设施。例如,磨盘在老宅内,迁出的兄弟又没有添新的磨盘,那么他们仍可以继续使用老院内的磨盘。

4. 主雇之间的居住关系

以往,多数富户家中都住有长工和仆人,但是富户为了区分自己与长工和仆人在身份上的不同,往往不会和他们住在一起。当然,对于不是非常富有的村民,一般也会和长工以及仆从住在同一个院落中。但是,长工和仆从只能住在西屋,甚至是存放粮食的南屋。

以赵家为例,其拥有东西两院,其中东院便是赵家人居住的地方,除了赵家人和赵家贴身的仆从,其他人全都住在西院。赵家东院全部为建材上乘的砖瓦房,西院却全部都是茅草房。据村内老人介绍,赵家西院共有60—70间房屋,主要就是供长工和牲口使用。除了长工,居住在西院的还包括赵家的厨师、护院和车夫。与此相对,居住在东屋的仆从主要为服侍女性的针工子。这么做,一方面是为了凸显富户的身份和地位,另一方面也是为了尽量隔离男工与女眷。也有老人表示,赵家只有一处宅院,院子分里院和外院,其中长工多居住外院的客厅和过厅中。不过,无论哪种说法长工和富户都不会住在一个院子(参见图2-3[3]和图2-4[4])。

---

[1] 吴把,是村民对为赵家拉马车吴姓村民的昵称。
[2] 一说为两把手枪、三支步枪。
[3] 根据李邦存等老人口述整理。
[4] 根据艾宝玉、张付中、靳逢安老人口述整理,图中过厅就是通往里院的过道。

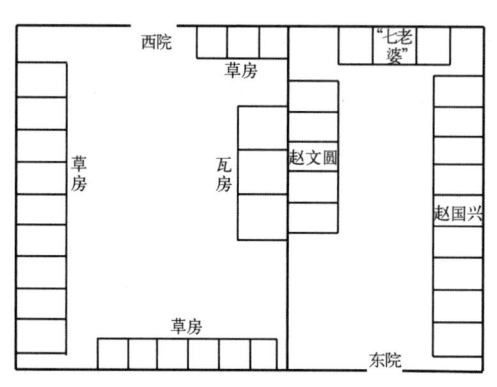

图2-3 赵家两个院落的住宅布局情况

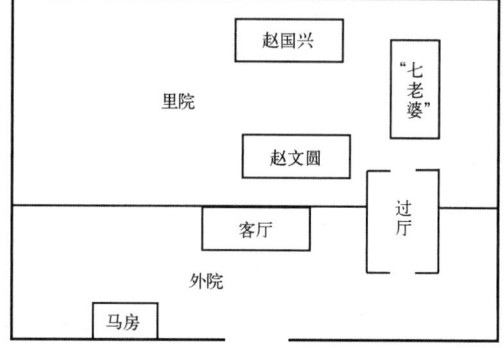

图2-4 赵家院落住宅分布图

第五节 楚铺村自然变迁与实态

中华人民共和国成立之后,该村的自然形态也随之发生了较大的变化。当下,楚铺村的自然环境已经与民国时期有了很大的不同。在产权制度变革与技术革新的双重影响下,该村村落格局、麦作体系、灌溉体系都出现了新的特点和特征。不过,传统的自然底色仍未消退,其仍对当下楚铺村的自然环境和人化自然产生着诸多影响。此外,随着自然环境和人化自然的急剧变化,村民的生产和生活也产生了相应的变化。

一、麦作体系

1949年之后,随着时局的稳定以及农业技术的进步,村民纷纷开始精耕细作,小麦产量也开始提高。在土地改革之后,该村基本奉行一年一熟制,秋天收秋后种植小麦成了绝大多数村民种植小麦的基本习惯。同时,杂麦双作的耕种模式得以继续保留。

1950年开始,村内开始组织临时互助组和常年互助组。临时性互助组一般规模较小,合作也仅限于深耕和收割等用工较多的小麦生产环节。与此相对,常年性互助组不仅在农业生产各个环节进行合作,还在农副业等方面进行互助合作。据艾宝玉老人叙述:"那个时候,有土改分半头牛哩,有分半个犁哩,大家互助,生产也方便。"之后,该村又先后历经了初级社、高级社阶段以及人民公社阶段。土地牲畜和大型生产工具的集中使用,也为农业生产力的提高提供便利,促进了小麦产量的提高。同时,土地平整和伙种也为小麦的连片生产提供了便利。此外,1950年代以来,拖拉机、机引犁、旋耕机、割晒机等机器的使用,以及化学肥料的投入,也为小麦生产提供了极大的便利。

20 世纪 80 年代之后，随着"家庭联产承包制"的推广，村内土地以好坏搭配的方式分配给了村内村民。自此，该村农业生产回归了以"户"为单位的经营模式，这也进一步激活了村民的生产积极性，使得小麦产量再次提高。当然，机械化水平的提高以及农业技术的改进也是小麦产量提高的主要原因。当下，该村小麦生产主要由老人、妇女完成，但一些特殊的环节仍需要男性劳动力亲自负责。例如，秋收后的麦种环节便是如此。基于此，如今该村在附近县市打工的村民还有秋收时回家劳作的习惯。

二、水利与灌溉

自古以来，水利对于该村村民的影响并不算大，但其也是村民生产和生活中离不开的部分。1949 年之后，随着国家对于水利投入费用的提高，该村水利设施也有了极大的改善，这为村民的生活和生产创造了更好的外部环境。

（一）宿鸭湖工程

如前所述，该村地处洼地，地势相对较低，较易受到水灾的影响。1957 年 6 月，为了兴利除害，经水利部批准，在汝南县西北部修建宿鸭湖，楚铺村便位于宿鸭湖边。宿鸭湖是亚洲最大的平原人工水库，整个灌溉区共有总干渠 1 条，干渠 3 条，总干斗渠 1 条，灌溉面积约为 81.6 万亩。得益于宿鸭湖的建设，该村也成为了自流灌溉区，农业生产所需水利得到了极大的保障。宿鸭湖主要由汝南、上蔡、平舆、正阳、西平 5 县的 11 万民工用 4 个月的时间建造而成，楚铺村村民也参与到建造水库的行列中。但是，楚铺村本属于宿鸭湖淹没区，因此该村村民也在 1958 年被迁往了附近的别桥（除了第二生产队）。虽然在 1960 年之后村民陆续搬回楚铺村，但是楚铺村村民仍属于水利移民，这为日后村落的发展提供了政策资金的支持。

（二）水井

1966 年之后，驻马店全区开始大规模打井，并由政府组织成立打井队。此后，楚铺村也在政府的帮助下建造机建井。与人力挖井不同的是，机建井的深度往往要达到 30 米以上，有的甚至可以达到 100 米以上。这保证了出水量以及水质的安全，为安全饮水和农业生产提供了保证。在人民公社时期，水井为生产大队所有，水井附近生产队均可以使用水井内水源。1980 年之后，水井则归村民委员会所有，村内村民均有使用权。当下，楚铺村村民在抽水时，需要使用机器抽水。村民在使用时，采取先来后到的方式，谁先到谁就有优先的使用权。与生产用井相对，1980 年之后村民也开始请打井队在自家院落中建造私人饮水井。但是，私人水井一般深度较浅，卫生问题也堪忧，常常引发一些传染病。近些年来，随着国家对于生活用水的改造，村内绝大多数村民已经用上了自来水，水质安全问题基本得到了解决。

（三）堰塘

当下，该村的堰塘已经变得越来越少，所剩堰塘全为公共堰塘。与1949年之前相同的是，公共堰塘并不用于储备水源，其仅是自然形成的深坑。也正因为如此，公共堰塘并没有生产功能。特别是1949年后随着水井建造技术的提高，村民也不会再在公共堰塘内取生活用水。与此类似，随着生活水平的提高以及生活理念的转变，也没有人再取用堰塘内的黑泥用于染布。

三、居住格局

土改过程中，村内无房或者少房村民均分得了属于自己的房屋，居住条件得到了极大的改善。例如，艾宝玉老人就在土改时分得了赵国兴家的马房。但是，由于经济条件的制约，村内房屋的质量仍然堪忧，茅草房仍随处可见。1975年，该地暴发了特大洪水，村内不少房屋也被洪水摧毁。此后，在政府的帮助下，房屋被毁的村民先后盖起了新房，居住环境也借此得到了改善。当下，该村的村落布局基本沿用了1949年的格局。十字街仍是整个村落的中心，多数村民也仍居住在寨墙之内。随着政府规划和对于村落建设投入的提高，村内各家各户的房屋也建设得更为齐整。此外，收入水平的提高使得村民房屋质量再次提升。如今，茅草房在村中已彻底消失，各家房屋基本上为砖瓦结构，晒场也实现了硬化。

第三章　楚铺村的经济形态与实态

以往，以家户为单位独立经营和分配是楚铺村村民家庭经营的基本模式。不过，由于旱地生产往往需要在一些特殊的环节投入较多的劳动力，村民之间伙种与互助的情况仍然十分普遍。与此同时，村内富户却采取着与普通村民不同的生产模式，他们多会将家中土地全部租赁给佃户，自己完全不从事任何农业劳动。总体而言，可以将该村传统经济形态概括为：大小相结合，独立经营与完全租赁相结合，互助与伙种相结合。在这样的生产模式下，不同家庭经营模式反映出的经营关系也有所不同，这不仅是该村经济关系的基本形态，也是其他社会关系形成的基础。

第一节　人与土地及其生产能力

传统时期，土地是最为重要的生产资料。对于该村大多数村民而言，土地就是他们安身立命的根本，没有土地的村民会想方设法获得土地，拥有少量土地的村民会尽力保全拥有的土地，富户则是在不断扩大自己拥有的土地面积。在单家独户的经营模式中，家庭能够经营的土地规模与家庭劳动力数量之间存在着密切的关系，家庭人口较多不仅有利于土地的积累，也有利于租赁富户土地。不过，家庭成员的数量以及劳动能力对于土地较多的富户而言完全没有影响，因为他们几乎会将家中土地全部租赁出去。

一、人与土地关系

传统时期，该村土地虽均属本村村民所有，它们绝大多数却归本村大地主所有，由此而形成了该村特殊的人地关系。

（一）人口

如前所述，该村户数在200—350户之间，人口在800—1200人之间。由此计算，该村每户平均人数应在3.4—4人。据村内老人估算，民国时村中约有20%的家庭是刚分裂出来的小家庭，家庭人口仅为两三人。与此类似，还有10%左右的家庭是只抱养（过继）了1个孩子，或者只生育了1个孩子，他们的家庭人口为3人左右（有些家庭会和老人一起住）。同时，村中还有不少无后（未过继且未抱养）、未婚或者孤寡独居的村民，他们的占比约为15%，家庭平均人口在一两人。除了上述家庭，村中大多数家庭的人口数在3—6人之间，最大家庭的人口数在12—15人之间。就老人可以明确回忆的58户村民而言，他们的家庭平均人口数为4.34人，其中家庭人数最多的为10人，人数最少的为1人。村内老人能够明确回忆出户数的家庭人口分布情况见表3-1。其中，人口数在3—6人的家庭占比最大，约占58户家庭的62.07%。

表3-1 民国末期楚铺村家庭人口数分布情况（部分）

人口数	户 数	百分比
≤3	17	29.31
4—6	36	62.07
>6	5	8.62
合 计	58	100

（二）土地

据村内老人回忆，该村在民国末期拥有的土地在2000—2500亩之间。由于该村地处洼地，因此地势较高的头头黄占比相对较少，约为该村土地总面积的20%—25%。与此相对，二等黄的面积占比在40%—50%之间。剩下的土地全为质量最差的赖坡地。不过，即使是地势最高的头头黄也经常会受洪涝灾害的影响。此外，该村全部土地都为旱地，并没有人种植水稻等作物。

（三）人地关系

1. 土地占有不平均

传统时期，由于该村土地多为地主所有，所以多数村民并没有自己的土地。据村内老人介绍，该村拥有土地的户数不足该村总户数的一半，该村大地主拥有的土地总面积在1500亩左右，占到了该村土地总面积的70%以上。同时，拥有土地的家庭所拥有的土地面积也呈现出了分化。据老人估算，村中拥有土地面积 10 亩以下的户数约占该村拥有土地总户数的 70%—80%。在老人能回忆出具体情况的 58 户家庭中，没有土地的户数为 28 户，占比为 48.28%。与此类似，土地面积在 10 亩及以下的户数为 11 户，占调查户数的比例为 18.97%，占调查有地户数的比例为 36.67%。土地面积在 10 亩以上 50 亩以下的户数为 7 户，占调查总户数和调查有地总户数的比例分别为 12.07% 和 23.33%。其他调查户均为村中大地主，他们这两项指标分别为 20.69% 和 40.00%。具体情况请参见表 3-2 与表 3-3。不过，老人能回忆出的家庭多为该村情况相对较好的家庭，村落实际拥有土地村民的比例要远远低于这 58 户的分布情况。

表 3-2 民国时期楚铺村村民土地占有情况统计（部分）

拥有土地亩数	户　数	百分比
0	28	48.28
<10	11	18.97
10—50	7	12.07
>50	12	20.69
合　计	58	100

表 3-3 民国时期楚铺村有地村民土地分布情况统计（部分）

拥有土地亩数	户　数	百分比
<10	11	36.67
10—50	7	23.33
>50	12	40
合　计	30	100

2. 土地质量差异化严重

在该村，由于贫富差距较大，也造成了拥有土地较多的村民更有购买土地的能力。这里所指的购买土地能力不仅仅是指购买土地面积的能力，还指购买的土地质量上乘。据艾宝玉老人叙述："过去，那大地主一般不买差地，买了也种不了啥，收成不行。他们要是买赖坡地咯，都是把哪家哩地一块儿买下来，赖坡地差不多都是饶哩，随便给几个钱就买下来啦。那土地少哩，大多都是祖上继承下来哩，有哩是开荒哩地，有哩是典当来哩人家的地，后面人家不要了就花俩钱买过来了。就这，地少哩土地也都是赖地多。"据粗略估算，村内大地主拥有的头头黄和二头黄约占其拥有土地面积的 70%

以上,少地者则最多占到50%。

3. 无地可种的情况较为普遍

以往,由于特殊的租赁方式,多数无地村民并没有租赁的机会。据村内老人介绍,该村无地村民中仅10%—20%具备租赁资格,同时,该村多数家庭甚至连可供种植蔬菜的小面积菜园都没有。在这种背景下,村民只能吃野菜或者是购买菜农的青菜。对于大多数无地村民而言,无地可种只得经商或者是出卖劳力,最为贫穷的村民还有可能成为土匪。

二、人与生产能力

以家户为基本单位的生产模式,决定了楚铺村各家各户需要尽可能拥有相应数量的劳动力,才能满足家庭生产的需要。以往,在该村,无论男女均可以算作劳动力,只不过男女存在分工上的不同。与此同时,家户生产能力还与生产工具有关,该村各家的生产工具虽以家户为所有单位,但仍较为普遍地存在共有和借用的情况。

(一)劳动力与单位生产能力

1. 劳动力的标准

传统时期,该村并没有完整的劳动力概念,更没有对于劳动力标准的详细规定。可以说,村民划分劳动力的标准主要依据生产能力。

(1)男性劳动力

一般而言,判断一个男性村民是否具有劳动力资格的标准是看其是否具有完全的农业生产能力。从调查的情况来看,男性从12岁起,便能在当家人的主导下完成大多数农业生产环节。男孩成长到16岁左右,通常就能独立完成大多数体力活。只不过此时男孩还不能算作一个完全的劳动力。由于经验不足,他们无法较好地掌握摇耧撒种等技术环节。到了18—20岁,男孩基本能熟练掌握大多数农业生产技术。在这个阶段,男孩便能被称为一个劳动力。这个阶段也是多数男性村民开始独立生活和结婚的阶段。

从男性劳动力的等级来看,20—35岁的男性可以算作青壮劳动力。不过,在这个年龄阶段的村民必须身体健康且掌握大多数农业技术。35—45岁的男性可以算作壮劳动力,当然前提是身体健康、体力较好且熟练掌握各种生产环节。壮劳力的标准还能扩展到55岁,如果某一村民身体健康,且可以长期从事繁重的体力劳动,那么55岁之前都可以算作一个壮劳动力。55岁之后的男性村民虽仍可以算作劳动力,但却不能再被称为一个壮劳力。以往,55岁以上的男性劳动力,虽还能从事农业生产,但对特别繁重的农业劳动基本上已经力不从心。一旦一个男性村民过了65岁,就不能再算为劳动力，因为他们已经不能独立完成大多数体力劳动。

（2）女性劳动力

相较于男性而言，女性虽然能被称为一个劳动力，但对其是否为劳动力的衡量标准却更不具体。这主要是因为该村女性要裹脚，因此她们并不能参与全部的农业生产环节，也无法从女性是否能掌握农业生产技术来界定女性作为劳动力的标准。对此，该村村民一般认为，但凡能够熟练掌握纺纱、织布、制衣等家务活并能协助男性完成家中大多数农业生产环节的女性便能被称为一个劳动力。以往，女性能完成上述劳动至少要达到 16 岁，而能熟练掌握这些劳动环节的女性一般在 20 岁以上。此外，判断女性是否为一个劳动力还要看其是否婚配，因为女性从事的多数劳动环节围绕家庭生活而展开，对于孩子和老人的照顾也被视为某一女性是否能被称为劳动力的重要标准。如果一个女性村民没有婚配，即使达到了 20 岁以上也不能被称为劳动力。

2. 劳动力概况

据村内老人粗略统计，该村大多数家庭拥有的劳动力数量在 1—5 人之间，没有劳动力的家庭虽有，但占比非常少。由于大多数家庭不允许轻易分家且女性也能算作劳动力，因此不少家庭都有 2 个以上的健康劳动力。不过，富户家中的劳动力通常少于普通家庭。例如，"七老婆"家只有一个侄子，但是侄子因吸大烟连最基本的劳动能力都没有。以往，富户家劳动力较少主要基于以下两个原因：其一，富户通常不需要亲自劳动，劳动力数量对于家庭经营的影响程度相对较低。其二，富户家庭的子女一般会外出读书，长大后也不会亲自从事农业生产。因此，按照当地的标准他们并不能算作一个劳动力。

此外，女性虽然能算作劳动力，但其价值要较男劳动力低不少。一个家庭可以没有女性劳动力，却不能没有男性劳动力。孤儿寡母通常无法独立完成农业生产，即使在女性劳动力非常健康的情况下也是如此。所以相较于女性劳动力而言，男性劳动力的数量更为关键。据村内老人介绍，村内各家至少都有一个男性劳动力，在他们的记忆中没有男性劳动力的家庭在约 5—8 户。

3. 劳动能力

1949 年之前，村民主要的经营活动围绕农业生产展开，即使没有田地的村民也会通过打长工和短工的形式赚取报酬。在农业生产中，无论哪一生产环节都需要至少投入一个男性劳动力，有时还要投入 1—2 个女性劳动力与之配合。例如，之前提到的晾晒环节就需要一个男性劳动力与女性劳动力相互配合。与此同时，土地的面积不同将导致家庭投入劳动力数量的不同。该村劳动力的劳动能力请参见表 3-4。除了农业生产，纺纱织布以及其他家务活基本上由一个女性劳动力完成。如果家务活不能独立完成，女性也可以让子女辅助其完成相应工作。如果从事其他经营活动，所需的劳动力则要按实际情况而定。以开设饭馆的村民为例，他们通常需要一个男性劳动力和一个女性劳动力相互配合，其中男性在外招呼，而女性则负责做饭。

表 3-4 楚铺村村民劳动能力概要

生产环节	需要劳动力数量
储种	1个男性劳动力；"穴"的制作一般由1—2个女性劳动力完成
深耕	1—2个男性劳动力，2头驴、骡子或者耕牛
撒种	1—2个男性劳动力；女性劳动力只送饭不下地
盖土	1—2个男性劳动力
锄草	1—2个男性劳动力；1—2个女性劳动力
积肥	1个男性劳动力，多为家中老年劳动力
施肥	1—2个男性劳动力
收割	3—4个男性劳动力；1—2个女性劳动力；2头驴、骡子或者耕牛等牲口
晾晒	1—2个男性劳动力；1个女性劳动力
喂牲口	1个男性劳动力；有的家庭由1个女性劳动力完成此环节（但耕牛一般由有经验的男性劳动力喂食）

说明： 此处仅以土地面积7亩为标准进行介绍，因为在该村拥有土地在7亩以上的家庭基本上就可以完全依靠土地生存。

4. 劳动力分配

1949年之前，无论是从事农业生产还是其他兼业，所有环节的劳动力由当家人负责分配。具体而言，需要当家人负责分配的内容主要涉及以下两个方面：其一，决定家中每个劳动力的分工。在家庭的生产活动中，当家人不仅要分配家中劳动力日常分工，还要在家庭急需劳动力时指派具备一定能力的孩子或者是妇女临时参与某一生产环节。此外，对于家中某一个劳动力是否要外出学徒或者上学也由当家人进行分配。其二，决定每一生产环节需要多少劳动力。在农业生产或者其他生产过程中，当家人要根据自己的经验决定每一环节需要多少劳动力，以及是否需要请其他家庭的劳动力前来帮忙。

对于家务劳动，通常由母亲具体负责分配，不过并不是当家人没有分配的权力，而是当家人一般会将分配的权力让渡给母亲。核心家庭由于家务活相对较少，因此母亲可以临时分配某一个孩子协助自己完成。据李邦存老人叙述："过去的孩子都没现在的金贵，不会走路哩时候就拿个被子包住放到床上，女哩就在那做自己的活。忙不过来，就让大一点儿的孩子去照顾一下。孩子大一点儿能走了，女的干活，就让大孩子帮忙喂饭、喂水。其他的活儿也一样，干不过来了就找大一点儿的孩子打一个下手。"与此相对，村内扩大家庭家务活多，能够从事家务活的女性劳动力也相对较多。因此，分配的过程也更为复杂。但是无论如何分配，分配权都由母亲掌握。

（二）生产工具

农业生产离不开生产工具，工具的数量与质量也是影响家庭生产能力的关键要素。传统时期，该村在分家时并不分配工具，工具仍为一个家庭所共有。如果兄弟有需要则可以另外置办工具。

1. 家庭工具概况

民国时期，该村的生产工具主要包括小型生产工具以及牲口、车辆等大型工具。具体而言，小型生产工具主要包括：旧土犁、木耧、镰刀、锄头、耙子、独轮车等。大型生产工具主要包括：骡子、马、驴、耕牛、太平车、耱、碌碡、砘车等。对于村内大多数家庭而言，他们拥有除了犁、耙、耱、碌碡、砘车之外的大多数生产工具。即使没有土地的村民，也会利用自家房前屋后的小片空地种植蔬菜等作物。与小型工具相对，大多数家庭并没有驴、马、耕牛、太平车等工具，即使拥有也只拥有其中1—2件。拥有大型工具的家庭一般是村内自己耕种土地面积在30亩左右的地主，以及租种面积超过70亩的佃户。不过，经营面积的不同也会造成工具数量的不同。一些大佃户家中甚至拥有5—6头牲口，2—3辆车。对于佃户而言，家庭劳动力的数量和大型劳动工具的数量将直接影响他们租种的面积。不过，比起家内拥有的劳动力数量，家庭生产工具的数量是地主考察佃户时更为关键的要素。

在刚分家时，父亲一般不会分配工具给自己的儿子，也不会为自己的儿子另外添置工具。此时，儿子们可以共用家中生产工具，也可以另外置办。具体如何使用和分配工具，要根据具体的家庭情况而定，没有太过固定的模式。

2. 小型工具的借用

以往，该村借用工具的情况相当普遍。村民如果想借用工具，一般会找自己的四邻、兄弟、村内同姓亲属或者是关系较好的村民，其中四邻与兄弟是村民借用工具的首选对象。因为四邻住得相对较近，彼此对对方拥有什么工具都比较了解，如果主人当时不使用，那么通常会借给四邻。兄弟间相互借工具就更为普遍了，如果兄弟间关系融洽，没有不借的道理。

借用工具的周期多为半天，最多不超过一天。因为借工具都是在农忙时，所以借用工具的前提是不能影响他人的生产。当然，如果对方有多余工具，适当多借用1—2

天也是被允许的行为。不过，借出之前必须给对方说明归还日期。到了日期不还，主家可以前去讨要，但言辞上一般会比较温和。例如，村民 A 向村民 B 讨要工具时可能会说："工具用完了不？没用完再用几天，没事不着急。"村民 B 听到此话之后，如果还需要使用则会说："你急着用不？急了现在你拿走，不急了我再使两天。"村民 A 如果不急着用，也可以允许村民 B 再使用 1—2 天，到期后村民 B 通常会主动将工具送还给村民 A。

此外，工具在借用期间如果发生损坏，借用者必须将工具修好后再归还。不过，借用者却不一定要向借出者说明工具损坏过。如果工具损坏且一时无法修理，那么借用者便要折价赔偿。在民国中后期，一件小型工具通常要赔偿 1—2 元。但据村内老人介绍，赔偿的情况相对较少，如有办法修理村民还是会首选维修。

3. 耕牛的使用与分配

如前所述，土地超过 7 亩且经济条件尚可的家庭便有饲养耕牛的需要。但是，如果家庭没有其他产业，也可能会选择饲养相对便宜的驴或者骡子。多数饲养耕牛的村民拥有的土地在 10 亩以上。耕牛是非常贵重的工具，养牛者一般都会悉心照顾耕牛，但是相互借用耕牛在村内却是非常普遍的现象。

（1）饲养单位

以往，饲养耕牛的基本单位是家庭，在该村并不存在合伙养耕牛的情况。这主要是因为该村使用的犁为双牛犁，一头牛根本无法满足使用需求。一头耕牛的饲养者超过两人，便不能实现耕种时间的有效协调。当然，兄弟之间在分家之后合伙养牛的情况也存在，但其前提是家中拥有 2—3 头耕牛，或者至少拥有一头牛和一头其他牲口。具体细节将在下文中详细叙述。

（2）耕牛借用

在该村借用耕牛的情况相当普遍，但是借用耕牛的行为主要发生在关系较好的村民之间。具体而言，当地借牛过程中主要展现出以下几种关系：

其一，借谁的牛。这里所指的关系较好的人通常包括：四邻、亲兄弟、同姓亲属、村落内关系较好的村民以及同村异姓亲属。不过，外村亲属很少向楚铺村村民借牛，这主要涉及成本问题。在上述可以发生借牛行为的关系中，四邻和亲兄弟是核心，特别是四邻间借牛的行为非常普遍。此外，村民借牛对象还包括村中有钱但没有势力的富户。村中的排场人即使家中有牛，如果借牛者与他们的关系不是很熟络也可以拒绝对方的要求，村民如果与他们关系不好也不会轻易开口向其借牛。村中拥有土地超过 70 亩的地主，由于不亲自从事农业生产，因此也不是村民的借牛对象。

其二，谁需要借牛。借牛者通常是拥有少量土地的村民，其中不少村民都拥有一头牛或者其他牲口。他们借牛主要是为了跟自己拥有的牲口配合以完成深耕这一耕种环节。完全没有牲口的家庭去借牛的情况也有，但是较有牲口的家庭去借牛的情况要少不少。家中完全没有牲口的村民若去一家借牛，还需去另一家借其他牲口，借用成本便会相应提高。村民借牛时，即使借牛对象家中有两头甚至两头以上的耕牛，村民也只能借一头耕牛。这主要是因为耕牛是较为贵重的生产工具，村民外借一头主要是出于人情，借两头则基本是不被允许的行为。在民国时期，也有村民会在借牛之后选择与其他有牲口的村民合作深耕，不过出现的比例很低。此外，村民在使用耧车播种的过程中也可以借牛。由于耧车可以以人力驱动，地少的村民利用家中男劳力便能完成播种环节，地多的村民即使只有一头耕牛也能完成生产。因此，播种过程中借牛的现象较深耕环节要少一些。

其三，借牛时间。以往，借牛一般不能超过半天。因为借牛者多是田地较少者，所以半天基本上都能完成深耕或者播种等工作。同时，借牛不能影响牛主耕种，也不能影响牛主中午喂食。借牛者并没有喂牛的义务，清晨将牛牵走，中午之前必须将牛归还给牛主。如果到了中午不还，牛主可前去讨要。在讨要时，即使耕种还没有结束，借牛者也要将牛归还给牛主。借牛者如果与牛主关系较好，当天下午或者第二天还能再继续借用。不过，同一生产环节借牛次数最多只能有两次，村民通常借用一次便不能再开口续借。当然，借牛对象是关系较好的亲兄弟则可以例外。此外，一些较为有钱但没有势力的富户为了保持与周边村民的良好关系，也会尽量放宽限制，尽可能满足村民的借牛需求。如前所述，村中有些富户甚至会专门饲养一头耕牛供村民在农忙时借用。然而，即使是富户专门饲养用于外借用的耕牛，村民使用时也需要注意上述惯习，否则不仅在该牛主那里难以再次借到耕牛，在其他牛主那里也难以获得借牛机会。

其四，借牛与赔偿。在借牛时，如果耕牛受伤或者死亡，那么是否要赔偿则要看双方关系。不过，由于借牛时间不能超过半天，耕牛死亡或者受重伤的情况在该村历史上还没有出现过。如果耕牛受伤，借牛者与牛主关系不错，则借牛者无须赔偿，有些没有势力的富户一般也不会让借牛者赔偿。但是，如果关系不是太好则要适当赔偿一些现金或者粮食。具体赔偿多少，由牛主与借牛者进行协商，赔偿金额不会太多。此外，在研磨小麦时也能借用耕牛。

其五，借牛与人情。借牛和还牛的过程中，借牛者无须给予牛主任何形式的感谢。借牛者也无须帮助牛主收集牛粪。不过，借牛村民实际上还是欠了牛主的人情，只是这种人情的归还形式千差万别。如果是向亲朋借牛，一般人情可以通过帮忙的形式偿还，也就是在牛主家中遇到用工问题时义务性地前去帮忙。如果是借富户的耕牛，这种人情将直接转换成富户在村落中的威望，也就是转换成了富户在村中的社会地位。因此，如果村民借富户的耕牛通常不需要刻意偿还，对方需要帮助时再偿还便可。

（3）耕牛的分配

在分家时，如果家中只有一头耕牛，那么耕牛会被分配给具体的个人，但是没有分到耕牛的儿子也会得到相应的补偿。例如，村民A、村民B、村民C为三兄弟，在分家时村民A获得了耕牛的产权，那么村民A要核算牛的价值，并将价格一分为三，再将其中两份分别支付给村民B和村民C。以往，谁得到耕牛并没有惯习上的规定。在分配时兄弟们要相互商议，其中较为有钱的兄弟如能马上付钱给其他兄弟，则可以优先获得牛的所有权。在家中只有一头牛的情况下，分家后不以原来家庭为单位共用耕牛。这主要是因为一头耕牛无法完成生产，需要再与其他家庭进行配合，时间上无法协调。

如果家中有两头耕牛，或者家中有一头耕牛和一头其他牲口，则以原有家庭为单位共同使用耕牛。此时，兄弟们如要使用耕牛一般按照先来后到的顺序分配使用时间，如果家中耕地相隔不远也可以一起使用。如果耕牛生育小牛，所有权归兄弟们共有，其中一个兄弟可以花钱购买，其他兄弟每人都能分得均等的一份。生育小牛之后，兄弟们也能将小牛牵到牲口行变卖，所得钱款仍由兄弟们平分。如果家中耕牛年老或者死去，兄弟们就不会再共用耕牛。此时，他们一般会想办法单独购买耕牛。

4. 骡子和驴的使用与分配

饲养骡子和驴的村民通常是土地面积不足10亩，家中也没有经营其他产业的村民。同时，土地面积在20亩以下的村民也会在饲养一头耕牛的基础上，再饲养一头驴或者一头骡子。当然，有些富户也会饲养驴和骡子，因为它们还能承担耕牛无法完成的一些工作。

（1）骡子和驴的借用

对于生产环节，骡子的借用与借用耕牛类似，借用时间通常不能超过半天。除了生产环节，在生活中借用驴和骡子的情况也经常出现。如果在农闲时，借用驴和骡子主要是用于运输物品或者是拉马车。如果某一富户家中有两头驴或者一头驴和一头骡子，以及一辆太平车或者马车，借用者可以一起借走。如果只有一头驴或者一头骡子，借用者也可以只借驴或者骡子。与生产环节类似，借用驴、骡子甚至是太平车，借用周期不能超过半天，也就是不能影响主人喂食牲口。即使主人下午不用或者是借用者已经备齐了草料，主人也不愿意让借用者借用的时间超过半天。因此，借用了驴、骡子、马车的村民一般只是前往附近集市或者附近村落，不会去太远的地方。例如，以往村民去驻马店附近的集市贩卖粮食，只会挑着担子去，而不会借用别家的牲口和马车。当然，如果借用者是与自己关系较好的亲兄弟则可以适当放宽期限，超过半天甚至超过一天也是主人能容忍的行为。

（2）骡子与驴的分配

在分家时，如果家中只有一头驴或者一头骡子，则按照与耕牛类似的方式进行分配，即某个儿子得到驴或者骡子的产权，再由其赎买其他儿子手中的产权份额。但是，如果家中有一头耕牛和其他牲口或者有两头耕牛和一头驴则情况有所不同。此时，无论家中有多少牲口，只要满足耕作需求均以原有家庭为单位共有。与此同时，与驴或者骡子配合使用的太平车和马车也以原有家庭为单位共有。

5. 马的使用与分配

以往，有马的家庭一般是村中的大地主，即使租赁土地较多的佃户也很少拥有马匹。

（1）马的借用

因为马匹比较贵重，骑马又需要一定的技能，因此借马的情况相对较少。与此同时，拥有马匹的村民基本上是村上的排场人，普通村民就是有需要一般也不会向他们开口。但是，排场人之间借马的情况却时有发生。因为彼此都是排场人，诚信不需考验，借马时马主人并不对周期进行严格限制。如果马匹死亡或者受伤，借马者要主动提出赔偿，否则会对其排场人的身份产生不小的影响。

（2）马的分配

在分家时，马基本上也以原家庭为单位共同所有。虽然马也能用于农业生产，但有马的家庭基本上不会用马去耕地或者播种。因此，在分家时兄弟们不会在意马的所有权，是否获得马匹对于单个家庭来说影响不大。分家后，马匹一般放于老宅，兄弟们如有需要可以自由使用。当然，如果家庭不和，在分家时也可能将马匹一并分配，获得了马匹的兄弟要补钱给其他兄弟。

6. 磨盘的使用与分配

传统时期，当地的磨盘分为面磨、粉磨、油磨三种，其中面磨和粉磨相对较小，而油磨则相对较大。

（1）磨盘的所有单位

一般而言，面磨和粉磨体积相对较小，置办它们的村民多是人口和土地较少的小家庭。但是，油磨（不一定只磨油）却相对较大，磨出的面也相对较细，因此有油磨的村民通常是家中土地超过50亩甚至更多的富户。

（2）磨盘的打造

相对于较大的油磨，面磨和粉磨造价相对较低。如需制作则请村内石匠前来，花上1—2天便能制作完成，价格在1个大洋左右（此为大约价格，民国后期价格浮动较大，老人无法明确说明）。与此相对，油磨的成本则相对较高，制作周期往往在3—4天，花费也在2—3个大洋。不过，无论是哪一种磨盘其制作单位都是家庭，分家之后兄弟即使关系再好也不会合力制作磨盘。

（3）磨盘的借用

面磨和粉磨因为不要求牲口牵引，所以借用过程相对简单，只需提前一天给磨主说一声便可。即使是不甚熟悉的村民，只要彼此认识也可以相互借用磨盘。与此相对，油磨因为必须使用牲口牵引，因此借用者有时不仅要借磨盘，还要借牲口。同时，拥有油磨的家庭一般都是村内富户，如与对方关系不好，村民开口向其借磨盘，对方也可以借故拒绝。村民在借用磨盘后，必须将磨盘打扫干净，但是牲口拉下的粪便却不用清理，因为粪便归磨主所有。

（4）磨盘的分配

在分家时，磨盘一般不做分配，即使是较小的面磨和粉磨也归原有家庭共同所有。待磨盘无法使用之后，各家再自行想办法制作磨盘。油磨虽然也不做分配，但是因为油磨保存的时间相对较长，因此不仅是兄弟们，连兄弟们的后代在油磨损坏之前也都享有其产权。

第二节 产权与产权关系

产权以及蕴含在其背后的产权关系是楚铺村经济关系的基础。传统时期，楚铺村的产权关系主要集中表现在所有、使用、支配、转让、租赁等几个方面。相较于私人土地，该村公共土地面积相对较少，反映出的产权关系也相对简单。私人土地关系除了能体现出家户之间的产权关系，还能展现出家内的产权关系。在没分家之前，一个家庭的土地就可以分为"大股"和"小股"，分家之后养老田的预留、经营与继承也是家庭关系的集中体现。

一、土地产权概况

该村土地全部为旱地，村民自古就没有经营水田的习惯。因此，该村的土地产权关系主要围绕旱地而展开。

(一) 土地所有和土地类型

从土地所有的性质来看，该村绝大多数土地归私人所有，同时该村土地也全部归属该村村民所有，外村村民并没有能力在该村购买土地。这主要是因为该村富户较多，早已将该村土地购买殆尽。此外，私有土地还分为多种类型，后文将对此做详细叙述。

虽然该村共有土地相对较少，但还是存在两种类型的共有土地：其一，舍地坟，也就是村民俗称的"乱坟岗"，无钱无地者死后一般葬于此处。其二，庙田。这里所指的庙田并不是庙宇中可耕种的田地，而是庙宇所占耕地以及庙宇外大片的空地。舍地坟和庙田均由富户捐赠而来，但是地段却不同。楚铺村 5 块舍地坟，是村落附近不适合耕种的洼地，多在楚铺寨墙之外。舍地坟是富户为了体恤无地可下葬村民所做出的善举。该村最大一块舍地坟占地约为 7—8 亩，最小一块占地约为 2—3 亩。与此相对，庙田则坐落于村中位置较好的地段。以往，楚铺村庙院占地约有 20—30 亩，庙外空地面积约为 7—8 亩，它们多集中于北门桥外。庙外空地还具备以下功能：其一，村中请戏班时，一般在空地上搭台；其二，保甲内召开会议时，一般会将村民集中于此处。以往庙田虽为富户捐出，但是其产权却归村落内村民共同所有，凡是在楚铺内居住的村民均能享受名义上的产权。

此外，村中还存在一种特殊的公地，即"无主地"。这里所说的"无主地"一般是指寨墙内不方便建造房屋的洼地，不是指原先有主人而后无主的空地。对于这种类型的公地，村内村民可以随意处置。以往有些富户会在其中取土盖房，有些外来村民则会在此搭建简易棚用于临时居住。楚铺村土地产权基本类型请参见表 3-5。

表 3-5 楚铺村土地产权的基本类型

产权类型	用　　途	产权单位	是否享有处置权
私人土地	耕种、盖房	单家独户	是
舍地坟	贫穷者的坟地	全村落	否
庙田	建造庙宇、搭台唱戏、开会	全村落	是
"无主地"	取土盖房、建造简易棚	全村落	否

(二) 私有土地来源

1949 年之前，楚铺村及其附近村民的私有土地主要有以下几种来源：其一，开荒。开荒是最早来到楚铺村的村民获取土地的主要方式。在明清时期，该村所在县人少地多，落户村民可以自由开荒。在开荒时，村内村民一般会在土地上立上一块牌子，并在牌子上写下自己的姓氏。如果不会写字，也可以在荒地的边缘放置一些石头。这些步骤都是用于产权宣誓,待牌子腐烂或者周边村民看到开荒者在地上埋下的石头,便会默认其具备此块土地的产权。其二,占有。由于战乱和自然灾害的滋扰,不少村民在无法生产时只能抛下土地前往富裕的地区谋生。后来到的村民占有无主地,并在其上耕种便能获得土地的实际产权。其三,扩地。如前所述,民国时期政府手中掌握了不少土地,富户们一般会先向政府扩地,待到期之后再加钱将地买入自己名下。不过,向政府扩地必须具备一定的势力。例如,该村靳姓富户因为是兵役局长才能获得扩地的机会。其四,典当后假当。有些村民将土地典当给其他村民之后,如果不愿意继续耕种,便可向入当者提议假当。也就是,让入当者加一些钱将土地卖给入当者。此外,村民在将土地扩给别人之后,也可以通过假当的方式将土地卖给入当方。其五,购买。购买是村民获得土地产权的最主要方式。特别是灾年,往往是普通村民集中向富户卖地的时间段。

上述就是村民获得土地产权的主要方式,但并不是每种方式都能获得地契。一般而言,村民开荒和占有并没有地契,其他村民仅默认其享有产权。再次交易时,村民才会请说合人写上契约。与此相对,扩地和典当的假当以及正常的购买多要书写地契。然而,以往村民手中的地契基本上都是"白契",很少有人会去政府换取"红契"。白契的约束力较为有限,很多情况下契约都不能对产权交易形成制约。当然,即使只有白契,村民也需完成缴税义务。在民国时,土地所有情况一般由保甲长负责统计。

(三)特殊类型的私有土地

以往,村民的私有土地还能细分为不同的类型,例如嫁妆田和养老地。它们之所以被划为特殊类型的私有土地,不仅是因为产权归属的特殊,还因为其承载了特殊的功能。

1. 嫁妆田

(1)嫁妆田的由来

以往,富户在嫁女儿时一般都会陪嫁一些田地,但是面积大小却不一。据村内老人介绍,如果家中土地较少,陪嫁5—20亩便可,如果家中土地较多,陪嫁200亩左右的情况也常常出现。嫁妆田多是一些品质较好的田地,至少是二等黄。当然,并不是所有富户都会陪嫁土地,具体要视情况而定。如果男方家庭较好,家中拥有大片土地,陪嫁嫁妆田可以体现女方的实力以及与男家的门当户对。同时,如果男方有娶妾的可能,陪嫁嫁妆田也是为外嫁女提供一种保护,避免其以后无依无靠。此外,在当地还存在新娘没有兄弟,在其出嫁时,父母让其将家中大多数土地带去婆家的情况。例如,村内富户赵国柱家中拥有的土地大多就是由其妻子从娘家带来,面积大约有

100—120亩，而其妻子家也正好就是村民俗称的"绝户头"。

在结婚时，如果陪嫁有嫁妆田，地契一般会跟随嫁妆一起送到男方家中。嫁妆田由女方送入男方家中之后，归属婚后的小家庭所有，而并非归属男方所在大家庭，在没有分家的情况下也是如此。随后，男方家庭即使分家，嫁妆田也不会被纳入分配的范围。此外，嫁妆田一旦送出，女方娘家便无权再将其收回，除非双方家庭解除婚姻关系。以往，在当地嫁妆田又被称为"小股"，就是因其归属小家而得名。

（2）嫁妆田的作用

在当地，嫁妆田又可以被称为"贴己田"，主要是女性的私房田。但是，该村多数家庭嫁妆田的收入基本上归小家庭共同所有，由小家庭的掌柜的负责支配。在没分家之前，嫁妆田的经营收入就是小家庭的私房钱，不计入大家庭的整体收入，当家人对此并不干涉。此外，嫁妆田还可以作为新娘的养老地，新娘丧葬所需花销也从嫁妆田中支付。

（3）嫁妆田与夫妻关系

以往，陪嫁嫁妆田是女方经济实力的象征。同时，有嫁妆田也意味着女方对家庭收入有所付出。因此，有嫁妆田的女性在家中地位通常较高，丈夫不能随意打骂妻子。在没有分家的阶段，由于嫁妆田可以由小家庭自由支配，所以有些男性还会对妻子礼遇有加。

2. 养老地

（1）养老地的分配

以往，养老地又被称为"养老份子"。在该村及其附近村落，养老地的面积通常较小，以满足老人日常生活所需为前提。当然，如果家中土地较多，留下的面积也会相对较大。这里所指的面积较小，是指养老地的面积一般小于平分给儿子的面积。多数家庭预留养老地还有一个前提，那就是父母还能自己劳动，至少是父亲还能自己劳动。但这个前提并非绝对，有些家庭即使父母不能劳动，也会为父母留下养老地。同时，预留养老地的家庭基本上家中的土地要达到5亩以上。如果一个村民家中有5亩土地，且有2个儿子，那么父亲可能预留1亩土地，剩下4亩再平分给自己两个儿子。但是，如果家中有5亩地，却有5个儿子，父亲可能会将田地平分给5个儿子。此外，是否预留养老地还和家庭关系是否融洽有着密切的联系。如果儿子闹分家，即使家中土地较少，父亲也会留下养老田。

（2）养老地的功能

1949年之前，养老地主要用于老人的养老所需花销，以及老人丧葬所需花销。除此以外，养老田不承担其他功能。不过，如果在分家时家中还有女儿没有出嫁，女儿嫁妆所需花销也可能从养老地中出。当然，每个家庭的选择也不一定相同。

（四）村落共有土地

由于该村公共土地都承载着特定的公共服务的功能，它们均不是耕地，因此日常生活中并不涉及分配、租赁、经营等问题。与此同时，村落公共土地也不能变卖。据村内老人介绍，有些公地在明朝时期就有，完全不能确定其由谁捐赠，地契也早已流失。因此，公共土地根本无法买卖。不过，"无主地"却可以由私人占用。如果某一村民占据了村中的"无主地"，且在上面建造了简易房，村民们便会默认其具备了该地段的所有权。

二、土地产权边界

传统时期，该村土地分界的基本方式是地线沟。可以说，地线沟不仅是两家土地的物理分界方式，还是地面和地下附属物的分界方式。

（一）地线沟的由来

以往，村民在开荒之后一般会在土地的边缘挖掘地线沟，地线沟深约20—40厘米。在租赁地主土地之后以及分家之后，村民也会在自己经营的土地内挖出地线沟，以示与他人土地的区分。地线沟虽然是挖掘而来的深沟，但一经形成就不能随意挪动，特别是在土地交易时一定不能毁坏地线沟。与此类似，在租赁土地时也是如此。如果村民A租种村民B的土地，村民B有一块50亩的土地，并打算将其中的30亩租赁给村民A租种。那么村民A在租种时，一般会先划定地线沟，如果租种不结束，村民A不能任意挪动地线沟，村民B也不能随意毁坏地线沟。此外，在分家时如果家中的土地只有一块，那么兄弟分家之后也会立刻在地上挖出地线沟，即使兄弟和睦也是如此。在分家时，挖出地线沟一是分家的象征，二是土地可以独立交易的象征。这与当地的契约制度有着密切的关系，后文将详细叙述。

（二）地线沟与土地分界

以往，在该村土地分界的基本依据虽是地线沟，但是仅有地线沟也不足以分界。为了强调某一条地线沟就是两家之间的分界线，村民还会在地线沟的两侧放置一个"草坷垃"，也就是长满草的土块。也有人会在地线沟的两侧放置上石头或者种上树。如果在地线沟两侧放上草坷垃或者石头，村民们还会在草坷垃或者石头边上撒上石灰，以示对分界的再次确认。不过，在草坷垃或者石头上撒上石灰，还有防止其他村民将它们搬走的效果。此外，如果地线沟两侧是已经分家且关系较好的亲兄弟的土地，也可以不立刻埋下草坷垃等分界物。

（三）其他分界方式

除了地线沟之外，田间的土路也能用于分界。土路两侧的田地虽分别归属两位村民所有，但是土路本身却归其中一侧村民所有。拥有土路的村民，享有土地实际上的产权，但是村民却不能任意改路或者在道路上种植树木等作物。因此，土路两侧村民以土路为分界是一种较为固定的分界方式，不像地线沟一样可能会被私下挪动。此外，如果两户村民以土路为分界则无须在两侧埋下草坷垃或者石头。

（四）地面附属物的分界

以往，村民虽然很少在地上种植树木等作物，但是如有种植也需要以地线沟为分界方式。具体而言，枝叶的影子不能超过地线沟，如果超过，地邻可请树木的主人将靠近自己一侧的树枝砍掉以避免影子过界。如果树木的枝叶越过了地线沟，地邻可直接将其砍断。如果地邻树木的根系伸过地线沟，村民也能直接将根系砍除，但前提是不能导致地邻树木死亡。但是，实际生活中却非如此。如果与自己土地搭界的是排场人，村民则不能随意砍除对方的树枝或者树根，有些村民甚至不敢请求对方砍掉树枝和树根。

（五）分界与勘界

1. 分界

1949年之前，土地分界最常出现在兄弟分家之后。兄弟在分家之后，如果是将同一块土地一分为几块，那么必须对土地进行分界。分界时，通常要请家中亲属帮忙勘界，所请亲属包括同姓明白老人、叔伯、姑父等。分界时一般不请母亲家亲属前来。这主要是因为，分界涉及财产分配，母亲娘家人与财产没有关系，也不方便前来见证分界。不过，如果父亲家中没有亲属，或者是兄弟因分家而闹得不可开交，也可以请舅舅甚至是村中的排场人前来见证分界。当然，如果兄弟关系和睦，自行进行分界也可以。如果地主将整块土地中的一部分租给佃户，那么租赁关系达成之后，地主和佃户也需要进行分界。在分界时，到场者主要有中人、佃户和地主，其他村民一般不会参与。

2. 勘界

在土地交易时，或者在分家和租赁关系达成后，一般都要进行勘界。在该村，勘界时主要找村落的勘测员冯自勋[1]。冯自勋为村落排场人，家中虽然没多少土地，但是却在村落中人面极广，办事也很公正，久而久之便成为了楚铺村的勘测员。冯自勋在勘测地界时，一般使用"弓"作为测量工具，也就是一种类似圆规的测量工具。在汝

---

[1] 经反复确认，1949年之前村民便称冯自勋为勘测员。冯自勋，也有村民称其为冯子勋。

南县，一个弓长约 4.8 米。在测量时，冯自勋会将弓的一端插在地上，以此为支撑足向前旋转。待弓的另一端落地之后，再以此为支撑足将另一端向前旋转。依次往复，便能大致测出一块地的面积。此外，勘测员还能以自己的脚步为测量单位，勘测员以自己大小相等的步伐在地上走一圈，再乘以步数便能大致测出一块地的面积。但是，以脚步为测量单位要求勘测员个人要有极高的个人威信，村落内富户和普通村民都要认可其公正性。据村内老人介绍，冯自勋基本上具备了这个条件，但是周边村落有不少勘测员在勘界时必须使用弓。此外，在买卖土地时勘界必请地邻前来，地邻前来的目的主要是为了再次确认自己与卖地者土地的边界。

（六）边界维护与边界挪动

在边界形成之后，村民们一般不会轻易挪动边界，因为这样必然会引发地邻间的关系紧张。但是，少数村民却会在农闲时，利用维护土地边界的机会伺机挪动边界。此时，界石上的石灰便能发挥防止他人挪动的作用。即使某一位村民挪动地线沟和界石，但是界石边的石灰一般难以彻底抹去。地邻如果发现他人挪动边界，便能以界石附近残留的石灰痕迹来证明对方挪动了边界。楚铺及其附近村落就有少数排场人经常借着维护边界的名义挪动土地。据艾宝玉老人介绍，该村附近的温姓[1]地主就曾以一年挪一分地的形式，在 5—8 年的时间内将与自己邻近村民的土地全部侵占到自己的手上。实际上不仅仅是温姓地主，其他村落的恶霸也经常这么做。在这种情况下，边界对于两侧的村民来说就完全不能起到分界的作用了。

三、土地买卖关系

购买土地是楚铺村民获得土地产权的主要方式，为了耕种方便以及保持与周边村民关系的融洽，村民们更乐意在自己的村落内买地。当然，村落内有钱的富户或者是有势力的富户也经常会在附近的村落中买地。同时，出售土地是家中经济事务中的重中之重，不到万不得已村民一般不会将土地卖给他人。

（一）土地交易规模与频率

1949 年之前，该村土地交易规模呈现出较大的差异性。对于普通村民而言，一次性购买 1—2 亩地就已算不错。对于村落富户而言，一次购买 100—200 亩的情况也曾出现过。不过，大多数富户每次购入的土地不会超过 10 亩。这并不是因为村中富户无钱购买，而是因为他们吸纳的土地通常来自周边村民，村民们只有在无法维持生计时才会将手中的土地出售出去。拥有土地超过 20 亩的村民，一般抵御风险的能力较强，他们遇到经济困难也只会卖出手中部分土地。拥有土地较少的村民，即使将手中的土

---

[1] 一说不是温姓地主。

地全部卖出也不会超过10亩。据艾宝玉老人叙述:"那些大地主,40—50亩也买,30—40亩也买,少的1—2亩也买。反正就是有地就买,谁还嫌手上的地多呀。"购买100—200亩的情况,大多出现在灾荒或者战乱时。以往,"灾年买地"是地主们积累土地的最主要方式。

由于灾荒和战乱不间断地侵袭,加之土地产量相对较低,该村土地交易频繁。据村内老人介绍,该村并没有祖上流传下来的土地不能卖的限制。为了保住性命,在危难的时刻村民便会想方设法地变卖手中土地。

(二)卖地顺序:地邻和兄弟

该村及其附近村落,村民卖地时一般优先卖给自己的地邻或者是与自己关系和睦的兄弟。

卖给地邻主要出于以下两种原因:其一,地邻之间较为熟悉,不存在欺诈行为。地邻之间的合作与互助经常发生,彼此之间熟识度一般高于其他村民,因此地邻之间在买卖土地时较少出现相互欺诈或者是压价的行为。此外,地邻之间对于彼此的土地情况也比较了解,购买时也可以免去检验土地质量的步骤。其二,卖给地邻可以方便对方生产。以往,增加土地经营规模是村民获取财富的主要手段,拥有连片的土地不仅能扩大生产规模,还能降低生产成本。所以某村民在变卖土地时,一般要先问自己的地邻,地邻均不要才能卖给其他人。如果某一村民在变卖土地时,没有问过地邻,而地邻又有购买的意愿,这将直接影响其与地邻间的关系。有些村民将土地卖给别人之后,少数有意愿购买的地邻甚至会对买主的生产进行干预,或者是故意不提供生产方面的帮助。当然,如果买地者是村中排场人则不受"地邻优先"这一原则的限制。

虽然地邻具备优先的购买权,但是如果卖地村民的兄弟也有购买意愿,地邻一般不会与其兄弟抢购。兄弟具有优先买地权也有两种原因:其一,防止家财外流。对于多数村民而言,他们的土地一般继承自祖上。在当地,虽然对将祖先留下的土地变卖给外人不存在限制,但是如果兄弟有购买意愿还是最好避免家财外流。其二,兄弟之间的交易过程相对简单。兄弟之间买卖土地,既不需要检视对方的诚信,也无须检视土地质量,因此可以减省不少中间环节。

如果交易的对象既是自己的地邻,又是自己的兄弟则是最好的状态。不过,实际操作过程中经常出现地邻和兄弟都没有购买意愿的情况。此时,村民的卖地对象则要进一步扩大。兄弟和地邻都没有购买意愿,村民还可以将土地卖给自己同村的同姓亲属或者是关系较好的村民,两者并没有次序上的区分。如果两者也都没有购买意愿,村民还可以卖给本村富户。如果本村富户也没有意愿,村民才会寻找外村买主。村民最后选择卖给外村富户，并不是村落对于土地卖给外村人存在限制，而是当地富户一般不愿意购买其他村落的土地。购买外村土地，要涉及复杂的经营问题，购买的面积太小自己经营成本高，招租的难度也大。此外，土地的经营者是外村富户，也很有可能碰到作物成熟期被偷盗或者被哄抢的情况。如果只出租几亩土地，村民一般也不愿意租赁。因此，除非是像赵国兴一样有枪有钱的大地主，普通富户一般不愿意在外村买地。

（三）买卖土地中的中人（说合人）

1. 由谁当中人

民国时，该村买卖土地的中间人就是勘测员冯自勋，多数村民卖地都会请其当中人。村民如有卖地意愿，要首先请冯自勋替其寻找合适的买主。在冯自勋之前该村就有类似人物，他们集勘测和中人的功能于一体，村民卖地找他们便可。不过，如果卖主已经找好了买主，也可只请冯自勋为他们担当保证人，而不需要冯自勋为他们当说合人。如果买卖行为发生在关系和睦的兄弟之间，村民们自主交易便可，无须请冯自勋前来。

总体而言，在买卖土地过程中担当说合人必须具备以下条件：其一，是村落中的排场人。他们不仅要在村中人脉较广，还要在附近村民中具备较好的人缘，否则难以促成本村村民与外村村民的交易。其二，办事比较公道。以往，排场人不一定是办事公道的人，只有在普通村民和富户之间不偏不倚的人才具备成为说合人的资格。其三，要有文化。说合人还要在买卖土地的过程中书写契约，不会写字不能成为说合人。因此，民国时一个村中通常只有一个说合人，只有符合上述条件的村民才能成为说合人。如果一个说合人年纪较大或者身体不好，无力再承担说合人的职责，村民通常会再"捧"一个符合条件的村民担任说合人。

2. 中人职责

1949年之前，中人的首要职责是说合，也就是促使交易完成。所以，当地村民又称他们为说合人。如果某一村民打算卖地，自己又没法找到合适的买家，可以请冯自勋为他们找寻合适的交易对象，并力劝对方同意买地。其次，中人还是双方之间诚信的担保。如果买家与卖家并不直接认识，或者彼此之间的关系不是非常熟络，由中人从中撮合就是对双方人品和土地质量的担保。当然，如果双方本身就认识，中人就无须承担上述职责。再次，中人还要承担丈量土地和书写合约的职责。最后，说合人也是签订合约的见证人，就是证明合约有效者。

（四）卖地价格

土地交易价格带有较强的随意性，但是每类品质的土地都有一个大致的价格范围。由于头头黄品质最好,二头黄品质次之,赖坡地品质最差,因此三者的价格也是按照由头头黄到赖坡地的顺序依次下降。头头黄由于品质较好,每亩地相当于2—3担小麦的时价。在当地,一担约等于500斤,2—3担小麦也就相当于1000—1500斤小麦。二等黄的价格要低于头头黄不少,一般每亩地相当于1.5—2担小麦的时价。最次的赖坡地一般价格不会超过1担小麦时价,少数赖坡地虽然能卖到1担小麦时价以上,但很难卖到1.5担小麦时价。

在该村,影响土地价格的主要因素是土地品质,也就是土地肥力、地势等要素对土地定价起着至关重要的作用。土地中是否有可供灌溉的水井以及是否靠近河流,对土地价格虽有影响,但程度非常有限。此外,土地交易的价格还受村落人情因素以及交易方式的影响,对此后文将详细叙述。

(五)买卖土地程序

以往,在土地买卖过程中必须遵循一定的程序。不过,交易对象的不同,也会造成交易程序的不同。

1. 卖地原因

1949年之前,村民变卖土地通常是由于遇到无法解决的经济困境。具体而言,村民卖地主要出于以下几种原因:其一,遇到灾害或者战乱,不卖地已经无法继续生活。据传,民国三十一年(1942年)就是一个大灾年,当时楚铺村也饿死了不少村民,有地的村民为了继续生存只能卖掉手中部分或者全部土地。其二,家中遇到重大变故,短期之内需要支出大笔现金。其三,外出寻找更好的谋生机会。民国时,该村社会流动相当频繁,如果某一村民在外村发现较好的"活路",也可能变卖土地和房屋后外出。其四,赌博欠款较多,必须通过卖地偿还。

在民国时,卖地多是无奈之举,如果没有其他谋生手段,卖地就意味着失去了生存依靠。因此,不是情况危急,多数村民不会选择卖地。在该村附近曾有张姓村民是由母亲[1]抱养而来,母亲生前要求其为自己大办丧事,所以张姓村民便因此借了不少钱,结果就欠下了8担小麦的债务,家中几亩土地的产量还不够每年还债所需。即使这样张姓村民也没有选择把地卖掉,因为不卖土地还能从地中获得微薄收入,以此来维持家庭的基本生活。

除了村民主动卖地,地主还会主动买地。在该村附近就曾有白姓地主多次请求购买自己丧偶表嫂的土地。以往,地主主动买地一般会找与自己带有血缘关系的孤儿寡母。因为这种家庭失去了主要劳动力,没有劳动力经营土地,便有可能将土地卖出。

---

[1] 两位未婚母亲。

但是，购买孤儿寡母的土地并不是什么光彩的事情，因此多数地主只会向与自己有血缘关系或者关系比较近的家庭出手。此外，还有地主强买的情况。例如，该村附近的温姓地主就曾强买过本村村民的土地。

2. 卖地时间

以往，卖地多发生在小麦收获之后。家中如遇紧急情况，也可以在作物未收获之前将土地全部卖出。但是，土地变卖时地上如有作物，买家并不能随意处置。一般而言，买家可等卖家收割完成之后再收回土地。卖家如果急需用钱，也可以让买家加钱购买地上作物，购买作物的价格通常低于作物的实际价格。

3. 找寻对象

在该村，买卖土地时一般先由卖家自主寻找合适的买主。这主要是因为，地邻和兄弟一般具有优先购买权。如果地邻或者兄弟不愿购买，卖主还会询问与自己关系较好的同村村民是否有购买意愿。如果上述村民之中有人有购买意愿，那么卖地者便可请说合人替其推进程序。说合人在接受委托之后，会前去买主家中与其协商具体的交易时间，然后在约定时间帮其完成交易便可。

如果卖家没有找到合适的买家，那么就需要说合人为其寻找合适的交易对象。此时，卖主要先找到说合人，请其为自己找寻合适的交易对象。说合人在接受委托后，会先向有能力购买土地的村民发布卖地信息。如果本村富户也没有购买意愿，说合人还会前往附近村落，向富户发布卖地信息。村民在听到卖地信息之后，如果有购买意愿则会先请说合人将自己的买地意愿透露给卖地村民。之后，说合人要将买地者信息告知卖地村民，看其是否愿意交易。如果卖地村民不愿意卖地，说合人则会为其再寻找新的交易对象。如果卖地村民同意卖地，说合人便会和两人协商具体的交易时间。

此外，有买地意愿的村民也能请说合人为其寻找合适的交易对象。其基本程序与卖地村民寻找交易对象的过程基本类似。不过，在说合人明知对方没有交易意愿，而买地者又希望购买该村民的土地时，说合人一般不会主动前去劝说对方卖地。在这种情况下，如果买主说服了对方可请说合人担任中间人，说合人没有为买地者劝说对方的义务。

4. 看地

以往，看地并不是买地过程中必不可少的程序。如果交易对象是卖地者的地邻、亲兄弟或者是其他关系较好的本村村民，则可以跨过此步骤，直接进入丈量阶段。但是，如果买地村民与卖地村民本身不是非常熟悉，或者买地者是外村村民，则一定要前往地中看地，即使是在买地者知晓卖地者土地品质的情况下也是如此。与此同时，如果卖地村民只打算卖出手中部分土地，而又没有明确说明要变卖哪一地块，买地者也要前往地中看地。

具体而言，看地主要针对以下几个方面：其一，土地的具体方位。这主要涉及土地离自己的居所和田地的距离有多远以及地势高低。地势较高的土地不易受到洪涝的影响。距离自己的居所和田地较近则会为耕种带来便利。其二，土地的品质如何。这主要涉及土地肥力，其是影响购买价格的主要因素。其三，水源是否充沛。这并不是影响交易价格的核心因素，但如果某一地块附近有水井或者距离冷水河较近，也能微幅提高土地价值。其四，土地的地邻是谁。这并不是每一个买地者都要考察的内容，但是如果买地者在村中地位不高，则会担心受到地邻的欺负。

5. 议价

议价是看地后的步骤，如果买地村民对土地的品质满意，才会进入议价的阶段。传统时期，头头黄、二等黄、赖坡地虽然都有一个大致的价格范围，但是在具体的交易过程中双方议价的结果才能最终决定交易价格。

如果交易的对象是自己的兄弟，则无须说合人帮忙议价，两人私下协商便可。如果兄弟关系和睦，买地村民一般不会压价，而是会依据土地品质给足应给的价钱。如果是买地村民主动寻求交易机会，那么买地村民一般要多付出一些交易成本，但不会比土地的实际价值高太多。如果买地者是村中恶霸也可能会直接跳过议价过程。据李邦存老人叙述："那温楼村的姓温的恶霸地主，看上谁的地咯，给俩钱儿就收了，还议个啥价。人家说多少就是多少。"

在议价时，一般由说合人在两人之间撮合，全程通过比手势的方式进行。以往，卖家要根据自己土地的品质先提出一个心理价位，说合人再就卖家给出的心理价位与买家进行商议。几番讨价还价之后，双方一般会就交易价格达成一致。在这个过程中，说合人的主要作用是促进交易完成，力促买卖双方接受对方所给价位。几番讨价之后，如果双方对交易价格仍存在一些分歧，说合人也可根据自己的威望截取双方给出价位的中间价。此外，说合人并不在议价过程中收取佣金。

6. 丈量土地

议价结束之后，双方一般会尽快约定丈量土地的时间。丈量时，一般需要以下人在场：其一，买卖双方；其二，交易土地的地邻；其三，说合人。此外，交易双方还可以请自己的亲友前来见证。在具体的丈量过程中，说合人拿着弓沿着边界测量便可。但在测量土地的每一条边时，与其搭界的地邻都要先对两者的边界进行确认，否则测量结果无效。此过程中，除了地邻、卖地村民以及说合人，其他到场村民一般不发表意见。丈量结束后，如果得出面积与原契约数额不等，以新测量的结果为准。在得出面积之后，说合人还要根据双方约定好的每亩价格算出交易的最终价格。

7. 签订契约

一般在丈量土地之后，双方会立刻签订契约，这么做是担心卖主反悔，导致交易失败。关于契约的具体内容，下面的部分将详细叙述。

8. 摆四邻酒

以往，在该村，四邻酒可请可不请。如果买地者是村上的排场人，那么一般要请四邻酒，反之不请也可以。如果买地者并不是村上的排场人，请四邻酒时可请保甲长前来，也可以不请保甲长。如果村民打算请保甲长，但排场人凑不齐一桌，那么请了保甲长，保甲长也可能不会来。此时，是否请四邻酒一般由说合人决定，说合人如果看到人数较少，可决定不请四邻酒。

排场人在摆四邻酒时，一般要请到保甲长、原卖主、地邻、说合人以及与自己关系较好的排场人。排场人摆四邻酒不会只摆一桌，如果排场人坐不齐一桌也可以不摆四邻酒。以往，排场人不会和普通村民同桌吃饭，排场人凑不齐一桌便无须再摆酒。如果摆酒，主桌多坐买地者、卖地者、说合人以及其他排场人。其中卖地者坐在主位，买地者坐在主陪的位置上，说合人坐在副陪的位置上，其他排场人则根据村中的地位、辈分、年龄等因素分别落座。另一桌则可以坐地邻以及亲属。此桌一般由家中长辈坐于主位，其他村民根据辈分、年龄等随意就座。当然，以上只是理想情况，具体如何就座还要视到场村民而定。

9. 告知保甲长

土地交易之后必须告知保甲长，保甲长会在田亩统计册中将所有者改为买地者。如果买地者不是排场人，一般不请四邻酒，那么说合人就会让买地者分别前去跟保长和甲长说明自己购买了谁家的土地，具体位置在哪儿以及面积有多大。与此相对，排场人则无须亲自告知保甲长，他们在请四邻酒时保甲长就会询问，保甲长在酒席后随即登记信息便可。在告知保甲长之后，卖主便不用再承担土地税，交易当年的税负由买主承担。

10. 付款与谢中

1949年之前，买地钱必须在签订契约后立刻支付。在该村，虽有分期支付的情况，但极少发生。如果双方关系极好，也可以分两次支付，每次支付后都要在契约中加上一笔，表示已经支付了部分买地钱。买地时，一般给现金，没有村民会用小麦进行交易。在买家收到现金之后，通常不用写收据，但也有少数老人表示要写收据。谢中一般指酬谢中人，但是不酬谢也可以。多数村民摆了四邻酒就不会再专门酬谢中人。买地者如果是村中的排场人,在请过四邻酒之后还会稍微给中人一些钱作为谢礼,但钱数不会很多。

(六)土地买卖契约

土地契约的签订意味着土地交易流程的正式完成,因此在签订契约的过程中必须按照特定的格式书写,请与自己有特定关系的村民见证。

1. 原契约

以往,由于村民手中的契约以白契为主,所以契约的效力非常有限。在土地交易时,原契约对交易完全构不成影响。有时,村民手中即使没有契约也能完成交易。例如,兄弟分家之后,如果土地由一整块地分割而来,那么原本的地契一般是整块土地的地契。此时,如果其中有兄弟想交易土地,直接与买主订立新契约便可,原本的契约也随之失效。

2. 契约签订地点

1949年之前,土地契约一般在买主家签订。据李邦存老人叙述:"那卖地户都是些穷户,家里啥都没有,破破烂烂的,在卖地户家咋签约?"可以说,在买者家签约并非是惯习上的要求,而是出于对签约环境的考虑。此外,该村正常交易过程中很少出现欺诈行为,因此在哪儿签约都可以。如果交易发生在关系较好的兄弟之间,谈好价格之后卖主将契约交给买主便可,无须再签订新契约。如果两兄弟拥有的土地是由一整块土地分割而来,那么也无须签订新契约,两者只需达成口头契约。

3. 契约见证人

签订契约时主要的见证人为说合人。但是,买地村民有时也会请一个与自己关系较好的排场人一同前来见证。请排场人前来,主要是为了见证契约的签订过程,也有震慑对方,防止意外发生的作用。如果买主是排场人,一般还会请原卖主一同前来见证,但是原卖主前来并不是为了解除原契约,而是买主对原卖主象征性地告之。此外,在签订契约时,地邻、买卖双方的亲属也可以到场观看。不过,他们并不是契约的见证人,只是为了防止签约过程中出现一方欺负一方的情况。

4. 契约内容

在签订契约时,必须首先注明卖主姓名,以及卖地原因[1]。所谓卖主姓名,主要是指卖地家庭当家人的姓名。如果是变卖嫁妆田,那么卖主姓名为妻子的姓名。其次,契约中还要注明土地的具体方位、土地的名称以及土地的面积。这是一份契约的核心内容,必须详细注明。例如,东门里,寨海子里地,面积5亩。再次,

---

[1] 一说卖地原因不用注明。

契约中还要详细注明交易价格。有老人还表示，如果地中拥有水井也要注明其产权归属买主所有。还有老人认为，地契中还要标明排水沟的方位，但是没有得到村内老人的普遍认可。如果交易中还附带交易树木等地面附属物，也要注明在契约中，并详细说明其价格为多少。最后，契约中还要签上签约双方的姓名以及说合人的姓名。但是，额外到场的排场人并不用在契约中签上自己的名字。他们只是签约过程的见证人，而不是契约效力的见证人。

5. 签约过程

在签订契约时，双方会就契约的具体内容再次确认，如存在异议则由说合人从中协调。双方对契约内容确认无误则由说合人代笔书写契约。契约书写之后，如果买卖双方中有人不识字，则由说合人宣读契约，并解释契约的具体含义。双方对已经成文的契约没有异议便可分别签上姓名。如果其中有人不识字，也可由说合人代笔，再由本人按上自己的手印。（一说，即使亲自签名也要加按手印。）双方都签字之后，说合人还要作为担保人在契约中签上字。至此，整个签约过程便正式完成。担保人在契约中签字，除了证明契约的效力，还有协调交易后续矛盾的责任。

6. 契约份数

一般而言，契约一式两份，双方各自保留便可。说合人虽有担保契约效力的职责，却不用再拿上一份契约。交易后，双方因契约内容发生矛盾，可拿契约找说合人调解。如果买卖双方有人修改契约，说合人可根据自己书写的字迹，判断是否有人刻意修改。

7. 换契

以往，虽然村民很少前去县里换红契，但如果交易土地规模较大，村民也会去县城换契。换契可在交易完成后立刻进行，也可以在来年春天时前去县城。具体时间，由村民视具体情况而定。

（七）特殊类型土地的买卖

1949年之前，虽然养老地和嫁妆田承载着一定的功能，但是在特殊的情况下，它们也能被变卖出去。

1. 养老地

以往，养老地在父母生前一般不允许买卖，因为其是父母生存最基本的保障。如果父亲去世，母亲还在世，养老地依旧不能随意变卖。不过，如果养老地面积较大，在家中遇到重大经济困境时也能卖出一部分。如果儿子与父母关系不是很好，父母便不用考虑儿子以后的生计，因此也会变卖一些土地用于保障自身生活。与此同时，如果父母留有养老地，丧葬费用从养老地中支付。如果父亲去世，儿子们也能少量变卖土地用于丧葬花销，待母亲去世后再变卖一部分。

在父母都还在世时，是否卖地由父亲说了算，儿子们也有建议权。如果儿子们都不同意父亲卖地，父亲为了避免影响父子之间的关系多会打消卖地的想法。但是，如果父亲卖地是因为遇到经济困难，儿子也要想办法帮忙解决问题。在父亲去世而母亲还在时，是否变卖养老地用于丧葬花销的决议由长子做出，不过具体变卖多少土地以及变卖哪一块土地要兄弟们相互商量。与此类似，母亲去世后是否变卖土地的决议也要由长子做出，但具体细节要兄弟们共同商议。在父母都去世后，养老地一般会按照特定的方式分配给儿子们。此时，土地的产权随之过渡给了分得土地的儿子，是否变卖土地的决定权也归拥有产权的儿子所有。

2. 嫁妆田

在分家之前，由于家中还有"大股"土地，因此小家庭一般没有变卖嫁妆田的需求。此时，如果小家庭一定要变卖嫁妆田，父亲虽然没有干涉买卖的权利，却能管理自己的家庭成员，可以透过这层关系制止变卖嫁妆田的行为。在分家之后，是否要变卖嫁妆田的决议则完全由小家庭做出。不过，变卖嫁妆田在该村是非常不光彩的事情，除非遇到家破人亡的危局，否则村民不会变卖嫁妆田。据传，村内地主赵文圆历史上曾差点被镇长李子峰灭门，为了报仇，赵文圆的妻子便变卖了家中不少土地，其中还包括自己的嫁妆田。[1]

以往，是否变卖嫁妆田的决议通常由当家人做出，但是必须征得妻子的同意。该村不少家庭的嫁妆田实际上就是一个家庭共同所有的田地，地契有时也归丈夫掌管。特别是有些富户家中土地较多，嫁妆田便与男方继承而来的土地一起经营和管理。但是，涉及变卖嫁妆田的问题，妻子不同意通常不能变卖。

四、土地租赁关系

传统时期，耕种租赁土地必须符合特定的条件，因此有能力租赁的村民又被称为"种地户"。正常情况下，村内多数村民即使拥有充足的劳动力，也没有租赁的能力。但是，这仅仅是就大地主和大佃户而言，小地主选择佃户则没有那么多讲究。此外，该村还存在寡母外租土地的情况。

（一）土地租赁的基本形式

1. 大面积外租：大地主与大佃户

（1）租赁基本资格

以往，在该村最为流行的土地租赁形式是大规模的土地外租。该村拥有土地面积

---

[1] 此故事存在多种版本，对于是否变卖了嫁妆田，老人说法不一。

达到 70 亩以上的地主均会找寻合适的承租对象将自己的土地全部租赁出去。他们所寻找的租赁对象往往要具备以下条件：其一，家中拥有至少 2—3 头耕牛，并配有其他牲口。也就是说，一户村民至少需要拥有 4—5 头牲口才具备租赁的基本资格。其二，家中劳动力要充足，能成为佃户的村民家中至少要有 4—5 个壮年劳动力。其三，必须请得起长工。如果村民家中劳动力不足，那么也可以通过请长工的形式弥补。因此，必须要求佃户家中有一定的积蓄，至少可以请得起 1—2 个长工。其四，家中必须有齐全的工具。如果家中没有齐全的工具一样会影响农业生产效率，所以大佃户必须拥有犁、锄头、耙子、耧车、独轮车、太平车等工具。特别是能拉粮食的太平车是大佃户必须拥有的工具。赵国兴的一个佃户张荣清便拥有 4 头牛，并请有 2 个长工。可以说，凡是符合上述条件均能成为大地主的佃户，其他关系对此不产生任何影响。

虽然地主会将家中土地全部租赁给佃户耕种，但不会将土地全部交给一个佃户租赁。一般而言，一个佃户大约能租赁 70—120 亩土地。根据佃户家庭情况的不同，地主也会选择租赁给佃户不同面积的土地。例如，本村富户赵国兴在该村有 2 个佃户，他们租赁的面积均为 100 亩左右。

（2）租赁程序：土地由本村村民租赁

在当地，地主一般不主动招租，有意愿的村民要找与地主关系较好的排场人做说合人。说合人接受委托之后会先去和地主说明有意愿租赁村民的基本情况。在这个过程中，说合人就是佃户诚信的担保。说合人将基本情况告知地主之后，地主如有兴趣会再对其情况进行详细询问。当然，如果是本村村民也可以绕开此步骤。但是，地主如果没有意愿租赁，也可委婉拒绝说合人的要求。以往，由说合人前去请求地主租赁，地主一般会给说合人面子。不过，本村较有权势或者威望的地主，如果对佃户的基本情况不是非常满意也可以直接拒绝说合人的请求。

如果地主同意租赁请求，则会请佃户到家中商谈租赁事宜，佃户首次上门无须带礼物。佃户到达之后，地主会再次与其交谈，并询问其耕种能力以及打算租赁多少亩土地。如果佃户只愿租赁 50—60 亩，那么地主一般不会同意租赁；如果佃户愿意租赁 150 亩甚至更多，地主则会酌情少租 30—40 亩。商议完成之后，地主还要带着佃户去地里"划田"。"划田"实际上就是地主告知佃户要租给其哪一块地。除非佃户与地主关系较好，否则地主一般不会将整块田地租赁给佃户。在划田时采取"好坏搭配"的原则，即地主会将手上的头头黄、二等黄和赖坡地搭配着租赁给佃户。例如，某地主打算租赁给某佃户 100 亩土地，通常会租赁给其 30 亩头头黄、40 亩二等黄以及 30 亩赖坡地。对此佃户通常只能接受，并没有太多讨价还价的余地。划田之后，整个租赁过程便正式完成。租赁时一般采取口头约定的形式订立契约，也有文字契约。具体内容将在下面的部分详细叙述。

（3）租赁程序：土地由外村村民租赁

外村村民租赁本村地主在外村的土地，其程序与本村租佃过程基本类似，只是细节上存在一些区别。如前所述，该村地主在外村也拥有不少土地。对于楚铺附近的村落，一般由地主家管事前去处理租赁事宜。对于距离楚铺稍远的村落，地主多会派遣一个代理人（或者是在该村找一个兼职管事）长期居住在村落中，并替其处理租赁相关事宜。例如，赵国兴家在附近村落米庄的土地便由家中管事亲自负责处理，而更远村落的土地则由住在该村的管事处理。可以说，只要一上午不能来回的村落，地主就会派遣一个管事负责管理。

外村村民如果想承租楚铺地主的土地，也需要中人做介绍，此时管事便是最好的中间人。有些管事长期在外村居住或者活动，与外村村民通常比较熟识，也比较了解他们的情况，有租地要求的村民便可以通过他们向地主发出请求。如果管事觉得他们没有租赁资格，则可以代地主直接回绝请求；如果觉得他们是优质的租赁对象，则会将他们的基本情况告知地主。主家同意后，管事便会带着拟租地的外村村民前去拜见。一切商议完成之后，管事还有代地主前去划田的职责。不过，管事代为划田也要遵从地主的意思，不能按自己的心愿随意处置。

2. 小规模租赁：小地主与小佃户

（1）租赁的资格

以往，小规模租赁通常发生在本村村民之间。这主要是因为，小地主土地较少，主要集中在本村。同时，小地主因社会威望较低，所以不敢轻易选择外村佃户。与此同时，小规模租赁的承租者也要符合特定的条件：其一，家中具备较多的劳动力。出租者虽然不要求佃户一定能请得起长工，但是家中必须劳动力充足，否则无法满足生产需求。其二，至少拥有2头牲口。在小规模租赁时，佃户必须拥有2头牲口，可以是1头牛和1头驴，也可是2头耕牛。其三，工具必须齐全。这实际上就是要求佃户有独立生产的能力。除了上述要求之外，小规模租赁的对象最好是租赁者的熟人或者亲戚，这么做也是为了降低被欺诈的风险。

（2）租赁程序

如果出租者与佃户认识且本身关系较好，那么便无须请中人从中说合，双方商议一致便可。与此相对，如果双方关系不是很好则一定要请排场人担当中人。由于土地较少，出租者与佃户划田的步骤也非常简单。如果出租者有两块土地，一般会将面积较大的一块交给佃户租赁。如果出租者只有一块较大的土地，则要再请勘测员测量，并把地块一分为二。划田之后，同样要签订契约，可以采取口头契约的形式，也可以采取书面形式。

3. 寡母出租：熟人之间的租赁

以往，如果某一女性村民在儿子成长为劳动力之前便丧偶，那么其一般会选择将家中土地租给熟人耕种。在这种情况下，丧偶妇女家中通常只拥有5—8亩土地，且没有充足的牲口和工具。她们选择租赁的对象多是自己丈夫的同姓亲属，可依兄弟到堂兄再到其他同姓亲属这个次序逐次询问。如果同姓亲属均没有租赁土地的意愿，她们还可以询问与自己丈夫关系较好的同村村民是否有租赁意愿（关系较好的四邻和地邻优先）。如果找到了合适的租赁对象，其他的租赁程序可以一并省略，也无须再请排场人帮忙。寡母出租时同样要签订契约，但是订立口头协议便可，基本上没有人会签订文字契约。这主要是因为，寡妇的出租对象一般是熟人，且该村女性基本上都不识字。

（二）租赁契约

1. 口头要约

以往，租赁时如果不签订文字契约，双方只要就租赁面积和租赁价格达成一致便可。如果是正常租赁，通常采取分成制，即租赁者和出租者一人一半。如果是寡母租赁，租金会相对较高。因为出租对象多是关系较好的村民，所以接受了租赁请求的村民也会认可这一现象。寡母租赁一般与佃户采取六四分账的形式，当然也有五五分账的情况出现。同时，口头协议并不对租赁时间进行规定，但这并不意味着佃户具备永佃权，而是方便双方随时解除契约。在正常租赁时，口头协议也要有说合人当场见证，否则不能作数。日后，主佃之间无论发生什么矛盾，均可请说合人依照当日协议从中协商。口头协议在当地是最为常见的租赁协议形式，无论是哪种形式的租赁均可使用口头协议。对于具体的细节，一般主佃双方不会详细说明，完全按照当地惯习处理。

2. 文字契约

过去，在租赁时签订文字契约的情况比较少见，多发生在大面积租赁或者主佃双方并非同村村民的情况下。其具体形式如下：

> 立佃约人某某，因无地耕种，情愿自备人×名，牛×头，驴×头，大车×辆，耧耙俱全，自托说合人×××等，今佃到×堂名下，小地×段×亩，同人言明，大种停对，小种号佃农自备，见籽均分，上扬下净。除麦秸不分

外，其余柴草、花、麻，俱系均分。麦秸随牛，粪随地，余籽随场，饼粪均摊。恐后无凭，立佃字存证。

　　　　　　　　同说合人×× ××十×× 年　月　日[1]

从上述内容中不难看出，纸质契约规定得更为详细，会把惯习中要求的内容全部呈现于字面之上。例如，麦秆的具体分配方式，在口头要约中并不一定要详细说明。这主要是因为，当地的租佃分配制度已经运行了数百年，不说明主佃村民也知道如何分配麦秆。如果是签订纸质合约说明主佃之间还对对方的诚信存在疑虑，所以必须在契约中详细注明彼此之间的义务和责任。此外应指明的是，在该村，粪肥均摊的情况较为少见，特别是大地主一般不会和佃户分摊粪肥。

纸质契约的签订一般在地主家中。划田之后，如要签订纸质契约，地主和佃户会一同回到地主家中并请说合人书写租赁契约。说合人书写完毕，主佃双方确认无误后，分别签上名字便可。

（三）土地租金

1949 年之前，土地上无论种植什么一般都采取一人一半的方式分配。也就是说，不管土地的具体产出，只要作物有产出，主佃之间便会五五分账。不过，凡是需要预留大量种子的作物，例如小麦、大豆、高粱等，一般先留出作物种子再进行平分。与此相对，谷子、芝麻等不需要大量备种的作物则由佃户自行储种。据艾宝玉老人叙述："地上种的，先留种，再分偿，从过去一直到民国都是这样。"此外，分配还涉及作物秸秆。通常而言，杂粮秆采取主佃一人一半的形式，出租者要这一半杂粮秆主要是做饭时烧锅所用。与此相对，麦秆则全归佃户所有。这主要是因为，麦秆可以喂牛，而该村地主家通常不喂牛。此外，在该村并没有出现过缴纳劳役地租或者是现金地租的情况。

（四）收租

1. 大地主收租

传统时期，该村拥有较多土地的地主一般不亲自收租。收租由家中管事出面。村内所有佃户在收获粮食之后，要先运到富户家的仓库中，并在仓库外的晒场内先行晾晒。在作物与秸秆分离之后，佃户还要用筛子将所有的作物过滤一遍，直到所剩作物

---

[1] 具体内容由艾宝玉等老人口述，笔者根据《豫鄂皖赣四省之租佃制度》中记载的汝南县租佃契约进行校对和整理。由于该村及其附近村落并无地主提供佃户住房的情况，因此笔者也在契约内容中删除了相应部分。《豫鄂皖赣四省之租佃制度》原载于《豫鄂皖赣四省农村经济调查报告》，2010 年国家图书出版社出版。

全部是饱满的为止。筛完后,由地主家管事进行"分偿",也就是将所得作物在晒场中一分为二,属于佃户的部分由佃户直接拉走,不属于佃户的部分则打上标记后入库。与此类似,外村佃户则先将作物送于地主在外村的谷仓,分偿结束之后再将作物入库。

不过,这并不是完整的收租过程。在管事将作物存入仓库之后的十数天内,地主会令管事通知佃户将地租全部送入家中。佃户接到通知后,会用自家的太平车将地租全部送入地主家。当然,地主这么做并不是为了彰显自己的地位,而是为了设宴款待佃户。设宴时,当家人必须亲自作陪,并向佃户表示感谢。据村内老人介绍,凡是村上的排场人,必须亲自宴请自己的佃户。在宴席上,地主坐在最尊贵的上席,其他佃户则按照年龄等要素分别落座。

2. 小地主收租

小地主收租时,一般要亲自前往地中,但并不会帮佃户收割。待地上作物全部收割完毕之后,他们会立刻与佃户分偿。据李邦存老人叙述:"那些小地主,恨不得你收的时候就在那等着你,割完当场一分就妥啦,有的粮食还是湿哩就那一分就拉回家了。"如前所述,他们这么做主要是担心佃户虚瞒产量,从而导致自己受损失。此外,小地主收完租金之后并不会请佃户吃饭。

3. 寡母收租

寡母收租一般也和小地主类似,收割完成之后立刻分偿。但是,如果租赁者是自己丈夫的兄弟或者其他关系较好的村民,也可以等对方将作物晾晒完成之后再去收租。由于他们家中并没有太多劳动力,在相信对方诚信的情况下也可以请对方帮自己晾晒,对方也乐意这么做。

(五)减租与催租

由于租金固定为一人一半,所以在当地不存在减租和催租的情况。据李邦存老人叙述:"那有啥要催的,反正都是一人一半,多了就多收点儿,灾年就少收点儿。"此外,如果遇到灾年佃户地中颗粒无收,地主一般也不能更换佃户。

(六)租佃关系变更

1. 分家后租佃关系的转变

租佃关系变更一般发生在以下两种情况下:一是当家人去世,二是分家。如果当家人去世,且一个家庭还没有正式分家,佃户必须与地主重新订立契约。不过,如果还未到交租时间,通常无须立刻订立契约。待一个种植年份完成之后,新任当家人会前去与地主交谈续约事宜,随其到场的一般还有当初订立契约时的说合人。到场之后,新任当家人会与地主说明具体情况,并提出继续租赁的要求。如果之前已经订立了租赁合约，无论是口头要约还是书面契约，均可以不再重新订立契约，地主点头确认契约仍旧有效便可。当然，也有重新订立书面契约的情况出现。

当地的分家一般是指分伙过日子，兄弟分家之后如还想继续耕种地主土地，必须派代表和地主说明情况，前去说明情况时，也需请说合人一同前往（与地主关系较好也可以不请）。到达地主家中，由家庭代表向地主说明已经分家并希望继续租种地主土地，地主通常会表示同意。地主同意之后，无须重新订立契约，原有租赁协议继续有效。不过，兄弟分家之后虽会分别耕种地主土地，但交租时却只能由一个兄弟作为代表。也就是说，地主的土地仍然是租赁给"一家人"，而不是分别租赁给几个兄弟的。兄弟分开交租就意味着分别租种地主土地，那么村中大地主是否会同意分佃的请求则要视情况而定。不过，由于该村的大地主更乐意选择大佃户，所以他们多不会同意分佃。

2. 租佃关系的解除

以往，该村村民在租赁过程中之所以更乐意使用口头要约，其中一个重要原因就是方便解除租佃关系。但是，如果佃户耕种能力较强，土地产值也相对较高，地主一般不会随意解除租佃关系。此时，即使是与地主关系较好的村民希望租赁其土地，地主也不会轻易点头。租佃关系的解除一般发生在租金缴纳之后。如果地主对佃户有所不满，便可令其来到家中，并说明不再续租。一旦地主特别是村中大地主做出决定，佃户通常没有挽回的余地。此时，即使佃户委托说合人再去帮其说些好话，地主也可以不给说合人面子。如果佃户想主动解除租佃关系，一般会在交租前后，与说合人一起前往地主家中说明情况。说明情况之后，地主便可将土地收回。在该村很少出现地主主动挽回佃户的情况。据李邦存老人叙述："不租就不租了，说一声，不租就算了。村里那么多没地种的，地主才不愁没佃户哩。"

（七）租佃与赋税

1949 年之前，无论是何种形式的租赁，赋税通常由地主承担，佃户对此不用负责。也就是说，地契在谁手中就由谁负责缴税。

（八）家庭特殊土地的租赁

1. 养老地的租赁

1949 年之前，如果老人无法劳动且儿子也无力照管养老地，也可由大儿子或者父亲指定的儿子为老人租赁。如果养老地面积少于 10 亩，儿子一般会为父亲询问自己的同姓亲属或者是关系较好的村民是否愿意租种。面积多于 10 亩，儿子则要请说合人替自己寻找合适的租佃对象。此外，养老地的租金全部归父母所有，儿子并不从中受益。

2. 嫁妆田的租赁

以往，嫁妆田一般由丈夫代为租赁。特别是家中土地较多时，嫁妆田常和家中土地一起出租。不过，有些家庭嫁妆田的收益却不一定全归家庭所有。分家之前，嫁妆田是小家庭唯一的额外收入，所以其收入基本归小家庭所有。分家之后，特别是丈夫娶妾之后，情况则有所不同。如果丈夫娶妾，嫁妆田的租赁收益归妻子及其子女所有，外人不能随意使用。当然，如果夫妻关系较好则可以另外商议。

（九）主佃关系

1. 地主与佃户的劳作关系

土地出租之后，地主不会对佃户的经营行为进行干涉，佃户可根据实际情况自行决策耕种作物的品种和熟制。虽然该村大多数村民奉行小麦一年一熟的耕种制度，但是经营面积较大的佃户也可以在一年一熟的基础上推行二年三熟制或者是三年四熟制。有些佃户在耕种时，会在大多数土地上种植小麦，而在少数土地上轮种红薯等作物，以达到效益的最大化。还有些佃户会利用赖坡地种植棉花或者芝麻等作物。只要到该交租的季节，佃户能将自己一半的收成交给地主，地主完全不会在意佃户怎么种植。此外，主佃之间这种关系的形成还与当地的赋税制度有关。当地政府主要收取货币税金，即使是比较值钱的小麦，政府也不会收。因此，在缴纳地租时只要有钱便可，佃户是否种小麦与地主并没有任何关系。极少数地主为了获取更高的土地附加值也会令佃户多种一些小麦。不过，这些地主通常是村上的排场人，其对佃户发号施令并不是基于主佃关系，而是基于其较高的社会威望。

2. 主佃之间的交往关系

一般而言，佃户的地位较地主要低一些，特别是对于村中的大地主而言。不过，在该村的历史上还未出现过地主欺负佃户的情况。如果没有特殊的需求，地主与佃户很少交往。不过，这并不意味着佃户和地主日常生活中完全不交流。具体而言，主佃之间的交往场合主要集中在牌场上以及年节的一些活动上。此时，佃户与地主同桌打牌或者同桌吃饭都是经常出现的情况。不过，在茶馆里佃户一般也不能和地主同桌就座，当然没有身份的小地主除外。此外，地主也没有保护佃户的义务，即使是在地主家养有护院的情况下也是如此。据李邦存老人叙述："那保护个啥，赵文圆家里养的有几个护院，也有枪，他也只保护他自个儿家。要啥保护哩，咱村上有后备队，后备队都可以啦。该保护不住哩时候，谁都保护不住，自己顾自己。"

除了日常交往，每年中秋节和过年之前，佃户还要主动去地主家拜见。佃户在拜见地主时，一般要带1—2只自己家养的鸡，以及3—5斤上好的猪肉。总体而言，佃户所带礼物并不算多，对家庭生活的影响也不算大。同时，出租者如果是丧偶妇女，佃户逢年过节不去拜访也可以。此外，在地主家发生红白喜事时，佃户也要前去送些礼物，但所送物品一般不多。

3. 主佃之间的借贷关系

一般而言，地主的经济条件要好于佃户，但地主对佃户不存在必须借贷的义务。不过，如果佃户主动前来借钱，地主答应的可能性会比较高。这主要是因为，地主对于佃户的情况比较了解，不会再次考验其诚信问题。此外，地主与佃户也是合作关系，地主帮助佃户也有助于维护合作关系。如果佃户前来借贷，通常也需要请说合人，并请说合人先和地主打个招呼。此外，佃户向地主借贷之后，也要在规定时间归还本金（或小麦）以及利息。在利息方面，佃户也同样不能享受任何优待，与其他村民完全相同。

4. 主佃之间的矛盾

以往，主佃之间一般很少爆发矛盾。这一方面是因为佃户与地主并不平等，另一方面也是因为佃户和地主日常生活中打交道的机会并不是非常多。当然，也可能出现恶霸地主欺压佃户的现象。对此，佃户通常会选择隐忍，除非找到其他的活路，否则不会向地主提出解除租佃关系。此外，在发生矛盾时，佃户还可以请说合人从中协调。

五、典当关系

以往，在遇到困难时，典当土地也是村民解决经济困难的重要手段。相较于卖地，村民更乐意将土地典当出去，因为典当土地后还能将土地收回。在当地，典当就是短租，可以典当一季，也可以典当一年，超过一年便不能称之为典当。

（一）典当原因

传统时期，在该村及其附近村落，村民典当土地的原因主要是遇到临时性的经济困难。具体而言，主要包括以下几种原因：其一，村民家中发生变故，急需用钱而手头上又没有那么多钱。其二，全家临时有事外出，无法在一季或者一年内在自家土地上劳作。土地无人耕种只能典当给其他村民耕种。此外，典当土地的一般是拥有土地面积较少的村民，拥有土地在30亩以上的村民基本不会典当自家土地。

（二）典当对象

典当通常发生在农闲时期，也就是种植季之间的间歇期。典当时，村民会首选自己信得过的村民，包括自己的兄弟、地邻、邻居、村内同姓亲属以及其他关系较好的村民。不过，兄弟和地邻是首选对象。如果打算将土地典当出去的村民没有找到合适的典当对象，也可以请村中的排场人作为说合人为自己找寻合适对象。典当与租赁不同的是，典当对象一般是本村村民。如果村民已经找好了典当对象，也可以不请说合人从中协商。

（三）典当程序

典当与租赁不同的是，典当通常只收取现金，那么土地等级的差异便会对土地的典当价格形成较大的影响。以往，典当的价格较租赁低不少，也就是典出者能收到的钱一般不到该地产出价值的一半。不过，典出者具体能收到多少钱还要看双方议价的结果。如果双方关系较好，一般不用就典当价格进行商议，入当者多会按照租赁的价格给予典出村民约相当于土地产出价值一半的现金。如果双方关系不是非常亲密，典出村民则要请说合人在两人之间反复协商，最终得出一个双方均满意的价格。这个讨价还价的过程与购买土地时基本类似。双方就价格协商一致后，说合人还要作为两人的见证人，见证两人达成口头协议。典当通常不签订文字契约。达成口头约定之后，入当村民要马上给付典当费用。此外，如果村民急需典当，地中作物此时仍没有成熟，他们也可以按照卖青苗的方式将地上作物一并卖给入当方。

（四）假当

在当地，假当主要是指当期结束之后，入当方加钱购买典当土地的行为。如果典出村民有此意愿，一般会请原说合人前去和入当方商议。如果入当方也有购买土地的意愿，则进入双方商议价格的阶段。此时，入当方此前一年或者一季支付的当金也将算作地价。也就是说，入当方再在已经支付当金的基础上补上一些钱便能获得土地产权。假当时，也需要说合人从中协商价格。双方就价钱协商一致后，则转入买地程序，由卖家在请勘测员丈量土地（不请也可以，具体视情况而定）。一切顺利，买卖双方当天就可以签订买卖协议，如果不顺利3—4天之内一般也能完成交易。

六、扩地

扩地既类似于典当，又类似于租赁，但与两者都存在不同。在当地，扩地专指时间在2年以上的典当，也就是长期典当。不过，大多数村民的扩地周期都在5年左右。如前所述，扩地的对象可以是政府，也可以是本村或者外村村民。

（一）扩地原因

在当地，村民扩地的原因与典当类似，主要是家庭遇到了较大的经济困境。不过，村民如果选择扩地，往往遇到的困难一时难以克服。具体而言，扩地的原因主要基于以下原因：其一，欠赌债。过去，该村赌博之风盛行，不少有地村民常常会因赌博而欠债。此时，如果他们不想卖地便会将自己的土地扩出去，以求在短期内获得一大笔钱。其二，因丧葬而欠债。虽然当地丧葬费用并不算高，但是某一村民如是从其他家庭抱养而来则要为养父母大办丧事。在这种情况下,养父母死前往往会希望将家中大部分的财产用于丧葬。为了满足父母的要求,儿子常会将土地扩出去。其三,外出谋生。在遇到自然灾害或者是战乱和匪患时,村民也可能把自己的土地扩出去,然后外出寻求活路。这些村民往往拥有20—30亩土地,且拥有较好的房屋,他们将地扩出去主要是希望年景好的时候再返回楚铺生活。此外,富户向政府扩地主要是为了扩大生产规模。

(二)扩地价格

传统时期,扩地时的价格主要根据土地的品质,具体价格则要经双方协商后才能确定。一般而言,扩地的价格低于租赁的价格,也就是说将地扩出去的村民只能从土地中得到不到一半的产值。如果村民急着扩地还可能被对方压低价,甚至是以极低的价格便把土地扩了出去。扩地主要收取现金。这主要是因为,现金方便储存也方便携带,特别是村民外出逃荒时现金比小麦等更为便利。此外,扩地时租金一般一次付清,两次付清的情况相对较少。如果两次付清,双方必须约定第一次付多少,第二次付多少,以及第二次付款的具体时间。在第一次付款之后,双方还须在契约中注明已经付了多少以及第二次什么时候支付。

(三)扩地程序

扩地时,有意愿扩地的村民可以先向周边关系较好的村民询问,询问的大致范围与当地类似,以兄弟和地邻优先。不过,在大多数情况下,兄弟和地邻往往没有能力支付大笔现金,因此扩地的对象多是村中的富户。此时,如果村民与某一富户关系较好,可先去与其协商,富户如有扩地意愿则请说合人从中协调具体事宜。如果村民无法找到合适的扩地对象,也可以委托村中的排场人替其寻找。以往,扩地主要发生在本村村民之间,也有村民会将土地扩给外村有钱有势者。这里应说明的一点是,向外扩地的村民通常拥有的土地面积较小,最多不会超过50亩,当然向政府扩地除外。如果扩地规模超过30亩便可以算是大规模扩地。

找到合适的扩地对象之后,双方一般会在说合人的协调下完成议价和签订契约的步骤。传统时期扩地必须签订纸质合约。这主要是因为,扩地一般年限较长,如果不签订契约,将地扩出的村民可能在年限到期后没有要回土地的凭证。合约具体包含以下内容:将地扩出村民的姓名以及是否自愿交易[1],土地的地段以及面积,土地的名称和具体方位,扩地年限。最后合约上还要签上说合人的名字、扩地双方的姓名以及合约签署的具体日期。从合约签订当天算起,到期限截止后,将地扩出去的村民便能将

---

[1] 一说,不用说明自愿交易。

土地收回。在合约签订之后，钱款也要当面结清。如果是村内较有权势的富户向政府扩地，过程则要简单许多，商议好价钱之后与政府签订契约便可。当地流传，在驻马店地区有权者扩地千里的情况也曾经出现过。

（四）假当

与典当类似，扩地也可以假当，但是两者在细节上还存在着些许不同。在扩地时，已经支付的价钱并不能算作地款。如果向外扩地的村民有卖地的意愿，可请原说合人再与对方沟通，如果对方也有买地意愿则转入买卖土地的程序。不过，扩地后买地价格一般会比较低，相当于原地价的70%，当然具体价格还要看双方的关系以及协商的结果。如果是有权势的富户向政府购买扩来的土地，那么价格浮动更大，并没有定式。

七、宅基地产权买卖

传统时期，宅基地属于私人产权，因此也可以用于交易。不过，在该村分家之后兄弟共用房屋，特别是共用同一院落的情况又非常普遍，因此变卖时还要受到一些因素的制约。此外，在当地变卖宅基地的情况较为少见，更没有村民会把自己的房屋典当出去。

（一）买卖原因

以往，村民如果需要用钱会首先卖地，不卖房还能在村上找寻其他的谋生机会，卖了房屋则意味着失去了最后的避难所。因此，村民卖房通常是遇到了重大的经济危机，或者是打算举家外迁到其他的地方谋生。当然，也有村民会因为购买了风水更好的宅基地而卖掉原本的宅基地。

（二）买卖价格

民国时期，由于多数房屋都是简易的茅草房，所以房屋并不是非常值钱。真正值钱的是宅基地，宅基地的地段、风水、面积都会对交易价格产生影响。如果某一宅基地面积较大，坐落在风水较好且地势较高的地段，那么此宅基地一般会比较值钱。如果宅基地外面还拥有完整的院墙则最为值钱。不过，即使宅基地再值钱也不如耕地值钱。据村内老人介绍，最好的宅基地的价格也不会超过头头黄的价格。当然，房屋的品质也会对宅基地的价格产生些许影响。如果某一村民的房屋都是质量非常好的砖瓦房且房屋数量较多，那么房屋要另外作价；如果某一村民的房屋只是几间破烂的茅草房则可以忽略不计。此外，房屋上的附属物如果连同房屋一同变卖也要另外计算价钱。

（三）买卖对象

在卖房时，如果自己还与兄弟共住在同一屋檐下，卖房必须卖给自己的兄弟。如果打算把房屋卖给外人，外人一般没有购买意愿。这主要是因为，房屋并不值钱，外人购买了房屋却不能完整地得到宅基地。同时，与其他家庭同住在一个屋檐下也会涉及处理关系的问题。以往，该村村民多带有防备心理，通常不愿意和自己关系不是很好的村民同住在一个院落内。因此，如果村民变卖和自己兄弟合住的房屋只会卖给自己的兄弟。在房屋和宅基地整体出售的情况下，当家人一般会先例行询问下四邻、兄弟和同姓亲属等，他们如果没有意愿则由当家人委托说合人在本村寻找合适的买主。由于大多数村民耕种的土地集中在自己村落的附近，因此村民愿意去外村购买宅基地的情况相对较少。除非是村内富户在外村还有耕地，并打算在外村购买宅基地建造仓库。

（四）买卖程序

在卖房时，村民会先委托说合人前去找寻合适的交易对象。卖房过程中的说合人一般是村上的排场人，当然也要做事公道，愿意为村民办事。在说合人找到合适的交易对象之后，一般会请买方到卖方家看房。看房时，卖方主要看宅基地的位置、面积以及房屋的质量。在看房的过程中，买主还有反悔的机会，发现宅基地不合心意也可以当场终止交易。此外，如果买卖双方本身就认识也可以跳过看房的步骤。

如果买方对宅基地的质量基本满意则要进入丈量宅基地的阶段。不过，宅基地并不一定得按照每亩多少钱计算价格，如果宅基地外拥有完整的院墙也可以不勘测面积。如果宅基地与其他宅基地之间并没有围墙分界则要通过丈量的方式进一步划清宅基地之间的界线。此时，卖方会请村内的勘测员前来丈量宅基地。在丈量时除了说合人，买卖双方还要请四邻前来确认边界。当然，如果双方关系较好不测量也可以，说合人帮助双方大致确认宅基地边界便可。丈量结束之后，则进入双方议价的阶段。由于宅基地买卖还牵扯到地面建筑买卖问题，因此说合人从中协调时一般要就当地卖房的基本情况和价格向双方做详细说明，并根据双方给出的价格提出一个中间价。在双方所给价格相差不多时，说合人有权直接提出中间价并禁止双方再提出新价格。此后，便进入签订契约的阶段。

（五）卖房契约

在议价结束之后，双方便进入了签订合约的阶段。以往，卖房必须签订纸质合约，并详细注明交易细节。在签订契约之前，买方也可以请一个村上其他的排场人前来见证。合约的具体内容则主要包括：其一，卖房者姓名；其二，宅基地的大致面积和地段；其三，房屋的价格；其四，宅基地的四至；其五，房屋的质量和间数[1]。在合约的最后，买卖双方和说合人要分别签上自己的名字，其他到场见证的排场人则无须签名。

---

1 如果是茅草房也可以不作价出售。

如果地上其他附属物也随宅基地一起交易则要写入契约之中，并另外计算其价格。具体而言，宅基地上的附属物主要为树木和油磨。如果卖方不愿意交易地上附属物，还可以继续保留地上附属物。例如，油磨如果不变卖给买方，卖方随时都可以使用。但是，由于油磨在买方的宅基地上，买方也能随时使用。因此，不少村民会在卖房时也会将地上油磨一同卖给买方。如果地上附属物卖给买方，一般不单独计算每一件附属物的价值，而是将所有附属物打包卖给买方。对此，卖方通常会对买方说："一口价，你再加××（钱数），院子里的东西都归你。"如果卖方所要的价钱并不是非常离谱，买方多会爽快同意。此外，家中的家具以及工具，卖方也可以按照上述方式一同变卖。

（六）告知保甲长

买卖房屋之后，村民还有将买房事宜告知保甲长的义务。这主要是因为，以往保甲长登录的门牌号中包含有户主信息，买房后必须请保甲长更换门牌号。村民在前去告知保甲长时，无须携带礼物，将买了谁的房、具体地段在哪儿告知他们便可。

第三节　经营与经营关系

传统时期，楚铺村村民的经营活动以土地为核心。对于众多少地和无地村民而言，出卖劳动力和经营副业也是家庭经营的主要内容。不过，村民无论是经营农业，还是经营其他产业，家庭都是最基本的经营单位。以家庭为核心的经营模式，衍生出了家庭成员之间的分工，以及家户与家户之间、家户和市场之间的经营关系。概括而言，该村村民的经营模式具备了单家独户、男耕女织、联合互助、雇工频繁等特征。

一、经营单元

传统时期，家庭是最基本的生产和经营单元。该村村民在生产和经营的过程中表现出较强的独立性，但是单一家庭往往又无法完成全部的生产环节，基于此，家户之间的联合与互助便成为了一种趋势。此外，在市场上雇用劳动力也是家户生产过程中必不可少的步骤。

（一）经营单位的裂分

传统时期，该村土地较多的村民很少分家。但是，对于没有土地或者少地的村民而言，分不分家都是无所谓的事情，因此地主、自耕农家庭、无（少）地的家庭各有各的分家策略。

1. 大地主：一般不允许分家

传统时期，村中多数土地较多的地主均不会主动选择分家，有些家庭即使当家人去世也还会继续存续。他们虽然不亲自劳动，但是分家仍然会降低家中土地的数量，造成家庭在村落中影响力的下降。以村内首富赵国兴为例，其本有数千亩土地，从赵文圆的太爷爷辈算起，直到其父亲一辈才分家。但是，在分家时数千亩土地却被一分为三，这直接导致了经营总规模的缩小。据艾宝玉老人叙述："土地多了肯定好啊，一分家大地主就成小地主了，本来有1000亩地，一分成100亩了，那肯定不如以前独气[1]了。"此外，在当地分家也被老人视为家业衰败的起点，因此家中老人在世时通常不能随意分家。

2. 大佃户：尽量不分家

与大地主类似，大佃户一般也会选择尽量不分家。如果不分家，可以保证家中有较为充足的劳动力，这样就能让家庭持续获得租赁地主土地的机会。在该村，不少大佃户可以通过长期租赁大地主土地从而获得一定的积累，进而购买属于自己的土地。不过，大佃户不分家最核心的问题并不是因为劳动力。一旦分家，便可能出现分佃地主土地的情况，即使地主同意分佃，收入也要一分为三，这将严重地影响家庭财富积累的速度。如果地主不同意分佃，那么兄弟之间将失去在短期内承租土地的机会。

3. 小地主：多不分家

小地主不分家的内在逻辑与大佃户基本类似。一旦分家，土地被平均分配给儿子，必然会降低家庭财富的积累速度。不过，劳动力是否短缺并不是影响他们分不分家的主要因素，因为他们也会将家中多数土地租出去。

4. 自耕农：分不分家均可

该村的自耕农拥有的土地一般不超过20亩，多数自耕农拥有的土地也就在7—8亩之间。如果家中人口较少，家中的土地可以保证家人温饱并略有粮食存余。但是每年存余的现金和小麦通常要积累几年才能新添一头牲口，积累10年左右才能购买1—2亩质量较好的土地。如果家中人口较多，土地产值基本只能维持温饱，即使有所存留也不会很多。因此，多数自耕农对于分家持较为开放的态度。如果家中劳动力较少，且家庭成员较为和睦，多不会在父母还在世时分家。如果家中劳动力较多，且家庭成员之间关系紧张，便有可能在儿子都成年或者父亲无力掌管家庭时分家。

5. 少（无）地村民：自谋生路

对于少地和无地村民而言，他们基本上不会分家，或者即使分家也无须父亲与儿子当面确认。因为家中没有土地，也没有太多值钱的物品，甚至连必要的生产工具都没有，所以儿子在成年后便会想法独立生活，所赚收入也归自己所有。一旦儿子独立

---

[1] 独气，当地俗语，有兴旺发达的意思。

谋生，便可以视为与原来家庭已经没有了经济上的联系，就可算作已经分家。具体而言，少（无）地村民自谋生路的办法主要有：

其一，去富户家做长工。传统时期，去富户家做工的多是家中没有土地或者土地面积极少的村民。他们到富户家做长工，可以长期居住在地主家，既解决了居住的问题，又解决了温饱问题。所以去富户家做长工，对于多数无地或者少地村民而言是较为不错的谋生手段。不过，去当长工又是被看不起的行为，不少长工因此迟迟不能结婚。此外，做长工收入非常微薄，难以积累充足的财富去购买土地。

其二，去当短工。在当地，无地或者少地村民去当短工的情况也较为常见。不过，当短工收入更是微薄，基本上无法满足生活需求。

其三，去学手艺。没有土地或者少地的村民也可能让自己的孩子在快成年的时候去跟着木匠、石匠、染匠等工匠学门手艺。有些家境极差的村民还可能让自己的孩子拜剃头匠、吹鼓手等为师，从事被称为下九流的职业。

其四，经商。这里所指的经商，一般是指没有店铺的小买卖。不少村民在独立生活后，会在路边支烟摊，或者是推车卖卤肉，抑或是推车卖一些其他的小玩意。这些小买卖都不能赚大钱，能顾得上自己日常花销就已算不错。

（二）经营合作

由于单家独户力量薄弱，拥有土地较少的家庭经常需要通过合作才能完成农业生产。实际上在该村附近还存在几个家庭租地伙种的情况，即几户一起耕作租赁土地，一起吃饭，共同分配经营收入。除了伙种，在该村生产过程中相互帮忙的情况也经常出现。这里所指的相互帮忙并不是指拥有土地的村民相互换工，而是无地村民或者手上的农活已经干完的村民给拥有土地但劳动力不足的村民帮忙。据艾宝玉老人叙述："咱这历史上就没有换工哩，各干各哩，没有牲口的跟人家配合一下。家里人口本来都（就）少，再说啦人再多也顶不上个牲口啊。那各家各户的土地面积都不一样，你咋跟人家换。要是真的忙不过来了请亲朋过来帮1—2天忙倒是有。也有那牲口工换人工的，少得很。"某一村民拥有10亩土地，但是在收割时家中劳动力不足以完成此工序，其便会请无地或者已经完成收割的村民前来帮忙。虽然对方前来帮工并不用给予报酬或者马上"还工"，但是对方家中需要帮忙时，之前得到了帮助的村民也需前去帮忙。

二、家户独立经营权

传统时期，楚铺村及其附近村落的生产经营活动以当家人为核心，即使家中土地超过千亩也由当家人独自决策。在这种背景下，无论是家庭成员，还是村内其他村民均无法对家户经营的独立性构成实质影响。

(一)家户独立决策的经营事务

以往,该村各家享有独立的生产经营权和经营决策权。当家人可以根据家庭需要选择合适的生产经营方式,并对家内的劳动力进行分配。就农业经营而言,当家人主要能决策的事务包括:采取什么熟制,每种作物种多少亩,施多少肥,是否与其他村民伙种,是否要请人帮忙,是否要雇工等。除了农业方面的决策,家庭经营决策还包括以下几个方面:其一,粮食的留存与贩卖;其二,家庭副业的经营;其三,生产工具的购买与维护;其四,土地的租入与租出;其五,土地的购买与贩卖;其六,牲口的购买与贩卖;其七,是否在农闲时打短工;其八,是否让自己的孩子去当学徒。

(二)经营决策主体:"掌柜的一把抓"[1]

以往,在该村当家人也可以被称为"掌柜的",意味着其实他是家庭一切经营活动的主导者,不仅负责家庭全部经营活动,还负责掌管家中的账目和钥匙。可以说,当家人在家庭经营活动中具备绝对的权威性,其他家庭成员只能按照其指示完成家庭经营活动。不过,如果儿子已经成年,也可以向当家人建议,当家人如果觉得有道理一般也会采纳。如果是家中的妇女或者是未成年孩子的建议,当家人则通常不会轻易采纳。

在该村只要家中的丈夫还在世,便由丈夫担任当家人,家中一切经营活动均由丈夫根据具体的情况做出决策。父亲在年弱体衰且不愿意分家时,则会选择一个儿子负责具体的经营事务,再选一个儿子管理家中账目。但是,此时两个儿子都不是当家人,他们对于经营活动的最终决策也必须得到父亲的同意。妻子担任当家人的情况一般出现在丈夫去世的情况下。此时,如果长子还未成年则由母亲代行当家人的职责,并具体安排家中的经营事务。但是,长子一旦成年,母亲必须将当家人的权力和经营决策权给儿子。该村富户"七老婆"本身无后,从亲戚那里过继来的侄子又不具备决策家庭经营事务的能力,她这才一直担任当家人一职。

如果父亲不去世,儿子一般只有在分家之后才能获得当家人的权力。此后,儿子便能成为自己家庭的当家人。此外,在该村还有不少富户家中土地还存在"大股"和"小股"的情况。虽然"大股"由当家人负责经营,但是"小股"却由儿子自己负责经营。此时,即使没有分家,儿子也是自己小家庭的当家人,在小家内具备完整的经营决策权。

(三)经营独立性的体现

以往,一个家庭不仅具备自己私有土地的独立经营权,还具备租赁、典当、扩来土地的独立经营权。此外,家庭还具备家庭副业的独立经营权。

---

[1] 此句为艾宝玉老人根据该村实际情况总结。

1. "小股"经营的独立性

富户在没分家之前,如果儿子手上掌握有"小股",则完全由儿子自己独立经营。即使经营不善,父亲也无权将经营权收回。作为当家人,父亲有时会对儿子的经营行为进行指责,但是却不会强行令儿子修正现在的经营行为。这主要是因为,"小股"的产权不在父亲手中,父亲即使有心替儿子经营,也没有干涉的权利。

2. 租赁土地经营的独立性

以往,土地一旦被佃户租走,地主就不会干涉佃户经营过程。虽然此时佃户并没有土地的所有权,但是其却拥有土地的经营权。地主与佃户签订契约之后,便实质上将土地的经营权全部让渡给了佃户。据靳逢安老人叙述:"那租出去地,就归佃户经营,只要不是瞎胡弄,折了人家的收入,地主才懒得管你咋种。"但是,佃户的经营权也并非完全独立,一旦连续几年无法达到地主的收入预期,地主可在收租后随时收回佃户的经营权。

3. 典当土地经营的独立性

典当土地与租佃土地类似,入当村民具备独立的经营权,独立的经营权只有当期结束之后才能被收回。在该村,少数村民耕种典当土地时会不惜吸干土地肥力,使用种种破坏土地的办法提升土地产出。对此,当出土地的村民即使看到也无权干涉。与典当土地类似的还有扩来的土地,扩地者同样具备完整的经营权,即使是扩政府的土地也是如此。

4. 家庭副业经营的独立性

与土地经营类似,家庭副业的经营也由一个家庭独立完成。对此,当家人可以决定子女是否外出学徒,农闲时家中劳动力是否外出打短工以及是否做一些小买卖。对于家庭副业,虽然由当家人独立决策,家庭成员自主完成经营,但有时亲属也能建议。例如,艾宝玉老人的父亲曾希望老人的哥哥艾宝仁跟着舅舅当剃头匠,但舅舅认为剃头匠是下九流,便建议艾宝玉老人的父亲让老人的哥哥去学习其他的手艺。不过,外人虽有建议的权利,当家人却不一定听从。艾宝玉老人的父亲最后便没有听从老人舅舅的建议,依旧让老人的哥哥跟着舅舅学起了剃头手艺。

三、经营分工与投入

1949 年之前,男性虽是家庭经营的主力,但是女性也是重要的补充力量。在一个家庭内男女合理的分工是家庭经营良性循环的基本保障。与此同时,家庭经营又必须有所投入,投入多少种子、工具以及劳动力同样给家庭经营带来了不小的考验。

(一)经营分工

在男耕女织的格局下,形成了"男下地,女织布"的经营模式,由此衍生出了男与女的基本分工。但是，女性也需要参与农业生产，并独立完成一些其他经营活动。

1. 经营收益使用上的分工

以往，当家人是经营活动的核心，因此经营收益也完全由当家人负责记账、管理并制定分配方案。每年收获粮食作物之后，当家人要首先点清收获了多少，然后再将其记录在账簿中。不过，土地低于20亩的村民一般不记账，即使记账也只会简单地记录一下总营收和每月支出。记录之后，当家人会选择将粮食出售或者储备。如果将粮食储存起来，仓库的钥匙由当家人掌握。如果当家人将粮食变卖出去，所收钱款也由当家人存放在家人不知道的地方，或者是家人即使知道也没法轻易去拿的地方。将粮食或者现金保存完好之后，当家人还会制定粮食的具体分配方案，比如来年是否为家人制作新衣、是否明年为儿子娶妻、要留多少作为家人口粮等。此外，每笔具体的支出也都由当家人记账。上述环节，当家人的妻子一般不能干涉，其只能根据当家人的要求，负责经营收益的具体分配。例如，每家家人的口粮，当家人会告诉妻子大约能吃多少以及吃哪几种粮食，而具体如何分配每日口粮则由妻子操作。

2. 家庭生产上的分工："男闲女不闲"

以往，女性之所以能被称为劳动力，主要是因为女性所付出的劳动量并不小。该村多数男性劳动力一般只负责田中的体力劳动，主要包括：耕地、锄草、撒种、盖土、收割、积肥、施肥、晾晒、研磨等。与此相对，女性劳动力虽然不是农业劳动的主力，却要协助家中男性完成农业生产。据村内老人介绍，绝大多数农业生产环节女性都要参与，在收割小麦时女性甚至要比男性付出更多劳动量。少数不需要女性参与的环节中，她们也要做好饭，然后再送到田中。此外，需要女性付出最多劳动量的环节是纺纱、织布和做衣服等。据村内老人介绍，纺纱和织布一般要从年头做到年尾，村内不少女性每天都要纺纱织布到深夜。在农闲时，男性可以在家中休息，而女性却仍要不停地干活，这就是当地流行"男闲女不闲"这句话的主要原因。

3. 家务活上的分工

男性除了农活，在家一般不干其他家务，家中家务活由家中女性包办。具体而言，女性要做的家务活主要包括：洗衣服、做饭、洗碗、打扫房屋、照顾孩子等。除了妻子，没有成年的男孩以及没有出嫁的女孩也要协助母亲完成家务活。不过，男孩一旦开始从事繁重的农业劳动，即使其没有达到壮劳力的标准，在家也可以不再干家务活。

4. 联合互助中的分工

一户村民在与其他村民伙种或者请别人帮忙时，家中的男性和女性也有分工。在独立耕作时，男女之间的分工体现得并不明显，家中无论男女都要下地干活，只是承担的劳动强度有所不同。不过，在和别人约定某一生产环节伙种时，通常由当家人代表一个家庭去向其他村民发出邀请。在人工换牲口工时，一般只有家中主要的男性劳动力会去有牲口的家庭干活，女性并不参与。在请人帮忙时，如果请的人比较多，女性只在家中做饭，并不干活；如果请的人比较少，女性也要适当参与劳动，待到快吃饭时再返回家中做饭。

（二）经营投入

传统时期，农业生产必须投入种子、肥料、劳动力、工具等，特别是劳动力的投入一般都会消耗一个家庭经营投入的大部分成本。

1. 劳动力投入

由于该村村民拥有土地的数量不尽相同，此部分选取拥有10亩土地的自耕农楚宝伦以及佃种了100亩土地的张荣青分别进行叙述。同时，小麦是该村村民的主要农业作物，所以此部分将侧重于描述小麦生产所需投入劳动力情况。

（1）自耕农的劳动力投入

据村内老人介绍，楚宝伦家主要的劳动力是其本人与儿子。楚家还有妻子和3个女儿，但只能作为农业生产的辅助力量，他的儿子当时也未完全达到壮劳力标准。具体而言，楚宝伦家劳动投入情况如下：其一，储种。储种基本由楚宝伦独立完成，但是有时也需要妻子配合。其二，深耕。深耕时，需要楚宝伦和儿子一起完成。深耕劳作的周期基本为1—2天。其三，播种。播种环节，一般由儿子在前面牵着驴，楚宝伦本人扶着耧车，儿子牵着驴主要是防止驴不按直线行走。楚家播种和盖土这两个环节可以同时完成，劳动周期为1—2天。其四，锄草。锄草消耗的劳动力相对较少，因为以往地中的杂草可任由周边村民收割并带回家中使用。在此环节，楚宝伦和儿子两人便能完成，家中其他劳动力不会参与。有时，楚宝伦也会令儿子前去地中割草喂食牲口。其五，施肥。施肥多由楚宝伦独自完成，儿子有时也会参与。其六，收割。收割是最耗费劳动力的环节，除了楚宝伦自家的劳动力，其通常还要雇用1个短工，劳作周期为2—3天。其七，晾晒。晾晒需要楚宝伦和妻子一起完成，儿子和女儿也会从旁协助。

（2）大佃户的劳动力投入

1949年之前，张荣青家一共雇有两个长工，其中大把叫作韩寿[1]，二把叫老冯[2]。这两位长工便是张荣青家最为主要的劳动力。虽然张荣青还有1位妻子以及儿子、女

---

[1] "寿"字具体是哪个字，老人们无法明确说明。
[2] 村民对其的一般称呼，具体姓名不详。

儿各 1 位，但是他们却不是生产的主力。具体而言，张荣青家劳动投入情况如下：其一，储种。储种一般由大把负责，选出合适的种子后由张荣青最后确认。其二，深耕。深耕主要由张荣青和儿子以及两位长工一起负责，其中两位长工分别使用家中 4 头牛耕地，张荣青和儿子从中协助。深耕一般需要 3—5 天。其三，播种。播种由两位长工分别负责，张荣青和儿子也要前去协助，一般需要 2—3 天。其四，锄草。锄草周期相对较长，即使允许周边村民随意收割地上的野草，张荣青家也需要至少 3—4 天才能完成全部的锄草工作。同时，锄草时张荣青通常还会命二把去请 2—3 个短工。其五，施肥。施肥一次需要张家两个长工一起干 2—3 天。其六，收割。收割环节也是需要大量用工的环节。除了两个长工，张家人也要一起劳动，还要另外再雇用 3—4 个短工，劳动周期一般在 1—2 天。其七，贩卖。由于张荣青拥有较多的粮食，因此他每年都会贩卖一部分。在贩卖时，基本由张荣青带着大把一块去粮行里贩卖。

2. 种子投入

1949 年之前，每亩地需要投入多少种子请参见表 3-6。家庭土地面积以及种植结构的不同，也会造成不同家庭在种子方面投入情况的不同。此外，有些村民还会多预留一些种子，以避免种子发霉或者被老鼠偷吃的情况出现。

表 3-6 楚铺村村民每亩地投入种子数量

作物种类	斤　数
小麦	15
大麦	12
高粱	10
谷子	8
豆子	20
芝麻	4
棉花	6
红薯	80

3. 肥料投入

民国时期，该村大多数村民都难以蓄积充足的肥料，因此也很难准确地计算肥料的具体投入量。据靳逢安老人叙述："那能积累多少肥料，就往地里施多少肥，有了就多施一点儿，没了就不施。"如果要满足生产需求，一亩地大约要投入一架子车（手推车）的肥料，也就是 250—300 斤各种肥料。据村内老人粗略估算，该村至少有一半以上的土地处于常年缺肥或者是无肥可施的状态。不过，相较于少地和无地村民以及自耕农，大佃户通常能够在地中施加更多的肥料。这主要是因为他们一般会饲养更多的牲口，施肥的数量要比其他家庭多上不少。在施肥时，常常由家中当家人或者长工用手推车将肥料运到地边，再一点点地施到土地中。为了保证产量，大多数村民会将肥先施到品质较好的头头黄和二头黄中。赖坡地由于地势较低，被淹没的可能性也相对较高，所以即使施了肥也可能没有效果。

4. 工具投入

1949年之前，该村农业生产需要的工具主要包括：犁、镰刀、耙、扁担、耧车、锄头、筛子、手推车、太平车等。根据各家经营土地面积的不同，需要置办的家具数量也不尽相同。无地[1]和少地农民一般用于生产的工具包括：镰刀1—2把，锄头1—2把，扁担1—2副，再配有其他工具1—2件。自耕农家庭主要投入的工具包括：镰刀2—3把，锄头2—3把，犁1具，耙1个，扁担2—3副，耧车1部，手推车1部。此外，多数家庭还配置有耱、碌碡、砘车等工具，但一般只有1件（部）。大佃户则需投入更多工具，具体包括：镰刀5—6把，锄头5—6把，扁担4—5副，耧车2—3部，耱2—3具（有耙也可不配），犁2—3具，耙2—3个，手推车2—3部，太平车1部。

5. 畜力投入

以往，无地农民并不需要在生产过程中投入畜力。拥有土地数量在5—20亩的村民需要在生产时投入1—2头牲口。但各家的情况不同，饲养牲口的种类和数量也不尽相同，多数村民会采取"一牛一驴"的饲养模式。对于拥有或者租赁土地在20—30亩的村民而言，他们需要投入2—4头牲口，其中必包括2头耕牛。租种土地在70亩以上的佃户，至少需要投入4头耕牛，再搭配2—3头其他牲口。例如，佃户张荣青便饲养有4头大水牛。

四、经营与合作

传统时期，以家庭为基本单元的经营模式，让不少家庭需要通过合作才能完成生产。按合作的等级又可分为伙种、部分环节伙种、帮忙三个层次。这三个层次均体现出了不同的经营关系和社会。

（一）伙种

伙种虽在楚铺村并不流行，但在其附近村落仍存在这种现象。不过，这种经营合作的模式在1949年之前并不是非常盛行。

1. 伙种的对象

据李邦存老人介绍，在该村附近的王桥西[2]就曾有几户村民伙种的现象。据老人介

---

[1] 不少无地农民需要以打短工为生，因此也需要配置数量不等的小型工具。
[2] 指王桥乡的西边。

绍,伙种对象一般是关系较好的兄弟、朋友或者是同姓亲戚,可以是本村村民也可以是外村村民。如果有外村村民愿意参与,那么一般是附近村落的村民。与此同时,参与者多是家中有较多男性劳动力但没有多少土地的村民。伙种的参与者一般在3—5户,超过了这个范围便很难统筹,也很难维持合作模式的有效运转。如果需要合作,一般会有一个领头人负责组织,并由领头人向关系较好的各家询问是否有一起生产的意愿。如果对方有意愿可以参与,没有意愿也可以不参与。伙种的领头人通常是年龄在35—45的壮年劳动力,其还要具备较强的农业生产技能和丰富的生产经验。不仅如此,领头人还要具备较好的人品,在村民中具备较高的威信以及在本村和附近村落具备较好的人际关系。

2. 伙种的经营模式

以往,伙种主要指集中经营各家零散土地或者承租他人土地。据李邦存老人叙述:"那他们一般都是没啥地哩,地凑一块也没多少,都是去外面收人家的地,然后再在一起种。"在租赁时,通常由组织者负责找寻合适的地主,再与地主签订租赁合同。不过,一般地主不会愿意将土地租给他们。这主要是因为几户人伙种稳定性较差,因此不一定能保证土地产值。不过,如果领头人具备较高的公信力,还有较好的人缘也能获得租赁土地的机会。在具体的租赁过程中,由领头人负责和说合人以及地主接洽,合约也由领头人与地主签订。租佃过程中出现任何问题也由领头人与地主沟通。土地租赁协议一旦签订,地主便不管佃户如何生产,如果伙种无法保证产量,地主会在收租后立刻收回土地。由于是几家伙种,所以他们一般租赁的土地面积较多,常会达到100亩以上。

3. 伙种的生产模式

伙种时,一般由领头人负责具体工作的分配,其他参与家庭的当家人会把经营权让渡给领头人。领头人可以决定地中具体种植什么作物、每一环节投入多少人力和畜力以及具体的耕种方式。但是,领头人的权威又不像真正的当家人一样强。其他参与家庭的当家人也可以对经营提出建议。如果他们言之有理,那么领头人没有不采纳的理由。

在生产的过程中,参与的家庭必须提供家中全部的劳动力、牲口和工具。但是,各家的牲口和工具通常由各家人自己使用。这主要是为了避免因牲口死亡或者工具磨损而造成参与者相互扯皮。当然,牲口在所有者的驱使下一同使用的情况也经常出现,其模式类似于家户间就某一生产环节进行合作。在此过程中,各家如需添置新工具或者牲口,也由当家人视情况而定。伙种一般不用额外请工,如果需要请工由领头人根据情况决定。除了农业生产，各家人一般还会一起吃饭。男性劳动力在外劳动，女性便在家中做饭，做好饭后，参与伙种的全部家庭一起食用。据李邦存老人叙述："吃饭都搁一起[1]，大家一起吃，家里妇女是一块做饭，还是一个人轮一天再协调。人多了就轮，人少了就一起干，反正都是商量着来，大致就是这个捆儿[2]。"

不过应指明的是，伙种只涉及生产环节和吃饭环节。领头人可以统筹生产环节，对于各家的家内事务，领头人一般没有权利干涉，也不愿意干涉。换言之，除了生产环节之外，家户之间仍彼此独立。

4. 伙种的分配模式

一般而言，每年交完地租之后，领头人会将剩余部分按照各家提供的劳动力、牲口折价分配给参与伙种的家庭。各家拿到粮食之后再分别储配或者拿去变卖，领头人没有干涉的权利。不过，对于口粮如何分配，调查中并没有得到明确的答案。有的老人认为是先预留粮食，有的老人则认为是到了开工时大家再一起交口粮。

5. 伙种的退出

由于各家具体的情况不同，因此大多数家庭不会长期参与伙种。一般而言，伙种维持的年限在5—6年之间，多的也很少超过10年。在这个周期内，村民如果重视积累便会拥有购买1—2亩土地的能力。因此，攒够了钱就会有村民选择退出。有些家庭在儿子成年后，会将儿子送出去学习手艺或者是让儿子去寻求其他谋生手段，这也将减少能够参与土地生产的劳动力数量，致使经营成本升高。如果生产成本提高，参与者收入减少，也会造成村民萌生退意。同时，两户村民之间存在不和，领头人无法调解，也有可能造成合作破裂。

正常情况下，如果有一户退出，就会有其他村民跟风退出。退出两户村民，伙种就无法再继续维持，领头人也会顺势宣布伙种结束。此外，如果领头人年老体衰，那么也可以结束伙种。此时，领头人并不会再选择新的领头人，而是会彻底结束这种生产模式。这主要是因为，即使选择了新的领头人，也可能无法有效协调参与村民之间的关系。如果领头人决意结束，其他参与的村民还能再继续组合并继续伙种，但是，土地租赁契约却要与地主重新订立。如果地主不愿意继续租赁，那么重新组合的村民就要再寻求新的租赁机会。

一般而言，村民选择退出或者领头人打算结束伙种，多会在交租期之前告知其他参与者。有意退出的村民告知领头人后，领头人可以挽留，但没有强制对方留下的权

---

[1] 搁一起，当地方言，意为在一起。
[2] 当地方言，意思为基本上就这个样。

力。如果领头人同意某一村民退出，那么其正式退出的时间多在交租之后，即分得当年应分粮食之后。在领头人打算结束伙种的情况下，其也会在交租前将自己的决意告知其他参与者。如果领头人自己决意不再继续，那么其在交租期后为大家分完粮食便意味着合作结束。

6. 伙种与参与者关系

据李邦存老人介绍，伙种属于"几个掌柜的合起来经营"。虽有一个领头人，但是除了生产上的事务之外，领头人与其他家庭的当家人地位基本平等。在日常交往过程中，几个家庭之间没有主次之分，只是他们之间的交往比其他村民的交往要更为频繁。在年节时，参与村民之间也会相互拜访，但无须带礼物，也没有先拜见谁或者后拜见谁的要求。在一家庭发生红白喜事时，参与村民如果住得近一般都要前去帮忙，并送数额相对较高的贺礼。参与者之间相互借钱或者借工具的情况也时常出现，但不存在借贷现象，因为参与伙种的村民多是较为贫穷的村民。

（二）部分生产环节的伙种

如前所述，部分生产环节的伙种主要集中在深耕和收割两个环节，一般发生在两户村民之间。此外，人力换畜力也可以视为一种伙种模式。

1. 伙种关系的缔结

（1）有牲口（人力）的家庭相互搭配

以往，虽然伙种的对象是兄弟、地邻、四邻等关系较好的村民，但是必须经过双方当面确认才能确认关系的缔结。在深耕或者是收割的环节，有意愿与另一户村民伙种家庭的当家人，一般要先去拜访对方的当家人，并询问对方是否有联合的意愿。如果对方也有意愿，双方还要进一步商讨具体劳作的时间，以及谁先帮谁劳作。如果双方土地挨在一起，那么谁先谁后都无所谓；如果双方土地不挨在一起，那么则要商议劳作顺序，这么做主要是为了协调彼此时间。

（2）人力换畜力

人力换畜力，可以视为人力充足与畜力充足家庭之间的伙种。如果人多的家庭希望和有牲口的家庭伙种，一般由人多的家庭先行发出邀请，有牲口的家庭通常不会主动开口。在该村及其附近村落，缺少人力实际上并不算是大问题。因为无地村民较多，打短工的村民也非常多，请一个短工的成本也不是很高。人多家庭如要向对方发出请求，必由当家人与对方当家人沟通，但对方也可以拒绝。当然，如果两家人本身关系就较好，即使有牲口的家庭不是很缺劳动力，也能答应对方的请求。对于劳作的具体细节，在协商的过程中通常不用再次沟通，因为有人力的家庭必须先给有牲口的家庭干活。

2. 伙种的形式

(1) 深耕环节：配合拉犁

在民国时期，耕牛所有者与其他牲口所有者伙种的情况主要出现在深耕这一生产环节。虽然在收割阶段也有联合的情况，但耕牛一般不参与。在伙种时，多数情况下是牛与驴相配合，牛与骡子相配的情况也有，但马下地的情况却相对较少。伙种主要发生在关系较好的村民或者是土地相邻的村民之间。但是，伙种还有一个前提，就是双方土地面积不会相差太多，相差面积不足5亩，大多数村民都能接受。如果伙种的一方土地面积较多，其他村民一般不会同意伙种，而他们自己也更愿意再购买一头牲口来解决生产问题。此外，有犁和耙子但没有牲口的村民如与有耕牛的村民进行伙种，没有牲口的一方基本上处于弱势地位。此时，有耕牛的一方一般拥有的土地面积较多，家中一定还有其他牲口，他们拥有的土地面积通常会达到10—15亩，有的甚至会更多。与此相对，没有耕牛的家庭通常拥有的土地面积在2—3亩之间，多的也不会超过5亩。他们之所以拥有工具，多是因为家中原本有较多的土地，还养有耕牛，由于种种原因将土地变卖出去之后便没有了再养牲口的必要。牲口变卖之后，犁和耙子却无法变卖。有耕牛的一方，一般是新添置土地的村民，为了方便种植就又添置了耕牛或者其他牲口。他们没有工具多是短暂性的，一旦手头宽裕便会想法购置犁和耙。

若是有其他牲口者与有耕牛者伙种，则两家牲口套在一起共同在地里劳作。此时，一般不对彼此的土地进行区分，也就是无所谓先耕谁的地再耕谁的地。在伙种的过程中，两家人不在一起吃饭，自家牲口也由各自照料。将全部土地翻耕完成之后，伙种便告一段落。仅有工具的一方在与有耕牛的一方进行伙种时，由于有工具的一方土地面积相对较少，所以他们要付出与对方不等值的劳动。不过，生产时也无所谓先耕谁家土地，后耕谁家土地。虽然畜力比较值钱，但是没有耕牛的一方也不用提供额外的补偿，双方合作时也是各吃各家饭。

(2) 人力换畜力

在当地，人力换牛力的情况虽有，但不是非常普遍。出人力的一方一般是家中有2—3亩土地，但是却没有生产工具和耕牛的村民。出牛力的一方则是土地面积在15亩以上，且家中至少有一头耕牛和一头其他牲口的家庭。此外，换工的对象通常是与自己关系较好的村民，但不一定非常要好，同村落的村民都能进行人工和牛工的对换。在换工时，只有人力的一方要先去给另一方干活。据李邦存老人叙述："没有牲口的家，那一到春天就得急着去跟有牲口的家庭干活，干完了才能使人家的牲口。好日子就那几天，错了农时还种个啥地？"没有牲口的家庭甚至要把家里主要的劳动力都派到有牲口的家庭中劳作。但是，此时有人力的一方只帮对方干农活。有人力的一方在对方家中干活时，并不计天数，什么时候把对方的活全部干完了，才能使用对方的牲口。此外，有人力的一方在对方家中干活时，对方也无须管饭，干完农活便各回各家吃饭。对于有人力一方多付出的劳力，有牲口的一方也无须折价给付，只需让对方在自己耕作完成之后使用自己的牲口便可。

（3）收割环节：合作拉粮食

以往，骡子和驴与耕牛类似，拥有不同的牲口的村民也能伙种。但是，如果双方都只有驴或者骡子便无法伙种。这主要是因为深耕时耕牛是主力，驴或者骡子只是补充，如果双方都只有驴一般很难完成深耕这一生产环节。同时，骡子下地干活的情况也相对较少，但有耕牛的村民也能和有骡子的村民伙种。1949 年之前，驴和骡子除了耕地和播种之外，还可以拉车。因此，收割环节驴子和骡子相互搭配也时有发生。相较于骡子而言，只有少数拥有驴的村民会和拥有骡子的村民伙种，都拥有骡子的村民很少伙种。这并不是因为骡子不适合拉车，而是村民有钱会优先购买驴，购买了骡子的村民多数都是家中已经有了驴的村民。

3. 伙种的原则

在伙种时，一般要秉承以下原则：

（1）畜力对等

畜力对等并不仅仅是指数量上的对等，还包括质量上的对等。如果村民 A 在深耕的环节提供了自家体格健壮的大黄牛，村民 B 也最好能提供自家体健的大黄牛或者是水牛。不过，在深耕环节的伙种多发生在有牛和有驴的村民之间。此时，如果村民 A 提供了健壮的耕牛，村民 B 至少要提供头健壮的驴。如果村民 B 家中只有头刚买来的小驴或者是家中的驴生了病，村民 A 不会同意与村民 B 伙种。至于耕牛和驴之间体力的不对等则可以忽略不计，只要都是健壮牲口便可。当然，这种情况并不是由村民的"算计"所造成，而主要是因为过去农业生产主要"靠天吃饭"，错过农时很可能影响产量。

（2）人力不对等

人力不对等主要表现在两个方面：一方面，有人力家庭在伙种时的不对等。有人力家庭之间的伙种主要集中在收割环节。因为人力并不如牲口力值钱，如果在收割时村民 A 只比村民 B 多出了 1—2 个劳动力，这多出的 1—2 个劳动力可以忽略不计。但是，如果村民 A 家中有 5 个劳动力，而村民 B 家中只有 1 个劳动力，两户村民便可能无法达成合作关系。此时，村民 B 与村民 A 如果关系较好，两户人也可能通过相互帮忙的形式来完成收割，但这并不是伙种。这主要是因为村民 A 为村民 B 提供了更多的劳动力，也就是村民 A 实际上为村民 B 提供了更多的帮助，因此村民 B 还是欠了村民 A 的人情。另一方面，有牲口与有人力家庭之间伙种的不对等。他们之间的不对等，主要是因为畜力比人力值钱，需要人力的家庭花上极小的成本就能满足需求。与此相对，买牲口成本则较高，没有牲口的家庭也很难借到牲口。正是因为这样，有人力的家庭无论提供几个劳动力都可以忽略不计。

（3）互不欠人情

伙种过程中无论采取怎样的合作形式，均以生产顺利完成为结束标志，双方不会再算后账。例如，在深耕时一户提供了一头耕牛，而另一户提供了一头驴，合作结束双方既不会计算畜力的差价，也不会计算人情是否相互亏欠。换言之，提供了驴的家庭并不亏欠提供了牛的家庭。与此类似，人力之间的成本差异也可以忽略不计，并不存在谁欠谁人情的问题。

4. 伙种关系的结束

以往，伙种的对象通常比较固定，但合作双方每一年都要重新确认。例如，村民 A 今年和村民 B 在一起伙种，那么第二年如果还需要继续伙种，村民 A 或者村民 B 要先和对方确定是否继续合作。如果村民 A 或者村民 B 找到了新的合作对象，那么合作关系便就此结束。同时，如果村民 A 或者村民 B 中有人新添了牲口，那么即使不说明，合作关系也不会再继续。不过，如果村民 C 和村民 B 同时找到了村民 A，去年村民 A 和村民 B 又一起合作过，那么村民 A 仍会首先和村民 B 合作。当然，如果村民 A 和村民 B 在去年合作得不愉快，村民 A 也会委婉地拒绝村民 B 的合作请求。在人力换畜力的情况下也是如此，即使是有牲口的家庭也会优先选择去年和其合作过的家庭继续合作。但是，如果有牲口的家庭出于种种原因拒绝了去年与其合作的家庭，合作便就此终止。对此，没有牲口的家庭一般没有太多的发言权。此外，在深耕和收割两个环节，村民可选择一个固定的合作伙伴，也可以分别选择合作伙伴。例如，村民 A 家中只有一头驴，那么其可以在深耕环节中找村内有牛的村民合作，也可以在收割后将粮食拉回家时选择自己地邻中同样有驴或者有骡子的村民合作。如果某一村民在两个生产环节中分别找不同的合作对象，那么关系的维系与终结也由该村民与两户村民分别确认。

5. 伙种与社会交往

以往，伙种的双方一般都是关系比较亲密的人。因此，伙种对于双方的日常交往没有任何实质影响。不过，如果双方本身并不是非常熟络的村民，只是为了完成生产才结成合作关系那情况则有所不同。如果双方在生产过程中发现彼此脾气相投且日益成为好朋友,那么彼此之间的走动则会变得更加频繁。日常性串门、年节时往来以及家中发生红白喜事时相互帮忙和互送礼金的次数也会日趋增多。如果双方只是合作,并没有太深入的交流,那么合作结束后双方便没有必要一定要保持往来。交往模式一切照旧,但是来年还可以继续合作。

（三）帮忙

以往,在当地帮忙类似于帮工,但村民一般俗称其为"帮忙"。不过,帮忙主要是发生在关系较好村民之间的一种行为。

1. 需要帮忙的环节

据村内老人介绍,帮忙主要出现在日常生活中以及修建生产配套设施时[1]。以往,在该村帮忙集中在收获作物这一生产环节,其他环节村民通常不会找其他村民前来帮忙。此外,修井和修房时村民一般都请村内村民帮忙。

2. 请谁帮忙

村民请人帮忙主要集中在四邻、地邻、兄弟、同姓亲属以及其他关系较好的村民这个范畴内。按照次序来说,在生产环节中,村民优先请地邻,其他环节则优先请四邻和兄弟。以建造水井为例,村民一般会请四邻和兄弟,再请其他同姓亲属,最后才是与自己关系较好的村民。当然,如果某一村民是村中的排场人,只要其发出邀请,村内村民多会前去帮忙。与此相对,村内地主和租地较多的佃户一般不请人帮忙。一方面,他们家中雇有长工;另一方面,无人可用时他们更乐于雇短工,因为这样效率更高。

3. 请人帮忙的流程

如请与自己关系较好的村民前来帮忙,必须提前一天与对方约好时间。当天早上,主家还要先把对方接来吃早饭。早饭一般比较随意。如果对方已经吃了早饭,那么主家也可以不请对方吃早饭。吃完早饭之后才开始干活,中午主家还要请他们吃午饭。一般而言,普通家庭中午会招待来帮工的村民吃白面做的烙馍,烙馍内可以卷入鸡蛋和豆芽等配菜。中午吃饭没有肉,但是白面和鸡蛋在民国时期就已经算是非常珍贵的食物,因此也可算作对帮工较高的礼遇。帮工吃完午饭后,稍作休息再继续干下午活,晚上主家可请吃饭,也可以不请吃饭。如果活到下午就已经干完,那么不请帮工吃饭也可以;如果干活干到了傍晚或者是第二天还要继续,主家就要请帮工吃晚饭。据艾宝玉老人叙述:"晚上就喝汤,没有干的,随便弄点吃的都中啦。"在当地,喝汤就是吃

---

[1] 红白喜事的帮忙将在其他章节另行叙述。

晚饭的意思,也就是说晚上主家请帮工吃一些面汤之类的食物便可。

如果双方关系较好,或者请人帮忙的家庭家境较差,不请帮工吃饭也可以。主家只要把人请来,快要吃饭的时候即使主家留人吃饭,他们一般也会返回家中吃完饭再来。此外,请人帮忙不用约定具体要干几天。如果活干不完,第二天主家将来帮忙的人再接来便可。如果对方有事,前一天打个招呼,第二天可以不来。如果双方关系较好,第二天不来,第三天主家的活要是没干好,帮忙的人还会继续前来提供帮助。

4. 帮忙与人情

以往,相互帮忙的过程中也包含着一定的人情成本。如果是关系较好的四邻、地邻或者是兄弟,其中一户请了另外一户帮忙,那么该村民出于维护关系的考虑一般会亲自前往。在帮忙时,通常是当家人带着自家一两个壮劳力一同前去,当然当家人自己去也可以。如果当家人不能亲自前往,那么其也会命成了年的大儿子或者是信得过的儿子前去帮忙。即使无法派遣劳动力前去帮忙,当家人也会利用休息的间歇去询问一下是否还有需要帮忙的地方,也有村民会在别人忙完之后向对方表示歉意。不过,亲兄弟之间并没有那么多讲究。主家如果需要帮忙的时间较长,前去帮忙的村民有事虽然可以不来,但忙完之后通常还是会继续帮忙。如果关系不是非常亲密的村民被请去帮忙,当家人亲自去干一两天便可,如果中途有事可以忙自己的事情,忙完可以继续来,也可以不来。

此外,请人帮忙也会亏欠别人的人情,适当的时候也要偿还。如果村民 A 帮了村民 B 的忙,那么村民 A 有事情请村民 B 帮忙时,村民 B 一般不会拒绝。当然,如果村民 B 实在有事或者家中有其他困难也可以不来,这不会影响村民 A 和村民 B 的关系。但是,如果村民 A 三番五次请村民 B 前来帮忙,村民 B 都借故推辞,而村民 B 家中有事又再请村民 A 帮忙,那么一定会影响到村民 A 对村民 B 的评价。此外,帮忙也不一定非要用帮忙的形式偿还人情,通过其他形式偿还也可以。有些村民也不会把一次两次帮忙就记在心上,帮了别人一两次忙,只要别人在其他方面给予自己便利便可。例如,村民 A 和村民 B 是邻居,村民 A 经常在村民 B 短缺人手时帮其干农活,村民 B 也经常让村民 A 使用自家的工具,两家人之间便不构成人情上的亏欠。总体而言,村民之间的帮忙一定会造成人情亏欠的现象,只不过偿还方式可以不拘泥于形式,偿还周期也可以拉得很长。

五、经营与市场

在农业经营过程中,请工是村民解决用工问题时最主要的方式。以往,用工可以分为请临工、短工、长工等几种形式,而每种形式的背后又反映出不同的主雇关系。

(一) 临工

实际上在当地临工和季工都可以被称为短工，为了对两者进行区分，此处称在雇主家只干一天活的村民为临工。

1. 需要请临工的家庭

除了土地较少的家庭，村内大多数有地家庭都要请临工。据艾宝玉老人叙述："过去，农业生产请短工（指临工）的都少，没劳动力咋办，掌柜的就去十字街那儿请一个短工（临工）。"具体而言，家中土地如果少于10亩，且家中有1—2个壮劳动力，则一般不用再外聘工人。如果家中拥有的土地在10—15亩，并且只拥有1牛1驴和1—2个壮劳力，那么当家人则需要在收割小麦或者杂粮等环节雇用1—2个劳动力。家中拥有土地面积在30亩以下且牲口齐全并拥有1—2个劳动力的家庭，一般要在收割等环节雇用2—3个劳动力。如果家中经营土地（拥有和租赁）面积在70亩以上，则要在雇用长工的同时再外请2—4个劳动力。同时，有些经营副业的村民也会在忙不过来时请个临工。村内大地主虽然不亲自经营土地，但是家中如遇红白喜事或者有其他需要人力去干的家务活，也需要再外聘2—4个劳动力。

2. 请工对象和请工地点

一般而言，去当临工的通常是家中土地较少的男劳力，也有些村民会在农闲时出去打短工，他们年龄多集中在20—50岁。其中有些人会天天去打临工，而有些人只会在找不到其他活路时去打临工。每天早上，本村和外村打算打临工的村民都会蹲在楚铺的十字街上，并在自己的身边放上一把锄头。可以说，楚铺的十字街就是周边几个村落的人力市场。去十字街请工的村民，既有楚铺本村人，也有楚铺附近其他村落的人。

3. 请临工方式

以往，没有雇用长工的家庭需要雇用临工时，一般由当家人亲自去选；雇用有长工的家庭如果家中只有一个长工，就由其去雇用临工；如果家中雇用有两个长工则由二把去雇用临工。雇主到达十字街会首先选择年轻力壮且长相老实的临工。如果某一村民在雇主家打过临工，且雇主也觉得其活干得还可以，那么也可以再次聘请。打临工虽然不要求工具齐全，但有时也要带上几样常用的工具，少数雇主也会凭借对方工具是否齐全这一点来决定是否雇用。此外，如果雇主在十字街发现本村或者外村熟人，也会优先雇用。

4. 临工的待遇

打临工并不一定有工资，但是雇主要负责临工的一日三餐。据艾宝玉老人叙述：

"那过去的打临工哩能混个吃饱就中了,长工都给不了几个钱,何况是那打临工的。"不过,实际上在农忙时节,请临工仍要额外支付一定的报酬,具体多少由临工与雇主商议。如果只干半天活,那么雇主一般不会支付其工资,临工吃完午饭便可以离开。这种情况多发生在活干到一半因突然下雨而无法继续干活的情况下。雇主将临工请到家中通常先吃早饭,吃完早饭后开始干活,直到傍晚将工作全部干完。临工在普通家庭吃饭,一般早上就和雇主一起随便吃点,中午吃烙馍卷菜,晚上则吃面汤等流食,和被请去帮忙时吃的基本类似。如果是大佃户家或者是大地主家请的临工,则通常跟着长工一起吃饭,也就是长工吃什么他们吃什么。除了早晚之外,中午基本上吃杂面馍配调制的青椒。

以往,雇主也不会为临工提供住宿的地方。吃完晚饭之后,临工必须返回家中居住。不过,如果活还没有干完,雇主又觉得请来的临工活干得还不错,便能让他们第二天再来。由于该村并不缺人力资源,人力又不如畜力值钱,因此临工找不到活干的情况也经常出现。雇主通知第二天再来,便可以解决临工第二天找雇主的问题,也等于变相福利。如果雇主通知第二天再来,到了吃饭的时间,临工自主前往雇主家便可,雇主不用再去请。临工第二天的工资,仍要按照第一天约定的数额支付,双方不用再议价。

5. 临工与工具

以往,去打临工的村民通常会带两三件自己的工具。临工所带工具由自己使用,如果所带工具损坏也由临工自己负责修理,雇主没有赔偿的义务。临工还可以使用雇主家的工具,如果工具损坏则要视情况来决定是否需要赔偿。如果损坏不严重,或者修理后还能继续使用,雇主通常不会让临工赔偿。如果工具完全损坏,雇主便有可能让临工赔偿一部分损失。特别是造价较高的犁和耙,临工损坏要折价赔偿。不过,如果雇主家有钱或者雇主比较好说话也可能不让临工赔偿。

6. 雇主与临工

一般而言,雇主与临工之间只是简单的雇佣关系,并不掺杂其他社会关系。也正是因为如此,村内大多数村民在农业生产的过程中更愿意请临工而不是请亲友帮忙。雇主家如果没有长工,家中农活由当家人负责,临工只用听从当家人的安排便可。如果雇主与临工认识,那么雇主和临工之间基本关系对等,临工如觉得雇主的活干得不是太好,也可以从旁建议,但雇主可以采纳也可以不采纳。临工到雇有长工的家庭干活,则要听从大把的安排,跟雇主不会有太多的交流。

(二)短工

在当地短工通常就是指季工,也就是在雇主家最多干一季的短期工。短工因为要在雇主家居住，因此涉及的关系也较临工更为复杂。

1. 请短工的家庭

一般只有村内经营较多土地的大佃户或者是家业较多的大地主才需要雇短工。大佃户聘请短工，多数是因为家中聘请的长工数量不够，而短期内又无法找到合适的长工，由是他们便会先聘请一个短工应付暂时的用工难题。有些家庭如果只雇了一个长工，那么他们也会通过每年雇用短工来满足用工需求。大地主雇用短工的情况与之类似，如果家中某长工不愿意继续干或者生病无法干活，家中大把有权雇个短工来弥补家中劳动力的短缺。

2. 当短工的村民

一般而言，以打短工为生的村民多是没有土地且只能靠出卖劳力谋生的人。在该村，村民所请短工通常是本村或者附近村落的熟人。这主要是因为短工要在雇主家中住一段时间，知根知底的人不用再对其诚信等品格进行考察。此外，有些逃荒到楚铺村的村民也会去雇主做短工，不过他们只会去大佃户家做短工。这主要是因为，逃荒者最开始一般是在村中打临工，其在一户家庭做工时与雇主聊得来，雇主便可能留其做短工。与此相对，大地主家通常财产较多，女眷也相对较多，因此他们多不愿意冒风险去雇用不认识的短工。

3. 短工的雇用

在聘请短工时，一般由家中长工去找，他们会找与自己相熟的村民来做短工。长工将短工引荐到雇主面前后，雇主如果觉得没有问题，雇佣关系便能正式确立。有些大地主甚至不会和短工见面，雇用的决定权由大把掌握。以往，打短工并不需要签合约，具体的上工时间和待遇由雇主与短工口头确认。

4. 短工的待遇

短工在雇主家干活，一般和长工一起吃饭，雇主一日管三顿饭。在打工期间，雇主还会为短工提供住处和一床被子。不过，如果短工就住在本村或者附近村落，那么在不影响正常工作的情况下他们也能回家居住。同时，短工还有假期，他们一个月大约可以休息3—4天。不过，短工不能请假，特别是在农忙时绝对不能请假。农忙时，短工家中如果发生了必须亲自回去解决的事情，雇佣关系通常会立即结束。此时，雇主会立刻支付报酬（已干天数的报酬）并另寻短工。打工结束前，短工一般可领30—40斤细面以及30—40斤粗面或者是与其等值的现金。当然，这只是个大致范围，每个雇主具体给多少还要视双方协商的结果而定。

5. 长工与短工

在打工期间，短工归大把管理，他们要按照大把的要求完成每日的工作。但是，短工却不一定会跟大把刻意保持关系,因为他们通常做完工便会换雇主。可以说,长工和短工在日常生活中地位基本相当,不存在长工比短工高一等的情况。

6. 短工与工具

短工在雇主家劳作时通常使用雇主家的工具。如果工具损坏,一般不用赔偿,但是恶意毁坏的情况除外。不过,如果短工不小心导致雇主家牲口死亡则要适当赔偿一部分。根据牲口的健康程度以及寿命,短工大约要赔偿雇主三分之一或者是一小半损失。也正因为如此,短工通常不会干与牲口配合的工作,长工们也不会轻易让短工使用牲口。

7. 短工与雇主

在雇主家工作期间,雇主与短工之间交往的机会相对较少。当然,该村多数大佃户仍要参与劳动。在生产过程中,他们也会经常和短工交流。如果雇主和短工聊得来,便会建议其明年继续来家中工作;如果聊不来,雇主通常只会监督短工的劳动情况。在工期结束之后,短工更是不用和雇主刻意保持联系,年节时无须来往,雇主家中发生红白喜事也不需送礼或者是来帮忙。

(三)长工

在当地,长工不仅是经营土地较多家庭农业生产的主力,还要负责家中各种费力的杂活。不过,他们的社会地位却不算太高,常常是村民瞧不起的对象。

1. 当长工的村民:没有土地的村民

通常而言,选择做长工的村民可以分为两类:第一,家中没有土地的村民;第二,家中有土地,却有较多兄弟姐妹的村民。可以说,多数去富户家当长工的村民都是较穷且除了卖力气没有其他谋生手段的人。这些长工有不少都没有婚配,如果结婚,靠微薄的收入也难以养得起家。过去,该村每一个富户都需要聘用长工,但是并不是每一个无地村民都能干得了长工。正常情况下,雇主考虑是否雇用一个村民为长工主要考察以下几个因素:其一,长工的年纪。20—40岁身强力壮且具备了较好生产技术的村民是雇主最乐意雇用的对象。其二,人品。由于长工常年住在地主家中,因此必须要求长工诚实可靠且具备较好的分寸感。除了肯干活,雇主一般还会要求长工不偷盗自家财物,不惦记自家女眷,不在外面乱传家中的事情。其三,能否长干。雇主聘用长工多是期望其能在家中多干几年,如果某一村民身强力壮但是却不能长干,雇主也不会录用。

2. 长工的聘用:"伙计觅伙计"

在当地,长工又被雇主称为"伙计"。想去富户家做长工的村民,通常要请中人为自己做介绍。一般而言，村民所委托的中人就是雇主家的长工。由雇主家的长工做中介，雇主会看在长工的面子上答应请求。同时，自家长工如果老实肯干，雇主会认为其介绍来的长工也是品质较好的村民。有时，富户家有长工离职，富户也会让大把或者二把去寻找一个合适的长工。此外，如果村民知道某一富户家中缺长工，但又不直接认识富户或者富户家中的长工，也可以请村中与富户关系较好的村民为自己做说合人。中人将长工引荐来之后，雇主会亲自与长工交谈，并确认是否录用。如果雇主觉得对方比较合适便会将对方留下，并与对方订立契约。不过，过去雇用长工并不签订纸质契约，一般采取口头要约的形式确立雇佣关系。

3. 长工合同

雇主与长工订立的契约一般包含以下几个要素：其一，上工时间。雇主认为与某一村民建立雇佣关系后，通常会通知其从哪一天开始正式上工。从正式上工的时间算起，长工便能在地主家吃住，并开始计算工资。其二，能享受到的待遇。待遇主要包括衣服、吃住、请假、工资等。其三，注意事项。这并不是契约中必须规定的内容，但是签订契约时雇主一般会告知长工注意事项，一旦违反雇主可将其开除。除了这些之外，契约中不规定具体的合同期限，也无须说合人在场见证。

4. 长工待遇

以往，在当地由于无地村民较多，因此长工的整体待遇并不算高。具体而言，长工的待遇主要包括以下几个方面：

（1）工资待遇

以往，长工在富户家干一年大约能挣一布袋粗粮以及一布袋细粮。在当地，一布袋粮食大约相当于100斤。同时，上述粗粮和细粮并不是脱壳的谷粒，而是已经研磨好的面粉。也有老人表示长工一年可以领3—4布袋粮食，其中粗粮和细粮各占一半。不过，这只是长工工资的最低标准，大把和二把要拿得多一些，地主家管事也会高于这个标准。此外，长工工资可以一年一支付，也可以按季支付。按季节支付，实际上就是长工在家中揭不开锅时向雇主请求先行支付当季薪水。

（2）饮食待遇

一般而言，大佃户家的长工和佃户一起吃饭，佃户吃什么他们就吃什么。如果佃户只吃两顿饭，长工也就只吃两顿饭；佃户家改善生活，长工也能改善生活；佃户吃肉，他们也能吃肉。与此同时，佃户必须和长工同桌吃饭。在吃饭时，佃户本人坐于面对门的位置，其他家人围着佃户分别落座。最差的一两个位置，也就是背对门的位置由长工坐。在大地主家中，地主通常不会跟长工同桌吃饭，也有家庭会派长子和他们一起吃饭。在吃饭时，如果长子未成年则可以随便就座，只要和长工坐在一起便可。如果长子已经成年，则要坐在面门的位置上或者坐在桌子的东席上，以此来显示自己作为东家的身份。如果地主派长子和长工吃饭，那么地主和长工也不会分伙吃饭，也就是地主吃什么长工就吃什么。不过，多数地主并不会和长工一起吃饭。

如果地主与长工分伙，会事先和长工约定好一天吃两顿还是三顿。如果吃两顿，每顿饭地主基本上都会提供杂面馍并配以萝卜、辣椒、豆芽等配菜。艾宝玉老人叙述："那个时候，一天就吃一顿饱饭，配的那几个菜连油都没有，就是拿水一和，放点盐就行了，其他啥都没有。馍给得比较多。就是俺大[1]每天等人都吃完了偷偷在馍筐子里拿俩馍，放到衣服里头，趁黑了拿回来，就这俺家才没饿死人。"如果地主提供一日三餐，大方的地主通常会在三餐中都提供杂面馍和配菜。小气的地主则只会在早上和中午提供杂面馍，晚上只提供面汤等流食。还有的地主会限制杂面馍的数量，或者只在晚上一顿限制杂面馍的数量。如果地主不和长工一起吃饭，长工吃饭时一般也不上桌。以地主赵文圆为例，赵家三门的长工在西院的堂屋中吃饭（一说，赵家只有一处院子，长工吃饭在外院的过厅中），吃饭时长工们蹲在饭锅前随意吃完便可。除了日常饮食，地主还会在节气或者收完小麦后为长工改善伙食。此时，长工可以吃到白面馍，却不一定有肉。据村内老人介绍，只有在中秋和过年时地主才会提供肉食。此外，多数地主会先保证长工吃饭，每日厨子做完长工的饭才会做地主的饭。当然，这并不是为了保证长工先有饭吃，而是为了让长工吃完后抓紧干活。

（3）居住待遇

长工通常可以居住在地主家，具体居住方位前文已做介绍，此处不再赘述。长工除了可以住在地主家，地主还要为长工提供被子、凉席等物品。不过，所有长工均住在一起，一般睡在一个大通铺上，即使大把、二把也和其他长工住在一起。也有老人认为护院一般不和长工住在一起。如果长工已经婚配也可以回家居住，但前提是其必须是本村人或者是本村附近人。如果长工家距离雇主家较远，那么他们即使已经婚配也不能回家居住。

（4）请假待遇

该地长工通常一年到头都在雇主家生活，即使过年也和雇主一起过。平日里，长工也不能放假，但是可以请假。据村内老人介绍，长工请假不限期限，请多长时间都可以。但是，农忙时雇主一般能答应的期限不会超过10天，而在农闲时则可以随便请假。此外，请假太长也会影响雇主对于长工的评价，所以多数长工请假不会超过一

---

[1] 当地方言，父亲的意思。

个月。

(5) 服装待遇

1949年之前，雇主还会为长工提供衣服，主要包括一套夏季衣服、一条手巾以及一身棉衣。夏季衣服每年雇主都会提供一套，棉衣却未必年年都做。至于棉衣的制作周期，完全要看雇主是否大方。不过，艾宝玉老人表示，雇主并不会提供衣服，长工衣物由自己负责。

5. 长工的等级与权属："大把全活，二把喂牲口"

(1) 长工的等级

通常而言，长工分为大把、二把、一般长工三个等级。如果家中只有两个长工，那一般只区分大把，也就是雇主只指明谁是大把，剩下的长工的身份处于二把和一般长工之间。如果家中的长工数量达到了3—12人，那么雇主就要指明谁是大把，谁是二把。在二把之下通常不再具体区分，都属于一般长工。如果家中的长工数量达到了12—20人，那么有些雇主还会设置三把这个职位，当然不设也可以。此外，该村不少地主由于不从事农业劳动，所以家中长工除了大把和二把之外，还会因功能设置磨把和车把。磨把和车把也受大把管理，地位与普通长工类似，只是具体负责的工作有所不同。

(2) 大把

作为大把必须符合以下条件：其一，精通农业生产的各个环节。据靳逢安老人叙述："大把就是摇耧撒种啥都要会，样样还都精，没这个金刚钻就当不了大把。"大把精通农业生产的各个环节，并不仅仅是要自己干得好，还要懂得如何指挥其他长工劳作。其二，办事稳重，在其他长工中较有威信。这主要是因为大把是农业生产的主要负责人，他要分配其他长工的工作，并督促完成。如果大把没有威信，其他长工不会听从其安排。因此，大把的年龄要达到30岁以上，有些雇主家的大把甚至年龄会超过45岁。其三，人品厚道，安守本分。品德是否高尚也是雇主选择大把的主要原因之一。安守本分一是要求大把不偷盗，不乱传雇主家的闲话；二是要求大把必须懂得替雇主考虑，处处维护雇主的个人利益。其四，与雇主关系较好。如果大把与雇主关系不好，必然会造成主雇间配合的难题，也会影响其他长工的心态。同时，大把又是雇主与其他长工之间的桥梁，雇主的意图要由大把替其传达给其他长工。

大把具体负责的事务如下：第一，全面负责生产。这是大把最基本的职责，如果家中只有一两个长工，大把要事无巨细、全面统筹，还要亲自操作每一个劳作环节。第二，决定是否要请工。如果家中出现劳动力短缺的情况，大把可以根据情况自主决定是否要请工。第三，监督其他长工。大把除了要分配生产任务，还要监督其他长工是不是按照其要求完成了任务。第四，分偿。这主要是大地主家大把才会干的事情。在大地主家的大把除了负责磨磨、喂牲口的农活之外，最主要的任务是帮助地主管理佃户，特别是监督收租。如果大把参与了这些事情，便能被称为管事，但不是管家。第五，协助雇主管理和分配粮食。这也是管事职责，他们有权拿到仓库钥匙和印版。如赵家管事艾常青就曾在"七老婆"侄子的要求下将钥匙和印版拿出，并帮其偷拿了一些粮食。

(3) 二把

二把在长工中的地位仅次于大把，因此雇主选任二把也需要基于特定的条件：其一，精通农活。二把也要精通于农活，只是不要求像大把一样什么都会。以往，不少雇主家的二把在大把离职之后便会被任命为大把，因此他们基本上也要熟练掌握大多数生产技术。其二，善于喂牲口。这是二把最主要的职责，不懂得如何照料牲口便不能成为二把。其三，具备较高的威信。二把有协助大把工作的职责，因此也要在长工中具备威信，以使其他长工愿意听从其安排。这不仅要求二把活干得好，还要求二把具备一定的年纪。通常二把的年纪要达到25岁以上。当然，如果家中长工只有两个，二把只要能干活就行。其四，具备较好的人品。与大把类似，二把也要本分并干好自己该干的事情。其五，与雇主要有良好的关系。虽然二把不一定和雇主关系非常要好，但二把至少要是雇主认可的人。

与大把类似，二把也有具体负责的事项，具体如下：第一，喂牲口。牲口的喂养与照料由二把负责，一般长工没有二把的允许不能擅自喂养或者使用牲口。第二，干杂活。农业生产和家中的杂活一般由二把负责，他们还有分配其他长工一起从事相关生产的权力。第三，雇用工人。虽然雇用临工和短工的决定由大把做出，但是雇人的过程由二把完成。第四，协助大把管理长工。二把也有协助大把督促其他长工完成工作的职责。

(4) 三把

以往，大多数家庭不设置三把，即使设置三把也不会为其分配具体的工作。多数情况下，富户设置三把是为了辅助大把、二把完成工作，并协助他们管理普通长工。担任三把的长工基本上也是年富力强且具备较好人缘的人。但是，雇主不要求他们在生产上具备太强的技能，比年轻长工熟练，干活麻利就能达到要求。此外，有些家庭设置三把主要是因为三把之下的长工均是未成年的小伙计。小伙计一般只是劳动过程中的辅助者，生产技术并不是非常精湛。为了区分成熟长工和小伙计，雇主才设置三把这一职位。

（5）磨把和车把

磨把和车把主要依据其功能而命名，磨把就是富户家磨磨的长工，而车把则是地主家的车夫。这两个职位一般只存在于楚铺村的大地主家。由于他们家中往往粮食较多，所以必须请一个磨把专门磨磨。与此同时，大地主家中基本上都拥有马车，必须请一个会赶车的人才能满足出行需求。由于磨把和车把都是因功能而设立，因此雇主并不要求他们精通生产环节，只要他们精通于磨磨和拉车便可。除了专业技能，雇主还往往会要求磨把和车把要忠诚与厚道。特别是车把，因为经常要和雇主外出，所以更要求其不能在外乱传闲话。此外，磨把和车把除了本职工作，也要干家中其他杂活。在亲自从事土地经营的家庭中，车把基本上就相当于二把，但是他们却没有二把的待遇高。

6. 解雇与辞职

长工只要与雇主达成协议，便可以一直在雇主家干活，基本不存在中途解雇的情况。但是，雇主也有开除长工的权力。一般而言，雇主会在以下两种情况下开除长工：其一，偷盗和乱传闲话。如果长工偷盗雇主东西，或者乱传雇主家闲话，雇主有权立刻开除长工。雇主开除长工，不用支付其当年工资。其二，偷懒，不干活。如果某一长工比较懒惰，雇主会先训斥长工。三番五次训斥无果，雇主便不再训斥，而是会选择在年底发完工资后直接将其解雇。此外，长工也可以主动辞职。如果不打算再继续干，长工通常要在年底前一两个月将决定告知雇主，雇主同意后长工领完当年工资便能回家。这么做主要是留给雇主充足的时间寻找替代者。

7. 工具损毁与赔偿

以往，长工在雇主家干活不需要自带工具，使用雇主家工具便可。长工使用雇主工具，无论大工具还是小工具，只要不是故意损坏就无须赔偿，即使是牲口也是如此。不过，由于长工喂养问题造成牲口死亡，或者是车把在拉车过程中不小心造成牲口意外死亡，那么就要适当赔偿雇主损失。如果雇主较为有钱，或者比较好说话，一般只让长工象征性地赔偿一小部分。如果雇主比较尖酸刻薄，通常要根据牲口的年龄和健壮程度估算价格，再让长工赔偿三分之一到四分之三。

8. 老板与长工

以往，经营土地面积在100亩左右的村民，长工一般直接称其为"掌柜的"；如果是拥有土地在500亩以上的村民，长工则要尊称其为"东家"。

（1）掌柜与长工

长工称之为"掌柜"的村民大多是大佃户。他们虽然是雇主，但是与长工地位大致相当，双方的关系基本上就是雇佣关系。在生产过程中，长工按照雇主安排完成各项生产活动便可。如果就某一生产环节，雇主与长工存在意见分歧，长工可以与雇主商量，谁更有道理就按谁的办。在日常生活中，双方也可以自由交往，长工除了见到雇主要主动打招呼之外，不存在其他交往限制。不过，长工一般不能和雇主家中女眷来往太过密切，除了吃饭，日常生活中最好不要过多交谈。此外，长工也不用给雇主送礼，即使雇主家发生红白喜事也是如此。不过，雇主家发生红白喜事时，所有杂活都需要长工负责。有长工的家庭，一般不请四邻帮忙。长工不给雇主送礼，相应地雇主也不会给长工回礼，因此长工家发生红白喜事时也不会通知雇主。

（2）东家与长工

被称为"东家"的村民大多是村内的大地主。他们不自己经营土地，家中农活也完全委托给大把、二把。作为东家，他们的地位通常会比长工高很多，不会和自己家的长工同桌吃饭，也不会和自家长工同桌打牌。不过，村内富户赵国兴却不拘于这些，虽不和长工一起吃饭，却经常在村中牌摊上和长工一起打牌。在大地主家做长工的村民，也要对雇主家人礼遇有加，见到雇主家人要按照对方身份主动跟对方打招呼，并将路让出来让对方先通过。当然，雇主家管事地位要稍微高一些，他们虽然不敢得罪地主家人，但身份上也不比对方低太多。对于家中生产事务，东家只安排大把和二把，其他长工很少有机会和东家直接交谈。同时，大把和二把基本上也要按照东家的意思去办事，没有太多商量的余地。作为东家，他们可以随意谴责长工，长工对此也基本上只能忍受。此外，长工也无须给东家送礼，只要在红白喜事时将活干好便可。

9. 长工与婚姻

以往，在雇主家做长工的村民多是没有婚配的村民，所以雇主家的普通长工多是未成年或者刚成年的小伙计。如果他们家境非常贫寒，可能一辈子都不会结婚，于是便会在雇主家长期做长工。有些长工到了一定年纪，家中如果有钱为他们办婚事，他们便会在婚配前向雇主辞职。不过，如果雇主与长工住在同一村落或者附近村落则无所谓。在婚配时，长工可向雇主请假，待结完婚再返回雇主家中继续工作。

10. 长工之间的交往

虽然大把可以全权负责日常的农业生产，二把也能指挥其他长工干杂活，但这并不意味着大把和二把就比其他长工身份高一等。不过，由于多数普通长工为未成年或者刚成年的小伙计，所以从辈分上讲普通长工也会更加尊重大把和二把。除了生产，大把和二把对于其他长工的生活没有干预的权力。例如，某一长工决定年前辞职回家结婚，大把和二把就没有强行将他们留下的权力。实际上，对于长工的去留，大把和二把连劝说的权力都没有。如果雇主请长工吃酒席，大把和二把一定要坐在比普通长工更为尊贵的位置上。长工家发生红白喜事时也要互送礼金，却不一定要去帮忙。

11. 长工与村民

如果长工是雇主所在村村民，那么其与本村村民的交往则基本不受长工身份的影响。该村"七老婆"家管事艾常青虽然是长工，但其做事公道，也因此受到了村民的爱戴。如果长工来自外村，那么其与本村村民不会有太多往来的机会，即使有所来往也属于认识的范畴，不会太过亲密。因此，本村村民家中发生红白喜事时既不会请外村长工参加，也不会请他们前来帮忙。

（四）长工班子

除了聘请长工，还有村民会雇长工班子为他们种地。以往，长工班子又可以分为临时性长工班和长期性长工班两种类型。

1. 临时性长工班

（1）长工班的雇佣过程

临时性长工班大体相当于短工班，他们只在雇主家干一季。据艾宝玉老人叙述："长工班有临时哩，还有固定哩，临时的都是麦季种一季，麦罢了就回去了"。雇用临时性长工班的村民通常是该村的大佃户。如果家中没有聘请长工，或者长工碰巧辞职，他们就会聘用临时性长工班。聘用长工班，通常也要由中人介绍，雇主会请相熟的排场人为他们找寻合适的长工班。找到合适的长工班之后，雇主要先与长工头见面，并就长工人数、工具、牲口等问题进行询问。如果雇主觉得满意，便会与长工班约定上工时间，以及相关待遇。

（2）长工班的生产模式

一般而言，长工班要自带耕牛和工具。如果是临时性的长工班也可能只有一两头耕牛，并不会配置充足的牲口。雇主聘用临时性长工班，会把土地全部委托给他们生产，家中牲口也归他们使用。在委托之后，雇主便不会参与生产过程，但会从旁监督，避免不按要求随意生产的情况出现。

（3）长工班的分配模式

由于临时性长工班只种植小麦，因此小麦收割之后，雇主就会与他们结算。雇主与临时性长工结算一般只支付粮食，人工和长工班带来的牲口都可以算工钱。长工班的工作效率由雇主直接监督，所以雇主不会担心长工班消极怠工。只要长工班按照雇主要求生产，雇主就会按照约定支付给长工班工资。至于长工班内部则根据长工班组织时的约定进行结算。

(4) 长工班与雇主关系

长工班与雇主只是合作关系，只要事前与雇主约定好分配模式，长工班又满足了雇主的要求便不会引发双方之间的矛盾。在种植过程中，雇主也会时时监督长工班的工作效率，避免其磨洋工。在雇主监督的情况下，由于自然灾害等原因造成作物减产，与长工班没有任何关系，雇主仍要支付相应报酬。合作结束之后，长工班便与雇主没有了直接联系的必要。如果雇主还需长工班帮忙，可以再通过中人继续雇用。

2. 固定性长工班

(1) 长工班的雇佣模式

雇用固定性长工班的村民多是村中自己经营土地超过100亩的地主。在该村，地主自己经营土地的情况基本上出现在清朝中后期。清朝结束后，他们便更倾向于将土地全部租赁给佃户经营。这主要是因为，在该村，地主自己经营土地成本相对较高。不过，在民国时期该村附近仍有不少地主愿意雇用固定性长工班。固定性长工班通常也要由中人介绍，待主顾之间见面并达成协议之后，他们才能上工。与临时性长工班不同的是，固定长工班通常与雇主采取分成制，例如八五分成。所谓八五分成，就是100亩地中，地主得到其中85亩地的收入，剩下15亩地收入归长工班所有。不过，在分配之前要首先刨除种植所需要的种子。长工班在雇主家工作期间，地主还要为长工提供住处，并为每一个长工提供一日三顿饭或者一日两顿饭。但是，地主不一定和长工一起吃饭，如果一起吃饭也只会派出长子。此外，雇主也有为长工做衣服的义务，每一年长工都可以得到一套夏装、帽子、扇子，第一年雇主往往还要为长工做一套棉衣。长工班干满3—5年，雇主还要为他们再做一套棉衣。

(2) 长工班的生产模式

固定性长工班一般会配齐工具和牲口，也就是完全不使用雇主家的工具和牲口。固定性长工班只要按照雇主的要求完成工作便可。例如，雇主要求小麦按照一年一熟的方式播种，第二季优先种植红薯和豆子，那么长工班便会按照雇主的要求完成工作。在生产过程中，雇主既不会参与劳动，也不会进行监督。这主要是因为，生产成果会按照比例分成，雇主并不担心长工班会偷懒。

(3) 长工班的分配模式

固定性长工班一般按照比例进行分成，工具的劳损和牲口的死亡并不计算在内。如果工具损坏或者牲口死亡，通常由长工班内部协调，雇主不用对其负责。一般而言，雇主并不会和长工班一年一结算。据艾宝玉老人叙述："那固定性的长工班，都是退出了再结算，退出了按比例结算。"不过，也有老人表示，固定长工班也是一年一结算。

这么做主要是因为结算方便，不会出现相互扯皮的现象。长工班内部如何分配则由长工头与长工自主协商。

（4）长工班与雇主

正常情况下，除了长工头之外，多数雇主不会和长工班内其他成员直接交流，雇主的要求会通过长工头直接传达给长工班内的其他长工。在雇主家发生红白喜事时，长工班也无须给雇主送礼，但要前去帮忙。在工期结束之后，长工班成员便不用再跟雇主刻意保持联系。

（五）放牛娃

1949年之前，放牛娃一般是没有达到劳动力标准的孩童。为了减轻家庭负担，他们只能前往富户家中当放牛娃。

1. 放牛娃的人选

放牛娃多是没有成年的男孩，年龄在10—16岁之间。同时，这些男孩来自较为贫困的家庭，家中即使有地面积也不会太大。雇主在聘用放牛娃时，一般会聘请本村孩童，不会有人雇用外村人。这主要是因为雇主不会给放牛娃提供住处，放牛娃放完牛要回家居住。

2. 放牛娃的聘用

以往，去富户家当放牛娃也需要中人介绍，一般由孩童的父亲请雇主家长工做中介。雇主与放牛娃父亲见面后，只订立口头契约，契约内容包括上工时间和具体待遇。一般而言，雇主也要为放牛娃提供夏装一套、草帽一个、手巾一条，有的雇主还会为放牛娃做棉衣。放牛娃在雇主家做工期间，和长工一起吃饭，吃完晚饭后再回家休息。此外，放牛娃也有报酬，但报酬较少，相当于长工的四分之一到三分之一。

3. 雇主与放牛娃

雇主与放牛娃居住在同一村落，但是雇主与放牛娃不会有太多往来。特别是大地主家的放牛娃，雇主通常在雇用后就不会再和他们有任何交流。在日常生产过程中，放牛娃只听从大把和二把的命令按时放牛便可。由于放牛娃多是一些孩童，所以雇主家发生红白喜事时，他们既无须帮忙，也无须给雇主送礼。过年过节，放牛娃和其父亲也无须到雇主家拜见。

（六）针工子

在当地，针工子就是富户家的女仆人，通常只有村内大地主才会请针工子。以往，去当针工子的多是年纪较大的妇女，她们家中没有土地，孩子也不需要其继续照料。与长工类似的是，针工子到富户家做工，也需要中间人介绍，雇主满意后与其达成口头协议便可。针工子主要承担以下两种工作：其一，做衣服。除了雇主及其家人的衣物，长工所需衣物也由针工子负责制作。其二，服侍主家老年妇女。村内富户"七老婆"的日常生活便由针工子照料。据村内老人介绍，"七老婆"由于留了较长的指甲，所以穿衣服、洗脸、洗脚等都需要针工子帮忙。除了老年女性，针工子通常不服侍家中年轻女性。针工子不和雇主一起吃饭，也不和长工一起吃饭，每日两餐或者三餐在厨房内解决。她们一年到头没有假期，过年时也和雇主一起过。当然，她们也可以请假，不过周期通常较短。每到年底，她们还能领到一些报酬，但比长工领到的要少一些，大约能领 60—120 斤粗粮和细粮，具体能领多少由雇主与其协商决定。

第四节　交换与交换关系

1949 年之前，楚铺村村民只能在一定程度上实现自给自足，市场则是家户生产和生活的重要补充。如前所述，楚铺村就是汝南县远近闻名的大集市，这为村民日常交易带来了极大的便利，也为村落经济关系塑造带来了一些促进因素。

一、村内交易

由于楚铺村是一个较大的集市，因此大多数村民都可以在村内完成绝大多数交易，也由此衍生出了特殊的交易关系。

（一）集市概况

1. 店铺概况

以往，楚铺街是汝南县城以西最大的集市，因此村民除非有特殊的交易需求，通常不会去外面集市。民国时期，楚铺街可以被称为店铺的主要包括：4—5 家饭店、3—4 家粮行、2 家馃子铺、1 家茶馆、1 家银匠楼以及 1 家药铺。同时，村内还开设有菜园、桃园、竹海园。其他没有店铺的村民一般只在集期时才推着车子到集市上贩卖货物。推货贩卖的主要包括汤锅、卤锅、烟、货郎担、菜、肉等。但是，货郎担并不受集期和地域的限制，他们随时都可以入村买卖货物。此外，在开集时楚铺还会出现牲口行、猪仔行、柴火行等专门市场。它们一般是利用村内空地各自成市，彼此之间相互独立，互相不干涉。

2. 集期与赶场次数

民国时期，楚铺一般是逢单开集，也就是说楚铺的集期为公历每月的 1 日、3 日、5 日、7 日、9 日、11 日、13 日、15 日、17 日、19 日、21 日、23 日、25 日、27 日、29 日，如是大月还包括 31 日。在 31 日之后，1 日会继续连集，但集市规模和赶集人数也会随之降低。连续两日为集又被称为"赖集"。此外,小年之后楚铺村的集市会连日开集到年前,这又被当地村民称为"乱市"。

正常情况下,楚铺村民不会刻意赶集,如有需求可以在集期随时前去。据村内老人介绍,楚铺集市可覆盖方圆18—20公里的范围,因此周边许多村落的村民都会来楚铺赶集。周边村民频繁往来集市的时间一般为春耕前、麦收后以及秋收后。这三个时间段,是村民维修工具、购买牲口以及变卖粮食的时间。如有需要,村民甚至会在半个月的时间内往来集市3—5次。此外,农闲时也是村民经常赶集的时间段,农闲时村民一般一月会赶集4—6次。与此相对,农忙阶段村民通常不赶集,只在必须前往时才去。以往村民赶集除了买还有卖,周边做小买卖或者经营有菜园的村民逢集就会前来楚铺。

3. 集市管理

1949年之前,楚铺村的集市处于无人管理的状态,镇上后备队、保甲长等只维持基本的集市治安,对于集市内的各种交易均无人进行管理。不过,不少行业都有行户把控交易。他们虽然不负责维持交易秩序,但可以在买卖双方之间搭桥,一定程度上减少了市场中的欺诈行为。

(二)交易场所

1. 饭店

(1)饭店概况

在当地,所谓饭店就是旅店,来回赶车的村民可以在旅店中住宿,在店中住宿就能免费吃饭。旅店主要面对外村村民营业,但是本村村民也可以在此吃饭。

(2)饭店的经营

在该村,经营饭店者都是本村村民。这主要是因为,经营饭店必须要有自己的院子,以往,还未有人利用租赁的房屋开设饭店的情况。据艾宝玉老人叙述:"经营饭店的都是本村上哩,也都是些小买卖,赚不了大钱。"具体而言,经营饭店者多为房屋临街的村民。这是因为饭店主要的营业对象是外村赶大车的村民,这些村民往往又会结伴同行。因此,饭店必须具备同时停放多辆大车的院子。

(3)饭店的经营模式

以往,饭店主要经营事务为"住","吃"并不是其核心业务。在饭店住宿,可以免费吃饭,并领一个茶牌。用茶牌可以到茶馆中去领一壶茶。不过,这里所指的吃饭主要是饭店提供的便餐,而不是成桌的酒席。如果要吃成桌的酒席,一般要另外算钱。此外,饭店还专门配有牲口休息的牲口房,里面备有各种草料,车主可以自主喂食。

店主基本上不会负责喂料，因为牲口较为贵重，出现问题店主要承担责任。就经营者的分工而言，通常是男主外女主内，也就是男性在外招呼客人，女性做饭打扫。当然，也有少数村民会聘请专业厨师或者专门的伙计。

（4）饭店与村民生活

以往，本村村民很少在饭店吃饭。如果需要上街吃饭，他们一般是去各种汤锅店或者小吃摊铺。如果需要请人办事，他们基本上会选择在家中摆设酒宴，最多在外买些卤肉。不过，如果村民请排场人办事，又怕对方不赏光，也可能在饭店内摆设酒席。在该村，经常光顾饭店的多是镇长、镇丁、保甲长、后备队等有权有势的村民。他们无论是否有事商议都会去饭店吃饭。

（5）饭店与村内排场人

以往，饭店的盈利主要来自外村村民，村内有权有枪的村民去饭店吃饭基本上不会给钱。据艾宝玉老人叙述："有的那后备队的到人家那儿敲竹杠，枪往那一放，让老板给摆一桌，吃完马上就走了，还给他啥钱？"不过，没有官职或者手上没有枪的排场人通常吃饭后会给钱。

2. 粮行

以往，粮行并不是收粮食的地方，而是充当粮食买卖中介的地方。粮行的经营者被村民称为卖粮"行户"。他们手中一般都有斗，斗又分为两种：一升斗和五升斗。买卖时，就由粮食行户为买卖双方丈量。

3. 茶馆

（1）茶馆概况

1949年之前，开设茶馆的村民多是村内房屋临街且没有其他收入的村民。他们一般会准备几把大茶壶，并在屋外搭一个简易棚，摆上几张桌子，来往的村民均能在此饮茶。在饭店住宿的村民也能从店主那里领一个茶牌并到此领一壶茶。如果村民家中来了客人，村民也会拿一个大茶壶，接一壶茶回家待客。总体而言，茶馆的消费并不算高，给几个零钱就能在此坐上一整天。

（2）茶馆的座次

在茶馆喝茶的村民既有排场人，也有普通村民。但是排场人和普通村民不会同桌而坐。普通村民到茶馆里喝茶，见到排场人要主动打招呼，并自觉找与其相隔较远的地方就座。佃户也不会和地主坐在一桌。如果喝茶者是前来赶集的村民，他们也不会和本村村民坐在一起，如果本村有熟人在茶馆中喝茶则可以例外。但是，如果外村村民本身是普通村民，即使其在楚铺村内的熟人是排场人，也只是会跟对方打一个招呼，而不会与对方同桌而坐。如果茶馆中没有座位，外村村民要上一碗茶，端着喝完便会离开。

（3）喝茶与付账

在该村，在茶铺喝茶非常便宜，因此并不存在赊账的情况。在喝完茶后，同桌喝茶的村民一般会抢着付账。当然，也存在各付各的情况。例如，村民途经茶馆时觉得口渴，进屋喝茶时与认识的村民坐在一起，其喝完茶后又率先离开便可以只付自己的账。抢着付账的情况主要出现在村民相约去茶馆喝茶，或者是村民在茶馆中遇见熟人并长时间闲聊时。此外，普通村民有时也会为相熟的排场人支付茶钱，排场人只会礼貌地说声"谢了"，并不会刻意拒绝。但是，排场人基本上不会为普通村民付钱。

（4）喝茶与闲聊

在喝茶时，村民可以聊任何话题，并不存在限制。有时就一个话题，整个茶馆内的村民都可能参与聊天，不存在普通村民和排场人的区分。但是，闲聊时排场人可以不同意普通村民的意见，普通村民则没有反驳排场人的"权利"。如果排场人不喜欢某一话题，也可以不加入其中。当然，他们一般不会制止其他人的闲聊，顶多是让其他村民聊天时声音不要太大。不过有排场人在场时，普通村民通常也不敢争论得太过激烈。他们多会刻意压低声音，免得打扰到茶馆中的排场人。

4. 其他

该村村民不仅可以在集期内去市场购置蔬菜、水果等物品，也可以直接去菜园、桃园、竹海园购买。经营各种园子的村民平日里就在村内照料作物，待集期时便推车上街售卖自家出产的蔬菜或者其他货品。

5. 牲口行

（1）牲口行概况

以往，牲口行主要是贩卖马、骡子、牛等牲口的集市，开设在楚铺街的空地上，与集市开集的日期完全相同。当然，牲口行内也会有区域上的划分，马、骡子、牛等各自有一块地盘，彼此之间互相不影响。

（2）牲口集的交易方式

牲口集的交易一般以行户为媒介，但是绝大多数行户只负责其中一项牲口的交易。看中了某一牲口的村民，可以请行户为自己议价。不过，村民也能请与自己关系好的村民代行行户的职责。在牲口行内活动的行户对此不会进行干涉。具体交易过程请参见行户专题。

（3）牲口行的管理

正常情况下，牲口行由行户进行管理，但他们只能有限度地维持交易秩序。在交易过程中，如有人打破交易规则，牲口行内行户均能对其进行指责，并"判决"交易无效。如果出现买卖双方之间的矛盾，也由行户负责协调。行户无法调解的矛盾，则由茶馆内的排场人负责调解。但是，行户对于市场的管理能力也较为有限。如果遇到打架或者斗殴，则需要镇丁前来解决，行户一般无法解决上述冲突。

6. 人市

（1）人市概况

在该地，相对发达的集镇都会有人力市场，而一般的集市却很难形成人力市场。该村的人市位于村中的十字街。以往，人市是村民雇用短工的地方。除了楚铺外，其他村落的村民也会聚集在人市中，供他人雇用。

（2）人市的运作方式

在人市中等待雇用的村民往往会拿把锄头立在身边，以此来向别人表明自己的身份。雇主来时，等待雇用的村民会主动上去介绍自己，并说明自己的劳动力和劳动技术。雇主相中之后，村民便可以与雇主一起回家干活。

（3）人市中的竞争

以往，雇主雇工时，村民都会向雇主表明自己期待被雇用的意愿。但是，有时他们之间也会发生摩擦，甚至有些人还会大打出手。据艾宝玉老人叙述："有哩两个人抢活的时候，都争着跟雇他们的人表态，说自己多有能力，干活多麻利等等。雇主要是烦咯，还会跟他们说'恁俩打一架，谁赢了我雇谁'。之后，有哩还真会动手。过去的人穷啊，有活干就有饭吃，没活干，就得饿一天。"

（4）人市的管理

正常情况下，楚铺村的人市无人管理。这主要是因为人市比较松散，开市时间也比较短。一般清晨开市，上午之前便会结束。也就是说，到了上午雇主便不会再来雇用短工。在人市中等活干的村民与他人发生矛盾时，也只有在场的村民会上去劝架，有时甚至会无人劝架。对于人市，镇上的镇丁基本上也不管理，除非发生特别严重的冲突。

7. 其他店铺

其他店铺主要指杂货铺、馃子铺、银匠楼和药铺。杂货铺主要贩卖各种针头线脑、油盐、盆碗之类的日用品。馃子铺就是贩卖点心和糖果的店铺。馃子铺的老板多会利用自家产出的杂粮和油制作简单的点心，供村民在年节时或者走亲戚时购买。在银匠楼购买首饰的村民通常是村内的富户，也有村民会在女儿出嫁时为女儿购置首饰。药铺兼具看病和抓药两种功能，村民在需要看病时会请大夫看病，之后再来药铺抓药。

（三）赶集与物品买卖

1. 粮食买卖

以往，村民买卖粮食一般在粮行进行。每一个粮行外面，都放有10—20个笸箩，需要卖粮食的村民会将自家粮食倒入其中一个笸箩。购买粮食的村民，如果满意笸箩中粮食的质量，就会和行户议价。行户与买家的议价过程通常要背着卖家，两人之间无论达成什么样的价格卖家都无权知道。交易达成之后，行户要通过斗为买家称粮食，然后再代卖家收钱。行户收完钱之后，会拿出一部分作为自己的酬劳，剩下才交给卖家。在此过程中，卖家并不向行户说明自己的心理交易价位，行户可根据自己的经验和威望自由与买家交易。但是，行户在交易的过程中必须保证粮食的价值，让卖家能够收到符合粮食品质的价格，否则将损坏行户的信用，并影响粮行生意。

2. 粮食收购

以往，村内村民以及附近村民一般不会大规模收购粮食，收购粮食大多是外地来的"大客官"。"大客官"从外地来收粮，通常不会直接和村民接触，而是先找到粮行的老板，并请其代收粮食。行户接受委托之后，便会到楚铺村及其附近村落收购村民的粮食。在这个过程中，行户并不会压低粮食的价格，而是会根据粮食品质给出相应的价钱。待粮食收购完成之后，行户会一并交给"大客官"，但是报价过程中行户一定会多要一些作为自己的报酬。

3. 购买耕牛

1949年之前，购买耕牛主要在楚铺街的牲口行。牲口行一般逢集开市，附近几个村落的养殖户都会将自己的牲口送到此处贩卖。购买耕牛的村民通常会在集市上找寻自己认为合适的耕牛，但耕牛能否满足自己的需求完全要靠自己的眼力，市场中没有人能帮自己把控。如果村民经验不足也可以请擅长养牛的好友为自己找寻合适的耕牛。

购买者发现合适的耕牛之后，一般不马上联系卖主，而是要先找到行户。行户就是楚铺村附近出名的养牛户，他们经常在牲口行里卖牛，因此便具备了一定的信用。买牛者会先给行户说明自己看中了哪头牛，心理价位是多少，并请行户出面与对方协调。行户只从中协调价格，并不对买家所选耕牛是否为优质耕牛发表意见。行户与买家沟通之后就会前去与卖家商议。在商议价格时，行户所给价位通常会低于买家所给价格。如果卖家不同意，行户会再适当提价，直到卖牛者愿意卖牛为止。但是，行户并没有义务促成买卖，买牛者找行户买牛，主要是凭借其权威以减少交易中的欺诈行为。

整个过程中，行户与买卖双方的交流主要是通过在背地里打手势的方式，双方均不能看到对方的心理价位。在双方价钱接近时，行户即高喊出价钱。此时，卖主手拉牲口绳不放，要求加钱，行户会夺过牲口绳交给买主，再次高声喊价，随之交易完成。如果两人出价相差较大，行户与卖主商议无果，交易立刻终止，行户不会力促双方完成交易。卖者与买者之间的差价便是行户的报酬。交易完成之后，双方也不能就价格进行沟通，只能就耕牛饲养情况和秉性进行沟通。如果双方违反规则，向对方询问了价格，此后行户便不会再为两人在牲口行的交易做中间人。不仅是该行户，牲口行内其他行户也不会再为两人的交易做中介。因此，过去的村民均不会向对方询问价格。在成交后，买卖双方还要商议付款时间，一般为10—15天，届时行户会带着卖主到买家要钱，名曰"使牲口钱"，行户所收佣金又称为"行佣"或者是"净落"。叫"净落"是因为行户没有付出任何成本，就得到了一定的报酬。

在交易结束之后，耕牛的好坏与行户无关，行户对此完全不用负责。买牛者一旦购买了耕牛，也没有反悔的道理，只能怪自己没有选好耕牛。如果买卖双方因为买牛发生了矛盾，行户也没有一定要帮忙调解的义务。但是，为了维持交易正常进行，他们有时也会帮忙劝解。

4. 骡子和驴的购买

以往，村民购买骡子和驴也在牲口行购买，也要通过行户才能完成交易。具体而言，骡子与驴的交易过程与耕牛基本类似。因为骡子主要用于拉车，而驴也能和牛搭配，所以购买骡子的村民通常是已经拥有了驴和耕牛的富户。同时，骡子可以拉动马车，而驴的体力有限，很少有人会用驴拉马车，因此购买骡子的村民基本上是村内富户。当然，也有一些村民出于种种原因会优先购买骡子。

5. 马的购买

在该村，买马也在牲口行内进行，由养马行户做中介。一般而言，马很少直接用于生产，用马与其他牲口配合犁地的情况相对较少。与此同时，马也很少用来拉太平车或者马车。日常生活中，村民更乐意用骡子来拉马车或者太平车。当然，这并不是因为马不能胜任拉车的工作，而是因为马通常比较贵重。民国时期，马主要是村民出行时的坐骑，也是一种身份的象征，有马的村民都是村内拥有土地超过70亩的大地主。有些富裕的村民即使有能力也不会购买马匹。

6. 其他物品的购买

（1）交易物品概况

除了购买粮食和牲口，村民在赶集时经常购买的物品还有油、盐、肉、蔬菜、工具、首饰以及食品加工品等。这些物品一般都是买卖双方直接交易，行户无须参与其中。

(2) 交易价格

以往，蔬菜并不是非常贵，所以蔬菜不够吃的家庭也会去市场购买。与蔬菜类似的还有油，菜籽油和芝麻油并不算特别贵，多数村民都吃得起。这主要是因为当地盛产菜籽和芝麻，油的加工过程也不是非常复杂。与此相对，肉和盐却非常昂贵，一般家庭只有过年和过节时才会购买猪肉。更为不好买的是盐，也就是村民俗称的"大粒盐"，即使有钱也很难买到。村民日常生活中购买的盐多是硝盐，价格也非常昂贵。在当地曾有一句俗话叫"鸡蛋换盐粮食不还"，其意思为购买一斤硝盐大约需要 4—6 个鸡蛋或者一斤小麦。

(3) 交易形式

村民交易一般采用现金换物或者用物品交换两种形式。由于当地社会混乱，加之币值极度不稳定，因此多数村民都无法说明购买某一物品大概需要多少钱。但是，货币依旧具有一定的购买力，民国中后期村民还使用过银圆，也就是村民俗称的"洋格子"。如果使用现金购买物品，必须事先议价，因为每几日币值就会出现很大的变化。采用"以物易物"的形式购买物品，物品与物品之间的交换价值基本趋向于稳定。例如，3—4 斤芝麻就能换一斤油，这一价格在当地维持 20—30 年，并没有出现太大变化。

(4) 购买与赊账

无论是推车贩卖货品的村民，还是村上的店铺，一般都有一本账簿记录村民赊账的情况。但是，并不是每一位村民都能赊账，赊账的前提是必须与老板关系较好。如果某一村民与老板关系较好且本身信誉较好，就具备赊账的资格，反之店主也有理由拒绝。同时，集市中还存在恶意赊账的行为，有枪有势的村民常拿了老板的东西，借着赊账的理由变相抢夺。村民赊账后没有固定的偿还日期，老板可以根据情况自主把控。如果对方诚信较好，赊账最长可以达到一个月；如果诚信一般，那么赊账期最长为 3 天。在赊账时，老板并不会与对方约定归还时间，但是其觉得到了该归还的时候便会上门讨要。

(四) 赶集与家内关系

由于以往楚铺村是集市所在地，所以村中无论是大人还是小孩都可以随时赶集，有时家中的妇女也能前去赶集。不过，妇女赶集的情况相对较少，只有在急需购买某样东西时才会出门赶集。这主要是因为妇女基本上都裹了脚，外出行走并不是特别方便。此外，妇女外出购买物品并不需要向丈夫或者当家人请示。这主要是因为出行距离不远，在一个小时内便能返回家中。大多数情况下，妇女即使需要购买物品也会让自己的孩子帮忙去买。楚铺村村民如果赶场，只要身上有钱就可以自由购买所需物品，无须向当家人请示。

与楚铺村村民相对，周边村民赶集则不能如此随意。一般而言，去赶集的通常是当家人，如果需要变卖粮食则会带着自己较大的儿子一起去，如果只是闲逛也可以带着自己的较小的儿女一起去玩。但是，全家一起去赶集的情况相对较少。如果妇女想去赶集，必须和自己的丈夫一起去，没分家之前还要征得当家人的同意。这主要是因为集市并不在本村，去距离较远的地方必须获得允许。当家人在赶集时，除了购买所需物品，也会给家中老人和孩子带一些零食或者日常用品。据艾宝玉老人叙述："过去赶场哩，当家人都会给家里孩子带点零食，也就是带个白面馍，那个时候都是很好的东西啦。"此外，家中老人如果腿脚方便也可以自己去赶集，但是出门之前一定要告知家人自己去了哪里。

（五）集市与家户关系

1. 赶集与家户交往

以往，村民们结伴赶集的情况非常普遍，特别是外村村民来楚铺赶集时通常会三五成群一同前来。在赶集时，村民不会刻意询问四邻或者是其他关系较好的村民，但是如果遇见了就会例行询问一句"赶集去吧"，对方如有意愿便可一起赶集。村民到了集市之后会各自行动，并不干涉对方的购买行为，只在购物完成之后才相约一同回去。如果到了吃饭的时间，村民们可以一起吃饭，也可以不一起吃饭。如果村民一起吃饭，一般会抢着结账，并不会平摊吃饭成本。据艾宝玉老人叙述："过去，赶集的时候吃个粉条丸子汤，都是你争我夺的，他说他结账，我说我结账，都是这样。那要是不抢的，就说明人品不好，下回谁还跟他一起赶集？"

2. 赶集与走亲戚

在赶集时，村民还会去看住在楚铺附近的亲友，或者是到相熟的排场人家里拜访一下。民国时期，村内靳姓地主在县里担任了官职，只偶尔回家居住。但是，每到其回家住时，十里八乡与其相熟的村民便会借着赶集的机会前来拜访。村民无论是走亲戚，还是拜访排场人，对方一般都会留自己吃饭。同时，他们还能带一两个同村好友一起去看亲友，亲友也会留他们一起吃饭。不过，如果拜访的是排场人，村民通常不能带自己的亲友一起去。

3. 茶馆与市场矛盾调解

以往，茶馆就是大家断道理的地方，除了家户之间的矛盾，市场中有任何矛盾也可以在茶馆中进行调解。据传，楚铺街上曾有卖卤肉的村民推车从邻村一户回民开设的摊位前路过，因为两人本身关系不好，卖卤肉的村民便对那位回民说："你吃不吃？我管你吃个够。"对方便一怒之下将对方的车推倒，致使卤肉洒落一地。还有一种说法是，卖卤肉的村民将一个猪蹄丢到了对方的摊位上，换来的结果也是车子被推倒。车子被推倒之后，卖卤肉的村民便拉着回民去茶馆里评理。在评理时，无论是排场人还是普通村民都能发表自己的意见，但是排场人的意见才能左右评理的结果。达成决议后，双方一般都会遵守，因为不遵守多会得罪排场人。经过排场人评理，卖卤肉的村民向回民道了歉，回民也赔偿了其部分损失。以往，茶馆在村民日常交易矛盾或者其他纠纷调解的过程中发挥了非常重要的作用。但是，对于恶意扰乱市场治安的行为，茶馆内的排场人通常不会主动去管。

（六）货郎担

1. 货郎担概况

在当地，货郎担实际上就是挑货郎。在该村，货郎担又被称为"糊笼担"。他们穿行于楚铺且不受集期限制。由于该村存在成熟的集市，因此本村村民做货郎担的相对较少，货郎担多为外村村民。他们推着小货车或者挑着扁担，有时一天要走几十里，并不固定待在哪一个村子里。

2. 货郎担售卖的物品种类

货郎担所卖物品多为油、盐、针头线脑等日常用品，也有些会售卖粮食加工品。总体而言，他们售卖的物品非常庞杂。

3. 货郎担的售卖方式

在该地，货郎担一般不是专职货郎担，他们多数只在农闲时才外出售卖。不过，也有专职的货郎担，他们主要是以这种方式谋生。专职货郎担基本上是推车售卖者，他们又往往以结帮的形式，从其他县市一路贩卖货品而来。当然，无论是哪种货郎担，售卖时通常都使用拨浪鼓或者是拨动两片铁皮，以此发声来吸引村民前来购买物品。他们的贩卖对象以家中的妇女为主，因为她们都裹小脚，出行不便。如需购买物品，又没有赶上集期，货郎担到来时她们便会招呼孩子去购物或者是亲自出门购买。

4. 货郎担的交易方式

货郎担在售卖物品时，可以采取以物易物的形式，也可以采取直接结算的方式。据李邦存老人叙述："货郎担儿都是拿芝麻换油，有拿鸡蛋换盐哩，还有拿豆子换豆腐哩。有哩针头线脑哩小玩意儿也能拿鸡蛋换。给钱哩也多，货郎担儿都是小买卖，几个零钱就够了。"此外，货郎担售卖物品一般不赊账，所有钱款当面结算清楚。这主要是因为货郎担售卖的都是些小物品,价格便宜。当然,货郎担也基本上是外村人,赊账很有可能造成无法讨回的情况。

5. 货郎担与村内关系

货郎担进入村内做买卖不受任何的人限制,他们可以随意出入楚铺。由于所做买卖通常较小,镇上和村内的"官员"也不会对他们进行限制,或者对他们进行盘剥。当然,也有流氓地痞拿了东西不给钱,对此货郎担一般不敢讨要。

二、村外交易

由于楚铺村集市相对发达,所以楚铺村民一般很少外出购买物品,也有些村民会因为种种原因外出交易。举办庙会的时候也是村民频繁外出交易的阶段。

(一)村外交易的形式

1. 外出赶集

除了本村交易,村民也会外出赶集。具体而言,楚铺村民经常外出前往的集市包括汝南县的城关东、王桥、玉皇庙、水屯以及驻马店市附近的界牌等,这些集市通常都是逢单集或是逢双集,但距离楚铺村并不算近。村民外出赶集主要出于以下两种原因:其一,外地集市拥有一些特产。其二,该集的粮食收购价较楚铺高。据村内老人介绍,以往楚铺村民外出赶集集中在麦收和秋收两个时间段,其他时间段外出的情况相对较少。就每年外出赶集的次数而言,普通村民最多外出赶集两三次,村内富户最多四五次。

2. 庙会:物资交流会[1]

民国时,汝南县一共有 59 个庙会,其中村民经常去的大约有 6 个。对此后文将详细叙述。每到庙会举办时,周边村民就会带着物品前来庙会贩卖,村民如有需要也会到庙会中购买物品。一般而言,庙会内的交易通常采取直接交易的方式,不存在行市和行户。庙会的交易秩序则由组织庙会的光棍负责。光棍手中都有枪,如果交易过程中发生矛盾,矛盾双方通常可以找光棍或者是其他排场人进行调解。

(二)村外交易关系

以往,由于楚铺村民外出赶集主要是前往相对较远的集市,因此这与周边村落的村民前往楚铺赶集有着本质上的不同。这主要是因为,楚铺村民外出赶集早已脱离了熟人的圈子,村民无法全面规避交易过程中的欺诈行为。

1. 村外交易与算计

如前所述,楚铺村民外出赶集主要是去较远的集市,赶集的主要目的则是为了售卖自家粮食。据李邦存老人叙述:"那个时候,一听说一斤粮能多给几分钱,我都和村里人

---

[1] 物资交流会说法引用自《汝南县志》,中州古籍出版社 1997 年版,第 564 页。

跑了40公里，一路跑到驻马店。"同时，村民也会在外出办事或者走亲戚的时候顺便逛一下附近集市。此外，由于多数楚铺村民外出赶集就是为了多挣一点钱，因此他们并不会在外吃饭，而是会选择带花卷一类的干粮。村民除了贩卖粮食，也基本上不会购买其他物品，除非是在外村的集市上发现了比楚铺集市更为便宜的东西。如果发现外村集市某样东西更为便宜，村民也会大量采购，即使是需要再运回到几十公里之外的家中。

2. 村外交易与结伴

村民外出赶集，多与四邻等关系较好的村民同行，但其反映出的关系却并非与外村村民前来楚铺赶集完全类似。由于村民外出赶集多要走上20—30公里，在路途上难免会碰到土匪或者恶霸，因此结伴就有了相互保护的作用。以往，在外出赶集之前总会有人向村民说明，哪里的粮食收购价更高，然后大家便会约定第二天一起前去赶集。当然，这种结伴的形式较为松散，并不完全类似于赶脚者的结帮。结伴的村民除了提供相互保护之外，还有避免交易中欺诈行为的作用。在到达交易目的地之后，村民们可以凭借人多势众对粮食收购者或者是粮行行户形成压力，使其不敢在交易过程中耍猫腻。

3. 村外交易与身份差异

以往，该村排场人不会跟普通村民一起外出赶集。该村排场人多为有钱有枪者，他们外出赶场会坐马车前去，有些富户还会让自家的护院与自己一同前往。因此，他们并不担心自己会遇到土匪。当然，排场人不与普通村民一起外出赶集还是基于身份上的差异。在排场人看来，与普通村民外出赶集是有损身份的事情。与此类似，地主也不会和佃户一起赶集，即使是村中的小地主也是如此。

4. 村外交易与家内关系

以往，该村村民外出赶集时一般是当家人自己去。如果儿子未成年，父亲不会带着儿子一起去。因为村民外出赶集主要基于特定的交易目的，带着未成年的孩子去往往不太方便。除了孩子，当家人也不会带妻子前去村外赶集，除非是在逛庙会时。当然，上述仅针对普通村民。富裕村民外出赶集主要是解闷散心，因此也会叫上家人、孩子甚至是老人一同前往。

三、借钱与借贷

借钱与借贷是村民间经常发生的行为，但借钱与借贷却反映出了不同的社会关系和经济关系。

（一）借钱（粮）：日常性借款

在当地，借钱主要是指日常性的借款或者是借粮食，数额通常较小，归还的周期也比较短。可以说，借钱多是发生在亲密关系间的一种经济关系。

1. 什么时候借钱

借钱主要是发生在一个家庭短期内无法周转开的情况下,也就是急需使用小额的现金或者是家中几日内无粮可吃的情况下。在当地有一句俗语叫作:"一黄,二黄,饿得眼黄。"这句话的意思是,在小麦收割之前不少家庭会面临断粮的风险。此外,在当地还有这样一句俗语:"贼来不怕,客来怕。"这句话的含义是,屋里穷得什么都没有了,不怕对方偷盗;但是害怕客人来,因为家里没有能力招待对方。在这种情况下,断粮的村民一般只能通过借钱或者借粮的方式才能渡过危机。

2. 借钱(粮)方式

如果是家中仅需借一些钱粮,一般需要当家人前去和对方商议。借钱时并不需要中间人,由当家人直接和对方的当家人沟通便可。如果有客人来访,但是家里没有白面,可由当家人去借,也可以由当家人的妻子去借。家中来客人时,村民通常会向其他村民借碗白面,由于借的数量较小,所以由当家人的妻子去借也可以。

3. 借钱程序

正常情况下,村民借债的对象主要为四邻、兄弟以及其他关系较好的村民,如果对方有钱或者粮通常都要适当地借一点。借钱通常不用签订纸质契约,但是双方要口头约定,约定的内容主要是归还时间。例如村民A向村民B借钱,村民B答应之后,村民A通常会说:"秋收了我就还给你了。"村民B则会表示:"中,好说,秋收后还可以,没有问题。"之后,两户村民之间的借钱关系便正式确立。待到约定的时间,借钱者要主动偿还,否则债权人有权上门前去催要。

4. 偿还形式

在当地还有这么一句俗语:"借钱还钱,借麦还麦,借秋还秋。"也就是说,村民如果借钱就得还钱,借麦就要归还小麦,借杂粮就要归还杂粮,借什么就要还什么。如果是日常性借钱(粮)一般不用偿还利息,但是必须按时归还。由于借钱(粮)的规模通常非常小,大多数村民都会选择在麦收后或者秋收后立刻偿还,基本上不存在借钱不还的情况。此外,如果是家中有客人来,向四邻或者兄弟借一碗白面,则可以不还。当然,如果家中有富余的白面也可以归还,如果没有,四邻或者兄弟也基本上不会计较。不过,如果四邻或者兄弟向其借白面,在家中有白面的情况下也必须借。归还时,村民通常要向物主致谢,物主也要谦让一番。如村民归还米、面、香油之类,要比借的多还一些。在当地曾有一句俗语:"借得浅,还得满。"

(二)借贷:高利贷

相较于日常性借款,高利贷才是村民借贷行为的主要形式。以往,村民无论借多少，都可以通过高利贷的形式筹借。

1. 高利贷的具体形式

借高利贷的行为主要发生在无地（少）地村民与大佃户和大地主之间。但是，四邻、兄弟、关系较好的村民之间也存在借高利贷行为。借高利贷可以借小麦也可以借钱，具体形式不限，但都要附加高额的利息。村民借高利贷，通常发生在家里无粮可食用的情况下或者遇到了必须花费大笔现金（粮食）才能解决的问题时。此外，在当地还存在借麸还谷的情况。在村民无粮可食时，可向集市上的磨坊或者村内的富户借麸用以食用，但还的时候必须还麦。

2. 借高利贷的过程

借高利贷时，如果村民的借贷对象是四邻或者是兄弟，则一般无须找中间人，和对方协商一致后再请中人见证便可。如果村民没有合适的借贷对象，那么则要请村中较有威望的排场人为其寻找合适的借贷对象。说合人在接到委托之后，会首先向村内富户询问谁手中有余粮或者是谁愿意借钱。待找到合适的放贷对象后，说合人便会通知需要借贷的村民与放贷人见面。双方会面后，需要借贷的村民会首先说明自己需要借多少，放贷人则会提出自己要的利息是多少。对于收取利息的比例，借贷村民并没有太多的发言权，说合人也不会就利息过多表态。如果借贷人不同意也可以不向放贷人借贷。但是，多数情况下需要借贷的村民并没有太多选择，只能同意对方的要求。

借贷完成之后，双方还要订立契约，但一般不需要签署纸质契约。据李邦存老人叙述："那签个啥契约，借钱的都是排场人，谁敢借了不还，口头上说明白都中啦。"虽然双方只签订口头契约，但是必须将利率详细说明，同时说合人就是合约的见证人。如果双方出现扯皮的情况，说合人必须公正说出合约订立时的具体细节。例如，村民A向村民B借贷2斗粮食，利率为40%，在归还时村民B却说利率是60%，那么村民A就要请说合人前来说明情况。这就要求说合人必须办事公道，不能偏向任何一方，因此并不是所有的排场人都能成为借贷时的说合人。此外，借麸还麦也需要说合人做介绍。

3. 高利贷的偿还

1949年之前，高利贷的利率最低为25%，最高则约为100%。不过，大多数借贷的利率都超过50%，利率为100%的也不在少数。通常而言，借贷的周期为1年，即使不规定偿还期也是如此。到了还款期之后，借款人必须连本带息一起归还。也就是说，村民借1斗粮食，利息为50%，归还时必须归还1.5斗。同时，高利贷也秉承"借什么还什么"的原则，借钱就必须还钱，借麦就必须还麦。但是，借麸必须还小麦。例如，借1斗麦麸，必须归还1斗小麦。

如果到了归还期，村民没有办法还钱，还可以请说合人再去跟放贷人协商，请其再将还款期延长1年。但是，延长1年之后必须在原有本息的基础上再加上利息，也就是俗称的"利滚利"。例如，村民借了1斗，利率为50%，那么延长1年村民就要在1.5斗的基础上再多还50%。如果到了第二年村民还是还不上，那么还可以再延期1年。但是，超过3年放贷人便会前去催款。放贷人催款，通常不会强要对方家财，只会命对方赶快归还借款。不过，放贷人催款的手段也是多种多样。据李邦存老人叙述："那过去要是借了钱不还，放贷哩有的就拿根绳子往人脖子上一套，拉到牲口行就卖了。不是真哩，就是制难看哩，让村里人都知道那人借钱不还。弄了这一出，咋着也得想办法还。"有的放贷人为了能拿到欠款，在借款人还未收割时便会在田边等待。等对方收割完成后，马上将粮食抢走。还有放贷人甚至会在麦子成熟时去地中抢收。

说合人虽然是借贷关系的中介和担保，但是说合人却没有替借贷人偿还的义务。如果借贷人还不上钱，放贷人也可以命说合人代其催款，说合人也要凭借其权威向借贷人施压，命其赶快还钱。此外，即使是亲兄弟之间的借贷行为，也要足额交付利息。据李邦存老人叙述："亲兄弟也得还，亲兄弟也得明算账，都一样。"

（三）卖青苗

以往，除了借钱和借贷，村民还能将地中的青苗卖给别人。除了小麦苗，高粱、谷子、红薯等作物也能卖青苗。

1. 卖青苗的具体形式

一般而言，卖青苗的多是急需用钱，但是所需钱又不是太多的村民。村民卖青苗通常只卖一季，也就是当地俗称的"卖麦苗"或者"卖秋"[1]。需要卖青苗的村民会首选自己的地邻、四邻以及兄弟做交易对象，因为村民通常与这些人关系较好。如果上述村民有交易意向，双方则可以直接达成口头协议，不需要再请说合人。但是，如果打算卖青苗的村民并没有找到合适的交易对象，则要委托村落中的排场人为其寻找合适的交易对象。此外，卖地、典当、扩地的过程中如遇地面青苗还没有收割的情况，也可以以卖青苗的方式直接变卖。

2. 卖青苗的过程

如果交易双方本身就关系不错，可以直接议价。也就是说，双方可以在没有说合人的情况下直接议价。这主要是因为，卖青苗只卖一季，钱款可以当面结算，很少出现欺诈行为。但是，如果双方并不直接认识或者双方本身并不非常熟识，则必须通过说合人从中议价，并见证口头契约达成。正常情况下，卖青苗的价格要大幅低于青苗

---

[1] 卖秋，一般指卖杂粮。

正常的价格，但是比典当的价格略高。这主要是因为，典当时入当方还要再投入种子和人力，买青苗则无须这么多投资。

3. 双方的结算方式

双方在协议达成之后，通常要立刻结算清楚，此后土地以及地上的青苗便归买青苗的村民临时代管。买青苗的村民要继续照料土地及作物，待作物全部收割完成之后，卖青苗的村民便能将土地收回。

第五节　分配与分配关系

经营成果的分配方式是分配单元内村民基本关系的集中体现。在楚铺村，家庭是分配的基本单元，不同的家庭类型又体现出不同的分配关系。以往该村家庭分配关系又体现出以"男权"和"父权"为核心的特点，家内任何分配都需要经过父亲或者丈夫的同意。在当家人去世或者无力掌管家庭时，分配的权力会随之发生转移，反映出的关系也会发生转变。

一、分配模式

传统时期，分配只是一个家庭的家务事，但是不同的家庭类型有着不同的分配模式。每种分配模式的背后，蕴含着不同的家户运行逻辑，更反映出特定的家庭经济关系。

（一）分配单元

家庭是该村最基本的分配单元，但是不少家庭内部往往还有低层级的分配单元，即家内分配可以分为大家庭的分配和小家庭的分配。对于核心家庭而言，家庭就是一个完整的分配单元，家内一切事务全由当家人具体负责分配。对于不存在"小股"的家庭而言，即使家中经营有较多的土地，且儿子都结了婚，也不存在大家庭和小家庭的明显区分，小家庭并没有太多能够分配的事项。对于存在"小股"的家庭而言，大家庭与小家庭构成了一个圈层的分配体系，但是小家庭仍具备较大的独立性。此外，在当地即使已经分了家，不少家庭仍会共有一些财产，这就形成了以名义上的"大家庭"为单元的特殊分配模式。

（二）不同类型家庭的分配模式

1. 核心家庭的分配模式

以往，核心家庭主要是刚从大家庭分裂出的小家庭，他们具备完全独立的分配模式，即使是原有家庭的当家人也无权对他们如何分配进行干预。此外，由同一家庭分裂出来的核心家庭之间还存在着共同的养老义务，必然还会涉及养老分配的协调与处理。有些家庭在分家时留有部分养老地，养老分配虽然由养老地中出，但是经营却要由兄弟们共同负责。有些家庭土地较少，那么养老分配则要按照特定的原则分配给特定的儿子。

2. 没有"小股"家庭的分配模式

如果是没有"小股"存在的大家庭，那么家中全部分配由当家人说了算。例如，每年吃多少粮食，留多少粮食用于储备，以及给予每个家庭多少零用钱都由当家人根据家庭收益进行分配。当家人可以是父亲，也可以是长子，但基本模式没有本质上的区别。以往，没有"小股"存在的家庭一般是村内拥有土地20—50亩的自耕农或者小地主，也有些是经营土地较多的大佃户。当然，有些大地主家也可能没有"小股"。例如，村内富户"七老婆"虽与侄子一起住，但侄子家并没有"小股"。除了大家庭能分配的事务，小家庭能分配的事务则只有每年分配给自己的零用钱。正常情况下，小家庭所掌握的零用钱数量也较少，仅够偶尔赶集买一些小物件或者是看亲戚时带一些小礼物。即使是大地主，当家人也不会给予家人太多的零用钱。

3. 有"小股"家庭的分配模式

一般而言，有"小股"的家庭基本是村内的大地主，他们往往拥有较多的财富。不过，此时大家庭的分配仍由大家庭的当家人说了算，小家庭的分配则由小家庭的当家人说了算，大家庭对于小家庭的分配决策并不能进行任何的干涉。不过，小家庭也不会因为掌握"小股"而被去除参与大家庭分配的权利。

4. 已经分家但仍共有财产家庭的分配

不少富户即使分了家，仍共用一些财产。例如，赵家三门就共用马车、油磨、马匹以及操作这些工具的长工。因此，他们分了家之后也要按照特定的方式来共摊使用这些设施的成本，并相应规划自家的分配模式。对于家中耕牛之类的牲口，虽然在分家之后也为"大家庭"所共有，但是家庭成员通常也要为其付出相应成本。

二、分配决策

无论何种家庭类型，分配决策的核心人物都是当家人。只是当家人的不同，也会造成分配权限的不同，这进一步造成家庭分配关系的不同。同时，当家人虽然具备较高的权威，但是仍要依据当地惯习和家内关系进行分配，擅自决策不仅会影响家内关系，还会进一步影响家庭与家庭之间的关系。总体而言，该村的家庭分配决策基本为当家人根据特定原则做出的决策。

（一）父亲为决策人

1. 决策权威

在当地，父亲为当家人是天经地义的事情，无论父亲是否精明能干，只要仍在世其就具备说一不二的决策权。可以说，只要父亲在世，家中又没有分家，家庭其他任何成员都要听从父亲的决策。以往有些家庭即使父亲病重也不会轻易将当家人的职责让渡出去，即使其让渡出一部分决策权，重大分配决策也仍要父亲最后确认。

2. 能决策的事项

在父亲为当家人的情况下，家中赋税、教育、口粮等大多数分配决策父亲可以自主做出。但是，如果自己的父母还在世，父亲也要和兄弟分摊养老义务，因此其对于养老决策并不享有完整的决策权。此外，父亲决策仍要恪守公平这一原则，尽量要让家庭成员均等享受家庭分配成果。例如，在分配零花钱时父亲一般会给每一个儿子大致相等的数额，以避免家内矛盾的出现。

3. 分配决策与家内关系

父亲作为一个家庭的当家人，虽然有较大的权威，但是其他家庭成员对于分配并不是没有话语权。正常情况下，长子成年之后可以协助父亲决策，其他儿子如果精明也可以在父亲询问他们意见时发表自己的意见。但是，如果父亲不主动询问其他儿子的意见，他们一般不能主动参与分配决策。儿子成年后，如果父亲分配不公，其也可以就涉及自己的分配事项向父亲提意见，父亲有时也会采纳他们的建议。对于分配轻微不公的情况，在父亲身体还健康时，也可以凭借其当家人的权威压制家内成员的不满。不过，如果父亲年老或者无力掌握整个家庭时，任何分配不公都可能引起家庭的不满，这多会导致分家的局面。

此外，在父亲为当家人时，当家人的父亲也不能随意对其分配决策进行干预。一旦分家，就意味着各自生活，父母能得到充足的养老费用即可。不过，由于过去财产主要来自继承，即使分家父子之间的血缘关系仍旧存在。基于以上两点，如果分家后作为当家人的儿子花钱大手大脚，其父亲也可以对其不当行为进行指责。但是，当家人可以不听从劝告，父亲并没有强行干涉的权力。与父亲类似，分家之后兄弟也没有干涉其他家庭分配的权力，只能在适当时机进行劝说。

（二）母亲为决策人

1. 决策权威

以往，由母亲当决策人基本上是不被允许的行为。在丈夫还在世的情况下，如果妻子嫁来时带来了嫁妆田，则可以在分配时具备一定的话语权。如果丈夫病重，长子又很小，那么丈夫的兄弟可以帮助丈夫进行决策，此时女性也不能直接成为决策人。如果丈夫去世，那么妻子便会在被逼无奈的情况下成为分配的决策人。不过，此时女性的决策权威仍较小。在该村，多数丧偶妇女会选择将土地租给丈夫亲友，这么做一可以解决劳动力不足的问题，二可以减少与生产相关的分配事宜。女性虽也要下地干活，但是对于如何生产一般不在行，避免自己做出生产决策也可以降低不必要的损失。如果寡妇仍要自己经营，那么家中生产等相关事宜的分配则由丈夫的兄弟代为决策。此外，即使寡妇是当家人，家中任何分配事务也都要由丈夫的兄弟进行协助，有时还要代其进行决策。不过，如果丈夫家没有兄弟，那么寡妇一般会改嫁或者是招婿，也就是通过婚姻寻找新的决策人。

2. 能决策的事项

具体而言，女性能决策的分配内容主要包括口粮分配、人情往来、家庭教育、粮食储备、税收等。由于女性成为当家人主要是在儿子未成年的情况下，所以分配的内容相对简单，不涉及零用钱等分配事项。除了税收之外，其他多数项目的决策都要由丈夫的兄弟从旁协助。具体的分配决策，也要秉持公平这一原则。

3. 分配决策与家内关系

在母亲为当家人的情况下，其决策权威通常较小，但也有一定的发言权。例如，叔伯不希望侄子去读书，而母亲觉得应该读书，其便能违背叔伯的意愿，留出部分现金让儿子去读书。对此，叔伯虽然可以表示不满，但却不能强行干涉。这主要是因为，财产已经分开，丈夫兄弟也只是协助寡妇完成分配，强行代其决策并不符合当地惯习。此外，有些妇女如果比较精明，甚至可以拒绝丈夫兄弟的帮助。例如，该村富户"七老婆"就一直是当家人，其具有完全的决策权，赵家其他两门人对其分配决策并不会进行干涉。例如，"七老婆"过继来的侄子有很严重的毒瘾，"七老婆"是否留钱给其吸毒，其他人就无权干涉。

（三）长子为决策人

1. 决策权威

以往，如果父亲病重或者无力掌管整个家庭时，那么长子可以代行分配职责。此外，在母亲当家的情况下，一旦长子成年，母亲也会把当家人的职责让渡给他。不过，这种局面不会持续很久，家中男孩都婚配之后原有家庭一般会分家。由长子做出分配决策，其权威与父亲类似，但是多数情况下仅限于兄弟还未婚配时。在当地，有"长兄如父"的说法，实际生活中长子分配决策的权威却很难达到和父亲一样的程度。

2. 能决策的事项

如果由长子行使分配决策权，其能对家庭多数事务做出分配决策，但是对于涉及兄弟姐妹的分配决策仍要父母同意（父母还有一方在世时）。例如，是否留钱让某一弟弟去上学，或者是某一弟弟结婚要花多少钱均要父亲或母亲点头同意。

3. 分配决策与家内关系

如果长子代替父亲做分配决策，父亲一般只会将每日吃多少粮食等简单事务的决策权让渡给长子，重大事务的决策仍要由父亲做出。由长子做分配决策，父亲通常还会让小儿子记账，小儿子没有成年也可以指定一个信得过的儿子。如果父亲去世，长子的决策权会更大一些，但是涉及兄弟姐妹的分配事务，仍要经母亲最后批准。如果父母都不在世，长子做分配决策时，特别是在做一些重大分配决策时，还要请叔伯前来协助，对于最终决策，叔伯也有较大的话语权。

（四）父亲指定的儿子为决策人

1. 决策权威

由父亲指定的儿子做决策人，通常是父亲还在世，但已经无太多精力管理家务时。正常情况下，父亲会优先选择长子代行决策职责。但是，如果长子昏庸或者是长子已去世，父亲也只能选择其他儿子作为分配的决策人。由指定的儿子作为决策人，其决策权威主要来自父亲的授权，因此其只是父亲的代理人。家中其他儿子如果不认可其决策也可以找父亲说明情况，并请父亲收回其决策权。父亲快要去世时，一般这种模式便无法再维持，分家也就不可避免。

2. 能决策的事项

由父亲指定的儿子做决策人，通常只能自主决策日常性事务的分配，对于家庭生产、兄弟婚配、人情往来等方面的决策要问过父亲才能做最后决定。

3. 分配决策与家内关系

父亲指定的儿子，只是父亲的代理人，一切分配多是按照父亲的意图做具体决策。据李邦存老人叙述："那要是父亲不中咯，就跟儿子大致说说今年家里的钱和粮食咋分，儿子再具体去弄。"因此，由父亲指定的儿子做出的分配决策，不一定能让家庭内每一个儿子信服。在由其做决策时，父亲往往还会安排另一个儿子管理账目，这也会进一步削弱其权威。

三、分配内容

以往，楚铺村村民对于经营成果的分配主要集中于实物性分配以及现金性分配两个方面。其中现金分配又构成了分配最为主要的层面。

（一）用于赋税的分配

1. 土地税

对于有土地的家庭而言，税收是他们麦收之后首先要分配的事项。以往，在当地流行"二五率"，每亩地最多缴25斤小麦，也就是最好的头头黄每亩地只用缴25斤小麦作为税收。与此相对，二头黄每亩地大约要缴 15—20 斤小麦，赖坡地每亩地大约要缴 10 斤小麦。不过，村中很多老人不认同这种说法，因为历史上国民政府多次修改土地税征收制度，缴税时除了要缴纳土地税还要缴纳田税附加。到 1940 年左右，每亩地大约需要缴纳 35—50 斤小麦，不同品质的土地缴纳的数量也不相同。

缴纳田税并不是直接缴纳小麦而是缴纳现金。在小麦丰收后，多数村民要赶快把小麦换成现金，再交到汝南县六区的姚湾。在姚湾有专门的政府收税机构，设有"大粮柜"一职，具体负责相关事宜。如果过期不缴税，大粮柜可以到家中催缴。每到大粮柜到来之时，村民们就需要额外支付一笔钱，以请求其再延长些期限，这也会增加无法缴税村民的负担。一般而言，大粮柜只来两次，第二次催缴无果，便会通知县政府抓人。政府派兵前来，士兵会先对没缴税家庭的当家人一顿拳打脚踢，然后再将其投入监狱，待家人将税缴上再放人。也正因为如此，即使村民遇到较大的经济困难，仍会将赋税分配作为分配规划的首要项目。

2. 商业税

以往，在楚铺街经商的村民还要缴纳商业税。民国时，该地营业执照每一年都要更换，更换时就要缴纳相应税款。除了营业税，该县还增设十几种物品的货品税，平均税率在 5%—6% 之间。此外，商业税还包括屠宰税、牙帖税、所得税等等，导致即使不参与商业经营的村民也要付出相应成本。据村内老人粗略估算，不经商的村民每年需要拿出 3%—5% 的家庭收入用以缴纳商业税，经商的家庭每年则要拿出 20%—30% 的家庭收入。不缴商业税，同样会被县政府投入牢狱，所以多数村民也会预留部分家庭收入用于缴纳商业税。

3. 摊派

民国时期，有地村民必须承担一定数量的摊派，村中大佃户如果没有自己的土地则不用负担摊派。不过，摊派不是严格按照拥有土地亩数平摊，土地较少的村民可以少出，而土地较多的村民则负担较多。一般而言，土地面积在 1—2 亩的村民每年需要缴纳的摊派可以忽略不计；土地面积在 50 亩以下的村民每年需要缴纳摊派的比例约为家庭收入的 5%—10%；土地面积在 50 亩以上的村民需要缴摊派的比例约为家庭收入的 5%—8%。虽然土地较多的村民需要缴纳摊派数额相对较多，但是他们也拥有较多的财产，因此影响相对较小。例如，摊派对富户赵国兴造成的影响便可以忽略不计。

（二）用于口粮的分配

除了必须支出的赋税，家庭收入最重要的分配用途是作为全家生存所必须食用的口粮。传统时期，小麦、大麦、高粱、红薯、谷子、豌豆角等都是村民的主要口粮。

其中，小麦是村民消耗最少的粮食作物，家中即使有多余的小麦，当家人也会优先储藏或者是变卖。可以说，只有麦收之后村民才可以吃上几顿纯白面。即使家中经济条件宽裕，村民也只会用白面掺着杂粮一起吃。据艾宝玉老人叙述："那时候要是吃白面都是掺着吃，花卷，要不就是面条。吃面条都是掺几种面。"如前所述，"瘟鸡子，烂红薯"就是村民饮食的基本结构。

家中成员对于口粮的需求量也随年龄的变化而呈现出差异性。具体而言，达到劳动力标准的男性村民一年大约需要食用小麦 20—30 斤、大麦 40—50 斤、红薯 150—200 斤、大豆 40—50 斤、高粱 100—120 斤、豌豆角 100—150 斤、谷子 70—80 斤[1]。当然，村民并不是每年都会食用每种作物，一个成年劳动力一年大约需要食用 200—300 斤粮食。过去，村民虽然每日会食用两餐到三餐，但一般只有一顿能吃饱。在食用粮食作物的同时，蔬菜、野菜甚至是麸子也是村民充饥的主要食物。

与男性劳动力相对，女性劳动力一年大约需要食用小麦 15—20 斤、大麦 30—40 斤、红薯 120—150 斤、大豆 30—40 斤、高粱 70—90 斤、豌豆角 100—120 斤、谷子 40—50 斤。一个女性劳动力一年大约能食用粮食 200—250 斤。未达到劳动力标准的孩童，每年大约需要食用小麦 10—20 斤、大麦 25—30 斤、红薯 100—150 斤、大豆 20—40 斤、高粱 50—80 斤、豆角 70—120 斤、谷子 30—50 斤。由于未达到劳动力标准的孩子年龄跨度较大，因此需要食用粮食的数量也不尽相同，10—16 岁的孩子一年约需食用 170—280 斤粮食。不能劳作或者是丧失了部分劳作能力的老年人通常一年需要食用小麦 15—20 斤、大麦 20—30 斤、红薯 120—150 斤、大豆 30—40 斤、高粱 60—80 斤、豆角 80—90 斤、谷子 30—40 斤，平均一年约需要食用粮食 180—250 斤。

以往，口粮分配是家庭分配的重中之重，多数家庭口粮分配占到了家庭粮食总收入的 70% 以上，少地或者无地家庭在部分年份的口粮分配甚至会达到粮食总收入的 100%。当然，村中富户的比例不会这么高。据村内老人介绍，村中首富赵国兴一年仅需食用家中粮食总收入的 1%—3%。

（三）用于地租的分配

地租是村内佃户每年必须要分配的部分，对于他们而言地租在家庭分配中的重要性甚至会超过口粮。这主要是因为，不缴足地租将面临地主收回土地的风险，这将直接影响家庭来年的收入。正常情况下，地租约占佃户每年粮食收入的 50%。不过，如果某一佃户积累了财富后又购置了土地，那么这一比例也会随之下降。例如，村内赵国

---

[1] 此处所引数据由李、艾、陈、靳等多位老人根据 1949 年情况大致估算，由笔者整理并得出大致范围。

兴的佃户张荣青[1]便购入了10—20亩土地。

（四）用于养老的分配

以往，每一家养老的模式皆有不同，不过大多需要村民为此做出分配。如果老人自己手中留有养老地，那么小家庭则不需要再为养老进行分配。正常情况下，养老分配以口粮为主，再附带一些零用钱。对于一般家庭，一年大约需要支出粮食400—500斤以及数量不等的现金。

（五）用于雇工的分配

由于该村人多地少，因此劳动力并不紧缺，这使得村民请工成本普遍不高。少地家庭或者是自耕农，每年只用雇工2—3次，成本主要为2—3斤白面。对于村中的大佃户而言，他们一年至少需要雇用2个长工，雇工成本包括吃、穿以及每年工资。因此，他们如要请工必须专列分配计划，这大约需要花费他们每年收入的15%—20%。村中的大地主一般也需要请工，但花费比例会比佃户少不少。一方面，由于他们并不需要亲自从事农业生产，所以雇工数量较少，有些地主仅雇1人便可。另一方面，他们土地较多或者拥有其他财产较多，雇工需要花费的比例也相对较低。整体而言，大地主雇工花费约占他们每年收入的5%—10%。

（六）用于生产的分配

为了完成生产，村民每年都需要分配一些收入用于购买和维护工具、添置耕牛以及储备种子。但是，不同类型家庭分配的比例也会不同。少地村民并不会每年购置工具，付出少量成本维护便可。他们也没有必要购买耕牛，因此用于生产性支出的分配比例约为3%—4%。不过，如果遇到作物被淹，村民可能也要花费一些额外的成本购买荞麦等作物的种子，这需要多支出约2%。与少地村民类似，自耕农家庭每年用于生产性支出的比例也为3%—4%，但是他们每几年就有购买牲口的需要。每到需要购买牲口时，自耕农家庭需要多支出20%—30%。大佃户每年都要维护或者添置工具，还要投入大量的种子，不过他们的收入也相对较多，所以他们每年的生产性支出大约占到收入的2%—3%。他们每两三年就需要再添置一头牲口，在添置牲口的年份他们还要多支出10%—15%。此外，除了种子，村民其他的生产性分配多为现金。

（七）用于人情往来的分配

以往，该村人情往来成本并不算非常高。但是，由于传统社会讲究礼尚往来，因此接受了人情的村民通常也要在合适的时间还人情。一般而言，人情不仅仅包括红白喜事上的往来，还包括日常生活中的帮忙等。人情的偿还方式也不一定是现金或物品，

---

[1] 一说不是张荣青。

也可以通过帮忙等形式偿还。正常情况下，一个家庭一年需要花费的人情往来支出占家庭收入的2%—5%。

（八）用于家庭重大事务的分配

除了正常的家庭生产和生活，村民有时还需要对其他家庭重大事务进行分配。具体而言，主要包括红事、白事、请丁等。对于可以预期的事务，当家人一般在年底就会做出分配规划，例如儿子娶亲。民国中后期，娶一个媳妇大约需要200斤小麦，当家人为了给儿子娶亲便会事先将这部分粮食储存起来，或者是事先将小麦换成钱藏在家中。除了娶亲之外，其他突发性事件则有可能打乱一个家庭的分配计划。例如，父母突然去世，儿子们就要临时凑钱为父母办丧事。不过，父母生前如果体恤儿子多会事先准备好棺材，家中如有养老地也可以用养老地收益负责父母丧葬。可以说，丧葬对于家庭分配的影响不是非常大。与此相对，如果需要请丁，则可能造成有些家庭将全年收入抵上都不够用的情况。

（九）用于其他家庭事务的分配

家庭其他事务的分配主要包括制衣、看病、赌博、买日用品、谢中等。以往，这些钱又被村民称为"活钱"，即使家中再穷村民也会在手中留一些活钱。一般而言，土地较少或者收入较少的家庭会预留收入的2%—10%作为活钱。经营土地较多的大佃户或者是拥有土地面积在50亩以内的自耕农和小地主在储备大多数收入的同时，会预留5%左右作为活钱，只不过他们如果遇到需要用钱的地方也可以适当从储备的现金中拿出一部分。村中大地主则无所谓留不留活钱，因为他们通常积累了较多财富，常年手中都不会缺活钱。至于没有分家且拥有"小股"的村民，手中掌握的钱都可以算是活钱，他们基本上会把大多数活钱用于日常消费。当然，如果村民拥有的"小股"面积较大，也会将大多数收入用于储备。

（十）储备

1. 粮食储备

以往，大多数家庭都有储备粮食的习惯，不过储备的比例会有所不同。正常情况下，少地村民会将粮食产量的80%用于储备，仅在需要时才把较为贵重的小麦变卖应急。他们储备粮食主要用于食用，因此会保持较高的储备率。如果当家人计划为儿子娶媳妇，少地村民也会变卖掉更多的粮食用于储备。与此类似，拥有土地在50亩以下的村民以及村中的大佃户也会储备超过家中一半产量的粮食。但是，他们不会一直储备，待行情好时也会逐步卖出。村中大地主也会常年储备一些粮食在自家的仓库中，这主要是为了防备饥荒等灾害的侵袭，避免无粮应灾的局面出现。根据家庭情况的不同他们的储备率也不同，不过每家至少要储备 40％—60％。

2. 现金储备

一般而言，少地或者收入较少的村民每年仅能留一些活钱在手上，他们基本上没有储备现金的能力。拥有土地在 50 亩以下的村民，每年能储备的现金大约为自己当年收入粮食的 20％。与他们类似的还有大佃户，一年现金的储备率也相当于年收入的 20％—25％。村内大地主更有储备现金的能力，他们每年会将收入的 30％—50％用于储备。

（十一）买地

为了扩大生产规模，村中多数村民会在有能力的时候购买土地。不过，无地或者收入较少的村民一般不具备购买土地的能力。除了村中大地主，其他村民也没有能力购买土地，至少没有能力购买 2 亩以上的土地。据村内老人介绍，即使是经营土地较多的大佃户也需要 8—10 年才能购买得起三五亩土地。

（十二）村落公共事务

民国时期，该村存在有囊囊[1]会、庙会、老佬会等社会组织（娱乐活动）。这些组织和活动也需要村民，特别是有地村民要为此分配。只不过除了老佬会之外，土地较多的村民通常要承担更多的成本。除此以外，村中富户还要为赈灾分配相应支出，但并不是每一个富户都会为赈灾掏钱。

四、分配关系

1949 年之前，家庭分配既是当地惯习的集中体现，又是家庭经济收入状况和家庭伦理的间接反映。

（一）少（无）地村民的分配关系

以往，该村无地和少地的村民基本处于破产的边缘，因此这些家庭的分配主要以保证吃为准。如前所述，农历每年三四月多是村民无粮可食用的阶段，对于无地和少地村民更是如此。在这种背景下，他们不仅要将家中绝大多数收入用于口粮分配，还要尽量保证每一个家庭成员都能公平地得到应得的口粮份额。为了保证家中主要劳动力的生存以及孩子的健康成长，妇女和老人会尽量少食或者是只食流食。据张付中老人叙述："那个时候，没有地哩都得可住[2]男哩和小孩吃。男哩吃不饱饭了咋干活？小孩不吃也不中啊。没有吃哩时候，就只能下地挖野菜，吃洋槐花。有哩时候那都吃不住。如果哪天当家哩去打短工咯，那家里人还能多吃点儿。"除了口粮分配，少地和无地村

---

[1] 音译，原读音为 nang nang，具体哪两字老人无法说清。
[2] 当地方言，此处意为放在优先位置，重点保障的意思。

民对于其他事务的分配基本上可以忽略不计。据刘万斤老人叙述:"没有地哩都穷得很,有哩家十年八年也做不了一套衣服,小孩子到夏天都是光肚子,大人就那一件像样的衣服,其他都是破破烂烂哩。孩子结婚咋办?女孩哩就卖给人家当小,要么就是送给人家当个童养媳,还有换亲哩。把女孩卖咯,留下来几个钱再给男孩娶媳妇。要是穷哩再很哩,男哩就自谋生路,当人家倒插门也不少。"

(二)佃户的分配关系

在该村,由于佃户多承租了较多的土地,因此他们能分配的事项也相对丰富。一般而言,佃户每年收入基本上可以满足食用的需要。不过,因为劳动生产力的低下,所以口粮依旧是他们分配事项中最主要的部分。据张付中老人介绍:"那个时候,赵国兴的佃户张荣青家里日子还是比较好过哩,家里人都能吃饱,没有出现过断粮的情况。反正打我记忆里是没有。"除了口粮的分配,佃户分配最为核心的事项是生产分配,包括请工、储种、置办工具等。这主要是因为无法完成生产便会失去土地的经营权。在生产分配之外,人情、储备、养老、教育也是他们需要重点分配的事项。此外,当家人还要预留一部分收入用于保证家中重大事务的分配。例如,父母生病、去世或者是子女结婚都需要当家人优先对此进行分配。在不影响家庭生计和发展的情况下,当家人要保证每一个家庭成员的需求得到公平的照顾。

(三)自耕农的分配关系

以往,由于该村自耕农拥有的土地多在5—20亩之间,他们能在一定程度上实现自给自足。据村内老人介绍,自耕农通常也会将家中大多数收入用于口粮的分配。不过,部分自耕农仍存在断粮的情况。因此,他们虽然会保证每一个家庭成员的口粮分配,但也会在青黄不接时减小口粮分配的比例或者是改变分配结构。例如,在农历三四月份,自耕农往往会减少食用花卷的数量,取而代之的是食用各种流食或者是纯杂粮。当然,在粮食无法满足所有家庭成员的需求时,他们仍会以保证家庭主要劳动力和孩子的需求为核心要务。与无地或者少地村民类似,自耕农家庭也会尽量减少不必要的分配,除了生产和税收等必须分配的事项,其他事项并不是每年都需要分配,或者说每年只需投入少量分配。以养老为例,自耕农家庭在满足老人的生存所需的食物之外,一般很少提供其他的养老分配。对于子女的教育也是如此,即使有钱可以让孩子上学,村民也很少让自己的孩子去上学。此外,家庭成员的婚丧嫁娶则是必须要保障的分配事项。与佃户们类似,自耕农也会尽量为自己的子女选择合适的结婚对象,并支付相应的结婚成本。

(四)地主的分配关系

1949年之前,由于该村地主相对比较富裕,因此他们在分配的过程中更加重视的是公平而不是节俭。该村地主基本不存在断粮的可能，他们平日里即使吃得比较简单，但让每一个家庭成员都吃饱饭并不是什么难事。除了口粮的分配，大多数地主都能每年为家庭成员置办新衣或者是添置日常所需各种物品。为了保证公平，当家人一般会同时为所有的家庭成员添置相同的物品。同时，地主还更有能力为父母提供养老上的保障，在衣食住行之外还会给予老人更多的零花钱。因该村地主并不亲自从事农业生产，所以他们对于生产的投入相对较少，其成本主要为雇工所需花销。与此相对，每个地主都要负担数额较多的地税和各种摊派，这也是他们每年无法避免的事项。在完成上述分配之后，地主还要为子女的教育提供分配。据李邦存老人叙述："过去，地主家的孩子都上过学，还有不少都上过高中。有哩还花钱让家里女哩去上学。赵文圆的老婆子，还有'七老婆'都是大户人家嫁来哩，她们都能认字。"此外，地主的分配事项还包括婚丧嫁娶和储备。作为村中富户和排场人，他们在为子女办喜事或者为家人办丧事时必定会更加注重场面，需要的花销也会更大。由于他们多拥有较多的土地，因此每年他们也更有能力分配更多收入用于储备。

第六节 消费和消费关系

传统时期，家户也是日常消费的基本单元。在收入普遍较低的情况下，村中多数家庭都会尽可能地减少消费，把更多的收入储备起来。家庭消费还受到当地惯习的制约，这集中表现在消费次序和消费项目两个方面。除了单一家户消费，村落也是承载着特定功能的消费单元，也反映出了特定的消费关系。

一、消费单元

虽然家户是家庭消费的基本单元，但不同的家庭模式却会反映出不同的消费关系。在家户之上的村落是家户的集合，以村落为单位的消费不仅折射出了村落内的消费关系，也突显出了村落内家户与家户之间的关系。

（一）以家庭为消费单元

1. 核心家庭

核心家庭的消费由当家人全权负责，其他家庭成员的消费需求，不得到当家人的认可便不能实现。即使是当家人的妻子，对于家庭的具体消费也没有太多的发言权。据李邦存老人叙述："那过去，男的要买啥东西就直接买了，女的一般说不了啥。你比如，工具坏了，男的要买个工具，直接到集上买了就行了。过去，女的一是没啥地位，二是她也不懂个啥。都是大门不出二门不迈的，能知道个啥。也就是家里缺个碗啥的，让男的赶集了捎回来一个。"不过，如果父母和儿子一起居住则必须保障父母的养老消费。

2. 有"小股"的扩大家庭

如果家中有"小股"，则会形成大家庭和小家庭两个层级的消费单元。拥有"小股"的小家庭可以自主决策"小股"收入以及手中的零花钱如何消费，同时他们还能参与大家庭的消费。可以说，是否拥有"小股"对于是否能享受大家庭的消费并不产生影响。当家人在具体消费过程中，可能也会对没有"小股"的家庭提供一些额外照顾。不过，当家人也不能过于偏心，如果过于偏心将直接导致家庭的分裂。

3. 没有"小股"的扩大家庭

没有"小股"的扩大家庭与核心家庭的消费模式基本类似，完全由当家人具体掌握。可以说，除了手中掌握的少数零花钱，小家庭基本上没有太多的消费自主权。家庭成员如有特殊的消费需求，必须向当家人请示，当家人能否同意要视请求是否合理，以及家庭成员的关系如何。

（二）以村落为消费单元

以村落为单元的消费主要包括囊囊会和庙会等村落娱乐活动。以往，由于当地并没有宗族或者是家族，因此血缘关系和血缘伦理并不对村落消费产生影响，村落消费主要受村落地缘关系和当地习惯与习俗的制约。此外，该村村落消费还表现出以村落大地主为核心的特征。

二、家户消费内容

传统时期的楚铺，家庭的消费习惯主要受家庭经营情况、家庭成员关系以及当地惯习的共同影响。村民日常的消费内容主要涉及生产性消费、生活性消费、人情消费、疾病消费、教育消费等几个方面。

（一）生产性消费

1. 置办牲口

以往，置办牲口的花费很大，即使是经营土地超过100亩的大佃户一年的收入也顶多够买一两头耕牛。但是，购置牲口具体需要花费多少，村内老人却很难说清。这主要是因为购买牲口时一般使用现金，但当地货币经常变动，并不只是使用一种货币。同时，币值也很不稳定，经常出现大幅波动。据艾宝玉老人叙述："那都是没捆儿的事儿，你说值多少钱，反正就是一天一个价吧，说不清楚。要是家里有个七八亩地，大概攒个四五年儿能买一头牛吧，也就是这样了。要是买驴可能少一点，我记得两三年差不多就能买得起了，骡子也得个三四年。反正都不便宜，要不然还不家家户户都配俩牛，那干活多带劲儿。"不过，养牲口的家庭一般不会为饲养牲口花费太多。

2. 置办与维护工具

（1）置办

以往，很少有家庭单独做工具，一般是在做家具时请木匠另外做一两件小型的木质工具。这种模式被村民们称为"配搭"，意味着另外做的工具并不需要额外给钱。当然，也有家庭会单独制作工具，此时制作工具并不是按件算，而是按照几件一共多少钱的方式计算总价。在民国中后期，木匠干一天可以制作3—5件小型工具，花费在4—5元。还有老人表示，民国以前请木匠前来做工并不需要给钱，只用管饭便可。对此后文将详细叙述。总体而言，如果请木匠前来制作工具，花费一般不算很高，多数家庭都能承担得起。不过，如果工具中还有铁质部分，则要前往市场中另行购买。如果工具由木质和铁质两部分构成，村民也可以请木匠先做木质部分，再去市场上购买铁质部分。如果急需使用某样工具，村民也可以前往市场去购买成品。

（2）维修

由于经济条件的限制，多数家庭并不会将损坏的工具扔掉。一般而言，如果一样工具的铁质部分损坏了，只用维修铁质部分便可，如果木质部分损坏了则维修木质部分。如果是分家后家庭共有的工具，通常是谁损坏，谁负责维修。如果工具彻底不能使用，将工具损坏的兄弟也无须赔偿，大家各自想办法另置工具便可。

3. 置办土地

以往，购买土地是扩大家庭生产的主要方式，拥有的土地越多一般就意味着村民越富有。因此，村民积累的财富主要会用于购买牲口和土地。正常情况下，土地不足10亩的村民约需要积累10—15年才能筹集到购买2—3亩的钱财；拥有土地在10—20亩的村民大约需要8—12年；拥有土地20—50亩的村民约需要6—10年，这主要因为他们还会出租一部分土地；村中经营土地超过100亩的佃户约需要积累5—8年。此外，村中拥有土地在70—150亩的地主，通常1—2年就能积累到购置3—5亩土地的财富。拥有土地在500亩以上的地主，一年的收益约能购置10—20亩土地。村内首富赵国兴一年的收入便可以购置40—50亩土地。

（二）生活消费

1. 饮食消费

以往，除了粮食之外，村民一般还会食用肉、菜、鸡蛋等食物。不过，多数村民只有在年节时或者老人过生日时才会吃一次肉。有时，家中的鸡病死了，村民也会在无奈的情况下为家人改善生活。菜价并不算贵，但村民大多种植蔬菜，不足部分才会购买。除了吃菜园内购买来的蔬菜，村民还会到地中挖野菜。村民日常食用的野菜主要是地菜、毛耳刀、榆树叶、槐花、榆钱等。据李邦存老人叙述："过去，那家家户户的小孩儿一到春秋天就得下地找野菜吃。要不然吃啥哩，不能顿顿都到菜园去买菜吃啊。"除了上述食品，村民也会吃鸡蛋，但是除非来了客人或者是家中有人过生日，村民只会在鸡蛋快坏掉时才吃。村民日常食谱中还包括鱼肉，如果想吃鱼可以去村外的冷水河捕。此外，村民很少吃牛肉或者其他牲口的肉，这主要因为牛、马、骡子等是农业生产的主力，很少有人会为了吃肉而饲养它们。正常情况下，只有这些牲口病重或者突然死亡，村民们才会把它们卖给屠户。与之类似，饮酒也是在日常生活中比较少见的行为，到了年节才有家境稍好的村民饮用散装烧酒。

2. 衣物消费

1949 年之前，普通村民一般穿着妇女自制并染色的土布，颜色主要有黑色、蓝色、白色、月白色。据李邦存老人叙述："你知道那村里的水塘是干啥哩不？就是染衣服用的。想把布弄成黑哩，就到那挖泥染，把布和泥巴放一块揉和几百下就成黑的了。"除了土布之外，普通村民还会购买少量花布，但一般四五年才会购买一次。如果需要做衣服，当家人通常会留下一部分自制的布匹，并命家中妻子制作。制作衣服虽然成本不高，但是要少向外卖一些布匹，因此也会产生一定的成本。除了衣物之外，村民还会穿布鞋、草鞋和布面鞋等。但是，多数家庭都穿不起布棉鞋，冬日只穿布鞋和草鞋。布鞋等一般也由家中妇女制作，成本相对较低，但耗费工时较长。富户情况相对较好，有些在外做官或者读书的村民也会穿皮鞋和胶鞋。

（三）人情消费

1. 消费数额

该村人情消费并不算高，除了与发生红白喜事的主家关系较好的村民，其他村民不用送人情。正常情况下，需要送人情的村民主要包括：兄弟、堂兄弟、其他五服内同姓亲属、姑表亲、姨表亲、舅表亲、拜把兄弟、干亲戚、与主家关系较好的同村和外村村民。四邻、地邻、远方亲戚如果与主家关系特别好也可以送礼。不过，通常情况下四邻只前来帮忙，地邻可以来帮忙也可以不来帮忙。

在办红事时，主家会派人前去"送帖"，白事时则是去"捎信"。接到了帖子的村民，一般都会前来，过去又称"被帖子贴住了"。红事时，村民一般会送褂子、裤子或者是袜子，每一家只送一件不会配成套。在该村，传统时期并不会送现金或者粮食。送褂子和裤子的通常是关系较近的村民，也就是五服内的近亲或者关系较好的朋友。送袜子的通常是关系一般的四邻、地邻或者是远亲。

白事时，村民一般会送纸和肉。关系一般的四邻和普通朋友，送几张纸便可，不用整捆送。近亲和关系较好的村民则要送刀头肉和整捆的纸。刀头肉就是宰杀牲口时切下的第一刀肉，通常用在祭祀祖先或者吊唁死者时。正常情况下，刀头又分为大刀头和小刀头，小刀头多不到三斤，大刀头最多为三斤半。如果是死者近亲或者是娘家亲戚，那么前来吊唁要带一块大刀头，如果是死者好朋友带小刀头便可。当然，如果是非常要好的朋友送大刀头也可以；如果近亲家中非常困难，也可以送不足两斤的小刀头。

2. 人情往来

如果村民A在家中发生红白喜事时邀请了村民B，村民B家中发生红白喜事一般也会邀请村民A。此时，村民A如果没有特殊的原因不能不来。如果村民B家中办红事时，村民A家中恰巧发生了白事，那么村民B便不会给村民A送帖，村民A也不会给村民B捎信。此时，村民A和村民B不算互欠人情。但是，如果村民A因有其他事情不能来，那么在村民B办完喜事后，村民A通常要前去补送人情。如果村民A在家中发生红白喜事时没有邀请村民B，那么村民B在家中发生红白喜事时即使邀请了村民A，村民A也可以借故不来。当然，村民A并不能直说，这样做必然会影响两人之间的关系。如果村民A在办红白喜事时邀请了村民B，村民B家中发生红白喜事时又邀请了村民A，村民A却借口不来，村民B通常不会去村民A家要钱，不过这也会影响两人之间的关系，甚至造成两人之间的关系破裂。

（四）结婚消费

1. 普通家庭的结婚消费

以往，该村村民大多比较穷困，因此婚姻仪式也可以一切从简，尽量降低消费。如果是过了20岁的老姑娘或者是家境较穷的男孩，当家人一般会委托媒婆替孩子寻找合适的结婚对象。此时，当家人会一次性支付给媒婆一笔费用。如果男方（女方）家庭看上了本村或邻村的女孩（男孩），则会委托村上的排场人替其做媒，此时只需给排场人几个喝茶、吸烟的钱便可。如果双方对媒婆（媒人）介绍的情况比较满意，媒婆（媒人）便会安排双方见一次面。见面后，男女双方如果都对对方长相和家庭比较满意，便可以定日子办酒席了。在此过程中，男方无须给女方送礼，女方也不用回礼。

到了规定的日子，女方出嫁要带嫁妆，也就是当地村民俗称的"四件头"。"四件头"主要包括：桌子、板箱、立柜、茶几。板箱内一般还要装陪嫁的被子、衣服、金银细软等。以往，女方出嫁，板箱必须装满，较穷的村民就会放些肉或者其他不太值钱的东西将箱子装满。民国时期，将箱子装满又叫"压箱"，马车运送嫁妆过程中箱子不能丁零哐啷乱响。如果让周边村民看到箱子不是非常满，将导致女方家庭颜面尽失。此外，女方家庭对于婚姻的花销还包括女儿嫁出三日之后的"回门宴"。

与女方相对，男方的花销除了婚宴，还包括"四色礼"。所谓"四色礼"包括：猪肉、羊腿、鱼肉和鸡。在回门时，男方要将四色礼一起带到女方家中。但是，如果男方家庭比较穷，也可以在当年的八月十五或者过年时将四色礼补上。此外，男方在迎娶新娘时还要请"轿头"。"轿头"多是家中拥有花轿或者是抬棺架子的排场人，以往，红事时村民要去邻村请轿头。请轿头时要雇花轿，还要雇抬花轿的人。当地"抬花轿"一般用四抬轿，需要8个人轮流抬。因此，这也是一笔不小的开销。

2. 富裕家庭的结婚消费

富裕家庭之间的婚姻，一般仪式比较复杂，需要花钱的地方也比较多。媒人说合并换过庚帖之后，男方必须向女方下聘礼定亲，否则婚姻作罢。待相亲完毕之后，男女双方还要在定亲的过程中互赠礼品，其中男方先送，女方再回礼。嫁娶当日，男方要派人送冠戴盒到女方家庭，盒内装陈曲、笤帚、金银首饰、供品、荤甜食品以及一只雄鸡。女方随即回礼，并送母鸡一只，以示发亲。在娶亲时，男方一般要雇四抬轿子，其中两抬为红色，另外两抬为蓝色，这也是一笔不小的开支。此外，男女双方的成本还包括婚宴当天的花销，女方成本还包括带去的嫁妆。正常情况下，富裕家庭嫁女必在箱子里放置金银细软等值钱的首饰，有些还要陪嫁部分田地。

（五）丧葬费用

1. 普通家庭的丧葬费用

普通家庭的丧葬费用主要是棺材，但是家庭情况不同棺材的好坏也有所不同。过于贫穷的村民或者是无依无靠的孤寡老人，一般连棺材都难以买得起，死后由家人用一张由麻绳将高粱秆穿起来制成的箔包裹尸体，随意找一片荒地埋葬便可。有时孤寡老人甚至连箔都用不起，死后被邻居拿张破席一卷，搬到村内的舍地坟便可。如果家里较穷，但还买得起棺材，那么老人死后可买一个薄皮棺材。据村内老人介绍，薄皮棺材多是四处透光的棺材。为了不让棺材透光，家人只能反复在棺材外面刷漆，然后再在外面贴一些纸壳之类的东西挡光。如果家庭条件较好，则可以买一些好木头做成的棺材，但花费通常也会相应提高。除了棺材，普通家庭的丧葬费用还包括请"轿夫"，也就是拥有抬棺所用架子的排场人，另外抬棺时至少需要16人，还要再配4—8人换班，这些都要给钱。如果家中较穷，死者家属可以不摆宴席招待前来吊唁的亲友，即使摆也多是只支一口大锅熬些蔬菜汤，这部分花销并不算大。

2. 富裕家庭的丧葬费用

与普通家庭不同的是，富裕家庭的丧葬一般要用质量上乘的棺材，有时还会一次出几口棺材。例如，赵国兴家就曾一次出过 7 口棺，但其中的礼仪村内老人已经无法说清。除了这些，富裕家庭在丧葬时还要请和尚和道士前来作法，并请乐班前来奏乐。以往，富裕家庭会制作纸人、纸马、童男童女等。此外，富裕家庭，特别是村中的排场人在举行丧礼时，必要开宴席招待前来吊唁的亲友。

（六）教育消费

以往，该村上过学的村民并不是非常多，因此多数老人对于上学所需学费的记忆并不是非常清晰。据村内老人介绍，每年读私塾大约需要 40—60 斤小麦（一说杂粮 50—60 斤）。与此类似，洋学的学费在 40—60 斤小麦之间，只不过洋学每年分 2 期，学生可以分期缴纳。同时，如果学生所读私塾的教书先生为外村村民，那么学生要轮流为老师提供每日所食蔬菜。此外，家里有学生在上学的家庭还要为学生购置纸笔，每年大约需要花费 5—10 斤小麦或者与之等额的现金。如果村民需要外出读书，那么需要花费的数额便会更高。据村内老人介绍，在外上初中和高中除了需要支付学费和纸笔费，还需要支付生活费和零花钱，有些富户还会配备 1—2 名仆人专门照顾在外读书的孩子，因此，每年的支出大约是在村内读书的 3—5 倍。

（七）医疗消费

以往，医疗消费并不算高，但如果村民生病且一时无法治好便会耗费家中不少财产。从医疗消费的等级来看，又可以分为土医、巫婆、名中医三个档次。

1. 土医

由于该村就是镇政府所在地，因此村上也有药铺，药铺掌柜名为彭荣庆。不过，在楚铺周边不少村中，实际上并没有开设药铺的正规中医，而只有一些土医。村民也称他们为"赤脚医生"。村民请土医看病通常要先请他们到家问诊，问诊无须请吃饭，也不用给任何酬劳。但是，土医的酬劳必须从药价中出。对于村中较穷的村民，土医收取药费一般会低于正常药价一半左右；对于拥有少量土地的村民，土医只收取正常药价；对于拥有土地较多的村民，土医收取的药费会是正常药费的 3—5 倍。

2. 巫婆

如果家人病得较重土医无法医治，村民还会去找村上或者附近村落的巫婆。村民去找巫婆，通常是去巫婆家中烧香拜佛，并请巫婆通过作法为自己的亲人祈福。在拜见巫婆时，无须支付现金，但是要带几样祭品，主要包括：油炸馍、油炸肉以及油炸丸子。这几样物品在民国时大约需要花费村民 5—10 天全家的口粮，因此负担也相对较大。所送祭品名义上是给神佛的供品,实际上就是给予巫婆的报酬。

3. 名中医

在当地名中医一般是指开有店铺且师从名医的中医。名中医的店铺通常开设在镇上或者是县城里,所贩卖的也以名贵药品为主。据村内老人介绍,该村医生彭荣庆也不能算是名中医。如果有家人生病,村民会先向周边村民询问,哪里的中医比较有名气、治愈率相对较高。然后,村民会跑10—20公里并请医生前来出诊。医生出诊,主家并不用付钱。如果到了吃饭时,主家必须制作白面馍、蔬菜汤并配上一碗鸡蛋汤招待医生。待医生看完病之后,会通过开药的方式赚取应得报酬。由于名中医基本上都不是本村人,村民在他们那儿抓药必须按药价实付。同时,他们所用药物多是贵重药品,所以一次抓药至少要花费10—15天全家的口粮,对普通村民而言负担相当沉重。因此,如果家中较穷就很难请得起名中医。

(八)节日消费

当地村民非常重视节日的庆祝,特别是八月十五和过年时村民往往花销最大。但是,节日消费关系则以过年最为丰富。

1. 一般节日消费

除了过年之外,一般的节日消费以聚餐和制作节日所需的食物为主。除此以外,在清明节、"十来一儿"[1] 等节日,村民还需购置香烛、纸钱、鞭炮等物品。对于外嫁女而言,她们往往要在中秋、端午等节日的第二天回家探望父母,探望时要带些家中自产的粮、油、蔬菜等物品。探望结束之后,娘家人也要准备相应物品供女儿带回夫家。

2. 过年的消费

(1) 过年消费的主导权

在该村,过年是最大的节日,需要消费的地方非常多。不过,各家的条件不同也会造成消费内容的不同,每年收入的不同也会对此产生影响。在小年前后,当家人要根据家里的经济条件,决定需要采买的东西,并决定是否要做新衣、杀年猪或是请年酒。

(2) 采买的具体内容

过节时,消费主要包括采买香烛、纸钱、鞭炮、猪肉、糖果、馓子、花布、盐、酒等。但是,经济条件不同,采买的数额也会有所不同。经济条件较差的村民,只会采买2—3斤猪肉,有的甚至连肉都买不起。与此类似,也不是所有村民都能买得起花

---

[1] 即"十来一",农历十月初一,当地人又称"鬼节"。

布，一般村民只会用自家所产土布为家人做新衣，有些村民甚至只能为家人做双袜子。此外，糖果不是每个家庭都能买得起的物品，村内家庭通常会把平日里积累的糖果放到过年时一起使用。盐、酒是每个家庭必须采买的物品，只是条件较差的村民会少量采买。

（3）消费关系

过年时，村民的消费主要以满足吃为第一要务。平日里，村民基本上舍不得吃白面。但是，再穷的家庭也会留些白面供过年时食用。与此相对，杀年猪却不是每一个家庭都能负担得起的。村内过年杀猪的多是拥有土地面积在70亩以上的大地主，即使是他们也不一定年年杀猪。因此，能杀年猪者一般都是四邻羡慕的对象。做新衣者也多为富户，没钱的村民如果制作新衣还会被四邻说成是"烧包"。普通村民能给家中一两个孩子做上一两件新衣就已算不错。此外，也不是所有村民都能请得起年酒，请得起年酒的村民所请对象也有所不同。对此后文将详细叙述。

（九）养老消费

以往村民的养老消费以保证老人的口粮为主，但并不仅限于此。日常生活中，老人手中还要掌握少量的零花钱。此外，养老消费中还有一笔花销就是为老人过生日。生日当天，当家人会为老人买卤肉、糖果、点心之类的吃食。此外，孩子们还要为老人做衣服，特别是女儿一般要为老人做整套衣物，即褂子、裤子、袜子。

（十）信仰消费

在该村，信仰消费也是多数家庭要支付的消费事项。对于贫穷村民而言，他们在祭拜神明时只会少拿一些香烛等祭祀用品。虽然花费也不小，但是却不至于为家庭带来太大的经济负担。不过，如果参加了跪香道、一贯道、摸摸道等道门，就会持续增加一个家庭的消费。如跪香道要求村民每日在家上香，普通村民基本上无以支付这笔费用。与此类似，其他道门也会通过种种形式让入道村民捐献财物。

三、家庭消费顺序及关系

1949年之前，消费顺序是家庭伦理的体现，也是当地消费惯习的展现。可以说，遵循消费顺序不仅承载着调和家庭内部关系的作用，还有维系家庭持续运转的目的。不过，在伦理和惯习两个指导原则下，不同家庭又反映出略微不同的消费顺序。

（一）少（无）地村民的消费顺序

在当地，少地家庭的消费要以保障家庭成员的吃饭和穿衣为第一要务，如有多余则必须用于保障生产所需。在日常生活中，用于口粮的饮食消费占到家庭消费比例的绝大多数。他们还要购买盐、油、蔬菜等必须食用的物品。在这种背景之下，家庭并没有消费顺序的明显区分,当家人首先要解决家庭的吃饭问题,家中如赡养有老人只要能吃饱饭,也不会有其他消费需求。与此类似,父母只要能保证孩子健康成长便可,其他需要消费的地方也是能省便省。满足吃饭问题之后,当家人会将剩下的钱粮用于购置和维护工具,或者是储备起来在子女结婚时使用。此后,当家人还要留一些活钱用于人情消费、年节消费以及其他消费。如果家中遇到重大变故,可能连用于口粮的消费都无法满足,就更无所谓消费顺序了。此外,有些少地村民甚至会让父母去要饭,那么此时家庭也不会再为父母消费。

(二)自耕农的消费顺序

在该村,自耕农的经济情况较少(无)地村民要好一些,但日子过得并不是非常宽裕。自耕农首先要满足的消费需求也是吃饭,只是他们断顿的可能性相对较小,在日常生活中也有能力食用白面或者偶尔吃上一顿肉食。在老人过生日或者过节时,自耕农的餐桌上通常也会有2—4个肉菜。在满足饮食需求之后,自耕农还有为家人添置新衣的能力。在添置新衣时,他们一般会先给当家人做新衣,再为其中一个孩子做新衣,但不会为老人添置新衣。不为老人添置新衣主要是因为,老人的新衣多在生日当天由外嫁的女儿送给父母。优先给当家人添置新衣,则是为了让当家人外出时不至于没衣服可穿。同时,当家人衣物破旧时还能给家中较大的儿子穿。自耕农也离不开生产消费,如检修工具、添置牲口、雇工等环节。剩余的部分,当家人还要为家人生病、人情往来以及儿女结婚等相关事宜进行消费。

(三)大佃户的消费次序

相较于自耕农家庭而言,大佃户除了满足家庭成员的吃和穿之外,用在生产方面的消费更多。就吃饭而言,他们通常会消费更多的白面和肉食,但不会比自耕农家庭多太多。穿衣方面也会尽量简单,并不会每年都为家中每一位成员做新衣。同时,他们的消费也包括人情和教育两个方面。此外,他们通常还会为家中老人和孩子购买更多的零食以及日常用品。

(四)地主的消费次序

大地主由于财产较多,所以家庭成员的消费需求基本上都能满足。在吃饭方面,他们虽然不会天天吃肉,但隔几日或者十日之内便会吃一次肉。据村内老人介绍,村内地主赵国兴基本上每日都会吃肉。日常生活中,他们基本上会穿品质较好的衣物,除了当地土布外,他们会穿价格较贵的绸缎或者是由毛皮制成的衣物。此外,每年每位家人都能添置两三套新衣。除了服饰之外,他们还会为家中女性添置金银细软以及其他装饰品。不过,大地主通常不会投入太多钱粮用于生产,只会花费少许钱请1—4

个长工在家打杂。此外，在满足家庭成员日常消费的基础上，他们还会为村落集体活动花销一些。

（五）排场人的消费次序

以往，排场人主要是指人缘较广的场面人，在该村不仅包括镇长、富户、保甲长、后备队成员等，还包括土地较少但在村中较有威望的村民。排场人的日常消费与普通村民类似，基本由家庭情况决定，但是他们往往要多支出一些费用用于日常交际。例如，保长在议事时便会让家人去茶馆接一壶茶，或者是用自家的好茶叶泡茶。此外，他们还要再拿出一些烟、糖招待前来议事的保内干部。议事一次两次，成本可以忽略不计，但是保长通常每年要议事15—20次，因此这笔支出也不是一个小数。与此同时，排场人之间相互请酒的情况在该村也时有出现。不过这在民国时期并没有形成风气，一个排场人一年大约需要请3—5次酒，造成的经济压力并不算大。

第七节　继承与继承关系

以往，分家是每一个当家人都不愿看到的事情，但却是无法避免的事情。不过，当地的分家并不是指真正的分家，而是指"分伙过日子"。在这种背景下，"分伙过日子"便被村民视为正式分家，而正式分家反倒无须正式确认。同时，分家必须经过特定的程序，财产也需要按照特定的原则进行分配。此外，父母都去世后遗留下的部分财产，也能通过继承的方式实现家财不外流的目的。

一、分家与继承

分家不仅是财产关系的终结，也是原有家庭关系转变的开始。因此，分家过程往往是以往家庭关系的集中展现，处理得当即使分家之后家庭成员依旧会和睦相处，处理不得当分家就意味着家庭的彻底分裂。

（一）分伙与分家

在当地，一般意义上的分家就是"分伙过日子"，一旦分伙村民就会视他们已经分家。在"分伙"之后，小家庭只是独立经营并掌握所分财产，但是原有家庭与外部的经济关系并没有发生变化。例如，分伙之后家庭仍以原有家庭为单位承担赋税和摊派，家庭在此时也只有一个代表。在分伙之后，如果兄弟们把分得的土地变卖了出去或者是搬出去另盖宅院，才可以算作正式分家。此外，大家庭的分家则不存在分伙的阶段，他们会直接正式分家，并用书面文书进行确认。

（二）分家与分户

如前所述，即使是正式分家，村民也不会再另外开门。这主要是因为院落之外还有围墙，开门并不是非常方便。如果不另外开门，保甲长便不会为他们安置新的门牌号。同样，保甲长也不会登记赋税关系的变化。不过，如果是像赵国兴一样的富裕大户，他们在分家时通常会告知保甲长，请保甲长为他们修改赋税信息。此外，富户在分家之后，如果每一个儿子分得的土地超过100亩，也会前去县城变更土地赋税信息，然后再分别缴税。

（三）分家时间

正常情况下，分家多出现在麦收或者秋收之后，这么做主要是为了方便粮食分配。不过，如果家庭并不是非常和睦，也可能在粮食还没有收获之前就分家。此时，兄弟们自己照管各自所分土地，收成也归自己所有。

（四）分家原因

1. 正式确认的分家

村民分家主要基于以下原因：其一，父亲无力掌管整个家庭，希望儿子各自独立生活。在这种情况下，分家一般是出于父亲本人的意愿，分家过程通常会比较顺利。如果父亲想与儿子分家，多是在儿子都已经成年并都已经婚配时，也就说儿子们都具备了独立生活能力时。其二，父亲去世前，担心儿子在自己去世后不和，也会通过遗书的形式分家。这种情况与第一种情况类似，父亲死前要先请五服内同姓长辈立下遗书，并详细规定家财的分配方式。在父亲去世后，兄弟们便会按照父亲的要求进行分家。其三，儿媳妇闹分家。以往，儿媳闹分家的情况也时常出现。在这种情况下，父亲如果没有能力再掌管家庭，也会同意分家。其四，儿子之间不和。以往，在该村儿子闹分家通常是不孝的表现，所以大多数情况下儿子不会主动提出分家，有意愿分家的儿子会让自己的媳妇去闹。当然，兄弟闹分家的情况在民国时期也时常发生。如果兄弟不和，当家人又无力劝说便会选择分家。其五，未成年的儿子在成年后与兄长分家。如果在父亲去世后，家中还有儿子没有成年，长子一般会尽力抚养。待儿子们都成家之后，有些家庭的长子会选择与兄弟分家，此后儿子们便各过各的日子。其六，其他儿子不满长子当家。有些家庭即使是父母都去世且儿子均已经婚配也不会分家。此时，其他儿子如果不满长子当家，便会与长子持续发生冲突，直到长子同意分家。

2. 事实上的分家

有些家庭即使不用正式确认，也可以实现事实上的分家。具体而言，事实分家主要基于以下几种原因：其一，村民长期外出且与原有家庭没有了联系。对于这种情况，当家人可以认为其已经放弃了继承家庭财产的权利，此后家庭即使分家也可以不分给其应得财产。如果多年后长期外出的村民又返回了家乡，其他兄弟可以适当帮衬，但并没有分给其财产的义务。其二，入赘。入赘在当地也叫"倒插门"，入赘了的男性村民一般会自动放弃原有家庭财产的继承权。其三，独立门户。对于没有什么财产的家庭，儿子一旦独立谋生，就是事实上的分家。此时，兄弟们还都住在一起，但各自独立经营。那么，每个儿子赚到的钱都归自己所有，当家人和其他兄弟无权索要。其四，主动放弃继承家庭财产。有些村民如果在外有了较好的谋生手段，即使家中仍有财产也可能主动放弃继承权。此时，其与原来的家庭也算是事实上的分家，其收入归自己所有。例如，该村富户赵国兴在民国时期并未与兄弟赵国安正式分家，但是赵国安却放弃了财产继承权。赵国安本是村中洋学的校长，后到东北当了大学教授。由于收入足够养活自己，赵国安便放弃了继承权。不过，如果没有正式分家，放弃了财产继承权的儿子仍能获得家庭分配的口粮、零花钱、衣物等。

（五）分家原则

以往，分家必须遵从特定的原则。可以说，分家的规则就是当地的惯习，不仅规定了具体物件的分配方式，还规定了分家时家庭成员之间的权利和义务。

1. 诸子均分

在当地，分家时并不会设置"长子田"或者"长孙田"，家庭全部土地除去了养老地之后将按照儿子的数量平分。可以说，无论是长子还是小儿子都不能在分家时得到任何特权。同时，诸子均分不仅仅指儿子们在分家时所得财产数量上的相等，还指兄弟们所得财产质量上的相当。

2. 长子不离中堂

在分家时，如果家中老人自己单过，那么堂屋一般归老人所有。但是，如果老人去世或者是老人不愿意自己单过，那么堂屋归长子所有。将堂屋留给长子，并不是给长子的奖励，而是要求长子有生之年不能离开家乡。以往，长子有照看父母坟墓的义务，其他儿子可以离开故乡，长子却要保证父母坟前香火不断。分家时，如果长子已经去世，则由二儿子分得堂屋。

3. 女儿在分家中的权益

如果分家时仍有女儿没有出嫁，则由父亲给其中一个儿子多分一点财产或者是浮财[1]，作为抚养女儿的花销以及女儿未来出嫁时的嫁妆。不过，有些老人如果还能自己劳作也可以自己抚养未出嫁的女儿，那么女儿的嫁妆则从养老地中出。如果女儿是弱智或者是残疾人，老人同样会指定一个儿子照料女儿余生并为其多分一份儿财产，只不过此时一般会多分土地。例如，一户村民有 10 亩地以及两个儿子，女儿未出嫁时父母一般会给负责照料她的儿子多分半亩地，那么两个儿子就分别分得 4.5 亩地和 5.5

---

[1] 浮财，指土地以外的财产，通常是指粮食、现金等具备消耗性的财产。

亩地。但是，多数家庭只会多分给儿子一些现金、桌椅、粮食等浮财。如果女儿生活不能自理，父母则会给负责照料的儿子多分1亩地，那么两个儿子就会分别分得4亩地和6亩地。对此，不照顾姐妹的兄弟没有任何发言权，除非其也有意愿抚养生活不能自理的姐妹。此外，在当地还有"男得庄，女得箱"的习俗，女孩虽然不能分得家中田地，但却可以分得母亲嫁妆。不过，如果分家时女儿已经出嫁则无法享受这种待遇。有些家庭如果较贫穷，也可以不分母亲的嫁妆给自己的女儿。

4. 过继子在分家时的权益

过继子在分家时与亲生孩子一样，都能获得数量相等的财产。不过，多数情况下过继子就是家中独子，因为村民多是在无后时过继子嗣以避免家财外流，并让自己死后有人祭祀。例如，村内富户"七老婆"丈夫在其年轻时被人用枪打死，"七老婆"为了实现上述目的便从丈夫的亲戚家过继来了一个侄子。

5. 再婚家庭非亲生子女的权益

有些家境较为贫寒的村民会迎娶寡妇为妻（或者是被休的女性），如果寡妇带来了孩子，孩子在分家中也能获得部分权益。依当地习俗来看，寡妇带来的孩子并不能分得男方家财，也就是继父从他自己的父亲那里继承来的财产。不过，在实际操作过程中并不存在这样的限制，凡是家中的土地和财产都可以分给继子。当然，如果是继父与自己兄弟共有的财产则不能分给自己的继子。例如，继父与自己的兄弟仍共住在一个屋檐下，那么继子就不能分得房屋的产权。同时，在当地寡妇改嫁通常还会带来一些财产。寡妇所带来的财产在分家时归家庭共同所有，任何儿子都能分得一份。如果寡妇嫁来时，第二任丈夫也已经有了自己的儿子，那么寡妇带来的财产会留给自己的儿子以及其与第二任丈夫所生孩子。在这种情况下分家，如果寡妇已经给自己的儿子分了一部分财产，那么继父便不会给继子分配与其他儿子相等数量的财产，而只会给继子指定一块田地或者是分配几件比较值钱的家具。此外，继父同样有为继女置办嫁妆的义务。到了分家时，继父仍要给自己的继女留出嫁妆。

6. 妻妾所生孩子的权益

该村虽然娶妾的情况并不常见，但是仍有男性在妻子生不出儿子（至少是生不出孩子）时娶妾，也有富户会娶小妾。如果正妻无法生育，在分家时家中财产将全部分配给妾侍所生子女。但是，妾侍所生子女必须承担正妻的养老义务。如果是富户娶妾，妻子与小妾又都生出了男孩，那么无论是嫡出还是庶出都能在分家的过程中分得相等数量的财产。不过，如果是非婚生子，那么他们通常无法获得相应数额的财产。此时，如果妻子比较强势甚至可以拒绝给非婚生子分配财产；如果妻子好说话也只会分配给他们少量财产供他们以后生活。此外，分家有时还涉及嫁妆田的分配，妻子和妾所生子女在分配时的权益也有所不同，具体将在后文详述。

7. 寡妇在分家时的权益

在分家之时，有儿子已经去世，其妻子如果不离开男方家庭仍可以分得丈夫应得财产。例如，该村富户"七老婆"便是如此。如果寡妇没有生育且不愿离开男方家，可从亲戚那里过继来一个孩子为自己养老。但是，如果寡妇想改嫁则不能将财产带走。如果寡妇已经生育了男孩，改嫁时财产将由丈夫兄弟代管，待儿子成年再取回。如果寡妇没有生育男孩，改嫁时将随之放弃财产的所有权。当然，在特殊的情况下，寡妇在改嫁时也能将男方的财产带走，对此后文将详细叙述。

8. 多代大家庭的分家模式

在当地，对于四五代不分家的大家庭，一般当家人不说分家，其内部无论存在多少小家庭都不能率先分家。当家人如要分家，实际上只是儿子们与父亲分了家，儿子的儿子和孙子一般不会在此时一同分家。儿子们与父亲分家之后，如果觉得自己还能掌管家庭便不会与孙子们分家，即使此时孙子们都已经成年也是如此。也就是说，父亲只能和自己的儿子分家，父亲无权干涉儿子们在分家后如何与孙子们分家。

（六）分家的参与者

在正常的情况下，分家无须外人见证，只要父亲与自己的儿子达成一致便可。这主要是因为分家是一个家庭的"家丑"，村民通常不希望外人知道。但是，如果家庭不是非常和睦则需外人见证。具体而言，分家见证者主要包括以下几类人：

1. 同姓明白老人

同姓明白老人一般是与当家人具有血缘关系的长辈，他们一般是读过书且能讲道理的村民。请同姓明白老人前来协调分家，主要出现在父亲与儿子无法就分家的具体方案达成一致时（一说，请不来孩子舅舅时才能请同姓明白老人）。以往，同姓亲属所拥有的财产继承于共同的祖先，彼此之间有保护财产外流的义务。因此，涉及家产的分配，他们也具备一定的发言权。正常情况下，分家时应优先请当家人的叔伯，但是如果他们并不是读书人或者是已经过世则需要扩大邀请范围。请同姓明白老人前来，主要是就具体的分配方案进行协商，如果当家人与儿子争执不下，他们可以做最终裁决。

2. 舅舅

如果儿子之间关系不是很好，那么在分家时必须将儿子们的舅舅接来。舅舅前来主要是防止儿子们因分家而爆发冲突。在分家过程中，如果当家人与儿子协商顺利，舅舅通常不会发表意见。如果协商不顺利，舅舅要主动制止纷争，并向外甥们讲述当地的分家惯习具体是什么。在外甥们为一两件财产争执不下时，舅舅也有权定夺具体的分配方案。

3. 排场人

在分家时，当家人也能请与自己关系较好的排场人前来协调，不过这种情况多出现在当家人在附近村落没有其他亲属时。排场人参与分家，所起作用与同姓明白老人类似，主要是制定具体的分配方案，如果儿子们之间有矛盾，排场人通常劝说，但他们并不能对儿子们的行为进行责罚。

（七）分家程序

在分家时，首先要由当家人提议，其他家人没有反对的权利。家人也可以提议分家，但是当家人如果不同意，家人并没有强制分家的权力。通常情况下当家人就是父亲，如果父亲病危或者去世则由长子代行分家职责。

在决定分家之后，当家人还会向儿子说明家中具体有多少财产，交代家中的特殊情况，并询问儿子们对分家有什么建议。如果家中财产不多，且兄弟关系和睦，由儿子们自主协商分配方案便可。如果家中财产较多，父亲也可以主导分配过程，儿子们有什么具体的要求可以和父亲进行商议。如果家庭关系不是非常和睦，无论财产的多与少都要请外人参与协商。父亲与兄弟们达成协议之后，如果兄弟对分配方案没有意见，则无须订立分家契约。如果兄弟们最后勉强同意分家方案，那么必须签订分家契约，以免日后兄弟之间因分家而再闹矛盾。分家结束之后，兄弟们还要在当家人的见证下分配家中各项财产。全部家产分配完毕，一家人还会在一起再吃一顿晚饭，第二天早起便可以单独吃饭。

（八）财产的具体分配方式

1. 土地分配

（1）一般私有土地

在该村，土地是分家时最优先分配的财产。土地分配通常奉行完全平分的策略，所有兄弟可以分得数量和质量大致相等的土地。不过，一个家庭的土地即使可以在质量上平均分配，也很难在数量上绝对均分。如果一个家庭的土地质量大体相当，那么分家时则以数量平均为优先原则，即每一个儿子都能分得大致相当的土地面积。如果土地质量参差不齐，那么分家时当家人在保证土地面积基本相等前提下，会更加重视土地质量的平均。因此，在分配土地时一般还要采取"好坏搭配"的原则。例如，一个家庭有9亩地，3个兄弟，7个地块。这7个地块中，其中有2个地块是头头黄，1

个地块是二等黄，4个地块是赖坡地。在尽力保证儿子都能分得数量相等土地的同时，当家人一般会按如下方式为儿子们分配土地：分得两块头头黄的儿子，再分别获得一块赖坡地；分得二等黄的地块的儿子，可以再分得两块赖坡地。此时，因为7个地块的面积大小不一，所以很难实现土地面积上的平等，但通过"好坏搭配"，却可以做到儿子们分得的土地质量基本相等，也就是土地的产量基本相当。总体而言，土地分配时儿子们可以接受略微的面积不相等，但土地质量一定要相当。此外，如果家中土地只有一块，在分家时父亲还要请勘测员对土地进行分界。具体过程此处不再赘述。

在土地的分配过程中，一般先由兄弟们自行商议，父亲并不主动发表意见。商议时，由长子先发表意见，其他儿子再依次发表意见。如果长子主动挑选质量较差的地块，其他儿子们也会适当让步，那么土地分配便会顺利完成。但是，如果儿子们关系并不是很和睦，则要由父亲主导分配过程。在父亲权威较大的情况下，可以指定每一个儿子得到哪一地块。反之，则要外人介入分配过程。

(2) 养老地的分配

在分家时，如果老人决意留下养老地，那么分配土地之前必须先分配养老地，再给儿子分配土地。在分配养老地时，如果家庭比较和睦，分出够老人每年正常消费所需面积即可。如果家庭不是很和睦，老人则会留较多的养老地在手上，以免儿子不为自己养老。不过，老人即使留出较多的养老地，土地的面积最多也只与儿子们分得的面积大致相等。

分家之后，老人如果还有劳作能力则由老人自主完成养老地的经营，无论是自己耕种还是租赁给其他村民，儿子均无权干涉。如果老人无法再独立耕种，那么则由儿子们代为耕种。在耕种养老地时，一般是一个儿子认领一部分，收获后收益全归家中老人所有。在养老地不足1亩的情况下，也可由一个儿子代为耕种，其他儿子不用对此负责。同时，养老地也可以由儿子代为租赁并代为收租，收成都归老人所有。此外，无论是老人自己经营，还是由儿子们负责经营，土地的税收均由兄弟平均分摊。也就是说，土地的税收并不从养老地的经营收益中出，即使养老地只由一个儿子负责耕种，其他兄弟也要对钱（凑钱）缴税。

(3) 嫁妆田的分配

在分家时，嫁妆田一般不会被分配，因为其可以作为老人的养老地。如果家中土地主要为嫁妆田，那么分家时嫁妆田也会被分配。但是，分配之前必须首先预留养老份子，而且老人会留有较多的土地在自己手上。例如，家中拥有150亩土地，父母一般只会分配20—30亩，剩下的土地在父母都去世后才会分配。此外，如果丈夫又娶了小妾，小妾所生儿子也能分得正妻带来的嫁妆田，但前提是必须征得正妻的同意。即使妾侍所生儿子能分得正妻带来的嫁妆田，他们能得的面积也不会很大，仅为正妻所生儿子的三到四分之一。

（4）当地的分配

以往，典当来的土地只是短租，并不涉及分配问题。在分家时，如果家中还有典当来的土地，那么一般由一个儿子代为经营，收益也归其所有。当期结束，土地即可归还原主。不过，如果土地所有者想假当，那么则由有购买意愿的儿子单独与所有者商议。

（5）扩地的分配

扩地由于周期较长，所以当家人也能将其分配给自己的儿子。如果当家人将土地分配给自己的儿子，那么扩地周期结束之后，儿子们分别将土地还给将土地扩出的村民便可。不过，如果扩地对象是政府则要由父亲或者长子将土地一起归还。与当地不同的是，扩地周期内村民还要缴纳赋税，此时全家也会派一个代表统一缴纳赋税。如果扩地周期结束后，对方想假当土地或者家人想向政府购买土地，也由全家派出一个代表与对方商议，购买土地之后再具体分配。

2. 房屋分配

传统时期，该村分配房屋时首先要考虑父母是不是自己单过。如果父母自己单过，那么堂屋连同堂屋两侧的小房间就归父母所有，儿子按照由长到幼的顺序依次由东向西分配房屋。此时，如果家中只有2个儿子，那么一般是大儿子分得东屋，小儿子分得西屋。如果家中有3个儿子，那么长子能分得东屋的1—2间，二儿子能分得东屋或者西屋的1—2间，西屋剩下的1—2间房屋归三儿子所有。如果父母不自己单过，那么堂屋一般归大儿子所有，父母跟哪个儿子一起生活，就跟哪个儿子住。此时，父母即使长期跟着某一个儿子住，这个儿子也无法在房屋上得到补偿。其赡养父母的成本将由其他方式进行补偿。此外，如果家中房屋不够分配，那么父亲和分到房屋的儿子要共同为没有分得房屋的儿子想办法。

3. 粮食的分配

在分家时，粮食一般也要平分。但是，如果父母自己单过，那么父母将会留下30%—40%的粮食，剩下的才在儿子之间平分。这主要是因为父母已经年老，劳动能力远不如儿子，儿子在外还可以找到其他的谋生手段。如果父母和某一个儿子一起生活，或者父母分别和一个儿子生活，父母应分得的粮食也随即分给赡养父母的儿子。

4. 工具的分配

如前所述，工具或者牲口一般不做分配，只有在牲口数量为1时才会将其分配给其中一个儿子，没分到牲口的儿子将得到相应的补偿。

5. 现金的分配

以往，现金与粮食一样要平分。但是，父母如果打算单独生活则会留下更多的现金。一般而言，父母留下的现金比例约占掌握现金比例的一半，剩下的再在儿子们中间平分。如果父母和某一个儿子一起生活，或者父母分别与一个儿子一起生活，那么现金也将随之分配给赡养父母的儿子。

6. 家禽分配

家中鸡、鹅、鸭如果数量较多，那么一般按照平分的方式进行分配。如果养的数量较少，则由父母代养，年节时一起食用。如果父母和其中一个儿子一起住，家禽也归赡养父母的儿子所有，其他儿子在年节时一样可以食用。

7. 猪的分配

原有家庭饲养的生猪，通常在分家时不做分配，仍由父母代为照料。到了生猪该出栏时，如果父母决意将猪卖掉，父亲和儿子们可平均分得一份卖猪的钱。如果父亲决意在过年前屠宰生猪，除去过年所食用部分，其余也由父亲和儿子们平分。以往，分家时杀猪被外人视为不团结的表现，因此即使家庭不和睦也不会在分家时马上杀猪。此外，在饲养生猪期间，生猪所产厩肥也可由儿子们平均分配。

8. 家具的分配

正常情况下，家具也是平分，一般采取"好坏搭配"的原则。不过，如果父母决意单过，那么分家时父亲要先挑出质量较好且日常生活中经常使用的家具。同时，如果父母决意单过，母亲的嫁妆不会立刻分配，仍归父母所有。父母拣出自己所需的家具后，剩下的家具由父亲搭配后再分配给儿子们。此时，数量上的不均等，将用质量上的均等来弥补。有时，父亲还会将家具按照质量和数量平分为几份，再由儿子们按照由长到幼的顺序依次挑选。

9. 厨房和厕所的分配

以往，厨房一般不做分配，但是老灶却归长子所有。当然，如果父母仍决意单独生活，那么老灶归父母所有。其他儿子可在厨房建立新灶，也可以另建厨房，任何人不用对另建厨房和新灶的儿子进行补贴。厕所虽然没有使用限制，但是厕所内的人粪却归厕所的建造者所有。分家后，厕所产权虽不会分配给某一个儿子，但是厕所内的粪肥却要由儿子们平分。粪肥的具体分配方式由儿子们具体进行协商，并没有固定的模式。

10. 债权与债务的分配

（1）债务分配

在分家时，债务通常也由儿子们平均分摊，由父亲告知儿子家中一共有多少债务，再让儿子平均分摊。如果老人自己单过，那么老人也不会继续承担债务。有人来找老人要债时，老人可以告知债务由自己的哪个儿子承担，此后债务关系便正式转移。不过，如果老人跟某一个儿子生活，或者是跟某两个儿子生活，那么负责赡养老人的儿子一般会少分一些债务。

（2）债权分配

债权与债务基本类似，只不过父亲可以将债务都收回之后再分家。如果在分家时，当家人无法将债务全部追回，或者是有些借贷还没有到期，那么父亲也会将手中债权进行平分，由儿子分别去追讨债务。此时，借贷人会默认儿子们具有代表当家人前来要债的资格。儿子们要来债后，钱全部归自己所有，无须再转交给父亲。

11. 产业分配

以往，在楚铺街开有店铺的村民在分家时也要妥善处理自己的生意。此时，如果兄弟们都没有继续经营的意愿，父亲通常会将店铺关闭或者将店铺转让给他人，再把转让收入平分给儿子。但是，一般情况下即使长子不愿意经营店铺，其也有继续经营的义务。同时，父亲也能指定一个信得过的儿子负责经营。如果由儿子负责经营家中店铺，其他儿子通常不能再对经营情况发表任何意见，不过他们却能在每年年底从店铺的经营中分得属于自己的红利。换言之，店铺即使由一个儿子负责经营，其他儿子也能获得与其相等的股份。

12. 祖先灵位的分配

在当地，无论是父母的灵牌还是远祖祖先灵位，通常都由长子进行继承，其他儿子没有继承权。

（九）分家契约

1. 契约书写过程

如果家庭和睦，在分家时父亲与儿子达成口头契约便可，但是如果兄弟不和则必须立下分家契约，以免日后家庭成员之间再闹矛盾。如果需要签订契约，父亲通常还要请一个书写人来书写分家契约，即使父亲会写字也是如此。这主要因为，他们不仅仅是书写人还是分家契约效力的见证人。如果在分家时，已经请了同姓明白老人、舅舅或者是村中的排场人，那么请他们代为书写便可。

2. 契约的内容

契约中最主要的内容是对财产的分割，包括土地、房屋、家具、产业等财产的具体分配方案都要写在契约中。此外，如有特殊情况也需要列入契约中。例如，老人的养老问题以及未婚儿女的婚姻问题均要写在契约中。有些村民家中土地只有一块，因此地契无法分给自己的儿子，所签分家契约也能在交易时代替地契的效力。一旦签订分家契约，家中原本的地契又是没有加盖官印的白契，那么原有地契将自动失效。

3. 契约的份数

无论父母是否单独居住，父母都要留一份分家契约。同时，儿子们也会各留一份分家契约。父母掌握分家契约，主要是因为契约中规定了养老义务，一旦儿子不养老，父母可请外人前来评理。此外，如果儿子中间有人恶意修改契约，其他儿子也要请父亲拿出契约对照内容。

二、遗产与继承

如果父母分家后单独生活，他们均去世后也会留下部分财产，此时父母遗产便会涉及继承问题。儿子们对于遗产的分配方式，既要受到当地惯习制约，又要受到家庭成员关系影响。此外，遗产除了继承之外，还可以遗赠。遗赠的对象除了可以是自己的亲戚外，也可以是四邻，还可以是村内其他关系较好的村民。

（一）继承

1. 继承的对象

父母遗产的第一继承人是儿子，女儿并没有继承权。不过，除了儿子之外，其他人也有继承权利，但是必须经过特定的程序。如果一个老人没有自己的孩子，其一般会从自己的侄子或者同姓亲属中过继一个男孩，过继来的男孩就自动具有财产的继承权。对于只有女儿的村民而言，其也可以采取以下两种模式完成财产的继承：其一，去世后由女婿和女儿继承。这种情况下，女婿即使没有入赘到女方家也具备了继承的权利，但是继承权要由父母再次确认。一般而言，这种家庭通常会在女儿结婚时把家中大多数土地以嫁妆的形式交付给女婿经营，如果女婿为自己送终，剩余部分就由女婿和女儿继承，女婿不为自己送终则可以将遗产遗赠给他人。其二，招婿入赘。如果招婿入赘，女婿就和儿子一样具备理所应当的继承权。

2. 继承的原则

在该村，继承的财产主要是在分家时未被分配的财产，包含养老地、养老房、家具以及老人没有用完的钱粮。但是，继承也必须依据特定的原则，特定的财产必须由特定的儿子来继承。其他财产虽可以全部由儿子继承，继承时却仍要经过协商。当然，在没有儿子继承的情况下，过继来的儿子将继承全部财产。此外，财产继承通常发生在老人都去世后。如果父亲去世，母亲仍在世且自己不愿意让儿子继承财产，财产仍不能由儿子继承。

3. 继承物

（1）养老房

老人在去世之前如果还自己单过，那么他们一般会住在堂屋中。父母都去世后，堂屋通常由长子继承，但是长子也不能白得养老房。此时，如果兄弟们和睦，且经济条件都相对较好，也可以对此不做计较。如果兄弟们关系不是很好，或者家境均比较贫寒，那么长子也要适当拿出一些钱作为补偿。不过，钱的数额不会太多，基本上仅为养老房价格的几分之一。

（2）养老地

在父母都去世后，养老地除去丧葬费用（一般家庭花费较少，丧葬费不一定从养老地中出）之后，如果所剩面积较多则由兄弟们平分。但是，如果养老地面积仅为0.8分到1亩，那么就不会平分。此时，养老地由谁得，通常由兄弟们共同商议。不过，如果兄弟们关系不好，得到养老地的村民必须出钱补偿其他兄弟的损失。

（3）嫁妆田

在当地，母亲的嫁妆田通常在10亩以上，因此在父母都去世后嫁妆田一般由儿子们平分。有些情况下，如果家中田地多数是母亲的嫁妆田，且在分家时父母已经分配了一部分给自己的儿子，那么剩下的土地如果面积较大则按儿子数量平分，面积较小则由其中一个儿子获得产权。此外，如果丈夫娶了两房妻子，嫁妆田又由正妻带来，妻子死后妾侍所生子女没有资格获得嫁妆田的产权。

（4）家具

家具在继承时，基本也奉行少则兄弟商议，多则由兄弟平分的原则。只不过如果老人家具较少，获得了家具产权的兄弟无须再给其他兄弟补钱。

（5）其他物品的继承

除了土地、房屋、家具，老人去世后遗留的工具、现金、粮食等物品均在儿子之间平均分配，任何人无法享受特权。当然，如果所剩不多，且儿子之间关系又比较和睦，也可由经济条件最差的儿子继承。

4. 继承程序

在继承时，多由长子安排具体的继承事宜，其他儿子也可以就继承过程发表自己的意见。在继承之前，长子一般会和其他兄弟一起清点父亲所留遗物，然后再商量具体的继承方案。如果父亲生前留下财产较多，有时还要请父亲的长辈或者是同辈前来协调财产的分配。

（二）遗赠

1. 遗赠对象

老人死后遗赠的对象主要包括：侄子、四邻、村落中办事公道的村民以及村落或者村落附近与自己关系较好的村民。老人选择遗赠，通常是因为自己无依无靠，生怕死后无人安葬自己。除了侄子之外，其他遗赠对象均没有为老人养老的义务，他们只需为老人安葬便可。据艾宝玉老人叙述："过去，楚铺村上有一个姓艾的老婆儿，不过跟俺就没啥亲戚关系。那个时候，俺爹是村上的文化人，又经常组织村上的村民给无地的，要么就是死了没人管的捐俩钱给人家埋了。那姓艾的老婆儿就给俺爹说，让俺爹在她死了之后给她埋咯，家里剩下的东西就都归俺了。"实际上，如果侄子不为老人养老，老人也可以将自己的遗产遗赠给侄子。

2. 遗赠物品

如果老人选择将财产遗赠，那么一般会将家中家具、房屋、田地等全部遗赠给某一个人。不过，这种情况多出现在老人家中财产较少的情况下。如果老人财产较多，一般会通过过继侄子的方式实现财产的继承。楚铺村的艾姓妇人，家中只有3间房以及1亩地，其死后便将之全部赠送给了村民艾常青。不过，也有人采取分开遗赠的形式，将财产分配给不同的村民。这些选择分开遗赠的村民通常财产较多，且一般没有自己的孩子。如果他们与自己的亲戚关系也不是非常融洽，那么便会在死后将财产分别遗赠给自己的朋友和四邻。在该村附近曾有王姓富户，其一共拥有16亩土地，其中绝大多数都是由朋友遗赠而来。在1940年前后，王姓富户与朋友共同在县城里任职，两人关系非常要好，朋友死后就将土地全部赠送给他。朋友剩余的财产则遗赠给了自己的邻居，并请邻居在其死后为其安葬。

3. 遗赠过程

该村及其附近村落老人在遗赠时无须签订任何纸质契约，但必须要达成口头契约。正常情况下，老人的其中一个侄子为老人养老并为其送终，那么为其养老的侄子就具备了获得遗赠的基本资格。但是，如果老人不开口与其达成协议，其仍不能获得遗赠。老人遗赠给自己的侄子，必须经老人本人确认，同时口头协议必须有其他亲属见证。老人打算遗赠时，可通知家中同姓晚辈以及一两个同辈前来，并当着众人的面说明自己的财产留给谁。同时，老人也可不当众宣布，日常生活中与亲属一一说明也可以。与遗赠给侄子类似，如果老人打算遗赠给其他人，也需要在日常生活中与亲属或者村落中其他村民说明自己的打算，否则遗赠对象无法在其死后获得财产。当然，如果遗赠对象是村落中较有威望的村民且其又为老人举办了丧事，那么老人即使不向其他村民说明，其他村民也会默认遗赠成立。

（三）无人继承

以往，无人继承基本上出现在以下两种情况下：其一，老人无后且突然去世。其二，老人没有亲属且没有说明遗赠对象。如果老人没有指明遗赠对象，那么老人死后其同姓晚辈具备优先继承权。但是，此时由谁来继承需要进一步协商。正常情况下，老人侄子可以优先继承，每一个侄子都享有平等的继承权。在继承时，一般由家中长辈与侄子们共同协商。如果老人死后留下财产较多，那么财产通常按照平分的方式分配；如果老人财产较少，可以按照"搭配"的方式分配，即将家中土地、房屋、工具、现金等打包分为价值基本相等的几份，侄子们协商后分别认领。当然，如果家庭和睦，也可以将财产分配给一两个条件较差的侄子。不过，在实际操作过程中，侄子们为遗产大打出手的情况也时有发生。同时，如果老人没有侄子，其他远亲在为老人办丧礼的情况下也可以继承老人财产。此外，如果老人没有亲属，其财产一般由四邻继承。为其办丧礼的四邻会先将其财产全部变卖，然后再为老人偿还债务并举办丧礼。丧礼的规模通常视老人还剩多少财产而定，多则隆重，少则从简。四邻在帮忙时，会把老人所有的财产用于丧葬，如有剩余，帮忙的四邻可以平分。

三、继承关系

以往，分家之后原有家庭关系也会随之发生转变。这一方面集中体现为父亲与儿子以及兄弟之间的关系变化，另一方面也集中地表现在分家之后的养老义务上。此外，继承之后也会涉及赋税关系的变化。

（一）分家与养老义务

分家首先要处理的问题是养老问题。如果父母有养老地，那么儿子们仅需要帮助父母经营养老地便可。如果老人没有养老地，那么则要分配儿子们在养老过程的义务。具体而言，养老一般采取以下几种方式：其一，由一个儿子负责养老。如果由一个儿子负责养老，那么家中无论有几个老人都归这个儿子赡养。但是，其他儿子也并不是没有养老义务，他们仍需在年底时将赡养老人所付出的粮食和现金交付给赡养老人的儿子。其二，由两个儿子分别赡养父母。这种养老模式通常出现在家中只有2个儿子的情况下，此时多由长子负责赡养父亲，小儿子负责赡养母亲。其三，抓阄决定由谁来养老。如果孩子们都不愿意养老，父母则会请同姓明白老人或者村中排场人前来为自己做主。此时，外人一般会建议儿子们"叨蛋"，也就是通过抓阄的方式来确定由谁来赡养老人。叨蛋时，可以只在一个纸团上写上字，也可以在两个纸团上写上字，既可以由一个儿子负责两位老人的赡养，也可以由两个儿子分别负责两个老人的赡养。其四，由儿子们轮流赡养父母。如由儿子轮流赡养父母，那么儿子要商议父母在每家具体的住宿时间，一般时间为10—15天，到期后轮到哪个儿子，哪个儿子去接父母即可。其五，让父母去要饭。如果家中十分贫穷，儿子也可以让父母去要饭，当然这是非常不孝的表现。但是，如果家中真的没有财产可以分给儿子，即使外人也无法对此进行干涉。

（二）继承与赋税

如前所述，在分家之后兄弟们仍会选一个兄弟代替全家去缴税。这种情况一般会持续到土地交易之后，一旦家中有儿子将手中土地变卖出去，保甲长便会重新登记赋税关系，并呈报给上级政府。此外，如果其中一个兄弟分宅而居，保甲长在为其制作门牌号时也会登记其实际掌握的财产，此时建立新宅的兄弟便与其他兄弟分开缴纳赋税。同时，儿子在继承养老地之后，如果仍以原有家庭为单位缴税则无须告知保甲长，全家人仍一起缴税便可。但是，如果已经分开缴税，继承了土地的村民必须告知保甲长，并详细说明自己继承的是哪一块地，具体方位在哪里以及面积有多大。此外，如果某一村民获得了另一位村民的遗赠，且其中包括房屋和土地，那么村民在获得遗产之后也必须告知保甲长。除了登记土地信息，保甲长还要为村民重新制作门牌号。

第八节 楚铺村经济变迁

1949年之后，楚铺村的经济形态已经随着国家政策的变化发生了根本性的变化，伴随而来的是经济关系的深刻变化。经过土地改革运动、集体化运动以及土地包产到户三个发展阶段，当下的楚铺村又回归到以家户为本位的经营模式中。在三个时期中，该村又分别展现出了不同的经济形态和经济关系。

一、土地改革与传统农业改造

据村内老人介绍，该村土地改革的时间大约为1949—1952年间。在土改的过程中，该村土地全部被重新分配，平均每人分得土地面积约为2.5亩。在划成分时，该村村民的成分主要有地主、恶霸地主、恶霸、佃富农、富农、佃中农、中农、贫农等。其中，村内地主主要包括赵国兴、赵文圆、"七老婆"、赵九儒、赵国柱、赵国费、赵开元、李子峰、李子振、萧景云、刘开基、靳仲楹12人。但是，上述地主仅是村内土地超过 70 亩的村民，也就是被村民称为大地主的村民。在该村，拥有土地在 30—50 亩之间，且有雇工者便能被划为地主。据老人回忆，能被划为地主的村民约有 15—20 人[1]。此外，由于该村地主所拥有的土地不仅在本村，还遍布在附近村落，因此无法准确计算他们占有该村土地的准确比例。据村内老人粗略估算，该村地主大约占有村内土地总量的 60% 以上。

表 3-7 楚铺村村民成分表（部分）

楚宝庆	贫农
楚宝伦	贫农
楚马虎	贫农
张泰园	贫农
张富中	雇农
张贵林	雇农
张文清	佃农
张荣青	佃富农*
张得柱	贫农
赵国兴	地主
赵氏（"七老婆"）	地主
赵文圆	地主
赵九儒	地主
赵国柱	地主
赵国费	地主
赵国富	贫农
赵开元	地主
赵喜	恶霸
李子峰	恶霸地主
李子振	地主
李俊山	贫农
李发祥	恶霸
李发荣	贫农
刘开基	地主
刘永宽	贫农

---

[1] 一说村中只有 12 个地主。

续表

刘景文	中农
刘清源	中农
刘保安	贫农
刘保庆	贫农
刘万城	贫雇农
刘永元	贫农
陈应露	中农
陈本	贫农
陈发泰	贫农
姚西全	佃富农
金毛顶	贫农
金毛山	贫农
袁宏喜	贫农
牛青	贫农
杨毛	贫农
米四荣	贫农
罗海山	贫农
罗海广	贫农
罗清秀	贫农
罗世杰	贫农
艾常青	贫农
艾宝仁	贫农
艾常秀	贫农
萧景云	地主
萧景洋	富农
萧清奎	贫农
靳仲楹	地主
彭庆荣	贫农
潘阳辰	贫农
潘阳林	贫农
王干辰	贫农
赵昌福	贫农

* 指通过租赁土地发财后又购入土地,从而在土地拥有量上达到富农标准的村民,在成分划分上属于专门的一类。

二、集体化运动与集体经营

据村内老人介绍，该村进入人民公社的时间为1958年前后。这一时期，村民们变成了公社的社员，按照上级的统一安排完成农业生产。如前所述，楚铺当时被分为5个生产队，每一个生产队包含200—300人，劳动力数量多在150—180人。在生产队中设有正副队长、记工员、妇女主任等职位，他们是农业生产的主要负责人。其中，妇女主任主要负责组织妇女进行劳动生产。

在生产过程中，原有单家独户的经营模式被彻底打破，家庭成员之间的分工也变成了无足轻重的事情。生产队采取固定时间上工的制度，农闲时上工时间较短，农忙时略长，村民上工以敲钟为号。在公社初期，社会热情较高，生产队的生产效率也随之提高。不过，随着"浮夸风"和"大食堂"等现象的出现，村民的生产热情也随之被消磨。

在公社时期，生产队实行统一的工分制，以工分来衡量分配。具体而言，干一整天活最多10分，干半天活最多可以拿到8分。但是，女性社员最多一天只能拿8分，男性社员拿到满分也并不是一件容易的事情。满工分的工作主要集中在深耕、播种、收割等劳动环节。在干活的过程中，由记分员记录每人每天的上工情况以及应给多少工分。在分配粮食时，公社采取保障基本口粮，工分作为奖励的分配模式。口粮与工分所占比例均为50%。除了口粮，社员每个工作日还能分得少许现金。

三、包产到户与回归家户

1980年左右，楚铺村所在袁庄生产大队开始实行家庭联产承包制，全生产大队土地以生产队为单位平均分配给了每位村民。当时，每户家庭可以承包7—8亩土地。之后，土地承包制一直沿袭至今，该村历史上还未进行过土地调整。之后，随着农业技术的革新以及村民生产热情的提高，粮食产量得以大幅提高。2016年，该村小麦的亩产可以达到800—1200斤，粮食自给已经完全不是问题。随着农业生产力的提升，村民早已不满足仅从事农业生产，外出打工者或者经营其他商业的村民也在不断增多。不少年轻村民已将自己的土地租赁给他人耕种。当下，农业收入也不再是村民的主要收入，农业收入占家庭收入的比例约在40%以下。

第九节　楚铺村经济实态

进入20世纪80年代，该村村民在产权、经营、分配等方面与以往相比已经发生了根本性的变化。当下，土地经营权在重归家户的同时，村民也获得了独立的分配和消费能力。不过，该村又属于湖区移民村，这造成了村民在确权方面的一些困难和障碍。

一、产权

自包产到户之后，耕地实现了经营权、承包权、所有权的三权分立。目前，该地农业生产处于耕地为村民小组集体所有，而村民独立经营的模式。不过，该村在确权方面却出现了些许障碍。这主要是因为，1960—1962年间该地建造宿鸭湖水库时将该村及其大部分耕地划为湖区，耕地的性质变为了湖荒地。1962年之后，村民虽然仍旧在土地上耕种，县政府也默许了村民的行为，但湖荒地的性质却没有发生变化。2016年前后，该村在土地确权时，每户村民最多只确权了0.5亩土地，也就是不属于湖荒地的部分才能确权。当下，随着外出务工村民的增加，以及家庭收入来源的多元化，土地流转在该地变得越来越流行。就目前的情况来看，多数村民更愿意把土地流转给自己的亲属，该村还没有出现以经营农业为生的种植大户。在流转时，年轻村民会让亲属无偿种植自己的土地，有些年纪较大的村民则会收取少许费用。

二、经营

当下，楚铺村所在袁庄行政村每年村集体收入大约为20万—30万元，其中绝大部分来自上级转移支付以及移民补贴。如前所述，该村为移民村，因此村民每月可以享受50元补贴款。但是，这50元并不会直接发到村民手上，而是以项目的形式用于村落公共设施的建设。据艾宝玉老人叙述："咱村上现在的路、井好多都是移民项目上来的钱。"

农业生产依旧是村民们生产经营活动的重要组成方面，但已不再是家庭收入的主要来源。2010年之后，村内多数年轻人已经很少再参与农业劳动，外出打工是他们的主要收入来源。当下，男性村民打工从事的行业大多为加工业、建筑业、物业管理。该村还有人通过包揽装修工程，一年就能赚取50万—60万元。与男性相对，女性打工从事的行业主要为服务业和零售业，服务员和收银员是最主要的两个职业。年纪略大的女性村民还可以去当保姆。但是，女性的打工收入一般每月只有2000—4000元，较男性村民要低不少。

除了打工，村内也有不少经营商业的村民，他们经营的行业主要有餐饮业、零售业、建材销售等。大多数村民会将店铺开设在汝南县城或者是驻马店市，也有村民在村内开设店铺。目前，楚铺村内共有1家杂货铺和1家超市，还有村民在附近的别桥开设有加油站。其中，超市年收入最高，经营者每年可以收入30万元。楚铺村内店铺年收入情况请见表3-8。

表 3-8 楚铺村内店铺及年收入情况

店铺名称	收入（万元）
别桥石化加油站	20
海洋超市	30
日杂百货	5

三、分配

当下，楚铺村民对于经营成果的分配已与传统时期有了很大的不同。1949年之前，村民用于口粮的分配占到了家庭收入的绝大部分。如今，村民用于口粮分配的比例已经下降到了不足30%。随之而来的是饮食结构的改变，蛋、奶、肉、鱼等已经成为村民日常饮食中的一个重要组成部分。据艾宝玉老人叙述："现在，哪天桌子上不得有点肉。家里有小孩哩，顿顿桌子上都至少要两个肉菜。过去那吃卤肉哩都是有钱哩，就那'七老婆'也不是经常吃。现在日子好啦，天天吃咱农民也都能吃得起。"与饮食分配类似，村民用于农业生产的分配也在不断下降，其占比约为每年年收入的5%—10%。随着生活水平的提高以及理念的不断转变，村民的分配结构中教育所占比重正在不断提高。该村村民已经日渐认知到了教育的重要性，1995年之后出生的孩子大多数会首选去上大学。与教育类似，村民用于提升生活品质的分配也呈直线上升的态势。例如，多数村民都会花费4万—5万元装修自己新盖的房屋，有些甚至会花上8万—10万元。[1]

四、市场交换

1949年之后，随着楚铺村不再是乡镇政府所在地，楚铺村内的集市也随之消失。目前，村内的小超市和杂货铺基本上能满足大多数村民的日常消费需求。不过，在村内基本买不到肉、菜、瓜果等食品，村民购买这些食品一般要前往别桥村的集市。该村距离别桥村大约3公里，骑电动车5—10分钟便能到达。别桥村的集市为双日集，每逢集期周边村民都会前来购买各种物品。对于村内老人而言，赶集仍然是一种习惯，即使他们不购买任何物品也会到集市上转一转。与此相对，年轻人和中年人赶集主要是购买日常所需各种物品，每周赶集不会超过2次。随着冰箱和冰柜的普及，村民购买的各种食物均可以长时间保存。也正因为如此，多数中青年村民不会经常去赶集。随着交通条件的日益改善，村民前往驻马店市区只需要40—50分钟，因此不少年轻人

---

[1] 当地城市装修标准为每100平方米约花费10万—20万元。由于农村住房装修时不会安装暖气等需要花费大额现金的物品，因此8万—10万元已经算得上一笔不小的开销。

也会时常去市区购物。村民前去驻马店采买的物品以电器、衣物、家具等较为贵重的物品为主。

五、消费

随着经济条件的好转，村民的消费理念与1949年之前也有了很大的不同，其突出地表现为女性在消费中话语权的提升。据李邦存老人叙述："现在哩，要是买个东西肯定得跟老婆子说一声啊。有哩，老婆不同意还买不成哩。过去，都是男哩管钱，现在好多人家里的钱都在女哩手上握住哩。"

1980年之前，村民之间送人情仍以送物品为主，很少有人会送钱。只不过在丧礼时不少村民已经开始送床单等物品，而不是仅送几张纸或者一捆纸。1980年之后，红白喜事中送礼物的现象不再流行，特别是2000年之后村民基本上只会送现金。当下红白喜事时，关系一般的村民至少要送200元钱，关系较近送500—1000元的情况也时常出现。与人情消费类似，婚姻消费也呈现直线上升的状态。除了四色礼、聘礼、婚宴之外，婚姻消费中还多出了不少隐形成本。在2000年前后，结婚时父母必须要为男孩准备房子，有些村民还要求男方另盖新房。除了房屋，结婚时男方还要准备电视机、摩托车、电冰箱等物品。2015年之后，不少村民已经开始要求男方家中必须有房有车，还有些村民甚至要求男方在县城或者是驻马店市买房。当然，这只是一种趋势，并不是每一个村民都会向男方提出上述要求。

随着"新农合"的不断完善，当下村民对于医疗方面的花销正在逐渐减少。日常小病，可以前往村内的诊所就医，花销基本上可以报销。另外，养老、年节、丧葬等方面的消费形式与传统时期变化不大，只是消费数额较之前有所提升。

六、继承

1980年之后，楚铺村民在继承方面与传统时期也出现了些许的变化。这主要体现为，在分家时已经无须明确进行确认。在不少家庭中，儿子结婚后独立生活就可以算作与父亲实质上分了家。这主要是因为，不少年轻人已经不再愿意种植土地，而打工收入又构成了他们收入的主要方面。因此，是否与父亲明确分家就变得无足轻重了。当然，不少家庭仍会正式分家，分家的形式也与传统时期基本类似。据李邦存老人叙述："现在分家跟以前都差不多，我跟俺儿分家的时候都是那样。分地的时候，俺那个大儿比较实在，就要了后面那块比较赖的地。"此外，继承关系与以往的另一个不同是，女儿也能获得相应的继承权。当下，父母死后，女儿能享有和儿子一样的继承权。当然，如果家庭关系和睦，女儿也可以自动放弃继承权，让自己的兄弟继承本属于自己的部分。反之，因为继承而撕破脸皮或者是闹上法庭的情况也偶尔出现。

第四章　楚铺村的社会形态与实态

1949年之前，楚铺有数十个姓氏，姓氏之间的互动与摩擦是村落社会形成的原动力，这构成了该村血缘关系的底色。除了血缘关系之外，该村的社会关系还反映在地缘、业缘、信缘、交往、流动等多个方面。这些关系与血缘关系一样是构成该村社会形态的基础，也是整合村内村民的基本途径。同时，该村社会形态还体现在社会组织、社会保护以及社会冲突等方面。在多种社会关系的交织中，生活在同一场域内的楚铺村民为该村的社会发展奠定了基础。

第一节　血缘与血缘关系

传统时期，血缘关系既是构成家庭关系的基础，又是村落中最重要的关系。在楚铺村，血缘关系主要集中在家户之内以及五服之内的亲属之间。具体而言，可以分为"小家""大家""五服"三个层面。由于社会流动的广泛性，该村并没有形成家族、亲族或者是宗族。

一、家庭及家庭关系

家庭是社会的细胞，也是该村血缘关系的主要载体。家庭关系的妥善处理，不仅是家户长治久安的基础，也是社会治理有效运转的基本前提。

（一）家庭结构

以往，家庭关系反映在特定的家庭结构中，家庭结构也是家庭关系得以维持的重要保证。受社会分化和社会流动的影响，该村家庭结构也呈现出差异化的状态，反映出较为复杂的家庭关系。

1. 小家庭

在该村，无论家中由几辈人构成，只要不分家就会被村民视为一个"小家"。

（1）家庭结构的基本类型

在民国时，该村的家庭类型主要分为核心家庭以及扩大家庭两种类型。从核心家庭来看，其基本属于一对夫妇加一个或者多个子女的模式。与此相对，扩大家庭则为3—4代同堂之家，具体又可以分为"夫妻＋子女＋父辈"和"祖辈＋父辈＋孙辈"两种类型。"夫妻＋子女＋父辈"的类型以分家后的一对夫妻为核心，老人仅因养老缘由才和这对夫妻住在一起，这种类型还可以包含自己的兄弟及其家庭。"祖辈＋父辈＋孙辈"的类型多是以祖父为核心的家庭，祖父就是一个家庭的当家人，其他家庭成员完全要听命于祖父。同时，这种类型又可以向下延展1—2代。据村民介绍，涵盖4代左右的家庭主要出现在民国之前社会相对稳定的阶段。此外，核心家庭多是财富相对较少的家庭，而扩大家庭一般是拥有10亩以上土地的家庭。

（2）家庭成员资格

其一，同在一桌吃饭的村民是一家人。在日常生活中，在同一个桌子上吃饭的村民便可以算作是一家人。以往，兄弟分家之后仍在同一屋檐下生活的情况非常普遍，但是同桌吃饭的情况却相对较少。因此，在村民的认知中，一个村民是否为小家的家庭成员主要看平日里是否与其他家人一起吃饭。不过，有些大家庭由于人数相对较多，可能会出现吃饭时一桌坐不下的情况，此时，并不意味着他们不是一家人。实际上，在该村凡是使用一口灶的村民都可以算作是一家人。

其二，由当家人确认的村民是一家人。除了在家内出生的家庭成员，与当家人具备明确血缘关系的村民，抱养和过继来的村民都可以被视为家庭成员。也就是说，村民经当家人同意过的或者由当家人亲自操作的过继和抱养行为而进入某一家庭，也可以算作是一个家庭的家庭成员。

其三，当家人赶走的不算作是一家人的家庭成员。1949年之前，当家人还能赶走某一个家庭成员。不过，当家人通常只能赶走自己的儿子，赶走家中老人、妇女、儿童的情况相对较少。当然，通过休妻的形式赶走妻子的情况也时有发生。以往，当家人赶走儿子的原因主要是儿子在外闯祸，加入土匪、强盗团伙，或者是在外赌博欠债太多。此时，当家人为了不影响家庭其他成员就会将儿子赶出去。此外，如果一个儿子外出数年不归，无论生死，只要和家中没有了联系便不能再算作是一家人。

其四，女儿外嫁后不能算作是一家人的家庭成员。以往，女儿一旦出嫁便不能再算作是一家人，即使女儿还和娘家保持着联系也是如此。女儿外嫁之后，一般没有继承家内财产的权利，也没有赡养老人的义务。

2. 大家庭（一门人）

与"小家庭"相对，分家后兄弟之间仍可以称为是一个"大家庭"。

（1）大家庭的基本形式

在当地，村民认为分了家的兄弟仍可以算作是"一家人"，但村民会称他们为"李家二门人"或者是"张家三门人"。在日常生活中，村民在指代他们一大家人时也会说他们"这一门人"。作为大家庭，兄弟彼此之间通常还共有一定的家庭财产，共同承担着相同的养老和赋税义务，年节时也要在一起吃饭。

（2）家庭成员资格

其一，住在同一屋檐下。一个大家庭通常在刚分家时还都住在同一屋檐下，有些富户甚至分家30—50年之后还会住在同一个院落中。不过，住在同一个屋檐下并不是判断一个村民是否是一个大家庭成员的核心原则。这主要因为，不少家庭会把房子让予外人居住，有些家庭甚至会和其他家庭共住10—15年，此时住在同一屋檐下便不能作为判断标准。

其二，中秋节或者过年时，在一个桌子上吃饭。在分家之后，兄弟搬出原来家庭另建新宅，或者搬到了外地居住都不会对村民的家庭成员资格产生影响，只要在年节时还在一桌吃饭便能算作是"一家人"。不过，父母在单独居住时可能也不会和儿子们一起吃饭，那么这一原则实际上可以扩展为过年时去看父母的就能算作是一个大家庭的成员。待父母都去世之后，一个大家庭便会解体。

其三，大家庭一般只存在于两代人之间。正常情况下，大家庭只存在于父亲与分了家的儿子之间。祖父母都去世后儿子们即使在年节还有往来，但孙辈之间就已经不能算作是"一家人"了。当然，也存在例外。如果到了孙辈，一家人还住在一起，那么他们也还能算作是一个大家庭的人。据艾宝玉老人叙述："那赵家三门，打我记事儿起就已经分了家很多年，那他们都还一直住在一起，外人看那都还是一门人。"

3. 五服内的家庭（近门）

五服内的同姓亲属，虽然不能严谨地算为一个"大家庭"，但如果日常往来较多也可以被视为"一大家人"。1949年之前，近门多是指在同一村的五服内同姓血亲，但并不是说五服之外的同姓血亲就不能算作是近门。如果出了五服，但彼此之间仍来往频繁，也可以视为近门。与此相对，未出五服的同姓亲属，即使住在附近村落而日常生活中往来并不是非常频繁，也可以算作是近门。总体而言，近门首先指的是血缘上的远近，其次才看交往的频繁程度。

（二）家庭关系

传统时期，家庭关系建立在特定的血缘伦理之上，以尊卑有序、男女有别、亲疏有序为核心原则。

1. 小家庭内的家庭关系

（1）男与女："女的不算人"[1]

1949年之前，女性在家中的地位极低，日常生活中女性要完全听从男性的安排。妻子和女儿不仅要按照当家人的命令参与家庭生产，还要负责家中的家务活。妻子是否能回娘家、是否能到外村赶集、是否能外出拜佛等全部都由丈夫说了算。除了家庭生活，对外交往时也是如此。据艾宝玉老人叙述："过去，要是外面来个人问家里有没有人，一般都是问男的，家里男的不在家，女的都不能搭腔。"同时，在外也只有男性才能成为一个家庭的代表，除非家中没有成年男性可以当家。例如，村民在喝喜酒时通常都是邀请家中的男人去。如果一家没有成年男性，那么村民就不会向其发帖。此外，在家中来客人时，女性也不能上桌，只能在厨房内吃饭。过年时，如果家中的桌子不够坐，女人同样不能上桌吃饭。但是，家中的男孩无论大小都可以上桌。

（2）父与子：父命大于天

在没有分家之前，父亲在家中具备极大的权威，儿子一般只能按父亲的意思行事。在日常生活中，儿子要做什么样的活、是否要去学徒、能不能去上学等全部都由父亲说了算，儿子对此没有任何的发言权。如果儿子不听从父亲的安排，父亲甚至可以将儿子从家中赶出去，并剥夺其继承家庭财产的权利。同时，在儿子娶谁家的女儿、什么时候分家、分家时能得到什么财产等问题上通常也由父亲说了算。当然，这种状态并不是持续存在，如果父亲已经年老体衰，儿子也能反抗父亲。据村内老人介绍，在民国时期儿子不孝的情况经常出现，甚至有些儿子会强迫父亲分家。

（3）兄弟之间：长子如父

在该村，长子的地位要较其他兄弟高出不少，长子也具备管教其他兄弟的权利。对于长子的管教，其他兄弟一般只能洗耳恭听，不能顶撞。可以说，除了父母之外，其他家庭成员都不具备管教长子的资格。同时，在年节吃饭时，长子能坐在主陪的位

---

[1] 为艾宝玉老人的原话。

置上，紧挨着父亲，而其他兄弟则不能坐在这个位置上。除了长子，其他兄弟之间相处也要秉承长幼有序的原则。二儿子虽然没有管教其他兄弟的权利，但是比其年纪小的儿子也要对其礼遇有加，不能顶撞他。因此，这一原则可以延展为，年纪较小的儿子始终要尊重比自己年纪大的哥哥。

(4) 婆媳之间：多年的媳妇熬成婆

在家庭生活中，媳妇可以说是家庭地位最低的成员。媳妇不仅要听当家人、丈夫的安排，还要按照婆婆的意思完成家中各项家务活。对于婆婆所说的话，媳妇通常不敢顶撞，即使婆婆的要求不合理，媳妇也只能照做。如果家中有童养媳，其地位与丫鬟差不多，婆婆如果不通事理甚至会经常对其进行体罚。有些媳妇如果婚后多年没有生育男孩，更是会受到婆婆的百般刁难，甚至有婆婆会强迫儿子娶妾或休妻。不过，如果媳妇一连生了两三个男孩，其在家中的地位便会有所上升。此时，婆婆会认为媳妇是家中的功臣，对媳妇的态度也会好转不少。

(5) 妯娌之间：妯娌和气家兴旺

在还没有分家时，妯娌之间会共同分担家中家务。据村内老人介绍，如果没有分家，婆婆会命令媳妇轮流做饭，家中的杂活也是婆婆怎么安排媳妇就要怎么做。为了家庭和睦，在轮到一个媳妇做饭时，其他妯娌都会前去帮忙洗菜、洗碗，家中其他杂活妯娌之间也会相互分摊。不过，妯娌之间也并不是不存在矛盾，只是在还没有分家之前她们不敢将矛盾公开化。如果妯娌之间相互不满，通常会告之于自己的丈夫，再让自己的丈夫告知父母，或者是借机闹分家。以往，妯娌闹分家是村民分家主要原因之一。

(6) 叔嫂之间：长嫂如母

在该村，虽然不存在"叔嫂不同席"或者"叔嫂不言语"之类的限制，但是叔嫂之间最好不要单独相处。不过，如果家中还有七八岁未成年的男孩，年迈母亲通常会把照顾孩子的责任交给嫂子，在婆婆去世时长嫂也要肩负起照顾他们的义务。此时，嫂子通常会像照顾自己的孩子一样照顾他们。此外，即使嫂子不照顾丈夫未成年的兄弟，兄弟也要对嫂子礼遇有加，日常生活中不能僭越叔嫂之间的尊卑。

2. 大家庭内的家庭关系

(1) 父子关系

在分家之前，当家人（基本上是父亲）是整个家庭的管理者，无论是儿子还是孙子均归当家人管理。但是，在分家之后当家人基本上就没有了管理自己儿子的权限，对于孙子更是没有任何管理的权限。不过，基于孝道的要求，孙子依旧要对爷爷、奶奶礼遇有加，不能对爷爷、奶奶不敬。同时，虽然父亲还有再管理自己儿子的权力，但是实际生活中一旦分家父亲便基本上要听从儿子的安排。这主要是因为老人担心儿子不给自己养老，或者是不给自己送葬。

（2）兄弟关系

分家之后，兄弟一般都是各过各的生活，不过关系较好仍可以在一口锅里吃饭。在日常生活中，如果兄弟们还在同一屋檐下居住，彼此之间虽会划分生活区域，但是仍会共用家庭共有工具、牲口、晒场等。在这种背景下，兄弟们依旧要按照协商的方式来使用家庭中各项共有物品。最后，兄弟之间依旧有互相防止私有财产外流的义务，特别是在一个兄弟去世时，其他兄弟都可以帮其管理家庭财产。

（3）叔侄关系

在分家之后，叔伯与侄子仍是比较亲近的亲属。但是，叔伯却不能直接管教自己的侄子，即使是自己的兄弟已经不在世，叔伯也不能轻易管教自己的侄子。在日常生活中，叔伯发现侄子行为忤逆或者不务正业，他们也仅能凭借叔伯的身份简单教训几句，侄子也有不听的权利。据靳逢安老人叙述："叔伯教训侄子，也顶多就是说几句，侄子听咯就听啦，不听也拿他没办法。过去俺村上乱，有那当土匪的，不正混的，他叔教训几句之后还有那打他叔的混账哩。"同时，侄子与自己的父亲闹矛盾，叔伯可以管，但也没必须管的义务。如果叔伯读过书且比较明事理，可以前去调解；反之，兄弟不邀请，他们一般不会主动去。此外，侄子还有为没有孩子的叔伯养老的义务，但这并不是强制要求。

（4）妯娌关系

以往，妯娌之间在分家之后一般是互不掺和，各过各的日子。在大家庭的关系中，妯娌关系并不是一种主要的关系，因此对于妯娌之间是否往来没有太多惯习和伦理上的要求。有些妯娌分家了之后甚至一年到头都不会见一面。

（5）婆媳关系

分家之后，婆婆便没有了管理媳妇的权力，因此有些婆婆甚至会比公公更反对分家。分家之后，如果公婆单独居住，媳妇只用在年节时回家看看公婆便可。如果婆婆与媳妇住在一起，那么婆婆虽不能再指挥媳妇，但媳妇一样要悉心照顾婆婆。也正因为如此，分家时许多媳妇都不愿意和婆婆住在一起。

（6）叔嫂关系

如果在分家之前，兄弟与嫂子关系并不是特别好，或者是平日里并没有刻意来往，那么在分家后叔嫂之间也只会在年节时才有所来往。不过，如果是照顾了丈夫未成年兄弟的长嫂，其地位便有所不同。在日常生活中，受过照顾的兄弟要经常抽时间去看长嫂，有些还会为长嫂做寿。

（三）近门关系

在该村，近门之间的关系不仅局限于走亲戚，还体现在生活中的许多方面。例如，如果村民需要帮忙会首先选择自己的近门。近门之间相互过继子嗣的情况也较多。由于近门与近亲有重合的部分，因此近门关系将放在下面的部分详细叙述。

二、亲属关系

在家庭之外，亲属关系就是血缘关系的扩展和延伸。这种关系渗透在生活和生产中的多个方面，为一个家庭的生存和发展提供了重要的外部支持。

（一）亲属结构

在该村，亲属结构可以根据血缘的远近分为远亲和近亲，又可以按照关系的性质分为本家、娘家、姻亲。

1. 近亲与远亲

（1）近亲

在当地，亲属首先可分为近门和远门，但这是依据丈夫的亲属而进行的一种划分。近门除了包括五服之内的同姓亲属之外，还可以包括有明确血缘关系的本村同姓亲属。据村内老人介绍，凡是住在同一个村子里的同姓亲属，都可以称之为近门，但不一定都属于近亲。可以说，判断是否近亲的核心标准是血缘关系的远与近。同时，近亲还包括了与某一男性不同姓的异姓亲属以及妻子五服内的亲属。以某一男性为核心，近亲可以包括爷爷奶奶、外公外婆、叔嫂伯伯、舅舅、姨夫、姑父等长辈以及堂哥、表哥、大舅子等亲属。此外，除了爷爷奶奶、外公外婆、叔嫂伯伯、舅舅、姨夫、姑父、堂哥、表哥、大舅子等与男性有不能切割关系的亲属，其他亲属如果日常往来不多也可以被称为远亲。

（2）远亲："一表远千里"

在该村，远亲一般是指与一男性村民及其妻子出了五服的亲属，不过实际上并不是简单如此。男性表亲以及其妻子的表亲，如果日常往来不是非常频繁，也可以称之为远亲。出了五服但血缘隔得不是太远，日常又往来频繁，也能称之为近亲。但是他们并不是真正的近亲，只是承担与近亲大致相似的义务，但并没有血缘伦理和村落惯习上的强制要求。也就是说，除了某一男性村民和其妻子的五服内亲属，其他亲属都可以归类为远亲，只是未出五服且日常走动频繁的亲属也可以划归为近亲。同时，如果是日常往来较多的亲属，即使关系再远村民也会称其为"叔""伯""爷""哥""姐"

等以示亲密，这么做主要是避免将对方划归到远亲的范畴。但是，一旦称谓中加上了"表"就可以说对方不是自己的近亲。据艾宝玉老人叙述："那要是加个'表'字儿，就是关系不多近啦，那要是关系近的，就是表亲之间称呼对方也不能带表。你比方说，表兄弟之间关系好了就称对方赖毛哥、货担哥、怪毛哥，当哥的叫表弟就叫个弟儿啊，要是叫对方表哥和表弟，那就是关系不好，就是舅家的孩子也顶多算个远亲。还有那表哥、表舅、表姨夫都是这样，都是远亲，往不往来都可以。"

2. 本家与姻亲

以某一男性为中心，亲属又可以归类为本家和姻亲。以某一男性的妻子为起点，其原来家庭又可以称之为娘家。

(1) 本家

在当地，本家多是男性对自己亲属的一种称谓。当然，女性也能称自己的娘家为本家，不过大多数情况下女性不会这么称呼自己的娘家人。在分家之前，某一男性可以称为本家的主要是自己父亲的兄弟及其家人。在分家之后，某一村民的本家通常还包括自己的兄弟及其家人。村落内如有其他父系亲属，且日常往来较为频繁，也可以称之为本家人。也就是说，本家可以包含近门，但近门却不能包含本家。同时，本家人通常是村民在外交往时对自己同姓亲属的称呼，即使对方是自己出了五服的同姓亲属也可以称其为本家。据李邦存老人叙述："本家主要就是指自己兄弟，还有同村的同一姓的亲戚，外村哩要是没出五服，也能称为本家。哪有自己人说对方是自己本家哩。都是外人问你认识那谁谁不，然后你要是跟他关系近咯，就说那咋不认识，那是俺本家哩。还有就是外村的五服亲属，别人问你认不认识，那也可以说那是咱本家。"此外，本家还有指代原来家庭或者原来村落的意思，因此在外居住的村民可以指代自己原来的家庭和村落为本家。

(2) 娘家

以往，娘家一般指代女性未出嫁之前家庭的直系亲属和旁系亲属，主要包括自己的父亲、母亲、哥哥、弟弟、妹妹等。不过，娘家人的范围也能扩大到与父母住在同村的同姓亲属。1949年之前，由于女性社会交往频率较低，因此女性通常没有太多朋友。即使未出阁之前有一两个闺蜜，也不能称对方为自己的娘家人。同时，娘家人也是相对于夫家人的一个概念，女性可以对夫家人称自己的亲属为娘家。当然，女性也能对丈夫所在村落的村民称自己原来家庭的成员为娘家人。此外，娘家还能代指女性出嫁前所居住的村落。

(3) 姻亲

在该村，姻亲主要是借由婚姻关系建立的亲属关系。具体而言，姻亲主要包括：

其一，自己配偶的亲属。其二，自己兄弟姐妹配偶的亲属。其三，五服内其他同姓亲属配偶的亲属。以某一男性村民为中心，其配偶的娘家人以及娘家亲属、兄弟配偶的娘家人以及娘家亲属、其他五服内亲属配偶的娘家人以及娘家亲属都可算作是姻亲。对于女性而言也是如此，丈夫及丈夫亲属也算作是姻亲。不过，在当地村民的基本认知中，姻亲基本上只包括配偶以及兄弟姐妹配偶的亲属。五服内的亲属如果日常往来较多，那么他们的配偶也算是姻亲，反之也可不称之为姻亲。据李邦存老人叙述："你要说姻亲，基本上就是男的媳妇的家里人还有亲属，再就是自己弟兄姐妹们对象的家里人还有亲属可以算是姻亲。不过，要是没见过面哩，也就算不得姻亲啦。"实际上，除了配偶的亲属以及配偶亲属的配偶，其他亲属如果没有见过面也不能算是姻亲关系。据靳逢安老人叙述："要是没见过面哩，或者就见过一两面哩，也就是名义上算姻亲。大家说起来了，要么办事遇到了，一个说自己是谁的弟，另一个说自己是他老婆的堂哥，俩人聊几句也就这啦。"

（二）亲属关系

1949 年之前，村民之间的亲属关系主要集中地反映在互帮互助、互相走动等方面。但是，亲属间也要秉承特定的交往原则。

1. 交往原则：亲疏有别

以往，近亲之间有相互帮助和保护的义务，住在同一村落的近亲更是如此。在该村，朋友之间的交往主要秉持人情对等的原则，但是近亲之间则无所谓人情不人情。例如，一户村民在盖房子时请了自己的堂哥来帮忙，即使堂哥没有请其帮过忙，也会积极前来。在村民看来，向自己的近亲请求帮助并不是什么大事，只要不涉及钱财，近亲之间不会计较这些细节。与之相对，如果请求自己的四邻或者好朋友帮忙不仅要考虑到彼此之间的关系，还要考虑到如何才能做到人情互不相欠。据靳逢安老人叙述："那有的时候，我找俺舅帮忙，我都不用给他送礼，那当舅舅的肯定得帮外甥的忙。"与四邻和朋友类似的还有远亲，村民求自己的远亲办事时甚至会不好意思开口。例如，村民想找自己的某一远房表哥帮忙，通常要先带着礼物去看表哥的父母，再请老人帮自己转达帮忙的请求。

2. 交往方式：走亲戚

在该村，逢年过节的走动是维持亲戚关系的主要方式。即使平日里不走动，过年过节也一定要去亲戚家拜访一下。据艾宝玉老人叙述："关系不走不算亲，你要是不去看亲戚咯，亲戚肯定得对你有意见。"据村内老人介绍，一个村民除了年节一般要去看外村近亲两三次，拜访远亲则主要集中在过年时。以往，但凡有亲戚前来拜访，村民都会表示欢迎，即使囊中羞涩也会尽量拿出一些好面招待亲戚。这主要是因为，亲戚来访不招待，必然会影响亲戚之间的关系，亲戚有权在家中长辈面前数落其不是。一些村民在走亲戚时吃了闭门羹，甚至会在 5—10 年内反复指责对方。与此同时，村民有时也很欢迎亲戚前来拜访。在该村，不少村民并没有多少亲属在村中居住，那么他们就有被其他村民欺负的风险。如果家中经常有亲戚前来走动，会被其他村民视为"家里有人"的表现，这能大幅降低被欺负的可能性。此外，走亲戚也要有一定的限度，除了年节，村民走亲戚的次数如果超过 5 次，势必会引起亲戚的不满。此时，亲戚虽然不会不招待对方，但也会在言语中含蓄地表达不希望对方再来的意思。也正因为如此，如果自己的亲戚较穷，村民除了年节之外一般不会主动拜访，即使拜访也尽量不在亲戚家中吃饭。

3. 交往内容：互相帮助

在该村，亲属除了相互走动之外，日常交往还主要体现在互帮互助上。具体而言，亲属之间的互帮互助主要体现在以下几个方面：其一，互借生产工具。村民虽然也可以向四邻等借镰刀、犁、耙等生产工具，但如果自己本村的亲戚家中有这些工具，村民还是会先向自己的亲戚借。这主要是因为向亲戚借不涉及欠人情的问题，一时无法归还也可以适当延期。其二，请对方帮忙。这体现的逻辑与借工具一样，不涉及欠人情的问题。其三，借钱（粮食）。如果自己的亲戚有钱（粮），那么村民还是会首先向自己的亲戚借。其四，过继子嗣。如果某一村民没有自己的儿子，可以向同姓亲戚过继子嗣。亲戚如果家中较穷且儿子较多，通常也会同意对方的过继要求。其五，提供庇护。对此，后文将详细叙述。

三、干亲及干亲关系

以往，在该村认干亲的情况经常出现。作为拟血亲，干亲之间也有相应的来往方式，秉承着特定的来往原则。

（一）结亲对象

在该村，结干亲又被称为"打老契"，也就是认干爹和干妈。认干亲者有的是因双方要好，想通过认干亲使朋友关系延续和加深；有的是移居来的外姓人，想通过结亲的方式与村中有威望的村民加强联系，以此来寻求保护；有的是为了儿女能长大成人，选取刘、寇等姓氏的村民认干亲，"刘"与"留"、"寇"与"扣"是谐音，村民认为认刘家、寇家为干亲可保儿女一生平安；也有村民担心儿女无法健康成长，便会让儿女认铁匠、石匠做干爹。据村内老人介绍，以往多数村民认干亲属于第一种和第二种情况，剩下两种情况出现的频繁程度也相对较高。

（二）结亲仪式

1949年之前，村民认干亲多在农历腊月二十三祭灶时。在当地，村民会带着儿女以及烟酒、糖果、公鸡等礼品到干亲家祭灶。干爹左手提公鸡，右手端酒在灶神前祈祷，告知灶神家中又添人进口，再将酒倾洒鸡头，烧纸叩拜，鸣放鞭炮，然后干爹、干娘要赠干儿（女）一双筷子一个碗。此后，干儿女便要改口称对方为干爹、干妈。结亲仪式之后，干爹通常还要用公鸡以及家中其他食材做一顿饭款待"新亲戚"。在当地，结了干亲的村民在第一年可以称对方为"新亲戚"。

（三）干亲关系

1. 干亲与互助

日常生活中，干亲之间的互助也非常频繁。不过，与近亲不同的是干亲之间的互助仍要将人情的因素考虑进去，只是偿还的时间限度较一般村民要长。但是，干亲之间的人情绝对不能不还，否则也会影响干亲之间的关系，甚至会造成干亲关系的破裂。

2. 干亲与交往

认干亲后双方家庭经常走动，逢婚丧嫁娶、贺生祝寿、过年过节礼尚往来。正常情况下，过年时一般父亲会带着儿女去拜见其干爹，但干爹却不用再回拜。据艾宝玉老人叙述："新亲戚上门拜见，那必须是初三，第一天在家里拜长辈，第二天看舅舅，第三天就得去拜干爹了。"除了第一年之外，如果干儿女守规矩便会在每年的大年初三去拜见干爹，如果不讲究在初七之前去拜见干爹也可以。如果连续两年，干儿女不去拜见干爹，那么便意味着干亲关系的终结。除了过年，其他节日干儿女无须去拜见干爹。在干儿女生日时，干爹通常要给干儿女挂锁和做衣服。挂锁即用红线绳串数枚铜钱和一把长命锁挂在干儿女的脖颈上。在干儿女12岁之前，每年干爹都要加一枚铜钱。到了12岁，由干娘开锁，寓意着与干儿女"分家"。此外，在干爹家发生红白喜事时，干儿女通常也要去主动帮忙。

3. 干亲与财产继承

在干爹家分家时，干儿女没有参与的资格，也分不到任何财产。即使是干儿女知道干爹家分了家，也不会主动询问干爹分家细节，更不能向干爹索要财产。可以说，只要干爹有自己的子女，干儿女就不能对其家中的财产有任何主张。实际上，干儿女12岁时与干爹的"分家"仪式，也有"终结"双方财产联系的意味。不过，如果当干爹的有意愿且其他儿子也不反对，干爹仍可以为干儿子留一两件较为值钱的家具，或者是为干女儿置办一两件嫁妆。不过，干爹基本上不会留给干儿子土地，或者是为干女儿配送嫁妆田。此外，如果干爹没有儿子或者是儿子成年后死亡，且干儿为干爹养老送终，干爹也可以将财产遗赠给干儿。

4. 干亲与养老

认亲之后，干儿女并没有赡养干爹妈的义务，当然干爹妈也没有抚养干儿女的义务。如果干爹妈生病或者生活不能自理，干儿女要经常前去探望，每次探望要带一些水果或粮食。但是，干儿女却没有为干爹妈出看病钱的道理。如果干爹妈老无所依，无人照料，干儿子可以担负照料干爹妈的职责，然而干女儿却没有一定要照料他们的责任。

5. 干亲与借钱

干亲之间通常关系较好，如一方在经济上遇到困难，另一方多会尽力施与援手。但是，如果另一方也不是非常富裕则也没有一定要帮忙的义务。此外，干亲之间也存在借贷行为，借贷同样要加上利息。只是，干亲之间碍于面子和人情，往往不会收太高的利息。据村内老人叙述，干亲之间的借贷利息通常在40%—60%之间。如果借贷一方过期不还，另一方也可以适当延期，但是绝对不能赖账。

6. 干亲与丧葬

在干爹或者是干妈去世时，干儿女通常不用披麻戴孝。在出殡时，干儿子站在队伍的中后端，紧排在干爹儿子、女儿、儿媳妇、亲属之后。干儿子的亲生父亲一般站在送殡队伍的最后端。

第二节　地缘与地缘关系

传统时期，地缘关系也是非常重要的社会关系，对于只有一两户在村中居住的同姓村民而言，地缘关系甚至比血缘关系更为重要。如何妥善处理地缘关系，不仅影响着村民是否能在村中立足，更反映着村民的社会威望。在该村地缘关系中，四邻、地邻以及熟人等是核心要素，村民与他们的相处也需要秉承特定的原则。

一、四邻

1949年之前，四邻关系在地缘关系中可谓起着举足轻重的作用。在当地曾流传着"远亲不如近邻"以及"两好合一好"之类俗语，这实际上就是对四邻关系的基本形容。

（一）四邻标准

由于该村村民居住相对集中，因此四邻的数量也相对较多。从狭义上来讲，四邻仅指住在某一村民前后左右的村民，他们便是该村四邻概念的核心范畴。正常情况下，与一户相邻的村民有2—4户，有些村民如果前后无人居住便只有2户邻居。当然，也有些村民居住在村落中较偏僻的地段，此时与其相邻的村民无论相隔多远都可以算作是四邻。对于该村村民而言，四邻又是一个相对的概念，村民口中所指的四邻一般不会只包括与自己房屋紧挨着的几户人。就临街村民而言，与其住在同一路段的村民都可以称之为四邻。例如，某一村民住在村内官道上，由寨门算起到十字街这一路段上住的村民，也可以称之为四邻。在不临街的地段，四邻主要包括房屋前后2户人，以及两侧30—40米内居住的村民，左右分别包含5—8户村民。1949年之前，由于该村姓氏混杂，所以集四邻与亲属关系为一体的情况虽然有，但并不是很常见。可以说，四邻基本上是不同姓的村民。

（二）四邻关系

1. 四邻间的界线

以往，四邻之间物理上的边界主要是宅基地的边界，对此前文已做叙述。除了物理上的边界，村民之间的边界还体现在心理层面。具体而言，主要涵盖以下几个方面：其一，互相不打听对方的事情。即使邻居关系再好，通常也不能打听对方的私事或者是家事。由于村民之间通常住得比较近，因此日常生活中窥探到对方隐私的可能性相对较高。如果某村民无意中听到对方私事，可以在外与人谈论，但是绝对不能就此询问自己的邻居。如果恶意窥探四邻的私事，被四邻发现后不仅会影响彼此的关系，还会降低该村民在村中的地位。其二，互相不干涉对方的生活。除了不打听别人的私事，四邻之间也很少去管别人的闲事。当然，如果邻居邀请自己前来帮忙，村民也会主动参与。其三，东西互不混合。过去，有些村民房屋之间并没有围墙阻隔，但是四邻之间通常不会将彼此的东西混堆在一起。此外，在屋外空地晾晒稻谷时，村民也会用石头将自己晾晒的粮食围起，以免与四邻粮食混在一起。

2. 四邻与日常交往

1949年之前，村民的日常交往主要分为"串门儿"和"聚街"两种形式。串门者多是家中男性，在农闲时或者是农忙的间歇期，他们会利用饭前或者饭后的时间去说得来的四邻家闲聊一会儿。但是，男性村民去串门通常不会在对方家里吃饭，一般只搬一张板凳在院中或者堂屋中就座。如果四邻邀请，男性村民也可以进入对方卧室，但绝对不能进入家中其他成员的房间，特别是家中长辈的房间。男性去串门可以传一些村上的闲话，但是不能谈论四邻家务事，除非四邻主动谈起。以往，虽然女性也能去串门，但频率却相对较低。女性去串门也集中在农闲时，具体时间主要是下午和傍晚。正常情况下，女性去串门多是找与自己关系较好的妇女，但对方丈夫在家时她们不会过多逗留，闲聊几句便会回家。在串门时，女性通常坐在屋外，很少进入堂屋，如果对方邀请也可以进入对方卧室。女性串门时，谈论的话题基本为村上闲话、教育孩子的技巧、纺织技术。除此以外，她们还会相互诉说生活上的烦恼。

聚街主要出现在农闲时，村民们会集中在村落的街道上，男女分别成堆，聚于树荫下或者是墙根处一起闲聊。不过，外出聚街的村民主要为男性，女性相对较少。这主要是因为女性并不能随意出门，农闲时她们仍有很多家务活要干。在聚街时，村民可以随意聊天，但是一般不能谈论别人的闲事。这主要是因为，聚街时人数较多，有一些风言风语便会在一天之内传遍全村。在该村，传闲话是对别人隐私的窥探，背地里传一般问题不大，但当众传播势必会引发当事人的不满。据村内老人口述，清朝时该村附近曾有村民因为受不了别人传闲话而跳河自杀。在该村的历史上，因为传闲话而大打出手的情况也经常出现。因此，村民通常不会当众说别人闲话。

3. 四邻与年节交往

以往，过年之时四邻间一定要初一早上相互拜见，但没有谁优先拜见谁的要求。中秋、端午等节日时，村民也会将买来的月饼或者是做好的粽子分给四邻食用。

4. 四邻与帮忙

1949 年之前，四邻间的互助非常频繁，在某些场景下四邻甚至是村民请求帮忙的首选对象。例如，家中发生红白喜事时四邻基本上都要前来帮忙，生产合作方面村民有时也会优先选择邻里。同时，四邻之间的互助还体现在生活方面。如果一个家庭来了客人，但家中没有足够的房间容留对方，村民可以请自己的四邻收留客人 1—3 晚。如果家中没有饭吃，村民也可以让自己的孩子在邻居家偶尔吃上一两顿饭。此外，四邻之间的互助还体现在借东西上。除了借粮、油、盐、钱、工具等，四邻之间相互借锅、借药罐、借盆、借桌椅等生活用品的情况也非常常见，特别是借药罐的现象尤为普遍。四邻之间借生活用品，必须在 3 天之内归还。如果是红白喜事时借用则可以适当放宽限制，归还时借用者必须以蒸馍、油条、肉菜作为回礼，当然经济条件较差的村民也可以不还礼。如果村民向四邻借药罐，那么一定不能归还，还药罐有"送病"的意味，所以主家需要时才会去讨要。村民归还织布机时，要给机主留一缕织布用的线或者机头布。如果借用石磨或者是油磨，则要再留一些糠或者麸皮作为酬谢。这背后都折射出村民不愿意欠别人人情的心态。据艾宝玉老人叙述："那借东西也要欠人情，欠人家东西总是不好哩，人家就是不说，心里也觉得惭愧，当然要给别人留点东西做感谢。你要是不留，下次再借那也不好借哩。"

5. 四邻与人情往来

传统时期，四邻之间的人情往来可以以帮忙的形式抵消，也就是说只要四邻帮了忙一般就无须再送人情礼。当然，如果四邻之间的关系非常要好，帮忙之后再送人情的情况也非常常见。在送人情时，四邻所送相对较近亲少，但较远亲要多一些。例如，丧礼时关系较好的村民通常会送小刀头，而远亲最多送一捆纸。

二、地邻

在该村，地邻一般就是指土地相邻的村民，他们在村民的地缘关系中也占据着非常重要的位置。

（一）地邻标准

一般而言，地邻就是与自己土地搭界的村民，大约包括 2—6 户村民。不过，实际上地邻的范围也可以进一步扩大。在村民的认知中，除了与自己土地相邻的村民，自己土地周边 10—20 米范围的田地的主人也可以算作是地邻。

（二）地邻关系

地邻关系虽不如四邻关系一样紧密，但其仍是村民在村落生活中所离不开的地缘关系，特别是在生产方面反映得尤为明显。

1. 地邻的地位差异

与四邻不同的是，地邻在日常生活中联系并不是非常紧密，他们仅在生产上联系比较紧密。但是，如果某一普通村民的地邻是村中的排场人，那么彼此之间即使是地邻，也不一定会形成地邻关系。正常情况下，排场人不会和普通村民合作生产，也不会有过多交流。

2. 地邻与交往

在日常生活中，地邻的交往主要集中在生产的间歇期。在休息时，地邻常常聚在田边一起吃饭或者聊天，但是排场人不会和普通村民聊天。聊天时，少则 2—3 人，多则 10—20 人，与聚街基本类似。地邻之间所聊内容多涉及生产，大家会就天气、庄稼的长势以及耕作技术进行沟通和交流。当然，闲聊时也可以聊一些其他话题，这并没有太多的限制。如果地邻之间相处愉快，在农闲时相互串门也是常有的事情。一般而言，该村村民的地邻都是本村人，所以过年时地邻之间也会相互拜会。但是，如果地邻并不是自己的四邻，那么在年节时就无须向地邻分享食物。在家中发生红白喜事时，如果地邻关系融洽也可以彼此邀请前来。

3. 地邻与互助

除了生产上的互助，地邻之间在生活过程中很少进行互助。当然，如果地邻之间相处愉快，在村民缺少人手时也可以请自己的地邻帮忙。地邻关系与普通朋友类似，最多帮忙一两天，如果有事可以随时离开。但是，请地邻帮忙所要付出的人情成本也相对较高，因此村民一般不会在第一时间找自己的地邻帮忙。

4. 地邻与借贷

地邻之间如果住得比较近，相互借钱、粮、工具的情况也会时常出现，但如果住得比较远则一般只存在借贷关系。地邻之间的借贷关系与普通借贷没有太多区别，只是借贷时年利率一般不会超过100%。如果自己的地邻是村上的排场人，那么地邻关系完全不会对借贷利率产生任何影响。

三、熟人

以往，熟人并不是指"说得来的"村民，而是指打过几次交道，但并不一定非常熟悉的村民。

（一）熟人的标准

在当地，熟人一般是生产和生活过程中交往不是非常多的人，因此近亲、四邻、地邻以及其他关系较好的村民并不能被称为熟人。同时，熟人并没有地域上的限制，凡是有交集的村民都有资格成为熟人。具体而言，熟人主要包括以下几类人群：其一，出了五服的远亲或者是见过一至两面的姻亲。其二，办事时，经别人介绍而认识的朋友。其三，外出"赶脚"时遇到的同行者。其四，酒席上一起喝过酒的村民。其五，同村日常往来不多的村民。可以说，熟人多是办事时能用得上的朋友，无论事情的大小，都可以称对方为自己的熟人。在当地，办事"找熟人"已经成为了一种惯习，村民需要求人办事时熟人关系便会发挥作用。据艾宝玉老人叙述："办事不论大小都要找熟人啊。打个比方，我想去米庄上拜访个排场人，我又不认识路，正好我在米庄上又有一个认识哩，我就可以让他给我带个路。小事、大事都得找熟人，过去，你没几个熟人会中哩？"

（二）熟人关系

熟人之间的关系并不如近亲、四邻、好友等密切，但是其仍是地缘关系中不可或缺的一环。

1. 熟人与交往

日常生活中，熟人一般不会刻意交往，如果往来较多就不能再称彼此为熟人。因此，熟人之间多是在办事时或者是在酒席上才会见面。在年节时，熟人之间也不会互相拜访，当然如果是同村村民则可以例外。在家中发生红白喜事时，村民也不会邀请自己的熟人前来。不过，如果某一村民的熟人是担任有官职的排场人，那么情况也可以例外。为了巴结这类熟人，不少村民每年都会去拜访他们两三次。有些村民长期在外任职，回村时周边村民也会借机前去拜会，每次拜会还要带上糖果、鸡、肉等较贵重的礼品。

2. 熟人与互助

以往，熟人之间的互助虽不像四邻、好友、近亲那么频繁，关键时刻有熟人和没熟人却会呈现出不同的情况。例如，该村附近曾有村民的家人被抓了丁，于是其便找到了村内靳姓地主，请其出面为自己的家人提供免丁机会。民国时期，村民求熟人办事必须登门拜访，除非事情紧急，否则必须带上一些礼品。当然，根据所办事情的不同，所送礼品的贵重程度也有所不同，如果只是让熟人帮忙找个人拿上一包糖便可。如果求人所办之事较为困难，村民不仅在办事前要拿贵重的礼品去请求熟人，事情办成之后村民也要再备一份厚礼表示感谢。此外，事情办成后的一年内，村民也要在八月十五和过年时再去拜见熟人。此后，如果双方关系有所增进则可以年年去拜访，反之也可以等再有事时再去拜见。

3. 熟人与借贷

以往，熟人之间的借贷行为也经常发生，但借款者并不能在利率上得到优惠。村民需要钱（粮）时，自己的熟人能及时借款就已经是给借款者帮了大忙，借款者也不会再在利率上与自己的熟人讨价还价。此外，日常性借款（粮）在熟人之间经常发生。但是除非村民无法找到合适的借款对象，否则不会向自己的熟人开口。这主要是因为，向自己的熟人借款（粮）所要付出的人情成本会更高，归还时村民也要适当多给一些钱、粮或者其他物品。

四、好友

以往，"说得来的"就是村民对于自己好朋友的一般称呼。在该村，"说得来的"主要是指男性与男性之间的友谊。女性之间虽然也能用此称呼自己的好友，但如果不加说明，村民会默认其为男性之间的关系。

（一）好友的标准

1949年之前，评判好友的第一标准是两者之间的价值观是否统一，在日常生活中聊天是否投缘。据李邦存老人叙述："那要是说不来的，还是个啥朋友，聊都聊不到一块去，其他的就更别谈了。"同时，好友并没有地域上的限制，但楚铺村村民的好友基本上都是本村或者邻村村民。当然，村民在外谋生，也可能会因为业缘关系结识一些关系不错的好朋友。例如，某一村民在外做长工，便有可能与其他长工建立起友谊。此外，好友之间的社会地位大致相等，普通村民的朋友通常也是普通村民，排场人日常中一般只会跟排场人交朋友。据李邦存老人叙述:"那排场人和一般村民喝茶的时候,坐都不能坐一起,还交个啥朋友啊。普通村民跟那些排场人顶多就是个认识,再多就是个熟人。"

(二)好友关系

在该村,好友之间的联系通常比较密切,互帮互助也是经常发生的事情。关系好到一定程度,三五个好友结拜为义兄弟的情况也屡见不鲜。

1. 好友与结拜

(1)结拜概况

以往,关系较好的村民可以结拜为义兄弟,在当地又称为"拜把子"。如果一个村民称另一个村民为自己"拜把子的兄弟",通常表明对方与自己关系极好。拜把子通常出现在年龄相仿的村民之间,他们并不一定要辈分相同。但是,以下几类人却不能拜为把兄弟:其一,同姓亲属或者同宗亲属;其二,姻亲;其三,八字不合的村民。正常情况下,拜把子的村民多是十五六岁的年轻人,15—20岁是拜把兄弟活动最频繁的阶段,结婚后把兄弟之间的往来会随之减少,不过此时结拜关系依旧会保留。当然,也有土匪、强盗团伙拜把子的情况出现。拜把子通常被看成是年轻男性开始有自己独立社交圈子的象征,也是男性村民开始成熟的标志。

(2)结拜仪式

结拜时,较富裕的村民会邀请好友到自己的家中聚会。结拜之前,村民分别报出自己的生辰八字,然后再区分出大哥、二哥、三哥、四弟。之后,大家会一起祭拜观音神像(一说是关公),祭拜完成之后再按照年龄由大到小的顺序给神像上香。结拜完成,大家会一起吃一顿饭。吃饭时,结拜兄弟要分别按照年龄就座。其中,大哥坐在主位,二哥坐在主陪的位置上。吃完酒席,结拜关系便正式确立。

(3)交往原则:义气

在该村,把兄弟之间的相处通常以讲义气为核心原则。如果某一村民不讲义气,其他把兄弟可以与其断绝关系。所谓义气,一般体现在互帮互助方面,具体体现在红白喜事、盖房、有病人等方面。好友可以因为一些原因拒绝提供帮助,但是把兄弟则不能在以上事务中不出力。

2. 好友与交往

日常生活中,好友之间的交往主要为日常性的串门和聚街,相约外出赶集或者约朋友到家里来吃饭的情况也比较多见。年节时,好友之间必须要相互拜访,特别是过年时好友一定要相互走动,即使是好友不住在同一村落也是如此。如果过年时不相互拜访，那么就意味着好友关系的终结。拜把子的兄弟之间，过年时拜访的程序也更为复杂。过年时，把兄弟一般会相约先去大哥家拜见。当然，把兄弟也可以分别拜访大哥。拜见过大哥之后，其他的把兄弟才会相互拜访。

3. 好友与互助

1949年之前，好友之间的互助非常频繁，主要是因为好友之间互助的人情成本较低。不过，作为好友只有尽力帮忙的义务，没有一定要帮忙的义务。如果好友有事，也可以不来帮忙；遇到无法解决的问题时，好友也可以委婉地拒绝村民的要求。与一般好友相对，把兄弟必须提供相应帮助，否则将对把兄弟之间的关系造成严重影响。一个村民家在盖房或者家中发生红白喜事时，把兄弟必须亲自前去帮忙。即使家中有事，把兄弟也会委派自己成年的儿子前去帮忙。如果在帮忙的过程中，把兄弟自己有事要忙也可以离开，但是忙完自己的事情后还会继续帮忙。在把兄弟家有人生病时，其他兄弟不仅要前去探病，往往还要对钱为病人治病。

4. 好友与送葬

在送葬时，好友一般站在队伍的最后端，也就是在儿子、儿媳、孙子之后，与其他亲属站在一起。同时，好友一般不会为自己朋友的父母披麻戴孝。与此相对，把兄弟却要为其他兄弟的父母披麻，甚至要为死者守灵。在送葬时，他们一般紧跟在自己把兄弟的后面，也算是死者的儿子。

5. 好友与借用

日常生活中，好友之间相互借钱或者东西的情况也比较常见，归还时可以适当多还一些，不多还朋友之间也不会追究。把兄弟之间也是如此。此外，好朋友之间也存在借贷行为，利率基本上为40%左右，利率过高会影响好友之间的关系。与此相对，把兄弟之间通常不存在借贷行为。把兄弟之间借钱或者借粮，借的数量较少时甚至可以不用归还。如果某一村民遇到困难，需要数量较多的现金或粮食，那么把兄弟也有替其分担压力的责任。但是，所借钱粮日后一定要归还，即使拖的时间较长最终也要还。当然，如果其他把兄弟都比较穷也可以不伸手帮助，这并不会对彼此的关系造成太大的影响。

6. 好友与保护

在该村，由于大多数村民在村中只有几户亲戚，因此好友之间的相互保护非常重要。例如，一个村民受了另一个村民的欺负，好友们一般会帮其说理。不过，好友之间并没有必然为对方出头的义务。与此相对，把兄弟之间的相互保护则较为频繁，村民结拜把兄弟很大程度上就是为了避免被人欺负。如果一个村民的把兄弟较多，甚至村中光棍和排场人也不敢随意欺负他。如果某一村民受到了其他村民的欺负，那么他的把兄弟通常会集结起来为其讨回公道。当然，这也是相对而言，对于有枪有人者，把兄弟们也不敢轻易出头。

7. 好友与结亲

好友之间以及把兄弟之间也会通过相互结亲的方式延续彼此之间的友谊。在两位好友或者把兄弟的妻子同时怀孕时，双方可以相互约定：如果都生了男孩就结为把兄弟，如果所生为一男一女就结为娃娃亲。此外，好友或者把兄弟也会让自己的孩子拜对方为干爹，或者是在孩子未成年时为孩子定亲。

8. 好友与遗赠

1949年之前，好友之间遗赠的情况很少出现。当然，如果某一村民在村内人缘不好，也可以在去世后将遗产赠送给自己的好友或者是好友的儿子，并让对方为自己处理丧葬事宜。就把兄弟而言，相互遗赠的频率相对较高。有些无法生育孩子的村民，甚至会通过抱养的方式从把兄弟那里获得继承人，以达到死后有人继承遗产和上香的目的。

五、乡亲

以往，乡亲多代指自己的同乡之人或者是村民对当地人的称呼。因此，其多是在外村民对本村村民的称谓，或者是本地村民在外地村民面前才称呼自己的本村人为乡亲。

（一）乡亲的标准

对于外出村民而言：一方面，仍居住在自己家乡的村民就是乡亲；另一方面，在异乡遇到与自己来自同一地区的村民也可称之为乡亲。此外，乡亲也可以是针对以自己所在村落为中心的特定范围之外村民的一个概念。当然，乡亲也是一个地域上的概念。如果村民外出的地方离自己的家乡并不算远，此时乡亲多指居住在自己村落及村落附近的村民。同时，在针对特定范围之外的村民时，也可以使用乡亲这个概念。如果村民外出的地方离自己的家乡较远，甚至已经离开了自己所居住的省份，乡亲的范围则可以扩大到自己所居住的县。

（二）乡亲关系

对于一直居住在自己家乡的村民而言，乡亲关系并不是非常重要，因为乡亲此时与其他地缘关系杂糅为一体，并没有明确的区分。与此相对，对于在外逃荒或者是在外定居的村民，乡亲就是他们能够生存和在外地定居的重要保障。

1. 乡亲与保护

1949年之前，乡亲之间的交往主要体现在相互的保护上。在外地谋生的同乡村民一般存在"抱团"的情况。例如，在异乡经营相同行业或者类似行业的村民往往会相互照顾生意，并尽力排挤外乡村民。如果一个同乡在外受到了欺负，其他同乡也会想尽办法帮其讨回应有的公道。在该地，村民由于躲避抓丁而背井离乡的情况屡见不鲜，在逃丁时，遇到乡亲也能有些照应。同时逃丁的乡亲们一般会结伴同行，并想办法生存，等到风平浪静时再各自回家。据村内老人口述，王桥曾有一张姓村民夜间正熟睡时忽闻甲长前来抓丁，便连忙翻墙而逃，仓皇中只穿一身单衣，而且身无分文。一路逃到相邻的遂平县，张姓村民才确定自己暂时安全，却为生计发了愁。正在此时，其遇到逃丁的两个同乡，他们因为事先知道要抓丁便备足了干粮提前逃跑。见到张姓村民之后，他们便一人分给了他一些干粮，待抓丁结束才一同返回。

2. 乡亲与收留

民国后期，由于灾荒、战乱、匪祸频繁，村民外出流动增加。当某一村民外出谋生并在当地站稳脚跟后，一些同乡村民就会闻讯投奔。外出村民见到来投奔的乡亲后，一般会尽力帮忙。他们不仅会为乡亲提供住处、饭食，把乡亲的生活安顿下来，还要介绍其他乡亲与其认识，并一起为新来的乡亲寻找生活出路。也有村民外出每到一地，就四处打听当地是否有同乡，并想办法与同乡取得联系。通过乡亲之间的介绍，当地会形成一个以同乡交往为核心的圈子。当圈子内有乡亲遇到困难，其他同乡就会伸手援助，尽力帮助遇难乡亲渡过难关。同乡们不仅会对其提供物质方面的帮助，还使其受到精神上的抚慰，呈现"有钱出钱、有力出力"的情景。受到帮助的村民虽然一时无法偿还乡亲的恩情，但也会铭记在心。当自己有能力帮助其他遇到困难的乡亲时，他们也一定会尽心尽力。

3. 乡亲与结亲

以往，乡亲之间结亲的情况也非常普遍。原本来自同一村落的几户村民可能会通过结亲的方式来加强彼此的联系。具体而言，结亲主要包括拜干亲、结拜、结姻亲等几种形式。与此同时，乡亲之间还存在请谱的现象，即同姓乡亲合谱。对此后文将详细进行叙述。

4. 乡亲与欺诈

以往，虽然乡亲之间的互助和保护十分常见，但是也存在欺诈行为。据艾宝玉老人叙述："有些人打着乡亲的名义跟那些逃荒的妇女和小孩说给他们找个地方住，然后转手就把他们卖给人贩子啦。有哩，人家给他们提供了帮助，还没等人家出门一会儿哩就把人家家里值钱的东西带住都跑啦。"与上述较为明显的骗术类似，不少逃荒的村民还会冒充是当地村民老家的乡亲，以求对方提供相应的帮助。不过，这种骗术被识破的概率也较大。据艾宝玉老人叙述:"过去有不少那样哩,在楚铺街上要饭哩冒充是哪个地方来哩让别人可怜可怜。还有哩知道哪一户是打哪来哩,就冒充是那一户老家附近村上哩人,好让别人收留。大多数人哩也知道对方说的是假话,心肠好哩也就不拆穿啦。"

乡亲外出谋生时还存在合伙做生意的情况。合伙做生意的乡亲各自拿出一部分本钱,再根据各人所出本钱份额的多少,定期或年底分红。因为是乡亲,所以彼此之间都比较信任,缺少必要的防备之心,却有人利用对方对自己的信任做假账,少分应有分红,甚至是携款潜逃。

5. 乡亲与还乡

以往,在外发迹的村民总会借机会回归家乡,以达到衣锦还乡的目的。村民还乡,一方面是向乡亲炫耀自己取得了怎么样的成就。据李邦存老人叙述:"那过去哩,在外当了官哩回到乡里,还有那在部队上当官回来哩都要在乡亲面前显摆一下。我记得陈庄还是白杨沟啊,有个兵痞子,替人家当兵结果在部队上还混个副营长。然后就带了几个人回到了村里,拿着那盒子枪让村里人看,还穿着国民党的军装,在村里神气哩很。"另一方面,村民还乡之后也要承担相应的社会责任。据刘万斤老人叙述:"那有本事哩回来咯,乡亲们凭啥去看你呀,不就是你有本事么?人家看你,就是希望以后你能给人家办事儿。你要是三番五次地回来,就知道显摆,不跟乡里人办实事儿,人家肯定背后说你忘本。有些原来你不中,人家给饭吃哩,给你衣服穿哩,那都得加倍回报。要不肯定少不了说你。还有哩你发财咯,让你捐钱修庙和修桥哩。不过让捐钱修路我知道哩比较少。"

第三节 业缘与业缘关系

在该村,业缘关系主要反映为同业之间的关系以及师徒之间的关系。工匠之间的相互竞争与合作是业缘关系的核心。不过,业缘关系的处理并不能随意为之,必须受到行业规约和当地惯习的制约。此外,业缘关系的另一核心师徒关系也需要受到惯习的影响,其集中地表现为师徒之间的尊卑有序,在多数场合下徒弟都要听从师傅的安排,否则徒弟甚至可能被取消出师资格。

一、业缘组织

1949年之前,该地不少行业都存在行业工会。工会将同行置于一个组织之下,既是一种保护,也是一种规约。

（一）行会概况

该地曾经存在的行会主要有木、泥、瓦、石匠行组织的鲁班会，冶炼铸造业的老君会，印染匠行的葛仙会，饭馆业的灶君会，剃头匠行的罗祖会等。不过，在该村附近仅存在罗祖会，当地村民又称其为"罗友会"[1]。在本村及附近村落内，其他行业虽然不存在工会，但是依旧要受行业规约的限制。在民国时期，行会基本上由行业内的老行尊自行组织，属于行业的自治组织。对于行会，政府通常不会干预他们的自治行为，也不会对其收税。

（二）入会方式

入会必须由说合人进行介绍，说合人通常是自己的师傅或者是与自己相熟的同行。一般情况下，徒弟出师多由师傅引荐入行会；外地落户到本地的手艺人，如果想继续置业也必须加入行会。同时，即使没有行会的工匠，在置业时也要拜见一下行内的老行尊。拜见行尊，一是告知同行自己打算开始置业，如果遇到同行刁难可请行尊前去调解；二是希望得到同行的照顾，如果受到外人欺负，工匠可请同行替自己讨回公道。有些工会在入会时需要交一些年费，有些则不需要交年费。如果不需交费，入会者在说合人的带领下拿一些糖果之类的礼品去拜见老行尊便可。对于没有行会的工匠，他们去拜见行尊时也要带一些礼物，但也无须带太贵重的礼物。此外，如果行会不收年费，那么入会村民也无须每年都去拜见行尊。

（三）行会的管理

行会由一个年长的工匠进行管理，但并不是每一个年长的工匠都具备担任行会管理者的资格。行会的管理者又被村民们称为"会头"。一般而言，行会内具备公益心且办事公道的老工匠才能成为管理者。同业之间其实也存在辈分上的区分，辈分较低的在行内通常没有什么话语权。但是，辈分和年龄又无法决定一切，如果没有公信力，其他同行也可对其不予尊重。老的行会管理者去世，具备资格的行尊将被大家默认为行会的管理者。此过程无须进行选举。据艾宝玉老人叙述："管理的人不用选举，老的去世了，有这个资格的就自然被大家捧为新的管理者啦。有的时候，其他老哩捧一下谁谁，那大家有事就找他。要不然大家有事都去找哪个，哪个就是管理哩。过去都简单，不跟现在一样。"

在平日里，行会并不会干涉工匠如何做工，但行会都有自己的规矩。实际上，即使在没有行会的工匠中也存在一些规约。行会内存在的规矩，主要涉及行会内的竞争以及行业禁忌。对于违反了这些规矩的，其他同业可向行会的管理者告状，行会的管

---

[1] 音译，老人无法说明具体是哪几个字。

理者虽不会对其进行任何形式的处罚，但也会对其行为进行指责。如果屡教不改，行会可以将其开除，此后行会内的其他工匠可以一同对其进行抵制。对于没有行会的工匠而言，违背行规同样会受到同业抵制，严重时一样会影响自己做工。同时，行会还有调解矛盾的作用。两位或者多位同业发生矛盾，管理者要从中进行调解。工匠在做工时被人欺负，行会也要为其出头。不过，该村罗祖会实际上在处理同业关系和行业与外界关系时发挥的作用并不是非常明显。最后，行会还有组织同业一起祭拜祖师爷的功能，具体的组织过程由老行尊负责。

二、业缘关系

业缘关系不仅涉及同业之间的关系，还涉及不同行业之间的关系。同业竞争与不同行业的合作在民国时期已经成为一种习俗。同时，有无行会对于同业关系的影响并不大，即使没有行会的工匠也要遵从特定的交往原则。

（一）行规

1. 定价限制

1949年之前，每一行业都有自己的定价规则，工匠外出做工时并不能把自己的价格定得太低，以此来和同业竞争。不过，每一行业并没有非常严格的定价标准，只有一个大概的定价范围，只要在这个范围内定价就不会引起同行的不满。例如，木匠做3—5件小工具可以收4—5块钱，如果某一工匠只收3—4块钱，其他工匠便会将此事告诉行尊，并请行尊出面制止。当然，如果某一工匠出于人情，在某一次外出做工时少收1—2块，这并不算是违背规矩。同时，价格的规约还包括涨钱的限制。如果某一工匠想涨价，必须征得其他工匠同意，他们也要同时抬高收费标准。

2. 范围限制

每一个工匠都有自己的工作范围，在这个范围内，其他同业一般不能来争抢生意。正常情况下，一个工匠所在村落便是其工作范围。但是，如果村落较大，那么也可能存在2—3个同类工匠。此时，大家工作的范围主要以自己的房屋为中心向四周辐射，彼此之间的工作区域可以有小范围的重叠，但是不能进入对方的核心工作区域。所谓核心工作区域大多是指工匠的四邻。以楚铺街为例，如果某一工匠住在临街的地段，那么由寨门到十字街的部分就是其核心工作区域。如果邻村没有同行，或者邻村同行忙不过来，外村工匠也能前去做工。但是，某一工匠的四邻委托其他同业前去做工，他们通常不会接受委托。如果某一工匠忙不过来时，其也可以授意自己的邻居去找与自己关系较好的工匠做工，此时便不会影响同业之间的关系。如果某一工匠是老行尊，其他同业工匠通常也不会去村上做工。老工匠忙不过来时，会让自己的徒弟接活，其他工匠一般不会去抢生意。

（二）请工惯习

村民请工匠做工必须提前1—3天与工匠约定，约定内容除了做工的具体时间之外，还有做工的具体价格。到了当天，请工家庭还要将工匠从家中接来。工匠前去时，可以带一两个快要出师的学生给自己帮忙，但是学徒未满一年的徒弟通常不能和师傅一起外出做工。做工期间，雇主必须负责工匠的一日三餐，带来的徒弟也能和师傅一起上桌吃饭。吃饭时，当家人必须和工匠一起吃饭，三餐中午餐必有白面做成的烙饼，有钱家庭还要备一些肉食。不过，村内富户通常不会亲自去请工匠，雇主也不会和工匠一起吃饭。除了正常的工资，雇主还要额外支付一些工钱给工匠。例如，在盖房上梁时雇主必须再给工匠封一个红包。此外，工匠与雇主之间还有一些习俗上的禁忌。例如，木匠行做活要留刨花，让雇主自己收拾，叫"留尾巴"，意思是"还有活干"。但做棺材不能"留尾巴"，完工后一定要把现场打扫干净，否则就被认为是咒雇主家再死人。

（三）行交

传统时期，不同行业之间由于没有利益冲突，因此也建立起了相应的合作关系，村民把不同行业之间的合作关系称为"行交"。如理发业、饭馆业与戏班就素有行交：理发的用饭馆或戏班的热水不给钱，开饭馆的和演戏的理发也不给钱。行交的核心是互惠互利，相互扶持以及相互敬重。如剃头匠去饭店打热水时必须在脸盆上搭上一条毛巾，否则饭店老板可以拒绝对方打热水的要求。

三、手艺传承

师徒关系也是一种非常重要的业缘关系，手艺在师徒之间传承必然要涉及尊师重道的核心要求。传统时期，一旦拜师就不能随意放弃学业，也不能忤逆师傅。否则不仅会被驱逐出师门，还有可能受到其他同业的排挤。

（一）拜师对象

以往，拜师学艺的人主要是家中土地较少且没有其他谋生手段的村民。当家人通常会让12—15岁的男孩前去拜师学艺。当家人可以自己为孩子找师傅，也可以让相熟的朋友帮忙。但是，如果近亲中有人是工匠，那么当家人应首先询问自己的亲属是否有收自己孩子当学徒的意愿。例如，艾宝玉老人便跟舅舅学习了剃头手艺，即使剃头匠是工匠中地位最低的一类。如果自己的亲戚没有人是工匠，或者自己的亲戚已经收了不少学徒，那么当家人也可以请村落内或者村落附近的其他工匠收自己的孩子为徒。当然，这也并非绝对。当家人如果觉得近亲所从事的职业并不是非常好，也可以直接让自己的孩子拜其他工匠为师。亲戚如果觉得自己的职业确实不是非常好,也不会对此过多追究。有些工匠甚至会以此为由拒绝亲戚孩子的拜师要求。

（二）拜师过程

村民在找到合适师傅之后,通常要带着自己的孩子去师傅家拜访,师傅也要见过孩子之后才决定是否收其为徒。在拜见师傅当天,村民并不用带礼物去。在说合人的带领下,当家人和孩子要向师傅表明学徒的心愿,说合人也要在其中尽力说一些好话,以促成师徒关系的缔结。师傅是否决定收徒,一方面要看徒弟是否心灵手巧,另一方面也要看徒弟是否忠诚。如果师傅觉得孩子不错,便会选择良辰吉日正式举行拜师仪式。在拜师当天,徒弟和父母要带着拜师礼前往师傅家,师傅接过礼物之后便正式开始拜师。拜师时,先拜祖师爷,再拜师傅,之后双方还要写"门生帖"。门生帖内容主要包括：其一,对学徒品德上的要求,即一旦拜师不能随意改换门庭；其二,学徒时间；其三,学徒之后谢师的年限；其四,学徒期间徒弟能够享受的待遇。不过,由于过去大多数工匠并不识字,所以门生帖通常采取师傅与徒弟口头约定的形式。订立门生帖时,说合人要参与见证。

（三）学徒待遇

以往,该村的学徒又可以分为"门外徒弟"和"门里徒弟"。对于门外徒弟,师傅不包吃喝,也不管住宿,更不会给付工资。学徒每日学完手艺便能回家。与此相对,门里徒弟一般要住在师傅家,吃住都由师傅负责,还能得到一些报酬。此外,老师还会给学徒做衣服。正常情况下,学徒期间一年分两季,每一季门内徒弟可以得到2升白面作为报酬。如果学徒超过3个,那么师傅通常只给每人1升白面作为报酬。快出师的徒弟可以跟师傅一起出工,跟师傅一起吃酒席,但是不能得到工钱。当然,如果师傅厚道也会适当给徒弟工钱的五分之一到四分之一作为报酬。但是师傅不给,徒弟一般不能向师傅要钱。与门内徒弟相对,门外徒弟跟随师傅做工得不到任何报酬。

（四）学徒义务

在师傅家学徒期间,学徒第一年主要干各种家务,包括种地、跑腿、洗衣服、照顾孩子、洗菜等。低年级的学徒不仅要洗自己的衣服,还要洗师傅和师哥的衣服,有时还要洗师傅家人的衣物。当然,如果徒弟毛手毛脚,师娘通常也不会让其洗家人的衣物。到了第二年,学徒才可以帮师傅打一下下手,学一些简单的技术。第二年时,师傅如果收了新徒弟,学徒可以少干一些家务,但要承担更多的与做工相关的体力活。到了第三年,师傅才会将一些复杂的技术活交给徒弟。第三年时,徒弟也可以不干家务活,但伺候师傅的活都要一并揽过来,否则师傅可能会多藏几手绝活。

（五）出师

学徒一般的出师年份为3年，也有要求5年出师的行业。从拜师当天算起，期满3年时师傅便会告知徒弟可以出师了。如果徒弟自觉学业不精，也可以请求师傅再收留自己一两年。如果师傅为人厚道，便会接受徒弟的请求；如果师傅不想再教，也可以拒绝徒弟的请求。继续学徒期间，学徒的一切待遇照旧。在出师时，徒弟不用摆出师酒，但要再孝师一年（有的职业是三年）。在这一年的时间里，徒弟依旧在师傅家吃喝，也可以跟师傅一起出工，有些师傅还会允许徒弟单独出工。不过，无论徒弟跟师傅出工，还是单独出工，工钱都归师傅所有。孝师期满，师傅会主动让徒弟离开，并引荐同业让徒弟认识。之后，师傅会送给徒弟一些客户关系或者赠送一套家具，还会再送给徒弟一套齐全的工具。

（六）师徒关系

1. 学徒期间的师徒关系

徒弟在师傅家学徒，一切都要听从师傅的安排，师傅还可以随意辱骂和责打自己的徒弟。在签订门生帖时，师傅往往还会向徒弟的父母嘱咐几句，其核心为徒弟的生死逃亡都与自己没有任何关系。在当地曾流传这样一句话："徒弟徒弟，三年的奴隶，吃不完的剩饭，挨不完的没趣。"其意思为：在学徒期间，学徒不仅要干脏活累活，还要忍受师傅的打骂。艾宝玉老人的哥哥艾宝仁甚至连吃都吃不饱。徒弟如果表现得良好，愿意承担各种家务活，师傅便会在第三年多教几招，反之师傅随便教几招就会让他们出师。门外徒弟不用在师傅家干活，师傅也不会尽心教授他们，因此多数村民都会选择当门内徒弟。实际上，即使当门内徒弟，师傅也会刻意藏几手，避免徒弟出师后抢了自己的生意（一说，徒弟在师傅家已经受了很大的苦，所以师傅一般不会"藏技"）。还有些行业存在"传内不传外"的限制，核心技术只能传给自己的亲生儿女，外人学徒只能学到皮毛。此外，吃饭时师傅如果不动筷子，徒弟绝对不能先吃。据艾宝玉老人叙述："徒弟跟着师傅一起去吃酒席，师傅不动筷子，徒弟都不敢吃。师傅动了筷子跟徒弟说一声'吃吧'，徒弟才能动筷子。我记得有一次，有个小木匠跟着师傅一起出去吃饭，小木匠不懂事儿，看桌上其他人都开吃了，自己就赶快叨了一块肉。师傅看见了一筷子就敲到他手上了，那一筷子可狠啦，直接给他敲得眼泪汪汪的。师傅嘴上还不停说他是个信球玩意儿。"

2. 学徒关系的终结

学徒期间，学徒不能随意弃学。一个学徒如果无故弃学，将被视为叛逆师门的表现，其他工匠也不会再收其为徒。以往，在签订门生帖时就有对学徒忠诚的要求，学徒不仅不能弃学，还不能改换门庭。因此，学徒一旦学了一行，如果不经师傅允许绝对不能拜其他工匠为师。与此相对，师傅虽不能随意开除徒弟，却能在学徒犯了大错时将其逐出师门。被逐出师门的学徒，一般很难再拜同类工匠为师，其他工匠也不愿意收被逐出师门的村民为徒。也正因这样，村民在学徒期间只能对师傅唯命是从，对于师傅的一些无理要求也只能默默忍受。

3. 出师后的师徒关系

在出师时，师傅除了要介绍同业给徒弟认识以及为徒弟置办一套工具外，有些行业还要求师傅为徒弟提供一些工作机会。例如，剃头匠在出师后，师傅就要送500个"头"给徒弟，也就是让500个客户给徒弟。有些师傅心地善良，也会在年迈时将自己的客户逐一引荐给自己两三个靠得住的徒弟。出师后的师徒关系还表现在相互帮忙上。如果徒弟有不会做的活，也可以请师傅帮忙。当然，如果师徒关系不是很好，师傅也可以不帮徒弟的忙。在承揽的工作较多时，师傅也可以找自己的徒弟前来帮忙，结算后适当分一些给徒弟便可。

4. 师徒关系与人情往来

在出师之前，徒弟并不用给师傅送礼，年节也不用去师傅家拜会。师傅家发生红白喜事时，徒弟只要帮忙便可。在出师后，徒弟必须在每年的中秋节和过年时去拜见自己的师傅，并带一些糖果之类的礼品。师傅家发生红白喜事时，徒弟不仅要去师傅家帮忙，还要给师傅送礼。如果徒弟无故不在年节时拜见师傅，或者不在师傅家发生红白喜事时去送礼，则可以视为师徒关系的终结。这也是背叛师门的表现，其他同业可对其进行抵制。

5. 师兄弟关系

除了师徒关系，师兄弟之间的关系也要遵循特定的规则，但并不如处理师徒关系时一样严格。如果师兄弟之间在学徒期间相处愉快，在出师后则可以保留彼此之间的关系；反之，不保留也可以。师兄弟如果关系融洽，一般在年节时会相互走动，但师弟要去拜见师兄，师兄不会主动拜见师弟。发生红白喜事时，师兄弟也要相互送礼，但却不一定要帮忙。同时，师兄弟之间相互帮忙的情况也比较普遍，但是在结算时必须支付足额报酬。

6. 师徒关系与结亲

以往，由于师傅多会藏上一手，所以徒弟也会通过结亲的方式与师傅建立拟血亲关系，从而获得学习核心技术的机会。一般而言，如果师傅有儿有女，徒弟通常会请师傅收自己为义子。不过，这实际上意义不大。对于一些"传内不传外"的技术，师傅仍不会倾囊教授。对于没有儿子的工匠，徒弟通常会想办法入赘到师傅家。有些儿女双全的师傅，也会让特别喜欢的徒弟入赘到自己家，并把绝技传授给他。

7. 师徒关系与养老

如果师傅老无所依，徒弟并没有为师傅养老的义务。但是，师傅却可以通过遗赠的形式，请一个信得过的徒弟为自己养老。当然，前提是师傅没有其他亲属，或者与其他亲属关系不是非常好。徒弟虽没有为师傅养老的义务，但是在师傅生病时却要前去探病，并带一些礼品。如果师傅没有药费，徒弟们也要适当地帮忙筹集一些。

8. 师徒关系与丧葬

在师傅去世时，徒弟必须前去吊唁，并主动前去帮忙。但是，徒弟不用给师傅披麻戴孝，也不用为师傅守灵棚。在师傅出殡时，徒弟也只用以晚辈的身份与其他和师傅没有血缘关系的村民站在男性送殡队伍的中后端。

第四节　信缘与信缘关系

传统时期，该村村民信奉神佛的情况相当普遍，信缘也是整合村落村民的重要途径。村民的信仰不仅包括佛教、道教，还包括一贯道、跪香道、摸摸道。可以说，生活的贫困是村民信仰神佛的主要原因。在信仰繁荣的基础上，该村也出现了不少庙宇和土地庙，日常生活中前去祭拜的村民也是络绎不绝。同时，由于信缘关系的发达，该村每年还会组织规模盛大的庙会。此外，村落中还存在信缘组织烧香会。

一、庙宇概况

该村共有 5 座庙宇，它们又被村民称为"大庙"。除了大庙，该村还存在 4 座土地庙，也就是村民俗称的"小庙"。

（一）庙宇构成

大庙主要为奶奶殿、奶奶庙、东王爷庙、火神庙以及祖师庙。每一个庙宇都供奉有一个主要的神明，也承载着不同的功能。但是，庙宇内除了主神之外往往还供奉有其他神明，甚至是其他教派的神明。它们有的承载着求雨功能，有的则是工匠们日常祭拜的庙宇。例如，祖师庙就只有在集市发达、工匠较为集中的地区才有。与大庙相对，小庙不承载特定的功能，村民有任何需求都可以祭拜土地庙。在寨墙内，除了分布有一座奶奶殿和土地庙之外，其他庙宇均分布在寨墙之外。楚铺村庙宇的具体分布情况请参见图 4-1。此外，无论庙宇的修建者是谁，一旦建成，其他村民都可以享受庙宇的产权。

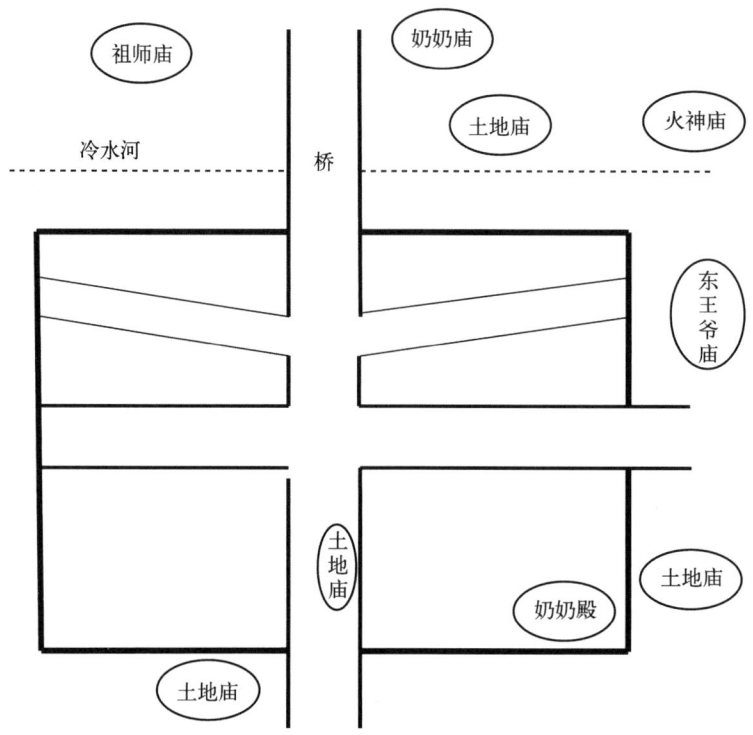

图 4-1　楚铺村庙宇分布示意图

（二）庙宇建造原因

1949 年之前，该村庙宇基本上由富户捐赠而来。但是，由于不少庙宇建于明末清初，所以也无从知晓具体的捐赠者。据村内老人介绍，富户捐庙主要出于以下两种原因：其一，为了获取村落威望。建造庙宇可以说是富户获得村落权威的重要手段。获得威望不仅可以让富户在村中获得排场人的地位，还能起到一些保护作用，普通村民在无粮可食时不敢对其进行抢夺。当然，因为楚铺是当地较大的集市，因此周边村落内的富户也会给楚铺捐庙。其二，赈灾。有时，村落内发生了较为严重的自然灾害，村落的富户也会联合出资建造庙宇。与大庙类似，土地庙基本上也由富户捐建。当然，也存在多位普通村民凑钱建设的情况。

（三）庙宇的管理

在清朝时期，村落内多数庙宇尚有僧侣负责看管，在该村的北门外甚至还有一片"和尚坟"。虽然该村的庙宇内没有可耕种的耕地，但是富户往往会给庙宇捐赠一些粮食或者现金，周边信众也会在拜佛时向庙宇捐赠香火钱。在僧侣无饭可吃时，还可以通过化缘的形式获取一些钱粮。不过，在民国时期村内全部庙宇已经不再由僧侣看管。此时，多数庙宇处于无人看管的状态。周边村民在祭拜时，通常会先将庙宇和神像打扫一番再举行祭拜仪式。由于长期无人看管，因此庙宇内除了神像和供桌之外，基本上没有其他值钱财产。村内或者村落附近的村民也不会偷盗庙宇内的东西，因为偷盗会被周边信众视为冒犯神明的表现，这不可避免地会引发其他村民的不满。与"大庙"类似，村民祭拜土地庙时也会先将土地庙打扫一下。在庙宇破败或者发生较为严重的自然灾害时，周边富户还会主动捐钱重修庙宇，信众们也会义务出工协助。

二、信仰概况

1949年之前，该村信仰呈现出差异化的状态，既有人信仰正统的佛教、道教、伊斯兰教，又有人信奉一贯道等邪门歪道。不过，大多数村民信奉宗教主要是出于功利目的，信仰的虔诚度也相对较低。

（一）信仰人群

楚铺村信奉宗教的村民既有男也有女，村民即使不虔诚地信奉某一宗教，也会在有需要时前去拜祭大庙和小庙。据村内老人粗略估算，在经常去祭拜庙宇的村民中，男性村民约占全体男性村民的50%—60%，女性的占比约为60%—70%。据艾宝玉老人叙述："你要说，拜佛哩，那男女都有，女的稍微比男的多一点儿，也差不太多。过去的人迷信，歪好[1]都得信点啥。"不过，村民的信仰又多不是非常专一，除了少数信奉伊斯兰教的回民以及少数信奉佛教和基督教的村民，大多数村民都是认为哪个神灵就拜哪个神。信仰较为虔诚的村民占有信仰村民的比例大约为5%。

（二）信仰主体

1. 祖师爷

以往，各行各业都有自己的祖师爷。木、泥、瓦、石匠行的祖师是鲁班，铁、铜、银、锡匠行的祖师是老子，剃头行的祖师是罗祖和吕洞宾，纺织行的祖师是黄帝、嫘祖和黄道婆，鞋匠行的祖师是孙膑，纸行的祖师是蔡伦。

2. 祖先

以往，任何村民都会信奉自己的祖先。虽然在该村并不存在宗族，也不存在小规模的家族，村民却都会以家户为单位祭拜自己的祖先。祭拜祖先又可以分为坟地祭祀和家祭两种形式。坟地祭祀时，村民通常只祭拜自己2—3代直系祖先，超过这个范围一般不用再祭祀。当然，如果堂兄弟之间关系较好，也可以在叔伯死祭时相互拜谒。与坟祭不同的是，家祭可以祭拜特定的祖先，也可以用一块灵牌指代自己所有直系和旁系血亲。

3. 神明

1949年之前，祭拜神明可以说是村民祭拜行为的核心。在家人生病时、需要求子

---

[1] 当地方言，意为多少。

时或者是遇到其他需求神明帮助的事情时，村民都会去祭拜。在该村，祭拜神明往往是一个家户内部的事情。当然，以村落为单位的求雨、庙会等集体祭拜行为也时常出现。村民在祭拜时，可以祭拜"小庙"也可以祭拜"大庙"，并没有特定的指向性。村民往往是小事就近祭拜村内大小庙宇，大事则要外出去比较灵验的庙宇祭拜。

（三）道门信仰

与普通村民不同的是，信仰道门的村民往往在信仰上更为虔诚，道门也会组织一些集体祭拜活动。不过，道门又多被村民称为歪门邪道，带有较强的迷惑性。

1. 一贯道

据村内老人介绍，过去村内信仰一贯道的村民虽不算多，但也已经有了30—50人的规模。一贯道组织机构为佛堂，有总佛堂、分佛堂、临时佛堂之分。该村附近便设有分佛堂。在传道时，道内负责人可以在分佛堂和临时佛堂内设置公共佛堂，公共佛堂由于经常请仙降坛，因此又被称为"坛"，村民也称公共佛堂的负责人为"坛主"。担任坛主的村民，通常都是在当地有钱有势的人，实际上不少坛主就是当地的光棍或者是排场人。分佛堂的负责人发展他们入道，再通过他们去发展其他信众，从而达到扩张道门的效果。村民要加入一贯道需别人引荐，一般情况下入道的村民都可以当引荐人，坛主也会主动发展别人入道。一旦入道，就要交纳入道费、功德费、尽孝费等费用。村民在第一次入会时，入道费通常不高，大约需要1—2元。随后，其他费用则会依次增加，坛主一般会劝说入道者不停投入，有些村民甚至为此倾家荡产。不过，在该村的历史上村民因为入道而破产的情况还未曾出现过。

2. 跪香道

跪香道，又名折香道、实香道、看香道、烧香道等。跪香道以天地为神，信徒认为入道跪在地上、磕头烧香能治病免罪。有病时，信众只被准许向师傅烧香磕头，不允许吃药，病死后便可以立地成佛。在该村，信奉跪香道的村民极少，一共不到10人。这主要是因为，加入跪香道之后每日都要在家中烧香跪拜，家境较差的村民很难承担得起这笔费用。同时，跪香道还会经常组织集体活动，入道者同样要为此交纳一定的费用。此外，该地并不是跪香道活动的核心区域，因此其发展程度一般。据村内老人介绍，跪香道虽有传播，但很少有人刻意发展自己的亲戚入会，到1945年前后入跪香道的村民便在村上绝迹了。

3. 摸摸道

1949年之前，摸摸道便被不少村民认为是歪门邪道，但加入的村民却不少。"摸摸道"实际上是村民对它的俗称，其具体叫什么名字至今已经无人知晓。摸摸道带有一定的宗教性质，组织者多为村上光棍和无赖。摸摸道宣传其除了可以消灾避祸外，还能帮村民解决婚姻问题。据艾宝玉老人叙述："摸摸道，咋来的哩？那就是晚上，男男女女关了灯、灭了蜡在一起互相摸。男哩摸住谁咯，谁就得跟这个男的当媳妇儿，咱村上就好几个是这样找哩媳妇。"正因为摸摸道带有这种性质，不少无赖、混混都加入了摸摸道，同时摸摸道还经常蛊惑未婚少女加入。在仪式中，被男性摸到的女孩会被道门负责人以神的名义反复地劝说，使其不能不嫁与对方为妻。不过，对于摸摸道的具体组织和操作形式，村内老人已经无法说清。老人只知道，道门内具有一定等级，道头可以封村民当"官"。

（四）信缘组织：烧香会

具备信仰的村民也会组织烧香会，加入者信奉佛教、道教均可。所谓"烧香会"就是大家一起去外村庙里烧香，以往村民最常去的庙是老乐山的老爷庙以及汝南县城的南海寺。烧香会一般由男性组织，规模通常在10户左右，每年大约组织3—5次活动。烧香会参与者都是家中有10—30亩土地的普通村民，组织者并不向会员收钱，只组织祭祀活动。无地的贫穷村民，或者是村内的排场人，基本上不会参与烧香会。在活动开始的前两三天，组织者会通知大家具体的活动时间，并约定一同出发的时间。到了活动当天，有车的村民要提供车辆，其他村民则携带家中老小乘车一同前去寺院祭拜。到了寺院，大家分别祭拜，并不会组织集体性的祭拜仪式。但是，在烧香结束之后大家还要一起论道讲经，其核心目的并不是为了探讨佛法，而是为了教育自己的子女。据李邦存老人叙述："那个时候大寺院里头都有壁画，内容都是劝人向善哩，拜完佛大家一起逛逛，一边讲着佛，一边共同教育不孝子女。有哩，老婆儿加入烧香会就是因为媳妇不孝，自己又管不了。还有哩，是儿子赌博，说了也没用。大家就借着烧香会一起拜佛的时机，共同给子女讲讲。那个时候，寺院里的壁画都可吓人，有不孝的下油锅哩，有赌博哩被砍成两半哩。"可以说，烧香会主要的目的就是借助神佛传说劝导自己的子女向善。

三、私人信仰行为

1949年之前，村民信仰行为主要涵盖拜菩萨、拜祖先、求子等几个方面。

（一）拜土地

村民可以祭拜村内任何一处土地庙，即使外村过路村民也可以随意祭拜。一般而言，祭拜土地庙的时间为每个月的初一和十五，其他节日无须祭拜。在该村，即使初一和十五去祭拜土地庙的村民也不是非常多。村民通常是在盖房、挖坟或者是打算外出时才会祭拜土地庙。祭拜土地庙的一般是一个家庭的当家人。当然，女性也可以去祭拜，只是当地祭拜土地的习俗并不是非常浓厚，因此需要去祭拜时，当家人自己去祭拜即可。此外，在孩子出生、老人去世或者生病时，村民也不会去祭拜土地庙。

（二）拜菩萨

拜菩萨的情况非常普遍。可以说，拜菩萨就是村民对祭拜神明的统称，需要祭拜的村民一般会说去祭拜××奶奶、××王爷、××公、××娘娘。实际上，除了去庙宇祭拜，村民还都会在中堂正中放置一座观音像或者财神像，每日清晨信仰虔诚的村民会祭拜一下再开始一天的生活。当然，如果是信仰不虔诚的村民也不会每日祭拜，他们会在年节时简单祭拜。如果前去庙宇祭拜，时间多为农历每月的初一和十五以及某一个神明的生日时，有事时村民也会前去祭拜。去祭拜菩萨的村民，一般是一个家庭的当家人，妇女通常不能外出祭拜。不过，本村庙宇则不存在这些限制，当家人或者家人都能自行前去祭拜。有时，如果所求事情比较重大，村民会带着自己的家人一同去祭拜。在祭拜时，村民只用带香便可，无须带其他的祭品，也不用给香火钱。

（三）拴娃娃

拴娃娃主要是为了求子。如果一对夫妻婚后2—3年无法生育，便会去寺院中拴娃娃。当然，只生了女孩的村民也会去寺院里拴娃娃。在当地，拴娃娃主要去奶奶庙、娘娘庙、人祖庙。这些庙宇内一般都供奉有送子菩萨（也称为送子奶奶、娘娘）、人祖爷，还常备有泥制小人，俗称"泥娃娃"。求子者多到此焚香祈祷，祈祷之后再将泥娃娃请回家中。拴娃娃通常是夫妻前往，也有婆婆带着儿媳一起去的情况。

（四）拜祖先

村民祭拜祖先坟地主要集中在清明节、十来一、大年三十以及祖先生祭和死祭这五天。在该村，祭拜仅以"小家"为单位，分家之后兄弟们也不会一同去祭拜自己的祖先。在祭拜祖先之前，村民往往会提前一两天将祖先坟地打扫一番，到当天时再由当家人带着全家老小一起去祭拜。祭拜时，村民所带祭品主要为香、鞭炮、糖、油馃子以及馒头。大年三十去坟地请祖先回家过年时，由当家人一人去请便可，因为祖先请回家之后还要再行祭祀之礼。除了以家为单位的祭拜，在该村附近还有村落会以宗族为单位在清明节集体祭祀祖先。例如，该村附近的温楼村就会集体祭祀温氏祖先。

（五）拜家神

1949年之前，少数村民家中也挂有"天地君亲师"位，"天地君亲师"就是一个家庭的家神。祭拜家神通常是在大年初一，由当家人代表全家简单祭拜一下便可。如果家中还供有观音或者关公，那村民便不会专门祭拜家神，他们仅在拜神像时一同祭拜家神。

（六）还愿

还愿与许愿相辅相成，村民向某一神明许下了愿望，如果愿望实现他们便要回去还愿。如果在许愿时村民没有许下特定的誓言，那么一般在还愿时再次去庙内烧香拜佛即可。如果在许愿时村民还立下如果愿望成真后要给予神明什么回报的誓言，那么愿望成真之后，村民也必须按照自己所立誓言还愿。据艾宝玉老人叙述："过去有那富户到外面许愿，打比方说愿望实现了给庙里捐500斤粮食，那要是真实现咯就一定得给。要是你不说，愿望实现了多烧点儿香都中啦。"

（七）拜祖师

以往在祖师爷祭日进行祭拜是工匠们每年必须要完成的仪式。祖师生日时，工匠可以在自己家祭拜，也可以由行尊组织大家一起祭拜。不过，一般有行会且每年收费的行业才会集体祭拜祖师爷。在集体祭拜时，工匠一般会集中到老行尊的家中，再按照辈分的高低排列祭拜祖师爷画像。这么做除了有祈求祖先保护的作用，还有加强同业团结的作用。此外，工匠们如果路过北门外的祖师庙，有时也会在庙里祭拜一下。有的工匠对祖师爷的信仰比较虔诚，每月初一、十五还会在祖师画像前祭拜，或者前往该村祖师庙祭拜祖师。

四、集体祭拜行为

1949年之前，以村落为单位的集体祭拜行为主要包括求雨和庙会。对于求雨，之前部分已经做了介绍，这里不再赘述了。此处仅就庙会进行详细描述。

（一）庙会概况

该地庙会主要集中在春节之后、春季农耕之前。也就是说，庙会基本在春暖花开之时举行。在该村，庙会又称作楚铺庙会，开始的日期一般为每年的三月二十日。该地的庙会已经形成了一个体系，从正月二十开始到小满结束（具体情况见表4-1），因为小满之后便要正式进入农忙阶段。由于楚铺是较为发达的集镇，村内几处庙宇历史也较为悠久，因此历史上楚铺庙会的规模也较大。据村内老人介绍，在时局安稳时来赶该村庙会的村民可以达到8000—10000人。

表4-1　楚铺及周边村落庙会举办时间

时间（农历）	地　点
正月二十	王桥
二月初二	水屯
二月二十	燕亭
三月十八	仙间庙

续表

时间（农历）	地　点
三月二十	楚铺
四月初八	罗店
小满	张楼

（二）庙会的组织

正常情况下，庙会由村内光棍和排场人组织。由他们负责组织，其他村民往往不敢不掏钱。庙会的经费基本上由该村村民负责，无论村民有没有土地都要或多或少地掏一些。不过，由于楚铺村中富户较多，因此大多数经费由村内的富户（有土地者）支付，不足部分其他村民再相应支付一些便可。当然，实在较穷的村民，组织者也可以减免他们应出的部分。庙会开支主要为布置会场以及请戏班唱戏所需费用，整体花费并不算高。组织者往往能从中赚取不少钱财，所以村内光棍和排场人都乐意组织庙会，灾年后庙会的规模往往比正常年份更为盛大。灾年之后，组织者不仅要请戏班，还要让戏班将本村富户的救灾事迹编成戏码，在庙会时反复表演。

（三）赶庙会

1. 赶庙会的村民

赶庙会是村内妇女为数不多可以外出的时机。在庙会开始时，如果当家人决定去，那么一般全家人都能一起去赶庙会。到了庙会当天早上，当家人多会赶车载全家人一起前往庙会举办地，到了晚上才会返回。

2. 赶庙会与交易

以往，各个庙会的会期也不相同，一般为4—6天，楚铺庙会的时长为4天（一说为5天）。头天为"起会"，中间数天称"正会"，最后一天叫"末会"。庙会开始前，周边村落商人以及外地商人都会前来"号地盘"，选中位置后他们会用几块青砖或者石头做标记，有些人还会在石头上写上字，或者立上一块写了字的牌子。"号地盘"讲究先到先得，某一商人在地块上做了记号之后，其他村民看中了这一地块也不能抢，即使是本村村民也是如此。庙会开始的前夜，商人就会开始布置铺位，通宵达旦。起会后，周边村民都会前来购买物品，不少村民去时空手，满载而归。

3. 赶庙会与走亲戚

庙会开始前，庙会所在村庄的村民都会向自己的亲友发出邀请，请亲友来逛庙会时顺便到自己家走亲戚。在楚铺村，每到三月二十日前后，村民会事先备好饭菜，待亲友前来做客。同时，庙会开始时也是妇女回娘家的好时机。此时，如果妻子的娘家在庙会所在村，或者是在该村附近，村民们上午逛完庙会中午就会去妻子娘家吃饭。

4. 赶庙会与拜神

虽然赶庙会的村民多是为了去购物或者娱乐，但是仍有不少村民会借着赶庙会的机会去庙里拜佛。特别是村中的女性，她们多半只有在举办庙会时才能和自己的丈夫去庙里祭拜。

5. 赶庙会与娱乐

多数庙会会通宵唱戏，白天唱一些普通的戏码，到了晚上则开始唱大戏。有时，听戏的人较多，组织者还会用绳子将男女分开，避免骚扰女性的情况出现。除了听戏，庙会的娱乐活动还有赌博。牌摊通常由组织者设立，每场结束之后组织者会从其中抽头，也就是从中抽取一些佣金。

五、信缘关系

以往，信仰关系在该村发挥着比较重要的作用，它既团结了血缘关系不甚紧密的本村村民，又为社会关系和谐提供了润滑剂。

（一）以村为中心的信仰圈

由于村民一般只信神，而不信仰具体的教派，因此村民祭拜庙宇时并不会刻意祭拜某一处庙宇。这就使得该村及其附近村民的信仰圈不是以庙为中心，而是以村为中心。经济较差的村落通常只有 1—2 座残破的庙宇，而较为发达的村落则至少会有 3 座以上庙宇。以村落为核心，发达的村落及其所属庙宇往往能辐射周边 10—15 个村落。以楚铺村为例，其庙宇数量达到了 5 座，而且庙宇规模也较大，仅庙院占地就达到了几十亩。同时，由于其是集市所在地，不少富户也会在村落上捐庙，使村上庙宇的名气较其他村落的庙宇要大不少，为信仰圈的扩张带来契机。据村内老人介绍，在清朝时，甚至周边几个县的村民都会前来该村拜佛。与此相对，经济较差村落的庙宇除了本村村民之外，其他村落的村民往往不会祭拜。除了村落之外，围绕某一座山也能形成信仰圈，例如老乐山。该村村民认为，山也是神仙隐居的地方，因此山上的庙也比较灵验。当然，围绕著名的庙宇也能形成信仰圈，但这些庙宇往往是较大的寺院或者是非常灵验的寺院，如县城附近的南海寺。

（二）村民地位与信仰关系

1. 村民关系与相约祭拜

1949 年之前，一起前去庙宇祭拜的村民往往是四邻、兄弟或者是本村关系较好的村民。除了烧香会，村民前去祭拜时不会刻意约自己的亲朋一同前往。这主要是因为祭拜必须要带一些香，经济条件较差的村民不会经常去寺院祭拜。但是，村民前去祭拜时如果碰到了自己的朋友也会顺便询问对方是否有意愿前去某某寺院祭拜。如果对方也想祭拜，那么便可一起前去。一同前去祭拜时，使用的香火必须独立购买。如果拜完佛时已经到了中午，村民也会在附近的村落一起吃饭，由谁掏钱都可以。

2. 村落地位与祭拜关系

以往，村民可以一起前去庙宇祭拜，但是地位不同的人不会一起去。普通村民在拜佛时，如果遇到了相熟的排场人，通常只会跟对方打个招呼，不会与其一同前去祭拜；如果在庙宇外碰到了自己的朋友，两人可以一同进入寺院；如果在庙宇外碰到了村里的排场人，那么普通村民通常会请排场人先祭拜，等排场人祭拜完毕再进行祭拜；如果排场人到达庙宇时，发现已经有人在庙中祭拜，那么他们也会等别人祭拜完了才会进去，即便对方也是村内的排场人。这一方面是因为，排场人在村内的地位较高，他们不会愿意和普通村民一起祭拜；另一方面也是因为，祭拜时排场人都希望留一些私人空间，不希望别人知道自己所求事项。与排场人类似的还有村中大地主，他们也不会和自己的佃户同时祭拜某一庙宇。

（三）村民交往与信缘关系

以往，信仰关系也能促进村民之间的交往，并为村民交往提供特定的交往原则和矛盾的处理原则。

1. 信仰圈与交际圈

由于多数村民的信仰不明确指向某一宗教，因此在该村也没有出现依据信仰划分交际圈的情况。不过，有信仰的村民，或者说是信仰比较虔诚的村民，互相之间往往会走得比其他村民更近一些，由于信仰而成为好朋友的情况也比较常见。据村内老人介绍，有些村民可能本身关系一般，但是他们会因为参与烧香会而形成一个交往频繁的交际圈。在这个交际圈内，村民之间互帮互助的情况也比较常见。由于信仰的约束，这个圈子内的村民即使彼此之间存在借贷行为，也会尽量将利率定得低一些。此外，加入道门的村民则会形成一个更为紧密的交际圈，有些村民甚至不会再和没有加入道门或者加入了其他道门的村民交往。

2. 信仰与矛盾处理

据村内老人介绍，有信仰的村民往往做事比较平和，在日常生活中他们会尽量避免与其他村民发生矛盾。当然，信仰主要是给村民提供了一种日常相处的原则以及处理矛盾的原则。如前所述，宗教传说以及寺院的壁画中经常有一些劝人向善的内容。因此，在村民之间发生矛盾时，有信仰的村民也会将宗教传说运用到调解过程中，以达到迅速消解矛盾的目的。

第五节 交往与交往关系

1949年之前,该村村民的日常交往主要基于血缘、地缘、业缘、信缘等社会关系。但是,不同社会地位的村民会有不同的交际范围,普通村民最多与本村村民比较熟识,排场人等较有社会地位的村民交际范围则可以扩大到所在村落周边的几个村。同时,不同的关系也需要适用不同的交往原则,亲疏有别、尊卑有序、内外有异是村民在交往过程中依据的基本原则。

一、家内交往

该村村民家中往往存在明显的地位上的区分,这种地位的区分由血缘伦理造成,这些血缘伦理又是构建家内交往的基础。

(一)父子交往

父亲一般就是家中"掌柜的",因此儿子一般要对父亲毕恭毕敬,即使在父亲病重时也是如此。父亲向儿子训话时,儿子只能洗耳恭听,通常不能发表自己的意见。特别是未成年的孩子,在父亲面前顶嘴往往会受到父亲一顿拳打脚踢。当然,一旦儿子成年,也能与父亲探讨问题,父亲也会听从儿子的意见。但是,相较于其他儿子而言,父亲通常会更相信长子。在该村,父亲很少鼓励自己的孩子,但儿子做错时父亲则会严厉教训儿子,这么做也是为维持父亲的权威。在平日里吃饭时,除非父亲不在家,否则儿子们要等父亲开始动筷子或者明确告知儿子们可以先开始吃饭,这样儿子们才能开始动筷子。平日里,多数村民吃饭一般不上桌,但是做好的饭必须先盛给父亲,之后其他孩子才能从锅里盛饭。年节时,上桌吃饭父亲必须坐在主位,其他儿子也要按照彼此的辈分分别落座。如果儿子的熟人前来家中做客,儿子必须要先带其给父亲打个招呼,吃饭时父亲则不会作陪。儿子外出时必须给父亲打一个招呼,并询问父亲是否可以外出。如果父亲不同意,儿子一定不能外出。

(二)公媳交往

传统时期,公公和儿媳妇日常生活中不会主动来往。如果父亲要找儿媳妇问事情或者训话,通常会让婆婆去喊儿媳或者让儿子把自己的媳妇叫过来。公公如有事找自己的儿子,发现儿子屋中只有儿媳妇,那公公便不会进入房内。如果家中只有公公和儿媳,公公也会敞开大门,或者出去转转等儿子回家了再回去,这么做主要是避免其他村民说闲话。以往,公公要是和儿媳传出了什么流言蜚语,将被村民说成是"老不正经的货",这对公公的声誉是极大的贬低。同时,公公也不能和儿媳单独外出赶集或者看戏。与公公类似，儿媳有什么请求也需要告知自己的丈夫或者婆婆，再请丈夫或者婆婆转告公公。如果公公不同意，儿媳只能跟自己的丈夫抱怨，不能向公公表达不满的情绪。在分家之后，儿媳虽然不用再听从公公的安排，但仍要对公公毕恭毕敬。如果儿媳对公公不孝，儿子可以教训自己的妻子，家中其他的长辈也可以出来对其进行指责。然而，如果儿子也不孝，那么儿媳更会变本加厉，公公为了此后的生活也只能对儿媳言听计从。

（三）婆媳交往

在没分家之前，婆婆与儿媳的交往较公公与儿媳的交往要多出不少。因为一切家务活的分配都由婆婆说了算，因此儿媳在做家务活时首先要问婆婆的意思，婆婆吩咐完，儿媳才会开始行动。如果某一项家务活由儿媳和婆婆共同完成，儿媳会先请婆婆去休息，婆婆如果执意要和儿媳一起工作，儿媳也要先主动承担其中的重体力活。在日常相处的过程中，婆婆如果好说话，也可以经常跟儿媳聊天。但是，如果婆婆不愿意与儿媳过多接触，儿媳通常不能跟婆婆随意开玩笑，否则会被婆婆说成是"不懂规矩的货"或者是"没大没小的东西"。在分家之后，如果婆媳住在一起，两人的相处模式将不会有太大的改变。此时，即使婆婆不能再指挥儿媳干活，儿媳依旧要尊重婆婆，尽量减少或者分摊婆婆手中的家务活。不过，儿媳与婆婆分家后便无须再刻意保持交流。如果婆媳之间聊得来，日常生活中聊上几句也属于正常情况；如果婆婆刁钻刻薄，儿媳可以不理会婆婆，只为婆婆提供好日常生活所需便可。如果分家后，婆媳不住在一起，儿媳只会在年节时回去看看婆婆，并帮婆婆做一些力所能及的家务活。当然，婆婆如果需要儿媳帮忙，儿媳仍要在第一时间前去。据李邦存老人叙述："分家之后，要是婆婆要媳妇帮忙做个棉袄，媳妇肯定也得去帮着做。但是，婆婆这个时候就不能太强势啦，得好好跟媳妇说。"此外，儿媳不孝顺婆婆的情况在该村历史上也经常出现，此时丈夫依旧具有教训媳妇的资格。但是，如果儿子也不孝，婆婆就彻底失去了靠山。

（四）兄弟交往

分家之前，兄弟们一般都是以长为尊，见到哥哥必须先跟对方打招呼。除此以外，兄弟之间交往相对随意。吃饭时，父亲盛完饭后其他兄弟可以随意盛饭，不用按照由长到幼的顺序依次进行。除了与长子对话，其他兄弟之间的日常对话也比较随意，可以随便开玩笑，甚至可以相互顶撞。在分家之后，兄弟们之间仍会保持比较亲密的来往，串门和请客的情况也比较常见。虽然兄弟们在日常生活中基本上互相不干涉，但是某一个兄弟遇到了困难时其他兄弟都要提供帮助。此外，兄弟之间的交往还要秉承一个原则："亲兄弟，明算账"。但是，这一原则发挥作用的限度还受兄弟关系是否和睦的影响。如果兄弟之间关系较好，那么兄弟们之间借钱或借粮不还也可以。特别是弟弟们向长兄借钱，如果长兄家条件较好，通常不会跟不还钱的弟弟计较。与此相对，如果兄弟们之间关系不好，即使富裕的兄弟也可能不借钱给急需用钱的兄弟。据艾宝玉老人叙述："我都见那弟弟借了哥哩钱，还没到日子哩，他哥就天天去催账。还有那，借了十几个洋格子都大打出手哩。"

（五）祖孙交往

在分家之前，爷爷虽然会管教自己的孙子，但是爷爷一般不会对自己的孙子太过于严厉。爷爷会把管教孙子的职责交给孩子父亲，如果父亲管教不力，爷爷会先教训父亲，再轻微教训一下孙子。在日常生活中，孙子每日起床都要向爷爷奶奶请安，之后才能干自己的事情。有些家庭，孙子们在睡觉前还要跟爷爷奶奶请晚安。吃饭时，孙子们吃饱了之后，也要跟爷爷奶奶说一句：我吃完了，爷爷奶奶慢慢吃。在分家之后，祖孙如果住在一起，那么一切关系照旧。如果祖孙不住在一起，孙子必须每隔10—15日去看望爷爷奶奶。在年节时，孙子也必须去拜访爷爷奶奶。

（六）妯娌交往

分家之前，妯娌之间通常要以兄弟的辈分称呼对方。例如，二嫂比大嫂还大两岁，但是二嫂见到了大嫂要首先跟大嫂打招呼。当然，如果关系较好也可以以姐妹相称。除此以外，妯娌之间的交往也比较随意，相互敬重便可。分家之后，妯娌之间如果本身关系不好便无须再来往；如果关系较好，彼此之间串门或者借东西也比较普遍。特别是一些针头线脑之类的小东西，如果自己家中没有又一时无法买到，妇女通常会跟自己的妯娌借。此外，如果家中种植的瓜果成熟或者家中做了油炸丸子一类的好菜，妯娌之间相互赠送的情况也比较普遍。

二、亲族交往

以往，亲族内部的交往也是村民交往的一个重要环节。因此，村民日常生活中也会特别注意与亲族的交往关系。

（一）叔侄之间的交往

如果分家后，父亲和其兄弟还在一起过年，那么彼此之间就还能算作是一家人；但是，如果不在一起过年，那么叔伯就只能算作是近亲。在日常生活中，叔叔伯伯由于与父亲同辈，因此侄子们见到了叔叔伯伯要分别按照其与父亲的辈分关系称呼对方。日常生活中，侄子虽然无须刻意去拜见叔伯，但叔伯家中发生困难时侄子最好主动询问一下情况。据李邦存老人叙述："那要是叔伯家有事咯，就是家庭谁病了，侄子也得去问一句要不要帮忙。自己要是不知道去，家里老哩也会嘱咐他去。"如果当家人要请客，一般也是委派一个儿子将叔伯们都接到家中。

（二）连襟之间的交往

以往，在当地连襟又被称为"一条杠"。"一条杠"实际上是形容女婿与老丈人之间关系的，寓意着以老丈人为主心骨，女婿们都围绕在老丈人身边。由老丈人做中介，因此连襟之间的交往通常不是非常密切。对于大多数家庭而言，连襟见面的机会通常在大年初四，也就是女儿带着女婿回家拜年时。在平日里连襟之间基本上没有太多来往。然而，如果连襟之间相处愉快，日常生活中彼此往来也会比较密切。同时，连襟之间的交往与姐妹关系也有着较大的联系。如果姐妹之间关系不是很好，那么连襟之间也不会有过多往来。此外，连襟间的交往还受到"肩膀"的影响，也就是要受到彼此地位的影响。如果连襟之间地位不一样，那么彼此之间也不会有太多交往。

（三）大舅子（小舅子）与妹夫（姐夫）之间的交往

无论妹夫的年龄是不是比大舅子大，妹夫见到了大舅子都得称呼一声"大舅哥"或者直接称呼对方为"××哥"。与此相对，姐夫见到小舅子则可以直呼其名。以往，大舅子（小舅子）对一个家庭来说是非常重要的亲戚关系。因此，彼此之间的互帮互助或者相互串门的情况相当普遍。如果大舅子到家中来做客，不仅村民要把主位让给大舅子坐，有时当家人的父亲还要亲自作陪。当然，如果父亲亲自作陪，那么主座一般由其坐。在吃饭时，村民还要尽量弄一些卤肉、鸡蛋、炸丸子之类的好菜招待大舅子。如果是小舅子到家中做客，则没有这么多讲究，用白面、鸡蛋、青菜招待便可。当然，上述情况主要发生在大舅子与妹夫地位相同的情况下。如果妹夫地位相对较高，甚至可能在大舅子来做客时不与其见面。

（四）妇女与娘家之间的交往

在女孩出嫁之后，便被视为"泼出去的水"，无故不能随意回娘家。女方回娘家必须经过当家人的同意，同意后女方只能在娘家住两三晚，而且需要再次经过丈夫同意。如果超过了三晚未归，丈夫可以去岳丈家把媳妇接回来，回来之后也免不了一顿数落。如果娘家比较贫穷，当家人甚至不会允许媳妇回娘家。女方如果要回娘家，一般会带糖果、鸡蛋以及自家种植的瓜果蔬菜，娘家也要回送白面、猪肉等礼品。不过，娘家却是女儿最后的后盾，女儿受了气娘家人可以为其出头。对此，后文将详细进行叙述。

（五）舅甥之间的交往

舅舅是外甥最重要的亲属之一，因此外甥通常都会比较尊重自己的舅舅。正常情况下，除了过年之外，外甥还要去探望舅舅两三次，每次去看舅舅都要带糖果之类的点心。在日常生活中,舅舅可以在外甥犯错时对其进行训斥,有时甚至可以打自己的外甥,外甥却不能顶撞自己的舅舅。如果舅舅家发生困难,外甥也要第一时间前去询问情况,并尽量帮舅舅解决一些困难。特别是在舅舅生病时外甥一定要去探望,如果外甥家中富裕还要为舅舅解决部分医药费。在外甥结婚时或者是涉及其他需要舅舅帮忙的地方时,外甥必须亲自去将舅舅请来,否则舅舅不会主动前来。

（六）堂兄弟之间的交往

以往,堂兄弟是近门亲属,因此日常的交往也比较频繁。在村民需要帮忙时,堂兄弟也会提供相应帮助。在日常交往过程中,堂兄弟见面一般要按照辈分称呼对方。例如,对方是自己伯伯家的三儿子,年龄又比自己大,那么某一村民便会称其堂哥为"三哥"。与此相对,哥哥则可以直接称呼对方的名字。除此以外,堂兄弟之间的交往就比较随意了。

（七）表兄弟之间的交往

与堂兄弟不同的是,表兄弟即使可以算作是近亲,关系也不是非常亲密。当然,姑表亲、舅表亲、姨表亲依旧关系比较紧密。对于该村大多数村民而言,表亲实际上很少住在同一村落,因此他们日常生活中很少往来。正常情况下,他们仅在年节时或者家中发生红白喜事时才有往来。当然,表兄弟之间趁着赶集时相互走亲戚的情况也时常出现。

三、村落内部的交往

以往,村庄内部的交往主要分为普通村民之间的交往,以及普通村民与排场人之间的交往两方面。普通村民之间的交往不涉及身份上的差异,因此交往过程比较随意。与此相对,普通人与排场人之间的交往则属于一方依附另一方的情况。

（一）普通村民之间的交往

1. 称呼

正常情况下,无论对方身份如何,村民均要依据其年龄的大小选择对其的称呼。对于年龄比自己父亲小的父辈村民,村民一般会称其为"××叔"。不过,实际上即使是比自己父亲年龄大的村民,晚辈也能称其为"叔"。可以说,"叔"就是村民对于与自己父亲属于同一辈人的一般称呼,只要某一村民比自己大15岁便可称其为"叔"。除了"叔"之外,村民还会称长辈为"达"[1]。"达"有父亲的意思,也有伯伯的意思。村民称某一长辈为"达",是对其的尊称,或者是对比自己父亲大得多的长辈的称呼。对于比自己父亲年长一辈的村民,村民多称呼他们为"爷爷"。比自己父亲年长两辈的村

---

[1] 方言,音译。——编者注

民，村民则称其为"老爷爷"。对于与自己同辈且比自己年龄大的村民，村民通常会称其为"哥"，年龄小的则可以直呼其名。与男性相对，村民对于女性的称呼一般为"婶子""大娘""奶奶"。为了有效区分，村民称呼对方时还可以加上对方的小名，例如"毛妮婶""粪堆叔""小根爷"。

2. 打招呼

村民见面时，通常由晚辈先向长辈打招呼，长辈也会顺势回礼。在打招呼之后，村民还可以顺口问一句："吃了没？""到哪去？""要干啥去？"如果对方说自己有什么事要去忙，那么，另一方也会客气地问一句"要不要帮忙？"当然，这一般都属于打招呼的礼节，并不是真的要帮忙。与此类似，村民有时会问对方："吃了么？"对方如果回答"正准备回家吃呢"，那么另一方则会礼貌地说一句"要不到俺家去吃吧"。

3. 交往方式

（1）串门

同一村落的村民在农闲时相互也会串门。不过除了邻里之间，其他村民串门的频率较低。同村村民之间串门，通常是在闲逛时看见谁家的门开着，就顺便问一句有没有人在家。如果有人在家，村民便与对方闲聊上几句，时间一般不会太长。以往，无论串门的对象是自己的邻居还是同村村民都要遵循特定的原则，即要以不打扰对方的生活为基本前提。

（2）聚街

除了串门之外，村民之间最经常使用的交际方式是聚街。无论是邻里，还是村落内认识的村民都能在一起聚街闲聊。不少本身不是非常熟悉的村民，甚至通过聚街成为关系不错的朋友。

（3）赌博

以往，楚铺村光棍常年开设有牌摊，村内村民多会聚集在此赌博。虽然赌博在民国时是政府禁止的事情，但是由于牌摊一般都是光棍开设，因此政府对此不管不问。据村内老人介绍，村内大多数村民都有赌博的习惯，但是赌博成瘾的村民也不是非常多。农闲时，村民用手中的闲钱去牌摊上玩一会儿，赢几个钱便会及时收手。在赌博时，大家往往围坐一堆，没有身份的高低之分，一边赌博一边闲聊。除了普通村民，村中排场人甚至恶霸也偶尔会在牌摊赌博。据艾宝玉老人介绍："那赌博哩时候，赵国兴和李子峰有时候也来，都在那玩，和普通村民一样，没大没小哩。不过，他们去打得少，有时候去，不是天天去。要说排场人哩，一般不跟普通老百姓一块玩儿，他们开囊囊会的时候去得比较多。"

（4）其他交往方式

本村村民其他的交往方式还包括一同赶集、看戏、吃酒席、外出赶脚、开囊囊会。即使是不太熟悉的村民，在赶集或者看戏时碰见了对方也会主动打个招呼，然后再闲聊几句。同时，在某一位村民家发生红白喜事时，本身关系不是很好的本村村民也可能会坐在一桌。此外，在农闲外出赶脚时，同村村民可以相约外出，也可能在路上碰见彼此之后结伴而行。

（二）普通村民与排场人的交往

1. 与甲长的交往

由于该村采取"轮流甲长制"，因此多数甲长在村内的地位不高。据靳逢安老人叙述："甲长都跟现在的组长差不多，小的村一个村就是一个甲，甲长也就相当于一个村长。地位要说也没多高，村里人理他就理他啦，不理就算啦。"因为甲长在村中地位不高，因此村民在日常生活中并不会刻意与其保持联系，当然如果本身关系较好则另论。如果本身关系不是非常亲密，村民见到甲长之后通常会按"姓氏＋甲长"的形式称呼对方，有些人甚至会直呼甲长的名字。甲长见到打招呼的村民，也会赶快跟对方打招呼，见到长辈有时还会按照年龄称其为"叔""达""爷"等。在日常生活中，村民有事才会去找甲长，没事不会跟甲长主动联系。年节时，村民虽要去甲长家拜年，但无须带礼物。如果关系不是很亲密，在彼此家中发生红白喜事时也无须帮忙和送礼。

2. 与保长的交往

与甲长不同的是，保长多是村上有权有势的村民，因此普通村民一般对保长都比较尊敬。在日常生活中，村民遇到保长必须先给其打招呼，并按照"姓氏＋保长"的形式称呼对方。对于打招呼的普通村民，保长通常只点一下头，或者是只"嗯"一声，并不会与对方嘘寒问暖。但是，如果保长碰到的是排场人，那么一般会互相打招呼，并相互问候几句。民国时期，由于抓丁事宜由保长具体负责，所以多数普通村民对于保长呈现出一种巴结的姿态。普通村民与保长之间互不串门，他们一般只在有事情需要找保长解决时才上门找保长。如果是买地或者是换门牌号之类的小事，村民并不需要带礼物，上门和保长说一声便可。但是，如果是比较重大的事务，村民前去找保长时必须带自己家养的1—2只鸡、2—3斤猪肉以及1包馃子。保长家发生红白喜事时，村内村民通常也会主动前去帮忙，但如果没事求保长便不需要送礼。保长家生产急需用人时，有些村民也会前去帮忙。过年时，村民也会带糖果之类的礼品去保长家拜年，一般富户在杀年猪之后也会送2—3斤五花肉给保长。

3. 与光棍的交往

以往，光棍又叫"穷人头"，多是些有枪有势力的村民。对于他们的身份，将在后文详细叙述，此处仅介绍普通村民与其的交往模式。虽然光棍是穷人头，但是他们也并不是仅为穷人做好事，过年、庙会或者搭台唱戏时，光棍都会找普通村民收钱。因此，村民虽对其尊重，但并不用刻意与其往来。双方碰面时，村民要首先跟光棍打招呼，但称呼上无须太多讲究，关系较近直接称呼大名或者小名便可，关系一般则尊称对方为"哥""叔""达""爷"。如果村民需要找光棍办事也需带礼品，但礼品无须太多，只需几包馃子或者几斤白面。在光棍家中发生红白喜事时，其帮助过的村民也会主动前来帮忙，并送上相应的礼品。对于没有帮助过自己的光棍，村民无须给其帮忙，也无须给其送礼。年节时，村民也要去光棍家拜访，如果某一光棍没有帮助过自己，那么拜访时就无须赠送礼品。

4. 与排场人的交往

排场人是村中的场面人，但他们并不一定有枪，也不一定有很多财产。实际上，光棍和保长都属于排场人，不过他们是排场人的特殊类型。对此，后文将详细叙述。他们可以为村民办事，但有时也会祸害乡里。因此，大多数普通村民都很惧怕排场人。一方面，怕对方不给自己办事；另一方面，也是怕对方欺负自己。如果两人在路上相遇，普通村民一定要先给排场人打招呼，并以"姓氏+老爷"的形式称呼对方。不过，如果对方没枪没地，只是人缘比较广的排场人，也可以以"哥""叔""达"等称呼对方。排场人则顶多向对方问声好。日常生活中，排场人不会与普通村民接触，他们既不会和普通村民同桌吃饭，也不会在茶馆里同桌而坐。因此，某一村民想请几位排场人到家中吃饭，但所请排场人的数量凑不齐一桌，那么排场人也可能不会赏光。在排场人看来，他们比普通村民高上一等，因此他们与普通村民之间的交往必须以不失面子为前提。在年节时，普通村民也会去拜见排场人。但如果是村中交往不多的排场人，他们仅到对方家中拜年即可，无须带任何礼物。如果是交往较多的排场人，或者是与自己有亲戚关系的排场人，村民拜年时一般要带馃子、鸡、猪肉之类的礼品。当然，经济条件较差的村民可以只带一样。

四、村外交往

民国时期，村民交往范围以自己的村落为中心向外扩展，最远可以扩展到1000公里的范围。但是，日常生活中村民的村外交往范围一般集中在以楚铺为中心的10—15公里的范围，主要包括楚铺附近的米庄、陈庄、白杨沟、袁庄等村落。

（一）交往途径

以往，村民对外交往主要基于以下几种方式：其一，外出做工。虽然该村富户相对较多，但是该村无地人口也较多，因此不少村民仍会到外村做长工。除了做长工，也有村民会到外村的富户家做短工。其二，嫁娶。民国时期，村民结婚对象只有一小半是本村村民，其他大多来自外村。其三，逃荒。在战乱、灾难侵袭时，村民通常会逃荒到富裕的地区。在逃荒过程中，不同家庭可能会结伴而行，也因此会形成特定的交往关系。到达逃荒地之后，村民也会和当地村民建立起交往关系。其四，到外村当学徒。虽然本村也有一些工匠，但是出于种种原因，村民也会被迫前往外村学习手艺。其五，外出上学。该村拥有私塾和洋学堂，一般只有村内的大地主会送自己的孩子到外村读中学。

（二）交往关系

以上所述就是村民对外交往的基本途径。可以说，村民通过每一种途径都可以与外村村民建立固定或者临时的交往关系，每种途径又会为村民提供不同的交往范围。正常情况下，村民做工或者外出当学徒，一般就在自己的村落附近，最远也不会超过10公里。嫁娶之后建立起的交往范围最远可达60—70公里。与之类似的还有上学。外出上学的村民也能结交一些与自己居住距离较远的朋友，但结交对象较为单一。与上述交往方式相对，逃荒时村民最远可以去离自家居住村落超过1000公里的地方。此外，每种方式又会让村民建立起不同的交往关系。此部分内容将在之后详细叙述，此处暂不赘述。

第六节 会社与会社关系

以往，楚铺村除了烧香会和罗祖会之外，还存在囊囊会、老佬会、红枪会和大刀会等会社。每种会社都经过特殊的组织过程，它们既是社会关系的联结方式，也是社会自治的重要途径。同时，该村的会社还呈现出因事设会的特征，会社往往围绕着具体的事务而开展活动，承载着具体的社会功能。此外，该地会社还存在临时性的特征，不开展活动期间会社成员之间的联系相对较少。

一、丧葬组织：老佬会[1]

以往，丧葬也是子女对于老人是否孝顺的体现，因此一些村民便组织起了老佬会，使父母死后仪式能够尽量办得风光。在当地，"老"还有指老人去世的意思，"佬"则专

---

[1] 一说，该会存在于该村附近村落。

指老年人。

（一）老佬会的组织单位

老佬会多以村为单位进行组织，不过并不是每一户村民都会参与。正常情况下，参与老佬会者多是经济条件一般又比较孝顺的村民。与此相对，村内富户通常能够独立承担丧葬费用；较为贫穷的村民连吃饱饭都比较困难，家中老人去世，他们也会尽量压缩丧葬费用，因此也不会参与老佬会。参与老佬会的户数在30户左右，户数太少无法筹集相应费用，户数太多则不便于管理。此外，一个村庄通常只会存在一个老佬会，村民如果需要可以加入已经成立的老佬会。

（二）老佬会的组织方式

老佬会通常由一个或几个村民挑头，挑头者通常是村民中较有威信者，但不一定是排场人。有些土地较少、年龄较大以及办事比较规矩的村民，也能在村中获取一定的社会地位。由他们牵头组织老佬会，与其地位相当的村民都比较愿意加入，也情愿让其来组织和安排会社内的相关事宜。会社的组织者又被村民称为"会头"。老佬会由于主要负责老人丧葬，因此每年麦收之后都要向在会的会员收取一斗小麦。小麦收齐之后，由会头负责看管，也可由会头委托信得过的村民代管。但是，具体收入多少粮食仅由会头记账，其他村民只知道大概收了多少便可，不会对会头看管的过程进行监督。这主要是因为，老佬会收取的粮食较少，如果一年内去世的老人较多，可能还会出现入不敷出的情况。

（三）老佬会的功能

一般而言，老佬会主要负责会员、会员配偶及其父母的丧葬。在该村，一旦结婚就会被村民认为是老人，因此会员去世也能从老佬会中支付丧葬费用。在会员家人或者会员去世时，一般由会员本人或者其长子去跟会头捎信。会头得信后，要根据当地情况，确定需要支付多少粮食用于丧葬费用。在入不敷出的情况下，会头也可以少支付一些，或者是请条件较好的会员再捐出一些。不过，会员不愿意再捐的话会头并不会逼捐。老佬会所支付的费用主要包括棺材、宴席、孝衣、抬棺钱，也就是支付丧葬所需的基本花费，村民如有其他需求只能自己支付。在丧葬时，宴席一般只提供斋菜，会费不足或者会费收入较少时只熬一锅素菜汤便可。所买棺材也为薄皮棺材。因此，整体花费并不是非常高。

（四）会社关系

1949年之前，村民一旦入会一般不会轻易退出。这主要是因为，会员自己去世或者自己的妻子去世也可以从会社中支出丧葬费用。不过，也有极少数村民因为支付不起一斗小麦,或者是觉得年年都要支付一斗小麦不是非常划算而退会。村民可以自由退会,退会时和会头说一声便可,但是退会者将损失之前每年交纳的小麦。除了丧葬费用,老佬会会员之间没有在彼此家中发生白事时相互帮忙的义务。当然,如果本身关系较好则另论。此外,会员之间如果关系不是很近也无须在其他会员家发生白事时前去送礼。不过,如果彼此关系很好,即使交了会费也要额外再支付一份礼金。

二、娱乐性会社:**囊囊会**

以往,囊囊会是该村覆盖人数最广的会社,全村大多数家庭都会参与囊囊会。同时,囊囊会中还包含了"玩意儿会",此部分内容将放在后续部分叙述。

(一)囊囊会的组织单位

在民国时期,囊囊会以村落为组织单位,该村大多数村民都会参与到囊囊会中。同时,外村在本村做工的长工也能参与囊囊会。不过,仍有几类人不能参与其中:其一,无儿无女的孤寡老人;其二,乞丐;其三,没有结婚的村民。参与囊囊会的村民以成年男性为主,女性和孩子不具备参会资格。对于没有分家的大家庭,一般由当家人参与,但是如果其儿子已经结了婚且又出了一份钱也可以参与。

(二)囊囊会的组织方式

囊囊会由村中光棍组织,村内要参与的村民都要出一份钱(一说,该村囊囊会的组织者为杨毛)。收钱的时间一般在每年的麦收之后。但是,实际上大多数经费主要由村内赵国兴等富户支付,其他村民象征性地给一些便可。此外,村中后备队、镇长、恶霸也无须给钱。据艾宝玉老人叙述:"那镇长李子峰,他给个啥钱?他不仅不给钱,还到那就吃。其他人能咋着他?"会头收齐钱之后,会先跟周边养猪户买几只猪娃,然后养在自己家中。饲养猪娃是为了供过年时食用。

(三)囊囊会的功能

如前所述,囊囊会是娱乐性会社,因此其主要功能就是组织过年时的娱乐活动。囊囊会开始于农历大年初二,结束于正月十五。在囊囊会期间,每天白天为赌博时间,晚上则为聚餐时间。囊囊会的牌摊一般由会头设立,不参与赌博的村民晚上不能参与聚餐。这主要是因为,麦收后的钱仅为饲养猪娃所用,宴席中其他菜品、酒以及请厨师的钱则要从赌博中"抽头"。此外,在会期内所有杂活由会头雇短工完成,本村村民一般不动手。

(四)会社关系

以往,虽然给了钱就能参与囊囊会,但村民在囊囊会期间并不是每天都参与活动。如果村民需要走亲戚,也可以不参加某一天的赌博和酒席。同时,无论村民在村内地位高低，赌博时一般都能参与其中，即使是村内恶霸镇长李子峰也会和村民一起赌博。牌摊上，无论是谁输了都要给钱，并不会因为对方是排场人就能得到厚待。在赌博时，如果村内乞丐或者看寨门的人从此经过，会头也要从抽头中拿出一块钱交给他们。这么做主要是为了烘托节日气氛，避免伤了大家的和气。在晚上的酒席上，仍然是排场人与排场人坐一桌，普通人与普通人坐一桌，但彼此之间可以相互敬酒。酒过三巡之后，普通村民和排场人也能多聊上几句，气氛较为融洽。在赌博时或者酒席上，如果村民之间发生了矛盾，由会头负责调解，但是即使普通村民之间有矛盾，会头也只会劝和，不会动用武力。可以说，囊囊会以娱乐为宗旨，起到团结村落的作用。会期内，大家基本上都会摒弃自己的身份地位，尽量做到和和气气。

三、防卫型社会组织：大刀会、红枪会

该村的大刀会和红枪会主要的用途是抵御村落周边的土匪。也就是说，大刀会和红枪会虽然是两种会社，但本质上基本类似。只是这种会社活动的时间多在1930年之前，1935年之后便基本消失。

（一）防卫型会社的组织单位

据村内老人介绍，楚铺曾出现过大刀会，但活跃程度不高。一说，楚铺村的大刀会曾叫"楚铺街南刀会"[1]。大刀会以楚铺为中心，但核心会员并不仅限于楚铺村村民，周边村民也可以参与，鼎盛时期大刀会大约有数百人。楚铺村的大刀会由外界传入，属于非官方组织，但政府对其活动不予干涉。红枪会实际上也属于大刀会的一种类型，为大刀会在当地的变种，与大刀会的目的基本类似，主要是抗击土匪。据介绍，红枪会以联保为组织单位，每保一般抽20—30人。

（二）防卫型会社的组织方式

就大刀会而言，其主要参与者为练武之人，以"刀枪不入"为宣传口号，以练武为名召集四周村民。大刀会内有组织者，但具体有几人老人已经无法说清。在日常生活中，大刀会除了练武，一般没有其他活动。但是，一旦有匪患，大刀会就集合起来，一起抗击土匪。参与大刀会的村民多是练武之人，普通村民如果想练武也可以参与，但参与程度相对较低。据村内老人介绍，大刀会的背后往往有村内富户提供支持，他们为了保护自己便会为大刀会提供钱粮。与大刀会类似，红枪会最早也为群众性组织，一般以村为基本单位，每一村为一学，一学有一学长，数十学便构成了一个团。团长由学长共同推举，不同团长之间地位平等，但彼此很少联系。红枪会的组织以首领为核心，会内教师借助神灵的名义向周边村民传授武艺，并劝导村民一同抵抗外敌。当

---

[1] 由于年代久远，老人对此说法不一。

然，在该村，红枪会也有富户在背后提供支持。1927 年前后，由于红枪会发展规模过甚，地方政府便把它们改编为民团。不过，红枪会的性质基本上没有发生太大的变化，只是组织方式发生了变化。

（三）防卫型会社的功能

据村内老人介绍，该村大刀会和红枪会最主要的功能包括：其一，保卫富户。富户为这两种会社提供财力支持，就是为了让其给自己保家护院。一旦有匪患来袭，这两种会社组织首先集中在富户宅院周边，避免匪患侵袭富户。其二，抗击匪患。除了防守，会社成员也会在首领的带领下主动出击打击匪患。当然，这两种会社还有抗击政府暴政的作用。在汝南县附近的确山县和遂平县，还曾出现过红枪会占领县政府的事件。不过，该村的大刀会和红枪会并未做类似的事情。

（四）会社关系

防卫型会社存在的目的主要就是防卫和抗争，其借助着神明保护的名义，号召村民与周边匪患做斗争。在民国早期，由于该村附近土匪装备的武器也以冷兵器为主，因此大刀会和红枪会确实能起到保卫村落的作用。但是，到后期土匪已经用上了短枪和步枪，而他们使用的仍为杆子、叉子、长枪等较为原始的武器，在对抗时处于下风就完全无法避免。1930 年之后，该村逐渐建立起以配备一百多杆步枪后备队为核心的防御体系，由此大刀会和红枪会便失去了存在的意义。与此同时，会社的活动又以富户的支持为基本保障。1930 年之后，该村富户家中也开始聘请精通枪械和武艺的护院，因此富户们也切断了与会社的联系，这也造成了防卫型会社的消亡。

四、辅助性会社：玩意儿会、烟火会

在该村，辅助性会社主要包括玩意儿会和烟火会。这些会社的作用是在囊囊会和庙会时起组织活动的作用，脱离了囊囊会和庙会，其就没有了存在的意义。

（一）玩意儿会

玩意儿会主要是为了组织大年初六晚上的灯会而开设的会社。以往，该村有大年初六到正月二十出灯的习俗。出灯时，所需钱款通常也由囊囊会所收款负责，也就是从麦收后收取的钱中支付。玩意儿会一般开始于每天晚上的酒席之后，全村老少都可以到楚铺街上看灯，并不存在限制。玩意儿会出灯时，会头会邀请专门的团队前来，出灯规模并不算非常大。

（二）烟火会

烟火会与玩意儿会基本类似，主要在庙会期间请戏班唱戏和燃放烟花。烟火会也不用单独收钱，会头也为庙会组织者。据村内老人介绍，该村农历三月二十日庙会期间每晚都会燃放大量烟花。不过，燃放的规模与会头收了多少钱有直接关系，如果收钱较少，每晚只燃放 10—20 枚烟花便可。

第七节 流动与流动关系

1949 年之前，部分楚铺村村民仍在持续流动，这造成了该村社会处于不断地流入和流出的状态，也使得该村社会结构处于一种"总体稳定，局部变动"的格局中。同时，村民流动主要受到战乱、匪患、谋生、抓丁等因素的影响，又可以分为临时性流动和长期性流动两种形式。在这种背景下，该村的社会流动又创造了特定的社会关系，形成了特定的社会原则。

一、流动概况

传统时期该村的社会流动多是村民被动无奈下的选择，如能有安定的生存环境和稳定的收入来源，多数村民并不会选择流动。

（一）流入方向

由于该村经济较为发达，因此从外地流入该村的村民也相对较多。据村内老人介绍，全村大多数村民主要来自该县其他村落，但是也有少数村民来自周边县市，或者是省内更远的县市。不过，在民国时期基本上没有从外省直接流入该村的村民。从外地流入该村的村民大多来自北方，来自南方的村民也有，但只有几户。

（二）流出方向

以往，流出该村的村民比较多，在灾害和战乱侵袭时流出的人口就更多了。村民流出没有特定的方向，除非是在外地已经谋好了差事。在破产时，村民基本上会选择去自己亲友所在的村落。如果是遇到战乱和灾害，村民则是哪里安定或者哪里没有遭灾就往哪里去。据村内老人介绍，流出时往北走和往南走的村民都有不少，但是往南走的村民较往北走的村民要多出 30%—40%。

（三）流动原因

1. 长期性流动

（1）因破产而流动

该村因破产而流出的村民并不算多，破产村民流入该村的情况却较为普遍。这主要是因为该村富户较多，又有较为发达的人市，破产村民能在村中找到较多的谋生机会。村民破产主要基于以下两种原因：一方面，欠债较多，无法还清。如果村民借了高利贷，经过多年累积已经达到了变卖全部家财都无法还清的地步，那么此时村民为了躲债便会偷偷举家迁出。另一方面，赌博成性，因此而家破人亡。在该村，欠了赌债被逼卖儿卖女的情况也时常发生。因为赌博而破产在村中虽是不光彩的事情，但也不至于受到村民的排挤。不过，对于赌徒，村内村民不会雇他们做工。有些人为了赎回妻儿，便会去外村做工，甚至是落草为寇。

（2）因自然灾害而流动

在自然灾害到来时，村内多数村民都会出现无粮可食的境况。据李邦存老人介绍，民国三十一年（1942年）就是一个大灾年。当时，有不少村民从村内逃荒到外地，以寻找更好的谋生机会。

（3）因战乱而流动

以往，战乱对于村落的影响也较为严重。据村内老人介绍，战争到来时，大多数村民会选择带着家里的金银细软以及粮食，先逃到偏僻的山中或者偏远的亲戚家，待局势平稳之后再返回家中。例如，日军攻入该县时曾从该村经过。日军到来时，村民都纷纷外出躲避，待维持会建立后村民又都返回到楚铺。据艾宝玉老人叙述："那个时候日军轧[1]咱楚铺街到遂平巡逻，两三天一个来回，老百姓见日本人也没咋着咱老百姓，就都从外面回来住了，还是跟原来一样生活。"

（4）因安全而流动

由于楚铺街拥有坚固的寨墙以及三支后备队，因此不少富户也搬迁到了楚铺街上居住。除了富户之外，附近村落不少较为贫穷的村民也会想办法迁入楚铺居住。这种情况主要出现在进入民国之后。不过，在清末民初，由于该村拥有大刀会和红枪会两个会社，因此周边富户也比较乐意迁到楚铺居住。

（5）因经商而流动

由于楚铺商业发达，因此来楚铺经商的村民也比较多。但是，商贩前来楚铺定居并经商，必须拥有自己的店铺。流动商贩往往是开集时才来，集市结束后便返回家中。来楚铺开设店铺的村民往往会购买临街住宅，或者是在临街空地建造房屋。不过，在民国时期临街地段基本上已经没有空地可以建筑房屋，来楚铺开设店铺的村民多会通过购买的方式获得住宅，并因此定居楚铺。

（6）入赘

在该村，入赘虽然是一件不光彩的事情，但是入赘的情况却相当普遍。入赘之后，男方便正式住在女方家中。也就是说，男性可以通过入赘的方式进入该村定居。

---

[1] 音译，当地方言，意为"从"。

2. 短暂性流动

（1）躲避抓丁

在民国中后期，由于抓丁非常严重，村民为了躲避抓丁也会选择临时外出躲避。在抓丁时，如果某一村民听说有人被抓了便会赶快逃跑，逃往邻县确山的山林中或者附近村落亲戚家暂时躲藏。不过，大多数村民都会逃往山林。这主要是因为，抓丁虽然只抓本保村民，但是各保抓丁大致在同一时间，因此亲戚们往往也会外出躲避。此外，在逃跑的路上如果遇到国民党军队则可能直接被抓走。基于以上原因，村民逃丁基本上会往人迹罕至的山林中逃跑。

（2）外出赶脚

在农闲时，村内村民也会外出赶脚，也就是帮人运货。外出赶脚又可以分为"赶大车子""推红车""翘扇担"三种形式。在外出赶脚时，村民可以结帮和遇帮，其中也反映出不同的流动关系。

（3）逃荒

在当地，村民逃荒到外地之后可以在当地定居，也可以等到年底或者春暖花开时再返回家中。1949年之前，临时外出逃荒的村民多是土地面积较少，且在村中没有其他谋生方式的村民。也有些村民因为遇到重大的家庭变故，在短时间之内需要支出大量钱粮，导致家中无粮可食而必须外出逃荒。以往，村民逃荒的时间多集中在秋收之后以及麦收之前，待到农忙时节返回家中既可以继续经营自家土地，又可以在村上的人市中做短工。

（4）跑反

跑反是村民躲避土匪的主要方式。跑反，一个核心词是"跑"，代表着土匪到来时村民往往要赶快跑到安全的地方躲避，待土匪走后再返回田中耕种。由于土匪多是晚上来抢劫，因此村民跑反主要在晚上，返回家中则集中在白天。楚铺周边不少村民在土匪到来时都会跑到楚铺寨墙内，待白天开了寨门再回去种地。此外，跑反还是一个过程，如果某段时间周边匪患过于严重，村民可能会在一两个月内处于持续跑反状态。

二、流动过程

1949年之前，该村的流动多以家庭为单位，独自流动的情况也相当普遍。不过，无论是个人的流动还是以家庭为单位的流动都要由当家人决策。以家为单位的流动，当家人不仅要决定流动方向，还要妥善处理家庭财产以及流动过程中的社会关系。

（一）流动单元

以往，家庭不仅是生产经营单元，还是流动时最基本的单位。不过，相较于扩大家庭，核心家庭流动的概率会更高。一方面，扩大家庭多是拥有较多土地的家庭；另一方面，扩大家庭由于人数较多，流动时也不是非常方便。据村内老人介绍，向村外和向村内流动的家庭，人数通常在3—6人之间。当然，在遇到天灾时，无论是核心家庭还是扩大家庭都有向外流动的需要。分家之后，当家人可以根据情况自主选择是否要流动，在没有灾害和战乱时即使是兄弟也很少会一起流动。与此相对，个人也能独自流动，不过他们多是在与原来的家庭分了家的情况下才会这么做。在分家之后，村民可以自由流动，只要年节时能回来看望父母便可。不过，如果还没有分家村民就擅自流动，父母可与其断绝关系，甚至在分家时剥夺其继承资格。特别是在父母未同意的情况下就入赘为婿，即使父母不明确与其说明，也意味着其和原来家庭关系终结。当然，如果是父母授意下的流动，则不会引起这些家庭争端。

（二）流动决策

流动决策通常由当家人做出，其他家庭成员虽然可以建议，但最终的决定权仍在当家人手中。在分家之后，即使是父母也无权干涉儿子的流动决策，兄弟更是没有干预的权利。这主要是因为，该村及其附近村落历史上受灾害和战乱影响较为频繁，在生存的压力下，父母和兄弟也不会干预某一小家庭的流动决策。在未分家的情况下，儿子即使已经成婚也要听从当家人的安排。当家人不允许某一个儿子流动，但儿子执意流动，当家人便会与其进行分家。可以说，未分家的大家庭即使遇到战乱、灾害等必须要流动的情况，当家人也会带领整个家庭流动，而不会先分家再让儿子各自选择流动方式。当然，也有极少数家庭会在自然灾害侵袭时与儿子分家。这种家庭多是父母年纪已经较大，无法再外出逃荒的家庭。此时，父母会留下家中大多数粮食，仅把少部分分给自己的儿子。此后，儿子们可以自主决定是否流动以及向哪里流动。在这种情况下，儿子通常无须再照料父母，但有些家庭的长子会留下继续照料父母。

（三）流动程序

1. 安排养老事宜

当家人如果决定流动，必须先妥善处理好家中老人的养老问题。如果只是暂时性的外出逃荒，当家人一般会留下家中老人，还会留下自己的妻子以及一两个女儿，并留下足够的粮食供家人食用。有些村民为了保证老人能够生存，甚至会留下家中全部粮食或者绝大多数粮食。如果是长期流动，自己的父母身体也还好，那么当家人必须带上自己的父母。如果是负责养老的儿子决定离村，而其他兄弟又没有离村打算，那么其必须将父母委托给自己的兄弟，并尽量给予兄弟一些补偿。例如，将自己的土地赠送给兄弟。

2. 处置财产

在处理好父母养老的问题之后,村民还需要处理自己的房屋等财产。如果村民在本村没有亲戚,那么一般会将自己的房屋委托给四邻照料;如果村民在本村有亲戚,也可以把房屋让予亲戚暂住。当然,村民也可以将自己的房屋变卖给村内其他村民。在处理好房屋的问题后,村民还要处理自己的土地。在当地,村民逃荒时可以将土地委托给政府代管,也可以通过扩地的方式将土地扩给村内富户。但是,如果村民决定不再回村居住,还可以将土地变卖给自己的兄弟、四邻、其他关系较好的本村村民以及村内富户。如果村民打算把地卖给关系较好的村民,无须请勘测员前来测量土地,双方仅需就土地价格达成协议便可。此时,土地的交易价格低于正常交易价格,但不会低太多。处理完土地问题,村民还要处理自家的家具、工具、牲畜等物品。猪、牛、羊等大型牲畜,村民多会将其卖给屠户或者将其拉到牲口行变卖。较小的鸡、鸭、鹅等家禽,村民能带上几只便带上几只,带不了的就吃掉或者赠送给与自己关系较好的村民。如果村民不打算再回村居住,家具和工具能带走的就带走,不能带走的可随房屋一起变卖。对于驴和骡子等牲畜,村民一般不会送人,也不会拿去变卖,因为它们可以拉车,在外迁时是必不可少的交通工具。

3. 处理邻里关系

如果村民不是偷偷迁走,那么搬家之前一定要与四邻告别,并详细告知四邻自己打算去哪里。如果村内有其他关系较好的村民,外迁村民也需要告知其自己的具体去向。如果村民偷偷迁往外地,那么待局势稳定后也要回村告知关系较好的村民自己迁到了什么地方。在迁入地定居之后,村民虽无须刻意向新四邻行使告知义务,但遇到四邻之后要主动说明自己来自哪里以及迁入原因,并请四邻日后多多照顾。在迁入之后,村民还要在端午、中秋、春节时主动拜会四邻,并送一些自家制作的粽子、馒头、油炸豆腐之类的礼物。村民在融入村庄之后,便无须再刻意送礼,仅每年过年时前去拜年便可。

三、流动关系

以往,在流动的过程中,村民往往会形成新的社会关系,这种关系的形成有时甚至决定着村民流动的过程是否顺利。

(一)逃荒与互助

以往,如遇较大灾荒,村民多会与兄弟、四邻、朋友结伴逃荒。逃荒的过程中,村民会相互扶持。在老人无法行动时,村民们会主动搀扶老人,有些村民也会把自己的驴、骡子、车让予老人乘坐。如果某一户村民还有粮食,但与其关系较好的村民已经无粮可食,那么其也会偷偷借出一些,以保证大家都能安全到达目的地。有些村民要到了饭,也会分一些给同行村民家中的老人和孩子,有些村民甚至宁可自己饿肚子也会分给他人。在极端的情况下,村民还会烹煮自家的牲口并分些肉给同行者。如果路上有人饿死,同行村民则会找一块破席将死者埋在路边或者较为偏僻的荒地中。对于饿死的同行者,其他村民也会尽力照料同行者家中未成年孩子和老人。到达目的之后,如果其中一位村民找到了住处,也会请其他同行者一同居住,至少是安排同行者的孩子和老人与自己暂时居住。

(二)逃荒与救助

民国时期,村内村民也会对逃荒者进行救助。据村内老人介绍,外地逃荒村民到达该村,如果村民家中还有剩菜剩饭,一般会主动施舍。在遇到自己原来居住村落的同乡时,村民还会尽可能施舍一点杂粮。如果逃荒者没有地方居住,村民也会拿出一间到两间房屋供对方居住。提供住处的村民即使收钱,也只会象征性地收一点。在该村,还有穷人组织村民捐粮施舍乞丐的情况。据艾宝玉老人叙述:"那个时候,俺爹在村中说话还有点儿分量,一到灾年往咱楚铺街上涌的人都不少。俺爹就组织大家稍微捐一点儿,主要找穷人,有哩时候也找村里的富户要一点儿。"对于死在村内的逃荒者,村内地保一般会主动为其收尸,并找破席将其安葬在村内的舍地坟内。实际上并不仅仅是楚铺村民,其他村落的村民也会尽力救助外来逃荒者。

(三)逃荒与血缘

以往,村民如果在外村有亲戚,那么也可以请自己的亲戚收留自己。近亲之间都有收留自己亲戚的义务,即使不是非常富裕也是如此。收留亲戚只有提供住房的义务,适当管几天饭也可以。在这之后,被收留者要自谋生路,否则即使是近亲也可以将其赶走。如果村民在亲戚家吃了几天饭,还没有外出谋生的想法,亲戚一般会借口自家粮食也不多,并明确表示再管几天饭家中就会断粮。投奔而来的村民,如果听到亲戚这么说,通常会尽快想办法谋生。对于富户而言,如果亲戚前来投奔也可以让亲戚帮自己种地,并在年末按照长工的标准支付工钱。

(四)赶脚与结帮

以往,如果村民外出赶大车子,出发之前必须搭帮。帮有帮头,帮头又被称为"票头"或者是"掌包的"。帮头多是以赶大车为生的村民,由于经验老到且经常照顾同行者便被其他赶大车为生的村民捧为帮头。但帮头并不一定是楚铺村民,村民也可以与其他村落的帮头搭帮。在帮之上还有联帮,联帮内各帮头相互照顾,并共同推选一个总帮头。不过,帮头之间互不隶属,联帮只是各帮头互相帮助以及互通有无的组织。搭帮之后,村民一定要听从帮头的安排,具体运送什么货物也由帮头与货主商议。

大车运货又被称为"出车门",运货过程中中午不卸下车套,到了晚上村民才要按照帮头编好的次序依次卸下车套。这么做主要是方便帮头管理车队。路上如遇其他大车,轻车必须让重车,如果双方都是重车则各让一半,否则帮头可以指责对方。

"推红车"又被称作"推脚",一般是指推人力车,分为"恋帮"和"遇帮"两种形式。"恋帮"就是指村民出发前与本村或者附近村落结合,共同前往某地运送物品或者贩卖货物。恋帮通常没有帮派,由大家推选一个经验老到的村民作为领头人便可。如果村民在本村没有找到合适的同行者,也可以在运送的过程中遇帮。遇帮时遇到的多是成熟帮派,这些帮派产生于经济发达的集市,帮中有固定的帮头,又称"票头"或者"老票"。村民外出如果遇到了帮派,与帮头打一个招呼便可以同行,无须给予对方报酬。

"翘扇担"主要是指挑担运送粮食和食盐的村民,他们又被当地村民称为"挑脚"。挑脚外出同样需要搭帮,开始时一般只有10—15人,外出遇帮后人数则逐渐增多。多个帮派相互帮助,可以同行一段路程,也可以一起前往共同的目的地,人数最多时甚至可以达到100—200人。

(五)流动与国家

村民如果迁出某一村落无须与保甲长打招呼,房屋和土地的处置也无须向保甲长具体说明。相关事宜由获得房屋和土地产权的村民通告保甲长。与此类似,村民迁入某一村落也无须告诉保甲长。村民刚迁入时,并不能算是该村村民,保甲长也不会把他们当本村村民看待。但是,如果他们在村中拥有了住房或者是土地,那么保甲长必须登记他们的赋税信息,此时他们才可以算作是本村村民。

第八节 分化与群体关系

1949年之前,楚铺社会呈现出常态性的社会分化,职业、财富、权力构成了村民社会分化的三个截面。由于该村是镇政府所在地,又有相对发达的集市,这造成了村内富户林立、村民从事职业多元、权力等级森严等现象,又使得村民裂化为不同的社会群体。

一、职业的分化

传统时期,由于该村多数村民没有自己的土地,因此许多村民都需要通过从事其他职业才能满足生存需求。

(一)职业概况

就楚铺村而言,村民从事的主要职业包括:长工、短工、经营菜园、经营桃园、屠户、医生、私塾先生、洋学老师、银匠、剃头匠、经营店铺或推车售卖、媒婆等。村民经商的种类又可以分为：饭店、馃子店、粮行、卤锅等。从事各种职业的人数请见表 4-2。除了上述职业，与村民日常生活中来往较多的职业还包括木匠、石匠、铁匠、吹响器、巫婆等。对于上述职业村内是否有人从事老人说法不一。但是，上述职业在该村邻近村庄均有村民从事。

表 4-2　楚铺村村民从事职业情况统计

职　业	人　数
经商（推车售卖＋开设店铺）	20—30
长工	20—30
短工	40—50
剃头匠	1
银匠	1
经营菜园（果园等）	4—6
屠户	1—2
私塾先生	1
医生（大夫）	1
洋学老师	1
媒婆	1

说明：由于村庄人口流动性较大，不少村民土改后便已经去世或者离开村庄生活，因此老人只能凭借回忆大致估算人数范围。

（二）社会地位

以往，不同职业也反映出了村民不同的经济地位和社会威望，这些要素也构成了职业内部分化的基础。对于长短工的社会地位，前文已经有所叙述，此处不再赘述。

1. 经济地位

从经营商业的村民来看，一般开设店铺的村民收入会高于推车售卖的村民。开设饭铺、杂货铺、粮行等店铺的村民收入往往高于推车售卖村民一大截。这主要是因为店铺长期开张，只有年节才关门歇业。与此相对，推车售卖的村民只在集期才出摊，他们售卖的物品也价值较低，因此收入无法与开设店铺的村民相提并论。不过，这也并非绝对。开设汤锅、卤锅的村民，虽然利薄，但是经营有道也能获得不错的收入。开设店铺的村民虽然收入稳定，但他们还经常要受到各种盘剥，缴纳的税种也较多。

就不同匠人的经济地位而言，木匠、铁匠、石匠、编织匠最为赚钱。由于村民日常生产中所使用的工具基本由木和铁两部分构成，村民盖房子时木匠也承担了最主要的工作，因此木匠和铁匠与村民之间的经济往来更为频繁。与之类似，编织匠可编制凉席、竹篓等村民在生产生活中经常需要使用的物品，因此收入在工匠中也不算低。当地曾有俗语将他们形容为："编席窝篓，养活几口。"与他们情况类似的还有石匠，石匠除了为村民制作石磨之类的生产工具，有些还能为富户家雕刻石狮等物件，所以他们收入也不错。与上述工匠相对，银匠、泥瓦匠、纸扎匠、染匠、油漆匠等虽也是村民生活中必不可少的工匠，但是与村民的联系并非十分紧密。特别是染匠，一般只染制并出售成品土布和棉线，但是村民也掌握一些土法染布的工艺，所以多数村民不会经常购买布匹。

除了经商者以及各类工匠，村内屠户、教书先生、医生也能获得不错的收入。村内屠户刘景文甚至通过杀猪购买了十几亩土地。教书先生楚宝伦和医生彭荣庆在村内也可以算作是比较富裕的村民。

2. 社会威望

在该村，职业的社会威望不仅与他们的经济地位有着密切的联系，还与传统习俗、生产惯习、个人威望有着密切的关系。

(1) 村内职业社会威望概况

其一，经商者。在该村无论是开店铺还是推车售卖者都被村民称作是"做小生意的"，他们虽也有些小钱，但在村内也只能算是一般富裕的家庭。即使是茶铺的老板，也在村中没有太高的威望。行户在村中也可以获得一些社会威望，但是他们又会从交易中收取一些费用，这又会折损行户的威望。据村内老人介绍，村内经商者基本都不算是村内的排场人，总体地位并不算高。

其二，医生。如前所述，村民有病时最经常找的医生是彭荣庆。据村内老人介绍，彭大夫不仅医术高超而且人品极好。在给经济条件较差的村民开药时，彭大夫既会减免一部分药钱，又只会收取质量最差的小麦。因此，其在村中具有很高的威望，多数村民对其是礼遇有加，村内有些排场人在路上遇到了他也会主动打招呼。正常情况下，村民见到医生一般会按照"姓氏＋大夫"的方式称呼他们。例如，多数村民会称彭荣庆为彭大夫。如果关系较好，村民还可以用"达""叔""哥"等去称呼他们。但是，彭医生基本上不参与村上的公共事务，也不参与村民间矛盾的调解。虽然排场人对其也非常客气，但这仅仅是对其人品的肯定。

其三，教书先生。楚铺村既有洋学又有私塾。私塾先生楚宝伦虽然受到学生及学生家长的尊敬，但其在村中地位较为一般。其他村民见到私塾先生会主动打招呼，但这也仅是出于尊师重道的传统。同时，由于私塾先生会写字，所以平日里村民也会请他们去写对联、家堂等，这也提升了他们在村中的威望。不过，教书先生基本上也不参与村上的公共事务或者矛盾调解。该村洋学之内也有教书先生，但基本为外村人，除了男老师还有女老师，在村内没有什么地位。据艾宝玉老人叙述："我为啥只上了25天学哩，就是我上到第25天的时候，那个女老师打了我三板子，把我手给打肿啦。俺妈看见了，心疼孩子，就带着我到学校里去闹，直接找那个女老师闹一下，后来我就不上了。"在该地，老师打学生手板并不是太严重的事情，但是由于洋学老师地位不高，家长才敢于与其理论。然而，该村洋学校长却是村内首富赵国兴的亲弟弟赵国安，其职位由县教育局直接任命。由此，其在村中享有极高的威望，有些村民还称其为"有大学问哩"。不过，赵国安也很少参与村上各种事务。

其四，屠户。屠户在普通村民中地位较高，但如果其不参与村内各种事务，或者人面不广也不能被称为排场人。该村屠户刘文景手中有一把枪，其还拥有十五亩土地，所以在村中也积累了一定的社会威望。不过，由于其拥有手枪只是为了自保和收账，后又因为被抢劫而丢失了手枪，这使得其在村中的地位下降了不少。

其五，各类工匠。各类工匠由于和村民的生产、生活联系比较广泛，因此多数村民也会比较尊重他们，但是并不需要非常客气，见面打招呼便可。但是，工匠整体的社会地位并不是太高，在村内各类事务中均没有太多的发言权。比如，剃头匠地位很低，他们很难得到村内村民的尊重。

其六，吹响器者。在该地，吹响器是最被村民看不起的职业之一，与剃头匠、媒婆、巫婆等一样被看成是下九流。但是，由于其与村民生活联系广泛，即使村民看不起他们，也不会对他们太过分。当然，由于他们地位相对较低，也经常是排场人甚至是普通村民欺负的对象。

其七，其他职业。在该村及其附近村落的巫医、媒婆、修理匠、厨师等，在村民眼中的地位也非常低。但是，村民有时又需要借助他们的帮忙来解决一些生活上的问题，因此村民对其也会比较尊重，有时甚至会非常尊重。以媒婆为例，虽然大家私下说起媒婆都会略带嘲笑（村民私下称该村媒婆为"徐大脚"），但家中如有女儿未出嫁则一定要请媒婆牵线搭桥，此时村民对于媒婆基本上是毕恭毕敬。

(2) 职业间的威望分化

1949年之前，在村民心中职业之间也存在一定的等级区分，这会带来不同职业在社会威望上的分化。

第一等：教书先生和大夫。在该村，有些老人又称教书先生和大夫为"上九流"，因为他们承载了教书育人和治病救人的职责。可以说，即使老师和大夫个人品德一般，也会受到村内大多数村民的尊重。同时，老师和大夫又是村中的"文化人"，他们也被村民称为"明白人"，是懂得各种为人处事道理的村民，这也是他们社会威望位于各种职业顶端的原因之一。

第二等：各类工匠和经商者。工匠和经商者的社会地位首先受其经济地位影响。在当地，能做工或者能经商的村民通常收入较其他村民要多出一些，因此他们的经济环境往往较其他村民宽裕。其次，工匠和经商者可以凭借手艺和经验吃饭。比起只会"做活"[1]的村民来说，他们靠巧劲赚钱，并不是只会卖傻力气的人。最后，民间习俗也影响着他们的社会地位。该村有些老人又称工匠和经商者为"中九流"，也有些老人称他们为"上九流"。相较于"下九流"而言，他们所从事的职业往往会受到村民的认可和尊重。此外，屠户也可以算作是第二等级。

第三等：剃头匠、媒婆、吹响器者、厨师等。这些职业通常都可以算作是"下九流"，村民在日常生活中如果能不与他们发生关系就不会与他们发生关系。以吹响器为例，某一户村民家中如果连续几天都有人吹响器，大多是家中发生了白事。据艾宝玉老人叙述："一般哩，吹响器哩村里人都不直呼其名，就叫他个吹响器哩。吹响器哩那都是下九流中的下九流，干这个哩都是人家瞧不起，也没啥朋友哩。一般吹响器哩都只和吹响器哩一块玩儿，其他人也不太愿意接触他们。特别是那排场人，都不会理吹响器哩。有那迷信哩，还认为跟吹响器哩接触多咯会带来晦气。"

（3）职业内部的威望分化

在该村，职业内部的威望分化主要受到辈分的影响。在该地，同业之间多要论资排辈，特别是有行会的职业更是辈分体系森严。老行尊往往在同业中具备较高的威望，他们有时甚至可以发动同业共同抵制某一工匠。对于经商者而言，收入的高低是判断其在行内地位的主要因素。以往，手艺的高低往往是工匠成为行尊的重要条件之一。此外，个人的人品、年龄、人缘等也是影响职业内部威望分化的重要因素。

（三）社会关系与交往

从事各项职业的村民与其他村民往往有较多的往来，每个从业者内部也有相应的往来。

---

[1] 做活，主要是指去别人家当长工或短工。

1. 工匠间的交往

(1) 不同工匠在场时的座位顺序

以往，不同工匠之间的交往并不算频繁，他们在同一场合出现的概率却很高。例如，在盖房时木匠、石匠和泥瓦匠可能同时在场。不过，虽然盖房的过程通常由木匠主导，但吃饭时并不一定以木匠为尊。在当地，木匠、石匠、泥瓦匠可以都在同一行会内，并拜鲁班为师。但是，木匠、石匠、泥瓦匠等有些以鲁班为祖师，有些却不是，即使是木匠也有拜姜子牙为祖师的情况。所以，不同工匠之间并不存在严格的师兄弟之分。在多类工匠都在场时，一般按照辈分和年龄分配座席。不过，在盖房时又存在"八大作"的说法。其中，木匠为"首作"，石匠为"二作"，知道此习俗的村民也会按照八作的顺序排列工匠座次。当然，绝大多数村民不会如此讲究。

(2) 拜师先拜亲戚

对于同业而言，一般不会收其他同行的儿子或者近亲为徒。但是，不同行业之间却不存在这种限制。如果某一村民的近亲中有工匠，而其要拜另外一位工匠为师，这位工匠与其当工匠的亲戚又认识，那么村民想要拜的师傅会首先建议其拜自己的亲戚为师。如果双方本身就不认识，那么就不存在这种限制，只要师傅觉得打算拜师者不错就能收其为徒。

2. 经商者之间的交往

在该村，虽然经商者相对较多，但彼此之间一般互不干涉，即使是同行之间也很少以卑鄙的手段互相抢夺生意。而且，经营同类商铺或者同类推车贩卖者平时也会交流。在生意不是特别繁忙时，他们会坐在一起聊一下经营之道，或者是互诉苦水。据李邦存老人叙述："那要是经商哩，平时都是自己招揽生意，都是各干各哩。要是做生意不地道哩，其他人管拉他到茶馆里评理。要说以前做生意要滑头的不多，就是那后备队，镇里的镇长、保里的保长、保丁比较厉害，有时候那些做生意哩也一起坐那聊聊天，一块骂骂那些人。"

3. 村民与工匠之间的交往

(1) 请工顺序

一般而言，村民如果请工必须先请与自己相熟的工匠。如果自己的四邻中就有自己想请的工匠类型，那么村民必须先请自己的四邻。村内如果也有相熟的工匠，那么也必须先请同村工匠，只有本村工匠无暇兼顾时，村民才能另请外村工匠。不过，在实际生活中如果村民与本村工匠不熟悉也可能会去外村找与自己相熟的工匠。只是外村工匠通常会请雇主先确定一下本村工匠是否没有时间。当然，以上所述只是对于普通村民而言。村中的排场人可以按照自己的要求随意聘请工匠，村内工匠对此不能有意见。

(2) 工匠前去做工的顺序

如果两三个村民同时请某一工匠做工，那么工匠一般会先答应本村村民的工作请求，然后才会去帮外村村民做工。如果同时来找某一工匠做工的村民均是本村村民，那么工匠会优先为自己的四邻、亲戚、朋友等关系较好的村民做工。如果前来邀请工匠的两个村民与该工匠关系都比较好，那么工匠通常会找自己的徒弟或者朋友帮其中一个村民做工。村中的排场人如想邀请工匠到家中做工，而工匠已经接受了别人的邀请，他们也会再等1—3天，待工匠帮其他村民做完工再继续邀请。不过，如果排场人的事情比较急，其可以要求工匠先为自己做工，已经下了邀约的村民也会主动让工匠先给排场人做工。

(3) 请工与吃饭

以往，木匠、石匠、瓦匠等工匠到家做工，主家可以邀请他们到堂屋吃饭。但是吹响器的人只能在屋檐下吃饭，绝对不能进入主家堂屋。在红白喜事时，主家会为他们在屋檐下摆一张小桌，以示与其他客人的区分。在此桌上只能坐吹响器的村民，如果将客人安排到此桌，客人可以视为对自己的侮辱。与此类似，请剃头匠到家做工时，主家不仅不会请剃头匠吃饭，还不会让剃头匠进入中堂。

4. 村民与医生、老师的交往

由于医生和老师在村内具有一定的威望，因此村民如果邀请老师和医生到家中做客，必须备上白面、鸡蛋（医生出诊时除外）。即使是家中没有学生的家庭，村民也会尽力招待村中的老师。老师和医生到家中做客时如果上桌吃饭，那么一般坐在主陪的位置上，主位由当家人或者家中老人就座。

(四) 职业群体关系

以往，不同职业之间虽然存在分化，但这种分化并不足以造成从事不同职业村民间的分裂。总体而言，不同职业之间除了分化之外还有整合，整合的力量要远大于分化的力量。

1. 地位分化与整合

如前所述，该村的职业分化主要基于村民对于职业"三六九等"观念的影响，因此村民从事的大多数职业本身就存在观念上的高低。这种观念一方面确立了事实上的职业分化，另一方面也让从事不同职业的村民接受了这种分化。据艾宝玉老人叙述："过去哩，干啥职业都是啥地位，俺哥和俺舅当剃头匠那就是得比别人低上一头。有些事儿人家不说，咱自己也得注意，自己都觉得比别人地位差。"日久天长，村民也逐渐接受了这种地位分化的合理性，只要不受到从事其他职业村民的欺负，从事"低贱"职业的村民便不会反抗。同时，从事除农业外其他职业的村民在社会中整体地位并不算高，彼此之间虽存在地位上的区分，但这种区分并不算非常明显。此外，从事相同职业的村民虽然交往会比较频繁，但是从事不同职业的村民日常生活中也会正常交往，并不存在因职业而形成的交际圈。

2. 经济地位分化与整合

从事不同职业的村民在经济地位上也存在差异，但该村并没有人因为从事农业之外的其他职业而发财，因此由职业而造成的财富分化并非特别严重。据张付中老人叙述："过去哩，不是大地主都不咋地，那些开店哩、推车哩、当工匠哩赚哩都差不多，能混个温饱，稍微有点积蓄就算不错啦。"相应地，村中财富的分化主要由拥有土地的面积而造成。在这种背景下，职业的分化并没有引起村民间经济地位的严重分化。

3. 辈分分化与整合

以往，每种职业均有年纪较大且辈分较高的行尊，他们不仅在同业中具备较高的社会威望，还是不同从业者之间的润滑剂。据艾宝玉老人叙述："打我这是没见过，不过我听说过。过去，有那木匠跟那石匠闹矛盾哩，有剃头匠跟石匠闹矛盾哩，就请辈分高哩出来说说话，调解调解，也就没啥事啦。有哩职业就是再被人瞧不起，里头哩辈分高哩那也得有点地位，别的行业咋着也得给点面子。"可以说，行尊某种程度上就是一个行业的代表，得罪了他们就等于得罪了整个行业。例如，石匠得罪了剃头匠，可能日后就无法再找附近的剃头匠剃头。此外，不同职业之间还存在行交，老行尊之间也往往相互认识，因此相互给面子也是矛盾得以化解的主要方式。

二、财富的分化

1949 年之前，富裕程度的不同会导致村民间地位的不同，不过这并不是决定村民在村内地位的最核心因素。此外，村民的财富观也并不是仅指拥有大量的现金、粮食，其核心是拥有大量的土地和房产等。

（一）土地拥有量与村民地位

拥有多少土地是判断村民富裕程度的主要因素。就该村的情况而言，拥有土地在 10 亩以下的村民只能算经济条件一般的；拥有土地在 10—30 亩的村民可以算作是经济条件较为宽裕的；拥有土地在 30—50 亩的村民可以算得上是比较富裕的村民；拥有土地在 50—100 亩的村民才算是富户，村民又称他们为财主；拥有土地在 100 亩以上的村民便可以被称为大财主或者是大地主。例如，村民通常称该村赵国兴为大财主。拥有土地面积越多的村民在村中的威望往往也越高，但这也往往意味着其越要在村里承担社会责任。例如，摊派、会社、救灾都需要拥有土地面积较多的富户负责主要的花销。对于村庄社会责任的承担，也能进一步强化富户在村中的权威。例如，赵国兴在民国中后期就被村内的排场人推举为了镇长。同时，村民的地位不仅受到田地多少的影响，还受出租多少土地的影响。租赁土地面积越多，在村内或者周边村落拥有的佃户越多，越可以证明某一村民在村中的经济影响力。与此相对，即使是村中的大佃户，他们也并没有太多的权威，仍被村民称为"种地户"。也正因为如此，有其他稳定经济来源的村民，有了积累之后一定会优先购买土地。

（二）房屋等级与村民地位

房屋的好坏也是村民经济地位的象征。富户往往可以拥有占地面积较大的宅院。在当地，大宅院往往和大财主、官员连为一体，能盖得起大宅院的村民都是村中富户或者是其他有势力的村民。同时，不少房屋还带有特殊的装扮。例如，该村富户靳仲檞祖上曾经中过进士，还担任过知府。靳家迁入该村之后，所住房屋的门楼、瓦片、大门上雕刻有特殊的花纹，以显示自己在村中的地位。

（三）有枪与有田村民的地位比较

仅仅是有田并不能完全凸显某一村民在村中的地位。有枪的村民多是村上的光棍，虽然不是非常光彩，但在村中却被村民称为"没人敢惹的"。某一富户如果有100—200亩地，但是手中没枪，他们碰上了光棍甚至要低三下四。因此，在该村的历史上，财主一般都会自己配枪，赵国兴一类的富户还要专门聘请能够熟练使用枪支的护院。村上掌握有政府分配的枪支的保长、保丁、后备队成员即使手中完全没有土地，也会被村民视为是有势力的人。他们平日里可以随意欺负没有枪的村民，但是却不敢得罪赵国兴等有枪的富户。

（四）财富的分化与整合

如前所述，由于该村存在十数位拥有土地较多的大地主，因此该村的财富分化较周边村落都要严重。不过，财富的分化往往会被富户所肩负的村落社会责任所消解。为了保护自己，也为了获得特定的社会威望，富户们总要承担村落公共服务和公共活动的相关花销，有时他们还要救灾或者施舍无家可归的乞丐。通过这种方式，富户在村中鹤立鸡群的形象转换为扶穷济弱。当然，这只是最基础的一个层面。通过公共活动的开展，也为整合村落各个阶层的村民提供了相应的场所和平台。据村内老人介绍，除了楚铺村之外，周边其他村落很难组织起村落公共活动。此外，在村中也普遍存在"为富不仁"的情况。这些为富不仁者多是拥有枪支的村民，出于惧怕，其他村民对于他们不承担社会责任的行为也只会听之任之，并不敢轻易对他们发难。

三、权力的分化

以往，权力的分化是财富、惯习、势力等综合作用的结果。在该村，权力的分化又可以分为多个层次，表现为较强的纵向关系。

（一）第一层级：在外任职官员

在该村处于权力结构顶端的是村内在外任职官员靳仲楹。靳仲楹毕业于黄埔军校，在民国时期曾担任该县兵役局长，家中亲属在地方和部队上也有官职。正因为如此，村内村民都不敢得罪靳仲楹，甚至对其唯命是从。据靳逢安[1]老人叙述："那个时候，李子峰和赵文圆搁俺爹面前都不算个啥，俺爹一回村他俩就跟小跟班一样，俺爹说啥就是啥。"

（二）第二层级：镇长和大地主

1940年前后，镇长李子峰与富户赵国兴陷入了长期争斗之中。这主要是因为双方手中都有枪且都在村中具备较高的威望。在村中的排场人中，李子峰和赵国兴处于顶端。赵国兴一家与袁世凯有亲戚关系，又拥有数千亩土地和不少枪支。与此相对，李子峰虽然没有赵国兴财产多，但是手中却掌握有100多支枪的后备队。同时掌握土地和枪支，自然就跻身村权力结构的第二层级。因此，也有老人称他们为"大光棍"。

（三）第三层级：光棍

虽然场面人都可以被称为排场人，但是在该村光棍却属于排场人的特殊类型。光棍主要是有枪的人，他们多由土匪、强盗以及其他有枪支的村民组成。同时，村中的后备队员可以算作是光棍，因为他们多由土匪改编而来。由于李子峰和赵国兴又具有其他身份，他们虽也属于光棍，但村民并不以光棍称呼他们。他们的身份也比村内一般光棍要高上一个等级。在该村，光棍一般没人敢惹，即使保甲长也不敢轻易冒犯他们，否则可能招来被打黑枪的命运。

（四）第四层级：排场人

排场人并不一定是光棍，这里所指的排场人就是场面人，他们手中不一定有枪，但在村内外具有较好的人际关系。一般的排场人地位要比普通村民高出不少，他们也能推举镇长和保长，因此即使是保甲长也会对他们礼遇有加，不敢轻易得罪他们，更不敢与他们结仇。

---

[1] 靳逢安为靳仲楹亲生儿子。

（五）第五层级：保长

保长手中一般配有一把短枪，此外他们还掌握了抓丁的权力，因此在村中也可以算作是较有权力的村民。在民国中后期，随着抓丁力度的不断提升以及抓丁名额的不断增加，保长的权力也在日益提升。据村内老人介绍，在民国中后期，保长欺压村民的情况经常发生，村民对此也只能选择忍受。

（六）第六层级：保干事

以往，在该村，保干事就是保丁，他们每人手中都配备有一杆长枪。不过，他们中有些人本身并不算是村中的排场人，许多人因为担任了保干事才逐渐成为村中的排场人。在日常生活中，保干事也经常为非作歹，肆意欺压普通村民，但是他们不敢惹村上的排场人，见到排场人也会比较客气。

（七）第七层级：甲长

由于该村实行轮流甲长制度，所以甲长在村中地位相对较低，本身也没有什么权力。有些甲长如与保长关系不错，平日里借助保长的威望在村中也能获得一些权力。有些与保长关系不是很好，那么他们在村中的地位只比普通村民高一些。

（八）权力的分化与整合

在该村，权力分为多个层次，基于直线式的领导关系，掌握权力较少的村民总要服从上层的命令。不过，这主要针对镇长、保长、甲长等政府任命的"官员"，其他村民对于他们的服从并非基于官僚体系的"命令—服从"关系。在该村能担任"官职"的村民多是拥有枪支的村民，或者说拥有枪支越多的村民越能在村落中掌握较高的权力。出于对武力的畏惧，其他村民也总会采取服从的策略，以避免招惹不必要的麻烦。当然，也有不少村民会挑战既有的村庄权力结构，但敢于发起正面冲突的却少之又少。在这种背景下，"打黑枪"就成了弱者反抗的主要方式。不过，这种方式只能打击具体的个人，并不能对整个权力体系造成影响。在一阵混乱之后，村落总会继续在原有的支配体系中继续发展。据艾宝玉老人叙述："打黑枪有啥用，有哩打死了就打死啦，过不了两天就没人觉得有啥啦，那些有官职哩该咋着还继续咋着。"

第九节 冲突与冲突关系

在楚铺村，矛盾可以分为家内矛盾、村落内矛盾以及村落之间的矛盾。家内矛盾的产生主要是因为家庭成员违反了血缘伦理，或者破坏了成员共同相处的基本原则。村内村民之间的矛盾则构成了该村冲突的主要层面。对于村内矛盾而言，有些可以通过四邻、亲友、排场人的调解解决,有些则需要光棍出面协调,有些甚至要通过暴力的方式才能实现一时的和解。此外,本村和村外村民之间也存在矛盾,只是这些矛盾通常不会引发两个村落的直接对立,处理的方式也相对简单。

一、家内矛盾纠纷

以往,家内矛盾算是一个家庭的家丑,因此家内矛盾通常由一个家庭的家庭成员进行自我调解。自己无法处理时,才会请近亲帮忙协调。在当地,有一句俗语叫作"爹有叔,娘有舅",实际上就是对能参与家内矛盾调解人员的贴切形容。只是男方家庭可以参与调解的成员不仅包括叔伯,还可以包括其他近门亲属。

(一)婆媳矛盾

婆媳矛盾可以说是影响家庭团结最主要的矛盾之一。虽然在没分家之前,婆婆在儿媳妇面前基本上是说一不二的,但是儿媳心中可能也会积蓄一些不满情绪,直到矛盾无法抑制。当然,儿媳一般不敢在婆婆面前明确表示自己的不满。据村内老人介绍,儿媳表示不满主要通过以下方式:其一,对婆婆爱搭不理;其二,对婆婆吩咐的活消极怠慢;其三,在言语中对婆婆冷嘲热讽。当然,如果儿媳比较强势也可能公开自己与婆婆的矛盾。如果婆婆觉得儿媳不听话,首先会在自己的儿子面前数落儿媳的不是,再让儿子好好管教自己的媳妇。如果儿媳还是不服管教,婆婆也可以将儿媳不服管教的事情告诉公公,请公公出面训斥。此时,公公不会轻易管教儿媳,只会劝说婆婆给儿媳留一些空间,不要对儿媳太过于苛刻。但是,如果儿媳太过分,公公也会把儿子和儿媳叫到面前,然后先批评儿媳的不是,再指责儿子没有管好自己的媳妇。如果由公公亲自出面,那么儿媳基本上会对自己的行为有所收敛,并表现出对婆婆的顺从。不过,儿媳也不会无限制地忍耐,新媳妇会在公公婆婆面前唯唯诺诺,但是儿媳嫁来5—10年之后便不会再隐忍婆婆的各种刁难,此时矛盾公开化便是不可避免的事情。在儿媳与婆婆矛盾公开化之后,公公还可以严厉教训儿媳,但是如果儿媳强势,公公也可能会选择分家。在分家之后,婆媳关系便可能出现一定程度的逆转,此时对于婆媳矛盾隐忍的一方主要是婆婆。如果婆婆较为强势,分家之后也可能会继续挑儿媳的不是。此外,婆媳矛盾一般不请外人参与调解。

(二)兄弟矛盾

在该村,兄弟矛盾也是影响家庭稳定的主要因素。如果兄弟之间发生矛盾,当家人会首先把儿子们都叫到面前,问清楚事情原委,然后再根据情况分别教训自己的儿子。当然,如果犯错其中一方是自己的长子,有些当家人会适当偏袒长子,这么做主要是为了维持长子的权威。与此相对,有些当家人则会严厉批评长子,这么做则是对长子没有起到好的带头作用的惩罚。如果涉事双方中没有长子，当家人在处理矛盾时会做到不偏不倚，严惩过错一方，对犯错不严重的一方也要适当惩罚。此时一些当家人依旧会惩罚长子，原因是其没有管教好弟弟。不过，在当家人掌管整个家庭能力开始减弱时，也可能会出现无法管教儿子的情况。此时，当家人会首先邀请自己的兄弟前来调解，如果自己的兄弟也不是"明白人"，则会请近门懂得事理的长辈前来调解。如果自己的近门没有可以胜任调解职责的亲属，那么当家人也可以请儿子们的舅舅前来调解，舅舅具备管教外甥的权利，因此其劝说更有说服力。也正因为如此，大多数家庭在选择调解人时并不一定会严格地按照"先叔后舅"的顺序邀请调解人。此外，如果家中在该村附近没有亲属，当家人也可以邀请与自己相熟的排场人前来调解。

（三）叔嫂矛盾

叔嫂矛盾不仅包括小叔子与嫂子的矛盾，还包括大伯与弟媳的矛盾。以往，叔嫂之间的矛盾并不是家庭内的最主要矛盾，即使叔嫂之间有矛盾，在分家之前也只会拌几句嘴，并不会在当家人面前公开矛盾。当然，也有些家庭的叔嫂矛盾会发展到无法抑制的地步。此时，哥哥可以向自己的弟弟诉说弟媳的不是，并请弟弟好好管教一下自己的媳妇。弟弟虽也可以向哥哥倾诉嫂子的不是，但并不能要求哥哥前去管教媳妇。对于叔嫂矛盾，公公婆婆也不会全然不管，公公得知叔嫂矛盾会先让婆婆去劝告一下双方。但是，婆婆如果刻意偏向自己的儿子，媳妇又不甘心受气，公公便会出面协调矛盾。在公公出面协调矛盾时，通常会先对双方"各打五十大板"，再就矛盾原因进行分析，最后则是让矛盾双方收敛自己的行为。因为媳妇是"外人"，所以涉及叔嫂矛盾时公公不会批评得太过严厉，让媳妇认识到自己的错误便可。

（四）夫妻矛盾

在该村，由于丈夫在家中具备绝对的权威，因此妻子通常不敢与丈夫闹矛盾。但是，如果妻子比较强势，在其不满丈夫的所作所为时也可能会爆发夫妻之间的冲突。此时，如果还没有分家，公公一般不会主动干涉夫妻间的矛盾。如果矛盾已经闹得不可开交，公公可让婆婆去劝说一下儿媳，自己则会把儿子叫到身边问明矛盾缘由，再教授一些夫妻相处之道给儿子。如果双方矛盾还是没有缓解，公公则会将儿子和儿媳都叫到自己的面前痛批一番。在没有分家之前，媳妇通常不敢擅自返回娘家，因夫妻矛盾而返回娘家将被婆家人和四邻看成是不孝的表现。因此，即使丈夫没有收敛自己的行为，妻子也多会选择忍让。

在分家之后，夫妻间的矛盾通常由夫妻自己处理。公公婆婆即使知道，也会装作不知道，不会主动干预。但是，如果夫妻之间已经闹得比较厉害，公公也会把自己的儿子叫到身边劝说几句。儿子如果孝顺，那么便会听从父亲的建议；如果不孝，父亲便不会再次劝说。在分家后除了公公婆婆，其他村民不会主动介入夫妻矛盾，丈夫也不会请别人调解矛盾。在夫妻矛盾不可调和时，妻子还能返回娘家，这并不用得到丈夫的允许。妻子返回娘家之后，如果夫家势力较大或者是过错主要在女方，女方父母以及哥哥会教育女方一番，然后由女方哥哥或弟弟备些礼物将女方送回。大舅哥（小舅哥，下同）将女方送回婆家之后，他们也会对其丈夫嘱咐几句，丈夫则要赶快备齐酒菜并向大舅哥保证以后一定和谐相处。不过，如果女方势力较大或者家中男丁众多（这也被当地村民称为"娘家有人"），女方回娘家后娘家人不仅不会将女方送回来，有时还会上门找其丈夫理论。如果妻子在娘家两三天了还不返回，那么丈夫一定要前去妻子娘家将妻子接回，并向岳丈岳母表示自己以后会好好对待妻子。岳丈岳母对女婿数落一番后便会让女婿将女儿接回家中。走时娘家人还会再附赠一些礼物，其寓意是女儿并不是因赌气回娘家，而是回家走亲戚。

（五）其他家庭矛盾

在一个家庭之内，除了婆媳、兄弟、叔嫂、夫妻矛盾之外，还包括姑嫂、妯娌、公媳等多对矛盾。为了保证家内团结，当家人也要妥善处理这几类矛盾，不过他们并不是影响家庭稳定的主要矛盾。以往，无论是姑嫂矛盾还是妯娌矛盾，当家人一般都会先让婆婆去处理。特别是妯娌矛盾，即使婆婆无法有效处理，公公也不会主动出面，最多只让自己的儿子好好管教媳妇。与此相对，公媳之间的矛盾发生的概率一般较低，其主要发生在儿媳家境较好且出嫁时附带了大量嫁妆田的情况下。此时，儿媳如果不满意公公的某些作为，也可能会与公公发生正面冲突。对此，公公以及自己的儿子如果无法管教媳妇，公公便会选择与儿子分家。

二、村内矛盾纠纷

与家庭矛盾不同的是，家户之间的矛盾不仅多元而且处理方式也比较多样。对于村内村民之间的矛盾，如果无法妥善处理不仅会影响村内的团结，还会给村落的有效治理带来极大的挑战。

（一）四邻间日常小矛盾

在该村，村民日常吵架拌嘴也是经常有的事情。有时四邻之间还可能因为借了东西不还、孩子之间打架、羊偷吃了对方的麦苗等原因发生矛盾。这些矛盾通常不涉及原则问题，因此在发生矛盾时四邻虽然会吵架，但吵架之后自觉有错误的一方会在当天晚上或者第二天拿一些油炸馍之类的食品到对方家里道歉。当然，家里较穷或者本身关系较好的村民不拿礼物去道歉也可以。在吵得不可开交的情况下，其他四邻也会主动劝架，特别是四邻中年龄较大且有些威望的村民通常会前来调停。此后，双方也可能互不理睬，但是三五天后便会和好如初。

（二）因争夺村中地位而发生的矛盾

以往，该村光棍之间，特别是大光棍之间互相不服的情况经常出现。特别是在该村建立后备队之后，光棍们都掌握枪支，又分别养有护院、小偷，有些光棍还和村落附近的强盗有密切的往来，有些本身就是土匪。因此，彼此之间相互争夺是时常发生的事情。他们的争夺分为明面和暗面两个层次，有些在明面上取得优势的村民，往往会被人私下暗算，而暗算的主要方式就是"打黑枪"。据村中老人口述，村中富户"七老婆"的丈夫就是被人用黑枪打死的[1]。同时，有些村民因为不服光棍在村内的权威，光棍又无法在光天化日下将对方打死，也可能使用"打黑枪"的方式将对方处死。在某一村民被黑枪打死之后，其家人又会开始新一轮的复仇，直到其中一方彻底被灭门或者逃离村落，矛盾才能彻底终结。

（三）因夺枪而发生的矛盾

民国时期，村中各方夺枪的情况相当普遍，甚至为此大打出手的情况也屡见不鲜。李子峰当镇长的时期，曾有一次派后备队去赵文圆家夺枪。李子峰本只想夺得赵文圆家的枪支，并嘱咐后备队不要伤害赵家人。可是后备队完全没有听从李子峰的命令，将赵文圆当场打死，并轮奸了赵文圆的儿媳妇。赵文圆的儿子本已经翻墙逃跑，但看到别人在打自己的父亲，就又返回到家中打算与后备队拼命，结果也被后备队当场打死。赵文圆一门仅剩其妻子还幸存于世。赵文圆的妻子也并非善茬，发誓倾家荡产也要为自己的家人报仇。之后，她花钱买通了县长将李子峰送入监狱。李子峰的弟弟李子振曾想花钱将李子峰从狱中救出，赵文圆的妻子得知后，就在当地的部队中找了一个黑枪手直接枪杀了李子振。在汝南被日军攻陷之后，李子峰又从监狱中逃了出来。他虽然没有找赵家报仇，但从军之后找到了打死弟弟的黑枪手，便偷偷将其打死。

在该村，夺枪多以暴力的方式解决。在该村历史上还发生过一次夺枪事件，只是这次事件伤亡情况更为严重。据老人讲述，后备队长王干辰和陈胜霖之间因为某些缘故发生了争端，王干辰便打算夺取陈胜霖的枪。在维持会时期，王干辰带领手下人偷袭了陈胜霖，陈胜霖连同手下20多人被当场打死。在抗日战争时期，日本人只在村上设立了维持会。但是，维持会并不能有效管理村内事务，因此后备队之间的争夺也呈现出愈演愈烈的态势。

---

[1] 由于年代久远，村内老人对于其具体因为什么被人打黑枪说法不一。

（四）因报酬问题而引发的冲突

因报酬而发生的矛盾同样产生在抗日战争时期。李子峰逃跑之后，由潘阳辰担任维持会会长。维持会只配置了几个人和几杆枪，却能为后备队发放粮饷。有一次，潘阳辰打算将收来的粮食卖掉一部分，但是却遭到了王干辰的反对。潘阳辰变卖粮食也是事出有因，并不是真想贪污后备队的报酬，后备队却对此产生了误会。当天，王干辰首先派人将前去卖粮食的人全部打死，又亲自带队将潘阳辰的全家打死。潘阳辰当时正好在外面上厕所便躲过了此劫。后来潘阳辰将此事告知了日本人，日本人带队毁掉了整个楚铺街。这种事件实际上只发生在抗日战争时期，因为李子峰虽是恶霸，在村中却有一定的权威，后备队手中部分枪支也由李子峰提供，有些后备队员则是直接由其收编而来。与此相对，潘阳辰根本没法震慑后备队，后备队完全不听从其命令。上述事件只是彼此矛盾的缩影，他们在平日里也经常发生矛盾，只是还未到动用武力的阶段。

（五）土地纠纷

以往，该村及附近村落的土地纠纷也是经常出现的一种矛盾类型。具体而言，土地纠纷主要包括侵占土地和私挪边界。据村内老人介绍，在该村还未出现过排场人强占村民土地的事件，但是挪动土地边界的情况却偶有发生。如果双方地位相当，一方可直接指责对方挪动地线沟的行为，对方自觉羞愧也会主动将地线沟挪回原位。如果挪动的一方拒不认错，那么另一方可以将其拉到茶馆中，并请茶馆在座的排场人评理。在评理之后，如果大家都认为是挪动一方的过错，他不仅要支付在茶馆喝茶村民的茶钱，还要赶快回到地里将地线沟挪回原位。不过，如果双方地位不相当，那么茶馆就无法发挥调解作用了。此时，村民只能请与双方关系都比较好的排场人从中协调，但一般成效不大。如果排场人调解无果，村民则会请与自己关系较好的光棍出面，强行令对方挪回地线沟。调解纠纷之后，村民可以给光棍一些茶钱，也可以不给。

如前所述，在该村附近也存在恶霸地主强占村民土地的现象。如果强占土地的一方就是村中的大光棍，村民也只能忍气接受。如果村内有光棍能压制得住对方，村民则可请其帮自己要回土地。但是，这样也会存在一定的风险。一旦自己依仗的光棍被"黑枪"打死或者离开村落，另一方不仅会重新侵占土地，甚至会对对方变本加厉地虐待。

（六）因抢劫而引发的矛盾

以往，该村有三大土匪，他们分别是李发祥、赵喜、孙家庆。其中，李发祥、赵喜就是本村人；孙家庆虽然是外村人，但其活动范围主要在楚铺，1949年前后也落户到了楚铺。这三个人经常为非作歹，据说他们都还有自己的手下。当然，经常抢劫村内村民的不只是他们，其他村落的土匪也经常抢劫该村村民。例如，有一次村内屠户刘景文派自己的长子去其他村收款。因为世道不太平，所以每一次收款时，刘景文都会让长子带上家中的枪。在此次收款的过程中，刘家长子走到麦田中，突然冲出几个土匪将其掳走。土匪不仅夺走了刘景文的枪，还要求刘家支付高额赎金。最后，刘景文的大儿子还是被土匪撕了票。类似于刘家的事件在村中经常发生，无论是本村土匪，还是外村土匪，经常都会将掳来的村民撕票，有时他们还会奸淫掳来的妇女。对此，被绑票村民的家属即使知道是谁绑了票，甚至知道自己的家人被人所杀也没有办法，只能选择忍耐。在刘景文大儿子被杀之后，刘景文便没有采取任何行动。据村内老人介绍，即使镇长李子峰也管不住土匪，更不要说普通村民了。

（七）其他村内矛盾

除了上述矛盾，该村还存在许多其他类型的矛盾。具体而言，主要包括以下几类：其一，争夺相好。后备队长王干辰和陈胜霖便同时看上过村内某一妇女，并因此发生过冲突。其二，恶意欺压。无论是排场人与普通村民之间，还是普通村民与普通村民之间，都可能发生恶意欺压的事件。排场人欺压普通村民主要是借助自己的权势在行动和言语上欺辱对方。与此类似，普通村民也可能利用自己在村中亲戚众多而欺压村内只有一两户的小姓村民。其三，因流言蜚语而引发的矛盾。在村中有些村民会私下说别人的闲话。如果事情并不属实又对当事人造成了影响，那么这便会引起传播流言者与当事人之间的矛盾。以上三种并不是村落中的主要矛盾，但也经常造成村内冲突。除了争夺相好之外，其他矛盾一般会被引入茶馆进行调解。如果茶馆无法调解，那么村民往往会请与自己相熟的光棍替自己出头，双方所请光棍谁更有势力，对方就要率先道歉。与此相对，村内争夺相好的村民主要是村内的光棍，他们解决问题往往要通过暴力的方式。

三、村际矛盾

传统时期，与村外村民发生矛盾也是村民经常会遇到的事情。但是村际矛盾并不都能通过茶馆调解，因此矛盾的解决更需要借助暴力。

（一）因背雨而引发的矛盾

如前所述，在背雨的过程中必然要由村内青壮年前去护卫，不然其他村的村民可以在路上抢夺从老乐山背来的雨。因此，去背雨的村民通常都要配上枪。虽然该村并没有背雨被劫的遭遇，其所在县却曾经出现背雨被劫走的情况。一旦路上碰到劫雨者双方免不了一场恶战。抢劫者通常不以伤人为目的，因为这样会引发两个村落更为激烈的冲突。被抢劫的一方如果当时不能有效防御，那么事后也无法再追究。一方面，他们并不一定知道抢劫者具体为何人；另一方面，他们即使知道被谁抢劫，也可能没有办法组织足够的人力和物力到对方村中将水抢回来。

（二）因婚丧嫁娶而引发的矛盾

婚丧嫁娶时抬棺或者送嫁，村民会经过其他村落，并会因此而引发矛盾。就抬棺而言，基本上是因为一些习俗而引发村民之间的矛盾。例如，棺材不能从别人的宅基地和田地中经过。如果抬棺者不小心压到了别人宅基地的边缘或者田中的青苗，房屋和田地的主人有权拦住送行队伍并讨要说法。当然，这对村内村外村民都是一样，只是村内村民较好说话，村外村民则不一定买账。在遇到对方刁难时，轿头要主动协商，并通过自己的势力强行平息对方的不满。就送嫁而言，最可能遇到的矛盾是抢亲。有些村民抢亲是为了索取赎金，有些则另有目的。为了应对外村村民抢亲，轿头手下一般都配有4—6杆步枪。当然，如果对方实力较强，那么轿头通常也没有应对的有效方法。此时，只能等待新娘夫家想法解决。

（三）其他村际矛盾

除了以上矛盾，村际矛盾还包括破坏河堤、侵占邻村村民土地、挪动地线沟以及欺负邻村村民。对于破坏河堤坝的情况，通常由保长带人殴打肇事者。侵占邻村土地或者挪动地线沟，则由受欺负的村民找本村光棍帮忙讨回损失田地。由于楚铺村中有权势的村民较多，该村村民遇到侵占土地等情况时也可以将对方带到茶馆，由楚铺村排场人进行调解。如果受到邻村村民欺辱，村民可以请自家近门为自己讨回公道，也可以请光棍为自己出面。不过，如果村民仅受到了言语上的侮辱，光棍不会替其出头。当然，村民也能将侮辱自己的人扭送到茶馆，请排场人替其说理。

第十节 保护与保护关系

传统时期，家庭是提供保护的基本单元，能为村民的生老病死提供最基本的保护。由于家庭力量弱小，村民往往需要借助亲族、四邻以及村庄的保护才能尽量保障自己的人身和财产安全。家庭、亲族、四邻、村庄构成了村庄保护的不同层面，每一层面也承担了不同的责任。不过，在家户之上的保护所起到的作用相对有限，大多数情况下也只能发挥基础性作用。

一、家庭保护及其关系

家庭能为妇女、孩子和老人甚至是成年的家庭成员提供保护。可以说，家庭能为村民生存和发展提供最重要的保障。

（一）借贷保护

在当地曾有这样一句俗语："父债子还，子债父不管。"不过，在实际生活中却并非如此。在未分家之前，如果儿子在外欠账，父亲通常要帮忙还一些。特别是当地匪患严重，帮派活动猖獗，如果儿子在外欠了账，有时帮派成员会上门向父亲要账。如果欠账对象是村中的排场人或者光棍，对方有时也会向父亲讨债。帮派成员（土匪、排场人、光棍等）前来讨债时，会对欠债者的父亲进行威胁，有时甚至会威胁说杀死欠债者。此时，父亲多少会为儿子偿还一些债务，避免儿子因此而遭罪。有些帮派成员在要债时，直接将家中值钱的物品搬走，或者直接索要地契。即使父亲没有偿还的义务，也没法逃避为儿子还债的"责任"。据村内老人介绍，对于有些分了家的家庭，帮派成员在找不到欠债者的情况下也会向其父亲讨债。

如果儿子的欠账对象为村中普通村民，那么债权人通常不会先向父亲要债。但是如果儿子躲避不见或者实在无钱可还，债权人有时也会找父亲讨要债务。此时，父亲如果手中有钱，也可以替儿子偿还一部分，当然前提是儿子借债确实出于无奈。如果儿子因为赌博等恶习借贷，父亲顶多替其偿还一小部分。在普通村民反复前来催债时，父亲最常回应的一句话是："那是他的事儿，跟我没有关系啦，你有本事找他去。"父亲这么说，对方如果没有其他讨债办法也只能作罢。不过，父亲如果说出这种话，不仅是拒绝再为儿子提供借贷保护的意思，也有打算与儿子断绝关系的意味。如果此后儿子长期不回家，那么就等于自动与父亲断绝了关系。

（二）兵役保护

在民国中后期，由于抓丁的盛行，该村村民被抓丁概率相对较高。一旦上了战场，基本上就是有去无回，所以大多数父亲都不希望儿子被抓丁。如果儿子不小心被抓，那么父亲会全力营救，除了花钱替儿子买丁，还会找自己相熟的排场人将儿子替换下来。如果需要花钱买丁，其他亲属有时也会帮忙凑一些钱。如果自己的近门中有人在政府里当官，也会尽力帮忙营救。

（三）养老保护

在分家之后，儿子有替父母养老的义务，这是基于孝道和财产继承关系的基本要求。即使家庭较穷，儿子们分不了多少财产，也要承担养老义务。儿子去世后，儿媳妇仍要替丈夫尽养老义务。如果家中没有任何粮食可以食用而要逃荒，儿子必须带着父母一起逃荒。逃荒途中，如果儿子要到了饭，那么一般要先给父母食用。家中的棉衣和棉被也要先让给父母使用。不过，这也并非必然。有些经济极度贫寒的家庭，儿子不仅不能为父母的养老提供保护，还会让他们出去要饭。对此，父亲的兄弟或者同姓明白老人只能对儿子进行有限的劝说和指责，儿子如果不听从长辈们的劝告，那么家庭对于老人的养老保护功能便彻底失去了效果。

（四）婚姻保护

在该村，即使再穷的家庭也要为子女解决婚姻问题。正常情况下，父母对于子女的婚姻保护主要包括选择合适的结婚对象以及提供充裕的结婚成本。有些当家人即使年老，也要等自己的子女都婚配之后才会选择分家，这么做就是为了保证所有孩子都能得到好的归宿。有些家庭在分家时还必须留出未结婚女儿的嫁妆。当然，如果有些家庭经济条件较差，也可能无法为儿子挑到合适的结婚对象。此时，当家人也可以允许儿子入赘到女方家，即使入赘并不是太光彩的事情。

（五）纠纷保护

传统时期，当家人必须保护自己未成年的孩子。如果孩子在外惹事，或者被人欺负，当家人通常要帮其妥善处理。如果过错在自己的孩子，当家人要带着自己的孩子主动向对方道歉，以免纠纷扩大。但是如果过错不在自己的孩子，对方又没有主动承认过错，那么父母则要替自己的孩子讨回公道。当然，在孩子成年后情况则有所不同。如果自己成年的孩子不小心与四邻闹了矛盾，当家人可让孩子先自己处理，如果自己的孩子不能有效处理纠纷，当家人必须出面消除四邻与孩子间的误会。如果自己的孩子惹怒了村中的排场人，那么当家人必须带上礼物亲自向村中的排场人道歉。

如果自己的孩子在外闯了祸，当家人可以视具体情况来选择是否替其解决。正常情况下，自己的孩子如果惹怒了帮派或者土匪且可能因此丧命，那么当家人要以保证孩子的生命安全为第一要务，变卖田地和其他家产也要将自己的孩子救出。对此其他家庭成员一般不会有异议。如果变卖家产的行为侵害了其他家庭成员对财产的正常继承权，通常由惹事的孩子在事后想办法补偿。与之类似的还有惹上官府，当家人也要尽量想办法营救自己的孩子。但是如果自己的孩子在外"不正混"，随意惹是生非，当家人顶多为其解决一两次纠纷，超过这个范围其他家庭成员便会质疑当家人的行为。此时，如果当家人还要变卖家产为惹事的孩子解决争端，其他家庭成员可能会制止当家人的行为，并与当家人闹分家。

二、亲族之间的保护

在家庭保护之外，亲族之间也能承担起一定的保护职责。具体而言，其又可以分为以下几个层面。

（一）纠纷保护

传统时期，虽不是每一个近亲都会替村民解决纠纷，但是兄弟和近门之间通常会提供帮助。在某一村民遇到危机时，家中近亲要出钱、出力为其解决问题。例如，李子振为了把自己的哥哥弄出牢狱而四处奔波，直至最后被人用黑枪打死。近亲如果帮自己解决了纠纷，该村民虽无须立刻偿还，但也会形成人情上的亏欠。此后，帮助过自己的亲属家中如果遇到困难，村民想方设法也要将人情还上，有时甚至需要加倍奉还。近亲之间的保护还存在于其他许多方面。例如，亲戚受到了村内外其他村民的欺负，近门亲戚会团结起来为其讨回公道，这将被视为某姓村民团结的表现，也是被村民称为"村内有人"的表现。同姓亲属以及近门亲戚不为受了欺负的村民出手，则会被视为不团结的表现，这也会让他们更容易受到其他村民的欺负。此外，纠纷保护还反映在对家内纠纷的调解上，叔叔、舅舅、同姓明白老人都有协调家内矛盾的义务。

（二）生育保护

除了纠纷保护，近亲之间的保护还包括过继，当然这只存在于同姓近亲之间，也就是主要存在于近门之间。对于没有子嗣的村民，其近门亲属如果有人家中儿子较多且经济条件又不是非常好，那么该近门亲属一般会答应过继要求。不过，如果某一村民的近门经济条件较好，也可能不答应过继要求。

（三）养老保护

亲族之间也有相互帮忙养老的义务，特别是侄子都有为自己没有孩子的叔伯养老的义务。如果自己的叔伯没有孩子，侄子虽不用像亲生子女一样为叔伯养老，但要经常去探望叔伯。在叔伯生病时，侄子们也要前去照顾叔伯，有时还要为叔伯解决一些医药费。当然，侄子也可以像对待亲生父母一样为叔伯养老，甚至没有过继的侄子也会如此。侄子看到叔伯老无所依，而自己的经济条件又相对宽裕，也可以直接将叔伯接到家中为其养老。不过，全面负责叔伯的养老不是侄子必然要尽的义务，侄子不这么做也不会受到道德上的谴责。

（四）丧葬保护

亲戚之间的丧葬保护主要针对没有子嗣且没有过继子女的家庭。如果某一村民非常贫穷，其死后丧葬费用一般由近门亲属负责，当然花费不会太多。如果自己的近门亲属比较富裕，可以尽量为其置办一口质量较好的棺材，丧葬的其他仪式则一切从简。如果自己的近门亲属也不富裕，那么买一口薄皮棺材或者买一张箔将死者安葬便可。如果某一没有子嗣的村民名下还有财产，也可以遗赠给自己的后辈亲属，并指定其为自己处理丧葬事宜。此外，娘家人也要为嫁出去的女儿提供丧葬保护。如果女儿去世，其哥哥或者弟弟必须前去查看尸身，以此来确定其是否是正常死亡。

（五）收留保护

村民如果打算迁出自己所居村落，或者遇到了困难需要暂时躲避，亲属有容留的义务。不过，如果亲属自己家中情况较为困难，也可以拒绝亲戚的要求，或者是只暂时收留亲戚5—10天。与此相对，如果村民比较富裕，那么不收留自己的亲属将被视为看不起自己的亲戚，或者是不懂人情世故的表现。其他亲属得知后，也可能会刻意拉远与其关系，或者对其行为进行指责。

三、四邻之间的保护

在村民遇到危难时，四邻由于地缘上的优势往往能在第一时间伸出援手，并使遇事村民能尽快摆脱困境。同时，该村姓氏混杂，多数村民在村内亲属不多，这也更加凸显了四邻在保护时的重要性。

（一）日常保护

四邻之间的日常保护主要涉及相互照看彼此的院落和财产。如果某一村民临时外出两三天，即使不嘱咐四邻帮自己照看一下房子，四邻也会承担起照看的责任。如遇陌生人在外出村民房前徘徊，四邻通常都会主动询问对方：你是干啥哩？你找谁？你有啥事儿？如果对方闪烁其词，四邻便会加强警惕，或者直接找借口将对方赶走。在晚上，如果村民的房屋中进了贼，四邻听到响动也要主动去查看情况。在日常生活中，如果某一村民遇到小偷，只要呼喊一声，四邻们都会在第一时间赶来共同制服小偷。

（二）灾难保护

以往，在某一村民遇到灾祸时四邻都会提供必要的帮助。具体而言，四邻间的灾难保护主要包括提供住处、捐资救助和帮忙重修房屋。据艾宝玉老人叙述："那个时候要是谁家有火灾咯，俺爹也组织大家一块捐钱，谁家要是被火烧咯，就找四邻，一个人捐一点儿。"不过，捐助基本上是个人行为，如果没有村民组织便不会有人主动捐赠。如前所述，四邻之间最常在其他村民的房屋被毁时提供无偿性的帮忙。除了房屋之外，四邻间对于灾难的保护还体现在发生战争时。据村内老人介绍，在日军到来时四邻间都会相互帮忙。他们一般会将家中的妇女、儿童、老人送到安全的地方。在运送过程中，四邻会主动提供家中的车辆和牲口，让有需要的四邻一起乘坐。当然，这也不是四邻必须要履行的义务，有些村民如果家庭成员比较多也可能不让四邻的家人乘坐自家马车。在安排好家人之后村民们还会帮忙运送粮食等贵重的家庭财物。

（三）丧葬保护

如果四邻中有孤寡老人，那么在老人去世后四邻通常要为其妥善处理丧葬，即使老人生前并没有指明由哪一位四邻为其料理后事,四邻也会主动这么做。当然,也并不是每一位四邻都要出钱,如果家境穷困也可以不出钱,但一定要帮忙。除了帮忙之外,在出殡时四邻不管手中有什么事,一般也要先为逝者送殡,再办自己的事情,有些村民甚至会从外村赶回为去世的四邻送殡。实际上,不仅仅是孤寡老人,四邻中但凡有人去世,其他村民通常都会前来帮忙,并为死者送殡。

四、村落保护

相较于家庭、四邻、亲属,村落保护的作用相对较弱,但也能为村民的人身和财产安全提供相应保障。就村落保护而言,其不仅仅指村落的整体防御,还包括村内排场人对村民的保护。

(一)防卫保护

如前所述,该村既拥有寨墙,又拥有配备了100多杆枪的后备队。因此,具备较强的防御功能。不过,防御保护的程度又相对有限。对于土匪等武装程度较低的势力,寨墙和后备队确实能起到威慑对方的作用。但是,在外敌入侵时,后备队不仅不会全力与对方对抗,也不会组织村民进行防御。更为严重的是,他们甚至还会主动投靠外敌。例如,在日军入侵时,后备队便没做太多抵抗。同时,后备队又经常在村中为非作歹,甚至扰乱村内秩序。总体而言,该村的防御保护仅是一种威慑作用,抵御匪患尚可,一旦受到外界强大武力威胁便会立刻崩溃。

(二)抓丁保护

由于该村村民靳仲楹在县城担任兵役局长,因此其也能为某些村民提供免丁的机会。据村内老人介绍,靳仲楹在任期间,曾多次将村内被抓丁的村民从部队中"解救"回来。不过,靳仲楹所提供的保护仅针对与自己关系较好的村民,对于日常没有往来的村民,其基本不会帮忙。除了靳仲楹之外,保甲长有时也会为村民提供抓丁方面的保护,但这同样针对与自己关系较好的村民。保甲长对于村民的保护,主要是悄悄向对方告知抓丁的消息,以便对方逃跑或者提前备钱买丁。

(三)中介保护

在该村,保护的最主要层面就是中介保护,无论是借贷、买地、典当、扩地还是抱养和婚姻都需要村内的排场人做中介人。在中介的过程中,排场人不仅要为双方牵线搭桥,更要为双方的信用进行担保。同时,排场人通常还是双方契约效力的见证人。无论双方是签订纸质合约,还是订立口头合约,合同的效力均由排场人进行保障。从保护的角度出发,排场人如果做了中介,就要在双方之间不偏不倚,更要尽量保证弱势一方的利益。此外,排场人在本村人和外村人之间做中介时,做到公正中立的基础上更要注重保障本村村民的核心利益。

（四）救灾保护

遇到灾年，村中富户也会开仓放粮，以使村内村民可以暂避灾祸。据艾宝玉老人叙述："打我记事儿起，赵国兴舍过一次粥，舍过一次粮。赵国兴要说是个大好人。那个时候，在村口他弄了几个伙计在那发粮。我和俺哥两个人都在那拿粮食，领了一次之后，我又拿个东西遮住脸，又领了一次。他们也没有管，布袋都给我装满了。要说是真不错。"不过，该村除了首富赵国兴之外，其他富户并不会施舍粮食。赵国兴对于村民的救助，一方面是出于善心，一方面也是担心遭到无粮可食村民的抢劫。在赵国兴发粮时，除了楚铺村内的村民，周边其他村落的村民也可以前来领粮食。据村内老人介绍，在该村附近村落，还有富户会在灾年发放馒头，有些富户也会在年景不好时给村中村民发放少许粮食。

第十一节　楚铺村社会变迁

伴随着国家政策和基层组织形式的变迁，楚铺村的社会结构和社会关系也日益发生着变化，由此引发了村民间社会地位和社会关系的重构，以及社会惯习的改变。土改后，由于土地被重新分配，村内由富户主导的社会关系彻底被扭转。在集体化时期，社员间以平等的地位相处成为主流。家庭联产承包制实施之后，市场化、打工潮则是社会关系变迁更为剧烈的主要诱因。

一、土地改革运动时期的社会状况

如前所述，土改中村民被划分成地主、富农、中农、贫农、雇农等多个阶级，地主和富农多余的土地、房屋和工具被分配给了村落内的贫雇农。与此同时，"剿匪清霸"等运动的广泛开展，也使得村内恶霸得到应有惩罚。也正因为如此，以枪和土地建立起的社会权力体系随之瓦解。传统时期在该村社会结构中处于顶端的排场人不仅失去了往日的权力地位，还失去了本来的社会地位。与之相对，村中少地和无地村民的社会地位却有了极大提升。以贫下中农为核心的农会，使得村落建立起了与以往完全不同的权力结构。权力结构的改变带来了社会运转方式的转变。

除了社会运转方式的变化，村民的社会交往方式也发生了相应的变化。1949年之前，血缘、姻缘、业缘是影响村民交往的主要因素。然而，在土改过程中，这些要素在社会交往中逐渐处于从属地位。与之相对，阶级成分日渐成为影响社会交往的基本因素。以往，该村存在多位地主，以及拥有枪支的排场人和光棍，因此他们在社会交往中往往比村内普通村民高出一等。例如，该村村民见到首富赵国兴或者镇长李子峰等排场人要首先与对方问好，对方却不一定回礼。同时，排场人也不会和普通村民同桌而坐。在土改之后，排场人在交往中的优势地位完全消失，普通村民再也不用在他们面前低三下四。出于一些特殊原因，他们甚至还要对普通村民客客气气。此外，贫下中农虽然因为土改获得了以往所没有的社会地位，但他们却没有因为自己的地位而在社会交往中盛气凌人。

与社会交往类似，社会分化在土改过程中也发生了深刻的变化。由于土改时村内土地、房屋、工具等被重新分配，因此财富的分化在土改后基本消失。同时，在此后的数年中由于生产力仍不发达，村内也没有出现财富的再次分化。据艾宝玉老人叙述："土改后没几年儿俺妈都去世了，那个时候就是分了地也穷得没钱给俺妈下葬。俺妈死的时候，我都19了，只能去借钱给俺妈买棺材。不光是俺家，那个时候都挺穷哩，各家条件都差不多。"与经济分化类似的是该村村民所从事各种职业之间的分化。厨师、剃头匠、吹响器等职业在以往被村民称为"下九流"，土改后从业者的地位得到了相应的提高，这些职业已不再被认为是"低贱"的职业。

土改之后，由于国家政权不断伸入乡村社会，原有社会纠纷处理方式也展现出了新的特点。此时，茶馆依旧是调解矛盾的重要场所，但是调解的主力已经变成了贫下中农，排场人的裁决不再发挥作用。同时，农会在社会调解中也扮演了较为重要的角色。不过，叔伯、舅舅、同姓明白老人仍旧是家内调解的主要力量，家庭纠纷也仍被视为一个家庭的"家丑"。

二、人民公社时期的社会状况

在集体化时期，村民的身份已由村落的村民变为了公社的社员。此阶段，该村的社会关系以生产队社员间的关系为主，社员间平等的交往成为主流。社员不存在地位上的区分，即使是生产大队和生产队干部也不比普通社员的地位高多少。据艾宝玉老人叙述："我在大队当干部的时候，大家地位都差不太多。那个时候都是想着跟群众办事哩，群众见了干部也不跟民国那会儿像耗子见了猫一样。"不过，生产队与外界的交流却相对封闭。村民如果有事外出必须要跟生产队长打招呼，还要请生产队长开介绍信。上街赶集，也要事先跟生产队长请假。当然，也有村民不请假就外出赶集。无论是有事外出，还是临时上街赶集，生产队都会扣工分。只是赶集时给队长请了假，队长会少扣一些工分，不请则重扣。此外，如有亲戚前来家中做客，村民无须告知队长，但是亲友在家留宿必须向队长报告。

与社会地位类似，村落内也未出现明显的贫富分化。据李邦存老人叙述："公社那会儿,各家的情况都差不多,都穷哩很,跟现在没法比。能顾住嘴都算是不错啦,家家户户都穿得破破烂烂哩。有那会过哩比普通人富点儿,富也富不了多少。"与贫富分化相对,村内出现了权力的轻微分化。在当时的生产大队和生产队中,大队书记、大队长、队长、记工员等不仅是生产队生产和管理的重要力量,还是社会管理的中流砥柱。也正因为如此,干部在生产队对普通社员具有管束的权力,对公共事务也有较大的话语权。不过,该村在集体化时期还未出现过干部以权谋私或者欺压社员的情况。

三、分田到户之后的社会状况

分田到户不仅仅是生产关系的调整,还为社会重构带来了动力。自分田到户之后,该村社会结构和社会关系又经历了再次的变迁。

在此阶段,基层政权组织形式以及生产模式的转变,促进了该村社会流动程度的提升。当下,村民外出打工呈现出不断上升的趋势。与此类似,受教育观念改变的影响,村民外出上大学的比例也在不断增长。在教育和打工的双重作用下,不少村民得以长期定居在驻马店市区或者其他城市。近些年来,随着经济收入的提升,村内也有不少村民在驻马店市区买了房子,农闲时或者不出去务工时就在市区居住。社会流动程度的提高,还伴随着村落社会的不断分化以及利益诉求的多元化。传统时期,该村社会分化程度相对较高,排场人这一特殊群体的存在,使得村民分化并不足以造成村落社会的分裂。村民利益诉求的多元则是导致村民矛盾的一大诱因,矛盾化解群体的消失也加大了矛盾化解的难度。此外,当下该村的社会福利主要靠政府供给,原本存在的各种社会组织也不复存在。上述社会现象都给村委会的社会治理带来了考验,平日里村内大小事务均要请村委会出面协调和协商。

第十二节 楚铺村社会实态

当下,随着国家政策的倾斜和市场经济的不断活跃,该村社会也发生着日新月异的变化。一方面,家庭联产承包制使得村内各家各户获得了更大的经济自主性,也使得村落社会原子化倾向更为严重。另一方面,随着村民自由程度的提高,该村社会结构和社会关系受外界影响的程度也在逐步加深。

一、血缘关系

当下,血缘关系仍是一个家庭社会关系的基础。但是,家庭结构与以往相比却出现了不小的变化。目前,该村多数家庭都为核心家庭,多代不分家的大家庭已经完全消失。不过,由于正式分家的日渐消失,大家庭和小家庭的界线也日益变得模糊。不少年轻人在工作后就独立掌握自己的收入，但仍与父母同吃同住。村内还有些村民，即使父母和自己各自都有房子，却仍经常生活在一起。例如，该村书记王爱英住在别桥村上，公公则住在楚铺村内，但公公每个星期都要和儿子、儿媳一起生活3—4天。类似王书记家这种情况在该村非常普遍。

目前，血缘伦理也出现了与传统不同的新特征。在一个家庭内部，血缘伦理的变化突出地表现为老人的地位已大不如前，特别是在婆媳关系中婆婆也不能像以前那般强势。据一位村民讲述，在该村附近，有一次市疾控中心派人来普查婴幼儿的疫苗接种情况。一位妇女便和婆婆一起，拿着疫苗接种本向工作人员询问自己的孩子是不是接种了所有的疫苗。工作人员接过本子查看了一番后表示，免费疫苗都给孩子接种了，但是收费疫苗都没有接种。妇女一听到工作人员这么说，立马转身打了婆婆一巴掌，婆婆顿时大哭起来。妇女见状不但没有安慰婆婆，还对婆婆说："我给你怎么多钱养老，你都不知道把钱给弄哪儿去了，连疫苗都不给俺儿打，你还有脸哭，咋不去死啊。死老婆子。"当然，这仅是极端案例，村内大多数媳妇并不敢如此对待婆婆，但老人地位大不如前也确实是事实。据李帮存老人叙述："老哩要是手上没几个钱，在孩子面前说话都没有底气。现在媳妇也不跟过去一样啦，都能打工，都能赚几个钱，那靠谁养就得听谁话。不过，大多数小孩儿都是孝顺哩，那不孝的也不太多。"

亲友们的相处模式与传统时期基本类似。只不过，家庭个体性的强化，使得叔伯、舅舅等亲属参与家庭事务的能力和意愿都在减弱。当然，亲属间交往方式与以往没有太多变化。走亲戚，特别是年节时走亲戚，仍是维持亲属关系最主要的方式。

二、地缘关系

当下，该村的地缘关系仍以四邻和地邻为核心，但是地邻关系的重要性较1949年之前减弱了不少。目前，四邻之间聚街、打牌、串门、借东西等现象仍非常常见。随着经济条件的好转，四邻间聚餐和喝闲酒的情况也变得越来越普遍。每天午后，村中的小卖铺、健身广场、树荫下、牌摊中往往会聚集大量的村民。不过，这也产生了许多问题，那就是流言蜚语的传播速度较以往有了大幅提升。调查期间，正好是政府征地的时间段，村内就充斥着各种或真或假的消息，使得全村村民变得人心惶惶，但凡有外人进村就会引发各种猜测。与以往不同的是，当下串门已经不分男女，女性也会经常去串门。串门也不限于白天，不少村民也会晚上去串门，有些甚至会聊到深夜才会家。此外，目前村落内已经无人再经营茶馆，茶馆也不再是一个供村民闲聊和发表意见的公共空间。

三、业缘关系

随着村民兼业化程度的提升，村民们以业缘为契机而建立起的关系正在逐渐加深。当下，外出打工村民相互介绍工作，或者是结伴到外地打工的现象变得非常频繁。在该村及其附近村落，男性村民之间跟着村内熟悉的包工头做工是一种常见的现象。不过，有些职业也随着时代的变迁而消失。例如，剃头匠这一行业便不再存在。目前，村民理发一般会前往理发店，即使老人也是如此。随着这些职业消失的还有行业习俗和行业规约。以往，村民请工匠做工，往往会把对方请到自己家中，但是当下已经没人再这么做。有些有手艺的村民会跟着包工头到外村做工，也有些工匠会制作成品在集市中售卖。

四、信仰关系

分田到户之后，村民的信仰活动虽然得到了恢复，但是却不如以往那么活跃。过去，村民家中都要摆放观音和财神的神像，目前只有少数老人还会继续供奉。村中老年人家中客厅一般挂毛主席像，或者松鹤延年之类有好兆头的装饰画。与此相对，年轻人基本不会供奉神像或者挂画。

近些年来，村民对于佛、道等传统宗教的信仰程度已经大不如前。分田到户之后，该村村民并没有重新修建村内大庙，也没有人重修土地庙。当下，多数村民会在路过庙宇时进门祭拜，但很少有人会在初一和十五专门去庙宇祭拜。当然，也有村民会去庙里许愿，灵验之后也会还愿。据靳逢安老人叙述："2000年的时候，老乐山还是啥山上还有一个小庙比较灵。俺这就有人许愿自己孩子上了清华咯给庙里捐一个发电机，最后灵验了就真哩给庙里捐了。"随着信仰虔诚程度的降低，围绕信缘展开的信缘交往也随之减弱，一些信佛或者信道的村民仍会相互串门，但并不会一起举办活动。

与传统宗教相对的是，基督教在该村及其附近村落却日渐流行。目前，信仰基督教的村民主要是年龄50岁以上的女性，男性很少有信奉该教的。随着基督教在当地的传播，乡间教堂也日益增多。从该村到别桥的小路边上就有一座小教堂，不过教堂内较少举办活动，信徒也很少前往。该村信奉基督教的村民也有经常一起做礼拜的习惯，但是很少组织其他活动。

五、交往关系

当下，村民之间的交往与以往也有所不同。由于血缘伦理的变化，家内交往中所秉持的尊卑秩序也在日渐式微。以往，父亲在家中具备较大的权威，具备说一不二的权力。但是，在生育政策、生育习俗、思想观念的多重作用下，孩子在家中的地位较以往有了大幅度的提高。据艾宝玉老人叙述："过去，都是当爹哩说啥都是啥。现在家里大人都围着孩子转，孩子要啥都得买啥，上学得天天接送。弄得不高兴了还得跟你发点小脾气。"与父亲类似，祖父母和外祖父母在孙辈面前的地位也较以往有所下降，但尊老敬老的习俗却依旧保留。孙辈可以不听祖辈的话，但对祖辈一定要客客气气，否则周边村民也会说闲话。与此同时，其他成员之间的交往也变得越来越随意，传统习俗中的一些交往限制正在加速失去效力。随着村落的日益开放以及社会流动的加速，村民的交往范围已经不限于该村以及该村附近村落，熟人的圈子也变得越来越大。不过，村内老人的交际圈仍局限于以该村为中心方圆10公里的范围内。

六、社会分化

近些年来，楚铺村也呈现出了一定程度的社会分化，其集中地表现为职业的分化和财富的分化。随着村民收入的多元化，村中有手艺、有学历、有经商头脑村民的收入明显高于只能干体力活的村民。据该村书记王爱英介绍，楚铺村有能力的村民家庭年收入在50万元以上的不在少数。与此相对，该村还有些家庭年收入不足3万元。目前，村民从事的职业也呈现出多样化的趋势。就调查的情况来看，该村村民主要包括商人、工人、公务员、医生、教师、服务员、厨师等。当下，村民评价某一职业的高低贵贱，一方面是看能否掌握权力。例如，某一村民只是在乡镇政府当一个普通的公务员，那么村民多半不会认为这是非常好的职业。然而，如果某一村民在县政府或者在某一职权单位担任领导职务，那么绝大多数村民都会认为其从事的是非常好的职业。另一方面，在村民的认知中，是否能赚到钱也是评价某职业好坏的主要依据。

七、社会冲突

当下，由于社会的稳定以及生活条件的改善，村民间的矛盾主要是日常性的小摩擦。目前来看，村民间的矛盾主要涵盖以下两个类型：其一，家内矛盾；其二，邻里矛盾。就家内矛盾而言，其主要涉及家内财产分割、养老、生活习惯差异等问题。与传统时期类似，家内矛盾仍是一个家庭的"家丑"，外人通常不会轻易介入。就邻里矛盾而言，其主要是四邻间因小事而吵架拌嘴，外人调解几句便能化解。

不过，该村还存在不少不讲道理或者喜欢出头的村民，他们也会经常引发村民间的小摩擦。例如，该村曾有李姓村民平日喜欢挑事，或者显示自己的精明。有一次，在一位村民的婚宴上，宴席还没有开始其便打算给自己的小孙子拿一个馒头吃，管锅看到后严厉地训斥了他。李姓村民不服气，就趁着管锅扭头的功夫，拿了一个馒头朝其后背砸去。待管锅准备上前教训他时，其就带着孙子赶快离开了婚宴现场。实际上，管锅对李姓村民的训斥主要是因为其平日里就蛮不讲理，喜欢挑战各种村落惯习。但是，李姓村民又不敢于与人正面冲突，往往表现出欺软怕硬的姿态。李姓村民之类的人在该村并不少，有些也敢于与他人正面发生冲突。冲突严重时，即使是村委会出面有时也难以顺利化解冲突。

八、社会保障

传统时期，与村民们生老病死相关的保障主要由家庭负责提供，村落富户和老佬会等组织也能提供一些基础性的保障。此外，四邻之间的相互保障也构成了社会保障的一个非常重要的层面。不过，随着国家扶持力度的加大，当下家庭所承担的保障功能已经明显减弱。目前，就家庭而言，其能提供的社会保障主要集中在养老保障、医疗保障、丧葬保障等几个方面。除了丧葬之外，国家在养老和医疗方面均承担了不少责任。

就新农合而言，村民看病已经能够得到不同比例的报销，其中在村诊所中报销的比例最高。在当地政府的支持下，县卫计委已经全面改编了村级诊所，实施了村卫生室标准化建设，并对村医实行了统一管理。目前，村诊所内已经全面建立了村民的健康档案（纸质档案和电子档案），能够实现对村民健康问题的全程跟踪。加之卫计委对村医培训力度的加大，以及要求他们要有乡村医师资格证才能上岗，这也使得乡村诊所的医疗水平在不断提高。不过，村民如果在乡镇、县级、市级医院看病，报销的比例则会逐级减少。可以说，如果村民得了大病或者慢性病仍要花销大笔金钱。对于没有收入的老人而言，看病还需要自己的子女提供经济上的支持。

目前，村内60岁以上的老人虽然能领到养老金，但是金额相对较少，并不能够满足老人全部的养老需求。近些年来，乡村老教师、乡镇政府退休工作人员以及退伍军人也能获得每月数千元的退休金。对于能领退休金的村民而言，养老基本上可以不依靠自己的子女，子女偶尔回家拿钱贴补便可。不过，该村大多数老人仍然需要靠自己的子女养老。随着时代的发展，该村养老也出现了一些新情况。大多数老人平日里会固定和一个儿子住在一起。这主要是因为村民普遍会外出打工，轮流赡养老人并不是非常方便。当然，老人独居由子女支付赡养费的情况也非常普遍。不少在家留守的老人，不仅要独自照料自己的生活，还要为子女带孩子。此外，在该村仍有刘道军、牛狗夺、陈克亮、徐麦贵四位老人没有自己的子女。他们四位被村上列为"五保户"，每年村集体会为每人提供3500元的补助。

第五章　楚铺村的文化形态与实态

传统时期，家户文化是楚铺村文化形态的基础，其涉及崇拜、婚姻、节日、家规等多个环节。文化在家庭中沉淀积累之后，又形成了村落内家户与家户间关系的特殊模式，直观地反映在各种节日以及村落文化活动中。可以说，该村的文化以礼仪为形式外壳，内在则是村民日常生活中形成的各种惯习，其不仅是处理家内外关系的重要规则，也是对村民行为的基本约束形式。

第一节　崇拜与崇拜关系

1949年之前，村民崇拜的对象不仅有自己祖先，还包括神明、自然、鬼魂等。不过，无论崇拜的对象是谁，都反映了村民希冀得到保护的基本心态。同时，由崇拜引发的崇拜关系并不仅仅是崇拜者与崇拜对象之间的关系，还是具有共同崇拜对象的村民之间的关系。可以说，崇拜是该村村落文化形态的核心，也是构建其他文化的基础。

一、祖先崇拜

对于该村村民而言，他们崇拜的对象主要是自己的近祖。虽然不少村民会祭拜远祖，但这更多是一种象征意义。此外，该村村民对于祖先的崇拜往往又寄托在特定的器物之中。

(一) 灵牌

以往，村民在去世后灵牌一般放在家庭的正堂之中的供桌之上，与观音和财神放于一起。一般而言，一块灵牌只写一位祖先的名字，在出殡之后灵牌便存放在正堂之上。对于父母的灵牌，村民一般都会悉心保存，避免灵牌被毁或者在迁徙的过程中遗失。有些富裕家庭还会保存爷爷、奶奶的灵牌。但是，多数村民除了母亲的灵牌之外，不会刻意保留自己奶奶或者其他女性长辈的灵牌。如果在搬迁过程中，女性祖先的灵牌不慎遗失，那么就不用重新制作。有些家庭甚至不会重新制作母亲灵牌。当然，村中还有一种说法认为，在中堂一般只供奉自己父亲的灵牌，其他祖先灵牌不用供奉，要供奉也只做一块灵牌代指所有祖先。如果是代指所有祖先的灵牌，一般上写"×氏＋宗亲、旁亲"便可。如果灵牌丢失或者损坏，可以在春节时通过"题祖"[1]的方式重新制作。题祖要经过相应的仪式，由当家人去请题祖先生，也就是专门负责相关礼仪的礼生。在题祖时，多数村民只会重做父母灵牌，有些家庭则只重新制作父亲灵牌，或者重做一块灵牌代替所有祖先。

(二) 坟地

1. 坟地选择

村民去世后可以埋葬在自己的土地中，也可以选择埋在风水较好的冷僻地段。如果村民生前选择葬在自己的土地中，那么请风水先生查看自家田地，并选一处风水相对较好的地段便可。例如，艾宝玉老人家虽然从祖上继承了1亩土地，但这1亩土地上还埋有7个老坟。如果村民选择埋在风水较好的地段，通常会请风水先生在村落附近选择一处后边有山，前面远望无障碍，两侧开阔平坦的地段作为茔地。当然，上述只是当地村民认知中风水最好的类型之一。由于该村附近并没有山地，因此村民还会选择其他风水较好的地段。例如，该村赵家的祖坟就在附近的白杨沟。

2. 老坟（祖坟地）

如果村民选择在自家的土地上为去世长辈建筑坟地，那么后代去世后也可以随之埋葬，但是风水如果不适宜集中埋葬，或者土地面积有限，后代也可以不与祖先葬在一起。如果坟地建在风水较好的地段，后代死后也随祖先安葬，那么坟地则可以被称为"老坟"。如果村民将坟地安置在自己耕地中，且后代也随之埋葬，那么这种坟地也可以称为老坟。后代死后入老坟，一般要按照一定的规则埋葬，以不能影响祖先的风水为前提。因此，在后代去世安葬在老坟时，一定要请风水先生再次勘验风水。具体的埋葬方式也有很多种类型，有些会埋在祖先坟墓的侧面，有些则会埋在祖先坟墓的

---

[1] 音译，具体是哪几个字，村内以及村落附近老人无法具体说明。

后面。如果老坟没有土地可以再造坟地，村民不能将祖先移出坟地，只能另选他地埋葬。在当地，埋葬多采取夫妻合葬的形式，先去世的一方如果是丈夫，死后家人可以立刻立墓碑，先去世一方如果是妻子则不能立刻立碑。无论是丈夫死后立碑，还是夫妻都去世后再立碑，其成本均由子女共同分担，特别是女儿一定要掏钱。如果家境较穷，也可能不立墓碑或者晚几年再立墓碑。同时，如果死者娶有小妾，小妾死后也可以一同埋入墓穴。坟墓中埋有几人，就在坟墓上放置几个坟头。例如，艾宝玉老人的爷爷有2位小妾，坟上便立有3个坟头。

此外，还有几类子孙不能埋入祖坟：其一，未满18岁的男性村民；其二，喝药或者上吊死的媳妇；其三，未出嫁的女儿。与此相对，非正常死亡和未婚的成年男性村民均可以埋入祖坟。埋葬不能入祖坟的村民时一般要另选他址。如果家人没有其他地块可以埋葬他们，通常会将他们埋入与祖坟相对的一侧。

3. 坟地与祖先崇拜

在该村，祖先坟地是村民对于祖先崇拜的主要寄托，因此毁坏他人祖坟将挑起不小的争端。在该村的历史上，还未出现过村民毁坏他人坟地的情况，即使排场人也不敢轻易破坏他人坟地。毁人祖坟会被视为大逆不道的表现，双方必然会结下世仇。据调查，在该县的魏埠口村就有过因村民破坏他人坟地而引发的严重冲突。在该村曾有个村民懂得一点风水，但是心术不正，经常担心其他村民祖坟比自家的好。于是，他便拿着罗盘四处查看，发现谁家坟风水较好，便偷偷破坏。有一次，他发现一户村民家的坟地风水最好，便在该户长辈去世时用木棍将墓穴中陪葬的一条青蛇弄成了两截，当时便激发了双方的对立，破坏者差点被对方打死。

当然，村民对于祖先坟地的崇拜也存在一定的限度。如果自己的爷爷和自己的太爷爷并没有埋在一起，那么村民可能就不会再祭拜自己的太爷爷。如果村民知道自己的太爷爷埋在哪里，且又没有其他亲属去祭拜自己的太爷爷，那么他们在清明节和十月初一也会祭拜一下。如果村民定居在外村，那么回村时通常只会祭拜自己的父亲和爷爷。同时，村民在外出逃荒时一般也不会携带祖先骸骨一同离开。此后，如果村民返回村中居住，或者在外村获得了较好的谋生手段，他们还会继续祭拜祖坟。如果村民无法返回村中，或者迁入的村落距离祖先坟地所在地较远，那么也可能不再祭拜祖坟。此时，村民对于祖先的崇拜多寄托在灵牌上，通过祭拜迁出时带出的灵牌或者重新制作的灵牌来完成相应的祭拜仪式。如果一处坟地超过20年无人祭拜，其他村民便可以平除坟地，这并不会引发村民之间的冲突。

（三）祠堂

如前所述，在该村及其附近村落仅有温楼村有祠堂。温楼村是一个以温氏族人为核心的村落，温氏族人又相当有钱有势，因此温氏为了彰显自己的实力才建筑了温氏祠堂。据温氏老人介绍，温家祠堂由村内地主捐资建造，祠堂内有祖先灵牌，但只有开基祖灵牌。除了祖先灵牌和供桌之外，祠堂内没有其他物品，也没有人负责看守，任何人都能随意进出。由于温氏在该地势力强大，因此外姓村民一般也不敢随意进入温氏祠堂。在祠堂新建的几年中，温氏也组织了几次集体祭拜活动，但是后来便不再年年祭拜。在当地村民看来，祠堂并不是祖先灵魂的聚集地，因此村民对于是否有祠堂也不是非常在意。如果村民原来居住的村庄有祠堂，那么回去走亲戚时也可以祭拜一下，但是也不一定非要祭拜。可以说，祠堂并没有承载村民对于祖先的崇拜，也不是一种精神象征，只是某一姓村民在村内外势力的一种象征。

（四）族谱

（1）族谱与字辈

该村各姓村民均没有自己的族谱，但是不少村民都知道自己祖上所来的某一个村落拥有族谱。据村内老人介绍，族谱内主要包含有族训、修谱序言以及谱系关系。以往，村民上谱主要在修族谱时，上谱者只有男性，女性一般不能上谱，但是媳妇却能出现在谱中。同时，族谱并不会收录外村本宗族人，本宗外村族人如果得知修谱也可以将自己的名字报给负责修族谱的族长。不过，大多数村民并没有上谱的意愿，即使他们知道原本的宗族在修族谱也不会参与其中。民国时期，在不在族谱之上对于村民的意义并不大。村民即使不在谱，但能明确说明自己和某一宗族的关系，对方就能视自己为同宗。同时，在该县即使有些村落存在宗族，这些宗族也往往没有族产，宗族也不会为族人提供任何庇护。可以说，当地的宗族基本上都是"空壳宗族"，因此族人是否在谱上只有象征意义，并不能为村民带来任何实惠。

对于该村村民而言，族谱最重要的作用是辈分以及按辈分排序的字辈，即村民要知道自己属于哪个字辈。村民可以按照字辈为自己的儿子起名字，当然也可以不按照此方式起名。这主要是因为，不少村民对于字辈的知晓主要来自同姓亲属的讲述，真实程度并不高。例如，村民从邻村某一同姓村民口中听说其见过族谱，就会从他那里打听自己属于哪个字辈，以及前后的字辈。此外，村民知晓字辈还可以用于与外村同姓村民的交往。村民外出时遇到同姓村民，如果发现彼此字辈类似便能互攀亲戚，以达到互相扶持的目的。

(2) 请谱

请谱，实际上就是指同姓但并没有明确血缘关系的村民合修家谱的情况。1949年之前，村内刘万福等村民便合修过家谱。合修家谱主要是为了联合村内以及附近村落的同姓村民，证明自己是"大户"人家，以避免他们受到村内其他村民的欺负。请谱没有任何仪式，有意愿请别人一起合修的村民，向对方发出请求，对方如有意愿便能开始合修。

二、自然崇拜

以往，村民对于自然的崇拜主要是祈求大自然的保护，村民对于自然的崇拜往往又与神明联系在一起。不过，村民并不会前去祭拜有些神明。

（一）天象崇拜

1. 天崇拜

在该村及其附近村落，人们对于天的崇拜不仅包括老天爷，还包括老天爷下辖各路神仙，也就是分管风、雨、雷、电、山、川、水、火的各路神明。例如，在该村就有掌管火的火神庙，掌管土地的土地庙，以及掌管水的王爷庙。同时，村民还会在过年时祭拜灶王爷，在家中也会供奉财神爷。此外，村民虽不会专门祭拜，却会非常敬畏瘟神、各类大仙、牛王、马王、阎王爷等。传统时期，村民对于天的崇拜虽然是"信则有，不信则无"，但是这些信仰已经日渐成为村民的惯习。如腊月二十三祭灶王，既是村民对于灶王崇拜的体现，也是开始过年的标志。此外，对于天的崇拜还融合到了村民的处世观念中。如该村村民都或多或少拥有"积阴德"的观念，认为多做好事可以转世再为人，也可以为子孙造福。与此相对，村内的土匪、恶霸、小偷等品行不端的村民则被其他村民认为是死后要下地狱的对象。

2. 星象崇拜

传统时期，该村不少村民认为日食、月食会给人带来灾祸，故有天狗食日（月）的说法。在日食和月食时，有些老人还会带着四邻拿着锣鼓和脸盆去赶天狗，认为如果无法赶走天狗，必然会造成当年粮食全面减产。在该村还有星象与人的生命相关的说法，不过信奉这一说法的村民相对较少。一些懂得星象的村民认为，夜空中每有星星坠落便会有人死亡，故有"天上一颗星，地上一人丁"的俗语。此外，村中还有"扫帚星"的说法，"扫帚星"一般是指彗星。信奉此星象的村民认为，见到彗星划过必然会惹祸上身。

3. 气象崇拜

风雨崇拜的核心是祈求风调雨顺，也就是期待适宜的气候能为村民带来好收成。

在该村，村民的气象崇拜最为明显的是对于雨以及龙王爷的崇拜。如前所述，该村不仅有龙王庙，村民还会在旱灾时前去老乐山背雨。除此以外，还有少数老人认为被雷电击中是做了亏心事，受到了"雷公"的惩罚，被冰雹击中是"翘脚鬼"作祟。不过，除了对于雨的崇拜之外，村民对其他气象的崇拜既有希望气象适宜的意味，也有"莫做亏心事"的社会道德要求蕴含在其中。

（二）山石崇拜

1. 对山的崇拜

如前所述，村内村民普遍认为山是神仙居住的地方，因此村民对于山的崇拜与渴望接近神明的想法连为一体。以村民最常祭拜的老乐山为例，民国时期山上建有八宫、三观、一拜台，石碑数十通，神像、供桌、祭器全为铁铸，所以又称"铁顶山"。在每年农历三月山上还设有香火庙会。村民对于山的崇拜又与信缘合为一体，对此前文已经有所叙述，此处不再详细叙述。

2. 对石的崇拜

在该村，还有不少村民崇拜石头。大户人家一般会在家宅大门外，也有村民会在街口、巷尾、桥梁等地段立一块刻有"石敢当"的石碑。这么做一方面包含了村民期望房屋、桥梁等顺利修建的愿望；另一方面，也有镇压妖魔邪祟的意图。因此，村民碰见恶意毁坏"石敢当"的人往往会出面制止。特别是桥梁边的"石敢当"，如果被人摧毁，甚至可能激起附近几个村落村民的怒火。同时，该村还有崇拜石磨、石碾、石碓的习俗。在麦收和秋收时，讲究的村民通常会禁止人坐在石碓上，因为这样会影响自家收成。此外，还有些村民会在农历正月初十为石头过生日，这也有祈求石头保佑的意味。

（三）生物崇拜

1. 动物崇拜

在该村，村民崇拜的动物主要有蛇、蜘蛛、老鼠、猫头鹰、乌鸦等。蛇是该村村民比较畏惧的生物，路上见到蛇之后村民通常会赶快躲避，而不会伤害它。不过，村民对于蛇的敬畏不仅是因为蛇的可怕，还是因为当地流传有一些蛇精传说。此外，在该村及附近村落还存在下葬时用蛇陪葬的习俗，其核心在于希望子孙兴旺发达。村民对于蜘蛛的崇拜，主要是担心蜘蛛成精，会祸害自家屋院。因此，村民见到蜘蛛要马上打死。猫头鹰，又被村民俗称为"夜猫子"，如果村民发现猫头鹰进入了自家屋院，通常会认为是大难临头的征兆。除此以外，村民对于其他动物的崇拜与对上述几类动物基本类似。

2. 植物崇拜

在该村及其附近村落，村民崇拜的植物主要包括古柏、古槐、大白果树。有些村民见到上述几种树木，会在树边上一炷香，以求神明能给自己提供庇护。此外，该村还有桃木能辟邪的说法，比较迷信的村民会在家中放置一把桃木剑以防夜间妖魔侵入。还有村民会在家中病人的枕头下面压一枝桃枝，这也有驱除病魔的寓意。此外，村民带婴儿外出走亲戚时，还会插一枝桃枝在婴儿的背上，这主要是为了防止路上的小鬼勾走了自家孩子的魂魄。

三、鬼魂崇拜

在该村，迷信的村民认为人的躯体和灵魂可以相互分离，因此在家人生病时村民们往往会进行驱鬼、招魂等以求达到治病的效果。此外，鬼魂崇拜也反映在村民的日常生活中的方方面面。总体而言，与其说村民对于鬼魂的态度是崇拜，不如说村民对于鬼魂的态度是惧怕。

（一）招魂

以往，村民认为孩子受到惊吓、不精神是被小鬼勾走了魂的表现。孩子出现这种情况时，父亲一般会请村中熟悉招魂仪式的妇女，或者请村落附近的巫婆前来招魂。在该村招魂的形式也比较多，但核心是在幼儿的耳朵边反复喊："×××回来吧！"有的幼儿无故发高烧不退，家人也会在夜晚手拿灯笼，到孩子受惊吓之地叫魂。叫魂时，家人要先烧纸钱，然后一边扬幼儿上衣，一边喊："×××回来吧！"叫魂时，家人中还要有一人随声答应"回来啦"。

（二）驱鬼

驱鬼主要是担心鬼魂进入家中或者家人身体，由此为家庭带来灾祸或者为家人带来病患。传统时期，驱鬼的一个核心是"防"，一个核心是"赶"。为了保家宅平安，村民多会在过年时在门上贴秦琼、尉迟恭、关羽等人的画像。除夕时，村民从坟地请回祖先后，会在门口放置拦门棍，以此来避免除了祖先之外的其他的鬼魂混入家中。如果遇见疯子，迷信村民也会以为其是被鬼魂附了身，并会用盐水为其驱鬼。在婚礼时，新娘下轿后要行踩红毡、跨火盆、撒五谷等仪式，其目的一样是驱邪避鬼。

（三）祭魂

以往，祭魂主要出现在农历十月初一，也就是鬼节当天。村民除了去自家祖先坟地烧纸，还要在十字路口烧纸祭奠孤魂。同时，还有村民会在桥头等地烧纸。在该村，还有少数村民会过"七月十五"，也就是俗称的"鬼气节"。在鬼气节当天，也有少数村民会在路口烧纸钱。不过，无论村民何时祭魂都是自家的行为，很少有相互结伴的现象。村民祭魂主要是担心孤魂缠身，避免鬼魂给自己的家庭带来任何的灾祸。

四、其他崇拜

除了祖先、自然、鬼魂之外，该村村民还有圣人崇拜和语言崇拜。当然，这两种崇拜也有自己的适用范围。

（一）圣人崇拜

对于村内工匠而言，他们必须要崇拜自己的祖师爷，以期祖师爷保佑自己生意兴隆，出工过程中不要遇到困难。除了在祖师爷生日时祭拜祖师爷，工匠家中通常都挂有祖师爷画像，日常生活中也会祭拜一下。除了祖师爷，村民崇拜的圣人还有关羽和孔子。其中，村民对于关公的崇拜比较普遍，因为关公是义气的象征，信奉关公可以为村民做事提供特定的原则。村中也有村民信奉孔子，村民去私塾上学必须先拜祭孔子。村民对于孔子的崇拜更多是形式上的崇拜，说起孔圣人村民都会比较尊敬，讲究的村民都不会用写字的纸上厕所。但是，对于没有文化的村民而言，他们对于孔子的崇拜程度要远远低于对关公的崇拜。

（二）语言崇拜

以往，该村及附近村落村民对于语言的崇拜主要包括赌咒、诅咒和盟誓三个方面。赌咒主要出现在事情难以辨明真相时，村民为了取得对方的信任便会下赌咒，说明如果不是自己说的这样，其便会遭遇什么报应。具体而言，村民在下赌咒时一般会出现以下话语：其一，要不是我说的这样，我敢跟你兑点啥；其二，要不真哩咯，我就去死你信不信；其三，这话要是我说哩咯，我死全家好不好。对于以上三种话语，第一种多出现在大家就某一件事情争论和辩论时。例如，村民就农业技术争论时便会下赌咒。第二种和第三种情况，则出现在双方因某事而产生误会时，其中一方为了证明自己的清白也会下赌咒。与赌咒相对，诅咒主要是对作恶者所下的咒语。咒语的内容多为咒骂，主要包括诅咒作恶者受天打五雷轰，或是诅咒其断子绝孙等等。此外，人们为了表达真诚或者撇清与某事的关系还会发誓。常见的盟誓方式主要包括对天盟誓、对神盟誓、歃血盟誓三种形式。

第二节 思维与思维关系

农业社会的特质、该村特殊的社会环境，以及家户独立经营的生产模式，塑造了村民特殊的思维模式。思维模式的产生与固化，又进一步影响了村民日常的生产和生活行为以及村落社会的基本关系。以往，该村村民的思维主要体现在经验、务实、中庸、循环、平等几个方面。村民思维模式的形成，是村民对于日常生产和生活经验的总结，也是对父辈们经验的不断传承。

一、经验思维

以往，该村村民的日常生活经验主要来自自己的父辈，这主要是由农业生产的特性和村落社会的封闭性所造成的。在该村，村民从父母那里得到的经验总能在有意无意中为自己的生活提供帮助。

（一）生产经验

农业生产"靠天吃饭"的特性，使得村民必须掌握相应的技能和经验，才能在生产中抢得先机。正因为如此，村民们总结出了不少有关生产的经验。

1. 生产经验概况

以往，该村的农业生产经验主要与气候、生产环节和生产技术有关，这集中地反映在村民总结的各种歇后语之中。可以说，多数歇后语都是村民们在长期的生产实践中逐渐总结而来，它们大多能准确反映该村农业生产的基本特征。当然，也有不少歇后语是从外界流传而来。但是，它们之所以得到村民的认可主要是因为其准确地反映了当地农业生产的特点。具体而言，这些歇后语主要包括"蛤蟆打呱呱，四十五天吃疙瘩（收麦）""大麦上了场，小麦作了忙""谷雨麦挑旗，立夏穗头齐""清明节后种秫秫""秋分早，霜降迟，寒露种麦正适时""四月八，雾拉拉""麦茬种豆，豆茬种麦""过伏不种秋，种秋也不收""十月不种麦，来年皮带勒""夏至种黄豆，隔夜扛锄头""四月芒种麦在场，五月芒种麦在地""惊蛰不耙地，好比蒸馍跑了气""能种八月土，不种九月墒"等。

2. 生产经验习得

以往，村民习得生产经验主要是通过自己的父亲。据艾宝玉老人叙述："过去哩，小孩七八岁都得下地。那刚开始咋会知道咋种，都是靠当爹哩教哩，不然谁教啊。"同时，父亲还总会利用各种场合向自己的孩子传授各种生产经验。例如，父亲看到蚂蚁搬家，就会告诉自己的孩子马上要下雨了，赶快把晒场里的东西收进屋中。在到达每一节气时，父亲也会告诉自己的孩子接下来的一段时间土地上要种植什么以及怎么种植。同时，村民在闲聊时也能学得一些生产经验。据李邦存老人叙述："过去那老百姓聚一堆聊天，多半儿都是聊地上的事儿，要不还能聊啥？有时候，该种啥不该种啥，那年纪大的人都讲啦，跟着听听也能学不少经验。有的时候，还有人搁那抬杠，大家一讨论都啥都知道了。"村民还可以通过自己的祖辈获得相应的生产经验。以往，祖辈在与孙子聊天时也总会有意无意间将一些生产经验和一些有关农业生产的传说讲授给自己的孙辈。此外，村民获得生产经验最主要的方式是跟别人学习。在当地流传一句俗语"庄稼活不用学，人家咋着[1]咱咋着"，其意为农业生产根本不用学习，村民看到别人怎么种植自然而然也就会了。据艾宝玉老人叙述："农活都不用学，跟着地邻看看，人家咋种咱就咋弄，多弄几次不都会了嘛。"以往，该村村民并不会专门向别人请教种植技术，该村也没有"种田能手"这一说法，大多数村民只会跟着地邻学习种植经验。当然，也有不少村民会在购买了牲口之后，专门向经常养殖牲口的村民请教饲养技术。

3. 生产经验与财富积累

以往，生产经验虽然很重要，但却不是财富积累过程中最关键的要素。并非懂得生产经验便能保证土地的产量，其实际作用非常有限。农业生产中，除了生产经验，还需要投入大量的肥料，该村村民在种植过程中却普遍处于肥料不足的状态。与此同时，财富积累最为核心的要素是土地规模，因此该村并没有"种田能手"这一说，却存在"种地户"这一概念。如前所述，种地户主要是以租赁他人土地为生的村民，也就是村民所称的"大佃户"。种地户在租赁地主土地时，农业技术以及生产经验并不是地主考虑的核心要素，但是否拥有生产工具、能否请得起长工等却是地主不得不考虑的要素。此外，在自然灾害面前，村民的生产经验往往也没有太多用处。据刘万斤老人叙述："洪灾、旱灾、蝗灾，咱老百姓都弄不了，有时候那些经验也不咋管用。"

（二）生活经验

传统时期，村落社会的封闭性降低了村民生活经验的更新速度。因此，长辈的生活经验能或多或少地给予自己的后辈一些帮助。

1. 生活经验概况

以往，该村村民的生活经验主要涵盖人际关系、健康、家庭关系等多个方面。

（1）为人处事

在该村，为人处事的经验对于村民在村中立足可以说非常重要。村民为人处事的经验不仅包括待人接物的基本礼仪，还包括为人处事的技巧。由于村民之间一般不存在亲属关系，因此村民之间的交往并不能凭借血缘伦理，而是要更多地使用人情逻辑和利益规则。同时，在处理人际交往时"度"的运用也十分考验每一个人的处理技巧。据艾宝玉老人叙述："过去的人实在是实在，但是处事的时候也是各有各哩方式，该躲哩就得躲，该闪哩就得闪。我这么说，你可能不明白，实际上哩，遇到啥人说啥话，该强硬的时候得强硬，该服软的时候得服软。你得看交往的对象是哪个，就是对于同一类人，也得有不同的办法。"由于该村特殊的情况，不同的村民在为人处事方面皆有

---

[1] 当地方言，意为怎么弄。

自己的策略，当然他们的策略也或多或少地继承了自己父辈的策略。对此，村民又称之为"家风"。如果一家人做事都比较圆滑，或者做事都比较忠厚，村民就会称他们的家风如何或者这家人如何。

（2）家庭关系

家庭关系处理也是村民生活中最为关键的一部分，处理不当不仅会影响家庭成员之间的关系，还有可能引起家庭的分裂。因此，关于家内各种关系的处理也自然有一套固定的模式。对于不同家庭成员的称呼，以及相处时该有的礼仪和禁忌，都是村民需要学习和掌握的生活经验。

（3）身体健康

传统时期，该村村民平均寿命较短。由于卫生条件的限制，村民得传染病的概率较高，历史上30—40岁便因病去世的村民并不在少数。同时，家中主要劳动力生病也会造成家庭收入的减少。因此，村民在日常生活中会尽量注意保持身体健康，避免生病。就身体健康方面的生活经验而言，它们也被村民凝结在各种谚语和歇后语中，具体包括："早起早睡身体好，一日三餐莫太饱""细嚼慢咽，长寿百岁""一顿吃伤，十顿喝汤""饭留三口，活到九十九""大蒜是个宝，常吃身体好""萝卜上了街，药铺不用开"等。

（4）气候变化

气候的变化不仅影响农业生产，还会影响村民们的日常生活。因此，村民也总结了不少与气候变化相关的生活经验。例如，"六月六，湿龙衣，连阴带晴四十一""一日北风三日晴，雨自夜起必连阴""一年三季东风雨，独有夏季东风晴""十月不落杨，大水漫河床""五月南风发大水，六月南风干死禾""久雨见星光，明朝雨更狂""久雨听雨声，不久转天晴""白天刮风夜里住，五更起风刮倒树""立秋动了风，三月要比正月冷得凶""泥鳅翻跟头，大雨在后头"。

2. 生活经验的习得

以往，村民习得生活经验主要是靠自己的父母。一方面来自父母的主动教授。在生活中父母总会把自己认为正确的生活经验教授给自己的子女，并教导他们什么是不正确的行为。例如，在孩子跟外人打架时，父亲就会先教育他们打架是不正确的行为，再告知他们下次遇到这样的情况应该如何处理。即使是家中的女孩，父母也会在她们出嫁之前就教导她们到婆家时应该如何处理各种关系，有些父母还会在女儿出嫁前一天专门给女儿传授相处的经验。另一方面，家庭成员的行为也会让村民习得一些生活经验。例如，父亲在面对村中排场人时采取了妥协的态度，那么孩子长大后面对排场人时也多会采取妥协的态度。除了父母，家中的长子的行为也会对弟弟妹妹的行为形成影响。

同时，村民的生活经验也可以来自家庭之外的村民。与生产经验类似，村民在闲聊时也会谈论一些生活经验。只不过村民在闲聊时会更多聊一些为人处事的道理，或者讲述一些有关的故事，并不会就其他方面深入交流。当然，在串门时村民也可能会就家庭关系等方面的生活经验进行详细交流。但是，无论如何交流，多数村民只会交流经验，并不会就家庭内部的具体关系以及由此引发的矛盾进行探讨。

此外，家中亲属调解矛盾时也是村民习得生活经验的时机。据村内老人讲述，在该村附近的米庄曾有张姓村民被过继给了自己的二叔，但其并不是非常孝顺，还经常向二叔索要财产。二叔没有办法，只能请家中在县城里当官的亲戚前来调解，亲戚来了之后先是打了张姓村民一顿，后又将一些家庭相处的经验和道理教授给了他。自此之后，张姓村民便再也没有与自己的二叔闹过矛盾。

二、务实思维

注重眼前利益，是该村村民务实思维的直接体现，但却不是务实思维的全部内涵。可以说，务实思维贯穿了村民生产和生活的多个环节，是村民思维的核心要素。

（一）注重眼前利益

以往，村民注重眼前利益主要是受农业生产的特质所影响。较少的农业产出，使村民长期处于破产边缘的压力之下，因此也无暇顾及长远利益。据李邦存老人叙述："过去，地里就能产那一点点儿，吃都不够，还能干啥？那个时候，我记得整体都是饿哩。（农历）三到五月都没啥吃哩。村里是有人有积蓄，可大多数都是那穷户，顾个嘴都不赖啦。有那有十几亩地哩，都不够吃哩都有。要是闹个灾啥哩，那就更没有啥能吃啦。"

在这种背景下，村民只会注重实际所得，具体表现在以下几个方面：其一，不相信其他村民许下的诺言。如果一个村民给另一位村民许诺，让对方跟着自己一起外出跑几年生意，几年后将总收入分给对方一半，对方通常不会同意。其二，只看重眼前所得。村民在经营农业或者其他产业时，只会在意实际能收入到口袋里的有多少，而不会在意长期的回报。例如，村民采取二年三熟的耕作模式明显会比一年一熟所获得的收入多，但是多数村民并不会这么做。其三，人情互不相欠。人情互不相欠也是村民注重眼前利益的表现。当然，这里所指的人情主要是指红白喜事时互相送贺礼。在该村，收了贺礼必须归还，不然一定会影响该村民在村落中的人际关系。据刘万斤老人叙述："过去哩，不管对方有没有用，要是对方没给你还礼，有哩村民就会去找事儿。

要不你给谁送咯，你家里有事咯，人家也得赶快还给你。要是你不给人家还礼，就是你有点本事，对方也不会相信你会给他办事儿。"

（二）见人说人话，见鬼说鬼话

以往，村民务实精神的另一个体现是人际关系交往过程中的区别对待，这也被村民称为"看人下菜"。该村村民也曾用"人穷朋友少，衣破虱子多"等谚语对此进行形容。在该村，村民面对于自己有用的人物时总会刻意与对方保持关系，以期对方能为自己提供帮助。在该村附近曾有卖火烧馍的王姓村民，每次见到自己相熟的排场人都会送1—2个火烧馍。但是，见到普通村民时，他不仅不会将火烧馍赠予对方，也不会给对方打折。在该村及其附近的村落，村民对待有用的人和没用人往往会采取截然相反的态度。对于有用者，村民会百般殷勤，隔一段时间就会到对方家中做客。如前所述，每次靳仲楹回到家中，其他村民都会带些礼物到他家拜访。但是，对于没有用的村民，大多数村民不会与其往来，甚至有时会刻意在村落中贬低他们。

（三）勤劳致富

在该村，曾有"勤是摇钱树，俭是聚宝盆"的谚语，就是村民对于勤劳思想的基本总结。以往，勤劳与否是评价一个男性村民的重要标准。无论是媒婆还是媒人，都会在保媒拉纤时将男性是否勤劳作为重点说明的内容。女方是否答应婚事，除了会参考对方的家境和长相之外，也会更加关心对方是否勤劳。在该村，懒惰不仅会影响一个家庭的生计，还往往会伴随其他问题。例如，赌博、当土匪以及其他"不正混"的村民多数都是在村中比较懒惰的村民，他们不能专注于农业生产以及其他产业的经营，只想通过歪门邪道来谋生。此外，勤劳不仅是对男性的评价标准，还是对女性的评价标准。如前所述，在该村往往是"男闲女不闲"，即使在农闲时，女性村民也要不停地织布和纺纱。如果女性不勤劳，不仅会受到公婆的指责，还会遭到丈夫的嫌弃。以往，村民对于女性最恶劣的评价除了不守妇道之外，就是好吃懒做。哪位妇女被贴上了这样的标签，那么一般都会成为村民背后议论和嘲笑的对象。这种风言风语会对丈夫的颜面造成极坏的影响。

（四）勤俭持家

与勤劳致富类似，勤俭持家也是村民务实精神的体现。在该村曾流传过"能吃十顿稀，不忍一顿饥""一顿省一把，三年牵匹马""家有千金，不如日进分文"之类的谚语，基本反映了村民的勤俭思维。在传统时期，村民的主要收入来自于农业生产和其他副业的经营，收入相对微薄。在这种背景下，节俭就成为积累家庭财富的重要手段。据艾宝玉老人叙述："过去，家里就那点收入，吃喝都不够，再不省一点儿，全家都得去要饭。那时候,那衣服都是补哩窟窟窿窿哩还不舍得扔,能少吃一点儿就少吃一点。"奉行勤俭节约思想的不仅是该村的贫穷村民,就连富户对此也非常在意。如前所述,即使是富户"七老婆"平日里也很少吃肉。除此以外,勤俭不仅是对男性的要求,更是对女性的要求。这主要是因为家庭中大多数日常消费由女性负责。例如,每日到底吃多少口粮,一般由妻子根据家庭的情况进行分配。因此,凡是能勤俭持家的妇女在村民中的评价都不会太低。

三、循环思维

受农业生产的特点以及村落相对封闭的影响,该村村民的生产和生活都处在一种循环往复的思维之中。这种循环思维,使得大多数村民都在有意无意间复制着父母的生产和生活模式。

(一)循环思想与农业生产

以往,村民循环生产思想主要受该地气候、土壤等自然属性影响。村民的农业生产首先遵循着特定的熟制,也就是所谓的一年一熟、二年三熟,或者是三年五熟。在遵循着特定熟制的背后,是该村数百年来基本相同的种植结构,实际上就是种植模式的反复循环。就村民最常采取的一年一熟制而言,大多数村民会选择麦豆混种以及麦杂混种,每家每年种植的作物基本相同,几十年不会有大的改变。与此类似,村民最主要种植的小麦也处于这种循环模式之中。以往,小麦种植的时节多在公历9月底,也就是在秋分前后。10月份通常是小麦出苗的时间段,11月到次年2月是小麦越冬的阶段,之后还要经历返青、分蘖、灌浆等阶段,直到6月份收获。这种循环的种植模式,形成了村民循环生产的思维,使得村民每到特定的时间段就知道该做什么事情。

(二)循环思想与村民生活

循环思想在日常生活中主要体现为,村民每年都在复制着之前一年的生活模式。一方面,春夏秋冬四季穿什么衣服、吃什么食物、准备什么生活物品都不会发生太大的变化。另一方面,循环思想还主要体现在年节时。不仅是在过节当天,在过节之前村民们就已经要开始为庆祝节日做相应准备。到了节日当天,村民们也会非常清楚在当天应该遵循什么样的礼仪和禁忌。在该村,生活中的循环思想主要凝结为各种村落习俗。然而,习俗的产生和运作均需要村民认真遵守,这个过程也是对于循环思想的不断强化。

此外,循环思想还体现在子女对于父母生活模式和生活习惯的沿袭上。据李邦存老人叙述:"过去,那家家户户都是这样哩,父母种地,儿子还是种地。父母十五六岁就结婚了,子女也就差不多那个时候就结婚啦。不跟现在一样,又有打工哩,又有读书哩。那个时候每个家庭都是从父母手上学点种地技能，学点小手艺，要不就学点做小买卖的本事。"不过，这种循环思想最终并没有在该村演化成一种宿命的思想，不少村民总有打破自己所处的境遇、进入村落社会的中上层或者是成为富裕村民的想法。也正因为如此，在村落内总有不安分守己者会通过歪门邪道的方式赚取利益，或者成为土匪、小偷、强盗。

四、中庸思维

传统时期，该村村民出现了较为严重的财富和权力分化，加之混乱的社会环境，使得村民普遍出现了中庸思想。特别是村内富户即使有钱也不会乐于露富，即使有枪也不是人人都愿意担任官职。不过，中庸思想只是主流思维中的一种类型，不少村民仍存有与之完全不同的思维。

（一）中庸思想与财不外露

以往，该村及附近村落富户都会尽量富不外露，因为财富外露有被土匪盯上的风险，也会招来村民的嫉妒。如前所述，村中富裕屠户刘文景的长子就曾被土匪绑架，并最终被撕票。在该村，富裕村民被其他村民仇恨是很正常的事情，历史上富户被打劫或者是被打黑枪的情况可谓屡见不鲜。也正因为如此，富户即使比较富裕，也不会把家底全部展示给外人。例如，该村富户都有自己的谷仓，但谷仓通常不允许外人进入。一方面是怕外人偷盗，另一方面也是担心外人知道自己家中储备了多少粮食。在富户家中，除了当家人一般也只有管家和管事能进入谷仓，但雇主会要求他们对自己有多少财产严格保密。为了不招人嫉妒，即使是村内首富赵国兴平日里穿着也很朴素。据村内老人介绍，靠近该村附近的遂平县曾有一位富户叫赵公凡，其家产比赵国兴还要多上几倍。但是，其仍天天自己放羊，并整日穿着带补丁的衣服。当然，对于太过富裕的村民，可能无法做到财不外显。在这种背景下，他们会采取两种策略：其一，不让自己因经济优势产生一种高人一等的感觉；其二，雇护院来保护自己和自己的财产。

（二）中庸思想与村落福利

在该村及其附近村落，基于村民对于富户的嫉妒与仇视，不少富户都会为其他村民提供一些福利。如前所述，捡麦就是富户为村庄贫穷村民提供的一种变相的福利。该村多数富户，特别是村中首富赵国兴还承担了囊囊会、背雨等村落公共活动的大部分花销。此外，赵国兴还在灾年发放了两次救济粮。可以说，在中庸思维的影响下，财富越多，对村落公益越有不可推卸的责任。不过，相较于村落首富而言，其他富户并不会在福利方面承担太多的责任，或者说村民对于他们没有太过明确的要求。这主要是因为，首富在村中往往会给人以鹤立鸡群的感觉，而其他富户则不那么受人关注。与此同时，一般的富裕村民会认为自己并不是村中首富，其他村民不会对他们太过嫉妒，因此也无须在公共活动中承担过多责任。

（三）中庸思想与村民交往

除了村中的富户，村落的普通村民也存在中庸的思想，这种思想主要渗透在村民的交往过程中。具体而言，村落大多数村民在聊天时都不会将自己的情况说得太好。例如，一位村民在聊天中夸赞了另一位村民的孩子，该村民在感到欣慰的同时也会说自己孩子有哪些缺点，并不是对方说得这么好。除此以外，被夸赞的村民还会夸赞对方的孩子，以此来表示自己的孩子与对方的孩子实际上处于同一水平线上。与此类似，一位村民在夸赞另一方村民家境较好时，被夸赞的村民则会赶快表示自己其实并没有外面看到的那么好，手头上实际上不宽裕。但是，中庸思想只是村民交往中的一个层面，并不是所有村民都会采取这一交往策略，也不意味着村民并不会自夸。

五、露能思维

以往，该村村民还有很强烈的显露自己才能的思维，这种思维又被村民称为"露能"或者是"显摆"。在该村，由于村落社会杂居的社会格局，不少村民选择露能实际上也是一种生存策略。

（一）露能思维与装"圣人蛋"

传统时期，家户之内的事务往往是一个家庭的私事，但是却有一些村民会去干涉其他家庭的家务事。同时，村中还有一些喜欢跟别人抬杠的村民。在村民为一件事而争论时，有些村民明知没有理但却刻意与人争辩。例如，9月底是冬小麦种植最合适的时间，这是大多数村民都知道的道理。但是，爱抬杠的村民却会说10月初或者10月中旬种植小麦最合适。此外，村中还有一些爱挑事儿的村民，村民间的一些小事情经他们挑弄往往会发展成较为严重的矛盾。对于上述几类村民，村内大多数村民都称其为"圣人蛋"。所谓"圣人蛋"就是指没理搅三分的村民。他们自己没有本事，又没有枪或者土地，但却希望在村中获得较高的社会地位，直至成为村中的排场人。此外，"圣人蛋"还都是喜欢参与公共事务的村民，但他们又在排场人面前没有发言权，抢话或者对已经形成的决议表达强烈的不满就是他们经常采取的策略。

以往，"圣人蛋"是村民们比较厌恶的一类村民，大多数村民都不会与他们交往。据艾宝玉老人叙述："那些都是不要脸的玩意儿，我家有事儿找排场人给我做个说合人，没找他们啦，他们就会来找事儿。没本事吧，还好出头，别人说啥都不对，就是他们说哩对。"由于"圣人蛋"经常在公共事务中发言，因此他们也经常受到排场人的责骂，惹怒了排场人甚至会挨上一顿打。但是，采取这种策略的村民也会得到一些利益。在一些公共事务中，有时排场人受不了他们的胡搅蛮缠，也会采纳他们的部分意见。对于普通村民而言，由于害怕他们死缠烂打，也会对他们产生几分畏惧。

（二）露能思维与展示实力

由于该村复杂的社会环境，村民之间相互欺负是一种非常常见的情况，因此不少村民也会刻意展示自己的实力以避免被他人欺负。不过，刻意展现自己实力的村民通常不是村中的光棍。光棍展现实力，主要是为了向人炫耀自己拥有枪支且脾气蛮横，以此来获得在村中的地位。在该村，光棍如果不向其他村民炫耀实力就不能被称为光棍，反复显示自己的实力也可以攫取一些利益。普通村民展现实力，主要是向别人说明自己认识哪些排场人或者村外任有官职的村民。据李邦存老人叙述："过去，村里人要是认识哪个有本事哩，他自己也觉得有脸面，聊天时候跟别人聊聊也都是常有的事情。"不过，普通村民在露能时也很有可能演化为"吹牛"。相对聪明的村民会在炫耀时留有余地，既让别人知道自己与有势力者关系不错，又不让别人觉得自己是在瞎说。反之，则可能会引起村民的厌恶。在该村，有些村民会不按常理地胡说，这种人村民又称他们为"瞎话篓子"。村民虽然会跟他们交往，但也会经常当面数落他们，甚至是故意作弄他们。瞎话说得太多，不仅不能在村中获取地位，还会影响自己在村中的诚信。

（三）露能思维与获取权力

以往，露能思维只是该村村民基于生存环境的现实选择，在这种思维的影响下，村民对于获取村落权力有着强烈的欲望。当然，这里所指的权力不仅是指村民有担任保长、镇长、后备队队长的意愿，还是指村民总想在村中获取对于其他村民的支配地位。由此便产生了两种现象：其一，不服从权威。虽然大多数无枪无地的村民对于村落中任有官职的村民或者是排场人都有服从的意愿，但是，村中但凡有些能力的村民或者是有枪的村民对于村落权威都不会非常服从，至多只会做到表面服从。其二，喜欢"充大个"。在该村，"充大个"就是指村民喜欢装年纪大、辈分高的意思，其与装"圣人蛋"并不是同一个意思。"充大个"主要是通过这种方式来获取别人对自己的"尊敬"，而年龄和辈分较高者往往在一些事务中处于支配地位。例如，两位村民初次见面时会互问年龄，有的人会通过虚报年龄的方式让对方称呼自己为哥哥，以此在年龄上压对方一头。又如，辈分较高的工匠会刻意说明或者强调自己的辈分，以此来换取其他工匠对自己的"服从"。

六、平均思维

在该村，平均思维是另一种比较常见的思维模式，也渗透到村民生活的方方面面。

(一)平均思维与家庭生活

1. 家庭分配中的平均思维

对于没有分家的大家庭而言,当家人给予所有的小家庭数额大致相等的零花钱,每年也会为每个小家庭添置大致相同的物品。如果其中一个儿子急需用钱解决问题,当家人又同意其要钱的要求,那么也会在其他方面补偿其他儿子。此时,即使当家人不主动补偿,儿子们也会提出让父亲补偿。例如,当家人花钱为在外惹祸的儿子平息了事端,那么其他儿子就有可能提出让父亲为自己添置物品或者是多分一些物品给自己。当然,其他儿子并不一定马上就会提出要求,但他们多数都会争取他们认为自己应得的利益。对于核心家庭而言,当家人也会尽量保证每一个家庭成员达到大致相等的分配份额。例如,今年当家人给其中一个儿子做了衣服,那么3—5年便不会再为其做衣服。与此相对,在这3—5年之内其他儿子却能得到做衣服的机会。

2. 财产分配中的平均思维

在该村,每个儿子都能在分家过程中获得等额的财产,也就是无论长子还是小儿子都能获得数量相等的财产。虽然在分家时长子可以获得中堂和老灶,但是长子却不能离开家乡,并要一直照看父母以及其他祖先的坟地。同时,父母也要为每个孩子支出基本相等的结婚成本,无论哪个子女都无法得到优待。如果在分家时仍有女儿没有结婚,父亲要为其预留嫁妆。

3. 养老分配中的平均思维

在该村,奉行儿子平摊养老成本的原则,也就是说无论哪一个儿子都要承担相应的养老责任。以往,该村养老可以采取多种模式,但无论采取哪种模式,核心都是责任的平摊。即使是有养老田的情况下,儿子们也要负担庆生、看病、照顾等额外养老成本。

(二)平均思想与人情往来

在该村,"欠人情"是村民非常忌讳的事情。当然,这里所指的"欠人情"并不仅指红白喜事的人情往来,更是指村民之间的互助行为。对于为自己提供过帮助的人,村民总是会想办法去偿还人情。不过,偿还的周期相对较长,并没有时间上的明确限制。与此类似,偿还也可以没有固定的形式,偿还的比例也并非严格的对等。出于人情不互欠的心理,多数村民在得到了别人的帮助之后都会存在一种亏欠感。如果为自己提供了帮助的村民与自己本身关系并不好,那么有些村民还会想方设法赶快偿还人情。这主要是因为,有些村民若为其他村民提供了帮助,可能会在日后提出一些对方无法满足的要求,此时对方无力偿还且又必须偿还,便会陷入两难的境地。同时,独立生产和经营的家户属性也造成了村民较强的独立性。及时归还人情，可以认为是村民不想与外界发生较多联系，保证家户独立思维的展现。此外，人情不互欠主要发生在社会地位平等的村民之间，地位较高的村民即使得到了其他村民的帮助也可以不用偿还。

（三）平均思想与公共事务

在该村，公共事务中的平均思想主要建立在财富分化上。换言之，财富较多的村民就要承担更多公共事务的责任。这在村民看来，就是一种平均或者说是一种公平。正因为如此，富户面对村落的摊派、囊囊会、庙会等也都表现出了乐于出资的态度。据刘万斤老人叙述："那个时候都是这，你有钱不往外掏，人家就觉得你是为富不仁。大家都是这个村上的人，你有钱你就得往外掏，不然抢你哩、盗你哩就少不了。"这种平均思维与中庸思维不同的是，它要求有地者均要"平均"承担自己应有的责任，而不是只强调首富在公共事务中的责任。当然，受中庸思想的影响，村落内的首富也会主动分摊其他富户应有的责任。

第三节 态度与态度关系

以往，受生产和生活模式以及传统习俗的影响，该村村民也形成了一套看待人生和世界的基本观点。这种基本观点的形成，无时无刻不在影响着村民的行为方式，由此产生了村民对于人生的基本态度。具体而言，村民的人生态度建立在有序繁衍和发财致富的基础上，主要包含多子多孙、自给自足、重视私利、量入为出等几个核心指标。

一、生育态度

1949年之前，村民的生育态度以传宗接代和家族兴旺为重点，认为这些都是男孩才能完成的行为。此外，生育男孩还是家庭积累财富的主要途径以及获取村中地位的基本方式。

（一）生育观念

1. 传宗接代

以往，在该村曾有"不孝有三，无后为大"的说法。这里所指的无后，不是指生育子女，而是专指生育男孩。为了实现这一目的，结婚生子便是人生不得不完成的重大事务。传统时期，到了20岁还没有结婚的便会被村民当成嘲笑的对象，一辈子没有结婚的村民在村中的地位甚至与乞丐类似。据艾宝玉老人叙述："过去，那打一辈子光棍儿哩要么就是没本事哩，要么就是家里穷哩很哩。打一辈子光棍儿，后代都没有，死了都得四邻帮着埋，那在村里能有个啥地位啊。"同时，在结婚前双方必须看夫妻的八字是否契合，其中一个关键的目的就是看妻子婚后是否能生育男孩。结婚之后，如果过了一两年妻子还没有生养，那么夫妻双方便会通过拴娃娃等仪式求子。如果还是无法生育，那么丈夫娶小妾便是不可避免的事情，有些村民甚至会娶两房或者多房小妾。例如，艾宝玉老人的父亲艾常青实际上家境非常贫寒，但为了生育还是娶了两房小妾。如果纳妾仍无法实现生育儿子的目的，那么便需要过继或者抱养来实现传宗接代的目的。艾常青娶小妾之前，便从亲戚那里抱养来了一个儿子。过去，过继和抱养在该村是非常流行的行为，其核心目的就是实现香火的不断传承。

2. 女儿是"赔钱货"

在该村，女孩不仅不能传宗接代，还不能从事繁重的体力劳动，因此多数村民都不太希望生育女孩。当然，这并不是女儿被称为"赔钱货"的主要原因。以往，女儿被称为"赔钱货"主要是因为女性的结婚成本要比男性高出不少，且女儿一旦出嫁就不能再算作是"自家人"。不过，如果头胎生育的是女儿也可以算作喜事，因为头胎生育女儿有招弟的寓意。

3. 防止财产外流

1949年之前，生育男孩还有防止财产外流的作用。以往，一个家庭的财产主要由儿子继承。如果没有儿子，那么侄子们就可以争夺老人死后留下的遗产。在该村，由于家户独立性相对较强，即使侄子也没有一定要为没有生育的叔伯养老的义务，但却有继承财产的权利。对于孤寡老人来说，即使没有血缘关系的村民也能在为其办丧礼的情况下继承其财产。在这种背景下，生育自己的儿子或者从其他同姓亲属那里过继子嗣，便具有防止自己财产外流的目的。

4. 获得村落地位

在该村，生育儿子的数量也与村落地位有着密切的联系。如前所述，该村不少村民在村内并没有自己的亲属，因此一个家庭生育了多少儿子是家庭兴旺的重要指标。一方面，儿子较多意味着被欺负时有能力与对方对抗。也正因为如此，村中多数村民都不敢惹有四五个儿子的家庭。有些村民因为生育儿子较多，且儿子又比较蛮横，还会因此而成为村中恶霸。不过，这种情况在民国时期有所缓解，因为有枪已经成为决定村落权势的主要因素。

另一方面，儿子多也意味着积累财富的能力较强。以往，无论是从事农业生产，还是从事其他职业，男性都是最主要的劳动力。与此相对，女性只是辅助性的劳动力，离开了男性，她们无法独立生产。所以，生育儿子的数量越多就越有可能发财致富。然而，这种情况在该村也只能在一定范围内起作用。随着大地主和大佃户的出现，连片经营的过程更需要依靠牲口，用工问题也能通过请长工的方式解决。同时，儿子越多在分家时需要分配的份数也就越多，因此由富返贫的情况也偶有发生。基于上述原因，村民都渴望生育更多的儿子，但不希望生育儿子的数量超过5个。

5. 养儿防老

在该村，除了拥有土地较多的富户，多数村民在分家后只能依靠儿子为自己养老。如前所述，女儿并没有为父母养老的义务，生育儿子的数量越多也就意味着每一个儿子分担的压力越小。基于此，村民也会渴望生育更多的男孩。不过，由于没有外界的制约，村民是否遵循孝道完全要看自己的意愿。也正因为如此，该村经常出现儿子们相互推卸养老责任，或者干脆不给父母养老的情况。在这种背景下，村民也不会期望生育太多的儿子，只要足够自己养老便可。

(二) 生育仪式及其关系

在该村，生育是一个家庭的基本功能，也是一姓人得以在村中延续的基本方式。除了正常的生育，生育礼仪还涉及过继、抱养等。生育礼仪不仅是为了庆祝村民出生，更有告知周边亲友的意味。

1. 正常生育

(1) 怀孕与家庭关系

1949年之前，该村妇女怀孕又被称为"害喜"或者是"害孩子"。在该村及其附近村落，有孕妇忌吃兔肉、驴肉、狗肉等的说法，还有忌跳墙头、坐门槛、坐房檐下等习俗，有些讲究的家庭还会不让孕妇参加红白喜事。除了以上习俗之外，妇女怀孕时在家得不到任何的优待，有些婆婆或者丈夫比较好说话，可能会尽量减少媳妇承担的家务活，并尽量给孕妇提供猪肉、鱼肉、鸡蛋等高营养食品。特别是孕妇怀头胎时，婆婆和丈夫通常会比较体恤媳妇。但是，如果婆婆和丈夫只把媳妇看成生育工具，或者是媳妇一连生了两个女儿，那么媳妇可能就无法得到相应待遇。有些媳妇甚至怀着七八个月的身孕还要完成家中大多数家务活。据艾宝玉老人叙述："媳妇怀孕咯，下不下地得看丈夫哩意思，有哩地多哩，怀着孕也得下地干活。那要是怀过五六个月咯，还稍微好一点儿，地可以不咋下啦，家里活还得干。"

(2) 生产过程

1949年之前，该村妇女生育子嗣基本上在夫家完成。如无必要，媳妇在临盆之前的三个月不会再返回娘家。如果在娘家生产，万一出现什么问题娘家人无法跟夫家交代，妇女生育时所留血污也被认为会给娘家带来"血光之灾"。如果妇女临时有事必须返回娘家，临盆前又无法回到夫家，那么一般要选择远离住宅的避风处或者破窑口进行生产。

如果妇女有临盆的征兆，可由婆婆在旁陪同并负责接生。如果婆婆接生经验也不是非常足，那么一般由丈夫去请四邻中年岁较大且有接生经验的婶子、大娘负责接生。以往，在该村接生婆又被称为"收生婆"，但是她们均不是职业接生婆，帮忙接生主要出于热心。生育过程中，夫家可以给接生婆弄一碗鸡蛋茶作为谢礼，也可以在孩子顺利生产后给几个鸡蛋。当然不给也可以，有些家庭甚至不会请接生婆前来喝喜酒。如果在生产过程中出现任何问题，接生婆对此不用负责，即使在产妇和胎儿都去世的情况下也是如此。在该村，如果胎儿难产，丈夫只会去多请几个有经验的接生婆一同帮忙，但较少去请大夫，更没有人会去请西医。

（3）坐月子及其关系

生产之后，产妇要在家中休养一个月，俗称"坐月子"。无论媳妇在家中的地位如何，丈夫和婆婆都要在媳妇坐月子时善待媳妇。当然，如果媳妇一连生了两个女儿，丈夫和婆婆也会向媳妇抱怨，媳妇对此只能忍气吞声。如果媳妇一连生了两个儿子，那么丈夫和婆婆都会悉心照顾媳妇。有些家庭甚至会为媳妇一日提供4—5餐，所食食物也以村民日常较少食用的白面面条、鸡蛋、鸡肉为主。如果媳妇在生产时失血过多，家人还会为媳妇购入2—3斤上好红糖，以供其补养身体。媳妇分娩之后如果没有充足的奶水，婆婆一般会请邻里、近门或者其他村内正在哺育孩子的母亲给孩子喂奶。此时，如果双方本身关系较为密切，那么有奶水的妇女不会拒绝对方的要求。同时，妇女在坐月子期间不能外出，更不能到别人家做客。如果产妇跨过别人家门，必然会引起对方的不满，孩子满月后丈夫必到对方家中焚香道歉。未出月子的产妇还不能接近村内水井，因为这样会被认为是污染水井，村内村民都可对其进行指责。此外，产妇出月子之前不能去祖先坟地。

（4）报喜及其关系

以往，在该村及其附近村落生育男孩又被称为"弄璋之喜"，生育女孩也可以被称为"弄瓦之喜"。同时，生育男孩可称为"大喜"，生育女孩则称为"小喜"。如果是头胎，无论男女都可以称为添人进口的大喜事，此时丈夫必须要到岳父母家报喜。到了第二胎，如果还是男孩或者生育孩子的性别与第一胎不同，那么丈夫也仍需要报喜；如果生育了女孩或者与第一胎性别相同，那么也可以不去报喜。当然，讲究的家庭或者富裕的家庭生育每胎都会报喜。报喜时，丈夫通常要带"四色礼"，具体需要携带哪几样视家境以及婴儿性别而定。同时，也有老人表示，生了男孩的要带一只大公鸡，生女孩的则带一只母鸡。岳父母得知后，便会带着礼物去看女儿。

（5）送粥米及其关系

婴儿出生12日后，一般由孩子的祖父母择吉日通知亲友。亲友得知后，通常要备馓子、油条、鸡蛋等食品去探望孕妇和孩子。有些近亲还会送衣服、首饰、被褥等给孩子。探望结束后，祖父母要在亲友的筐子中放上少量的馓子、油条等压筐，以示对亲友探望的感谢。

（6）吃喜面条

在该村及其附近村落，一般只给"头儿大女"摆满月酒，也就是村民俗称的"吃喜面条"。无论头胎是男还是女，都被该村村民认为是喜事，所以村民通常都会为自己的第一个孩子摆满月酒。当然，有些家庭如果较贫穷也可以不摆满月酒；较富裕的家庭如果头胎生的是女儿，二胎生了男孩，也可以为第二个出生的孩子摆满月酒。有些家庭在亲友前来探望时便会摆下酒宴招待亲友，有些家庭也可能在孩子快满月的时候摆满月酒。不过，大多数老人都认为摆满月酒的时间应在孩子未满月之前。

（7）拜祖先与命名

在孩子出生后，如果孩子比较健康，村民也可以带着自己的孩子去坟头祭拜。不过，大多数受访老人表示，如果爷爷还在世，村民去祭拜祖先坟墓时一般由父亲带着孩子去，有些父亲也可能自己去祭拜。在祭拜的过程中，孩子的爷爷不会一同前去。孩子生下之后，通常由孩子的父亲起名，也有爷爷给孩子起名的情况。父辈或者祖辈为孩子起名，通常起的是乳名，或者称为俗名。如果是为男孩起名，所起名字以"贱"为标准，当地俗称为"贱名好养活"。与男孩相对，女孩则没有这么讲究，起名时冠以梅、香、巧、莲之类的字眼便可。

（8）走满月及其关系

以往，婴儿满月之后，娘家人必要将女儿和外孙一同接回娘家住上几日，村民俗称其为"走满月"。但是，男孩和女孩在外祖父家住的时间不一定相同。一般而言，女孩住的天数为7天或9天，男孩住的天数为5天或者8天。如果在走满月期间，孩子因非人为原因而不幸去世，娘家人对此不用负责任。走满月结束之后，妇女回到家中时也要遵循一些习俗，例如在孩子背上插一根桃枝。如果妇女不按这些习俗行事，孩子回到夫家后出事，妇女将负全部责任。走完满月后，村民还会为婴儿"剃胎毛"，有期盼孩子健康成长的寓意，但这属于私人行为，并没有太明显的社会关系蕴含在其中。

2. 过继

以往，在该村，过继是一种非常常见的行为。同时，过继又是一种发生在关系亲密村民之间的行为。

（1）过继对象

过继行为主要发生在兄弟以及近门亲属之间，过继的对象则基本上是未成年的男孩。在过继时，村民要先从自己的兄弟中选择合适的对象。例如，自己的兄弟有2个儿子，那么村民便能询问自己的兄弟是否有过继意愿。如果自己的兄弟只有1个儿子，那么无论如何也不能从兄弟那过继儿子。如果自己的兄弟比较有钱，或者兄弟关系不是非常和睦，他们也可以拒绝过继请求。在村民依次询问过自己的兄弟后，如果没有找到合适的过继对象，可以向外继续寻找，也就是在自己的堂兄弟中寻找合适的过继对象。在堂兄弟那里没有找到合适的对象，村民还可以向其他近门亲属询问是否有过继孩子的意愿。如果近门亲属中都没有合适的对象，村民还能从具有明确血缘关系的同宗村民中过继子嗣。同时，也有少数村民会过继成年男性为子，这种情况一般出现在某一村民成年的儿子去世且自己没有其他儿子时。此时，村民过继子嗣主要是为了养老，该村民死后财产将全部留给过继子。此外，还有极少数村民会从亲戚那过继女孩。这种情况通常出现在某一村民的独子在成年后去世而自己又无法在亲戚那过继来儿子时。此时，村民会从亲戚那里过继来一个未成年女儿，抚养3—4年便为其招婿。

（2）过继程序

以往，村民过继子嗣时一般不找说合人，只要双方私下达成协议便可。这是因为过继主要发生在近门之间，村民相互之间比较熟悉，无须中人为过继行为进行担保。当然，有些村民如果在自己的本村近门中无法找到合适的过继对象，或者亲属不愿意过继，也可以请同姓长辈替其寻找过继对象，或者从中撮合。在双方达成过继意愿后，会选择良辰吉日将亲属都请到家中，并正式完成过继仪式。在该村，过继仪式相对简单，双方在亲友的见证下订立口头契约便可，也有少数村民会订立纸质契约。契约主要是为了证明过继行为确实发生。同时，契约还会对过继子的权利与义务做出规定。不过，如果过继双方是亲兄弟，那么在过继时，孩子的亲生父母只要说一声"孩子以后就交给你了"，对方点头应允并表示以后会善待孩子，过继仪式便正式完成。过继子的权利与义务，此时双方即使不明确说明，也有惯习加以约束。至于合约的效力，通常由亲友特别是同姓长辈见证。过继结束之后，孩子亲生父母往往将孩子的八字告知对方，交代一些与孩子相关的信息，并请对方一定要善待孩子。同姓长辈也从中说一些话，言明过继要注意的事项，避免双方日后发生矛盾。此后，受继的一方还会设宴款待亲朋，不过如果经济比较穷困也可以不宴请。

（3）过继与四邻关系

在该村，过继并不是什么见不得人的事情，因此受继的村民通常不会向四邻隐瞒自己的过继行为。不过，村民也无须刻意向四邻说明自己过继了子嗣。村民带自己的孩子出门，见到了四邻向其说明即可。四邻如果见到村民家中多了孩子，有时也会主动向其询问，这并不存在什么避讳。同时，村民过继子嗣之后也无须告知保甲长。以往只有在分宅时，保甲长才会统计户籍信息。

（4）过继与家庭关系

由于过继主要发生在近亲之间，因此过继子除了要生活在过继父母家之外，平日里也可以回家探望亲生父母。如果自己的亲生父母与过继父母本身就住在同一村落，或者过继双方本身就是亲兄弟，那么过继子更是可以自由往来于双方家庭。当然，前提是过继子必须在过继父母家吃住，并听从过继父母的安排。过继子过继之后，原来的父母便不会为其操办婚事，也不会将家庭的财产留给他。与此相对，过继子对亲生父母也不用尽养老义务。当然，如果孩子孝顺也可以在为过继父母养老的基础上，再为自己的亲生父母养老。在自己的亲生兄妹结婚时，过继子也要前去帮忙，并协助处理各种事务。但是，这也并非是过继子的义务，双方关系不好也可以只去道喜。自己的过继父母去世时，过继子一定要为其送终，并抬灵牌送父母入坟地。如果是自己的亲生父母去世，那么过继子一般以亲友的身份站在亲生兄弟和叔伯的后面。不过，如果村民憎恨自己的父母，甚至可以不出席父母的丧礼。

3. 抱养

除了过继，抱养也是获得子女的方式之一。与过继不同的是，抱养主要是发生在异姓村民之间的行为。

（1）抱养主体

正常情况下，抱养别人孩子的村民主要有以下三类人：其一，没有生养且不愿过继近门子嗣的村民。这些村民通常与自己近门亲属关系不是很好，或者是亲属虽有男孩可以过继，该村民却对其不是非常喜欢。其二，在本村没有亲戚的村民。在该村，不少村民由外村逃荒而来，在该村并没有亲属。他们虽然可以从外地近门亲属中过继子嗣，但由于与亲戚住得比较远，所以过继成本也相对较高。其三，独子成年后丧生的村民。有些村民的独子在成年后去世，但是自己兄弟的孩子又都已经结了婚，那么村民也只能通过抱养的形式再抚育外姓子孙。其四，一连生了几个女孩的村民。这些村民从子女多的村民家中抱养男孩，主要是为了借助"人丁兴旺"家庭的孩子为自己带来生儿子的好运气。

（2）抱养对象

以往，村民抱养孩子时往往会选择本村穷困且生育子女较多的家庭。这些家庭如果不能养育自己的孩子，便会同意别人的抱养请求。当然，村民抱养孩子的对象也可以是外村熟悉的村民，甚至完全不认识的村民之间也可以实现抱养。同时，村民在抱养孩子时，一般抱养还未出襁褓的婴儿。抱养时，村民更愿意抱养男孩，抱养女孩的只是少数。

（3）抱养过程

村民如果需要抱养子女，通常会先询问四邻、本村以及邻村与自己关系较好的村民。对方如果也有让孩子被抱养的意愿，那么双方便会一拍即合。如果村民在熟悉的村中无法找到合适的抱养对象，也可以委托说合人在外寻找。抱养过程中的说合人，并不是村中的排场人，而是村中在外村有亲戚或者朋友的普通村民。他们在得知自己的外村亲朋最近生了孩子之后便会从中撮合，促使抱养顺利完成。就抱养达成初步意愿之后，双方还会约定完成抱养仪式的时间。当天，双方都会将自己的亲友请来一同见证仪式。如果抱养过程中有说合人，那么也要一并请来做见证人。抱养的仪式相对简单，主要是亲生父母将孩子和八字一并交给对方。不过，在抱养过程中还要签订抱养协议，订立纸质合约和口头要约均可。合约的具体内容包括孩子是否改姓、孩子对于财产是否有继承权以及孩子的义务。合约的效力由到场亲友进行见证。

（4）抱养与家庭关系

以往，抱养的孩子可以改姓，也可以不改姓。孩子改姓的情况主要出现在村民没有子嗣，抱养孩子主要是为了实现财产有人继承以及自己死后有人祭祀的目的。在孩子改姓的情况下，孩子要与原本的家庭切断一些联系，有些村民甚至不会告诉抱养来的孩子并非是自己亲生，周边四邻也会对此保密。孩子到了抱养家庭，除非亲生父母病重或者死亡，否则不能回去探望。但是，亲生父母死后孩子没有为其送终的义务，有时甚至无须在亲生父母去世时出面。孩子改姓之后，也不能祭拜自家祖坟，只能祭拜抱养父母的祖坟。同时，孩子改姓之后也可以享受正常的继承权利，即使养父母此后又生育了男孩也是如此。不过，如果抱养孩子的家庭又生育了男孩，那么抱养来的孩子还可以回归原本家庭。回归原本家庭，就意味着孩子放弃了抱养家庭的财产继承权。

孩子不改姓通常出现在村民已经有了女儿，但没有儿子的情况下。此时，村民抱养孩子主要就是为了给自己带来生儿子的好运气。孩子在抱养家庭生活期间，可以祭拜抱养家庭的祖坟，但不能祭拜自家祖坟。不过，孩子在长大之后却可以返回原本家庭。如果抱养家庭还没有生育男孩，或者养父母与自己关系非常要好，那么男孩不返回原本家庭也可以。如果孩子不返回原来家庭且养父母没有再生育男孩，那么父亲通常会为女儿招婿，招婿后抱养来的孩子仍可以获得相应的继承权。如果孩子不改姓，在成年后可以拜自家祖坟，甚至死后也可以埋入自家祖坟。在亲生父母去世时，孩子可以以儿子的身份将父母送入坟地。与此相对，孩子却不能捧灵牌送养父母下葬，此工作一般由入赘女婿（又生了儿子就由儿子）完成。此外，有些孤寡未婚老人抱养孩子就是为了让孩子为自己养老。特别是一些年纪较大的老太太一般不会要求孩子改姓。如前所述，该村附近就曾有一辈子未婚的两位老太太从别处抱养来了一个男孩。在这种情况下，孩子为养父母送终之后便可以回归原来的家庭。

只抱养女儿的家庭，通常也是比较穷困的家庭，因此他们抱养女孩的成功率要比抱养儿子高出不少。村民抱养来了女儿之后，一般会为其改姓，改姓后女儿也不会再返回原来的家庭。待女儿成年之后，父母就会为其寻找合适的入赘女婿，并把所有的财产留给自己的女婿和女儿。

4. 收养

在该村，收养别人孩子的情况相对较少，收养孩子的家庭主要是经济条件较好且比较热心的家庭。不过，也有亲戚收养近门孩子的情况出现。可以说，多数收养孩子的家庭并不是因为他们没有孩子。收养对象多为外地逃荒到楚铺且父母双亡的孩子，或者本村父母早亡的孩子。当然，村民也会在逃荒的过程中，收留同行与父母走散或者父母去世的孩童。收养孩子无须经过任何程序，双方也不用订立契约，有些养父母也不会要求孩子改姓。养子在养父母家的生活跟亲生孩子一样，改不改姓都可以祭拜养父母的祖先，有些家庭也不会要求养子与他们一起祭拜祖先。

养子在成年后与父母分家，父母可以留出一份财产给养子，但具体能分配多少则要视情况而定。有些家庭较为和睦，分家时养子也能得到和其他亲生子女大致相当的财产。有些家庭成员关系一般，父亲只会留下少数财产给养子，有些也可能不给养子留财产，更有甚者甚至不给养子支付婚姻所需花销。养子成年后，可以独立外出谋生，如果不再回家便可以视为与原来的家庭断绝关系。有些孩子与亲生父母走散，后得知父母身在何处，也可以在养父母的授意下去寻找亲生父母。在养父母去世时，如果养子还与他们保持联系，那么他们也可以跟儿子一样为老人送终。如果没有保持联系，那么养子甚至可以不出席养父母的葬礼。

二、生产态度

1949年之前，村民的生产态度围绕农业生产而形成，主要表现在以下几个方面。

（一）产业态度及其关系

以往，无论是村内富裕的村民还是贫穷的村民都认为获得土地并从事农业生产才是第一要务。该村虽然有很多村民经营商业或者以出卖劳力为生，但这是他们在生存压力下的无奈选择，并非完全出于个人意愿。如前所述，村中经营商业者都只做一些小买卖，并不能发家致富。与此相对，农业生产的收入相对稳定，除非遇到天灾人祸，否则村民每年都能从土地中获得一定数量的收入。随着土地经营规模的扩大，农业生产也必然会带来财富的不断累积，发财也就是顺理成章的事情了。如前所述，该村拥有土地超过70亩的村民，大多只从事农业生产或者土地租赁。就从事其他职业的村民而言，他们通过其他产业获得积蓄之后也会在第一时间购入土地，并不会想方设法扩大商业经营规模。

（二）独立生产及其关系

在该村，农业生产都是家户自己的事情，外人无权进行干涉。如前所述，在分家之后，小家庭就具备独立的生产经营权，父亲和兄弟都无权对此进行干涉。如果丈夫死去，丈夫的其他兄弟虽然能帮助料理家务，但他们没有强行干涉的权利，寡妇如果比较强势也可以拒绝他们的帮助。与此类似，地主在将土地租赁给佃户之后也不会对佃户的经营行为进行干涉。此外，村民经营什么副业也是家庭自己的事情，外人同样不会干涉。以往，经营是一个家庭最核心的事务，也是村民们最反对外人介入的环节。在日常生产中，村民们如果看到与自己关系较好的人种植技术存在问题，或者是作物的长势不太好，也可以向对方提出建议。但是，是否采纳建议完全是对方的事情，即使不采纳，提出建议的村民也不会心存不满。当然，村中的"圣人蛋"也可能随意干涉其他村民的经营行为，但这会引发村民的强烈不满，有时还会引发双方的冲突。

（三）自给自足及其关系

以往，虽然该村大多数村民都无法实现自给自足，但是村民在能自给的情况下一般不会与外界进行交换。具体而言，该村村民能自给的物品主要为粮食、布匹、少部分的青菜等。除此以外，大多数物品都需要到集市中购买。不过，富户们自给率通常会更高，村中不少富户都有自己的菜园，蔬菜基本可以自给。至于其他物品，富户们如果能自己制作，也不会到市场中去购买。对于普通村民而言，前去市场交易虽不是无奈之举，村民却总害怕在市场交易中受到欺骗。一方面，货币币值不稳，使得交易价格长期处于波动的状态。据艾宝玉老人叙述："那个时候钱贬值得厉害，东西都是一天一个价,买东西有时候都得扛一麻袋钱。咱村里人花过国民党政府哩钱,咱共产党也发行过钱币,后来还用过日本人发行哩钱。最后都不行了,就开始用洋格子,就是大洋。"另一方面,市场秩序的紊乱,使得村民总是无法规避交易过程中的欺诈行为。正因为如此,村民会首先与熟人进行交易,除非在其他商人那里交易成本更低。

三、生活态度

受低下的生产效率以及混乱的社会环境影响,村民在日常生活中更倾向于勤俭和节约。此外,面子观也是村民生活态度的主要体现。

(一)量入为出

在勤俭持家的思维影响下,该村村民在日常生活中都会注意节俭,很少有铺张浪费的情况出现。据李邦存老人叙述:"民国那会儿,衣服都得穿十几年,大孩子穿了再给小孩子穿,都是破破烂烂哩。村里人除了那些有钱哩,都没有几个能穿新衣服哩。东西都是用了还再用。过去,说那用破碗不吉利,不少户还是会用破碗。能将就就将就啦。"不过,村民这么做,一方面是因为贫穷,另一方面则是受节俭思维的限制。据艾宝玉老人叙述:"过去,有钱哩都不花,都省着。那咱村上都有不少这样的老头儿,家里有不少地,也不缺吃穿哩,天天还到街上捡破烂。"

(二)重视积累

与节俭类似,积累也是村民对于生活的基本态度。据艾宝玉老人叙述:"过去哩,哪有几个能发大财哩,都是地里的庄稼汉,谁能一夜暴富啊。就是那赵国兴的土地也不知道是多少代才能积累这么多土地。没给你说么,'七老婆'都是天天吃花卷就豆芽。要说那些土匪来钱是快,但是他们花钱也花哩快,隔三岔五哩还得官兵打。"相对较低的生产效率让村内各家各户的土地产出基本相当,因此村民很难有一夜暴富的机会。在这种背景下,重视财产积累也就成为村民发财致富的重要方式。此外,村民日常生活中还有注意积累肥料、布头、废铁等物品的习惯。村民积累上述物品,实际上与积累财产的逻辑类似,都是为了减少支出,达到积累的目的。

(三)看重面子

在该村,曾流传有"人要脸,树要皮""佛争一炷香,人争一口气""不争馒头争口气"等谚语,这实质上反映了该村村民的面子观。在该村,面子与年龄、辈分、实力有一定的联系。如前所述,该村有不少村民都有"充大个"思想,这种思想直观地反映为村民的面子观。以往,面子观是影响村民交往的一大重要因素。例如,某一村民去找另一位村民办事,而另一位村民又没有帮忙,那么该村民就会觉得丢了脸,也可以称对方没有"买我的面子"。又如,在办喜宴时,某一村民本该坐在堂屋内,却被故意安排在了院子中，也会觉得对方没有给自己面子。在交往过程中，面子观带有地位平等的意味，也就是说只有地位平等的双方才存在面子这一说法，普通村民与排场人之间不存在面子的对等。如果普通人求排场人办事，只能请对方赏给自己一个面子，而不能让对方看在自己的面子上为自己办一件事情。此外，面子还与村民的尊严直接挂钩。如果某一村民在村中受了欺负，而此时又被其他村民当成笑柄，那么该村民就可以说自己"折了面子"。村民们之所以忌讳流言蜚语，就是因为流言蜚语传得太过总会伤及面子。特别是涉及妻子不忠等传言时，不仅会对妻子的声誉产生影响，更会严重折损丈夫乃至夫家和娘家的颜面。

以往，丢了面子的村民总会通过各种方式找回面子。如果一个村民因吹牛被别人识破而遭嘲笑，那其总会找机会拆穿其他人的谎言。如果一个村民受到了别人的欺负或者侮辱，也一定会想办法以牙还牙，以求挽回颜面。丢了面子虽然难堪，如果无法找回面子，那么该村民将永远无法在村中获得相应的地位，被其他村民看不起或者频繁欺负就更加无法避免。

四、社会态度及其关系

在日常生活中，村民通过与外界交往也形成了特定的社会态度。具体而言，村民的社会态度主要表现在以下几个方面。

（一）重视私人利益

传统时期，该村村民已经表现出了"原子化"的倾向，由于家庭之间缺乏必要的社会联结，因此也只会关注本家庭的利益，并不会刻意关注整个村落的利益。据刘万斤老人叙述："过去都是自个顾自个儿，谁会关注村上的事情哩，有事了都有人挑头，不能给自己带来利益哩事儿顶多就是对个钱。你要说，村上哩事儿也就是护青哩时候大家比较积极。不找几个人给自己看住，自己地上的麦子早就被人割完啦。"在这种心态的影响下，村民普遍存在着"各家自扫门前雪，不管他人瓦上霜"的心理。当然，村中也不是没有捐助和捐款的情况。如前所述，在发生火灾时只要有人牵头，四邻也会出资出力。但是，这并不是出于村民本身的意愿，而是受环境压力的影响。同时，村民也担心自己遇到同样事情的时候，其他人不会向自己伸出援手。

（二）气人有，笑人无

在该村，村民往往不会关注其他村民生活得有多好。当然，如果一个村民非常富裕，也会引起村民的关注，并有可能造成村民对他的嫉妒。与此类似，如果某一村民本身就非常穷，且连续发生不幸的事情，村民也会对其表达出怜悯。对于大多数村民而言，他们只关心比自己富裕的家庭发生了什么糟糕的事情。在闲聊时，如果某一村民告诉别人今年自己家里买了几亩地,可能过不了几天其他村民就会将此事抛于脑后。但是,如果谁家媳妇过门没多久便离开人世,或者是刚买的牲口死了,这种事情一般都会在村中传得风风火火。在传播的过程中,不少村民还会添油加醋,极力扩大流言的传播力度。这背后折射出传统时期村民幸灾乐祸的心态。

大多数村民会在别人富裕时"眼红",在别人遇到难题时背后嘲笑。但是,也有少数村民会偷偷"报复"自己的四邻。在该村附近的米庄,曾有村民养了一条好狗,村民见了都夸赞其聪明又忠诚。但是,这却引起了一个邻居的不满。有一次,邻居便趁着天黑用剩菜拌了一点砒霜将狗毒死。上述事件在该村附近出现的频率并不算低。有些村民在村内地位较低时,往往不敢声张,一旦在村上担任了保丁、镇丁、后备队一类的"官职"就会故意给自己眼红的对象下绊子。

五、政治态度及其关系

1949年之前,该村村民普遍呈现出了乐意当官的态度,其本质上出于村民对权力的向往。与此同时,村民又呈现出了畏惧权力的特征。

(一)乐于为官

在该村,村民普遍存在羡慕权力的特点,无论在村中担任保长、副保长、保丁,还是在镇上担任镇长、副镇长、镇丁、后备队长,抑或是在外当官,对于村民来说都是非常不错的选择。在村民的基本认知中,凡是拥有政府确认的权力,并能对其他村民发号施令者都可以被称为"官"。不过,没有多少权力的甲长则是村民比较厌恶的"官职",因为甲长不仅没有权力,还要承担非常多的责任。村民向往权力的态度,实际上是由权力所能带来的利益所造成。以往,如果没有担任官职,即使是非常有钱的村民也只能被称为"土鳖财主"。没有权力的富户,无法有效保护自己的生命财产安全,而拥有权力的富户则可以凭借权力不断累积财富。如前所述,村内富户赵文圆就差点因为夺枪问题而被彻底灭门。由于对于权力没有限制,村内多数村民都处于被官员欺压和盘剥的状态,对此村民们基本上没有讨价还价的余地。也正因为如此,不少村民在担任保长等职位之后就会变本加厉地盘剥其他村民。

(二)惧官畏官

以往,村民对于官员都呈现出一种较为畏惧的状态。这种畏惧状态并不仅仅是指村民畏惧当官者本人,还是指村民不敢违背由当官者发布的命令或者任务。对于多数村民而言,为官者的命令即使再严苛,他们也会尽力完成。这主要是因为,官员们往往依据暴力进行统治,表现出强权的特征。也正因为如此,村内不少公共事务不以强制的方式推进,便无法有效开展。当然,这种状态只能维持在一定程度内,一旦来自官员们的压力过大，就会造成村民的反抗。同时，村民虽然惧怕官员，却非常喜欢与官员"攀关系"。村内外各种官员的任免情况也是村民最乐意谈论的话题之一。在村里，也曾流行"上面有人好办事"之类的俗语，就是对村民乐于攀权附贵心态的贴切形容。

（三）对国家的认知

传统时期，村民对于国家的认知基本等同于对于政府的认知。由于该村是镇政府所在地，所以多数村民对于政府的认知主要来源于镇政府。在多数村民看来，政府的主要职责并不是保护，而是维持基本的秩序。只要基本秩序存在，村内即使存在混乱的情况也不至于给村民的生活带来太大的影响。除了镇政府，村民对于其他政府的认知仅限于赋税和兵役。在该村，多数村民认为只要缴了土地税和其他各种苛捐杂税，"大粮官"和保上干部不来找自己的麻烦，上级政府便与自己没有任何关系。无论谁在县上主政，只要是自己不认识的人，村民便不会特别关注。与此类似，上级政府的政策只要不具体实施，村民也不会关心。在这种认知状态中，村民对于由哪个政府当政并不是非常在乎。例如，在日本侵占时期村民并没有奋起反抗日军的意识，这主要是因为日军大多数时间并没有直接干涉过村民的生活。反而是许多老人都对为日本人刷马日本人给予糖果作为奖励的事情记忆犹新。

六、人生态度及其关系

以往，村民的人生观建立在幸福美满家庭的基础上，以奋斗和努力实现命运的改变为基本目的。

（一）人生观："一等人当官、二等人当财主、三等人卖力气"[1]

如前所述，该村村民并没有因为循环思维和贫穷的状态而产生宿命论的观点。当然，村中大多数村民都是老实本分的人，但这并不意味着他们不想改变自己的生活，而是没有能力改变自己的生活。在这种背景下，大多数村民认为老实和本分是"受气包""窝囊废""没出息"的表现。对于村内的老实人，村民不仅不会对其怜悯，有时还会变本加厉地去欺负他们。为了改变自己的命运，村民往往会各显神通，只要能取得成功便不会有人在意成功者使用了什么手段。也正因为如此，村中的土匪和恶霸虽然作恶多端，但只要不打扰自己的生活，村民还会认为他们是有本事的人。与此相对，只能出卖自己力气，从事长工和短工等职业的村民，往往在村中地位最低。

（二）家庭观：有房、有地、儿孙满堂

以往，在该村无论村民打算过怎么样的生活都会优先选择成家。可以说，为官者、

---

[1] 此句由艾宝玉老人根据当地情况总结。

财主、经商者、卖力气的村民奋斗的最终目的也都是为了建立一个幸福美满的家庭。在村民看来，幸福的家庭首先需要拥有至少 30 亩土地。这主要是因为，拥有的土地面积在 30 亩以上家庭不仅可以保证温饱，还具备了一定抵御风险的能力，因此破产的可能性相对较小。当然，拥有土地还与拥有牲口相联系，至少拥有两头牲口也就自然而然成为了村民的理想。同时，村民所说的"有房"，不是指有茅草房，而主要是指拥有砖瓦房。在该村，"三间大瓦房"就是村民对理想住宅的形容，能盖得起三间或者三间以上瓦房的往往就是村中的富户。除了上述理想，村民家庭观的核心还包括有子有孙。对此前文已经有所叙述，此处不再赘述。

第四节　信仰与信仰关系

以往，该村村民的信仰以庙为核心，庙就是村民信仰行为的主要承载物。不仅如此，村民的信仰还反映在一系列的信仰活动之中，以及与从事信仰相关工作的神职人员的关系上。可以说，楚铺村村民的信仰总是寄托在特定的庙、活动、人之上，由此，塑造了该村村民特殊的信仰关系。不过，村民的信仰却并非总指向特定的宗教，其中也包含了不少迷信的成分。此外，信仰关系也受到了村落原本社会关系的影响。

一、庙宇与信仰关系

民国时期，无论是村中的大庙还是小庙均呈现出了特定的祭拜关系。不仅如此，在庙中的僧侣与村民之间也有着特殊的关系。这些都是传统时期该村信仰关系的侧面展现。

（一）祭拜的开放性

以往，该村的庙宇均归楚铺村民所有，无论建造者是谁都是如此。这主要是基于以下几个原因：其一，村内并没有形成以某一姓氏或者某几个姓氏为核心的宗族。如前所述，该村多数村民在村中至多只有几户亲戚，即使村中几大姓氏内部的各个家庭彼此之间也基本上不存在任何血缘关系。在这种背景下，村内修建庙宇的主体并不是某一宗族，而是村内富户。村内富户修建庙宇的主要目的便是积累村内声望。也正因为如此，村内富户建造庙宇不会禁止外人前来祭拜。其二，该村流动性较大。除了一些大庙，村中一些规模较小的土地庙本身多由一户或者几户家庭自主建造，早先祭拜的主体也是建造者。此时土地庙的产权归建造者所有，不过建造者也并不禁止其他村民祭拜。后来随着原来建造者的搬迁，土地庙便成为整个村落共有的庙宇，村中村民祭拜就更不存在限制了。其三，周边富户会在楚铺捐庙。相传，该村最古老的一座庙便为附近县的一位妇人所捐建。她在楚铺捐建庙宇主要是因为楚铺风水较好，捐建庙宇也是一种善举。随着时间的推移，捐建者所掌握的庙宇产权也逐渐让渡给了楚铺村民。

基于以上三个原因，该村庙宇不仅产权归楚铺村民集体所有，村民祭拜也不存在任何的限制。如前所述，不仅是楚铺村民，即使周边村民也能随意在庙中祭拜。据李邦存老人叙述："过去，庙都得靠香火养着，香火不旺的那就说明这个庙不灵，没多久就变成破庙啦。咱楚铺上很多庙，建造都有作用哩，你看那王爷庙就是保佑风调雨顺哩。香火要是旺咯，咱村里人还高兴哩，咋会限制外面的人来拜。"可以说，在该村及附近村落，无论是何等身份的村民均能祭拜村中任何庙宇。

（二）僧侣与家户关系

据村内老人介绍，该村庙宇有僧侣居住的时间基本都在1930年之前。在当地，虽然不是所有人都有信仰，但村民都会或多或少对僧侣有所敬畏。

1. 当僧侣的村民

以往，当地僧侣主要分为两种：其一，半路出家。有些村民对于佛、道等宗教的信仰比较虔诚，或是遇到了灾祸没法继续生存，便会在附近的寺院内出家。其二，童真入道。有些村民如果无法养育自己未成年的孩子，也会将他们送到附近的寺院中，请僧侣收留他们。由于该村的庙宇并不是非常著名，也没有庙田供僧侣生存，因此以往住在该村庙宇内的僧侣多由外地云游而来。后僧侣死在村中，无人再云游此地，寺庙中便没有僧侣继续管理。

2. 僧侣与普通村民

在该村，普通村民对于僧侣们一般比较敬重。如果碰见僧侣前来化缘，村民除非家中确实没有多余的粮食，否则都会尽量给予他们一些。对于一些老年僧侣，村民见到他们通常都会主动打招呼，并会尊称他们为"师傅"或者"道长"。不过，村民对于僧侣的态度，也与僧侣的个人品行有很大的关系。一些僧侣如果不遵守出家人的清规戒律，随意吃肉喝酒或者存在其他不端行为，村民大多会对他们非常鄙视。据艾宝玉老人叙述："要是碰到那不守规矩哩和尚或者是道士，那还有个啥好尊重哩。那些说不定都是假和尚（道士），都是来化缘也不给他们。"

3. 僧侣与排场人

以往，即使是村中的排场人对于僧侣也会比较尊重。在村中的庙宇还有和尚时，他们平日所食粮食主要由村中富裕的排场人捐赠。排场人对于僧侣的尊重，一方面源于信仰的内在要求，另一方面他们也将此视为换取社会地位的方式。据李邦存老人叙述:"过去哩,有钱哩都捐庙养和尚,自己盖座庙就够有面子啦,再每年给和尚捐粮食,那就更有面子啦。要是谁有这个实力,整个县里的都得说谁谁是个大财主,是个大善人。"与普通村民类似,排场人也不会待见品行不端或者是衣着破烂的僧侣。一些排场人如果不是真心信仰某一宗教,他们见到衣衫褴褛的僧侣前来化缘,甚至会用"臭和尚""死道士"之类的话语去驱赶他们。

4. 僧侣与保甲长

1949年之前,该村的保甲长一般不会找僧侣的麻烦,但也不会非常尊重他们。保内各种事务,保甲长通常不会让僧侣们出工出力,也不会向他们收取摊派。不过,除非是信仰比较虔诚的保甲长,其他人一般不会施舍给僧侣食物或者财物。在村中还有僧侣时,保甲长虽不会施舍,但也不会驱赶他们。在村里庙宇没有僧侣之后,保甲长见到外村僧侣前来化缘,不仅不会给予钱粮,有时还会用枪威胁他们赶快离开。与保甲长类似,楚铺镇第一任镇长对待僧侣的态度也并非十分友善,而第二任镇长赵国兴本身就乐善好施,所以也经常善待前来化缘的僧侣。

5. 僧侣的社会地位

以往,僧侣虽然居住在村中的庙宇中,但基本上是独立于村落社会的存在。在这种背景下,僧侣虽然能在一定程度上获得村民的尊重,却不会参与村落公共事务,也不会参与村民矛盾的调解。据艾宝玉老人叙述:"我听老哩说,过去庙里的和尚整天都不出门,村里人要是不去庙里拜佛也见不着他们。"

二、巫婆与信仰关系

在该村及附近村落,巫婆的职责主要是治疗医生无法治愈的疾病,往往带有一种迷信的色彩。不过,在医疗水平相对落后的传统时期,村民也只能寄希望于巫婆。

(一)当巫婆的村民

以往,巫婆可以分为专业巫婆和业余巫婆两种类型。所谓专业巫婆,就是以此为生的中老年妇女,她们多带有神秘色彩,与村中村民往往不会保持太亲密的接触。当然,也有不少没有名气的巫婆平日里和普通妇女没有太多区别。与此相对,业余巫婆则多是一些热心妇女,她们懂得巫术的一些皮毛,但又不是非常精通,只能治疗孩子哭闹或者丢魂之类的"小病"。在该地,巫婆往往都是些年过50岁的村民。如果年纪太小,会被村民认为道行不够,因此也不会有人乐意请她们施法。民国时期,在该村并没有专业的巫婆,附近村落也少有巫婆存在。正常情况下,只有较为偏僻的村落才会存在专业的巫婆。这主要是因为这些偏僻的村落较为贫穷,因此,通过从事相关职业谋取暴利的妇女相对较多。与此同时,这些村落往往是大家不熟悉的村落,村中如有巫婆治好了村民的疾病便会有人以讹传讹地将其事迹传得神乎其神。

(二) 巫婆负责的事务

如前所述,巫婆主要负责治疗村民无法治愈的重病,但他们的职责不止于此。按照负责事务的大小排序,她们具体负责的事务主要包括以下几个层面:其一,治疗小孩哭闹或者丢魂。村中未满一岁的孩童,经常会出现无故哭闹不止或者没有精神的情况。当地村民会认为孩子是被鬼怪缠身或丢了魂。在这种情况下,村民一般会请村中与自己相熟又懂得一些巫术的妇女为自己的孩子驱魔或者是招魂。其二,治疗疯癫村民。该村也有村民长期患有精神疾病,或者是突然疯癫,家人为了医治他们也会请巫婆驱邪。其三,为遇到怪事的村民驱邪。有些村民在夜晚外出时会遇到"鬼打墙"的情况,或者连续梦见妖魔鬼怪,抑或是在路上遇见"脏东西",这些事情都被村民认为是招惹了妖魔邪祟的表现。其四,治疗久病不愈或者即将去世的村民。据村内老人介绍,这是巫婆最主要负责的事务,特别是有名气的巫婆一般"专治"疑难杂症。

(三) 巫婆与家户关系

1949年之前,巫婆在村落社会中虽然地位不算太高,但其在信仰关系中仍扮演着重要的角色。

1. 巫婆的社会地位

传统时期,巫婆被看作是骗钱的职业,往往是被人瞧不起的职业,她们的社会地位并不能与僧侣同日而语。即使是较为"灵验"的巫婆,也只会有部分较为迷信的村民才会对她们较为尊敬,多数村民只会在需要请她们驱魔时与她们交往。据张文礼老人叙述:"巫婆要说都是些神神道道的老婆子,要说灵吧,也没几个灵哩。我小时候就见过,请了巫婆治了也没治好哩,那会儿多啦。请她们,还得给她们弄炸丸子,要是治不好咯也不退。有哩,没办法了请她们看看,也不是多相信她们。就跟现在老人病重咯进省医院一样,就是子女表表孝心,就这啦。"

2. 巫婆与普通村民

以往,普通村民只会请村内业余的巫婆为自己的孩子治疗一些哭闹之类的"小病"。去请巫婆时,当家人一般会让自己的妻子或者母亲去请,自己不会亲自出面。在治疗的过程中,当家人如果不在家则不用回家接待巫婆,如果在家与巫婆打个招呼便可。业余的巫婆在治病之前通常不收礼品,只是出于热心才自愿帮忙。如果巫婆治疗后,孩子的病情没有好转,孩子的母亲或者奶奶一般也会拿些糖果、油条之类的吃食感谢她们。与业余巫婆类似,去请职业巫婆也并不一定要当家人亲自出面,当然当家人出面的情况也较多。如果不请她们到家中,只用带些油炸丸子之类的吃食,然后请她们在自己家中作法便可。如果请她们回家驱邪，则要备好车马和饭菜招待她们。

3. 巫婆与排场人

在该村，排场人很少请巫婆作法，除非是父母病重或者是连遇怪事。如果是富裕的排场人，他们会首选和尚或者道士前来，而不是优先请巫婆。如果排场人去请巫婆，一般只会请有名气的巫婆，请时也只派家中女眷或者管家去请，不会亲自出面。特别是担任有"官职"的排场人绝对不会亲自出面。不过，他们请巫婆通常是遇到了较为棘手的事情，因此他们也会在家中接待巫婆，并全程陪同巫婆驱魔。

4. 巫婆与从事其他职业的村民

以往，巫婆虽然是村民兼业的一种类型，但其却不能与其他职业相提并论。一方面，从事其他职业的均是男性。因此，巫婆与他们基本上没有交集，除非是他们家中有事必须要请巫婆帮忙。如果是工匠请她们帮忙，去请的方式与其他村民没有任何区别，巫婆收到吃食之后便会为他们办事。另一方面，巫婆虽然不算是下九流当中的一种，但与下九流的社会地位也相差不多。平日里，从事其他职业的村民即使见到她们也无须打招呼，更不用刻意保持彼此之间的联系。

三、"先生"与信仰关系

以往，在该村"先生"又被称为"仙儿"，根据负责事项的不同，又可以分为"算命仙儿"和"风水仙儿"。"仙儿"与村民生活联系密切，但在村中的社会地位不是非常高。

（一）"算命仙儿"及其关系

"算命仙儿"主要是指算命看相的村民，他们是与村民日常联系最多的"先生"，传统时期村中有不少村民都请"算命仙儿"算过命。

1."算命仙儿"及其信仰

传统时期，"算命仙儿"分为多种类型，有摆摊算卦者，有拿着招牌游街串巷者，还有在家等别人主动来请的。他们又分为多种流派，对外宣传自己师承于哪位有名的师傅，实质上只是算命方式的不同。同时，"算命仙儿"又可以分为业余和职业两种级别。所谓业余的"算命仙儿"基本上就是学过一点算命皮毛的村民，他们并不以算命为生，只是平时喜欢谈论相关的事情，村民偶尔有事需要算命便会请他们帮忙。与此相对，职业的"算命仙儿"就是以此为生的村民。

1949年之前，"算命仙儿"负责的主要事务有：其一，卜问凶吉。春节一过便会有村民去请算命先生预测一年的运势以及有哪些禁忌。还有村民会在外出、嫁娶或者家人有重病时请先生算卦。其二，看相。看相主要是通过人的外貌来判断一个人的前程如何。其三,测字。测字主要是通过拆字的方式来解读问卜者所写字代表的内涵。也有先生会把写好的字放在桶中,让问卜者从中抽取一张,先生再为其进行解读。其四,批八字。批八字一般是为新生的孩童预测前程。当然,批八字最常出现在合婚时,双方需要通过批八字的方式来判断是否登对,以及结婚后要注意的事项。

2. "算命仙儿"与普通村民

以往,该村村民均有不同程度的迷信,因此他们对于算卦之事也非常热心。村中上了年纪的村民,无论男女大多懂得一些算命问卜的技巧,还有村民会专门研究相关事务。在这种背景下,村民遇到疑惑或者家中即将发生重大的事情时,便会请算命先生为自己算卦。不过,即使是普通村民在请他们算卦时也没有特别需要注意的礼仪,请他们算完之后支付相应报酬便可。

3. "算命仙儿"与排场人

正常情况下,排场人也会请"算命仙儿"帮忙。不过,他们所找"算命仙儿"一般为较为有名气的,不会随意到集市上去找摆摊算卦者。有名的"算命仙儿",借由村民们的口口相传,打响了自己在当地的名气。据村内老人介绍,以往"算命仙儿"中有一派专门装腔作势,他们衣着光鲜,还雇有三四名仆人。该村附近并没有这一类"算命仙儿",不过有名的"算命仙儿"也要有派头,否则别人也不会相信他们非常灵验。有名的"算命仙儿"基本上不出摊,他们只会等别人来请他们前去算卦。排场人在请他们算卦时,一般当家人会亲自前去,如果是赵国兴之类的富户也可以让自己的管家前去邀请。请他们前来家中时,排场人一般要用马车去接,算命完成之后也要将他们送回去。

4. "算命仙儿"与从事其他职业的村民

1949年之前,大多数村民只把"算命仙儿"当成是职业的一种。同时,在当地村民的认知中"算命仙儿"在各种职业中并不算是高尚的职业,但也不是太卑劣的职业。从事其他职业的村民基本上不会看不起他们,但也谈不上对他们非常尊重。同时,他们虽然与其他职业没有行交,但也没有交际的限制。

5. "算命仙儿"与保甲长

以往,保甲长无论是否请过"算命仙儿"帮忙,都不会刻意为难他们。在当地信仰体系中,村民认为为难他们也许会遭到一些意想不到的灾祸,至少在遇到困境时无法请他们帮助。不过,"算命仙儿"依旧无法逃脱赋税、抓丁等政治责任。据李邦存老人叙述:"算命哩也得被抓丁,那他们是逃不了哩,和普通村民没有区别。"

6. "算命仙儿"的社会地位

在该村,"算命仙儿"的社会地位与普通村民相似,但是有名气的"算命仙儿"的社会地位要比普通村民高一些。在当地,"仙儿"指神仙,用在算命先生的身上多半是对他们的尊称,形容其算卦灵验。如果是比较迷信的村民,也可能对他们礼遇有加,反之正常交往便可。如果某一个村民被冠以"半仙儿"的名号,则是说这个人道行不深,喜欢装神弄鬼糊弄人。以往,"算命仙儿"并不能算是排场人,因此他们不会参与村中的公共事务,也不会参与村落矛盾的调解。

(二)"风水仙儿"及其关系

与"算命仙儿"类似,"风水仙儿"主要是从事查看风水等相关工作的村民。不过,由于他们的工作性质特殊,因此他们与排场人接触的频繁程度要远高于普通村民。

1. "风水仙儿"及其信仰

1949年之前,"风水仙儿"很少在外摆摊,他们基本上都在家中等待其他村民前来邀请。当然,"风水仙儿"也有职业和业余的区分。不过,业余的"风水仙儿"就只是凭兴趣爱好,只有与他们关系不错且较为贫穷的村民才会请他们帮自己看风水。以往,"风水仙儿"主要负责的事务包括:其一,村民去世,帮忙找阴宅;其二,帮富户查看宅基地的风水;其三,计算下葬或者挖地基的具体时间。

2. "风水仙儿"与普通村民

如前所述,普通村民一般请不起"风水仙儿",或者根本没有请他们的必要。据李邦存老人叙述:"过去有哩穷得很哩连坟地都没有,还请个啥风水仙儿。老艾家的房子都是人家给他家哩,又不修房子请个啥风水仙儿啊。"当然,普通村民也并不是不会请"风水仙儿",不过他们所请的"风水仙儿"都是本村或者附近村落的熟人。村民请他们帮忙无须给予礼物,如果是给自己的父母选阴宅,则可以请他们吃顿酒席,或者是在选到坟地后给予一些油条、糕点之类的食物。

3. "风水仙儿"与排场人

以往,该村的排场人请"风水仙儿"的概率较普通村民要高出不少。不过,他们一般会请名"风水仙儿"。因为"风水仙儿"主要帮他们的亲人选墓地或者选择宅基地,因此排场人通常会当面请他们帮忙。当然,如果是赵国兴一类的富户或者是镇长李子峰也可以让管家去请他们。排场人请"风水仙儿"一般不带礼物,但选到合适的阴宅或者宅基地之后,排场人要支付相应的报酬。具体给多少钱并没有固定的价格,根据"风水仙儿"的名气以及所委托事务,他们可以拥有相应的定价权。对此,排场人一旦委托了他们,便不会讨价还价。

4."风水仙儿"与"算命仙儿"

以往,"风水仙儿"与"算命仙儿"均属于当地职业的一种,地位居于各种职业的中间。但是,"风水仙儿"较"算命仙儿"的地位要高出一些。这主要是因为,"风水仙儿"接触的村民多是村中的排场人。同时,"风水仙儿"所做的事情也比"算命仙儿"更为重要。据张付中老人叙述:"风水仙儿,干哩都是大活儿。算命仙儿哩,小活多,蒙人哩也多。风水仙儿,拿罗盘选地址都得要点技术,一般哩人都干不了。"可以说,"风水仙儿"的从业门槛也比"算命仙儿"要高出不少,这也是他们地位较高的原因。

5."风水仙儿"与保甲长

以往,"风水仙儿"与排场人接触相对较多。不过,他们也要承担相应的政治责任,并不在免责的名单中。当然,他们有时也能通过排场人来避免被抓丁的境遇。

6."风水仙儿"的社会地位

虽然"风水仙儿"比"算命仙儿"地位要高一些,但他们也不能算是村中的排场人。在这种背景下,"风水仙儿"很少参与村落公共事务,即使参与也没有太多的话语权。不过,由于他们与排场人接触较多,有时排场人也会和他们同桌吃饭,这也等于变相赋予了他们近似于排场人的身份。当然,这种身份并没有太多的保障,也不能为他们带来利益,只能为他们带来少许社会威望。

第五节 习俗与习俗关系

习俗是村民在日常生活中积累起来的惯习,涉及生产、节日、婚事等几个方面。传统时期该村的习俗一方面带有明显的迷信的色彩。例如,生产习俗就涉及不少禁忌,反映着村民"靠天吃饭"的无奈感以及对于自然的敬畏。另一方面,习俗也凸显着家庭内部的基本关系以及由此连带的家庭义务,这集中体现在年节的习俗上。此外,习俗也凝聚着家户与家户的关系,这主要展现在婚丧习俗之中。可以说,习俗不仅是村内各种关系的凝结,也是对各种关系的规约,不遵从习俗往往会被村民当成是不懂规矩的表现。

一、生产习俗及其关系

传统时期,在特定的生产阶段,村民总是会遵从一些生产习俗。如果违反了这些习俗,往往会被认为是触怒了老天爷,这势必为村民的生产带来一些影响,至少是心理层面的影响。

（一）试犁应好

每年的农历正月初五上午，该村及其附近村落的村民都会扶犁耕田，也有村民会象征性地下地锄麦。在扶犁当天，当家人会带着全家人一起前往地中，并象征性地劳作一番，以示新一年农业活动的开始。试犁应好主要反映了村民对于劳动丰收的期盼，有期待风调雨顺的意味。不过，由于民国时期社会较为动乱，村民在农业生产的过程中经常会遇到各种天灾人祸，这降低了村民对于该习俗的信奉程度，因此试犁的村民也逐渐变得越来越少。到了民国中后期，还信奉这一习俗的村民主要出于惯习，并不会真正觉得这么做就能得到老天爷的庇佑。

（二）试芽

在当地，试芽又被称为"芽芽"，主要是指村民试种自家种子。试芽，一般在麦收和秋收之后，新一轮的耕作之前。试芽时，村民会随意从自家的种子中选出几十粒，然后埋于自家后院，试试发芽率如何。通过观察发芽率，村民通常可以判断播种时具体需要多少种子。当然，试芽的意义并不仅仅如此。发芽率较高也是为村民带来丰收的好兆头，反之则有歉收的风险。

（三）打场

脱麦粒又被村民称为"打场"，打场时不少村民还有祭拜场神的习俗。祭场神时，村民会在场边放上祭品和场神牌位，当家人会对着场神牌位焚香烧纸。如前所述，在打场时女性一般不能进入场中，只是这一禁忌由于家庭劳动力短缺而被逐步放开。不过，女性虽能进入场中，但是却不能在粮堆前走动。另外，不穿衣服的小孩也不能进入场中。这一习俗在民国时期也有所放宽，不少家庭都不再继续遵守。然而，不穿衣服的孩子可以进入场中，却不能坐在石磙之上，否则也被认为会对生产带来不利的影响。

（四）垛垛

麦子脱粒之后，村民会各自带着木杈、竹耙等工具一起垛麦秸垛。此时，四邻可以互相结合，相互帮助，将麦秸垛成圆的或者长方的。整个过程又分为擂垛、踩垛、刷垛、淋垛等几个步骤。垛垛完成之后，经济条件较好的村民还会请前来帮忙的村民喝酒，以示对对方的感谢。

二、节日习俗及其关系

节日既是村民们需要庆祝的日子，又是家人团圆的日子。在此基础上形成的节日习俗，不仅包含了庆祝或者祭奠的仪式，还融合了家庭的基本伦理。所有的节日中，又以春节中展现的习俗关系最为丰富。

（一）春节

在该村，过春节从小年开始，至正月十五元宵节结束，有些家庭甚至会过到正月二十。在此期间的习俗关系主要表现为祖先与子孙、子女与父母、村民与村民、村民与神明四对关系。

1. 过小年

如前所述，每年小年前后（一说腊月初八后），楚铺就开始乱市，这也是村民开始集中采买年货的阶段。到了腊月二十三，村民就要开始打扫卫生，要将院子、房梁、桌椅等一并打扫干净。打扫完卫生之后，村民还要准备过年时所需面食、肉食以及祭拜祖先和神明所需香、烛、炮等物品。此外，过小年最主要的习俗是祭灶王。灶王爷是一个家庭的守护神，相传小年当天，灶王要升天向玉皇大帝禀奏一家人的恶行与善行。在灶王升天时，各家各户都要为其送行，这又称为"送灶王"。送灶王时，一家人（女性不能参与）要先集中于厨房，但如果已经分灶则无须一起祭拜。祭拜时，村民会在灶前放上供桌，然后由当家人带领全家向灶王祭拜。当然，也有不少村民只会将香炉放于灶台上。祭拜时，各家还会向灶王敬奉供品，但敬奉的供品各不相同，经济条件好则较为讲究，条件不好只拿豆腐干等素食便可。祭拜完成之后，还有一些后续仪式，但是各家遵循的仪式都有一些区别，民国时期讲究的人已经越来越少。

2. 杀年猪

以往，该村富户也有杀年猪的习惯。据艾宝玉老人叙述："要是谁过年能杀个猪，那都说明这个年过得好，家里经济条件好。杀了猪哩，都得跟旁哩炫耀炫耀。"村内富户杀年猪，一般只留半扇，另外半扇分给亲朋少许后卖给屠户，当然村内大地主不会把猪肉卖给屠户。普通富户杀猪之后，会先分给四邻一些，重量不会超过半斤，当然不分也可以。在给四邻分完年猪之后，他们还会给妻子娘家送上3—5斤，给本村同姓亲属、保长、相熟的排场人送1—2斤。有些普通村民还会给保长等村内有权势的村民送2—3斤。与此相对，排场人杀年猪之后，会给地位相当且有交往的排场人送上1—2斤猪肉。

3. 请祖过年

除夕当天，各家都要"请"祖先回家过年。上午村民会把祖先灵牌摆好，并在祖先灵牌前摆上香炉、供品。门房外、墙壁、用具上都贴上专用对联。大门外还要贴"出门见喜"，院里贴"满院春光"，室内贴"童言无忌"。对联上一般都写有吉祥话，如果还在服丧期则写带有纪念性质的对联。时至中午，由当家人点燃蜡烛和香纸，并代表全家人向祖先祭拜。当然，也有家庭会一起祭拜祖先，具体形式不限。以往，请祖只能"请"而不能"送"。

4. 团年饭

吃团年饭的时间一般在除夕当晚，但是分家之后如何吃团年饭则有一定的讲究。如果父母单过，除夕当天儿子、媳妇和孙子（孙女）要带着礼物一起回去看父母。所带礼物为羊腿、猪肉、鸡肉等（穷人拿其中一种，并配糖果等礼物）。探望完父母之后，如果父母家中没有东西招待儿子吃团年饭，便会让孩子回家自己吃。如果父母长期跟某一个儿子生活，那么其他兄弟便会会合到赡养父母的兄弟家一起吃团年饭。此时，兄弟去吃团年饭可以不用带礼物，因为他们平常也要向赡养父母的兄弟支付养老费用。如果父母在兄弟间轮流住，那么团年饭就轮流在父母住的兄弟家吃。因为兄弟不互相支付赡养费用，所以去吃团年饭时都要多少带些礼物，富裕就带肉食，不富裕就带些面、糖、油之类的物品。在父母都去世后，兄弟间通常不会再继续一起吃团年饭。但是，兄弟之间也可以互相邀请，邀请时当家人一般派自己的儿子去请叔伯，叔伯若借故推辞，兄弟也不会再三邀请。

5. 拜年

大年初一是新年庆祝的高峰。早起之后，村民要着新衣，并放三个"开门炮"。然后，家人要在当家人的带领下向祖先、天地等灵牌上香献供，礼毕燃放鞭炮。之后，便是村民们开始拜年的时间。村民上午不拜自家长辈，只拜同村村民，无论关系好坏都要一一拜访（特殊关系一般在年前送礼并拜见）。拜年时，村民会带自己未成年的儿子一起前往，每家每户门前也都放有一张席子，并放上一张桌子，桌上放各种糖果和徽子。村民拜年一般不进门，只在门口简单问候几句。有些村民会站在门前待其他村民前来，有些则在屋内，听到有人在门外吆喝"来拜年咯"，便马上从屋中出来。由于当家人都要出去给别人拜年，因此在家等候的多是老人、妻子以及成了年的长子。村民拜年时，大人只说"过年好"之类的祝福语，孩子则要跪在席子上给对方磕一个头。拜年完毕，对方要拿些糖果和十几根徽子招待孩子。以往，村民向其他村民拜年只能上午拜，到了下午就不能再拜年了。

跟家人拜年的时间一般在晚上，本村五服内亲属会集中在长辈家，让孩子一一拜年。孩子拜年通常要按照辈分拜，由长辈拜到晚辈，无论男女都要拜。拜完之后，由孩子爷爷奶奶给一两块钢洋作为压岁钱，其他亲属无须给压岁钱。

6. 走亲戚

走亲戚从大年初二开始。村民走亲戚必须携带礼物，特别是晚辈，必须携带重礼去看长辈。在该村，初二又被称为"看舅舅"。到了初二，舅舅要摆好酒菜，待外甥前来。如果外甥不来，舅舅不仅可以挑理，有时还会责打外甥。初四是看岳丈的时间，如果男方亲戚较多，也可以初六去看岳丈。除了初四和初六，走亲戚的顺序并没有明确的限制，但是姑父、姨夫等亲戚最好在初五之前走到。初六之后一般走远亲。在当地有句俗语："初七、初八，烂豆腐剩菜。"这实际上就是说，初七、初八在走亲戚时，亲戚家中就已经没有什么好菜可以招待了，也寓意着初六之后所走亲戚是关系较差的远亲。

7. 破五

大年初五为春节的最后一天（并不是节庆的结束）。初五之后，大多数节庆活动便可以告一段落，过年时的禁忌可以不再遵守，所以初五又被称为"破五"。除了试犁，当天村民还要吃水饺，祭祀祖先，并收起拦门棍。收起拦门棍意味着祖先可以回到阴间，但这并不是给祖先送行的仪式。

（二）元宵节

在当地，元宵节又被称为"灯节"，也被不少村民认为是春节的正式结束的标志。元宵节村民会食用元宵，以示团团圆圆。除此以外，家家户户门前还会挂花灯和红灯，富户人家还会在院子里点放烟花。晚上，孩子们还会执扎成龙、鱼、羊等造型的花灯结伴出游。由于该村有"玩意儿会"，所以从正月初六到正月二十除了出灯，村民还会请舞龙、舞狮、撑旱船的队伍一起来表演助兴。据村内老人介绍，该村附近的许多村落也会组织灯会，只是灯会只在十五当天请舞龙队等前来表演。灯会与玩意儿会基本类似，由村中光棍负责收钱，村内村民无论贫富均要出一些钱。

（三）二月二

在该村，二月二又称为"龙抬头"。是日，父母通常要为未成年的孩子剃头发。除了剃头，还有些村民会在家烧香祭神，以求当年能有好收成。清晨起来，村民要先将院子或者屋场打扫干净，再用草木灰在院子内撒成大圆圈。大圆圈代表着装粮食的"穴"，撒的圆圈越大，象征着今年越能储备更多的粮食。早饭时，村民要吃米粥和油煎饼，吃完后将剩下的部分当作祭品祭神。

（四）清明节

在当地，清明节是大家祭祀祖先坟地的时间，但是该村还流行"早清明"的说法。也就是说，清明节祭祀祖先要趁早，不能等过完清明节再去祭祀祖先。祭祀祖先时，全家要一同前往，但是老人可以不去，特别是祭拜自己同辈时，老人更是不用出面。同时，出嫁了的女儿也不用在清明节回去祭拜自家祖先。当天，妇女和小孩（一说只有小孩）会戴上用柳枝编成的柳条帽，俗称"清明不插柳，变成老黄狗"。此外，村民还要在自家大门两侧插上柳条。

（五）端午节

以往，在端午节之前，村内妇女便开始制作各种香囊，香囊上绣花，内放艾叶等香料。还有父母会给未成年的子女做花鞋，鞋上绣蝎子、蜈蚣等，有辟邪之意。在端午节当天，各家各户都会在门口插上艾枝。端午节所食食物以粽子、油条、煮大蒜为主，还有妇女会用雄黄酒在幼儿身上涂抹。这么做，有驱毒避害的作用。在端午节时，村民一般自己包粽子，煮熟之后四邻之间互相赠送，但很少有人会送给保甲长、光棍以及其他排场人。当然，如果这些人是某一村民的四邻，村民也会赠送粽子给他们，但他们不会回礼。端午节第二天，已婚妇女要带着礼物回家探亲，但丈夫不一定同行。

（六）中秋节

中秋节在当地是仅次于春节的重大节日。中秋节当天，全家人要聚到父母的住处，与父母团圆，并一同吃饭。中秋节晚上，村民还会置办香烛、供品，并向月亮祭拜，这一习俗又被称为"宴月"。不过，宴月者只能是女性，男性严禁参与。中秋节第二天，妇女也要返回家中探亲，丈夫一般也会一起去。中秋节时，村民还会制作月饼，制作完成之后也会赠送四邻，这与赠送粽子基本类似。不过，购买月饼的富户不会将月饼赠送给四邻。当然，如果有人在中秋节前后前来探望自己，他们也会拿出月饼招待对方。

（七）重阳节

以往，重阳节两个基本的习俗是插茱萸和登高。在当天，亲友们会相约一起登高。但是，该村附近没有山地，局势的紧张也打扰了村民庆祝的好兴致。因此，在民国中后期，村民只会在头上插茱萸，并不会相约登高，也很少有人在当天回家与父母团圆。

（八）十来一

十来一就是该村村民俗称的"鬼节"。在当天，村民多要前去祖先坟地烧纸，并在路口等地段祭魂。对此前文已经有所叙述，此处不再赘述。

（九）冬至

冬至节又称为"交九"，是最寒冷季节的开始，从这一天起天气会变得越来越冷。因此，冬至当天村民要吃饺子，以免自己的耳朵被冻掉。以往，过冬至节以家户为单位，村民包好饺子后互不相送，也不招呼四邻家中的孩子来吃饺子。

三、婚姻习俗及其关系

1949年之前，婚姻是大多数村民都要经历的人生阶段，随之而来的仪式不仅是对婚姻的庆祝，还是两个家庭社会关系的集中展现。

(一) 婚龄

在该村及其附近村落有"早娶媳妇早得继"的说法。传统时期该村男性村民的婚龄大多在 16—18 岁，女性婚龄大约在 14—16 岁。男性村民过了 20 岁，如果家中经济条件还不错或者该村民本身身强力壮并精于农活，一般能找到比较合适的结婚对象。与此相对，女性一旦过了 20 岁就很难再找到非常理想的结婚对象。女性过了 20 岁还未出嫁，一般是因为相貌较丑，或者身体有残疾。对此，父亲即使赔本也会尽量将女儿嫁出去。

(二) 婚姻形式

1. 指腹为婚

在该村，指腹为婚又被称为"娃娃亲"或者"胎婚"。不过，"娃娃亲"也可以指两个孩子在幼年时，双方父母便为他们订立婚约的情况。无论是娃娃亲还是胎婚均反映出类似的社会关系，只是娃娃亲的订婚仪式更为烦琐，媒人在婚姻过程中的地位也更为重要。

以往，指腹为婚主要基于以下两个条件：其一，双方具备良好的关系，且双方妻子又同时怀孕。其二，双方必须门当户对。具体而言，门当户对主要基于以下几个条件：首先，土地的数量。该村指腹为婚的村民多是拥有土地的富户，他们的土地通常会超过 10 亩，同时双方的土地数量必须大体相当。当然，如果两户村民拥有的土地达到了 100 亩以上，拥有土地数量相差 40—50 亩彼此也可以接受。其次，社会地位大体相当。在该村，指腹为婚的村民多是村上的排场人，排场人和普通村民之间不存在指腹为婚的现象，即使双方本身关系较好。同时，在外任有官职的村民也会选择与同样任有官位的村民结娃娃亲，当然如果对方是村中首富也可以接受。第三，住宅品质大体相当。在当地，为官者往往会在房屋上装置特定的装饰，以此来凸显自己的身份地位。住宅品质相当实际上就是身份地位相当的延伸。这一要求只是该村村民的附属要求，满足前两个条件，第三个条件也可以忽略。

双方一旦结成娃娃亲便不能再反悔，除非一方未到达结婚年龄就已经去世。有些订立了婚约的家庭，孩子在未成年时双双去世，那么双方父母有时还会为他们办冥婚。有些男性村民若因在外上学或者在外村谋生时又认识了更为理想的对象而想悔婚，则父亲不仅不会答应儿子，甚至会逼迫儿子赶快完婚。此外，在该村附近也曾出现过悔婚的情况。不过，悔婚是被村民非常看不起的一种行为，被悔婚的一方往往会请村内排场人为自己出面说理，有些村民还会因为悔婚而与对方对簿公堂。

2. 转房婚

在该村，转房婚又被称为"旧婚"，一般是指哥哥死后，未婚的弟弟娶嫂子为妻。这在该村是最为常见的一种转房婚形式。不过，在该村及附近村落转房婚还可以包括兄娶弟媳、姐夫娶小姨子、妹夫娶妻姐等。有些村民的独子在婚后去世，那么他们还可以让自己未结婚的侄子娶自己的儿媳妇，再让侄子为自己养老送终。传统时期，转房婚并不是什么光彩的事情，因此婚后双方常常会成为村民调侃的对象。村民让自己的子女结转房婚，主要出于以下两方面的考虑：一方面，担心财产外流。在当地，寡妇改嫁有时也可以带走家中财产。另一方面，减少结婚成本。有些较穷的家庭，也会为了节省婚姻成本而让未婚的儿子与嫂子结婚。因为转房婚多是被别人瞧不起的行为，因此婚姻仪式一切从简。有些村民甚至不会举办仪式，村民看到两人同出同住便会默认他们婚姻关系成立。

3. 童养媳

（1）关系的缔结

愿意把孩子送去当童养媳的家庭，往往是较为贫穷的家庭。愿意接纳童养媳的有富裕的家庭，也有因穷困而担心无法给儿子娶妻的家庭。村民如果想把自己的孩子送去当童养媳，可以把孩子卖给对方，也可以把孩子送给对方。在选择对象时，村民通常会选择外村家庭，当然也有少数村民会选择同村村民。如果村民与对方本身就认识，可以不找说合人，直接与对方沟通，对方也有找童养媳的意愿便能一拍即合。如果村民自己找不到合适的对象，也可以请村中亲朋帮忙寻找，并促成关系缔结。村民所找的说合人，不是村内的排场人，而是与自己关系较好且在外村有亲朋的普通村民。关系缔结之后，父母将女孩交给男方便可，女方无须附带嫁妆，男方也不用给聘礼。

（2）童养媳在夫家的地位

女孩到了男方家庭，一般都要听从婆婆安排，并完成家中各种家务活。有些童养媳在到达夫家时只有一两岁，但长到六七岁时就要协助婆婆完成家中各种繁重的家务。女孩一旦到达夫家，就意味着和原本家庭断绝了关系。除了父母病重或者去世，童养媳不能回家探望父母，女婿在未成婚之前也不用去拜见岳父母，不少女婿完婚后也不会去拜见岳父母。在结婚之后，童养媳与正常结婚妻子权利相当，但实际上她们在家中的地位仍然较低，当家人或者丈夫不同意的事情她们均不能做。

（3）婚姻关系的终结

传统时期，一旦双方达到结婚年龄，父母便会为双方举办婚姻仪式。婚姻仪式一切从简，有些家庭甚至会让孩子直接圆房。婚姻仪式完成之后，夫妻关系和正常夫妻一样，除非其中一方死亡或者休妻，否则婚姻关系不能终结。但是，如果婚前男女双方中有一方死亡，那么情况则有所不同。

如果婚前童养媳死亡，那么婚姻关系就此终结。不过，死后夫家一般要向童养媳的娘家告知具体死因，当然如果女孩是被卖到夫家则不一定要告知死亡原因。如果婚前男方死亡，此时家中还有未婚男孩，那么父母还会让未婚男孩与童养媳结婚；如果家中已经没有可以与童养媳结婚的男孩，那么男方父母可以将童养媳送回娘家。还有村民会让童养媳嫁给自己的亲友，童养媳对此一般没有发言权。此外，如果儿子不同意与童养媳结婚，父母劝说无效时也可以终结婚姻关系。此时，父母也可以将女孩送回原来家庭。但是，如果女孩是被卖到男方家，那么父母多不会这么做。在这种情况下，有些村民会选择将童养媳嫁给自己的亲戚，有些村民甚至会将女孩再卖给其他村民。有些好心肠的村民也会收童养媳为养女，并为女儿招婿入赘，但这种情况发生的概率较低。

4. 入赘婚

(1) 招婿与入赘家庭

需要招婿的家庭一般是只生育了女儿的家庭，父母为了传宗接代就会为女儿招婿。当地也有只抱养了女儿的家庭在女儿成年后为其招婿的情况出现。还有村民即使有儿子也会为女儿招婿，这主要为了避免女儿出嫁后在男方家受苦。与此相对，选择入赘的通常是没有土地且兄弟较多的家庭。据村内老人介绍，该村大多数入赘女婿都来于有产但兄弟较多的家庭。同时，"入赘婚"又常常与"表亲婚"连为一体，不少家庭会让自己未出五服的姻亲入赘为婿。此外，还有少数家庭会为死了丈夫的儿媳以及未过门的童养媳招婿。

(2) 入赘过程

在该村及其附近村落，有意愿为自己女儿招婿的村民首先要请媒婆"寻倒插门"。以往，入赘女婿一般都是外村人，本村人入赘本村家庭的情况较少。这主要是因为入赘是不太光彩的事情。当然，如果选择姻亲的孩子为婿便不用再找媒婆从中说合。在该村附近还有招逃荒者为婿的情况，这也无须通过媒人从中说合，岳父母与对方达成一致便可。相中女婿后，到了结婚当天，女婿自己来到女方家中与女儿完成结婚仪式便可，聘礼和嫁妆都可以一并省去。不过，村内还有一种说法认为结婚当日女方要带着嫁妆先到男方家，然后再由男方将嫁妆送回女方家中，如果采取这种迎娶模式男方同样不用给聘礼。

(3) 入赘女婿的权利

女婿入赘一般不用改姓，但是也有少数村民会要求女婿改姓。要求女婿改姓的家庭通常是较为富裕且家中只有独女的家庭，要求女婿改姓的原因主要是向外证明自己没有绝户。与此相对，愿意改姓的村民主要是家中无产或者是逃荒而来的村民。有村内老人表示，有些家庭让女婿改姓的同时，还会让女婿立下契约，说明终生不回原籍，否则不能继承女方家产。如果女婿不改姓，那么生育的孩子也随父姓，也有极少数村民会让自己的孩子随母姓。不改姓的入赘女婿，也可以回家祭祖，或者在年节里回家探望父母。自己的孩子也能回家祭拜祖先。因此，有村内老人又戏称入赘婚为"女娶男"。

（4）入赘女婿的地位

入赘村民通常地位较低，特别是在妻子家，女婿基本没有什么地位。即使自己是当家人，家中各项事务也要听从妻子和岳父母的安排。如果是入赘到寡妇夫家或者未过门的童养媳的夫家，那么入赘女婿的地位就更低了，有时甚至连自己的孩子都瞧不起他们。在岳父母去世后，有些入赘女婿虽然能获得家里的主导权，但仍不敢随意管教妻子。有些家庭甚至还出现过妻子休丈夫的情况。但是，如果入赘女婿是自己的姻亲，地位则与普通女婿相差不大。

5. 爹公婆母

以往，再婚后组合而成的新家庭，也可能存在不同父不同母的兄妹结为夫妻的情况。据村内老人介绍，历史上该村附近村落还存在不同父但同母的兄妹结合为夫妻的情况。村民这么做主要是为了降低结婚成本，避免家中财产外流。但是，这么做又是一件非常不光彩的事情，村内老人虽然听说过这样的现象却没有亲眼见过。

6. 续弦

（1）什么人需要续弦

选择续弦的村民主要是妻子早亡的人。当然，续弦还和自己的经济条件连为一体。如果某一位村民的妻子早亡，但是其已经有了儿子，那么续不续弦都可以。但是，如果村民的妻子去世前还没有生育子女，或者没有生育儿子，那么村民即使再穷一般也要再娶一房媳妇。

（2）续弦的对象

在该村，村民续娶一般很难找到未出阁的姑娘，当然如果经济条件极好则存在例外。据村内老人介绍，村民的续娶对象主要包括以下两类女性村民：其一，丧偶妇女。丧偶妇女一般在村内地位不高，有些改嫁时还带有孩子，因此多会找同样丧偶的男性村民为夫。其二，买来的女孩。有些村民家庭穷困，或者遇到重大变故，便会将接近成年的女孩卖给丧偶村民为妻。

（3）续弦妻子的权利

村民续娶，一般婚姻仪式较为简单，不少村民甚至会在下午或者傍晚举办婚礼。如果妻子是头婚，也可以用花轿将其抬入男家；如果妻子是二婚，那么一般不能坐花轿，也不能请乐鼓手，更不能放鞭炮。婚后，续娶妻子与正常娶进门的妻子地位相当，所生子女也与前妻生育子女拥有基本类似的权利。

7. 纳妾

（1）什么人会纳妾

以往，在该村需要纳妾的主要为以下两类村民：其一，正妻不能生育。其二，家中较为富裕。对于第一种情况，即使妻子不能生育，村民也不能随意娶妾。一般而言，只有村民过了35岁或者过了40岁，且家庭情况较为宽裕，妻子才不会干涉丈夫的娶妾要求。如果家庭情况一般，村民也不一定选择纳妾，而是会通过过继或者抱养的形式实现有子孙祭祀的目的。对于第二种情况，基本上出现在丈夫嫌弃妻子时，不过能否娶妾成功有时还要看妻子的地位。民国时期，村内富户所娶妻子通常来自门当户对的家庭，有些妻子的娘家甚至比夫家社会地位更高。例如，村民赵文圆的妻子就是袁世凯的亲戚，虽然袁世凯已经去世多年，但其家族仍在地方有不小的威望。与赵文圆的妻子相对，"七老婆"的家庭地位较为普通，其丈夫便又娶了一房小妾。

（2）纳妾对象

愿意让女儿去别人家当小妾的通常是经济条件较差或者重男轻女思想比较严重的家庭。同时，纳妾又以"买卖婚"形式出现，父母常常会把未出阁的女儿卖给有意愿娶妾的村民。村民娶妾如果是为了生育子女，那么他们会首选八字相合且身体健康的女性。如果纳妾别有目的，那么村民在找寻八字相合的女子的基础上，还会特别看重女子的长相。在富户纳妾过程中，女子的长相可能是决定其能卖多少钱的主要因素。女孩父亲收到钱之后，会将女孩送到男方家中，其他仪式便可以一并省去。

（3）小妾的权利

与正妻相比，小妾的地位要低不少。有些妻子比较强势，不仅会在丈夫面前不断数落小妾，甚至还会刻意抹黑小妾。如果小妾由丈夫买来，那么她们在家中的地位就更低了，丈夫和正妻都可以随意打骂小妾。在日常生活中，家中大多数家务活也要由小妾完成，有些小妾甚至还要伺候正妻。被买来的小妾，除非父母病重或者死亡，否则一般不能随意回家。即使是正常嫁入的小妾，如果得不到丈夫的允许也不能经常回娘家，有些甚至在过年时也不能回娘家探望父母。在丈夫死后，小妾还要继续与正妻一起生活。就两房子女的权利来看，妾侍所生子女不仅在地位上要低于正妻所生子女，少数村民甚至会在分家时少分给小妾所生儿子一部分财产，或者在保证数量大致相等基础上分给小妾所生子女一些质量较差的财产。

8. 换亲

在当地，换亲也是一种较为常见的婚姻形式。以往，换亲的家庭主要包含以下两种类型：其一，经济条件较差的家庭。由于家境贫寒，村民也会选择本村或者附近村落有儿有女且儿女年龄相仿的村民换亲。选择换亲的村民，通常儿子本身条件也非常不好，有些甚至带有残疾。为了能让儿子顺利找到媳妇，村民只好将自己的女儿与对方交换，当然对方家庭的男孩条件往往也较为普通。在这种情况下，村民可以自己与相熟的村民商量，也可以请在外村有亲友的村民为自家寻觅合适的换婚对象。其二，地位相当的村民为了加深友谊也可能换亲。此时，双方通常不用说合人从中牵线，只要彼此达成一致意见便可。此外，在该村还存在舅舅用外甥女为自己儿子换亲的情况。不过，这么做的村民只有一两户，外甥女嫁入的家庭也算得上富裕。在换亲时，两对夫妻一般不能在同一天举办结婚仪式，婚礼的过程与正常婚姻基本类似。结婚之后，夫妻双方的关系与正常缔结关系的夫妻没有太大的区别。不过，由于自己的妹妹为了自己的婚姻做出了牺牲，村民通常会在婚后尽力履行舅舅的义务，以此来偿还妹妹所付出的"人情"。

在该村还有另一种与换亲类似的婚姻形式，即"转亲"。转亲并非是转房，而是没有血缘关系的四五户村民互相换亲。也就是说，换亲并不是发生在两户村民之间，而是多户村民交叉换亲。发生转亲婚的村民，地位大致相当，经济条件也比较类似。转亲主要是为了降低婚姻成本，减少儿子找媳妇的困难程度，因此男方和女方条件都不会非常差，有些村民的个人条件在村中还算上中等以上。转亲婚换亲的周期集中在两三年内，也可以在一年内集中换亲，但婚礼不能在同月内举办。

9. 勾搭

勾搭并不是一种常见的婚姻形式，一般是指男女双方通过自由恋爱而结合。但是，在该村及其附近村落自由恋爱通常是不被允许的行为。因此，勾搭主要出现在不正经的男女之间。据村内老人介绍，在该村附近的白杨沟就曾有王姓村民（男性）和米姓村民（女性）因勾搭而结合。王姓村民本是村中的土匪，米姓村民也不是太守妇道的姑娘。有一日，女方在桥头洗手绢，手绢不小心顺水漂过了河。此时，男方正好从桥的另一端走来，便顺手从河中拿起了手绢。女方向男方要手绢时，男方借故调戏对方，两人便因此而恋爱。发生这种情况时，女方父母一般不会批准婚姻，除非对方家庭条件非常好。这种婚姻之所以被称为"勾搭"，就是因为女方父母虽不会同意，却因为惧怕对方而默许婚姻。女方父母默许后，男方不会给聘礼，女方也不用给嫁妆，双方搬到一起居住便可，一切婚姻仪式都可以省略。

10. 抢婚

以往，在该村，抢亲的情况并未出现过，这主要是因为该村有权有势的村民相对较多，多数村民都不敢肆意妄为。不过，在该村附近的白杨沟却经常出现抢亲的情况。抢亲者多是村中或者村外的土匪，抢劫对象则基本上是村中长相漂亮的未婚女孩。土匪前来抢婚，会直接将女孩抢走，然后立即入洞房，无须经过任何婚姻仪式。抢婚者敢于抢婚主要因为村中没有人与他们作对。因此，一旦女孩被抢走便没有了任何救回的希望。

（三）婚姻仪式

大多数婚姻形式都需要经过特定的婚姻仪式。不过，各种婚姻仪式中又以明媒正娶的仪式最为完整，因此此部分主要侧重于明媒正娶的婚姻仪式。

1. 相亲

传统时期，村民经媒人（或者媒婆）说合，双方如果觉得对方合适便会进入相亲的阶段。据村内老人介绍，相亲表面上是看对方家庭环境，实际上就是看对方长相。可以说，相亲就是男女双方第一次见面。在民国时期，相亲阶段男女还有一定的反悔自由，相不中可以否决婚事。以往，相亲主要是女相男，女孩相不中男孩可以取消婚约。当然，如果男方家境较好也可以否决婚事。因为女方具有较大的决定权，在该村还经常出现"替相"的情况。"替相"一般是指男性村民找年轻英俊的好朋友替自己去相亲，女方觉得男方可以，答应婚约后便不能再反悔。

2. 定亲

在该村，普通家庭一般不会举办定亲仪式，相亲后双方觉得较为满意便能择期结婚。不过，如果是讲究的家庭或者是娃娃亲通常会举办定亲仪式。定亲仪式多在测算双方八字之后，如果双方觉得一切都比较合适便会举办订婚仪式。订婚当日，男方会置办一桌酒席，请女方父母和媒人一同前来赴宴。婚宴当场，双方会订立婚约，婚约一旦订立便不能反悔，媒人便是合约效力的见证人。在订立娃娃亲时，更是要求媒人有较强的公信力，此时媒人必是村中与两家关系都比较好的排场人。

3. 定日子

"定日子"主要是指迎娶女方的具体日期，男方确定具体日期后，会将婚期告知女方。当然，普通家庭也可以省去此步骤。男方在确定日期后，会请媒人将婚期送到女方家中，女方要向媒人表示是否同意。如果不同意必须说明理由，否则男方家庭可以视作女方有意反悔。据村内老人介绍，定日子一般在婚前的 4—6 个月，这主要是为了给女方留足时间通知亲属。

4. 邀请对象

如前所述，婚姻中邀请村民前来贺喜必须提前"下帖"，下帖的日期一般也要在婚前的 3—4 个月，也有不少村民在定日子之后就立刻向亲友发帖。发帖对象以五服内亲属、村内外好朋友为主，婚前 3—4 天由男方当家人邀请对方前来帮忙。就发帖对象而言，只要对方是自己的亲友，无论对方身份如何都可以邀请。除了五服内的亲属以及好朋友，普通村民一般不邀请保长、甲长、光棍等村内排场人，即使村民与排场人关系较好也是如此。这主要是因为，排场人不会和普通村民同桌而坐，如果村民只邀请一两个排场人，排场人不会愿意前来。当然，如果发出邀请的是排场人，那么其他排场人都会赏光。

5. 婚姻中帮忙的人

（1）报酬

以往，结婚时帮忙的村民以四邻为主，但并不仅限于四邻，本村亲属甚至是外村亲友都可以前来帮忙。帮忙的村民男女均可。对于前来帮忙的村民，主家在事后一般要回礼，其中给男性回帽子，女性回毛巾。同时，村民借东西也要回礼，具体前文已经叙述，此处不再详述。婚宴时村民还要聘请厨师、鼓乐队、轿夫等。其中，村民一般要给鼓乐队和轿夫现金做报酬。在婚宴当天，上菜时舅舅要放一个红包在条案上，名为穿桌礼。婚宴结束之后，主家还会给予厨师一些烟和酒，有些厨师会直接从猪肉上割下两三斤作为报酬。此外，对于婚宴中的知客和管锅，当家人必须在请他们帮忙的前一天，将他们接到家中设酒宴招待。

（2）知客

以往，村民结婚必须请一个知客总体负责婚宴中的各种事务。知客除了安排座位，还要为前来帮忙的村民分工。因此，知客必须是村内"压堆儿"的排场人，也就是说话算数的人。据村内老人介绍，该村婚宴时最常请的知客是李子振和冯自勋。如前所述，李子振是李子峰的弟弟，但其威望并不是由哥哥而来。李子振在村中办事较为公道，经常为普通村民办事，是村民公认的好人。与此类似，勘测员冯自勋也经常义务性地为村民办事。村民请他们前来（每次一人），除了希望他们帮自己协调婚宴事宜，也有避免婚姻中各项矛盾的意图。在宾客身份相同时，如果座位有限，知客可以根据情况安排其中一人坐到较差的位置上。同时，在宾客就座次互相谦让时，知客也能为他们安排座位。此外，在村民因喝醉了酒而发生冲突时，知客也可以让帮忙的人将他们送走。

（3）管锅

管锅是具体负责后厨的村民，知客将后厨事务交给管锅之后，便不会具体负责。管锅要根据邀请宾客的数量，具体分配由谁来择菜，由谁来帮厨师做菜，由谁来干杂活。帮忙的村民通常要听从管锅的安排，村民如果干不好分配的工作，管锅可以对其进行指责。这就要求管锅也必须是村内"压堆儿"的村民，但他们的地位一般较知客差一些。除了分配工作，管锅还要根据酒席规模，具体安排出菜数量，如果数量不足由管锅负责。此外，管锅最重要的工作就是看管菜品，在菜品没有上桌之前任何人都不能食用。没上桌之前，如果有人私下食用，管锅有权将其赶走。

（4）执笔

执笔是负责记录来访宾客具体所送物品的村民。执笔人虽然不用是村中的排场人，但他们必须是有学问且办事细心的村民。同时，执笔人一般也是与主家关系较好的村民。无论四邻、亲戚、朋友，只要是有学问都能成为执笔。

（5）傧相（司仪）

在该村，婚礼中的傧相主要是男方同姓亲属中有文化且懂得婚礼礼仪的长辈。如果长辈中没有符合条件的村民，村民还可以请村中符合条件的村民代劳。除了男傧相，村民还会请女傧相，女傧相主要负责与新娘相关的事宜，内容相对简单，可由男家懂得相关礼仪的女性亲属代劳。

（6）媒人与媒婆

以往，明媒正娶必须请媒人说媒。即使双方早已订立娃娃亲，或者双方已经达成结婚意愿，都要再请媒人正式提亲。在该村，媒人并不一定是排场人，但得是办事公道且与双方关系都比较好的村民。媒人可以是男性，也可以是女性，但大多为男性。与此相对，媒婆主要是从事婚姻介绍职业的村民。对此前文已经有所叙述，此处不再赘述。

（7）轿夫

如前所述，村民结婚要租花轿，花轿由轿头负责提供，并配置两倍于抬轿应需人数的轿夫。轿头为村里或者附近的排场人，手中配有枪支，他们并不是完全以抬轿为生的村民。其他细节此处不再赘述。

（8）送帖人

以往，送帖人主要是与办事家庭关系较好的邻居，主家会事先嘱咐他们要将帖子送到哪几家，然后送帖人再按照指示分别送帖。送帖人不会给本村关系一般的村民送帖。本村与办事村民关系一般的村民，听到婚宴前办事家庭的鞭炮声，可以自主决定是不是要去。他们的决定主要基于对方是不是给自己送了人情。如果对方没给自己送过礼，那么他们也无须还礼。

6. 嫁娶仪式

娶亲当天，新郎家要悬灯结彩，并大摆酒宴。新郎身穿长衫，上身着对襟马褂，乘红色四人抬彩轿，另带同样一乘四人抬的红色彩轿以接新娘，一对红纱宫灯做前导，在锣鼓爆竹声中，升轿、启程。两个迎亲的男女青年分别乘坐两乘蓝轿紧跟在后。新郎至女家后，先登堂祭祖，再带新娘。礼毕，女方设宴招待之后，轿夫起轿返回男方家中。新娘一般穿红袄、红棉裤，红巾盖头，即使在夏天也这么穿（民国中后期习俗有所变化，有老人表示新娘穿一身红衣便可）。

传统时期，该村讲究双娶双送，女配双数亲友送亲，男方则要配双数亲友迎亲。也就是说，如果女方配有两人送亲，男方必须配两人迎亲。在新娘的轿中，还要配个男孩和新娘一块乘轿，意为压轿。沿途过桥，要扔馒头，撒铜钱，放铁炮，用红毡盖着新娘的轿门，这主要是为了镇邪。到家后，新郎先下轿至院内，新娘下轿时属相相克的人要回避。落轿要按指定方向，在轿前用红毡铺地，由男方女性长辈扶着新娘踩着红毡一直走到香案边，边走边有人向新娘头上撒喜钱、麦麸。院正中设花烛香案，在侯相指挥下，夫妻双方先拜天地，再拜高堂，最后夫妇对拜。拜堂结束后，新娘直接被送入洞房，待宾客前来祝贺。晚间新婚夫妇行合卺礼，亲邻都来助兴凑热闹，俗称"闹洞房"。

7. 婚宴座次

以往，拜完天地之后，婚宴随即开始。婚宴中，主客一般坐在屋内。在堂屋中，可以摆一桌、两桌或者三桌。其中面门东桌为最崇高的席位，席上主座坐新娘嫂子，主陪坐新娘，新娘婶子紧邻新娘就座，其他座位上坐男家女性亲属。如果堂屋中只摆一桌，那么就按此席位就座，俗称"新娘只有一天大"。如果堂屋中摆两桌或者三桌，男方亲属以及邀请的贵客都坐在其他两桌上，陪酒者为新郎舅舅和叔伯。如果堂屋内摆三桌，剩下两桌基本不分主次。过去，"有陪酒不陪醉，不为陪酒"的说法，因此叔伯都会尽力劝酒。除了堂屋，旁屋往往也会摆上几桌酒席，酒桌上主要坐女方男送亲、邻里，有时排场人也会在此就座（排场人不与其他村民混桌）。此外，村民还会在院子中摆上几桌，招待村中前来道喜的村民。院外坐席不分主次，村民可以随意落座。

8. 回门

回门指婚后第三天新郎和新娘一起回新娘家拜见父母。但是，回门当天并不一定办酒席。有些家庭会在嫁女当天摆宴，回门当天便不会再次设宴。如果女方决定在回门时摆宴席，那么又可以称之为"叫客"。叫客前天，新娘兄弟（新娘无兄弟则请新娘叔伯）要去给新郎、新娘送信，并让他们按时返回家中。叫客时，没有特别的仪式，酒宴结束时间无论再晚，新郎和新娘都必须于当天返回夫家。

（四）婚姻关系的结束

1. 结束方式

以往，婚姻关系结束主要是指休妻。休妻时，可以写休书，也可以不写休书。如果男方识字，可以自己写休书；如果男方不识字，便可以以口头的形式与妻子结束婚姻关系。口头结束关系，又被村民称为"不要她了"。但是，无论是否写下休书，都必须说明休妻的具体理由。如果理由不正当，或者没有休妻理由，妻子娘家人可以前来说理，甚至强制否决休妻决议。同时，如果妻子跟别人私奔，无论是否写下休书，婚姻关系都可以算是当即结束。与此类似，如果丈夫因赌博将妻子输给别人，也表示着婚姻关系已经结束。当然，婚姻中一方死亡也可以算作是婚姻结束。

2. 休妻原因

以往，村民休妻多数是因与妻子的矛盾达到了不可调和的地步。具体而言，村民休妻主要基于以下原因：其一，妻子不守妇道。村民发现妻子私下与人幽会，或者与人通奸，必然要休妻。此时，妻子没有任何辩护的权利，只能接受被休的现实。其二，妻子不孝顺公婆。有些媳妇如果长期为难公婆，甚至对公婆大打出手，儿子又比较孝顺，也会将妻子休掉。当然，如果儿子也不是很孝顺，这便构不成村民休妻的理由。其三，性格不合。夫妻双方如果都比较强势，长期吵闹致使家无宁日，丈夫也可以休妻。

同时，妻子也可能因为与丈夫不和而请丈夫休了自己。妻子请求丈夫休妻，主要基于以下几种原因：其一，丈夫嗜赌成性，输掉大量家产。如果丈夫嗜赌，妻子对其心灰意冷时可以请丈夫休妻。其二，丈夫吸食大烟。这与第一种情况基本类似。其三，丈夫在外拈花惹草。在该村，有些村民会在外招惹未婚女性，妻子如果无法忍受丈夫的行为，或者觉得丈夫的行为很丢人，也可以请丈夫休妻。也有丈夫打算娶妾，但妻子不能接受，便请丈夫休妻的情况出现。其四，丈夫长期虐待妻子。其五，婆媳长期不和。以上两种情况，如果到了不能调和的地步，妻子都可以请求丈夫终结婚姻。不过，与丈夫休妻不同的是，妻子请求丈夫休了自己，丈夫可以否决妻子的决议。如果丈夫也不想再过下去，可以答应妻子的要求；如果丈夫还想继续过或者觉得休妻很丢人，妻子即使多次请求，丈夫也不会同意。丈夫不同意休妻，妻子娘家人通常不能干涉，因为被休也是一件非常丢人的事情。此时，妻子的娘家人只会劝说夫妻双方尽量克制，不要再让矛盾升级。

此外，还有少数老人表示，该村附近村落还存在"女休男"的情况。这种情况多发生在倒插门女婿身上，妻子对丈夫的种种行为非常不满意，也可以提议休妻。此时，丈夫基本上没有太多话语权，只能答应妻子的休妻要求。

3. 财产与孩子的分配

在休妻时，妻子得不到任何财产，只能带走自己的嫁妆（衣物、家具、土地）等。在该村的历史上，还未出现过丈夫赠送土地给妻子安享晚年的情况。不过，在"女休男"的情况下，丈夫并不能带走家中任何财产。就孩子而言，休妻后妻子一般不能带走，但是如果妻子请求也可以带走女孩。在"女休男"的情况下，孩子通常会留在女方家中。

（五）寡妇改嫁

1. 改嫁原因

以往，改嫁是非常羞耻的事情，所以正常情况下寡妇不会改嫁。如前所述，寡母常常会让亲友租种自己的土地，以此来谋生。清朝时期，在该村及其附近村落还曾有丈夫在订婚后去世，妻子抱灵牌完婚，并一辈子不改嫁的情况。但是，改嫁在该村也并不是一种少见的现象。家中没有土地，不改嫁无法养活孩子是寡妇改嫁最主要的原因，该村超过80%的女性改嫁都是为了养活自己的孩子。有的是与公婆不和，不愿意再和公婆一起生活。由于社会比较动乱，不守规矩的村民勾引寡妇的情况也偶有出现。此外，该村还曾出现过独子去世后媳妇背着公公改嫁的情况。

2. 改嫁对象

1949年之前，妇女改嫁很难找到头婚青年，所以她们改嫁的对象主要是死了妻子的鳏夫。由于改嫁非常丢人，所以只有极少数妇女会改嫁给本村村民，有些妇女甚至会嫁到离丈夫家50—60公里之外的村落，或者干脆改嫁到外县去。同时，还有妇女在改嫁时会选择嫁给别人当小妾。

3. 改嫁过程

改嫁时，也有说合人从中做媒。有意愿续弦或者娶小妾的村民，会请媒婆或者媒人为自己寻找合适的对象。媒婆（媒人，下同）在找到合适的对象后，会对其进行反复劝说，直到其同意改嫁为止。一旦丈夫去世，妇女便拥有了改嫁的决定权。即使此时没有分家，公公婆婆也无权干涉其改嫁决议。寡妇同意改嫁后，择吉日到男家合床便可，有些家庭还会举办一些简单的仪式。

4. 财产与孩子的分配

寡妇在决定改嫁后，如果丈夫已经与父亲分了家，那么寡妇可以带着家中全部的财产离开。对此，公公婆婆以及家中其他亲属均不能进行干涉。但是，如果丈夫还未与父亲分家，那么寡妇只能带走自己的嫁妆，夫家的财产一分钱也不能带走。至于孩子，寡妇在改嫁时必须与公婆协商。这主要是因为孩子与公婆具有血缘关系，即使儿子死了，祖孙之间也是"一家人"。在协商时，如果寡妇无意带走男孩，那么公婆也可让寡妇带走女孩。如果寡妇想带走所有的孩子，公公必请自己的兄弟或者明白事理的长辈前来论理。双方争执不下时，公公的兄弟或者长辈可以最终下"判决"[1]。将孩子"判"给谁，谁就具有抚养权。对此，寡妇和自己的娘家人没有发言权。

四、丧葬习俗及其关系

丧葬仪式的核心是入葬，之前的仪式均可以做一定程度的简化。此外，丧葬仪式同样反映出了丰富的社会关系。

（一）举丧

一般家庭在老人去世之前要将祖先灵牌移至偏房，再由家人为其换上老衣裳，移灵床至正堂停放，这又被称为"寿终正寝"。尸体一定要头朝外停放。死后，家人立即在鞋上糊上白布，男戴白帽，女系白巾，五服之外亲属无须戴孝。用白纸糊门，家人还要于夜晚在十字街烧纸报神，俗称为"报庙"。在灵床前，村民会为死者挂上白色素帷，摆上香案，案桌上供奉死者灵牌和灵鸡。灵鸡必须要儿子掐死，如果长子在世则由长子完成，儿子已经去世可由孙子代劳，但外孙不行。在供桌上，还摆有供品、香烛、蜡纸等物品。死者头前要点长明灯，并悬挂挽联。

（二）捎信

死者死后第二天，家人会请与自己关系较好的四邻捎信，也就是向亲友报丧。报丧时，只报给村外近亲、子女、刚出五服的远亲以及朋友。捎信时，邻居要明确告知死亡时间、吊唁和下葬日期。接到消息后，近亲和子女随即回家奔丧，其他亲友也要尽快带着纸、肉等物品前去吊唁。

（三）吊孝

四邻帮忙报信后，亲友会陆续前来吊孝。前来吊孝者由知客负责接待，执笔则记录下所送物品。记录完成后，知客会引领吊唁者进入灵堂，再由礼傧唱礼，完成祭拜仪式。祭拜完成，孝子下跪回礼，再由帮忙的人领客到旁屋休息，待吃完饭之后再返回。当然，如果主家较穷也可以不吃饭。

---

[1] 此为村内老人原话。

（四）待客

以往，穷人可以不待客，即使待客也不会"待整桌"。所谓不待整桌就是酒桌上只摆萝卜炒肉、卷卷（把鸡蛋卷起来炸）并配以蔬菜汤，亲友前来吊唁随即上桌，吃完便可以离开。村内排场人或者富户一般要"待整桌"，这与婚宴的模式基本类似。"待整桌"又可以分为三碗、四四、八八三种模式。其中，三碗就是吃饭时要上3个碗，但盘子至少要上4个；四四就是4个大碗，2荤2素，再配以其他辅菜；八八则是8个大碗，4荤4素，再配上6—8道辅菜。无论是四四，还是八八，通常都采取一稀一稠的搭配方式。从八八的具体菜单来看，通常是头碗羊肉、二碗整鸡、三碗大肉、四碗鱼、一汤肉片汤、二汤鸡汤（不连块）、三汤滑肉片（或者银耳汤）、四汤氽汤丸子（或者鸡蛋汤）。村中最富裕的村民还会在八八的基础上多配一碗海参汤和一碗鱿鱼，也叫"十全十美"。但是，村中大多数富户只会摆四四桌。

丧葬摆宴时，座次与婚宴基本类似，堂屋中坐家中长辈、贵客以及其他排场人。如果父亲去世，首席以父系亲属为主；如果母亲去世，首席以母亲亲属为主。其他亲属和四邻多坐于旁屋，院外坐村内关系一般的村民。但是，丧葬时酒席只能摆在自家院内，或者村中的公共场所，严禁将酒席摆在四邻的院子内，即使沾点边也可能引发双方矛盾。

（五）出殡

死者死后三天（各家时间不一样），亲人会把死者抬入棺材，称为"入殓"。棺内铺黄布单，死者身上盖白被单，称为"铺金盖银"。出殡前，子孙先在家中行"家奠礼"，礼毕后再发丧。出殡日期要请风水先生找一个吉利日子。起棺出门时，先由孝子在棺前摔老盆（瓦盆）。摔盆一般依据辈分和年龄按由长到幼的顺序排列，即长子在世由长子摔，长子不在世由二儿子摔，儿子都不在世就由长孙摔。如果死者是孤寡老人，那么可以省去摔老盆的步骤。在起棺时，抬灵的村民、鼓乐手、僧侣走前边，孝子披麻戴孝，持哀杖，走在棺后。其中，由长子抱灵牌，如果长子不在世则由二儿子抱灵牌，依次类推。儿子后面一般跟死者孙子以及媳妇、孙媳。之后再跟家中亲属，亲属不多则不分远近；如果亲属较多，则近亲在前，出了五服的远亲在后。队伍的最后通常为四邻、朋友以及村内其他送殡者。妇女因行走不便，也可以乘车跟随在送殡队伍之后。

送殡队伍出行，每到路口、桥头等地，必须先烧纸再通过。路上如遇有人致祭，孝子要向其叩头，以示感谢。抬棺路中停歇时，孝子即转身于棺前跪拜，既表示对死者的挽留，又表示对众人的谢意。接近坟地时，众人跑步前进，抬棺绕墓坑一周，称

"抢茔"。挖墓坑时必须由死者长子挖第一铲,其余可由送殡村民挖掘。棺木放进墓坑后,要鸣放炮竹,将长明灯、噎老罐摆放于棺材前头,哭丧棒、孝子孝妇身束的麻纰丢入墓坑。当日,棺木之上只略封一层薄土。在入墓之时,近亲会一直在墓边守候,其他亲友则可以先行离开。入墓三日内,每天晚上孝子要带着柴火和纸钱到墓前为死者送火,以示对死者的告慰。三日后,死者后人集中后再为死者盖土圆坟。

（六）葬后礼仪

死者入坟后,每逢七天,家人都要到坟前哭祭,俗称"祭七"。"祭七"直到五七结束。死者死后百天和周年,家人也要上坟烧纸。如果兄弟已经分家,那么便无须一起前去祭拜。在父母死后的百天内,孝子不能理发、剃须,孙子则无所谓。入葬后三年之内,村民不能在过年时贴红对联,有的三年都会贴黄对联,有的则按黄、绿、紫的顺序贴对联,还有的会第一年不贴对联,后两年贴其他颜色的对联。有些村民还会在大门上贴上"守制"二字,以示守孝。

（七）丧礼中帮忙的人

在丧礼中,帮忙的村民主要有四邻、乐鼓手、知客、轿头、礼傧、管锅等。除了乐鼓手和轿头之外,其他村民均无须给予报酬,特别是四邻前来帮忙完全属于义务。知客、管锅、礼傧等与婚礼时基本类似,都是村中能"压堆儿"且懂得相关礼仪的村民。轿头则是拥有枪和抬棺所用架子的排场人。如前所述,每次抬棺要配16—24人,这些人均由轿头负责组织,四邻一般不帮忙抬棺。

第六节 文娱与文娱关系

传统时期,楚铺村村民为了打发漫长的农闲时光,也发展出了不少文娱活动。具体而言,该村的文娱活动主要包括日常文娱和节庆文娱两个部分。可以说,文娱活动不仅是一个家庭的自娱自乐,还给村落的村民提供了沟通感情和加强联系的契机。

一、日常文娱及其关系

1949年之前,文娱活动是村民娱乐关系的主要载体。可以说,文娱活动不仅凸显着家内关系,更反映着家户之间的地位。此外,文娱活动不仅包括公共娱乐活动,还包括个人娱乐活动。

（一）打牌

村民打牌主要集中在农闲和春节时,村内设有牌摊,庙会时也是村民集中打牌的时间。此外,村民还会在家中打麻将,但打麻将者多是富户。打麻将者一般是在家中打,可以与家人打,也可以与外人打。如果与家人打,男性长辈必须坐于东座,其他家人则可以随意就座。打麻将时,虽然也会带一些彩头,但是钱很少,并不构成赌博的性质。有些长辈为了让孩子多赢一些钱,甚至会故意多输几把,输掉的钱就变成了孩子的零用钱。排场人也会在平日里邀请其他排场人前来打麻将,但是绝对不会邀请普通村民前来。在村内或者庙会的牌摊上,虽然不分身份的贵贱,但是打麻将时排场人基本上不会与普通村民同桌而坐。

（二）听戏

该村村民听戏主要在庙会时,有些戏班也会在开集时搭台唱戏。以往,村中如有戏班唱戏,村内村民都可以前去听戏。此时,家中妇女、儿童即使没有得到当家人的许可,也能前去看看热闹。不过,如果看戏的人较多,妇女必须在丈夫的陪同下前去看戏,以免被人占了便宜。民国时期,该村流行的戏剧以罗卷戏为主。戏剧中包含了一些劝人向善的内容,还融合了当地的小故事,特别是当地富户救灾、子女孝顺父母、兄弟和睦等真实故事。当然,其中还有一些抢婚、抢劫、不忠等负面故事。无论故事内容是否为正面,核心都是惩恶扬善。因此,听戏也能起到教化的作用,能让村民知道什么该做,什么不该做。也正因如此,当家人才不会限制妻子和孩子去听戏。

与听戏类似的还有听书。如遇喜庆之事,或者是在农闲之际,村内便会有富户请说书人到村中演出。在平日里,村民也会于闲暇之际前往乡镇街头说唱者设摊演出之处听书。说书的内容有历史故事,也有演义小说,其核心都是劝人向善。

（三）观看红白喜事

观看红白喜事也是该村最基本的文娱形式之一。传统时期,举办红白喜事时较为热闹,特别是富户家的红白喜事,往往场面盛大,仪式相对隆重。不过,相对于白事,村民更愿意去观看别人家举办红事。这主要基于以下两个原因：其一,丧事往往会带来不幸。迷信的村民认为,死人是晦气的事,稍有不慎还可能招来鬼魂。有时,家中的孩子前去观看,当家人还要把他们叫回来。不过,如果死者是年纪较大的老人,则属于喜丧,因此并不存在这么多的避讳。其二,丧葬仪式相对简单。与婚姻仪式相比,贫穷家庭有人去世,仪式一般很简单,因此观赏性较差。当然,富户家中的丧礼有时也会非常隆重。据艾宝玉老人叙述:"那个时候,赵文圆家一次出了七口棺材,请的有乐班,和尚和道士都有不少,穿孝衣孝服的亲戚也不少。出殡的时候,沿路上村里人都出来看,场面也比较热闹。"

（四）祭神

无论是家庭祭神,还是村中集体祭神,都具有一定的观赏性。以背雨为例,背雨的仪式相对复杂，村民还要前往老乐山。因此，在背雨时不少村民跟着前去也是为了凑热闹，以此来打发闲暇时光。家内祭神，虽属于自家行为，但是祭拜多集中在同一时间段。整村同时祭神，场面也会非常热闹。例如，在打场时，村民就会集中祭拜场神。据李邦存老人叙述："过去，那祭神都是习俗，肯定整个村里哩都要一起祭拜。自己家祭完成了，小孩子都会跑着玩，看别人家怎么祭哩。可有意思啦。"

（五）玩游戏

1949年之前，村民日常玩的游戏主要有掰手腕、走方格、踢毽子、打弹弓、滚铁圈等等。玩游戏主要是孩子之间的娱乐，因此游戏过程通常比较轻松愉快，不会出现太大的矛盾。不过，孩子之间在玩游戏时，也会有年纪较大的孩子欺负年纪较小的孩子的情况。此时，常会引发两个家庭的冲突，当然这并不是严重的冲突，两个家庭很少会因此发生对立。此外，大人之间也会玩游戏，大人所玩游戏以角力类游戏为主。然而，大人玩游戏有时会带有较劲的性质。据李邦存老人叙述："大人掰个腕子，有时候就是互相不服气哩，他说他有劲儿，他说他有劲儿，两个人说不通了就比比呗。有哩掰腕子哩还会让好朋友都来看看，看看到底谁力气大。"角力中输掉的一方，常常会在外人面前丢了自己的面子。但是多数村民不会过于计较，有些干脆服输，有些则会回家加练，找机会再为自己正名。此外，大人之间角力，还有宣传自己的作用。这种宣传可以达到以下两个效果：其一，证明自己有力量，从而引起村民对自己的尊重，减少自己受到欺负的可能性。其二，向雇主宣传自己。对于打算以做长工或者短工为生的村民，有力气也是雇主考虑的因素之一。在村中获得了有力气的"好名声"将为村民获得工作机会提供极大的便利。

（六）其他文娱活动

以往，村民的文娱活动还包括赶街、请酒、闲聊、逛庙会等等。这些活动主要发生在家人、四邻以及亲近朋友之间，属于日常文化娱乐的形式。由于前文对此已经有所涉及，此处便不再赘述。

二、节日文娱及其关系

1949年之前，除了日常性文娱活动，该村的文娱活动还广泛存在于年节时。与日常性文娱不同的是，部分年节的文娱活动往往参与的村民更多，也更能凸显村内社会的整体关系。

（一）过年娱乐

以往，过年是该村最为隆重的节日，也是村民娱乐活动比较集中的时间段。具体而言，过年时的文娱主要为以下几种类型。

1. 守岁及其关系

据村内老人介绍，村民守岁主要是向神明祈福，如果早睡便不会得到祝福。据艾宝玉老人叙述："那个时候，老人都告诉小孩儿，晚上守岁第二天就能得新棉袄。还有哩说，守岁第二天有好吃的。不过，都是哄小孩哩，让小孩儿晚上别睡觉。"一般而言，守岁守到子时便可。守岁时，全家老小通常围坐在火炉旁，拿些糖果之类的零食一起展望新的一年。正常情况下，大人必须守岁到子时，特别是家中成年男性不能早睡。但是，孩子、老人、妇女如果无法坚持到规定时间则可以提前睡觉。

2. 放炮及其关系

1949 年之前，过年时家家户户都要放炮，但是燃放的长度与家庭的经济实力以及社会地位存在直接的联系。村民放炮的时间一般为除夕、初一、初二、初五。不过，富裕村民和排场人还会在初三、初四、初六、初七等时间段燃放鞭炮。同时，村中排场人燃放鞭炮一般较长，即使是没有钱的排场人也是如此。据李邦存老人叙述："排场人鞭炮放得长，那是显村里地位哩，要不别人说了脸上不是没光？排场人嘛，都是场面人，做的事儿不排场，还咋当排场人？"与排场人相对，不少富裕村民即使有钱也不会燃放太长的鞭炮。这主要是因为，富裕在村中并不是衡量村民地位的首要因素。只有钱的村民如果压过了四邻中排场人的风头，可能会受到他们的刁难。

除了除夕等时段要燃放鞭炮，初一当天清晨（三更左右）也要燃放开门炮。在该村，燃放开门炮的人通常是一个家庭的当家人或者是长子，其他人没有燃放的资格。放开门炮时，燃放者要口念吉祥如意的祝福语，讲究的家庭会先放一把 100 多头的小鞭炮，然后再放几支大爆竹。除了开门炮，其他时间放鞭炮也多由当家人或者长子负责，但是其他儿子成年后也可以在当家人的授意下燃放鞭炮。此外，一个家庭购买了鞭炮之后只会给自家的孩子燃放。一方面，过去村内多数村民都比较贫穷，买鞭炮时最多买一挂小鞭炮，拆开后分发给自家的孩子燃放。另一方面，如果将鞭炮交给四邻的孩子燃放，对方又不小心炸伤了自己，那么分发鞭炮给四邻的村民往往要承担相应责任。这不仅会打破过年的喜庆气氛，还会严重影响四邻关系，可谓得不偿失。

3. 请年酒及其关系

以往，村民请年酒主要在初六之后，但并不是所有村民都会请年酒，请年酒的对象也有所不同。对于普通村民而言，他们请年酒的对象主要是自己的兄弟。如果兄弟们已经分家且父母已经去世，或者是兄弟们过年时不跟父母一起吃年夜饭，那么在初六时兄弟们便会相互请年酒。请年酒时，一般由兄弟中的一人先向其他兄弟发出邀约，在该兄弟家吃完年酒之后，其他兄弟会当场发出邀约，第二天兄弟们便再次集中喝酒，直到所有兄弟轮流一遍才算结束。不过，请年酒并不会年年请，兄弟中如果有人家境非常贫寒也可以不请其他兄弟去喝年酒。请年酒时，发出邀约的村民也会邀请兄弟家人一同前来。酒席上，所食菜肴较为随意，有肉、有蛋、有面便可，并不一定要"待整桌"。

该村及其附近村落还存在富户请年酒的情况，当然这种情况发生的概率相对较低。富户请年酒多发生在收成极好的年份。为了庆祝丰收，富户便会请全村村民前来喝年酒。富户在打算请村民喝年酒时，可以请四邻代为通知，也可以请家中管家代为通知，或者自己去通知也可以，这并没有固定的要求。村中除了乞丐，都能前来喝年酒，但是每家只能来一人，也就是每个家庭的当家人。富户请年酒必须成席，根据经济情况不同，又可以采取不同的酒宴等级。此外，村中排场人年后相互请年酒的情况也比较常见。

4. 其他文娱活动及其关系

在该村，因为有囊囊会的存在，因此过年时也会有村落村民共同参与的文娱活动。对此，在会社部分已经详细叙述，此处便不再赘述。除了囊囊会之外，村民们还会打牌或者是玩一些游戏。

（二）元宵节

在该村，元宵节的娱乐活动主要为赏灯和举办玩意儿会。但不仅仅于此，年节当天村民还有结伴郊游的习俗。

1. 打秋千与郊游

在元宵节当天，四邻们会在树木下或者村内公共场所内搭建秋千，以供家中孩子玩耍。建造秋千所需材料一般由四邻自愿捐赠，凡是村内的孩童都可来玩耍。打秋千是孩子们的娱乐活动，大人们则会在白天结伴出游，当地素有"玩十五，逛十六"的说法。村民在元宵节外出郊游，主要是为驱赶妖邪，并祈祷与病永诀。不过，由于该村存在囊囊会，因此在元宵节当天出去郊游的村民并不多，村中多数老人只听说过相关习俗。

2. 玩灯

村民有在元宵节前一天门前张灯的习俗，花灯要从元宵节晚上挂到第二天早上。有些村民还会为自己的孩子制作或者买几盏花灯，供孩子在夜间上街玩耍。以往，村民所用花灯通常在集市中购买，每到元宵节前几天便会有人在楚铺集市上支摊售卖。除了张灯，楚铺村的玩意儿会还会在夜间出灯。玩意儿会除了花灯之外，还有方灯，方灯上通常画有各种故事，有些则写有一些吉祥如意的话语。出灯时，村内外不分大小尊卑均能前去赏灯，四邻间结伴游玩的情况也非常普遍。出灯时，楚铺村民还会猜灯谜。玩意儿会的组织者，会在一些花灯外面罩上一些谜语供村民猜谜。不过，由于很多楚铺村民没有文化，所以猜灯谜者多是读过书的村民，猜中也没有任何奖励。

3. 兴社火

以往，玩意儿会也会在元宵节当天请踩高跷、滑旱船、舞龙等队伍前来表演，这又被称为"兴社火"。不过，虽然举办玩意儿会会请他们前来表演，但并不是每年都会请。有时，周边村落也会组织队伍在各村游行，以挣取少许报酬。一般而言，游行的队伍会在富户门前多停留一会儿，也有队伍会在富户门前放炮，富户观看之后会拿出一些钱作为打赏。即使是游行队伍由玩意会儿花钱请来，他们也会通过这样的方式多赚一些报酬，对此村民基本采取默认态度。对于不是非常富裕的村民，游行的队伍则不会在他们门前逗留，他们也只会到楚铺街上观看相关表演。

（三）其他节庆文娱

除了春节和元宵节之外，该村其他节日并没有文娱活动，只是村内光棍有时会在某些节日集资唱节令戏。当然，有时赵国兴等富户也会请戏班来唱节令戏，只是这种情况较少发生。唱节令戏主要是为了祈求风调雨顺，不过对于光棍筹钱才是唱戏的主要目的。唱节令戏与普通唱戏不同的是，村民可以根据节气点戏，例如端午节就要点唱《白蛇传》。每当唱节令戏时，不仅楚铺村民可以前去观看，周边村落的村民也可以免费观看。有些村民也会在走亲戚时前去其他村落观看节令戏。

三、陋习

该村除文娱活动外，也存在着一些陋习，它们会对家庭的经济状况带来恶劣的影响，有些村民执迷不悟甚至会造成家庭破裂。

（一）吸毒

据村内老人介绍，清末民国初期，村内吸食大烟者变得越来越多。不过，吸毒者主要是富裕村民。在该村及其附近村落，能吸食者多是村内不用亲自劳动的大地主。村民吸毒主要吸食"老海"（海洛因，一说是海洛因、硝镪水等成分配成的药丸）和大烟。在该村附近和汝南县城就有烟馆，吸食者多在烟馆内吸食，也有购买毒品回家吸食的村民。如前所述，"七老婆"从近门过继来的儿子就吸食老海，还有很大的毒瘾。

吸毒者染上毒瘾主要通过以下两种方式：其一，通过朋友介绍。不少村民在外认识了一些吸毒的朋友，在引诱下吸食毒品，一两次便能染上毒瘾。其二，自己主动去烟馆吸食或者购买。选择这么做的，主要是家境非常殷实的村民，他们平时无事可做，也会通过吸毒来打发时间。其中，有些村民开始只是想尝试一下，但是很多人吸食之后便无法自拔。

过去，吸毒被当成是一种陋习，家教严的家庭严禁儿子吸毒。有些家庭如果发现儿子吸毒，甚至会将其赶出家门，以免其败坏家业。"七老婆"过继来的儿子虽然有很大的烟瘾，但是"七老婆"担心死后财产无人继承，所以也没有将其赶出家门。同时，吸毒者并不能成为当家人，甚至不能管账。有些当家人为了防止吸毒的儿子偷钱，多会把粮仓的钥匙随时带在身上，或者把钥匙藏在自己卧室的柜子里。"七老婆"虽然没有将过继的儿子赶走，平时却不会给钱让其吸毒，更严禁其进入自己房间偷拿钥匙和印版。儿子为了吸毒，只能低三下四地求"七老婆"家的管家老唐和管事艾常青，请他们为自己偷钥匙和印版。此外，因为吸毒而破产的村民也屡见不鲜。据村内老人介绍，毒瘾较大者一年就能变卖掉20—30亩地。如果当家人吸毒，10—20年便可能破产。如果儿子吸毒，当家人不将其赶出门，也会与其分家。在分家时，当家人甚至只会分给其小部分财产，并不会将其应得财产都分给他。

（二）赌博

赌博参与者以想挣些小钱的普通村民为主。嗜赌成性的村民虽有，但并不是非常多。打麻将也会带有彩头，有时村民还会用麻将来赌博。用麻将来赌博，赢家不能随意离场，必须待输家主动说"不打了"，赌局才能结束。如果第一天之后，输家还有意愿继续打，第二天牌局仍要继续。

第七节 规训与规训关系

以往，村内各种社会关系以及处理社会关系的方式多要通过规训等方式进行教化。具体而言，在该村规训主要可以分为学校规训、家庭规训、村落规训三个层面。其中，家庭规训是规训的核心以及最基础的层面，承担了规训最为重要的部分。与此相对，学校规训只对上过私塾或者是洋学的村民才起作用。村落规训则往往隐藏在娱乐、信仰、调解之中，能发挥的作用也较为有限。

一、家庭规训及其关系

家庭虽然是规训的基本单元，但是家庭规训不仅是一个家庭内部的事情，有时也需要借助家庭外部的力量才能完成。

（一）规训内容

家庭规训主要包括家规和惯习两方面的教化。不过，该村大多数家庭的家规与当地惯习具有一定的重叠性，因此当地惯习就是家庭规训的主要内容。具体而言，家庭规训主要包括以下几个方面：其一，家庭伦理。家庭伦理主要包括家内的尊卑秩序，以及与其配套的家内相处原则，涵盖父子、兄弟、婆媳、姑嫂、妯娌等家内关系以及与其他近亲的相处方式。其二，对外交往方式。这主要涉及对于四邻、本村村内、外村村民的称呼以及日常、年节、红白喜事时的相处模式。其三，年节习俗。其四，祭祀习俗。其五，人生礼仪。

（二）规训主体

正常情况下，在一个家庭内部执行规训职责的主要是当家人。不过，长子有时也能代替当家人对自己的弟弟妹妹进行规训。除了当家人和长子，爷爷、叔伯、舅舅、同姓明白老人也能对村民进行规训，但是他们规训作用的强弱程度有所不同。舅舅管教自己的外甥本身就是天经地义的事情，因此在规训过程中打骂或者惩罚自己的外甥都是被允许的行为。与此相对，爷爷、叔伯、同姓明白老人对晚辈的规训方式主要是说教。当然，爷爷也可以打自己的孙子，但其他近门亲属一般不能随意打骂晚辈。此外，如果兄弟间关系不好，或者是叔伯本身并不是太善于言辞，那么他们也可能无法肩负起规训的职责。

（三）规训方式

1. 带头示范

在孩子刚开始明白事理时，当家人就开始为自己的孩子做各种行为示范。也就是说，当家人总会通过自己的言行向孩子传达他们自认为正确的行为方式。例如，在碰到长辈时，当家人会优先跟对方打招呼，然后再教自己的孩子该如何称呼对方。除了当家人，家中其他成员的行为也能影响未成年的孩子，特别是长子。如前所述，该村大多数家庭的长子都有管教弟弟妹妹的权力，其言行也自然会被弟弟妹妹效仿。如果长子行为不端或者言语不当，当家人会认为长子没有给自己的弟弟妹妹起到好的带头作用，有些当家人甚至会因此加大对长子的责罚。此外，爷爷、叔伯、舅舅等亲属也有带头示范的义务。如果上述亲属的行为不正确，当家人一定会嘱咐自己的孩子不要跟着他们学习，并教授孩子什么是正确的行为方式。

2. 批评教育

批评教育是家庭规训最为主要的方式。具体而言，批评教育主要出现在以下几种场合：其一，家庭成员不听从当家人管教时；其二，家庭成员间发生矛盾时；其三，家庭成员在外闯祸时。对于批评教育，当家人具有不可推卸的责任。例如，子女在外惹祸时，当家人常常会动用家法管教自己的子女，有些当家人甚至会将孩子逐出门户。除了当家人，长子也具备批评教育弟弟妹妹的权力，但是他们通常不能打自己的弟弟妹妹。此外，叔伯、舅舅、同姓明白老人也有批评教育的权力，只不过适用的场合相对较少。因为舅舅具备较大的权威，因此其发现外甥行为不端时可以主动教育。叔伯也有类似的权力，但是他们是否会主动批评自己的侄子，或者说批评是否能起到作用，还要受到兄弟关系等因素的影响。与此相对，同姓明白老人只能在当家人邀请的情况下才能对家庭成员进行批评教育。以往，叔伯、舅舅、同姓明白老人最常实施批评教育的场合是家内纠纷的调解。此时，他们的职责不仅仅是调解。据李邦存老人叙述："要是家里人闹矛盾咯，当家人管不住，那可不是得请亲戚来调解。一般的时候，亲戚也不敢咋说，要是当家人请咯，亲戚要站在当家的一边教训孩子。平时哩，亲戚说说听了就听啦，闹矛盾时外面人来调解，要点脸的都得给亲戚一个面子啊。"

3. 主动讲授

除了靠自己的言行以及批评进行规训，当家人还会主动给自己的孩子讲授一些行为规范。例如，如有外人前来做客，那么父亲通常会给未成年的孩子讲授待客之道。同时，当家人主动讲授的内容除了行为规范以外，还包括一些故事、传说等。这些故事往往带有较强的教育意义，内含着为人处事的真谛。据艾宝玉老人叙述："以前俺爹就经常跟我讲土匪恶霸，还有那些不正混的人，最后不得好死的故事。打小我就听那，听多了就知道干啥事儿不对，干啥事是对的啦。"除了当家人，孩子们还可以从自己的亲友处听得一些故事。在该村，听亲友讲故事也是孩子们娱乐的方式之一。听故事时，孩子们能习得其中的一些做人的道理。据李邦存老人叙述："我小时候，就经常听故事。打比方说，今天几个小孩听到了刘关张的故事，以后大家都会学故事里的人讲义气。我小时候，还有那因为不讲义气，大家伙不跟他一块玩哩事儿哩。"不过，故事中所蕴含的道理只能对孩子起到启蒙作用，到了成年之后不少村民便会因为各种原因，逐渐抛弃自己认为不适用的人生道理。

二、村落规训及其关系

1949年之前，村落规训和教化也会不同程度地影响村民的日常行为。只是村落规训更为隐秘，发挥作用也是在潜移默化的过程中。

（一）听戏与规训

如前所述，该村流行的罗卷戏等剧种往往会将各种民间的小故事融入其中，带有较强的批判和教育意义。在精神生活比较匮乏的年代，听戏可以说是该村村民最基本的娱乐方式，特别是在庙会时家中老小都会去听戏。这种寓教于乐的方式，在某种程度上也起到了规训的作用。据靳逢安老人叙述："过去哩，听戏都是看故事，有的大人看了戏还会把戏里的事儿讲给小孩。让小孩不要作恶，要不死了之后可能得下十八层地狱。"

（二）调解与规训

在该村，由于茶馆的存在，家户之间矛盾调解的过程往往能呈现在村落公众的视野中。调解时，不仅仅是茶馆内的村民，其他村民也会前去观看。在调解的过程中，村民不仅都有发言权，还可以就某一问题进行争论。但是无论如何，调解都必须基于当地惯习，以及基本的人情世故，否则裁决无法得到双方的认可。因此，对于矛盾的调解过程也是宣传惯习以及正确处事道理的过程。据艾宝玉老人叙述："调解的时候，路过哩，还有村上哩，会去好些人。看热闹是一个方面，调解的时候也能学到点东西，特别是那小孩儿。有的时候，茶馆里要是判了案子，再发生类似的情况时村里人也会按照上次的情况调解矛盾。"

（三）会社与规训

该村能起到规训作用的会社主要为烧香会和囊囊会。如前所述，在烧香会集体祭拜庙宇时，在会的村民必然会叫上自己的家人，并在祭拜结束后通过观看寺庙内壁画等方式对不孝或者犯有错误的家人进行游说和劝导。囊囊会所组织的听书唱戏等文娱活动也包含了惩恶扬善的内容，这也是对村民的一种规训。对此，前文已经详细叙述，此处不再赘述。

（四）道门与规训

在该村，道门的流行使得其在规训方面也发挥着特定的作用。无论是什么道门，都以劝人向善为基本内容，信徒初入道门时往往会依据道门的要求严格要求自己。据张文礼[1]老人叙述："那些道门本身上也不是太恶。哪个道门都是让人从善哩，要是让你去作恶，谁还愿意加入哩？"不过，不少道门对于信徒向善的引导仅限于表面，随着信徒信仰虔诚度的加深，道门中污秽的一面也会随之展现。有些道门虽然本身算不上歪门邪道，它们发展的过程中却被别有用心的组织或个人利用，使得道门的教义逐渐偏离本质。在这种情况下，道门所起的规训作用基本上被消解殆尽，不仅无法约束村民的行为，还会产生社会不安定因素。

三、私塾规训及其关系

在民国及民国以前，上私塾是村民读书识字最主要的方式。以往，私塾教育的核心在于将儒家经典教授给学生。在尊师重道传统的影响下，私塾的教书先生拥有较大权威，而学生只能服从老师。

---

[1] 张文礼老人为该村附近村民。

（一）私塾概况

以往，该村的私塾由楚宝伦开设，村内外学生均可以前去上学。据村内老人介绍，私塾大约能够收 20—30 人，仅有一名先生教书。如果私塾由教书先生自己开设，那么私塾一般开设在自己家中，学生只用支付学费便可。在该村附近，还曾有几户村民合请先生的情况出现。合请教书先生的村落一般是经济情况较差的村落，村民由于经济条件较差，文化水平较低，因此村内没人能独立开设私塾。由村民合请先生，先生通常就住在其中一家，但不与村民同桌吃饭。平日里，先生可用薪酬购买粮食，也可以从家中带粮食过来。除了粮食，先生吃菜由学生轮流提供。此外，除了合请先生的几户村民，其他村民的孩子也可以到私塾上学。这么做可以分摊请老师的成本，减轻合请村民的经济压力。

（二）教育主体关系

1. 读书与拜师

有意愿让孩子上学的家庭，当家人一般要先向老师说明情况。老师同意后，当家人再带着自己的孩子以及拜师礼（具体带什么说法不一）去见老师。老师见过孩子，觉得满意后，就让孩子开始行拜师礼。拜师礼通常先拜孔子，再拜老师，但是由于村内在世老人上过私塾的并不多，所以也很难说清其中的具体步骤。拜师结束后，师生关系便正式确立。

2. 读书与性别

该村及其附近村落私塾主要收男孩，几乎没有私塾会收女孩。私塾先生不收女学生，主要是因为该村大多数家庭都不会让女孩去读书。在他们看来，让男孩读书，即使无法谋得一官半职，也能在村中获得"文化人"的称呼，能成为"文化人"也是成为村中排场人的途径之一。再不济，读书还能用于日常生产，因此也被村民视为一种重要的生产技能。例如，记账就要求当家人既要懂得文化知识，又要略通珠算等计算方法。与男性相对，女性即使读了书也没有太大的用途，这就造成了该村传统时期大多数女性都是文盲的社会现实。即使有女孩识得几个字，也是从家中会识字的亲戚处习得。

3. 读书与贫富

该村让孩子去读书的村民一般是有田地的村民，没有田地的村民很少会让自己的孩子去读书。不过，这并不是因为拥有田地的多少影响了村民的教育观念，而是因为有地村民的生活更有保障，也更有闲钱让自己的孩子去读书。同时，没有土地的村民常常需要让孩子通过当长工、打短工或者当学徒等方式谋生，因此孩子长到一定岁数，当家人会首先让孩子学习农业技能或者外出学徒，较少有村民会让孩子读书。据李邦存老人叙述："穷的读书有个啥用，又不能当吃，又不能当喝哩。有田的有钱的，读个书，以后有机会在县里头谋一个一官半职的。没田没钱的，就是卖个傻力气，要不还能干啥。"

4. 读书与交际

在私塾内，学生们的地位均基本相等，学生之间不存在阶层的分化。据艾宝玉老人叙述："我认识哩，上过学的都说学校（私塾）里的学生都不分啥贵贱，本村的、外村的，都是一块玩，小孩儿懂个啥。再说了，咱这也不存在哪个姓跟哪个姓有世仇的情况，哪会有家长会跟孩子说别和哪家的孩子玩。当然，也有那光棍家的孩子欺负穷人家孩子的情况，这个你到哪它也不能避免。这都不是多大的事儿，地位差的被欺负了也就被欺负啦，还能咋着。"

5. 读书与起名

以往，在该村除了一些有文化的家长，其他村民给孩子起名都是以贱名为主。该村男孩的名字多为粪堆、狗剩、货担等。这些名字又被村民称为小名或者乳名，是登不了大雅之堂的名字。孩子一旦被父母送到私塾或者洋学读书，就必须由教书先生起正名，村民也称之为"大号"。

6. 师生关系

传统时期，师生关系一旦确立，老师便能随意打骂学生。老师对于学生的训斥主要包括罚站、罚抄写、罚跪以及打手板等。老师体罚再重，只要孩子没被打出毛病，家长通常不能去找老师的麻烦。在平日里，学生见到老师要主动给老师打招呼。如果老师手中提有东西，学生要立刻将老师手中的东西接过来，并一路陪伴到老师要去的地方。不过，学生并不用为老师干家务活，更不用为老师干农活。在年节时，学生家长要带着礼物去拜见老师，但是经济贫穷的家庭也可以少带礼物，甚至是不带礼物。对于学生之间的矛盾，老师有全力调解的义务，有时甚至会通过家访的方式化解双方矛盾。在学生毕业后，师生关系可以继续维系，也可以不再维系。对于没有再继续升学的村民而言，可以不继续在年节时拜见老师，有些村民在老师家中发生红白喜事时也不会前去帮忙或者送礼。与此相对，继续读书或者是因读书而获得较好谋生机会的村民，一般会继续与老师保持关系，不少村民每次回村都会去拜访老师。

（三）规训内容及其关系

1. 授课内容

1949年之前，私塾所教内容以《三字经》《百家姓》《千字文》为主。刚入学的孩子一般学习《三字经》，而后会逐渐深入，直到学到《论语》等儒家经典为止。但是，该村能学到《论语》的村民相对较少，孩子通常只能学到较为浅显的知识，也就是能认识几个字。除了儒家经典，私塾还会教授珠算，但不要求孩子精通。

2. 授课时间

私塾并没有学期这一说法。有老人表示，私塾按照学年来规划课程，上课时间较长。不过，在节日和农忙时放假时间也相对较长。

3. 授课方式

私塾授课的主要方式就是背。例如，在教授《三字经》时，先生们会让学生先将课文全部背诵下来，背诵的过程中先生会对学生进行抽查，发现不认真学习者定会进行体罚。在背诵之余，先生有时也会简单讲解，但不会讲得太深，也不会对课文进行系统讲解，至多是挑几句经典进行讲解。

四、洋学规训及其关系

该村的洋学出现于民国时，是政府主导教育改革的结果。在这种背景下，洋学虽然吸收了西方办学的经验，但仍保留了不少传统私塾教育的要素。同时，洋学内的师生关系与私塾类似，但老师却没有私塾先生的权威。

（一）洋学概况

该村洋学就设置在村口的王爷庙内，外挂的招牌就是"洋学"。虽然洋学由政府设立，老师也由政府聘用，但是老师的工资却由读书学生支付。与私塾不同的是，洋学除了有男老师，还有女老师。该村洋学大约能容纳 30—60 名学生，主要收本村村民，少数外村村民也能来此上学。据该村老人介绍，洋学只有 3 个年级，毕业后等于高小学历。不过，也有老人不同意这种说法，认为洋学只有初小的水平。

（二）教育主体关系

1. 入学

与读私塾不同的是，读洋学通常无须行拜师礼，有意愿就读者要先向校长说明情况，校长同意后交纳学费便可（一说也要行拜师礼，拜师时只拜孔子）。

2. 读书与性别

与私塾相对，该村所办洋学也招收女学生，但是就读者屈指可数。据李邦存老人叙述："过去，洋学是收女学生。不过，也没几个去哩，女哩上学有个啥用。再说啦，过去的人比较封建，也没几个让女孩跟男孩一起上课哩。"

3. 读书与起大名

与私塾类似，读洋学者由学校的校长起正名。例如，艾宝玉老人虽只上了 25 天学,但其在第一天入学时校长赵国安便为其起了"艾宝玉"这个名字。在该村,有正名一般是文化人的象征。即使其所起的作用比较有限,也能在一定程度上起到区分有文化的村民和没有文化村民的作用。

4. 师生关系

以往,洋学内的师生之间也存在着和私塾类似的师生关系。但是,洋学比私塾内的师生关系要弱上不少,不少学生在上学时就不会非常尊重老师。据艾宝玉老人叙述:"那个时候,洋学哩老师都比较年轻,还有不少是女哩。所以家长对他们也不是太尊重。不是有句话叫嘴上没毛办事不牢么?更别说是那些女老师啦。"不过,村民虽然不太尊重老师,却非常尊重学校内的校长赵国安。这主要是因为赵国安学历较高,在村内也经常为村民办事。同时,赵国安还是赵国兴的弟弟。基于以上两个原因,即使不在学校上学的村民也会对其比较尊敬。

(三)规训内容及其关系

1. 授课内容

与私塾相对,洋学主要教授语文、数学、音乐、绘画四门课。其中,语文所教内容与私塾基本类似,数学也以珠算和简单的加减乘除为主。至于音乐和绘画,学校并不做强制要求,只要认真学习便可。除此以外,洋学还会教授《三民主义》。据艾宝玉老人叙述:"那个时候到洋学里上学,啥都不学,先背《三民主义》。我只上了25天学,具体我也记不太清了,好像是每天早上都要背,老师还会抽查,看你背得到底咋样。"

2. 授课时间

洋学通常按照一年两学期的方式安排课程,具体时间为上学期3—6月,下学期9—12月。也就是说,每一学期大概4个月。在新学期开始时,如果学生不再继续交费,便可以视为自动放弃学习。学期内,但凡农忙或节假日都会放假。其中,节日时一般放假1—2天;农忙时放假时间较长,一般在3天以上。

3. 授课方式

洋学授课的方式也是背,洋学内的老师同样不会对课文的具体意思进行讲解。除了语文之外,算术、绘画、音乐之类的课程,老师也只是简单教授一下,孩子能学个皮毛便可。

第八节 楚铺村文化变迁

1949年之后,受国家相关政策和社会改良运动的影响,楚铺及其附近村落的文化形态也出现了新的变化。在变迁的过程中,家户文化仍是村落文化习俗和文化关系的基础。此外，该村文化的变迁集中在生育、习俗、崇拜等方面。不过这些文化内容在表面形式不断变化的同时，核心内涵和文化关系却基本得到了保留。

一、崇拜和信仰的变迁

土改过程中，该村富户所拥有的土地被重新分配给了村民，这为反封建和反迷信运动的开展奠定了坚实的基础。在土地重分之后，不少村民开始认识到崇拜神佛、鬼神、动植物等均属于迷信思想，是应该摒弃的陋习。此阶段，祭拜村落庙宇的行为仍普遍存在，但较民国时期少了不少。楚铺村和周边村落的庙会也逐渐消失。当然，这不仅是受反封建和反迷信运动的影响，还是因为村中组织庙会者多为村内的光棍，他们在土改中受到了应有的惩罚。同时，祖师、孔圣人、关老爷这些圣人并没有受到太多"批判"，村内村民仍对他们非常崇敬。与圣人崇拜类似，祭拜自己家祖也没有受到太多影响。这主要是因为，该村祭拜祖先属于自家行为，村民对于家祖崇拜的虔诚程度也较弱。

在集体化时期，随着"破四旧"等运动的开展，祭拜神佛、祖先、圣人均被当成批判的对象。在此阶段，村内的大庙和小庙均无人再去祭拜，直至最后损毁也无人再组织重新修建。与此类似，村民在家中供奉佛像的现象也彻底消失，取而代之的是家家户户都在堂屋中贴上了毛主席的画像。信仰佛教、道教以及各种道门的村民基本绝迹，即使有人还继续信仰也不敢公开。以往，村民往往会在家中放置祖先灵牌，但此时村民基本上都将灵牌藏了起来，不敢再摆放出来供奉。同时，村民祭拜祖先坟地也只能在私下偷偷进行。

分田到户之后，村民们祭拜祖先不再被视为迷信的表现，村民也开始恢复对于祖先墓地的祭祀。不过，已经没有多少人会在家中供奉祖先灵牌。清明节时，年轻人甚至不会再去祭拜祖先坟地。当然，信奉宗教的情况也有，但大多不如以前那么虔诚。

二、生育观念的变迁

土改后的相当一段时间内，该村村民的生育观念仍以生男和多生为核心。随着局势的稳定以及经济条件的好转，村民的生育欲望也进一步提升。

进入集体化时期，村民们按照工分计算工作量，按照"工分＋口粮"的方式分配粮食。但是，女性社员每天最多只能得8分，而男性每天最多可以得10分。因此，生男仍旧是赚取工分、提升家庭收入水平的主要策略。与此同时，该村口粮分配比例为60%，意味着家庭成员越多，能分得的基本口粮就越多。两方面因素的综合作用，使得村民生育的意愿提升到了一个新的高度。不过，在"大跃进"时期该村也出现了虚报产量的情况，这直接影响了村内的口粮分配。在吃不饱的情况下，该村生育率降到了土改后的最低点。据艾宝玉老人叙述："就那几年最低，人都吃不饱饭，还生啥孩子哩。"当然，这种情况并没有持续太长时间，1962年之后随着自然灾害的结束，以及生产秩序的恢复，口粮短缺的情况得以扭转。也正因为如此，1962—1965年该村又出现了新一轮的生育潮。整个人民公社期间，该村每户村民生育的子女数量为3—6个，生育七八个子女的情况也不算罕见。在这一时期，村民生育仪式也出现了一定程度的简化，除了满月酒之外，其他一切仪式从简。此外，过继行为在这一时期仍然较为普遍。

包产到户之后，受计划生育政策影响，村民生育子女数较集体化时期有了大幅减少。1989年之后，只有首胎生了女儿的村民才能生二胎。但是，村内仍有一些村民会选择超生，村民的生男意愿也仍旧比较强烈。

三、规训关系的变迁

土改时期，家庭依旧是规训的基本单元，规训的主要内容与以往相比也没有太大的变化。土改结束后，在政府的推动下，楚铺村也组织起了扫盲班，此时村内多数40岁以下村民都得到了读书识字的机会。例如，李邦存老人就是在扫盲班中学会了读写一些简单的汉字。1958年前后，因为楚铺村民要搬迁到别桥居住，因此楚铺村内的小学也搬迁到了袁庄村。在政府的支持下，村内孩子基本上都得到了上小学的机会，继续升学的村民却不是非常多。村民普遍开始上初中基本上是1980年之后的事情，集体化时期能读完初中的村民在村上就能被称为"文化人"或者是"有文化的"。从政治规训来看，公社对于社员们的政治宣讲较为频繁。当时，每个星期生产队都要组织村民集中学习两三次，"文革"期间几乎天天都要集中学习。与此相对，村民委员会成立之后对于村民的宣讲力度则有所减弱。正常情况下，只有上级要推动工作时村干部才会去每家每户为村民讲解相关政策。

四、文化娱乐关系的变迁

土改之后，该村原有的囊囊会、玩意儿会、烟火会、庙会一并消失。村民日常的文娱活动就只剩下了串门、聚街、玩游戏等。当时，在集市上偶尔也会有戏班唱戏，村民在赶集时如遇戏班一般都会听上一段再回家。与此同时，观看红白喜事的相关仪式也仍是村民重要的娱乐活动之一。在集体化时期，随着"破四旧"等政治运动的开展，村民日常生活中文娱活动进一步随之减少。村民的主要文娱活动仅剩聚街、串门和看样板戏，偶尔公社也会给村民们放一些革命题材的电影，但有时一年也可能放不了一次。分田到户之后，随着市场经济的不断发展以及电视、网络的迅猛发展，村民娱乐活动也日益变得多元化。在此阶段，看电视、打麻将和推牌九成为村民日常最主要的文娱活动，年轻人则更乐意上网或者玩电子游戏。与私人娱乐活动相对，村落公共娱乐活动却没有得到复兴，就连戏班也很少再在集市上出现。

五、思想和态度的变迁

土改之后，村民的思维和态度虽有所转变，但仍大体继承了传统时期的基本内核。在土改过程中，村民重视眼前利益的思想使得村民均比较重视实际所得，生怕土改工作队和农会分配不均。据艾宝玉老人叙述："土改哩时候，定啥成分和每家分多少地都张榜贴出来了。村里人就是不识字也得让那识字哩帮自己看看。也有那本来分够了，还想多要哩，跟人胡搅蛮缠哩。不过，不跟现在一样，没有那么多。"当然，获得土地也激发了村民的生产热情，只是由于生产技术的落后，并未直接推动产量的提升。据刘万斤老人叙述："土改后，大家热情是高，都是自己哩地种起来也有劲。要说那没地哩，生活肯定比原来好太多了。不过，土地的产量还是那么多，没病没灾了多收几十斤儿也都是这个捆儿。"

在集体化时期，好强逞能的性格也让村民吃到了苦头。据靳逢安老人叙述："那个时候咱生产大队也放过卫星，虚报了不少产量，咱报哩多上面就征哩多，最后都饿自己肚皮。也很惨，具体就不说啦。"此外，村民平均主义的思想又影响了大家的集体劳作效率。在集体劳动中"磨洋工"和"混工分"的情况非常普遍，致使生产队的生产效率达到一定程度后就无法再次提升。

在分田到户之后，随着村民与外界接触程度的提高，以及市场经济的不断推动，村民，特别是年轻村民的思维也发生了转变，但是传统思维模式仍对村民的生活理念和行为模式产生着潜移默化的影响。

六、村落习俗的变迁

土地改革之后，该地奉行一夫一妻制，伴随而来的是童养媳、抢亲、过继婚等婚姻形式的消失。不过，有些婚姻形式并没彻底消失，在1980年之后还出现了某种程度的复兴。在集体化时期，随着妇女地位的提高，以及对于婚姻自由的提倡，子女对于自己婚姻具备了一定的自主权。然而，仍有不少父母会为子女包办婚姻，只是结婚之前要征取子女的意见。此阶段，媒婆这一职业已经彻底消失，但媒人仍然存在。通过媒人搭桥促成婚姻，仍然是村民们缔结婚姻最重要的途径之一。与此相对，婚姻仪式则实现了简化。结婚时，村民由生产队开介绍信，再到相关部门登记便可。登记后，再择吉日摆酒宴，拜堂等相关仪式已不再时兴。1980年之后，随着农村自由程度的提升，村民对于婚姻自主的认识也进一步提高。当下，自由恋爱和婚姻自由已经成为主流，父母已经不再干涉儿女的婚姻问题。当然，这也是该村离婚率提高的诱因之一。

与婚姻类似，丧葬习俗也随着"破四旧"等运动的开展而进一步被简化。但是，丧礼的主要形式却被保留了下来，吊孝、发丧、下葬、守制等习俗和传统时期没有太大变化。在1978年之前，由于该地并没有火葬场，因此村民丧葬仍以土葬为主。火葬场建成后土葬仍较为流行，直至1985年在当地政府的引导下村民才开始逐渐接受火葬。

集体化时期，该村年节习俗也发生了些许改变，特别是与祭祖有关的习俗大多被废弃。与此相对，春节的习俗和禁忌却被保留了下来。在此阶段，村民大年初一仍要挨家挨户拜年，初二开始也要按照传统时期的顺序走访亲友。刚分田到户之时，村民受惯习影响仍会在过年时拜访亲戚，但近些年不少家庭已经出现只拜访近亲而不再走远亲的情况。此外，年节习俗对于年轻人的约束也在不断减弱。

第九节 楚铺村文化实态

当下，随着村民自由程度的提高以及认知途径的革新，村民们所能接触的文化形式也已经得到了极大的丰富，这造成了村落文化实态的变迁以及文化内涵的不断变化。当下，该村的年轻人已经不再遵循一些传统文化习俗，思维模式也正朝着市民的思维模式靠拢。与此类似，老年人对于大多数文化习俗也不再执着。

一、崇拜关系

近些年来，村民对于祭祖的意愿进一步降低，除了清明节和十来一之外，村民基本上不祭拜祖先坟地。多数年轻村民不会再刻意祭拜自己父母以上的祖先。如果自己其他祖先的坟地与父母的坟地挨在一起，那么他们会顺便一起祭拜；如果不在一起，则可能5—10年也不会祭拜一次。有些常年在外务工或者在城市中定居的年轻村民，甚至不会在清明节时回家祭祖。在这种背景下，祭祖就成了家中留守老人的职责。当然，也有不少村民会在清明节回家祭祖，特别是在外有所成就的村民。这么做，一方面是感谢祖先保佑，另一方面也有衣锦还乡的效果。碰到清明节回家祭祖的村民，其他村民会主动与他们打招呼，并热情地说一句：回来啦。除了清明节，过年时中老年村民也还有到坟地祭祖的习惯，但是继续请祖回家的村民已经变得越来越少。

除了祖先崇拜，其他崇拜关系也出现了式微的态势。村民对于山石、植物、动物的崇拜已经成为了一种习俗，并没有多少人再相信触犯了这些禁忌会为自己带来灾祸。例如，过去村民在盖房时会请石敢当，现在村民虽然也会这么做，但并不认为这就能得到神明的保佑。与此同时，村民虽然还会过十来一，但已经没有村民会在路口祭魂。近些年来，当地流行在鬼节吃黄桃，因为"桃"与"逃"同音。随着村民与外界接触的加深，也有人开始在鬼节当天吃桃。此外，当下工匠已经不再信奉祖师爷，没有人会在自家挂祖师爷画像，更没有人会在初一、十五祭拜祖师爷。

二、生育关系

近些年来，受计划生育政策以及观念转变的影响，村民生育理念也有所转变，但生男意愿依旧非常强烈。不过，生育女孩也并非是见不得人的事情，有些家庭只生育了女孩也不会被人瞧不起。同时，绝大多数村民会给女儿同样的待遇，只要女儿学习好就会送女儿去读大学，不少村民还会让女儿在读完大学后继续深造。例如，该村书记王爱英就让女儿读到了博士。此外，生男生女已经不再是评判一个村民在村中地位的主要标准。一个村民如果只生育了女儿，但是个人能力较强，也能在村中获得较高的地位。当然，村民背后也还会用"绝户"或者"绝户头"一类的词语来对其进行调侃。随着生育观念的改变，孕妇在家中的地位也得到了大幅度的提升。当下，儿媳妇一旦怀孕不仅不用再下地干活，甚至连家务活都不会再伸手去干。有些媳妇怀孕后，婆婆就会亲自来到儿子家中"伺候"，媳妇对婆婆指手画脚的情况也经常出现。有些村民有两个儿子，两个儿媳妇又同时怀孕，兄弟之间为了争抢母亲而闹得不可开交的情况也偶有出现。此外，生育观念的改变也使得生育仪式得以简化，除了摆满月酒等习俗，其他习俗均可以省略。

三、文娱关系

进入新世纪之后，电视和网络的普及让村民的文娱生活得到了极大的丰富。当下，看电视和上网已经成为多数村民日常最主要的文娱活动。近些年来，随着智能手机和Wi-Fi的普及，随手拿着手机浏览咨询或者是看各种视频的现象在村民中可谓非常常见。除了看电视和上网，打牌也是非常流行的娱乐活动。不过村民很少在自己家中打牌，而主要集中在小卖部里。该村的日杂百货铺内有五六张麻将桌，每天清晨就有20—30位老人在此集聚。打牌者是少数，多数老人更愿意在旁边观看。到了下午，杂货铺内更是会聚集40—50位老人。同时，打麻将者以男性为主，女性打麻将的比例远低于男性。同时，当下该村已经没有了公共娱乐活动，即使在集市搭台唱戏也要征得派出所的同意，因此村民经常去的别桥街也很少有戏班唱戏。此外，随着经济条件的改善，看红白喜事也不再是村民喜爱的日常娱乐形式。

四、婚丧关系

分田到户之后，自由恋爱虽然成了主流，但结婚难的问题进一步凸显了出来。一方面，结婚的成本在不断提高；另一方面，男多女少的现实情况也压缩了男性村民的选择空间。正因为如此，传统时期的一些婚姻形式得以重新出现，其中的代表就是换亲。据艾宝玉老人叙述："咱村上都有，男哩是个中学老师，长哩也不赖，家里条件也不错，都是找不到媳妇。最后没办法让表妹跟人家换哩亲。不过，换哩那家情况也不错。"当然，像童养媳、转房婚、买卖婚之类的婚姻形式并没有再次出现。婚姻仪式也已经被大幅简化。但是，接亲、送亲、婚宴、闹洞房、回门这些礼仪仍旧存在。在婚宴时，帮忙的依旧是四邻，知客、管锅、傧相也仍然存在。只不过，现在担任这些职责的村民多是村中的老干部，例如艾宝玉老人就经常给别人当知客。此外，在2010年之前该村仍有一些村民会在20岁之前就举行婚礼，待到了法定年龄再领结婚证。目前，这种现象基本已在村内绝迹。据刘万斤老人叙述："前几年，20多岁不结婚村里人见面都得催一下，现在净是那30多没结婚哩，村里人也不觉得有啥了不起了。"

从丧葬来看，分田到户之后与丧葬相关的仪式得到了一定程度的恢复。据靳逢安老人叙述："现在哩，丧葬礼仪跟过去都差不多。"当然，丧葬相关礼仪也不是全然没有变化。例如，过去抬棺出殡主要由有枪的轿头负责。现在抬棺出殡则主要由四邻负责，因为安定的社会环境已经没有了再请轿头"压堆儿"的需要。当然，抬棺时的一些禁忌仍然得到了保留，例如棺材不能压在别人的宅基地上或者耕地上。目前，办丧礼的家庭都会摆酒席，酒席也多为当地最高规格。此外，对于前来帮忙的村民，主家也会相应回礼。

五、思想态度

近些年来随着社会开放程度的不断提高，以及外出谋生或者求学的村民越来越多，村民的思想行为模式也在发生着变化。例如，过去村民都以拥有自己的土地、房子、牲口为理想的生活模式。但是，当下村民已经不再这么认为。在村民的认知中，是否拥有土地已经不再是关键，是否在村中有房也不能影响村民的幸福感。与此相对，多数年轻人都希望能搬到城市居住，有自己的汽车也是理想生活的基本标志。随着经济条件的改善，村民也不再只关注眼前利益，更多村民开始为子女做长期规划，这集中地表现在子女教育上。当下，即使家庭条件较差，村民也会为子女投入大量的教育经费。由该村书记开设的加油站还兼售辅导书籍。据书记介绍，每天都会有10—15位村民到此为自己的子女选购辅导书，有的村民一年甚至会为自己的子女购买20多本辅导书。2000—2010年之间，如果子女学习不好，家长可能让其上完初中就不再继续读书。目前，即使孩子学习不好，大多数家长也会送他们读高中。与此类似，即使孩子只考上了三本，父母也会支付高昂的学费让孩子读完大学。

第六章　楚铺村的治理形态与实态

传统时期，乡村社会的维系与运转有一套自己的行为和逻辑。在该村，治理主要体现为一种"乱中有序"的状态。不同治理模式和不同的治理主体虽然无法完全治理村落乱象，但依旧起到了抑制冲突的作用，使得楚铺村村民可以规避冲突所带来的种种影响。该村的治理可以分为政权治理、家户治理、村落自治三个层次。其中，家户治理是治理中最基本的层级，也是村落社会稳定的基石。与此相对，政权治理与村落自治虽也是治理的核心环节，但是所起作用相对有限。这两个层级的治理在大多数情况下只能起到维持基本秩序的功能。

第一节　政权治理与治理关系

由于该村是区政府（后改为镇政府）所在地，因此政权治理表现出多层级的特征。在村内区政府（镇政府）与保甲之间相互联系，互有侧重，构成了纵向的治理体系。不过，由于劣绅当道、匪患猖獗以及徭役赋税繁重，政权治理在维持村落秩序的同时，也为村民带来了不小的负担。

一、政权治理体系

1949年之前，该村所属上级建制经历了较大的变化，治理机构也在不断变迁，但是保甲一级却始终得以保留。[1]

---

[1] 1932年保甲制恢复后，保甲的组织方式、功能等没有发生太大变化。

(一)政权体系构成

在民国时期,该村治理体系分为区(镇)、保、甲三个层级。楚铺村原为六区所在地,后改为楚铺镇。据村内老人介绍,楚铺区(镇)约辖有15—20保(一说,20—30个保),每一保约辖有8—15个甲(一说每保都下辖有10个甲)。虽然该村所属上级建制经历了多次变化,与之相对,保甲之上的建制但是保甲的范围基本没有发生太大的变化,保甲内职位的基本配置也没有发生太大的变化。尤其是在由区变为镇时发生了较大的变化,此外,在保之上还设有联保,联保通常由8—10个保构成,但是联保在1940年便被撤销。

(二)乡镇制度与建制演变

1. 区政府:局子

在区改镇之前,区政府又被村民俗称为"局子",局子内的行政长官又被称为师爷。局子内除了师爷,还配置有20—25名干事,每个干事手中配置有一杆长枪,师爷配备有一把短枪。局子内的干事,相当于镇丁,没有职位大小的区分,全听师爷的号令。据艾宝玉老人叙述:"局子就跟现在的警察局一样,要按过去说就是捕快。平时,他们就是维持治安,不是光咱楚铺村,整个区里有啥事情咯都要靠他们去解决。干事还经常出差,到外村去办个案子啥哩。最早的时候,俺爹就在那当差。"也可以说,局子的基本功能是维持治安。

以往,师爷一般由上级政府直接任命,师爷之下的干事由其自己招聘。干事并不算是政府官员,他们类似于临时工,不想干可以向师爷辞职。师爷和干事的报酬主要由上级政府供给,也有部分薪酬和福利由摊派的形式筹集而来。不过,对于局子是否有办公地点,现在村内说法不一。

2. 镇政府:镇公所

在区改镇之后,局子也被撤销,取而代之的是镇公所。镇公所内设有镇长1名,副镇长1名,文书1名,勤务兵2—3名,干事20—30名。镇上还下辖2支后备队(后发展为3支)。镇公所设立之后,除了兼具局子维持治安的功能,还增添了防御功能,抓丁和摊派的权限也较局子大不少。在区改镇之后,楚铺村也正式建立起了镇办公室,就在村口的王爷庙内,与洋学设立在一起。起初,设立镇办公室时多数村民都表示反对,但镇长李子峰是一个不迷信的人,因此,他执意要把庙中龙王爷的神像拉走。但是,由于龙王爷的神像太重,加之拉神像的为一头老耕牛,这造成了耕牛在运输途中直接被累死。不少村民认为这是龙王爷显灵,便对镇长和镇公所产生了抵触心理。镇公所虽有办公室,但办公室内基本上没有办公桌椅之外的其他物品。镇公所平时没有人值班，外人可以随意进出，因为办公室并没有上锁。李子峰在任时，在办公室内办公的情况也较少，大多数时间就在家中办公。

在李子峰潜逃后，楚铺镇由赵国兴担任镇长，但是其任期又被分为两段，因为其间存在约有1年的维持会。赵国兴在任期间，基本维持了李子峰时期的组织结构，镇办公室却没有继续使用，自其上任起就在家中办公。

3. 日占时期：维持会

该村建立维持会的时间段约在1944年到1945年7月之间。维持会会长名为潘阳辰。据艾宝玉老人叙述："咱这过去大概有100多个维持会，维持会管的面积要比镇小一点儿。"具体而言，维持会管辖的范围相当于10—15个保。但是，村内存在多种不同的说法，这一说法并没有得到普遍的认可。如前所述，维持会大约有3—5个办事人员，只有几杆枪，后备队虽归其管辖，但潘阳辰基本上无法调动他们。潘阳辰之所以能成为维持会的会长，主要是因为其主动归顺了日本人，日本人见其听话便让其担任了维持会长。维持会之下仍设有保甲，保甲一级沿用了之前的建制和编制，主要职责也没有变化。

（三）保甲制度

1. 楚铺所在保情况概述

民国以来，自该地建立保甲制度时楚铺村所在保便为该区（后为镇）第一保，下辖10—12个甲，其中在楚铺村内共居住有5个甲，楚铺周边米庄、陈庄、白杨沟等村落也归第一保管辖。同时，每一个甲所包含的户数也不尽相同。管辖户数最多的甲下辖村民超过了100户，最小的甲只下辖20户村民。1949年之前，该村甲的划分并非依据血缘、姓氏、地形等因素，而主要依据居住范围。例如，某一范围村民居住得较为集中，便可能被划分为一个甲。据李邦存老人叙述："甲都是随便划的，有的地方人比较多，就能划分成一个甲，这样管理方便呀。"

2. 人员配置

据村内老人介绍，一个保配置1名保长、1名文书以及3—4名干事。其中，干事又可以分为兵役干事、经济干事、户籍干事等。不过，在该村干事又是保丁。也有老人称文书就是副保长。除了文书，其他保内干部均配有枪。其中，保长配有一把短枪，干事每人配有一杆长枪（一说，保长不配枪，一般自己有枪的村民才能当保长。不过，此说法也没有得到普遍认可）。除了保长以及保干部之外，保内每甲还设有1名甲长，甲长之下不再设有官职。此外，保甲内还设有地保一职。

3. 办公制度

以往，保甲长没有办公室，保内干部也不坐班。一般有事需要商议时，保长会召集保内干部和甲长一同到自己家中。如果商议的事情需要保密，有时保长还会召集大家在酒馆内商议。保甲基本上没有办公经费，商议事情时所需经费由保长负责。但是他们也能从其他渠道获取收入，这也能减轻保甲长的经济压力。

二、治理主体

民国时期，该村的政权治理主体包括镇长、保长、甲长等。除此以外，后备队、镇干事、保干事等也是重要的治理主体，只不过他们在治理中的作用并不是非常明显。多数情况下，他们只是按保甲的安排行事。在民国后期，由于时局的混乱以及镇长权力的弱化，后备队也日益成为一种破坏治理秩序的力量。

（一）镇长

1. 镇长概况

1949年之前，楚铺镇共有2任镇长，其中第一任镇长为李子峰，第二任镇长为赵国兴。李子峰之所以能成为镇长，是因为其在县里认识掌握大权的官员。与此相对，赵国兴担任镇长主要是被逼无奈。在李子峰潜逃后，由于其是村中首富，且平日里作风比较正派，便被村内村民捧为镇长。

2. 镇长资格

在当地，能成为镇长的村民需要具备的首要条件是在村中或者说是在镇中具备权势。这里所指的权势，又可以包含以下要素：其一，拥有较多的土地。如前所述，拥有土地是财富的象征，而财富的多寡在一定程度上能决定村民在村中的地位。因此，能当镇长的村民往往拥有的土地面积会超过70亩。其二，拥有较多的枪支。在该村，仅仅拥有土地并不能在村中获得较高的地位，拥有1—2支枪也只能算作在村中略有地位。只有拥有4—5杆枪才有资格成为村中最有地位的村民。以往，赵国兴家共有4杆步枪，2把手枪（一说，还有2把冲锋枪）。李子峰也拥有10支左右的枪支。其三，与村外的权贵具有良好的关系，但这并不是必备要素。其四，作为镇长必须得到村民的"信服"。所谓"信服"，可以指村民对其品德的信服，但最关键的是对其权势的畏惧。民国时期，该村及其附近村落极为混乱，如果镇长没有压制矛盾和冲突的手腕，将出现更为混乱的局面。正因为如此，即使李子峰是村内几大恶霸之一，村民也愿意让他当镇长。最后，成为镇长必须具备一定的个人能力，能有效处理各种公共事务。

3. 镇长产生

据村内老人介绍，镇长一般由村内排场人推举。以往，该镇并没有镇民代表，也不会召开镇民代表大会。在选举镇长时，县政府会召集村内的排场人开会，并让排场人推选合适的候选人。正常情况下，排场人会推选多名候选人，推选后再由排场人举手表决。不过，也有老人表示，有能力当镇长的村民往往只有一两人，很少会出现激烈的竞争。如果候选人只有一人，那么县里干部最多问问排场人同不同意，排场人通常不会表示异议。选举镇长又被称为"抬"。意思就是，排场人共同将有能力的村民推上特定的职位，这也反映出推选候选人时大家基本上不会出现太大的意见分歧。镇长上任之后，除非上级撤换或者镇长主动辞职，否则很少更换。

4. 镇长与镇干部

据村内老人介绍，村民选举时一般只选举镇长，镇长之下的人员由镇长任命。他们虽由镇长任命，换镇长时他们却不一定会被撤换。例如，赵国兴上任时就基本留用了李子峰的手下。平日里，镇内工作人员基本要听从镇长的安排，镇长不让他们做的事情，他们不能擅自行动。不过，这种情况主要出现在李子峰在任时期。李子峰虽然作恶多端，但是管理手下也有自己的方式，手下不敢不听从其管束。特别是后备队，大多数时间都对李子峰唯命是从。但是，在赵国兴上任后，情况发生了很大的变化。赵国兴经常被称为"鳖精"或者是"鳖精财主"，意指其能力有限又不够胆大。赵国兴虽然是个好人，也很少为非作歹，却管不住手下。赵国兴任内，手下欺负村内村民的情况更为严重，当然这也与当时的时局有很大的关系。为了稳定镇内局势，赵国兴将土匪刘胜霖的队伍改编成一支后备队。刘胜霖及其手下在楚铺街上经常肆无忌惮地欺压村民，这也引发几支后备队之间的矛盾和冲突。对此，赵国兴只能"睁一只眼，闭一只眼"，不敢过度干涉。也正因为如此，村民虽认为赵国兴是个好人，但也都觉得赵国兴当镇长时，村内并不比李子峰当镇长时安定。李子峰手段毒辣，做事时却多留有分寸，尽量避免闹出人命，例如，其在下令收村民所有的枪支后就反复嘱咐后备队：一定不要伤害人命。

5. 镇长与排场人

在该村，镇长就是村内地位最高的排场人，也是村中最大的光棍。如前所述，能当镇长的人本身在村内就具备极强的权势。这主要是因为，该村排场人之间的关系也并非非常友好，彼此间的冲突经常发生。这就要求镇长必须是"压堆儿"的人，也就是能镇住村内各方势力的人。不过，在该村与镇长权势类似的排场人也并不是没有。例如，李子峰与赵国兴两人地位就基本类似。不过，由于拥有镇长这个职位，他们得以在权力上再压其他排场人一头，其他排场人即使不满，也不敢与其正面冲突。

6. 镇长与土匪

在区改镇之后，镇长主要职责之一就是对付村内土匪。不过，村内土匪着实难以对付，即使李子峰也要让其三分。据艾宝玉老人叙述："那村里的土匪李发祥、赵喜都厉害着哩，李子峰都管不了他们，赵国兴就更不行了。"就实力而言，镇长所领导的后备队完全在土匪之上，但是土匪组织性更强，做事更不计后果，活动也没有特定的规律。因此，镇内武装只能防御住土匪的正面进攻，却不能防御住土匪的偷袭。

7. 镇长职责

镇长主要有以下几种职责：其一，维持镇内治安。在该镇，镇内的干事就是镇丁，日常工作主要就是维持镇内治安，这与改镇之前基本类似。其二，保卫村落。这是镇长指挥下的后备队需要肩负的职责。其三，收缴苛捐杂税。其四，完成抓丁任务。除了以上几种职责，镇长还有发展镇域经济、教育、文娱等职责。不过，这种说法并没有得到老人的普遍认可。实际上，该镇的两任镇长确实也没有在这些方面下过功夫，他们把多数精力都放到了维持村落秩序上。

（二）保长

1. 保长概况

在该村，保长变动相当频繁，大多数保长干上1—2年便会卸任，最长的也只能干3—4年。据村内老人回忆，该保最后一任保长为李季勋，在任上干了不到2年。李季勋是村上的排场人，但家中只有5亩土地，没有其他谋生手段。也就是说，李季勋只是人面较广的排场人，在村中的地位相对较低。与其类似，该保多数保长也只是村内人面较广的普通排场人。同时，该保的保长基本上都是楚铺村的村民。这主要是因为，该保中仅楚铺村就占到了5个甲，其他村基本上是一村一甲。楚铺村经济发达，富户和排场人较多也是保长主要产生于该村的主要原因。

2. 保长资格

以往，担任保长需要符合特定的条件，是排场人则是其最基本的条件。具体而言，成为保长还需要具备以下条件：其一，拥有文化基础。虽然不要求保长有较高的文化水平，但保长必须会写字。这主要是因为在抓丁、摊派、记录户籍信息时，都需要记录相关信息。其二，拥有较好的人缘。在该保，保长虽然不一定办事公道，也不一定要得到普通村民的认可，但他们必须与村内其他排场人保持较好的关系，不能与任何一派有明显的矛盾。其三，身世清白。作为保长不能有犯罪前科，当过土匪、强盗、小偷的村民不能成为保长。不过，赌博、斗殴、吸毒等情况可以排除在外。其四，与镇长保持良好的关系。不过，这并不是必须有的要求。此外，在1940年之前能够担任保长者通常是村中较有地位的排场人，也就是有田有枪的排场人。

3. 保长产生

自该村实行保甲制度以来，保长就由村内排场人推选，其核心方式也是"抬"。对此，普通村民基本上没有发言权。在选举保长时，也遵循先由排场人推选候选人，再由大家表态是否同意的方式。由于保长可以为自己谋一些私利，且符合条件的排场人相对较多，因此每次推选时都有 2—3 名候选人，但是推选时竞争并不是非常激烈，总会有个候选人得到大多数排场人的支持。不过，这种情况在民国中后期时有所变化，愿意当保长的排场人较之前少了很多。这并不是由抓丁频繁程度的上升以及摊派的增多造成的，而是因为时局不稳，国民党政权已经出现倾覆的迹象。此外，保长没有任何酬劳，只可以得到少量津贴。

4. 保长职责

以往，保长的职责主要为抓丁和摊派。就抓丁而言，保长主要负责编制抓丁名单，但并不是具体的名单，只划定每一家需要抓几人。与抓丁类似，摊派时保长也只会根据镇政府下发的任务，具体确定每一家需要缴纳多少。不过，这两项职责都需要甲长的通力配合。此外，保长还有维持保内治安的职责。但是由于保内人手和枪支较少，以及镇长有人数众多的后备队，因此保长基本上不会肩负起维持治安的责任。此外，保长还有组织沟渠维护、治蝗、保护河堤的职责。

5. 保长与保内工作人员

在该地，保内工作人员全部由保长任命。因此，保内工作人员多数是与保长关系不错的村民。在平日里，保内工作人员要服从保长的安排，不能违背保长的意愿。如果保内工作人员不听从保长的安排，保长可以随时撤换他们。保长和保内工作人员经常一起为非作歹，凭借手中的枪支，肆意去摊贩处和饭店吃拿卡要。有时，保内工作人员也可以独立行动，保长对此基本上不管不问。

6. 保长与镇长

1949 年之前，保长与镇长虽属于上下级关系，但两者在行政事务上的联系相对较少。除了抓丁和摊派之外，镇长基本上不对保长的治理行为进行干涉。在李子峰当镇长的阶段，由于其本身就是恶霸，所以对手下的保长是否鱼肉百姓并不会非常在意。赵国兴虽然本身不愿意作恶，但由于其能力有限，也不会对保长的行为进行批评指正。不过，这并不意味着保长可以不听从镇长的安排。除了抓丁和摊派之外，镇长指示过的事情，保长通常也会照办。这一方面是由镇长的职权造成的，另一方面也因为镇长多是村内的"大光棍"，保长与其实力相差悬殊。

7. 保长与排场人

如前所述，保长虽是村内的排场人，但他们的地位并不算高。因此，保长基本上不敢得罪其他排场人。例如，在抓丁时，保长绝对不会抓排场人的丁。在摊派时，虽然有田的排场人也要缴纳，但是保长不会亲自去收，而是将任务布置给甲长，由甲长向他们收缴。与此相对，1940年之前保长多是村内较有权势的排场人，因此他们做事时也比较强硬。不过，无论如何强硬，他们遇事时也只敢于与村内其他排场人协商，而不敢于运用暴力解决问题。

（三）甲长

1. 甲长选任

如前所述，该地奉行轮流甲长制，但并不是所有村民都能当甲长。具体而言，担任甲长必须符合以下条件：其一，必须是年龄超过18岁的成年男性。一般而言，能够担任甲长的村民岁数在25—45岁之间，未满18岁的孩子以及过了50岁的老人通常没有当甲长的权利。其二，甲长必须有文化。这与选任保长时的要求类似。其三，甲长必须身世清白。土匪、流氓、小偷等不具备担任甲长的资格。但凡符合条件的村民均可以成为一个甲的甲长，但是成为该甲的甲长还有两个不成文的规矩：第一，只有一个家庭的当家人才能成为甲长。第二，排场人多数情况下不愿意担任甲长。这主要是因为，甲长是吃力不讨好的差事，只能享受少量津贴，却没有什么实质上的权力。至于甲长的任期，在访谈中老人并没有给予明确的回答，多数老人认为不会超过3年。

2. 甲长的职责

以往，甲长最主要的职责是协助保长完成抓丁和摊派等公共事务。就抓丁而言，甲内具体哪户能抓，以及每户具体抓几人，由甲长向保长汇报，保长再根据情况登记成册。摊派时，保长也只向甲长安排任务，摊派的收取由甲长自己负责，保长和保内干事一般不参与其中。此外，甲长也有协助保长完成维修沟渠、治蝗、保护河堤等任务的职责。

3. 甲长与保长

以往，甲长虽是一个甲内的"行政长官"，但是基本上没有什么权力。实际上，甲长的地位比保丁还要差上不少。对于保长分配的任务，甲长只能按照要求完成，并不能讨价还价。在完不成任务时，甲长被保长和保丁殴打的情况经常出现。据张文礼老人叙述："那个时候，俺爹就是甲长，轮住了不干也没有办法。俺爹又是一个老实人，就经常完不成任务。完不成任务，保长就把俺爹脱个光膀子，然后拿绳子吊起来打，一年打好几回。"不过，如果甲长本身与保长关系较好，且与保长配合良好，那么甲长也可能不会受到保长的责打。

4. 甲长与排场人

由于甲长在村中地位相对较低，因此排场人一般都瞧不起甲长，有些排场人甚至见到甲长都不会跟其打招呼。在收取摊派时，如果只有甲长来收，那么不少排场人都会无故拖延或者是干脆不缴。

（四）地保

关于地保，现在村中也存在两种说法：其一，地保主要负责地面安全和卫生。如前所述，如有外地逃荒者死在楚铺内，通常由地保将尸体埋在村外的舍地坟中。其二，地保是负责与政府联络的本村村民。有一种说法认为，地保主要是村中曾在县里任有职位的官员，或者是与县政府关系较好的排场人。他们的主要职责是监视村内可疑人物。保长如果发现保内有可疑人物，通常先告知地保，再由地保上报政府。无论是哪种说法，地保均不是该村治理的重要主体，发挥的作用也可以忽略不计。

三、治理内容

基层政权治理的内容主要涵盖征兵、摊派、维修公共设施、维持治安等几个方面。但是，征兵和摊派才是政权治理最核心的内容。

（一）征兵

1. 兵役制度的变迁

在该地，最早实行的征兵制度是募兵制。民国早期，由于军阀割据，各军事集团均会派员在汝南县内招兵。招兵时，征兵者会在路口或者人口聚集的地段张贴征兵告示，有意愿者可以前去应征。应征者可以立即获得一笔钱，因此此阶段去当兵者多是家境贫寒或者是遇到经济困境的村民。1929年之后，民国政府废除募兵制，实行征兵制。此时，征兵以保为单位，以抽签的方式决定由谁去当兵。不过，中签者多是普通村民家的男孩。有钱有势的村民，往往会跟保长私下勾结，并在抽签的过程中作弊。抗日战争爆发之后，由于战争频繁，兵源缺口大，村民多不愿去当兵，因此"抓壮丁"便成为解决兵员不足的主要方式。

2. 抓壮丁

（1）抓丁名额

以往，每家要抓几个男丁由甲长协同保长制定。在抗日战争时期，抓丁一般采取"五抽三，三抽二"的比例在各家男丁中随机抽取，但被抽男丁的年龄必须在18—45岁之间。在制定名单时，保长和甲长只负责确定每户应抓几人而不管具体要抓谁。到了1945年之后，抓丁形势变得更为严峻，此时出现了"二抽一"甚至是"孤子也抓"的情况。"抓孤子"的情况主要出现在1947年前后，如与保长关系不甚好，保长也可能从只有一个儿子的家庭中抓丁。抓丁时，如果家中还有男孩没有成年，那么成年的男性一定要被抓。如果一个家庭有5个男孩，其中3个未成年，那么保长便会从该家庭抓走2个成年男子。据村内老人介绍，该村曾有一位村民[1]娶了2位妻子，其中正妻无后，该村民便从近门过继来了一个儿子。在小妾所生男孩还未满月时，保甲长便前来抓丁，将过继子直接抓走。家人再三请求保长放人，保长却以其还有一个儿子为借口拒绝了其要求。但是，小妾所生男孩在这之后的几天不幸去世，被抓丁的儿子也战死在了战场上，该村民因此成为"绝户"。

(2) 抓丁过程

在抓丁前，保甲长通常会向关系好的村民透露消息，让他们偷偷逃跑。但是，保甲长有时也会透露错误的消息给关系一般的村民，以免村民逃丁。除了极少数村民，大多数村民都不可能掌握抓丁的具体时间。抓丁由保长带着保丁去抓，甲长也要随时陪同，以免抓错人。在该村，抓壮丁主要采取以下两种方式：其一，直接登门。保甲长有时会趁着夜间或者吃饭时，直接登门抓人。但是，这么做动静比较大，其他村民往往会闻讯逃跑。其二，在路上埋伏。这是保甲长们最常采用的抓丁方式。在抓丁时，他们会埋伏在道路的两侧，由甲长告知保长路过者能不能抓，之后保长再令保丁去抓。在1945年之后，保甲长根本就不会在乎抓到的是谁，除了可以免丁的村民，保甲长见到谁就会抓谁，有时十五六岁的男孩也会被抓走。

(3) 免丁

据村内老人介绍，政府规定的免丁者主要包括独子、残疾人、学历为高中及以上的学生，初中以下在校学生可以缓征。不过，在实际操作中还有其他几类村民可以免丁。具体而言，主要包括以下几类人：其一，镇长及镇上干部。在镇上当差的村民以及其家人都可以免丁。其二，后备队成员。后备队实际上就是政府批准建立的地方武装，在后备队当差也属于当兵。因此，家中有人在后备队的家庭也可以免丁。其三，文化人。在该村，但凡读过书的村民都可以免丁，但其家人却不一定能免丁。与此相对，私塾先生、洋学老师却可以全家免丁。其四，大夫。大夫本人可以免丁，自己的儿子如果不是独子仍不能幸免。其五，保甲长及保内干部。他们也属于免丁的行列，但是甲长卸任后仍要被抓丁。其六，排场人。凡是村内的排场人都不在被抓丁的行列，这主要是因为他们具备一定的势力，保甲长不敢去抓他们及他们的家人。此外，还有老人表示，和尚、道士、巫医、道门坛主等宗教人士也可以免丁。

(4) 逃丁

民国时期，村民们在得知抓丁消息时也会选择提前逃走，或者在抓丁的过程中逃跑。据村内老人介绍，逃跑时村民一般躲到村外的亲友家，也有人逃到村外的荒野中

---

[1] 具体姓名老人不愿意透露。

暂时躲避。一旦抓丁结束，村民们便能安然返回家中继续劳作和居住。返回家中后，保甲长不会对其逃丁行为进行追究，因为保甲长能完成抓丁任务便可，不会在乎到底抓到的是谁。如果没抓到足额的兵丁，甲长通常要受到惩罚，但是甲长没有胆量迁怒于逃丁村民。据艾宝玉老人叙述："逃丁回来的，该咋样咋样，保甲长不管。"不过，逃丁者下次仍是被抓丁的对象。村民被抓之后，保长和保丁会把他们五花大绑，然后用枪押运到镇政府。在押运过程中，如果村民逃跑，保甲长可向他们射击，但不会把人打死。如果村民逃跑成功，镇长有权惩罚保长，惩罚通常较轻，很少出现责打保长的情况。被抓的村民到达镇上之后，由镇上组织人手押运至部队。在押运过程中，如果出现逃丁的情况，镇长也要受到相应的惩罚。

（5）买丁

传统时期，被抓了丁的家庭也可以通过买丁的方式帮儿子换取自由。当然，并不是所有村民都能花钱买丁，只有家庭相对富裕的家庭才有这个能力。与此相对，愿意替别人当兵的村民多是家中极为穷困的村民，也有少数"兵油子"会通过替丁来牟利。村民请人替丁，一般无须说合人介绍。如果彼此不认识，也可以请村中的排场人为他们做中介，说合人不收取任何报酬。正常情况下，买丁大约需要花费2—3担粮食，相当于1000—1500斤。但是，具体支付哪种粮食由双方协商。据村内老人介绍，以往买丁时主要支付小麦和大豆两种粮食作物。在双方达成一致后，买丁家庭要立即向对方支付，并将买丁事宜告知保甲长。买丁家庭只要将对方信息告诉保甲长，并请对方撤换下自己的孩子便可，无须给保甲长送礼。

3. 拉苦力

据村内老人回忆，民国时期拉苦力主要是为了给前线的部队运送粮食。拉苦力与抓丁不同的是，其主要是给部队运送物质，运送完就能回家。拉苦力有时由保甲长组织，被抽到的村民就要跟着部队去运输。此外，部队开拔到村落附近时，也可能随意拉村内壮劳力去当苦力。据张文礼老人叙述："我小时候跟俺爹下地的时候就见过部队拉苦力。部队走到田边看到田里有那壮劳力直接就拉走了。有那反抗哩，当兵哩直接一枪托就砸过去了，看哪个还敢反抗。要不是俺爹那个时候是甲长估计也被拉走了。"拉苦力与抓丁类似，凡是排场人或者可以免丁的家庭等都不会被抽到。苦力并没有报酬，只负责一日三餐，运输过程中死亡的村民也得不到抚恤金。

（二）赋税

如前所述，村民不仅要缴纳土地及其附加税，还要缴纳各种苛捐杂税。不过，田赋、经营税等税种的征收并不是镇政府和保甲长所需要负责的事务，镇政府和保甲长需要亲自征收的税种多是些苛捐杂税，最常出现的形式是摊派。对于具体收取的是什么费用，大多数村民实际上并不是非常了解。在征收摊派时，一般由镇政府向保长下达命令，并说明该保需要收取的总额为多少。保长在接到命令之后，再召集甲长前来家中开会，并按照甲内拥有土地的人数将任务分配给甲长，甲长就是征收摊派的具体负责人。在收取摊派的过程中，保长不会召集保内有地村民开会，也不会逐户向村民解释所收费用的具体用途。

一般而言，每户收取摊派的数额按照该村民拥有的田地面积进行分配。甲长在收取摊派时，多数村民会积极配合，但仍有少数排场人不愿意缴纳。对此，甲长只能反复劝说，即使收不上来，保长也不会出面帮忙。如果甲长反复劝说无果，也可以请甲内拥有土地超过100亩的富户多缴纳一些，这已经成为了该地的常态。有些富户为了获取村落内的声望，也会在手头宽裕的情况下主动承担大部分的摊派，以减轻村落内其他村民的负担。不过，如果甲内没有富户，那甲长只能自认倒霉，并接受保长的惩罚。如果保内的摊派任务没有完成，有时保长也会主动请富户多承担一些责任。保长如果完不成任务只可能被撤换，并不会受到镇长的毒打。

（三）维修公共设施

维护道路、沟渠、堤坝、寨墙也是基层政权的重要职责。例如，每年春季保甲长便会带着村民维护村落内的排水沟。不仅仅是村落内的公共设施，村落外的公共设施有时也需要镇长等组织村民进行维护，如穿越该村的官道。如果道路损坏比较严重，县政府也会下令给镇政府，让其组织村民维护。镇政府接到命令后，会令保甲长组织村民具体实施维护。在维护时，各家一般都要提供劳动力，但具体数量并没有限制。如果家中劳动力较多，保甲长便会令其多出几个劳动力；如果家中没有劳动力，也可以不出。但是，如果被保甲长征召，无故不能中途退出。与维护村内公共设施类似，维护村外公共设施也没有报酬，属于义务工。据村内老人介绍，维护的周期一般在5天以内，前4天如果只干了一大半，第5天保甲长便会令村民加快速度，赶快将剩下的工程干完。这主要是因为保内大多数村民是无地村民，他们平日里需要通过各种方式谋生，干义务工的时间过长必然会影响生计。

（四）维护治安

如前所述，该村的社会治安主要靠镇丁、保丁、后备队维护。日常生活中，他们虽会维持治安，但并不会把维持治安当成主要职责。只要村内不出斗殴、抢劫、杀人之类的大事儿，他们一般不会干涉村民之间的纠纷与冲突。据艾宝玉老人叙述："后备队、镇丁很少巡逻，保甲长也不咋管治安，他们配枪都是因为村里人有枪的比较多，没枪镇不住他们。有他们搁那杵着,就能吓唬人,一般人都不敢乱来。后备队哩,主要应付土匪,其他的不咋管。"可以说,基层政权对于治安的维护多是流于形式,在举办庙会时镇长等还会把维持治安的权力让渡给举办者。在平日里,如果村内发生小偷小摸、杀人越货、打架绑票等治安事件,保甲长通常不管,镇上的干事和后备队只会象征性地管一下。据李邦存老人叙述:"过去,那被绑票的多了去了,都是自己想办法,跟镇上当差哩关系好咯请他们帮帮忙,不好咯那都是自己想办法交赎金。镇上哩才不会替你拼命哩。你要说,撞到他们眼皮子底下的事儿,那他们还是要管一管的。你比方说,那些小偷小摸哩被逮住咯,要是跟他们关系好的排场人养的小偷,他们还不是表面上教训一下,一扭脸马上都放了。有时候,看见都不管,这也都是常事儿。"此外,该村对治安影响较大的矛盾一半由土匪引起,一半则由镇长、后备队等引起。因此,他们对于治安的维护很难发挥到实质作用。

(五)其他治理内容

除了以上事务,保甲长还会在治蝗、背雨等方面发挥功效,但镇长等不会主动参与相关事务。在治蝗时,保甲长常常会组织村民挖沟防治蝗灾,还会组织村民用锣鼓、鞭炮等驱赶蝗虫。与此相对,背雨虽非保甲长亲自组织,但是在富户组织的过程中,保甲长也会前去帮忙,有时他们甚至会让保丁带着枪护送背雨的队伍。

四、治理方式

1949年之前,该村的政权治理过程表现得较为简单粗暴,因此治理方式也较为强硬和野蛮。当然,柔性治理方式也同样存在,只是适用范围较窄。

(一)以权压迫

由于该村较为混乱,且周边土匪相对较多,因此手中有枪和有权的镇长、保长、后备队等治理主体也常常依靠自己的权势来压迫村内各方势力,以此来维持村内的基本秩序。据艾宝玉老人叙述:"咱这村里是乱,要不是镇上有枪,那还不是更乱。在李子峰在位哩时候,村里的人都不敢咋着,就是有对他不满哩,也都不敢多说啥。那个时候打黑枪的有,像赵国兴在位的时候夺枪一下杀死十几人的情况基本上没有。"可以说,比起多方相互争斗而言,村民还是更希望有"强权者"来主导村内治理。即使在他们治理的过程中也会给村民带来不小的困扰,或者是他们根本不会刻意去治理村内乱象,但只要他们存在,村内就不会太过于混乱。

(二)暴力执"法"

在民国时期,以暴力的方式来解决村内的各种问题,或者以暴力的手段来达到自己的治理目标，是镇长、保长、后备队等治理主体最常使用的治理方式。据靳逢安老人叙述："过去哩，那李子峰要干啥事儿才不会跟你商量哩。直接拿着枪就上了，不服就打，打到服为止。"可以说，暴力执"法"是以权压迫的延展。以权压迫主要是一种象征性的威慑力，而暴力却是权势在治理过程中的表现形式，也是权势作用发挥的基本保障。不过，暴力执"法"也有一定的适用范围。镇长等虽然能够对村民使用暴力，却不能伤害人命，将人打死必然会给自己带来麻烦。如前所述，李子峰在夺赵文圆家的枪时便招来了牢狱之灾。同时，不同治理主体能够使用暴力的对象也有所不同。镇长、镇干事和后备队虽然大多数情况下不会对村中排场人使用暴力，但为了完成自己的任务也会动用暴力。与此相对，保长和保干事一般只敢对普通村民使用暴力，使用暴力的场合也基本在抓丁时。平日里，他们虽会向村民吃拿卡要，但遇到不从者最多恐吓几句，或者砸坏对方几件东西，很少动手打人。与上述治理主体相对，甲长基本没有使用暴力的权力。

（三）柔性劝说

这种方式主要是甲长在收取摊派时所采取的方式。在该村，除了甲长之外，基本上没有其他政权治理主体会采取该治理方式。当然，甲长采取这种方式主要是因为自身权力过小，无法通过暴力让对方服从。据艾宝玉老人叙述："甲长都是轮流哩，有个啥权力？要是跟人收摊派也一般都是好商好量哩，动手的很少。也有那有枪哩，不交就打哩，我只听说过，没有亲眼见过。"此外，甲长柔性劝说的对象主要是甲内的排场人。如果收缴摊派的对象是村内的普通村民，甲长虽不会动手打人，但也会用言语恐吓对方，使对方赶快缴纳应缴的摊派。

五、政权治理关系

在该村，政权治理体系由镇、保、甲三级构成，但由于该村又是镇政府所在地，因此镇与保甲之间又产生了与周边村落不一样的治理关系。同时，治理关系还受到不同治理主体之间关系的影响。

（一）镇与保甲的治理关系

在民国时期，镇与保甲的关系相对比较松散。虽然保甲隶属于镇，但作为上级管理机构的镇政府却给予了保甲较多的自主权。在还是局子的时代，局子只负责下属村落的治安，对于其他事务基本不予干涉。不过，此时保甲制度还不是非常完善，许多配套制度还没有建立起来。在局子改镇公所之后，保甲仍保留了一定的自主权。据艾宝玉老人叙述："过去哩，要是收齐了税或者是抓够了丁，一般镇上就不咋管保甲里面的事儿。保里的事儿基本上保长说了算，镇长基本都不管。"形成这种格局主要基于以下三种原因：其一，村落治理事务相对较少。在"皇权不下县"的治理格局下，镇政府对于村落的治理也往往采取有限介入的态度。同时，楚铺镇除了楚铺之外很少有村落存在类似于该村的社会分层。据村内及附近村落老人介绍，该镇多数村落除了有几个恶霸或土匪之外，并没有太多扰乱秩序的村民。这些村落由于缺少富户，因此也很少组织公共文化活动，更少有村落公共服务。在这种背景之下，多数村内事务仅靠保甲长以及几个排场人就能全部解决。其二，镇政府无力全面管理村落事务。在民国时期，一个镇只配了少量的工作人员，加之社会大环境的动乱，使得镇政府也无力事无巨细地进行管辖。其三，劣绅当道。如前所述，楚铺镇的镇长长期由恶霸担任，其他镇上工作人员也多是恶霸或者是品行不端的村民。也正因为如此，他们并不愿意为村落治理承担相应的责任。

不过与其他村落不同的是，由于楚铺镇是镇政府所在地，镇长和镇上多数干部也是楚铺村民。基于此，镇长和镇上干部也会出于种种原因干预楚铺村所属保甲内的公共事务。当然，这种参与也存在一定的限度，求雨、囊囊会、庙会等活动他们就一般不会参与。

（二）政权治理主体关系

传统时期，由于该地奉行直线式的管理模式，因此镇、保、甲三级"官员"往往只对上级负责，甲长并不能越级向镇长请示，镇长也不会向甲长直接下达命令。在这种模式中，镇长只向保长下达任务，而具体的实施者则多是甲长。如前所述，在完不成任务时镇长只处罚保长，对于甲长的处罚则由保长具体负责。与此同时，该村的政权治理主体还呈现出命令与服从的关系。对于镇长下达的命令，保甲长通常没有讨价还价的余地，否则将会有被撤换的可能。当然，甲长并不会被撤换，但却会受到一定的惩罚。

（三）政权治理主体与非治理主体关系

以往，镇、保、甲三级"官员"虽然掌握了一定的权力，但是除了甲长之外，镇长和保长多由村中排场人通过"捧"的方式才得以上任。这种背景下，镇长和保长上任之后多会在治理过程中给予排场人优待，有时还会直接任命一些排场人担任重要的职位。在治理的具体过程中，镇长和保长也会参考村中排场人的意见。当然，由于该村能当镇长和保长的村民一般都是具备实力的村民，也就是拥有较多枪支的村民，排场人捧他们当镇长或者保长也多是因为没有其他合适的人选。基于此，排场人的意见只能在一定程度上发挥作用，并不能改变镇长和保长的决定。

第二节 村落治理与治理关系

以往,由于政权治理在社会治理中发挥的作用较为有限,因此社会自治便是处理家户与家户之间关系的主要方式。而姓氏结构的多元化,使得村内家户显示出了较强的分散性。这加剧了村落整合的难度,也造成了家户间矛盾调解的难题。基于此,村落自治必须起到润滑家户关系的作用,而排场人便是村落自治的主导者。排场人在参与治理的同时,还能转换成各项事务的中间人、会首、调解人等。不过,排场人既是村落治理的重要主体,又常常会破坏村内治理秩序。

一、村落治理主体

1949年之前,村落治理的主体以非官方治理主体为主,也就是以排场人为主。但是,排场人既有热心村落公共事务者,也有为害乡里者。当然,即使是经常危害乡里的排场人也可能为村民处理各种事务。

(一)村落治理主体:排场人

1. 谁是排场人

在该村及其附近村落,排场人实际上就是对场面人的统称。所谓场面人,就是在村落内或者村落附近人面较广且得到村内村民特别是村内其他排场人普遍认可的村民。换言之,一个村民是不是排场人,自己说了不算数,要村内村民普遍认可才行。在该村,排场人仅仅是指场面人,村民对于排场人的品德没有要求。据艾宝玉老人叙述:"啥是排场人,就是那认识人多哩,其他村民不敢惹的就是排场人。"不过,在该村,"排场"还有办事办得漂亮,或者指某一村民做事有能力的意思。因此,排场人通常是具备一定能力的村民,或者是具备一定势力的村民。当然,他们的能力并不是指为其他村民办事的能力,而是对他们为人处事能力的总体描述。在社会安定的时期,能成为排场人的村民多是办事公道者。然而,这一要求在清末民初逐渐变成了一个辅助条件,排场人主要成为了有权者、有能力者、人缘较好者的代表。据张文礼老人叙述:"要说排场人,按现在说,就是不多排场的人。有一些给村里人办事哩,大多数都不是啥好东西。不过要说,老百姓也离不了他们。"

2. 光棍:特殊的排场人

在该村,光棍不是专指没有结婚的人,而是指有枪有势的村民。"光棍"一词实际上可以引申为没人敢惹的人,但并不仅仅是指无赖。正常情况下,该村的光棍基本上由恶霸、土匪、强盗构成,但是他们并不能被称为排场人。不过,在该村有枪者基本上都可以算作是光棍。如前所述，赵国兴即使不作恶，也不招惹村内村民，村民也称其为光棍，或者是大光棍。如果某一光棍不是土匪，办事较为蛮横，但又经常组织各种会社，或者经常为村民出头，那么他们可以被称为排场人。此外，光棍与自身财富没有任何关系。在该村，多数光棍都是较为贫穷的村民，成为光棍有时也是他们的一种谋生手段。

3. 成为排场人的途径

成为排场人主要通过以下几种途径：其一，担任官职者自然成为排场人。无论在外担任官职的村民，还是担任镇长、镇干事、后备队队长、保长等职位的村民都自然而然地成为排场人。村内各种职位本身就需要排场人担任，不过排场人担任官职之后会进一步强化他们的地位。此外，担任甲长的村民可能本身不是排场人，但可以通过担任甲长成为排场人。但是不少为人处事能力一般的村民，在卸任甲长后也不能再被称为排场人。其二，拥有较多田地的村民。在该村，"小地主"或者"大佃户"均不能称排场人，只有拥有土地在100亩以上的村民才能被称为排场人。这一方面，是由其财富所带来的威望而造成；另一方面，也是由于拥有土地较多者往往承担了村内更多的公共事务所需费用。其三，有枪的村民。该村绝大多数有枪村民都可以被称为排场人。这主要是因为枪就是有势力的象征。但是，如果村民有枪只是为了自保，平日里也不主动与村内排场人交流，那么他们也不能被称为排场人。例如，该村村民刘景文虽然有一把手枪，村民们也不称其为排场人。[1] 其四，与排场人来往较多的人。这是该村多数村民成为排场人的主要途径。有些村民虽然本身无地也无枪，但是亲戚中有人是排场人，或者是因善于交际而与有势力者建立了良好的关系，那么他们也能被称为排场人。其五，具备专业技能的人。在该村，懂得婚丧嫁娶的礼仪，或者是掌握如何丈量土地等技能的村民，也能被称为排场人。例如，该村村民冯自勋便因此而成为排场人。不过，各行业的行户并不能算作是排场人。这主要是因为，他们为村民办事时往往会主动索取报酬。其六，有文化的村民。有文化是成为排场人重要的条件。当然，如果他们不帮村民办事，或者不与村内其他排场人来往，也不能成为排场人。

4. 排场人的等级

在该村，排场人之间也存在等级上的区分。一般而言，在外为官者是村中地位最高的排场人，无论是在该村还是在附近村落均是如此。地位仅次于在外为官者的排场人是拥有4支以上枪支的村民，也就是村中的大光棍。在大光棍之下的是后备队队长以及村内拥有枪支在4把以下的村民，也就是普通光棍。再之下为副镇长、镇干事、

---

[1] 民国中后期，排场人的标准发生了变化。在清末民初，有地且参与承担公共事务花销的地主均算排场人。

保长等村内官员。最后为没有枪或者财富较少的排场人，他们在地位上基本相当，没有实质上的区别。

5. 排场人与光棍

光棍不仅仅有枪，办事一般也比较蛮横，所以多数排场人不敢惹光棍。但是，除恶霸外的光棍也并非是不通事理的人，他们也会与排场人正常交往，并注意交往的礼仪。据艾宝玉老人介绍："光棍也不都是恶霸，有些光棍还比较讲义气哩，不是都是恶人。要说跟排场人的交往也比较正常。"但是，他们与排场人正常交往仅限于日常生活，有时光棍为了达到自己的目的也会采取不讲理的做事方式。在该村流行一句俗语："穷人没钱卖地，光棍没钱唱戏。"光棍没钱唱戏实际上就是说，他们可以通过请戏班唱戏的方式向村内村民收钱，而收钱的主要对象就是较有钱的排场人。鉴于光棍的蛮横，排场人往往会主动配合，避免惹来不必要的麻烦。

6. 排场人之间的交往

排场人之间虽存在等级上的差异，交往时却不存在明显的差异。凡是村内的排场人，基本上都可以同桌吃饭，也可以在一起喝茶。即使是地位一般的排场人也不会受到其他排场人的排挤。可以说，凡是排场人就能够成一个交往圈子，圈子内的人不存在相互瞧不起的现象。不过，由于多数排场人都是拥有一定权势的村民，因此他们之间也并不是没有矛盾。相较于普通村民而言，排场人之间很少发生正面冲突，他们解决冲突的方式往往是背后"下绊子"或者是"打黑枪"。

7. 光棍与保甲长

一般而言，光棍是保甲长也不敢招惹的对象。不仅仅是当土匪、强盗的光棍，即使村内平时不为恶的光棍也比保甲长更为强势。在日常生活中，保甲长不会主动与光棍打交道，有些保甲长还会躲着光棍，以免招惹对方。在抓丁和摊派时，保甲长也会绕过光棍，不会向其讨要摊派或者是抓其家人为丁。当然，以上所述主要针对一般光棍，村内赵国兴等大光棍，平日里也会为村落公共事务提供经费等帮助。对于他们，保长只是比较敬重，并不会太过于畏惧他们。

(二) 村落中介人

1. 说合人

(1) 说合人资格

说合人主要是村中的排场人，但不仅仅是排场人，在一些特殊的场合普通村民也能担任说合人。同时，担任说合人也需要符合特定的条件：其一，经济事务中的说合人要拥有一定数量的财产。要求典当、租赁、扩地等经济事务中的说合人拥有一定数量的财产，主要是为了证明中人的信用。不过，这并不是必备条件。如果说合人是村中的排场人，即使家中没有财产，也能具备担任说合人的资格。其二，具备较好的人缘。这主要出现在说合人不是排场人的情况下。在抱养、婚姻、收养等事务中，有时说合人不一定是排场人，因此就要求说合人具备较好的人缘，能在有需求的双方之间牵线搭桥。其三，办事较为公道。这也主要是对排场人的要求。村中的排场人如果办事不公道，或者不愿意为村民办事，村民也不会找他们担任说合人。在不少家户之间的事务中，品德实际上就是村民对说合人的核心要求，特别是一方较另一方地位低时。只有不偏不倚，才能保证弱势一方的利益。其四，必须懂得规矩。作为说合人必须懂得处理相关事宜的规矩与礼仪，否则很有可能引起双方的不满。其五，能说会道。担任说合人主要的任务就是撮合，因此说合人不仅要能说话，还要会说话。据艾宝玉老人叙述："当说合人哩，都得是那些巧舌如簧哩。先说白哩，再说黑哩，反正正反话他们都得说。说白哩，就是促成交易。你比方说，这个地不好，买主不想买，说合人就得保证土地质量，说明这个地块有哪些优点。说黑哩，主要是在双方同意买卖了之后。也就是把丑话说到前头，免得买卖了之后再找事儿。"其六，会写字。但是，这并不是必然要求，因为该村除了买卖土地之外均可以采取口头要约的形式订立契约。其七，具备专业技能。例如，勘测员和行户都属于此种类型。

（2）说合人的产生

村民可以偶尔担任一两次说合人，也可以长期为村民担任说合人。就村民偶尔担任说合人而言，他们基本上是对某一事项比较在行，或者是与双方的关系都比较好。例如，与男女双方关系都好的村民担任媒人。找这些村民担任媒人只需和对方说明情况，并请对方出面做媒便可。与此相对，在经济事务中的说合人通常比较固定，但并不固定为一人。这主要是因为，经济事务牵扯的利益关系较多，普通村民一般难以胜任这一职责。当然，双方关系较好时可以例外。在经济事务中尤以买卖土地反映出的利益关系最为复杂，同时买卖土地的过程还要求说合人具备丈量土地和写契约的技能，因此买卖土地时有且仅有一个固定的说合人。在该村，有意愿买卖土地的村民均可以找冯自勋担任说合人。

（3）说合人职责

村民需要请说合人帮忙的事务主要有：其一，买卖土地；其二，租赁土地；其三，典当土地以及扩地；其四，抱养；其五，婚姻（媒人）；其六，当学徒；其七，当长工；其八，借贷。在以上事务中，说合人的职责不仅仅是说合，还要肩负起为双方信用做担保的职责。同时，说合人还有见证契约效力的职责。无论是纸质契约，还是口头要约，一般都需要说合人从中做见证。此外，在双方发生矛盾时说合人也要依据契约在双方之间协调。不过，说合人并不用替任何一方承担违约的后果。据靳逢安老人叙述："撮合完了就没说合人啥事儿啦，顶多是欠账不还哩，或者不交租子哩，让说合人先去催催，双方有啥矛盾咯，说合人从中间调解一下。那抱养哩小孩啥哩，死了就死了，也不是说合人的事儿，赖不住人家说合哩。好多抱养孩子哩，抱的时候都得给几个钱儿，就等于是卖孩子。死了父母找事儿的也少。"

(4) 说合人报酬

说合人一般不收取报酬。买地、抱养、婚姻等事务中的说合人，虽然不收取报酬，但请其为自己办事的村民，常常会在摆酒宴时一并酬谢说合人。有些村民还会给说合人一些小钱，用于说合人吸烟和喝茶。当然，绝大多数村民不会给予说合人任何形式的酬谢，说合人并不会主动索取。不过，行户在当说合人时必须要收取一些报酬，因为这是他们主要的谋生手段之一。对此，村民也乐于接受，不会对行户从中间拿了多少抽成过度计较。

(5) 说合人与普通村民

以往，在该村说合人不是与村民关系较好的本村村民，就是村落办事较为公道的排场人。就排场人而言，他们虽然平日里与普通村民不会刻意保持交往，但是但凡有村民找其办事，他们都会主动提供帮助。因此，他们多是村民崇敬的对象，常常被村民冠以"大好人"的称呼。不过，他们对于村民的帮助仅限于撮合。如果村中其他排场人欺负村中普通村民，他们通常不会出面协调。一方面，他们并没有提供帮助的义务；另一方面，他们也没有提供帮助的能力。

(6) 说合人之间的交往

说合人与说合人之间地位基本相当。当然，这主要是指经常帮村民当说合人的排场人，偶尔帮其他村民做说合人的村民与他们的社会地位难以相提并论。同时，经常为村民当说合人的排场人也会形成一个松散的交往圈，圈内的排场人会比圈外的排场人更为熟络，但是他们并不会刻意加强联系。

2. 调解人

(1) 调解人资格

调解人主要由排场人组成，普通村民也能介入家户之间的矛盾，但他们往往没有排场人所拥有的"裁决权"。如前所述，该村村民之间如有矛盾，通常到茶馆中去调解。但是，如果矛盾较小，四邻中具备威望者也能劝解。一旦矛盾发展到无法调解的地步，便需要前往茶馆进行调解。一般而言，在茶馆内的排场人均具备裁决权，即使平日里不帮村民办事的排场人此时也可以发言。当然，普通村民也能表达自己的意见，但不得到排场人的认可，他们的发言并没有意义。同时，一个排场人的调解建议并不能起到"裁决"的作用，只有在茶馆中的多数排场人都倾向于某一意见，"裁决"才能生效。

（2）特殊的调解人

在该村，如果发生矛盾的双方地位不一致，那么可能无法进入调解程序，弱势一方便会受到强势一方的欺负。不过，弱势一方对此也不是全然没有办法，他们可以请光棍为自己出头。光棍凭借自己的蛮横和强势，可以让强势一方自己主动认错，并主动归还其强占弱势一方的财物。以往，请光棍出面并不是一件容易的事情，因此村民受到了欺负一般会选择忍受，除非是自己的财物被别人霸占。也正因为如此，该村才有把光棍称为"穷人头"的说法。请光棍出面也无须给予报酬，但如果某一村民跟光棍关系不好，光棍即使知道了其被欺负也不会主动帮忙。此外，请光棍帮忙虽不用给报酬，但日后光棍提出一些过分要求，被帮过忙的村民也没有拒绝的理由。

3. 组织者

（1）可营利组织的会头

会头主要由光棍担任（土匪、强盗、小偷除外），由光棍组织会社，其他村民一般不敢不交钱。当然，光棍也不会强行向村民要钱。不过，他们一旦向某一村民索要会社经费，村民通常没有不交的理由。特别是村内田地较多的富户，都要承担庙会、囊囊会的主要开销。光棍借由头组织会社活动，一方面是为了娱乐村民，另一方面也是为了自己谋利。也正因为如此，该村才有了"穷人没钱卖地，光棍没钱唱戏"这样一句话。光棍所组织的会社，虽然也有为村民谋福利的一面，但其核心目的还是为了赚钱。因此，多数光棍除了组织会社，并不会为村民谋其他福利，也不会主动参与村落公共事务。

（2）不可营利组织的会头

与庙会、囊囊会等组织相对，村内老佬会的会头通常由较为贫穷，但在普通村民中较有威信的村民担任。如前所述，老佬会的会头一般要办事公道，让村民信服其管理。不过，他们虽然在村中具有一定的威信，却与排场人地位相差甚远，在村落公共事务中也没有太多的发言权。

（3）背雨活动的组织者

背雨等救灾活动的组织者不仅要出钱，有时还要出人出枪，因此只有村内富户才能承担起这一责任。当然，也不是每一个富户都会主动承担这些责任，只有村中首富才会承担这些责任。一方面，首富土地最多，受自然灾害的影响自然也最大；另一方面，在受到自然灾害时，村内多数村民也期待首富能承担更多的责任。

二、治理内容

1949年之前，村落治理主要涉及家户之间的经济事务、生活事务、纠纷调处以及村落公共事务等。

（一）家户之间的经济事务

在该村，家户之间的经济事务是村落自治的重要组成部分。这主要是因为，经济事务关乎每一个家庭的生计，处理不当必然会引发两个家庭的冲突。以借贷为例，借了贷却没有按时偿还的村民常常会受到债主的欺压。此时，便需要说合人帮忙催债，少数说合人还会帮借贷者说话，以为其再延缓一下还款期。可以说，说合人的存在不仅使得家户间经济关系的发生得到了见证，还使得家户之间在发生经济纠纷时能够有一些缓冲，不至于因经济纠纷而发生太过严重的冲突。

（二）家户之间的生活事务

以往，家户之间的生活事务主要涉及日常帮忙、婚姻、丧葬等。由于该村具有较强的分散性和独立性，所以这些事务需要本村村民以及本村亲友提供帮助，甚至经常需要排场人出面协调。除了日常帮忙，红白喜事不仅是家庭事务还是一个村落的准公共事务。例如，在婚姻中不仅需要亲友去当媒人（在指腹为婚时需要排场人去当媒人），还要请懂得礼仪的知客、管锅、礼侯前来协助，四邻也要来帮忙。办白事时，该村及附近村落不仅拥有老佬会等组织，村中懂得礼仪的排场人和四邻同样会前来帮忙。即使死者是孤寡老人或外村逃荒者，也能得到安葬。

（三）家户之间的纠纷调处

村落矛盾调处也是该村村落自治的一个重要方面。只不过普通人调处的能力有限，排场人不会主动介入家户之间的矛盾与冲突。如前所述，在该村矛盾多样且带有明显的暴力色彩，特别是排场人之间的矛盾常常无法凭借调解的方式加以解决。因此，村落纠纷的调处只能针对没有严重利益冲突的矛盾。这极大降低了矛盾调处的作用，使得其无法彻底抑制村落社会分裂的可能性。换言之，村落社会纠纷的调处只能在一定程度上发挥作用，在其之上仍需要强势的政权治理才能抑制住村落中各种冲突。

（四）村落公共事务

以往，村落公共事务主要包括组织庙会、囊囊会、背雨、救灾、看青等多个方面的会社或活动。据村内老人介绍，楚铺周边村落并不是每一个村落都能组织得起上述会社或者活动。可以说，只有富裕村落，特别是有富裕地主的村落才有条件完成上述公共事务。同时,实际上该村附近许多村落都有光棍,作为村落活动的组织核心,他们却无法组织起像楚铺这样的公共活动,这主要也是因为村落没有富户可以支付活动所需费用,村中即使有几个小地主可能也无力承担相应费用。同时,上述活动还与枪支有一定的关系。例如,看青和背雨都需要村中有枪村民的鼎力支持。据艾宝玉老人叙述:"看青的基本上都是光棍,至少得有一两把枪,要不然镇不住场面。偷不怕,主要是怕抢,闹饥荒哩时候,土匪一般不抢青苗。"

三、治理方式

1949年之前,村落自治也要遵循特定的治理方式,使用特定的规则才能实现自治的基本目的。具体而言,该村村落自治主要采取以下几种方式。

(一)依据惯习治理

村落惯习涉及村民生活的方方面面,因此也是治理中可依据的治理规则。例如,在村民租赁土地时,即使不明确说明收成的具体分配方案,主佃之间也知道该如何分配。据李邦存老人叙述:"不签纸质契约就是因为大家都是这样做,再说了还有说合人哩。该咋做基本上都知道,出了矛盾也是按照咱这租人家地哩规矩办事。"此外,惯习最为重要的是提供了人与人的交往原则,这种原则以"人情"互不相欠为核心。"欠人情"的对象不同,将导致偿还人情期限和数额的不同,偿还的方式也可以据此进行调整。当然,惯习还规定了人与人之间具体的交往方式,如见面该如何打招呼,到别人家做客的规矩,借了东西该如何归还等等。在该村,这些都是每一个村民都必须掌握的事项,也是村民们必须遵守的规则。如有人不遵守,其他村民也可以依据惯习来解决村民之间的纠纷。

(二)以暴抑暴

以往,以暴抑暴也是该村村民最常使用的治理方式。在该村,国法对于村民的约束力较低,加之没有宗族规训的制约,因此暴力或者以暴力加以威胁往往是村落治理的重要方式。当然,社会大环境的动乱也是村民信奉暴力的主要原因。在矛盾双方地位较为悬殊时,强势的一方往往会通过暴力掠夺和侵占对方财物。此时,弱势一方也只能以请光棍的方式才能为自己解决问题。暴力要素的存在,在为村落治理制造不安定要素的同时,也为村内村民解决问题提供了必不可少的手段。据靳逢安老人叙述:"被欺负哩,不找个更厉害哩,咋解决问题?咱这过去就没人打官司,不是有句话么,'衙门口朝南开,有理无钱别进来'。村里人要是都有枪咯,那也都怕对方打黑枪,有时候也打不起来。"

(三)群策群力

在该村,社会治理往往需要多位排场人的共同努力。例如,在处理纠纷时,一位排场人的意见往往不能最终形成"判决"。以往，群策群力在治理中表现的最为明显的方式是"捧"，这与"抬"有着些许的不同。"抬"与"捧"都是众人的行为，但是"抬"主要是指村民们把某人抬上某一职位，"捧"主要是指村民们合力推举某一村民完成一项工作。这主要表现在看青上。该村看青者主要为村内光棍或身强力壮者，他们成为看青者的主要途径就是靠村民们的"捧"。当然，群策群力还表现在许多方面。例如，该村背雨虽由富户赵国兴出钱并组织，但其他村民均会贡献自己的力量。与此类似，如果有村民遭遇不幸，村内也会有人组织四邻捐款。不过，这种情况必须基于一个有威望村民的有效组织，否则其他村民并不会主动参与。

四、村落治理关系

1949年之前，村落治理虽由排场人把控，但不同排场人之间的关系以及排场人与其他村民的关系，均会对村落治理关系产生影响。

（一）排场人的等级与治理

如前所述，该村的排场人可以依据种种要素分为不同的层级。层级越高的排场人在村落治理中的话语权越大。例如，赵国兴就在村落治理中具备最大的话语权。在村落的治理过程中，如果有不同层级的排场人参与，那么地位较低的排场人通常要听比自己地位高的排场人的意见。不过，该村多数排场人并不会主动参与村落治理，或者说只会参与特定的治理活动。当然，这并不意味着有些排场人不乐于参与村落治理。针对一些需要专业技术或者相关经验的治理活动，排场人的层级体系便会被颠覆。例如，在买卖土地的过程中，冯自勋能掌控整个交易过程，即使双方又请了其他排场人前来做见证，他们也不会随意干涉冯自勋的行为。

（二）排场人关系与治理

在楚铺村，排场人之间的关系也会影响到村落治理。一方面，护青、求雨等公共事务往往需要"捧"的方式来选择具体的实施者。如前所述，护青需要选择几个光棍之类的排场人来看守麦苗，求雨也需要懂得礼仪的排场人来具体操作。但是在"捧"的过程中，排场人往往会推选与自己关系较好的村民。如果村中的排场人分为几派，那么便有可能就具体人选产生分歧。此时，便需要层级较高的排场人来最终定夺。另一方面，排场人之间的不和也会对村落治理产生消极影响。一些排场人为了获得村中的地位，往往会私下相互较劲，直到最后引发冲突。不仅如此，有些村民在请排场人办事时，与其所请排场人关系较差的村民甚至会想方设法进行破坏。

（三）治理过程中排场人与村民关系

在该村，村民的私人事务往往需要请排场人前来帮忙。不请他们出面，排场人绝对不会主动参与。在这种背景下，村民选择谁替自己办事也会产生不同的结果。除非是特定的事务，村民一般会选择与自己关系较好的排场人。但是，如果排场人的等级不能处理村民所求事务，那么他们多半会主动拒绝。例如，某一村民的财产被村中恶霸侵占，那么他请村中地位较低的排场人为其讨要，对方便不会答应。

同时，村民在请排场人办事时还要考虑排场人地位与所求事务之间的关系。对于一般性事务，如果村民去请了村中较为有地位的排场人，那么对方也可能会委婉拒绝。据艾宝玉老人叙述："干啥事儿，请啥人。要是家里的鸡被排场人要了十来只，你不服气找赵国兴帮你要，赵国兴都不一定会搭理你。这点小事儿还找他，这也属于看不起他。找他要开口，就得找那他能办成的大事儿。打个比方，谁家被抓丁咯，还没被送到部队上的时候就能找他想想办法。"

此外，村民在请排场人办事时最好只请一位排场人。如果村民在村中认识两位地位类似的排场人，那么村民通常只能请其中一位为自己办事。对此，村民未对其发出请求的排场人通常不会介意。但是，如果村民同时向两位排场人发出请求，那么便有可能同时得罪两位排场人。据张付中老人叙述："办事哩时候，你找了这个又找那个，两个人都会觉得你看不起他。觉得他办不成事儿，到最后弄哩他俩都不给你办事儿。人家肯定想，你反正找了他啦，我还给你出个啥力。"当然，村民也并不是只能找一位排场人帮忙。村民在找了一位排场人之后，对方如果觉得自己无力解决所委托的事务，或者说没有完全能办成的把握，也可以让委托者去找其他排场人帮忙。虽非必然，但有些排场人也会因为与自己相熟的村民在遇到难题时没找自己办事而埋怨对方。特别是在村民所找的排场人地位不如另一位排场人，且对方不一定能办成委托的事项时，地位较高的排场人也会觉得没有面子。对于这类情况，村民通常会找机会当面解释自己找另一位排场人办事的理由。

第三节　家户治理与治理关系

传统时期，家户治理既是政权治理发挥作用的基础，又是社会自治能有效运转的关键。因此，良好的家户治理往往是村落治理秩序得以建立的核心环节。在楚铺村，由于不存在宗族和亲族，多数村民只有少量亲戚在村内，因此在家户的治理过程中，家户基本上能够掌握自我管理的权力。同时，单家独户且只在少数环节才与他人联合的生产模式，也使得家户的治理独立性得到了进一步的保障。当然，家户的治理也不能完全与世隔绝，在当家人权威开始下降时仍需要借助外力才能实现家庭的长治久安与和谐美满。

一、家户治理主体

一个家庭的当家人就是一个家庭的治理核心，他们不仅能决定各种家内事务，还是一个家庭的对外代表。不过，每一个家庭的当家人也不尽相同。当家人的不同，将导致家内治理模式的不同，由此也会影响家内成员的基本关系。

（一）当家人

1. 丈夫为当家人

（1）成为当家人的方式

在该村，如无意外，当家人由丈夫担任。由丈夫当当家人主要是因为，在多数农业生产中，男性往往都是最为主要的劳动力。除了农业生产，在外经商、务工、赶场的职责也只有男性才能胜任。因此，男性是家中的主要劳动力和经济来源。以往，男性一旦结婚并与自己的父亲分家，便自然而然成为自己家庭的当家人。这个过程无须自己的父亲与自己确认，也无须外人确认。也就是说，村民认为丈夫成为一个家庭的当家人是天经地义的事情。此外，即使没有分家，儿子一旦成婚便会成为自己小家庭的当家人，只是能独立处理的事务相对有限。

（2）当家人的职责及其关系

在丈夫为当家人的情况下，他可以全权决定家内一切事务，包括生产、交往、子女婚姻等一切问题。在家内只有成了年的孩子，特别是长子，才具备与父亲商议的权利，但父亲也可以不听从其建议。同时，丈夫也是家内账目的管理者，收入与支出全由其负责记录。可以说，除非丈夫让权，否则其他家庭成员没有接触账本的权利。在富裕家庭中，丈夫还是库房钥匙和印版的管理者。所谓印版，实际上就是印有两个字的铁板，每年粮食入库之后当家人要用印版在粮食上印上字，以此避免家人偷盗。印版无须继承，一个村民在成为当家人之后可以自主制作印版，并选择在印版上刻上哪两个字。此外，当家人还是一个家庭的对外代表。无论是与人伙种，还是参与村落公共事务，在丈夫还在世的情况下仅有其一人能代表整个家庭。当然，当家人也是政治责任人。如果某一家庭交不起税赋，只有当家人会被抓入牢狱，其他家庭成员没有责任。

2. 妻子为当家人

（1）成为当家人的途径

以往，由妻子当家主要是在丈夫去世且长子还没有成年时，一旦长子成年，妻子便不能再担任当家人。不过，该村及其附近村落还存在另外两种情况：其一，丈夫去世且自己没有生育。在这种情况下，妻子可以一直担任当家人。有些女性村民在丈夫去世后，也可能会从近门的亲属那里过继来一个儿子，但是妻子却不一定将当家人的职责让渡给过继子。如前所述，该村富户"七老婆"即使过继了儿子也还是当家人。过继子并不能严格算作是长子，因此是否让过继子成为当家人并没有惯习上的要求。如果妻子比较精明或者强势，也可以在死后再让过继子担任当家人。其二，没有婚配的妇女抱养其他家庭的孩子。在该地有一句俗语，"宁让孩子落地，不让孩子过继"，这里所说的"过继"实际上是指抱养。对于正常家庭而言，抱养孩子主要是为了保证香火不断，以及死后有人继承财产。但是，抱养者如果是没有婚配的妇女，那么她们抱养孩子只是为了给自己养老。例如，该村附近的张文礼老人的父亲就是被俩没有婚配的妇女抚养成人的。在老人还没去世之前，一般不会让渡当家人的权力给抱养的儿子，有些甚至死前还要留下遗嘱，规定孩子如何为自己操办丧事。

（2）当家人的职责及其关系

1949年之前，妻子一般只能代行当家人职责，家中大小事务有时还要请公公、丈夫的兄弟以及其他夫家亲属帮忙处理。特别是在变卖家产时，通常都要问公公和丈夫兄弟的意见。在对外交往时，她们也经常需要请丈夫的兄弟代表自己的家庭。当然，如果妇女比较精明或者强势也可以自己解决家内各种事务，丈夫家中亲属可以干涉，但最终决定权仍在妻子手中。例如，"七老婆"就较为强势，夫家亲属对其治理行为不进行任何形式的干涉。没有婚配的妇女通常只在父亲死后才具备家庭的管理权。不过，这种情况通常发生在妇女没有兄弟的情况下。如果她们有兄弟，那么即使不结婚，也要和自己的一个兄弟住在一起，自然也不具备担任当家人的资格。如果她们没有兄弟，那么就必须自己担任当家人，近门亲属等无权代替她们行使当家人的权力。

3. 长子为当家人

（1）成为当家人的途径

以往，在"长兄如父"的家庭伦理观念下，长子具备继承当家人的天然权利。在父亲年老且不愿意分家的情况下，如果不指明由谁代其管理家庭，那么长子便能获得部分当家人的权力。在父亲去世时，如果长子已经成年，但家中还有弟弟妹妹没有成年，那么长子就自动成为当家人，其他家内成员对此没有干涉的权利。即使由母亲代行当家人的职责，长子一旦成年，母亲也会将当家人的权力归还给长子。

（2）当家人的职责及其关系

在父亲在世时，如由长子代行当家人的权力，那么其只能获得日常家庭事务以及部分经济事务的治理权。长子可以添置田地、房屋等财产，但是变卖财产通常要询问父亲的意见。这主要是因为，财产为家庭成员共同所有，主要由父亲劳动所得或者从祖上继承而来，除了父亲没有人具备独立的处置权。关于弟弟妹妹的问题，长子也没有独立的决定权，必须询问父亲的意见。有些家庭的长子如果比较能干，对于家庭其他成员也能做到悉心照顾，那么父亲便会把库房钥匙和账目交给长子全权负责。一旦长子获得库房钥匙和账目，就意味着其已经正式成为一个家庭的当家人。这种家庭多是富裕的大户家庭，即使父亲死后也可能不分家。

在由长子当家且不分家的情况下，弟弟一旦结婚也能获得治理自己小家庭的权力。以赵国兴和赵国安两兄弟为例，赵氏两兄弟在民国时并没有正式分家。此时，赵国兴只负责家庭财产的经营与分配，对于赵国安的家内事务并不干涉。赵国安可以自己解决生计问题，不用上交自己的收入，家庭成员也由自己管理。当然，如果家内其他兄弟没有独立的生存能力，长子一般也会对其家庭事务进行干涉。不过，兄弟的妻子和孩子，长子不会亲自管理。如果兄弟的媳妇不服从丈夫的管束，长子只会训斥自己的兄弟，只有在家无宁日的情况下才会亲自管束兄弟媳妇。如果兄弟的媳妇不忠，长子也有权令自己的弟弟休妻。这主要是因为妻子不忠不仅是小家庭的事务，还是让整个家门蒙羞的事情。为了不让整个家庭被人耻笑，长子可以强令弟弟休妻。此外，除了像赵国兴一样的富户，大多数由长子当家的家庭都会选择在弟弟成年后分家。

长子虽然具备了继承当家人职责的天然权利，但是他们治理的权威不能和父亲同日而语，治理中受到其他兄弟的挑战也是常有的事情。一般而言，在父亲还在世时，其他兄弟不敢表现自己的不满。但是，父亲去世后这种情况便会发生转变。此时，如果长子不想分家，便要请叔伯、舅舅等近亲前来调解。为了维护长子在治理中的权力，叔伯和舅舅只会遵照长子的意思进行调解，不会建议分家。有时，舅舅还会严厉训斥其他兄弟，并令其听从长子安排。然而，在兄弟矛盾无法调和时也只能以分家收场。

4. 父亲指定的儿子为当家人

（1）成为当家人的途径

由父亲指定的儿子担任当家人，通常是在长子无能或者长子长期不在家的情况下。同时，由父亲指定的当家人往往只能代行当家人职责，一旦父亲去世或者兄弟们都已经婚配，那么该家庭便会选择分家。

（2）当家人的职责及其关系

由父亲指定的儿子担任当家人，父亲通常不会将全部的权力让渡给他，只会让其负责家内日常事务的处理。在这个阶段，父亲仍会保留库房的钥匙和账目，家庭收入和分配仍由父亲记录，代行当家职责的儿子只能在父亲的授意下具体处理家庭各项事务。有些父亲会在去世前将钥匙和账目交给指定的儿子管理，有些父亲则会再找一个儿子负责记账。即使父亲再找一个儿子记账，其死前如果觉得家庭还能维系，也会将账目再交给指定的儿子负责。由于父亲指定的儿子不具备担任当家人的天然权利，其权威也来自父亲的授予，因此在父亲去世后这种家庭一般不会维持太长时间。待兄弟们都结婚后，便可能出现挑战其权威，或者是闹分家的情况。此时，叔伯等亲属也能前来调解，但调解的依据主要为分家是丢人的事情。其他兄弟们如果不愿意接受长辈的建议，那么就只能通过分家的方式才能解决冲突。

5. 侄子为当家人

（1）成为当家人的途径

在正常情况下，侄子即使为没有生育的叔伯养老，也不能成为叔伯家的当家人。但是，如果侄子过继到了叔伯家，那么便具备了担任当家人的基本资格。在大家庭中，如果叔伯是当家人，那么侄子一般也不具备成为当家人的资格。但是，如果叔伯的儿子不具备成为当家人的能力，叔伯也可以让侄子担任当家人。

（2）当家人的职责及其关系

在侄子过继到叔伯名下时，其与正常出生的孩子具备相同的权利，也能成为一个家庭的当家人。由当家的叔伯指定侄子成为当家人的情况在该村的历史上还未出现过，只是存在这种可能性，操作起来非常困难。由长子担任当家人尚且可能出现兄弟不和的情况，由侄子成为当家人更难以保障整个家庭的团结。因此，多数家庭的情况是儿子无法掌管整个家庭时便会直接分家。

6. 抱养的孩子为当家人

（1）成为当家人的途径

在该村，抱养的孩子可以分为改姓和不改姓两种情况，因此他们是否能成为当家人也要分情况而定。如果孩子不改姓，那么抱养他们一般只是为了给一个家庭带来生儿子的好运气，所以其不具备成为当家人的权利。如果孩子改姓，那么其实际上就是一个家庭的正式成员，也具备成为当家人的权利。但是，如果一个家庭在抱养之后又生育了自己的孩子，特别是男孩，那么父亲通常不会让抱养来的孩子成为当家人。即使是自己的孩子没有能力，父亲也只会选择分家，而不是选择让抱养来的孩子成为当家人。

（2）当家人的职责及其关系

在抱养来的孩子成为当家人的情况下，其只能算是名义上的当家人，并不具备当家人的所有权力。因为孩子是抱养而来，养父通常不会将财政大权完全让渡出去，有些养父甚至会在死前将家中大部分财产消耗掉，使得抱养来的孩子不能继承太多的财产。除了财产，抱养孩子对于家内其他事务也没有太多的处置权限，一切事务都要问过养父母的意见，否则可能招来养父母的责骂。在该村，养父母责打和刁难抱养来的孩子并不算是太过分的事情。对此，抱养来的孩子不能有任何异议，外人也不会介入。不过，抱养来的孩子也能是一个家庭对外的代表，行使家庭对外交往的职责。可以说，抱养来的孩子通常只是家庭各项事务的具体负责人，并不是真正的当家人。当然，如果抱养来的孩子与养父母关系较好，养父母也可能会让抱养来的孩子全权负责家庭事务，并将多数财产留给他。

（二）家户治理中的亲族

1. 同姓明白老人

在该村，分家之后就不存在家以上的家庭组织，但是五服内的明白老人依旧能对家庭治理产生不小的影响。如前所述，同姓明白老人主要是指五服内读过书的长辈，一般是父亲的长辈。作为同姓明白老人，他们在治理中的作用主要包括以下几个方面：其一，协调同姓矛盾。不过，他们一般不介入家内矛盾，只介入亲属之间的矛盾。例如，分家后兄弟闹矛盾，便可以请他们前来调解。其二，协助没有孩子的近门亲属过继。当然，如果双方已经达成一致，便无须他们帮忙协调。其三，承担部分教化子孙的职责。可以说，同姓明白老人在家户治理中所起作用较为有限，他们主要发挥辅助性的作用。

2. 当家人的父亲

一旦分家，当家人的父亲便失去了对儿子家内事务进行干预的权力。虽说当家人的父亲也有批评教育自己儿子的权利，但是儿子如果比较强势，那么他们也可能不听从父亲的教训。如前所述，在该村还有不少村民会让父母去要饭。在这种背景下，儿子如果不孝，父亲便对儿子的治理没有了任何干预的能力。换言之，父亲在分家后是否能对儿子的治理行为进行干涉，完全取决于"孝"这一家户伦理的遵行情况。

3. 当家人的兄弟

在该村，兄弟分家之后基本上就不会干涉彼此对于自己家庭的治理。如果兄弟之间比较和睦，相互之间也会就家庭治理进行建议，但是没有强行干涉的权利。当然，兄弟之间也要为彼此的家庭事务提供必要的帮助，例如在红白喜事时。同时，兄弟之间还有帮忙调解家内矛盾的义务。但是兄弟的调解力度有限。如果自己的兄弟都是没有读过书的村民，那么他们的调解只能起到辅助作用，调解也一般只对自己的侄子能起到些许作用。不过，如果兄弟比较强势，或者是村中的排场人，他们的调解往往能发挥较大的作用。此外,兄弟之间还有在某个兄弟去世后协助其妻子进行家内治理的义务。

4. 当家人妻子的娘家人

以往,当家人妻子的兄弟也能在家庭治理中发挥重要的作用。首先,作为妻子的娘家人他们要维护姐妹的权利,避免姐妹以及其所生子女受到欺负。其次,他们有协调外甥间矛盾的义务。最后,在自己的姐妹以及外甥重要的人生礼仪上,他们也要为其撑面子。在"舅舅最大"的原则下,当家人妻子的兄弟对于家庭事务的干涉可以说是天经地义的事情。但是,他们的干涉一般不能触碰到与自己姐妹及其子女无关的事情。除了分家之外,他们没有干涉其他家内经济事务的权利。

(三)特殊家户治理主体

1. 管家

(1) 拥有管家的家庭

过去,在该村只有富裕家庭才会请管家,特别是土地较多且拥有其他产业的家庭。就调查的情况来看,拥有管家的家庭一般拥有土地的面积超过300亩。例如,赵家三门就分别拥有自己的管家。对于土地面积少于300亩的家庭而言,只要有一个管事帮忙收租便可,家内的经营与分配由掌柜的负责。

(2) 管家的资格

以往,当管家的村民必须是读过书的村民。这主要是因为管家要帮当家人协调经济事务,并处理账目。同时,管家必须是当家人信得过的村民,因为他们要长期住在雇主家中。此外,管家还必须是具备一定能力的村民,特别是有管理家内其他仆从的能力。

(3) 管家的待遇

一般而言,管家是仆从中工资最高者,但是具体能收入多少,调查中没有得到明确的答案。村内有老人认为,管家一年的收入大约相当于大把的1.5—2倍。同时,管家不与长工一起居住,他们可以住在雇主家的偏房中。管家通常也不与长工同吃,他们吃饭的待遇略高,但也高不了太多,只比长工稍微好一些。此外,管家也要长期待在雇主家中,过年也和雇主一起过,当然他们也可以请假。

(4) 管家的职责

传统时期,管家主要负责管理家中的仆从,但是管家一般不管长工。具体而言,管家需要管理的仆从主要包括:厨师、针工子和车把。当然,车把也归大把管理,只有在雇主需要用车时,管家才能命令车把套车并安排出行事宜。同时,管家还要负责发放厨师、针工子、长工等仆从的工资。在该村，大多数管家最核心的职责还包括管理家庭的收入与支出。每年家庭的收入多要经管家之手，然后再做账和入库。例如，在佃户将粮食送给地主之后，具体的清点工作主要由管家完成。与此类似，家庭的各项支出，一般也由管家具体负责。因此，管家拥有掌管账目的权利，但并不是所有的雇主都会让管家记账。例如，"七老婆"就不让自己的管家老唐负责账目。平日里，老唐只负责收入与支出的具体操作，收入多少以及花销多少由老唐向"七老婆"汇报，"七老婆"确认无误之后再亲自记账。此外，管家的职责还包括采买、协调雇主家红白喜事以及分配家内杂活等。

(5) 管家与家庭关系

其一，管家与当家人。传统时期，管家是富户治理家内事务的助手，特别是在治理家内经济事务时。不过，管家只有建议权，并没有干涉雇主决定的权力。在该村，管家主要负责家内经济事务，也就是家庭的收入、支出以及工人工资的支付。对于家外的经济事务，管家一般不负责。除了经济事务之外，管家通常是与雇主关系非常要好的村民，多数管家会在雇主家工作10—20年，甚至更长时间。工作期间，管家也能向雇主预支工资，但借贷一般不行。据村内老人介绍，除非管家不愿意在雇主家继续干，否则雇主一般不会解雇他们。有些雇主甚至会在管家离职时附送一些粮食或者现金以表示对管家的感谢。

其二，管家与家内其他成员。虽然管家平日里只听当家人号令，但其本身只能算是一个家庭的雇工，因此其也要听从其他家庭成员的安排。不过涉及经济事务时，管家一般只听从当家人的意见，不会听从家庭其他成员的安排。当然，管家也不能强行拒绝其他家庭成员的要求，有时他们甚至会背着当家人偷偷满足其他家庭成员的要求。

其三，管家与其他仆从。在该村，管家是家内事务的具体负责人，因此针工子、厨师、车把等仆从都要听从管家的安排。除了工作上的安排，管家与其他仆从地位基本相当，只存在些许差异。平日里，家中仆从可与管家自由交谈，管家也很少责骂他们。在管家家中发生红白喜事时，其他仆从可以随礼，但一般不会给太多。此外村内还有老人认为，管家除了不管理长工，也不能管理护院。护院主要职责是保护雇主，因此他们通常受雇主直接管理。

2. 管事

(1) 管事职责

如前所述，富户家的管事一般就是大把，在该村除了在外村有土地的村民，没有雇主会专门雇用管事。管事除了管理长工之外，主要处理收租事宜，也就是负责分偿。

与本村管事相对，外村管事基本上只负责收租事宜。外村管事并不是雇主家长工，他们通常也有自己的土地或者谋生手段，担任管事多是他们的兼职。

(2) 管事与家庭关系

其一，管事与当家人。如前所述，如果大把就是管事，那么其与当家人的关系本身也会比较亲密。但是，如果是外村管事，那么他们与当家人的关系便会变得比较微妙。据艾宝玉老人叙述："过去哩，赵国兴在米庄的管事就不跟俺爹一样。我是听说他没少偷地租。要说咋偷哩，那应该是跟佃户联合，少报一点，反正赵家很少来检查收成。佃户少报一点儿，管事和佃户都落一点儿就完啦。"对于这种情况，地主通常也知情，只要不是太过分，他们一般不会轻易更换外村管事。一方面，更换管事也不一定能杜绝上述情况；另一方面，管事在村内也具备一定的地位，轻易更换有时也会产生一些不必要的麻烦。

其二，管事与其他家庭成员。在该村，由于管事不负责租赁之外的经济事务，因此其他家庭成员一般和管事没有太多交集。不过，管事能接触到钥匙和印版，而其他家庭成员却无法接触到。在这种背景下，家人急需用钱又索要无果时也可能会请管事帮他们偷印版。当然，多数管事并不敢偷印版。

其三，管事与管家。一般而言，管家主要负责家内事务，管事则主要负责家外事务。但是，在该村并不存在明确的区分，管事除了不管账目之外有时也要承担管家的工作。据艾宝玉老人叙述："那个时候，'七老婆'家里事多咯，俺爹也得帮忙，有时还得叫俺娘去后厨打个杂。我咋知道赵家院子长啥样哩，就是俺妈去给'七老婆'蒸馍，我就跟俺妈一起过去玩儿。"按常理而言，管家的地位要比管事高一些。但是，该村管家虽地位较高，但和管事基本上是搭档关系，管家可以要管事去办某件事，管事也可以与管家商议如何去办。

二、治理内容

在该村，家内治理最贴近村民的实际生活，负责的事项也最为具体。因此，家内治理涉及家庭生活的方方面面。

(一) 对外交往

1. 对外经济事务

无论是经商、买地、卖房，还是雇工、请人帮忙，都要由当家人出面进行交涉。当家人是一个家庭的代表，且是唯一代表。只有当家人与其他人达成了经济协议经济关系才能正式生效。除了当家人之外，其他家庭成员均无法代表家庭与外界商议。当然在请别人帮忙时，如果对象是自己的近门亲属则没有那么多讲究。与此相对，一个家庭打算与另一个家庭发生经济关系时，也只有另一个家庭的当家人才有资格与其商议。例如，一户没有牲口的家庭打算用人工换另一个家庭的牲口工，而有牲口家庭的当家人又总是回避，则可以视为对方不打算与其换工。

2. 村落公共事务

以往，当家人也是村落公共事务上的代表。例如，甲长收摊派时只找各家庭的当家人收。如果当家人不在，甲长有时宁可再跑一次，而不是直接向其家人要钱。当然，这一方面是因为只有当家人才能代表一个家庭，另一方面是因为其他家庭成员通常没有动用财产的权力。

3. 家户间交往的对外代表

当家人也是家户间交往的代表。例如，在关系较好的亲友家中发生红白喜事时，一般只有一个家庭的当家人才能代表一个家庭去贺喜或追悼。与此类似，村内两个家庭发生矛盾时，只有当家人之间的协商才能达成最终的解决方案。

（二）经营与分配

1. 经营

在该村，一个家庭具体的经营内容主要由当家人说了算。就土地经营而言，当家人可以根据自己的经营决定采取什么样的熟制，具体种植什么作物，家庭劳动力的分配，是否需要请工等等事项。对于富裕的家庭或者租赁土地较多的家庭，长工虽然是耕种的操作者，但是其仍然要根据当家人的意思进行种植。虽然不少家庭允许大把根据情况自主选择种植模式，但是大把在种植前往往也要先询问当家人，然后再具体规划种植结构。可以说，该村家户的土地经营完全是以当家人为核心的经营。与土地经营相对，副业经营也是该村村民收入的主要来源，对于无地村民而言，副业经营甚至是他们收入的唯一来源。如前所述，传统时期该村副业经营呈现出多样化的特点。村民无论经营什么产业，或者从事什么职业，均由当家人根据自家情况进行决策。不过，对于没有土地的家庭而言，当家人对于儿子的支配能力也相对较低。因此，不少村民会在成年后自谋生路并自立门户。此时，当家人便不会对儿子具体从事什么职业进行干涉。

2. 经营分配

1949年之前，该村存在以大家庭为单位和以小家庭为单位的两个层级的分配。不过，无论如何进行分配，分配的最终决定权都在当家人手中。即使没有分家，婚后组成的小家庭也由小家庭的当家人负责分配。以往，分配是一个家庭的重中之重，分配不均往往会引起家庭成员的不满，这可能最终造成被迫分家的尴尬局面。因此，当家人在分配时基本会秉持公平这一原则，无论是零花钱、儿子结婚所需成本以及女儿的嫁妆都会尽量做到大致相等。当然，经营分配不仅涉及上述方面，日常口粮、衣物等也需要当家人做到公平分配。

（三）养老

传统时期，赡养老人是家户治理中的重要环节。这主要是因为，赡养老人往往不是单一家庭的事务，还需要多个家庭的通力合作。赡养老人只能靠"孝"这一核心理念进行规约。在该村的历史上，不愿意赡养老人的情况可谓比比皆是，由此就产生了抓阄决定老人的赡养归属以及让老人要饭的情况。不过，在该村对于老人的赡养始终是一个家庭内部的事情，如何赡养老人并不会影响村民在村中的地位与交往关系，因此即使是不赡养老人的村民也不会受到来自外界的压力。此外，为老人养老还涉及送终的问题。在该村，由于送终花费并不高，因此凡是有后人的村民都有人为自己送终。村民如果有钱可以多花，没有钱则可以少花，因此历史上还未出现过因送终而爆发的家庭矛盾。

（四）教化子女

子女是一个家庭的血脉和家风得以延续的核心。因此，村民们总会悉心教育自己的子女。教育男孩的重点是为人处事的能力以及生产能力。教育女孩的重点则是做饭、女红以及相夫教子的道理。父母对于教化负有不可推卸的责任，如果自己的孩子在外不懂礼数，村民往往会用"有娘生，没娘养的货"来对其进行羞辱。孩子在外惹祸也会对一个家庭的治理产生不小的影响。例如，孩子将人打伤，家庭往往要对此负连带责任。此外，女孩如果出嫁后不能与夫家和谐相处，或者是做饭、女红等手艺不过关，会造成亲家之间的关系紧张，对家庭治理也会带来不小的挑战。

（五）子女婚姻

传统时期，多数家庭不会允许子女自由恋爱，因此为子女选择理想的结婚对象，是家户治理的重要内容。在该村，选择合适的对象以门当户对为第一原则。在此基础上，对象的长相和人品也是结婚过程中需要考虑的要素。不过，对于贫穷的家庭，他们往往会牺牲家中的女孩，也就是让自己的女孩去当童养媳或者将女孩卖给别人当小妾，以此来减轻家庭生存的压力或者家中男孩婚配的压力。同时，婚姻还往往是两个家庭甚至多个家庭的事情，家户间可以通过"换亲"或者"转亲"形成一个以姻缘关系为纽带的交际圈。当然，姻亲关系既可以互帮互助，又可能因为处理不当而造成关系的紧张，这些都考验着当家人的处事能力。

（六）分家与继承

分家往往是家庭分裂的象征，不仅象征着财产关系的分割，也意味着家庭关系的重新组合。在分家的过程中，当家人如果处理得当，便能保证家庭成员的合理权益，并使得儿子们日后也能和谐相处。同时，分家顺利也会让父母与儿子的关系得以保持和维系。与分家类似，村民在继承时也反映着家庭关系。此外，继承还有一种特殊形式，就是遗赠。遗赠往往又与老人的丧葬连为一体，因此遗赠对象的选择也是一件非常重要的事情。

（七）维护家庭伦理

家庭伦理为当家人的治理提供了可以遵循的基本规则，因此当家人只要能维持家庭伦理，家内一般就不会出现太大的问题。在该村，家庭伦理以血缘伦理为核心，要求"长幼有序""男女有别""亲疏有矩"，由此衍生出了父亲与儿子、丈夫与妻子、长子与其他兄弟以及亲属之间的基本相处模式。对于家庭伦理的维持，当家人一方面需要借助日常的教化，另一方面也要借助于家法等暴力手段。据艾宝玉老人叙述："那过去，家里就得有规矩，没大没小可不中。还有就是之前我跟你说的女的不算人。在家里头说话算数哩都是男哩，女哩当不了家。掌柜哩要厉害咯，那家里头就得有个尊卑顺序，老爱幼，幼得敬老。不听话哩，那还真得打一打，骂一骂哩。"

（八）调解家内矛盾

妥善处理家内矛盾也是家户治理的重要内容。如果矛盾处理不善，极有可能造成家庭的分裂。如前所述，当家人对处理家内矛盾负最主要的责任，要根据情况使用不同的处理方式。除此以外，叔伯、舅舅、同姓明白老人也在处理家内矛盾中负有一些责任。

三、治理方式

以往，在该村家内治理主要依靠家规和家法。此外，村落惯习也是一种可以借鉴的治理规则。

（一）家规

1. 家规概况

据村内老人介绍，以往该村家家户户基本上都有家规，但是没有成文和系统的家规。家规主要是当家人结合当地惯习、家庭伦理以及个人意愿所创立，在融入了村民生活的基本态度的同时，也带有较大的随意性。在分家后，当家人便可以独立创制家规，并不存在家规继承的问题。当然，当家人认为原来家庭比较有效的家规也可以继续保留。在村内，家规一旦确立，当家人便会按此严格要求自己的家人。在日常生活中，当家人会依据家规对家庭成员进行反复教化，直到家规具备约束每一个家庭成员的能力为止。此外，家规的效力也与当家人的个人权威有很大的联系，如果当家人无法有效管理整个家庭，家规也会随之失去应有效力。

2. 家规内容

具体而言，该村的家规主要涵盖以下内容：其一，将纲常伦理变为家规。据艾宝玉老人叙述："家规主要是要求女哩跟小孩咋做。咱村里的家规基本上就是要求女哩不能随意出门，有哩要求孩子晚上不能出门。各家都不一样，反正就是这个捆儿吧。"虽然村民只是将纲常伦理变为家规，但在此基础上他们也会加入具体的要求。例如，不少家庭会规定媳妇什么时候能回娘家等等。其二，家庭成员相处的原则。不少家庭会规定吃饭的时候要等长辈先吃，或者是长辈不动筷子其他家庭成员不能动筷子等。还有些家庭会规定儿媳妇要轮流做饭，小妾要承担更多的家务活等等。其三，将习俗禁忌变成家规。在该村，将习俗禁忌变成家规并加以具体要求的村民也不在少数。多数村民都会将节日的习俗变成家规，例如要求孩子不能在春节期间说丧气话等。此外，有信仰的家庭也会规定家人不能冒犯神明，或者是要在规定的日子里前往庙宇祭拜等等。其四，当家人的个人意愿。由于家规的设立以当家人为中心，在家庭中当家人又具有说一不二的权威，因此当家人的意志也会融入家规之中。例如，当家人如果不喜欢自己的孩子和某一个家庭的孩子一起玩，便会对孩子做出限制。

（二）家法

1. 家法的构成

1949年之前，该村各家的家法主要以责罚为主，具体包括打和骂两个环节。骂主要是针对较轻的过错，例如孩子在外打架或者对长辈出言不逊等。就打而言，又可以分为罚跪、掌掴、打屁股、打手心等。其中，罚跪是最轻的处罚，根据情况的不同，罚跪的时间也有所不同，但罚跪时间一般不会超过两个小时。与此相对，掌掴、打屁股、打手心等家法相对较重。在打时，当家人会使用木棍、树枝、擀面杖等工具，但通常不会打得太重。即使家庭成员被打伤，3—5天伤处也能自动愈合。

2. 家法的执行人

一般而言，一个家庭中只有当家人能动用家法。少数家庭的长子也能打自己的弟弟妹妹，但这并不算是动家法，只能算是长子管教弟弟妹妹的一种手段。同时，父母偶尔责骂也不算是动用家法。所谓动家法主要是指，当家人极为严厉地责罚家庭成员，责罚的场合也比较正式。不过，在该村动用家法主要针对没有成年的孩子。孩子一旦长大，父亲很少会动用家法。这主要是因为，孩子成年后再动用家法会让孩子丢了面子，让其在社会立足时受到他人的指指点点。

3. 动用家法的原因

动用家法主要基于以下几种原因：其一，违犯家规，不按家规的要求办事。在家庭成员违反家规时，当家人一般只会骂上几句，只要不是屡教不改，当家人不会动用暴力。其二，孩子不服管教，不学无术。孩子不好好学习谋生技能，在外结交狐朋狗友，当家人劝说无效时便会动用家法。特别是结交狐朋狗友，这通常会引起当家人的极度不满，动用暴力就是不可避免的事情了。其三，孩子在外与人打架。如果过错在自己的孩子，并且孩子把对方打伤，那么当家人一般会重罚孩子。其四，妻子不忠或者不听话。在该村，因为妻子不忠或者不听话而惩罚妻子的情况较少。妻子如果不忠，当家人也不会惩罚得太过分。这主要是因为，妻子的娘家人会因此找丈夫的麻烦。因此，当家人最常采用的惩罚方式是休妻。如果妻子不听话，当家人顶多骂几句，使用暴力惩罚的情况虽有，但并不是非常多。这也是因为妻子背后有娘家人撑腰。

4. 动用家法的场所

动用家法并不算是光彩的事情，因此当家人动用家法一般是在自己家中，关上门进行。由于村民住得都很近，因此动用家法被人看到或者听到，就很可能沦为四邻的笑柄或者茶余饭后的谈资。在家内，当家人动用家法通常没有固定的场所，有的会让孩子在堂屋中罚跪，有的则会直接在院子中拿起擀面杖打孩子。

（三）村落惯习

虽然当家人在家中具备较高的权威，但是多数当家人在治理的过程中都要讲"理"，不能根据自己的心情随意治理。在该村，有些惯习可以被直接转化为家规，但有些却只是为当家人的治理提供可以借鉴的潜规则。例如，在养老中主要秉持儿子责任共担的原则。在此基础上，儿子们可以采取多种养老方式。一旦其中一个兄弟不愿意承担养老责任，其他兄弟便可以依照惯习来要求其不能逃避责任。

四、家户治理关系

以往，该村家户治理虽遵循一定的模式，但这种模式的运行并非一成不变。可以说，家庭关系的不同将造成家户治理模式的不同，进而对家户治理关系造成影响。

（一）当家人与家庭成员

如前所述，当家人就是一个家庭治理的核心。但是，当家人的人选不同，其权威也会有所不同。如果当家人无法维持其权威，那么分家通常就无可避免。一般而言，当家人维持权威最主要的方式就是严格要求自己的家庭成员。因此，在日常生活中多数当家人不会与自己的家庭成员表现得太过亲昵。特别是在家户治理过程中，当家人通常会严厉惩罚犯了大错的家庭成员，以此来凸显其在家中的权力。据张付中老人叙述："过去，当家人对自己人都比较严肃，成天都是板住脸，扮黑脸的都是父亲（这里指当家人），扮红脸的基本上都是当妈哩。"此外，当家人在治理过程中还经常要求其他成员"听话"，也就是服从自己的安排。

（二）家庭关系对治理关系的影响

在家户治理的过程中，一般家庭成员虽无法代替当家人决策，但他们之间的关系依旧会影响家庭治理。正常情况下，家庭成员之间的关系如果比较和睦，那么当家人的家庭便较好治理。如果家庭不是非常和睦，当家人治理的难度就会直线提升。据刘万斤老人叙述："要是一家人都和和睦睦就好管，要不然不是打架哩，就是不满意跟当家人打小报告哩。你说咋弄，手心手背都是肉，批评这个不批评那个，那矛盾积累得更深，到时候早晚也得爆发更严重的矛盾。"在关系不太和睦的家庭中，当家人一般会采取教育和批评的方式来压制家庭成员的不满，并尽量利用公平原则来奖赏或处罚每一个家庭成员。一旦当家人的年纪较大，那么就只能通过分别满足家人的要求来实现家庭成员的微妙平衡，以此来维持家庭的治理秩序。

（三）亲属关系对治理关系的影响

虽然一个家庭的亲属对于家户治理有着非常重要的作用，但是介入的方式不对或者介入的程度太深也会影响一个家庭的治理。一般而言，即使是孩子的舅舅也不会轻易介入一个家庭的治理过程。这么做一方面是为了维护当家人的权威，另一方面也有避嫌的考虑。据李邦存老人叙述："孩子的舅虽说能管一些事儿，他们管这些事儿也是天经地义哩，不过要说他们也不是想管就管哩。管多咯，有的男哩还找女哩事哩。"在附近村的历史上就曾发生过类似事件。在该村附近曾有李姓村民[1]的大舅子非常乐于管他们家的事。这主要是因为该村民的大舅子较为有钱，社会地位也比李姓村民高出不少。但是，大舅子的行为却严重影响到了李姓村民在家中的权威，使得自己妻子和孩子也常常嫌弃他没本事，并不听从其管教。李姓村民忍耐多年，有一天在忍无可忍的情况下拿起了农具差点将妻子打死。事后，大舅子没有对其进行指责，也不再干预其对于家庭的治理。由此可见，亲属对于家户的治理虽然负有特定的责任，维护当家人的权威却是第一要务。据艾宝玉老人叙述："哪怕就是家里老哩，那些读过书哩长辈也得维护小哩，不能让当家人在自己的家人面前没有面子。孩子的舅舅哩，要不是当家哩欺负自己妹子啦，或者是请他去帮忙，一般也不咋管。过去，那不管自己妹子哩

---

[1] 此故事由艾宝玉老人讲述，发生在20世纪40年代之前，其他老人也听说过类似事件。但对于案例中具体所指村民，老人无法清晰说出其姓名，此处仅以李姓村民代指。

还多哩，有哩嫂子厉害哩，小姑子送（指嫁）出去，多少年都不见一面哩都有。有哩人关于自己妹子和外甥的事儿可以管管，其他哩管多咯还受埋怨。"

第四节　楚铺村治理变迁

土地改革之后，村落治理的组织形态、治理方式、治理过程以及治理规则也发生了根本性变化。在土地改革、集体化、分田到户三个时期，该村的治理关系又展现出了不同的特征。具体而言，土改后，该村的治理基本由农会负责；集体化时期，生产大队和生产队则是治理中最重要的主体；包产到户之后，村委会在继承生产大队治理模式的基础上又进一步推动了村落自治的回归。

一、土地改革运动时期的村落治理

土改过程中，该村在土改工作队的组织下也建立起了农会，并全面负责该村土改以及社会治理工作。不过，农会并不是以楚铺为中心，楚铺也只是农会下辖的一个村落。与此同时，该地的保甲制度也维持了大约一年多的时间。不过，保甲基本丧失了原本的功能，只是编制村民的两级单位。据村内老人介绍，每一农会设有农会主任、副主任、委员等职位，小组设小组长。农会成立之后，农会的负责人经常更换，有些地痞无赖也曾借机加入农会，并获得了农会的领导权，后经工作队查处和纠正，才使得真正认真负责的贫下中农成为了农会的负责人。在土改时期，该村所在农会的主要负责人为米光生，其为人较为热情，对待工作也很认真负责，在村民中具有较高的威信。

正副主任之下的委员则包括组织、土地、宣传、武装、生产、农妇等委员。农会除了负责推动土地改革之外，在社会治理中也要承担相应的职责。具体而言，农会在治理中的主要责任有整顿村落秩序、协调村民矛盾、协助剿灭土匪等。在此阶段，农会基本主导了村落的治理，土改工作队也会从旁指导。与此相对，以往该村社会治理主要依靠各种排场人。但是，由于他们多数都有枪或者拥有土地较多，因此土改后他们失去了原本的社会地位，在社会治理中的作用也不复存在。

不过，土改过程中家户治理没有发生太多变化，以当家人为首的治理模式仍是主流。一个家庭无论是生产经营、婚丧嫁娶还是日常交往等，仍由当家人一人说了算。与此同时，农会推动妇女解放运动，女性在家中的地位也在日渐提升，伴随而来的是女性在家户治理中话语权的提升。然而，女性地位的提升却未彻底终结家户治理过程中男权主导的基本格局。

二、集体化时期的村落治理

据村内老人叙述，该村正式进入公社时代在1958年前后。此后，该村共分为5个生产队，长时间隶属于袁庄生产大队。在整个集体化时期，袁庄生产大队和该村五个生产队的负责人变动较为频繁。如表6-1所示，整个公社时期，该村共有11任书记（第11任书记经历了生产大队和村委会两个阶段）。除龚宝玉之外，在任时间最长的是米光生，其在任时间约为8年。与生产大队类似，该村囊括的五个生产队也多次更换队长。对于大队书记和队长，村民的评价多是褒贬不一。但是，在任时间越长的书记，村民对其评价也越高。除了因为政治运动而被撤换，他们被撤换最主要的原因是能力不足，即无法带领村民完成生产工作，或者是无法协调村内的各种矛盾。

表6-1 袁庄生产大队历任书记在任时间统计表

任 期	姓 名	在任时间
第一任	米光生	1949—1957
第二任	张贵林	1957—1960
第三任	刘万良	1961—1963
第四任	刘保明	1964—1966
第五任	王河清	1966—1970
第六任	朱学友	1970—1972
第七任	王三正	1972—1975
第八任	谭怀亮	1975—1977
第九任	赵进元	1977—1978
第十任	袁常功	1979—1980
第十一任	龚宝玉	1980—1985

在集体化时期，生产大队正副书记由公社任命，生产大队正副队长则由社员选举产生。据村内老人介绍，一般先由公社任命正副书记，再由书记召开全体生产大队社员会选举正副队长。选举时，先由社员提名，提名结束后全生产大队就队长候选人进行表决。表决时没有选票，书记提到谁的名字时，其他社员就举手表决。全部候选人表决结束之后，再由干部计算谁得票最多，得票最多的前两名直接就任生产大队正副队长。

除了正副书记、正副队长，生产大队还设有妇联主任、团支书、民兵营长等职位。他们一般由书记和队长商议后任命，无须再进行选举。当然，一般能担任这些职位的村民也是在队长选举中得票靠前的村民。担任大队干部除了可以获得村落的治理权，也能获得相应的补贴。据刘万斤老人叙述："书记、队长跟得高分一样，在队里一般都是拿哩比较多哩。"具体而言，支书和大队长除了口粮，每年还能再分 500 斤粮食（小麦与杂粮），副支书、副队长、妇联主任、民兵营长每年可以分 400 斤粮食。与此类似，生产队队长、副队长、记工员等也能分配到 200—300 斤粮食。在公社时期，公社干部主要的工作方式是开会，平均 2—3 天他们就会开一次会。除了在生产大队内开会，他们还经常要去公社开会。上级的指示，先进思想的学习，他们对于工作的想法，往往都会通过开会的方式传达，再由干部们分头实施。

在集体化时期，生产大队和生产队干部是整个村落治理的主体，他们所管事务也非常具体。在日常管理过程中，他们主要的职责有生产经营、社会治理、扶危济贫、分配成果、村落建设、传达上级指令、推动政治运动、协调矛盾等。可以说，村内大小事务均要由干部们亲自处理，这也无形中增加了他们的工作量。同时，随着社会治理模式的变迁，干部们也越来越多地参与到家庭事务的处理当中。遇到家内无法处理的矛盾时，不少村民也开始请村干部来协调矛盾。特别是在孩子不孝顺时，老人都会请干部出面批评教育。当然，大多数家庭仍由当家人进行治理，只是妇女和孩子在家中的地位有所提高。

三、包产到户之后的村落治理

据村内老人介绍，袁庄生产大队改为村民委员会在 1985 年前后。此后，楚铺囊括的 5 个生产队也被改编为村民小组。袁庄村历任书记名单请参见表 6-2。除了正副书记之外，该村村民委员会内还设有妇女主任、团支部书记、治保主任、民兵连长等职位。近些年来，由于村落治理难度加大，两委对立等问题，该地也开始推动书记和主任"一肩挑"。自 2014 年开始，该村书记和主任便同为一人。

表 6-2 袁庄村民委员会历任书记在任时间统计表

任 期	姓 名	在任时间
第一任	龚宝玉	1985—1988
第二任	袁文良	1988—1990
第三任	朱文明	1990—1991
第四任	张东应	1991—1992
第五任	孟平福	1992—2014
第六任	王爱英	2014 至今

第五节 楚铺村治理实态

1985年之后，村两委成为村落治理的主体，两委在推动村落自治方面可谓功不可没。然而，随着村落社会的发展以及经济水平的提升，村民日益多元化的诉求也为村落的有效治理制造着不小的麻烦。同时，该村由于在1960—1962年经历了移民上靠再回流的过程，因而留下了大量历史遗留问题。近些年，由于土地确权以及上级对村落拆迁的规划，各种矛盾在一段时间内集中爆发。这也加大了村落治理的难度，造成了村落治理过程中的各种乱象，对村落治理提出了严峻的挑战。

一、村民自治概况

1985年之后，楚铺村所在袁庄村的村民自治得到了长足的发展。以村委会为核心的村民自治，治理的内容不仅涉及村落的方方面面，也在治理的过程中取得了显著的成效。

（一）村两委

目前，该村多数村干部是2010年左右上任的干部，只有村支部书记和治安主任为2000年之前就在任的村干部，其中村支部书记王爱英1986年便是村上的村干部。具体而言，该村村干部主要包括王爱英、王长山、罗文革、薛现玲、张建国、张玉振、李毛等7人。村干部学历、职位、第一次上任时间请参见表6-3。目前，该村村干部的年龄基本在40—55岁之间，上一次选举的时间为2017年。在村委会之下，每一个村民小组都配有一名组长，但组长并不算是村干部，他们承担的主要工作也是上传下达。在村干部中，仅有王爱英一人来自楚铺自然村。不过，她由袁庄自然村嫁来，本身并不是楚铺村人。

表6-3 袁庄村现任村干部情况统计表

姓　名	学　历	职　位	第一次任村干部时间
王爱英	中专	支部书记兼主任	1986
王长山	高中	副主任	2008
罗文革	初中	妇女主任	2014
薛现玲	高中	团支部书记	2014
张建国	高中	治安主任	1995
张玉振	初中	文书	2014
李毛	小学	民兵连长	2011

(二)党员结构

目前,整个袁庄行政村共有党员120人左右,其中楚铺村共有党员26人,党员年龄结构请参见表6-4。随着打工潮兴起和教育水平提高,村内越来越多的青年人已经不愿留守村庄,这也造成了青年人入党意愿的降低。当下,楚铺村党员中多为50岁以上的村民,占比约相当于该村党员数量的一半。

表6-4 楚铺村党员统计表

年 龄	人 数
21—30	3
31—40	6
41—50	2
51—60	5
>60	10
合 计	26

二、村民自治的困境

1949年之前,该村就是当地出了名的混乱村落,各种社会问题多数只能通过暴力的方式加以解决。在集体化时期,管理模式的转变和村落权力集中化一定程度上压制了村内各方的矛盾。但是,1985年之后随着村民自治时期的到来,一些治理问题又再一次凸显出来。具体而言,该村在村民自治过程中遇到的问题主要包括以下几个方面。

(一)移民身份的确定问题

如前所述,由于该村村民在1962年返回了楚铺村,因此其移民身份一度没有得到政府认可。在移民补贴政策颁布之后,楚铺村村民一开始并未在该政策的享受名单之列。为此,村民从5个村民小组中各选出一名代表向上级反映情况。在水利厅的帮助下,村民的移民身份顺利确定,并依法享受到相关权利。不过,由移民带来的其他具体问题仍然没有解决。

(二)土地确权问题

由于楚铺村大多数村民的土地性质属于湖荒地,因此他们虽能耕种,却无法得到确权。如前所述,楚铺村在确权时,最多的家庭也只能确权0.5亩。因为移民身份的确认,政府也积极出面并协调解决了这一问题。当地政府承诺,凡是土地确权面积少于0.5亩的家庭,由政府每月发放100—150元补贴。不过,土地的性质仍无法改变,村民所有的大多数土地仍无法得到法律上的保障。对此,政府再次承诺,以后村民出现经济困难由政府协调解决。

（三）因计划拆迁而引发的问题

由于楚铺村邻近驻马店市驿城区、汝南县、遂平县三县区交界处，地理位置优越，因此政府便打算拆迁楚铺村，并将村址规划为公路。对于拆迁，大多数村民并不是非常反对，因为政府还规划了设施完备的新农村社区用以安置村民。不过，村民却对征地表达了极大不满。就征地而言，村民不满主要集中在以下两个方面：

其一，对于征地款的不满。该村附近几个村落也被纳入了搬迁范围，但是其他几个村落都属于驻马店市驿城区，楚铺村却属汝南县管辖。根据国家相关政策的规定，在征地时给予楚铺村的补偿款确实要比属于驿城区的几个村落低。这引起了村民的极大不满，使得拆迁工作一时无法有效开展。村民不同意拆迁实际上出于以下两个深层次原因：一方面，受教育程度低，对于国家政策无法理解。村内大多数村民年龄在70岁以上，他们最多只有小学文化，对于国家政策无法理解，只看到附近村落拿到的补偿款高就认为自己受到了不公平的待遇。另一方面，不少村民抱着"闹"的心态，认为不闹就不得。在该村，不少中青年村民对于国家政策也有所了解，但是不甘心接受较低的补偿款，并认为闹事可以让政府"屈服"。

其二，对拆迁面积的不满。在丈量土地面积时，很多村民都认为自己吃了亏，且认为工作人员的丈量工作并没有做好。据王爱英书记叙述："昨天下午，一个老太太在我这说了一下午。她非说给她家土地弄少了，说勾股定理不是这样算哩。俺家那口子原来是中学老师，给她讲了半天勾股定理，她就是给你打这个别。要是按勾股定理算，那一点都没有错，标标准准就是这么多。说一下午，咋说都是说不通，那老婆儿一个劲儿地说她说哩勾股定理才是正确哩。"上述情况在该村非常常见，村民或是比较固执，或者是抱着闹的心态，纷纷对拆迁面积表达出了异议。

政府依法办事并合理规划，村干部上下协调且认真负责，但并没有能做通村民的工作。在多次协调无果的情况下，上级政府最终决定放弃拆迁楚铺村，并重新制定规划。

（四）因对村干部不满而引发的问题

该村书记王爱英在村民中威信较高，自上任以来为村民办了许多实事，解决了村落路面硬化和路灯安装等问题。可以说，绝大多数村民对于王爱英书记的为人和能力都非常满意。但是，村内总有挑事者以及喜欢出头者对其表示不满，他们甚至还多次联名举报王书记。2017年下半年，就曾有多人举报王书记用村上的办公经费大吃大喝。但是，上级政府的工作人员通过走访村民和查账发现并无此事。实际上这些人并不是对王书记不满，而是对于自己没有当村干部感到不满，无论在任的是谁，他们都会挑对方的毛病。据艾宝玉老人叙述:"有些人就是喜欢挑事儿,不然咋显得他能哩,过去现在都有这些人,老是想显能,村里有啥事儿你不找他,他就觉得没面子,到处给你制赖。要说爱英真是个好干部,那村里好多事儿多少年都没有办成,都是人家爱英自己跑下来哩。说到爱英,多少人都得挑个大拇哥,那些人也真不是东西。"

三、家户治理

当下,以当家人为首的家户治理模式正在被迅速改变。一方面,随着妇女在家庭中地位的提升,妇女在家庭治理中的话语权也在与日俱增。2000年之后,该村妇女开始大量外出打工,她们的收入虽较男性低,但也能占到家庭总收入的30%—40%。相较于以往,女性已经不再是不赚钱的群体。可以说,经济收入的提高是女性话语权提升的主要原因。同时,结婚难等问题也提升了女性在家中的地位。传统时期,该村女性不仅结婚成本高,找到合适结婚对象的难度也较男性大不少。然而,当下情况却出现了反转,无钱、无学历、无房的男性村民往往很难找到合适的对象,即使条件较好的男性村民找到满意的对象难度也不小。基于此,女性在一些家庭中的地位甚至会高于男性。

另一方面,孩子在家中地位的提升也削弱着当家人的权威。受计划生育政策影响,该村村民所生子女数量普遍较之前减少了不少。子女的减少,也让父母对于孩子的关爱程度显著提升。正因为如此,孩子不听从父母管教的情况与日俱增。同时,传统时期村民的社会和生产经验主要来自自己的父辈,父辈的经验总能在一定程度上为自己提供帮助。然而,社会的高速发展却让父辈许多经验快速失效,不能再为自己的子女提供相应帮助,这也在削减着当家人的权威。当然,如果当家人本身赚钱的能力较强,其还能对家庭成员,特别是自己的孩子产生较强的支配性。

附录一

楚铺村调查小记

从2016年10月开始，笔者围绕楚铺村进行了调查，2018年3月调查初步完成，该村也成为笔者所调查的第三个村庄。得益于以七大区域村落调查为核心的新版农村调查，笔者也有了深入接触和理解乡村社会的机会，这为发现国家治理的根基并进行中国语境下的理论创新提供了基础。在调查楚铺村之前，笔者先后调查了广东省大埔县三溪村和湖南省临澧县迥龙村。经过了两次村调，在调查该村之前笔者本应底气十足，因为在调查方式和调查技术上已经有所积累。但是，实际调查中却并非如此。受特殊的村落社会环境影响，整个调查过程可谓是如履薄冰，迟迟无法有效推进。由此，笔者也认识到了七大区域的差异性。当下，村落社会的居住环境、风俗习惯以及治理模式均已经呈现出了趋同性，然而村落底色却仍是千差万别。对此，不用脚步去丈量、不亲自去感受、不亲身去交流便无法真切感知，这便是调查的意义。通过本次调查，笔者进一步明白了徐勇老师、邓大才老师对新版农村调查的精妙规划，以及大力推动调查的良苦用心。

一、选村与入村

作为第三个调查的村落，笔者自觉可以驾轻就熟，同时这次调查又在自己的家乡进行，所以打算在一个星期内选到合适的村庄，并赶快进行调查。在回到家中时，其他同学的调查早已开始了一段时间，这也加剧了笔者的焦虑情绪。正在笔者准备开始选村时，才发现自己其实对于自己的家乡一无所知，作为在城市中长大的孩子竟然连麦子什么时候成熟都不知道。加之刚回家的一周都在下大雨，阴冷潮湿的天气为找村制造了不小的麻烦。在这一周中，笔者只跑了一两个之前做土改口述史时调查过的村落，剩下大多数时间都在家中翻阅《驻马店地区志》《驻马店通史》《地方大事记》等资料。在查阅资料时，笔者了解了很多以前不熟悉的事情，并发现了十数个较为典型的村落。

一周之后选村正式开始。在选村的过程中，笔者先后走访了驿城区、汝南县、遂平县、西平县、上蔡县等驻马店所辖的八县一区，并试调查了数十个村。在试调查时，笔者才发现了书本上的叙述与实际调查真的相去甚远。例如，有记载说河南省督军赵倜的家乡在平舆县玉皇庙曾庄。但是，笔者调查之后才发现赵倜只是在村上有一些土地，其家乡并不是这个村庄。又如，一些文献叙述，某些村上有数十位大地主，还有些村庄最大的地主拥有土地超过10万亩。可是，在访谈老人时笔者才发现该村地主根本就没有这么多土地。出于一些特殊原因，地主拥有的土地数量往往会被夸大数倍，一些著作引用当时的数据便造成了与事实有出入的现象。由此可见，书本中的乡村社会并不等于实际的乡村社会，这些都需要通过调查再次接近"真相"。

在按图索骥一段时间后，笔者开始向老人询问周边村落的情况，以期发现适合的调查村落。通过老人提供的资料，笔者也终于找到了一些更为合适的村落。不过，这又出现了另一个问题，就是村中没有明白老人可供访谈。例如，夏庄村是一位民国时期副省长的家乡，目前该村还保留有三进的大宅子。然而，该村并没有几位80岁以上的老人，唯一一位头脑还比较清醒的老人又突然身患重病，精神也大不如前。与夏庄类似的还有雷寨，它是军阀雷明伦的故乡，村中过去有较为完整的寨墙和炮楼。村中唯一一位明白老人却已经瘫痪在床上多年，并已经大小便失禁，笔者与老人聊了几句，老人便咳嗽不止。这些村落虽都不错，没有明白老人可供访谈，笔者也只能放弃。

在选村选到了二十几天时，笔者终于发现了楚铺村，其现在还保留有完好的寨墙。村中也有艾宝玉、刘万斤、李邦存等明白老人。特别是艾宝玉老人头脑和思维特别清晰，虽然已然83岁，但仍能下河摸鱼，身体十分硬朗。找到楚铺之后，笔者又先后去了几个村落，但最后都因为种种原因无法进行调查。于是，笔者最终还是选择了楚铺村。由于笔者是本地人，所以入村并没有花费太大的功夫。加之村主任王爱英和艾宝玉等老人都非常热情，调查开始的阶段非常顺利。可是，真正的困难还在后面。

二、初步调查与迷思

随着调查的深入，笔者碰到的问题也越来越多，可以说这也是该村底色的一部分。笔者遇到的第一个难题是住宿。由于北方村民普遍具有较强的防卫心理，并没有多少人欢迎外人住在自己家，即使是老乡也如此。因此，笔者只能暂时住在村委会里，而驻村干部也经常要住在村委会里，所以笔者在村委会居住也不是非常方便。后来，笔者又住到了书记家，而书记住在别桥街上，每天往返到村也不是大事，关键是笔者担心不能与村民进行更深入的交流，也无法观察村民的日常生活方式。在书记多次帮忙寻找的情况下，笔者还是未能住到村中，实在是非常遗憾。当然，这虽然给笔者造成了困扰，但并不是核心问题。在开始调查之后的数天中，笔者遇到了调查中的最大困难。

民国时期，楚铺村及其附近村落就是出了名的无赖村，可以说混乱就是当地人提起该村的第一反应。这种态势一直延续至今，村中仍有不少喜欢挑事者对于笔者进村调查心怀不满。但是，笔者并没有在第一时间察觉。笔者在刚入村时，曾给几位受访老人送过牛奶，便有人揪住这件事情不放，并在村中散播谣言。造谣者向村民宣称，接受笔者的访谈以后一定会被抓进监狱。这弄得几位受访老人人心惶惶，他们在受访时也侧面表达了疑虑，但笔者却没有认识到这一点。之后，在一次访谈时，笔者便受到了村民的"围攻"，经村书记前来帮忙才顺利脱身。此次事件不仅给笔者造成了不小的震撼，还吓坏了几位受访老人，使得受访进度大大拖延。例如，笔者再去找艾宝玉老人时，老人的老伴儿就会不停在老人身边说："再说给你抓起来。"对此，笔者虽然多次安慰两位老人，却也没有起到太好的作用。

受限于之前的调查经验，笔者在刚入村时并没有意识到村中情况的复杂性，致使调查一时陷入了两难的境地。之前无论是在广东还是在湖南，村民都对笔者的调查表现出比较欢迎的态度。此次村民的防范却出乎笔者的预料。按常理而言，村民虽然也会防范外人，但防备心理却不会如此强烈。彼时该村正处于拆迁的过程中，村民又对政府的拆迁补偿方案并不是非常满意，才使得村内处于一种紧张的情绪之下。经过多次接触，笔者渐渐了解到了村民的这种心态。防范往往伴随着谣言，谣言又多来自村内的"圣人蛋"。如何打破这种局面，真的是一件非常困难的事情。

三、深入调查与成长

通过本次调查，笔者认识到调查不仅是通过询问得到有用的信息，还要通过与村民接触去感知村落社会中的各种关系。在被村民"围攻"之后，笔者在村主任的帮助下逐渐找到了破局的方法。首先，进村调查尽量不要引人注意，访谈时也最好在没人干扰的地方。其次，对于村中"圣人蛋"，要采取客气但有底气的做法，即不去主动招惹他们，但是他们找事一定不能服软。最后，对于老人们的家人可以采取不理睬的策略，去调查三五次他们习惯了也就不会再说什么。为了尽量不惹人注意，笔者只能尽量乘上午人少时进村，或者是待老人们在赶集时访谈。"圣人蛋"们虽然比较爱挑事，但是本身都是些欺软怕硬的人，笔者碰到他们时往往采取不愠不火的态度，如果他们挑事就强硬回击。当然，他们后来不再找笔者麻烦，还是多亏了镇上工作人员和村支书的帮助。

在解决了调查受干扰的问题后，笔者又在调查中遇到了理论上的困惑。除了经济关系之外，该村其他关系并不算丰富。与之前调查的迥龙村相比，该村村民与村民之间的独立性更强，彼此间缺乏有效的横向联系。这一困惑一直困扰着笔者，影响着笔者的调查进度，直到徐老师前来巡调时才打消了笔者的疑虑。受徐老师点拨，笔者将调查的重点从村民的横向联系转向了村民之间的纵向联系。由此，笔者豁然开朗，发掘了许多之前没有察觉到的社会关系。例如，村中明显割裂为排场人和普通村民两个阶层，排场人又裂化为多种类型。排场人与普通村民的互动，以及排场人之间的互动就是纵向社会关系的集中展现。当然，类似的社会关系还有很多，依此深挖，笔者也逐渐勾勒出了该村的大概轮廓。

四、收获与感谢

整个楚铺村的调查，前后有数个月，受多重要素影响，笔者始终无法顺利进行调查，也只好利用假期断断续续地开展调查。最终调查能顺利完成，真的使笔者收益良多，也感触颇多。由于驻马店在战国时隶属楚国，因此其与两湖有一些类似的习俗，但习俗的背后反映出的关系却不尽相同。除了习俗，村落经营、治理、生育、婚姻等制度也反映出了各种不同关系。在"关系—行为"这一分析框架下，笔者之前认为大同小异的村落社会展现出了不同的特色。随着调查的深入，笔者不仅更加理解了楚铺村的底色，更对如何与村民打交道有了更加深入的了解。这些都是只有通过调查才能学来的宝贵经验。在经历了三个村调之后，笔者由衷地庆幸能在中国农村研究院攻读博士学位，并能够亲身参与村庄调查。此外，笔者还要感谢徐老师、邓老师、李华胤师兄对于笔者调查的点拨，以及调查过程中为笔者提供过帮助的镇政府工作人员和袁庄村村干部。最后，笔者还要向艾宝玉、李邦存、刘万斤、靳逢安、张文礼等受访老人由衷说上一声谢谢。感谢各位老人，不厌其烦地接受笔者的访谈，并知无不言，言无不尽。

附录二

楚铺村调查日记（节选）

2016年10月21日至2018年3月25日，笔者在河南省驻马店市汝南县罗店镇袁庄村楚铺自然村，从事"黄河区域小农村落形态与实态调查"，并根据调查进程和实际见闻撰写了《楚铺村调查日记》，主要内容是按调研的时间顺序记载了调查准备、入村经历、调查经过、材料来源与搜集、调查感受、调查发现以及心得体会。本文从《楚铺村调查日记》中选取了一部分，进行梳理和出版，以达到与读者进行交流的目的。

10月21日　星期五　雨

结束了东莞项目的写作任务，今天终于可以开始调查了。急着下村，主要是各位小伙伴儿们已经开始调查了很久，我再不加把劲儿，估计年前就没法完成调查了。但是昨天晚上买票时才发现，上午的票早已经卖完了。买到了下午的票之后，我便慌慌忙忙地踏上了回家的旅程，到家时天已经快黑了。

回家的第一个感觉是冷，在武汉时天气还不是太冷，中午时甚至可以用暖和来形容，只隔了几百公里的驻马店却比武汉要低好几度。特别是，今天天气还有些阴沉，温度比往常更是要低一些。正在等公交车时，天上突然下起了雨，顿时天气就变得更加阴冷了。望了一下高铁站，想想此地前几年还是纯正的农村，就是前年还只有一个孤零零的车站，现在却是高楼林立，繁华异常。这几年在外面的时间要远远长于在家的时间，驻马店与我印象中的驻马店已经发生了根本的变化。在这种高速的城市化之下,农村的命运和村民的身份也在发生着翻天覆地的变化。在此基础上,收集和保留家乡的传统历史,还真是一件意义非凡的事情,愿此次调研能够圆满地完成任务。

10月22日　星期六　雨

调研的第一天,可是天公不作美,早上还没出门就下起了小雨。冒着雨到周边的水屯镇去,也真是让人心烦意乱。

今天已与好友润霖约好,去看看水屯附近的村落,所以即使下着雨也得硬着头皮上。润霖兄本是水屯小学的老师,在水屯生活了有一年多的时间,虽说不是本镇人,但对水屯的情况还算比较了解。水屯就在驻马店市区的附近,原本属于汝南县管辖,后在2001年划归驿城区。从驻马店火车站坐车到水屯也不过50分钟,如果不堵车有时30分钟便可到达,润霖兄平日骑摩托车去上班,开得快一些甚至25分钟就可以到。水屯镇地处淮北平原,东靠全国最大的人工平原湖——宿鸭湖,西邻驻马店市,全镇总面积105平方公里,耕地9.4万亩,湖荒滩涂3.5万亩,辖20个行政村,总人口6.4万人。早上冒着雨来到了润霖兄家,润霖兄开车带着我来到了水屯,找到了水屯小学的一位老师。老师姓张,看着和我们年纪差不多大,可实际上已经快40岁了。张老师是钟楼村人,在他的带领下我们来到了钟楼村。之前,与润霖兄沟通,希望他能帮我找到一个有寨墙、有地主、有会社的村庄。张老师虽然在钟楼村生活了三十几年(在外上学几年),但对自己的村庄并不了解,不过他的大伯还比较了解。来到了张老师大伯家,发现张老师的大伯才70出头,我顿时失望了不少。老人表示,钟楼村是有地主,不过地主也就有几十亩地的规模,至于寨墙这些,老人说自己确实不知道有没有。我希望老人能带我去找一个年龄更大一些的老人。不过老人告诉我:"咱庄上,年纪大的都是些女的,都不识字,男的前几年还有几个,这几年都没啥80多岁的老头了,要找个80多的还真是不好找。其他庄上可能有,你还是去其他庄上去问问。"见状,我只好作罢。张老师一边带我们出村,一边说着对不起,说不知道我们的具体要求。我嘴上说着没有关系,但是心里却是很失望。

回到家里,雨也是越下越大,看来下午是出不去了。找村还真不是件容易的事情,这在之前宗族和长江的调研中已有感受,没回来之前拜托同学找村,可是不身临其境,真的不知道村庄是否合适。

10月23日　星期天　雨

今天依旧是阴雨连绵,淅淅沥沥的小雨在窗外滴滴答答地下着,不知不觉时间已到深秋。今天上网买来一本《驻马店通史》，打算从文献中找到一些有用的信息，简史为网络分享版，残缺不全，但能查到一些细节。正在看资料的时候，我突然想起了之前做口述史时访谈过的王来法，他好像也是水屯镇的村民，想到这里我赶紧翻出了之前口述史的整理资料。确实，王老是水屯镇大郭庄村民，是惠丰叔的舅舅。我连忙拿起电话，不假思索地打给了惠丰叔，并向惠丰叔详细询问了王老的近况，以及大郭庄的基本情况。惠丰叔告诉我，王老现在身体很健康，但大郭庄的基本情况他也不是很了解。惠丰叔并不住在大郭庄，之前我去访谈郭老的时候，并没有侧重于村庄背景，看来要想了解到更多，必须再去一趟大郭庄。惠丰叔表示，如果我想去可以带我去看看，王老天天都在家。我高兴地表示愿意，并且希望能尽快成行。但惠丰叔却说："我今天有事儿，和他们约好了，我明天带你去吧，我明天一整天都没事儿，明天一大早就能带你过去。"想尽快选村的心情比较急切，我连忙说道："没事儿，惠丰叔，我自己去就可以，我只要知道他在家就行了，路我也认识，完全可以自己过去。"惠丰叔又说道："老头那没有电话，儿子媳妇都出去打工了，你去了不一定找得到他，还是明天一大早我带你去。"听到这里，我也只好打消立刻去见王老的想法。

10月24日　星期一　阴转小雨

最近的天气一直是变幻莫测，多日阴雨之后，终于露出了一些阳光。早上不到7点，我便和惠丰叔出发前往大郭村。虽说水屯并不远，可今天不知怎么回事，路上的车特别多。一路红灯不断，到达了水屯已接近8点半。前往大郭庄的路还算好走，与我之前来时已经有了天壤之别。之前来时，虽然也是水泥路，却是坑坑洼洼的，路面上堆积着淤泥，一下雨更是让人无法通过。这次来，虽然也是雨后，可是路面却好了很多，进村的路一路畅通无阻，从镇上到村里不过几分钟。

进村之后，我们却犯了难，平日里天天在家的王老，今天却不在家。我连忙询问邻居，但邻居大妈却说："刚才还在，现在不知怎么就不在了，估计出去串门了，或者是去买药吃了，一会儿就回来。"我只好进入守株待"兔"的状态，期待王老能快些回来，能尽快知道村里的情况。

等了2个小时，还不见王老的踪影，我与王老的邻居也聊了很多，不过以往的情况，年轻一点儿的村民确实不知道太多。快到晌午时分，天上又下起了毛毛雨。这时王老终于回来了，原来王老上街买药去了。恰逢今天镇上有人唱戏，王老就在那看了一会儿。见我们来，王老非常热情，连忙说要请我们吃饭，说有什么事等吃完饭再说。盛情难却，我们就来到了村外马路边的小饭馆。简单地吃了点儿饭，我本要结账，可王老怎么也不同意。老板见王老发话，也死活不肯收我钱，最后只好让王老付钱。老人告诉我："不用抢，你们来了就是客，哪有让你们给钱的道理。"我说："爷爷，咱们都是驻马店人，我也不算是啥客人。"老人回答道："到咱庄上就是咱的客，孩儿你不用争着给钱，现在生活好了，没事儿我自个儿还来这炒几个菜吃哩。"

在饭桌上，王老一直和惠丰叔叙旧，我也不好问什么。回到王老家里，已经是下午了，王老又赶紧吩咐邻居，让他给小卖部的老板打个电话并送一箱绿茶过来。我连忙说不用，但王老执意，我也不好再拒绝了。之后，我与王老聊了约有一个小时，将大郭庄村过去的情况详细了解之后未免有些失望。大郭庄村传统时期不算富裕，村内没有寨墙，地主的规模也很小（王老家便是村中数一数二的富户）。之后，老人告诉我："雷寨，那可能有大地主，那也有寨墙。"我兴奋不已，不过老人并不认识雷寨的人，看来还得通过其他关系才能进村。

这几日的调查给了我重新认识家乡的机会，北方真是一个关系社会，关系到位和关系不到位完全是两种境遇。如果自己进入村落，不仅很有可能找不到合适的受访老人，还会受到村民的质疑。因此，通过关系进村就成了深入村落的第一步。

10月28日　星期五　雨

连日的阴雨打乱了我的调查节奏，即使是下村，也会被泥泞的道路和湿冷的天气弄得狼狈不堪。加之这几天还有一些没有完成的工作，所以只好等到完成了之后再去寻找合适的村庄。今天，我在相关人员的帮助下来到了汝南县县志馆，并打算通过县志以及编撰县志的工作人员找寻合适的村落。到了县志馆才发现，县志馆中大多数工作人员都出去培训了，仅有一两人在值班。我拿到了县志赶紧翻了起来。不过，我翻阅了一下才发现汝南县志对于1949年之前的记录不是非常详细，县志主要介绍了1949年之后的汝南。除了一些习俗，县志中有用的信息并不多。本来还约了编撰县志的老人，但是老人却突然生病住院无法与其正常交流。最近查看各种文献，发现文献的记载往往存在两个

图一　汝南县志

问题：其一，不够详细。多数文献只介绍了村落惯习的大概轮廓，并没有对其背后关系的展现。其二，错误较多。不少文献受当时社会环境影响，会在某种程度上夸大事实。与此同时，有些文献中的内容则主要引用其他文献，并且没有对所引用文献的真假进行甄别。经过查阅资料，我才真正了解了调查的意义，就是要通过调查去还原相对真实的村落社会。查询无果，我只好返回，只能通过其他方法再找寻合适村落。

10月29日　星期六　阴

今天我又一次来到了汝南县，还好汝南县距离驻马店市城区并不算远，不然这样来回跑，路上都要耽误不少时间。经熟人介绍，我来到了汝南县古塔办事处汪庄村，据说这是一个较为典型的河南村落。不过，到了之后我大失所望，这个村不仅不算典型，连调查对象也没有。熟人只是听人说这个村比较"典型"，可是他们认为的"典型"与我们要选择的典型村落并不是一个意思。了解之下发现，这个村的风土人情确实有一些特点，村落治理得也相当不错。然而，该村传统时期较为贫穷，经济关系非常简单。熟人所找的访谈对象，也只是一位60岁不到的村干部。我与其简单聊了几句，并在其带领下找了几位村民访谈。在我一再强调要找80岁以上老人的前提下，村干部依旧只带我去见了几位50岁上下的村民，并说明他们什么都知道。见状，我与他们聊了一会儿便结束了调查。

在当地，办事找"熟人"是一种尽快达到目的的方式，但是"熟人"不一定真心帮忙。特别是在这种熟人托熟人的情况下，大家都认为别人所请求的事情是个麻烦，但又碍于面子不得不帮忙。他们虽然不会认真帮忙，却会热情招待，不管事情办成办不成最后还是要管饭。调查结束后我想立刻返回，可村干部执意要请吃饭，我便不再拒绝。回到汝南县城，我打算直接回去，但得知王岗镇芦岗村有可能满足调查需要，便又在汝南住了一晚。

图二　汪庄村一角

10月30日　星期日　多云

由于相关人员事先给村上打了招呼，我今天的入村过程可谓非常顺利，到达村委会时，四五位老人已经在那里等待。不过，卢岗村实在是太远了，早上从汝南县城出发到达时已经接近10点。简单寒暄了几句，我便与几位老人聊了起来。由于心情比较着急，所以我也没有询问老人的姓名，只知道他们最大的87岁，最小的差不多83岁。老人们虽然年纪都已经很大了，但还都精神矍铄，表达也非常清楚。我非常开心，就村中是否有会社、地主、文娱活动等问题向几位老人发出了询问。老人们一一作答，但调查结果却不是非常理想，因为该村最大的富户也只有30亩土地。同时，该村并没有会社和寨墙，社会分化程度也不是很高，可以说社会关系并不是非常丰富。无奈之下，我也只好作罢，结束了在该村的调查。

"找熟人"与"打招呼"实际上都是当地关系运作方式的展现。只不过，找熟人首先要看彼此的关系怎么样，打招呼也要看打招呼的人的社会地位如何。在关系社会中，关系网将每一个人都嵌套在其中，但每个人在关系网中所处的地位以及能动用的资源并不相同。同时，动用关系也是一个动态化的过程，一个人在请另一个人办事时总会牵动其周边的关系。网状的社会以及流动的关系，要求在其中的每一个人都能为彼此所用，否则便不能称之为一个关系。当然，人情也是驱动关系的另一引擎，出于人情和面子，为认识的人办事也是很常见的现象。

11月5日　星期六　多云

由于前几天学校还有些任务没有完成，加之陪同华胤师兄选村，因此也没有系统地选村。前天，与华胤师兄一同去了蔡岗村，并在华胤师兄的指导下明白了典型村落到底应该是个什么样子。大体而言，典型村庄应该包括以下几个要素：第一，有拥有大片土地的大地主。第二，民国时拥有寨墙，且寨墙能起到保护村民的作用。其三，拥有各种会社。不过，这些只是外在指标，选村的核心要素是经营形态的丰富以及由此而产生的社会关系的丰富。听从了华胤师兄的建议，我又踏上了新一轮的选村之路。在上述几个标准的指引下，我来到了泌阳县夏庄村，夏庄村有一座张家大院，为三进的大院，据说村中存在拥有七八万亩土地的大地主。

早上不到7点出发，到了夏庄已接近12点，村主任带着我在村中绕了一圈，并向我介绍了张家大院。大院的一进为佣人和牲口所住，二进和三进是主人房，传统时期其占地面积达到了7000平方米，占该村总面积的一半。在我们参观时，恰巧有一位老人经过，我便与老人攀谈了起来。老人向我介绍，民国时张家仅牛就饲养了100多犋

（两头称为一犋），在家干活的长工达到了300多人。我听到这里感到非常开心，也许夏庄就是我要选择的村落。但是，老人仅有67岁，这让其所说情况的真实性大打折扣。参观完张家大院，村主任又带我找了几位老人，可是老人的精神状态实在堪忧。最后，老人们向我推荐村中唯一一位还算清醒的黄老，可是今天黄老并不在村上，我们只好又回到了镇上去找黄老，但黄老由于生病也开始变得意识不清。

调查不易在选村过程中就已经体现。我本以为可以很快选到合适的村庄，可在实地选村时才发现困难重重，之前的想法太过于乐观。实际上，合适的村落并不是非常难找，合适的访谈对象却非常难找。经过多天的走访，我发

图三　张家大院所剩残垣断壁

现河南老人普遍寿命较短，有些村庄年纪超过80岁的老人甚至不超过5人，能清晰表达的老人就更少了。同时，由于河南老人接受教育的程度普遍较低，这也对他们的记忆能力和表达能力产生了不小的影响。

11月6日　星期日　阴

今日打算前往西平县的权寨镇权寨村，据说那里也曾有大地主，同时权寨还是一个集市非常发达的集镇。可以说，也是比较适合的调研点。早上出发，又是跑了一上午才到达权寨村。在这一段时间里，路上真的也耽误了不少时间，心急如焚却也没有办法。接近12点，我到达了权寨村村委会，没一会儿便来了四五位看上去年纪就很大的老人家。与老人聊了一会儿，老人倒都还健谈，但对于以往的事情却总是无法说清细节。同时，老人表示村上的地主仅有100多亩土地，也只雇了一两个长工，并不算是很富有。至于权寨的集市，老人虽承认其确实很繁荣，但对于集市相关问题均无法准确作答。从与老人的访谈中，我猜测该村社会关系应该不是非常丰富，否则老人至少能说出一二。与老人告别时，其中一位老人告诉我附近的村上可能有大地主，于是我便又在周边的村落寻找了一番，最终锁定了附近的关庄。据说，该村有拥有数万亩土地的大地主，还有文献说其与权寨村的地主为一人。可是到了之后，老人对此同样无法清晰说明，我就此结束了在权寨镇的调查。

11月7日　星期一　中雨

昨日下了不小的雨，使天气变得更加阴冷，天天在外面跑也让我上了火，牙齿疼得已经不想开口说话，趁下雨不好下村，我暂停了调查，在家整理一下前一阶段的调查资料，权当休息。

11月8日　星期二　阴

今天的目的地是确山县，因为其是驻马店地区红枪会发展比较强盛的地区，当地红枪会还组织过占领县政府的事件。之前，好友张流波告诉我，他的爷爷就是红枪会一个学头，相当于几个村红枪会的队长。不过，老人家七八年前已经去世，没跟老人家好好聊聊真的非常可惜。今天打算去确山县双河镇，虽然驻马店距离确山县县城非常近，距离双河镇却不是很近。今天去双河镇，也是听一些朋友介绍那里有大地主。驻马店到确山县只有不到30分钟路程，从确山到达双河却走了接近一个半小时。有一段道路正在修路，再加上昨天刚下过雨，车辆通行非常困难。

到了双河之后，我一口气去了双河村、邢庄村、夏庙村、凌楼村、陈上庄村、王老庄村等多个村落，一跑就是一整天，可还是收获不多。当然，双河镇也不是没有亮点，例如有老人表示，过去他们村里主要由恶霸控制，村落内完全没有秩序，谁有枪谁就能控制整个村。在老人村上有一支警备队，拥有50多支枪，警备队的队长不仅控制着寨门，还控制着村内的水源，一旦有人反抗，队长就会断了他们的生活用水。除此以外，村上还有几支有枪的队伍在与他们抗衡，火拼就成了家常便饭。此村虽然有些特色，却没有地主，经营形态不甚丰富，无奈也只好放弃。

经过这一段时间的选村，我发现驻马店地区多数村落都出现了不同程度的失序。通过与老人聊天，我将失序的原因大概归结为以下几点：其一，外部大环境混乱。自古河南就是兵家必争之地，加之没有防御屏障和便利的交通，使得村民们极易受到战乱的影响。其二，生存环境恶劣。整个驻马店地区的村落基本上都是人多地少，无地和少地的村民较多，劳动力价格较低，这就使得不少村民必须通过歪门邪道才能保证自己的生存。其三，自然灾害的影响。在访谈中，多数村民都谈到了1942年的大饥荒。面对自然灾害的无情村民一般没有抵抗的能力。其四，缺乏血缘联系。我试调查的村庄基本上都是多姓混合型村落，最少的村庄也有20多个姓氏。在这种背景下，村落中并没有发展出宗族组织，因此基于血缘伦理的秩序也无法有效建立起来。当然，这些都是表层原因，深层次的原因还有待继续探讨。

11月9日　星期三　多云

今天走访的村落是正阳县袁寨乡袁庄村。通过最近的调查，我还发现了一个现象，那就是发达的村落一般就是集镇所在地，距离乡镇越远的村落往往越不发达。袁庄村是袁氏家族的一处庄园，村内还有袁家大院，但袁氏家族并不经常在该村中。正阳距离驻马店也非常远，走到就要两三个小时。不过，庄园类型的村落我还没有去过，但愿能选到一个合适的村庄。

正阳人素来好客，我们到达时好几位老人已经在村委会等待，还有研究袁家大院的几位中年人也在其中。我与他们座谈了两三个小时，觉得袁庄比较有特色，但特色又不是非常突出。整个袁庄的土地均归袁氏家族所有，但袁氏只有一个管家在村中负责各项事务，袁氏家族很少前来。同时，该村所有的房屋也归袁氏所有，佃户和经商者前来袁庄谋生，都要租赁袁氏房屋。可以说，袁庄村就是以一个大地主为核心的村落，其他村民均处于不断流动的过程中，这种流动性要比其他村庄更为频繁。不少村民在村中住上五六年便会去其他村落居住。然而，该村经营形态虽然具有一些特色，但社会关系和会社却不是很丰富。首先，地主本人不在村中定居，管家虽高出其他村民一头，但他们只是代理人，不如地主在村的村落社会关系丰富。其次，村落的流动性冲淡了一些本应有的社会关系。最后，袁庄村没有其他的社会组织，也很少有公共活动，村民之间缺乏横向联系。

袁庄虽然还不错，但还有一个核心问题就是老人的表达能力都非常有限，大多只能说出一些基本情况，对于细节问题并不是非常了解。有一位85岁的老人还不错，但是却满嘴跑火车，一句真一句假，经常让人摸不着头脑。在这种情况下，我也只好把袁庄村当作一个备选，如果找不到更合适的村庄才会选择袁庄村。

图四　袁庄村的房屋

11月10日　星期四　晴

今天要去的村落是上蔡县朱里镇郏庄寨，这是一个尚武的村落，村落整体防卫做得非常不错。由于其中一位受访老人要到下午才能回家,因此我也打算吃过午饭再出发。与正阳类似,上蔡距离驻马店比较遥远,需要走上两个多小时才能到,但愿这一趟没有白跑。

到了之后,我见到了受访老人,不过他只有78岁。老人很善于交流,也说出了不少细节,但对于一些关键问题,老人却无法全部说明。概括而言,郑庄寨村内最大的地主只有30多亩土地,但村内的保长较有能力,在村中也较有威信,他把郑庄寨治理得井井有条。同时,该村最大的特色就是集体防卫。该村及其附近村落以10个村为一个队,7个队为一个大队,组成一个包括约72个村的防卫团体。但是,老人所述与红枪队的组织模式基本类似,这种模式在1930年左右就基本在该地区消失。与此同时,老人所说的"尚武"精神,也与红枪会和大刀会基本内涵相似。除此以外,该村亮点并不是非常突出,也只能当作一个备选村庄。

11月11日　星期五　晴

今天要去的村庄是楚铺村,地处驻马店市驿城区与汝南县的交界处,据说村中也居住有大地主。在熟人的指引下,我先是来到了别桥村,见到了王爱英书记的丈夫张喜民。张叔非常热情,二话没说就带我来到了艾宝玉老人家。不过,第一次入村总感觉村内气氛怪异,一见有外人入村,不少村民就主动凑了过来。原来该村正在准备拆迁,所以不少村民见到外人拿着本子在村里问事情,就会以为是在调查信息。我表明身份后,村民马上表现出极度失望的表情,然后立刻一哄而散。我虽然看出有怪异之处,但因没确定就要在楚铺调查,所以就没有在意这些事情。

我与艾宝玉老人聊了大概2个小时,结果基本令我满意。首先,该村共有十几位地主,其中土地最多的赵国兴,拥有的土地面积甚至达到了4000亩,其土地遍布在该村四周。其次,该村是标准的水井社会,村落内的水井主要由富户捐赠,但建造和维护时周边村民也要出力。再次,该村还是楚铺镇镇政府的所在地,村落社会分化较为严重,纵向社会关系较为丰富。最后,该村存在多种会社,承担的功能也比较多样。当然,最关键的是83岁的艾宝玉老人头脑非常清醒,对于很多事情的细节可谓是如数家珍。与艾老交流之后,我又询问了张叔村中像艾宝玉老人一样的还有几位。张叔表示,大概还有4—6位,他们基本上都已经过了80岁。我非常开心,但也没马上就将楚铺定为调研点,准备再看几个村落后再做最后的决定。

11月12日　星期六　多云

今天的任务依旧是继续找村，因为已经有了楚铺村这个比较理想的村落，所以心情也比之前轻松了许多。今天我前去的村庄是平舆县玉皇庙乡的曾庄村，据说它是原河南省督军赵倜的故乡。跑了一上午，到达曾庄时已经是下午时分。入村后，村干部把我带到了一位老奶奶的家里。我一看是位老奶奶，便没有了访谈的兴趣，但奶奶很热情，我就与其聊了几句。老奶奶告诉我，这并不是赵倜的家乡，赵倜只是有些地在村上，但面积也不大。同时，该村并没有其他地主。我看老奶奶还比较清楚情况，就深入地追问了几句。老奶奶说了一个让我很感兴趣的话题，那就是"跑反"。对于有寨墙保护的村落而言，土匪和战乱到来时，寨墙就是村民们最基本的保护屏障。与此相对，没有寨墙的村落只能逃往有寨墙的村落暂时躲避，有寨墙的村落往往又会尽到收留他们的义务。这主要是因为，拥有寨墙的村落往往是镇政府所在地（非必然），建筑寨墙多为政府主导行为，其核心目的不仅是保障本村村民，还涉及保护周边村民。不过，该村真的是没有特色，我便放弃了访谈。

11月13日　星期日　晴

今天的行程依旧是找村，多日的寻找已经让我有些疲累，有了就在楚铺调查的想法，但转念一想还是希望能多看几个村，以找寻更为合适的调查对象。今天目的地是焦屯，也是一个非常远的村庄。到达了泌阳县城，我又等了2个小时，熟人才带我下了村。据说焦屯也有大地主，可到了之后才发现村里只有两位75岁不到的老人，其他老人都已经去世或者搬到了驻马店市区居住。与两位老人聊了大概3个小时，我对焦屯的情况有了基本的了解。该村也是以大户为核心的村落，其中土地最多的地主大概拥有1000亩土地。同时，地主有护院队，村庄有护寨队。除此以外，该村没有其他特色。

最近我走访的村落大多是有大地主的村落，这些村落的社会结构往往围绕一个地主或者多个地主而构成，地主们又往往是村落公共事务的主要出资人。可以说，没有这些大地主，村落许多公共服务和公共活动将无法开展。但是，地主在提供资金支持的同时，又带有明显的自保的情绪。也就是说，地主主要是担心自己的财富被人抢夺，或者是迫于社区压力才会选择支付相应费用。同时，有大地主的村落也存在严重的失序问题，可见地主们的经济权威并没有在治理当中发挥太多作用，或者是有其他因素消解了地主们的经济权威。

在我打算返回时，村内老人告诉我焦屯附近有一个村子也有大地主，他儿子现在还在驻马店居住，现在已经有83岁了。说完，老人还把地主儿子的电话给了我。我非常感谢，并拨通了老人的电话，老人告诉我他就在十三香路上住，让我直接去找他。又跑了2个小时，我才终于来到了十三香路，顺着老人给的地址找到了老人家。老人姓全，过去家中大约有1000亩土地，但是老人是父亲的小儿子，民国时期没有全面地参与家庭治理，只知道一些家内治理的规矩。例如，钥匙怎么管，媳妇怎么分配家务活，管家负责哪些事项等等。之前，在华胤师兄调查的村落发现，该村还有分"儿田"，我便就此对老人进行了询问。可是，老人对此确实一无所知，只知道会分"嫁妆田"。本想让老人详细聊一下自己的家庭，时间却已经到了6点半，我也只好与老人再约时间继续访谈。与老人聊天之后，我得知了一些家庭治理的细节，但还是很不全面，看来还有必要继续深挖。

11月14日　星期一　晴

今天天气还不错，我打算回老家魏埠口再找找看看。据说魏埠口也曾有地主居住，只是地主仅有100亩地。不过，既然找了还是去看看，说不定会有什么奇特的发现。

魏埠口位于汝南常兴镇，距离驻马店的路程大约要走两个多小时。除了最远的新蔡县，我基本上已经把驻马店的县都跑遍了。没有去新蔡主要是因为它已经为省直管县了，并不属于驻马店的管辖范围。同时，新蔡县更靠近信阳市，风俗习惯也更接近南方。到达常兴之后，我与二爷以及村中其他亲属仔细聊了一聊。不过，该村确实较为普通，并没有太多的可挖掘的内容。只是，关于该村村民入赘的几个小故事，让我觉得还挺有意思。聊完之后，我又询问了关于族谱的事情。二爷告诉我，我们魏姓原本也有族谱，只是后来只剩下了辈系诗。当然，这个辈系诗是否可靠也难以确定。但是，在遂平县的魏姓也流传着类似的辈系诗，所以大致可以确定两支魏姓存在亲缘关系。同时，过去如果大家辈系相仿，即使是不认识的人也可以当亲戚对待。

图五　魏埠口一角

11月17日　星期四　小雨

前几日，我又跑了六七个村落，但是它们都没有什么特色。于是，我决定再去一次楚铺，如果访谈比较理想就将调查点选在楚铺。早上不到8点我就来到了村里，此时几位老人已经在村委会等我。他们分别是刘万斤、靳逢安、艾宝玉、李邦存老人。我询问了一下，发现老人的年纪都已经过了82岁，所以非常高兴。老人的状态都还比较好，说起话来也很有

图六　受访老人群像
（左起：徐勇教授、艾宝玉、李邦存、张付中、作者）

底气。于是，我便和老人聊了起来。实际上就是对该村情况的再次确认，首先是地主的数量。上次来，我只进行了粗略统计，并没有对他们的情况做详细的了解。今天老人们给我详细介绍了村中十几位地主，以及他们的背景和在村内外的社会关系。就这样一上午时间便基本过去了。下午，我和老人继续访谈，就该村的会社、护青、防卫等方面进行了粗略的了解，老人们均能详细作答。

通过今天的访谈，我一方面再次了解了调查对象，另一方面也对受访老人的情况有了明确的了解。可以说，该村几位老人都算是不错的访谈对象，他们基本上都当过大队干部，至今仍经常参与村上的公共事务。例如，艾宝玉老人就向我介绍了他和靳逢安老人为村民争取移民资格的事件，这就是前几年的事情。不过还有些美中不足的是，除了靳逢安老人之外，其他几位老人只上过扫盲班。这对调研的一个不利影响就是老人对于人名和地方话语无法具体说明是哪几个字。例如，nang nang 会，老人就知道这么读，但根本不知道怎么写。同时，在我访谈时，周边又围绕了很多村民，让我顿时觉得有一些紧张。不过，我所调查的内容都是民国时期的事情，向村民解释一番应该就能化解危机，毕竟村民们对于没有利益的事情通常不会太过于在意。

11月18日　星期五　阴

今天是我打算入村的日子，于是我带着一些生活物品找到了王书记。王书记说现在只能先住在村委会里，楚铺村情况非常复杂，很难安排到农户家中。我再三请求，可是王书记依旧表示很难安排。同时，王书记向我说明，村委会也只能暂时居住，因为驻村干部经常会来，他们来时就住在村委会。我本以为王书记是不想为我安排住宿，

但过了一会儿王书记告诉我,现在村里拆迁闹得很凶,你自己进村不是非常方便。王书记说,村委会后面还有一个小破房,你要实在想住在村里,只能把那个房子收拾一下住在那儿,不过很不安全。我到村委会后面转了一圈,确实看到一个破旧低矮的瓦房。见状,我也只好暂时居住在村委会。

我将东西收拾好之后,便准备下村调查,村委会距离楚铺还有好几公里,徒步去真的不是很方便。可我还没开口向王书记提条件,王书记便骑来自家的电动车,并告诉我就在她家吃饭。下村时,一定要我告诉她一声,她让张叔陪着我一起去。我连忙表示,调查可以自己解决,但王书记流露出了极为担忧的神情。看到王书记的神情,我以为是怕我下村问出些不该问的内容,便连忙解释我们主要针对 1949 年之前的事儿。王书记没有过多解释,但再三强调一定要让张叔跟我一起下村,我只表面应允。

中午和晚上我都在王书记家吃饭,王书记家在别桥街上开了个加油站,从村委骑电动车过去大约需要 20 分钟。本以为跟人家添了麻烦,王书记会不待见我,但中午和晚上王书记都准备了很丰盛的饭菜。晚上回到村委会,锁上了村委会的大铁门,听到了周边房屋的狗吠声不绝于耳,真是大自然的声音,我太喜欢这种感觉了。今天下村第一天,对于遇到的各种困难我已经司空见惯,经历了两个村庄调研早已经习惯慢慢融入的节奏。不过,我是否太过于乐观?我虽然在城市中长大,却也知晓家乡农村的一些问题,前几年还碰到过被村民讹诈的事。当然,现在已经考虑不了那么多,只想抓紧完成村调。

11 月 19 日　星期六　晴

今天是星期六,可驻村干部却来到了村里,貌似有工作要忙。王书记见状,便让我先住到别桥,过几天再住回来。我表示同意后,张叔便开车将我接到了家里。张叔家里比较破旧,但比起村委会还是要好上不少。张叔非常客气,让我先在这里住上一两天,并帮我准备好了床铺和早饭。吃过早饭,张叔就带着我下了村,并带我来到了李邦存老人家。此时,老人恰巧去赶集了,要 8 点半才能回来。张叔又带着我,围着寨墙的遗址走了一大圈,这一圈还真是不近,走了大约有一个小时我们才又绕回了老人家。李邦存老人此时正在门口等我。

既然绕了寨墙,那么我今天访谈的主题就打算围绕寨墙而展开。老人口若悬河,一口气说了一上午,将寨墙的修建过程,寨墙的看管,看门人等一一告诉了我。这是在南方并没有的经历,我听得也十分入神。该村的村落防卫基本由寨墙以及看管几个寨门的后备队构成,后备队又由村民出人出力而来。由此,我联想到了该村是否会形成防卫共同体，进而构筑一个村落共同体。不过，后来我逐渐打消了这种想法。该村的防卫以及防卫方面的出资出力并非出于村民自愿。同时，后备队的存在也只是象征意义，在保护村民方面实际所起的作用非常有限。可以说，该村只有防卫的基本架构，并没有形成相互防卫的精神和义务。当然，对此还需要深入挖掘，并不能因此而妄下结论。

11月20日　星期日　阴

今日，在张叔的带领下我来到了艾宝玉老人家，到达老人家时老人正在干活。看见我来到了家中便马上放下了手里的活，开始跟我聊天。不过，在聊天的过程中，老人的老伴儿却始终非常反感，不停地问我啥时候走，我无奈，只好表示一会儿便离开。又过了一会儿，老人的老伴儿见我还不走，便喊老人去干活，老人没有理她，我觉得再待下去必然会引起不必要的麻烦，便与老人挥手告别。

图七　李邦存老人的菜园

今天访谈的重点是村内家户的治理，因为艾宝玉老人的父亲是村中丧亡老婆家的管事，对赵家的家务事非常了解。我首先询问了赵家的经营方式，又询问了赵家都有哪些仆从以及仆从如何管理，最后则是不同当家人治理的方式是否存在区别。实际上，赵家主要是分家后的三门人，他们虽然已经分家，但仍共用一些生活设施。对于赵家的治理方式，老人讲了很多，特别是主仆关系。不过，今天老人将重点放到了赵家与李家的恩怨上，大约三分之二的时间都在叙述李子峰如何抢夺赵文圆的枪，而赵文圆的妻子又如何进行反击。总体而言，今天访谈中发现了两个有意思的现象：其一，当家人必须是男性，女性在该村不算是人。当家人为丈夫，可谓是男性的天然权利，女性在丈夫在世时无论如何也不能成为当家人。当然，女性也能为当家人，但必须是丈夫去世的情况下。这就与之前调查过的迴龙村存在着些许的差异，在迴龙村，当家人虽然也大多是男性，但女性成为当家人并不会让人瞧不起。其二，村落的极度混乱。在该村，曾存在一个强势的镇长（该村是镇政府所在地），但在强权治理之下并没有产生良好的治理秩序。虽然镇长本人就是一个恶霸流氓，但仅从个人要素和对于压迫的反抗并无法解释村落无法产生良性秩序的原因。

图八　别桥街上的小教堂

在回到住处的路上,我见到了一座小教堂,可是前几日却没有看见它。之前与老人闲聊时老人告诉我,民国时村内基本上没有人信基督教,可现在却很多。可见,基督教真的在农村地区变得越来越流行。我向张叔询问教堂是否有活动,但他却表示教堂平时基本上很少开门,去里面做礼拜的村民也较少,当然也不是完全没有。不过,张叔告诉我,楚铺村及其附近村落,村民在家里做礼拜的情况还是比较常见的,有些妇女家每周都能聚集10—20人做礼拜。

11月22日　星期二　雨夹雪

昨天家里有点事情,我不得已返回到了家中。趁着这个机会,我也为几位受访老人准备了几箱牛奶,准备答谢几位老人。润霖兄开着车带我前往楚铺。今天是二十四节气中的小雪,早上只是感觉天气比较阴冷,路上却下起零星小雨来,不时还飘点雪花。真是到了寒冷的时候了。

到了村里明显感觉到村里的气氛不对,我送牛奶时一群人就在旁边看着,还不停地在背后议论。我感到非常奇怪,但也没有在意,只当是村民无事干喜欢凑热闹。我把牛奶送给了几位老人,老人们纷纷表示感谢,并说明我有事随时可以来找他们聊。由于还有事情,我便和润霖兄一起返回了驻马店,打算明天一早回村调查。回去的路上,润霖兄反复向我强调进村一定要小心。润霖兄表示,自己之前在水屯(靠近楚铺)待的时间比较长,对于这一带农村的风土人情有些了解,农村的事情比较复杂,还是要注意一下。联想起前几日王书记对我的嘱咐,以及村民们的反应,我心中也顿时感到有些不安。但是,基于之前在村中调查的经验,我觉得这还只是没有融入的表现,认为我在村里多待一段时间,村民们对我也就不会有意见了。

11月23日　星期三　多云

今天我打算去找一下李邦存老人。早上来到了王书记家,王书记赶紧把她的电动车借给了我,并让我中午到她家吃饭。骑着王书记的电动车,风就如刀子一样割在脸上和手上,非常寒冷。由于王书记的电动车比较大,我骑得不是非常熟练,拐弯时还差点撞到了一位老大爷。不过,老大爷非常随和,并没有指责我。到达李老家中时,正好艾宝玉老人也在老人家串门,二老见我非常热情,连忙拿出了板凳并倒上了茶。

今天与二老聊的内容非常的细碎,从村里的基本情况聊到了村中几个地主的家境与矛盾。由于二老都非常善于表达,所以整个访谈过程我并没有太多干预,只抛出一个问题二老就会先后回答,然后再相互补充。今天访谈过程中,让我印象最深的是关于水井的建造与使用规则。北方确实是水井社会,水井在饮用和灌溉方面都起到了不小的作用。该村由于是旱作区,小麦等作物需要灌溉,但对于水的依赖相对较小。由此,村民对于水源的重视程度也相对较低。同时,该地水源较为丰沛,挖井10米左右就能出水,还有冷水河可以用于灌溉。因此,也没有衍生出复杂的水源分配机制。不过,在水井的建造和维护过程中有些内容值得深挖。

在访谈快要结束时,二老一直在委婉地向我传达村中村民的议论。但二老又表示,啥时候都需要修历史,他们给我讲的都是民国时期的事儿,不会因此而惹上麻烦。我连忙安慰二老说:"爷爷放心,我们这只是学术研究,调查的也都是民国的事儿,跟现在不牵扯。"二老表示同意,然后艾老便离开了,我与李邦存老人又聊了一会儿便回到了书记家。吃过午饭,本想继续下村,但张叔表示下午老人们都有娱乐活动,最好还是上午早点去,下午就别进村了。于是,下午我便和张叔聊起了村里现在的情况,在聊天的过程中我发现了村落的一些较为奇特的事情,不过也不能听张叔的一面之词,还要多听多看才能接近全部的真相。

11月24日　星期四　阴

今天一早我又下了村,不过这次没有直接去任何老人家,而是在路上碰到了一位老爷爷,他问我是不是来村里调查的学生。我说是的,老人就非要让我访谈他。我看拗不过老人,就与老人聊了一会儿,打算找个借口就结束访谈。可是,老人知道的事情还不少,年纪也有80多岁,我便打算把老人列为访谈对象,好好跟老人聊了聊。

正在我们访谈的时候,李邦存爷爷又带着一个老人走了过来,老人埋怨道:"我还在家里等你哩,你咋在这哩?"我向李老道歉之后,便和三位老人继续聊天。不过,今天由于是在路上被刘爷爷(后来并没有再去访问老人,只知道老人姓刘)拦住,所以只在路边访谈。这引起了周边村民的注意,没过一会儿便有人上来问我是干什么的,并要求我拿出身份证来。我表示我是学生,并告知对方我们调查的都是传统时期的事儿,可是那人(李姓村民,因担心引起村内矛盾,所以不便透露全名)却不依不饶,纠结周边村民一起前来质问我。一位40多岁的女性村民指着拦住我的刘爷爷说道:"他就是个神经病,疯老头子,你找他干啥?你说你到底是干啥哩,不说明白你今天不能走。"这时,我才明白前几日村干部担心的是什么。于是我拨通了张叔的电话,请张叔过来帮忙"解救"我一下,不到10分钟张叔便来到了村里。与几位村民解释一番,村民虽然还想找事儿,但碍于张叔的面子也不好再说什么,我这才得以脱身。

图九　李邦存等受访老人正在遭受村民的指责

回来的路上,张叔告诉我:"你别理他们,这就是咱这边的情况,那个姓李哩找事儿,就是因为你没找他。那种人哪个村上都有,你不找他,他觉得没面子,他自己实际上啥都不懂,就是要个面子。你没看我一去,他就不敢找事儿了么,就是这样的货,欺软怕硬,自己没啥实力,还老想在村里充大个。"下午,村民告诉我这种人又被称为"圣人蛋",就是老是装作"圣贤"干涉他人的事务,但却没有什么实力的人。这种人在当地很普遍,历史上就有不少,是村民比较讨厌的对象。不过,这也是村民的一种生存策略,因为这么做有时也能获取在村中的地位。在民国时期,有地位就意味着没人敢欺负,因此这种像赖皮膏药一样的村民总是在村中不断出现。当然,当下多数"圣人蛋"只是逞一时口舌之快,喜欢在公共事务中质疑村干部,并不敢真的挑起事端。

11月26日　星期六　多云

由于前天与村民发生了一些矛盾,所以昨天不是非常方便下村,就在王书记家整理了一下资料。昨天下午,镇上的工作人员也帮我跟村民做了解释,并让我安心下村。因此,今天上午我就又到了艾宝玉老人家。不过,老人一改往日的和颜悦色,一脸不高兴地问我:"你说你是学校哩,就有一个证明文件,我也不识字,我也不知道你是干啥哩。"我连忙说道:"爷爷,我是镇上给我介绍下来的,这个您应该放心。昨天镇上也来人给村民解释了,您在村里主持工作主持了那么多年,您应该知道,我调查的事儿要是对咱村上有影响,镇上也不会安排我下来,是吧?"老人听到我说的话,脸色有所缓和，并对我说："你是不知道，你送牛奶那一天，咱村上人就议论啦。说让人家问，问了之后都给恁几个老的抓起来。我就给帮存说，过去哪不修历史啊，所以俺几个不怕。那个姓李的，没啥本事，就喜欢瞎咋呼。他看你给我们几个送东西，没给他送，他心里有气儿。我们是都不怕他哩，咱村里就没有怕他哩。他们家里都不咋的，家风不好。他哩又没啥本事，还好跟人家争，都显住他能。有时候跟人家弄烦咯，人家骂他几句，他就怂啦。"

听到这里，我从老人的话中捕捉了"家风"这一信息。实际上，我不是第一次听到"家风"这一个词。"家风"又可以说是"门风"，是当地村民对于某一姓（家）村民的总体评价。以往，当家人或者长子对一个家庭的家风影响非常之大。如果当家人"不正混"，其他村民便会认为他也教育不好自己的子女。与此类似，如果长子品德不端，其他村民也会认为其弟弟妹妹也会跟着有样学样。

之后，我与老人又由赵国兴家的佃户聊到了土地租赁程序。老人告诉我，该村及附近村落主要存在三种租赁形式，即"大地主租赁""小地主租赁""寡母租赁"。上述三种租赁形式，在选择佃户、租赁程序、收租程序以及主佃关系上都反映出了不同的特点。可以说，地主拥有的土地越多，其与佃户的社会地位越不平等。与之相对，拥有更多土地的地主也会更加尊重自己的佃户。与长江流域的村落相比，该村的租佃形式应该更为丰富，但在租佃关系上却有着很大的不同。在长江流域的迴龙村租金固定，每年佃户必须缴纳约定数额的租金，但在楚铺却是一人一半。这不仅仅是租金租赁形式的不同。在黄河流域租赁关系的双方更类似一种合作关系，而在长江流域佃户却对地主存在着一定的依附关系。据艾宝玉老人叙述："只要你不瞎种地主的地，或者是瞒报产量，地主一般不能收回佃户的土地。"

不过，今天在访谈时老人的老伴儿却始终不停地在老人耳朵边嘟囔着："还说，再说给你抓起来啊。"我真的是很无奈，同时又很生气，实在是被那几个无理取闹的村民要气死了。艾老还好，但是艾老的老伴儿是大字不识、大门不迈，在村中听到别人议论就会把一件事情当真。而且她只相信本村人的话，不会相信外人的话，这可能源于熟人社会的信任。老伴儿三番五次地"警告"艾老，我只好结束了今天的访谈。临走时，老人把我送到门口，然后告诉我："下次有时间咯你再来，要不哪天赶集咯我再跟你说。"虽然老人开始不是很热情，但还是明白事理，我连忙向老人表示感谢。走时，本想拍两张照片，怕村民们以为我有企图便打消了这个念头。

11月27日　星期日　晴

早起吃过早饭，张叔让我今天别出门，他会把李老和靳老接过来。我连忙表示不用，但张叔执意要这么做，我便欣然应允。实际上，王书记和张叔对我真的很不错，只要有时间就会带我下村。当然，这并不是因为我是镇里介绍来的，而是因为他们本身就是很善良的村民。这几日，在村中我也听到了一些关于王书记的评论，多数村民对其都是称赞有加。我在王书记家住的这几日里，王书记天天好吃好喝地招待，还给我准备了全新的被褥。张叔出门后，没过一会儿就把李老和靳老接了过来。二老来了之后，也是先一顿埋怨，然后才开始访谈。不过，二老在村中也是见过世面的人，特别是靳老家曾是该村拥有权势最多的村民，因此对于那种场面早已司空见惯，并不会因为几个"圣人蛋"就吓得不敢出头。

今天，询问二老的主题是土地的买卖以及由此引发的买卖关系。不过令人意外的是，这个拥有十数位地主的村落，土地买卖过程却非常简单。我开始有些失望，然后沿着整个买卖过程又梳理了一次，才发掘出了一些由买卖引发的社会关系。在长江流域的迴龙村，中人往往需要七八个，而在楚铺则只需要一人。很难想象，一个相对稳定的社会竟然需要这么多中人，而在楚铺这个较为动乱的社会只需要一人就能完成整个交易过程。在我调查迴龙村时，明显地感觉到该村的村民更为看重利益，而楚铺村民却更看重人情。但这并不意味着楚铺村的村民就不重视利益。需要七八个中人才能完成交易，可以视为迴龙村的村民更精于计算，在乎自家利益的得失，楚铺村民却不是不会算计。因此，仅从利益的角度解释两者之间的差异并不能充分说明背后的逻辑。

11月28日　星期一　晴

今天，我在下村时又碰到了李姓村民，但我并没有跟他打招呼的意思，只是正面向他走去。由于镇上工作人员已经做了解释，李姓村民主动跟我打了招呼，我让了一支烟便没多说什么。"圣人蛋"不会轻易转变态度，他们只会采取表面妥协策略，背地里可能会继续造谣。李姓村民让我非常恼火，还好几位老人都不怕他，否则调查就真的是举步维艰了。入村之后，今天又来到了艾宝玉老人家，老人见我到来马上就拿出了小板凳让我先坐着，然后就跟我聊了起来。

今天访谈的主体仍围绕土地经营展开，主要针对前两天土地买卖和土地租赁的内容进行补充。老人的父亲是管事儿，因此针对大地主收租，老人又给我讲述了不少细节。实际上地主的管事儿也分为两种，本村管事就是地主家的大把，外村管事则不一定。在该村，管事的地位有时比管家还重要，管家只管理仆人，有些管家甚至没有记账的职能。与管家相对,管事则是租佃事务的主要负责人。这可能与该村地主的经营模式有关,该村大多数地主的主要收入来源就是租赁土地,并没有多少富户经营其他产业。因此,多数富户都要借助管事来协调租赁事务,而管家的地位也会随之降低。

之后,我又针对管事以及长工的情况向艾老进行了询问。在该村,长工基本上分为大把、二把以及普通长工三个等级。当然,有些富户还会设置三把。不过,由于该村地主基本上不亲自从事农业生产,因此地主家的长工主要是在家中干杂活。与此相对,佃户所请长工则多是精通于农业生产的村民。除此以外,两者之间的区别还在于雇主与长工身份上的差异,佃户与长工地位基本相当,但地主却在身份上高出长工不少。

还不到11点,老人就不太耐烦了,我以为老人是被问烦了。不过实际上老人是要去接自己的孙女,所以想赶快结束访谈。老人向我道歉,并让我有空再来,我也向老人表示感谢后便离开了。

11月29日　星期二　阴

今天,村中要讨论拆迁的事情,几位老人也作为代表去座谈了。没有合适的访谈对象,我只在村中转了一圈,但却看见了李姓村民在与其他村民争执。联想到"圣人蛋"的一些特点,李姓村民还真是与其非常符合。下午,我搭车来到了档案馆,打算查查相关档案,但是,在档案馆里查了一下午也没有发现太有价值的资料。询问之下才知道,原来该县受1975年8月洪水的影响,很多资料都遗失了,真是非常的遗憾。联想到之前艾老告诉我,他们村本来也应该属于移民范畴,但是洪水却冲走了大多数村民的移民证,因此村民在证明自己移民身份时就曾遇到了不小的麻烦。今天可真是没有什么收获,特别遗憾的是很多纸质资料并没有流传下来,看来只能全部依靠口述调查。但是,口述过程中确实会遇到无法验证真假的情况,这只能通过向不同的调查对象反复询问,才能得到基本接近事实的答案。在前两村调查时其实也遇到过这样的情况,因此我也总结出了一些经验。在调查时,最好单对单访问,当然一些比较具体、不容易出现混淆的情况并不一定需要这样访谈。但是,对于一些特定的关系,老人们在一起不仅不会相互印证和补充,有时强势的老人还会影响其他老人的表达,造成真实的情况被隐瞒的现象。有时老人们还会因为一些分歧而争论不休,最终也无法得出令人满意的答案。

11月30日　星期三　晴

入村已经有一段时间了,但是进展却很慢,被很多调查之外的事情分散了精力,

图十　受访老人靳逢安

我一直疲于应付。今天访谈的对象是靳老，靳老的父亲靳仲楹曾是县里的兵役局长，几个叔伯不是在地方任职，就是在部队任有官职。因此，我想深入了解一下老人的父亲，由此掌握村内的权力结构。调查以来，就很难系统地就某一专题进行系统询问，因为每一个老人所知道的事情并不完全相同，但又不能连续几天去某一个老人家，这样必定会引起老人的反感。因此，只能就每天访谈的老人是谁具体安排要访谈的内容。

今天靳老给我讲了很多关于他们家的事情。以往，靳仲楹并不在家中居住，但儿子和妻子却住在村上。因此，每年靳仲楹回家时该村及周边村落的排场人都会前来拜见。因为靳是在任兵役局长，因此其也处于村内权力结构的顶端。村内首富赵国兴以及镇长李子峰，在其面前都只能算作是"跟班"。这让我想起村民的权力观，无论村民怎么争夺村内的权力，都不敢与政府所代表的国家权力作对。之后，老人就跟我讲起了靳家在外地扩地的事情，以及扩地的一些原则。赵家所扩土地为赵倜的土地，扩地只用缴纳正常赋税的一半，但向政府扩地需要扩地者拥有一定的身份。最后，老人还跟我讲了一些关于赵倜的事情。其中，有一个非常有意思的故事，在当地"八八"是酒席中的最高档次，如果是有身份地位的人还会在宴席中上一份海参汤。由于该地地处内陆，海参汤一般比较珍贵，所以宴席上主人会让客人喝海参汤，而自己却不喝。但是，赵倜和其父亲都是没有文化的粗人。一次赵倜在宴请数位官员吃饭时，父亲却一把将海参汤端到自己身边，不顾别人地吃了起来。此事在当地一时被传为笑柄，使得赵倜丢了面子。在当地，丢了面子是非常严重的事情，将会直接影响一个人的社会威望。此次事件一直困扰着赵倜，直到其想出了补救办法，那就是再办一次宴席。在宴席上，赵倜完全不提上次的事件，只与大家闲聊，但在最后一下上了八碗海参汤。其实质就是告诉大家，每人一碗海参汤赵倜也请得起，其父不把海参汤让给别人是因为海参对他们家来说不是稀奇的东西。"面子"与"找面子"，可以说是当地村民社会交往过程中非常重要的两个方面，两者贯穿于村民交往中的诸多层面。

12月1日　星期四　晴

今天虽然是一个晴天，但天气依旧很冷，冻得我手脚都伸不出来。正待我打算出门时，正好碰见李邦存老人和艾宝玉老人在赶集。二老见到我，二话不说就来到了书记的加油站，然后艾老对我说："你问一会儿吧，免得你往村里跑，跑多了村里人又说三道四哩。弄得你也问不好。俺俩今天就是逛逛，也没啥事儿，下午回去也不耽误。"我连忙表示感谢，并开始了今天的访谈（后来才得知，二老专程而来，怕我天天往村里跑太过于辛苦。同时，这一段村里因为拆迁确实不太平静，老人也不想在村里待着）。

见到二老都在，我便打算统计一下村里各家各户在民国时期的基本情况。但是，老人却执意让靳老一起过来，避免有所遗漏。张叔见状就马上跟靳老的儿子打了电话，让其赶快把靳老送过来。不到10分钟，靳老的儿子就把靳老送了过来。昨天见靳老时，老人就有点感冒，今天状态也不太好，不过老人还是非常热情。三个老人你一言我一语地回忆着各家的情况，但是该村的村民真是出奇的多。我在长江选的迴龙下保第一甲只有20多户村民。然而，该村一共有5个甲，其中最小的甲也有20户。老人回忆了一上午也才回忆了30多户，其中还有部分存在争议。时至中午，张叔请饭店送了一大锅羊肉烩面，让几位老人吃完了再继续访谈。吃了饭，李老和靳老点上了一根烟，又接着和我聊了起来。大约下午4点钟，老人实在回忆不出来了。我又从前到后仔细和老人对了一遍，发现一共才50多户，可老人却说该村大概有250—300户。我本想继续追问，可是老人确实无法再进行回忆，我也只好作罢。最后老人告诉我，该村流动性极大，不少村民只在村上住了几年便迁往他地居住。还有些村民在楚铺街上谋生，但对其是否为该村人，老人都无法作答。老人们能回忆出的50多户，基本上是该村土地较多或者在村长期居住的家庭。至于其他的村民，只能待有机会再向老人询问了。

12月2日　星期五　阴

今天的天气不错，我本打算出门去村里调查，可是正好碰到李姓村民在与王书记就拆迁款的事情争执。但是听来听去，李姓村民也都是无理取闹，其之所以争执，就是因为前几日没让他去当拆迁会议的村民代表。但是，其口头上就是不会承认，只说拆迁款不合理之类的事情。这种人还真是讨厌，可谓是"没理也要搅三分"，觉得周边村民都必须得尊敬他才行。

我骑着电动车出了门，并没有理他。今天我第一次找到了刘万斤老人，前几日给老人送了牛奶，但感觉老人并不是很好说话。老人还明白一些事情，不过不愿意多说，我与其聊了一会儿，主要是检视之前调查过的内容，看是否有遗漏或者是不合理的地方。老人开始不是非常热情，但访谈起来也还算好，并没有出现不耐烦的情况。不过，聊了半天我才得知刘老并不是楚铺村上的"老户"，也并不像李邦存老人一样从小就在楚铺街上谋生。因此，他只知道一些表面上的事情，对于楚铺村内丰富的社会关系仅仅有所了解，并不能详细地对其进行复原。同时，受前几天村民"围攻"我事件的影响，老人也多少有点不愿意接受访谈。此外，老人住处四周房屋较为密集，我在询问老人时总有四邻前来，有些人还总是打断我访谈。见状，我也只好作罢，并准备在村中转一转再回去。

我发现该村上午基本上都没有什么人，但是下午人却非常多。棋牌摊上被围得水泄不通，大约有20—30人在那儿观看。我不喜欢打牌，也就没有前去凑热闹。正在我打算去其他地方转转时，又被一位村民拦住，我先是一惊，然后不由得警觉起来。那人表明来意之后，我才知道他是小组长，只是想邀请我到家里喝杯茶。我欣然应允，和他一起回到了家中。原来组长只是觉得前几日的事情让我难堪了，想跟我解释一下原因，并跟我讲述了一下村里的情况。和组长聊了很久，组长是张叔的好朋友，人品也不错，并让我有事就来找他。从组长家出来，我感觉到村里还是好人多，大多数村民并不是坏心肠，只是容易被其他村民鼓动。

12月4日　星期日　多云

这几日都在劳烦几位老人，于是我便打算离开几天去拜访一下之前访谈过的几位老人，看看能不能从他们那里得到一些有用的信息。人生礼仪和节日习俗可能有些相似的地方，但其他方面却可能存在差异。去访谈几位老人只是想补充一些细节，做一下对比，并不会以从他们那得到的信息为准。这两天打算访谈的对象是张文礼老人和王来法老人，因为他们所在的村落距楚铺都不算远。张文礼老人和王来法老人都还算是清醒，之前我做口述史和选村时也与他们有过深入的交流。

上午不到10点，我就来到了张文礼老人家，老人的老伴儿瘫痪在床上已经很多年了，平日里老伴儿的吃喝拉撒都要靠老人照顾。老人今年已经85岁了，真的是非常不容易。与之前做口述史时相比，张老又老了很多，精神也是大不如前。我今天围绕礼仪等与老人聊到了两点多（老人只吃两顿饭，第一顿在上午10点左右），看老人已经有些累了便结束了访谈。

今天所询问的生育、婚姻、丧葬习俗是我在楚铺还没有询问过的内容。从老人这得到的内容，并不能直接套用在楚铺，但可以拿去给几位老人验证。之前，在长江流域调查时我也经历了扩大范围寻找访谈对象的过程。当然，即使访谈对象来自邻村，也不能不加验证就使用从他们那里得到的访谈资料。今天还有一个有意思的发现：我之前认为楚铺村及其附近村落的村民并不会特别在意自己的祖先，除了父亲和祖父村民一般不会祭祀其他祖先。今天老人却告诉我，即使不祭拜祖先坟地，也会祭祀祖先的灵牌。当然，这一问题并不是简单的祭拜不祭拜的事情，其内还蕴含了许多崇拜和祭祀关系。

12月5日　星期一　晴

今天是个难得的好天气，上午的温度较之前几天高出了不少，让人感觉非常舒服。今天本来是要去见王来法老人，可是据说楚铺附近的温楼曾有恶霸地主，所以打算去看看情况，也可以从侧面了解一些信息。我和惠丰叔到达温楼时，几位老人正在路边的牌摊上等我们，我连忙下车给几位老人打招呼。老人们都是和颜悦色，对我的到来也表示了热烈的欢迎。几位老人都是温氏后人，还有一位是温姓地主的马夫，后落户在了温楼村。他们最年轻的有79岁，最大的今年已经有88岁了（地主的马夫）。刚开始时，那位88岁的老人就蹲在地上，见我来了一下就站了起来，我不由得佩服，老人的身体真的是太好了。

因为今天主要是调查地主情况，所以我的访谈也从村中有多少地主开始。不过，该村的地主最多也就500多亩土地。联想到艾宝玉老人说赵国兴是汝南县城以西最大的地主，看来情况也大致就是如此。不过，温楼村却是以温姓为主的村落，村中大多数地主都姓温。同时，温姓地主多在政府中任有官职，在当地也具备一定的权势。此外，温楼村还有祠堂，但建成后基本上没人前去祭祀。整体而言，温楼虽然是一个以温姓为主的村落，村中的温氏也形成了一个松散的宗族，但温氏并不是非常团结。又是一个失序的村落，看来无论是杂姓村、主姓村、富裕村还是贫穷村，都无法有效建立治理秩序。如果仅将此归结为外部大环境等表面因素所致，我觉得还是太过于牵强。可惜一时又无法想到更好的解释方式，还是读书太少了，要在调查的基础上同时研读相关理论，以实现调查和理论创新的有机结合。

在刚与老人访谈的1—2个小时内，我都有了换村调研的冲动，因为该村确实在某些方面更具特色。但是深聊之后才发现，该村除了经济关系较为丰富之外，其他关系并不算非常丰富。例如，该村并没有以村落为单位的集体防卫，整个村庄的防卫只靠地主的几支护院队。地主的护院也只保护自己，并不会保护其他村民。此外，该村也没有会社以及公共娱乐活动。由于该村地主多任有官职，因此他们并不担心其他村民会抢夺他们的粮食或者危害他们的生命，反倒是他们只把一般村民当作"下等人"来看。于是，温楼便成为了远近闻名的恶霸村。

联利互保：
农商结合型村庄的发展与治理
——黄河区域任徐店村调查

张慧慧*

* 张慧慧，女，河南焦作人，华中师范大学中国农村研究院（政治科学高等研究院）2018级博士研究生。

第一章 村庄的由来与演变

任徐店村俗称任庄,现为武陟县龙源镇的一个行政村,面积225446平方米,坐落在武陟县城东北方向,始建于明朝年间,至今已有700余年的历史。站在村北高处可望巍巍太行,南可观滚滚黄河与邙山,西南离武陟县城5公里,北离修武县城10公里,距离镇政府所在地4公里,正好位于郑州、新乡、焦作、洛阳的交通枢纽处。本章将重点介绍任徐店村在漫漫历史长河中形成与发展的历史过程,建制沿革的变化过程,以及当下的村落状况。

第一节 村落的形成

每个村落都有自己形成和发展的历史。任徐店村原属徐店片区,因任氏家族的迁入,以姓名村,独立建制为任徐店村。但因任徐店村地处黄河故道平原,地势平坦,交通便利,逐渐吸引李、赵、崔等不同姓氏的村民迁入。至1949年前,已成为集聚了28个姓氏的多氏族杂居村庄。

一、村落起源与演变

武陟县城北偏东数里处有梁徐店、任徐店、闫徐店、祝徐店、卢徐店、古徐店、白徐店、小白徐店8个村庄。这8个村名之所以均和"徐店"二字联系在一起,是由于其均是在徐店的基础上,按姓氏衍生出的村落。

徐店，宋金时期称为续封村，由于元军入侵时举村反抗，村内遭烧杀抢掠，村民悉数被杀，这一带成为无人烟的地方。但续封村原有五条大道在村中交汇（故又称五车口），是晋、豫、京、洛人来车往的必经之道，因此便因交通便利而吸引了不少人在此开设食宿客店，客商来往频繁。其中以黄河南一家徐姓客商在此开设的客店最为有名，人称徐家店。

据《任徐店村志》记载：元朝末年，黄河和太行之间成了元明争夺江山的大战场，常有你打过来我打过去的拉锯战，这五岔路口的诸店家掌柜为了避祸，家家都准备了一个牌子，绝大多数两面挂牌，一面写着"欢迎大元"，一面写着"欢迎大明"，唯有徐家店的徐掌柜因为对元朝统治者不满，盼望着大明取而代之，就只写了一面"欢迎大明"。一天，元军打来的时候，绝大多数店家掌柜把牌子"欢迎大元"的一面往外挂，徐家客店掌柜却把牌子收起来，干脆不挂。元军见其不挂欢迎元军的牌子，认为他私通大明就对徐家客店进行打砸，并将徐掌柜痛打了一顿。次日，明军又打过来，元军被撵跑了，朱元璋听说徐家客店做的油茶格外好吃，就来到了徐家店。他见到徐家店的惨状，就询问其缘由，徐掌柜如实地做了回答。朱元璋为探究其所述真伪，证明自己的判断，就派随从去把各店家的牌子检查了一遍，果然除了徐家店外，其他店的牌子都是两面写着不同的字眼。朱元璋平常最恨两面派的人，于是不由怒火冲天，随即命令部下对其他客店的人进行严厉的制裁，在五岔口地带仅留下了徐家客店一家店铺。徐掌柜款待了明军，并请朱元璋为他的客店题字。朱元璋对徐掌柜的忠诚十分感动，就挥笔写了"徐家店"三个字，徐掌柜将其贴在了店铺大门头上。[1]

由蒙古族建立的元朝，从开始到亡国，曾多次对邻国发动战争，民族压迫沉重。尤其是在元末明初时期，元明两军在这一带争夺战进行多次，大批百姓死于非命，加之这一阶段政治腐败，旱、涝、蝗灾奇重，黄河一年决口三次，乡民流离，土地荒芜。任徐店所处的武陟县城东北部，更是由于黄、沁河道的变迁，出现了大量的无人耕种的荒滩地。1368年明太祖朱元璋推翻了元朝的统治，在南京称帝时曾说，"今丧乱之后，中原草莽，人民稀少"。18年之后其又提及："中原诸州，元末战争受祸最惨，积骸成丘，居民显少。"同年明督府左断事高巍在上表中更具体地说："臣观河南、山东、北平数千里，沃壤之土，自兵燹以来，尽化为蓁莽之墟，土著之民，流离军伍，不存十一。"由此可见，明朝初年的中原地区几乎赤地千里，人烟稀少，一派残破景象。与河南邻近的山西则不然，该地虽然也遭受战乱之苦，但破坏程度远不及河南、山东那么严重。因为环境相对比较安定，人口不断增长。据明朝官方统计，洪武十四年（1381

---

[1] 摘自《任徐店村志》的相关记载。

年）布政司有户 596240、人口 4030454，每平方公里 12.85 人。山西人口日益增加，耕地有限，于是生计难的问题逐渐突出。朱元璋就曾说"山西民众而地狭，故多贫"。一方地广人稀，迫切需要补充劳动力；另一方地狭人稠生计难，迫切需要得到耕地，以补衣食之不足。这样，为了发展生产，安抚人民，调剂两地余缺就成为摆在统治者面前的突出问题。朱元璋登基后，汲取元朝灭亡的教训，较能体恤民力，注意发展经济，普查人口，丈量土地，均平力役，兴修水利，实行民屯、军屯、商屯、匠屯及开荒种地三年不缴租税等政策，颁旨从山西洪洞县往此处移民，以便平衡、恢复中原地区的生产。正是由于明朝初年政府有计划地组织山西居民自洪洞县向外迁徙，几百年来河南、河北、山东、安徽等省的许多人都说自己的祖先是从洪洞县大槐树老鸹窝迁来的，有的还将此事记入族谱中，刻在墓碑和祠堂的碑上。民国初年，闫永仁题洪洞大槐树诗："问我始祖来何处，晋南洪洞大槐树。槐树荫泽极广覃，北平山左及河南。"新搬迁来的移民因此处没有村庄，只有一个徐家店，就把徐家店作为标记，加之他们听说"徐家店"是在位皇帝起的名，也想沾沾皇帝的恩泽，就以店名村，将所居住的地方与徐家店联系在一起，为方便称呼，简称为徐店。

清道光年间，徐店村落按姓氏又派生出闫徐店、梁徐店、任徐店、祝徐店。清末以后，又派生出小梁庄、小亢庄、卢徐店、小关庄、陈徐店、小杨庄、白徐店、小白徐店，原先的徐店改称为古徐店。随着时间的推衍以及行政区划的变更，现在的小梁庄、小亢庄归属梁徐店，小关庄归属卢徐店，陈徐店归属祝徐店，小杨庄归属古徐店，这便是徐店片各村落的演变过程。任徐店村便是在此过程中衍生的由姓氏来命名的亲族村落。但随着村民的不断流动与迁入，到 1949 年前已是多姓杂居的多家族村落。[1]

二、1949 年前任徐店村姓氏变动情况

"家"是华夏儿女人生一切社会关系的基础，"姓"是标记家庭系统的符号，是人们进行社会交往的必要条件之一，涉及千家万户，关系到每个社会成员。凭借着优越的交通条件以及相对富足的生活环境，伴随着明朝期间山西洪洞县大量移民的迁入，至 1948 年村庄解放时，任徐店村已有李、任、赵、崔、王、郭、常、杨、卢、白、闫、汪、丁、金、张、关、孟、房、薛、陈、辛、刘、牛、曹、董、朱、冀、冯等 28 姓。其中，李、任、赵、崔 4 个姓氏为村落主要姓氏。村落内各姓氏迁入的时间有所不同，其人口情况也存在差异。根据《任徐店村史》《李氏宗谱》《赵氏宗谱》《崔氏宗谱》《任氏宗谱》等的记载，加之村内老人的讲述，现将村落内 1949 年以前的姓氏变动情况做如表 1-1 所示的概述。

---

[1] 根据《任徐店村史》及老人口述整理而来。

表1-1 1949年以前任徐店村姓氏变动概况

姓 氏	祖 籍	迁入时间	搬迁原因	迁入代数	备 注
李姓（李燕家族）	山西洪洞县	明朝天顺二年（1458年）	人口增长，寻求生计	17	代数截至族人李继宗一辈
李姓（三和李）	山西洪洞县	元末明初	家计困难	10	先迁至木栾店金圪垱，后又至任徐店
李姓（李银宗家）	圪垱店	清末民初	逃灾	4	代数截至"增"字辈，现100人左右
李姓（李玉贵家）	木栾店	民国初年	—	—	
汪姓	山西洪洞县	明朝期间	人口增长，寻求生计	—	现人口16人
丁姓	东大原	清朝乾隆二十四年（1759年）	受涝逃灾	—	
陈姓（陈三纲家）	陈小段	清末	经营打铁生意	—	现人口22人
陈姓（陈继功家）	祝徐店	清朝中期	家计困难，为人看坟谋生	4	代数截至"全"字辈，现40余人
郭姓（郭仲奎家）	西大原	明末清初	沁河决口，无法生活	12	代数截至"恒"字辈，现70余人
郭姓（郭生仁家）	修武睢村	清朝末年	—	4	代数截至"生"字辈
郭姓（郭生财家）	祝徐店	清朝末年			
卢姓	卢徐店	清乾隆年间	经营染布生意	8	代数截至"广"字辈
常姓	—	—	—	—	
关姓	原阳盐店街	清朝中期	—	—	
赵姓	山西洪洞县	清雍正七年（1729年）	受旱逃灾	10	现300余人
赵姓（赵金亮家）	修武大南坡村	清光绪年间（1881年前后）	—	5	代数截至"金"字辈
王姓（王继温家）	小徐岗	清朝末年	—	4	代数截至族人王继温一辈
王姓（王学文家）	冯李	清末民初	经营打铁生意	4	代数截至族人王习聪一辈

续表

姓 氏	祖 籍	迁入时间	搬迁原因	迁入代数	备 注
孟姓	十八里张村	清乾隆中期	—	10	代数截至族人孟国平一辈
孟姓（孟庆忠家）	河北保定清苑县	1945年	随军在此，后因婚配落户本村	—	—
杨姓	小董乡杨高村	清道光年间	—	7	代数截至族人杨宗斌一辈
房姓	黄河南汜水县房庄	清咸丰年间	从事木匠工作	4	代数截至"守"字辈，现34人
崔姓	修武祖近	清乾隆年间	—	10+	现110余人
崔姓（崔来碧家）	武陟古徐店	清嘉庆年间	—	—	已迁居任徐店200余年
崔姓（崔光华家）	河北省高阳县	1949年以前	走村串巷做小生意	—	
辛姓	辛杨豹峰	1940年前后	租佃土地，后在村内做长工	—	
张姓	内黄县张野杨村	1920年前后	逃荒寻亲	—	
白姓	白徐店	1937年	租佃土地	—	
金姓	老城	民国初年	生活困难，投奔姻亲	—	
刘姓	尉氏县	民国期间	随干亲落户	—	乏嗣
牛姓	谢旗营后牛村	—	随外公外婆落户	—	
冀姓	西仲许	—	入赘	—	
闫姓	修武田庄	—	—	—	乏嗣
薛姓	—	清嘉庆年间	随母改嫁	—	迁居本村200余年
任姓	沁阳县紫陵镇	明正德年间	—	20	代数截至族人任贵志一辈
任姓（任青香家）	前牛	民国初年	唱戏教戏	—	

资料来源：根据《任徐店村史》的相关记载整理而成。

据村名由来及有关史料记载，任姓是最早迁居于任徐店村的氏族。据《任氏族谱》记载，任姓始祖居于山西省平阳府洪洞县，于洪武三年（1370年），积极响应明政府医治元末战乱兵变创伤、恢复发展生产、与民休养生息的大规模移民政策，从山西迁往河南。迁居时共兄弟五人，长门始祖居于沁阳紫陵镇，二门始祖居于济源留养镇，三门始祖居于温县西虢镇，四门始祖居于孟津邢家苑，五门始祖居于济源薛庄镇。任徐店村任氏始祖任志义即沁阳紫陵镇之第六世，于明正德年间（1506—1521年）迁居至任徐店村，至今已有500余年历史。

李燕家族是目前村内人口最多的氏族。据《李氏宗谱》记载，始祖李燕祖居山西省洪洞县，亲兄弟6人。其中3人于明朝天顺二年（1458年）迁至武陟县各村庄，老大李广住仲许村，老二李燕住任徐店，老三李成住东石寺，至今已有超500年历史，繁衍发展21世。此外，历史上因家庭生计、逃避灾荒等原因，另有多个其他李氏家支迁入任徐店村。截至目前，李姓村民占任徐店村全村总人口的50%左右。

同时，村内赵姓、崔姓相对而言均属大姓，迁居任徐店村均有200余年历史，且人口均在百人以上。其中，赵氏家族规模明显大于崔氏家族。据《赵氏家谱》记载，其氏系周代赵国之后裔，世代均在山西定居，于明朝天顺元年（1457年）由山西洪洞县迁居河南修武孔庄。明崇祯十一年（1638年），黄河以北春夏大旱、秋季蝗灾，此地群众死亡十之八九。赵氏幸存一少年讳宝珠，于崇祯十二年（1639年）流落于武陟县万花庄西南角栖居，后取名为赵庄。二世祖讳万，三世祖、四世祖名俱失考。五世祖康民讳国富于清朝雍正七年（1729年）徙居武陟县东任徐店。赵氏一族自迁居任徐店已繁衍10余代，现有人口300余人。据《崔氏族谱》记载，其始祖原籍北直隶真定府深州南辛庄北柳社，居住在椿树胡同景巷街，坐北向南。始祖昆仲二人于清康熙年间由望高楼迁于修武西俎近。至乾隆年间，十五世祖由西俎近分支迁于武陟县任徐店，至今已传200余年，繁衍10余世，有人口110余人。

除任、李、赵、崔四大姓氏以外，任徐店村还有汪、丁、郭、孟、薛等杂姓，杂姓人口通常较少，多因租佃、经商、投亲靠友、寻求生计等原因而落户在此。

第二节　村庄的建制

徐店片各村的由来，是以古徐店为中心逐渐发展起来的。清朝期间，按姓氏逐渐派生出闫徐店、梁徐店、任徐店等，后逐渐发展为八徐店。

一、1949年[1]前任徐店村建制沿革

据《任徐店村史》记载，在现今任徐店村内，存在着任徐店遗址与任徐店墓群两处有人类活动迹象的遗址。其中，任徐店遗址[2]面积1.5万平方米，文化层厚度为1—3米，出土有蚌器、石斧、镰、铲、锄和陶器，其中的细绳纹格泥质灰质陶罐系龙山文化[3]遗存，由此可推断任徐店遗址大致属新石器时代；任徐店墓群[4]东西长600米，宽350米，发现有数座小砖券墓和空心砖墓，出土有陶器、铜镜、铁剑等器物，根据器物特征大致可推断属汉代墓群。由此可知，早在新石器时代，任徐店村所在地域就曾有先民居住，并开始从事农业生产。

任徐店村所属的武陟县始建于隋开皇十六年（596年），夏朝时称覃怀，周初称怀邑。秦统一后置怀县（治所在今阳城乡土城村），秦始皇二十八年（前219年）置武德县（治所在今木栾街道大城村），属河内郡。汉武帝建元年间（约前140年），割温县、怀县两县地置平皋县，属河内郡。晋武帝泰始二年（266年），郡治由怀县迁至野王（今沁阳市），怀县、武德县属河内郡；晋怀帝永嘉二年（308年）废武德县入修武县。隋开皇十六年（596年）分修武县南部置武陟县；隋大业二年（606年）废武陟县入修武县，至唐武德四年（621年）复置武陟县。五代十国时期，武陟县属怀州。元时武陟县属怀庆路总管府，明时武陟县属河南布政使司怀庆府，清时武陟县属河南省怀庆府。民国二年（1913年）废怀庆府为豫北道；民国十六年（1927年）废豫北道，武陟县直属河南省民国政府。至1948年，武陟县全境解放；1949年8月建立平原省，武陟县属平原省新乡行政专员公署。

关于任徐店村的建制沿革，众说纷纭，但根据《武陟县地名志》所记载的各个时期的县域地图，大致可确定任徐店自建村以来的建制变化。

根据武陟县明朝万历十九年（1591年）的地图所示，这个时期各徐店村庄均未形成，统称为徐店。此时全县辖坊厢乡、千秋乡、善福乡、永宁乡、待贤乡、大义乡、富乐乡共7个乡，编户始为74里，后并为51里，128个自然村。其中，善福乡8里，辖府城、龙睡、牛文庄、马曲、木栾店、小徐岗、徐店等20个村，徐店即归属为善福乡辖区。

清顺治十六年（1660年），武陟县全县设20里。康熙年间（1662—1722年）全县设22里辖259个村。道光九年（1829年）全县设20里辖362个村，此时的千一里下

---

[1] 1948年武陟县全县解放，1949年3月任徐店村进行了土地改革，此处未将1948年及之后的建制情况包括在内。
[2] 任徐店遗址在现村域正北约500米，原叫北岗，后来在此处的大队建有砖瓦窑，现下是养殖场。
[3] 龙山文化系我国新石器时代晚期的一种文化，晚于仰韶文化，因最早发现于济南附近龙山镇而得名。遗物中常有黑而亮的陶器，所以也曾称为黑陶文化。
[4] 任徐店墓群在任徐店遗址偏东北方向700米，小兰封村西北。

辖木栾店、白石寺、西石寺、东石寺、兰封、前龙睡、后龙睡、任徐店、祝徐店、徐店、梁徐店、闫徐店、小徐岗等22个村，该时期古、白、徐3个徐店还未形成，而任徐店村已形成独立村庄。

光绪三十四年（1908年），全县将原为20里的县域划定自治区划，分为1城2镇3乡，即城区自治公所、古槐镇、沁南镇、沁北乡、古阳乡和嘉应乡。任徐店村所在的千一里划归古槐镇管辖。

民国十九年（1930年）区治成立，全县划为7个区。民国二十年（1931年），全县设7个区，辖208个乡。民国二十七年（1938年）开始实行保甲制，全县7个区合并为3个区，辖74个联保337个保，任徐店村全村为一保，由保长负责村庄的赋税征收、治安维护以及日常行政工作，保下设甲，一街为一甲，任徐店村共分为5甲。由于任徐店村位于武陟县与修武县的交界处，与周边村庄互有土地买卖往来，有少量土地属修武县管辖，因此1949年以前任徐店村设有两类保，即大保与洪济保，管理者是保长，其中大保保长负责征收武陟地税，并负责管理村内的其他事务。小保长（又称洪济保保长）只负责征收修武地税，不干涉村中其他事务。到民国三十四年（1945年），全县改划为2镇8乡，共424个自然村，此时任徐店村归属下辖木栾店、闫徐店、任徐店、梁徐店、卢徐店、白徐店等60个村庄的木栾镇，镇政府驻木栾店。1948年10月，武陟县全县解放，武陟县民主政府迁至木栾店，全县下辖8个区，任徐店村划归一区，区政府驻地木栾店。

具体情况如表1-2所示：

表1-2 1949年前任徐店村建制沿革

时　间	县域隶属	县域下辖	村级隶属
明朝万历十九年（1591年）	河南布政使司怀庆府	7个乡，编户始为74里，后并为51里，128个自然村	善福乡
清顺治十六年（1660年）	河南省怀庆府	20里	—
康熙年间（1662—1722年）	河南省怀庆府	22里，259个村	—
道光九年（1829年）	河南省怀庆府	20里，362个村	千一里
光绪三十四年（1908年）	河南省怀庆府	1城、2镇、3乡	古槐镇
民国二十年（1931年）	河南省民国政府	7个区，208个乡	—
民国二十七年（1938年）	河南省第四行政区	3个区，辖74个联保337个保	任徐店保
民国三十四年（1945年）	太行七专属	2镇、8乡，共424个自然村	木栾镇
1948年10月	太行四专属	8个区	一区

资料来源：根据《任徐店村史》与《武陟县志》的记载整理而成。

二、1949年后任徐店村建制沿革

解放初期，武陟县辖7个区，254个行政村，任徐店村属一区管辖。1953年，并村建乡，全县为8个区，任徐店村仍然归属一区管辖。1955年11月，撤区并乡，全县并为45个乡（镇），任徐店村属古徐店乡。1956年，全县45个乡（镇）合并为21个乡（镇），任徐店村属小徐岗乡。同年，任徐店村成立了第一个初级农业生产合作社，后在全村共发展了7个初级农业生产合作社。同在1956年，任徐店村的7个农业生产合作社合并，并与祝徐店、卢徐店共同成立了光明高级农业生产合作社，社长为任徐店村村民李三前，另有财务股长祝运财，秘书股长赵兴元，农业股长祝应水，饲养股长关运顺，文教股长崔茂松，计划股长李如洲，副业股长李鸿阳，基本建设股长赵锡智，保卫股长李树义。1958年撤销高级社，全县成立14个人民公社，实行政社合一，任徐店属城关镇人民公社，其管理者称为大队长。1962年，城关镇人民公社分成木城镇人民公社和城关人民公社，任徐店属城关人民公社。1968—1972年间，公社的管理者改称为革命委员会主任（简称革委会主任），下设生产队。1979年，撤销革命委员会称呼，组建管理委员会，村的管理者称为大队长。1983年4月，进行行政体制改革，政社分置，党政分立，撤销15个人民公社建制，建立1镇、14乡，任徐店村属城关乡，恢复行政村建制，村的管理者叫村长，生产队改为村民小组。1996年11月22日，省民政厅发文批准城关乡改龙源镇，任徐店村属龙源镇并一直延续至今。1997年，随着中央村委会组织法（试行）的颁布，村委主任和委员不再是上级任命，而是由村民直接选举产生，三年一届，可连选连任。具体情况如表1-3所示：

表1-3 1949年后任徐店村建制沿革

时　　间	县域隶属	县域下辖	村级隶属
解放初期	平原省新乡行政专员公署	7个区，254个行政村	一区
1953	河南省新乡行署	8个区	一区
1955	河南省新乡行署	45个乡（镇）	古徐店乡
1956	河南省新乡行署	21个乡（镇）	小徐岗乡
1956	河南省新乡行署	115个高级农业合作社	光明高级农业生产合作社
1958	河南省新乡行署	14个人民公社	城关镇人民公社
1983年4月	河南省新乡行署	1个镇、14个乡	城关乡
1996	河南省焦作市	5个镇、10个乡	龙源镇

第三节　村庄当下概况

任徐店村位于武陟县城东北方向，地处黄河故道平原，地势平坦，为单一民族聚居的村落。自1948年村庄解放以后，随着社会经济的发展，在实现人口增长的同时，村庄经济也发生了天翻地覆的变化。

任徐店村是归属于武陟县龙源镇的一个行政村，面积225446平方米，在县城东北方向，距县城5公里，距镇政府所在地4公里。东北与修武郇封镇兰封接壤，东南与祝徐店接壤，西南与小官庄接壤，正西与卢徐店接壤，西北与修武县高村乡王村接壤。

1949年以前，任徐店村村民劳动繁重，加之医疗条件不发达，造成人们的过早衰竭和死亡，人的寿命一般维持在40—50岁年龄段，超过60岁的老人人们就要称呼为耆英老人，且婴幼儿出生之后的夭折率也较高。至1948年解放时，任徐店村虽已有700年的历史，村内人口却只有1400左右。1949年以后，随着生活条件与医疗条件的提升，任徐店村老龄群体不断增加，婴儿成活率达到99%以上，相比1949年以前人口增长超过一倍，目前已有超3000人。关于任徐店村历史上各个阶段的人口概况与变动情况已无从考究，现以武陟县人口情况为例，力图能够作为任徐店村人口情况的参考佐证。

明万历三十七年（1609年），全县8100户，16815人。清道光八年（1828年），全县有286856人（其中男性152037人，女性134819人）。清光绪七年（1881年），有192227人。中华民国三年（1914年）为274569人。民国二十四年（1935年）增加到341251人。民国二十六年（1937年）以后，由于战争、灾荒和疫病流行，人口大量减少。民国三十五年（1946年），全县人口降到230297人。10年期间减少了11万人，下降率达到33%。

建国后，人口发展状况可分为三个阶段：

1949年到1959年，生产得到迅速发展，人民生活日益提高，人口数量不断增加。全县人口由280249人增加到331639人，人口净增51390人。

1960年到1971年，全县人口由318131人增加到416508人，净增98377人。

1972年到1985年，实行计划生育政策，采取一系列降低人口增长率的措施，使人口的盲目增长得到有效控制，人口基本处于稳步发展状况。全县人口由 425932 人发展到 511219 人，净增 85287 人。1985 年全县总人口为 1949 年的 1.85 倍。[1]

人口变动与村民的生活环境、医疗环境、自然环境、政策环境等因素密切相关，在文史资料难以佐证的情况下，以县域大环境的人口情况来推测任徐店村的人口情况不失为一个不错的选择。

---

[1] 数据来源于《武陟县志》的相关记载。

第二章 任徐店村的自然形态与实态

任徐店村位于武陟县城西北方向，为平原地形，地势平坦，略有倾斜，整体由西向东倾斜，由北向南倾斜。受地理、气候、地形、水利灌溉、土壤、资源等多重因素的影响，任徐店村形成了独特的生产生活方式。本章将从自然形态概况、干旱与水利、平原与麦作、集居与空间四个方面来考察任徐店的自然形态与实态。

第一节 自然形态

自然环境是村民生产、生活的基础，不同的自然环境下村民的生产、生活方式也会存在较大差异。本节将从地理概况、气候特征、土壤特征、自然资源、交通概况五方面来简要介绍1948年以前任徐店村的自然形态。

一、地理概况

武陟县境内大部为黄河、沁河冲积平原，地势西高东低，自西向东倾斜，海拔高度由107米降到81.3米，相对高差25.7米左右，比较平坦。由于受黄河、沁河历史上多次泛滥和改道的影响，地貌上形成了岗、坡、洼相间，微度起伏的特点。其地貌可分为河漫滩、洼地、岗地、沙丘及丘间沙地、古黄河滩地、洪积冲积平原6个类型。位于武陟县东北部的任徐店村即属于古阳堤北古黄河背河洼地，该洼地为古黄河旧道，地势平坦，略有倾斜，整体地势是由西向东倾斜、由北向南倾斜。村北有部分岗地，地下水较深，村南地下水略浅。也正是由于地势平坦、地下水资源丰富，村民常打井灌溉，以保证农作物的产量。由于打井成本较高，村民多选择在离居住区域较近的、土质较好的田地里打井，离村庄较远的土地则是"靠天吃饭"。由此也形成了村民集中团块居住、四周为农田的居住形态。

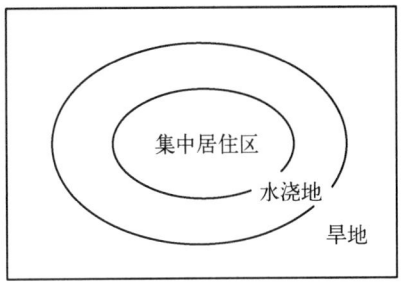

图 2-1 任徐店村田地与民居空间分布图

二、气候特征

任徐店村属暖温带大陆性季风气候，其特点是冬季寒冷干燥，夏季炎热多雨，降水集中，四季分明，时旱时涝，以旱为主，干旱、低温、干热风等灾害天气较频繁。

（一）四季分明

武陟县四季分明。据《武陟县志》有关气候的相关记载，春季3月26日至5月20日，天气逐渐由寒变暖，降水少，多风。4月份平均气温14.8℃，最高气温34.3℃，最低气温-1.6℃；春季平均降水量97.2毫米，占全年降水量的16%。风沙大是春季的又一特点，季内平均大风日数可达6天（平均风速>11米/秒）。1965年春季大风日数达15天之多。夏季5月21日至9月7日，天气炎热，雨量大。其中，7月份平均气温27.5℃，最高气温达43.6℃；夏季平均降水量308毫米，占全年降水量的54%。秋季9月8日至11月11日，天气逐渐由热变凉，昼夜温差变大，降雨量逐渐减少。其间，10月份平均气温为15.4℃，天气晴朗，日光充足；秋季内平均降水量147.6毫米，占全年降水量的26%。冬季11月12日至翌年3月25日，寒冷、干旱，多偏北风，雨雪较少。其间，1月份平均气温-0.1℃，最低气温-19.9℃；冬季内平均降水量22.7毫米，占全年降水量的4%。

从季节变化与农业生产的关系来看，任徐店村村民多以表示季节变迁的二十四节气来确定播种的时间，既不能太早，也不能太晚，以免影响收成。麦子的播种多在寒露节左右，农谚说："白露早，霜降迟，寒露耩麦正适时。"闰年以月计，则以九月为宜，俗有"闰年不种十月麦"。种麦最晚的时间是"参（星）不落，地不冻，有子只管种"，种得太晚了就有"小雪不分股，大雪不出土"之说。秋作物又分为早秋和晚秋，早秋一般于清明前后下种，俗称"清明早，立夏迟，谷雨种花正适时""清明秫秫谷雨花"等俗谚。晚秋亦称"麦茬秋"，接麦茬而种，以玉米、水稻、谷子、红薯为主，成熟后收割回茬种小麦。随着农业生产的季节变化，村民也普遍形成了"冬、春农闲，夏、秋农忙"的时间观念，一些兼营工商业的农户也多是"冬、春季节开门营业，夏、秋季节歇业生产"。

（二）气象概况

1. 日照

根据《武陟县志》相关的气象统计数据可知，任徐店年平均日照时数为2553.2小时；6月份日照时数最多，平均为271.1小时；2月份日照时数最少，平均163.6小时；7、8两月因正处雨季，云量多，日照时数相应减少，7月243.3小时，8月239.5小时。年平均日照百分率为58%；6月份日照百分率最高，平均63%；2月份日照百分率最低，平均为59%，日照百分率的分布与日照时数一致。

表2-1 历年各月平均日照时数及百分比

月 份	时 数	百分比
1	181.0	58
2	163.6	53
3	201.0	54
4	217.3	55
5	264.3	61
6	271.1	63
7	243.3	55
8	239.5	58
9	201.1	54
10	207.1	59
11	180.3	58
12	182.9	60
全 年	2553.2	58

资料来源：数据来源于《武陟县志》相关记载。

从日照与农业生产的关系来看，任徐店村大面积农作物的生长季节通常在5—8月份，各月日照时数在239.5—271.1小时之间。在小麦拔节、孕穗、成熟的3—5月份，日照时数为201.0—264.3小时，每天平均时长7.4小时，5月份每天平均达8.5小时，完全可以满足作物的生长需要。随着日照时数与农业生产的季节变化，在任徐店村村民看来，日照时数最长的夏季是一年之中农活最集中的季节，与之相对应，日照时数相对较短的冬季则是一年之中最清闲的时候，村民会做些担山、推足、拉足等小生意来补给家庭收入，村内的工商业店铺、麻将馆以及文娱活动在此期间也最热闹、最活跃。

2. 气温

任徐店村所在的武陟县年平均气温14.4℃。1月冬季风最盛，平均气温－0.1℃。2—3月开始回升，3—4月回升最快，平均每天升温0.22℃。7月夏季风最盛，平均气温为27.5℃。8月开始下降，10—11月下降最迅速，平均每天降温0.23℃。冬、夏两季由于受单一气团控制，气温变化较小。

表2－2 历年各月平均气温表　　　　　　　　　　　　　　（单位：摄氏度）

月　份	平均气温	气温月变差
1	－0.1	1.9
2	2.2	2.3
3	8.3	6.1
4	14.8	6.5
5	21.0	6.2
6	26.6	5.6
7	27.5	0.9
8	26.1	－1.4
9	20.9	－5.2
10	15.4	－5.5
11	8.2	－7.2
12	1.8	－6.4
全　年	14.4	

资料来源：数据来源于《武陟县志》相关记载。

从地面温度来看，任徐店村所在的地区，年平均温度为17.3℃，比气温偏高2.9℃，其变化情况基本和气温一致，1月最低平均0.2℃，2月份开始上升，6月最高平均32.7℃，8月开始下降，到1月份降至最低。地中平均温度5厘米处为15.9℃，10厘米处为15.8℃，15厘米处为15.9℃，20厘米处为15.9℃，在一年中以7月份最高，1月份最低。

从热量资源状况看，任徐店村所在地区一年两熟的条件是基本具备的，保证率可达80%以上。小麦和玉米一年两熟种植，秋作物应选择早熟或中早熟品种，否则会因生育后期遇到低温影响籽粒灌浆。小麦生长一般能安全度过越冬期，个别年份会因冬季低温或春季霜冻有叶片冻枯现象，很少见到分蘖节冻死。春播作物热量条件较好，但也有个别年份因春季低温对棉花保苗和早发不利，棉花后期会因低温和光照不足而影响产量和品质。由于气温与地温的季节变化较大，村民在长期的农业生产传承中掌握了各类农作物生长的基本规律，并以此规律为导向来安排农业生产，如在秋季要将玉米、花生、生地、蔬菜等作物收割完毕，避免出现冬季被冻坏的情况。而小麦属于耐寒作物，所谓"冬天麦盖三层被，来年枕着馒头睡"，因此任徐店村村民多在秋收之后进行小麦种植，小麦也成为任徐店村村民主要的粮食作物。

3. 霜期

任徐店村所在的武陟县历年平均无霜期212天，平均初霜日是10月26日，平均终霜日是3月27日。最早初霜日是10月9日，最晚终霜日是4月12日。无霜期的年际变化大，最长的年份可达232天，最短的年份仅有183天，相差49天。初霜早的年份对晚秋特别是棉花种植有不利影响，终霜晚的年份影响小麦的正常生长。从村民长期的生产经验来看，必须赶在初霜日之前结束一年之中所有的农业生产活动，进入霜期则意味着农闲季节开始了。

（三）降水不均

据《武陟县志》有关气象资料的记载，任徐店村所在的武陟县年平均降水量为575.1毫米，最大降水量为1080.1毫米，最小降水量为247.8毫米，年际变化较大。同时，受季风的影响，境内降水量的季节分配悬殊，月际变化也很大。夏季（6—8月）平均降水量308.0毫米，约占全年降水量的54％；冬季（12—2月）平均降水量为22.7毫米，约占年降水量的4％；春季（3—5月）平均降水量为97.2毫米，约占年降水量的16％。月降水量以7月份为最多，平均降水量为147.1毫米；8月份次之，平均值为98.7毫米；1月份最小，平均降水量为5.2毫米。

从降水与农民生产生活的关系来看，随着雨水的季节变化，在农业生产上应引起重视的是降水集中的七八月间（公历），这是形成局部积涝的关键时期。夏季雨量大的时候，任徐店村虽无专门的排水设施，但村内因村民就地取土建房而形成的4个水塘可做蓄水用，不至于形成内涝，但若连续降水，农田里会因排水不畅而影响庄稼的生长。但开春降水少，且开春后温度回升快、风速大，常形成春旱，小麦生长应根据需要及时浇水。村庄地下水资源丰富，村民多打井灌溉，任徐店村少有旱灾发生，灾情较为严重的即是民国三十二年（1943年）发生的特大旱灾和蝗虫灾害。至1948年任徐店村解放时，村内共有水砖井[1] 120余眼用于农田灌溉，另有8眼砖井用于村民及来往客商的生活用水。

三、土壤特征

1948年解放时，任徐店村共有3200余亩耕地，其中村庄东地为黏土地层，约有1200亩，占全村耕地总面积的35％左右，土质较好，村民多在此打井灌溉，属农作物

---

[1] 当地水井分为土井和砖井两类，统称为"水砖井"。

产量相对较高的水浇地地带。村庄西南和西地一部分为火沙地层，南地为黄土地层，以旱地为主，"靠天吃饭，种不保收"，总体产量较低。北地一部分为二合土地层，一部分为黏土地层，兼有旱地与水浇地。由于1949年以前生产力较为落后，难以对土质进行有效的改造，但部分村民在获得一定的经济积累后，会在自家农田打造灌溉井以改善耕种条件，打井多以一家一户为单位。

表2-3 任徐店村土壤主要类型与农业生产

土壤类型	面积	分布地区	耕地类型	抗旱方式
黏土地层	1200亩左右	村庄东地与部分北地	水浇地	打井灌溉
火沙地层	—	村庄西地	旱地为主	靠天吃饭
黄土地层	—	村庄南地	旱地为主	靠天吃饭
二合土地层	—	村庄部分北地	旱地为主	靠天吃饭

在任徐店村，由于土壤肥力普遍比较有限，因此，村民多以积人畜粪便、生活垃圾来沤制肥料的方式增加土地肥力，以期提升作物产量。也有村民以轮作或套种的方式应对这一困难，具体而言即以小麦与玉米轮作，或小麦与花生、玉米套种。其中，小麦是任徐店村历代村民的主要粮食作物，也是村民主食的主要来源，是村民们办红白喜事、招待亲友的必备主食。任徐店村属黄沁河冲积平原冬麦区，小麦种植一般在公历10月3日—15日之间，部分晚茬播种较迟，11月上旬仍有种植，收获期在6月1日前后，由于地力有限、耕作粗放、种子质量不佳等原因，产量一直徘徊在150—200斤。玉米是任徐店村的主要秋粮作物，春播玉米一般在公历4月中上旬播种，8月中上旬收获，麦垄套种玉米在5月中下旬播种，9月中旬收获，夏播玉米在6月上旬点种，9月下旬收获，其亩产也是150—200斤。除此之外，任徐店村村民还种植一些高粱、豆类、红薯、稻谷等杂粮，但是杂粮一般种在旱地，产量较低。

在满足温饱需求之余，为提高经济效益，不少村民还选择种植一些棉花、青麻、怀兰、小兰（染料作物，1949年以后随着染布业的消失而停止种植）等经济作物。由于处于四大怀药（山药、菊花、地黄、牛膝）的盛产区，气候、土质均适宜其生长，任徐店村又有种植地黄、山药、菊花的经验。另有村民或多或少地种植大葱、白菜、胡萝卜、白萝卜、茄子、黄瓜、豆角、南瓜、冬瓜、芹菜、菠菜、韭菜、辣椒等蔬菜，在满足自家需求的同时剩余部分用于外销，尤以大葱种植数量最多。截至目前，大葱依然是任徐店村外销蔬菜的主要品种。

四、自然资源

从土地资源来看，由于地处平原地区，村庄周边均为平坦开阔的土地，任徐店村土地资源相对丰富。1948年,全村共有3200亩土地,其中水浇地约1200亩,人均占有1.2亩,旱地2000余亩,人均占有2亩左右。与此同时,平坦的地形也为村民的农业耕作带来了便利,首先农地靠近村庄居住区,节省村民下地劳动的时间成本;其次,平坦的地形使得任徐店村的土地适宜连片耕种,方便村民进行集中耕作与换工互助。

从水资源来看,任徐店村地下水资源丰富,村内水井较多。至1948年,全村共有120余眼水井供村庄农田灌溉,其中以砖井为主,土井仅15眼左右。除此之外,村内另有8眼砖井保证村民的生活用水。除个别大旱年份外,村内的人畜饮用水井以及农田灌溉井均不会出现干枯的现象。据受访老人李继宗回忆:"1949年以前,俺村的水井比较多,用作浇地的水砖井加起来有100多眼,数量上比周围七八个村庄灌溉水井的总和还要多,所以1949年以前相比于其他村庄,俺村的农作物产量比较高,总体上也较为富裕。"

从林业资源来看,任徐店村虽无大片林地,但村民习惯于在房前屋后、田间地头种植一些林木,一为夏季形成一些树荫,二为建房所用木材、丧葬所用棺木等的主要原料来源,也有一些村民通过出售房前屋后的树木来增加家庭收入。1949年以前,任徐店村村内的林木以大官杨、白毛杨为主,还有一些桐树、楸树、椿树、榆树、槐树等。除此之外,在任徐店村农户耕地的田间地头,村民往往习惯于种植一些诸如核桃、柿子、杏、桃、枣、石榴、葡萄等果树,散落在农田中地井台附近。据受访老人李继宗回忆:"以前的时候,在地里种树的大多都是在地井台附近种上一棵桃树、李子树等果树,这也是我们平时吃的水果的主要来源。到农忙的时候,到半晌休息的时候,大家就都集中到地井台附近去摘果子吃,不管谁家的都可以摘着吃。"

从禽畜类资源来看,主要有牛、驴、骡、猪、羊、狗、鸡、鸭等,少数富裕家庭喂养有驮马。其中,牛、驴、骡等大型牲畜主要用于农业耕作,而鸡、鸭等小型家禽则主要用其产品作为交换物换取生活用品,如任徐店村村民基本家家户户都喂养母鸡,其主要用途是收集鸡蛋兑换成钱币或直接兑换油盐酱醋等基本生活用品。

从医药资源来看,野生植物中具有药用性能的主要有猪耳朵心草(车前子,用于利水)、黄花草苗(蒲公英,用于解毒)、扫帚籽(千头籽,用于止痒)、刺菜(小蓟,用于止血)、小茴香(用于顺气)、莎草根(香附,用于理气活血)、薄荷(用于清热)等。在医药资源缺乏的传统时期,任徐店村村民就地取材,利用当地具有药物性能的野生植物形成了一些避免求医问药的"土办法",既降低了疾病所带来的影响,也为家庭节省了医药开支。

五、交通条件

任徐店村位于武陟县与修武县的交界地带,西南距离武陟县城5公里,北距修武县城10公里,正好位于郑州、新乡、焦作、洛阳的交通枢纽处,原有5条大道在村中交汇,故又称五车口,县域大道多为沙土路面的公路。便利的交通条件在一定程度上促进了任徐店村经济的发展,一方面过往客商频繁,另一方面任徐店村村内手工业和商业得以发展,村内有多个小作坊和店铺,农忙时歇业劳作,农闲时营业生产,在保证农业生产的同时大大增

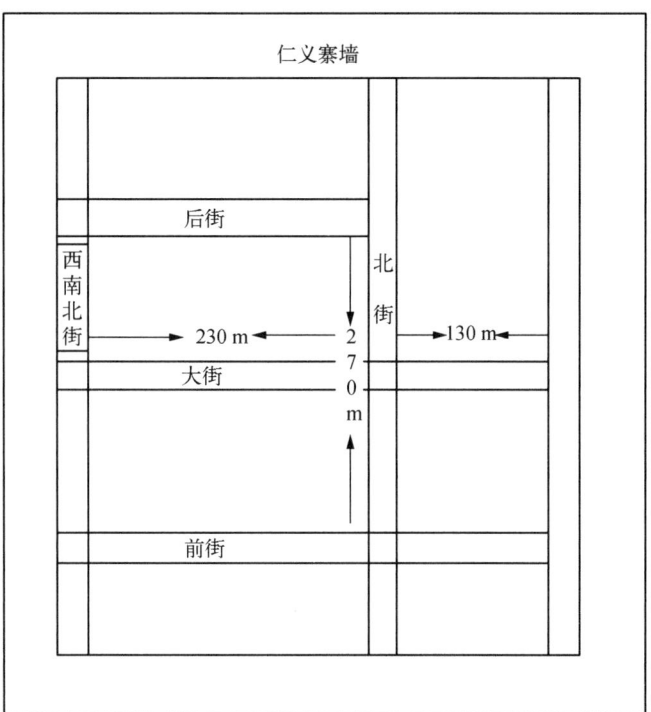

图2-2 1949年前任徐店村村内主要道路分布图
资料来源：根据村民李继洋的介绍绘制而成。

加了村民的经济收入。除此之外,利用便利的交通条件,开不起店铺的穷人家可在农闲季节到周边地区或山西等地方担山、推足、拉足(用本地物资、土特产,如布匹、香等,到别处换取粮食或本地紧缺物资)等,以获得农业之外的额外收入,贴补家用。

任徐店村村内道路以"井"字形和"丁"字形道路为主,全村共有5条街,东西向3条、南北向2条。北街人称后街,在村内最北边,西起西北寨门,东至东大坑。在村中央的叫大街,西至西寨墙,东至东寨墙,此街较长且横穿中南北街,人称西边一段为西大街、东边一段为东大街。南街从西南寨门口直通东南寨门口。中南北街南起南寨墙,北至北寨墙。东南北街南起东南寨门,北至东北寨门。

从路况来看,任徐店村村内道路及与周边村庄间的通行道路均为土路,且后者多是田间小道,路况较差。因为均是土路,不需要专门修理,同样也无专人管理,对通行人员也无限制,村内成员、邻村成员、来往客商、逃荒者均可自由通行,无人干涉。若路面出现坑坑洼洼的严重损坏现象,则是由邻近居民中好管闲事的人[1]组织号召周边村民填补修护。修理过程中不产生公共费用,只需要在别处取土填补路面即可,在不影响庄稼生长的情况下可就近从任何一家的土地上取土,不需要支付报酬。修路所需

---

[1] 在此报告中,"好管闲事的人"与"好管事的人"为村民针对同一类人的不同说法。——编者注

的工具由参与者从自家携带。组织修路与参与修路者均没有报酬,属无偿义务劳动性质,未参与修路者也不需要出钱弥补。

第二节 干旱与水利

任徐店村属暖温带大陆性季风气候,降水季节分布不均,雨水的季节性变化导致旱涝成灾,与之伴随的还有蝗虫、风、雹、霜等自然灾害。为此,村民通过打井、建设水塘等方式来缓解灾情,并形成了村庄特殊的水利合作关系。本节将重点考察任徐店的水旱灾害概况,以及村民的应对方式与其中产生的各种社会关系。

一、干旱社会及其影响

1949年以前,任徐店村所在的地区由于降水季节分布不均,易导致旱涝灾害,与之伴随的还有蝗虫、风、雹、霜等自然灾害,对村民的生产、生活产生了较大的影响。

(一)旱灾

1. 旱灾概况

任徐店村冬季寒冷干燥,夏季炎热多雨,雨水的季节性变化极易造成旱灾,人们常说"十年九旱"。干旱期分为春旱、春夏旱、夏旱、夏秋旱、秋旱、秋冬旱、冬旱7个类型。以春夏旱出现最多。大旱有些是跨年度的,如清朝光绪二年(1876年)至光绪四年(1878年),连续大旱4年,民国三十一年(1942年)至民国三十四年(1945年),连续大旱4年。

表2-4 1846—1948年间大旱情况统计表

时 代	年 份	灾 情
清朝	道光二十六年(1846年)	大旱
	咸丰四年(1854年)	46州县因旱灾缓征新旧赋税
	光绪二年(1876年)	大旱
	光绪三年(1877年)	特大旱,人饥,人相食
	光绪五年(1879年)	特大旱,庄稼绝收,人相食
	光绪十九年(1893年)	先旱后涝,秋收歉薄
	光绪二十五年(1899年)	春旱
	光绪二十六年(1900年)	大旱
	光绪三十二年(1906年)	春旱
	光绪三十四年(1908年)	旱

续表

时代	年份	灾情
民国	民国元年（1912年）	大旱，地难下种
	民国四年（1915年）	春旱
	民国六年（1917年）	干旱，水井干枯，减产严重
	民国七年（1918年）	连年干旱，水井干枯，减产严重
	民国八年（1919年）	先涝后旱
	民国十三年（1924年）	夏旱5个月，不进秋种
	民国二十年（1931年）	春旱
	民国二十一年（1932年）	旱
	民国二十三年（1934年）	秋旱，种不进麦
	民国二十五年（1936年）	大旱
	民国二十九年（1940年）	大旱，夏秋两季未下透雨，雨季歉收
	民国三十一年（1942年）	春夏旱，粮食歉收，秋禾亦多枯萎
	民国三十二年（1943年）	特大旱，夏秋两季大部绝收，大旱之后又遭蝗灾，赤地百里，全县30多万人困于饥饿之中，人相食，尸体枕藉，难以计数
	民国三十三年（1944年）	大旱
	民国三十四年（1945年）	大旱

资料来源：数据来源于《武陟县志》相关记载。

对于任徐店村村民来说，由于村内地下水资源丰富，村民多打井灌溉，多数家庭兼有水浇地与旱地，因此，若非长时段的大旱，旱灾对任徐店村村民的影响相比其他村庄较小。即使是打不起水井的家庭，在遇小旱年份也可无偿借用地邻家的水井以避免灾害影响。但若是长时段的干旱，任徐店村也难免受旱灾影响，据村庄多位老人介绍，民国以来，任徐店村遭遇的最严重的干旱当属民国三十一年（1942年）到民国三十三年（1944年）连续三年的大旱。受长期干旱的影响，任徐店村的庄稼大量减产甚至绝收，很多村民因此而食不果腹，甚至走上逃荒、卖地、卖人的道路。

2. 干旱与农民活动

旱灾是影响农业生产比较突出的自然灾害，若遭遇大型或连年干旱则会对村民的生产生活产生重大影响。为缓解灾害影响，村民多打井灌溉，以保证农作物的产量。在遭遇大旱年份时，村民多会以逃荒、卖地、卖人以及家族为单位的相互救助来应对灾害。若遇严重旱灾，也会组织以村庄为单位的求雨活动，寄希望于神灵来化解灾害。

(1) 干旱与应对方式

逃荒或"串房檐"。受地理区位的影响，任徐店村旱灾频发，曾有"大旱，斗米千钱，人相食"的悲惨记载。民国三十二年（1943年）发生的特大旱灾、蝗灾，使得禾苗绝收，赤地百里，广大村民苦不堪言。面对自然灾害，无力应对的村民为了维持生命不得不外出逃荒，当时任徐店村村内因饥荒而外出逃荒的有数十家。外出逃荒的多是家中只有两三口人的人口比较少的家庭，例如李如恩与其母亲、妹妹三口人，人口比较多的家庭一般不会选择外出逃荒。村民外出逃荒时不用向保长或者甲长申请，没人干涉管理，自己家庭内部商量决定即可。外出逃荒时，如果家中有外地的富裕亲戚，会优先考虑投靠亲戚，如果没有外地亲戚则是沿路乞讨，没有计划。任徐店村村民逃荒多逃向陕西，因为人传陕西有食之不尽的粮食。另外还有一些家庭不愿外出逃荒即在村内"串房檐"。

干旱与卖地。旱情严重的时候，村中也有村民为了保命而采取卖地换取粮食的方式。旱灾发生时卖地的价格一般会低于平时的价格。卖地的时候要优先询问近本家如兄弟叔伯等是否有买地的意愿，如果近本家的亲戚无力购买或没有购买的意愿，则再考虑出卖给村中大户。但由于村民普遍存在"土地即命根"的思想，卖地的时候一般会优先出卖距离住所较远且土质较差的土地，迫不得已才会卖距离住所较近的、土质较好的水浇地。

干旱与人口买卖。在旱灾严重、生活难以为继时，一些家庭也会选择卖儿卖女甚至是卖妻子的方式来换取粮食续命。一般是先卖女儿，再卖妻子，迫不得已的时候才会卖儿子。卖出去的女儿、妻子一般是给别人家做老婆、小老婆，有的是去做下人，但做下人的情况基本不存在；卖儿子通常是卖给没有子嗣的家庭，买者买回去养大之后继承香火。买卖人口的时候不需要签订文书，也不需要请中人，因为以卖家人来换取粮食并不是一件很光彩的事情，越少人知道越好。买卖人口成交之后不能反悔，即使灾害过后变富裕了也不能再赎回。

"本家救本家"。旱灾发生时，富裕农户受灾害影响生活条件可能会有所下降，但靠以往积蓄往往可以维持基本生活，有些富裕家庭也会拿自家积蓄出来救济穷人。村民之间存在互相救济的行为，但一般是"本家救本家"，一个家族内的族长、门长或德高望重的人会号召族下、门下富裕的家庭"舍"给难以糊口的家庭一些粮食作为救助。救助粮的数量根据贫困者的家庭人口、距下次收粮时间、平均每天食耗量来计算，一般是两到三斗，能保证受灾者勉强糊口，但也不会像正常年景一样能顿顿饱腹，主要目的是保证族下的家户不会破散、外出逃荒或消亡。

(2) 干旱与宗教信仰：以村落为单位的求雨活动

久旱不雨时，人们会祭祀相关的神灵，举行祈雨的仪式，祈求降雨。在任徐店村没有发生过集体求雨的行为，但多数任徐店村村民参加过邻近的白徐店村的求雨活动。求雨活动一般由村民自发组织进行。求雨没有固定的时间，并非每一年都会求雨，只有连续干旱、庄稼受损严重的时候才会求雨。是否求雨以及求雨的时间由寺庙的会首同村中的绅士们商议决定，商议结果不需要告知保甲长。

求雨一般是由寺庙的会首来组织，因寺庙的会首多是村中威望较高、信仰神灵且有一定经济实力的人来担任，由其来组织既可向上联系村中绅士，又可向下取信于百姓。求雨的组织者没有报酬，但组织公共活动是在村中积累威信的重要途径。

求雨的时间确定之后，不需要会首在村内挨家挨户地告知，而是通过一传十、十传百的方式，让村民与村民之间奔走相告。求雨期间，村民从关爷庙里将关爷的神像请出来放在村庄中心的十字路口处，并在此搭建一个棚子，作为共同祈雨的场所，供村民集体上香祭拜。之所以选择村庄中心，是因为村庄中心的人流量大，大家过去比较方便。祭拜由村民自愿参与，没有人员限制，穷人富人、村内村外的人均可祭拜，不参与也没有什么影响，没有人干涉。求雨活动一直持续一个多月，直到求到雨之后停止，祈不到雨神像不能放回屋里。求雨祭拜没有时间限制，村民可以自由选择祭拜的日期与时段。

求雨只有在搭建棚子的时候会产生一部分公共费用，这部分费用由会首负责在村中大户中筹集，对于为集体求雨捐粮者，无论捐多少都会在寺庙内立碑进行记录。筹集到的费用由会首负责管理和支配，求雨结束之后要进行收支公示，若有剩余则留作寺庙的活动经费，没有出现过筹集的经费不够支出的情况。村民的集体祭拜过程中不产生公共费用，祭拜用品由祭拜者从自家带过来，多是一些核桃、柿饼、红枣、花生、西瓜、桃子等当地产的干果与水果，由一些上了年纪的妇女和个别年长的男子负责管理，隔一段时间收一次供品，收拾下桌的祭品一般就供管理者食用。集体祈雨是村民本身的一种信仰与精神寄托，保长、甲长不干涉，因为他们也希望通过祈雨仪式能够真正求来雨水，造福村民和庄稼。同样，上级政府也不干涉村民的集体求雨。

求雨成功之后要进行还愿谢神。谢神通常是以集体祭拜与唱三天大戏的方式进行。谢神的时间还是由会首与村中绅士进行商议，确定一个好日子然后再告知村民。谢神因为要举行祭祀活动且要请戏团，开支较大，因此费用在村民中进行摊派，通常是按照人头进行摊派，贫困者可以不摊，不足的部分村中大户再摊。戏团一般是会首从外面请过来的，需要支付一定的报酬，报酬的数量由会首与戏团的负责人商议决定。除此之外，还需要由村中负责唱戏期间戏子们的吃住，吃饭的粮食从唱戏的费用中出，住宿的地方则是村民中谁家有空房子就安排在谁家。唱戏期间外村人也能来观看，不需要支付报酬。谢神涉及整体性的公共活动，因此要提前告知保甲长，以便于安排好谢神期间的治安问题。唱戏结束之后会首要对谢神活动的费用收支进行公示，多余部分就作为寺庙的活动经费。

除了集体的大型求雨活动外，若遇大旱，村民也会自发以个体形式去祭拜有关神灵。如任徐店村北地与王村交界处的薛仁贵庙就是两村村民求雨的主要场所，每遇大旱，村民即会以一家一户为单位自发去寺庙祭拜。也正是因其作为求雨场所的主要功能，薛仁贵庙又被人形象地称为"呼雷庙"。

（二）蝗虫灾害

除旱灾外，蝗虫灾害是影响农作物生产的另一大自然灾害。民国三十二年（1943年），任徐店村发生特大蝗虫灾害，庄稼绝收。村民以野菜、树叶、树皮来充饥，再加上苛捐杂税，村内饿死多人，李汝恩、任小具等数十家外出逃荒。

1. 蝗灾与村民自救

面对蝗虫灾害，首先是村民自救。村民通常有以下几种应对方式：一是逃荒，因蝗虫灾害严重，庄稼绝收，很多家庭出现了断粮的情况，因此部分村民选择了外出逃荒；二是卖地；三是卖人换粮。具体情况可参见上文所述村民面对旱灾的自救行为。

2. 蝗灾与村落救助

蝗虫灾害影响巨大，所到之处半个小时之内即可将田地里的玉米、谷子等粮食作物吃光。为了降低蝗虫灾害的影响，除村民自救外，当时任徐店村还组织号召全村家家户户的男女老少集体参与灭虫活动，即在村庄西边挖了一个半人深的大沟，然后全村村民集中去打蝗虫，将蝗虫赶进沟里，最后用火将其全部烧死。这是通过集体的力量来驱赶蝗虫，但是救灾过程中没有成立正式的组织。相比其他村庄农户分散的自助驱赶蝗虫的方式，任徐店村的集体遏制蝗虫救灾活动取得了很好的效果，很大程度上减小了蝗虫对庄稼的影响，相比其他村庄来说受灾较小，但是当年庄稼也几乎绝收。

3. 灾害与国家救助

蝗虫灾害涉及的范围很广，整个武陟县域都受到了蝗虫灾害的影响，但是政府没有组织集体的救灾活动，也没有相关的救灾行为。村民王继温说道："那个时候的国民党和现在的共产党是完全不一样的！"当时不仅没有国家在该村的救灾物资和救灾活动，土地税收还像往年一样正常缴纳。

4. 蝗灾与农民互济

发生蝗灾时,村民之间也存在互相救济的行为,一般是"本家救本家",具体方式如上文所述。

二、水利社会与村庄特色

任徐店村原处黄河故道平原地带,后因黄河改道,水井成为了人们生产生活的唯一用水来源。1949年以前,位于村中东西向3条街和南北向2条街上的8口砖井保障着全村1000余人、300余头牲畜及来往客商的生活用水。此外,村民在起土建房的深坑内建成4个水塘,容蓄雨水的同时可满足部分生活用水需求。

(一)水井

1. 水井概况

1949年以前任徐店村共5条街,东西向3条、南北向2条,分别是北街(又称后街)、南街(又称前街)、大街、东大街、西大街。全村共有8眼砖井供群众吃水,总体上一条街一眼水井。具体方位是:后街的在李三辰家门口东边,正大街两眼,西大街的在李如坤家门口西边,东大街的在李树旺家门口东边,中南北街的在崔学武家对面路东,前街西头的在孟福喜家门口东边,前街东头的在李鸿顺家门口西边,东南北街的在李树龙家对面路东,东南北街北头的在任致瑞家胡同口北边。

2. 集资打井

任徐店村的吃水井均由祖上建造并延续至今,民国以来村中没有挖过新的吃水井,关于吃水井的修建由村民口口相传流传至今。

水井由同一条街的村民共同出资修建,由街上好管事的人发起和组织。每条街都会有好管事的人,比如后街的李三香。好管事的人发起之后,不会挨家挨户地征求意见,而是直接入户收钱,根据打井的预算花费按照平均的原则分摊给每一家,但也不是绝对平均,富者多摊,穷者少摊或不摊。因为李三香经常组织大家做一些公共事务,因此大家都信任他,当他提出什么建议或要求的时候村民都会照办。在井建成之后,集资的不足部分由街道的富户再摊,多出来的则会用来为街道用户购买公共的打水用具,如井绳、水桶等。

3. 产权共有,边界模糊

任徐店村没有私人修建的吃水井,所有吃水井均为每个街道的原住户共同集资修建,因此产权归街道所有。共有人为单纯的邻居,不一定同属一个姓氏或家族,可能包含多个姓氏和家族。水井没有明显的产权边界,村民可以在本街道的水井取水,也可以到邻近街道的水井取水,比如本街道水井的井绳断了或者辘轳坏了以至于不能正常供水时，可到邻近街道的水井取水用水，没有人干涉。因为每个村中都有水井，因此没有发生过外村人到任徐店村取水的情况，即使有路过的外村人要讨水喝，也是到村民家中，而不会直接使用水井打水。村民取水一般是"就近不就远"。

4. 共用共修

在任徐店村，水井的产权是归街道所有，因此同一条街道上的居民均可以使用本街道上的水井。新搬迁到此居住的农户也可直接使用本街道的水井，不需要支付使用费，但开始使用之后要同本街道原住户一同均摊水井的修理费用。村民取水没有时间限制，需要时即可去取，取水遵循着先到先得的原则，不因穷富或身份地位而差别对待。因任徐店村水井较多，且水源丰富，基本不存在用水困难，因此也未发生过用水纠纷。此外，吃水井的水只能用于生活方面，而不能用于农田灌溉。任徐店村村民灌溉方面的私井较多，且村庄距农田较远，因此没有发生过将吃水井里的水用于灌溉的情况。

当水井需要维修时，一般是由街道上好管事的人号召大家共同集资并参与修理。在街道更换井绳等公共事务上，李三香会主动号召同街道的村民进行参与，例如水井的井绳坏了，李三香就会去一些相对富裕的大户家里申请资助，请他们捐助两到三升麦子，直到积攒够买井绳的钱为止。那个时候钱比较紧张，所以一般是以收粮的形式进行集资，收集起来之后由好管事的人拿到集市上卖了钱再买需要的用具回来。当时村内住户较少，平均每条街20—30户，比较便于管理，且水井关系到家家户户的利益，所以大家将此看成是一项公益事业，一般会积极响应。

如果天气干旱水位下降或是井出水不好了，就需要淘井。淘井也是由街道中好管事的人来组织和指挥，街道上的人共同出力来完成。淘井一般需要2—3天，多在农闲的季节进行，一般是由街道上年轻且有经验的人来下井。淘井没有报酬，且吃饭也是在自家解决。淘井不需要报告村内保长、甲长，他们不干涉水井的使用和修护，但是如果是保长、甲长所在街道的水井，其也需要去帮忙。

5. 水井看管

在任徐店村，因为家家户户都要用水吃水，因此，对于水井的使用与保护，大家都会尽一份力，不需要设置专门的人员管理水井，也没有发生过有人刻意损坏水井的情况。而且由于过去水位靠上，吃水基本不存在困难，所以也没有因为吃水问题产生过邻里纠纷或者比较大的矛盾，邻里之间、街道之间在吃水问题上相处和谐。

（二）水塘

至1948年任徐店村村内无河流，但是有水塘（人称"大坑"）4个，因村内群众盖房时就地取土而年深月久形成，为村内夏季防洪蓄水之用。东大坑最大，位于后街东头、中南北街北头路东。西大坑在后街东头路北、中南北街路西。东大坑和西大坑一路之隔，一个在东北寨门里任致重家门口，一个在南街牛王庙西南方向。

1. 私产公修

水塘权属不一，有的归属个人，比如任致重家门口的水塘即是由其在自家土地上就地取土建设房子形成，有的为多家共有，比如东大坑和西大坑。产权以早期的土地文书为证。

水塘虽然产权私有，但是由大家共同修建、共同使用。街道的水流向水塘需要一个过水的水槽，水槽即是由好管事的人在水塘周边的住户中进行宣传组织，号召大家集资用水泥、砖头修建起来的，以保证街道的水可以顺利流向大坑，同时雨水大的时候也能保证大坑不被冲毁。修大坑的钱由好管事的人号召周边的富裕户集资，因为是一件有利于大家的好事，所以他们一般会踊跃参与。修大坑的工作由村民自发组织进行，组织者没有报酬。

水塘所在地土地的所有者不会干涉大家对水塘的建设与使用。这是因为就地取土之后形成的大坑如果不进行修建也没有其他的用途，闲着也是闲着，而大家集资修建之后自家也可以使用，还会因为无偿献地受到村民的尊重，况且修建成的水塘产权仍归自家所有。

2. 水塘使用

水塘只有在雨水较多的夏季才会有水，冬季基本处于干枯的状态。水塘里的水不能用来灌溉，一方面当时村内有村寨，水塘里的水排不出去，没有办法引到农田里去；另一方面水塘里多是蓄的雨水，且平时村民多在此洗澡、洗衣服等，水质不适合灌溉农田。水塘里的水不能用于农田灌溉，因此在使用方面的矛盾就少之又少。

水塘虽然产权私有，但由于是村民共同集资修建的，因此村民均可使用。即使没出钱的村民也能使用，大家都同属一村，而且水塘的使用范围又很有限，没有人会计较那么多。夏天水塘蓄满水之后，村内的男性均可在水塘里洗澡、游泳，也有村民用水塘里的水洗衣服。过路的外村人也可使用水塘里的水，不需要支付报酬。水塘没有防护措施，村民以及外人在使用过程中出现溺水的情况时产权所有者不需要承担责任。

在水塘的管理方面，由于大家均可使用水塘里的水，因此不会有故意破坏水塘的现象，不管是私人所有的水塘还是多家共有的水塘均不需要专门的人负责管理。

3. 水塘修护

水塘在建成之后日常少有需要修理的情况发生，偶尔过水的水槽坏了或是水塘内发生了小的损坏，则由临近的好管事的人组织大家集资修护。一般是号召富裕的大户人家捐款，因为水塘的修理一般是小修小补，不会产生大的费用，因此也就不值得在村民之中进行摊派。

三、水井灌溉与农业生产

由于村中没有河流，为改变"靠天吃饭"的农业生产现状，任徐店村村民多打井灌溉。灌溉水井分为砖井和土井两类。砖井使用方便但打井成本较高，且存在一定的风险；土井成本较低但使用年限较短，且只能配置辘轳依靠人力取水，砖井则可以配置水车靠牲口拉水车取水。一些配置不起水车的家庭也可以在砖井上配置辘轳使用。

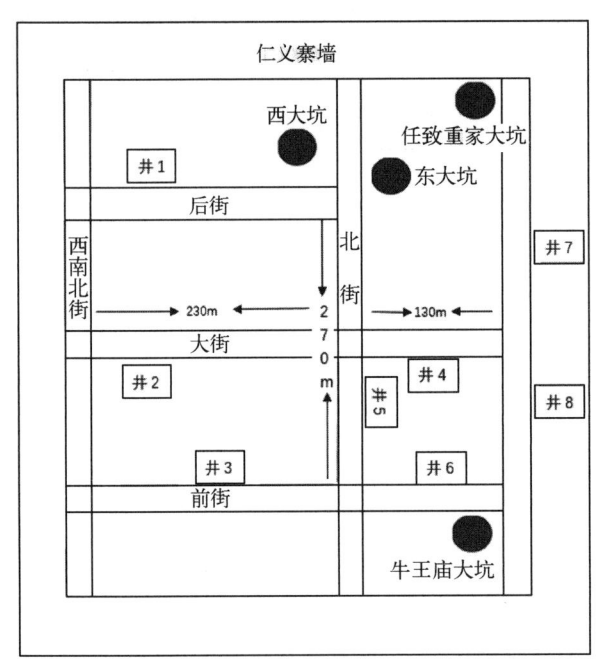

图 2-3 任徐店村水井与水塘分布图

传统时期，打井的成本相对较高，打下一眼砖井需要花费 12 石麦，再配上一挂水车又需要花费 12 石麦，而土地亩产麦 6—8 斗，最好的水浇地亩产也只能达到 1.2 石，所以富裕村民单独打砖井配置水车，一般家庭单独打砖井配置辘轳，穷人只能合作打砖井或是打土井，由此形成了庞大的"井灌溉"水利。[1] 至 1948 年该村解放时，全村 3200 余亩土地中共打砖井 120 余眼，土井 15 眼左右，配置水车 114 挂，辘轳 20 余挂，有效灌溉面积 1200 余亩，每一眼灌溉井能辐射 10 亩土地。当时由于打井成本较高，受经济条件限制，村内旱地里无灌溉水井（水浇地土质好且距离村庄近，一年种两季，旱地离村庄较远且交通不方便，一年只种一季秋粮），靠天吃饭。如此则村内旱地、水田均有，旱的时候有水浇地，涝的时候因为地势较高且多为胶泥地也很少受影响，所以基本可实现"旱涝保丰收"。

（一）私人打井

1949 年以前任徐店村村内共有土地 3200 亩，其中水浇地 1200 亩，旱地 2000 亩。能够打上水井的就是水浇地，没有灌溉水井、靠天吃饭的就是旱地；水浇地一般离村

---

[1] 也有老人说，打下一眼砖井需要花费 3000—4000 斤粮食，而田地的亩产只有 100—200 斤。

庄较近，紧挨着村民的居住区域，旱地一般距离村庄比较远。灌溉水井一般是私人出钱来打。

村民通常不到迫不得已不会打井。首先，打井的成本很高，打下一个砖井加配置水车需要花费20余亩地一年的收成。其次，打井的风险性很大，打井是一项大工程，需要大量的木棍、木条等建筑材料架起一个高架子，还必须用网包编成粗绳绑起来，避免塌方将下井的人砸死、砸伤，通常从打井开始到打井结束主家的人必须时时刻刻在现场监督指挥，以避免出现意外发生人员伤亡。打井时必须有上了年纪的、有打井经验的人在现场指导并确保打井现场的安全性。

打井的位置由主家根据自家田地的位置与经验丰富的打井人员商量决定，一般在地头的位置。也存在井打出来但出水不旺（出水量小）的现象，但即使井打出来出水不好，主家也不能埋怨打井人员，只能另外选址重新打井。

打井首先要请专业的打井人员，如果不请专业的打井人员，除了效率低之外，还会存在很大的风险。打井时下井的人必须具备以下几个条件：第一是耐寒耐热，即使夏天最炎热的时候下到井底也是极其寒冷的，下井的人必须能够抵御得了寒冷；第二是必须有力量，能够承受得了打井过程中泥水的上下传递。任徐店村就有专门的打井

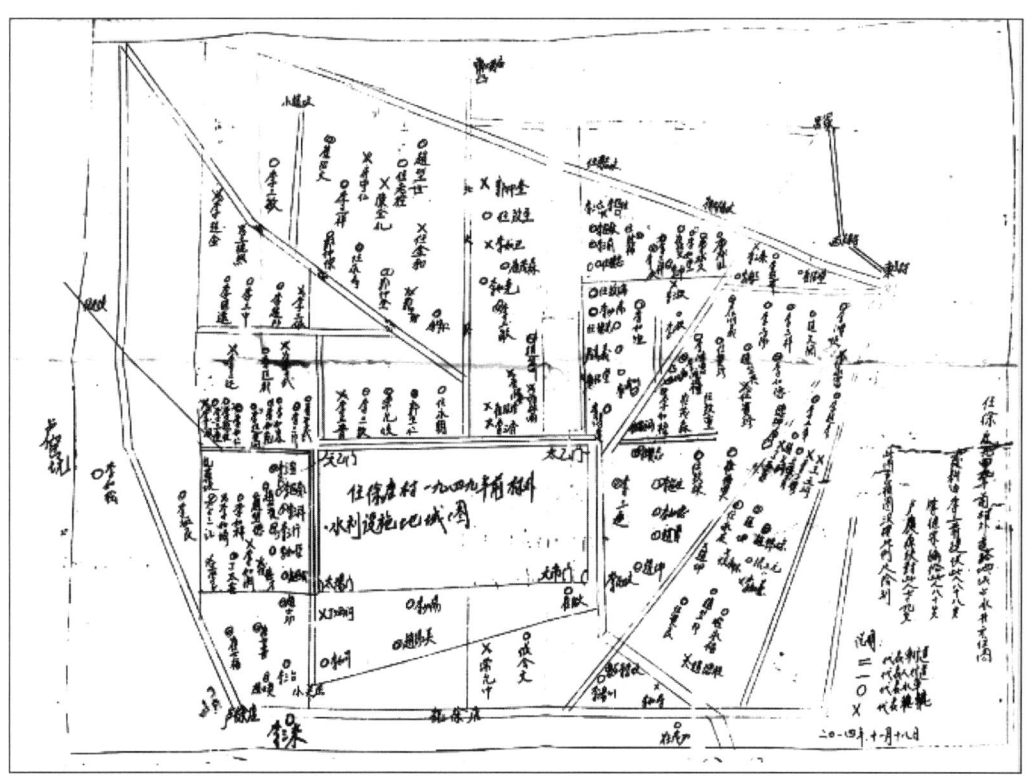

图 2-4　1948年任徐店村灌溉水井分布图

人员，请打井的人时不需要带礼物，但是打好之后主家需要支付一定的报酬。打井时还需要街坊邻里的帮忙和助威，帮忙人数的多少根据主家的人缘好坏来决定，一般需要主家提前去通知，帮忙的人不需要给礼物和报酬，但是在打井过程中，不论人多人少，主家需全程管饭。

（二）伙用水井

由于打井成本较高、风险较大，1949年以前，任徐店村村民也存在合作打井、合伙用井的情况。一般在三种情况下会伙用水井：一是家境贫穷，单靠一家的力量难以支付打井的费用；二是由兄弟分家或堂叔伯关系分家形成地邻关系，若地里原本只有一口井，则会出现伙用水井的现象；三是卖地的时候连带水井的部分使用权一起卖出。伙用水井的多为地邻，不分姓氏、家族、身份，只要是地邻即可能发生伙用水井的现象。伙用水井的选址以最方便灌溉为原则，根据伙用者之间的实际情况选择对各家来讲最便利的位置。打井过程中占用的土地无补偿，通常是占用土地较多、受益面积较大的一方可优先选择对自家来说灌溉比较方便的打井位置。伙用的水井由使用者按使用面积（地亩数）平均摊钱修建，后期的维护也是伙用者共同承担，比如伙用的水井的水车斗坏了，则由伙用者按照每家田地的数量均摊买水车斗的钱。1949年以前，在任徐店村平均每10亩地就会有一眼灌溉井，伙用水井的田地里都建有垄沟（水槽）通向各家田地，即使是自家独有的水井也需要垄沟将水由水井引向田地里，修垄沟的钱也是由伙用者共同出资、共同出力修建的。伙用水井者相互之间在灌溉方面互不影响。伙用的灌溉井没有使用的先后顺序，一方面各家种植作物不一，使用水井的时间可以错开，另一方面伙用灌溉井的地邻多是带有亲情关系的，因此一般是几家协商一下各自使用的时间，不会发生抢用水井的矛盾。

（三）借用水井

家里打不起水井的农户可就近借用灌溉水井，邻近的灌溉水井可以相互借用，借用灌溉水井不需要支付费用。借用没有固定的规则，有的时候会向水井的产权所有者打个招呼，但若地邻关系友好，也可直接使用而不告知水井所有者。贫穷的农户也可借用富裕农户家的水井，同样不需要支付费用。即使自家有水井，若想提高浇水的效率，也可以借用地邻家的水井，只要地邻家的水井闲置未用，借用者向其打声招呼即可。借用的水井若出现损坏，由水井所有者出钱修理，借用者可以不负责修理，也不需要承担相关的修理费用。贫穷家庭与富裕家庭做地邻的也不在少数，地邻关系也很友好，相互帮忙、借用生产工具很常见。由于当时村内水井很多，几乎覆盖全村，家家户户都有水井，即使个别没有水井的也可就近借用，因此，灌溉水井不需要专门的管理人员。保长、甲长不过问水井情况。

（四）土地租佃中的水井使用

佃农租种佃主的土地可使用佃主家的灌溉水井，使用权会在租地文书上明确写出，租佃费用不会因为使用了佃主家的水井而增加，因为水井闲着也是闲着，给佃户使用能够保证土地的产量，土地租金也就有了相应的保障。一般租种的水浇地都包含水井的使用权，租种的旱地因地里没有水井也就无从谈起。

（五）水井看管

1949年以前任徐店村水井较多，基本能满足村民的灌溉需求，且地邻关系友好，水井可以相互无偿借用，因此，灌溉水井虽都属于私人，但不需要安排专门的看井人员。各家在使用时即把水车或是辘轳装置在井上，使用期间不需要每天装取，因为每天农田里都会有人，而且还有专门负责看管农田的"看守"每天在田地周边巡逻，不会发生水车、辘轳丢失或是有人故意损坏的现象。只是在每年使用结束以后，为避免长期日晒雨淋发生损坏，由主家将水车或是辘轳拆卸下来拿回自己家里保存，待来年使用时再装上。对于伙打、伙用的水井，则是水井在谁家土地上就由谁负责闲时水车和辘轳的保管，各方不会因为谁保存的问题而发生冲突，因为水车除了装在水井上之外，放在家里没有其他用途。

（六）水井修理

修井一般是"谁所有，谁修理"，修井的费用由水井所有者承担，借用者不需要承担修理的费用，即使是在借用时出现损坏，也不需要承担修理的费用。如果是伙打、伙用的水井，则是由各方按各自地亩数共同承担修理的费用。土地租佃中的灌溉水井由佃农负责修理，一些小修小补的问题佃农自己就可以承担，但是当水车或者辘轳出现大问题佃农负担不起时，地主要承担修理的费用。

（七）抢水与用水纠纷

由于任徐店村水井较多，且水位较浅，水井灌溉很方便，非大旱年份，村民一般不存在用水困难，即使是伙用的水井也基本能满足伙用各家的灌溉需求，因此也就不存在抢水的现象，也不会发生用水纠纷。只有年代久远又失于修护的水井才会干枯，干枯之后就需要水井所有者重新打一眼新井用于灌溉。

四、水患与救灾

任徐店村所在的区域，因黄河改道之后远离河流，境内涝灾多以内涝为主，内涝中又以夏涝为主，其他季节虽然也有雨涝发生，但次数很少。连阴雨天气是造成内涝的主要原因，容易造成病虫害的发生，对农作物有不同程度的危害。按照农作物特点，可将连阴雨分为春播连阴雨、三夏连阴雨和三秋连阴雨。春播连阴雨出现在4月，主要影响春季播种，尤其对棉花的播种影响较大，容易引起烂籽烂芽，它出现的频率较低，一次最长持续10天。三夏连阴雨出现在6月，主要影响小麦的收获，致使丰产不能丰收，平均三四年会出现一次，一次持续最长日数为14天。三秋连阴雨出现在9月至10月中旬，主要对棉花的裂铃吐絮和秋作物的灌浆成熟不利，其出现频率不高。

内涝灾害对村民的影响主要体现在粮食减产与出行难两个方面。在当时，如果出现内涝灾害，保长、甲长没有义务去承担责任，以田亩计的税收也不会减少，宗族和村内的富人也很少会主动对受灾的村民进行救济。若灾情比较严重，影响到村民的生存，通常近门亲支的亲人会对其进行适当救济。从受灾群众本人来讲，受限于生产力发展水平，遭遇内涝灾害时往往抱着"认灾"的态度，较少有有效的应对措施。在任徐店村，由于村民在经起土建房形成的坑洼地带自发组织建了4个大坑，可用于连阴雨天气的雨水积蓄，村内较少受到内涝灾害的影响。

五、人与干旱、水利的关系

任徐店村相比其他村庄地势较高，且土质多为水浇地，很少受涝灾的影响。在雨水多的季节会连续下10天以上的大雨，但是也不影响庄稼的收成，没有因为涝灾发生过庄稼绝收的现象。任徐店村主要是受旱灾的影响，其中最严重的属民国三十一年（1942年）的大旱。

大旱首先导致了庄稼绝收，村内粮食紧缺，灾民为果腹充饥，所食之物为树皮、草根、昆虫等，人们多以逃荒、卖地换粮为应灾方式，更有甚者以人肉相食来饱腹。其次，大旱使得任徐店村的经济濒于破产。由于灾害严重，村民不得不变卖家中产业（包括土地、牲畜、农具、房屋等）来换取高价粮食，严重影响了村庄经济的发展。再次，大旱导致社会风气随之恶化。为了应对严重的旱灾，卖女卖妻成为绝境中灾民的求生选择，严重者也会选择卖儿，一方面避免一家人同时在灾难中饿死，另一方面也可为其另寻一条活路。

旱灾除了严重影响了村民的生产生活之外，在一定程度上也密切了村民之间的联系，如灾害中家族内部的相互救济，大灾年份村民的集体求雨活动，水井使用中的相互借用等等，无一不体现着灾害中村民之间自发的互动、合作关系。

第三节 平原与麦作

传统时期，任徐店村的农作物以旱作物为主，粮食作物有小麦、玉米、高粱、红薯、豆类等。其中，小麦是任徐店村的主要农作物，也是村民主食的主要来源。平坦的地势、肥沃的土壤为小麦的生长提供了良好的基础。虽属常旱地带，但因任徐店村发达的水井灌溉系统，基本可实现旱涝保收。本节将重点考察任徐店村的麦作概况。

一、地块分布

1949年以前，整体上任徐店村的麦田多分布在村庄之外，围绕于村庄四周。从上文"1949年以前任徐店村水井分布图"中可以看出，任徐店村的田地围绕着村民居住区整体上呈环形状态。至解放时，任徐店村共有耕地3200亩，其中水浇地1200亩，旱地2000亩，人均占有耕地合3.2亩。为方便耕种与计量，麦田多以块状分布，地块的形状均为较为规整的长方形或正方形。地块的大小根据每家情况的不同而不同，以大块为宜，最大的一块麦田超过10亩，但经分家或土地买卖等也会分割成小地块，小地块一般也不会少于半亩。

因土质以及灌溉条件的不同，麦田有等级之分。土质较好、有水井分布的田地为上等地，即水浇地，人称"坐井地"；土质较差、无灌溉水井的田地为下等地，即旱地，又称为"不坐井地"。水浇地与旱地的亩产呈现出较大的差别。水浇地的亩产平均约150—200斤，最好的水浇地亩产能达到300斤以上。而旱地的亩产通常在100斤以下，且遇灾荒时往往种不保收。

任徐店村的麦田大多围绕着村庄集中分布，但某一家户的土地并非都集中在一起，因土地买卖、土地抵押、土地典当、土地置换等一系列土地交易行为，村民与村民的麦田存在交叉分布，部分村民尤其是土地大户所有的土地可能分布在村庄的不同方位。同时，由于任徐店村村民与邻近村庄互有土地买卖往来，如紧挨着的修武县高村乡王村，因此，在任徐店村也存在与其他村庄插花分布的麦田。因邻村王村属于修武地界，任徐店村还为此专设洪济保长负责征收两县交叉地带麦田的地税。

二、地块边界

1949年以前，不同农户的农地地块之间有着清晰的边界，相邻地块之间通常以灰橛[1]、桑棵[2]、埂岭为界，村民依此划定农业活动的边界。其中，又因地邻对象的不同

---

[1] 灰橛，即用锤子将橛砸入土壤中2—3米，然后拔出来，在洞眼中灌入石灰水，作为地界标记，相当于界碑，再次寻找时只需用铁锹平铲即可。

[2] 桑棵，桑树的一种，因生命力强且不开花、不结果、长不大而常被人们种植在田块四角作为田地边界。

而有不同的边界形式。

（一）地块边界与村庄边界

村庄与村庄之间没有明显的边界，但是在村民的意识中，存在一个公认的、模糊的范围边界。因为传统时期土地产权归村民自己所有，因此，通常是以两村交界地家户的耕地边界为村落边界。因相邻村庄互有土地买卖往来，有的村庄与村庄之间形成了插花地界，比如在任徐店村的地界范围内，也有由邻村王村村民耕种的土地，以家户的土地文书作为凭证。但是村落的边界不会因此而发生变动，王村村民耕种的任徐店村村庄的土地，地税仍然要上交至任徐店村。

传统时期，在发生土地买卖的时候，必然要经过土地丈量的程序，丈量之后要立即下灰橛为界。两家田地之间又会有埝岭作为分界线，埝岭分为软埝岭和硬埝岭两类。硬埝岭为两个家庭土地之间的边界，不能发生变动；软埝岭为自家土地之间的分隔线，比如李某家有一块10亩的麦田，为了方便耕种，会将其分成3个小单元，每两个单元之间都会有一个软埝岭，软埝岭可根据自家需要随意变动，也可以随意增加或减少。但因分家或土地买卖而发生产权分割的时候软埝岭必须改换成硬埝岭，硬埝岭的规模大于软埝岭。除此之外，有的还会种上桑棵（一般在田块的四角），这样土地边界就显而易见了。位于村庄边界的地块之间分界线更为明晰，且双方均不能对预留的埝岭进行利用，种树、打井等农业活动需在地块范围内进行，以免造成村际土地边界纠纷。

（二）分家与地块边界

分家分田地时一般要遵循公平公正、平均分配、整块划分的原则，没有长幼、尊卑之分，尽量做到"诸子均分"。分家时要有舅舅、叔伯以及德高望重的街坊等3—5人担任中人。对于土地集中连片的家庭来说，分田时要对土地进行重新丈量，比如家里原有面积10亩的地块，在分家时，要根据参与分家的支系数量将土地平均分配成多个小地块，而后将田地里原有的软埝岭毁掉，重新下灰橛、种桑棵，确定分家之后新的土地边界。土地丈量必须请公证人，当时村内李三香（人称"好赖人儿"，办事能力强，好坏事都能办，穷人、富人的事都能办）是专门的勘丈员，除此之外还要有起码七八个人同时在场，包括地邻、当事人、分家请的中人等。分家分田虽然不涉及和地邻之间的土地边界变动，但是分家之后原有土地算是"易主"了，因此需要四邻在场与新的地邻确认土地边界，以免日后出现边界纠纷。对于土地数量多或土地分散的家庭来说，在分家分田时，不会将每一个地块都平均划分，而是按照地亩面积进行核算，遵循公平且整块划分的原则将不同的地块划分给子辈们。若地块与地块之间面积不等，则与牲畜、家具等进行搭配，基本保证各家分到的财产价值保持一致。

分家分田重新确定田地边界后除了要在分家文书上写明之外，还要到保公所进行汇报和登记，将分家以后各自的田亩数量与户主登记清楚，以告知保上土地的户头发生了变化，税赋也应发生相应的变化，在征收赋税的时候要分开征收。

（三）土地买卖与地块边界

传统时期，土地是人们安身立命的根本，村民把土地看得很重，不到万不得已不会卖地。一般只有家里过度贫困、劳动力缺乏、天灾人祸急需用钱，或是因嗜赌、抽大烟而欠债的人才会将田地出卖。

进行买卖的土地同样以埂岭、灰橛和桑棵作为边界的标志。若卖者不是整块卖出，则需要为卖出的土地重新打埂岭、下灰橛。埂岭的长度根据地块的长短来确定，埂岭的宽度一般保持在20厘米左右，以灰橛为中心，从两家的土地里各留出相同宽度的土地用来起埂岭作为分界，埂岭的宽度要保证人可以顺利通行。埂岭的产权以土地产权为区分，是哪一家预留出的土地则产权归哪一家所有，但是地邻之间均可以从埂岭上通行。

买卖土地的边界确定之后要签订"顺契"，表示土地的所有权发生了变更。顺契要经过保上的财粮（文书）签订，必须盖上县里的公章才有效。在顺契上，要写明买卖土地的数量、四至以及田地里的树木、水井、道路等的所有权与使用权。顺契由中人里比较有文化、会写的人来负责写。顺契必须是两份，一份由中人手写，一份是官府的印刷体，两份粘贴在一起盖上公章顺契生效。

（四）边界纠纷

村民若有意愿在自家的地块边上栽种树木，不需要得到搭界邻居的允许，但是必须在自家的土地范围内进行，不能超越边界侵占地邻的土地。一般村民多选择将树种植在水井周边，且以种植果树为主，一方面可荫庇地井台，在农忙季节提供一个乘凉的场所，另一方面果树的果子可供自家以及周边地邻家田间劳作时食用。若村民强行在边界上种树或是侵占到地邻的土地，除了导致与地邻之间的矛盾，还会受到其他村民的议论和谴责，将其定性为霸道和不讲道理的人。

因为土地边界明确，很少有因土地边界而发生纠纷的情况。若因土地边界发生纠纷，一般是先请土地买卖中的中人来调解，请的时候由被侵犯的一方去请，请调解人不需要支付报酬。如果中间人调解不好，则需要去请甲长，请甲长也是由被侵犯者去请，请来之后同中间人一起进行调解。再调解不好，纠纷双方则可能会打官司。但村民一般不会选择打官司，打官司不但会伤了两家的和气，而且成本较高、耗时较长，倾家荡产也不一定能打赢。"过去的人常说'衙门口，朝南开，有理没钱莫进来'，以前

(1949年以前）打官司可不是谁都能打得起的！"[1]

三、地块距离与看守

任徐店村的田块围绕着村庄居住区连片分布。距离村庄较近、土质较好、方便耕种的区域，村民打井灌溉，成为水浇地，约占村庄耕地总面积的35%；距离村庄较远、土质较差的区域即为旱地，约有2000余亩。其中，距离村庄最近的水浇地紧挨着村庄居住区分布，距离村庄最远的旱地离居住区约3里路。

一般来说，土质好、灌溉便利的水浇地因距离村庄较近而更方便村民耕种，劳作、运输等都更为便利，但也因其产量高、庄稼长势好更容易遭偷盗。为此，任徐店村专门定下2—3个人为看守，专门防贼防盗。看守由保长任命，其报酬也由保上负责，没有固定的任期，一般是由贫穷又带点痞气的村民充当。看守无固定工作时间，不定时到地里进行巡视，但是每天都要去，以此来威慑一些小偷小盗的行为。看守一年四季都要工作，除了看地里的庄稼外，蔬菜、树木等都需要同时看护。根据规定，农户地里东西丢失看守需要承担责任，但是在任徐店村没有发生过大偷的情况，即使有偷盗发生，也仅限于少量的南瓜、蔬菜等，被发现了村民也只是谴责几句而不会深究。

四、田块耕作

1949年以前，任徐店村村民以小麦为主要粮食作物，小麦的耕种与经营也是传统时期任徐店村村民最主要的生产劳动。麦田耕作多以一家一户为单位，但遇农忙季节，村民之间也存在换工与帮忙的合作形式。

（一）耕作过程

1. 播种

在任徐店村，农业耕种一般实行一年两熟制，"麦收种秋，秋收种麦"。在耕种上历来坚持"精耕细作"，认为"人不亏地，地不亏人"，"人哄地皮，地哄肚皮"。在播种之前，首先要进行整地，传统时期均是用牲畜或人拉犁、拉耙，深耕浅耙，为播种打好基础。任徐店村当地所种植的小麦类型以冬小麦为主，播种时间多以农历为准，按照农历二十四节气确定播种的时间，通常在农历十月中下旬下种，一般是在寒露节前后，农谚说"白露早，霜降迟，寒露种麦正适时"，来年五月底六月初收割。在任徐店当地还有看"天丝"种麦的说法，受访老人李继宗介绍："天丝就是蜘蛛在地面或庄稼上面结的网，如蜘蛛晚上在地面上结有网，早上就可以看到落在网上的露珠，表示天气还算是暖和，还可以种麦。要是天丝消失，就说明天气已经冷了，不适合再种麦了。"若是因为腾茬晚或是雨涝等原因，不能适时播种小麦，要种"赶麦茬"。种麦最晚的时间

---

[1] 来自对受访老人李继宗的访谈。

是"参（星）不落，地不冻，有子只管种"，若种得太晚就有"小雪不绞股，大雪不出土"之说。所谓"晚播弱，早播旺，适时播种麦苗壮"，适时播种是保证庄稼丰收的重要条件。

秋作物分为早秋和晚秋，早秋亦称"植秋"或"大秋"，一般于清明前后下种，俗称"清明前后，种瓜点豆"。棉花要在立夏前种上，所谓"清明早，立夏迟，谷雨种花正适时"。晚秋亦称"麦茬秋"，接麦茬而种，以玉米、谷子、红薯为主，成熟后尚可回茬种小麦。

播种有耧播、点播、撒播之分，耧播主要是小麦，其他作物也有用耧播的，如大豆。不宜耧播的小块田，就要用点播、撒播。传统时期，任徐店村村民所用播种工具以木耧为主，因土地多集中分布，且多数村民以土地为生，因此基本家家户户都有用于播种的木耧。对于土地较少或较为贫穷而没有木耧的家庭来说，一是可以采用点播、撒播的方式，二是可以就近借用邻里、地邻的木耧进行耧播。

2. 施肥

在施肥方面，任徐店村村民十分重视积肥，把"种地不上粪，等于瞎胡混""庄稼一枝花，全靠粪当家""粪是庄稼宝，没它长不好"等作为田间管理的座右铭。肥料充足的地为"壮地"，肥料少或不上肥的地为"薄地"。民间积肥以人粪、畜粪、生活垃圾沤制的肥粪为主。在任徐店当地，民间沤制的肥料不仅讲究多，而且注意质量和上地的时间。上地前要经过几次翻倒，使之不夹生、不留石块等杂物，俗称"倒粪"。即使提早送到地里的肥粪，也要到犁地时才撒开，以防肥力挥发。在任徐店当地，施肥俗称"上粪"，上粪时十分重视底肥的作用，同时在农作物生长过程中还要进行追肥，村民认为（追肥）"年后不如年里，年里不如掩底"。每年在秋收后种麦前要大施一次，大施随着秋耕和春耕进行。

所谓"肥水不流外人田"，肥料的缺乏与在农业生产中的重要作用，使得人们在日常生活中特别重视积粪。在任徐店村，几乎家家户户都要在门前地上留出一块用作粪坑，将生活污水、生活垃圾等堆放在此，加水经长期沤制形成地肥，用于增加土地肥力。没有牲畜、肥料较少的家庭，可能会安排家庭成员上街拾粪，耕牛、驮马等在路上行走时会留下粪便在村道上，这些畜粪通常谁捡到就是谁的。对于大户人家来讲，如果家中有空闲的屋子，也愿意无偿给别人"串房檐"或是给教书先生开私学，在获得称誉的同时，也可以积攒更多的人粪用于农业耕种。

3. 浇地

在浇水方面，小麦发芽、分蘖和抽穗灌浆分别是在农历的八月、十月、三月，这三个时期是小麦生长最需要水的时候，民谚有"麦收八、十、三场雨"。但由于雨水难以把控，任徐店村村民多打井用于灌溉，村内水井众多，共有 1200 亩水浇地，灌溉便利。村民主要依靠辘轳或铁制大轮木斗水车进行灌溉，靠人推、牲畜拉。

由于打井的成本相对较高，因此并不是每块地中都有水井。一般是富裕村民或一般家庭单独打砖井，穷人家庭合作打砖井或是打土井，打不起水井的家庭可就近借用水井。

合作打井的一般为地邻，由伙用者共同建、共同修，按照地亩数平均分担所产生的费用。伙打的水井没有使用的先后顺序，谁家需要谁家使用，因任徐店村水井较多，水浇地中平均每 10 亩地就会有一眼水井，加之伙打水井都是关系友好的地邻，因此不会产生关于用井顺序的纠纷，通常会通过商量的方式供紧急者优先使用。伙打的水井也可以外借，在征得合作者的同意、确保合作者暂不使用的情况下，伙打水井的一方可做主将水井外借。如果有伙打水井的土地发生土地买卖，则需要在卖地文书中写明水井产权的转移，一般是井地匹配着出卖，有水井的水浇地卖价高于旱地。

借用水井仅发生在地邻之间，过水需要垄沟，只有借用地邻的水井才最方便灌溉。借用灌溉水井不需要支付费用，也不需要以人工来作为借用的报酬。借用水井没有固定的规则，只要是无冤仇的地邻，在水井闲置时，只需向水井所有者打声招呼即可使用，有时也可直接使用。借用的水井若出现损坏，借用者同样不需要承担修理的费用。

4. 收割与储藏

在收割方面，任徐店村收麦主要靠人拿镰刀割和钐刀钐，收割玉米主要靠人用锛子砍，收花生主要用锄头，收摘棉花主要靠人工摘。收割下来的小麦用牲畜或人运到场地，用石磙碾，然后人工扬场。在任徐店村，割麦也多是以一家一户为单位，一家之中以年轻男性为割麦的主要劳力。因各家小麦收割时间存在差别，加之偶尔受天气原因影响，村民之间在割麦时也存在换工和帮忙的情况。但是村民"换工不计工"，只有关系好的亲戚、邻里之间才会换工，大家都不会计较那么多。

打下的粮食，要反复在麦场进行晾晒，尤其是小麦等容易吸潮发霉的粮食，更是要在三伏天进行暴晒。任徐店当地多以缸、袋、圈等器具储存粮食，过年时候要在粮囤上面用红纸写上"五谷丰登""年年有余""福"等吉庆的春条，祈求仓神保佑。

(二) 请工与帮忙

任徐店村的麦田耕作主要是以一家一户为单位，但根据各家土地数量、劳动力情况以及人际交往关系的不同，麦田耕种并不完全局限在家庭内部。富裕的土地大户中一般都常年雇用长工，长工是其主要劳动力。但由于长工工资较高（最高者一年12石麦），且需要主家长年负担其食宿费用，不是特别富裕或家中劳动力基本够用的家庭不会选择雇用长工，若在农忙季节出现劳动力紧缺的情况，可通过在市场上雇用短工的方式来应急，短工的工价一般为一天3升麦子。对于人际关系较好、德高望重的人来说，农忙季节邻里、朋友等会主动来帮忙。"我爷爷那个时候在村里很有威望，到农忙的时候，都不用说，受过我爷爷帮助的人就会主动来帮忙，有的时候外村的人也会来。"村中老人李继宗说道。相互帮忙干农活也经常发生在亲戚、关系好的邻里以及地邻之间。村民请工以及相互帮忙一般发生在浇水、收割、扬场、点种等劳动密集期以及所需劳动量较大的时候。

第四节　集居与空间

基于地形地貌、气候特征、麦作环境以及共同防卫的需求，任徐店村民居呈现出密集型聚落、棋盘式街道布局的集中分布的特点，村内民居、神居、祖居等都相对集中。本节将主要从民居与村庄、神居与村庄、祖居与村庄、公共空间与村庄四个方面来考察任徐店村的居住格局。

一、民居与村庄

传统时期，任徐店村民居呈现出密集型聚落、棋盘式街道布局的集中分布的特点，村民沿着村内的五条街相邻建房，并不可避免地与左邻右舍发生交往关系。

（一）民宅

1949年以前任徐店村共5条街，东西向3条、南北向2条，分别是北街（后街）、南街（前街）、大街、东大街、西大街。村民的住宅集中成排分布在这5条街上，每条街上有住户20—30户。

1. 民宅排列规则

村民民居一般以整齐成排的方式分布。在传统时期，因村民信奉"东边为上"，因此，在建房过程中一般东边的房屋要比西边高出一两寸，从西到东依次增加，但是高低差别不大，房屋高度整体一致而略有高差。若东边的住户在修建房子时受家庭条件限制，没有能力将房子建到正常的高度，也可以自家做决定将房子修得稍微矮一些。对于家庭富裕的农户来说，即使家财万贯，也会尊重该建房规则。一般宁愿选择多建两座房子也不会故意把房舍修得很高，否则一方面会使自家与其他村民产生距离感，另一方面也容易引起官府、土匪等的关注，自家的财产安全会受到威胁，因此，通常是"钱财不外露"。任徐店村村内没有关于房屋修建规则的明文规定，村庄对于民宅的修建也不加干涉，为村民约定俗成的规矩。

从房屋排列与姓氏分布的关系来看，传统时期任徐店村又呈现出同姓集中居住的特点，通常一个姓氏的村民多集中于一个片区居住。但姓氏集中居住也并非绝对现象，由于村民之间互有宅基地买卖、房屋买卖，也有村民远离姓氏集中区的现象发生。

2. 民宅结构

传统时期，任徐店村有部分瓦房，大部分是土墙草房和木质结构的瓦房，多用榆树、杨树、松树、槐树为材料。民居院落又有三合院、四合院之分，四合院由堂屋（又叫上房、主屋）、厢房（又叫配房、东西屋）和临街屋组成，三合院缺少临街屋。其中，堂屋一般3—5间，是院落的中心建筑物，也是院落中最高的建筑，意味着中间为上，以坐北朝南为宜，位于宅基地上房的中间位置，一般由家中长辈居住，同时作为家户待人接物的主要场所，祖先的牌位也必须摆放在堂屋。主房两侧为东西厢房，有3间，有5间，主要供家中的晚辈居住。堂屋南面建临街屋，一般供仓储及长工居住之用，大户人家也会将临街屋用作牲口棚圈养牲口。一般堂屋是整个院落最高的建筑，厢房与临街屋的高度不能高于堂屋，否则会被认为影响了家里的运势。一些讲究的家庭还会在临街屋与院落之间建设影壁墙，墙上置土地爷神龛，一方面可挡住视线，保护家人隐私，另一方面还可装饰门面，增加住宅的气势，提升宅院的档次。此外，在村民的意识中，影壁墙具有驱挡鬼怪、阻挡煞气、凝聚人气与财气的风水作用。

图2-5 传统时期任徐店村农户房屋影壁墙
资料来源：华中师范大学中国农村研究院黄河区域村庄调查影像纪录片之《亨泰任庄》。

"1949年以前我家一共有13间房子，住着3代人，最里面堂屋5间，是给爷爷奶奶住的，东厢房5间是我叔叔家住的，西厢房3间是我父母还有姊妹几个住的。按道理来说我父亲年长应该住东厢房，但是考虑到叔叔这一支人多，有6口人，我父亲这一支5口人，就让叔叔住了东厢房。但是那时候我家没有临街屋，牲口就养在堂屋的后边，做饭也是在堂屋边上，我们家的长工没有地方住就借住在我七爷家里。"[1]

常言道"宅以门第为冠带",足见门楼在建筑中的重要性。门楼是一户人家贫富的象征,一般富裕人家的门楼更为美观和牢固,有的还以特殊的雕刻来增加门楼的气势。但因任徐店村房屋整齐排列分布的特征,同一排房屋门楼的朝向保持一致。同时为了保持与邻里之间的良好关系,邻近家户之间的门楼高度基本保持一致,若修建的门楼与邻居或对面人家有明显的高差,会被认为压了邻里的运势,会影响日后两家之间的正常往来。村民在建房时一般是先建内院房屋再建门楼,且门楼的高度一般低于堂屋及厢房的高度,以免影响家里的运势。

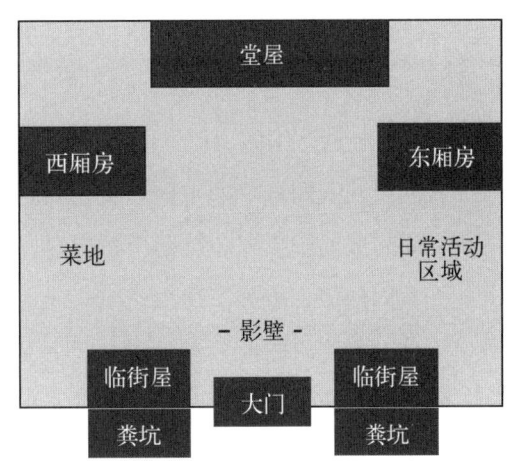

图2-6 传统时期任徐店村农户房屋基本布局

传统时期,任徐店村村民在新建房屋或修缮房屋时,主要是依靠邻里以及亲戚之间的相互帮忙,除一些对工艺要求比较高的活计外,很少出现雇人建房的情况。一个家庭建房时来帮忙的人数多少也体现了此家庭在村内的威望以及日常的人际交往情况。亲戚、邻里之间帮忙建房均不需要支付报酬,主家管饭即可。据受访老人李继宗介绍:"谁家都有需要帮忙的时候,邻里邻居之间盖房相互搭把手都是很正常的事情,都是不需要给报酬的。铺出来的路好走,这回我帮了他,下回我家里有事的时候他也会主动来帮忙,都是相互的。"[1]但除近门亲支的近亲外,其他人一般需要主家提前去打声招呼,很少有不请自来的情况,因为主家在请人帮忙建房时通常都是根据请人的数量来安排饭食,如果不请自来的人多了,就可能会造成准备的饭不够吃的情况,反而导致两者心理上的隔阂。

家户的宅基地通常是由村庄根据家户男丁数量分配而来,有能力者也可通过购买获得。村庄住房均是由村民自建而成。若家中受天灾人祸急需用钱,宅基地和房屋在当家人允许的情况下可以出售,但是出售必须优先询问兄弟之间、近本家之间是否有人愿意购买,如果近本家无人购买,再考虑街坊邻里以及其他人。宅基地与房屋出售给除近本家之外的其他人没有先后顺序,价高者得。

3. 房屋边界及其关系

1949年以前,在任徐店村,家户之间的房屋存在明显的边界,村民多下灰橛为界,

---

[1] 来自对受访老人李继宗的访谈。

与四邻之间的四个角落都需要下灰橛,灰橛是四邻以及其他村民、村庄管理者均认可的房屋产权的重要边界标志。

(1) 因分家产生的房屋边界

若兄弟几人同分一处宅院,则房屋的四至就没有明显的边界,分家文书上只会写明每一间房屋的归属权。院落里的其他区域一般不会有明确的分配,由共处一宅的兄弟几人共同使用。但分了房屋之后门前地也需要进行分配,和田地一样丈量,然后在分家文书上写明门前地分配的方位、长短与四至。门前地一般用于红白大事储物,比如有家人去世的时候,门前地就用来放纸扎。门前地分了之后只是分了所有权,依然存在兄弟几人共同使用的情况,但是为了避免日后产生权属纠纷,在分单上必须写明产权归属。门前地分了之后不需要像田地一样下灰橛或是起埝岭,只要彼此心里知晓每家的长度大小、边界的位置即可。对于院子的出路,也需要在分家文书上写清楚由兄弟几人共有,共同使用。对于分家不离家、共处一宅的兄弟来说,房间大小是固定的,分家之后只能翻新不可扩建,因为扩建即会损害其他兄弟的利益。

若分家的对象是不同的宅院,又存在以下几种情况:一是宅院的数量大于参与分家的支系数量,这种情况下通常是一支分得一处宅院,剩下的作价分配或是卖出将得到的收益平分给兄弟几人。二是宅院的数量等于参与分家的支系数量,这种情况通常是一支分得一处宅院,若宅院面积不等,则在分配土地的过程中将宅基地面积的差值弥补过来,达到均衡状态。若宅院数量大于一处但又小于参与分家的支系数量,通常会综合考虑每支系的人口、劳动能力等来确定具体分配方案,一般会给男丁数量多的支系单独分得一处宅院,在土地、家具等方面补偿其余支系。在这种情况下,分家之后只涉及与邻里的房屋边界,而不涉及兄弟之间的房屋边界。

因分家产生的房屋边界以分家文书作为证明,没有明确的边界标识。但若是不同的宅院,则是以四至的灰橛作为与左邻右舍宅基地的边界。因为分家时有中人及当事人在一起协商讨论分配方案,且有分家文书作为凭证,因此分家后兄弟间一般不会因房屋边界而发生纠纷。

若因分家产生房屋边界纠纷,一般是找舅舅及本家的近亲(叔、伯)拿出分家文书作为凭证来说和,调解不好再找门长、族长来说和。调解人一般是由父亲去请,如果父亲去世了或是父亲不在,母亲也可以去请。请调解人不需要带礼物,也不需要给谢礼。但是调解之后会在家里一起吃一顿饭,吃饭时座次没有讲究。

(2) 因相邻产生的房屋边界

通常宅基地相邻的人会相邻建房。相邻建房不需要征求邻居的同意,因为,宅基地的产权归属于个人，别人没有权利干涉。但是建房时一般需要提前向邻居打声招呼，因为建房子时候建材的堆放可能会暂时占用邻居门前的空地，当自家的房子全部拆旧建新时还需要临时借用邻居家的一两间房屋来暂住。若不提前和邻居打招呼，则可能会因为占用人家土地而引发邻里矛盾，发生矛盾的时候即使请人来调解也是自己失礼，落下霸道、不懂礼数的名声。俗话说"礼多人不怪"，提前向邻居打声招呼一方面表示对对方的尊重，另一方面也是为了便利自己建房。

相邻的住宅以四至下的灰橛为边界，与四邻的四个角落都下有灰橛，下灰橛的时候双方当事人必须同时在场。灰橛是四邻以及其他村民、村庄管理者均认可的边界标识。新建房子的时候也需要挖出和左邻右舍之前下的灰橛，并重新确定四至边界。门前地的长短宽窄也在宅基地文书上标注得很明确，但是门前地没有明显的边界标识，依靠村民的共识与自觉。

一般相邻房屋之间会留出一条过道，过道以灰橛为中心，由双方各自留出 30—50 厘米的空地形成，两家人均可以在此通行，各家为建过道留出的空地的产权依然归各家。该过道还是雨水天气排水的通道。同时各家门前都要挖一个粪坑，用来积攒落叶、生活垃圾、生活污水、牲畜粪便等，长时间发酵形成农用肥料。每家的粪坑地必须是在自家的门前地范围内，不能侵占到邻家的地方，也不能占用门前的道路。门前地虽没有明确的边界标识，但是在村民的意识中存在一个公认的心理边界。

若不按规定留出足够的空闲通道则会引起邻里之间的矛盾，比如关于下雨天雨水的流向等等，通常这种矛盾都是难以调和的，因为一方已经建了房子不可能让其拆了重建，而另一方的要求也合情合理。因此，即使请了中人来调解，通常也是"和稀泥"的形式，劝说两家各退一步，不要因为同类问题再产生矛盾，最终不了了之。不会要求彼此之间互给补偿，因为关于宅基地的边界纠纷通常不会涉及很大的面积，多数是三到五寸，所以双方各退一步相安无事即可。若是比较突出的边界纠纷或纠纷双方互不让步，街坊邻里难以调和，则需要由村庄管理者出面来根据各家的宅基地面积以及两家之间灰橛的位置进行调解。

4. 氏族与民居

1949 年以前，任徐店村村内有李、任、赵、崔、王、郭、常、杨、卢、白、闫、汪、丁、金、张、关、孟、房、薛、陈、辛、刘、牛、曹、董、朱、冀、冯等 28 个姓氏，村民的住宅多以姓氏为单位相邻居住。因村民之间互有宅基地买卖以及宅基地置换等交易往来，每条街上的住户并非完全同属于一个姓氏。至解放时，任徐店村的 5 条街道均为杂姓集居街道。不同姓氏居民之间的房屋依然是以灰橛为界。而且村民之间多以睦邻友好为原则，没有过因不同姓氏紧邻而居而发生边界纠纷的情况。

(二) 村寨

清朝同治年间，任徐店村仁义寨由崔玉鸣等人倡修，由村民李超梅（寨头）负责主修。寨南北宽280余米，东西长450余米，计地200余亩，周长3里许，呈正长方形。修寨经费按本村地亩均摊，贫困家庭不摊，不足部分由本村富裕大户再摊。本村寨不是正东门、正西门、正南门、正北门，而是在4个角修门，是西南门、西北门、东南门、东北门，西南门是"太阳"，西北门是"天乙"，东北门是"太乙"，东南门是"天市"。其中，西南门和西北门两门对称于同一轴线，面朝正南和正北，村南一条大道从西南寨门外横穿到西北寨门外，像一杆轿杆；东南门和东北门两门对称于同一轴线，面朝正南和正北，村南一条大道从东南寨门外横穿到东北寨门外，也像一杆轿杆。因此顾名思义本村寨又叫轿杆寨。

寨墙为土质，寨门用砖堆砌而成，寨外有寨沟，深约6米，上口宽10米，寨比村内路面高6米，寨上面宽2.5米，有寨垛。每个寨门上有青石匾额，均长120厘米，宽60厘米，厚8厘米。在民国三十四年（1945年）重修此寨，当时前后共有三批国民党军队在此换防居住。在1945年重修此寨时寨上增修数十个炮楼。除寨上外，村中十字路口也修了一个。另外在村外也修了数个炮楼，具体方位一是东北寨门外东北方向约500米处，二是西北寨门外西北方向约500米处，三是西南寨门外约400米处，四是东南寨门外约400米处，五是村正西卢窑坑内。除东南寨门外的稍小外，其余各炮楼的高度都在12米左右。本村各连部门口也修有较小炮楼，为站岗哨兵用（也叫岗楼）。当时村内各街道还修了多处障碍墙。1950年代村寨开始遭到破坏。

图2-7 传统时期炮楼遗址

二、神居与村庄

1949年以前，任徐店村几乎家家都敬神，对村民来说，神灵寄托着村民的美好愿景。在任徐店村内，有牛王庙、土地庙、白衣堂、四仙爷庙、德神庙等众多庙宇，村庄北地与王村交界处还有一座薛仁贵庙。除此之外，任徐店村家家户户都信仰火神，因此村民又常常到邻近的卢徐店村的火神庙进行祭拜。

表 2-5　任徐店村庙宇概况

名　称	位　置	信仰神灵	修建年代	概　况	功　能
牛王庙	南街和中南北街交界	老子	同治元年	一庙一院	教化
土地庙	南街和中南北街交界	土地爷	同治元年	庙堂一间	保土安民
白衣堂	中南北街南寨墙北边	观音老母	嘉庆二十年	一小间	求子
四仙爷庙	东北寨门外东北方向	四仙爷	雍正年间	一小间	保平安
德神庙	东南寨门外东北方向	孙悟空	不详	一小间	教人向善，保平安

（一）牛王庙

1949 年以前，任徐店村有一处牛王庙，是一庙一院，约在同治元年（1862 年）修建。同治元年，任元卖给牛王会庄基五分，以卖地文书为据推测牛王庙于 1862—1864 年间修建。牛王庙里供奉着老子，又称"老君爷庙"。

牛王庙由保上主持在村庄公共土地上修建，所以产权归属保里。牛王庙最初为村中的人共同出资修建，具体捐资数额难以考究。

牛王庙主要的祭拜时间是春节期间，平时少有人会去祭拜。春节期间村民都会到牛王庙去祭拜，保长、甲长、绅士都会去，任徐店村村民认为：没有人知道明天会发生什么，没有人确保家里不会有人生病，去寺庙祭拜主要是保平安。牛王庙的祭拜没有先后顺序，谁先到谁就能先祭拜。到牛王庙祭拜，男女都可以去，但年轻女性一般很少自己去。任徐店村村民均能到牛王庙进行祭拜，新搬入的村民也可同样去祭拜，不需要交费用。外村人也可以到牛王庙进行祭拜，但是外村人一般不会来，因为基本每个村都有庙宇。外村人到牛王庙来祭拜，和本村人一样，不需要交费，也不需要征得本村人的同意，更不需要向保甲长打招呼。

牛王庙没有专人管理，日常村民想过去的时候即可过去。到牛王庙去祭拜一般是以家庭为单位，围绕牛王庙没有形成相关的组织。

（二）土地庙

土地庙和牛王庙在一个位置，分在不同的屋子里，土地庙里供奉着土地爷。土地庙由保上主持在村庄公共土地上修建，所以产权归属保里。

土地庙由全村人共同捐钱共同修建。捐钱的数量没有限制，根据自家的条件自由捐赠，但是不管捐多捐少都要捐，因为每个家庭都有土地，每个家庭都有人，人过世下葬时要动土，因此每个家庭都希望得到土地爷的保佑，没有不捐的情况，不捐也会受到其他村民的排斥和议论。一般土地大户都会多捐，即使不主动多捐修庙的时候负责人也会去其家里请其多捐款。

土地庙全村村民均可祭拜，保长、甲长、绅士家里也有土地，因此也会祭拜。在土地庙祭拜时人人平等，没有身份、财富以及修庙时捐献多少的差别，没有祭拜的先后顺序，先到者即可先祭拜。到土地庙祭拜的一般是家里的男性，因为家里的农活主要是男性负责，女性一般不去土地庙，家里老人过世时也是由儿、孙、侄子等到土地庙祭拜。

土地庙平时祭拜的比较多，一般家里有丧葬事情都会先到土地庙祭拜。当村内某个家庭出现丧葬情况，出殡的前一天晚上压纸的时候，男孝子们（儿子、孙子、亲侄子、远门侄子、外甥等晚辈中的男子）必须带着香火到土地庙来，旨在告知土地爷明天要动土打墓了。后来土地庙辗转成为住宅后，村民压纸就在原土地庙所在街道的十字路口磕头上香。

土地庙一般是供本村人祭拜的，外村人不会来本村的土地庙祭拜，因为基本每个村都有土地庙。土地庙没有专人管理，日常村民需要的时候即可过去。到土地庙去祭拜一般是以家庭为单位，围绕土地庙没有形成相关的组织。

（三）四仙爷庙

任徐店村东北寨门外东北方向，有四仙爷庙，坐北面南，庙宇很小，始建于清朝雍正年间。四仙爷庙里供奉着四仙爷（大仙爷和二仙爷在小徐岗村，三仙爷在祝徐店东）。1945年国民党进驻时期因修建炮楼四仙爷庙被毁。四仙爷庙最初为村中的人共同出资修建，主要的祭拜时间是春节期间，平时少有人会去祭拜。近年来，村民集资对四仙爷庙进行了扩建与维修。

四仙爷庙起初没有专人管理，后逐步发展成立会首。会首主要负责平时庙宇的看管以及春节期间的祭祀活动。四仙爷庙的祭拜没有先后顺序，谁先到谁就能先祭拜。任徐店村村民均能到四仙爷庙进行祭拜，新搬入的村民也可同样去祭拜，不需要交什么费用。外村人也可以到四仙爷庙进行祭拜，但是外村人一般不会来，因为基本每个村都有庙宇。

（四）火神庙

火神庙里供奉着火神爷。民间认为火神爷是正义的化身，能够攘灾赐福、惩治邪恶，因此，古代怀庆府的火神祭祀非常普遍。武陟县、修武县及邻近的新乡县、汲县、获嘉县等都有清代和民国时期正月初八左右举行火神祭祀的记载，任徐店村也不例外。根据传说，火神爷姓罗，名叫罗选，为西北山安全村人，弟兄三人，火神爷是老大，新店（地名）的是老二，老三是山东的。火神爷有四位大将，分别为孙平、王义、佘多、李峥。

传说火神庙修建之前，五社的会首每年正月初八都要去新店上香，但是由于新店距离较远，且祭拜的人数太多，每次祭拜都需排长队等待，一次因祭拜较晚，五社的名字被登记在了专门记录上香名单的狮子的脚底上。此次祭拜后，五社遂决定自己修庙。因火神庙原寺庙旧址在卢徐店村，遂将庙址定在卢徐店。建庙时，由五社七徐店的村民共同摊钱。捐钱以个人的名义而非村庄或者会首的名义，捐献者的名字以及捐献金额均会镌刻在碑记上立于寺庙中。集资活动由各村的会首组织，各村会首再将收到的捐款汇集在一起作为修庙经费。庙会产权归五社七徐店共有，寺庙的碑记上也标记为"徐店火神庙"，而非"卢徐店火神庙"。在五社七徐店中，卢徐店作为火神庙的所在地，为火神会的"首社"，即整个火神会的"当家的"。遇庙会或者庙里相关事务时，由卢徐店会首出头组织各社会首到庙里商议处理和应对方案。在传统时期，庙会的会首基本是村中大户、有能力的人，虽然保长是村中的权威代表，但是保长行使职务以及发挥权威必须依靠村中大户的支持，多数情况下保长要听村中大户的，因此修庙不会遭遇保长的干预和阻拦。

因民间普遍信仰火神爷，火神庙建成之后前来祭拜的人也很多，在春节、火神会等的大型祭祀活动中，每个村中的"故事"[1] 要按照一定的顺序进行表演以避免发生冲突。祭拜的顺序由火神会的首社——卢徐店的会首们来决定，提前确定好每一路故事祭拜的顺序，甚至走哪条道到庙里也做了规定。通常是按照先来后到的原则，谁先来谁先进庙，其余的在门外排队依次进庙。进庙上过香之后，会首们不去烧回香前来祭祀的人所带的"神楼"不能落架。若有人不按照顺序排队进庙，则会产生冲突。产生冲突时由会首负责调解处理，保长、甲长不干涉庙会事宜。庙会与保甲长基本没有相互往来的关系，逢年过节庙会会首也不需要给保甲长送礼等。

火神庙有庙地，分为两块，庙前有一块，庙东有一块，具体面积不详，均为旱地（无水井）。庙地无土地证。庙地的经营方式为由会首们做主"课"[2] 出去给他人耕种，每年收到的地租作为火神庙的运行经费。地租与村内出租土地的地租基本持平。庙地出租遵循"谁想种谁种"的原则，不考虑租种者与会首关系的亲疏远近。土地出租通常以租佃者主动申请的形式为主，租期不固定，根据租种者的意愿决定，交租即可继续耕种。庙地的耕作制度为一年两熟制，但是一年只收一次租。除交租之外，其余的收成归租种者所有。庙地不可进行买卖。

---

[1] 故事，民间艺术的一种，常以劳动人民为主体作者，为了满足劳动人民衣、食、住、行、用的生活需要和审美需要而创造，散发着劳动人民内在的真挚、善良、直率、热情等心理素质和审美情趣，包括踩高跷、跑旱船、耍龙灯、舞狮子、大架、背僮、哼小车、担经扑蛾等不同的表演形式。
[2] 课，即出租的意思。

除卢徐店的火神庙之外，各村都有火神爷的神龛，火神爷的神龛都在家户，会首一年一轮。以卢徐店为例，火神会的会首共有 6 家，均为村中大户或比较富裕、有能力的家庭。每年都会举行转会，将火神爷从老会首家里转到新会首处。但是，转会之后的一年内，遇庙会事宜老会首还必须和新会首一起参与和组织，一年之后才可完全脱离会首应承担的义务。庙会期间，会首要轮流在庙里当值，当值期间必须在庙，若有其他事情与值班冲突，要和其他会首联系调班。火神会的会首以村为单位，各村都有。每年正月初一与初八五更天，五社七徐店的会首都要聚集到庙里上香。火神会的会首与保长相比，保长的权力更大，因为保长管辖的是全村的事务，而会首管辖的仅是火神信仰方面的事务。但因火神会会首多为村中大户，保长一般不干涉庙会事务。火神会的会首要负责相关活动费用的收取，每年进入腊月，在举行过会首集体会议之后，各会首即要回村深入各家各户进行集资收款。会首的产生不经过选举会议，而是以老会首推选新会首的方式产生，由几位老会首坐在一起商讨决定，通常是选富裕、有能力、能说会道的人来继任会首。被选到的会首都会乐于接火神爷到家里来，没有人不接收。火神会的会首们之间无特殊关系，各个姓氏的人都有。同届会首之间家庭条件基本维持在同一水平，没有太大差别。任火神会会首与出任保长、甲长等行政职务不冲突，会首如果有能力也可同时兼任保长或甲长。但是通常出任保长职务的人不会再同时担任会首，因为保长日常行政事务繁杂，且保长的职务高于会首。火神会的会首在庙会收取活动经费的时候同样需要和普通百姓一样按房摊钱。火神会活动经费的收取不存在"事后补交"的情况，每次收取的费用不多，大家基本都可以承担。若会首收取时家里刚好没人，事后知晓也会主动将应承担的费用送到会首家里。会首无报酬。

火神庙没有和尚与道士，但是有一个专门的看庙人。看庙人通常由家庭贫困、无房可居的人担任，经火神会会首批准，住到寺庙的房子里，同时兼任看庙的任务。除可免费居住寺庙的房子之外，看庙人无其他的看庙报酬。

三、祖居与村庄

传统时期，在任徐店村，虽然有任、李、赵、崔等 28 个姓氏，但并非每个姓氏家族都有祠堂，祠堂是家族人口与整体实力的象征。1949 年以前任徐店村共有李燕家族祠堂和任氏家族祠堂两座宗祠。

任氏宗祠始建于 1932 年，坐落在东北寨门口往东约 100 米处，坐北面南，有大殿 3 间，山门 1 间，门两侧各配平房 1 间，毁于 1965 年。为了祭祖方便，1990 年族人集资购买原任永昭老宅院房屋 5 间作为新的任氏宗祠。任徐店村李氏原宗祠始建于清道光二十年（1840年），坐落在后街原老北街西北寨门往东约100米处，坐南面北，大殿3间，山门1间，山门上有木质雕刻"李氏宗祠"4个大字，砖砌围墙，院内用砖铺设甬路，1966年"文革"时期被拆除，1992年全族人共谋重新选址建立新祠之事，族人按人头集资，新祠堂于1993年落成。没有族人不交祠堂修缮费用的情况，因为每人交的金额都在自己力所能及的范围之内，富裕者可自行多交。修祠堂时也要写信通知在外工作经商的族人，在外的族人收到通知后会主动为修建祠堂捐款，捐款数量的多少根据个人心意而定。李氏宗祠里供奉着始祖李燕，别无其他祖先牌位，但逢年过节祠堂组织集体祭祀或其他活动时会将家族挂谱悬挂于祠堂内，挂谱每10年更新一次，截止到现在共包含从第一代到第二十一代21世人。祠堂门上悬挂着对联"根植山西洪洞县，荫庇河南徐店村"，横批"祖籍河东（晋南寻根）"，由此表明姓氏的由来。

祠堂除了每年春节的集体祭祖活动外，其他时候一般不开门。从腊月二十三开始，祠堂门就会打开，族下一些德高望重、有文化、书法比较好的老人就会在祠堂内帮助族人写春节的"门对"，如果外姓的人来求对联，一般也会帮其书写，不收报酬。族人从祠堂开门开始，每天晚上需到祠堂里上一炷香，放3个鞭炮，一直持续到正月十九结束。在日常生活中，若

图2-8　任徐店村李氏宗祠

某个家庭出现了儿女严重不孝、婆媳不合等尖锐的问题来求助族长时，在族长的组织和号召下也会开祠堂门对不孝的族人进行教育、指教，族下有专门的打手。

李氏宗祠有十余亩祠堂田，祠堂田以出租的形式交给家境贫穷者耕种。祠堂田不需要向国家交租，同时也不需要向族下交租，但是祠堂田的耕种者要负责提供祠堂的集体祭祀用品（一般一年一次，即春节期间），春节祠堂粘贴的对联、公布事情张贴的红纸、糊窗户的纸、春节集体祭祀时分给族人的礼品（一般是核桃、柿饼）等也由族田耕种者承担。耕种者在族下事务中的花销一般会占到总收成的30%—40%，剩下的60%—70%归耕种者所有。此外，祠堂田的耕种者还需要负责祠堂的打扫、清理等义务工作。祠堂田的耕种者由族长和门长商议决定，因族长和门长都是本家族中、某一门中的德高望重者，且耕种者由大家公认后耕种，再加上族人也都有较强的家族意识，因此没有人提出异议。一般选择家境贫寒又距离祠堂较近者负责耕种，一方面让耕种

者承担家族的集体活动开支,另一方面也有救济贫困者的作用。

一般来讲,各姓氏的祠堂都位于本姓氏村民的集聚区,以方便族人祭拜,增强宗族的认同感。祠堂修建以同姓同宗的家族为单位,如任徐店村的李燕家族李氏与三和李姓。祠堂的修缮与重建均是由族长和门长商议决定,资金由族下人按人头共同集资,富裕家庭会多出,在族长与门长商议下穷人家可以免除出资。

四、公共空间与村庄

任徐店村的公共空间主要有牲口棚、地井台、麻将馆、染房、板铺(木作铺)等。这些公共空间在发挥各自生产生活功能的同时,也加强了村民之间的交往,密切了村民之间的联系,是增强村庄公共性的重要场所。

(一)牲口棚

冬春农闲季节,大户家里的牲口屋是村民的一个主要娱乐场所,比如李超位、李三宣、李三洋、郭忠奎、任德忠、崔茂新、李三祥各自家里的牲口屋,在冬天尤其是晚上热闹非凡。夏天天气炎热且农活比较多,所以除了喂牲口的人没人会来牲口屋。冬天农闲季节时村民闲来无事,加上传统时期牛、骡等牲畜是村民的主要生产工具,为保证其健康,冬天牲口屋里一般会生起煤火,即使没有煤火村民也会在屋内不分昼夜地烧柴火,因此牲口屋对村民来说是取暖的好去处,村民一到晚上就自发到牲口屋聊天、听故事。村民在这里"说三国,道水浒,讲云话(讲笑话),讲故事"。其中,以赵兴洲说水浒最为有名,冬天晚上没事的时候大家都喜欢到牲口屋里去听赵兴洲讲水浒。另外,村民李三仁、李三凤主要说三国。还有村民会讲述自己知道的或从别处听来的稀奇事供大家娱乐。一个牲口屋一般能够容纳十多个人,大部分是上了年纪的男性,年轻人在冬季还要忙于推车或挑扁担做小生意养家糊口,只有五六十岁以上的人才会到牲口屋里去听书、去闲聊,也有整晚在牲口屋坐着不回家的。小孩子也可以到牲口屋去玩儿,但是不会待太长时间,因为一般小孩子的睡觉时间比较早,到点不回家睡觉就会被父母责罚。年长的女性可以到牲口屋来(实际很少),但是年轻的女性不允许到牲口屋。

只有独立成院、隔离于主家居住区域的牲口屋才允许村民过去,一般是前后分院,前院喂牲口,后院供人口居住。牲口屋和主人居室在一个院子里的几乎没有人去。因牲口屋和居室紧邻,若主人家中有妇女或是为了避免影响主人家休息,村民就会觉得在此说话不方便。比如李三洋家即是前后分院,前院喂耕牛,后院供人居住,农闲季节其家里的牲口屋几乎天天人来人往,很是热闹;村民李三辰家虽然也喂养耕牛、骡子,但因其家里的牲口屋和人的居室在同一处宅院,也就没有人过去凑热闹了。

到牪口屋闲聊或是听说书的人不分身份等级，穷人、富人、绅士都可以来，百姓、保长、甲长都可以来，富人平日里到穷人家里串门闲聊也是一件很正常的事情。但是村民的活动空间仅限于牪口屋所在的院落，不能随便进到主家的主屋，不能影响主家的正常生活。村内几个大的牪口屋村民都可以过去，也可以今天去这家，明天去那家，但一般是遵循就近原则，离哪一家近就经常去哪一家，一方面是就近的牪口屋来回都方便，有的时候在牪口屋聊到很晚也能很快回到家中；另一方面就近去牪口屋的人大家彼此熟识，聊起天来更随意、放得开。

平时村民在茶余饭后自发过来牪口屋凑热闹不需要向主家打招呼，村民在牪口屋说书、闲聊都是"干聊"，主家不需要为来者提供茶水，来者也不需要向主家支付生火的费用。但是一些好心的大户，考虑到有些穷人生活困难，会从自家拿一些萝卜、煮熟的红薯等供到牪口屋来凑热闹的穷人食用，不收取任何费用。在牪口屋里所有的人都是有说有笑，不分彼此。大家在牪口屋里聊天的内容也没有限制，可以畅所欲言。

（二）地井台

任徐店村灌溉水井较多，且以大型的砖井为主，至中华人民共和国成立时，全村共有100余眼砖井，数量超过周边七八个村庄水井数量的总和。为保证来往行人的安全、防止鸡鸭狗等牲畜落水污染水质以及方便牲畜拉水车灌溉，村民通常都会在打井的同时建设地井台，地井台以水井为中心，向外辐射一米多长的砖砌井壁，呈正方形。地井台周边还会种植一些果树，加之传统时期农民主要以土地为生，一年中有大半时间都围绕着田间劳作在活动，因此，地井台也是村民聚会闲聊的常用场所之一。

地井台及其周边的瓜果树均是由私人建设、私人种植，但附近村民均可共用。在农忙季节，尤其是夏天比较炎热的季节，地井台是村民乘凉的好去处。村民以就近和聚堆为原则来选择乘凉的去处，即使相邻的几家都有地井台，村民也会在休息的时候共同聚集到其中一家的地井台旁乘凉、闲聊。到地井台乘凉的人群男女均可、老少均可、穷富均可，长工与雇主也是在同一处地井台休息、闲聊，但一般是邻近的聚在一起。若地邻是外村人，同样可共享一个地井台，村民有言"地邻不分村"。因地井台的空间有限，一个地井台可容纳约10人。无论去到哪家的地井台，周边种植的果树大家均可食用，产权所有者不收取任何费用。

（三）麻将馆

在任徐店村，一共有两家麻将馆，均为村民私人开设，是村民赌博的主要场所，但因麻将馆的主人会免费提供照明的煤油灯、取暖的火炉以及桌椅板凳、麻将牌等基础设施，闲来无事的村民也会聚在此处取暖、闲聊。麻将馆的开设没有固定时间，只要有人玩就开门,一般在冬春天农闲的季节人比较多。在麻将馆里玩不收取场地费,但参与赌博的人每隔一两个小时要给主人添置一点"灯油钱"。

在麻将馆里闲聊的人没有家庭条件、宗族、职业、身份地位的划分,聚集在此的人一律平等。麻将馆里"凑热闹"的以成年男性为主,小孩和妇女一般不去,尤其是家教严的大家庭,若小孩和妇女不听劝诫到麻将馆去,不但要受到当家人的惩罚,还会坏了自己的名声。村民闲聊的内容以家长里短以及稀奇事件为主,因当时的民众对于官府知之甚少,其聊天内容基本不会涉及国家与政府的有关事务。

除此之外,在麻将馆里有来回"挑扁担"的小商贩,如村民李三桢在牌场里卖花生,崔茂德在牌场里卖麻糖,崔保三在牌场里卖烧饼。在麻将馆里卖东西不需要给老板抽成,但是由于麻将馆环境比较杂乱,在麻将馆里卖东西必须是男性过去卖,女人不能去。

(四)染房

在任徐店村,共有李如升家、任永禄家、崔毛家三家染房。在浸染过程中,对染料水有严格的要求,因此染房冬天不可避免生火。与夏日酷暑、冬日严寒的气候相适应,冬季的染房成为村民取暖的又一去处。染房均为村民私人开设,但因为是经营性场所,村民均可过去,一般邻近的人去取暖的更多。为保持与村民、邻里之间的友好关系,染房主人不会干涉村民在此取暖,而且会主动为前来取暖的人提供桌椅板凳、照明等基础设施,不收取取暖的费用。染房不但为大家提供了一个相对温暖的环境,而且为村民提供了一个"灯下话家常"的空间,村民在此围绕着生产、生活以及一些稀罕事件畅所欲言。

(五)板铺

板铺,即木作铺,是村民私人开设的经营性场所。木作铺空间较大,有3间屋子,能够容纳十多个人,因冬天整天起火,常有村民在此聚集闲聊,是增进村民交流的又一重要场所。村民闲来无事时即可到此取暖。

第五节 任徐店村自然变迁与实态

1949年以后,任徐店村经历土地改革、合作化运动、家庭联产承包责任制以及改革开放等政策的变迁与发展过程,伴随着人口增长与经济增长,村庄自然面貌得到了极大的改善。本节将主要从耕地、水利、交通、居住特征四个方面来考察任徐店村的自然变迁与实态。

一、耕地

小麦是任徐店村的主要粮食作物之一，其播种面积和总产量均为各种粮食作物之冠。至1948年任徐店村解放时，村内共有耕地3200余亩，人均占有耕地3.2亩。在1949年以前，骡、马、牛、驴是农业生产的主要劳动力，犁、耙、浇水、磨面、拉车打场等主要生产劳动过程中牲畜都是必不可少的劳力，因此在传统时期，富裕家庭尤其是土地大户为方便农业生产往往喂养多头骡马，一般家庭也要

图 2-9　任徐店村麦田航拍图

喂养两头，较贫穷的家庭通常喂养一头驴或是小牛，到农忙时两家合作将牲畜骟犋使用。至1948年解放时，任徐店村有大小牲畜300余头。因传统时期耕地所用的犁比较笨重，20世纪50年代出现了新式七寸步犁。1958年有人说深翻土地能增产，农民就用铁锨剜，用拖拉机深犁。20世纪80年代拖拉机普及，牲畜犁地、耙地的数量大幅度减少；1990年代出现了旋耕机，牲畜犁地基本绝迹。随着农业机械化与电气化的到来，至2008年任徐店村已无一头农用牲畜。

二、水利

1949年以后，政府加强对城乡居民的饮水管理，改善饮水卫生。1950年，全县对原有的大口井抬高井台，增加井唇，设置井栏、花墙等，防止雨水、污水流入井内。1951年至1954年，任徐店村的吃水井大部分都进行了改良，1958年在原来改良的基础上又改为密封提水式引用水井。1970年代初，群众开始打小压井，小压井逐渐普及。1978年全县开展以"两管"（管水、管粪）、"五改"（改水、改厕所、改灶、改猪圈、改环境）为中心的爱国卫生运动。1981年，任徐店村铺设自来水管道，主管道6000余米，支管道10000余米，从此群众吃上自来水。

在农田灌溉方面，任徐店村地处平原地区，浅层地下水储量比较丰富，历来村民在农业生产中就十分重视凿井灌田。至解放时，全村共有灌溉用水砖井120余眼，土井15眼左右，水车100余挂，辘轳20余挂。中华人民共和国成立后，中共武陟县委和县人民政府除积极发展引黄（沁）灌溉外，还十分重视发展井灌溉事业。在1949年以后至1985年的30余年中，任徐店村从打井机械、井型结

构、成井工艺到提水工具,都进行了不断的创新、引进和发展。由中华人民共和国成立初期的土、砖井发展到机井,浅井发展到110—120米的中深井和247米的深井;打井工具由铁锹、泥兜发展到半机械化、机械化工具;打井速度由原来的每眼井需15—30天,提高到3—5天即能完成;提水工具由辘轳、铁皮水车发展到机、电泵提灌。至2008年,任徐店村共有浇地机井61眼。

三、交通

任徐店村地处中原,交通便利,原是五条大道的交叉口,位于郑州、新乡、焦作、洛阳来往的交通枢纽处。但在1990年代以前,村内道路均为土路,易损易耗,遇阴雨天气便泥泞难走。为改变村民的出行状况,自1990年代初开始,政府及村民合力对任徐店村的道路状况进行了一系列的改良。

1990年,为了生产的需要和出入的便利,村内中南北街修成白矸路面,南起武获路口的祝徐店地界,北至薛仁贵庙前东西路口。

1992年,在白矸路面上铺设柏油石,修路的经费一部分来源于乡政府投资,其余的由任、祝、古、白四徐店按每村地段长短出资,任徐店村在修建中共出资3万元。

1994年,各街道的道路上安装路灯,每50米电线杆上安装一个。

因小康村的衡量标准中有一条是村内道路硬化标准程度,1995年,为了奔小康,任徐店村在东西六条街上修水泥路面,总面积合计13000平方米,路面宽5米,总长度2600米。此次修路遵循谁受益谁投资的原则,修哪一条街道就由哪一街道的住户按宅基地长短分摊一部分,再由村大队补助一部分,其中群众共集资9万余元,村大队补助17万余元,总投资28万元。

2003年,在焦作公路局驻村工作组的帮助下,以扶贫工程获得28万元,村里投资修建了村内南北两条街、东西两条街13000平方米,其中东南北街和西南北街是任徐店村的生产路。

2005年,为响应政府"村村通"政策,任徐店村开始修建中南北街(原白矸路面),南接祝徐店路面,北至武方路。此次修建由省市地方财政投资,原设计路面4米宽,村两委考虑到生产的需要,村内加宽2米(村内6米宽),村外加宽1米(村外5米宽),在薛仁贵庙东西路口往西到武方公路上,因是修武地段,修4米。总投资50余万元,其中省、地财政投资17.84万元,大队投资32万元。

至2008年,任徐店村水泥路面已达到85%以上,仅有个别小街道的道路未实现硬化。

四、居住特征

在以农耕经济为主的任徐店村，因其小农经济底色形成了村民不善出行、不愿出行的传统"重团聚、轻别离"思想。随着人口不断增长和代际更替，单个家庭又不断进行分化和裂变，形成一个一个的小家庭。至2008年底，由于家庭组合的变化、人口的增加等多种原因，任徐店村已由原来的5条街发展成东西街14条、南北街3条。随着工业的发展以及人民生活水平的提高，村民的居住条件也得到了很大的改善。1950年代房屋多为土木结构，1960年代后向砖木结构发展，1970年代后期开始向砖混凝土结构发展。多层、带阳台式样的新型农村住房开始出现。人均居住面积也随着时间的推移而逐渐增加。

图2-10　任徐店村居住区域航拍图

第三章 任徐店村的经济形态与实态

任徐店村是一个历史悠久的农业社会,自建村以来孕育了深厚的农耕文化,在相对独立与封闭的乡村社会中,农业经济更是村民生产生活资料的主要来源,多数农民一生即是围绕土地活动并与他人发生交往关系。本章将重点从人与土地及其生产能力、产权与产权关系、经营与经营关系、交换与交换关系、分配与分配关系、消费与消费关系、继承与继承关系七个方面来考察任徐店村的经济变迁与实态。

第一节 人与土地及其生产能力

任徐店村地处黄河故道平原,且位于武陟与修武两县交接处,土地资源相对较为丰富。但限于传统时期生产条件的限制,土地亩产量较低,靠单一的农业收入难以满足村民的生产生活需要。为此,村民为了求得生存,多在农闲季节从事一些副业来增加收入。本节将从人与土地的关系、人与生产能力的关系两个方面来考察传统时期任徐店村的经济概况。

一、人与土地的关系

(一)土地概况

在1948年任徐店村解放时,全村共有耕地3200余亩,人均占有3.2亩。其中,村民距离村庄较近的、方便村民耕种的地方打井灌溉,成为水浇地,水浇地总面积1200

余亩,占全村耕地总面积的35%左右;因打井成本较高,距离村庄较远的、土质不好的土地即是"靠天吃饭"的旱地,面积有2000余亩,占全村耕地总面积的65%左右。但任徐店村土地占有严重失衡,占全村5.6%的农户占有全村32%的土地,其中又有10%的农户占有21%的土地,其余84.4%的农户占有47%的土地。土地占有的严重不均导致了村庄的贫富分化,同时也造就了土地改革时期地主、富农、上中农、中农、贫农的阶级划分。本村土地改革期间,共划定5户地主、14户富农,其余为贫下中农。

表3-1 任徐店村地主家庭概况

农户	家庭人口	土地数量	副业	其他财产	备注
任贵志	5	村内60亩,修武地界还有大量土地,具体数量不详	经营私人钱庄、粮行	房屋40余间,其他不详	寡妇家庭
赵姬四	1	10亩	经营中药铺	不详	寡妇
李三竹	3	10多亩	教书	16间房屋,1挂水车	寡妇家庭
孙作英	1	10多亩	负责焗铁炉、转运站	8间房屋	寡妇
李三治	2	10亩	保长	不详	

说明:表中数据根据受访者回忆得来,非官方提供的数据。

土地占有的严重失衡导致村内土地租佃与雇工经济的盛行。村中富裕的农户将土地租赁给没地或少地的农户进行耕种,收取定额租或是比例租。村民租种与租出土地一般是优先考虑村内的成员,因为同一个村的人对彼此之间的信用、能力、品质等方面都比较了解,与外村人发生租佃关系相比风险较小。但也有与外村人发生租佃关系的情况,一般发生在熟人之间或是有熟人做中介的情况下。

(二) 人地关系

相比周边其他村庄,任徐店村土地资源相对较为丰富,但人均也仅有3亩左右。且传统时期生产条件落后,土质较好的水浇地亩产也只能达到150—200斤,旱地的农作物在干旱年景更是种不保收。既有土地的数量难以满足多数人的生存需求。在此情况下,农民一方面会选择租种土地。任徐店村属平原地区,村内田地多数已被开垦完毕,在土地紧张难以满足生存需求的情况下,部分村民选择租种土地大户的土地,地租分为固定租和分成租两种,具体地租形式由租佃双方协商确定。另一方面,少地或无地的农户会通过拉长工的方式来获得生活资料,长工的工资根据自身劳动能力与农业技术的不同而不同，多的一年12石麦子，少的一年1—2石麦子。除此之外，为补贴家用，提高生活水平，部分农户通过发展副业的方式来增加收入。至解放时，任徐店村还保存有多家手工小作坊以及经营性店铺。同时，在农闲季节，村民以担山、推足、拉足等活动来获得额外收入。

相比周围其他村庄，任徐店村土地总量不算最多，村庄规模也不算最大，但由于任徐店村多水井，水浇地灌溉较为便利，因此土地亩产相对较高，在一定程度上也缓解了相对紧张的人地关系。据受访老人李如普介绍："解放前，我们村的水井比较多，水井的数量比周围几个村的水井加起来的总和还要多，能浇到水，产量自然也就比一般的土地要高一些。总体来看，我们村要比其他村庄富裕一点。"

（三）生产规模

在1948年任徐店村解放时，全村共有耕地3200余亩，人均占有3.2亩。虽然土地占有严重失衡，但由于任徐店村土地总量有限，且地主多以做生意致富，因此即使是地主，土地数量也仅限于几十亩。村民任贵志家土地数量最多，也仅在100亩左右，其土地多数是以经营钱庄、粮行的收入购买所得。加之任贵志在修武县城经商，因此其有一部分土地位于修武地界。村内土地数量最少的农户占有耕地仅不足1亩。土地数量少的原因在于：一是人地不匹配。任徐店村的土地经营以一家一户为单位，随着家庭人口的增长，在家庭劳动力数量大于所有土地所需的劳动力数量时，土地就略显不足，有的村民只得通过变卖土地来获得糊口的生活资料。二是嗜赌或抽大烟。村内有个别不务正业的人，不用心经营田地，而常去赌博或是抽大烟，从而导致家庭产业被败光，甚至带来家庭债务。三是外来人口。一些新迁居到村或因其他原因（如经商、租佃等）而新搬迁到任徐店村的村民土地数量相对较少。传统时期，"土地是农民的命根子"，不到万不得已村民都不会选择卖掉自己安身立命的根本。而且村民买地多以产量较高的水浇地为主，其地价自然也较高。除此之外，即使有村民要卖地，也要遵循"先近本家，再本家，再地邻，再四邻，再熟人，再不熟悉的人"的先后顺序，外来人口能买到土地的机会较少。

二、人与生产能力的关系

劳动力及劳动工具决定着以一家一户为单位的小农的生产效率，只有具备一定的劳动力及劳动工具条件，农民才可能独立从事小规模生产。1949年以前，任徐店村村民通过自主经营、自备工具、借用和共用劳力与劳动工具的方式，来保障农业生产的顺利进行。

（一）劳动力

在任徐店村，村民对于劳动力并没有清晰的界定，村民根据自身能力默认在家庭中的劳动分工，男性主要从事农业生产，女性主要从事家务劳动，老人和小孩根据自身能力从事畜牧、看水等较轻的活计。

1. 劳动力观念

任徐店村地处中原沃野，耕作农业历来发达，而劳动力正是精耕细作农业中的关键要素之一。劳动力的数量与质量直接影响着村民的家庭收入、生育观念与职业选择。

（1）劳动力范围

在任徐店村，对于劳动力没有严格的界定。在家户内部，家庭成员根据自身能力各司其职：成年男性是家户农业生产的主要劳动力，同时兼做一些比较重的家务活。成年女性是家务劳动的主要承担者，同时兼做一些较轻的农活，如割麦等。一般十二岁左右的男孩子即可承担一部分耗力较轻的劳动，如农田灌溉时看水、日常放牧等等，村里的私学都是实行三学期制，每年麦收和秋收两个时期学校均会放假，学校的老师和学生均可回家干农活，十七八岁的男孩子即可独立承担各种农业劳动，一些家庭贫困、劳力不足的家庭，男孩子在十五岁左右即可成为整劳力。女孩子一般在家里帮助母亲做家务，但在十七八岁就要开始参加农业生产。家里的男性老人一般负责统筹安排家中的农业生产，女性老人负责协调安排家务分工，通常不直接参加劳动，但若家中劳力较少，五六十岁、身体健硕的老人还是会下地劳动。

（2）劳动力与生育观念

虽然劳动力是影响家户农业收入的重要因素，但并不意味着劳力多者家中土地数量就较多。在任徐店村，生育意味着传宗接代。如果没有孩子，则表示后继无人，会被人看不起，也会被人用"绝户头"等称谓来嘲笑。生育在家庭再生产上意味着又多了一个劳动力，能帮助生产。因此，村民一般都倾向于多生，尤其是多生男丁，男孩子越多，说明人丁兴旺，家里的风水好，人口多的家庭即使贫穷也会受到村民的尊敬，家庭成员不会被欺负。儿子多的家庭，既有家境好的，也有家境差的。在任徐店村，如果儿媳婚后一年没有怀孕的迹象，家里的婆婆就会求神拜佛，到白衣堂去求子。如果三年仍不生育，则有被休妻的可能。但因未生育而休妻的较少，村民一般不选择休妻而是纳妾。如果休妻，一般是由丈夫做决定。如果妻子只生了女儿没有儿子，一般也是纳妾而不休妻，因为休妻是大事，不但会造成两家的矛盾，让自己家没有面子，对女性来说也是致命的伤害。

（3）劳动力与职业观念

因任徐店村土地数量有限且产量不高，村民不得不在农业生产之外发展副业，而不同家庭状况的人选择副业的观念也存在很大差别。对于富人家庭来说，副业多以经营性店铺为主，如李三辰家开设油坊、织布厂，崔茂森家开设中药铺，赵文纲家开设粉房和织布厂等等，开设店铺需要成本与威望，因此并非每家每户都能开设。富裕人家的孩子以上私学为主，传统时期任徐店村非常重视教育，村内有多处私塾与私塾老师，富人家的孩子从六七岁开始上私学，一直到私学上满，有条件的还会送至县城继续求学。读书一方面可以求得一个好的出路，另一方面也会培养孩子知书达理的品质。在私学里除了可以学到四书五经、日常伦理道德之外，还可学习打算盘、写字等实用性技能，为将来做生意、继承家业打下基础。对于穷人家的孩子来说，虽也会读私学，但以"会写自己的名字"为主要目的，且其上私学的时间一般较晚，有的到十三四岁才开始上私学。对于穷人来说，为了维持家庭生计，也不得不通过发展副业来获得额外收入。穷人发展副业多以出力活儿、服务行业为主。在村民的思想观念里，有严格的"上九流，下九流"的职业区分，从事"下九流"如修面、捏脚、理发、唱戏等行业的，绝大多数都是穷人。另外从事做木匠、打铁匠等匠人以及做学徒学手艺的人也多数是穷人，匠人是为别人劳动的，学徒不但生活很苦，社会地位也不高，一般来自富裕人家的人不会从事这些行业。除此之外，多数穷人家的青壮年在农闲季节还会选择去从事担山、推足、拉足等行业来获得额外收入贴补家用。

2. 劳动力概况

在任徐店村，人们向来推崇农业精耕细作，一个家庭内通常需3个左右的整劳力才能满足农业生产的需求。任徐店村以6—8人的家庭为主，但在农业生产中需主要依靠牲畜与青壮年劳力，因此，在劳力不足的情况下，村民多以换工或是务工的形式来应对。家庭条件好的农户也会通过雇用长工或短工的方式来应对劳力不足的问题。即使在家中男丁数量较多、劳动力剩余的情况下，在"安土重迁""生于斯，死于斯"等传统观念的影响下，也少有村民会外出务工，多数是以学手艺或者就近扛长工为应对方式。

（二）劳动工具

1. 生产工具及其关系

在传统时期，任徐店村村民在农业生产中主要用到犁、耧、锄、耙等耕作农具。木耧为主要播种工具，镰刀为主要收割工具，水车、辘轳是主要浇水工具，主要使用的运输工具为木制小车、木制独轮拱车等手推车，以及铁木制造的两轮大车、四轮太平车等牲畜拉的大车。

（1）犁。犁身为木质，下装铁质犁面、犁铧，犁底、犁颈是木制的，人扶犁杖，驱赶牲畜拉动前进。一般深耕5寸左右，日耕1.5—2.5亩。犁是耕地的工具，主要用于翻地，属于大型农业工具，并非家家户户都有。一般以下几种情况的家庭没有农具犁：一是家境贫困，买不起；二是家中无土地，无须买；三是家庭条件虽算得上富足但土地数量少，犁属于大型农具，价值较高，土地数量少的家庭觉得单独购买犁不划算，从而就会选择借用他人的。借用犁既不需要给钱也不需要给粮食，均是无偿借用。村民借用犁通常是先向近邻借，再向关系好的大户借，一般不会向外村人借用，即使是外村的亲戚因距离较远一般也不相互借用。借用的犁损坏了，村民要负责维修，修好之后再还予主家。农户之间不会因为借用的犁发生损坏而破坏双方之间的关系。但若损坏之后拒不修理，村民下次再需要时也就不好意思再去借了。

（2）耙。耙，木框铁齿，一般长6.5尺，宽2尺，两侧还安装20多根铁齿，使用时人站在耙上驱赶牲口，将土耙碎压实。耙也是耕地工具的一种，主要用于松土、平地和聚拢谷物。耙属于大型农业工具，并非家家户户都有。一般以下几种情况的家庭没有农具耙：一是家境贫困，难以负担；二是家中无土地，无须购买；三是家庭条件虽富裕但土地数量少，这样的家庭会选择借用邻里的而不会自己购买。借用耙既不需要给钱也不需要给粮食，均是无偿借用。耙借用通常是先向近邻借，再向关系好的大户借，一般不会向外村人借用，即使是外村的亲戚一般也不相互借用。借用的耙损坏了要负责维修，修好之后再还予主家。农户之间不会因为借用的生产工具发生损坏而破坏双方之间的关系，下次还能继续借。但若损坏之后拒不修理，下次再需要时也就不好意思再去借了。

（3）锄。锄是中耕除草的主要工具，也可用于松土，对于种植花生的农户，锄头也是其主要收获工具。锄头分大、中、小3种。锄头基本家家户户都有，一般不会产生借用，农户去别人家帮忙干活的时候也是从自己家里带着锄头过去。锄头的借用一般发生在自家锄头损坏或是不够用的情况下。锄头一般不会损坏，如果借用锄头出现了损坏，则需要借用者修好了再还回去，修不好的则需要赔偿，可拿自家原有的还回去，也可买新的还回去。

（4）木耧。木耧，木制3腿，人、牲口均能拉着用，木耧可同时完成开沟、下种、掩埋3道工序，行距一般在7寸左右，砘与木耧配套使用。木耧主要用于播种，基本耕种土地的家庭都有。个别没有木耧的家庭，主要依靠借用来进行播种。木耧的借用既不需要给钱也不需要给粮食，均是无偿借用。

（5）镰刀。收割小麦主要用镰刀，收割能手一天能割2.5亩左右。也有人用擦子

（由钐刀、竹撂组成）、网包等工具，钐麦比割麦功效提高几倍。镰刀基本家家户户都有，一般不会产生借用。如果借用的镰刀用钝了，也需要借用者磨好之后再还回去。

（6）石碌。打场（脱粒）主要使用牲口拉石碌碾压的方式实现，辅助工具有桑叉、筋叉、翁板、掠耙、竹扫帚、木锨等。石碌由青石制成，呈圆柱体，一头大，一头小，两头有碌眼。20世纪90年代以前，人们在任徐店村的麦场上经常能见到此种石器农具，圆柱形，两端有洞，使用时用特制的木架子套上。传统时期，在任徐店村，石碌像土地一样，是庄稼人的命根子，其使用频率也是庄稼收获的象征，用得多则是丰年，闲置派不上用场的时候即是荒年。但石碌作为大型农用工具，并非家家户户都有，一般是和麦场搭配着使用，有麦场的家庭即有石碌，没有麦场的家庭多数没有石碌。没有石碌和麦场的家庭主要依靠借用来完成相关的生产环节。麦场和石碌的借用只发生在同村人之间，通常以"就近"为原则，离谁家的麦场近就借用谁家的，均是无偿借用，不需要支付报酬。

（7）水车。水车主要和水井搭配着用于农田灌溉，可用人力取水，也可使用牲口来取水。水车属于大型农业灌溉工具，而且成本较高，一般架上一挂水车需要花费12石麦子，因此并非家家户户都有，一般是土地大户或者家境富裕的农户才会有水车。没有水车的家庭可使用辘轳或是借用地邻的水车。借用水车属于无偿借用，既不需要给钱也不需要给粮食。水车一般要搭配着砖井使用，因此借用水车通常是向地邻借，不会向其他人借，水车灌溉需要过水的垄沟，如果借用田地相距较远的亲戚朋友的水车，也难以实现灌溉的目的，因此，借用水车一般只向地邻借。借用的水车损坏，农户要负责维修，修好之后再还予主家。

（8）辘轳。辘轳也是一种灌溉工具，辘轳完全依靠人力取水，相比水车来说费力大、功效低。辘轳一般是中等及中等偏下经济水平的农户使用的浇水工具。富裕农户使用水车，特别贫困的家庭用不起辘轳，还有的穷人家庭伙打水井、伙用辘轳。用不起辘轳的家庭可借用地邻的辘轳。借用辘轳属于无偿借用，既不需要给钱也不需要给粮食。辘轳一般要搭配着水井使用，因此借用辘轳通常是向地邻借，辘轳灌溉需要过水的垄沟，如果借用田地相距较远的亲戚朋友的辘轳，也难以实现灌溉的目的。

伙用辘轳的现象一般发生在地邻之间。对于伙用的辘轳，由伙用双方按使用面积（地亩）平均摊钱购买，后期修理的费用也是由伙用者分摊。相互之间在使用方面互不影响。伙用的辘轳没有使用的先后顺序，一方面各家种植作物不一，使用辘轳、水井的时间可以错开，另一方面，伙用辘轳的地邻多是带有亲情关系的，由分家或是堂叔伯关系分家形成地邻关系，因此一般是几家协商一下各自使用的时间，不会产生抢用的矛盾。农闲季节，闲置的辘轳由伙用双方以年为单位轮流保存，闲置的辘轳无其他使用价值，因此不存在关于工具保存的纠纷。伙用的辘轳闲置时，双方均可做主将辘轳借予外人使用，但前提是双方在这段时间内都不会使用。

（9）大车。大车主要是一种运输工具，需要用牲口来拉，只有村中大户家里才有。无大车的家庭在使用时可以去大户家中借，借用既不需要给钱也不需要给粮食，均是无偿借用。大车借用通常是先向近邻借，再向关系好的大户借，一般不会向外村人借用，即使是外村的亲戚一般也不相互借用生产工具。大车借用的期限不固定，可以是一天，也可以是好几天，但一般不会超过五天。

2. 耕牛及借用关系

在1949年前后，直到农业实现机械化和电气化之前，骡、马、牛、驴是农业生产过程中的主要劳动力，犁、耙、浇水、拉车打场等农业生产环节都是牲畜的主要劳动内容。因此，在传统时期，富裕家庭由于土地较多，就喂养多头骡马，一般家庭也要喂养两头。较贫穷家庭也会喂养一头大牲畜，在农忙季节两家或三家搿犋使用。如果没有这些大牲畜，则需要依靠借用，否则农业无法耕作。截至1949年前，任徐店村大小牲畜共有300余头。

（1）伙养耕牛

耕牛是传统时期任徐店村村民进行犁、耙、浇水、打车拉场等农业活动的主要大型生产工具。由于耕牛价格较高，通常一头牛的价格在1.2石麦子左右，且进行农业生产时通常要两头耕牛同时使用，因此，在任徐店村借用耕牛的现象十分普遍。但牲口一般不会出现伙养的情况，因为牲口是一个活物，每天都得喂食，伙养的话很容易出现纠纷，而轮流喂养的话又不能保证牲口的健康，所以牲口一般是单独喂养和搿犋使用。

（2）牲畜搿犋使用

① 搿犋的原因

农忙季节，对于犁地、耕地等大型农业生产活动，必须靠两头牲口套在一起共同使用才能实现。对于富裕家庭来说，能够喂养两头或两头以上的牲口，能够独立完成相关农业生产。而对于家庭条件一般或是贫穷的家庭来说，由于牲畜的价格高且喂养开支大，一般选择两家各喂一头牲口，农忙的时候牵在一起共同使用，以此来解决农业生产中的牲畜问题。搿犋只伙用牲口，不共用劳力。

② 搿犋的对象

搿犋发生在以下几种情况中：一是有近亲属关系的村民之间；二是处得来的、关系好的村民之间；三是街坊邻里。搿犋的双方通常是在日常生活中互有人情往来且关系较为亲近的。

③ 掰犋的方式

发生掰犋共用牲口情况的时候不考虑牲畜的种类，耕牛、骡马、驴等同等使用，农户不会考虑或计算每类牲口的工作量或是喂养花费，而且也不考虑各自家庭的土地数量。比如张三家有1头耕牛、8亩土地，李四家有1头骡和12亩土地，只要两家关系处得好，有相互掰犋的意愿，同样会发生掰犋的现象，张三家用到牲畜的时候就去李四家牵走，用完了再送回去，不需要支付报酬，也不需要给李四家的牲口添加饲料，只是在使用期间负责喂食即可。同样，李四家用到牲畜的时候就去张三家牵，用完再送回去，其间只需要负责给牲口喂食即可。

④ 掰犋中牲畜的使用顺序

掰犋的双方没有使用牲口的先后顺序，不会因为牲口的大小和种类而出现差别。农忙的季节根据双方土地的耕种情况和口头协商决定谁家先使用。使用完后各家的牲口再各自牵回各家。

⑤ 掰犋关系

掰犋没有固定的期限，农户今年和这家掰犋，明年可以换和别家掰犋。但是，一般情况下如果掰犋双方没有发生什么大的摩擦或者矛盾，不会轻易更换掰犋的对象。掰犋不需要签订文书，由掰犋双方口头协商约定好即可。如果掰犋双方其中一方的牲口被偷，则损失由自己承担，掰犋关系自动解除，另一方可以再自由寻找掰犋对象，也没有义务帮助丢牲口的一方完成犁地、耙地等农业活动。但是，在两家关系相处和谐的情况下，若丢牲口的一方提出请求，原掰犋方都会同意将自己牲口借出或是帮助其完成眼前的农业生产。如果在农忙季节两家的牲口均在掰犋一方家里丢失，那也只能两家共同认栽，因为即使要求对方赔偿，对于普通甚至贫穷（选择掰犋的一般是中等以下生活水平）的家庭来说，也没有能力支付赔偿牲口的费用。

⑥ 掰犋中牲畜的借用

掰犋使用的牲畜也可以外借。比如当张三家在使用和李四家掰犋的牲畜耕地时，若地邻来说情请求帮忙耕地，张三在与李四协商确保其暂不使用牲口的情况下，可以自己做主把牲畜外借给地邻使用，李四也不会说什么。外借时村民一般会提前询问掰犋方和借用者使用的时间是否冲突，如果冲突，掰犋者优先使用。若在农闲季节各自牲口喂养在各自家里的情况下，张三和李四可以把自家牲口外借，但是没有权力做主将对方的牲畜外借。

（3）耕牛的借用

耕牛是任徐店村村民农耕的主要劳动工具之一，因其价格较高且有的时候需要两头牛搭配着使用，一般只有土地大户或是富裕人家家里才能实现耕牛的自给自足。一般家庭需要时需进行耕牛借用或搿犋使用，但各家的耕牛都是单独购买，不存在伙买耕牛的情况。

① 借用原因

耕牛借用一般发生在以下几种情况中：一是家境贫穷，买不起耕牛的家户；二是"串房檐"（没有固定的居所）或是宅基地面积有限的家户，没有空闲的空间用来喂牲口；三是土地数量少或是没有土地，买耕牛没有很大的用处的家户；四是因为懒散不愿意耕种土地的家户，但是这种情况很少见，因为传统时期村民主要是以土地为生，精耕细作才能收获更多的粮食，才能填饱肚子，有俗语"你哄我地皮，我哄你肚皮，不打粮食算你运气"，只有勤劳的人才能过上好生活。

② 借用期限

借用耕牛一般是在农忙的时候，村民在别人家耕牛闲置的时候就过去借。借的时候一般是向街坊邻里中关系好的人家借，如果借不到也会向同村的亲戚借，一般不会到村外借用耕牛。耕牛一般的借用期限在3天以下，因为农忙季节耕牛使用得比较频繁，如果借用的期限较长，可能会影响到主家使用，主家可能就不会外借。

③ 借用费用

一般村民都是抱着"耕牛闲着也是闲着，倒不如借出去卖个人情"的心态，当有人借用时，就会很爽快地答应。借用牲畜不要支付报酬，也不需要给牲口添加草料、饲料。借用耕牛也不需要以人工换牛工。

④ 耕牛借用的纠纷及处理

当有人来借用耕牛时，只要和自家使用时间不冲突，主家一般会外借，因为来借者多是亲戚朋友、街坊邻居，如果不借则会对两家今后的交往关系产生影响。即使在耕牛生病的情况下，有的依然也会外借。如果造成耕牛的死亡则由双方共同承担耕牛的损失。例如，村民王继温家的耕牛在生产小牛的时间边缘，邻居来借用，考虑到人情等诸多方面的因素，王继温家依然将耕牛外借，耕牛在为借用者劳作时病死。由于双方是邻居，后经协商由两家共同负担再为王继温家买一头耕牛，当时一头耕牛的市场价是1200钱，两人将病死的耕牛宰杀之后卖牛肉获得了600钱的收入，后经中人李明德说和，每家再支付300钱的差价，以双方共认倒霉、共同支付差价的方式妥善解决。耕牛借出后如果生病，则由借方负责医治。

⑤ 借用关系

自家的东西在闲置的时候外人也能使用，但是需要提前来询问，避免多家同时来使用产生冲突。比如耕牛，其他村民若想使用必须先向主家打声招呼，一方面是告知主家使其知晓，另一方面避免出现多家要同时使用而产生矛盾。借用者询问时问主家的任何一个了解情况的成年人均可，不分男女，家中的女性也可以做主将东西借予他人使用。一般有人来询问时，只要不发生使用冲突，村民都会同意借予其使用。有矛盾的人不会来借用东西，即使需要也会选择去借别家的。不提前打招呼的人不能直接使用别人家的物品，在礼节上也说不过去。若外人在借用耕牛或者使用自家物品时发生了损坏，则根据物品的不同采取不同的处理办法，有的时候自家承担，有的时候借用者承担，也有的时候两家均摊修理的费用。比如石磨用得不好了，由主家自己出钱请石匠来锻磨，其他使用者不需要承担费用；若外人借用自家的马车发生损坏，如马车轴断裂等，则遵循"谁用坏谁做新"的原则；若是大件物品损坏，通常就要由两家共同承担修理费用，以减少由任何一家单独承担带来的经济压力。另一方面也考虑借用者的实际情况，若借用者家境困难，而自家家境富裕，通常就是自己承担修理费用。没有因物品修理问题而产生纠纷的情况发生。

3. 石磨及其借用关系

1949年以前，石磨是村民不可避免要用到的生产生活用具，村民主要食用的面食必须要通过石磨来获得。任徐店村人用的碾、磨、石碾均是从外边（修武或获嘉的山区，太行山边缘）买回来的。传统时期村内共有40多盘石磨，4个石碾，多是由祖辈传下来的。因为每个家庭都在发生不同的演变历程，因此当时的40多盘石磨石碾并非全部由富人家所有，一些家境贫穷但是祖辈富裕的家庭也会有石碾石磨，但是多数还是由富人以及上中等户人家所有。石磨必须是放在屋内的，因为下雨、下雪的天气也存在要使用的情况，而且放在院子里风刮日晒容易损坏，因此，有石磨的话还必须要有存放石磨的房间。

石磨由私人购买，归私人所有，对于没有石磨的家庭，到需要使用的时候可以向邻近的有石磨的街坊邻里借用。若家里的石磨闲置，街坊邻里均可以借用，借用不需要支付任何报酬，都是无偿使用。借用石磨存在以下两种情况：一是借用者去使用时石磨的磨底以及磨盘上都是干净的，没有主家的粮食残留，这种情况下借用者磨完了粮食之后将石磨清理干净即可。二是借用者使用时石磨的磨底以及磨盘上有主家留下的一些粮食残留，借用者用完之后需留下同等多的残留，保证磨盘保持原样。

村民借用石磨不需要支付报酬，同时也不需要承担石磨的修理费用。若石磨出现损坏，则由主家自己出面、出钱请石匠进行锻磨。在任徐店村，也没有因为石磨的借用而发生的纠纷事件。

（三）劳动分配

1. 劳动分工

在家户内部，不同性别、年龄的劳动力分工各有不同。一般来讲，家户内的男劳动力主要负责农业生产、牲口喂养、货物运输等耗力较大的活计，同时也要兼做一些比较重的家务活，如挑水、背柴等；除此之外，家里的男性还要担负起外出挣钱维持生计的任务，如农忙季节外出担山、推足、拉足等。家户内的女性劳动力承担着主要的家务劳动，如做饭、洗衣、看孩子、为家人做衣服鞋子等等；同时要为家里的男性劳动力外出跑小生意提供原材料，如织布、制香等；除此之外，在任徐店村，多数成年女劳动力还要承担一部分较轻的、力所能及的农活，如割麦子、摘棉花、锄草等，但受封建礼数的影响，女性劳动力下地干农活时必须着长袖，不管天气如何穿的衣服必须能遮盖全身，有民谚"男不露脐，女不露皮"。家中的老人主要做一些力所能及的、较轻的活计。小孩一般也是根据自己的能力承担一些力所能及的劳动，如灌溉时看水、日常放牧等，即使读书的小孩也是如此，私学实行三学期制，每到麦收、秋收农忙的时候私学就会放假，其间老师、学生均可回家帮忙干农活。如果家中没有男劳力，本该由男性承担的一些劳动则不得不由妇女来完成，类似耕田这些妇女难以完成的重体力活，一方面可以请亲戚或邻居家的男劳力来帮忙，另一方面也可以通过换工的方式来解决。请别人家的男劳力来帮忙干农活，无法承担重农活的妇女会通过为其做衣服、做鞋子的方式来还工，实质上是还人情。在家庭条件允许的情况下，没有男劳力的家庭也会通过市场雇工的方式雇用长工、短工来完成农业耕作。对于有匠人的家庭来说，在农忙季节，匠人依然是以农业为主，"土地是农民安身立命的根本，首先种好土地才能填饱肚子"。农忙季节村民通常忙于生产，匠人的业务也比较少，村内多数手工作坊与店铺均是"农忙时歇业生产，农闲时开门营业"。

2. 劳动时间

传统时期，任徐店村农作物实行一年两熟制，"麦收种秋，秋收种麦"。农作物的播种时间多以农历为主，村民按照农历二十四节气确定播种的时间，既不能太早，也不能太晚，以免影响收成。麦子的播种多在寒露节前后，农谚说"白露早，霜降迟，寒露荞麦正适时"。闰年以月计，以九月为宜，俗有"闰年不种十月麦"。若因为腾茬晚或是雨涝等原因，不能适时播种小麦的，要种"赶麦茬"。种麦最晚的时间是"参（星）不落，地不冻，有子只管种"，但是"晚播弱，早播旺，适时播种麦苗壮"，只有适时播种才是保证庄稼丰收的重要条件。秋作物分早秋作物和晚秋作物，早秋作物一般于清明前后下种，俗称"清明前后，种瓜点豆"。棉花要在立夏前种上，所谓"清明早，立夏迟，谷雨种花正适时"。晚秋作物亦称"麦茬秋"，接麦茬而种，以玉米、谷子、红薯为主，成熟后尚可回茬种小麦。

具体到一年来说，农户种地干活集中在三月至十月，十一月至次年二月是农活相对较清闲的时期。具体到一天来说，村民的劳动时间没有固定的限制，因家户内部的习惯和安排而异。整体来看，村民夏季劳动时间较长，冬季劳动时间相对较短。夏季天气暖、天亮早，村民干农活的时间也相对较长，通常6点左右晨起之后就先下地劳动，8点到8点半之间回家吃早饭，早饭之后再继续干农活，午饭通常不再回家里吃，而是由家里的妇女提前回家做好了之后送到地里，以节省时间，提高劳动效率，下午天快黑时下工。冬季由于天气冷、天亮晚，村民一般是晨起吃了早饭之后，8点钟前后才会下地劳动，晚上天快黑时回家。如果是下雨天气，村民一般都不会下地劳动，下雨天地里比较泥泞不好走，而且雨天在地里走来走去也会把土踩硬，影响庄稼的生长。通常过了十月份农活就逐渐减少进入到农闲季节。闲散的时间男性劳动力主要经商跑小生意，如担山、推足、拉足等；女性劳动力主要织布做手工，为家人做衣服、做鞋子等。在农闲季节，村民之间的相互交往也会比较密切，经常会聚堆打牌、拉家常等，但社交的范围以男性为主，女性尤其是年轻女性则很少出门。

3. 劳动活动

受土地数量及土地产出的限制，任徐店村村民在农闲季节多兼做一些副业。在1949年以前，任徐店村村内有多处手工作坊和店铺，农忙时歇业生产、农闲时开门营业，在方便农民生活的同时，极大地提高了村民的收入。即使没有店铺的村民，在农闲季节也会挑扁担、推小车做一些小生意，以获得农业生产之外的额外收入，改善生活状况。做小生意通常由家中妇女负责提供原材料，如织布、制香等，由青壮年劳力负责外出售卖，如担山即是在冬春季节由家中的青壮年带些本地的土布或是其他物资到山西陵川县换取粮食回来。副业主要是为了获取额外的收入贴补家用，通常发生在十一月至次年二月的农闲季节，在时间分配上，村民仍以农业生产为主。

第二节 产权与产权关系

传统时期，任徐店村的土地性质以私人所有为主，兼有村庄共有、街道共有、宗族共有等不同的产权类型。从土地类型来看，主要有私地、祠堂地、善坟地、寺庙地、养老地等几种类型。村内私有土地买卖、租佃、典当、置换等交易行为相对较为自由，而共有土地的买卖交易则受到一定的限制。本节将重点从"土地性质与土地所有类型、土地买卖与土地租佃"两个方面来考察任徐店村土地的产权及产权关系。

一、土地产权概况

（一）土地产权类型

从土地产权类型来看，任徐店村的土地主要有私有地、祠堂地、善坟地、寺庙地等几种不同的类型。其中，以私有土地数量最多、占比最大。至1948年任徐店村共有耕地3200亩，其中水浇地1200亩，旱地2000余亩。各类土地的权属状况如下表所示：

表3-2 传统时期任徐店村土地所有概况

土地类型	面　　积	性　　质	用　　途	使用者
私地	3200亩	私人所有	耕种、宅基地	家户内部成员
寺庙地	不详	寺庙共有	寺庙活动	寺内成员
祠堂地	不详	家族共有	家族活动、祭祀、祖坟	家族内部成员
善坟地	不详	家族共有	祖坟	族内非正常死亡者
村内道路	不详	村庄共有	生产生活道路	村内外过路者

1. 地主土地

为贯彻党的土地改革政策，1949年3月，任徐店村开始发动群众，培养骨干，建立农会，建立民兵、妇女群众组织，按照政策划分阶级成分，进行了轰轰烈烈的土地改革运动，并划定地主5家，富农14家。受土地总量的限制，任徐店村并不存在太大的土地大户，土地数量最多者也不过百亩，村内地主多数是因劳动力缺乏进行雇工经营而被划为地主的。任徐店村的地主与富农大多是通过经商获得大量收入而富裕。在任徐店村的5户地主中，除任贵志家长年在外经商之外，其他均是"在村地主"。任贵志家在修武县经营粮行与钱庄等生意，村内的土地全部租佃给其他村民耕种，每到收获季节，其家人会回到村内来收租。

2. 自耕农土地

自耕农家庭的土地数量基本能维持自家的基本生活，少数自耕农家庭会略有剩余。自耕农家庭的土地兼有水浇地与旱地，多数由祖上传下来，也有一部分由后辈兢兢业业用积蓄购买得来。若自耕农家庭劳动力有剩余，也会再租种一部分土地，以增加家庭收入获得积蓄作为买进土地的资本。自耕农在农忙时，若劳动力不足，一般会请亲戚帮忙或是与街坊邻里换工。因请工成本较高，自耕农一般不会到市场上去雇工。

3. 宗族土地及其产权关系

任徐店村的宗族土地分为祠堂地和善坟地两种。

(1) 祠堂地

传统时期,任徐店村村内只有李燕家族有祠堂地,其余任氏、赵氏等均没有祠堂地。祠堂地的主要作用是作为族下的公坟,其余可耕种的部分则以出租的形式租予族人耕种,收入用来支持族内祭祀。祠堂地买下来后,村民首先要请阴阳先生来看风水,确定祠堂地里的"穴位",由此来确定族下公坟的边界,其余的部分则用来耕种和埋葬族下那些不能入祖坟的人。

① 祠堂地的产权。李燕家族由族下成员共同捐资买进十几亩土地作为祠堂地,祠堂地的所有权归属同宗的李燕家族所有。并非所有的李姓村民都属于李燕家族祠堂地产权共有人。任徐店村有李燕家族、三和李、圪垱店李姓等不同来源的李姓村民,只有同是李燕家族后代的李姓村民才享有祠堂地的共有权利。祠堂地有地契,由耕种者负责管理。

② 祠堂地的买卖。祠堂地只能买不能卖,因为祠堂地主要用于族人的祭祀与墓葬,是阴阳先生看过风水的,如果卖给他人用作其他用途会坏了坟茔的风水。祠堂地并非一次性买来,而是随着族人的增加以及各方面条件的变化逐渐增加,村民一次买几分到几亩不等,多是就近买卖,优先购买离原有祠堂地较近的土地。遇买进祠堂地或是在祠堂地里种树等大事件需要用钱的时候,如果需要的资金数额不大,比如需要一两石粮食,则由家族内几户条件比较好的大户分摊;如果需要的资金数额比较大,则由族长、门长组织号召在族内进行集资,一般族下的人都会根据族长、门长的要求进行集资,没有人敢拒绝,若哪一家不愿出资,则这个家庭的人过世后不能埋进祖坟,情节严重的还会开祠堂门打骂当事人作为惩罚。但是族长、门长在派款的时候也会综合考虑每个家庭的现实情况,富裕的户就会让其多出一点,真正贫困的、难以承担的家庭也不会给其派款。需要多出资的富户也不会有什么意见,因为如果他有钱而不愿意出,就会觉得是失了面子,在人格上就会被大家看不起,况且族长、门长派款也是适可而止的,即使让某个大户多出钱,也不会比平均水平高出很多,都在其承担能力之内。

③ 祠堂地的经营。祠堂地以出租的形式租给族下的人耕种,耕种者由族长和门长商议决定。任徐店村李氏家族的祠堂地则是以出租的形式交给李如幸家负责耕种。祠堂地的耕种者确定之后不需要报告保长和甲长。耕种祠堂地者不需要交实物地租,而是以负责提供祠堂的集体祭祀用品的方式来充抵地租。祠堂集体祭祀一般一年一次,即春节期间,集体祭拜仪式一般是在大年初一上午,春节祠堂粘贴的对联、公布事情张贴的红纸、糊窗户的纸、春节集体祭祀时的祭祀用品以及分给族人的物品(一般是

核桃、柿饼）等也由祠堂地耕种者承担。

④ 祠堂地的分配。本部分将在下文"分配与分配关系"一节展开，兹不赘述。

⑤ 祠堂地纠纷。村民在租种与分配李氏家族的祠堂地过程中没有出现过纠纷，在祠堂地买卖过程中也没有发生过纠纷。

⑥ 祠堂地的税赋。耕种祠堂地不用向国家缴纳赋税，因为用于耕种的只是墓地周边的边角地。虽不用向国家缴纳赋税，但耕种者每年必须要承担族下的祭祀费用来充抵地租，即使遇到自然灾害，庄稼绝收，耕种者也要承担当年的祠堂祭祀费用。

（2）善坟地

善坟地也是族下公坟的一种，但善坟地只用于埋葬那些非正常死亡、不能入祖坟的人，比如死于难产的妇女、月疾病（孩子不满一个月过世的）妇女、不足16岁的孩子少亡等等。善坟地只允许本家族的人埋葬在此。

善坟地的产权归同一宗的李氏家族所有。并非所有的李姓村民都属于李氏家族的善坟地产权共有人。任徐店村有李燕家族、三和李、圪垱店李姓等不同来源的李姓村民，只有同是李燕家族后代的村民才享有善坟地的共有权利。善坟地有地契，由耕种者负责管理。

善坟地只能买不能卖，因为坟地是给风水先生看过的，卖出去会毁了风水。善坟地是和祠堂地一起买进的，祠堂地买进之后，风水好的即为公坟，风水不好的则作为善坟地。买善坟地的资金，如果数额不大，会由家族内几家条件比较好的大户分摊；如果需要的资金数额比较大，则由族长、门长组织号召在族内进行集资，族下的人一般会根据族长、门长的要求进行集资，没有人敢拒绝。族长、门长在派款的时候也会综合考虑每个家庭的现实情况，富者多出，穷者少出或者不出。

不同家族的善坟地使用方式也可能存在不同。除李氏家族有善坟地外，王氏家族也有12亩左右的善坟地，但是王氏家族善坟地的经营方式是请比较贫困的家庭住在善坟地里看坟，保证坟地里的树木、坟墓不遭到破坏。被雇用者可以耕种善坟地外围没有树木和墓主的土地，收益归自家所有，不用向雇主家交租。当时受雇的主要是比较贫穷的家庭，受雇者不一定是本家族成员，比如王氏家族当时就是雇用姓陈的一家来看坟。

耕种者除了要尽看坟的义务外，不需要承担任何地租以及祭祀费用。任徐店村各家族的善坟地在租种与分配过程中没有出现过纠纷，在善坟地买卖过程中也没有发生过纠纷。耕种善坟地不用向国家缴纳赋税。传统时期在任徐店村及其周边地区，墓地不需要交税。

4. 村落公共土地及其产权关系

在任徐店村，村公所没有固定的位置，哪个大户家里有空闲的屋子就将村公所设置在该处。村落的公共土地仅限于村落道路、水利设施以及寺庙等场所。对于村内的道路，所有村民都可自由通行，邻村以及来往的客商均可自由使用不需要支付费用。如果道路出现坑坑洼洼等损坏现象，则遵循着"谁临近谁填补"的原则，由临近居住的村民自发进行取土修补，不产生公共费用。对于村落内的寺庙，所有村民均可自由祭拜，外村人如果有同样的信仰也可过来祭拜，无祭拜的先后顺序。

在传统时期，任徐店村共有 8 眼水井保障着全村 1000 余人及来往客商的生活用水。吃水井的产权均为街道共有，同一街道的人均可在街道内的水井取水。同时，若街道的水井出现损坏，村民也可到邻近街道的水井取水，不需要支付费用。若街道上的水井出现损坏，则是由街道上好管事的人号召同街道上的人共同出钱出力来维修。水井关系到家家户户的利益，每一个家庭的生产生活都离不开水井，因此，水井不需要专人看护，大家都会自觉爱护水井。吃水井的水，只能用于生活，而不用于农业灌溉。

与吃水井不同，任徐店村的灌溉水井多数为个人所有，少量为村民与村民之间自发结合伙打的水井，但没有村落共有、家族共有的灌溉水井。至 1949 年以前，任徐店村共有砖井 120 余眼，土井 15 眼左右。水井虽然多数是私人所有，但地邻之间均可相互借用，关系好的地邻也可不向主家打招呼而直接使用。即使是伙打伙用的水井在闲置时也可借予其他地邻使用。水井借用仅发生在地邻之间，一方面是因为水井较多，一眼水井可辐射 10 亩左右水浇地；另一方面利用水井灌溉需要过水的水槽，如果舍近求远借用远处的水井也不方便灌溉。正是由于任徐店村的灌溉水井大范围存在"私产公用"现象，灌溉水井不需要安排专人看护，每个人都会爱护水井，加之村内设置看守不定期巡逻防偷防盗，在任徐店村没有出现过水井被刻意损坏的现象。而且在村民打井时，街坊邻里、地邻等日常交往较多的人都会来帮忙。

任徐店村原属黄河故道平原，后因黄河改道，水井成为村民的唯一用水来源，村内无河流。但因村民取土建房，在村内形成了 4 处水塘。4 个水塘权属不一，有的归属于个人，有的归属于一个片区，以早期的土地文书为权属证明。但任徐店村的水塘均为村民共同修建、共同使用。水塘通常是夏天雨水多时储水，冬季雨水少的时候干涸，村民可用水塘里的水洗澡、洗衣服等。所有村民均可使用水塘里的水，外村人也可使用，没有使用的先后顺序。若水塘出现损坏，同样是由好管事的人组织附近的村民共同出钱、共同维修。

5. 寺庙土地及其产权关系

在任徐店村周边村庄，还存在由寺庙所有的寺庙地。

（1）寺庙地及其产权关系

一般只有大庙里才会有寺庙田，称为"庙地"。祝徐店村洪济寺有寺庙地100亩，由寺内老和尚"带产业出家"。老和尚原为卢徐店村村民，后连带自家土地一起出家来到洪济寺做和尚，寺庙田位于卢徐店村。寺庙田有田契，由寺内和尚看管，产权归寺庙所有。

寺庙地可以买卖，买卖要经过老和尚同意，在买卖过程中没有优先次序，价高者得。寺庙地买卖的价格一般同正常的土地市场价格保持平衡，土地价格根据土地的质量以及水井情况的不同而不同，有水井的水浇地地价就高，无水井的旱地地价就低。

传统时期，人们一般信奉"好孩不住庙舍"，能过得去的家庭都不会让孩子去做和尚，家里特别贫困或者孩子有疾病的家庭才会让孩子出家，所以洪济寺内的和尚多为外来人口。因此，洪济寺的寺庙地就由寺内和尚自己耕种，不外租，一般也不会和村民发生换工、辩禨等合作经营行为。寺庙内圈养有七八头牲口，有专门的马房等牲口屋，且农具齐全，劳动力充足，能够实现自给自足。但若邻近的村民或是地邻来寺庙中借用牲口、农具等，寺庙的人也会借出，以保持与村民和地邻的友好关系。工具外借由寺庙内的老和尚做主。

寺庙地的收入主要用来供养寺内十几个和尚的日常生活以及寺庙的日常祭祀活动，但祭祀活动还会有一部分经费来源于善男信女的捐赠。寺庙里的日常收支由庙里的老和尚负责管理，小和尚除了日常食宿由寺庙提供之外，没有工资性的收入，也不会得到寺庙地的分成收入。但在其生病等需要用钱的时候，也是由寺庙为其提供。

寺庙地和普通百姓的农地一样需要缴纳捐饷[1]，缴纳的标准同普通村民的农地一样。保里在收税的时候由负责收税的人直接去找寺庙的管理者收，一般是由甲长去收。

（2）乱葬坟及其产权关系

祝徐店村洪济寺将自己的寺庙地抽出3亩左右建成乱葬坟，专门用来埋葬外来逃荒、要饭、无家可归等身份不明的在此地过世的人，带有一定的公益性质。乱葬坟产权归洪济寺所有。乱葬坟可由洪济寺的负责人决定买或者卖，但一般不会发生卖的情况。首先因为乱葬坟属于公益墓地，由洪济寺无偿献地建立，且乱葬坟用途有限，没有人会去进行扩建；其次乱葬坟属于墓地，且埋葬的都是身份不明的人，在传统时期大家买地都很看重风水，不会有人去买像这样的坟地，即使寺庙愿意卖出也没有人会

---

[1] 捐饷即土地赋税。

买。乱葬坟无专人管理，谁都可以葬在乱葬坟里，本村人、外村人、外地人均可。乱葬坟用作坟地之后不用再缴纳赋税。

(二) 产权认定

土地文书是任徐店村村民最重要的产权认证方式。在任徐店村，私有土地均有地契作为土地凭证。在发生土地买卖时，村民需要请4—5位中人做证，同时请村内专门的勘丈员来进行土地丈量，在丈量过程中还必须有地邻在场见证，买卖达成共识之后要到保上签订顺契，并由保上的文书拿到乡上盖上官府的公章作为土地税赋变更的土地凭证。由此，也使得村民的土地获得了乡邻以及政府的双重认可。即使是亲兄弟分家，也讲究"亲兄弟，明算账"，需要在中人的见证下在分家文书上写明土地的分配方案、四至边界。若发生土地权属纠纷，则会由产权受损一方当家人出面带着土地文书找买卖中的中人来调解，若中人调解不好则需请保长、甲长来进行调解。村民很少会因土地纠纷而选择报官打官司，打官司不但时间跨度长，影响农业生产，而且需要花费大量的人力、财力，得不偿失。

对于集体共有的土地，如寺庙地、祠堂地等，均由相应的产权所有者代表（寺庙的住持、宗族的族长）进行管理或是委托相关人员进行管理。以祠堂地为例，任徐店村李燕家族的祠堂地由族长、门长商议决定以租佃的形式交予族人李如幸耕种，地租以支持族下祭祀事务的形式缴纳，不需要再交实物地租。共有土地一般只能买进不能卖出，其产权也是以地契作为凭证。如果发生纠纷，则由产权所有者代表出面请人调解。

任徐店村地处黄河冲积平原，地势平坦，加之人多地少的原因，村内无长期没人耕种的土地。若村民乏嗣，则由侄子及其他近亲继承其土地，并承担起相应的赋税，若无亲人可继承则由村庄收归村庄所有。

(三) 产权边界

1. 村庄边界

村庄与村庄之间以两村交界处家户的耕地为边界，以村民的地契作为边界证明。因相邻村庄村民互有土地买卖往来，两村也会有插花地界，但村庄的边界不因土地买卖而发生变动，原产权归属哪个村庄，买卖之后产权仍归属哪个村庄，赋税不变。如任徐店村位于武陟县边界，因村民与归属修武县的邻村王村村民互有土地买卖往来，任徐店村村内专设洪济保，负责征收本村村民从王村买进土地的赋税。如果是因租佃而与邻村发生的土地插花现象，村庄边界也不因土地租佃而发生变化。

2. 土地边界

村民的土地以灰橛、桑棵和埝岭为边界。埝岭的宽度一般保持在 20 厘米左右，由相邻的两家各自留出 10 厘米土地形成。埝岭的产权以土地产权作为区分，哪一家预留出土地则产权归哪一家所有，但是地邻之间均可以从埝岭上通行。田地的边界不需要经过官府公证，但丈量时必须有中人、四邻以及专门的勘丈员在场，且在地契上要写明土地的四至，如果是发生买卖的土地，则需要到保上签署顺契，以表示土地所有权的变更。顺契必须加盖官府的印章，在顺契上，要写明买卖土地的数量、四至以及田地里的树木、水井、道路等的产权与使用权。村民可在自己的地界范围内进行栽树、修井等活动，但是不能侵占到地邻家的土地，否则就会造成两家的纠纷，影响两家的交往关系。

3. 产权纠纷

在任徐店村，少有产权纠纷发生。但偶尔因边界破坏或消失、房屋雨水流向等问题也会发生纠纷。如果是兄弟之间产生的纠纷，一般是请舅舅、叔伯等近亲来调解。如果是与外姓家户发生的纠纷，一般是先由邻近的街坊进行调解，调解不成则需买卖中的中人以及勘丈员出面进行重新丈量和调解；若再调解不好，则需请保长、甲长来进行调解。但村民一般不会走上打官司的道路，所谓"衙门口，朝南开，有理没钱难进来"，打官司需要以一定的经济基础作为支撑，且会耽误农业生产，而农村的边界权属纠纷一般不涉及价值很高的财产，在村民看来打官司就是得不偿失。

二、土地买卖及其关系

传统时期，在任徐店村，土地买卖是常发生的经济行为。但因为村民普遍存在"土地是命根子"的思维，土地买卖的频率相对较低。对于家户私有的土地来说，产权所有者可以自主进行买卖，但有时也会受到亲族的干涉。

（一）土地交易

1949 年以前，缺钱是导致农民卖地的主要原因。在土地买卖的过程中，农户会遵循一定的优先次序进行买卖交易。

1. 卖地原因

传统时期，在任徐店村村民看来，卖地是迫不得已的行为，不到最危急的时候没有人会选择卖地。据村中老人回忆，卖地多发生在以下几种情况下：一是家里贫穷，生活过不去的会卖地；二是嗜赌成性，赌钱赌输的会卖地还债；三是吸大烟而耗光家产的会卖地，如村民李如武、李如志；四是受天灾人祸急需用钱而家里又无积蓄的家庭会卖地，比如民国三十二年（1943 年）发生蝗虫灾害时卖地的频率高于平常；五是家里劳动力不足、土地无法耕种的会卖地（此种情况发生得较少，村民一般会选择出租，个别将土地卖出）；六是家里土地少，为了解放劳动力去拉长工的会卖地。大家庭很少卖地，卖地多发生在小家庭当中。

2. 买地原因

在传统时期，任徐店村村民普遍认为"土地就是财富"，只要家里有了一定的积蓄，就会优先用于置办土地。虽说是"吃饭穿衣看家底"，但即使是富裕人家生活也不会很奢侈，而是省吃俭用。为了购置财产，通常吃的饭食都是"白仨月，黑仨月，饥仨月，忍仨月"，节省的钱积蓄起来用来买地，因为土地就是财富的象征。一般家庭条件好、剩余财产多的家庭会买地；其次家里劳动力多，有剩余劳动力的家庭也会买地；此外，对于大户家庭来讲，还存在因看中风水而买地的行为。

3. 土地买卖顺序

在发生土地买卖的时候，任徐店村村民通常会按照一定的先后次序选择买卖对象，首先要询问近本家的弟兄是否有买地的意愿，然后再通过中人询问地邻是否有买地意愿，若近亲及地邻没有买地意愿才考虑其他的买地者。在买地的过程中，有的村民倾向于购买亲戚、熟人、朋友的土地，相识的人一般来说彼此了解，对对方的人品、家庭情况了解得较为清楚。但也有村民不愿意在亲戚、朋友之间进行土地买卖，一是熟人不好讲价，价抬高了自己吃亏，价压太低了对方会有意见，另一方面如果亲戚、朋友之间发生土地买卖纠纷，相应地也会影响两家日后在其他方面的交往关系，甚至造成互不往来的后果。

在传统时期，村民买地、卖地都是基于自愿的原则，在家户内部只有当家人有权做出买地卖地的抉择，但买卖土地在家户内部属于较大的经济行为，当家人在做决定之前也必须征求其他家庭成员的意见。在任徐店村的土地买卖往来中，极少有强买强卖的现象发生，据老人李继宗回忆："印象中俺村土地强买强卖的现象几乎没有，只有一次，还不是耕地，是宅基地。俺村的最后一任保长李三治，没有子女，但是李如普他家弟兄五个，李三治看人家家里风水好、人丁兴旺，说是要买他家宅基地，实际上是只给了一斗麦就强占了人家的庄基。李三治也就是因为这个遭了民愤了，在土改的时候给强安了个地主的帽子。"

4. 土地买卖中人

中人通常由"好事的人""会办事的人"担任，不一定是自家亲戚，街坊邻里均可担任。中人需要腿勤、嘴勤，对村民基本情况如是否具备卖地买地的意愿和能力大致了解，还要具备一定的威慑能力，因为土地买卖很少有一次性就能说合成功的，需要经过多次的说合与调节才能促成一桩土地买卖，如村民李三香就是一位土地买卖的

"老中人"。中人通常要先请一个，然后到量地、签契约时再请2—3个。若是村内土地买卖，则中人均为本村人，若涉及与外村的土地买卖，则中人中就需既有本村人也有外村人。中人由土地买卖的当事人根据需要去请，不是由固定的人担任。

土地买卖过程中必须要请中人，首先是因为土地买卖不可能一帆风顺，买卖双方在价格等方面肯定会存在不同意见，因此就需要中人从中进行调和；其次，可通过中人寻找合适的买家和卖家，经中人将买地、卖地的意愿传播出去；第三，中人作为土地买卖的见证人，要避免日后因所买卖的土地产生产权纠纷。土地买卖的中人无物质报酬，只有在土地买卖达成之后由买家负责请客吃一顿酒肉大席。

5. 土地丈量

土地买卖要经过勘丈员的丈量，买家、卖家、中人、地邻均需在场，当时任徐店村的李三香是专门的勘丈员。勘丈员还要负责土地买卖的"顺契"，即将土地田契上卖方的名字更正为买方的名字，将原来的文书换成新的文书，相当于过户，作为土地买卖的凭证。

土地丈量的工具是弓，每丈量一个弓的距离，就要用篾刀标记出位置，然后由中人中有文化的人负责记录，并核算出土地的具体数量。丈量之后，在卖方、买方、地邻均无异议的情况下，开始下灰橛，固定边界。若地邻对丈量的边界存在异议，则需要挖出之前的灰橛证实。传统时期地块与地块之间必须要下灰橛，避免出现土地边界纠纷。土地丈量时需要买方准备下灰橛时需要用到的白灰，除此之外不产生其他费用。

土地丈量结束当天买方要在家中摆酒席请客，宴请保甲长、中人、卖方，有的时候也会请四邻，以表示感谢，请客的人数通常保持在十余人。买地的宴席必须体面，宴席的质量代表着主家的身份与地位，同时也是一种有面子的象征，因此，买地者通常请客时都会请村内专门的厨师，做上"八八四大件"来展示买地者的体面。请客吃饭时的座次没有讲究，大家随意坐即可。除了请客吃饭外，买地者不需要再向任何人送礼。

6. 土地等级与价格

买卖土地时首先需要买卖双方各自向中人给出一个自己的预期价格，然后由中人在中间进行调和。若买卖双方在中人调和过程中拒不让步，土地买卖就难以达成。土地买卖的价格受土地灌溉条件、土质、交通便利程度等多重因素的影响。但是相同土质的水浇地买卖时的价格基本保持一致，不分"坐井地"（水井在买卖的土地范围内）与"不坐井地"（可灌溉，但水井不在买卖的土地范围内），价格都一样，因为即使是"不坐井地"离水井的距离也不会很远，最远的也只有8—10米。有水井的土地卖地时均是附带水井一起卖出，水井不额外加钱，而是以提高地价的方式体现。红胶泥土质与沙土地的卖价则不一致，因为红胶泥土地产量高，沙土地产量低。旱地的价格相对低于水浇地，因为水浇地一年可耕种两季，而旱地一年只能种一季庄稼。土地买卖不需要交付定金，而是在交易达成之后一次性付清。

7. 土地交易规则

传统时期，土地买卖充分自由，土地买卖不需要保甲长、族长、门长的同意，自家家人达成一致意见即可。土地买卖由当家人做主，其他家庭成员不能不通过当家人而私自卖地或是买地。产权不清的土地不能买卖，比如父母的养老地，在父母过世后，未经兄弟几人商量处理，不能卖出。对于产权不清的土地也无人敢买。族下的坟地不能卖出，因为买进的时候请了风水先生看风水，若卖出会毁了坟地的风水。对于私人家里祖辈留下来的祖业由当家人做主可以买卖，无优先顺序。

（二）土地买卖产权的确定

土地买卖口头达成协议之后要签订顺契，表示土地的所有权发生了变更。顺契要经过保上的财粮（秘书）签订，然后再由保上拿到区里盖上公章才算有效，证明土地的产权已发生变更，今后税赋的收缴也发生相应的变更。在顺契上，要写明买卖土地的数量、四至以及田地里的树木、水井、道路等的产权与使用权。顺契由中人之间比较有文化、会写的人来负责写，然后由买方、卖方、中人依次签名按手印。顺契必须由两部分组成，一是中人的手写体，二是官府的印刷体，两份契约粘贴在一起盖上公章，顺契才算有效。签顺契的时候要向区里缴纳一定的费用，由买家负责交。顺契只签一份，由买方负责保存，然后在保上保留存根，因为买方要以顺契作为证据证明买到的土地属于自家财产，可以世代相传；卖方和中人不需要保存文契。丈量的时候搭界的四邻必须在场，签顺契的时候不需要四邻在场。但是在顺契上必须写明土地四至的四邻以及公共道路的使用等。土地买卖达成后必须要签订顺契，即使是亲兄弟也必须要走签顺契的流程，避免日后出现关系恶化而产生土地产权纠纷。

村民李三和家卖地文书的内容为："立卖契人李三和，因粮不给，今将自家西五亩旱地，系南北针，东至崔姓，西至枕头，南至草道，北至北柱，四至分明，今情愿出卖于城垣堂名下，承粮耕种，从中言明，时值卖价每亩小麦一斗（30斤），其粮足交不欠，空口无凭，立卖契存证。民国三十六年正月二十八。此地准至北头地出门行走。中人：任志祥，李三治，崔茂新，任志胜。"

村民李朝金家卖地文书的内容为："立卖契人李朝金，因粮不给，今将东南白地一段，计地二亩，系东西针，东至祝姓，西至祝坟，南至祝姓，北至卖主，四至分明，情愿出卖于李朝堂名下,承粮耕种,从中言明,时值卖价每亩大钱十四千五百文一钱,即交不欠,空口无凭,立卖契存证。此地大路在祝元铜地出入行走,内有土井一个伙用。"后附买方、卖方及中人的签名。

(三)土地买卖频率

土地是农民安身立命的根本,在任徐店村,不到万不得已村民一般不会卖地。购买土地对农民家庭来说也是大事,村民需要很长时间的积累才能具备买地的基础。因此,在任徐店村土地买卖发生得并不频繁。但在灾荒年份,土地买卖的频率就会相应增加,如民国三十二年(1943年)发生的旱灾与蝗虫灾害导致大半庄稼绝收,迫不得已的村民不得不卖地续命。

(四)土地买卖规模

土地买卖由买卖双方根据需要协商卖出的地亩数量。如同一地块上有5亩地,主家可以选择将5亩全部卖出,也可以选择卖出一部分,剩下的仍由自家耕种。村落中的地主通过购买土地而成为地主,村民见有人出卖土地而自家有剩余财产的时候就会买地,也会购买亲戚家的地,且是按照正常的价格买进,但是私下里会多给亲戚家一些救济。因为村内人口多而土地基数小,共有土地3200亩,因此解放时村内最大的地主土地数量也仅在100亩上下,包含水浇地与旱地,上中农平均拥有30亩左右土地。

三、土地租佃及其关系

1949年以前,任徐店村土地占有严重失衡,处于上层的5.6%农户占有32%的土地,处于下层的84.4%农户仅占有47%的土地,大部分的少地农民和无地农民只能通过给土地大户打工或是租种其土地来维持生计。

(一)土地租佃概况

1. 土地租佃形式

任徐店村的土地租佃主要分为两种形式:课地和代地。一般家中有劳动力、耕牛、农具及少部分土地的家庭选择课种土地,佃户按照"麦六秋四"的原则付给佃主地租,即每亩土地麦季3斗麦子,秋季2斗杂粮,一年共交5斗租。家中没有劳动力或者为了解放劳动力去拉长工的家庭会选择代地,即将土地交给贫穷且"老实"的村民耕种,收成对半平分或四六分成,具体分配形式由双方协商决定,税赋由土地所有者承担。一般家中无土地、农具、耕牛的农户会选择通过拉长工的方式来维持生计。

2. 租佃双方家庭情况

租种土地必须通过家里的当家人来做决定，其他家庭成员只能从事农业劳动。一般以下几种类型的家庭会租种土地：一是家庭条件差，吃不上饭的，多数租地者属于这种情况，例如村民王继温家、赵锡慧家等等。二是家里经济条件中等，但是家里劳动力多，有剩余劳动力的，他们租地多是为了扩大资产积累，以便买更多的土地。有卖地的就有买地的，这部分人多会通过租佃土地的方式为日后买进土地打下一定的经济基础。例如白徐店村村民白金明在其村内属于上中农户，家中有一定的土地，且开有油坊等手工作坊，但因其家中劳动力比较多，因此来到任徐店村给地主任贵志家代地，后落户本村。三是想要致富的人家，没有谁愿意受穷，村民会通过各种办法来获得收入，其中有一部分人会选择通过租种土地来提高收入。

出租土地的则一般是富裕或劳动力不足的家庭。一方面富裕、土地多的家庭，家里有种不完的土地，靠自家劳力种不过来，会将土地出租；二是家里从事商业、手工业的人会将土地出租；三是在外地工作、生活的家庭会将土地出租；四是因为各种原因流落在外的人会将土地出租。租种土地方一般会优先租种水浇地，因为水浇地里一般都有水车、辘轳等水利设施，收成较高，一亩地亩产能达到 8 斗左右，最好的能达到 1.2 石，而旱地的收成相对较低，一亩地亩产达到 5 斗就属于是好收成。

3. 租佃顺序

土地出租无特殊的先后顺序，当有土地外租时，谁愿意租即可租种。有的时候会考虑主佃双方的人际关系，若同时有多家愿意租种，则谁和主家的关系好即可得租。同时，主佃方还会考虑租佃方的信誉和名声，一般会优先选择日常生活中比较老实、名声比较好的农户来租种，以保证课子[1]可以按时收取。如果租佃方信誉不好，或者存在不按期交课子的情况，则主佃方不会把自家的土地租给他们耕种。如果土地出租以后租佃方不按时交课子，主佃方也有权力将土地收回。

4. 租金形式

传统时期，地租多以实物租（粮食）的形式收取，没有交现金的。在任徐店村，租金有三种形式，即固定租、分成租及就地分配，一般租种土地的时候双方就需协商好并在租地文书上明确写出。对于固定租来说，一亩地一年要交 5 斗租，麦子给 3 斗，一亩麦子通常情况下亩产 5—8 斗，能达到 1 石[2]的属于好收成，1.2 石是最好的收成；秋粮（玉米、豆类、高粱、稻谷等）再给 2 斗，秋粮的亩产也是 1 石左右，300 来斤，

---

[1] 课子，即地租。
[2] 石，计量单位，1 石等于 10 斗，1 斗等于 30 斤。

总体按照"麦六秋四"的原则来交租。二是分成租，分成的比例又有五五分、四六与反四六分、三七与反三七分、二八与反二八分等不同的形式，具体的分配形式由租佃双方根据关系远近协商确定。三是就地分配，此种地租形式是在打下粮食后，当粮食还在麦场而没运回家里时，租佃双方就在场上就地划分，用铁锹将晾晒在地上的粮食分成两部分（对半或其他形式），然后租佃双方各自将属于自己的一部分运回家里。一般耕种者会得的稍微多一点，这样他们才会愿意耕种。具体的租金形式以及租金数量由租佃双方共同商量决定，如果双方存在分歧，则由中间人从中说合，直到双方达成一致意见。若租金协商不好，租佃关系就难以达成。

5. 定租及交租

租金定下之后以租地文书作为凭证，租佃双方都必须守信用。交租的时间一般是在打下粮食之后，一般由租佃者主动去交，若租佃者不主动去交，主佃方就会上门去要，趁着刚打下粮食的时候收租金。交租的时候，若租子不多，则由租佃者给主佃方送到家里，也有主佃者自己到租佃者家里取的现象，取决于两家的人情关系；若租子很多，而租佃者又没有运输工具，则需主佃者用自己的牲口车或者木制小推车等运输工具自己来拉取。若运送粮食的过程中遭遇劫匪或者被偷盗，租佃者不需要再次承担租佃费用，损失由主佃方自己承担。但是村民运送地租粮食，多会选择在白天的时候进行，因为白天土匪不敢进村，运送过程中比较安全。

6. 租佃中人

租地多数都要经中间人说合，只有两家"说得着的"、平时关系处得很好的、有共同兴趣爱好的人可能不会通过中人直接进行土地租佃。租地过程中的中间人一般由以下几种人担任：一是租佃双方其中一方的亲戚。二是对租佃双方都比较熟悉的街坊邻里。三是村内好管闲事的人。好管闲事的人也是村中土地买卖、租佃信息的主要散播者，然后由其在中间说合寻找合适的租佃方。四是已有的土地租佃者，对于土地大户，靠一户佃户的力量可能租种不完其土地，有些就会采取由租佃者再推荐其他租佃者的形式将土地出租。例如，村民转运家租种李超位家的土地，即是通过已有的租佃者王继温在中间说合，将李超位家剩余的、耕种不完的土地介绍给转运家租种。

7. 租佃契约

租地要写租佃契约，一般是由中人中有文化的人来写，租地文书中要写清楚租种土地的面积、租期、租金以及具体的方位，并由租佃双方及中间人分别签字按手印。写租地文书不需要支付报酬，租期到期如果不续租自然就解除了租佃关系，租地文书也不用收回或撕毁，过了日期自动作废。

(二)租佃关系

1. 续租

租期长短没有明确的规定,根据租佃双方的租佃意愿来协商决定,两家商量好都没有意见的时候,以租地文书作为凭证。租期有三年的,也有五年的,长短不等。租期满后可以续租,若续租时有另外的人想租种,则由两家"顶价",谁出的租金高就可以优先租种。若双方出价一样且都不愿再加价,则原租种者优先继续租种,因为主佃方对租佃者有了一定的了解,产量、租金等都会更有保障。

2. 毁约

租期不满主佃方单方面收回土地或者租佃者租期不满就单方面不再租种,就称为"舛"(不讲道理),会影响到个人的声誉,之后在别的事情上大家就会对其怀有看法,不信任此人。因此很少会有毁约的现象。提前收回土地多发生在租种者死亡、土地无人再耕种或者租种者不交课子的情况下。若租期是三年,其间主佃方想收回土地自己耕种,在租佃者不同意的情况下,主佃方不能将土地收回,因为有文书为证,若强行收回则会引起两家的矛盾,在调解的过程中主佃方就会因毁约而失礼,从而损坏自身的名声。

3. 赋税原则

租种的土地由主佃方承担捐飨,租佃方不负责上交捐飨,单纯地到期给主佃者交租即可。土地属于资本,主佃方拥有土地,也即拥有资本,所以要承担上交捐飨的任务,一亩地一年收上来3斗麦子、2斗杂粮,除去上交捐飨的数量,再加上维修生产工具的费用,主佃方收益相对较低,因此多数土地大户会选择雇用长工。不管粮食年产如何,除了给主佃者交课子,剩下的均归耕种者所有。因为在租地文书上有明确规定"捐飨由主佃方承担",所以即使捐飨的数量比较多,主佃者也不会通过其他方式将缴纳捐飨的任务转嫁到租佃者身上。

4. 减租

当遇到粮食减产或者丰收的情况,固定租租金数量不发生变化,夏季一亩地亩产2斗也是3斗课子,亩产2石也是3斗课子。即使土地的实际收成小于应交的课子的数量,租佃者也得把课子给主佃者交上,不然主佃者就有可能将土地收回,不允许租佃者再继续耕种。每年的课子必须当年交上。但是若两家关系相处得好,出现产量大幅度下降的情况时,租佃方的当家人可以去向主佃方求情,主佃方大多会为其减免一些租金,当年的收成两家各分一点。还有另外一种情况是,若租佃者实在交不上租,有的就会放弃继续租种这些土地,这时候这一年的课子就直接不交了,因为不打算继续租种了，所以就没必要再交课子了。

当遇到灾荒粮食绝收这样的"鬼年间"时，也会出现"黄债"（不交租）的现象。因天灾庄稼减产而导致的租佃者难以支付课子的情况，并不是租佃者主观上不愿支付，而是实在没有能力承担。这种情况下，"课子黄了就黄了，主佃方也没有办法"，一般是打着"欠租"的名义，但若连付两年的课子则租种者自己家里就会没有剩余，所以会将欠着的课子继续往后延期，拖着拖着到最后就不了了之了。例如，民国三十二年（1943 年）发生蝗虫灾害，受蝗虫灾影响，庄稼几乎绝收，租种土地者难以缴纳地租，这一年几乎所有租种的土地的课子都黄掉了。但在正常年份，有粮食就必须上交地租，如果不交，名声就会变坏，名声一旦坏掉了，今后再想租种土地就不太容易实现，而且在日常生活中也会被街坊邻居议论、排斥，村民不愿意和名声不好的人打交道。

5. 转租

租种的土地不能再转租，若不想再耕种，或没有能力再耕种，或家庭没有需要再继续租种土地时，可将土地还给主佃方。土地不归租佃者所有，且主佃方也不允许租佃者转租，因此，租佃者没有权力将租种的土地再转租给他人。

6. 主佃关系

正常情况下租佃双方都会有良好的相处关系，因为只有租佃关系搞好了，出租者才愿意出租，租佃者才愿意租种。租佃关系一般只发生在交租、收租的时候以及农业生产的过程。若主佃方对待租佃者比较友善，常主动在生产工具及水利设施方面帮助租佃者，在农忙的季节，只要主佃者需要，租佃者就会主动去为其帮忙做农活。在农业生产过程中，若租种者缺少了什么农业生产工具，主佃方需给予其生产工具支持，租种土地一般连田地里的砖井、水车也可一并使用，但是租佃者要承担修理水井、水车的费用。如果水井、水车出现了大的损坏，靠租佃者的力量无法承担维修的费用时，主佃者还要负责修理水井、水车的费用，以保证土地可以正常耕种，从而为其到期收租打下基础。

主佃双方除正常的农业生产及交租收租的接触外，很少有别的方面的接触。双方彼此家里有红白大事的时候也是根据邻里、辈分、关系的亲疏远近来确定是否参加，很少有单纯地因为租佃关系而互有红白大事之间的来往。租佃关系多数良好，个别人会因为土地租佃而产生一些小矛盾。矛盾多因收租而起，若发生矛盾，通常是两家先自己协商，若协商不好一般会通过中人或是村内的德高望重者或是双方共同的街坊、亲戚、朋友从中说和、调解，未出现过由保长出面调解的现象。

四、土地典当及其关系

土地典当多发生在村民家里因遭遇天灾人祸急需用钱的时候,用土地作为抵押,通过评估土地的价值以同等的货币将土地典当给别人,待典当者手头有钱了可以再将土地赎回来。典当的土地遵循"谁种地谁出捐饷"的赋税原则,由承典人承担典当的土地的捐饷。

(一)土地典当概况

1. 典当

典当多发生在以下几种情况:一是家里急需用钱,通过土地典当能把事情"走活";二是家里粮食稀缺,家人生活难以为继,通过典当土地来换取粮食保命;三是通过盗窃等不正当手段获得的物品会典当。土地典当属于家庭事务中的大事件,一般会经过家庭内部的讨论与协商。但是,土地典当必须经过当家人的允许,一般要当家人亲自经手办理,其他家庭成员没有典当土地的权力。假如是儿子当家,父母仍健在,当家里出现需要当地的情况时,儿子顶多是向父亲打声招呼,以表对父亲的尊敬,但最终的决定权还在儿子手里。有的和睦家庭中,当家人也会向兄弟等其他男性家庭成员打招呼,但最终决定权掌握在当家人手中。

2. 承典

承典人一般需要具备如下几个条件:一是有一定的经济能力,家里生活条件过得去,能够承担典当的价格,因为典当土地一般发生在急需用钱的情况下,因此承典人必须具备能够当即拿出支付典当价格的能力;二是家里有剩余、足够的劳动力来耕种承典的土地的人;三是专门经营典当行业的人。

3. 典当时间

典当土地不考虑季节时段,需要的时候村民就会典当。夏季麦子快成熟的季节,也有当地的现象,但是两家要提前协商好这一季麦子归谁家收割,并在当地文书上写清楚。若由自家收割,则典当的价格稍微低一点,自家收割完后再将土地交给对方耕种;若由对方收割,则典当的价格会高一点,以弥补这一季麦子的差价。若是在刚种上庄稼的时候典当土地,也要由双方提前协商好当期从何时开始算起。若从典当日开始算,则当地者不具有收割这一季庄稼的权利,虽然自家已将庄稼种上;若从这一季庄稼收割完后开始算起,则当地者可以将本季庄稼收割完后再将土地交与对方耕种,当期顺延即可。

4. 典当价格

典当的价格根据土地质量的不同而高低不等,水浇地典当的价格较高,旱地典当的价格较低。传统时期,土地典当双方通常都是就近熟识的人,对彼此的家庭情况及土地状况都有大致的了解，因此在价格方面比较容易达成一致。但土地典当通常是为了解决燃眉之急，典当的价格一般会低于土地的实际价值，典当者一般会接受稍微低一点的价格。不管典期多长，典当的价格通常都是一次性敲定，不会随着土地市场价格的波动而变化，不管土地、粮食价格提高还是降低，出典方不能要求提高典当价格，承典方也不能要求补齐差价，只以典当时双方共同商议的价格为依据。

5. 典期与赎典

典期由典当双方协商决定，但是至少要在一年以上，以便于承典人在承典的土地上进行农业生产。典期满后典当者要拿着和典当时同等数量的钱或物找对方赎回自己的土地，比如张三用一石麦子将自己的土地典当给了李四，典期满后张三要同样带着一石的麦子去将自己的土地赎回来，典当期间土地的收入归承典人所有；若典当到期典当者没有能力支付赎回土地的价格，则土地就不能再被赎回。若典当者找中人去说合，承典人一般会再补给典当者一些钱，但是补给的数量要远远低于卖地的价格，而且还是典当者欠了承典人的人情，之后土地就归承典人所有，承典人有权利自由买卖承典的土地。

典当者一般会细致考虑具体的典当周期，因为在典期内土地所有的生产价值全部归承典人所有，若两年内家庭经济条件可以缓和，能够支付赎回土地的费用，绝不会将典期拉长至三年。但是若典当时典期定为三年，即使在两年头上已经有能力支付赎金也不能将土地赎回，因为典当文书上有明确的规定典期为三年，典期内不管打多少粮食都归承典人所有，承典人也绝不会在典期不满的时候就将土地返回给典当者。

6. 典当契约

传统时期，土地典当需要有中间人从中说合，典当土地的中人需要具备以下几个条件：一是有文化的、能识字的，因为中人要负责典当文书的书写；二是会办事情的人（办事公道、有能力）；三是在村庄内比较有威望的、说话能起作用的人。村民不需要支付中人报酬，因为一般请的中人都是和自己说得着的、关系不错的，或是有亲戚关系的，从中说合只是来帮个忙，不会索要报酬。

典当双方协调好意愿时，会与中间人一起先到要典当的土地所在处摸清楚四至，有的比较谨慎的承典人还会要求重新丈量一下土地。确定好土地四至后，典当双方要签订文书，文书由中人负责书写，一式两份，典当双方各自保存一份。在典当文书上，需要写明典当土地的四至、典当人、承典人、典当期限、典当价格等关键信息，同时需要典当人、承典人与中间人都签字确认。土地典当是村民之间自发进行的经济行为，不涉及土地产权的变更，因此土地典当及相关契约的签订均不需要向保甲长申请，获保甲长认同。

（二）典当关系

典期内承典人有权利将土地外租给他人耕种，典当人无权干涉承典人的经营方式。但是租赁的期限不能超过典当的期限。一般典期都比较短，而且土地的界线被灰橛、桑棵标注得比较明显，所以当地时不需要地邻在场。典当属于两家之间的私事，不需要向保长、财粮等村庄管理者汇报。典期内保上登记的土地权属还归典当人所有，收捐饷的时候，典当者将收到的派条转给承典人即可。

五、土地置换及其关系

在任徐店村，很少有土地置换的情况发生。少数村民为方便耕种或与自家兄弟相邻建房，会将自家耕地或宅基地与他人互换。土地置换一般只发生在关系好的农户之间，像土地买卖一样，需要请中人，更换地契。土地置换通常是以同等数量与质量的土地进行交换，如果面积不等，超出部分则需要另一方按照市场价格补齐差价。村民一般不会将水浇地和旱地进行置换，水浇地产量高，旱地产量低，置换起来不划算。土地置换一般在麦收或秋收之后进行，且必须由当家人做主置换。

第三节 经营与经营关系

传统时期，任徐店村以家户为生产经营的基本单位，家户具有独立的经营权，家户内部根据性别与长幼尊卑进行劳动分工，在劳力不足、劳动工具不足的情况下，以换工、帮工、请工等方式与外界发生交往、联系。本节将主要从经营主体与经营关系两个方面来考察传统时期任徐店村土地等生产资料的经营与经营关系。

一、家户经营及其关系

1949年以前，任徐店村除少量的宗族地、寺庙地等共有土地外，村内土地以私有为主，其经营主体主要是以一家一户为单位的独立的家户。本部分将重点从家户经营、独立经营、家长负责与男女分工等方面来考察传统时期任徐店村的经营主体及其关系。

（一）经营单位

1. 家户经营

在任徐店村，土地以一家一户为基本经营单位。"一家一户"通常是三代同堂、四代同堂甚至更多的扩大家庭，但也存在少数分了家之后的核心家庭。家庭人口和劳动力数量根据家庭规模的不同而不同，人口数量多者有十几口，数量少者仅有孤身一人。普通家庭一般都有2—3个劳动力。

至1948年任徐店村解放时，全村共有耕地3200余亩，其中水浇地1200余亩，旱地2000余亩。但是村内耕地使用权的分布却很不匀称。1949年3月，根据中共中央关于土地改革的指示，任徐店村进行了土地改革。经核查，全村1400口人中，共划定5户地主，14户富农。其中，占全村人口总数5.6%的地主拥有村内32%的土地，人口占比10%的富农拥有全村21%的土地，而人口占比84.4%的贫下中农仅占有47%的土地。从不同土地占有量农户的独立经营能力来看，地主及富农家庭往往土地数量较多而劳动力不足，对他们而言，靠自家劳动力难以完成农业生产，一般需要通过雇用长工、短工的方式来解决劳动力不足的问题。对于中农成分的家庭来说，通常以一家一户为单位能独立完成整地、播种、施肥、浇水、中耕、收割、运输、打场、仓储等所有生产环节。若遇劳力不足或劳动工具不足的情况，他们多半会选择与他人换工的方式来完成生产。换工通常发生在关系较好的街坊邻里之间，由村民基于共同需求自发自愿联合。换工一般发生在播种、收割等对劳力需求较大的生产环节中。对于土地数量较少的贫农家庭来说，往往劳动力充足而土地不足，在完成家户独立经营的基础上，还会通过扛长工、打短工的方式来增加家庭收入。但对于贫农家庭来说，也会因为劳动工具的不足或缺乏而导致难以完成独立经营，从而出现与他人换工、辩帜的现象。

2. 独立耕作

在任徐店村，无论是自有土地还是租佃的土地，耕种者都有独立自主的经营权。耕种者家庭的家长负责安排耕种的作物、劳动时间以及劳动分工，土地所有者、村落权力所有者、宗族权威者均没有权利干涉。土地所有者在将土地出租的时候就代表已经让渡了土地的经营权，只要租种者按时交租，土地所有者便无权干涉其生产过程及生产方式。而土地耕种属于村民家庭内部的事务，村落权力所有者只能管征收赋税、村庄治安等村庄公共事务，宗族权威者只能管集体祭祀等族下公共事务，而对于家户内部的事务则无权干涉。

（二）经营分工

传统时期，任徐店村家户内部当家人具有绝对的权威，拥有对家庭事务的最高决断权。从农业耕种来讲，何时耕种、耕种什么、人员分工等均是由当家人说了算。

1. 家长负责制

对于家庭土地的买卖、租佃、典当、置换、生产安排等经营行为均是由当家人说了算。其他家庭成员也可以提意见，在遇土地买卖、购买耕牛等家庭大事件时，家长通常也会和其他家庭成员商量，但商议和征求意见的对象一般仅限于家庭内部其他男性成员，女性一般不参与各项家庭经营活动，最终决定权始终掌握在当家人手里。家长一般由家中的男性长辈来担任，若长辈年事已高不能再带领家庭成员进行生产生活，则由儿子中比较有能力的人来继任家长，通常是由子辈中年长者继任。家户内部的劳动分工，如第二天的农活安排，一般由当家人根据家庭成员的性别及劳动能力进行适当安排。对于农业生产的各个环节，一般不会由当家人或是某个家庭成员独自去完成，通常都是由家里的空闲劳动力合作完成，尤其像耕地、播种、浇水等环节必须要通过劳力合作才能完成。家户内部由当家人负责管钱，在没有分家之前，所有家庭成员包括长辈、儿媳等的钱均由当家人管理，但儿媳妇的嫁妆可以自己支配，其他家庭成员需要用钱时需向当家人申请。

在农闲季节，家庭成员可以外出做小生意。位于交通要道上的任徐店村，为缓解人口增长带来的人地不匹配压力，村民多开设小作坊和店铺，农忙时歇业生产，农闲时开门营业，在方便农民生活的同时增加了农民收入。村民无论是经商还是做其他小生意，均需要获得当家人的允许和支持。在传统时期，家户内部往往是"同居共财"，家庭成员做生意的成本来源于家庭共同财产。也正是由于做小生意的原材料均是由家庭提供，其赚取的利润也要交给当家人贴补家用，但当家人会允许其预留一部分自己使用，只是预留的是少部分，交给当家人的是大部分。

2. 男女分工

性别是影响家户劳动分工的重要因素。对于男女的劳动内容，并没有严格的区分，各自都在自己力所能及的范围内承担生产劳动任务。在任徐店村，长期以来形成了"男主外，女主内"的固定分工特点，具体而言，即多数农业生产环节由男性来完成，尤其是较耗费体力的重活，女性则主要负责如洗衣、做饭、带孩子等后勤保障。在农忙季节，妇女除做好家务劳动之外，也要做锄草、看水、割麦、收玉米等农活。男性在农闲季节很少做日常家务劳动。在土地经营之外，男性主要在外跑小生意赚钱，女性则不会外出抛头露面，多数是在家里纺花织布、做手工，为家人做衣服和鞋子。

二、合作经营及其关系

1949 年以前，换工、帮工是任徐店村村民最常见的合作经营方式。在任徐店村，为缓解农忙季节劳动力不足的问题，村民之间自发进行着换工、帮工等生产互助行为。

(一) 换工及其合作关系

为应对劳动力不足的问题，村民之间两家或多家在一起共同劳动称为"搁伙"，即换工的意思。换工即家户与家户之间在自愿基础上互相补充劳动力，合作进行农业生产。在任徐店村，受生产方式及生产条件的限制，村民之间相互换工的情况比较普遍。

换工多发生在农忙季节,以农业劳动换工最为频繁。

1. 换工的条件

换工不一定是就近,只要两家说得来、关系好就可能进行换工劳动。换工一般是基于自愿的共同生产劳动,但不一定完全拘泥于同一件事情上的相互帮忙,一方在农业生产中帮的忙也可能在其建房子等家庭大事的时候补回来。换工多发生在亲戚、朋友以及街坊邻里之间。其中,街坊之间的换工劳动最为频繁,有俗语"远亲不如近邻",邻里之间的换工更为方便。换工几乎不发生在与外村人之间,除非是相互之间有亲戚关系。换工一般发生在男性劳动力之间,但也存在全家换工的情况。如果是全家换工,不存在男女劳动力的差别,只要家里闲着的劳动力都去参加劳动即可,村民之间不会相互计算换工过程中做工的多少。村民们换工不分技术工和普通工,也不会以牛工换人工。

2. 换工的方式

换工一般是在自愿基础上的互相帮忙,因此双方都不需要支付报酬,即使彼此之间劳力互换不对等,也不需要支付差别劳动力的价格。但是换工期间需要主家管饭,主家在饭点的时候提前安排人回家做饭,这样可以节省时间提高劳动效率,同时也算是对换工对象的感谢。一般情况下是一天管三顿饭,夏季天亮得早,换工的人早晨起床之后要先下地劳动,到八点过半回到主家吃早饭,吃完了再下地劳动,中饭、晚饭主家都要管;冬季天亮得晚,但是天气比较冷,换工的人一般是晨起之后先到主家家里吃了早饭暖暖身子再一起下地劳动。换工的时候相互管饭是一种约定俗成的规矩,不需要提前打招呼,主家会主动备饭,换工的人会自觉去吃饭,换工人家的小孩子即使不去帮忙劳动也可以去吃饭,主家不会拒绝或是要求额外支付饭钱。

3. 换工时劳动工具的使用

换工时候使用劳动工具优先考虑使用主家的,如果主家的够用,就不需要从自家携带。但是在任徐店村,一般农业生产方面的换工均需自带劳动工具,因为主家的劳动工具往往都只够自家人使用,尤其是在换工人数比较多的情况下。需要换工者自己带劳动工具的时候,主家一般会提前告知,以免出现劳力来了没有工具的现象,耽误劳动。若自家带的劳动工具在劳动过程中用坏了,主家不需要赔偿,但是若双方之间关系处得很好,主家也会从自家拿一件相同的工具给换工者带回去,但这完全是出于人情,并不是赔偿的性质。换工对象之间不会因为劳动工具这样的小事闹矛盾,为这样的小事争吵会影响之后双方的交往,再想在农业生产以及日常生活中换工或是互相帮忙就比较困难了。

4. 换工的内容

换工一般是人力与人力的交换,不会出现用牛工换人力或是用人力换牛工的情况。换工一般发生在男性劳动力之间,但不会仅局限于男劳动力,只要会干的、能干的都会去参与。换工没有数量和性别的区分,直到把换工双方或多方的活计全部干完为止。但是对于家中只有女性劳动力的家庭,亲戚或是邻里会以一种救济帮扶的形式帮助其完成农业生产,在别人家有什么大型劳动时,受过帮助的女性劳动力也会主动过去帮忙,或是会以帮助对方做衣服、做鞋子的方式来还工。

5. 换工的原则

换工不会像"1+1=2"如此公道,对于换工之间出现的劳力不对等的情况,村民一般不会计较,因为换工多数发生在亲戚、熟人等关系好的人中间,双方之间往往不分你我,多数是抱着"马马虎虎、差不多、吃点儿亏也没关系"的心态。村民一致认为:"换工就像修路一样,修出来的路好走,你不修路只想走就没人会帮你修路。"

传统时期,任徐店村种植地黄的农户比较多,收地黄的过程复杂且时限紧,这个时候村民之间相互换工的就比较多。村民之间换工没有先后顺序之分,根据农活的紧急程度,哪家的农活更紧急就先去帮哪家干,以此类推。

6. 换工的程序

换工是一件你情我愿的事情,不需要中人说合,也不需要签订文书,只要双方或多家口头商议好即可。有的甚至连口头商议的程序也不需要,看到哪家有活儿而自己刚好闲暇就会过去帮忙,到自家农忙的时候别人也会主动来帮忙。

(二)帮工及其合作关系

帮工一般需要主家邀请,也有村民主动去帮忙的情况,比如农业生产中的帮工等。帮工的人主要是亲戚以及街坊邻里。亲戚和邻里帮工没有区别,做活的工种及时间也没有区别。

帮工一般是同村的人,如果工作量比较大的活,村民会请外村的亲戚来帮忙。遇到有人邀请的情况,被邀请的人一般都不会拒绝,甚至要优先做邀请者的事情,因为来邀请的一般是因为家里有大事或者急事的。比如邻居家要建房子打地基,若主家给下了邀请帖,即使自己正在自家地里干农活,也必须放下自家的活去给邻居帮忙。但是若主家没给自己下帖,即使是近邻也不会去帮忙,因为帮忙的时候主家要管饭,即使不请自来主家也必须要管饭,若不请自来的人数多则可能会出现主家备的饭食不够吃的情况,一方面会让主家因准备饭菜不足而失了面子,另一方面也会让自己和主家之间有了嫌隙。比如村民李如同家打地基的时候,本来请了16个人过去,结果打地基当天去了 20 个人，由此导致备的饭食不够吃。在饭不够吃的情况下，主家必须想办法弥补，不能让帮忙的人饿着肚子继续干活。

帮工不仅局限于熟人、亲人之间，也有通过亲戚找人帮忙的情况。比如张三和李四家是亲戚，如果张三家找来的帮忙的人数不够，就可能会拜托李四请其熟悉的人、亲近的人来帮忙。这种情况下同样不需要支付报酬，主家管饭即可，但是李四就欠下了人情。

帮工没有报酬，以"人情债"来计算，欠下的人情债村民要想办法弥补，但不会计较相互之间帮忙的具体数量和时间，一般只要你家有事我去帮忙了，待我家有事的时候你也主动来帮忙即可，相互帮忙的人数也不一定对等。帮工时主家需要管饭，一般是管两顿，午饭和晚饭，帮工吃的饭食一般要比平时吃的稍微好一点，所有帮工均可以和主家同桌吃饭，没有座位讲究。如果人数多，也会分桌坐，每一桌坐哪些人没有特别讲究。

（三）水利合作及其关系

任徐店村的农田灌溉以水井为主要用水来源。水井均为私人修建、私人所有。但因打井成本较高，村民之间也存在伙用水井的情况。伙用水井的均为地邻，不分姓氏、不分家族、不分身份，只要是地邻即可能发生伙用水井的现象。伙用的水井由使用者按使用面积平均摊钱修建，后期的维修也是由伙用者合伙用、合伙修。共用的灌溉水井没有使用的先后顺序，谁家需要即可使用，如果同时要用，则由两家协商优先让紧急者使用。除伙用水井之外，没有水井的农户在地邻家水井闲置的时候，也可免费借用地邻的水井，借用均为无偿使用。但村民在浇水时，均是以一家一户为单位，即使是伙用水井在浇水的时候也是各家浇各家的。因任徐店村水井较多，且地下水资源丰富，村民之间不会发生抢水、偷水等用水纠纷。

（四）其他合作及其关系

为防止村内农作物被盗，任徐店村专设"看守"一职。看守主要是为了防贼，春夏季节要经常到农田里去巡视。看守一般是由村内贫穷又带点痞气的人充当。看守有报酬，到春季，看守会在各家土地的前方放上一个白包，证明这块土地他看管了，看守的报酬由保上负责。看守通常是 2—3 个人，由保长任命，没有固定的任期。看守一年四季都要工作，除了看地里的庄稼外，蔬菜、树木等都需要同时看护。根据规定，农户地里东西丢失看守需要承担责任，但是在村内没有发生过大偷大盗的情况，即使有偷盗也是偷瓜果、蔬菜等小物品，即使被发现也不值得看守去赔偿。到农闲季节，村民要把水车、镟辘等大物件卸下来带回自己家里保存，因此也不会出现丢失的情况。

看守无固定工作时间，不定时到地里进行巡视，但是每天都要去，以此来威慑一些小偷小盗的行为。

三、雇工经营及其关系

在任徐店村，土地以一家一户为经营单位，在家庭劳动力不足或是农忙赶工的时候，一些家庭会通过市场的方式雇用长短工。

（一）雇工概况

面对劳动力不足的问题，不少村民通过市场雇工的方式来解决。雇工又分为长期雇工和短期雇工两种不同的类型，即年工和短工。雇用长工的多为富裕家庭和土地大户。长工一年四季都在雇主家里帮忙，农忙的时候干农活，农闲的时候就做喂牲口、扫院子、掏炉灰等家务活。长工的工钱与自身的劳动能力和农业技术密切相关，能干"全活儿"的长工报酬就高，做"小伙计"的报酬就低。请长工没有地域限制，本村与外村、亲戚与普通人都可能会请。若雇主与长工之前彼此不认识或不熟悉，则需要中间人来说合，中间人必须是与长工和雇主家相互熟识的人。长工常年吃住在雇主家里，由雇主负责其食宿费用。短工多为农忙季节应急所雇。对短工的农业技术及年龄没有特别的要求，会锄地、割草、套牲口浇水即可。请短工一般是在本村请，很少会有请外村人的情况。短工的报酬相比长工较低，又根据性别、年龄与劳动能力而存在高低不等的情况，平均一天两升麦子。短工做活的工具全部由雇主提供，用坏了不需要赔偿，雇主也不能因此扣工钱。短工做活期间由主家管饭，一天管两顿，即午饭和晚饭。如果请工数量较少，短工可以和主家同桌吃饭；如果是大户家庭或是雇工的数量较多，短工一般是和雇主家里的伙计一起吃饭。吃饭时的座次没有讲究。

（二）长工及其关系

长工，又称为年工，也称"伙计"，一年四季都在主家家里帮工，农忙的时候干农活，农闲的时候就做喂牲口、扫院子、掏炉灰等家务活。

1. 请年工的原因

在传统时期的任徐店村，一般是有钱的请年工。一般分为以下几种情况：一是土地多、劳力少，靠自家劳力耕种不完自家土地的会请年工；二是家庭经商，劳动力都在外或村内做生意的请年工；三是家里财产大，需要请长工来帮自家从事劳动同时看家护院。而做长工的人一是家庭内土地少、劳力多的，二是农业技术好、有较强劳动能力的，三是家庭贫困、难以过活的。

2. 请年工的标准

请年工的标准根据主家的需求而定。若主家需要赶车的、会使用牲口的，那就需要请"丢鞭打挂"[1]；若请年工仅是为了完成基本的农活，则请会锄地、犁地等的人即可，以此类推。主家根据不同的需求会请不同的人，但是年工必须是老实的、勤劳的人。除农业技术外，主家还比较看重年工的品行，只有品行好的人，主家才能放心地把农活交给他来做。一般年工与主家之前互相不认识，没有接触过，在由别人介绍达成雇佣关系的情况下，若年工品行不好，主家的掌柜会当即打发年工回去，不再雇用。年工只能是男性。年工没有年龄的限制，只要能干活、主家愿意花钱雇即可，一般五十多岁的人主家就不会雇了，因为年纪大了之后劳动能力下降，而且年纪大的年工本身也承受不了高强度的农业生产劳动。请年工没有地域限制。

3. 年工分类

年工要根据雇主的意愿进行生产劳动。年工分为以下几个类别：一是丢鞭打挂（专门为使用牲口而雇用过来的长工）。村民李继宗介绍："对于丢鞭打挂的长工来说，喂牲口、用牲口，只要是用到牲口的劳动必须要参与，即使天气再冷，当主家需要拉煤的时候，年工也必须赶车过去拉，而且还要负责与牲口相关用具的维护修理，比如牲口套坏了要负责维修。"除与牲畜相关的之外，其他种类的活或是雇主家的家务活年工一概不承担，但年工下工到主家之后为主家担水属于正常的工作范畴，有的丢鞭打挂甚至可以不用承担担水的工作。丢鞭打挂是一项技术活儿，要求年工必须有一定的农业技术，不管再大的骡或是再凶的牛都要能够驯服和使用。因此，相对于其他种类的年工而言，丢鞭打挂的工钱相对较高。二是"长工头儿"。对于一家雇有几个长工的家庭来说，掌柜的就少管或是不再管农业耕种方面的事儿了，而是交给其中一个比较靠谱、老实、农业技术好、什么活都能胜任的长工来支配，这个长工就是"长工头儿"，又称为"杂活头儿"，或是"二当家"。二当家有权力决定掌柜家每块土地耕种什么作物，有权给其他各个长工做日常分工。二当家每年的工钱在两石麦子左右。三是干普通活计的长工，又被称为"小伙计"。小伙计主要负责帮助掌柜家干农活以及其他杂活，比如锄地、种地、割麦子、打场等，多是一些卖力气的活，另外，还要承担担水、出圈粪的任务。

4. 请年工的方式

若雇主与年工之前彼此不认识或不熟悉，则需要中间人来说合。中间人根据主家的要求为其推荐合适的人选，年工的工钱也由中间人在雇佣双方之间进行说合并最终

---

[1] 即使用牲畜使用得比较娴熟，能胜任所有与牲畜相关的劳动的年工。

达成共识。一般担任中间人的，一是了解双方的雇佣意愿，知道谁愿做长工、谁想雇长工；二是熟人，一方的熟人在了解其雇工（或被雇用）的意愿后，帮助其寻找合适的人选（或是将其介绍给需要雇长工的家庭）。长工和主家不一定认识，但中间人与长工和雇主家一定是相互熟识的。请年工的中间人没有报酬。

因雇佣双方之间有中间人说合、做见证，因此不需要再写雇佣文书，雇主、年工与中间人三方口头商议即可。中间人要将年工的工作报酬在雇佣关系达成前和双方说清楚，避免产生纠纷。年工的工作时间没有明确规定，和其他劳动力同样上工下工即可。年工的工作内容也没有明确的界线，主要职责是农业生产，但通常年工除了农活之外，看见别的活计都会主动去干，以此获得雇主的赞赏，维持良好的雇佣关系。

5. 年工报酬

年工工价不等，一般与年工自身的农业技术、年龄都有关系。通常年龄越大，其农业技术也就越好，工价也随着上升。一般负责丢鞭打挂的长工对于犁、耙、锄、牲口使用等各种农业技术都精通，相当于是熟练工，其工价相对较高。例如村内王继温十多岁时去给人家当长工，一年的工价是5斗（八升斗，合正常的4斗）麦子，但是村民李继宗家里当时找的长工李三茂一年的工价是1.2石（12斗）麦子。"杂活头儿"，即二当家的工价更高，最高者能达到每年4石麦子。但是二当家必须是"全活儿"，不仅要精通使唤牲口、犁地、耙地、耩地等各种农活，还要有管理掌柜家所有工人的能力。只会出死力的年工，即"小伙计"，工钱就低，一年工价在4斗到8斗麦子不等。还有极个别的年工不需要支付工钱。比如村民贺创，无其他家庭成员，孤身一人，民国三十二年（1943年）大饥荒快要饿死的时候到财主家门前求救，被财主家收留，财主家管他吃饭、穿衣、住宿，他为财主家进行日常劳动，财主家不需要再支付其额外的工钱。

6. 年工期限

年工一般以年来计量雇佣时间，从上工之日起，到下一年的同日算是一个周期。一般雇工也是以年为单位，满一年之后，雇主可以决定是否继续雇用，年工也可以决定是否继续留任。活计好、勤快的年工会被雇主挽留，做活做得不好的年工雇主不会再继续雇用；若长工觉得雇主对自己不好或是有了其他的打算，也可以不再继续在雇主家干活。有的雇佣双方相处得好，雇佣关系能维持数十年，直至长工不能再劳动为止；也有年工上工几天就被掌柜遣回去的，雇佣期限长短根据雇佣双方相处的关系以及长工的技术与品行而定。

7. 雇主与长工的关系

雇主与长工之间除了雇佣关系外，还有互相依靠的关系。雇主家里有财产，但是劳动力少或是自家劳动力不够用,农业生产中顾及不全,雇了年工之后就主要依靠年工来照看农业方面的事情。长工在帮雇主家从事农业劳动外,还要依靠雇主家给的工钱以及日常生活中的帮扶(农业工具、牲口、生活用品)来保障一家人的生活。雇主与年工需要相互放心,信任对方。长工必须要殷勤,"会自己找活儿干",主家给留的任务有限,不会太全面,因此就需要长工自觉、勤劳,这样才能给主家留下好印象。若给的工资少,也有年工拒绝给主家继续干活而出去跑小生意的情况,因为在冬季跑小生意比当年工赚得更多。

雇主要负责长工的食宿问题,有的家里吃食比较好,当地称为"好茶饭",饭食以蒸馍与面条为主。村民李继宗介绍:"在正农忙的季节,年工与男掌柜吃的主食一样,要吃面条都吃面条,要吃米饭都吃米饭,掌柜吃白面的时候年工也可以吃白面。但有的时候掌柜会比年工多一些副食,比如家里给掌柜炒个鸡蛋,年工是没有的。农忙季节年工的伙食甚至要好于主家的妇女。"在1949年以前,任徐店村村民在非正式场合下基本没有人坐桌吃饭,大家习惯于几家人聚在门口一起凑堆吃饭,或蹲着,或自己携带小凳子,或席地而坐,没有掌柜和年工之分,边吃饭边聊天。在饭食安排方面,村民说道:"以前(1949年以前),掌柜的和年工都是同一个锅吃饭的,年工可以自己动手到锅里舀饭,吃多吃少也没有限制,吃饱为止,掌柜的不会嫌弃年工吃得多,因为吃得多干活方面自然出力也大,这都是相互的。"

年工整年住在雇主家里。90%有年工的家庭都有牲口屋,牲口屋一般位于院门口的位置,年工多是住在掌柜家的牲口屋里,掌柜的及其家人住在后院。掌柜的为长工提供床板,但是被褥需要长工从自家携带,掌柜最多是在冬天天气寒冷的时候为长工加一个草苫垫在床板上。之所以让长工住在牲口屋,一方面是方便长工喂牲口,另一方面是因为草屋闲置且比较暖和,冬天草屋里还会整天生火。而且冬天农闲的季节草屋里会非常热闹,普通村民晚饭后会到草屋里闲聊、讲故事、说书听书。在传统时期,牲畜是农业生产中的主要劳动工具之一,村民视农用牲畜如宝,因此,将年工安排在牲口屋住宿其也不会有不满。在农忙季节下地劳动时,不管掌柜在不在场,长工都可以隔一段时间到地井台处稍作休息。

在雇佣关系良好的家庭里,到夏季,掌柜会主动提出帮年工添件新衣服,一般是自己家织的白布做成的衣服。在农忙季节,旱地收割麦子的时候,一般需要年工到地里去籇麦子,为了保证效率,主家也会给年工备一个能够容纳二三斤麦子的大白布袋子让其用柳条制作成网包,这样年工就可以边籇边装,忙完之后,网包主家就不再收回,而是归年工所有了。有的掌柜甚至会为年工准备"草帽衣袋扇,手巾大布衫"，意即夏季的时候掌柜给年工置办包括草帽、芭蕉叶扇子、毛巾（家织的粗布材质）、新衣服等生活用品。

一般情况下，年工生病掌柜不需要承担医疗费用，年工生病的时候可以告几天假回家休息，请假没有时间限制，身体好了再回来。农忙季节年工一般不能请假，但若实在病得厉害，也可以休息，休息时间不能超过三天。若年工只是休了三五天的病假，掌柜也就不扣工钱了；但是若生病请假的时间比较长，会扣除相应的工钱，年工也不会去理论，因为自己生病期间确实没帮掌柜干活，没有理由索要报酬。若年工的病长时间未治愈，不能参加劳动，掌柜会辞退年工，辞退之后再雇用另外的年工，否则会影响自家的农业生产，掌柜"不养活闲人"。

传统时期村民基本不过生日，即使是掌柜也很少过生日，因此，即使是年工生日当天，也需和平日一样正常劳动、正常做活，主家也不会特意为其改善伙食或是有什么额外的奖励。只有上了年纪的、有威望的人才过生日，形式也很简单，在任徐店村几乎没有大操大办过生日的。年工逢年过节不需要特意去给掌柜拜年，如果是同村，按照辈分、街坊、亲疏远近决定是否拜年，如果不同村，不需要去拜年。

掌柜家里有红白大事时，年工不需要送礼，只需要按照日常分工出劳力进行劳动即可，专门使用牲口的就套车接送来客，小伙计就担水、干杂活儿等等。掌柜的有权支配长工去帮助自家的亲戚劳作，"在哪儿做活都是出力，年工一般会服从掌柜的安排"。给掌柜家亲戚帮忙的时候掌柜不需要额外支付报酬，但是掌柜亲戚家一般会给长工改善伙食，伙食比在掌柜家吃的稍微好一点。

长工家里有红白大事也不会专门请掌柜过去，如果有亲戚或邻里关系长工则会邀约，雇主与长工除雇佣关系外在其他方面少有来往，各过各的。而且，传统时期红白大事的请客范围也很有限，村民一般只请舅家、姑家、姨家、近本家等，正常情况下只办三五桌，对于普通家庭来说，一场宴席两斤肉即可解决问题。

8. 雇工与村落权力

雇用年工和保长无关，不需要向保长报备打招呼，更不需要请保长吃饭，保长也不干涉村民之间的雇佣与被雇佣关系。若年工是外村的，保上抓壮丁的时候没有权力抓其去顶壮丁名额，而且年工所属村庄也不敢到本村雇主家里去将其抓回去充壮丁。村民李继宗介绍："1949年以前都是'比英雄'，谁人多势众就可以占优势，即使是外村的保长也怕到了其他村庄吃亏，而且一般雇得起年工的家庭都有一定的家底势力，保长他也不敢轻易得罪。所以一般在外扛长工、不在家的人不会被抓去充壮丁，相应地也就存在为了逃避被抓壮丁就专门跑去外村当年工的现象。"

9. 雇工与租佃

土地数量多而劳动力少的家庭一般会选择雇用年工、短工而少有出租土地现象，因为雇工能够获得更大的收益。比如一个家庭有 30 亩土地，雇用一个年工一年的工钱支出是一石二麦子，但是长工每天都要给雇主家干活，而且还要附带着做一些耗力的家务活；但是土地出租之后，土地大部分收益归租佃者所有，雇主自己只有少部分的租金收入，还要承担土地的税赋，收益远远小于雇用年工的总收入。年工之所以选择当长工而不是租佃土地，是因为从事农业生产必须具备犁、耙、牲口、水井、推车等大型生产工具，而年工根据其自身家庭条件难以配齐所需的生产工具，即使能够置办齐全，也需要花费很大的成本，所以即使租地的收益更大，其也只能退而求其次保证有所收入；同时，当年工的收入更加稳定，不管天灾人祸，土地增收减产，每年都能保证有固定的收入，而不会因为发生天灾就绝收；除此之外，年工除了能拿到固定的收入之外，雇主还要负责其食宿问题，这样就又减少了自家的家庭开支，用村民的话说就是可以"吃个清静饭，干个清静活儿"。年工必须是踏踏实实的人，不能因为耕种的是掌柜家的土地而不是自家的土地就不好好下力，若劳动效率与他人相差太多，即使掌柜的不说，年工自己也会觉得不好意思，而且还会存在被解雇的可能。年工干农活的质量可以低一点，但是数量上必须保证达到平均以上水平，也正是因为此，大户家里请的年工、短工越多，农活干得越粗糙。据村民介绍："那个时候村里的大户李超位家请的年工犁地的时候将犁落在了地里，锄草锄三遍之后仍未发现遗落在地里的农具，直到收割的时候才发现，后来村民就把这件事当成笑话来讲，都说李超位家的地，锄过没荒田，哪根草运气不好了可能就会被锄掉。"

（三）短工及其关系

1. 雇用短工概况

农户一般在以下几种情况下会雇用短工：一是在农活最紧张的时候，各家各户都忙于生产，自家劳动力紧缺时会雇用短工；二是家里有大事发生急需用人的时候也会请短工；三是家里的劳动力生病暂时不能参加农业劳动，自家农活忙不过来就会请短工。家户雇用短工的数量不等，根据自家农活的需求来决定。

短工对农业技术及年龄没有特别的要求，一般短工的农业技术都不会很精湛，而且年龄也不会太大，会锄地、割草、套牲口浇水即可，农业技术好的人一般会做长工而不会选择打短工。

雇用短工不需要中间人介绍说合，双方口头协商好即可。

2. 短工的分类

短工又有"月工"和"季节工"之分。月工就是只干一月，一般是农忙的时候，以月来计算报酬。季节工又称"看伙计"，比较普遍，一般是大麦熟（小满节气，5月21日前后）上工，10月20下工。"大麦割了头（芒种节气，6月5日前后），小麦就加愁"，从大麦熟开始就到了一系列农活开始的时节，因此在6月到10月之间这个时候请季节工的比较多。季节工做活要求"场光地净，不管萝卜出蔓菁"，负责收大小麦子、碾麦子、打场晒粮、种秋粮，但是不负责萝卜、蔓菁的收割。季节工下工之后时间可以自由支配，一般多会去跑一些小生意，比如推车挑扁担倒卖东西，以赚点钱养家糊口。

3. 请短工的范围

村民请短工一般是在本村请，很少会有请外村人的情况。请短工只可能是远房亲戚或是外姓人，因为近本家和近亲来干活都是帮忙的性质，不需要支付报酬。有的时候被帮忙者可能会把当天的收成拿一点给帮忙的人带回去，但是帮忙者没有固定的工钱。

4. 短工报酬

短工的报酬由双方商量决定，多了主家不愿意给，少了短工不愿意干，平均一天两升（6斤）麦子，有的时候也会是两升玉米。在请的短工之中，亲戚、邻居、同村人待遇都一样，没有高低之分。但是男女的待遇有别，工作内容也不一样，女性干轻活，报酬低，男性干重活，报酬高。一个男性短工平均每天的报酬比女性短工高出一升粮食左右。

5. 短工与雇主关系

短工一般是与雇主无亲戚关系的同村人，短工做活的工具全部由雇主提供，用坏了不需要赔偿，雇主也不能因此扣工钱。短工做活期间由主家管饭，一天管两顿，即午饭和晚饭。如果请工数量较少，短工可以和主家同桌吃饭；如果是大户家庭或是雇工的数量较多，短工一般是和雇主家里的伙计一起吃饭。吃饭时的座次没有讲究。在传统时期，女性一般不上桌吃饭。

第四节 交换与交换关系

商品交换与村民的生活息息相关，不论是富裕还是贫穷，村民都有产品不断流向市场，并需从市场上获得自家难以自给自足的物品。本节将重点考察传统时期任徐店村的交换与交换关系。

一、村内交换及其关系

传统时期,任徐店村虽无固定的集市,但村内村民做小生意、开固定商铺以及外村人前来任徐店村做小生意的情况比较普遍。本部分将重点考察任徐店村村内的商品交换及其关系。

(一) 村内交易

传统时期,任徐店村没有固定的交易集市,但村内手工业和商业相对发达,村民多开设店铺。1949年以前,村内共有李如升、任永禄、崔毛3个染坊,陈三纲、崔老虎、李树贵3个铁匠炉,赵文纲、李超位2个粉坊,张会文1家银匠炉,李超吉、李超位、李三辰、任贵新4家油坊,任贵良1家小磨油坊,李三辰、李三盛、李三密、薛林德、赵文纲5家织布厂,崔茂森、李如松、赵曾、李三文以及同德堂5家中药铺,李如昊1家杂货铺,李三祥、崔茂森2家养蜂的,赵士福、丁金、辛庄王3个寿木木匠,张三元、闫钢旦、王小保等枣木梳木匠。另有木作工匠做其他木作活,例如白金成做木耧、马车等,孟照松做水车斗等。除此之外,李三祥、李如哲两人开设洋殿公司,主要卖化工原料;任贵志在修武县城开设当铺、银庄、粮行,经济效益非常可观;李三来在焦作博爱大全勇染坊从事染布业。

表3-3 传统时期任徐店村工商业从业者概况

从业类型	数量	从业人员
染坊	3	李如升、任永禄、崔毛
铁匠炉	3	陈三纲、崔老虎、李树贵
粉坊	2	赵文纲、李超位
银匠炉	1	张会文
油坊	4	李超吉、李超位、李三辰、任贵新
小磨油坊	1	任贵良
织布厂	5	李三辰、李三盛、李三密、薛林德、赵文纲
中药铺	5	崔茂森、李如松、赵曾、李三文以及同德堂(经营人员不详)
杂货铺	1	李如昊
养蜂	2	李三祥、崔茂森
木匠	若干	赵士福、丁金、辛庄王等3个寿木木匠,张三元、闫钢旦、王小保等枣木梳木匠。另有木作工匠做其他木作活,例如白金成做木耧、马车等,孟照松做水车斗等
洋殿公司	1	李三祥、李如哲

（二）村内交易关系

传统时期，任徐店村村内这些手工作坊和商铺的存在极大地便利了村民的日常生活。任徐店村的店铺均为本村人开设。村民到店铺买东西多数是直接使用货币，也有个别因货币不足而使用粮食去兑换的。在钱粮紧张的时候，村民在店铺内也可以赊账，但赊账仅发生在熟识且相互信任的人之间，赊账的人在手头宽松的时候要及时将欠下的债补上，若欠债的人不主动还，到打下粮食的时候，店主就会主动去收账，待店主主动去收账就会影响两家的信任感，下次再想赊账就得费一番唇舌。若欠债不还，则会导致两家之间的矛盾，情节严重者会造成两家互不往来，甚至需请保甲长来参与调解。去店铺购买物品时，村民一般会"货比三家"，谁家便宜就买谁家，在同等价格下优先选择自己熟识的人的店铺。任徐店村的店铺没有固定的交易时间，店主开门即是营业，多是"农忙时歇业生产，农闲时开门营业"。

二、村外交易及其关系

任徐店村没有固定的交易场所，且村内店铺涵盖的交易范围有限，基于生产生活的需求，在村外固定的市场交易场所进行商品交换是任徐店村村民的必然选择。村民通常是到周边村庄如谢旗营村等集市赶集，由于距离县城较近，也有村民直接到县城赶集。

（一）集市概况

人们称定点开展日常贸易活动的场所为"集"或"市"。县城的集市多是在繁华的街道或交通要道处，乡村的集市多是在较大的行政村或乡镇政府所在地。民间起集是按照农历计时的，到了集市的那一天俗称"逢集"。县城是天天集，乡村是隔日集或三日一集或五日一集或十日一集。逢集之日，上集买东西俗称"赶集"，赶集的人主要是集市附近的农民以及各种小商贩和手工业者。

1949年以前任徐店村村内无固定集市，因距离县城较近，仅五六里路，村民多上县城集市赶集。县城的集市相对繁荣，清代即有山西、河北、辽宁、浙江等地的商人来木栾店经商。光绪年间山西商人涌进木栾店从业，修建了山西会馆。民国二十六年（1937年），木栾店有京货庄53户、杂货铺30户、药铺12户、棉花行11户、饭店22户、起火店25户、土布行20户、粮行4户、银楼3户、摊贩25户，还有照相、浴池、修表、刻字、成衣、轧面条、酱菜园、染房等行业共计280户。县城是天天集，村民有需要即可去赶集。在县城的集市上，通常是以货币换商品，且不允许赊账。

从乡村集市来看，村民也会去周边村庄比如谢旗营、蒯村、周流等的集市。如谢旗营的集市，距离任徐店村15里路，步行需要约一个半小时的时间。村民去赶集通常是早出午归，根据不同的需要选择不同的集市区域。因集市距离较远，村民之间的交易常以货币换商品的方式进行，且通常不允许赊账。若是买牲口等大交易，在"行户"的见证和说合下，也可在没带够钱的情况下先将牲口牵回家，但需提前约定好还款的日期和地点。

表3-4 武陟县各地逢集的地点和时间概况

集会地址	集会日	集会地址	集会日
大虹桥村	逢一	前牛	逢四 逢九
西陶村	逢四 逢十	东张村	逢五 逢十
大封村	逢九 逢五	西唐郭	逢七
小司马村	逢二 逢六	程封	逢一 逢六
小董村	逢二 逢六	冯堤	逢七
三阳（小高）	逢一 逢七	二铺营	逢五
谢旗营村	逢三 逢八	荆辛庄	逢三
乔庙	逢三 逢六 逢九	西水寨	逢二 逢八
嘉应观	逢三 逢九	小岩	逢一 逢七
刘村	逢六 逢八	岗头	逢八
何营村	逢九	磨庄	逢一
宁郭	逢一 逢八	贾村	逢四
后阳城	逢三 逢八	渠下	逢五
圪垱店	逢二 逢七	北王	逢九
冯丈村	逢二 逢八	大陶村	逢十
小徐岗村	逢一 逢七	驾部	逢三
前高	逢一 逢七	东岩	逢八
东草亭	逢一 逢七	石荆	逢五
周家庄	逢一 逢五	王顺	逢三
马营桥	逢一 逢四 逢七	东张计	逢七
南虹桥	逢二	亢杨	逢五 逢十
东滑封	逢二 逢六	北小段	逢一 逢二
大司马	逢三 逢八	前牛	逢四 逢九
后高	逢二 逢六	兰封	逢三 逢八
南贾	逢四 逢十	蔡庄	逢九
涧沟村	逢四 逢九	蒯村	逢三

资料来源：数据来源于《武陟县志》。

(二)交易场所

村民在进行商品交换时,往往是根据不同的需要选择不同的集市区域,买猪有猪市,买羊有羊市,买粮食有粮行,同类性质的物品通常聚集在一个区域。

1. 牛市

牛市是集市上专门买卖耕牛的场所。牛市一般在有集市的日子以及庙会期间会有。买牛卖牛不分时间、季节,任何时期都会有买卖耕牛的情况。"便宜会会有,只在个人瞅",不管是农忙还是农闲,会买的人总会买到便宜的,不会买的人买进的价格总是会比别人高一些。

村民去牛市自己过去即可,不需要约着人一起去,因为买卖双方不能直接讨价还价进行交易,而是要通过行户进行协商,因此,即使约着别人一起去也起不了很大的作用。买卖牲口价钱的高低也和买卖双方与行户关系的远近有一定的关系,若买方与行户关系好,行户看到价钱低的牲口就会主动联系他,在谈价格的时候也会尽力压低牲口的价钱;若行户与卖方关系更好一点,在谈价钱的时候就会稍微抬高牲口的价钱。对于耕牛的买卖,买方有三天的试用期,可与卖家协商将看中的牛拉回家里试用三天,考察一下耕牛吃饭的情况、拉套的情况、是否踢人等等。若买方不满意,试用期内可以将耕牛再退回,但是已经上交的税钱不可退;若过了试用期,即使买方不满意或是耕牛出现了什么大的变故(生大病、病死等),卖方与行户均不需要再承担责任。

牛市上有专门的交易员并设有税桌,买卖牲畜必须要经过交易员,交易员又称"行户",行户经过县税务局批准领取交易员证方可成为交易员,如村民陈继功、郭生仁等。村民买牛卖牛必须要经过行户,一方面促成买卖达成,另一方面降低交易风险,比如买方或者卖方毁约。只要有集市,就会有行户出现,村民自己先看好牛之后再请行户过去说合,在交易协商好之后上交,由买卖双方协商具体由谁负责上交,可以是买方交,可以是卖方交,也可以是双方共同承担,税费的承担者不同,买卖牲畜的价格就会存在一定的差异。写完税票之后牲畜交易达成,不可再反悔,未写税票之前买卖双方均可反悔。比如,集市上一村民卖猪崽,说了价钱之后大家都来哄抢,遂发现自己报价太低,于是,虽然是自己给的报价,且有的已过了公道秤,但是因尚未开具税票,卖家可将猪崽全部收回,不以给出的报价卖出。在商量牲畜价格的过程中,禁止公开叫价,而是要以"捏手指"的方式来进行讨价还价。行户的报酬遵循"多劳多得,说多得多"的原则,政府部门不给其固定的薪资,而是根据行户自身的劳动成果,说成一宗买卖则得一笔收入。

行户在牲口交易中进行说合并收取手续费(税费),同时开具税票。通常是抽取

10%的税费，在抽取的税费中，又有30%上交国库，70%留作自己的报酬。有的村民为了漏税也有不请行户自行买卖牲畜的情况，但是私下交易通常发生在同村村民之间，且仅在家中进行，不会将牲口再牵到集市上。需要买进牲畜的人到有牲畜要出卖的村民家里，通过协商，直接达成交易，这样可以免去交税的钱，因此，牲畜的价格相对市场上会低一点。但是若发生买卖纠纷，则无中间人可进行调节。

在牛市买卖过程中，双方若发生矛盾，则由行户来进行协调解决，除此之外无其他专门调解矛盾的人。行户为买卖双方调解矛盾不收取费用，因为在交易中其已经收取了报酬。

牛市上可以赊账，若卖方愿卖、买方愿买，而买方未带足钱财到集市上，在行户的见证下，买方可先将牲畜牵回家去，但三方要提前约定好还款的时间，通常是定在下一个集市日由买方再将钱送过来。赊账之后，如果买家在快到期的时候还未付清剩余的欠款，行户要帮忙去催账，卖家也会找行户帮忙。如果过期买家仍未付清欠款，行户没有帮忙还账的义务。

2. 羊市

每一个集市上基本都有牛市、羊市、猪市等，只是分布在集市的不同区域。买卖羊相对于买卖牛来说交易较小，因此也不如牛市的规则严格。市场上以买卖羊肉为主，很少有买卖羊只的情况，村民买卖羊只通常在私底下进行，私底下买卖不需要交税，但是在市场上买卖就需要交税。买卖羊只没有固定的时间，也不需要请行户，价格由买卖双方自行商议决定即可，价格高低一般与羊的大小与重量相关联，多数是采取估价的方式。去羊市买卖羊只一般自己去即可，不需要约着人一起去。买卖羊只通常是由当家人出面，如果当家人不在，由家庭其他成员去买卖时必须先得到当家人的同意和授权。

3. 猪市

买卖猪相对于买卖牛来说交易较小，因此也不如牛市的规则严格。除了在市场上交易之外，村民也会在私底下进行买卖。在市场买卖的一般是小猪崽和猪肉。如果在市场上买卖大猪就需要交税，因此村民多在私底下进行大猪的交易。买卖猪没有固定的时间，也不需要请行户，价格由买卖双方自行商议决定即可，一般与猪的大小与重量相关联，多数是采取估价的方式。去猪市买猪一般自己去即可，不需要约着人一起去。买卖猪通常是由当家人出面，如果当家人不在，由家庭其他成员去买卖时必须先得到当家人的同意和授权。

（三）赶集

在任徐店村，村民去赶集一般是走路过去，没有出现过骑马或是坐车去赶集的情况，即使是到集市上买卖粮食，一般数量也不会很多，也是采取人背的方式。因为传统时期有专门倒卖粮食的粮行，村民有大量买卖粮食的行为通常是和粮行沟通，而不会直接到集市上去卖。赶集的一般包括几类人：一是买卖东西的人；二是去吃东西的人；三是去闲逛的人；四是去走亲戚的人。在任徐店村，因为去赶集要走一段距离，所以一般是当家人、男人去赶集。年长的女性也可独自去赶集，年轻女性很少去赶集，即使有机会去也必须是在家人的陪同之下。

村民赶集的频率不定，并非每一个集市都会去，只是有需要的时候才去，比如家里有什么东西需要买，或者有什么东西需要卖的时候就会去。赶集以买东西为主，卖东西的概率比较小。村民去赶集，最主要的内容就是买卖粮食，其次是生活用品，最后才是牛、羊等牲口买卖。当家人去赶集，主要是购买生活用品、农具等，如粮食、牲口等，女性去赶集主要是购买生活用品，如油盐酱醋、针线等。赶集的时候不需要给家里人带礼物，但若家里有老人且家庭条件允许，赶集人会给老人带一些平时在家里吃不到的东西作为礼物送给老人，以表孝敬。有的时候也会给家里的小孩带些吃的回家。当家里有东西可卖出去的时候，一般是家里的妇女到集市上去卖，比如布匹、衣服、鞋子以及鸡鸭鹅等小件的，卖东西的收入归家庭所有，妇女不能自由支配。但是如果家里要卖的是大件商品，如牛羊等牲口、大型农具时，必须是男性去卖，一般是当家人，不能由妇女去。

赶集的时候买谁的东西没有讲究，没有先后顺序之分，谁家的东西物美价廉，村民就买谁的。如果是同样的物品同样的价格，就优先购买认识的人的。

赶集时，除牲口买卖之外，其他小型交易也存在赊账的情况，如粮食买卖、餐馆就餐等等。但是小型交易中的赊账一定是发生在相互熟识的人之间，赊账不需要写借条，靠人与人之间的相互信任来维持。若有人欠债不还，其家人有代还债务的义务。

传统时期，村民在集市上的相互交易中，通常是由卖者根据行情先给出一个预期价格，然后由买者根据自己了解到的价格信息以及心理预期进行议价，最终确定交易价格。农民获取市场上的农产品价格多半是通过主动询问街坊邻里，或是在村民的日常闲聊中得知。村民主动了解的多是和自家生活息息相关的农产品的价格，对于自家不需要买卖的产品的价格则一般不会关注，但在和其他村民的相互交往、闲聊中也多少会了解一点。

村民赶集除了买卖商品之外，还会趁着赶集的契机去走亲戚，尤其是外嫁的女儿回娘家。村民在集市选择上也会优先选择有近亲居住地方的集市。在集市上除了生活用品以及生产工具之外，还有卖各种吃食以及礼品的，一般人们会趁着去赶集的机会顺便在集市上买上礼品去亲戚家走动，亲戚家一般会管一顿中午饭。村民去赶集都是走路过去，因此去赶的集一般不会离自己家太远，所以晚上不会留宿亲戚家，午饭后大概一两点钟就会返回自己家中。

（四）农产品交易

农产品交易主要以粮食、牲畜及其附属产品为主。村民之间出售农产品不存在竞争关系，卖东西不会相互隐瞒或是偷偷摸摸进行。村民出售粮食时，主要是去县城集市的粮行，"一次去哪家，次次去哪家"，通常会固定在一家店铺进行交易。而出售牲畜、家禽及其附属产品时多是在村内或附近村庄的集市上，如卖肉、卖鸡、用鸡蛋换食盐等，有的也会挑扁担沿街售卖。因县城集及周边村庄的集市都距离任徐店村较近，村民外出去做交易当天就会回来，因此不存在住宿的问题。当地"日中为市"，一般村民赶集是早出午归，能赶回自己家吃饭，也可直接在集市上吃。村民去集市做买卖，如果是粮食、大牲口等大宗交易，一般是由家里的男性去卖，多数是当家人去；如果是鸡、鸭、鸡蛋、蔬菜等小宗买卖，则一般是由家中的妇女去。在农产品交易中，除大牲口买卖需要交税之外，其他小宗交易没人管理，也不需要交税。村民外出做农产品交易属于自主行为，不需要告知保长、甲长，但必须要经过当家人的同意和允许。

（五）赶庙会

庙会也称庙市，本地人多简称为"会"。庙会是民间商贸交易的一种重要方式。庙会在祭祀神灵的日子里在寺庙或寺庙附近举行，兴起于南宋，刚开始的时候主要是祭祀活动，后来逐渐和经济贸易相结合，成了集祭祀、娱乐、贸易为一体的民间传统集市。

表3-5 任徐店村周边古庙会概况

时间（农历）	地点	寺庙名称	规模	经济活动	文化活动
正月初八	卢徐店	火神庙	五千余人	食品、百货	戏曲、故事
正月十九	小徐岗村	火神庙	千余人	食品、百货	戏曲、故事
二月二日	万花庄	青龙宫	万余人	食品、百货	戏曲、故事
二月二日	木栾店	三官庙	千余人	食品、百货	戏曲、故事
二月十九	杨豹峰村	火神庙	千余人	百货	戏曲、故事
二月二十一	木栾店西街	火神庙	千余人	百货	戏曲、故事
三月二十五	蒯村	二仙庙	五千余人	骡马、食品	戏曲
四月初一	谢旗营村	玉皇庙	五千余人	食品、百货	戏曲
五月十三	木栾店	关帝庙	千余人	百货	戏曲

续表

时间（农历）	地　点	寺庙名称	规　模	经济活动	文化活动
五月二十五	祝徐店村	洪济寺	三千余人	百货	戏曲
六月初六	祝徐店村	洪济寺	三千余人	百货	戏曲
六月十三	蒯村	二仙姑庙	五千余人	骡马、食品	戏曲
七月初七	木栾店	三官庙	五千余人	百货	戏曲
七月十五	小徐岗村	马皮神庙	千余人	百货	戏曲、故事
七月二十	蒯村	二仙姑庙	八千余人	骡马、食品	戏曲
九月初一	木栾店	关帝庙	五千余人	药材、百货	戏曲
十月二十	木栾店	城隍庙	十万余人	百货	戏曲、马戏

传统时期，赶庙会的时候因有旱船、踩车、戏曲等文娱活动，通常每个人都可以去赶庙会。但是年轻女性不能独自去赶庙会，而要和婆婆一起，不能单独抛头露面，否则会被认为是没有教养，会坏了自己的名声。

对任徐店村村民来说，赶庙会除观看文娱活动与进行物资交易外，还有一项重要的活动就是走亲访友。

庙会期间，除祭祀神灵之外，还有划旱船、踩车、戏曲等娱乐活动，寺庙前面也会有很多商贩趁机在此做生意，来往的商贩没有限制，不论地域、不论身份，谁想来都可以来，即使有外村、外地人在此做小生意保长也不干涉，也不需要交摊位费。商贩售卖的物品涵盖牲口、各类农具、粮食、生活用品以及小吃等各个方面。通常情况下，在庙会正式开始的前一天，有意愿到庙会上卖东西的商贩就会提前到主会区域占摊位，占了摊位之后标明记号再离开。占摊位不分本村与外村，本着先来后到的原则，先占者先得。如果提前占的摊位又被别人复占了，即要发生纠纷，此时主要是依靠其他占摊位者或是其他村民从中调解，最终达到和解的效果，该村没有发生过因占摊位矛盾而进行打架斗殴或是打官司的行为。有的商贩为了保证摊位不被复占甚至当天晚上就直接睡在所占的摊位处。庙会期间，尤其是大型的庙会，也是村民进行物资交易，购买耕牛、骡子等大牲口的重要时机。

（六）流动商贩

任徐店村因无固定集市，常有小摊小贩在村内流动，尤其是在冬季农闲的季节。流动商贩以篮子和扁担为主要工具，其售卖东西的类别根据所去的场合不同而不同，如去私学的商贩就挑笔墨、纸张、四书五经等过去售卖，而去麻将馆等公共场合的就挑花生、烧饼、麻糖等吃食过去。还有一些卖糕点、酱油、醋、豆腐等生活用品的直接沿街叫卖。流动商贩多为本村人，也有少量外村人过来。流动商贩属于正经行当，不需要向保甲长申请，外村人也可直接进村做买卖。与流动商贩的交易中，村民既可使用货币，也可使用粮食来兑换。在任徐店村，农闲季节，大量的青壮年劳动力外出担山、推足、拉足等，也是流动商贩的一种。

1. 担山

担山是指冬春季节青壮年带些家庭土布或其他物资去山西省陵川县换些粮食回来，因用扁担担顾名思义称"担山"。担山多发生在农闲季节，场光地净的时候，村民来回跑个小生意赚取一点收入贴补家用、准备年货。因担山实质上是一项体力活，因此进行这项活动的多是家里的青壮年劳力。不需要家长安排，由于生活所迫，到农闲季节年轻人就会主动想办法去做一些小生意来增加家庭收入，村民中流传着"年轻受贫不算贫，老来受贫贫死人"的说法。

（1）担山方式

民国三十二年（1943年），任徐店村因受蝗虫灾害影响，庄稼几乎绝收，村民拿着自家织的布匹到山西陵川去换取粮食。一方面山西陵川少棉花布匹，另一方面该地粮食充足，因此村民用一匹布可换到几斗粮食。有的村民也会从本村村民家中或距离较近的花殿街（专卖棉花和布料的地方）低价买进布料再拿出去倒卖，一般家中没有男性劳动力可出去担山的就会直接将织的布卖给本村人，买卖的价钱根据两家关系的远近以及布料的密度、颜色、线条粗细等决定。担山不需要介绍人，每到农闲季节，都会有人做这样的小生意，第一次去的人可以跟着之前去过的人一起到合适的地方，然后各自再寻找买卖的机会。外出担山的人通常自己不带秤，卖出去的东西不需要秤来称，买东西的时候在哪儿买就用哪儿的秤。因担山面临的不是公开的市场，而是单个的家户，因此也不会存在类似于市场上的公平秤。

（2）结伴担山

担山通常是4—6个人结伴过去，若人少，路上会遇到劫路的，尤其在换了粮食回来行走山路的过程中。结伴的人数不会少于3人，同时也不会多于8人，因为每天都会有人外出，若同去的人多了带的物品不好出售。结伴的人群没有限制，不一定是本族、本姓，甚至不一定是同村，只要互相认识，就可以相互结伴。相互结伴的人在日常生活中也不一定有其他的交集，只是为了保证外出过程中的安全。结伴的人中没有领头人与专门的管事人，各人管好自己的东西，只是人多的时候土匪不敢劫路。

（3）担山中的食宿

因路途遥远，往返一次至少要4天，因此外出时村民除了要带买卖的东西，还要带够来回的干粮以解决饭食问题，通常是带牛肉块作干粮，传统时期用一斤玉米可换一斤牛肉。担山过程中,晚上就休息在半路中的干店。干店又称"起火店",会提供草铺供过路人在此休息,但是不提供饭食不供火,过路人根据自己携带的干粮吃什么就做什么。干店也由私人经营,在此休息的过路人要支付少量的费用,如果使用被子还要支付额外的租赁被子的费用,村民将起火店戏称为"巧要饭的"。

(4) 担山收入分配

担山活动所需要的原材料(布匹、香火)等均来自家庭的公共财产,同样赚取的费用也归家庭成员共同所有。有的时候外出担山的主要劳动力会留少量的利润供自己日常使用,但通常自留的不会很多,不超过5%,因此其他家庭成员也不会说什么,都觉得这是人之常情。做生意是有赚有赔的,因此,即使外出担山的人没有赚到钱或是赔本或是中途被打劫了,也不需要向家里偿还成本。

(5) 担山与村庄权力

外出担山不需要向保甲长打招呼,也不需要向族长、门长请示,因为这是一种正当的谋生的手段,村民与保甲长、族人与门族长互不影响、互不干涉,各自顾好自家的生活即可。围绕担山所产生的交易、买卖往来均不需要交税,两地税务局也均不干涉。税务局即使想管也管不了,因为这种交易多发生在农民家户之间,而不是在市场上进行。

2. 推足

推足是在冬春季节青壮年用木制小车推些当地土特产到外地变卖,回来时再购些本地紧缺物资在本地变卖。推足多发生在农闲季节。从事推足的多是家里的青壮年劳力,不需要家长安排,由年轻人迫于生活压力主动而为之。

推足因需要推车不便上山,因此只能到相对平缓的地方去,比如新乡、焦作、博爱等。村民带当地产的香等到外边去卖,卖了钱再买本地紧缺的物品回来倒卖赚取差价。推足不需要介绍人,每到农闲季节,都会有人做这样的小生意,第一次去的人可以跟着之前去过的人一起到合适的地方,然后各自再寻找买卖的机会。

推足通常也是结伴而行,以避免路遇劫匪东西被盗、被抢。结伴的人数以四五个为宜,少了不安全,多了影响货物出售。结伴的人没有条件限制,互相认识、同去推足即可结伴。结伴的人群也不固定,每次外出推足,都可重新选择结伴的人。推足中的饭食需在出门时从家中携带,住宿则是在路途中的起火店,需支付相应的住宿费用。推足所需的材料由家里出,赚取的费用也需交给家里,由家人共享。但外出推足者可在当家人允许的情况下留少部分供自己支配。围绕推足所产生的交易、买卖往来均不需要交税,两地税务局也均不干涉。

3. 拉足

村民用牲畜拉着木制牲畜车去焦作拉煤回来在当地煤厂变卖叫拉足。拉足多发生在农闲季节，场光地净的时候。因拉足需要走的路途较远，体力需求较大，因此进行这些活动的多是家里的青壮年劳力。拉足的利润很有限，通常从焦作拉一车煤回来转手卖掉只能赚到一两斗麦子。但是在农闲季节，人力与牲畜闲着也是闲着，外出拉足除了可以获得微薄的收入外，还可以节省来往期间牲畜饲料的费用（来回一趟要花费三四天的时间），所以村民普遍认为"走着比坐着强"。

4. 农产品小贩

除固定的店铺外，也有村民拿着自家的农产品直接到街上或集市上售卖的情况。村民在有商品需要卖出时，一般不会提前联系好买家，而是拿到市场上公开售卖。也有个别因街坊邻里或同村人提前打了招呼预定了，就直接在家里进行买卖。在卖东西时，村民一般会根据整体市场概况给自己的商品定一个价格，有人询问即给出自己的预期价格。如果是熟人来买，一般会比预定的价格要便宜一些，但不会低于商品的成本价。在买卖中，如果买方与卖方熟识，卖者也会同意赊账，但小宗生意中赊账的情况很少发生。在集市上，大宗交易如卖猪、卖牛等，采用"摸手指"的方式讨价还价，小宗交易则直接喊价。对于市场上缺斤短两等欺诈行为，一般发生在买卖双方彼此不认识的情况下。若买者当场发现，会终止交易；若将东西买回家后才发现，则只能自认倒霉。在相互的买卖往来中，只有像买耕牛这样的大宗交易才需请市场上专门的行户来做中人，小宗生意不需要请中人，买卖双方直接商议即可。

三、村落借贷及其关系

传统时期，受限于生产力的水平与应对自然能力的不足，任徐店村村民之间借钱、借粮等行为都时有发生，为应对紧急情况，还有高利贷出现。本部分将重点考察传统时期任徐店村的借贷及借贷关系。

（一）借钱（粮）

借钱或者借粮主要发生在以下几种情况中：一是家中有成员生大病，医药费难以负担时；二是家里建房子、修缮房子或者添置大件家具时；三是家里新买进牲口的时候；四是家中有好赌的人；五是家中有吸食大烟者；六是家中有重大事件如儿子结婚；七是人多地少，靠自家产的粮食不能维持生活的，这种情况一般以借粮食为主；八是遭遇灾荒，生活难以为继时，一般以借粮食为主。

1. 借钱（粮）顺序

借钱可找街坊邻里、亲戚好友、地主财东或者城内放账铺等，一般以亲戚和邻里最为普遍。一般家里遇到困难的时候，近亲如兄弟家会主动来帮助，尤其是大户家庭中，向近亲家借钱借粮只要其有能力负担一般不存在借不到的情况。若近亲家借不到，村民则会选择向街坊邻里借，"远亲不如近邻"，一般村民在遇到困难时会主动向邻里求助，邻里之间都会帮忙。邻里处也借不到时才会去向地主家里借，但向地主家借一般是借粮食，地主家里也不是什么人都能借出来，必须是地主熟悉、信任的人才可以。也有向城里放账铺借钱的，但寥寥无几，一般是赌博、抽大烟的人才会去向放账铺借钱。

2. 抵押

一般向亲戚、邻里借钱或借粮时不需要抵押，也不需要写欠条，因为借钱借粮的数量一般不多且彼此很熟悉，彼此都能信得过。向地主借钱借粮一般也不需要抵押，但借的数量大时需要抵押，尤其是嗜赌和吸食大烟等不被人信任者，抵押以土地和房屋为主，牲口不能作为抵押物品，因为牲口是活物，还需要喂食。向城里放账铺借钱的必须有实物作为抵押，可以是土地、房屋，也可以是家中值钱的大件物品，且需要借条作为依据，借条上要写清楚借贷的数量、还款日期、利息数量、抵押物品等，如果借贷者到期不能按时还清款项，则根据文书将抵押物品易主给债主。若没有物品可以抵押，则可能会出现借不到的情况。

3. 担保

村民在向近亲或交好的邻里借钱、借粮时，因彼此熟识且相互信任，通常不需要请担保人。如果向地主家借钱借粮，通常都需要请担保人，担保人由借贷者去请，一人即可。担保人必须是在地主家说话管用的、地主家熟悉的、被地主家信任的人，同时，担保人必须是有一定经济实力的人，穷人不能做担保人，如果借债人还不上，担保人要承担连带责任。到城里的放账铺借钱同样需要担保人，担保人要是和放账铺的老板关系好的、彼此熟悉的或是能被信任的人，放账铺老板也会评估借贷者与担保人的家庭情况，可靠的时候才会借出。

4. 利息

借钱、粮的期限一般是由双方协商决定的，以借方的意愿为主，借期不同利息也就不同。借粮食一般以一年为期，村民前一年借下的粮食，到来年收了粮食之后还上。通常村民向亲戚与邻里借钱、借粮都不会收取利息。但是村民向地主以及放账铺借就会有利息，且利息的多少根据借款数量与期限的不同而不同。借粮的利息以年为单位，心肠好的地主收取20%的利息，如前一年借一斗粮食，来年收获之后还一斗二；利息最高的会达到50%，即借一斗来年需要还一斗五。向城里的放账铺借钱利息有以年计的，也有以月计的，以月计比较普遍，一个月还一次利息。

5. 还款

在向家人借钱、借粮时，如果是未分家，则不存在"借"的情况，因为同吃一锅饭的一家人是共同经营、共同消费的同一经营主体，有钱一起花，有债一起背。如果是已经分家的情况，则是有借有还，"亲兄弟，明算账"，以借的名义拿到的钱和粮食要按期归还，否则就会导致兄弟之间的矛盾，但如果到期无力偿还，在向兄弟说明难处并取得谅解之后也可推迟还款日期，同样不收取利息。如果是儿子向父母借钱或是父母向儿子借钱的情况，通常都是"十借九不还"，谁也不会计较。

亲戚之间相互借钱或是借粮食，如果超出期限无法偿还，一般需要借款者主动去找亲戚说明情况并请求谅解，只要借款者主动去解释，亲戚家一般会同意延期归还，不会有故意为难的情况发生。通常亲戚之间的借钱、借粮不会有大的矛盾发生，不需要找人来调解。

借粮食的时候以借麦子为主，因为任徐店村村民主食以面食为主，且农业生产上种麦子的最多，借麦子更容易借到。如果到还款的期限无法归还，可以用其他种类的粮食来充抵，比如借了麦子还玉米，借了玉米还花生，但是充抵的时候要按照粮食的市场价值来折价核算，使两者的价值基本相等。但很少出现这种充抵的情况，通常都是借什么还什么。在任徐店村，没有出现过"以工代补"的还款方式。

通常家中的债务在分家时也要同时分开，由各个分支各自承担一部分。如果家长去世时遗留下的债务是在分家之前，则由儿子们共同承担；如果家长去世遗留下的债务是在分家之后，则多半是由一起居住的儿子来偿还，但如果兄弟几人关系好其他兄弟也会帮忙承担。如果兄弟已经分家，则某一兄弟欠下的债其他兄弟没有义务帮其偿还，但若是未分家，则需要由全家人共同承担，有债一起背。如果家长去世之后子孙无法偿还债务，有的债主会强占其祖业作为赔偿，子孙也没有办法阻止。如果没有后人，债主同样可以强占其土地、房屋等财产作为赔偿，保长、甲长一般不会干涉。

如果是欠多个人的债务，则一般是先还利息高的，亲戚、朋友、邻里的可先去做解释，获得体谅后再商议新的还款日期。但也不能拖太久不还，否则就会影响自己的信誉，"好借好还，再借不难"，若是长期欠债不还，下次再有需要的时候就会面临借不到的难题。

（二）高利贷

在任徐店村，有钱的、家中有存粮的大户会选择放高利贷，但放高利贷者并不是以放贷为生，通常都是村中地多、财多的大户。高利贷以粮食借贷为主，少有直接以现金借贷的情况发生。

高利贷一般在春天青黄不接的时候出现的较多，借贷的利率为30%—50%不等，最少的为30%，即借一斗来年还一斗三升。另有一种高利贷不用直接算利息的方式，而是"以物易物"，借低价的粮食而还高价的粮食，比如借一斗玉米还一斗麦子，而一斗麦子可以折算为一斗三升到一斗四升的玉米。

借高利贷需要介绍人，介绍人由借贷者去请，最少一人，上不封顶，介绍人必须是放高利贷者熟悉的、信任的人，同时介绍人必须是有一定经济实力的人，穷人不能做介绍人，如果借贷者还不上，介绍人要承担连带责任。介绍人没有报酬，但是如果介绍成了，借贷者要请介绍人吃一顿饭来表示感谢，吃什么根据自家的实际情况来决定，一般是家常便饭，少有酒肉大席的情况。

借高利贷需要打借条，借条一般是由介绍人来写，如果介绍人没有文化或是不识字，也可请村中有文化的人来写。代写借条也没有报酬。借条一般要写一式两份，借贷者和放贷者各保留一份。借贷的时候不需要请族长、保长、甲长等来参加，因为借贷是自己的事情，族长以及保甲长均无权干涉。

借高利贷的期限不等，由借贷者和放贷者商量决定，以借贷者的意愿为主。通常期限不会太长，期限太长利息太高更难还上。借贷者在未到还款日期时如果有能力可提前主动去还贷，放贷者还可能会减免一部分未到期的利息，但是在临近还贷日期借贷者还未还款的情况下，放贷者会主动到借贷者家里催债，也会同时提醒介绍人催促借贷者还债，否则介绍人也要承担一定的还贷压力。还贷的时候介绍人也要到场作为见证人，还清款项之后要当面将借条销毁。如果到期还不上，借贷者可申请延期归还，但利息要重新计算，按照之前的本金加利息作为此次计算利息的本金，即"利滚利"。延期时需要重新打借条。到了期限如果借贷者还还不上，介绍人需要替放贷者催账，有时也会面临代借贷者还贷的风险。借贷者到期还不了的时候，可用土地、粮食、家禽、大件家具甚至房屋来充抵，折算的价格一般低于物品的实际价格。如果实在还不上，可以求助亲戚朋友，亲戚朋友会根据借贷缘由以及自身实际情况来决定是否出手相助，如果是因为赌博等原因欠债，一般不会同意帮忙还贷。亲戚朋友可以出于道义去帮忙，但是没有必须帮忙的义务。

第五节　分配与分配关系

1949年以前，任徐店村村内多数村民收入微薄，为了维持基本生活，村民必须精打细算着过日子，由此也形成了任徐店村以当家人为主导的独具特色的家庭分配方式。

本节将重点考察传统时期任徐店村的分配与分配关系。

一、分配单位

1949年以前，在任徐店村，村民所面临的国家赋税等内容的分配主要是以村庄为单位，宗族的祠堂地、善坟地等主要是以宗族为单位进行分配，而家户私有的财产则主要是以家户为单位进行分配。

（一）以村庄为单位的分配

在任徐店村，小麦是村民历代耕种的主要粮食作物，受耕作条件、种子质量等影响，1949年以前和之后初期亩产量一直维持在150—200斤。玉米是任徐店村秋粮的主要作物，1949年以前亩产也仅有150—200斤。农民的农产品分配主要用于赋税、地租、种子、家庭消费等几个方面。由于土地有限且产量不高，除基本消费之外，村民的粮食收入一般仅能解决温饱，能有剩余的家户不多。

在民国时期，土地赋税又称为"捐饷"。在传统时期，捐饷是一月一派，以地亩为计算单位，以家户为征收单位，每月派的数量不等，有的时候一月收10斤，有的时候也会在10斤上下浮动，一年下来上交的捐饷总量在80—100斤。交捐饷的时候不分粮食种类，麦子或秋季杂粮都可以，只要交够当月派的数量就可以。穷人家若哪个月份交不起捐饷，也要想方设法地还上，有的时候也可以延迟到下个月份一起上交，若拒不上交，则会被拷打。交不上捐饷的农户绝不可能通过向保甲长说情的方式减免捐饷，因为在当时的社会，穷人占多数，一家开了先例之后以后再征收捐饷就难以开展。穷人家交不起捐饷的时候也会去找亲戚朋友、街坊邻里借一些粮食回来交上捐饷，一般是先找近亲借，其次找其他关系比较近的宗亲借，三是找街坊邻里借。也存在为了躲避捐饷而外出逃荒的现象，逃荒一般是整家外出，所以一般是人数比较少的家庭。捐饷的用途村民不清楚，也不会询问，更不会进行监督，即使税率很高也不能申请减免。租种的土地通常由土地所有者负责缴纳捐饷，租种者按期向地主交地租即可。收捐饷不开具收据。

除了正常的田赋捐饷之外，还经常有派工、派饭的情况发生。派工一般是派青壮年劳动力，派饭则多是派给中等以上的家庭，如果派的饭不能让国民党官员满意，保长去送饭时就会被打。田赋之外的摊派以"下条"的方式进行，由"小夫"[1]将摊派的派条送到村民家里，但摊派收取之后不开具收据。

（二）以宗族为单位的分配

1949年以前，任徐店村以宗族为单位进行的分配主要包括祠堂地与善坟地的分配。传统时期，任徐店村村内只有李燕家族有祠堂地，祠堂地的主要作用是作为族下的公

---

[1] 小夫，即专为保长跑腿的人。

坟，族下所有宗族成员都可按照辈分、年龄占有一块自己的坟地，其余可耕种的部分则以出租的形式租予族人耕种，收入用来支持族内祭祀。祠堂地的耕种者确定之后不需要报告保长和甲长。耕种祠堂地者不需要交实物地租，而是以负责提供祠堂集体祭祀用品的方式来充抵地租。祠堂集体祭祀一般一年一次，即在春节期间。除了承担祠堂每年一次的集体祭祀费用之外，祠堂地的耕种者不需要承担额外的费用，剩余的耕种收入归耕种者个人所有。祠堂地里多没有灌溉水井，需要耕种者借用水井来灌溉或是不能灌溉，祠堂地的产量一般高于旱地又低于水浇地，耕种者在族下事务中的花销一般会占到总收成的30%—40%，剩下的60%—70%归耕种者所有。此外，祠堂地的耕种者还需要负责祠堂的打扫、清理等义务工作。祠堂地的耕种者没有权力将祠堂地转租。族下除了过年祭祀之外很少有集体活动或是集体会议，因此祠堂地由耕种者负责管理，不需要再有专门的组织或是人员来负责管理。

善坟地也是族下公坟的一种，和祠堂地一样，除用作墓冢的土地外，善坟地中其余可耕种的部分通常是出租给其他人耕种，但善坟地的耕种者只有看坟、管坟的义务，而没有承担宗族祭祀费用的义务。善坟地还有一点不同于祠堂地，即善坟地并非族下所有成员都平均占有，只有非正常死亡的族人才会埋葬在善坟地中。

（三）以家户为单位的分配

1949年以前，在任徐店村，家户是进行生产分配的基本单元，家户对家庭自我生产、自我创造的产品、财产具有自主分配权。从家户内部来看，无论是四代同堂、五代同堂的大家户，还是以一夫一妻为核心的小家庭，均是以当家人作为分配的主要权威代表。包括生产分配、收入分配、消费分配等在内的一切与家庭相关的事务均是由当家人说了算。在当家人的主持与平衡下，同吃同住的一家人往往是同居共财，无论干多干少、赚多赚少，都平等地享有家庭财产的使用权。一经分家，产品支配权也随之发生裂变，分家之后各个分支的当家人获得本家内部的产品支配权。

二、分配权

不同的分配单位体现着不同的分配话语权，保长治村、族长治族、家长治家是传统时期任徐店村权力支配的直观体现。

（一）保长负责村内摊派

中华民国时期，任徐店村整村为一个保，保长是村庄最高的权力代表。国家的收捐饷、派民夫等事情均是由保长负责。据村民李继宗介绍："以前县里、乡上有什么事情那都是直接找保长的，保长照脸[1]，人家不会直接来找你这些穷苦老百姓。比如说这

---

[1] 照脸，意为负责。

个交捐饷,上面都是直接通知保里要交多少多少捐饷,保长再派到甲里,然后由甲长负责计算每家每户具体应上交的数量,并负责具体征收。保长要对这个收捐饷负责,要是到时间收不上来那是要挨打的。所以保上收捐饷的时候一般会留一部分水分,比如区上要求收 1000 斤粮食,保长在往下派的时候就按照 1100 斤的标准来往下派,一方面是为保上开展工作留有一定的经费,另一方面也是为了防止有的穷人家庭真的交不上捐饷而完不成上级派的任务。"

除捐饷外,中华民国时期还经常有派民夫、派饭的任务。同捐饷摊派一样,民夫指派、官饭指派均是由保长决定,民夫不同于壮丁,大户家里也会被派到。一般体力劳动派给贫困家庭的人,派车则会派给村庄大户,有钱人家出钱出车,贫穷人家出人出力,当派给大户出车的任务时,就需要大户家里的长工带着车过去。派民夫、派车一般是紧急事务,不论穷富,遇到摊派任务都会服从安排。

(二)族长负责族内分配

对于宗族内部的财产分配,通常是由族内德高望重者进行共同讨论,并最终由族长拍板决定。以祠堂地的买卖来说,祠堂地只买进不卖出,在宗族人口增加,现有祠堂地不足以满足族人的坟地需求时,族长就要组织族人商讨购买新地的事情。关于新地何时买、何处买、买谁的、买地的钱如何在族下进行分配等问题,其他宗族成员仅具有建议权,仅族长拥有最终的决策权。

又如关于祠堂地耕种者的选择,据村民李继宗回忆:"祠堂地谁来种一般也是族下德高望重的人讨论的,但是最后还是要族长来做决定。族长都是我们自己选的辈分高、有威望的人,大家也都信任他,他说给谁种我们也都同意。"

(三)家长负责家户分配

对于家庭自我生产的农产品,当家人具有完全支配权,内当家具有部分支配权。其他成员如果要使用或是支配必须经过当家人的同意。不管在什么情况下,其他家庭成员要支配家中的农产品都必须向当家人请示,当家人同意即可支配。当家人是一家之主,全家人都得听其支配,当家人要统筹安排一家人的基本生活,避免家庭存粮在再次收获前提前消耗完。包括家里每顿饭的饭食,一般都要由内当家来安排。村民们在吃食的安排方面,通常是先把陈粮吃完再吃新粮,避免陈粮存放太久坏掉。家里的农产品如果要送人的话,送给谁、送多少一般也是由当家人说了算,其他家庭成员可以提意见或是要求,但最终的决定权掌握在当家人手里。家户内部农产品的买卖,均是由当家人说了算,农产品买卖以粮食和农副产品为主,如鸡蛋、肉类等。

传统时期,村民无论做大生意还是农闲季节跑小生意,无论赚到的钱多钱少,均要交予当家人支配，由全家人共同消费。家庭农产品的销售收入、个人打长短工的收入，均需交给当家人集中起来，统筹安排一家人的生活。家庭获得的现金收入，对于穷人家庭来说，多半用于购买粮食、日用品、农具等，少有买衣服等方面的开支。而对于富裕家庭来说，其现金收入除了基本的生产生活支出之外，人情支出、孩子教育支出、大牲口买卖等额外支出也占了家庭开支的很大一部分。经过一段时间的积累，有能力、劳动力充足的人家也会将积蓄的现金用于购买土地。

三、分配内容

从家户内部来看，传统时期任徐店村村民以赋税、地租、口粮等为财产分配的主要内容。

（一）土地赋税

所谓"种地完粮，天经地义"，土地赋税是传统时期任徐店村村民首先要考虑的支出。在中华人民共和国成立前夕，捐饷是一月一派。捐饷的摊派并不完全是有正当理由的，有的时候也是根据区大队长或者保长的私人事情决定的，比如赵锡慧老人提到过，在传统时期，保长家里有结婚、老人去世等红白大事的时候也会给村民派捐饷。在这些情况下，村民虽不乐意，但也只能服从，因为交捐饷是种地者理所应当做的事情，如果不交，就会被拷打。

（二）土地租金

对于有土地出租或租种土地的家庭来说，土地租金也是必不可少的分配内容。

从土地租佃的地租来看，在任徐店村，土地租金有三种形式，即固定租、分成租及就地分配，这一部分内容前面已有叙述，此处不再赘述。

（三）口粮

传统时期，对于任徐店村村民来说，进行农业耕种、走街串巷做小生意，最主要的目的是为了"糊口"。因此，除土地赋税与土地租金外，家庭财产最主要的分配内容就是用于口粮的支出了。对于家户内部的家庭成员来说，无论贡献大小，均可平等享用家里的农产品，老人、小孩、妇女，无论是否参与农业劳动，同一家人都是"共吃一锅饭"。但在村民的意识里，也存在着细微的差别，如村民认可"出力人吃得多"以及农忙季节给掌柜的加餐、加菜等。在一些家庭里，也存在着农忙期间男人吃白面、女人吃黑面的现象。

四、分配关系

1949年以前，任徐店村家户的分配活动中具有一定的优先次序，村民基于理性的考量，将家庭经营成果用于不同的用途。

（一）分配次序

农户在分配自己产品的时候，一般是将赋税放在第一位，"种地完粮，天经地义"，只有交了捐饷，才能心安理得地种地。如果欠税或不交赋税，则会遭到保长、甲长的催促甚至打骂。"李超都家原来在村里算是一个上中农户，当时有一次保上征收捐饷他没交，在一个下雪天，保长派小夫去把他抓到保公所，把他身上的衣服都扒掉，让他光身躺在雪地里挨冻，一直到他受不住冷交上捐饷才放他回家。"[1] 如果是租种地主的土地，则不用交捐饷，而是将地租放在第一位，交了地租才能保证来年还能继续种，才能继续获得生产生活资料来源。如果收成不好，佃户可向地主申请减租，地主根据实际年景以及两家之间的相互交往关系来决定是否减租，通常情况下地主都会同意适当减少，遇大灾年份庄稼绝收，则不得不免租。

除赋税与地租外，在剩余产品中，村民首先考虑的是要为来年的农业耕种留下种子，即使再缺粮食吃，也不能动来年的粮种，预留的粮种是来年耕种与收获的希望。除去粮种之外，其余的为家人的口粮以及家庭其他开支。

（二）分配结果

农户在分配完捐饷、地租之后，部分家庭还会有剩余，有剩余的就积攒起来再继续置办土地或积累起来以备家里应急所用。也有一部分村民因人多地少，加之土地产出较少，在交完地租、捐饷之后就难以糊口。不够吃的家庭只能通过为他人打长短工或是借贷的方式来满足生活需求。

第六节　消费与消费关系

在传统时期的任徐店村，家户是村民消费的基本单元。对于一个小农家庭而言，为了维持家计，保持家庭长久的存续，村民必须以当家人为主体，精细安排家庭内部的消费活动。本节将重点考察传统时期任徐店村民的消费活动及消费关系。

一、消费决策

在任徐店村，村民通常以家庭为单位进行消费，一家一户是最基本的消费单元。"一家一户"通常是三代同堂、四代同堂甚至更多的扩大家庭，但也存在少数分了家之后的核心家庭。无论是扩大家庭还是核心家庭，村民在日常家庭消费中都遵循着"量入为出"的原则。

在家庭消费上，当家人掌握着决策权。家里购置新物品或出售自家既有物品

---

[1] 来自对受访老人王继温的访谈。

时，都由当家人来做出安排。家庭成员要用钱的时候就向当家人申请，由当家人根据申请理由与申请金额以及家庭实际经济状况来决定是否同意其消费。一般正常的走亲戚、生产生活用品购买、投资做小生意等日常不可或缺的、对家庭有益的消费申请当家人都会同意，但若是为了吃喝玩乐、赌博则一般会被当家人驳回。虽然消费权掌握在当家人手里，但家庭成员均享有平等消费家庭财产的权力，如生产工具家人均可使用，家里的吃食所有成员均能共享，冬天做棉衣每人都有等等。在一些大家庭里，又有外当家和内当家之分。外当家一般是家庭中的长辈男性，内当家则一般是家中年长的长辈女性。外当家拥有家中重大事务的决定权，比如农产品买卖、大牲口买卖等。但是，除了在外奔走家庭事务外，外当家与其他家庭成员相比没有特殊的消费权力，与家人吃同样的饭食，同样下地劳动。内当家主要负责家庭内部的小型消费，比如给各个小分支分配东西、家庭日常食材的买卖等。家里其他成员若在外做生意或是农闲季节通过其他途径取得了收入，必须交予当家人统一管理和支配。家庭内部除了女性的嫁妆可以自己支配外，其他所有财产和收入都归全家人共同享有，由当家人负责统筹安排，以保证整个家庭的正常运转和长期存续。

二、消费内容与消费方式

在家庭消费中，以日常生活、生产投入、人情往来为主要消费内容，同时兼有养老、宴请宾客、教育投入、节日开销、看病花费等多项消费项目。各类开销的消费金额根据家庭情况的不同而不同。穷人家庭大部分消费投入在日常生活与生产等必要的基本开支上，而大户家庭除基本消费外，日常的人情往来、宴请宾客、教育投入等均是较大的消费项目。遇家人结婚、去世、生大病等大事件，消费金额均会占到家庭当年全部开销的一大部分。

在任徐店村当地，村民日常消费的方式有现金消费与实物消费两种。其中以现金消费更为普遍，尤其是在集市上买卖大牲口、购买大农具、人情往来等方面，通过现金往来更加方便。村民之间也存在"以物易物"的实物消费形式，主要是以小麦、玉米等农产品来兑换调味料等日常生活用品。此外，传统时期，家里的孩子上私学，学费也是以小麦的形式上交，不需要交现金；分家之后儿子赡养父母的费用也是以给粮食的方式进行，村民将此种赡养方式称为"交公粮"。

三、家户内部消费及其关系

传统时期，任徐店村村民家户内部的消费主要包括生活消费、生产消费、养老消费、子女婚育、老人丧葬、家庭债务等方面。

(一)生活消费

传统时期,受经济条件的限制,多数家庭的收入主要用于必要的生活消费方面。"富不富,先糊口",吃是村民最主要的生活开销。粮油副食、紧缺的粮食均是必要的外购商品。在粮食短缺时,村民多在集市上进行购买,一般一次购买的数量不多,因此也不值得去粮行。粮油副食在村里的杂货铺即可解决,村内时不时还有流动的小商贩沿街叫卖,家人去赶集的时候也会顺便买一些生活用品回来。购买食品没有固定的时间限制,需要了即去购买,也不一定每一个集市都去。对于贫困的家庭,如果入不敷出,没有足够的钱财来购买粮食,则村民一般就不会去集市上,而是选择借粮。

(二)生产消费

在任徐店村,种子主要由村民自留,生产消费主要包括生产工具、请工等方面的消费。生产工具主要包括耕牛、骡马、驴、犁、耧、锄、耙、镰刀、摞子、石碾、桑杈、筋杈、翁板、掠耙、木锨、水车、辘轳、手推车等。生产工具多数是从集市上进行购买或是花钱请人制作,需要花费大量的资金,如一挂水车价值12石合3600斤麦子,相当于20亩好地一年的收入,大牲口、大农具售价均较高。对于土地大户或劳动力不足的家户来说,请工也是农业生产方面的一大项开支。一个长工一年的工钱约为1.2石麦子左右,一个短工一天的工钱约为2升麦子。如果农户靠自身家庭水平无法满足生产方面的消费需求,则有和他人伙养牲口、借用牲口、换工干活等不同的方式来应对。在生产消费方面,因多数需要去市场上购买,村民多采取货币交换的方式,尤其是买耕牛等大宗交易,若直接用粮食交易则不方便携带,但如果买卖双方居住距离较近,也会采取实物交换的方式。请工的报酬一般直接以粮食来支付。

(三)养老消费

传统时期,尤其对于大家庭来讲,若老人健在,不宜分家,分家则代表家中老人没有权威了或是儿女不听话了,会失了老人的面子。不分家便不涉及老人养老问题,老人一直与儿女生活在一起直至终老。若因家庭矛盾等原因而分家了,则老人的养老问题要在分家时一并说清楚。养老方式由老人和儿子在分家时共同商议决定,一般有轮流居住、跟其中一位儿子居住、老人单独居住三种方式。若是轮流居住,每家居住的时间由老人和子女商量决定,短则半月,长则一年,父母年纪越轻、身体条件越好,轮流的期限也越短。但选择此种养老方式的家庭相对较少,通常以父母随其中一位儿子居住为主,且多为小儿子。外嫁的女儿不需要承担父母的养老费用,但女儿根据心意,在回娘家探亲时会给父母少量的钱或是给父母买布做衣服。

分家时要给父母留下两三亩的养老地以及至少一间的养老房,如果不分养老地给父母,则父母的养老问题需由几个儿子共同负担,负担方式在分家的时候协商好并写入分家的文书中。养老钱与养老粮则根据家庭实际条件来决定是否需预留,若家庭富裕,则按照家庭人口平均分配钱财与粮食,父母同样需要得一份。

分下父母的养老财产后,如果其中一方去世,养老地不会发生变化,若父母双方均过世,养老地归和父母一起居住的儿子。如果父母的生活不能自理,则需要儿子们来轮流照顾。如果父母去世,丧葬费用由儿子们共同承担,一般是平均分摊,但是关系和睦的家庭也会根据兄弟之间的贫富差距进行差额承担,富者多摊、贫者少摊。

在任徐店村,一般老人都不过寿,只有家庭富裕的或者在村庄德高望重的老人才会过寿。老人过寿,通常是由和老人一起居住的儿子负责操办,其余的儿子来帮忙,且需给父母带礼物;也有的家庭给老人过寿的费用由儿子们轮流承担,如此每年给老人过寿儿子们均不需再携带礼物。老人过寿,外嫁的女儿不需要承担费用,但是需要给老人带礼物,除了表示心意的小米、肉类、点心类等礼品外,还要为过寿的老人制作一个面寿糕作为对老人的祝福。

若儿子承担不起父母的养老费用,则父母、兄弟姐妹以及亲戚、族人都会体谅他;但若是有能力而不愿意为父母养老,则为不孝,首先会受到舅舅的批评教诲,如果舅舅教育了之后仍不悔改,则会引起村民的公愤,受到大家的谴责和排挤,严重者会到祠堂受惩罚。

(四) 子女婚育

穷人娶妻的花费大概在两三石粮食,富人娶妻花费难以评估,越富有花的越多。结婚的费用大多用在婚宴上,婚宴的花费通常占到总花费的60%—70%。其他主要是聘礼、彩礼等方面的开支。彩礼又根据各家情况的不同而不同,两家"门头"(家庭条件)、年龄、身份等相仿的就不多,若年龄悬殊较大彩礼就可能增加,如村民杨福德比妻子大8岁,娶妻时支付了2石小麦的彩礼(大于婚宴的花费)。嫁女儿的开支主要是在为女儿备置嫁妆以及添置新衣方面,无其他方面开支。通常每个子女结婚时都"平等"对待,以防止婚后儿媳提意见。

(五) 老人丧葬

丧葬费用主要包括棺木、响器、席面、烟酒、鞭炮、雇人等费用。丧葬费用又根据各家经济情况的差异而不同。家中有丧事,穷人家里会选择俭办,但是一般都不会过于俭办,太简陋会遭人议论,被人看不起,甚至被人说不孝。丧葬一般不会少于3天,丧者逝世之后首先要请算命先生算日子,然后才能确定丧葬流程的具体安排。

丧葬的费用一般是由丧者的几个儿子均摊,但如果兄弟间贫富差距比较大,也会根据实际情况来决定各出多少，一般有钱的儿子就多出一点，具体每人出多少由兄弟之间相互商量来决定。如果有儿子不愿意出丧葬费用的情况，则需要请舅舅来调解，一般少有调解不成的情况，如果调解不成闹出去会被外人笑话，而且会遭人议论、谴责，落下不孝的名声。外嫁的女儿不用承担父母丧葬费用，但要上礼，且一般要行大礼。

（六）家庭债务

在分家时，家庭债务也属于财产分配中必分的一个项目。在分家时，家庭债务也要平等地分给每个参与财产分配的小支系，没有财产继承权利的女儿同样没有承担债务的义务。如果是家长去世后欠下债务，则根据其借债的用途来决定还债方式。如果是为其中某一个儿子处理私事而欠的债，则由这个儿子单独还债；如果借债是为家长自己的开销，则需要由儿子们来平摊债务。从兄弟之间的债务来看，在已分家的情况下，其他兄弟没有为欠债的兄弟偿还债务的义务；但如果是在未分家的情况下，则一家人是"有钱一起花，有债一起背"，不管哪个家庭成员欠的债，其他成员均有为其还债的义务。如果家长过世而子孙无法偿还债务，借债时有抵押物的债主可凭借条直接拿走抵押物，没有抵押物的债主凭借条可以将其房屋、土地等家中比较值钱的财产变卖。如果没有后人，债主只能自认倒霉，其他人没有帮还债务的义务。

四、家户外部消费及其关系

1949年以前，任徐店村村民的家庭外部消费主要体现在人情消费与节日宴请两个方面。由于家庭财力的不同，不同家庭在人情与节日宴请消费过程中呈现出一定的差异性。

（一）人情消费

人情往来，在任徐店村被称为"上礼"。人情消费主要包括结婚、丧葬、添丁、年节互送礼物以及求人办事几个方面。赶人情通常讲究礼尚往来，别人有事你上了礼，自家有事的时候同样别人也会来帮忙和上礼。因传统时期村民生活普遍比较贫困，人情消费在家庭总开支中所占的比重很薄弱。传统时期人情消费少有人直接用钱赴礼的，多数是用实物。以丧葬为例，在收到报丧的通知后，村民就要为丧家准备礼品，即一个食盒，里面放着28—32个双数馒头或烧饼；婚庆时舅舅要买帽子，姑姑要买鞋子，另外也要准备一个食盒，有的也会买一段布作为礼物。但是在为别人家庆祝添丁时，礼物除了白面、鸡蛋、绿豆芽等实物外，还要给新生儿一定的"看钱"，多少根据关系亲疏远近由自己的心意而定。

在人情往来中，通常需要提前通知。通知一般是由自家成员来负责，但亲戚朋友多或者自家人能力不足时可请街坊邻里中会办事、有能力的人来代替去向亲戚朋友做具体通知。一般是通知家中的当家人，如果当家人不在家也可以让家人转告。近亲、远亲、邻居、朋友均需要通知到，这既是一种礼貌，在别人看来也是对他们的一种尊重和认可。在通知的时候，村民一般不会通知与自己有矛盾的人，若是请了而对方不来会觉得面子上过不去。即使是亲兄弟发生矛盾，也可能会出现类似的红白大事不相互来往的情况。

在人情的相互往来中，近亲、远亲、邻里、朋友各给多少礼金没有一个固定的标准，礼金多少通常是根据自己的家庭情况来权衡，而且相互之间的人情往来也讲究礼尚往来，"以多还多，以少还少"，自家给别人家上的礼重，别人家回礼的时候也会比较重。关于礼金的数量，同一个级别的亲戚通常会商量一个统一的数量，比如三个舅舅给的礼金一样多，四个姑姑给的礼金一样多，以免因为有多有少而导致亲属之间的隔阂和不愉快。但若同一层级亲戚中贫富差距比较大，则就没有这样的讲究了，各凭其力，各表心意，主家也不会因此而对礼金少的一方产生看法。去上礼的时候通常是家中的当家人去，如果当家人没空也可派妻子或是儿子去，但是年轻女子不可独自去。办事的家庭会管一顿饭，通常是午饭。但如果是去帮忙的，餐数就不固定，一般办事期间都可在主家家里吃饭，但正席只有一次，其余为便饭。

自己家里有红白喜事的时候，保长、甲长、绅士如果是自家的亲戚或是近邻就要通知。通知的时候由家中的当家人去请，如果有人请，保长、甲长、绅士一般会去参加，即使自己不去也会派其他家庭成员或是家里的长工、伙计去赴礼。保长、甲长、绅士家里有结婚、丧葬、孩子满月以及老人过寿等红白喜事的时候，其他村民如果和其是亲戚就会受邀去参加，如果不是亲戚就要看是否是近邻。近邻家有结婚、丧葬等大事时一般会去，但若是主家没请一般不会去。保长、甲长、绅士与普通村民之间的人情往来同样也讲究礼尚往来的原则，一方给得多，另一方去还礼的时候就也要还得多，否则就会造成两家在心理上的隔阂，甚至产生矛盾。

不请自来的主要有以下几种情况：一是好事、好喝酒的人；二是关系好的人，如果没请到也会主动赴宴；三是有求于人时会带着礼物去祝贺。但通常没有受到邀请的人是不会去参加的，因为没有受到邀请的人会认为不邀请自己是一种看不起自己、不愿与自己交好的意思，因此一次不邀请可能会造成两家从此以后不再相互来往，不管是亲戚、朋友还是邻里。

在亲戚中，又有血亲和姻亲、近亲和远亲的区别。在人情往来中，礼金的多少根据各家的实际经济情况来决定，但通常是近亲礼重于远亲礼，子女和外甥的礼相对较重。因为近亲顾名思义就是最亲近的亲人，如果连外人给的礼金都不如则会受人非议。如果有亲戚做红白喜事没有受到邀请，则村民就会认为对方看不起或是嫌弃自己家，之后一般就不会再和以前一样来往了，即使不断绝往来在心理上也会有隔阂，朋友之间也是一样的道理。

人情往来讲究的是礼尚往来，"你敬我一尺，我敬你一丈"，如果欠着别人的人情，就要想方设法地还上，如果不还上就会一直觉得"礼亏"，会有内心的不安和愧疚。人情往来是亲戚、朋友、邻里间维系感情的一个渠道，同时也是彼此家中有大事发生时的一种相互救济和帮忙。

在人情往来中，通常要用专门的账本来记账，如婚庆和丧葬时设有专门的"礼桌"用于负责人收取礼金以及做账目记录。记账是为了记录清楚自家办事时亲戚朋友都给了多少礼钱，以便于日后还礼时有一个参照。一般村民去随礼之前都要翻看一下自家的账本，在自家的事情上对方付了多少礼，然后在此基础上回同等的或是稍微多一点的礼金，如果回少了除了主家心里会有想法之外，自己内心也会觉得不好意思。

（二）节日宴请

在任徐店村，春节算是最隆重的节日，同时也是村民宴请宾客最频繁的节日。春节的花费主要包括年货准备、节日礼品、晚辈压岁钱、宴请宾客等几个方面，具体的花费数量则根据家庭条件的差异而存在不同。春节期间，平时忙于农活的亲戚之间要相互走动，走亲戚一般是从大年初二开始，初二初三串娘舅，初四走姑串姨去姐家。对于认有干亲的人，向干亲拜年通常是在大年初三以后，距离近的也有在大年初一下午去拜干亲的。走亲戚的时候，姻亲中舅舅家和岳父家必须去，且去拜年的时候必须要带礼物，礼物以点心类为主，如果不带礼物，则是姻亲关系不和谐的象征，不但会造成姻亲之间的不愉快，还会被外人笑话。去岳父家时，夫妻双方都必须去，女婿婚后其他时间都可不去岳父家，但春节的时候必须要去。有联系的亲戚之间一般过年的时候都会走动，如果春节期间不走动，这门亲戚可能就断掉了。如果亲戚来了自己家，一般都要去回礼，但如果是特别远门的也有不回的。走亲戚时可能一天走多家，因此不一定到哪家都吃饭，一般是饭点到谁家就在谁家吃饭。在谁家吃饭也不需要提前通知，因为过年期间家家户户都会准备充足的食物，不存在吃不上饭的情况。春节期间村民不会专门宴请宾客，只是有亲戚来的时候到饭点要管饭，饭食比平日里要好。不需要专门请保长、甲长、绅士或是族长吃饭。

除春节外，婚庆、丧葬、生育，以及大户家里的老人过寿都需要设宴，设宴的地址均在自己家里，请的人以亲戚、朋友、街坊为主，不会专门请保长、甲长或是族长、门长等村庄和宗族权威者。宴席上没有特殊的座次讲究,但一般男女分开,熟人同桌。

第七节 继承与继承关系

随着家庭的代际传递以及家庭规模的不断扩大,大家庭不断裂变为一个一个小家庭是必然的结果。家庭的裂变通过财产的分割和继承来实现。在任徐店村,以男性后代为财产继承的主体,女儿通常不享有财产继承权。本节将重点考察传统时期任徐店村的继承与继承关系。

一、财产继承权

1949年以前,在任徐店村村民看来,儿子是合理合法的第一继承人,其继承的权利是被村民普遍认可的。但在特殊情况下,其他身份的人也在一定程度上享有财产继承权。

(一)儿子合理继承

在家庭内部,儿子享有优先继承权,是家庭财产的第一继承人。财产继承通常遵循平均的原则,父母要"一碗水端平",不能有明显的偏向,否则不但会造成兄弟矛盾,也会造成父子矛盾,甚至出现父子、兄弟之间互不往来,儿子不为父母养老的后果。但在相对平均的情况下父母通常会稍微偏向于小儿子一点,因为小儿子年纪最小,社会阅历最浅,领家的能力相对会弱一点。除此之外,通常长子拥有堂屋、祖先牌位等象征家庭延续的物品的特殊继承权。对于一夫多妻的家庭来说,不管娶了几房妻子,只要是经正式嫁娶娶进门的妻子所生的孩子,均享有平等的财产继承权,其继承权利与继承数量等同于正妻之子。

(二)女儿不得继承

在传统时期的任徐店村,出嫁的女儿没有财产继承权,未出嫁的女儿一般也没有财产继承权,因为"嫁出去的女儿泼出去的水",女儿始终要出嫁,出嫁之后就是别人家的人,如果继承娘家的财产,尤其是土地财产,会被认为是将家财散给了外人家,族下的人也会干涉。在传统时期,如果农户家里只有女儿而没有儿子,会被人称为"绝户头",被视作其家庭财产没有人继承,一般其财产到过世后会交由其叔伯兄弟、侄子来继承。

如果女儿未出嫁时父母去世,则女儿出嫁时的嫁妆由哥哥和兄弟来为其置办,一般是由父母过世后一起居住的兄弟来为其置办。如果儿子未结婚时父母去世且家庭已分家,则结婚时就只能靠自己置办;若父母过世时还未分家,则由大哥为其操办。但若父母过世后未等到未婚的儿子成家就分家，则在分家的时候要给未婚的儿子多分一些财产作为结婚的费用。

对于只有女儿而没有儿子的家庭，有的也会通过招上门女婿的方式来获得财产继承人。上门女婿有继承财产的权利，但继承了之后不能休妻，休妻则需将继承的全部财产再还回去。

（三）过继子继承

传统时期，没有孩子或只有女儿而没有儿子的家庭，通常会在当家人的主持下通过过继的方式来获得家庭财产的继承人。过继的儿子享有财产继承权，同时也有为继父母养老送终的义务。

过继通常按照亲族关系来进行选择，先是亲兄弟之间的过继，若亲兄弟家也无子嗣可以过继，则再考虑叔伯兄弟之间的过继。若大哥没有儿子而弟弟仅有一个儿子，在有些大家族中也会要求弟弟将儿子过继给哥哥，因为有"绝幼不绝长"的传统。过继只能发生在同姓近本家之间，收养外姓的子女，比如妻子娘家的亲戚，称为"抱养"而不是"过继"。

过继分为不带产过继和带产过继两种。不带产过继之后的孩子不再参与原生家庭的分家与家产继承，也不再有义务赡养自己的亲生父母；但是过继子有权利继承继父母的家产，并有义务为继父母养老送终。若过继子过继之后仍有意愿和条件继续照顾和赡养亲生父母，继父母不会阻拦。过继之后，若亲生父母患大病，医疗费用由过继子自愿承担，若过继子不愿意承担，也没有人会说什么。如果过继子的亲生父母在分家时特意为其留下一份财产，过继子也可以继承，即使其他兄弟姐妹反对也无济于事，因为家产是父母所创，其有权决定如何使用和分配，很少会因此造成父母与其他兄弟的矛盾、其他兄弟不愿为父母养老送终的现象，因为如果因此而不赡养父母，会给人留下不孝顺父母的话柄而被其他村民疏远。村民李如俞、李如继即是带产过继，因叔父在未分家的时候已过世，因此在分家时代表叔父这一门来继承家产，除此之外，还可和其他兄弟一起继承亲生父母的财产。通常情况下，村民之间的过继以不带产过继为主。

（四）亲族继承

通常情况下，本家户之外的其他人没有继承的权利，不能参与财产的分配。娘舅虽必须要参与继承活动，并担当继承活动的主要说话人，但其只是说话人而不具有继承的权利。在传统时期，如果去世者没有儿子，通常是转接给叔伯兄弟或是最近的宗亲来继承其财产。宗亲继承也是秉承着先近后远的原则，优先考虑同一支系叔伯兄弟或是亲侄子来继承，如果同支系中无人继承，再考虑旁系的兄弟或是侄子。从亲族选择继承人的时候，在优先考虑血缘关系远近的同时，也要兼顾继承人对财产所有者的赡养情况，继承者必须承担为财产所有人养老送终的义务。即使是在财产所有者过世之后继承，也要履行为其安葬的义务。如果村民在村中没有亲人，无人继承，则财产由村庄收回，归村庄所有。

二、继承物

在财产继承中，一切物质财产都可以继承，如房屋、土地、粮食、金银、牲口、农具、家具等。其中，主房屋以及三代牌位一般留给长子，因为人们的传统观念认为"长子不离家"，父亲不在了就应该由长子来支撑着家。财产继承通常是按照平均分配的原则，但若数量不够平均分配给每个儿子，则采取"作价＋搭配"的方式，将不同的物品进行组合，使每一组分配的财产价值基本达到相等的水平，如家里只有两头牛而有三个兄弟参与分家，则未分到牛的兄弟可得到与牛同等价值的土地或其他物品。

财产继承的时候要请见证人，通常情况下本家的叔伯以及舅舅必须在场，见证人一般是两到四个，如果兄弟之间有矛盾还会更多，除近亲外，也可以请关系好的街坊或是村内德高望重的人。见证人没有姓氏限制，不管同姓异姓，只要能促成分家均可。见证人一般由当家人去请，请见证人不需要带礼物，财产继承时在场的人没有座位限制，可任意坐。见证人没有报酬，但主家通常需要给见证人准备饭食，以捞面条、鸡蛋水为主。

三、分家及其继承关系

财产继承一般是伴随着分家而进行的，一个大家庭往往会分成若干小家庭，从此之后小家庭开始独立进行生产经营和生活。

（一）分家原因

分家多发生在以下几种情况下：一是父母双方均过世之后兄弟几人要分家；二是发生家庭矛盾难以调和，大家庭难以和谐共处的情况下会分家；三是兄弟几人均成家之后会分家；四是大家长上了年纪不能再继续主持家庭事务的时候要分家。受传统"家大为荣"思想的影响，1949年以前任徐店村村民在父母健在时通常不会分家，尤其是家里多少有一点财产时。一是认为分家之后年轻人不会管家会散了家中的财产；二是在以农业为主的任徐店村，人们普遍认为家中人口越多越荣耀，同时也方便进行农业生产；三是兄弟之间能力有别，分家之后极易造成兄弟之间的贫富悬殊，老人为帮扶能力弱的孩子，也会反对分家；四是有成就的家庭以无故分家为耻，将之视为老人没有能力或者孩子不听话的象征。因此，对于大户来讲，通常都是老人过世之后弟兄几个才能分家。如村民李三竹、李三辰、李三仁、赵文纲、赵曾等家户中均悬挂有"五世同堂"牌匾,村民李三卿家悬挂有"七世同居"金字匾额。

家中有儿子未成年也能分家,未成年儿子一般与父母分在一起,且相比已婚的哥哥要多分一些财产,作为结婚的费用。女儿不能参与分家,因为女儿最终是要嫁到别人家的,"嫁出去的女儿泼出去的水",若给女儿分了家产则等于将自己财产散给了别人家。过世的儿子若未婚自然不参与分家,如果已婚且有儿女则能够平均分得一份财产。如果已婚但还没有孩子,也需给亡者妻子分得一份财产以保证其基本生活,数量上会比其他弟兄少一些;但是分得财产的妻子不能再改嫁,若改嫁则需将分得的财产再还回去,不能带走。已过继出去的儿子不再参与分家,但过继到自家的儿子也平等地参与分家。只有一个儿子的家庭通常不再分家,但是若发生大的家庭矛盾而导致家庭不和谐时也有分家的情况发生,如村民李三政虽是独子但也因婆媳不和而和父母分开过活。

(二)分家中人

有的家庭分家的时候会请族长、门长去做中人,通常情况下是本家的叔伯、舅舅以及有威望的街坊,舅舅是当头(首请),舅舅不在场外甥们不能分家。分家的时候本家的近亲负责商议分家方案,族长、门长主要起"活事"的作用,分家过程中产生争执的时候由族长、门长负责调解。分家时候的中人一般要请两到四个,不是和睦分家的时候中人还会更多,除近亲外也可以请关系好的街坊或是村内德高望重的人。中人没有姓氏限制,不管同姓异姓,只要能促成分家均可。中人的人选由家人商量决定,家中任何一人去请均可,但若父母在世,通常由父亲去请,请中人不需要带礼物。分家时在场的人没有座位限制,可任意坐。中人到场后先听取当家人介绍分家意愿,然后再从中调和,帮助完成分家。在发生分家矛盾的时候,中人一般先采取分开劝说的方式,劝双方各退一步,不要斤斤计较,在劝说无果之后,中人可用骂的方式压制矛盾双方,但是不可动手打人。对于中人的劝说,参与分家者一般会听从,也存在分家矛盾难以调和中人拒绝再去说和的现象。

分家中人还要负责书写分家文书,分家文书又叫"分担",由中人中有文化的人负责书写,然后由分家之后各分支的当家人以及中人依次签字。分担的数量与参与分家的支系数量等同,分家之后每个分支保存一份,作为自家财产所有的凭证。

(三)分家与财产分配

分家的时候要本着两大原则,一是公平,二是和睦,尽量做到和平分家。分家的时候一是可以采取抓阄的办法,即事先由中人和当家人以及分家的当事人协商好家庭财产的分配搭配办法，比如哪间房子配哪些家具和哪些土地，每一个搭配的价值要尽量做到相等或者相差不大，然后由兄弟几人抓阄确定每家具体分到什么财产。但是一般分家的时候不会优先选择抓阄的方法，抓阄是"没办法中的办法"，只有兄弟几人协商不好、达不成共识的时候才会选择抓阄，抓阄也是兄弟不和睦的一种表现。通常情况下采取中人和当家人提出分配方案，然后兄弟之间协商微调的办法，由当家人和中人根据实际情况提出房子、土地、家具、牲口、生产工具等具体如何分配，兄弟几人若有异议可以提出来讨论协商，或是想要的东西没有分到就和兄弟商量用同等价值的东西来换取，最终达致和平分家的目的。和平分家的前提必须是公平公正，若哪一个人在房屋上吃了亏，则要在土地上或者家具上给弥补回来，在房屋上占了便宜的就得在土地上有所让渡，最终做到兄弟几人分到的财产价值基本相当，不能出现明显的偏向。若兄弟之间关系和睦，也会考虑到各个家庭的实际情况，比如人口、劳动力以及劳动能力等，人口多则可能会多分得一些土地，劳动能力弱则会多分得一些财产，对于能力弱的兄弟，即使多分给他一些东西别的兄弟也不会说什么。常言说"一碗水端平"，但在实际生活中很难做到完全公平公正，一般是基本平衡、大差不差的状态。第三种办法是完全由父母来确定具体的分配方案。但父母一般也要遵循公平公正的原则来分配，若出现明显的偏向则会造成父母和子女之间以及子女与子女之间的关系僵化，情节严重的甚至造成父母与子女之间互不往来、子女不给父母养老的现象。因此，在分家过程中很少采取父母指定与抓阄的情况，多是通过相互协商来确定具体的搭配方案。

对于分家中房屋的分配，若参与分家的对象分的是不同的宅院，又存在以下几种情况：一是宅院的数量大于参与分家的分支数量，这种情况下通常是一个分支分得一处宅院，剩下的作价分配或是卖出将得到的收益平分给兄弟几人。二是宅院的数量等于参与分家的支系数量，这种情况通常是一支分得一处宅院，若宅院面积不等，则在分配土地的过程中将宅基地面积的差值弥补过来，达到均衡状态。三是宅院数量大于一处但又小于参与分家的分支数量，此时通常会综合考虑每支系的人口、劳动能力等来决定具体分配方案，一般会给男丁数量多的支系单独分得一处宅院，在土地、家具等方面补偿其余分支。在这种情况下，分家之后只涉及与邻里的房屋边界，而不涉及兄弟之间的房屋边界。

除房屋、土地等之外，门前地也需要进行分配，门前地的分配同田地分配一样需要进行丈量，然后在分家文书上写明门前地分配的方位、长短与四至。门前地一般用于红白大事储物，比如有家人去世的时候门前地就用来放纸扎。门前地分了之后只是分了所有权，依然存在兄弟几人共同使用的情况，但是为了避免日后产生权属纠纷以及代际更替，在分单上必须写明产权归属。门前地分了之后不需要像田地一样下灰橛或是起埂岭，只要彼此知晓每家的长度大小、边界的位置即可。对于院子的出路，也需要在分家文书上写清楚由兄弟几人共有，共同使用。对于分家不离家、共处一宅的兄弟来说，房间大小是固定的，分家之后只能翻新不可扩建，因为扩建即会损害其他兄弟的利益。

房屋周边的空地及空地上的附属物在分家时也需进行分配，通常是分给一个人，因为空地在分家之后可能会变成一处新的房舍，如果分给两家的话则难以对空地加以利用。空地分配存在以下几种情况：一是在分家时未分到房屋者会分得一片空地供自己建新房舍；二是分到房屋数量少且面积小者会分得一片空地，由其根据自家需要安排建新房舍事宜。房屋周边的附属物（如树木等）的分配也存在几种情况：一是将其作价与房屋、土地、家具等其他财产搭配着参与分配；二是充作家庭公共财产，归原家庭内部共有，待附属物品卖出之后所得财产由几个家庭平分；三是附属物不分配，留作父母的养老金，卖出所得的财产归父母所有；四是留作自家家庭内部使用，比如房屋周边的树木成材后不分配、不卖出，而是留着待父母过世后作寿木用。根据各家的经济条件以及实际状况不同，对于空地及附属物的处理方式也存在不同。

（四）分家后果

分家后不需要向保长、甲长汇报，只是在分家后第一次收捐饷的时候向其说明已分家的情况，并将税赋分开缴纳。分家之后不需要请周围的亲戚邻里吃饭。若是和平分家，分家之后兄弟之间依然会频繁往来，比如生产生活上互助、逢年过节共同聚餐等等；但若是矛盾分家，尤其是出现分家不平均的情况时，兄弟之间往往在短期内不再相互往来，即使红白大事也不相互走动。

伴随着分家的财产继承，一个大家庭在财产分割与继承后往往会分成若干的小家庭，从此之后小家庭开始独立进行生产经营和生活。但若是宗亲继承、过继继承或上门女婿继承，则继承之后不会分成若干个小家庭，财产也没有被分散，生产经营和生活也不会被分开，而是和继承者原来的生产生活并在一起。

（五）分家纠纷

在分家的财产继承中，如果发生了纠纷，一般是请叔伯和舅舅来调解，一般舅舅和叔伯都能将矛盾压下去，如果调解不好，极少数也会出现打官司的现象，但打官司的人少之又少。常言道"衙门口，朝南开，有理没钱难进来"，打官司不仅要去城里报官，而且耗时耗力耗财，不但会耽误农业生产，还需要承担大量的诉讼费。诉讼费用一般是"谁报官,谁承担",一场诉讼的成本很高,有的甚至会倾家荡产。

四、遗产继承及其关系

传统时期,除分家继承外,遗产继承是家庭财产继承的另一种表现形式。主要表现为父母过世后,后代就父母生前所拥有、使用的财产进行分配和继承。对于遗产的继承,同分家继承一样,只有儿子享有直接的继承权,已出嫁和未出嫁的女儿均不享有继承权。

遗产继承主要包括父母生前所使用的养老地、养老房、剩余粮食、现金、家具等。对于遗产的继承,根据父母生前养老方式的不同其继承方式也有所不同,主要分为以下两种情况:一是父母生前由儿子们共同赡养,这种情况下,儿子享有对父母遗物的平等继承权,所有儿子根据遗物的价值进行平均继承;二是父母生前由某一个儿子单独赡养,则通常情况下是由赡养父母的一方单独继承遗产,但这种情况极易产生遗产继承纠纷。遗产继承主要遵循过世者生前的遗嘱,遗嘱以口头形式为主,少有书面遗嘱的情况,因此也极易引发纠纷。若因遗产继承发生矛盾纠纷,则要请舅舅出面来进行调解,亲族的叔伯也会出面进行说理、评判、调解。

遗产继承一般不会出现无人继承的情况。如果没有儿子,一般会选择过继儿子或招上门女婿来继承财产,也有的是由最近的宗亲来继承,如叔伯兄弟、亲侄等。如果在村中没有亲人,财产无人继承,则可由远本家或者娘家侄儿或外甥继承,继承财产者必须到本村落户,但外姓财产继承者即使落户本村也不能入本家族谱,且必须承担财产所有者的丧后事宜,即"谁继承谁下葬"。

第八节 任徐店村经济变迁

自1948年任徐店村解放以后,随着土地改革、合作化运动以及家庭联产承包责任制的相继开展与实施,任徐店的经济形态发生了巨大的变化,小农经济逐渐向市场化经济转变。本节将重点考察1949年前后任徐店村村落经济的变迁情况。

一、1949年前传统经济形态状况

传统时期,任徐店村村民主要以土地为生,土地是人们生产生活资料的重要来源,人们以一家一户为土地经营的基本单位。任徐店村土地占有严重失衡,处于上层的5.6%农户占有32%的土地,处于下层的84.4%农户仅占有47%的土地,大部分的少地农民和无地农民只能通过给土地大户打工或是租种其土地来维持生计。一般家中有劳动力、耕牛、农具及少部分土地的家庭选择租种土地,佃户按照"麦六秋四"的原则付给佃主地租，即每亩土地麦季 3 斗麦子，秋季 2 斗杂粮，一年共交 5 斗租。家中没有劳动力或者为了解放劳动力去拉长工的家庭会选择代地，即将土地交给贫穷且"老实"的家庭耕种，收成对半平分或四六分成，具体分配形式由双方协商决定，税赋由土地所有者承担。一般家中无土地、农具、耕牛的农户会选择通过当长工的方式来维持生计。由此也造成了村民之间"穷人越来越穷，富人越来越富"的贫富差距格局。同时，任徐店村因生产资料占有不均而导致的贫富悬殊，在生产生活中亲戚、邻里，甚至地邻不得不相互间搭伙和帮工，由此也建立了良好的亲戚、邻里、地邻关系。

由于土地数量有限且产出不高，为提高收入，满足生产生活需求，位于交通要道上的任徐店村曾经店铺林立。历经几百年的变迁，到 1949 年前村内仍有染坊 3 个，油坊 4 个，粉坊 2 个，铁匠铺 3 家，银匠铺 1 家，织布厂 5 家，中药铺 5 家，杂货铺 1 家，并有多处手工作坊以及挑扁担卖货的流动商贩。发达的工商业缓解了人口增长带来的人地不匹配压力，农忙时歇业生产，农闲时开门营业，在方便农民生活的同时增加了农民收入。除此之外，为提高经济效益，任徐店村村民在秋季多会选择耕种一些收益相对较大的经济作物，比如怀兰、小兰（染料）、菊花、生地、大葱等。以生地为例，每亩生地的平均收益为 2 石麦子，长势好的能达到 3 石麦子，而最好的水浇地种植粮食作物亩产也只能达到 1.2 石。

1949 年以前，在任徐店村，无论是农业还是手工业、商业均以一家一户为生产、经营、分配、消费单位，在"家大为荣"的传统思想观念的影响下，一家一户多是几代同堂的扩大家庭。在家户单元内，全家人"共吃一碗饭，共饮一瓢水"，在外当家的统筹协调、内当家的精密安排下，将家户日常生活、生产投入、老人养老、婚丧嫁娶、人情往来、节日开销等方面进行统筹安排，以保证家庭能够长久延续。所有家庭成员"有钱一起花，有债一起背"，直到裂变成为一个个独立的小家庭。

二、1949 年后传统经济形态的变迁

自土地改革运动开展以来，任徐店村的传统经济形态被打破，其经济状况处于不断的变革与发展过程当中。

（一）土地改革运动中小农经济状况

1948 年，任徐店村实现解放，1949 年 3 月即在中国共产党的领导下进行了土地改革。土改中，首先贯彻党的土地改革政策，发动群众，培养骨干，建立农会，建立民兵以及妇女群众组织，按照政策划分阶级成分。任徐店村在土改中共划定 5 家地主，14 家富农。土改中没收地主、富农的土地和财产向贫雇农分配，建立村政府等农村政权组织，领导农民开展大生产运动。土地改革使佃农、贫农和下中农的土地由原来的不足一亩增加到2.5亩左右，按人均为地主、富农留下了适当的土地，实现了耕者有其田，从而调动了广大农民群众对种田的积极性，大大促进了农业生产的恢复和发展，任徐店村经济制度也从此由封建土地所有制迈向了个体农民所有制。

（二）集体化时期村落经济状况

土地改革结束后，为了防止农村两极分化，加速农业生产的发展，党和政府引导农民走互助合作的道路。任徐店村村民在自愿互助的原则引导下，组织季节性互助组，逐渐发展到常年互助组和半社会主义性质的初级农业生产合作社，于1956年成立村内第一个初级社并逐渐扩展到7个，后与祝徐店村、卢徐店村共同成立光明高级农业生产合作社。在初级社和高级社时期，党和政府及时引导，在分配上、管理上定额记工，各项规章制度逐渐完善，由于政策得力，高级社得以巩固，稳步前进。群众看到了集体化的优越性，大搞深翻土地，兴修水利，抵御自然灾害，农业生产条件有了很大程度的改善。1958年高级社撤销，人民公社成立，任徐店村成为独立建制的行政村。其后几年，重工轻农思想和"五风"的影响严重损害了农民的种粮积极性，粮食大幅度减产。农民当时的顺口溜"上工一块布，下工一条裤，干不干三顿饭，每月工资三块半，铁碗打不烂"，便是群众种田的消极情绪的真实写照。1962年，党中央及时提出"调整、巩固、充实、提高"的八字方针，给农民划拨小片自留地，在不影响集体利益的前提下，农民可在自家小片土地上进行耕种，以"农业为基础，工业支援农业"为指导思想重新调整农业和工商业的比例关系。贯彻执行以生产队为基本核算单位，坚持按劳分配、多劳多得的原则，纠正"一平二调"的错误，对农业的投资和政策有所放宽，促进了农业的恢复和发展，粮食产量逐渐回升。

从集体化时期的劳动管理来看，互助组时期的劳动管理较为简单，各组均有组长、记工员，分别负责安排农活和劳动记工，记工办法为死分死记，记工员以实际出勤人数按晌按天记工。年终，出工少的户按规定拿出应该出的粮食，找补出工多的农户，一般不以现金结算。初级社时期，土地、农具、牲口均已作价入社，全社的生产与劳动管理由社委会负责，农活经社委会研究，由正副社长安排。1956年成立高级农业生产合作社后，生产劳动管理一般以社所辖生产队进行。队设正副队长、会计、保管员、记工员，采取三种评工记分形式：一是常年定额，年初制定生产计划时，将比较稳定、能够单独操作的农活，诸如犁地、耙地、播种、送粪、中耕等的劳动定额制定出来，常年使用，基本不变，干这些农活按原定额记工；二是季节定额，如收割、打场、拔草、治虫等季节性农活，在生产季节开始前根据当时生产情况制定出这些农活的劳动定额，社员多干多记工、少干少记工；三是临时定额，对于临时性或突击性的农活如抗旱、排涝、积肥以及其他杂活，派活前队里先规定出定额，社员干后按定额记分。此外，对饲养、种菜、使用牲口等专业性农活，实行工种定额和临时按件定额相结合的记工方法。1958年公社化时期，由于强调公社的"一大二公"，曾实行劳力、土地、财力、农具四集中，以军事化行动搞大协作生产，大兵团作战，大队统一核算，一度出现"劳动不记分，吃饭不要钱"的吃"大锅饭"现象，生产劳动管理遭到破坏，挫伤了社员劳动积极性，直接影响了生产的发展。1963年后，采取基本劳动日、基本口粮和地段责任制的"两基本，一责任"的劳动管理办法，"文化大革命"期间除农活分级定额和小段包工之外，多采用按底分记工。

从集体化时期的收益分配来看，初级社时期，农副业收入普遍实行依劳、地比例统一分配，一般劳、地各半。高级社时期，取消土地分红，实行按劳分配，农副业收入除去开支和实物提留，剩余部分按劳动日分配，粮食分配在完成国家统购任务、留足籽种、饲料、储备粮、机动粮后，按人劳比例分配。公社化初期，实行公社、大队、生产队三级分配的形式；农村食堂化时期，采取"供给+工资"的分配形式，社员分配部分分供给和工资两部分，供给部分留给食堂，工资部分按劳动评定的工资等级分配到人。1965年后，粮食分配实行基本口粮和按劳分配相结合的分配方式，即将分配部分的一半或更多作为基本口粮按人分配，其余按劳分配。这种分配方法一直沿用到1980年代初，只是按劳分配部分所占的比例逐年有所增大，1965年实行"人六劳四"，1966年实行"人劳各半"，1970年后多数生产队实行"人四劳六"。

（三）土地承包到户之后小农经济状况

党的十一届三中全会后，中央关于农村经济体制改革的方针政策在农村全面贯彻落实，于1982年逐步完善家庭联产承包责任制，从此取消了工分制度，彻底打破了吃"大锅饭"的平均主义，耕地归村集体所有，农户享有相对独立的土地经营权。农民有了生产经营的自主权，使责、权、利紧密结合起来，极大地调动了农民群众的生产积极性。打破了旧的模式，改变了过去单一的"以粮为纲"的经营方式，开始了农、林、牧、副、工商综合经营，合理调整了生产结构，促使农业全面发展，增强了农村经济活力，开创了农村改革的新局面。

第九节　任徐店村经济实态

1949年后，特别是改革开放以来，随着经济的发展、交通条件的改善、科学技术的进步以及信息化时代的到来，任徐店村的经济发展呈现出新的活力。

一、村庄经济概况

首先，村内商业发展迅速，市场交易频繁，随着村内剩余劳动力的增多，到1990年代村内出现多家养鸡专业户和养猪专业户，杂货店、理发店、面粉加工、饲料加工、车床加工、铸造业等工商业应有尽有。同时，还有三轮车、四轮车等运输专业户。除此之外，在任徐店村还有苗圃一处，建筑队多家，林场一处，轮窑两家，电气焊门市部多家，以及两家西医诊所，另外还有几家在外经商。

随着人口的增加以及农业机械化、电气化的发展，农村剩余劳动力也随之增多，农民不再满足传统的以土地为生的生产生活方式，开始逐渐向外寻找发展机会，加上距离县城较近以及便利的交通条件，村内多数青壮年开始外出务工。村民的经营意识彻底改变，不再满足传统的土地生财的思想观念，而是用多种方式来提高自己的经济效益，村民的收入也呈现出日益多元化的趋势。相比传统的单一农业收入，目前任徐店村村民的经济收入已经涵盖工资性收入、家庭经营性收入（农业收入、牧业收入、生产性劳务收入、商业收入、手工业收入、建筑业收入、服务业收入、运输业收入等等）、财产性收入（利息、租金、土地补偿等）、转移性收入（家庭非常住人口寄回带回的、亲友赠送、调查补助、退休金、救济金、救灾金等）等多个方面，农民从二、三产业取得的收入所占的比例日渐升高。

任徐店村的经济水平虽随着时间的推移有了极大发展，但其以"一家一户"为基本单元的家户制底色却依然长期延续并深刻影响着村民的生产生活，村民的生产、经营、分配、消费、继承等活动依然围绕着家庭运行。

二、土地产权

自1982年实行土地包产到户以后，任徐店村的土地产权即一直处于"国有"的状态，村民只有土地的承包经营权而不享有土地的所有权。但在土地实际的使用过程中，也出现了土地、宅基地的流转与转让等"私有化"行为。村民土地流转的对象有本村村民以及外来投资商等，但在"土地为根"的传统思想的影响下，也有村民不愿意将土地进行流转，而要留下一部分供自家耕种。通常土地流转的价格为每亩800—1200元。

从宅基地的流转情况来看，在"落叶归根""安土重迁"等传统思想的影响下，很少有村民将宅基地进行买卖与流转，即使长期在外经商、已在城市或其他地方置办房产，村民依然要保留村里祖传下来的宅基地。据村民介绍："就是在外面买了房的人也不愿意把庄基卖掉，村里有块地就等于有个根，到老了想回来随时可以回来，他的根就在这里，所以村里现在有很多没有人住的荒着的老房子。"

三、分家关系

与传统时期相比，当下任徐店村已经少有多达几十口人的多代同堂的大家庭，目前村内以一家一户的核心家庭为主。通常儿子结了婚之后就会考虑分家，尤其是儿子多的家庭，如果儿子结了婚不分家，则很容易产生妯娌矛盾、婆媳矛盾。也有只有一个儿子的家庭在婚后仍生活在一起的，但一旦发生难以调和的家庭矛盾，分家是必然结果。

像传统时期一样，农户当下分家时多数要写分家文书或分单，以避免日后发生矛盾而纠缠不清、无据可查。与传统时期相比，在分家进行家庭财产分配时，当下女儿也享有家庭财产的继承权，但如果有儿子在，出嫁的女儿一般不会回来继承遗产。分家之后父母的赡养问题多由儿子承担，一是和其中一个儿子长住，二是在多个儿子家轮流居住，在生大病、丧葬等大事中，由儿子共同承担费用。

四、村庄交换

1949 年以后，随着村庄发展，任徐店村也有了村内的集市，同时村内也开了小卖铺、面条铺、肉铺、杂货铺等多种经营性商店，供村民日常选购。除了村内交换外，任徐店村村民还有赶会的习惯，主要是购买生活必需品与凑热闹。除村内的会外，临近古徐店、祝徐店等村庄的会村民也会去赶，买卖的物品以衣服、食品、厨具、菜肉等为主。

逢会期间，村民或走路或骑车到会上进行买卖。村民赶会喜欢结伴，叫上邻居一同去赶会。到会上如果碰到熟人在卖东西，则会优先在熟人的摊子上买东西，但是如果发现熟人缺斤少两或是抬高了价格，则会影响两家之后的交往关系。相比传统时期，村民赶集的频率与购买力都有了很大的提升。

同时，由于任徐店村距离武陟县城较近，加之交通条件的进步，村民骑电动车到县城仅需 20 分钟，开车仅需 10 分钟左右，因此村民有需要可随时到县城购买东西，既包括家具、家电等大件物品，也包括日常生活要用到的琐碎物品。除此之外，随着手机、电脑等电子产品的普及以及电子商务的发展，网购也逐渐在任徐店村普及开来，尤其是对于年轻村民来讲，购买衣服、家具、电子产品等均会通过淘宝、京东等电子平台来进行。

第四章 任徐店村的社会形态与实态

传统时期,任徐店村以家户为基本单元形成了特定的社会形态。本章将从血缘与血缘关系、地缘与地缘关系、信缘与信缘关系、交往与交往关系、流动与流动关系、分化与群体关系、冲突与冲突关系、保护与保护关系、村落社会实态等部分对任徐店村的社会形态与实态进行考察。

第一节 血缘与血缘关系

农村村落是一个由血缘关系构成的社会,血缘关系是村民与社会发生联系最直接的影响因素。本节将从家庭及其关系、亲属及其关系、拟血缘及其关系三个方面来考察传统时期任徐店村的血缘与血缘关系。

一、家庭及其关系

家庭是传统时期任徐店村血缘关系的基础单元,家庭有大小之分,家庭成员之间及家庭与家庭之间均存在一定的关系。本部分将从家庭单元切入,考察传统时期任徐店村的家庭及其关系。

(一)家庭概况

从姓氏与家庭来看。1949年以前,任徐店村已有李、任、赵、崔、王、郭、常、杨、卢、白、闫、汪、丁、金、张、关、孟、房、薛、陈、辛、刘、牛、曹、董、朱、冀、冯共 28 姓，其中李、任、赵、崔 4 个姓氏为村中大姓。据村中老人讲述，村落内人口数量大、财产多的家庭算作大家庭，人口少的家庭为小家庭，家庭规模以人口多少为主要区分标准。据李继宗老人讲述，"大姓并不都是大家庭，小姓也有大家庭"，人口多的家庭即是被人看得起的、不敢随意欺负的大家庭，而人口少的家庭则被称为"独门小户"。

从家庭代际来看。"民国时候，咱们任徐店村的家庭一般是三代、四代人，这样的占了大多数，也有一部分家庭只有一代两代人，一代人的一般是刚分家出来的年轻人。代际最多的也就五代人，这样的家庭不多，有五代人的一般是大家庭了，三代四代人的家庭中，要是没有分家的，人口比较多，算是大家庭。"[1] 在一个家庭内部，不论人多人少都要居住在一个庭院，只要有长辈健在就不容分家，以家大为荣，曾出现多家四世同堂、五世同堂、七世同居的情况。据《任徐店村志》记载：赵文纲家五世同堂，李三竹家五世同堂，李三仁家五世同堂，赵增家五世同堂，李三清家七世同居。当然，民国时期任徐店村五世及以上代际同堂的家庭不止这些，这些只是因家中有金字匾额而被记录在村志中的。

从家庭人数来看。据村中老人讲述，民国二十四年（1935 年）以后，由于战争、灾荒频发，瘟疫流行，村中人口大量减少，到了民国三十七年（1948 年），任徐店村家庭人口数量以 6—9 人居多。"民国时候，一般家庭就七八人，我们家当时有 13 人，算是人口比较多的了。当时人口多的算作是大家庭，但也没有一个具体的数量，一般只要有十三四口人就算作是大家庭了。"[2]

从家庭结构来看，传统时期任徐店村家庭包含以一个当家人为核心，"同吃一锅饭，同住一座房"的父母、子女、兄弟姐妹及其配偶组成的扩大家庭。但家庭范围又不完全局限于同吃同住，如长期在外务工未归的家人，在未经正式分家程序之前依然算作家庭成员。家庭人口数量有两三口到三四十口不等的多种情况，平均为每家 13 口。家庭成员主要通过生育、结婚和过继三种方式组合而来，且以生育和结婚为主。成为家庭成员不需要在村中登记。

（二）家庭边界

家庭成员有一定的边界限定，一般以下几种情况的成员不再属于核心家庭的范围：

一是过继。过继出去的孩子属于过继后的家庭成员。

二是女儿出嫁。外嫁的女儿算是已经"出门"了，不能再算作原生家庭成员，而

---

[1] 来自李继宗老人的讲述。

[2] 来自李继宗老人的讲述。

是成为夫家的一员，"嫁出去的闺女泼出去的水，到谁家算谁家人"。相应地外嫁女儿的丈夫、子女均不属于家庭成员。

三是被处罚驱逐出族门的家人。犯下大错而被家族开除、不准上族谱的成员也不能再算作原家庭成员。

四是未经正式嫁娶的小妾。纳的妾只要没有娶进家门就不算家庭成员，但是只要进了家门就需算作家庭成员，生的孩子也算家庭成员。妾生子与妻生子按照年龄大小来相互称呼，但是妻生子地位高于妾生子，不论年龄大小均是妻生长子为嫡长子，在家庭的一些大事等其他方面只能由嫡长子承担或受优待，如父亲去世时，即使妾生子年龄高于妻生子，也只能由妻生长子来"打幡"，且逝者的"成主"（音译词，一种特殊的牌位）只能由妻生子抱着。例如，村民李继宗老爷辈弟兄四人，大哥为妾生子，二、三、四老爷为妻生子，在其老祖爷过世时，大哥不能抱成主，而是由二弟抱成主。

五是被抱养的孩子。被抱养的孩子属于抱养家庭的成员，但是抱养的孩子不能上族谱的宗谱，而是记录在族谱的附录上并做说明。

六是佣人、长工、管家，均不算作雇主核心家庭的家庭成员，他们都有各自所属的核心家庭。

七是上门女婿。去做上门女婿的男子属于妻方家庭的家庭成员。

此外，从事下九流等不光彩行业的人不再记入族谱，但仍属于家庭成员，如厨师、理发的、唱戏的、修面的、修脚的、吹响器的等。木头营李氏家支同任徐店村李氏家族同宗同辈分，且熟悉任徐店村李氏前后两个宗祠，然而追溯不到木头营这一支李氏同任徐店李氏家族的关联。后经考证，其祖先原为任徐店村李氏家族成员，后因从事唱戏职业而离乡，因此家谱上不再记载其后代情况，而是在族谱上记录为"乏嗣"，即无子嗣，且不允许其家支成员查看卧谱，木头营李氏家支成员曾以在任徐店村李氏宗祠献三天戏曲为报酬来查看李氏家族卧谱而未果。[1]

（三）家庭关系

任徐店村的家庭关系可分为家庭内部关系和家庭外部关系。由于长期受封建思想的影响，家庭内部关系主要表现为男尊女卑和父为子纲，家庭外部关系则主要由掌柜进行维系和处理。

1. 家庭内部关系

据村中老人讲述："由于长期受到封建思想的影响，民国时期村民的思想还比较封建，家庭内部仍然遵循的是父为子纲、夫为妻纲的道德观念，女人没有什么地位，婆

---

[1] 来自李继宗老人的讲述。

媳之间儿媳要听婆母的。"[1]

（1）父为子纲，夫为妻纲。"父亲在一个家庭中的地位是至高无上的，他是一家之主，儿子们都必须要听他的话，如果不听那就属于不孝，会遭村民议论。在夫妻之间，丈夫是妻子的天，妻子要听丈夫的。"[2] 根据老人讲述，家中长辈男性的地位最高，一般在家中具有支配权，负责处理家庭内部事务。妻子一般由丈夫来进行管教，父亲一般不对儿媳进行管教，如果儿媳做了错事，父亲一般对丈夫进行教育，只有在丈夫不对其进行教育的时候父亲才会直接教育儿媳。

（2）男尊女卑。男尊女卑是任徐店村家庭关系的又一重要体现，这种关系主要表现在：其一，女子没有受教育的权利，只有极少数的大户人家会让女孩子接受教育，且接受教育均是请教书先生到家中进行教授，不会让女子上学堂。其二，女子吃饭一般不能上桌。在任徐店村，吃饭的时候村民一般喜欢端着碗站在街道上吃，但是家中有客人的时候，一般就会围坐在桌子上吃饭，这个时候家中男性都能坐在桌子上吃饭，但是女性不能上桌吃饭，只有年纪比较大的女性老人能够上桌吃饭。其三，女性不参与家庭重大事情的讨论和决策。家中有重大事情需要进行讨论的时候，如买卖土地和牲口，掌柜一般会召集家中兄弟几个一起商量，然后再由掌柜做决定，女性不参与讨论，但是丈夫可以私下征询妻子的意见。

（3）婆媳之间，婆母为大。在传统时期的任徐店村，有"男主外，女主内"的说法，家庭内部的生活事务一般是由女性来进行打理，该女性一般是掌柜的妻子，要统筹安排家中每天的吃饭问题和家务劳动。但对于一些家庭来说，父辈男性老人已经仙逝，只留下女性老人，或者家中已经由年轻男性担任掌柜，此时由掌柜的妻子来操持家务，甚至看管家中财产。儿媳在做事之前一般会咨询婆母的意见，或是征得婆母同意之后再去做，婆媳之间，婆母为大，婆母说的话儿媳必须听。

2. 家庭外部关系："掌柜说了算"

掌柜是一家之主，家庭外部事务均由其进行处理，其处理的方式可分为直接处理或是授权给家庭其他成员进行处理。

"家中的大小事情都是掌柜的说了算的，其他农户有什么事情一般也是找掌柜的，要和掌柜的商量，征求掌柜意见，家里其他的人做不了这个主。特别是借东西，一定要掌柜的同意，只有掌柜的说了才算，家里其他成员说了都不算。不经过掌柜同意，即便是借了东西，掌柜的也可以不承认。再如家中的人情往来，去谁家，给多少，这

---

[1] 来自李继宗老人的讲述。
[2] 来自李继宗老人的讲述。

些都是掌柜的说了算。"[1]

"家庭对外的事情，一般是掌柜亲自去处理，当掌柜不在家或是忙不过来的时候也会委托家中的男性成员去处理，家庭对外的事情女性一般不能出面或是参加，只有在两个家庭中需要妇女间相互接触和处理的事情上才会让家中的女性去处理。"[2]

二、亲属及其关系

在任徐店村，因血缘关系形成了嫡亲，因婚姻关系形成了姻亲。根据亲属关系的亲疏远近又可以将亲属分为近亲和远亲。

（一）亲属概况

1. 嫡亲

血缘关系最近的叔伯、姐妹、兄弟、子女、姑、舅、姨以及嫡亲的堂、表兄弟姐妹均属嫡亲范围。在任徐店村，叔伯又称为"本家"，同时根据血缘关系的亲疏远近，有"近本家"和"远本家"两种。村落内，嫡亲数量根据家庭人口、财产多少的不同而不同，但从任徐店村整体来看，通常选择村外婚，村内结婚的相对较少。

2. 姻亲

因结婚而形成的亲戚关系称为姻亲。在任徐店村，村民结婚多是选择村外婚，一方面是因为传统时期任徐店村村内人口较少，另一方面村外婚可扩大家庭交往范围，村落中仅有李三选妻、李功阳父、陈全在等个别人在村落内选择结婚对象。同时，在村落中同姓同宗村民之间禁止通婚，若是与村落外同姓氏通婚，则在家谱上要将女方姓氏稍作改动，如任徐店村李姓男子娶了外村李姓女子，则在任徐店村李氏家族的宗谱上将女方姓氏写作"季"而非"李"。

结为姻亲通常是"父母之命，媒妁之言"，不需要经过村落管理者或者家族长老的同意，但若结婚对象是声誉不好或者犯了大错的人，家族族长会出面劝说阻止。对于没有父母的人来说，结婚要经过家里其他当家人的同意，如叔伯、兄弟姐妹等。若父母健在即使均非当家人，儿女结婚依然必须得到父母的允许和认可。在传统时期，任徐店村内极少有"倒插门的"（上门女婿），上门女婿一方面会被街坊邻里看不起，会被本家人刁难和排挤，另一方面女性不能继承父亲的财产，因此，任徐店村李氏家族内无倒插门现象。但若是招了上门女婿，则其也属于姻亲范围。妾的娘家人也属于姻亲范围，包括其血亲（父母、兄弟姐妹）以及血亲的配偶。

1949年以前，任徐店村内少有解除婚姻关系的情况，用村民的话来讲即是"万不

---

[1] 来自李继宗老人的讲述。
[2] 来自李如普老人的讲述。

抽一"。传统时期男女双方解除婚姻关系称为"休妻",休妻损害的不仅是女方的颜面,男方也同样会感觉很没面子,且对于女性来讲,若遭遇休妻,在男方未写休书之前女方就会选择上吊自杀。

休妻由丈夫或者公婆下定论,其中以丈夫的意见为关键。若夫妻感情不和,即使妻子与公婆关系非常和睦,也难摆脱被休妻的命运。女方,尤其是大家族的女性,不会主动提出解除婚姻关系,即使在夫家遭受打骂、凌辱,或是丈夫早逝,均不可主动提出解除婚姻关系或是改嫁,因为这样不但对夫家不利,同时也失了娘家人的面子。如村内李氏家族其中一户的女儿婚后丈夫便外出上学,后因得病在外病逝,其妻子便一生守寡未曾再嫁,从20岁守寡一直到80多岁去世。

若婚后妻子早逝,则姻亲关系继续维持。姻亲之间也会相互走动,但是通常只是紧密姻亲才会相互走动,比如女儿和娘家平日里红白喜事或者家中有大事会相互走动,再比如农忙时相互帮忙,没事的时候也会偶尔相互之间走动一下,走动的频率不定,和彼此之间居住的距离有一定的关系。春节以及重大节日的时候姻亲都会相互走动。走亲戚的时候村民一般会留下来吃饭,如果是彼此居住得较远的亲戚,有的也会留下来住宿,留下来住宿的时间不等。农闲时走亲戚多一些,农忙的时候走亲戚就相对少一些。

3. 近亲与远亲

根据辈分及亲疏远近关系亲戚有近亲和远亲之分。父系三四代以内,母系两代之内的亲属均属于近亲。父系近亲多数在同一村落内,比如叔、伯、叔伯兄弟。

结拜弟兄不能算作近亲,但是在一方的父母过世时,结拜弟兄同样需要像亲儿子一样披麻戴孝。近亲、远亲的划分以辈分、血缘关系为亲疏远近的依据,与居住的距离无关,如父系三代之内即使相隔千里依然属于近亲,四代之外即使是邻居依然属于远亲;与所属为父系抑或母系也无关,父系四代之外、母系两代以外均属于远亲。

(二)亲属关系

1. 过节及其亲属关系

逢年过节亲戚之间相互走动是维系亲戚间感情的重要途径。其中春节期间的走动规模最大,频率最高。春节期间每家每户都会走亲戚。走亲戚一般是晚辈拜访长辈,不需要全家都去,也不需要当家人亲自去,去的人多了反而会增加亲戚家的饭食压力。除春节之外,五月端午、八月十五等节日,近亲之间也会相互走动。

2. 婚丧及其亲属关系

(1)结婚。结婚的消息通常由家中的父母来通知。要通知的人包括舅家、姑家、姨家、本家自己（叔伯家）等。若村民与保甲长、门族长是亲戚关系会通知他们，若无亲戚关系则不会专门通知。通知宾客没有先后顺序，通常是根据自家的安排，按照距离远近来依次通知。通常未得到通知而参加婚礼的均是主家的好朋友。在向亲戚朋友告知婚庆消息的时候，要带上麻糖作为礼物。一般是在定下吉期后，由男方请几个妇女炸麻糖，一般是请自己家的近亲或者街坊邻里来帮忙，不需要支付报酬。麻糖用白面和糖稀勾兑，一般宽二三寸，尺把长，三四分厚，家庭贫困或小气的人家麻糖做得小、薄，家庭富裕或大方的人家的麻糖做得大、厚。做的数量根据男女双方亲戚和朋友的多少而定，送给亲戚朋友的数量一般是普通亲戚朋友2个，要好的朋友和至亲4个。

亲戚朋友在接到报送婚庆消息的麻糖后到吉期要赴宴封礼。1948年以前钱粮紧缺，村民相互之间的礼金来往也有限，一般近本家以及关系好的朋友的礼金在一块钱左右，多者几块钱，普通邻里亲戚通常是几毛钱，其他同族人一般不随礼。同一层级的亲戚为避免因支付礼金数量不一而导致家庭矛盾，通常会提前商量统一礼金的数量。没有能力支付现金礼金的亲戚朋友也可以带礼品前来祝贺，礼品通常是馍馍、烧饼等物品。女方家的亲戚、朋友和本家，在接到麻糖后，在婚期前就将钱或物送到女方家，叫添箱。女方的父母要邀请他们到吉期时来送闺女；男方的亲戚、朋友和本家自己一般不提前送钱和物，而是到结婚那天送来。婚礼当天，男方家里一般都设有礼桌单，专职记账。亲戚朋友来了将钱和物送到礼桌记账，叫封礼。一般受到邀请的亲戚朋友都会在吉期赴宴，若有急事或与其他重要事情冲突，则需提前与主家沟通说明情况，表示歉意且提前将礼金或礼物送过来，否则就会影响两家的相处关系，导致不愉快。亲戚带礼物过来主家不需要回礼。礼金的多少与居住的距离没有关系，主要根据关系的亲疏来确定。主家对于带来不同礼金、礼品的亲戚朋友绝对不能有任何差别对待，同样需要欢喜迎接、欢喜宴请、欢喜送客。婚庆中男方收到的礼金归男方父母所有，女方收到的礼金归女方父母所有，因为儿女结婚的开支由父母承担，而且前期亲戚朋友家的红白大事也是由父母掏腰包支付礼金。

（2）丧葬。家中老人过世后，亡者的儿子和儿媳要出去磕头求助于执事、知客，以及本家说话有力、德高望重的长辈，来家里共同商量办事的时间、规模、形式等丧葬事宜。知客到场后，成殓、殡埋的日程一经确定，就要派人前往亲戚朋友家报丧，特别是与亡人最亲近的亲戚家，如娘家（女亡者）、舅家（男亡者）、闺女家，另外儿媳妇娘家、孙媳妇娘家、闺女婆家都需要通知，即便是对方知道丧葬的一些情况，也要专程派人前去通知，以防给人抓住礼数不周的口实。

若女性亡故，则首先通知娘家人（哥哥、弟弟），然后是近本家等。娘家人接到报丧之后，当天下午就要来人，不管人数多少，必须得有人来，而且停丧期间娘家每天下午都要来人。同时装"鸡鸣枕"。死者头枕一个倒三角式的枕头，谓之"鸡鸣枕"，寓意是让鸡引领着亡人的灵魂上西天。鸡鸣枕由长女或长孙女装，长女（或长孙女）由人搀扶着，边哭边走，走到十字路口，捧一把土装入鸡鸣枕内，丢下一个硬币，哭着回家。除娘家人外，给其他人报丧没有先后顺序，一般是由近及远，同村人不需要专门去报丧，听到消息后会主动来吊唁，也不需要专门去向保长、甲长报丧。

装完鸡鸣枕，家有公婆的外嫁女儿要亲自回家报丧，都是出门哭到村头，到村头再哭到家，向公婆磕个头，告诉噩耗，然后返回守灵。对于其他亲戚朋友则要派专人前往报丧，告诉亲戚朋友亡人什么时候成殓、什么时候下葬。

除女儿的婆家外，其他亲戚可由街坊代为报丧。报丧的人需要主家去请，一般是由丧者的儿子去请，请的都是与自家关系好、比较了解家里情况的人，请的时候不需要带礼物，也不需要支付报酬。报丧的人不能进到别人家的主屋里，通常是在院子里报了丧磕了头便离去。

（3）丧葬与宴席。在有丧葬发生的时候，亡者从断气到出殡、下葬前，孝子都要守护在亡人的身边，无特殊情况不能随便离开。吊唁的亲戚朋友一般是出殡当天中午的时候到，吊唁的人来到灵前摆供祭拜，祭拜结束之后孝子们要出来向来祭奠的人磕一个头作为谢客，一般由重孝子代表，表示感谢祭奠之意。丧日这天，舅家（或娘家）送葬的人来得一般比较晚，对不孝顺的儿子、儿媳，送葬人要停很远，有的就停在村外，亡者的儿子、儿媳要到村口去接，接的时候前来吊唁的娘家、舅家人要数落他们虐待老人的过错和罪恶，对严重者还要动手打，孝子们不准反抗。从宴席上来看，不管是何种宴席，只要上了礼的亲戚、朋友、街坊邻里均可坐席。一般在宴席上多要靠提前联络好的亲戚朋友来帮忙，出嫁的姐妹、娘家人是以亲戚的身份来参加宴席的，也需要坐席，但兄弟一般不坐席，而是帮忙张罗、安排。

3. 祭祀及其亲属关系

祭祀是缅怀祖先的主要方式。一年主要有4次祭祀：一是春节期间（腊月三十或大年初一），二是清明节，三是七月半，四是十月一。春节期间的墓祭全部为男性参加，女性不能去，男性中行动不便的老人和不能行走的小孩可以不参加。招来的女婿也需要去，买来的孩子和过继、抱养的孩子都需要参加。除此之外，女性可以参加其他三大鬼节（清明、七月半、十月一）的祭祀，尤其是如果父母已过世外嫁的女儿在三大鬼节时必须回来祭拜。祭祀基本是近亲祭扫。

祭祀没有身份地位和财富的差别，无论穷人家还是富人家到日期都会进行祭祀，祭祀的地点主要为各自的家坟。祭祀的流程为烧纸—谢饭—燃炮—磕头。祭祀次序基本按照辈分由近及远、距离由近及远的顺序来进行，只要能对上号的家人的坟都要祭，没有坟墓的人不用祭。

在传统时期，任徐店村除李燕家族有公坟外，其他家族均没有公坟。没有公坟的家族，先人去世后一般是埋于自家的田地里。在发生土地买卖的时候，先人的坟墓不能卖，不能算在买卖土地的面积范围内，在卖地文书中也需要写明坟墓的边界。种庄稼的时候不能种在先人的坟墓上，否则会引起双方的冲突，发生冲突的时候需要请人来调解，情节严重的会请族长来调解，一般不遵守规则在坟墓上种庄稼的人会受到惩罚，因为在村民看来，祖先的坟墓是神圣不可侵犯的。村民一般能够记得四代左右先人的坟墓位置。

4. 帮忙及其亲属关系

村民在自家农忙、建房子、红白大事、家中有重大变故等生产生活方面需要帮忙的时候，主动来帮忙的一般是亲戚和邻居。之所以会主动来帮忙，是因为帮忙都是相互的，你帮了我，之后我也会主动去帮你。亲戚之间，如果是近亲，如姑、舅、叔、伯等，不论距离远近，在遇大事的时候一般会主动去帮忙，如婚丧嫁娶等。如果是远亲，主动帮忙的情况就相对较少，一般是作为客人的角色出现，但如果居住得近，在一些生产生活上的事情也会相互帮忙。帮忙的时候一般是亲戚家管饭，距离较远的还会在亲戚家留宿。

5. 纠纷及其亲属关系

若亲属之间起了纠纷，首先会在双方之间进行自我协商解决，若自己解决不了，一般会请家族内德高望重、有威望者或者街坊邻里中有能力的、会办事的人来进行调解，争执严重的时候会导致亲戚双方自此两不上门。比如两叔伯兄弟发生矛盾，就可能导致两家从此以后互不往来，过年走亲戚也不同一天去，而是错开时间。亲戚之间的矛盾不会找官府来调解。通常亲属间以和睦为贵，较少有大的矛盾发生。若经常和亲属间发生矛盾纠纷，则会被其他家族的人嘲笑或是看不起。

6. 借钱及其亲属关系

村民在遇到天灾人祸等急需借钱的时候，可找街坊邻里、亲戚好友、地主财东或者城内放账铺等，但一般以亲戚和邻里最为普遍。一般家里遇到困难的时候，近亲如兄弟家会主动来帮助。向亲戚借钱或借粮均不需要抵押，也不需要写欠条，因为借钱借粮的数量一般不多，打借条会毁了亲戚之间的情谊。但亲戚间不论关系远近，借钱均须按期还款，"亲兄弟，明算账"。

三、拟血缘及其关系

在任徐店村，也有以收养义子、认干亲的方式建立起来的拟血缘关系，拟血缘关系不仅仅局限在本村人与本村人之间，也有与外村人建立的拟血缘关系，且以村落外居多，如村民李如洋收养的义子举堆即不是本村人，其原生家庭居住地址不详。

认干亲有以下两种形式：

其一，认干亲。家庭内人丁不兴旺时，村民会让自家孩子认男丁较多、人丁兴旺的家庭为干亲，以求能旺自家的风水。双方是关系比较好的朋友。

其二，闯干亲。由孩子的父亲在孩子出生后几天的凌晨四五点提着篮子装上吃的，将出门碰见的第一个人认为孩子的干亲，并由干亲为孩子起个小名。

拟血缘关系不分性别，男孩女孩均可认干亲。拟血缘关系除闯干亲之外必须经过父母以及干亲父母双方同意许可，其中一方不同意则不能达成拟血缘关系。认干亲属于家庭内部行为选择，不需要经过族长、门长等家族管理者同意，也不需要经过保长、甲长等村庄管理者同意。

第二节　地缘与地缘关系

任徐店村地处黄河故道平原，地势平坦，基于生产生活以及共同防卫等方面的需求，村民以村落为地缘联结纽带，在村落范围内共同生活、活动，并相互产生交往关系。同乡关系、邻里关系、故土观念、乡亲观念等都是地缘关系的映射。本节将从邻居、熟人等地缘主体切入，对传统时期任徐店村的地缘与地缘关系进行考察。

一、邻居及其关系

在任徐店村，并非本村落内的人均能称为邻居，只有同街道的、居住得邻近的才是邻居。邻居之间会共用水井、道路、水桶以及茅桶等公共物品。任徐店村村民特别重视邻里关系，常用"远亲不如近邻""低头不见抬头见"等来形容紧密的邻里关系。在同一条街道居住的邻居多是本族同姓或世家老户，所以邻里之间的称谓一般是按照族亲或上辈之人的称谓延续而来的，有的为有所分别则在称呼前加名或直呼尊称，如铁蛋哥、天才哥，以示亲切和尊重。

（一）邻居概况

任徐店村，被村内东西向三条、南北向两条道路分割为比较规则的五条街道型居住区域，房屋为土木结构。因此，每一户农户都有邻居，只是每一户的邻居数量根据街道人数的多少而不同。邻居一般以同族为主，但也不全部为同族，同一街道非同族的情况主要是由于宅基地买卖而形成。村民李继宗家所居住的区域共有邻居28户，平均每家6口人，其中最多的一户13口人，最少的一户仅有1人，为孤寡老人。据李继宗老人讲述："该街道上基本是李姓村民，仅有个别崔姓、卢姓住户。"

在任徐店村，邻居还有如下特点：

第一，邻居并非全同姓。邻居不一定同姓。如村民李继宗家虽邻居多数为李姓，但对门为崔姓，隔家还有薛姓、郭姓等。

第二，邻居之间不会通婚。邻居基本是同姓的，同姓之间不能通婚。即使邻居是非同姓的一般也不会通婚，因为邻居之间一般彼此都非常了解，在婚庆的细节上遇到问题不好商议。

第三，邻居贫富不均。邻居之间的家庭条件有穷有富，如李继宗家的邻居中，李三祥家就比较富裕，土地数量较多，但东邻居李三政家就相对贫困一些，一家7口人仅有5亩旱地，4亩水浇地。

第四，多以种地为生。多数邻居以种地为生，但基本每个家庭都会兼业织布，主要为自家人所用，多出来的会用于销售。邻居中做生意的就会富裕一些。即使邻居家富裕，也不会建围墙，不会有"先富带后富"的情况，一般是各家顾各家。如果邻居家遇到经济困难，在邻居上门求助时，即使不是亲戚，村民一般也会少帮一点；但邻居若没有上门求助，则不会出现主动帮忙的情况。

邻居之间的房屋都有明确的边界，但两家的房屋不会完全挨着，而是各家空出30—50厘米的距离形成一条通道，两家留出的距离一般是相等的。即使邻居是自家亲兄弟，为避免子孙之间发生产权纠纷，房屋也需要有明确的边界。宅院与宅院之间以灰橛为界线，以避免日后因雨水流向等边界问题而发生纠纷。因分家、土地买卖等原因，邻居不一定是地邻。地邻之间的地块以灰橛、桑棵和埂岭为界。

（二）邻里关系

1. 邻里交往

日常邻里之间的交往是比较频繁的，邻里之间端着饭碗串门吃饭的司空见惯。一般认为"相互帮忙，急人所急"是理所当然的。邻里之间若哪家有新鲜的瓜果蔬菜等，多会请邻居们尝个鲜。逢年过节邻里之间也要相互贺节，特别是春节这样大的节日，相互拜年、礼拜祖宗是绝对不可少的。一些往日有隔阂、小矛盾的多借此消除嫌隙，言归于好。但是一些有"深仇大恨"难以调和的，就不再往来。平时村民家里一般都不会锁门，只有有事全家外出时才会锁门。

邻居之间会相互串门，但不会随意串门。女性一般不会串门，尤其是大户人家的女性。串门一般发生在男性之间,但是男性去邻居家串门必须是在邻居家有男性在家的情况下,如果邻居家只有女人在家则不能去串门。吃饭的时候邻居之间一般会聚在其中一家门口一起吃饭,但饭食是各家吃各家的,如果邻居家邀请去尝鲜,村民也会在邻居家吃一点。

邻里之间也有一些禁忌。如孕妇在胎儿没有满月时不能进入邻居家,家有丧事的人也不能在身着重孝的情况下进入他人家宅,即便是有重要的事也要站在门外等主人来商量,借东西要还,毁坏要赔偿,如俗语云:好借好还,再借不难。

2. 邻居之间借钱

村民在家里急需用钱时,如果数量不大,邻居是首选借助对象。但如果借贷的数额比较大,一般会首先寻求近亲的帮助,如兄弟姐妹等;如果兄弟之间借不到,再找邻居;若邻居之间也没能力帮忙,才会考虑向地主家借贷。邻居之间借钱需要还,但是一般不收取利息,也不需要请担保人,不需要写借条,因为邻居之间可以相互信任,但若邻居平时就是不讲信用或是品质不太好的人,则一般不会出现借贷关系。邻居间发生矛盾,一般是由其余的、对两家都熟悉的邻居来进行调解,如果调解不成则可能会导致双方不再来往。

3. 邻里帮忙

看一个家庭邻居关系的好坏,多是看这家在发生婚丧嫁娶、修盖房屋等大事件时帮忙的人的多少。善于待人、乐于帮助他人者,往往受到乡邻的尊重;平时仗势欺人、为非作歹、横行乡里、吃喝嫖赌、翻嘴饶舌的人,邻里多侧目以待,这些人家里如若遇到大事,往往帮助者很少,门前冷清。

村民在遇到红白喜事以及建房子、农业生产等方面的事情上需要帮忙时,以邻里之间的相互帮忙最为频繁。有人帮忙的时候主家一般会主动管饭,管饭是一种联络感情以及表示感谢的方式。在平时生产生活中,红白大事类的事情一般不需要去说,邻居知道了就会主动来帮忙,但是有手艺要求、带有一定技术性的工作就要去请能胜任的邻居或亲戚来帮忙。请的时候不需要带礼物,也不用支付报酬,一般是当家人去请,如果当家人忙不过来,也可委托其他家庭成员去请。

对于劳动时间比较长的事情,村民会通过市场请工的方式来解决,因为帮忙都是一天半天的事情,如果时间长会耽误别人家里的劳动。相对于请亲戚朋友帮忙,村民更倾向于市场请工,花点钱可以少欠一些人情,人情债最难还。村民之间相互帮忙一般不会专门记账,但心里会有一个大概的记录,如果自己帮了别家而自家有事时他没有来帮忙,虽不影响日常交往,但心理上就会有想法,以后在其需要帮忙的时候也会慎重考虑是否会再次过去帮忙。

4. 生产合作

在农忙季节农活比较集中的阶段，邻居之间会相互换工进行生产合作。换工多发生在亲戚、朋友以及街坊邻里之间，其中，街坊之间的换工最为频繁，有俗语"远亲不如近邻"，换工一般是你帮我干我帮你干，因此双方都不需要支付报酬，即使彼此之间换工不对等，也不需要支付差别劳动力的价格。但是换工期间在帮某一家干活的时候，主家要管饭，以节省时间提高劳动效率和表达对换工对象的感谢。

5. 工具借用

街坊邻里之间互借东西的情况十分普遍，其中以互借生产生活工具最为普遍。以村内的石器为例，村内人用的碾、磨、石磙等石器均是从外边（修武或获嘉的山区，太行山边缘）买回来的，当时村内共有40多盘石磨，4个石碾，多是由祖辈传下来的。没有石磨的家庭，到需要使用的时候可以向有石磨的街坊邻里借用，若家里的石磨闲置，街坊邻里均可以借用，借用不需要支付任何报酬，若石器出现损坏，则由主家自己出钱请石匠锻磨、锻碾。

二、熟人及其关系

在任徐店村，熟人是地缘关系的一个重要体现。本部分将从熟人概况和熟人之间的关系两个方面去考察传统时期任徐店村的熟人及其关系。

（一）熟人概况

"熟人不一定知己"，彼此相识、有过来往、但关系不是特别密切的人称为熟人。一般有过一次以上交往的人即可称为熟人。关于什么是熟人，李继宗老人也说道："熟人没有什么标准，认识的就是熟人，你认识我，我认识你，这样就成为了熟人。但熟人也不都一样，有的关系更好一些，有的仅仅是认识。"

熟人不深交，家中有红白喜事的时候，不一定会请熟人，但是请了一般会来。熟人来参加红白喜事，也需要上礼，上礼的金额根据自己的心意和家庭条件自由决定。

熟人的数量和个人的社会阅历有关。村落范围内的都是熟人。但做生意的、做官的、有钱的、有文化的熟人会比较多，普通农民熟人就相对少一些。比较而言，又有男性的熟人多于女性，年长的人熟人整体多于年轻人的现象。

熟人的距离不固定，近者可能是同村，远者可能是外省。村落外也会有熟人，村落外的熟人一般是通过买卖东西、熟人介绍等渠道结识的，经过几次共事之后即成为熟人。普通人的熟人一般在村落内以及周边村庄，有的会触及姻亲家庭的亲戚及熟人。但做生意的、做官的人熟人范围就比较广，通常会触及县里县外，甚至会涉及外省。

距离近的熟人相互来往会比较频繁，比如红白喜事相互走动等，距离远的熟人除重大事件外一般不来往。

（二）熟人关系

熟人之间相互借钱需要按期归还，一般不需要支付利息，但如果关系较远就会收取利息，是否需要利息由双方商量决定。熟人借钱需要担保，一般是找双方都熟悉的人作为担保人，担保人不需要承担连带责任。熟人借钱、借粮需要写借条。熟人之间吵架，需要双方都熟悉的人来帮忙进行调解，调解不好双方则可能出现不再来往的情况。不需要支付给调解人报酬，也不需要请吃饭。

熟人之间会相互串门，串门一般是在农闲的时间，没有固定的时间。"熟人之间相互串门，主要就是为了维护关系，打发时间，或者有事找帮忙。相互之间串门的熟人一般是关系比较好的朋友。"普通的熟人之间不会相互串门。

熟人之间也会发生纠纷，如果是好朋友之间发生纠纷，一般就由其他的朋友出面调解，如果是一般的熟人发生纠纷，则是其他熟人或是熟人的邻居出面帮忙调解。纠纷调解之后，一般不需要请帮忙调解的熟人吃饭。"熟人站出来帮忙调解纠纷，主要是不想让纠纷就这样闹下去，调解之后不需要请他们吃饭，但是谁帮忙调解的，大家心里都有一杆秤，欠下的人情会记在心里，熟人之间也可能因此关系变得更好。"[1]

熟人之间的人情往来相对简单，任徐店村村民的观念就是"人情账，不能欠"。与亲戚之间的人情往来相比，熟人之间就少了很多礼俗。李继宗老人说："熟人之间的人情往来相对简单些，你家有红白喜事，熟人过来祝贺，你家有困难，熟人过来帮忙，等到对方家中有红白喜事的时候你也去祝贺，带同样多的礼物或是稍微多一些的礼物就好。对方家中有困难，你也要去帮忙，这是人情债，不能欠。"

第三节　业缘与业缘关系

传统时期，任徐店村村民在进行生产生活活动的过程中，形成了以牛市、羊市、猪市等为载体的业缘关系。本节将从牛市及其关系、羊市及其关系、猪市及其关系三个部分对传统时期任徐店村的业缘与业缘关系进行考察。

一、牛市及其关系

（一）牛市概况

牛市是集市上专门买卖耕牛的场所。牛市一般在有集市的日期以及庙会期间会有。

---

[1] 来自李继宗老人的讲述。

买牛、卖牛不分时间、季节，任何时期都会有买卖耕牛的情况。

（二）牛市与村民行为

村民去牛市自己过去即可，因为买卖双方不能直接讨价还价进行交易，而是要通过行户进行协商，买卖牲口价钱的高低也和买卖双方与行户关系的远近有一定的关系。对于耕牛的买卖，买方有三天的试用期。

（三）牛市与行户

牛市上有专门的交易员并设有税桌，买卖牲畜必须要经过交易员，交易员又称为行户。村民买牛、卖牛必须要经过行户，一方面促成买卖达成，另一方面降低交易风险。行户主要是在牲口交易中进行说合并收取手续费（税费）。

行户在牲口交易中进行说合并收取手续费（税费），同时开具税票，通常是抽取10%的税费，在抽取的税费中，又有30%上交国库，70%留作自己的报酬。有的村民为了漏税也有不请行户自行进行牲畜买卖的情况。

（四）牛市与纠纷

在牛市买卖过程中若发生矛盾，则由行户来进行协调解决，除此之外无其他专门调解矛盾的人。

（五）牛市与赊账

牛市上可以"赊账"，若卖方愿卖买方愿买，但买方未带足钱财到集市上，在行户的见证下，买方可先将牲畜牵回家去，但三方要提前约定好还款的时间。

二、羊市及其关系

买卖羊只没有固定的时间，也不需要请行户，价格由买卖双方自行商议决定即可，价格高低一般与羊的大小和重量相关联，多数是采取估价的方式。

去羊市买卖羊只一般自己去即可，不需要约着人一起去。买卖羊只通常是由当家人出面，如果当家人不在，由家庭其他成员去买卖时必须先得到当家人的同意和授权。

三、猪市及其关系

买卖猪相对于买卖牛来说交易较小，除了在市场上交易之外，村民也会在私底下进行买卖。在市场买卖的一般是小猪崽和猪肉。

第四节 信缘与信缘关系

农村村落因共同的信仰而形成信缘关系。共同的信仰能对村民的身心起到规范、凝聚与娱乐的多重作用。在任徐店村，庙宇众多，村民之间基于共同的信仰形成了若干信仰圈层。本节将从信缘主体、信缘关系、信缘组织三个部分考察传统时期任徐店村的信缘与信缘关系。

一、信缘主体

在任徐店村,信缘主体主要有家神和寺庙两种。

(一)家神

在任徐店村,几乎家家户户都敬家神,主要有老天爷、财神、灶神、门神、井神、观音菩萨、圈神等,各家根据自家的需要而敬设不同的神。也有的村民直接在正屋中间摆放天地全神,再在相应的位置分摆几位主要神灵的牌位。

老天爷或是天地全神通常摆放在正屋中间,保全家平安;灶神一般粘贴在厨房的位置,寓意五谷丰登,来年吃穿不愁;门神以武门神秦琼和尉迟恭为主,贴在宅院各主门上,寓意驱邪辟鬼,保家卫宅;井神贴在水井台壁上,寓意水流兴旺;圈神贴在喂养牲畜的围圈上,寓意六畜兴旺,牲畜无病无灾。家神的祭拜一般是在春节期间,以上香、供馔为主要形式。一般由家里的一个人祭拜即可,不需要全家共同拜。拜神的人选不固定,一般以成年人为主。

(二)庙

1948年以前,任徐店村村内有牛王庙、土地庙、白衣堂、四仙爷庙、德神庙等众多庙宇,村庄北地与王村交界处还有一座薛仁贵庙。除此之外,任徐店村家家户户都信仰火神,因此村民又常常到临近卢徐店村的火神庙进行祭拜。

表 4-1 任徐店村庙宇概况

名　称	信仰神灵	概　况	功　能
牛王庙	老子	一庙一院	教化
土地庙	土地爷	庙堂一间	保土安民
白衣堂	观音老母	一小间	求子
四仙爷庙	四仙爷	一小间	保平安
德神庙	孙悟空	一小间	教人向善,保平安

村民一般是初一、十五到庙里烧香,除七月十五、十月初一不开门外,其他时候庙上均会有人开门,一般是上了年纪的妇女。平时谁到庙上去许愿,如在白衣奶奶庙求子,在四仙爷庙求健康保平安等,也会去上香。寺庙内祭拜没有什么优先顺序,逢年过节,村民先到者先拜。烧香拜佛的群体以上了年纪的妇女为主,年轻女人很少。家教松一点的家庭中,年轻女性也有到庙里上香拜佛的,但是家教严的家庭年轻女性不敢到寺庙里去,怕给家里老人丢人。

上香拜佛有相当烦琐的礼仪。首先，要准备好祭品，祭品有三牲，即猪、牛、羊，有碗饭、烙馍、蒸馍、供糕，有碗菜、时令水果等。二是烧香，烧香的时候要用左手将香插于香炉中。神仙是三炷，祖宗是四炷，叫"神三鬼四"。神三是因为最高的神是三清、三官（元始天尊、太上老君、道德天尊），一位一炷，故为三炷；祖宗为鬼，神为阳，鬼为阴，奇数为阳，偶数为阴，另外"四"与"死"同音，故为死人烧香为四炷。所谓用左手，因为右手拿万物，不洁净，左手洁净。三是烧纸，纸分为金纸、银箔、白纸和冥币四类。金纸是拜佛烧的，银箔是拜祖烧的，一般的白纸和冥币是送鬼的。四是跪拜和叩头，一般是三跪九叩头。先拜玉皇，后拜正庙之主神，再拜诸配神，以神位之高低定次序之先后。五是献酒，拜神需敬献三杯酒，拜祖则5—11杯不等。祭祀用品均为村民从家里自带，寺庙里没有卖祭祀用品的。

村民信仰的神灵一般遵循就近原则，离哪一座庙宇近就朝拜哪一家的神灵，离得远的庙宇就很少去。但与村民生产生活密切相关的神灵，如土地爷、火神，几乎家家户户都信仰和祭拜。村民常去祭拜的庙宇多在村内，除卢徐店村火神庙外，少有村民外出到别的村进行拜神的情况发生。每个村落都有寺庙，因此外村人到本村寺庙祭拜的情况也不多。

任徐店村以农业为主，村内的市场组织主要体现在庙会交易方面。庙会是在祭祀神灵的日子里在寺庙或寺庙附近举行的大型祭祀与交易活动。在任徐店村，每年的正月初八为火神庙会，庙会会期一般是三天。庙会的会址设在村庄的中心，村民在庙会上以交易农副产品、日常百货、牲口、手工业制品等为主。每到庙会期间，任徐店周边村庄的小商贩均聚集在此。庙会由火神会会首来组织，祭祀、文艺表演、唱戏等活动的协调安排均在会首的职责范围内，庙会所产生的公共费用由会首组织在村内进行摊派，同时庙会需要提前报保长、甲长备案，以便保长、甲长提前安排庙会期间村庄的治安问题。

二、信缘关系

（一）家户内部的信缘关系

在家户内部，寺庙祭拜主要在初一、十五以及春节期间，春节期间村内的每个寺庙村民都要去祭拜。一般是当家人一个人去，但因村民春节期间几乎每家每户都会去寺庙祭拜，且大家祭拜的时间相当，因此村民在去祭拜的路上通常会结伴同行。也有村民提前约好邻居在大年初一早上一起去祭拜的。村民拜神多在早晨，春节期间祭拜要先拜寺庙神灵，次拜家神，再拜祖先，因此村民一般早早地就会到寺庙进行祭拜，且以抢烧第一炷香为祥瑞之事。日常初一、十五拜神也多赶在午时之前。村民去寺庙祭拜均是走路过去，且祭祀用品各自从自家携带，即使是结伴同行的也不会共用祭祀用品。祭拜以家户为单位，祭品也应以家户为单位来进行准备，如此才能表示诚心，求得神灵的保佑。村民与村民之间不会因信仰同一神灵而关系更紧密，也不会因为信仰不同的神灵而产生矛盾，大家拜神各拜各的，互不干涉。

（二）家户间的信缘关系

在任徐店村，家家户户都信奉火神爷，就像灶王爷是村民家里的当家神一样，火神爷相当于是村内的当家神。任徐店村敬火神，没有修建火神庙宇，而是请能工巧匠雕琢一座如同庙宇的神楼。神楼称"火神楼"，里面安放一尊彩绘的火神像。火神楼存放的位置每年不固定。村里成立火神会，一般每年只有一个会首，会首人选不固定，一年一换，谁接任会首火神会的神楼就安放在谁家，这一家就成了当年火神所在地。

火神爷的祭祀从除夕夜开始。大年三十下午4点钟，会首要在火神楼前摆上供品。正月初一，全村村民纷纷前来给火神爷烧香，争抢烧第一炉香，谁烧到第一炉香，谁今年一年的运气都会很好，大吉大利。

正月初八是火神爷的生日，在这一天要举行大规模的文艺汇演，民间一般称为"行水"。前来助兴的文艺团队是事先约定好的，都或多或少有一定的报酬。行水的当天上午8点多钟，各路故事从会首家出发依次排开在村中巡演。排列的顺序一般是狮子排在最前，之后依次为武术、各种文艺性节目、火神神楼，神楼前从前到后依次排列着狮子（道具，意为护驾）、龙凤旗、銮驾（当地人对刀枪剑戟等仪仗的称呼）、香炉、供桌等。行水的组织非常严密，整个活动由会首和会首助理统一指挥，一直到晚上9点左右才结束。

（三）村落间的信缘关系

中华民族是崇拜火的民族，无论是汉族还是少数民族，都有关于祭火及火神的记载，人们用火来驱鬼、辟邪、祭祀、治病等。武陟县也不例外，任徐店村及其周边村庄村民几乎家家户户都信仰火神爷，由此也产生了超越村庄的共同信仰。为方便祭祀，任徐店、卢徐店、古徐店、祝徐店、梁徐店、闫徐店、白徐店等"五社七徐店"共同集资建造了火神庙，火神庙选址在旧庙遗址所在的卢徐店村。每个村庄都设有火神会首。在五社七徐店中，卢徐店作为火神庙的所在地，为火神会的"首社"，即整个火神会的"当家的"。遇庙会或其他庙里相关事务时，由卢徐店会首出头组织各社会首到庙里商议处理和应对方案。

日常五社七徐店以及周边村庄的村民均可无偿到火神庙进行祭拜，但在正月初八火神爷生日当天，要举行集体的火神祭祀仪式。因前来祭拜的人数较多，祭拜的顺序就需要火神庙的首社卢徐店火神会首进行统筹协调，通常是按照先来后到的原则，谁先到谁先进庙祭拜。若有人不按照顺序排队进庙，则会产生冲突。产生冲突时由会首负责调解处理，保长、甲长不干涉庙会事宜。庙会与保甲长基本没有相互往来的关系，逢年过节庙会会首也不需要给保甲长送礼等。

三、信缘组织：火神会

每个寺庙基本都由会首作为日常运行的代理人。在传统时期，庙会的会首基本是村中大户、有能力的人。现以火神会为例，来介绍各个信仰组织的产生与延续。

（一）会首及其关系

1. 会首的产生

不是谁都能当会首的，当会首得具备三个条件：一得有人，二得有房，三得有一定的经济实力。正月初八是火神爷的生日，要供奉一整只羊，一只羊要饲养一年，就需要有人专门来管理，没有畜牧的人或没有饲养羊的场所的人就当不了会首；谁当会首谁得把火神爷的神楼接到家里，整个一年中的祭祀活动都要在家内举办，因此没有一定的住房条件也是当不了会首的；祭祀火神活动需要很多经费，需会首贴付，没有一定的经济实力同样当不了会首。但是传说中谁当了当年的会首，火神爷就能保佑他发财，所以有一定实力的村民都抢着当会首。

会首是一年一换，新会首由上一届老会首挑选决定。新会首的挑选和考察都是在保密的情况下暗地里进行的，不到公布的时候不能向外公开。

2. 会首职责

会首的职责是决定一年祭祀活动中的重大事宜，如钱与物的来源，接任会首的人选等。会首可再选择两到三个助理会首，职责是负责组织和指挥祭祀活动中的一些具体的事务，如人员的召集和分工等。卸任的老会首在下一年里还要负责指导和帮助新会首处理祭祀事务。

3. 会首关系

火神会的会首们之间无特殊关系，各个姓氏的人都有。会首之间的家庭条件基本维持在同一水平，没有太大差别。任火神会会首与出任保长、甲长等行政职务不冲突。但是通常出任保长职务的人不会再同时担任会首，因为保长日常行政事务繁杂，且保长的职务高于会首。火神会的会首在庙会收取活动经费的时候同样需要和普通百姓一样按房摊钱。火神会活动经费的收取不存在事后补交的情况，每次收取的费用不多，大家基本都可以承担。若会首收取时家里刚好没人，村民事后知晓也会主动将应承担的费用送到会首家里。会首无工资性的报酬。

（二）转会

正月初四、初五，会首和助理会首会考察内定下届会首人选。正月初十，新老会首见面、通气，老会首告诉新会首下届会首选他干，请他做好准备，无特殊情况新会首是不会拒绝的，此见面称"破盘"。正月十五早上和十六的晚上还要进行转会活动。正月十七举行新老会首的交接仪式，叫"转会"。转会在白天进行，仪式也十分隆重。当天新老会首的亲朋好友都要备厚礼（酒、点心、水果、鞭炮等）前来参加，新会首这天要大宴宾客。转会时的观众会像行水一样多，也是一年中最热闹的日子之一。

新会首和助理会首会准备四张桌子，上面摆满供品，由执事人抬着。老会首带着新会首，执事抬着火神爷的神楼及全副銮驾送到村庄中心，见面后，将火神爷的神楼安置好。新会首带领助理会首和家人、朋友、亲戚上前上香叩拜，之后老会首带领自己的助理会首和家人、亲戚、朋友上前上香磕头。迎送礼仪就此完毕。接下来是喝神酒，而后烧香放铳，告诉人们新会首已经接任了。之后新会首和助理会首指挥执事人员，将火神楼和銮驾按照既定路线抬回家中，一年之中的火神祭祀告一段落，新会首开始主持又一年的火神祭祀活动。

正月十七转会，新老会首交接，新会首就接任了。接任会首的第一件事就是选羊，传说羊是火神爷的坐骑，所以火神会对羊的要求特别高，必须是没有骟过的纯白公绵羊，经过一年的喂养，羊角正好将羊的耳朵圈住，尾巴要又圆又大。选好的羊交给家里一个闲人专门管理、放养。火神会有规定，火神会的羊无论吃谁家的庄稼、蔬菜和粮食都不准撵，任其随意吃。

第五节　交往与交往关系

在传统的农村社会，由于经济、社会、交通等各方面的限制，人员往往是在有限的区域内流动，村民与村民之间基于血缘、地缘、业缘、信缘等而存在着盘根错节的联系，村民间来往频繁，既有生产生活上的互帮互助，也免不了鸡毛蒜皮小事导致的争吵。本节将从交往概况、亲族交往及其关系、邻里交往及其关系、地邻交往及其关系、熟人交往及其关系等方面来考察1948年以前任徐店村村民的交往与交往关系。

一、交往概况

串门聊天、走亲访友、人情往来、生产合作是村民之间交往的主要载体。交往方式根据交往对象的不同而不同，亲戚、邻里之间的交往较多，交往方式更为灵活，而普通乡亲等的交往则往往局限于特定的环境和内容。村民之间交往遵循着"互敬、互爱、平等"的原则，彼此间要礼尚往来。传统时期，村民受生产、生活条件的限制，彼此之间不得不进行生产合作、生活互助、物资流动等行为，交往相对频繁，尤其是处于血缘关系中心的近亲与处于地缘关系核心的邻居，彼此之间在农业生产、婚丧嫁娶、建房子、工具借用等方面都会发生交往关系。

村民之间交往比较紧密的以近亲、邻居、地邻为主，又兼有乡亲、熟人、生意伙伴、交易对象等多种对象。村民的交往对象多是基于自身生产、生活、贸易需求而形成的交往关系，不需要专人介绍，但也有少数交易对象等是经人介绍而结识的。交往对象的家庭条件不一，但通常与自家经济水平大致相当。村民的交往对象也不一定局限于村落内，因赶集、拜神、做生意等原因也会与外村人发生交往关系。

村民不喜欢与自私、霸道、不懂礼数、爱贪小便宜的人交往。村民之间交往讲究礼尚往来，"你敬我一尺，我敬你一丈"，在交往中双方要相互尊重，如果有人给自己帮忙，日后要找机会将人情补回来，如果只是一味地请人帮忙而不知回报，则交往关系不会持久。关系恶化之后，村民的交往频率就会下降，有的碍于面子会在表面上继续保持交往关系，情节严重的则会不再相互来往。

村民比较喜欢与爽快、善良、好亲近的人交往。彼此之间交往讲究平等与相互尊重，如果给人一种高高在上的感觉则大家就不乐意与他交往，而对待他人比较友好的人就会门庭若市，大家都愿意与其交往。如经常在生产生活上帮助他人的人就是受村民喜欢、尊重的人，村民就愿意主动与其交往，在其家里遇红白喜事、建房子、农忙等需要人手时，其他村民就会主动去无偿帮忙。

村民之间的交往依靠生产生活互助、节日走动、人情往来、生意往来等来维持。通过日常的礼尚往来，密切彼此之间的联系。如果在日常的交往中常有不对等的现象发生，则会影响彼此之间的关系，如礼金给的多回的少，自己去帮忙而对方不还人情等就会引起彼此之间心理上的隔阂。但村民之间的交往在有些方面又不一定要完全对等，如生产工具免费借用、换工而不算工等。

村民在交往中如果出现了误会，则根据事情的大小、关系的远近与具体的情节来决定处理方式。如果是小事，则交往双方私下相互解释一下即可化解，一般是由理亏的一方主动去解释，解释不需要带礼品。即使双方都觉得是对方的错，通过一次节日走动、红白大事等中的相互帮忙矛盾即可化解。如果是比较大的纠纷，则一般要请对两家都比较熟悉、又都被双方信任的人来调解，调解不好就会导致两家不再来往，情节严重的还会惊动保甲长来调解。亲戚之间发生矛盾多以私下解决为主，"家丑不可外扬"，村民一般不会把自己的家事拿出来宣扬，以免被外人看笑话。

二、亲族交往及其关系

从与近亲的交往来看，具有血缘关系的近亲是村民最为信任的对象。亲戚之间的交往以走亲戚、生产互帮、生活互助、人情往来、共同祭祀等活动为主要载体。如逢年过节的相互走动、红白喜事的随礼协助、四大鬼节共同祭祖等。

因近亲是村民最为信任的人，一般家里遇买卖土地、婚丧嫁娶等大事的时候也会主动找近亲进行商议。与近亲的交往多为自家的大事、秘事，多在村民家里进行。对此，李继宗老人说："民国的时候，土地对于村民非常重要，买卖土地是家中的大事情，虽然最后是掌柜的决定卖不卖或是买不买，但是这之前掌柜的一般会请关系比较好的亲戚来商量，特别是掌柜的兄弟。有的土地是祖上传下来的，是祖业，一般不会随便卖了。""民国时候，买卖耕牛也是家中的一件大事，耕牛的价格也比较贵，要花不少的钱，家里要是买耕牛，一般掌柜的会和兄弟几个商量，然后一起到牛市上买。"

三、邻里交往及其关系

街坊邻里之间抬头不见低头见，生产生活中免不了要发生交往。除此之外，街坊邻里之间还共用水井、水桶、道路等公共物品。由于传统时期乡村以穷人居多，村民单靠自家的力量很难备齐所有的生产生活用具，村民之间相互借用工具的现象十分普遍，比如石磨、耕牛、大农具等。基于共同的生产需求，邻里之间也会进行换工、辫糢等生产合作。在村民遇婚丧嫁娶、建房子等家庭大事时，邻居是帮忙的主要群体。

"逢年过节邻里之间也要相互贺节，特别是春节这样大的节日，相互拜年、礼拜祖宗是绝对不可少的。一些往日有隔阂、小矛盾的多借此消除嫌隙，言归于好。但是也有一些深仇大恨难以调和的，就不再来往。平时村民家里一般都不会锁门，只有有事全家外出时才会锁门，平时即使邻居不是同族人也不会上锁。"[1]

四、地邻交往及其关系

自家土地东南西北各方向相邻土地的主人称为地邻。任徐店村地处平原，田地形状多呈矩形，地邻一般有四户。因地块紧邻，而村民一年之中有大半时间都是围绕着田地在进行活动，因此地邻之间的交往也相对频繁。

地邻之间围绕着土地灌溉、水井借用、农具借用等常有生产合作发生。为了维持良好的地邻关系，春节期间，除了亲戚、街坊邻里之间的相互走动之外，在任徐店村地邻之间也会相互拜年，即使是不同村的地邻之间也会相互拜年。地邻之间拜年会带上一点礼品以表心意，礼品以点心为主。

地邻之间的交往以田间地头为主要场所，农忙季节的地井台是地邻交往的最佳位

---

[1] 来自李继宗老人的讲述。

置。在农忙间隙，地块相邻的几家地邻齐聚一处地井台，共同乘凉、闲聊、休憩。

五、熟人交往及其关系

从与熟人的交往来看，多是基于特定的环境与利益需求而产生的交往关系。如在村庄的麻将馆、牲口棚、商铺等公共场所通过凑热闹、闲聊而结识的乡里乡亲，在集市、庙会上基于买卖需求而结识的生意伙伴，求人办事而结识的熟人等等。

有的熟人相隔得近一些，有些熟人相隔得远一些，但熟人之间的关系和距离的远近关系不是很大。李继宗老人说："认识的乡里乡亲算是熟人，朋友算是熟人，有的人朋友多一些，有的人朋友就相对少一些，朋友之间的关系需要维系，不去维系一些朋友也可能就断了。比如农闲的时候要串串门，有的过年的时候还要相互走动、拜年，家中有红白喜事都会相互来往。朋友在生活中相互帮忙得多一些，比如借东西等，但是在生产上就相对帮得少了，只有距离比较近的朋友会相互帮忙。"

第六节　流动与流动关系

在以农业文明为主的平原地带，重视土地、农耕与定居生活构成了农民的传统生活方式，安土重迁是长期影响乡土社会农民流动的传统文化心态。村民安于本乡本土，不愿意轻易迁移，乡村社会流动的频率低、规模小。但也有村民迫于生计而外出逃灾或因做生意而外迁，村民外迁多以家户为单位。本节将从灾害与人口流动、市场与人口流动、战乱与人口流动、职业与人口流动、婚配与人口流动等几个方面来考察传统时期任徐店村的流动与流动关系。

一、灾害与人口流动

小农经济的脆弱性使得多数村民缺乏对天灾人祸的应对能力。在此情况下，为了保持家庭的延续，一些村民不得不外出逃荒。如民国三十二年（1943年）遭遇特大旱灾和蝗虫灾害时，任徐店村外出逃荒的有数十家。外出逃荒的多是家中只有两三口人的人口比较少的家庭，例如李汝恩与其母亲、妹妹三口，而人口比较多的家庭较少外出逃荒。

外出逃荒是村民为寻求生计的主动、自主的选择，当时外出逃荒不用向保长或者甲长申请，没人管理，自己家庭内部商量决定即可，不需要在村落内进行登记。但外出逃荒通常会告知村内的本家，如兄弟、叔伯等，本家亲戚有能力的话就会主动救助而阻止其外出逃荒。

外出逃荒时，如果家中有外地的富裕亲戚，则会优先考虑投靠亲戚，如果外地没有亲戚则是沿路乞讨，没有计划。任徐店村村民逃荒多逃向陕西，因为人传陕西有吃不完的粮食。村民外出逃荒后通常会将村内土地交予自己的本家暂为经营，若日后灾荒过去再回来还可以要回来。如果因逃荒在外过世或是因其他原因不再回来，村庄有权将宅基地收回。村民逃荒多是以家户为单位。

二、市场与人口流动

经商是村民迁入迁出的主要原因之一。因做生意而流动迁居的多是基于生意机会而自愿的流动，迁居地点不一，近者邻村，远者县外甚至省外。如任徐店村陈三纲家陈姓（打铁）、卢姓（染布）、王学文家王姓（打铁）、房姓（木匠）、崔光华家崔姓（走街串巷做小生意），均是因做生意而迁入并落户任徐店村。与之相对，村民任贵志在修武县城开设当铺、钱庄、粮行，经济效益非常可观；村民李三来在焦作博爱大全勇染房从事染布业；村民崔绍康也在外经商并于1940年代担任获嘉县商会会长。

因经商而外出不需要经过本家、保甲长的同意，也不需要在村落内登记，其家庭的房子、土地等别人也没有支配权。外出经商的人一般逢年过节还会回村，因此多是在外出时将家中的土地租佃给其他村民，再按期回来收租。外出经商一般先是一个人外出居住，待生意红火、在外站稳脚跟之后一家人随其迁居，但没有以家族为单位或是以村落为单位外迁的情况。

三、战乱与人口流动

1948年以前，尤其是国共拉锯时期，任徐店村有不少村民因参军而离开村庄。例如：村民李三保于1938年6月参加革命军队，抗日战争时期任八路军太行南区四支队宣传员、鲁艺实验剧团戏剧分队长、宣传队队长，解放战争时期任湖北军区政治部文工团团长。村民李如元1940年代从重庆中央警官学校毕业后，在北京第十战区司令长官部任上校秘书。卢沟桥事变后，村民赵锡奇、李三凯、李三海投笔从戎，于1938年农历四月离家去寻找抗日救亡队伍。1942年前后，村中贫困家庭出身的青年李如泰、赵锡清、任志宏等人参加了八路军。1948年以前任徐店村村民中从军的还有赵锡温、李平、李玉才、崔茂泉、郭恒心、赵兴元、李如虎。

村民外出从军一般是个人的选择，不会经过村落与宗族管理者的同意，甚至不会经过家长的同意，因从军打仗存在很大的危险，"是卖命的事情"，如果告知家长则很可能被阻止而不能去参军。参军可能是一个人去，也可能是村内几个志同道合的青年人提前约定好一起去，到日期共同出发。约定一起从军不需要经过亲戚、朋友、村民或村里管事人的同意，多是在私下里进行。

四、职业与人口流动

(一) 从政

1949年前,个别村民因从政而离开家乡迁居他处。如村民崔绍程1930年代初从北京郁文大学法律系毕业后任兰县、考县(现合并为兰考县)陪审,国民党40军军法处处长,从而迁离家乡;村民赵型中1930年代先后任开封市邮电局局长、温县邮电局局长,并根据其工作地点而变动居住地址。

(二) 从教

教书先生也可能会随着工作地点的变动而变动居址。如:村民李三辰早年从事私塾教育,曾在木栾店清翰林院学士、兵部尚书毛昶熙家做家庭教师,多年专教天津刘举人(怀庆府驻官,后落户武陟)孙子刘德安、孙女刘德华兄妹两人读书,并在1944年受聘于武陟河南省第十四中学教高中古典文学,从教期间很少回家,只有逢年过节时才回家居住。村民李三希1930年代自河南大学毕业后,曾担任开封女子中学校长、归德府(现商丘)师范校长,一生从事教育工作,居址随其工作的调动而变动。村民崔茂林1944年自西北联大毕业后分到上海硅酸岩研究所工作,后调动到北京并定居。村民任永春、李三祝均是一生在外从事教育工作。

除此之外,任徐店村从事私学教育以及当新式学堂培英小学老师的也有外村人,如宋跃臣等。

外出从教以个人的才能和意愿为依据,不需要经过村落权力所有者的同意。

(三) 求学

任徐店村手工业、工商业发达,但商业发展有赖于一定的文化基础,比如算术、写字、打算盘等,因此,任徐店村村民十分重视发展教育。崔茂森、李如愚、李超位、赵锡美等近10家均开设过私学。村内不论穷人还是富人家的男孩子都会上私学,富人家的孩子上私学时间早、周期长,穷人家的孩子可能10多岁才开始上私学,且上的时间一般不长。但大户家庭,尤其是生意比较大的家庭,私学仍满足不了其对于文化的需求,在私学上满之后,家长一般会将孩子送到县城的小学继续读书,有能力者可考上大学功成名就,考不上大学的也多学习一些知识以便于开阔视野,更好地继承家业。

表4-2 民国时期任徐店村大学生名录

姓 名	性 别	就读学校
李三希	男	河南大学
崔绍程	男	北京郁文大学
李三阳	男	河南第二商业学校

续表

姓　名	性　别	就读学校
李三祝	男	河南第二商业学校
赵锡保	男	河南第二商业学校
崔茂林	男	西北联大
崔茂槐	男	湖北大学
李如咏	男	河南大学
李如元	男	重庆中央警察学校
李如炎	男	西安财经学院
李如棣	男	河南大学

五、婚配与人口流动

婚配是导致村民流动的又一主因。1948年以前，任徐店村村民的婚配对象多从其他村落中进行选择，很少有同村村民结婚的现象。女孩子长大成人外嫁之后即从原家庭迁出，而随夫家居住。

除此之外，姻亲之间的相互联系也会导致村民流动。如任徐店村李忠福家李姓即是随外嫁的姐姐迁入本村；孟庆忠家的孟姓原籍河北省保定清范县，随军在任徐店村，后因与村民李继萍结婚而定居落户本村；任徐店的金姓是因生活困难投奔姻亲迁至本村；村民牛永玉原籍谢旗营后牛村，从小随外公外婆居住在任徐店村，后在此娶妻生子并落户本村；村民冀习文因入赘和村民李月娥结婚而定居本村；村内的薛姓则是随母改嫁到此。

因婚配而产生的流动距离不一，以周边村庄为主，但外县、外省的均有发生。

村民因各种原因迁入迁出村庄无须经村庄领导者的同意，也不需要经过村庄其他人的同意，只要自己联系好新迁入后落脚的地方即可。除从军外，村民搬到村庄外去居住一般都要事先取得家长的同意。村民迁入、迁出不需要在村庄进行登记、办理手续，以土地为依据，在村内拥有土地、耕种土地即向村庄或者地主交租、交税。村民外迁后，对其房子、土地等固定财产仍有自主处置权。如果一人外迁，则由家庭其他成员继续经营；如果整家外迁，通常将土地交予近本家代为管理和耕种，若自家再迁回来还可再要回，或是将土地租予村内其他人耕种，定期回来收租。村民外迁多是以个人或是家户为单位，没有整个家族、整个村落一同搬迁的情况发生。

第七节 分化与群体关系

土地状况、职业情况、家族势力等的差异使得任徐店村村民之间存在着明显的群体分化。本节将重点从财富分化、职业分化、血缘分化等三个方面来考察1948年以前任徐店村的分化与群体关系。

一、财富分化

传统时期，任徐店村村民主要以农业生产为生，土地是衡量村民财产多少的重要标准。至1948年村庄解放时，全村共有土地3200余亩，其中水浇地1200余亩，旱地2000余亩。在1949年进行的土地改革运动中，全村共划定5家地主，14家富农。在土地分化的基础上，耕牛、水井以及其他财产的占有也随之出现分化。

二、职业分化

在村庄解放之前，多数村民以农业为生，但囿于土地数量与产出的限制，很多村民兼做一些副业。家户的职业选择以当家人的意愿为主，其他家庭成员可以提建议，但最终决定权掌握在当家人手中。在村民的职业观念中，有严格的"上九流"与"下九流"之分。一般村内的教书先生、医生等职业是最受村民尊敬的职业，教书先生教书育人，医生治病救人，在村民看来是比较崇高的职业。唱戏的、剃头的、捏脚的、修面的等服务性行业则属于"下九流"，一般只有穷人才会从事这些职业。对于一些大家族来讲，如果族人有从事下九流行业的，甚至会拒绝让其上族谱。除此之外，村内还有一些从事手工业的匠人以及为维持生计走街串巷的流动商贩。虽然村民之间有不同的职业，但因为精耕细作的农业生产方式以及集中团块居住的居住形态，日常生产生活中不同职业的村民也经常会进行生产合作、生活互助，村民并未因职业不同而分化成不同的群体。1948年以前，任徐店村的职业概况大致如下：

（一）石匠及其关系

农民碾场用的石磙、耩麦用的碌砘，以及盖房用的石料、门墩，生活用的石碾、石磨等，都需要用到石匠。石匠所用工具十分简单，仅有锤头、凿子、石钻等。在任徐店村村内共有两个石匠，分别是郭恒祥和赵锡清。石匠家里依然种地，且耕种的是自家的土地。赵锡清家里的土地数量不详，在外做几年工回来之后参加了八路军；郭恒祥家里有六七亩水浇地，5个儿子，居住的是相对较矮的草房子，家庭条件在村内整体来看属比较贫穷一类。石匠的手艺是通过向他人学习获得的，郭恒祥和赵锡清均是向外村的石匠学习的锻磨、锻碾的手艺，师从何人现已无据可查。村内的石匠只会锻磨和碾，不会打造新的石器。当时村内共有40多盘石磨，4个石碾，大多是由祖辈传下来的。若谁家的磨、碾钝了，使用起来不方便了，就会请石匠过去帮其修理一下。

1. 请石匠

石磨、石碾均是固定的物件，因此磨在哪儿石匠就需要到哪儿去做活。请石匠来做活不需要带礼物，也不需要给订金，口头说即可，但是锻一次磨要给5升（15斤）麦子的报酬。报酬在活做完之后支付，若主家对石匠做的活不满意，双方可以协商，由石匠再进行加工，直到主家满意为止，不存在干完活赖账不愿支付报酬的情况。锻一次石磨需要花费将近一天的时间，除了给报酬之外，主家还要管石匠两顿饭，早中餐或者中晚餐，根据石匠的工作时间而定，饭食就是日常的家常便饭。锻石磨石碾的花费由主家自己承担，街坊邻里借用不需要支付修理的费用。不存在请石匠来干活但是支付不起费用的情况。对于一些家境比较贫困但是有石磨的家庭来说，其家里的石磨可能就废弃不使用了：首先石磨的损耗需要花费一定的修理费用，加重其生活负担；其次，穷人家里本来生活条件就差，使用石磨的机会也不多，偶尔使用的时候也可以去借用别人的石磨，借用不需要支付报酬。

2. 石匠做活的频率

锻磨一般是一年两次。收麦子之前锻一次，因为收完麦子大家都有粮食吃的时候，磨麦子的人就比较多，磨钝的话不便于使用；腊月半开始锻磨的也比较多，因为临近春节。一年之中主要就是这两个时期锻磨的比较多，其他时间相对较少。

3. 石匠的地位

石匠在村内除了会锻石磨、石碾之外和其他普通群众没有差别，吃酒席的时候坐的位子没有特殊的讲究，通常是按照辈分或是与他人的熟识程度来选择座位，和熟人坐在一起。石匠属于一门手艺，不属于下九流，所以在吃酒席的时候也不会受到歧视。对于石匠的称呼，因为大家同属一村，彼此都很熟悉，因此村民一般是直呼其姓名，没有什么特殊的称呼。

4. 石匠的学徒

石匠会招收徒弟，一般只收一个。招收徒弟存在两种情况：一是父传子，子承父业，将手艺教给自己的后代，比如石匠郭恒祥年老之后就是由其大儿子接替他的职业；二是徒弟主动拜师，比如赵锡清就是通过向他人拜师学到了手艺。收自己的儿子做徒弟就不需要拜师的过程了，若是外人来拜师，通常是通过他人介绍，说好之后徒弟过来跟着学习就可以了，不需要父母送过来。石匠的学徒首先是跟着师傅去做活，给师傅打打下手干点杂活，同时学习师傅的锻磨手艺，主家管饭的时候连带学徒的饭也要管。石匠的学徒多是家庭经济条件比较困难的，跟着师傅一方面可以学习手艺，另一方面也可以吃顿饱饭。学徒跟着师傅学习一段时间之后，可能再有活儿师傅就会让其直接上手，"粗活儿子（徒弟）干，巧活爹（师傅）干"。石匠的学徒没有固定的学期限制，学成为止。学徒期间，通常是有活的时候徒弟才需到师傅家里和师傅一起去干活，平常可待在自己家里做自家的事情。有活的时候由主家管饭，师傅不需要管饭。学徒初期徒弟是没有报酬的，主要是跟着师傅学习技术；待学得差不多了可以做一些粗活的时候，锻一个石磨赚的钱由师傅和徒弟共同分配，通常是师傅多徒弟少。过年期间，徒弟不需要专门去给师傅拜年，但是若双方之间存在辈分、亲戚、邻里等关系时，则需要按照正常的拜年仪式给师傅拜年，拜年是以邻里、亲戚名义进行而不是以师徒名义进行。

5. 石匠与村庄权力

石匠在村里从事锻磨、锻碾的工作不需要向保甲长汇报，也不需要向其送礼物申请，保上也不干涉石匠的工作，因为石匠是一门正当手艺，也是村民谋生的一种手段，不涉及村庄安全与稳定问题，保长无权干涉。

（二）厨师及其关系

1948年以前任徐店村村内做厨师的有郭三元、李三庆、任志礼、任志广、任志山。郭三元年轻的时候在博爱做过厨师，回到家乡之后在县政府为县官们做饭，年老之后回到村内，厨艺精湛。一般只有买卖土地等大事请客的时候才能请到他；另外就是村内有威望的大户，若和郭三元平时处得关系良好，当家里想要改善生活或是想要吃其做的某道菜的时候也能请到他。郭三元一般只做私人家里的小活儿，从不参与红白大事的喜宴，因为其回到家乡时已上了年纪，而红白大事的活计相对比较重。李三庆是在焦作的矿业公司做厨师，年老回到家乡之后因为家庭条件还过得去也无儿无女，家里就自己和妻子两个人，没有什么负担，就不愿再从事这一行业。村内红白大事摆宴席通常是请任志礼、任志广、任志山三兄弟来做厨师，外村的红白大事也会经常来请他们。

请厨师要给报酬，除现金报酬之外，在红白大事结束之后主家还会给其装一大袋子烧饼。红白大事请的厨师一般是干两天，报酬的数量不多，具体数额不详，但是在干活期间由主家管饭、管抽烟，事情办完之后再给报酬和馍作为答谢。

厨师家里都有自家的土地，但是数量不多。村内从事厨师职业的人一般是家庭条件比较差的，因为厨师属于下九流行业，做了这行不体面，家人也觉得不光彩。

厨师也收徒弟，但是只干私活（红白大事，私人家里请过去做饭）的厨师不收徒弟，只有在经营性食堂的厨师才收徒弟。村内没有饭店，村内从事厨艺的人均是在外面的食堂学成出师之后就在外做厨师，到年纪大了才回到村内。只有家境贫寒的人才会去学厨艺，在食堂学习厨艺，吃住均由食堂负责，住宿就是在煤火旁边掏炉灰的地方，晚上在煤火旁铺个床单即是睡处。若徒弟不用心学，师傅可以随意打骂徒弟。厨师的徒弟通常是学习三年，服务食堂两年，还得孝敬师傅两年。学徒在农忙季节不需要去帮师傅家干地里的农活。学徒学艺期间没有报酬，师傅只管吃住、教手艺，不需要给徒弟工资。学徒期间徒弟不能经常回家，通常起码要半年以上才能回家一次，过年的时候食堂就关门不营业了，因此学徒也就可以回家过年了。春节期间徒弟要去给师傅拜年，且必须带拜年礼，拜年礼不会很多，因为学徒都是家庭困难的人，通常都是带一些点心过去。春节给师傅拜年徒弟自己一个人去即可，不需要家人陪同，通常在大年初三或是初四的时候过去。学厨艺大部分都是"亲搭亲"，亲戚介绍给自己亲戚。

厨师的工作与村内没有什么勾连，互不相扰，即使厨师去外村做事也不需给保甲长打招呼，保甲长不干涉。村民对厨师没有什么特殊的称呼，依然按照辈分、亲戚关系、邻里来称呼。

(三) 医生及其关系

1948年以前村内共有崔茂森家、李如松家、赵曾家、李三文家以及同德堂五家中药铺。崔茂森家中开设药铺且从村外请了一位医生。李如松本人是医生，其医术是祖传的，师从其父亲，其父亲、爷爷均为中医。赵曾只开药铺，药铺里没有医生。李三文本人是医生，同时开设药铺。同德堂内也有医生。崔茂森家的医生为蒯村董姓人士，请医生的程序和请教书先生一样，要主家去请，讲明每月酬劳，同时要负责医生的吃住，但是医生的工资不高，一个月一两斗麦子。开药铺的不一定是医生，有的只是抓一辈子药，不会看病。医生看了病开了药方之后不会给患者药方，而是直接抓了药给患者，即使是上门看病也是看了病之后让其家属随医生到药铺抓药。通常医生看病不收费，只有抓药的时候才收钱，因此一般请了哪个医生看病就去其药店买药。

除五家药铺之外，其他村民中也有会看病的，如村民李三清即自学医术成为中医，看病看得也很好。若村民是找李三清看病则可以自由选择药铺，不受限制，而且李三清帮人看病不收费，属无偿性质。除此之外，村民郭仲文、李如学也会看病。

村民看病可直接去找医生，也可将医生请到家里，费用没有差别，但是通常请医生到家里的都是上了年纪行动不便或是病情严重的人，有的富裕家庭中有人生病也会直接去请医生到家里就诊。请医生一般是家里人去，家人不管谁过去请都行，即使是富裕人家也需要自家人过去请,而不能派长工去请。请医生不需要带礼物,到药铺跟医生口头说一下即可。请医生的时候说话要客气温和,向医生说明病情,并谦和地请医生到其家中就诊。村外的人也可来请本村医生去就诊,医生对待患者一视同仁,不会有什么差别待遇或是医药区别。

村民中不存在看了病付不起药钱的情况,对于贫困家庭的人来说,如果患了大病需要花费较高的药费,一般就会选择放弃治疗而听天由命。如村民李如虎的大哥得了大肚子病(肝腹水),因治疗费用较高且自觉难以治愈,所以直接选择了不治疗。还有的得了严重疾病而无药可医时,会求助于巫婆来召唤神鬼驱邪治疗,以慰藉心里的恐惧。

医生家里也有自己的土地,一般在村内能处于中等或中等以上的生活水平,比如崔茂森家就是当时村内的大户。赵曾本人也不种地,自家共有十多亩土地,交给儿子种一部分,剩下的出租给外人耕种,自己和妻子以收租以及药铺的收入为生。村民对医生没有特殊的称呼,还是以辈分亲戚关系来称呼,但是村民会对医生另眼相待,相比普通人会更加尊重。

医生与保长、甲长无过多关联。开药铺以及从事医生职业不需要经保长批准,药铺的店主从县里的中药批发部买回药材,自己炮制成可服用的药即可开药铺,传统时期炮制药材的方法有蜜制(用蜂蜜炒)、醋熏等。医生看病也是一视同仁,保甲长与普通村民同样收取药费,药价相等。

药铺也会收学徒,但是任徐店村的五家药铺没有一家有收学徒的,村内的药铺都规模较小,患者少,收入甚微,不能支付学徒在药铺学习期间的花销,外面的大药铺都会收学徒。医生学徒的条件要比厨师学徒的稍微好一点,起码要有一点文化才可以去学习医术,要能认识和写出药材的名称。药铺的学徒也得经熟人介绍,互相不认识的即使去拜师医生也不会收。通常都是学徒主动拜师,由家长送到药铺,一般是学习三年、练习两年。学徒期间的食宿由药铺承担,学徒三年期间没有报酬,三年满后每月会有少量的报酬,而且每年药铺会为其提供一个布衫。药店的学徒首先要学习抓药、了解药性,而后才逐渐向医生学习把脉,通常是白天切药、抓药、炮制药,晚上学习写字、打算盘,打算盘也是其中一项很重要的技能,做生意的人必须会打算盘,不会打算盘做不了生意。学徒期间农忙时候不需要帮师傅干农活,学徒期间不能经常回家,通常半年一次,春节的时候可以回家过年。医生的学徒通常都是距离家乡比较远的,至少要有几十里的路程,因此春节不需要去给师傅拜年,但是距离药铺近的过年期间出于人情要去给师傅拜个年。学徒期间也不用交学费,只是要帮师傅切药、碾药等,有的还需要帮助师傅打扫卫生、掏炉灰等。

（四）教书先生及其关系

任徐店村于1930年成立培英小学，第一任校长李芳秋，老师有宋跃臣、李三祝、赵锡美、郭恒德等七人，李芳秋、宋跃臣均为外村人。

教书先生除了教书育人之外，不再耕种土地，以教学为生。校长及教师均是从外面请过来的，由学董共同商量校长及老师的人数及人选，并出面邀请，请的一般是比较熟识、知根知底的人，不认识的人难以搞清楚其文化水平、教书育人的能力。

学董是学校事务的管理者，由村民崔绍成发起，村内绅士、大户赵文纲、李三辰、李红兰、崔茂森等人共同组成。学董人数不定，通常5—10人不等，一般是由对教育事业热心、思想品德好、有一定道德修养、家庭条件又比较好、在村内说话响当当的人组成。虽然名义上学董内部不存在谁领导谁，所有成员平等，但是通常情况下学董内部会再推选出最为德高望重者作为大家公认的负责人，能够在平常的一些事务中定调子、做决定。学董负责人必须是文化程度高、有威信、说话能让人信服的德高望重者中的德高望重者。成为学董成员不需要交纳费用，但当学校要购置教育设备时，就会召开学董会议，由校长向各位学董讲明情况以及需要的花费，由学董成员进行集资。若花费较大，学董难以承担，就会由学董成员发动村内有一定经济实力的大户共同集资，由此保证学校各项事务可以顺利进行。学董及大户出资的数额对他们来讲多是不疼不痒的事情，因此没有人会拒绝出钱，不愿意出钱反而会丢了自己的面子。学董没有工资，平时也基本不去学校，学校只有请老师或是购置设备产生花费等大事件的时候才会召开学董会议征求学董意见。

教书先生在村内是被村民公认的能被看得起的人，而且村民通常不会直呼其名，而是以"先生"来尊称，通常老师不上课在村内游走的时候，村民都会主动向其打招呼，而且多数会稍微低下头，表示尊敬。若是村内的教师，有的还会根据与其的辈分与亲戚关系而确定如何称呼。

吃酒席的时候老师通常和村内有一定威望的人坐一桌，然后再根据身份和名望确定具体的座席。过年的时候学生不需要去给老师拜年，若老师与学生是亲戚或是街坊邻里也会去拜年，但并不是以老师与学生的名义。教书先生日常与学董、与保甲长并无交集，学校的事项均是由校长去进行沟通交涉，教书先生只管教课。

（五）和尚及其关系

出家做和尚的通常一是贫穷，二是久病，三是迷信。村民出家到寺庙之后，和寺庙的人一起念经、做法事，吃住均由寺庙解决，但是要听从寺庙住持的安排，承担打扫寺庙卫生、耕种寺庙地等任务。村民李如树在中华人民共和国成立初期出家，具体原因不详。据村民介绍，李如树家境一贫如洗，且和妻子离异，因为不愿种地而出家。其出家后，由其兄弟代为打理土地和财产，子女也由兄弟抚养。

村民对和尚无特殊的称呼。"好歹有半碗饭吃的人都不会送孩子去做和尚"，相比普通村民，和尚的社会地位较低。但比较出名的和尚也有一定的社会地位，经常会被请去为寺庙开光、祭祀等活动做法事，有的也会被人请去看病。如李如树自1950年代到洛阳白马寺出家，后又辗转到焦作市圆融寺，并取得一番成就坐上了焦作市佛教协会副会长的职位。再加上其从小自学过中医，有一定的医术功底，在村内李氏家族举行祭祖仪式以及隔壁祝徐店村洪济寺开光时专门有李氏祠堂和寺庙的人给其下请帖，请他回乡参加仪式，也经常会有人请其看病。

和尚会收徒弟，数量不限，有人来拜师即会收。一般来拜师的多数是受过帮助的人，比如疾病被治愈等。如果是不认识的人来拜师，一般寺庙里谁去开门即谁收其为徒。和尚的徒弟学期不定，根据其态度与天赋来决定。入寺庙门做和尚之后吃住即为寺庙负责，寺庙的寺庙地以及人们平常供奉的香火即为寺庙以及寺庙内和尚的日常开支来源。做了和尚之后一般不允许回家，待资历够高之后，有特殊情况可向住持申请回家，但时间不会太长。徒弟过年期间要给师傅拜年，但因双方均以寺庙为家，拜年的时候不需要携带礼物。

村民去做和尚不需要向保长、绅士、甲长等送礼物或是做申请，也不需要向族长、门长等请示，因为做和尚虽然不光荣却也不是坏的行业，村民有自由选择职业的权利。但一般去做和尚之前会同血亲如叔伯等进行商量。

（六）巫婆及其关系

巫婆高称为"神婆"。任徐店村的巫婆数量不在少数，其中以李如申的母亲李张氏名气最大，而且是被村民公认的比较灵验的巫婆，报酬较高，看好一个病人通常能赚到几斗麦子。神婆家里都供奉着多位神像。巫婆家里有自家的土地，但是巫婆一般是五六十岁的妇女，其本人基本不种地，而是由其他家人耕种，自己主要是通过给人看病来获得一些额外收入，不看病的时候就在家中料理家务。巫婆的报酬相对于其他职业来说比较高，名气大的外村人也会来请其去看病，且一般是患者家庭套马车来请。

巫婆需要到患者家里去，治疗时间根据患者的病情而定，短则半天，长则半个月，直到患者看着明显好转。看病期间患者家里要负责巫婆的吃住。巫婆看好了病会有报酬，有的看好一个病人能赚几斗麦子，看好之后主家要连人带麦子将巫婆送回家。即使病没看好主家也需将巫婆送回家里，且要支付少量报酬。村民李如申家原本家庭条件一般，其母亲做了巫婆之后，名气越来越大，赚的也越来越多，家里生活条件也越来越像样子了。

巫婆在村中的地位与普通村民一样，称呼也不会因其职业而产生变化。保长、甲长不干涉村民从事巫婆的行业，双方互不牵连，有的时候保甲长家里有人得了怪病也会请巫婆来看。巫婆为患者看好病后，除支付报酬之外，逢年过节患者家属不需要再向巫婆有什么表示，但是到巫婆所信奉神灵的生日被治好的病人大部分都会来祭拜。大家来的时候会带一些馍、点心等供品，有的会在神桌上再放上一些钱。大家拿过来为神仙庆生的供品以及钱财均归巫婆家所有，但是巫婆家中午要管来客一顿饭。

各个巫婆信奉的神灵不一致，数量也不一致，通常会看病的巫婆信奉20多位神，但是每年神的生日只办一次，即以开光日统一作为神的生日，以后每年都以这一天作为神的生日。神灵生日通常都在农历六月份，传统时期粮食少，六月份是刚打下麦子的时候，村民能够拿得出粮食来供奉神灵。神灵生日的当天，除了被神婆看好的患者，其他善男信女包括街坊邻里也会去祭拜，凡是去的人都会带东西，多少不定，以馍、麻糖等食物类为主。除此之外，巫婆与巫婆之间也互有来往，彼此信奉的神灵生日的时候都会相互祭拜与祝贺。神灵生日的时候保甲长不干涉也不会去参与，但是保甲长的家人也会去祭拜。

（七）产婆及其关系

村内任永孟的母亲会接生，村民请其去接生的比较多。

家里有人临产的时候，要由家人出面去请产婆到家里，一般是由家里的女性去请，请产婆的时候不需要带礼物。产婆各村都有，因此没有外村人来请本村产婆的情况，本村的产婆主要服务于本村人。传统时期接生的程序很简单，孩子夭折的可能性很大，尤其是"四天风""六天风"，多是由于剪脐带的时候未消毒而造成的中风，比如村民李继宗的七爷家生了11个孩子但未存活一个，孩子夭折产婆不需承担责任。

产婆接生结束之后，主家要给一定的报酬，以面、馍为主，数量不多，主要是为了表示感谢。孩子生下来后主家还要管产婆一顿饭，多是鸡蛋水和面条。到孩子"过九"，街坊邻里陆续来瞧看之后，主家要再给产婆送一碗喜面条，除此之外产婆无其他方面的物质报酬。因产婆主要是为人接生，是新生命的寄托，因此产婆在村中的地位相对于普通人较高。

（八）媒人及其关系

媒人又称为"说亲的"。传统时期媒人人员、数量都不是固定的，只要愿意，人人都可以当媒人，通常是自家亲戚或是街坊邻里到了适婚的年纪，看到合适的对象就会主动去帮忙说亲。村民李洪洲是当时村内比较有名的媒人，因为他好管这样的闲事、爱给别人说媒，全村人不管是否存在亲戚、邻里关系，他看到合适的就会主动上门去帮人说亲，有的时候还会帮外村人说亲。说亲通常都是媒人主动找上门去帮人说亲，一般说亲的都是爱管闲事的、爱给人说媒的人，男女没有限制，既有女媒婆，也有男媒人。

媒人没有物质报酬，但是亲事说成以后男方家要带着肉和烧饼等礼品到媒人家进行"谢媒人"，谢媒人之后就表示媒人已完成任务，被说媒的人也等于报了恩了，之后男女双方与媒人之间就没关系了。男女双方结过婚之后到逢年过节的时候不需要再去媒人家拜年或是表示感谢。

媒人有专门的"媒人道"，对村庄以及周边村庄适龄未婚男女了解得很，甚至有的媒人会用纸笔记录下来哪个村的哪个姑娘多大年纪、什么时候出生或者谁家的小伙子到了年纪还未结婚及其生辰八字，对于比较登对的就主动上门去说亲。在向双方介绍了彼此的情况并征得两家的同意后，男女双方偷偷见一次面（按照规矩不能见面），觉得合适的话就由媒人继续往下说，觉得不合适的话媒人就没有继续说下去的必要了。有的时候村民凑到一起聊天聊到有适龄的未婚男女，也会出现主动去帮人说媒的情况，通常是由好管闲事的人出面去说。

（九）剃头的及其关系

剃头的属于下九流行业之一，因此社会地位相对较低。学习剃头的一般是穷困户、破产户家的子女。学剃头的人在家中、族中以及村中的地位都不高。村民剃头通常是以麦子计算费用，如果相互认识也可以赊账。到收下麦子的时候，剃头的就会开始收账。传统时期村内少有专门理发的店铺，通常是几个人合买一个剃头刀，谁会剃头的话就负责帮助大家剃，这样合作购买剃头刀的不需要支付剃头的费用。

（十）油匠及其关系

油匠，俗称"榨油的"，从事花生油、棉籽油、芝麻油等的制作。1948年以前，任徐店村有油坊四家，分别是李超吉家、李超位家、李三辰家、任贵新家。其中，李超吉、李超位和任贵新家以制作棉籽油为主，李三辰家以制作花生油为主。除此之外，村民任贵良经营了一家小磨油坊，主要制作芝麻油。

村内的油坊规模较小，因此油匠不收学徒，通常都是在自家的宅基地上空出两间屋子，买进制油的设备，然后由自家人从事生产。制油需要一定的技术和相应的工具，因此除了油匠之外村民一般不会自己制油。油匠只在自己家劳动，有村民需要制油时就将相应的材料（花生、棉花籽等）送到油匠家里，外村人同样；无原材料的时候也可直接到油坊里去买成品油。制油的价格由双方商量决定，本村人与外村人榨油的价钱没有差别，保长、甲长、绅士的价格与普通村民也无差别。油坊一般一年四季都会营业，但以秋冬季节生意最红火，尤其是秋季收了花生、棉花之后。

（十一）银匠及其关系

1948年以前，村民张会文开了一家银匠炉，以制作银锁、手镯、手圈等装饰品为主，制作银器的技术是祖传下来的。相对来说他的家庭条件较为优越，家里有二三十亩土地，同时喂有两三头牲口。

银匠不上门干活，需要银器或是装饰品的人直接购买或找银匠定做，保甲长与普通村民买银器同样需要付钱且银价相等。但是若银匠与购买者存在亲戚或邻里等比较近的关系时，可能会减免一些人情的价钱，稍便宜一点卖出。

银匠也收徒弟，因为店铺规模较小，所以一般一个店铺只收一到两个徒弟。银匠收徒弟必须经过熟人介绍。学徒三年以内都没有工资，主要在于学习手艺。

（十二）铁匠及其关系

铁匠，俗称"打铁的""开红炉的"。在1949年以前，人们日常生产和生活中用的铁器多是铁匠所制。民间认为打铁和开药铺一样是一个好生意，所以说"开过药铺打过铁，什么买卖都不热"。

1949年以前，任徐店村共有三家铁匠铺，分别是陈三纲家、崔老虎家、李树桂家。

买铁器可用粮食抵换，也可直接用现金购买。铁匠一般是卖成品的，因此正常情况下不存在请铁匠的情况。大户家里有时会定做铁器，如铁皮马车、犁架子等，但即使是定做的，因为打铁用的工具、火炉等移动起来比较困难，因此一般也是在铁匠的作坊里工作。大户人家定做铁器由长工去告知就好，定做时要提前商量好价格，一般要支付一点订金，数量不多，待做好之后再根据做的质量支付剩下的金额。

铁匠也会收学徒，学徒的期限是"三年学徒，两年效劳，三年伙计，然后成掌柜"。学徒期间农忙季节要去帮师傅家干农活。学徒先是跟着师傅打杂，但是没有报酬，食宿由师傅家解决，如果与师傅居住得近晚上也可以回自己家住。待手艺学得差不多可以承担一部分主要工作时，师傅就需要付给徒弟一定的酬劳。一般铁匠的徒弟学会手艺之后就会选择自己出去单干，单干之后获得的收入归自己所有，不用给师傅抽成。

（十三）木匠及其关系

传统时期，村民立梁架檩、盖房建屋都有木匠领作。在任徐店村，木匠又分为几种不同的类别：大木匠主要做粗活，比如盖房子套梁檩，做的活要求比较低，错三两厘米不会产生什么大的影响；小木匠主要做桌椅板凳、嫁妆类活计，要求比较细致；有的木匠专做寿木，称为"板铺"；还有的木匠在做马车、木耧、木犁方面比较在行，如木匠白金成最擅长做木耧与木犁。村民对木匠没有特殊的称呼，通常是直呼其名，活计比较精湛的也会被村民尊称为"师傅"，如木匠白金成即被村民称为"白师傅"。在任徐店村，村民闫钢旦、王小保、张三元、均做过木匠，其中闫钢旦会的手艺比较多，套梁檩、纺花车、木头篦子均能做，王小保与张三元只做篦子，孟照松主要做水车斗，做大马车必须要由白金成来做。"隔行如隔山"，不同类别的木匠做出来的活儿的精细程度也不一样。

1. 请木匠

木匠大都是应户主之约，上门为其制作物件，而非自己做好之后再给主家送过去。村民家里需要做水车斗、木犁、马车等木制活的时候就需要去请木匠到家里，家里成员中谁去请都可以。木匠在上门干活期间主家要管饭，一日三餐都要管，因早上做一段时间工之后才吃早饭，因此早饭主家也得管。饭食一般会比木匠在自己家里吃的要好一点，通常是早晚吃玉米糁汤和包皮面馍，中午吃鸡蛋面条，多数是绿豆面，个别会给吃白面。若主家不管饭则会引起木匠的不满，从而导致做的活不精细。比如木匠闫钢旦在帮一家做织布机时，由于主家没管饭，他便在织布机上留了一个小瑕疵，以致主家使用织布机织出来的布总是斜着的。木匠除上门做活之外，平时也会做一些小件的物品比如篦子等拿到集市上或者游村去卖，不需要交税，也无人干涉。

2. 木匠的报酬

木匠上门制作物件时，户主一般都要招待饭菜，遇到盖房上梁、叠脊等工序时，户主还要设宴招待。户主除了管饭之外，还要支付木匠一定的报酬，报酬多少根据所做木器的大小来决定，物件越大、工种越复杂，所支付的报酬也相应越高。不同的木匠计价的方式也不同，有的是根据物件来计工价，比如做一个犁机要给二斗麦子、打一个马车给五斗麦子等；有的木匠按天来计工价，报酬根据工作的时间来计算。具体的计工价方式由主家与木匠进行协商，不需要请中人，但计价方式或工钱总额要在开始之前说清楚。一般村民会提前对每个木匠的计价方式有所了解，而且每个木匠基本是明价钱，村民选择哪个木匠就会默认他的计价方式。木匠不会消极怠工、故意拖慢做工进程，因为木匠的活儿一般是在主家家里进行，而且做一个木器需要多少时间也基本是大家心知肚明的，前后差别不能超过半晌。木匠给保甲长、绅士以及普通村民做活一视同仁，工价相等，尤其是传统时期的绅士、大户人家特别注重面子，觉得公开讲价会失了面子，如果哪个家庭成员买卖东西时讲价被当家人或是家中长辈看到会被训斥。木匠的工钱在做完活后一次性支付，不需要提前给订金或是先支付一部分报酬。

3. 木匠的地位

木匠在村内基本都属于一般户，有自家的土地，但数量不多。木匠白金成原属白徐店村村民，因家中土地数量少而人口多，便到任徐店村做木匠并同时租种任徐店村村民的土地，租地期间就在任徐店村"串房檐"，哪家有闲置的地方就去住两天，后土改的时候落户到本村。

4. 木匠学徒

木匠会招收学徒，学徒的期限是"三年学徒，两年效劳，三年伙计，然后成掌柜"。木匠招收学徒的途径也是熟人介绍，"熟人介绍熟人的熟人"，有熟人介绍的徒弟才会收。学徒期间师傅负责徒弟的吃食，若学徒是本村人，晚上徒弟就要回自家居住；若是外村人，师傅要为徒弟提供简易的睡觉场所，床铺被褥由徒弟从自家带过来。学徒期间没有报酬，平常没有活计的时候学徒可以回自己家。若是同村，过年期间徒弟需去给师傅拜年，拜年的时候要带一些点心等礼品，徒弟自己去即可，家长不需要同去；若不同村，相隔较远的话就不用给师傅拜年。学徒在农忙季节要去帮师傅家干农活，比如收麦子、收秋粮、夏天锄地等。

5. 木匠的活动边界

外村人也会请本村木匠去干活，木匠可以自由外出干活，保甲长不干涉，工价与在村内做工的工价基本一致，没有太大的区别。

木匠平时闲暇之时，也会多备木料在自家加工制作一些木器，待到集会或庙会时，带上自己制作的器具到集市上出售。木匠的赶集范围以周边村庄集市为主，确保"早出晚能归家"。

（十四）泥水匠及其关系

泥水匠归属为建筑行业的一种，情况类似于木匠。泥水匠的工具有瓦刀、泥抹子，以及拐尺、五尺、吊线等，活动于乡间的泥水匠多与木匠合伙，为人修房盖屋。泥水匠领头的叫"掌尺"或"工头"。泥水匠组班多是两个匠人带一个徒弟，俗称"一工二作"。上工前，徒弟将所用之物准备停当，干活时，匠人一呼即应，要啥给啥，故有"匠人上了墙，好似小官升了堂"之说。

泥水匠的报酬不固定，数量与做活的总量和质量有关，一般是在做活之前和主家商量好的。泥水匠的报酬一般以粮食计算，有的人家也会给钱。

请泥水匠的一般是大户人家，穷人家建房子以及翻修房子的次数较少，且家里的一些小活多会选择自己动手解决。需要请泥水匠的时候一般不需要当家人亲自出面，由家里的长工去请即可，没有长工的家庭由家中任何一个成年人去请均可。请泥水匠的时候不需要携带礼物。普通家户少有请泥水匠的情况，盖房多为邻里互助，不计报酬，户主只管吃饭。

泥水匠是一项出力活儿，一般是家庭贫困、没有其他出路的人才会做。但是主家也不会看不起泥水匠，因为泥水匠是房子建得好不好的关键，如果得罪了泥水匠，房子有可能就建不好，也可能会坏了风水。

泥水匠做活期间由主家负责饭食，饭食没有特别讲究，保证吃饱即可。住宿一般是回自己家里，如果是路程较远的泥水匠，则需要主家为其安排住宿的地方，一般是和家中的长工一起居住。

（十五）漆匠及其关系

在任徐店村，漆匠并不是专门以油漆为生的工人，只是会这门手艺，若谁家要油漆嫁妆、老人的寿木等就会找其帮忙。漆匠也归属为建筑行业的，情况类似于木匠与泥水匠。一般是家庭贫困、没有其他出路的人才会做漆匠，漆匠是为他人服务的，社会地位不高。

（十六）染布匠及其关系

1948年以前，村内有李如升、任永禄、崔毛三家染坊，另有个别人在村民李三来的号召下在博爱大全勇染坊从事染布业。

染布需要有一定的技术，村内的染坊规模均较小因此坊主都不收学徒，通常都是在自家的宅基地上空出两间屋子，买进染布的设备（染料和染缸），然后由自家人从事生产。大全勇染坊规模较大，因此收了几十个徒弟，边学习染布边帮染坊干一些杂活，学会之后可以在染坊继续工作。染坊的学徒学习时间通常是三年。染布行业是一项出力活儿，染布、捶布、担水，全都是体力活儿，因此收徒弟没有什么条件限制，只要愿意去学习、能够吃苦就可以。染布匠除了正常的种地交捐饷外，不需要交额外的公共费用，也没有人干涉其从事该行业。染布匠用的染料部分是用村民自己耕种的怀兰、小兰炮制而成，部分是直接从外边买回来的成品。

染布需要相应的染布工具，因此染布匠只在自己家劳动，有村民需要染布时就将布料送到染布匠家里，外村人同样。有的时候染布匠自己也会外出收取布料回家染，布料染好之后由村民自己来取或是染布匠空闲时给客人送到家里，染布的价钱没有差别。通常外村的活儿染布匠会染好布去送，送的过程中可以再收一些白布招揽生意。

虽然村内只有三家染坊，但还有其他村民也会染布，如村民李如俞、王学文、李如升、李继孟等，多数是从大全勇染坊学成，但是这些村民不公开染布营利，只服务于自家的染布需求。

村内的染坊通常只有冬天才会营业，因为染布的时候需要保证染料的温度，冬天天冷生火还可以取暖，夏天再生火染布的话对于小染坊就不划算，甚至要赔本。

（十七）做糕点的及其关系

村民崔茂祥、李如昊、常黑旦从事糕点行业，主要做鸡蛋糕、筋骨条、梅豆角等点心。常黑旦是从木栾店东义和（县城最有名的糕点店）学习的做糕点技术，1948年以后依然在焦作做糕点师。做糕点的一般只卖成品，因此正常情况下不存在请糕点师傅的情况。大户家里有时会定做，如逢年过节、家里办红白大事的时候。即使是定做的，一般糕点师也是在自己家里工作，做好之后送至主家家里。糕点的价格由买卖双方商量决定，但价格一般是固定的，购买量大的时候可以讨价还价。保长、甲长、绅士买糕点与普通村民买糕点的价格一致，不存在差别对待。做糕点的一般在年节的时候生意比较好，因为逢年过节亲戚间相互走动互赠的礼物中，糕点是重要的一项。

（十八）唱戏的及其关系

村民任清香、任清秀两兄弟原系牛文庄村民，后因长期在任徐店村唱戏而落户本村。唱戏的一般是哪里请就去哪里唱，庙会以及春节的时候请戏的比较多，有的大户家里老人过寿等特殊情况也会请戏班唱三到五天戏。1948年以前，贫穷的、家里没有办法的人才会去学唱戏，唱戏属于"下九流"行业之一，对于一些大家族来说唱戏的不能上族谱。

三、血缘分化

任徐店村有李、任、赵、崔、王、郭、常、杨、卢等28个姓氏。其中，以李、任、赵、崔4个姓氏为村落主要姓氏。但同一个姓氏不一定属同一个家族，如任徐店共有5个李氏家族，李燕家族自明朝天顺二年（1458年）自山西洪洞县迁入，三和李姓自元末明初从山西洪洞县迁来，李银宗家李姓自清末民初由圪垱店迁入，李玉贵家和李忠福家的李姓民国期间分别从木栾店和林县茶店迁居任徐店村。

每一个家族迁入的时间以及人口数量都不一样，家族内部有族长、门长等宗族权威者。家族与家族之间没有势力大小、地位高低之分。但不同家族之间也因血缘纽带而存在一定的分化，主要如下：

一是同一个家族的人一般居住比较集中，联系比较密切；

二是体现在家族情结方面，如族谱、祠堂等的存在，另外村民在卖地时首先要考虑本家族的人，家族内无人购买时才会询问其他买者；

三是祭祖，同一个家族的人春节期间共同举行祭祖仪式；

四是纠纷调解，村民在遇到自己难以调解的家庭矛盾时往往会求助于宗族权威者。

第八节　冲突与冲突关系

村民之间因存在邻里、雇佣、生产合作等错综复杂的关系，在日常的交往中难以避免会产生冲突。本节将从家庭内部冲突、村落内部冲突、村落之间冲突三个方面来考察传统时期任徐店村的冲突与冲突关系。

一、家庭内部冲突

在任徐店村，家庭内部冲突主要发生在兄弟、夫妻、婆媳之间，子女与父母之间很少会发生冲突。此外，养老冲突也是家庭内部冲突的一个重要方面。

（一）兄弟冲突

在任徐店村，兄弟之间的冲突一般是由分家、争夺家财等原因引起的。

据村中老人讲述，在中华民国时期，任徐店村的村民一般都有几个孩子，如果家中有两个或是更多的男孩，在其中一个男孩成家或是兄弟之间关系出现问题的时候老人就会进行分家。分家过程中常常会因为分配不公的问题而导致兄弟之间产生矛盾，所以分家的时候一般是请舅舅作为分家的主持人。如果分家的过程中或是分家之后因为分家的问题产生了纠纷，也需要请舅舅来帮忙调解。

家中老人去世之后争夺老人留下的遗产也会导致兄弟之间产生冲突，此时一般会请舅舅和甲长来进行调解。

兄弟之间的冲突一般不会打官司。李继宗老人说："兄弟之间有矛盾，要是打官司，家里的丑事都被外人知道了，自己也没有什么脸面。另外，打官司的费用很高，一般人也打不起官司，所以兄弟之间不会打官司。"

（二）夫妻冲突

根据村中老人讲述，在任徐店村，夫妻之间较大的冲突一般是由生育、出轨等原因导致，在日常的生活中也可能会出现一些小的冲突。夫妻之间发生冲突一般是家中的父母和兄弟出来帮忙劝说，如果出现较大的冲突，可能还会请娘家人来帮忙调解。

如果双方处不下去就会出现丈夫休妻的可能，若夫妻感情不和，即使妻子与公婆关系非常和睦，也难摆脱被休妻的命运。男性可以休妻，但是女性不可以休夫。

（三）婆媳冲突

婆媳冲突是家庭内部冲突的又一个表现。据村中老人介绍，中华民国时期，婆媳关系不和睦常会导致婆媳冲突。李继宗老人说道:"一些人家婆媳之间关系很不好,特别是大户人家,家务事一般是由婆婆做主和安排,儿媳不仅要听从婆婆的安排,还要向婆婆请安等,在生活中要是哪里做得不好,婆婆就会骂,认为这不会那不会,甚至是不孝顺,一些强势一些的儿媳妇就容易和婆婆起冲突。婆媳之间起冲突了怎么办?那只能由掌柜自己去解决,一些儿媳受了委屈也不敢说出去,只能和丈夫讲,丈夫一般也不会直接去找母亲,而是和父亲说。只有婆媳关系特别差的时候,一起坐下来解决,要是解决不好可能还会分家。"

(四)养老冲突

据村中老人讲述,在任徐店村,分家时要给父母留下2—3亩的养老地以及至少一间的养老房,如果不分养老地给父母,则父母的养老问题需由几个儿子共同负担。但在生活中,经常会出现老人没人养老的情况,特别是当老人失去劳动能力,每天需要人照顾,或者身患重病的时候。对此,李继宗老人说道:"民国时期,大部分的村民都是穷人,家里没有多少积蓄,有的甚至温饱都成问题,老人还能帮忙家里做点事情的时候,一般会有人养着,如果有养老地还能有一些收入,但是当老人不能动需要人照顾,生病需要很多钱的时候,会让家里的负担变得更重,迫于生存压力就容易出现没有人养老的情况。兄弟姐妹之间也会因为老人养老的问题产生冲突,冲突主要因关于养老支出的钱粮有不同的意见。"

如果发生养老冲突,老人可以向亲戚中关系比较好的亲属求助,让其帮忙劝说子女,老人也可以向保里求助,甚至可以向官府起诉。此外,如果出现养老冲突而导致老人无人赡养,子女会因此背上不孝的骂名,在村中也抬不起头,会被村民看不起。

二、村落内部冲突

(一)田地冲突

任徐店村地处黄河故道平原,地势平坦,土壤肥沃,村民的耕地多集中相邻分布,地块与地块之间没有明显的边界,多以村民自己立的灰橛、桑棵、埂岭为界。村民可在自家的土地范围内进行任何农业活动,但不能侵占到地邻的土地,否则即会导致两家的冲突。

在任徐店村,很少有因土地边界而发生纠纷的情况。若因土地边界发生纠纷,一般是先请土地买卖中的中人来调解,请的时候由被侵犯的一方去请,请调解人不需要支付报酬。如果中间人调解不好,则需要去请保甲长,请保甲长也是由被侵犯者去请,请来之后保甲长同中间人一起进行调解。再调解不好,纠纷双方则可能会打官司。但村民一般不会选择打官司,打官司不但会伤了两家的和气,而且成本较高、耗时较长，倾家荡产也不一定能打赢。"打官司可不是谁都能打得起的！"村里的老人介绍道。

田地冲突多发生在地邻之间，但也有因兄弟分家而产生土地冲突的。如果是家户内部的土地纠纷，一般是请舅舅、分家的中人进行调解，"家丑不可外扬"，能在自己家庭内部解决就不会请外人参与调解。

（二）房屋冲突

任徐店村的民居呈高度集居分布。因分家产生的房屋边界以分家文书作为边界的证明，没有明确的边界标识。但若是不同的宅院，则是以四至的灰橛作为与左邻右舍宅基地的边界。因为分家时有中人及当事人在一起协商讨论分配方案，且有分家文书作为凭证，因此分家后兄弟间一般不会因房屋边界而发生纠纷。若发生纠纷，一般是找舅舅及本家的近亲（叔、伯）拿出分家文书作为凭证来说和，若调解不好再找门长、族长来说和。调解人一般是由父亲去请，如果父亲去世了或是父亲不在，母亲也可以去请。请调解人不需要带礼物，同时也不需要给谢礼。但是调解人调解之后会在家里吃一顿饭，吃饭时座次没有讲究。

相邻建房的邻里之间多以灰橛为界，以灰橛为中心各自留出30厘米左右的土地做过道，既能通行，下雨天也可过水。若不按规定留出足够的空闲通道则会引起邻里之间的矛盾，比如关于下雨天雨水的流向等，通常这种矛盾都是难以调和的，因为一方已经建了房子不可能让其拆了重建，而另一方的要求也合情合理。因此，即使请了中人来调解，通常也是"和稀泥"的形式，劝说两家各退一步，不要因为同类问题再产生矛盾，最终不了了之。因为关于宅基地的边界纠纷通常不会涉及很大的面积，多数是三到五寸，所以双方各退一步相安无事即可。若是比较突出的边界纠纷或纠纷双方互不让步，街坊邻里难以调和，则需要由村庄管理者出面来根据各家的宅基地面积以及两家之间灰橛的位置来进行调解处理。

（三）日常冲突

在任徐店村，村民日常冲突又分为家户内部冲突和家户间冲突两种。家户内部冲突主要有夫妻矛盾、兄弟矛盾、父子矛盾、婆媳矛盾等；家户与家户之间的冲突主要涉及边界、东西借用、债务纠纷等。家户内部的冲突主要靠家庭内部自我调解，情节严重者族长有权动手打骂，如村内李燕家族，当族人有因子女严重不孝而求助族长时，若劝说无效，族长就会开祠堂门在宗祠内打骂不孝的族人。如果是家户与家户之间的冲突，通常是请与双方关系都比较好的、德高望重的、会办事的街坊来调解，调解人"两面好话两面骂"，直到把矛盾化解为止。

三、村落之间冲突

村落之间一般不会发生冲突，但是不同村落的农户之间会发生冲突。

据村中老人介绍，不同村落的村民之间发生冲突一般有以下几种情况：

第一，土地位于村落交界处的两家农户可能会因为土地越界问题发生冲突；

第二，不同村落之间的农户，可能会因为婚配问题产生冲突；

第三，不同村落之间的农户，可能会因为债务发生冲突；

第四，不同村落之间的农户，可能会因为土地买卖、牲口买卖等事情发生冲突。

不同村落的农户之间发生冲突，通常需要两个村的德高望重者共同出面帮忙调解。另外村中一些好管事的人也会出来帮忙调解，帮忙调解主要就是站在中间帮忙说话。如果调解不成功，则有可能产生官司。

第九节　保护与保护关系

传统时期，以一家一户为单元的生产经营模式使得村民在遭遇天灾人祸时不得不求助于其他团体的保护与救助。在任徐店村，社会保护主要包括家庭保护、亲族保护和村落保护。本节将从这三个方面对任徐店村传统时期的保护与保护关系进行考察。

一、家庭保护

传统时期，村民在遇到危险或灾难时，第一选择是家户自我保护，如家庭成员在外摊上事，一般是由家长和兄弟出面保护。如果事情比较严重，村民一般首先会求助于自己的近本家，如已分家的兄弟。从亲属层面来讲，因生产资料占有不均造成亲属之间的贫富悬殊，亲属在日常生产生活中只能互帮互助，建立起和睦的亲属关系。当村民遇到生产缺资金、生活缺粮食等情况时，亲属救济就随之产生。村民李继宗谈道："旧社会的人情非常重，亲情更重。民国三十二年（1943年）我们家族一个九爷家庭受到蝗虫灾害很困难，我爷爷就连同我十爷号召家族的堂叔伯弟兄到我家进行商议，各家都根据各家的实际情况拿出一点粮食来救济他，粮食多的就多拿点，粮食少的就少拿点，我们家开有油坊再给他一点麻心饼，总之就是要顾着这一家的生活，不能让他这个家庭散掉，这就说明旧社会的亲情是非常重要的。"又如，村民李三辰考虑到其儿媳的侄子空有医术而没有能力开设药铺，遂以合伙的形式全额出资帮助其开设药铺，说是收益共享，实际上是对其的一种救济。

此外，家庭的保护还体现在分家方面。分家时父母会考虑各个儿子的能力，能力较弱的在分家时就会多分一点财产，其他兄弟也不会说什么。

二、亲族保护

据村中老人讲述，中华民国时期，任徐店村村民之间存在互相救济的行为，但一般是"本家救本家"。

当家族内部某一家或是某几家族人家庭出现困难、危及生存的时候，一个家族内的族长、门长或德高望重的人会号召族下、门下富裕的家庭赠给难以糊口的家庭一些粮食作为救助，救助粮的数量根据贫困者的家庭人口、距下次收粮时间、平均每天耗食量来计算，一般是两到三斗，能保证受灾者勉强糊口，但也不会像正常年景一样能顿顿饱腹，主要目的是保证族下的家人不会破散、不会外出逃荒或家户消亡。李继宗老人说："都是一个家族或是一个家门的人，要是家族中的人不相互救助，那些族人就没有办法挺过去，很可能也就会因此绝户或者外逃，这样家庭的势力就会变小，所以族人一般会救助他。"

三、村落保护

在传统时期，任徐店村有很多村民自发自愿组织的互助组织，叫"结社"或"拢会"。多是自救互助的性质，或是为了将某件事办好，抑或是为了祭祀某位神灵而组织的，如壮丁会、老人会、蒸馍会、火神会、牛王会、天地会、孙真会等等。还有一种是为了解决劳动力的不足成立的互助会。1948年以前，邻里之间在农业生产上的互耕、互种、互收、互管者较多。有的一家喂一个牲口，可在干重活如犁地、耙地时两家搭伙干，有的比较贫穷的农户，两家共养一头牛或一头驴的情况也不少，村民叫"喂两条腿牛""喂两条腿驴"。

（一）壮丁会

民国时期抓壮丁较为频繁，而对于穷人家庭来说，被抓一个壮丁就意味着家里失去一个青壮年主要劳动力，使得本就贫困的家庭更加贫困，难以承受。为此，任徐店村村内由贫困村民自发组织成立了一个壮丁会，18—25岁的青年均属在龄成员，40人左右，超过25岁自动退出组织，其余同等条件村民在到了年纪之后自动加入壮丁会。当某个成员被抓壮丁的时候，其余成员每位给被抓丁成员的家里两斗麦子，作为对其家庭的救济，缓解其家庭负担。若被抓壮丁者不愿意去充壮丁，也可以用大家筹集的粮食去买一个壮丁代替。其余成员筹集的粮食是买壮丁的资本，不足部分由被抓丁者自己承担，若有多余，也不需退回。

壮丁会的参加者多为贫下中农的孩子，有身份的、有势力的、富裕的人不参加，一方面有权有势的人可以通过"向上走动"等形式免去被抓壮丁的可能，另一方面，即使被抓壮丁也有能力独自承担购买一个代替者的费用。

壮丁会由成员中能说会道的、说话能让大家信服的人来负责具体事务的协调和安排。壮丁的抓取由保甲长决定，壮丁会的成员无权干涉，只是在成员被抓丁的时候为其捐赠两斗小麦作为救济。壮丁会无正式的、成文的规章制度，是成员间约定俗成的一种规则，无人强制，但大家都会自觉遵守，因为每个人都有被抓壮丁的可能。成员为被抓丁者捐献的粮食要在被抓丁者走之前送到。壮丁会自1945年成立，存续4年，到1949年解散。

（二）老人会

老人会也是由村民自发组织成立的穷人互助组织，是由子女为父母丧葬而自发组织的社会组织。老人会由居住得邻近的10—15户家中有老人的穷人家庭组成。丧葬是每个有老人的家庭都必然要经历的大事，且丧葬支出是家里重大消费的其中一项。对于一个穷人家庭来说，老人的丧葬费用难以独自承担，但在孝道思想影响下，老人的丧事又必须办得风光体面，否则是不孝的象征，也是对逝去老人的不尊重。因此，在任徐店村，为了缓解丧葬费用的压力，就由村民自发组织成立了老人会。

为了保证公平性，每个家庭只能代表一位老人加入老人会，或为父亲入老人会，或为母亲入老人会，不能同时带着父亲母亲两位老人入会。若其中一位成员家里的老人过世，则其他成员必须无偿为其提供15斤麦子的救助，且由其他成员主动将粮食送给丧父或者丧母者，同时在其办理丧事期间要主动过去帮忙。每一位成员代表的老人过世均是这样。

老人会的成员没有固定的要求，也没有要求必须是同一个家族、同一个姓氏，只要居住得邻近、关系处得好、愿意相互来往即可组成一个老人会，一个老人会的成员中会包含多个姓氏。老人会一般不会跨村落，成员均是同一个村庄的成员。

老人会由村民自发组织成立，遵循自愿加入的原则，有需要的人就申请加入，不愿意加入也不会受到大家的排挤或非议。老人会的成员一般是家境贫困者，富裕的人、能独立承担老人丧葬费用的家庭不会加入该组织。

第十节　任徐店村社会变迁

1949年以后，任徐店村历经土地改革、集体化运动以及土地承包到户等多个阶段的变革与发展，村庄原有的血缘、地缘等社会关系发生了较大的变迁，呈现出了村落社会的新特点。

一、1949年以前的村庄社会形态

传统时期，任徐店村是一个基于血缘、地缘等因素而形成的熟人社会。血缘是农村社会的基本关系,如父母与子女、兄弟姐妹,以及由此而派生的其他亲属关系。随着社会的不断演变,逐渐衍生出近亲、远亲、姻亲、拟血缘亲属等不同的血缘关系。血缘关系是村民鉴定关系亲疏远近的重要依据,在家户内部,村民有严格的家庭成员资格的界定标准。同时,由于小农经济的脆弱性,基于生产生活以及共同防卫等方面的需求,村民之间以村落为地缘联结纽带,在村落范围内活动,相互之间产生交往关系,形成了丰富的社交网络。同乡关系、邻里关系、故土观念、乡亲观念等都是地缘关系的映射。任徐店村村民特别重视邻里关系,常用"远亲不如近邻""低头不见抬头见"等来形容邻里关系。

在村民的社会交往中,往往根据地缘远近与血缘亲疏来决定交往的行为与频率。这种行为选择与交往频率的区别主要体现在生活互助、生产互助、人情往来等方面,关系越近的人,相互往来次数越多,也更加看重人情往来。相反,关系较为疏远的人,相互往来的频率就较低,随着时间的推移也会产生断了联系的情况。

传统时期,因土地状况、职业情况、家族势力等的差异,任徐店村村民之间还存在着明显的群体分化,如财富分化、职业分化、血缘分化等。但群体分化并没有形成大型的群体冲突,不同群体之间也崇尚"以和为贵",通过人情关系进行维系。

二、1949年以后的村庄社会形态变迁

1949年以后,伴随着土地改革、人民公社化运动以及土地包产到户等一系列社会变革,任徐店村内的社会交往发生了较大改变,呈现出新的特征。

(一)家庭结构

民国时期,任徐店村以三代同堂、四代同堂的扩大家庭为主,平均每户6—10口人,有些大家庭甚至存在五世同堂的情况,村民以家大为荣。1950年代,随着农业合作化的不断发展,核心家庭的比例越来越大。1960年代,青年男女结婚后,有的是自己同父母分居,有的是父母主动让他们另立锅灶,直系家庭日趋减少。1985年,平均每户人口为4.9人。

(二)家庭关系

从父母与子女的关系来看,传统时期,父为子纲,子女要绝对服从父亲,父亲对子女有训斥、体罚、送审等权利。由于男尊女卑,女儿无权继承父母遗产,因而也不承担赡养父母的义务。1949年后,废除了封建教条,一种新兴的父母与子女关系正在形成。特别是《中华人民共和国继承法》颁布之后,父母有抚养、教育子女的义务,子女有赡养父母的义务,无论儿子还是女儿,均享有对父母财产的同等继承权。老年人多由儿子负责赡养,或在几个儿子家轮流吃饭、生活。父母与子女之间更多的是一

种对等交流的关系。

从夫妻关系来看，传统时期丈夫有打骂妻子、休妻、卖妻、纳妾的权力，而妻子则必须绝对服从丈夫。1949年以后，严格实行一夫一妻制，妇女在接受教育、劳动就业、参加社会活动等方面，取得了男女平等的权利。多数家庭夫妻平等相处，共同抚育子女、赡养老人、负担家务。

从婆媳关系来看，传统时期婆母在儿媳面前拥有绝对权威。1949年以后，婆婆和儿媳在家庭中地位平等，多数家庭为核心家庭，婆媳分居，相互关系虽较淡薄，但也较少发生摩擦。在为数不多的直系家庭中，多数婆媳关系尚好，婆媳之间相互尊重，相互爱护，和睦相处。少数婆媳关系不和的家庭，经调解无效，多分居生活。

（三）地缘关系

1949年3月，任徐店村进行了土地改革，实现了耕者有其田的历史转变，并形成阶级区分，地主、富农成为贫下中农的敌对分子，邻里等地缘关系受到了较大的影响。集体化时期，平均主义思想盛行，亲戚关系、本家关系、邻里关系都被弱化，村民成为一个生产共同体，根据劳动量获得相应的口粮。到1982年实行包产到户的土地联产承包责任制之后，土地分到各家各户，农业生产单位由集体化时期的集体生产又回归到了以家户为单元的生产经营单位，激起了农民进行农业生产的积极性。但随着私有化与经济的发展，地缘因素对村民的影响越来越弱，加之工商业的发展以及社会流动的增强，村民越来越多地与基于生意等职业与业缘关系而形成的交往对象来往日益密切，基于地缘而形成的邻里、乡亲对村民的影响越来越弱。

第十一节　任徐店村社会实态

进入21世纪，任徐店村村民收入逐年提高，生活水平日益改善，任徐店村的村落社会也发生了较大的变化。本节将从血缘关系、信缘关系、交往关系、社会流动等方面对任徐店村的村落社会实态进行考察。

一、血缘关系

1948年任徐店村解放之后，经历了土地改革、集体化、包产到户等重大社会变革，其血缘关系也发生了较大变化。村中的年轻人只知道自己是哪一家的，对于自己的家族、家门已经不知道了。

于家庭而言，家庭内部和外部的血缘关系均与传统时期有着很大的变化。

首先，家人是血缘关系最近的人。无论是否结婚，是否还生活在一起，仍然是一家人，血缘关系最近。即便是已经出嫁的女儿，也仍然是一家人，要是在婆家受了欺负，娘家人要出面为其讨公道。

其次，本家人和娘家人是血缘关系最近的亲属。本家人即指父亲的兄弟姐妹，娘家主要指妻子的娘家，这些家庭之间的关系一般都比较近，平日里交往也非常频繁。谁家中要是有困难，相互之间都会帮忙。

第三，一般亲戚关系越来越淡。"以前的很多礼俗现在都没有了，很多传统的东西也没有保留下来，现在的亲戚，除了关系比较近的会经常走动，会相互帮忙，关系远一些的就来往少了，现在外出打工、工作的人越来越多，一般的亲戚之间的关系是越来越淡了。"[1]

二、信缘关系

当下的任徐店村，人们的宗教信仰也日趋丰富，基督教等其他宗教逐渐被村民所熟知，村民围绕不同的宗教信仰形成不同的组织，开展不同的宗教活动。如村内的四仙爷庙在李明德、郭继荣等善男信女的组织下形成了以会首为中心的管理单元，村民在庙里拜神许愿，如愿之后谢神还愿，而基督教教徒则是定期在教堂内进行祈祷、诵经、讲道等宗教活动。据村干部介绍："现在条件好了，村民接受教育的水平也提高了不少，开始相信科学，生病了会去医院，不再搞那些迷信活动了。"

三、交往关系

从农业生产交往来看，科技的进步不仅将农民从农业生产中解放出来，将农民推向更广阔的市场，与此同时也带来了生产方式的变化。传统时期，在精耕细作的小农生产模式下，农民不得不借助于街坊邻里以及地邻之间的相互帮忙，尤其是劳动力不足与劳动工具不足的家庭，借用农具与换工的现象十分普遍。而随着农业机械化和电气化时代的到来，村民可以出钱用机器解决大部分的农业劳动环节，村民之间相互雇佣、辩椹、换工的情况不复存在，依靠单家独户的力量即可完成农业生产。

从村民交往来看，随着社会服务行业的增加和完善，原本需要村民之间相互帮忙的行为现在多通过花钱请人的办法来解决，如婚庆时请婚庆公司，建房子请建筑队等，村民之间的相互联系弱化，人情也逐渐变淡。

从朋友交往来看，通信设备的普及和交通基础设施的改进，方便了朋友之间的交往，朋友的数量和距离也在不断扩大。以前朋友之间相互探望需要很长的时间或是通过写信的方式，而如今，宽带网络能够进村入户，老人、小孩、年轻人都有了手机，朋友之间联系变得很方便，一个电话，一句问候，朋友之间的关系就得到一定的维系，

---

[1] 来自李继宗老人的讲述。

一些家庭还买了汽车、摩托车、电动车等交通工具,更为朋友间的往来带来了方便。

四、社会流动

当下的任徐店村,社会流动主要体现在以下几个方面:

第一,外出务工。随着经济的发展与科技的进步,农村剩余劳动力逐渐增多,农民不再满足于传统的以土地为生的生产生活方式,越来越多的年轻人走上外出务工的道路。据村干部介绍:现在的年轻人,要是没有上过大学,没有正式的工作,一般会出去打工,留在家里挣不到钱,出去打工喜欢往大城市跑,大城市挣得多。一些中年人,也慢慢地不愿意种地了,也出去打工,他们就去得相对近一些,比如县里、焦作或者郑州,这些人打工主要就是做苦力了。

第二,参加工作。"教育的条件越来越好,国家又有好政策,现在的小孩都能接受九年义务教育,成绩好一些的还能接着往上读,上大学、研究生,甚至是博士,这些人一般毕业之后就在外面参加工作,也不会回来了。"村干部说道。

第三,经商。"国家的形势好了,赚钱的路子也多了,现在有本事的人都喜欢往外面跑。有一部分就自己做生意,有的在城里开家店,有的就到处跑做一些小生意,脑子灵光的也能够挣不少钱,生活也过得好。慢慢地这些人就在城里买了房,有的偶尔回一下村里,有的在城里扎根了,也就不再回来了。"[1]

---

[1] 来自李继宗老人的讲述。

第五章 任徐店村的文化形态与实态

文化信仰与文化传统影响着村民日常的交往与行为选择，崇拜、信仰、思维、习俗、规训等均是反映村落文化特征与村民文化观念的重要因素。任徐店村在长期的发展过程中，受生产生活环境的影响，形成了独具特色的村落文化。本章将从崇拜与崇拜关系、信仰与信仰关系、思维与思维关系、态度与态度关系、习俗与习俗关系、规训与规训关系、文娱与文娱关系等几个方面来考察传统时期任徐店村的文化形态、变迁过程及文化实态。

第一节 崇拜与崇拜关系

与神灵崇拜不同，祖先崇拜旨在表达亲情，人们在心理上相信去世的先祖会继续保佑自己的子孙后代。受传统思想、宗族因素等的影响，任徐店村不同宗族村民表现出了不同的崇拜形式和崇拜关系。本节将通过着重介绍先人崇拜及其崇拜关系来考察传统时期任徐店村的崇拜与崇拜关系。

一、祠堂崇拜及其关系

传统时期，任徐店村有李燕家族祠堂和任氏家族祠堂两座宗祠。任氏宗祠始建于1932年，坐落在东北寨门口往东约100米处，坐北面南有大殿三间，山门一间，门两侧各配平房一间，毁于1965年。为了祭祖方便，任氏家族于1992年经全族共商，族人集资购买原任永昭老宅院房屋五间作为新的任氏宗祠。任徐店村李氏原宗祠始建于清道光二十年（1840年），坐落在后街原老北街西北寨门往东约100米处，1966年被拆除。1992年全族人共谋重新选址建立新祠之事，族人按人头集资，新祠堂于1993年落成。李氏宗祠里供奉着始祖李燕，别无其他祖先牌位，但逢年过节祠堂组织集体祭祀或其他活动时会将家族挂谱悬挂于祠堂内，挂谱上记载着族下所有男丁的名号及代数，挂谱每10年更新一次，截止到现在共包含从第一代到第二十一代21世人。一般来讲，各姓氏的祠堂都位于本姓氏村民的集聚区，以方便族人祭拜，增强宗族的认同感。祠堂修建以同姓同宗的家族为单位，同姓不同宗的人不会共同修建祠堂。

祠堂的修缮与重建由族长和门长商议决定，资金由族下人按人头共同集资，富裕家庭会多出，穷人家在族长与门长商议下可以免出资金。没有族人不交祠堂修缮费用的情况，因为每人交的金额都在自己力所能及的范围之内，富裕者可自行多交。修祠堂时也要写信通知在外工作、经商的族人，在外的族人收到通知后会主动为修建祠堂捐款，捐款数量的多少根据个人心意而定。

村内李氏宗祠有十余亩祠堂田，祠堂田以出租的形式交给家境贫困的族人耕种。祠堂田不需要向国家交税，同时也不需要向族下交租，但是祠堂田的耕种者要负责提供祠堂的日常维护与集体祭祀用品的开支，逢年过节时祠堂田的耕种者要负责打扫、清理祠堂等义务工作。祠堂田的耕种者由族长和门长商议决定。

在任徐店，共有李、任、赵、崔等28个姓氏，多数村民比较清晰地了解自家祖先的由来。以任徐店村的李、任、赵、崔四大姓为例：

> 李：李燕家族李氏始祖李燕于明朝天顺二年（1458年）由山西洪洞县迁来，兄弟六人，三人同迁，老大李广住在仲许村，老二李燕住在任徐店村，老三李成住在东石寺。
>
> 任：任氏远祖源出黄帝少子，春秋之世，谢、章、薛、舒、吕、祝、终、泉、毕、过诸国皆任姓。明代开国之初，为医治元末战乱创伤，恢复发展生产，洪武三年（1370年）开始大规模移民，任氏始祖即是在此时由山西省平阳府洪洞县迁居河南。始祖迁来时共兄弟五人，长门始祖居沁阳紫陵镇，二门始祖居济源县留养镇，三门始祖居温县西虢镇，四门始祖居孟津县邢家苑，五门始祖居济源县薛庄镇。任徐店任氏始祖志义公即沁阳县紫陵镇长门始祖之裔，属紫陵前四门行三，为紫陵之第六世，于明正德年间（1506—1522年）由志义公迁居此处，至今五百余年。

赵：任徐店村赵姓系周代赵国之后裔，世代在山西安居。明朝天顺元年（1457年），始祖奉皇上迁民檄文于成化九年（1473年）由山西洪洞县迁居河南修武孔庄。明崇祯十一年（1638年），黄河以北春夏大旱，秋季蝗灾，饥荒严重，民不聊生。赵姓氏族幸存一少年讳宝珠，于崇祯十二年（1639年）流落于武陟县万花庄西南角栖居，后取名为赵庄。二世祖讳万，三世祖、四世祖名俱失考。五世祖康民讳国富于清朝雍正七年（1729年）迁居武陟县东任徐店村，六世祖献庭讳伏行，七世祖长讳天舜，次讳天凤。任徐店村赵姓自1729年迁来，已有近三百年，繁衍十余代，现有人口三百余人。

崔：任徐店村崔氏原籍北直隶真定府深州南辛庄北柳社，居住于椿树胡同景巷街，坐北向南。始祖生四子，大祖迁于大明府长垣县，三祖迁于汝宁府西平县，四祖留居原籍奉祀守本，二祖迁于卫辉府获嘉县西南路望高楼。始祖昆仲二人于清康熙年间由望高楼迁于修武西俎近，至乾隆年间，十五世祖由西俎近分支迁于武陟县任徐店，至今有二百多年，十余世，百余人。

在任徐店村，村民心中觉得家比祠堂更加重要，因为家庭是人生存的基础，没有家庭的单个人很难生活，而祠堂的范围相对较大，与村民的日常关联相对较弱。即便如此，村民中也不存在故意侵犯或是损坏祠堂的现象，祠堂依然受到大家的尊重和爱护。祠堂里供奉着祖先，是宗族祭祀、教育、惩戒的地方。

二、祖坟崇拜及其关系

1949年以前，任徐店村李燕家族有家族的祖坟，面积约60亩，主要供家族成员丧葬使用。

（一）祖坟地及其产权

任徐店村李燕家族有家族的祖坟，面积约60亩，其中东南寨门外有20余亩，薛仁贵庙后坟地还有30余亩。之所以分为两块，是因为随着李燕家族势力的逐渐壮大以及人口的不断增多，原有墓地已不能满足族人的使用需求，因此在族长、门长的号召组织下，重新选址买地造新坟。祖坟不一定全在本村，也可从外村购买土地建造坟舍。

李燕家族的祖坟由族下成员共同捐资买进，因此祖坟的所有权与使用权归属同宗的李燕家族所有。并非所有的李姓村民都属于李燕家族祖坟的产权共有人。任徐店村有李燕家族、三和李、圪垱店李姓等不同来源的李姓村民，只有同是李燕家族后代的李姓村民才享有祖坟的共有权利。祖坟有地契，由耕种者负责管理。

（二）祖坟地买卖

传统时期，"卖砖卖林，卖地卖坟"，因为坟地是找风水先生看过的，因此土地买卖中属用作坟地的土地价格最高，通常价值5石粮食的土地若被卖方知晓是做坟地，用10石粮食也难以买到。买祖坟的资金由族下人按照家庭贫富情况共同筹集，太贫困者不摊，富裕者多摊，具体摊派的金额由族长和门长共同商量决定，没有人不服从族长和门长的安排。

通常情况下，祖坟地只能买不能卖，因为祖坟地主要用于族人的祭祀与墓葬，是阴阳先生看过风水的，如果卖给他人用作其他用途会坏了坟茔的风水。祖坟地并非一次性买来，而是随着族人的增加以及各方面条件的变化逐渐增加，一次买几分到几亩不等，多是就近买卖，优先购买离原有祠堂地较近的土地。在买祖坟地需要的资金数额不大时，比如需要一两石粮食，则由家族内几户条件比较好的大户分摊；如果需要的资金数额比较大，则由族长、门长组织号召在族内进行集资。若哪一家不愿出资，则这个家庭的人过世后不能埋进祖坟。但是族长、门长在派款的时候也会综合考虑每个家庭的现实情况。

（三）祖坟地的使用

祖坟为"强派穴"，必须按照从东至西的顺序依次埋葬，见衰定位，任何人不论财富地位均不能自主选择墓主穴位，因此祖坟平时也不需要修缮。由于李氏家族家大人多，其中一些人口较多、势力较大的分支也会凭借本门的力量自行集资购买一块只属于本分支的坟地，仅供本分支成员自己使用。

（四）祖坟地的经营管理

在任徐店村李燕家族的祖坟地中，除去用作墓冢的部分外，其余以出租的形式租给族下的人耕种，耕种者由族长和门长商议决定，一般是家境贫寒又距离祖坟较近的人负责耕种。任徐店村李氏家族的祖坟地则是以出租的形式交给李如幸家负责耕种。确定祖坟地的耕种者之后不需要报告保长和甲长。耕种祖坟地者不需要交实物地租，而是以负责提供家族的集体祭祀用品的方式来充抵地租。祖坟地的耕种者还需要负责祠堂的打扫、清理等义务工作。祖坟地的耕种者没有权力将祖坟地转租。族下除了过年祭祀之外很少有集体活动或是集体会议，因此祖坟地由耕种者负责管理，不需要再有专门的组织或是人员来负责管理。

三、善坟地崇拜及其关系

善坟地也是族下公坟的一种，只允许本家族的人埋葬在此。

善坟地的产权归同一宗的李氏家族所有。只有同是李燕家族后代的村民才享有善坟地的共有权利。善坟地有地契，由耕种者负责管理。

善坟地只能买不能卖。善坟地是和祠堂地一起买进的，祠堂地买进之后，风水好的即为公坟，风水不好的即可做善坟地。买善坟地的资金，如果数额不大，则由家族内几家条件比较好的大户分摊；如果需要的资金数额比较大，则由族长、门长组织号召在族内进行集资。

不同家族的善坟地使用方式也可能存在不同。除李氏家族有善坟地外，王氏家族也有12亩左右的善坟地，但是王氏家族善坟地的经营方式是请比较贫困的家庭住在善坟地里看坟。被雇用者可以耕种善坟地外围没有树木和墓主的土地，收益归自家所有。

四、族谱崇拜及其关系

族谱是一种以表谱形式记载一个以血缘关系为主体的家族世系繁衍和重要人物事迹的载体。族谱的核心内容是记载家族的世系源流、血缘系统，以防止血缘关系紊乱而导致家族瓦解。族谱的内容主要包括四部分：第一部分是谱序，记载一个家族的简史与由来，以便世代延续。第二部分是世系图，即某人的世系所承，属于何代、其父何人。第三部分是家谱正文，是按世系图中所列个人的先后次序编订的，分别介绍个人的名讳、婚配、子嗣等情况，这些介绍性的文字，长的50余字，短的仅有两三个字。第四部分是附录，附录内记载由于各种原因不能入族谱的人员名单（过继、抱养、招赘等）以及各次续谱的编修人员名单。族谱所载内容详略不一，通常除记载全族的户口、婚配和血缘关系外，还有全族的坟墓、族田、族产、宗祠等的方位、数量及管理使用办法，家族家规，修谱凡例义则，各类合同、契约、文书等。一些较详的族谱，还记载有家族历史的重大事件、可嘉奖的人物传记、科举出仕、名人传记等。

在任徐店村，立族谱时便确定了家族世系命名的辈分序列，而且事先标定字号，辈分清楚，村民称之为"排辈"，实则是按字排辈。男子在起谱名时，必须以预定的某字作为名字的一部分，这个字要放在全名三字的中间或最末，各个辈数层次不一定完全一样，但有着约定俗成的规矩。当事先预定的辈分字号快用完时，则需要启动续订族谱的工程。

族谱有挂谱和卧谱之分，卧谱装订得像书籍一样，不管仙逝者还是在世者均记录在册，在传统时期只能记载男性和其妻妾；挂谱又称葡萄谱，只有死人才登记在上面。挂谱用白布做成挂在墙上，每到大年三十上午挂在家族祠堂里，供本族人叩拜祭拜和寻根摸枝，熟悉关系的远近。挂谱一般用直线分枝，有的像一棵倒立的大树，由上到下树身分杈，杈分枝，枝又分枝；有的像长着的一棵大树，由下到上，树分杈，杈分枝，枝分枝。

族谱一般 40 年一续，也有 12 年一续的。以任徐店村李氏家族族谱为例：清道光二十一年（1841 年）兆修公首创李氏家族家谱，与始祖迁来相隔 400 余年。由第一次续谱到光绪十一年（1885 年）第二次续谱（长庚任总理）中间相隔 44 年。民国二年（1913 年）第三次续谱，族长为长荫、长福、超英。民国十八年（1929 年）第四次续谱，族长为超辑、三辰。1950 年第五次续谱，族长为三辰，1951 年三辰病逝后由三聘任族长。1963 年第六次续谱，族长为三香、三前。1984 年第七次续谱，族长为如聚。1994 年第八次续谱，族长为三纲、如铵。2004 年第九次续谱，族长为如铵。2015 年第十次续谱，族长为如池、如铵。续族谱时，由族长、门长号召组织，并讨论确定修谱的参与人员，比如谁编辑、谁负责写、谁校对、谁装订。通常由本族中族长或名人主持。本族中有书法写得好的就叫来写家谱，若本族中没有书法好手或书法好手不够，就请外族的书法好手来写。除了总谱之外，还需要有人来设计挂谱和整理门谱。续家谱的资金来源主要是族人的摊派和捐赠。修家谱时，一般要起火，对修家谱的参与者要"好吃好喝好招待"。家谱的书写份数按分支多少而定，一个分支（一门）原则上有一本。有的人数比较多的分支也会组织编撰自己这一门的门谱，形式与族谱一样，但只记载本门人员信息。修族谱的信息必须通知到家族内的每一个家庭，若是本宗族的后代，即使外迁的，在续谱时也必须发函通知到户。比如李氏家族续谱时，同时通知了外迁至台湾、西安、新乡等各地的族人。一方面是请外迁的家庭提供其繁衍代际信息，包括人数、姓名、家庭成员等，另一方面是为了号召外迁的族人为修族谱捐款。传统时期每个家族的人数都不太多，修族谱最大的花费就是参与修谱的人半个月左右的饭食，通常由族下的富裕户分摊。

每次族谱修订完成之后要举行祭祖仪式，由族长、门长来号召组织，确定主祭人、陪祭人以及祭祀当天的活动安排等等。主祭人要由族下的长子长孙担任，另选出两个陪祭人，由族下好事的、有威望的人做主持人。祭祖当天，除自家祠堂内的响器外，还要请旱船等文艺表演团队来表演庆祝，通常还会请来戏班唱三天大戏。祭祖的费用由族下人按人头共同集资，族长、门长计算好具体的费用后由门长到门下去收取。

表 5-1 任徐店村各姓氏族谱概况

族　谱	迁入时间	成谱年份	编撰者	间隔年数
李燕家族族谱	1458	1842	兆修	与始祖迁来相隔 400 余年
		1886	长庚任总理	44
		1913	长荫、长福、超英等	27
		1929	超辑、三辰等	16

续表

族 谱	迁入时间	成谱年份	编撰者	间隔年数
李燕家族族谱	1458	1950	三辰等	21
		1963	三香、三前等	13
		1984	如聚等	21
		1994	三纲、如铵等	10
		2004	如铵等	10
		2015	如池、如铵、继宗等	11
任氏族谱	正德年间	1932	贵学	与始祖迁来相隔400余年
		1962	贵新、致祥等	30
		1991	永春等	29
赵氏族谱	1729	1985	—	与始祖迁来相隔256年
崔氏族谱	康熙年间	—	—	—
薛氏族谱	嘉庆年间	—	—	—
孟氏族谱	明朝初年	—	—	—
郭氏族谱	顺治年间	—	十一世孙仲杰	—
三和李族谱	明朝初年	—	—	—
丁氏族谱	1765	—	八世孙槐思	—

五、孝道及其关系

　　任徐店村村民非常重视孝道，具体体现在家长权威、话语权威、养老等日常的敬老行为中。在传统时期，家长是一家之长，是家中的掌权者与对外代表，通常是由长辈来担任，晚辈要听从长辈的安排和教诲。在家庭内务方面，媳妇要听从婆婆的安排，如媳妇要向婆婆请示每顿做什么饭。晚辈不能对长辈无礼，家中的儿媳每天早上要给长辈问安，要为长辈准备洗脸的水，冬季烧好的热水要长辈洗过晚辈才可以洗。通常家中有买卖土地、建房子以及农业生产安排等事都要征求长辈的意见，即使长辈不做当家人，晚辈也需要征求并尊重老人的意见。在养老方面，"养儿防老"是村民养老模式的真实写照，儿子必须承担起为父母养老的义务，在分家时父母有权留养老房、养老地，若不留养老地，则儿子需要轮流赡养父母或定期给父母送养老粮。若父母独居或随其中一个儿子固定居住，其他儿女要经常到父母的居所看望父母，可以不带礼物，但必须要经常去问候。一些大户家庭在父母上了年纪之后每年会给老人过寿，以表达对老人的尊敬和孝顺。除此之外，在日常生活中由长辈坐上席、逢年过节拜访长辈等都是村民重视孝道的表现。

六、祭祖及其关系

（一）祠堂祭祖及其关系

一般以下两种情况会举行集体的祠堂祭祖仪式：一是春节期间；二是每次续谱结束时以祭祖仪式象征"合谱"，代表族谱编写完成。祭祖活动一般在家族祠堂内举行，参加人员主要是同族同宗的成员。

传统时期祭祖的费用由族田耕种者承担，至土地改革之后祭祖的费用即是由族人按人头摊派。以2015年第十次续谱结束后的祭祖仪式为例，包含编写过程产生的费用以及祭祖、戏曲等产生的费用在内，均是在族下按人头收取，不分男女长幼，每人30元，未出嫁的女儿、娶进门的儿媳均需承担该费用。

祭祖仪式族下人均可参加，以男性为主，其他家族也会派代表来表示祝贺，联络家族与家族之间的关系。祭祖活动的时间由门长负责通知门下的人，在外经商、工作的人同样也需要通知。门长通知加上族人之间的相互传达，"一传十，十传百"，到祭祖当天家家户户的人都会过去，祭祖不限制参加的人数。祭祖为族下人一起进行祭拜，且每年只在大年初一时祭拜一次，无单个家庭单独到祠堂祭祖的情况发生。祭祖结束之后族人回各自家里吃饭。春节的祭祖活动都是固定的日期、时间，不需要提前通知族人，但是祭祀活动中被安排了特殊任务的人要提前通知，比如主持人等。有特殊任务的人由族长和门长商议决定，族长或门长去告知其本人均可。

祭祖仪式

参与者：司仪（族内好事的人），主祭人（长子长孙），陪祭人甲、乙（一般族人）。

祭祖开始，奏乐！（以下都是司仪的发号施令与祭祀人的操作。祠堂有自己的乐器，由族下会使用的人演奏。）

主祭人就位！（主祭人上前一步。）

陪祭人就位！（陪祭人甲、乙上前一步，站于主祭人两侧。）

参神（把祖宗当作神祭祀）！（主祭人、陪祭人向神牌位作揖、鞠躬。）

上香！（陪祭人拿香点燃，转交给主祭人，主祭人举香三拜，把香插于香炉里。）

跪！（全体参加祭祖仪式的人都跪倒在地。）

叩首！（全体叩三个头。）

献酒！

初献酒！（陪祭人甲将酒瓶里的酒倒进酒杯里，递于主祭人，主祭人将酒往上举过头顶落下。）

初进酒！（陪祭人乙把主祭人手中的酒接过来放在香炉前的供桌上。）

叩首！（全体三叩首。）

再献酒！（同初献酒）

再进酒！（同初进酒）

三献酒！（同初献酒）

三进酒！（同初进酒）

献肴馔！（同初献酒）

进肴馔！（同初进酒）

献帛！（陪祭人将大金、锡箔放进火盆里。）

起兴！（全体起立。）

跪！（全体跪下。）

呈祭文！（陪祭人甲拿祭文于主祭人面前。）

开卷！（陪祭人甲、乙将祭文打开。）

读祭文！（主祭人宣读祭文。）

合卷！（陪祭人甲、乙将祭文合在一起，陪祭人乙将祭文放于火盆里。）

叩首！（全体三叩首。）

初酹酒！（陪祭人甲将供桌上的酒端起来递于主祭人。）

初奠酒！（主祭人将酒浇在地上。陪祭人乙接住酒杯放在原来的位置。）

再酹酒！（同初酹酒）

再奠酒！（同初奠酒）

三酹酒！（同初酹酒）

三奠酒！（同初奠酒）

焚帛和祭文！（陪祭人甲拿起供桌上早已放好的火柴，主祭人用手势比拟焚的动作，陪祭人乙接火柴点燃。）

叩首！（全体三叩首。）

礼毕，起兴！（全体起立，祭祖结束。）[1]

---

[1] 肴馔、祭品，一般是四个水果盘、四个干果盘（糕点）、四荤四素菜盘、四汤四样面食。其他祭品可多可少，没有严格的规定。

祭祖过程中宣读的祭文通常由族下有文化的人书写，若族下无人能写，也可请其他家族有文化的人来帮忙写。写祭文的人没有报酬，也不需要管饭，通常是族长或族下有威望的人出面来邀请。祭文的内容包括家族历史、追忆祖先、总结当下以及表达对族人的期盼。以下为任徐店村李氏家族第十次续谱结束后祭祖仪式上使用的家族介绍与祭文内容：

李姓之由来

"家"是华夏儿女一切社会关系的基础。"姓"是标志家庭系统的符号，是人们进行社会交往的必要条件之一，涉及千家万户，关系到每个社会成员。目前我国的姓氏已达11969个，《中华古今姓氏大辞典》收录到的姓氏多达12000个。寻根问祖，追本溯源，探寻自己的姓来自何时何地，有过哪些伟人、胜迹，如何移居变迁发展，已成为华夏亿万儿女的共同心愿。以此，可以理解多少海外人来大陆寻根问祖的深意。

相传，我们李姓的始祖出自黄帝之孙颛顼的后裔皋陶。皋陶在虞舜帝老时任"大理"之官，主管司法。他主持制定了五种刑法，史称五刑。所以，皋陶可称为我国司法制度创建者的鼻祖。相传，他还能使一头叫獾褫[1]的独角兽，该兽很有灵性，能分辨善恶真伪，见罪人就用独角去冲撞，谁说了假话它就发怒。皋陶在它的协助之下，断案从未出过差错。皋陶的子孙历任虞夏商三代法官，因官职为"大理"，即以官职为姓，人称"理氏"。商朝末年，殷纣王荒淫无度，皋陶的后裔理征不容于纣王，被殷纣王处死。理征的妻子契和氏与子利正[2]逃难出走。途中饥渴难忍，便取路边李树上的果子充饥，才得以保全性命。后来，利正的孩子昌祖任陈国大夫，为纪念先人当年赖以活命的李树果子，从此改"理姓"为"李姓"。

先秦李耳、李悝、李斯等均为文化名人，魏晋时期李雄在成都建立成汉政权。后来，陇西李姓建西凉国，其后人李渊平定华夏建立大唐帝国，雄霸当世。不仅李姓自豪，其他姓氏的人也纷纷改李姓为自尊，加之唐代皇帝赐姓及假姓李氏的人更层出不穷，在300多年的大唐发展中，李姓队伍迅速扩大，一跃而成为中国第一大姓，时至今日，言李必称陇西，因大唐皇帝李家出自陇西是也。

---

1 手写稿原文如此。"獾褫"，当为"獬豸"。——编者注
2 手写稿原文如此。"利正"，当为"利贞"。——编者注

还有，在漫长的历史长河发展中，很多李氏的子孙又走出国门，到世界各地创业，展示雄风，时至今日，李姓已遍布全球，成为世界大姓，且人口超亿，环视世界各国何姓之有！

吾辈生于李姓，睦于他姓，献于国家。益广民生，李之幸也，李之伟也！

2015年元月19日（阴历十一月初九）于李氏宗祠

祭 文

2015年元月19日，李氏16世孙李如普谨以香花清醴致祭于我李氏始祖李燕公之灵前曰：

吾祖吾祖，李燕吾公。
生于明初，长于河东。
适逢移民，迫聚洪洞。
大槐树下，难民相逢。
悲鸣啼号，相助无能。
始祖三人，相依为命。
逼迁来予，分至怀庆，
长兄仲许，三弟石寺，
吾祖李燕，排行二公，
居今任庄，定居没动。
艰苦创业，耕读为宗，
乐善好施，不分亲朋，
宽人责己，堪称家风。
五百余年，宗族日兴，
在我任庄，已成望姓，
口越两千，家逾百户。
子孙繁衍，华夏各处，
城市乡村，展露聪颖，
人才济济，难以尽述。
慰我始祖，九泉安宁，
望我始祖，佑我李姓，
前千古而后万年，缵辉光而日兴！

（二）家祭及其关系

在任徐店村，家家户户都有供奉祖先的神龛，祖先的神龛不能摆放在正屋的中间，而是在偏左的位置，正屋中间摆放天地全神的牌位。神龛的位置通常供奉着三代宗亲的牌位，"追远慎终"，三代以外的祖先通常不再在家里进行供奉。

家人祭祀祖先通常是在春节期间。腊月三十去墓地上过坟之后回到家里将三代牌位摆放出来，欢迎祖先回家过年，但是"主不过添仓（正月十九）"，过了正月十九之后就要将三代牌位收起来。其他重大节日如清明节、七月半、寒衣节等只在墓地进行祭祀，而不再在家中举行家祭活动。春节期间的家祭活动全家人都会参加，先拜神位，再拜祖先牌位。家祭基本以小家庭为单位，少有大家庭共同祭拜的情况。

（三）墓祭及其关系

墓祭主要发生在春节、清明节、七月半、十月一四个节日期间。春节期间的墓祭全部为男性参加，男性中行动不便的老人和不能行走的小孩可以不参加。其他三大鬼节（清明、七月半、十月一）的墓祭女性也可以参加，尤其是外嫁的女儿，如果父母已过世在三大鬼节时必须回来祭拜。

墓祭没有身份地位和财富的差别，无论穷人家还是富人家到日期都会进行墓祭，墓祭的地点为各自的家坟。墓祭的流程为烧纸—谢饭—燃炮—磕头。

在传统时期，任徐店村各家族多设有公坟，如李燕家族、任氏家族、三和李家族等。也有一些人口较少的小家族没有公坟。对于没有公坟的家族成员，先人去世后一般是埋于自家的田地里。在发生土地买卖的时候，先人的坟墓不能卖，种庄稼的时候不能种在先人的坟墓上，否则会引起双方的冲突。

第二节 信仰与信仰关系

传统时期任徐店村信仰丰富，神灵与鬼怪是村民信仰的主要对象。不同的信仰对象之下村民之间也形成了不同的信仰关系。本节将集中考察传统时期任徐店村的信仰与信仰关系。

一、神灵信仰及其关系

求神拜佛是传统时期任徐店村村民最主要的信仰活动之一，神灵信仰又可以分为庙神信仰与家神信仰两个方面。

（一）庙神信仰及其关系

在任徐店村，有牛王庙、土地庙、白衣堂、四仙爷庙、德神庙等众多庙宇，村庄北地与王村交界处还有一座薛仁贵庙。除此之外，任徐店村家家户户都信仰火神，因此村民又常常到临近卢徐店村的火神庙进行祭拜。

以土地庙为例，任徐店村的土地庙为一庙一院，约在同治年间由村庄主持修建，产权归村庄所有。土地庙修建的资金由村民共同集资而来，捐钱的数量没有限制，根据自家的条件自由捐赠，但是不管捐多捐少都必须要捐。土地庙起着保土安民的作用，每个家庭都有土地，每个家庭都会有丧葬动土的情况发生，因此每个家庭都希望得到土地爷的保佑，不捐会受到其他村民的排斥和议论。一般土地大户都会多捐，即使不主动多捐修庙的时候负责人也会去其家里请其多捐款。在任徐店村范围内仅有一所土地庙，所有村民均是在一处土地庙进行祭拜。基本每个村庄都有土地庙，外村人一般不会到任徐店村的土地庙进行祭拜。土地庙没有专人管理，村民有需要自行过去祭拜即可。

土地庙全村村民均可祭拜。在土地庙祭拜时人人平等，没有祭拜的先后顺序，先到者即可先祭拜，不因身份、财富以及修庙时捐献的多少而存在差别。到土地庙祭拜的一般是家里的男性，因为家里的农活主要是男性负责。平时村民祭拜土地庙的比较多。当村内某个家庭出现丧葬的情况时，出殡的前一天晚上压纸的时候，男孝子们（儿子、孙子、亲侄子、远门侄子、外甥等晚辈中的男子）必须带着香火到土地庙来，旨在告知土地爷明天要动土打墓了。后来土地庙辗转成为住宅后，村民压纸就在原土地庙所在街道的十字路口磕头上香。到土地庙去祭拜一般是以家庭为单位，围绕土地庙没有形成相关的组织。

除土地庙外，在任徐店村，牛王庙主要供奉老子，主要功能是教化村民；白衣堂敬奉白素贞，主要功能是求子；四仙爷庙中供奉着四仙爷，能保人平安；德神庙里供奉着孙悟空，主要功能是教人向善与保平安。寺庙内祭拜没有什么优先顺序，逢年过节，村民先到者先拜。烧香拜佛的群体以上了年纪的妇女为主，年轻女人很少。村民拜神时通常以一家一户为单位，春节期间村内的每个寺庙都要去祭拜，一家去一个人即可，不需要全部家庭成员一起去。但村民通常会和邻居提前约好时间一起去拜神，寺庙是庄严神圣的地方，平时少有人去，由此寺庙不安全，村民中广泛流传着"一人不进庙，两人不看井"的说法。

村民拜神一般是在春节期间专门去拜，平时若有需要（如到白衣奶奶庙求子）或初一、十五也有主动去庙里拜神的。在任徐店村，因拜神而产生的相关活动即火神庙会。每年的正月初八为火神庙会，为庆祝火神爷生日而起。火神庙会由火神会的会首来组织。庙会期间除祭祀、娱乐活动之外，寺庙前面会有很多商贩趁机在此做生意。

商贩售卖的物品涵盖牲口、各类农具、粮食、生活用品以及小吃等各个方面。

对于一些没有庙宇等场所的信仰，信仰者一般是聚集在其中一位有威望的成员家中进行聚会、祭拜，如村中民国期间成立的黄枪会。黄枪会因共同的防卫需求而成立，共有成员50人左右，其头目是村民赵锡发。赵锡发之所以能当上黄枪会的头目，主要是因为其练功的时间比较长，有一定的"功夫"基础，治病也比较灵验。黄枪会信奉灶神，在每天晚上组织练功之前，成员都要首先聚集在头目家里进行拜神，拜神之后再选择合适的地点练功。

在发生灾害之后，因人力无法抵抗天灾，村民只能求助于神灵来祈福安灾。如遇天久旱不雨，庄稼受到严重影响，村民即会组织集体的求雨活动。求雨一般是由寺庙的会首来组织，因寺庙的会首多是村中威望较高、信仰神灵且有一定经济实力的人来担任，因此，由其来组织既可向上联系村中绅士，又可向下取信于百姓。求雨的组织者没有报酬，只是为了村庄的公益事业而在无偿付出。求雨没有固定的时间，并非每一年都会求雨，只有连续干旱，庄稼受损严重的时候才会求雨。是否求雨以及求雨的时间由寺庙的会首同村中的绅士们商议决定，商议结果不需要告知保甲长。求雨时由村民自愿参与，没有人员限制，穷人富人、村内村外的人均可来祭拜，只要是为了祈雨，任何人都可以过来祭拜，不参与也没有什么影响，没有人干涉。除了集体的大型求雨活动外，若遇大旱，村民也会自发以个体形式去祭拜有关神灵。如任徐店村北地与王村交界处的薛仁贵庙是两村村民求雨的主要场所，每遇大旱村民即会以一家一户为单位自发去寺庙祭拜，也正是由于主要做求雨用，薛仁贵庙又被人形象地称为"呼雷庙"。

（二）家神信仰及其关系

除有实体寺庙寄托的拜神外，在任徐店村，几乎家家户户都敬家神，主要有老天爷、财神、灶神、门神、井神、观音菩萨、圈神等，根据自家的需要而敬设不同的神。也有的村民直接在正屋中间摆放天地全神，再在相应的位置分摆几位主要的神灵牌位。老天爷或是天地全神通常摆放在正屋中间，保全家平安；灶神一般与"上天言好事，下界保平安"等表示吉祥的对联搭配着粘贴在厨房的位置，寓意五谷丰登，来年吃穿不愁；门神以武门神秦琼和尉迟恭为主，贴在宅院各主门上，寓意驱邪避鬼，保家卫宅；井神贴在水井台臂上，寓意水流兴旺；圈神贴在喂养牲畜的围圈上，寓意六畜兴旺，牲畜无病无灾。家神的祭拜一般是在春节期间，以上香、供馔为主要形式。一般由家里的其中一个人祭拜即可，不需要全家共同拜。拜神的人选不固定，家庭成员谁去祭拜均可，一般以成年人为主。

二、鬼怪信仰及其关系

在任徐店村，人们崇拜之神，多是与人为善的正神。与之相应地，还有与人为害的邪魔妖怪。村民迷信地认为，如果人生前的愿望没有得到满足或者在阴间过得不好，就要回到人间向亲人索要。更有一些屈死鬼、吊死鬼、落水鬼、山精树怪，在田间地头、房前屋后等待找人做替身。一旦鬼魂附体，一个正常人就会举止失常、招灾惹祸。于是就产生了以巫术辟邪驱鬼的巫婆神汉。

（一）巫术及其信仰关系

巫术主要是由巫婆神汉来操作的进行辟邪驱鬼的活动。巫术中的符有镇噩梦符、祛病符、镇诸怪符三种。这三种符的使用根据不同的情况而有所不同，有的是将符吞食到肚子里，有的是将符贴在墙上或床上，有的是将符戴在身上。咒语有镇噩梦的，有祛病的，有镇诸怪的。如镇噩梦的咒语大体是"赫赫扬扬，日出东方，吾勒此符，断却噩梦，拔除不祥，急急如律令勒"，驱病与镇怪咒语大体都是"赫赫扬扬，日出东方，吾勒此符，普扫不祥，口吐三昧真火，服飞门邑之光，捉怪使天蓬元帅，破疾用秽迹金刚，降伏妖怪，化为吉祥。急急如律令勒"。一般符与咒语是同时使用的，镇噩梦的做法是含一口净水，右手持刀挥之七下，将口中水喷出，面向东方，口念咒语。念罢，要十二支日佩戴安贴符（用朱砂在黄表纸上书画相应的符，叫病人佩戴在身上），则"万事大吉"。驱病、镇怪诸符做法基本和这一样。

巫婆通过烧香、烧纸、磕头等仪式"进入"冥冥世界，与所敬的神祇"通话"，让所敬的神祇说出患者的病因，即某某鬼魂或某某妖怪作祟所得。然后叫患者许口愿，患者根据自己的病情轻重和经济等实际情况，向巫婆所敬之神许下口愿。巫婆所敬之神看其虔诚，就答应为其祛病驱鬼。若病疾消除，患者就要根据当时自己所许的口愿进行还愿。辟邪驱鬼有很多种形式，比如过年贴门神、门口围白灰、烘旺火、端午节插艾、小孩佩戴五色线。平时男女佩戴金银或玉石的佛像、观音像，墙壁上砌刻有"泰山石敢当"字样的石条或贴有"姜太公在此"字样的条幅等也都是辟邪驱鬼的方法。

（二）叫魂及其信仰关系

孩童受惊吓之后，哭泣不已或昏迷不醒，突然发高烧，家人认定是"失魂"所致，就会给小孩"叫魂"。"叫魂"有几种不同的方法：（1）拿勺敲门头，勺口朝里，站在门里往里磕，边磕边叫"勺头凹，孩来家"，另一个人说"来了"。说三遍，然后拿勺头往东挖一下，往西挖一下，又叫"东叫、西叫，小孩来到"，说三遍。然后从头开始，进行三回。（2）日头上墙时，抱着孩子来到墙根，叫的人摸一下墙上日头照出的小孩的身影，再摸一下小孩的身子说"日头上墙，小孩寻娘"，叫到这里，叫着小孩的名字说"××来家来"，另有一个人在一边应道"来了"，连做三遍。然后再摸耳朵，边摸边叫"摸摸耳朵筋，小魂来附身，××来家来"，还是一个在一边应道"来了"，连做三遍。然后摸着心口，边摸边叫"摸摸前心，小孩来吃妈美美（奶）"，一边的人应道"来了"，连做三遍。然后从头开始，共做七回。（3）对天地全神烧三炷香，神案前放一碗水，然后再盛一满碗小米或圪星（玉米糁），弄平。用四方手帕包住碗口，四角在碗底系结实。母亲抱着孩子，叫家人用手拿住系结实的手帕，碗在小孩身上转着，边转边叫："全神寻寻，连魂磕着，小孩吓着，饥了吃颗米，渴了喝口水，回来了没有？"母亲应道"回来了"。连做七遍，共做七回，七七四十九遍。然后解开手帕。小米有坑，说明是吓着的，捏点米丢水里，再弄平。重新按照上面的方法再叫七遍，重做七回，七七四十九遍。循环往复做，直至小孩魂回来，睁开眼。（4）叫穿花鞋：有人因为生病或自杀等原因昏厥时，家人赶快让一个男子爬到房脊上，拿着患者正穿的鞋，一边用鞋拍打着房脊，一边喊叫"×××穿花鞋来！"声音很大，直至魂回来为止。因过去人们常说"今天脱下鞋，不知道明天还穿不穿"，意思是人都有旦夕祸福，希望其魂赶快回来。

一般叫魂的人都是年长的、迷信的女性，而配合着应答的人，则一般是其母亲或是最亲近的人，以女性居多。给孩子叫魂的人需要去请，请的时候不需要带礼物，但是要给一点报酬。叫魂的人一般是能说会道的年长的女性，且一般是穷人，富人家不会允许家庭成员去为别人做一些例如叫魂等"歪门邪道"的事情，认为这样有失大户的颜面。在叫魂活动与农业生产的时间冲突时，一般是以自家的农业生产为主，农闲的时候才会去帮人叫魂。叫魂的时候不需要祭拜祖先，但是一般要上一炷香，过程中还有一些流传下来的说辞。

在农户的各种信仰中，没有信仰的先后次序，无论庙宇的神、家神、门神还是鬼怪，都是村民在遭遇天灾人祸或为祈福攘灾时的一种精神寄托。在寺庙、家神以及祠堂、巫术面前，村民都不敢肆意妄为、胡乱言语。

三、"信命"及其关系

传统时期，除信神、信鬼之外，村民还"信命"，有强烈的命运观，如前世的善恶对后世之影响、行为善恶对命的影响等。由于人们在日常生活中非常关心自己的前程，加上占主导地位的天命意识的熏陶，人们认定人一生的贫富贵贱、吉凶祸福以及生死夭寿、穷通得失，乃至考场中榜、商场盈亏等，无一不取决于冥冥之中的某种力量，即所谓的命运，而算命可以预示一个人的命运，而且可以趋吉避凶。在日常生活中，村民也十分看重风水，尤其是宅院、坟茔等，俗话说"看了其家坟，就知其家人"，一个家族的兴衰与其坟茔密切相关，家家户户都愿意自己的老人有一个好的地方安息，保佑自己的子孙后代繁衍昌盛。民间还有"看好"的习俗，其选择对象是时间和空间，以时间为主，其价值取向是吉祥，目的是趋吉避凶、祈福抑祸，常见的"看好"有结婚好、搬家好、盖房好、挖地基好、上梁好、出行好、开业好、下葬好等。

在孩子起名方面，讲究的人家也会请算命先生来看八字，起名往往根据五行的旺缺来起一个合适的名字。如五行缺水，往往用淼、江、河、湖、海等来弥补；五行缺木，就用林、森、树等来弥补。民间还有一个习俗，就是将孩子的名字起得很脏、很难听，如"狗叼""孬蛋"等，寓意神鬼不沾，孩子更容易养大成人。

第三节 思维与思维关系

任徐店村村民在长期的生产生活中形成了相应的思维习惯与思维定式，影响着面临具体事务时的行为判断。本节将主要从经验思维、务实思维、循环思维、中庸思维、平均思维五个方面来考察传统时期任徐店村村民的思维与思维关系。

一、经验思维及其关系

这些经世代验证而流传下来的耕作经验对村民的农业生产起着重要的指导作用，年轻人从长辈处习得耕作方法、技术及相关经验并口口相传用于教导下一代，以此保证村庄的农耕文明长期繁荣发展，村民有言"不听老人言，吃亏在眼前"。

经验思维是村民以历代祖先的生产生活经验为依据来决断问题的一种思维形式。其主要表现在以下几方面：

首先，重视生产生活经验的总结，并以俗谚的形式口耳相传，用于指导村民日常行为。在年节风俗、衣食住行、婚丧嫁娶、人际交往、经商务农等方面都有相应的经验相传。如在天气变化方面，"早看东南，晚看西北"意即早起东南是无云天气，说明次日是晴天，傍晚西北无云次日也是好天气；"乌云遮太阳，三天后两晌"说明天气要下雨；"北山戴帽，伙计睡觉"是说天要下雨了，伙计即长工可以休息了；另有"东虹忽雷西虹雨，南虹出来卖儿女""东风头大，西风腰粗""久旱西南雨""一九二九不出手，三九四九沿凌走，五九半冬凌散，六九五十四，沿河看黄柳，七九六十三，行路客人把衣宽，八九七十二，黄牛遍地走，九九杨落地，十九杏花开"等表示天气变化规律的俗语。

其次，重视老人的意见。乡土社会比较封闭，除在外做官、从商的人之外，村民少有机会能够接触到外界新鲜的事务。因此，村民在思想上相对较为保守，村民遇事一般会先找自家老人商量、征求意见，俗有老人"吃过的盐比你吃过的饭多""走过的桥比你走过的路多"的说法。即使家户内部是后辈中有能力的人做当家人，在遇土地买卖、耕作安排、婚丧嫁娶等大事时，当家人也会首先征求自家老人的意见，先让其凭借自身丰富的人生阅历来做出判断，老人给出的意见年轻人多半会采纳。

另外，在以土地为生的传统社会中，农业耕作收入是多数村民主要的生产生活收入来源，随意更换耕作方式与耕种作物就像是一种赌博，如果赌输了则下一年全家人的温饱问题就无从保障。因此，村民不会轻易更换耕作方式和耕种作物。即使市场上某类农作物价格很高，村民也不会盲目跟风完全将自家田地改种成价值高的作物，一方面市场价格不稳定，存在一定的风险，另一方面村民首先考虑的是糊口的问题。在面临主要粮食作物与价值较高的经济作物的选择时，多数村民仍然选择以粮食作物为主，但也会拿出小部分田地来做试验，如果收益好再慢慢扩大种植面积。改变耕种作物是家户内部的大事，必须要征求家庭成员的意愿并最终获得当家人同意才能更换。

二、务实思维及其关系

在任徐店村，多数村民信奉"勤劳致富"，如民谚"遍地有黄金，单等勤快人""不怕难字当头，就怕懒字沾身"等均是表达村民对于勤劳的认可和崇尚。在生产生活中，要付出劳作才能有所收获，所谓"人勤地生宝，人懒地长草"。除辛勤劳作外，日常生活中的"俭"也是村民务实的主要表现之一，如"勤是摇钱树，俭是聚宝盆""吃不穷，穿不穷，不会打算一辈穷""衣服穿得好，不如吃得饱"等。

在传统时期，村民不仅重视眼前利益，在维持家计、农业安排、资本积累等方面也会综合考虑长远利益。在维持家计方面，除勤俭持家外，村民同样重视生活的长远打算，如"丰年要当歉年过，遇到歉年不挨饿""家里储存有米粮，天塌下来心不慌"，遇丰年或刚收获时村民也不会大吃大喝、肆意浪费，而是重视积累，根据家庭实际情况统筹安排家庭消费情况，保证家庭不会在下一年收获之前断粮，并尽量有所节余。在农业安排方面，从生产工具来看，即使富裕的家庭也不一定具备全部的生产工具，对于以经商为主、土地较少的富裕家庭来说，耕牛、犁耙等大件农具购买成本较高，使用价值较低，因此其一般会选择按需借用而不会自己出钱购买。此外，村民之间为节约生产成本而换工、辩棋等也很频繁。在基本积累方面，无论穷人、富人，在资本积累到一定程度之后首先想到的都是购买土地，所谓"土地生财"，通过土地耕作可以获得更多的财富。而村民在遇到家庭变故时，不到万不得已都不会卖地，"土地是农民的命根子"，有土地在就有翻身的希望。

三、循环思维及其关系

在生产生活中，村民的行为活动受季节影响明显，尤其是在农业生产方面。任徐店村属暖温带大陆性季风气候，其特点是冬季寒冷干燥，夏季炎热多雨，降水集中，四季分明。长期以来，村民根据气候特征总结出农作物的大致耕作期。小麦种植一般在公历10月3—15日之间，部分晚茬播种较迟，11月上旬仍有种植，收获期在6月1日前后。春播玉米一般在公历4月上中旬播种，8月上中旬收获；麦垄套种玉米在5月中下旬播种，9月中旬收获；夏播玉米在6月上旬点种，9月下旬收获。村民按照祖祖辈辈总结出来的生产规律进行农业生产，进行着"周而复始"的农耕循环。

除农业生产外，村民在家户内部与对外交往等方面也体现出"循环思维"的影响。在家户内部安排上，如"新三年，旧三年，缝缝补补又三年""树大分权，男大分家"等。在对外交往方面，村民相互之间讲究礼尚往来。尤其是在人情往来上，村民讲究"以多还多，以少还少"，自家给别人家红白喜事上的礼重，自家遇红白喜事别人家来回礼的时候也会回得比较重，红白喜事上专设"礼桌"即是为了记录礼金的数量，作为自家去还礼的依据。在日常生产生活上的相互换工、帮忙方面，村民也讲究礼尚往来，虽不要求各自出的工完全对等，但如果别人来给你帮了忙，在其家里遇事时你也必须得主动去帮忙，否则就会影响两家的关系，欠下人情债。所谓人情债最难偿，一般村民在欠下人情之后都要想方设法还上。除此之外，"有借有还，再借不难""父债子还，夫债妻还"等民谚也体现了"循环思维"对村民行为选择的影响。

四、中庸思维及其关系

在任徐店村，村民在儒家中庸之道的影响下，讲究财不外露，即使有钱也得掖着点儿，要"不显山，不露水"，不能在人前炫耀，不能做特立独行的事儿。如在房屋建造方面，不管家里财富积累有多少，村民都不会将房子建得特别高大，而是以四邻的房屋为标准，在高度上基本与邻居保持一致，以免压了别人家的运势，造成邻里矛盾；而且"枪打出头鸟"，传统时期尤其是国共拉锯时期，土匪横行，"土匪入村专挑好户的抢"，门房建得高大容易吸引土匪的"光顾"。在日常生活中，村民也不会因为富裕而看不起其他村民。在以人情为主的乡土社会中，村民十分看重人与人之间的交往关系，婚丧嫁娶、生产劳动等免不了需要邻里乡亲之间的相互帮忙，时常露财则会造成与其他村民之间的距离感，而且在派官饭的时候也更容易被派到。

从权力角度来看，村民的中庸思想还体现在不愿当官方面。在国共拉锯战时期，因政权不稳，更替频繁，村民中多数人不愿意当官，尤其是有钱的乡绅。当保长本身报酬不多，而且在面对上面派下来的任务时，做不好就要被打，只有贫困的、需要做保长的报酬来糊口的人才会自愿做保长。而甲长则因无人愿担任而实行轮流制，一年一换，轮到谁谁就是当年的甲长。相比做官，村民更愿意围着土地劳作，过相对安稳的生活。

五、平均思维及其关系

平均思想是影响村民行为选择的重要因素，在分家、财产继承、养老等家户内部事务，辩猸、换工、帮忙等生产互助，以及修桥、修路、修庙等村庄公共事务方面，无不体现着村民的平均思想。

分家时讲究个"一碗水端平"，通常要达致基本平衡的状态。财产继承通常也是遵循平均分配的原则，但若数量不够平均分配给每个继承人，则采取"作价＋搭配"的方式，将不同的物品进行组合，使每一组分配的财产价值基本达到相等的水平。父母养老、生病、丧葬的费用均是由儿子们共同承担，一般是平均分摊，但是关系和睦的家庭也会根据兄弟之间的贫富差距进行差额承担，富者多摊，贫者少摊。这些前面的章节中已详细交待，兹不赘述。

在日常的生产互助中，村民秉持着有来有往、相对平均的原则，在换工、辩猸等方面都以相互信任、条件相当为基本原则，彼此之间"有来有往"，虽不记工、不算工，但村民在心理上会有一个大致的评估，如果欠了别人的人情就要想方设法还上，如果"吃了大亏"，则日后就会减少与另一方的交往。

在村庄公共事务方面，通常要村民平等集资、出工出力，如果不需要全部人出工，则要给出工的人以物质补偿。如寨墙上站岗的人、因修路修桥等被派工的人，都要以日计算工价来充抵捐飨。如果不平均则会影响村民参与公共事务的积极性。

第四节 态度与态度关系

传统时期，受自然地理、传统文化、社会形态等各种因素的影响，在日常生产生活中，村民的行为选择往往蕴含着个体对于事物的主观评价以及由此而产生的行为倾向。本节将重点从生育态度、生产态度、生活态度、社会态度、政治态度、人生态度等几个方面来考察传统时期任徐店村村民的态度与态度关系。

一、生育态度及其关系

传统时期，在任徐店村村民心中，普遍存在着"多子多福"的观念，家户内部十分重视生育行为。但在生育男孩与女孩的态度上，又表现出较大的差异。

(一)生育观念

在任徐店村,生育意味着传宗接代。如果没有孩子,则表示后继无人,会被人看不起,也会被人用"绝户头"等称谓来嘲笑。生育在家庭再生产上意味着多了一个劳动力,能帮助生产。

1. 生育倾向

村民在生育方面一直崇尚"多子多福"的原则,一般村民都倾向于多生,尤其是多生男丁。男孩子越多,说明人丁兴旺,家里的风水好,人口多的家庭即使贫穷也会受到村民的尊敬,不会被欺负,而且每生育一个男丁就意味着家里又多了一个劳动力。

在任徐店村,如果儿媳婚后一年没有怀孕的迹象,家里的婆婆就会求神拜佛,到白衣堂去求子。如果三年仍不生育,则有被休妻的可能。但因未生育而休妻的村民较少,一般不选择休妻而是纳妾。如果休妻,一般是由丈夫做决定。如果妻子只生了女儿没有儿子,一般也是纳妾而不休妻,因为休妻是大事,不但会造成两家的矛盾,让自己家没有面子,对女性来说也是致命的伤害,传统时期任徐店村被休妻的女子一般都选择了自杀。

2. 性别倾向

在子女生育上,村民倾向于生男孩,因为女儿养大了都是要嫁出去的,男孩才可以传宗接代。一般来说,农户平均有三个孩子,其中两个男孩,一个女孩。虽然村民倾向于生男孩,但同时也会想要一两个女孩以便在年老的时候有人照顾。生的儿子多的女性在家里、在族里都会更受人尊重,会被认为是好命,是"有本事的人"。如果只生女孩而没生男孩,首先会被婆婆看不起,受到婆婆的冷眼相待,同时也会被同家族的、同村的看不起。

生男孩的家庭一般会办满月仪式,但对于生女孩的情况,只有头胎生女才会办满月酒,一些大户家庭非头胎女孩偶尔也会办酒。在上学方面,一般是男孩上学,女孩不上学,当时为私学,大户家的女儿不会去私学,穷人家的男孩会想办法上几年学,起码要学会写自己的名字。在过寿方面,男的到了60岁以上都会办寿,但对于女人来讲,只要丈夫在世均不办寿,只有年老丈夫过世且儿女有所成就的才会过寿。在丧葬方面,男的过世了会办葬礼,女人过世也办葬礼,但男性的丧礼一般比女性隆重。

村落范围内,对于没有生育儿子的农户,即使家庭有权有势,村民也会在背后嘲笑其是"绝户"。如村民李超升(土改时被划为富农)、李三治(保长),一个有钱,一个有权,但村民仍在背后以"绝户头"来称呼他们,他们自身也会觉得很没面子。

3. 生育仪式差异

传统时期医疗条件差，多不卫生，条件又极其简陋，因而婴儿的死亡率较高，例如一户接连生下了十胎未有一个存活下来。因婴儿死亡多在一周左右，民间称为"四六风"。夭折的婴儿多由其父用谷草或小被褥包裹抛于野外。若其父不在，则雇人代替。但是其祖父是不能抛弃婴儿之尸的，因为有"爷送孙儿，送断根儿"之忌讳。孕妇只能在婆家分娩，忌讳在娘家或外姓人家分娩，故孕妇一到预产期，多不外出。假如孕妇在娘家或其他外姓人家突然有临产之兆，而又不能及时赶回婆家，也要将其置于村外一个避风之处，待产后随即送回婆家。否则，将被认为会给娘家带来不幸，有"闺女不卧娘家草"之说。孩子满月后，女儿要回娘家住几天，叫"挪臊泊"，一般是四五天。一般是孩子的老舅先来叫，说是"想长寿，住娘舅"，在老舅家住一天，孩子的舅舅再来叫，俗语说"老舅叫、小舅接，宝宝活一百"。"挪臊泊"后，一般由孩子的爷爷接回，以应"爷叫孙儿，扎下根儿"之谣。

产妇分娩后在家休养一个月，俗称"坐月子"，家人常在产房门口挂一红布条，以示此屋有产妇。进入者忌高声喧哗，以便于产妇和婴儿休息，有人还认为此红布条可以辟邪。产妇的衣食住行比平时讲究，一般大小便均在房间里，如果必须出门，则要用头巾将头包裹严实，以防中风。产妇刚分娩两三天时，还没有乳汁，这时需要请人喂奶，一般讲究男婴请哺育女婴的母亲来喂奶，女婴则请哺育男婴的母亲来喂奶。小孩子哺乳期长达3—6年。产妇在日常生活中也有许多禁忌，如产妇不满月不能随便进入别人家中，也不能进入家庙或庙宇，即使有家丧也不能进入祖坟等。生子本是喜庆之事，可产妇几乎成了"不祥之物"的代表。

宝宝出生后，家人要用白灰将大门口围住，以此告诉街坊邻居，家里有宝宝出生了，一方面不要随便进入本家串门借物，另一方面可以带豆腐、鸡蛋等营养食物去瞧看。

添人进口，是重大的喜事，添人后的第三天，家人要向亲友报喜。报喜要先去岳父家，正式通知。婴儿出生后的第三天，要给孩子穿上准备好的新衣服，无论冬夏均穿棉衣棉裤。还要在这天将婴儿的乳名起出来，俗语有"三天没有名，是个糊涂虫"之说。假如是在庙里祈的孩子，家人还要拿油炸的焦花去"报堂"，并烧香上供送子奶奶和宴请偷娃娃者或"明乞"的参与者，以示感谢，叫"汤饼会"。

报喜时有的是牵一只羊。牵一只公羊，身上披一块红绸，说明是个男孩；牵一只母羊，身上披一朵大红花，则说明是一个女孩。报喜时还有抱鸡的，一只代表女孩、两只代表男孩，或公鸡代表男孩、母鸡代表女孩。由于男尊女卑的影响，生了男孩称为"大喜",生了女孩则称"小喜"。如闻大喜,邻友皆称"好";如是"小喜",则说"也好"。岳母要盛情招待来报喜的人,还要烙油馍、搅疙瘩叫人来吃。见到报喜的人,岳母要将五谷杂粮撒于水缸四周,让其生根发芽,意思是让小孩茁壮成长。接到报喜后,孩子的妗子(舅妈)要在孩子出生的第五天来瞧看,叫"五封"(捂风)。第九天孩子的婆婆要来看。亲戚朋友们择吉日都要过来瞧看,看孩子的时候要给"看面钱",不然的话孩子将来会长得丑。在这期间,街坊邻居有和孩子爷爷、奶奶、伯伯、大娘、婶婶玩耍的,要给他们脸上抹黑,主要是取乐,逗人一笑。

头胎(第一胎)孩子都要办九,有办二九的,有的办满月九,叫"吃喜面"。办九十分隆重,要提前通知亲戚朋友,约定好日子,到时候亲戚朋友都会来祝贺的。摆设酒席,有酒有肉,叫酒肉大席,款待至亲好友。最后一道食物必须是"面条",为席面必备之物,所以称为"吃喜面"。

第一个出生的男孩满月办得最为隆重,如果是女儿或是后面的儿子就不会大走席面,一般就是请娘家的亲戚以及近亲到家里吃一顿简餐,富裕人家也是只有第一个儿子办满月的时候办得最隆重。办满月不收礼,但是去祝贺的人要给新生儿一些"看钱",多少根据自己的心意而定。

办满月的时候邀请的亲戚主要是女方娘家的亲戚以及男方的近亲。一般是由新生儿的父亲去通知,去通知的时候不需要带礼物,通知女方的娘家人的时候一般只通知女方的父母、兄弟,再由女方的父母、兄弟通知娘家的其他亲戚。同村的人不需要专门邀请,听到消息后会自己带着鸡蛋、面条等礼品来祝贺,同村人来祝贺也不需要主家管饭,礼品送到说几句祝福的话即会离开。办满月的时候不用专门请保长、甲长、绅士等,如果居住得邻近、关系较好,其会主动来道喜。

办满月的时候一般是家里的女性去参加,男的很少去参加满月酒。亲戚朋友来祝贺,要拿白面(或大米)、红糖、鸡蛋、布或者小孩的衣服,见了孩子也要给看面钱。孩子舅家的礼最重,斗米斗面或整包玉米、小麦,富裕人家还要有金银首饰,如银手镯、银项圈、银长命锁。还有小孩衣服、褥子、被子等,装在食盒里不盖口,故意让人看。所以有"小孩九,不赔本"之说。亲戚朋友走时不能空篮走,要回赠一些东西,有喜糖、面条,还要给舅、姑、姨一张油馍。满月酒的规模根据家里的经济情况决定,家庭越富裕,满月酒办得越风光、越隆重。

(二)生育关系

1. 生育与生产

在传统时期,多数妇女怀孕之后仍然要干活,富裕人家的孕妇一般以家务活为主,穷人家、劳动力不足家庭的妇女在怀孕前期除家务活之外仍然要承担部分较轻的农活。1949年以前村民均是在家中生产。妇女临产时，要由家人出面去请产婆到家里，一般是由家里的女性去请。请产婆的时候不需要带礼物。产婆接生结束之后，主家要给一定的报酬，以面、馍为主，数量不多，主要是为了表示感谢。孩子生下来后主家还要管产婆一顿饭，多是鸡蛋水和面条。到孩子"过九"，街坊邻里陆续来瞧看之后，主家要再给产婆送一碗喜面条。

2. 生育与宗教信仰

在传统时期，人们多认为怀孕生育是神的恩赐，生男生女也是命中注定。因此，神灵送子的神话故事盛传。在任徐店村，也有白衣奶奶庙被村内的善男信女长期祭拜。1949年以前，如结婚一年无怀孕迹象，新婚夫妇和家人就觉得不安。若两三年仍未怀胎，外人就会说长道短，家人也会感觉脸上无光，当地有说法："为人不当三年新（结婚未育称之为新人），捌头竖脸怎见人？"若三年后还未怀孕，那将直接影响夫妻的感情，甚至会造成感情的破裂，发生休妻的现象。多年（十年左右）不生育者，则会被人嘲笑为"绝户头"。用"绝户头""断子绝孙"来骂人是最狠毒的了。富裕的家庭会因为妻子不育而纳妾，这个时候做妻子的一般不会说什么，因为"不孝有三，无后为大"的思想在影响着她们。一般人家则寄希望于神灵，供奉"送子奶奶"，到寺庙里烧香拜求。

农历正月十五的晚上，有"偷娃娃"的习俗。在村庄的白衣奶奶庙的香案上面，放着许多泥捏的小娃娃，有男有女。有的是自己亲自去庙内求的，有的是别人代偷的。这一习俗并不局限于不育者，有的怀孕了，别人也可以给他们偷娃娃，偷着将娃娃放在刚结婚或不孕者的被窝里，不说话赶紧走，而主家则急忙将娃娃用红布包裹起来放好。还有一种叫"明乞"，由街坊邻居去白衣奶奶庙内先烧香许愿，说"××家前来求子，如能如愿愿意以××相许"之类的话，然后在香案上系一对娃娃，由一个人抱着，其他人敲锣打鼓，还有一个人在一边说着一些吉利的话，如"黑孩、白孩，都去××家穿花衣裳""鸡不叫，狗不咬，奶奶抱着就会跑"之类的民谣。邻居将娃娃送到这家后放于被窝，这家的人要以糖果招待邻居。不管是偷的娃娃还是明乞的娃娃，等孩子出生后的第三天，都要备供品去白衣奶奶庙报喜，这叫作"报堂"。同时村民请偷娃娃者或明乞的参与者吃饭相谢。

烧香求神祈子等均不见效时，村民便会抱养别人的婴孩以祈求自己可以生育。所抱养的小孩多系家贫养活不起的，或者不正常生育而被抛弃的，也有抱养兄弟姐妹的子女的。为了培养与抱养子女的感情，多抱养两三岁以下的婴孩，同时也防其长大认回亲生父母。

婚后只生育女孩的家庭也会被视为"绝户",因此只有女孩的家庭也会千方百计地生男孩。在所生女孩的名字中就可以看到村民对生男孩的渴望,如叫"招娣""盼娣"等。在传统时期还有溺婴、弃婴或将女婴送人的恶习。

求子不分穷富,但一般富人到寺庙中求子的频率更高,一方面是因为富人家财产多,想要后继有人的愿望更为强烈,另一方面因为到寺庙中求子都要给一定量的香火钱。

求到子嗣之后,要去向神灵还愿谢神。还愿的时候在哪里求的就去哪里还愿。还愿的时候无论穷富都要带礼物,穷人一般带酒、点心、馍馍等,富人有的会直接捐钱给寺庙,还愿的数量是自由决定的,没有固定的标准。

3. 过继

久不生育的人,将自家兄弟或姊妹等的孩子认领一个自己抚养叫"过继"。还有一种名义上的过继,就是在家谱上将弟弟家的孩子过继给兄长,因一般的观念是"绝幼不绝长"。其可能实质上没有过继关系,所以是名义过继。过继多发生在近本家亲戚无子的情况下,过继子通过过继的形式去继承遗产、给继父母养老送终。

过继通常是按照亲族关系来进行选择,先是亲兄弟之间的过继,若亲兄弟家无子嗣可以过继,则再考虑叔伯兄弟之间的过继。若大哥没有儿子而弟弟仅有一个儿子,在有些大家族中也会要求弟弟将儿子过继给哥哥。若家中只有女儿而无儿子,也需要过继一个儿子,因为传统时期女孩不能继承家产。过继只能发生在同姓近本家之间,收养外姓的子女,比如妻子娘家的亲戚,称为抱养而不是过继。

过继由当家人做主,不需要向保甲长申请,同样也不向族长和门长请示,和自家的近本家商量,然后经由中人说合两家都同意即可。中人由双方商量决定,然后由其中任何一方去请均可,通常由双方近亲、街坊邻居担任。中人没有报酬,商定过继多在晚上进行,因此主家也不需要管饭。过继没有固定的过继仪式,富裕家庭过继孩子可能两个家庭会聚在一起吃一顿饭,穷人家过继只要两相情愿签了过继文书即可。

过继需要签订文书,签订过继文书时过继双方以及中人必须都在场,不需要请保甲长、族长门长来见证,文书一式两份,由双方家庭各保留一份,签订过继文书之后过继关系达成。村民李如普因六叔膝下无子而过继在六叔名下,过继文书内容如下:

继　字

立字人李毛氏(李如普母亲),因堂弟三振年老无养,同亲族干部说合,情愿将五子如普过继给三振为子,一切生活费用全由如普负担,并将翠英(养女)抚养成人,不再带亲附家产(父母家家产不再获得),空口无凭,立字为证。

公元一九六六年三月二十日
立字人:李毛氏
同说合:李三湖　李三和　古云仁　李如华　李如平

其中,李三湖、李三和为李如普的亲本家(叔伯),古云仁为婶子(李三振妻子)的弟弟,李如华为当时的支部书记,李如平是街坊邻居。过继发生时,李三振已有一养女翠英,但其觉得为养女招一个养老女婿上门,女婿不一定会好好对待自己,因此又选择过继自己的亲侄继承家产并为其养老送终。

过继分为不带产过继和带产过继两种。另外,还存在隔代过继的现象,即因自家人丁不旺,而直接过继自家亲侄的孩子来继承自己的家产。隔代过继只发生在近本家之间,不需要改称呼,沿用过继之前的称呼即可。

因为过继多发生在本家同姓之间,因此过继之后的孩子不需要改名改姓。过继子在家谱上仍然位列于亲生父母之下,但会注明"承嗣于××名下"。过继子对于两方父母的称呼根据约定决定,可称呼继父母为爹娘,也可沿用之前的称呼,也可对双方均称爹娘。过继子过继之后要搬到继父母家里去居住。过继子可以自由回亲生父母家,继父母不会干涉。

4. 抱养

抱养多发生在膝下无子的人身上,有的也会因为自家亲戚家庭困难而将孩子抱养过来减轻其生活负担。村民崔学府家的孩子即是因为自家没有孩子而又无人可以过继而抱养回来的。

抱养的孩子称为"养子",必须是年龄小、不记事、对自己亲生父母少有印象的婴幼儿,通常是在三岁以下。同意孩子被抱养的多是生活条件差、子女多的家庭,未婚生子的姑娘也会让别人将孩子抱养走。抱养以男孩居多。

抱养多发生在亲戚、朋友、熟人之间,不需要中人说合,也不需要见证人,不需要签订文书,双方都同意即可,因为对抱养孩子来说,越保密越好,对外不会谈起抱养孩子的事情。

抱养孩子不需要给钱。抱养的孩子有权利继承养父母的财产。养子不能上族谱,同时也不能入祖坟。抱养的孩子要随养父的姓氏,并由养父母重新为其起名。抱养的孩子必须改口称养父母为爹娘。抱养的孩子不存在归还的现象。

二、生产态度及其关系

勤劳致富是任徐店村村民最基本的生产态度。因农耕是最主要的生产劳动，因此遵照农时也是其基本的生产态度，并围绕农耕形成了家户生产为主、合作生产为辅的丰富生产关系，这些在前文中已有较详细交代。

在任徐店村，多数村民在农业生产中比较勤劳。人们常说"人勤地生宝，人懒地长草"，只有辛勤劳动才能获得好收成。对于村庄内游手好闲、嗜赌成性的懒人，村民一般不愿与其过多接触，也极力阻止自家的后代与其接触，以免染上坏习惯。村民在换工、帮忙等生产合作中，一般很少会与懒人合作，在其需要帮助的时候，除近亲外其他村民一般不会主动去帮忙。"没有人愿意受穷"，家庭条件差的村民也会通过做长工、打短工、农闲季节跑小生意的方式改善自家生活条件。

三、生活态度及其关系

传统时期，村民在家户消费中往往精打细算、量入为出，受限于自给自足的小农经济，村民多"计算着过日子"。在任徐店村，村民没有记账的习惯，但每一年收入多少、如何安排消费，当家人心中会有一个大概的安排。

（一）谨慎消费

在日常生活中，村民不会轻易购买东西，去赶集也是以购买生活用品与生产工具为主，不会乱花钱购买点心、首饰等可有可无的东西。村民需要购买东西的时候，一般要经过当家人的允许并给予经费。以购买农具为例，村民购买农具需求多产生在原有农具损坏且难以修复的情况下，可以修理好的就不会买新的，能省则省。村民在宴请宾客、赶人情方面遵循量力而行的原则，根据自家的经济实力确定宴席质量与礼金数量。但村民也存在一定程度的好面子行为，对于红白喜事等家里的大事情，村民都想在力所能及的范围内办得风光体面，办得太寒酸则会丢了面子，尤其在老人丧葬方面，丧礼办得太简陋甚至会留下不孝的骂名。在传统的熟人社会中，如果丢了面子、落下了不好的名声，就会影响到自家在村庄中的地位与人际交往，严重者甚至会被其他村民孤立。

（二）能省则省

1949年以前，在任徐店村，无论是大户还是穷户，都讲究省吃俭用，能省则省。即使是家财万贯的大户，也不会随意浪费，吃饭也和普通家户一样，以杂粮伴着白面一起食用，只有在刚收获的时候才会吃几天白面。

对于村落里非常勤俭的农户，大家会将其敬为勤俭持家的典范，会经常用他们教育自己的子女。但勤俭不等于吝啬，村民在日常往来中还是讲究礼尚往来，在赶人情等方面依然要遵循"对等交换"的原则，否则吃亏的一方就会不满。对于家里大手大脚、浪费的人，家长会对其进行教育，在一定程度上限制其消费权。对于"败家子"类型的人，村民往往尽量避免与其接触，以免吃亏上当或是沾染上不好的习惯。亲戚朋友通常也不会借钱给败家子，只有勤快的、老实的家庭成员出面才能从亲戚处借到钱。

四、社会态度及其关系

传统时期，村民在完成自家生产活动的基础上，也要在一定程度上参加村庄的公共活动。村民参加村庄公共活动主要基于自身利益考虑。一方面是基于生存利益，如基于村庄共同防卫需求而组织的修寨墙、基于农业收益需求而组织的集体求雨、为求神灵庇护而举办的庙会等都是村民基于自身生存需求而自愿参与的村庄公共活动，村民共同集资、共同出工出力，以满足集体的需求。另一方面是基于物质利益，如寨墙上代人站岗可按天收费、出工做公活可充抵捐饷等，基于此种考虑而参与公共活动的一般是穷人，通过付出劳动可获得额外的收入贴补家用。除此之外，村民参与公共活动的积极性还在一定程度上基于社交利益的考量。在传统的熟人社会中，如果村民"不随群"，不愿参加公共活动，就会受到他人的议论甚至排挤，人们也不愿与其过多交往。

与村庄公共活动不同，村民参与家族活动主要是基于血缘关系的考量。修建祠堂、编写族谱、祠堂祭祖、清明上坟等家族活动都是村民出于对祖先的崇拜和尊敬，表达一种家族认同的情感。如果连敬祖的活动都不参加，则会留下不孝的骂名，在其遭遇家庭变故等急需帮助时，族人也会置之不理。

总体来说，传统时期村民参与村庄、宗族公共事务相对较为积极，但对于公共事务的参与往往是出于自身利益的考量，如果是与自身关系不大的、不影响自家发展的事情，村民往往是抱着"多一事不如少一事"的态度，避免给自己找麻烦或是好心办坏事。如在纠纷调解方面，村民一般不会主动去参与纠纷调解。尤其是家庭内部矛盾，不但要耗费自己的时间和精力，如果调解不好或是其中一方不满意还会落下埋怨。而且传统时期村民大多觉得"家丑不可外扬"，如果贸然去帮人家调解家庭矛盾，有可能会起到让主家觉得是要看笑话的反面效果。因此，村民一般不会主动去管闲事，多是在受到邀请的情况下去出面参与调解。

五、政治态度及其关系

在传统时期，村民相对保守，其政治态度也相对消极。普通村民往往认为乡镇、县府的官员遥不可及,"人家那些当官的几乎都不来村里,有事了就派个人来下边通知,即使凑巧到村里了,人家也是找保长、甲长,不会找你普通老百姓。"[1] 村民遇日常生产生活中的矛盾纠纷,一般也不会采取报官解决的方式。因此,在村民的日常生活中基本没有接触保甲长以外官员的机会。而代表村庄政权的保长、甲长,则来源于村民之中并与村民长期保持着密切联系,负责征收捐饷、派工派饭、村庄日常维护等。村民在思想上存在一定的"畏官"情绪。首先保长、甲长代表着村庄权威,在村民没有及时缴纳捐饷、不听安排时会打骂村民,严重者还有强行摊派、强占村民房屋土地等严重损害村民利益的行为;其次在1949年前的国共拉锯时期,时局动乱,做保长、甲长不但收入微薄,而且要处处看上级政府的脸色,稍有不慎就会被打骂,甚至招惹杀身之祸。多数村民宁愿安土守土,也不愿当官给自己找麻烦,同时对村庄的保长、甲长避而远之,以免惹祸上身。

第五节 习俗与习俗关系

习俗是特定地域范围内的人们基于特定的事件所形成的文化现象。传统时期,任徐店村村民在其特定的自然、社会、经济条件下,在婚丧嫁娶等方面也形成了特定的行为习惯。本节将从婚丧习俗及关系、节庆习俗及关系、日常习俗及关系等几个方面来考察传统时期任徐店村村民的习俗与习俗关系。

一、婚丧习俗及其关系

婚姻与丧葬是每个家庭都绕不开的家庭大事,1949年前,婚姻习俗与丧葬习俗是任徐店村文化习俗的重要表现形式,体现出了丰富的习俗关系。

(一)婚姻习俗与习俗关系

1949年以前,任徐店村村民的婚姻习俗与习俗关系主要表现在以下几个方面:

1. 婚姻概况

传统时期村民婚姻多发生在不同村落之间,很少有同村村民结婚的现象。对于婚姻选择的距离范围,根据不同的情况,距离也会有很大差距。比如姑娘被拐卖或者娶小老婆的时候距离就会相对较远,外县、外省均有可能发生,有的从外地逃荒过来在本村成家落户的,结婚对象也相对较远。以娶小老婆为例,通常是村民去外地比较贫穷的人家,给一点钱,相当于把人"买"回来。买小老婆要通过中间人,中间人通常是在当地做生意或者比较熟悉当地情况的人担任。

---

[1] 来自对老人赵锡慧的访谈。

2. 结婚条件

传统时期的婚姻分为几种不同的类型，不同的类型对于年龄的要求也不一样。首先，娃娃媒。娃娃媒通常发生在孩子刚出生的阶段，最多不超过 12 岁。村民赵锡温即是娃娃媒，还在穿骨朵裤时（指幼年）就订婚了。其次，指腹为婚。关系比较亲近的两家可能在孩子还未出生时就约定如果孩子出生后是一男一女就结为亲家。对于其他类型的婚姻，又因为家庭条件的不同而对年龄有不同的要求。富家子弟的孩子结婚，通常是"小孩儿娶个大媳妇"。有的会为十二三岁的孩子婚配十八九岁的姑娘，如村民李继德；村民李三卜结婚时年仅 11 岁，妻子长其 7 岁；村民李三国结婚时年仅 12 岁，而妻子已满 18 岁；更有一村民在结婚时是由奶奶抱着上花轿娶回来一个"大媳妇"的。之所以"小孩儿娶个大媳妇"，主要是因为婚后"大媳妇"可以照顾"小丈夫"，而且"大媳妇"可以为家里多做一些活，同时也可以早点生子传宗接代。待孩子成年之后丈夫可再娶小老婆，村民中普遍流传"媳妇儿多了资产大"的说法，将媳妇当作一种资产来看待。穷人家通常是"大孩儿娶个小媳妇"，用少量的钱财在同样贫困或是更贫的家庭买一个小姑娘回来做媳妇。村民任永正、任永福均比妻子大 20 岁，因女方家境贫困而男方家庭稍显富裕，经人介绍后进行婚配；村民任永德比妻子大 8 岁，当时以两石小麦的价格将妻子娶回家。

在传统时期，男女通婚讲究"门当户对"，富富相通、穷穷相通，也会发生富人从穷人家"买媳妇"的现象。门不当户不对结婚的很容易产生家庭矛盾。若家中有做官的人，即使家庭不是特别富裕，也可以和富人通婚。传统时期婚姻由父母做主，婚配时间、婚配对象等一切由父母说了算。同村人之间可以结婚，同村人结婚主要出于以下几个原因：一是距离近，方便照顾老人；二是比较熟悉，知根知底。同宗同姓人之间禁止结婚，若同姓结婚，在男女均过世要立碑时难以对女性进行称呼，随着时间的推移，村民逐渐不再讲究这一点，但是同宗同姓之间结婚必须要出五服。对于不同宗的同一姓氏的人来说，可以自由通婚，无人干涉。村民在选择婚配对象时与村庄相互之间的关系无关，多是通过亲戚、朋友介绍，条件合适即可结婚。

3. 婚前仪式

（1）说媒

俗话说：男大当婚，女大当嫁。男孩和女孩长大了，就该议论婚嫁了。传统时期要通过媒人进行牵线搭桥，叫"说媒"或是"提亲"。在一个家庭里父母最操心的就是儿女的婚事，遇到媒人说媒，就要问对方的长相、年龄、家境、人品、脾气、身体状况、身份等等。尤其是家庭情况和社会关系，一般是门当户对，若有某方面的缺陷，如果双方能够达到互补也能成。比如说，男方样貌好看，但是家里穷，社会上没有地位；女方长得丑，但家境富裕，社会上有地位，男方为了改变自己的社会地位也会屈从女方同意说媒的。双方同意，媒人才能牵线搭桥。媒人在说媒的时候要注意，同姓不能结婚。传统时期，给媒人的谢礼通常为一方肉（一方为4斤）及一食盒（一篮子烧饼，通常是30个），除此之外，不需要再给其他谢礼。媒人也是"为好"当个中间人，而不是为了求财。

（2）定亲

媒人牵线搭桥后，双方家长或当事人没有什么意见，媒人就要找双方当事人的父母写字条。一个上面写当事人的属相和生辰八字，一个写当事人的舅家与老舅家的姓名、年龄和住址，进行交换。当事人的属相、生辰八字是合婚用的。若属相合，互不妨碍，而且还相生，那就继续往下进行；若属相不合，相冲相克，便不能婚配。当事人舅家和老舅家的字条供双方父母打听对方是否有病史。算好卦、打听罢，各方面条件都好，就该定亲了。一般是男方先送彩礼到女方家，彩礼是预先商量好的。女方接了彩礼，做面条招待男方，这叫扯拉面，意思是将两个人拉扯到一起。男女双方还要交换一样信物——手巾，因而定亲又叫"换手巾"。

在1949年以前，还有在婴儿期间订婚的，叫"娃娃媒"。一般是先写个红定书：兹有××名下有一子与××一女定儿女亲家。请媒人说合，此书又称"小书"。双方同意后再下大书，大书上面写衣服、礼物、礼金数目。男方把衣服、礼物、礼金给女方拿去，女方写个回书"今收到男方送来××（衣服、礼物、礼金数目等），同意将女儿许配××为妻，待女儿长至及笄再完婚"，交给男方，叫换书。换书的署名通常是男女双方的父亲以及媒人。换了书婚事就算定下来了，表示男女双方已有婚约在身，双方均不能再在其他地方定亲。为了使所定的婚姻牢固，定亲之后要进行下托。下托是在男方家举行的。下托当天，男家置办丰盛的宴席，通知亲戚朋友前来赴宴。女方由嫂嫂或至亲好友领到男方家，与来客一个一个相见，来客要给见面礼。过去嫁妆都是女方置办的。下托后，男女双方父母要定一个大致的婚期，主要是年份。

（3）悔婚与看节

若定亲或下托后中途有一方反悔，可解除婚约。如果是男方首先提出退婚，女方拿的聘礼不退；如果是女方首先提出退婚，则聘礼必须如数全额退还。解除婚约多发生在一方家庭出现重大变故或者一方做出严重违反道德的行为的情况下。若定亲之后其中一方在婚前过世，则婚约自动失效，剩下的一方可再进行自由婚配。定亲和下托后到嫁娶前，每逢五月端午、八月十五、春节的前几天，男方都需给女方送四色礼

（四样礼物，以肉、水果、点心以及自家做的油炸食品为主）俗称"看节"。看节只需要看双方父母，其他亲戚在婚前不需要走动。

4. 婚庆仪式

议定哪年结婚后，还要定下具体的婚期，于是男女双方父母都要请算卦先生看好（择吉）。在择定娶期后，写一束通知女家，叫"送日子"，这个束称为"鸾书"。如果男女双方请算命先生选定的日子一致，那么就定此日为吉期，若不一致，还要再请一个高明的算命先生再看看，最后定下来。定下吉期后，男家请几个妇女炸麻糖，一般是请自己家的近亲或者街坊邻里来帮忙，不需要支付报酬。麻糖的数量根据男女双方亲戚和朋友的多少而定，一般女方都是要100个，甚至还多。剩下的男方看自己需要多少，再确定具体数量，数量是一般的亲戚朋友2个，要好的朋友和至亲4个。

亲戚朋友在接到麻糖后到吉期赴宴封礼。对于支付不了礼金的亲戚朋友来说，也可以带礼品前来祝贺，礼品通常是馍馍、烧饼等。女方家的亲戚、朋友和本家接到麻糖后，在婚期前就将钱或物送到女方家，叫"添箱"，女方的父母要邀请他们到吉期时来送闺女；男方的亲戚、朋友和本家一般不提前送钱和物，而是到结婚那天送来。婚礼当天，男方家里一般都设有礼桌，专职记账。坐礼桌的人通常是"文人"，不一定是自家的近本家或者同一家族的人，但是必须有一定的文化，要识字会写，通常也是由固定的人担任。坐礼桌的人负责收取亲戚朋友的礼金并做好登记，开餐之后将收好的钱与账单对应一并交还给主家。账单上要记录所有亲戚朋友的礼金数量，包括近亲，比如兄弟姐妹分家之后封的礼金也需要登记在册，以避免日后分家、分支因礼金问题产生亲戚间的矛盾。村民中流传有一句话叫"有成色人给没成色人出力呢"，用以说明红白大事中知客、坐礼桌的等等均是有能力、有文化的人。亲戚朋友来了将钱和物送到礼桌，叫"封礼"。一般受到邀请的亲戚朋友都会在吉期赴宴，若有急事或与其他重要事情冲突，则需提前与主家沟通说明情况，表示歉意并提前将礼金或礼物送过来，否则就会影响两家的相处关系，导致不愉快。亲戚带礼物过来主家不需要回礼。

礼金的多少与居住的距离没有关系，主要根据关系的亲疏来确定礼金的数量。主家对于带来不同礼金、不同礼品的亲戚朋友绝对不能有任何差别对待。婚庆中男方收到的礼金归男方父母所有，女方收到的礼金归女方父母所有。

结婚的消息通常由家中的父母来通知。要通知的人包括舅舅家、姑姑家、姨姨家、本家自己（叔伯家，又称近本家）等。若村民与保甲长、门族长是亲戚关系则会通知他们。通知宾客没有先后顺序的要求，通常是根据自家的安排，按照距离远近来依次通知。

男女双方都需要做好嫁娶的准备工作。需要女方准备的：一是置嫁妆，一般是成双成对置办，根据家庭条件的不同置办的嫁妆也存在不同，富裕家庭置办得比较齐全，大到田地，小到箱、柜、桌、椅、衣架、盆架等，家具一般是请木匠到家里来做；穷的家户置办不起嫁妆，最简单的就是带一身随身衣裳，提一个红布兜就走了。二是要置装箱物品，包括四季穿的衣服，床上用品，红布包裹的洗脸盆、梳子、镜子等小件物品。三是准备少量的烟酒、糖块、糕点、花生、核桃、红枣、瓜子。四是选好二至数十个把轿门的，一个拿钥匙的，一个开箱柜的，一个端洗脸盆的，两个紧随闺女的女送客和其他女送客。原则上把轿门的是新娘的弟弟、侄子或亲近的亲戚中的晚辈担任，开箱的由嫂子担任，端洗脸盆的由侄子担任，送客由亲近的和年轻的媳妇担任，一般是自己本家、亲戚、朋友，多少无限制。需要男方准备的：一是看好，虽然女家也看，但是决定权在男家，择吉要请算命先生看，还要看床的位置，上轿、下轿、坐帐的方向。二是定好吉期后男方父母要亲自到女方家去一趟，商定一些嫁娶事宜，另外男方还要负责收拾新房、置办床上用品、购置礼品等等。三是请执事（"总理"），执事到家商量娶亲的有关具体事宜。如形式、规模，帮忙的及其分工，厨师及酒席等等。定下后，主家要和准备请的人逐个打招呼；同时还要写好知客、理事、忙工的分工名单，贴于墙上，叫"鸿禧榜单"。四是挂上祖宗三代的牌位，牌位前放上供品。五是准备好酒礼食盒，酒礼食盒里装9根柏枝、1棵抱娘葱、大肉、10—20个大麻糖、1瓶酒、1个酒嗦、2个酒盅；酒礼食盒内还要放一个写有上轿方向、下轿方向、坐帐方向等一些必要事项的大红纸，叫"婚书"，这就是古时候的"结婚证"，女方看过后交还送酒礼食盒之人带回。家庭条件允许的人家还要提前订好轿，男女双方距离较远的要准备好马车以接送来赴宴的女方的亲戚朋友，同时要请好吹鼓手等等。若双方家里均无马车，则需要去借用亲戚邻里的马车，亲戚邻里通常会免费借用。

男方家收到女方家送的嫁妆后要给女方家送酒礼食盒，多是男方家比较亲近的人抬着过去，送酒礼食盒之人，好比是两家的信使，最后一次将婚事的一些事宜确定下来。女方要款待送酒礼食盒的人，还要给他"封封"（送红包）。女方将酒礼食盒里大部分的礼物留下，只留很少一部分令来人带回，如果有什么要求和口信，也请来人一并转告对方。

送食盒的人回来，娶亲的队伍就可以出发了。婚礼由引亲主持，引亲通常由家族内德高望重者担任。娶亲队伍出发前，新郎要先到祖宗牌位前给祖宗牌位磕头，然后再依次从辈长的开始磕头。在娶亲时，引亲坐第一顶轿子，新娘坐第二顶轿，新女婿坐第三顶轿。特别有钱的人结婚时会备10顶轿子，除坐引亲、新郎新娘外，由男方近亲（嫂嫂、姐姐、姑姑）乘坐作为迎亲队伍。到女方家，经过换帽、戴花、披绸等程序后，新郎就可以坐上位了，因为新郎变成新郎官了，意为升官。新娘新郎在亲人指引下向新娘家的祖宗牌位和父母行礼告别，然后新娘即可上轿。迎亲的回到男方家门口后，花轿不落地，新媳妇儿不能下轿。待轿夫按照算命先生看的方位落下轿后，男方家两位年轻人上来，一人手拿一把燃烧的秆草，另一人一手拿烧红的犁铧，一手端一碗醋。持犁铧者边围着花轿转，边往犁铧上浇醋，还边说："叫你肯后不肯后，烧你的红绸绿棉裤，叫你肯后你靠前，烧你三寸小金莲。"这叫"燎轿"，也叫"哧犁铧"，一是为了打开场面，二是为了辟邪，哧犁铧由邻居中会说的人主持操作。新娘下轿进家门时有钱人家讲究新娘脚不能落地，一般是从染坊租借回来蓝色的布块垫在地上，新娘走在上面，如此人工循环摆放一直到新媳妇进入家中。

紧接着就是拜堂，一般是先跪拜天地牌位，然后跪拜男方父母（传统时期女儿出嫁父母不能出门），随后夫妻对拜，拜堂仪式至此结束。传统时期婚配没有举行祭祖仪式的要求，但是遇红白大事均要在家中摆上三代牌位，放上四个小菜作为供飨，以表对先人的尊敬。拜罢堂，宴请来客，宴席的座位一般无特殊规定，但是一般新娘新郎的舅舅要坐上席，其他的亲戚朋友以及保长、族长等均按照人际交往及辈分自由落座，无主次之分。限于传统思想的影响，宴席上通常是男女自动分开落座。由于娶亲之前已经先请婆家人入席，因此娶亲之后的宴席只宴请娘家人。

5. 婚后仪式

结婚的第二天，新娘的娘家人要来新娘的婆家给新娘送饭。这天男方家的席面要比结婚当天的席面还要好，因为出嫁的当天新娘的父母和祖父母都不能去送新娘，到了送饭的这一天，父母和祖父母还有一些至亲好友都要来送饭。亲戚烙烧饼、包饺子，父母做八盘八碗菜，两碗大米饭、两张卷葱的油馍（抱娘葱）和24个蒸馍，还要带上针和线为女儿缝被头。男家设盛宴款待，新娘的娘家人还要给厨师付小礼（红包）。

婚后第三天，娘家的哥嫂同去新娘的婆家叫新娘回门，古称"归宁"。婆家管新娘的哥嫂一顿饭。新娘先跟着哥嫂回去，到小晌午时，新郎需要带着一个小男孩儿（多是侄儿）去，这叫"接毡"。新郎到了新娘家先问安，新郎改称岳父岳母为爸妈。然后岳父要准备好饭菜招待新郎。临走时，男方有父母的，娘家要送一公一母两只鸡，有爷爷奶奶的要送两只公鸡两只母鸡。

婚后儿媳要听从婆婆的安排做家务，比如做饭、洗衣等。若兄弟几人未分家，通常是由几位儿媳轮流做饭。结婚后通常没有祭祖的习俗。因为传统时期结婚不牵扯迁户口等相关事项，因此也不需要专门再向保长汇报。婚后儿媳要去娘家走亲戚必须先经过婆婆的允许。对于大户家庭来讲，儿媳去娘家走亲戚除了要先经过婆婆允许之外，还必须由婆家专门安排车将其送回娘家。如村民李继宗家由于其爷爷在村中很有威望，其母亲每次走亲戚时必须先向其奶奶申请，若奶奶同意，则要安排马车送母亲回娘家，母亲坐在马车的后排，奶奶本人或者家族内其他与奶奶同辈的女性坐在马车的前排，将母亲送到娘家看她进门后再返回家中，同时要与母亲商量好归期并如期来接母亲回家。若女性遭到休妻，娘家也会因为觉得失了面子而拒绝接收出嫁的女儿再回到自己家。

6. 其他婚姻形式

在传统时期的任徐店村，除正常婚配外，还有续弦、入赘、纳妾、童养媳、娃娃亲等特殊的婚姻形式，并表现出丰富的习俗关系。

(1) 续弦

丧妻为断弦，再娶为续弦。在任徐店村存在续弦的现象。家里老婆过世了就可以续弦，续弦不分穷富，穷人、富人都可以续弦。续弦需要经过家长的同意，如果家长不同意，就要想办法去说服父母，如果执意违背家长的意愿续弦，则会导致家庭矛盾。续弦不需要经过族长同意，也不需要保甲长同意，因为续弦属于家务事，只需要自己家人同意即可。

续弦和正常娶妻一样，不能娶近亲，不能娶同姓，其余的人只要两相情愿均可，寡妇也可以。续弦的仪式也与头婚基本相同，需要经过明媒正娶，但是规模不如头婚时的规模大。

续弦娶进的妻子也算是家人，如果丈夫去世，续弦所娶的老婆即使没有孩子也能分到一份家业。如果生下女儿，也能分得一份家业，因为女儿也是后代，也要生活。如果生下儿子，就能名正言顺地继承家业。三者相比，生儿子的情况下分得的家业最多，生女儿次之，无子女最少。

续弦的老婆生的孩子和前妻所生的孩子在家里地位一样，分家的时候具有平等继承家业的权利，能分到同样的家产。续弦的老婆去世后可以进祖坟，虽是续弦，却也是明媒正娶的妻子，但坟墓的顺序是头任老婆紧挨着丈夫，然后才是续弦的老婆。

(2) 入赘

入赘者又称为"养老女婿"，一般在家中只有女儿没有儿子的情况下会招上门女婿。传统时期在任徐店村很少有招养老女婿的，通常无子的人会选择过继自己的亲侄来继承家产而不会选择招养老女婿。一方面是因为养老女婿与自己无血缘关系，不能保证其会善待自己为自己养老送终，相比之下与自身有血缘关系的亲侄就显得更可靠一些；另一方面招的上门女婿在自家生活会显得底气不足、不气势，会被人看不起，甚至被欺负，有的近本家也会因不能继承财产而来找是非，因此有的养老女婿待一段时间就会出走。

入赘的女婿能做当家人，但必须经过岳父的允许，一般是在家里老人没有劳动能力、当不了家的情况下，才会愿意让女婿当家。

入赘一般是脱离原来的家庭的，对自己的父母一般都不需要尽养老的义务，但父母去世时需要承担一定的丧葬费用。做上门女婿之后，不能再参与原生家庭的分家，也不能继承亲生父母的财产。上门女婿如果不孝，不给妻方父母养老送终，会受到妻子近亲以及同家族人的指责，情节严重的会被赶走。

（3）纳妾

一般以下几类人会纳妾：一是头任妻子无生育能力的；二是头任妻子只生女儿的；三是家境富裕，追求享受的。做妾不是一件光彩的事，一般能过得去、无特殊情况的家庭都不会同意自家的女儿去做妾。一般以下几类人才会去做妾：一是娘家特别贫困，生活难以为继的；二是家长好赌的，欠下债会把女儿拿去做妾抵债；三是家里有人生大病急需用钱的。

纳妾前村民需要在家庭内部进行沟通，尤其是和头任妻子进行沟通，除此之外也要征求父母的意见，如果父母不同意则不能纳妾。但是纳妾不需要经过族长、保长、甲长同意，宗族权力和村庄权力的所有者都不干涉家务事。

纳妾同样不能选择同姓以及近亲。纳妾没有特殊的仪式，而且流程要比结婚简单得多。妾进门后要向结发妻子请安，称呼其为姐姐，在日常生活中也多要听从结发妻子的安排。妾在家中的地位没有结发妻子高。

妾也算是家人，如果丈夫去世，妾即使没有孩子也能分到一份家业。妾的孩子和前妻所生的孩子在家里地位一样，分家的时候具有平等继承家业的权利，能分到同样的家产。妾去世后可以进祖坟，虽是妾，却也是正式娶进家门的，但坟墓的顺序是结发妻子紧挨着丈夫，然后才是妾。

（4）童养媳

任徐店村也有童养媳的现象，但是具体情况无从考究。此处以任徐店村村民李继宗的大舅嫂为例来进行说明。童养媳的年龄没有明确的限制，有的两三岁就开始去做童养媳，也有的七八岁，但童养媳最大不会超过12岁，李继宗的大舅嫂即是童养媳，其从10岁开始做童养媳。一般家庭特别贫困的才会将女儿早早送给别人家做童养媳，李继宗的大舅嫂娘家家庭贫困，且因父亲是地地道道的农民而不当家主事，家里其叔父为当家人，因此在其 10 岁的时候便被迫去距离自家 2 里多路的别人家做了童养媳。有的家庭因为家庭贫困而将幼女卖去别人家里做童养媳或是小老婆（如李洪洲的二妻，男方长女方 28 岁），而李继宗的大舅嫂去做童养媳时婆家也不需要给娘家粮食或是钱财。

童养媳到婆家之后也需要承担一定的劳动，但由于童养媳一般年纪较小，所以通常不用做重活，而是做一些力所能及的家务活。做童养媳期间可以回自己娘家，想回的时候向婆家的大人申请，然后由婆家送回或娘家来接，不限制回家的时间与日期，不到年节的平常时候也可以回。未经婆家人允许，童养媳不能私自回家，若私自回家则会受到家规惩罚或是造成两个家庭之间的矛盾。通常童养媳都是娘家家庭贫困者，在婆家能吃饱饭吃好饭，而回到娘家可能还面临饿肚子的问题，因此童养媳也不会经常提出回娘家的要求。童养媳通常到十六七岁结婚，结婚仪式同正常娶亲一样，且可以成为正房妻子。在双方协商好正式的结婚日期之后，童养媳可提前一个月（多者提前半年）回到娘家，待正式结婚之日再经婚庆仪式回到婆家。

童养媳在婆家的吃穿用度均由婆家负责，但一般不会给零用钱，因为在传统时期吃穿均是在家里解决，基本无其他开销。童养媳在婆家不能参与婆家家里的事情，一方面是由于年纪较小而家中事务基本是由家长说了算，另一方面还未正式成婚，不能算作家庭成员。若童养媳在婆家去世，要分不同的情况：如果是女孩本身得了重病，婆家尽力医治而未果，则娘家人也不能追究婆家的责任；但若是因为童养媳受婆家虐待而去世，娘家人则要去婆家找麻烦，商量不出解决办法要报保甲长来处理。

如果家里农忙或是家中父母生病，童养媳可回到自己家中帮忙，婆家都会允许，因为童养媳一般年纪都较小，能承担的劳动很有限。

（5）娃娃亲

娃娃亲是传统时期的一种习俗，指男女双方在年幼时由父母订下的亲事。定娃娃亲的年纪从未出生的婴儿到五六岁的儿童不等，最大不会超过 6 岁。

一般基于以下几种原因会有定娃娃亲的情况：一是双方父母是关系特别好的朋友；二是双方父母是合伙经商做生意的合伙人；三是双方条件均比较优越，为了早传宗接代，也会选择门当户对的对象定娃娃亲。

定娃娃亲的男女双方有的稍早于正常结婚的年纪，如村民李三卜结婚时年仅 11 岁，村民李三国结婚时年仅 12 岁，村民李继富也是 12 岁成婚，村民李超卫家接连四代均是父与长子相差 17 岁。

定娃娃亲的女孩在婚前吃穿用度还是由娘家负责，且一直居住在娘家直到出嫁。

逢年过节的时候两家会相互走动，走动的时候一般是父母之间相互走动。定娃娃亲的两个孩子平时可以见面，结婚的程序和正常的结婚程序一样。

定娃娃亲不需要请中人，也不需要签订协议，因为能定娃娃亲的一定是双方关系比较好的、相互信任的，因此定娃娃亲口头协议即可。

定了娃娃亲之后，如果其中一方反悔，则要主动去找对方赔礼道歉并说明情况，同时向对方送上厚礼表示歉意以征得谅解。如果商量不好，则可能导致两家的矛盾，严重的会不再往来。如果在婚前定了娃娃亲的其中一方过世，则亲事自动解除，另一方可以再自行婚配，对方不会干涉。

（6）特殊婚配

在旧社会，婚姻都是父母包办，媒妁之言。男子未婚就死了的，家里给男死者娶个未婚去世的女子，叫"娶鬼妻"。另外还有一种特殊情况是弟兄两个（或多个）下一代只有一个继承人，那么弟兄两个就每家都给他娶上一房媳妇，两家轮流居住，所得孙子各归各家，村民称之为"一门两不绝"。

（二）丧葬习俗及其关系

人生礼仪中的最后一个环节是丧葬，任徐店村村民长期以来都将过世看成是人生的一件大事，所谓"生死无常""生死事大"。任徐店村长期以来形成的丧葬礼仪，是既要让死去的人安宁，也要让活着的人满意，其中表现出了丰富的丧葬习俗关系。

1. 去世

老人快断气的时候，家人把预先准备好的寿衣给老人穿上。临终之前的沐浴更衣，事实上是给死者进行一次化妆整容。死者为男性，通常由儿子来料理；死者为女性，则由女儿和儿媳来料理。也可请人来料理。除擦洗脸面、手脚和修剪指甲外，还要梳头、穿衣、插带等。人死后，忌说"死"字，一般称为"老了""去世""归天"，年轻人死了称为"少亡"。死人穿的衣服称为"送老衣裳"，衣裤的数量忌双，寿衣一般要穿5—7件，有小褂、小袄、大褂、棉裤、大衫等，并要穿靴戴帽。无论何时亡故，都要以棉衣为主。老人临终前，要穿好寿衣，等候咽气，这一段时间称为"挺丧"。

老人咽气后，由闺女或儿媳给亡者擦洗一下脸面，有条件的家庭给以必要的容貌装饰，用一块类似床单的布盖住尸身，此布有红、黄和白等不同颜色，上面绣着经文和八仙等，称作"衾"。之后，至亲的家属，如妻子、儿女、孙辈等要在亡者的床前点燃几张锡箔或白纸，一边号啕大哭一边烧。号啕之意一是表示极度的悲哀，寄托对亡者的哀思；二是等于告诉街坊邻居家里老人归天了。接着由亡者的儿子和儿媳出去磕头求助于执事、知客，以及本家说话有力、德高望重的长辈，来家里共同商量办事的时间、规模、形式等丧葬事宜。接着将"纸库"挂于大门口，男亡挂左，女亡挂右。大门外的墙上还贴一张白纸，上面写的是"当大事"三个字。以此来告诉街坊邻居，家里老人归天了。

2. 报丧

知客到场后，成殓、殡埋的日程一经确定，就要派人前往亲戚朋友家报丧，特别是与亡人最亲近的亲戚家，如娘家（女亡者）、舅家（男亡者）、闺女家。另外儿媳妇娘家、孙媳妇娘家、闺女婆家都需要通知，即便是对方知道丧葬的一些情况，也要专程派人前去通知。

装完"鸡鸣枕"，家有公婆的外嫁女儿要亲自回家报丧，向公婆磕个头，然后返回守灵。其他亲戚朋友是派专人前往报丧，告知其成殓、下葬的具体时间。除女儿的婆家外，其他亲戚可由街坊代为报丧。

3. 戴孝

孝服一般是用粗的生麻布做成的。丧者的近本家以及宗族中五服之内没有出门的人都要戴孝，娘家亲戚和婆家亲戚也都要戴孝，但是戴的孝各有不同。丧者的配偶不需戴孝，丧者的长辈和同辈也不需戴孝。戴孝时，男性和女性没有区别，长子和次子没有区别，娘家和婆家没有区别，只有辈分远近的区别。子女除戴孝外，还要穿白衣、白裤、白鞋。

除了穿丧服之外，还要裱鞋。在平常穿的布鞋上缝上一层白布叫"裱鞋"。在村内，村民与村民之间的亲疏远近也可通过是否断孝来衡量。断了孝就不再裱鞋了，说明已经出五服了。儿女重孝，儿女的鞋应全白，所裱的鞋四边毛边，两边长，后边留一个小口（给后代留路）；侄儿、侄媳、侄女裱的鞋是两边毛口；孙辈裱的鞋是两边短，不毛，边是光的；远门侄儿、侄媳裱的鞋也是光边的。

关系远近不同的人戴的孝帽也不同。儿女重孝，儿子用一块三尺的对方白布，包裹着戴在头上，女儿则是用一块白布折叠成长条匝在头上。侄儿、侄媳、侄女的稍微小些，孙辈的更小些。闺女和儿媳的孝帽前要缀（"载"）五朵棉花，侄儿媳妇和侄女缀（"载"）三朵。孙辈和重孙辈戴黑孝帽或红孝帽。

孝子在守灵、压纸、送葬等丧事活动中，都要穿孝衣。孝衣讲究大，俗话说"夼拉地大孝衣"，一般用一丈六尺白布做成。儿子、儿媳、闺女、女婿、侄儿、侄媳等都要在送葬的时候披幅布，一般是由娘家给闺女和女婿撕，子辈是白颜色的，孙辈是蓝颜色或花色的。在生活条件比较艰苦的时期，戴孝主要是在直系亲属中进行，除穿白布撒边裤、腰扎麻绳和鞋缀白布外，儿女们还要穿大孝衣，孝衣多是租赁的。

4. 吊丧

亡者从断气到出殡下葬，孝子都要守护在亡人的身边，无特殊情况不能随便离开。守孝的孝子们的位置是男左女右，排列的顺序是长子、长子媳妇在前，次子、次子媳妇在后，以此类推。男孝子管看护长明灯，管续油、点烧锡箔纸。女孝子为号啕大哭，男孝子为哭泣；每日五更（黎明）要哭祭一次，每日夜里睡觉前要哭祭一次；娘家人（或舅家人）来、去都要哭祭；所有亲戚朋友、街坊邻居前来吊唁，都要陪着哭祭。

舅家（男死者）或娘家（女死者）接到噩耗，随即通知本家，前去看尸。看罢尸，主事人（舅家的当家人）以亡人家人的身份带着探究死因验明正身的使命，出席在这场重大事宜上。长子得把死因及丧事安排情况向主事人做详细汇报，主事人可以过问丧事办理的任何细节并提出改正措施；吃饭时，由办事人陪同让到正面坐，态度一定要庄重客气。因此即使平时不起眼的人一旦做了主事人，架子便大起来了，稍觉得受到怠慢就制造事端，打着替死者出气的大旗，叫那些孝子们颜面丢尽，村里人会说惹下主事人了。舅家人或娘家人从此日到下葬日，每天需去看望一次，叫"吊一次孝"，每来一次都要散一次孝帽。在男知客的指挥下，长子头顶条盘，条盘上放着孝帽，列队前往散孝，到男客面前跪哭，然后男知客拿起，散发给来的男客；对于女客，那就要女知客带领儿媳们前去散孝了，过程和形式与男客一样。散孝时，舅家（娘家）此时要对不孝的子女进行训斥，不接孝，跪着的孝子是不能起来的。

同村人来吊丧的时候行的礼和家人不一样，但是同村人不管是否和丧者同家族，行的礼都是一样的。长辈来吊丧时行礼不需要磕头。

5. 葬礼

请亡灵。若夫妻双方有一方先过世，则另一方过世时要在下葬头天晚上压纸之前先请亡灵，由响器班吹着响器在前面走，后面族中辈分最低者提着马灯，晚辈中还有两个人抬着供桌，桌上放着祭品。领着队伍的男孝子（儿、孙、外甥、侄子、女婿等按亲疏远近排列）边哭着边向祖坟走去，走到祖坟，请已故的先人来领死者的灵魂入坟。中途凡遇到十字路口都要停下来，孝子们在路口跪下，办事人烧纸钱买通路神才能过去。到了坟地，把供桌放到各位先人的坟前，向他们烧纸钱、上香祭拜，请他们回家领亡灵。

压纸。请亡灵后，下葬的前一天晚上还要压纸，娘家、近本家、闺女女婿、外甥、孙女孙女婿这些亲戚都要来参加。

入殓。入殓可在死后的当天、第二天或第三天不等。通常是三日入殓。入殓前，死者的儿女按长幼次序排列成行，为死者清净身体，用一个小笤帚在死者的身体上象征性地扫几下,叫作"扫富贵"。如果死者是女的,一定要有娘家人在场,特别是得不到娘家人的首肯是不能入殓的;如果死者是男的,一定要有舅家人在场,得不到舅家人的同意是不能入殓的,在得到肯定的答复后,才可以钉棺盖。对于贫困家庭来说,还会发生"软埋"的情况,即因为买不起棺材而直接用一个席子卷着下葬。

打墓。主家要提前选定七八个帮忙的(叫"土夫"),由孝子给他们磕一个头,执事给他们每人发一块孝布,孝子与打墓人一起到坟地。孝子先在风水先生预先看好的地方点上锡箔,烧上三炷香,磕三个头,意思是告诉土地爷这里要挖墓埋葬老人,请求保护。然后孝子在四个角各挖一锹土,最后在中间挖一锹,接着打墓人开始挖墓坑。打墓的人一般是丧者的街坊邻里,是主家请来帮忙的,不需要支付报酬。

出殡。出殡不仅是死者的哀荣,更重要的是生者的显耀,不论贫富都尽力而为,不惜钱财。为了将这件事办好,都要请一个"懂其事"的人来主持,过去说的"懂丧"之人的权力,是家族和主家给予的决定权,他可以扒房子卖地来办理丧事。出殡前,主家要准备"谢帖",谢帖一是对来祭奠的亲朋表示感谢,二是告知以后祭拜亡人的具体日期。

吊唁的亲戚朋友到中午的时候才会到,吊唁的人来到灵前摆供祭拜,祭拜结束之后孝子们要出来向来祭奠的人磕一个头作为谢客,一般由重孝子代表。正式出殡前还有最后一次家祭,将水果、干果(筋骨条、蛋糕等)、面食等四样供品摆列于供桌之上,重孝子(长子或长孙)在知客带领下来到灵前进行祭奠,上香、点锡箔纸,然后重孝子念已经准备好的祭文。

起灵是出殡的一项重要活动。由办事人主持,年轻的要"抬重",即抬棺材,抬棺者一般是8人或者16人,年纪稍长者则负责拿纸扎等。分派好后,首先要孝子央客吊孝,于是来客就集中在一起,对死者进行葬前的最后一次祭奠,一般是娘家(舅家)的一个辈分比较长者在前面主祭,其他人陪祭。祭奠结束,孝子们要出来谢客吊孝。吊唁结束,长子在办事人的带领下,出来磕头,央帮忙人等。待一切仪式结束,就开始出殡。出灵堂时长子要在棺材的前方抬着,叫"抬大头"。出大门后稍停顿由长子媳妇把瓦盆朝棺材尾部摔碎,叫"摔老盆"(装的是灵前供奉的东西),以便死者"带到阴间食用"。出殡的队伍最前面的是开路神、知客,其后按照铭旌、挽联、纸扎、送殡者、男孝子、灵柩、女孝子的顺序排列。

出殡当天主家会设礼桌,前来送葬的亲戚朋友进行封礼,多少根据与亡故者关系的远近以及自家实际情况决定。有的富裕的人为了不显露自己的财产会直接把礼钱单独交给孝子,而不上礼单。传统时期,有的不封礼而是带一些粮食过来,以带白面馍馍为主，通常是带两斗篮馍，两个篮子为一架食盒，馍的数量不能少于 28 个，不能多于 32 个。父母过世收的礼钱由弟兄几人平分，闺女不能参与分配。

埋葬后的第二天要进行瀽汤，孝子抬桶，前去坟茔，桶里放有带扁食的汤，汤叫"迷魂汤"，孝子们在前，两个人抬半桶扁食汤在后，走一路瀽一路，到了坟地，汤已经差不多瀽完了。这时孝子们就将桶里的扁食一人一个埋在刚刚拢起的坟头上，等一会儿再刨出来，看看发不发（涨不涨），谁的发了就预示着谁会发家。

知客。举行丧葬仪式的时候，知客由村中有威望、会办事的人担任。知客需要去请，一般是由丧者的儿子去请，也可由本家族中和自己关系近的人去请，去请知客的必须是男性。请知客时不需要带礼物，也不用支付报酬，来帮忙的人同样也不需要给报酬，但是办事期间主家要管饭，以表示感谢。有的事情办完之后还会专门请帮忙的人再吃一顿饭以表示感谢。丧葬中来帮忙的主要是街坊邻里，亲戚主要是作为客人来吊丧的。厨师以及吹响器者需要给报酬。厨师一般是从本村请。

成主。德高望重、有文化的才能有成主。村内只有李三辰、刘俊卿、宋跃臣、赵锡美、李三洋等五六个人有成主，均是高级文人。普通的牌位上写的是"××之灵位"，而成主牌位上写的是"××之灵王"，礼项上写的是"王"，然后用毛笔蘸朱砂在"王"字上面点一点成为"主"。成主的牌位必须是栎木（名贵、细致），底下的柱是柏木，毛笔必须是新的、未使用过的。请木匠到家里做老人的牌位时，锯木的时候不允许用脚踩，而且主家要为木匠准备新手套，儿子还必须跪地拿着木头供木匠锯，以表示尊敬爹娘。在传统时期，成主代表着荣耀，只有德高望重者或是大财主才会有成主。

帮忙。丧葬中用多少人帮忙根据门户大小和光景好坏来定，在办事人的提醒下开列出名单，孝子们分开报丧，通知乡邻帮忙。当家里遇到丧事后，孝子只给请的办事人和主要负责处理事务的人磕头，之后会在各个十字路口贴上一个白纸条，上写"不烦乡亲"，同姓的和合适的人看到后就会在出殡的前一天晚上纷纷去丧主家吊唁，吊完孝，办事人便根据来的人员分派职责。如果来吊唁的人太少，不够用，则说明这家人平时为人不好，办事人就要要求孝子去磕头请人帮忙，这是很丢人的事。

6. 丧事后的仪式

丧后逝者的灵牌一般是放在长子家里，不需要每天都上香。老人死后要祭祀，祭祀有四个日子：三七（三个七天）、五七（五个七天）、百日（一百天）、周年。村民讲究"长周年，短五七"，办五七不能超过日子，办周年不能提前，弟兄三个的不办三七，弟兄五个的不办五七。

在这些祭祀的日子，子女都要穿上孝服，白衣、白裤、白鞋，到坟上给亡故的老人烧纸，供奉祭品。而且亲戚朋友也来参加祭祀活动，但亲戚朋友不需要再戴孝，亲戚朋友来时多拿一些馍、刀头、纸钱。一般五服内的人在这些祭祀的日子都会来参加，不分男女，如果有事不能参加和主家说一下就好，不会影响两家的关系，即便是逝者的儿女不参加也不会受到什么惩罚。有钱的人到祭日这一天，还要请响器班、买纸人纸马、摆酒席大操大办。一般的人家，也就是简单招待一下来宾，到坟上烧烧纸了事。三七、五七、百日只办一次，周年要连办三年。三年以后一般不再举行专门的祭拜活动，只是在春节、清明节、七月十五、寒衣节的时候进行祭拜。

二、节庆习俗及其关系

任徐店村的节日大多和天文、历法、数学，以及后来划分出的节气有关。在任徐店村，文化节日主要有春节、元宵节、清明节、端午节、中秋节、重阳节、寒衣节等。

（一）春节与习俗关系

春节又称"过年"，一般是从大年三十到正月十六，也有人说是到正月十九。过年需要提前准备，一般从腊月初八起，村民就开始陆陆续续地准备年货。

腊月初八，每家每户都要吃腊八粥，由大米、小米、花生、豆、红薯、红萝卜（胡萝卜）、蔓菁等八样食物在一起熬制而成，有的还会加入一些红枣、核桃仁等，放的食物代表着人们一年的收成，寄托着人们对明年五谷丰登、收成好的希望。腊八粥煮熟之后，先供奉神祇，然后全家食用。家家户户都要吃腊八粥，区别仅在于腊八粥材料的好坏。腊八粥由家里的妇女来做，和平时吃饭没有什么差别。过了腊八之后就要开始置办年货了。置办年货一般由当家人负责，但不一定必须是当家人本人去，当家人可以给家里人分配任务，给其相应的钱去买回相应的东西。

腊月二十三为"祭灶日"，又称过小年，要送灶王爷上天开会。这一天家家要烙"祭灶火烧"（甜、咸对半）、买灶糖供奉灶君，以祈祷灶王爷"上天言好事，下界保平安"。在任徐店村，人们把祭灶看作仅次于中秋的团圆节的事情。凡在外地工作、经商、上学的人，都争取在腊月二十三之前赶回家里。能吃到家里做的祭灶火烧，便会得到灶神的保护，来年家人就能平安无事。祭灶当天，除了家里的祭拜活动之外，亲戚朋友之间不会相互走动。一般富裕人家的长工也是在祭灶这一天下工。过小年的时候不需要祭祖，但是一般家庭在祭灶神的时候也会为家神上炷香，一般是由家中的年轻男性来做。

从腊月二十四起，村民就会集中为过年做最后的准备。一般的安排是：二十四，扫房子。扫房子一般是家中的年轻人一起做，不分男女都要出一份力，老年人与小孩子一般不参与。二十五，磨豆腐。通常由家中的女性负责，也可由男性代劳。二十六，打酒割肉。一般是当家人负责置办。二十七，蒸年馍。除蒸馍外，还要蒸花糕、大馍、供糕、刺猬。花糕除每个神位一个外，还要给每个外甥一个，意思是外甥是我们家老姑娘的靠山。大馍一人两个。刺猬做两个，放在大门的门头上，叫它往家里拱元宝。大馍里只有一个包一个铜钱进去，谁吃着了，说明在新的一年里谁运气好。二十八，炸油馃。有蜜食、涛花、焦花、大麻糖、小麻糖、丸子等。蜜食、涛花和焦花上供敬神用，大麻糖是串亲戚用的，丸子、小麻糖过年的时候自己食用。二十九，煮刀头。刀头是上供用的肉，在这一天里要把过年吃的肉类做熟。

大年三十，又称除夕，这一天要吃扁食、贴门对。一般家庭在三十这一天贴门对，一些穷苦人家也有在二十五六或二十七八就贴上门对的，因为在任徐店村有一个规矩：贴上门对后，要账的就不能上门了，如果还要上门要账，那就是成心不让人家过好年，反而是要账人的不对了。三十这一天的中午，家家户户过年的东西基本齐全，就开始摆供了，有的在寺庙、家庙，还有的在自己家里。根据不同的信仰，所敬的神祇的不同，摆供的规格和方式也不尽相同，例如敬火神要摆肉供，而敬观音则摆素供。供品摆放整齐后要鸣放鞭炮。

大年三十下午，家家户户的男子都要上坟烧纸、放鞭炮，请故去的先人回家过年，去墓祭的时候一般是几兄弟商量着一起过去。回来后，要用白灰将大门口、屋门口和窗口围住，还有的把大门口围成天梯，有的围成弓箭状。围门围窗的意思是为了防止邪魔进入自己的宅院，以求过个平安年。除了墓祭之外，大年三十还要进行家祭，家祭以一家一户为单位，各人在各人家里进行祭拜。祭祖一般是由家里的男性来做，女性通常是在厨房做饭而不参与祭祖。摆放祖先的牌位一般是使用方桌，正屋摆放各路神灵的牌位，侧面偏左的位置摆放家神及三代牌位。大年三十的年夜饭，村民习惯于吃饺子。饺子由家中的妇女做，做好的第一碗饺子敬祖先，由年轻人去端祭，接着是给家中的老人盛，其次是小孩，再次是成年男性，最后才是家中的妇女。大年三十吃饺子的时候都是自家的人，年夜饭吃完后，由家里的女人负责收拾桌子，男人一般是出门与邻居闲聊。

过年的时候家家户户都会燃放鞭炮，放鞭炮象征着辞旧迎新，不管穷人富人都会放。燃放鞭炮的大小没有讲究，一般过小年放小炮，过大年放大炮，富人家燃放的鞭炮大于穷人家，数量也多于穷人家，放鞭炮的多少也是一种身份地位的象征。

大年初一，五更天起床之后第一件事就是要给神位摆放供品。摆供的时候要先给神灵摆，神灵全部摆完之后再给三代牌位摆，摆放供品一般是由家中的年长妇女来做。然后是拜神，拜神的时候先去拜外面的神，一般是由家中的男性去，拜外神没有先后顺序，谁先到谁先拜，村民都会去很早抢烧第一炉香，象征吉利。外神拜完之后回家拜家神和祖先，拜的时候要先拜神灵，再拜三代牌位，通常给神灵磕3个头，三代牌位要磕4个，然后再给长辈磕头拜年，通常是1个，也即"神三鬼（亡灵）四人一"。大年初一早上村民一般也是吃饺子，因为祭祖时要放饺子，去给近亲长辈拜年时也需要端一碗饺子。大年初一的早饭一般比平常吃得早一些，日常是在八九点，大年初一一般在六七点就吃早饭了，一方面是图吉利，另一方面吃了早饭之后就开始去拜年了。大年初一一般是男性先出门拜年。

大年初一当天，不能动剪刀等利器，动了接下来一年可能会不安宁。大年初一也不能将水、垃圾倒出门，倒出去象征着散财。大年初一因燃放鞭炮留在家里的炮纸炮灰也不能扫掉，鞭炮象征着红红火火，代表着吉利。如果违反了不会遭受惩罚，但会被当家人口头教育。

大年初一，起了五更、祭了祖先、放了鞭炮、吃了扁食之后村民之间就开始相互磕头拜年了。拜年一般是晚辈给长辈磕头，长辈给晚辈中未结婚的男女压岁钱。磕头先给天地牌位磕，然后再给三代宗亲牌位磕，磕完后再给长辈磕头，先高辈后低辈，先长后幼，先男后女，先喊称呼再磕头，一人一个，磕罢家里人再去给本家磕头。娶过媳妇的男子得给自己本家长辈端扁食（长辈两口都健在端两碗，一人健在端一碗），磕过头，长辈将碗里的扁食换成蜜食和涛花回赠给晚辈。村民磕罢本家，再去同族中长辈家拜年，主要还是磕头，最后是街坊中的长辈，也要到他们家去拜年。磕完头后，男子要到家庙中一齐拜祖宗，拜家谱。拜罢，由族中的执事人发核桃、柿饼、枣、糖果等食物。拜年的时候一般是结伴拜年，同一家族中的男性一组、女性一组集体去拜，由年长的人带领。给同村人拜年的时候不需要带礼物。统一拜年之后，就可以再拜自己单独的相识了，比如拜把子兄弟、师傅等等，给这些人拜年的时候一般会带一些礼物，数量不多，主要表达一种情谊。在这些人中，又以师傅的礼物最重，因为要向师傅学艺。拜年的时候如果与保长、甲长、绅士是亲戚或是邻近的街坊则去给其拜年，如果不是，不用专门去给其拜年。关系不好的、日常有矛盾的一般不相互拜年。

春节的时候要走亲戚，走亲戚一般是从大年初二开始，初二初三串娘舅，初四走姑串姨去姐家。对于认有干亲的人，给干亲拜年通常是在大年初三以后，距离近的也有在大年初一下午去的。走亲戚的时候，姻亲中舅舅家和岳父家必须去，且去拜年的时候必须要带礼物，礼物以点心类为主，如果不带礼物，则是姻亲关系不和谐的象征，不但会造成姻亲之间的不愉快，还会被外人笑话。去岳父家时，夫妻双方都必须去，婚后女婿其他时间都可不去岳父家，但春节的时候必须要去。如果亲戚来了自己家，一般都要去回礼,但如果是特别远门的也有不回的。

春节期间,没有村庄组织的集体活动,但村内的文艺队如旱船、大架等会出来表演。表演由文艺队的人自发组织,一般从腊月半以后开始排练,排练的时间多在晚上,不耽误白天做家务或是做农活。从大年初一开始正式表演,文艺表演不产生经费,只是最开始组织的时候由文艺队的代表去向大户家里募捐粮食购买表演的器材。文艺队一般是先去寺庙,其次去祠堂,再次在村内转街轮流表演,最后去大户家里表演。表演没有报酬,只是去大户家里表演过后,大户家里会给一些核桃、柿饼、点心等表示感谢。文艺队的表演村民均可参加,但是大户家里的人一般不参加,大户家里讲究排场、颜面,不允许家人去做有失颜面的事。文艺队的人均为本村人。文艺队表演的时候村民均可以观看,外村人也可以看,观看不需要支付报酬。

春节期间村民不会专门宴请宾客,只是有亲戚来的时候到饭点要管饭,饭食比平日里要好。不需要专门请保长、甲长、绅士或是族长吃饭。

(二)元宵节与习俗关系

正月十五、十六为元宵节,又称"灯节"。在正月十五这一天晚上,家家户户煮汤圆或是打茶(做油茶),油茶里面放些扁食、粉条,叫"鲤鱼钻沙""金丝缠元宝",敬神之后全家食用。早饭和午饭无讲究,但是人们习惯于正月十五中午吃饺子。由于生活条件差,当时村民吃的油茶均是自家用面粉炒出来的,炒油茶必须是在正月十三,而不能是正月十四,有习语"炒三不炒四,炒四生个秃儿子"。

在农村,元宵节和大年的除夕一样热闹。在这一天的中午家家户户都要给神灵和祖宗上供。因过世的先人在家不能过"添仓",通常男子在元宵节这一天晚饭后要上坟,每家都在自己先人的坟墓上点一盏灯(或是蜡烛),叫"送灯",给回家过年的先人回坟照路,使他们回坟安息。但这一天的祭祀都是家祭,家族之间不再举行统一的祭祖活动。从坟地回家后要在自己家门前烧一堆火,叫"旺火",预示当年日子红红火火。还要在门口、床前、鸡窝、猪圈等地方点上蜡烛,叫"照百病"。

元宵节的时候,大人通常会为孩子用纸扎成或是糊成一个小灯笼,里面点上蜡烛,由小孩子提着满街跑,最好是哪里的旺火烘得更旺就往哪处跑,俗称"闹花灯"。有些穷人因生活窘迫不能为孩子制作花灯的,孩子就空手不提花灯在街上跑。这一天孩子可以到处跑,哪家门前的旺火点的旺孩子都可以去,不会有人阻止。大人们则在自家门口点上旺火。由于大家烘旺火的时间不一且元宵节的时候天气还比较寒冷,因此在正月十五这天晚上,谁家门口旺火点起来了大家就到其家门口凑热闹、说笑。凑热闹的通常是男性,长辈女性也可去。除此之外,元宵节村内无其他集体活动,元宵节的时候亲戚朋友之间不再互相走动。

（三）清明节与习俗关系

清明最开始是一个表征物候的节气，在春分后半个月，后沿袭成祭拜祖先、悼念已逝亲人的节日。在清明当天，人们携带酒食果品、食物等到墓地，将食物祭供在亲人墓前，再将纸钱焚化，为坟墓培上新土，折几支嫩绿的新枝插在坟地，然后叩头行礼祭拜。关于祭扫的日期，亲人去世不满三年的，要在清明的前一天去祭拜；去世三年以上的，在清明当天祭拜。

清明节之前，村民要准备好各色花纸，包括黑、白、红等，同时准备好大金以及给祖先上供和上坟的供馔。若父母双方均过世，过清明节的时候通常是兄弟姐妹几人一起去上坟，具体的上坟时间以及集合地点由兄弟之间商量决定；若父母还有一方健在，通常就是在世的父母在哪家就在哪家集合。若父母均健在，在清明节当天已出嫁的女儿不能回娘家。清明节祭祀结束之后，兄弟姐妹们中午各人回各家吃饭，不专门进行家庭内部的聚餐，若已出嫁的女儿距离娘家比较远，则父母在哪家女儿就在哪家吃饭，但是外嫁的女儿回乡上坟的时候除了要带祭祀的用品外，还要多多少少给父母或是父母所居住的兄弟家里带一点礼物，礼物通常是点心、馍馍等。若兄弟们相处得关系比较融洽且家庭条件较为富裕，祭祀结束之后其中某个兄弟也会招呼大家到其家中吃饭。

清明节上坟的时候需要鸣放鞭炮，穷人家庭也有不放的。上坟的时候必须带一些供品放在坟头，通常是开水烫菠菜、炒鸡蛋、烙的油馍、水煮粉条等，形式很简单，后逐步演变成饼干、苹果、香蕉等水果点心。带到坟头的东西如果没有用完可以再带回家。烧纸的时候要在墓主的前面先画上一个圆圈，意味着外鬼不能过来抢劫。

清明节时，死去父母的妇女多要回娘家给父母上坟，带的食物供馔罢分送给兄弟侄子。一般清明节人们大都会主动祭祀已逝的亲人，因为如果不愿意祭祖，会被其他亲戚以及邻里诟病，落下不孝的名声。民谚云：鬼节不祭扫，不如猪狗猫。

（四）端午节与习俗关系

农历五月初五为端午节，粽子是这个节日最具代表性的食物。在任徐店村，祛毒除疫也是这个节日的主要活动。在这一天，日出之前，许多人带上镰刀、竹篮到田间河边，采集带有露珠的艾叶、车前子、毛毛草、猫儿眼、菊花、地黄、柳叶等，束之挂于窗前或插于门上，以示祛毒除疫。待其干后，还可以当茶饮用。除此之外，端午节还有佩香囊的习俗，端午节的时候会给小孩佩"香布袋"，也称"香囊"。这天是仲夏的伊始，仲夏炎热之时蛇、蝎、蚰蜒、壁虎、蛤蟆五毒虫乱爬，为了防止这些毒虫对小孩的侵害，人们会用沙姜、香附、苍术、山奈、硫黄、白芷、雄黄、艾叶、丁香、冰片十种中药缝成香包，挂于儿童胸前，不但有驱邪避瘟之意，而且有襟头点缀的效果。为小孩佩戴香袋时，还要在其耳朵、鼻子、肚脐、手心、肛门处涂抹雄黄，以避五毒。

端午节正处在收割麦子季节，常常会被忘记，所以又称为"耽误节"。也因正处农忙季节，端午节村内也没有相关的集体活动，村民、亲戚、朋友之间也不互相走动。在端午当天已经忙完农活的家庭，多数会改善一下生活，刚打下来粮食时吃食比较充足，就做一些油炸糖糕、菜角或是烙点油馍来庆祝节日，但都是各家吃各家的，彼此之间不会相互送礼品。

（五）七月半与习俗关系

农历七月十五为中元节，中元节是三大冥节中最重要的一个。这一天要祭祖、上坟，祭奠先人。寺庙在这一天是举行盂兰盆会的日子，内容也是为亡灵超度。在早些时候中元节当天还会设道场，放馒头给孤魂野鬼吃。中元节祭扫的日期和清明一样，亲人去世不满三年的要在七月十五的前一天去祭拜，去世三年以上的在七月十五当天祭拜。祭拜仪式和禁忌与清明节基本相同，兹不赘述。

（六）中秋节与习俗关系

农历八月半为中秋节。每到这一天，家家户户都要割肉打酒，晚上还要在神祇前摆供。中秋节摆的供相比春节比较简单，通常是在供桌之上摆上茶水、月饼和水果，烧三炷香，点燃一些纸钱，供奉神灵，待香火快燃灭的时候即可把摆的供收回，前后大约持续半个小时。

当地有"女不祭灶，男不愿月"之说，所以在中秋之夜主祭的大多是女主人。待全家依次拜祭完之后，由当家主妇切开团圆月饼，切月饼的人预先算好全家共有多少人，在家的、在外地的都要算在一起，不能切多也不能切少，大小要一样。

八月十五的前几天（一般是十二、十三），娘家人要给出门的姑娘送礼，主要是月饼、花糕和水果。出嫁后的前三年礼物重，都是直径一尺多大的花糕，还有月饼和两样水果，叫四色礼，老闺女是小花糕和一样水果，叫两色礼。后逐渐演变成由闺女给娘家送礼，在中秋节前，出嫁的女儿以及有的外甥们要以月饼、肉等去给娘家和舅舅送礼品。礼物的数量和类别没有什么讲究，主要是表达一份心意。外嫁的女儿回家看父母，女婿一般也要跟着一起过来，算是走亲戚，如果不去也不会受到什么惩罚。送礼多是在中秋节之前，女儿和外甥来送礼时，主家要管一顿午饭，饭食没有特殊要求，家常便饭即可，因为传统时期整体生活条件差，人们家里养的鸡下的蛋多数要拿来换盐吃，因此在亲戚家里吃上一顿鸡蛋捞面条就算是最好的饭食了。女儿回娘家送礼算是客人，因此在娘家吃饭的时候不需要自己动手，而是由和父母一起居住的儿媳负责做饭，但女儿一般会动手帮忙。吃饭的时候要让老人坐上席，其他的座位没有讲究，大家可以随意坐。

若家庭内人丁兴旺且儿子均已成家，在中秋节当天儿子们也要给父母多少送去一点礼品，父母在哪个儿子家居住哪个儿子就可免去送礼。

过中秋节是家庭内部以及近亲之间的走动，不需要向保甲长、族长、门长等送节日礼物。中秋节村内、族下也不举办集体活动。

（七）寒衣节与习俗关系

农历十月初一为寒衣节，上坟祭祖，最主要的是制冥衣、买纸扎。十月一日是进入寒冬季节的第一天，由生者的御寒加衣，想到死者的防冷需要。十月一日烧寒衣必须认真仔细，将送给死者的衣物、冥钞诸物焚尽，以保证能被阴间的亡人使用。在送寒衣时，还讲究在十字路口焚烧一些五色纸，象征布帛类，用意是救济那些无人祭祀的绝户孤魂，以免给亲人送去的过冬用物被他们抢去。儿女们守孝，穿三年孝服，孝满之年的十月初一换穿常服。先人的迁坟合葬等仪式，村民也是习惯在十月一日进行。

十月一日不仅要为亡人送寒衣过冬，就是生者也要进行一些象征过冬的传统活动。妇女在这一天要将做好的棉衣拿出来，让丈夫、儿女换季（民谚：十月一，棉墩墩）。如果此时天气暖和不适宜穿棉衣，妇女也要督促丈夫、儿女试穿一下，图个吉利。男人们则习惯在这一天整理火炉，以保证天寒时顺利取暖。

三、日常习俗与关系

除婚丧嫁娶、节日庆典等，在村民的日常生产生活中也有一些约定俗成的、世代相传的礼仪习俗，制约着村民相关的行为选择。

（一）日常习俗内容

1. 禁忌类日常习俗

相对于指导村民生产生活的民风民俗，在任徐店村，也存在着大量禁忌类的习俗。在农业生产方面，人们认为，地黄、西瓜等农作物不能重茬种植；打麦场上严禁烟火，必须放水缸、沙土、铁锨等防火用具，预防火灾；俗语道"稀麦稠豆坑死人"，种植要适当，不能过密，过密不但不增产反而会减产，也不能过稀，过稀也减产，所以要合理密植；打罢春，麦地里严禁放牧牲畜；玉米熟了可以晚些收，小麦熟了必须及时收，玉米晚收会增产，小麦晚收会减产；"立冬，摇萝卜拔葱"，立冬后天气变寒，不及时收萝卜和大葱就会被冻坏，大葱还会长空，民谚说"十月葱，一场空"。

在经商方面，村民一是讲究诚信，认为经商不是一锤子买卖，而是长期的事业，因而必须取信于人。要做到"货真价实"，不能弄虚作假，不能以假充真，欺骗客户，要讲究公平交易、童叟无欺，交易讲求"要奸（精打细算，'看准了宰一刀'）不要赖（假冒伪劣，欺诈违约）"。第二，经商要"薄利多销"，俗话说"十分利饿死人，一分利撑死人"，说的就是这个道理。第三，经商不能"欺行霸市"，欺行霸市、哄抬物价是不被村民和行规所不允许的。伙计之间也要相互信任、胸怀宽广、重义轻财等，这都是约定俗成的经营守则。

在婚嫁方面，祖父母、父母不能送闺女；娶、送之女客不能用孕妇、寡妇和属相不合者；路遇出殡、下葬之时，需躲避一下，若实在躲避不开，可用红布将新娘的轿遮住。在丧葬方面，一是下葬时孝子不准喊人名。二是孕妇、新娘不准上坟。三是未出嫁的闺女死了，不准在家停尸过夜，不准入祖坟，当天就要找个地方埋掉，或是停尸旷野，等人来娶鬼妻。四是老人死了大门口需贴"当大事"，但若父母尚有一人健在，就不能贴这三个字。五是报丧时自家人（叔伯兄弟）要逐家禀报，不能让人捎信。六是给逝者穿戴好后，抬到屋子的正中间，叫"寿终正寝"；可是若妻子还在男尸得放得偏左些，丈夫还在女尸得放得偏右些，不能放在正中间，若配偶不在了就可以放在正中间。七是哀杖可多不可少，出殡时全部带到坟里，家里不可留一根。八是长周年，短五七，办五七不能超过日子，办周年不能提前。

2. 敬老类日常习俗

在任徐店村，一般老人都不过寿，只有家庭富裕的或者在村庄德高望重的老人才会过寿。老人过寿，通常是由和老人一起居住的儿子负责操办，其余的儿子需要来帮忙，且需给父母带礼物；也有的家庭给老人过寿的费用由儿子们轮流承担，如此每年给老人过寿儿子们均不需再携带礼物。老人过寿，外嫁的女儿不需要承担费用，但是需要给老人带礼物，除了表示心意的小米、肉类、点心类等礼品外，还要为过寿的老人制作一个面寿糕作为对老人的祝福。

（二）日常习俗关系

村民的日常习俗多来自口口相传的生活经验，来源于祖辈且经世代验证，村民一般不会产生质疑，在很大程度上起到了规束和制约村民行为选择的作用。对于约定俗成的规矩，通常人人需要遵守，如果不遵守即是"不随群"、不懂礼数，会被村民嘲笑和孤立。但对于信仰等方面的习俗，村民有自由选择的权利。

日常习俗也在一定程度上充当着连接村民的桥梁纽带。村民以日常习俗为规范进行行为选择，日常习俗逐步演化为农村社会的伦理道德标准，虽没有特定的人作为日常习俗的代表，也没有围绕日常习俗成立专门的组织，但村民在日常生活中已经将习俗内化为一种自觉，理所当然地觉得应该遵守习俗。不同的习俗发挥作用的范围也不一致，既可以以家族为单位，也可以以村庄为单位，也可能是在更大地域范围内。

第六节 规训与规训关系

传统时期，家庭教育与学校教育是村民教化和规训后辈的主要方式。本节将从家庭教化与规训、学校教化与规训两个方面来考察传统时期任徐店村的规训与规训关系。

一、家庭教化及其关系

家庭教化是村民接受教育的主要方式之一。1949年以前，任徐店村村民对家庭成员的教育主要以家规家训的形式进行，同时又兼有农业生产的教育，为子女的成长发展提供导向。

（一）人生教育

在任徐店村，村民历来就重视对子女后代的教育，谁家的孩子长大后在社会上或是在治家创业上有所成就，便以"教子有方"相赞誉；若子女长大后在社会上一事无成，又惹是生非，大家都以"没家教"相讥讽。家教在民间被视为保证子女健康成长的主要手段。在任徐店村，大姓基本都有家规、家训。以李氏家族为例，李氏家族在很早之前即形成了成文的族规祖训，但在"文化大革命"时期遭到毁坏丢失，1970年代中后期在族长、门长以及族下有威望的人的号召下，又重新商讨编写新的族规祖训。

其中，祖训内容为：

祖垂明训 晓谕子孙 首忠国家 次孝双亲
夫妻互敬 兄弟同心 婆媳相让 妯娌谊深
尊老爱幼 睦邻厚宾 恤孤怜寡 解困济贫
品端行正 德积福臻 浪费可耻 勤俭堪钦
耕读传家 奋志凌云 创基立业 争建功勋

族规内容为：

李氏族规 共同守遵 勿触国法 勿犯盗淫
勿出秽言 勿赌重金 财忌豪取 酒忌狂饮
破除迷信 严禁毒品 邪恶休作 诡诈弗存
止斗息讼 戒霸戒侵 朋比为奸 坚决不允
伦常莫乱 晚育晚婚 循规蹈矩 扬名显亲[1]

祖训族规贴于祠堂内，供族人查看。祖训由祖辈流传下来，由族下有文化的人编写，然后族长、门长与族下德高望重的人商议确定。祠堂里有专门的家棍，族下有专门的打手，但是不轻易使用，只有在有人严重违背伦理道德的时候才会开祠堂门打人，比如不孝顺父母、儿媳侮辱公婆等等犯下大错的情况。祖训本身也是偏重于教育而不是惩罚，因此内容也多为劝人向善、积极向上，而不是具体的惩罚措施。祠堂门轻易不开，一开祠堂门打人就会在村内形成轰动效应，甚至会影响后辈的婚姻，有在祠堂被打的经历别人就不愿与其结亲。

家庭规训一般采取从小言传身教的方式，从小就在细节上对小孩进行教育，教育其分辨是非对错。家庭教育以长辈对晚辈的口头说教为主。不听长辈教导的会被长辈责骂，严重的也会被打。在任徐店村，村民基于家教、家规、家训以及学校教育，形成了一种强烈的等级观念，如尊卑、先后、老幼等。在日常生活中表现为亲戚、邻里之间按年龄辈分的相互称谓、尊老爱幼、尊敬父母、孝敬公婆等。家规、家训起到了教化与约束族人的作用，在一定程度上起到了改善村庄风气、维护村庄稳定的作用，降低了村庄的治理成本。

（二）生产教育

传统时期，在任徐店村，家庭教育除人生教育这一内容外，生产教育也是必不可少的一个方面。关于农业生产的耕作技术、农时把握，以及耕作作物安排、劳动时间安排、人员分工等，都是通过口口相传的方式，由父亲教给儿子。男孩子从七八岁起，就开始跟着大人到田地里学习放牲口、浇水、锄草、割麦等简单的农活，随着生产经验的提升以及年龄的增长，再慢慢学习犁地、播种、施肥等较为烦琐、沉重的农活，直到可以独立进行农业生产为止。女孩子虽农活做的比较少，但也是从小向母亲学习做饭、洗衣服、织布、做衣服、纳鞋底等家务活与手工活，女孩子做家务的能力以及手工技术是出嫁后到婆家立住脚的一个重要因素。"女孩子呀，要是啥都会做，那到婆家就得脸气，啥都能干婆婆也挑不出啥毛病。但是你要是啥都不会做，那嫁过去婆婆

---

[1] 祖训与族规内容均来自《李氏家族宗谱》（第十次修订）。

就不会给你好脸色受了，除非是你娘家有钱有势的。"[1]

二、私学教化及其关系

1949年以前，私学是任徐店村村民接受学校教育的主要场所。其中，有教师自己开设的，也有富裕人家主持兴办的，对村民的教化发挥了重要作用。

（一）私学概况

传统时期，任徐店村的私学均是由村民自己出资开办，只有家里有办法的、富裕的且有文化的人才能办得起私学。私学的教学点是不固定的，谁家有空余的地方就租赁人家几间房子。租赁房屋的费用很低，有的时候主家也会不要房租，因为办私学是一项公益事业，房子闲着也是闲着，用来办私学也算是做了一件好事。村民崔茂新、崔绍文、李超位家均开设过私学，但并非他们本人所开，而是别人借用其房子开办的私学。崔茂新家的私学由赵锡美主办，崔绍文家的私学由宋跃臣（木栾店人）主办，李超位家的私学由李如俞主办，李如同在自己家开设私学，崔四祥也在自家开设过私学，但是办的时间比较短，李如俞哥哥李如毕在自己家临街屋也开设过私学。开设私学不需要向保甲长申请，开办私学的收益不用上交保里，同时保上也不会对私学进行补助和救济，开办者自己能承担开办的费用即可开设私学。

私学的教室准备好之后，老师就要在门口进行宣传，一传十十传百，很快村内的人便可知道私学开办的消息，有意向将孩子送过来读书的家长就可以带着学生来报名、交学费。也有的是私学老师直接到有适龄孩子的家里告知开办私学的具体位置和时间，并向有意愿送孩子读书的家长发出邀约。每个私学的学生数量不多，一般是二三十个。

（二）私塾教育用品来源

私学里学生的用具通常由挑扁担的人从外面买过来，再在私学里倒卖赚取差价。挑扁担的人在村内的几个私学里来回走卖，主要卖书本、墨盒、纸张、毛笔等。在私学里卖东西的人，私学老师不收取费用，私学老师除了赚取学生每年交的学费之外，无其他收入。挑扁担卖书的人称为"书倌"。书倌通常十天到半个月时间到各私学里去一次，一个私学里大概停留半个小时。私学里不统一购买书籍，因为一个私学通常只有二三十个学生，而且包含一到六年级不等，因此，上学所用的书籍由学生根据自身需要自由向书倌购买。当时在任徐店村内游走的书倌非本村人，村内无人干涉。

（三）私学老师

一个私学一般只有一个老师，清末民初时村民崔四祥、李超支、李超英、任贵学、郭忠杰、李三辰等均担任过私学老师，在1940年代，任徐店村村民李如毕、李如俞、

---

[1] 来自对老人赵锡慧的访谈。

赵锡美、赵锡祥、郭恒德、李如同等担任过私学老师。外村在本村担任私学老师的有宋跃臣。私学老师中有威望学识都很高的人，比如李三辰、李超英；也有文化程度一般的，比如李如同、赵锡美，因开设私学一年能收入几斗粮食，也就各自开设了私学，以便养家糊口。私学先生在村内除了教书育人之外，和其他村民没有什么差别，同样耕种土地，同样下地劳动，不参与村庄纠纷的调解。

（四）私学学生

每个私学的学生数量不等，多的几十个，少的只有十几个，一般是在二三十人。私学对于入学的学生没有特别要求，只要愿意读的、能交上学费的都可以读。不存在学生想要读书而私学老师不愿意收的情况。私学的学费也不高，一般都可以上得起。学生入学年龄不等，有的五六岁就开始入学，而有的十几岁才入学。家庭条件不一样上学的起始时间就存在差异，有钱人家的孩子从五六岁、六七岁的时候就上私学，穷人家的孩子一般上学都比较晚，上学多是为了识几个字，认识并能书写自己的名字，也有的是为了给下一步去当学徒打基础。对于家庭真正贫困交不上私学学费的学生，有时也可以免学费去上私学。私学的老师一般是比较仁义的人，对于穷得没饭吃的农户，有的私学老师会主动到家里去说要孩子去上学，起码保证孩子能写出自己的名字。

传统时期，任徐店村适龄孩子上学的比例能够达到一半以上，但是私学一般是男孩子去上，几乎没有女孩子去上私学的。一是受传统的男尊女卑思想的影响，村民认为女孩子不需要上学读书；二是上学要交学费，会增加家庭支出，加重生活负担；三是当时私学老师要求都比较严格，完不成学习任务会被老师打骂。例如村民李三辰在村中学识很高、威望很大，家庭条件在村内也处于上中等的水平，但是当其提出要送女儿去上私学时，女儿却死活不愿意，原因即是怕在私学里被老师打。

穷人家的孩子上私学的周期一般比较短，在三到四年左右，能参加农业劳动了，也达到了会识别、书写自己的姓名的目的，将来想做生意或者去染坊、药铺等当学徒都有了一定的文化基础，这个时候就可以回家帮助家人干农活了。富裕家庭的孩子以及保长、甲长、老板、财主、私学老师的孩子大多数都是读到《论语》《孟子》就不再上私学了，家庭能负担起的就会将孩子送到县城的完小（从小学一年级到六年级都有，所以叫"完小"）继续读书，让孩子继续接受分年级由低到高的系统教育。继续教育的主要目的并非都是为了求官职，有的是为将来做生意、接替家业打下基础，做生意的前提是必须要有文化。比如李超位家的孩子，在村内上了私学之后，全部送到外地（开封）去读书了，首先是因为他家具备这样的物质条件，家里财产大；其次是具备人力资源条件，三儿子李三希就在开封教书，且与地方官员有一定的交情；三是李超位家家大业大，孩子将来要想接替家产、经营好自家的产业，必须要有文化，提高与人沟通的能力，学会做生意。

（五）私学学费

私学的学费基本是一年一斗（30斤）麦子，不同年级以及不同身份的人按照规定学费都是一样的。但是对于真正贫困的家庭，老师本着道义精神，会给其适当减免，有的甚至不收学费。不同的人开办的私学每年的学费基本一致，且学费在学生入学之前就会说明，因此不会存在因为学费而产生矛盾的现象。学费一年一交，以麦子为主，一般是在收麦子的季节上交学费。学费由家长送孩子去上学的时候顺带带过去交给老师，或者学生去上学的时候自己带给老师，也有老师直接到学生家里去收的。对于年龄比较小（12岁以下）的学生来说，由其家长去向老师交学费；对于年纪稍长一些能够独自完成交学费事项的学生，则由自己去上学的时候将学费交给老师。若交了学费学生没读够一年中途退学，老师不需要退回学费。

（六）私学教育形式

私学一年之中分为三个学期。第一个学期从正月过完春节后开始，到收麦子（6月5日前后）前放假，麦季放半个月到二十天假期；收完麦子到收秋粮之前（7月初到9月半）是第二个学期，收秋粮的时候就又放假了；收完秋种了麦子之后第三个学期开始，到年底快过春节的时候放假。这样的学期设置一直延续到1950年代。民国时期不分哪个节气，平时没有节假日，只有每周周六下午放假，周日放假一天，周一早上学生返校上课。

私学的教学形式以念书、背书、打算盘为主，一般教打算盘的也比较少，多是趁着晚上夜自习的时间教给年级高一点的学生。私学里所有的学生都在一个学堂里，学生年龄从五六岁到十七八岁不等。学生学习的内容从小学开始是《百家姓》《三字经》《千字文》，然后是《论语》（上、下）和《孟子》（上、下），再往上是《大学》《中庸》，四书五经算是顶高的（相当于现在的大学毕业）。一个私塾里的学生是不分班的，虽然从一年级到六年级不等，且学习的课程不一样，但所有的学生都在一个教室里，不同年级的学生分开坐，老师分开轮流授课，给高年级学生讲课时低年级学生就写字或是做作业，给低年级讲课时高年级学生就写字或是做作业。私学里每天早上到学校之后学生的第一件任务是写毛笔字（大楷、小楷），然后由老师批改。写完大字、小字之后，学生开始背书，背完书之后老师再开始继续往下讲下一节的内容，若背不会，则会被老师打。

(七）私学选择次序

当时村内不止一处私学，家长在为学生选择学校的时候，一般是就近原则，优先选择距离自家比较近的私学。这是因为，在自家街坊邻里开办的私学里，一方面彼此熟悉，老师会对自己的孩子多一点关注；另一方面是便于监督孩子在学校是否好好学习；对于贫困家庭来说，在街坊邻里开办的私学里读书还可能获得减免学费的优惠，一般会减少三到五升麦子，这个时候别的学生家长也不会提意见，因为被减免的人都是穷得吃不上饭的农户，而且学生上学，上交学费是应该承担的义务。但是对于富裕家庭来说，会考虑私学老师的学识、威望，希望自家孩子能得到最好的教育。

（八）私学教育关系

在私学里，老师可以体罚学生，学生不听话或是不好好学习老师有权利打骂学生。一般是木板打手心或者打屁股，即使打得重了些，家长们也不会说什么，因为老师是在帮家长管教学生，孩子被打肯定是在学校里犯了错误，家长反而会责怪自己的孩子没有尽到一个学生的义务而惹老师生气。也正是因为体罚的力度比较大，一般女孩子不会去上私学。老师体罚学生不会考虑学生的家庭背景、身份地位。例如：崔茂新在读私学的时候，其老师是学识威望都很高的李三辰，崔茂新家家庭条件很好且李三辰是其干爹，因此崔茂新就滋生了优越感不好好学习。刚开始李三辰因其幼年丧父可怜他所以管教他的力度不大，后因其学习态度不端正，借口上厕所长时间不愿回到教室，李三辰便用木板打得崔茂新半个月坐不了板凳，一次给指教了过来。崔茂新的家人也没有因为孩子被打得比较严重而找老师理论，因为是学生不好好学习在先，老师打他是为了他能够端正学习态度，多学点知识，是为孩子着想。

老师和学生以及学生家长是单纯的教育关系，没有其他的往来。例如老师不会要求学生或者学生家长去帮忙干农活。一方面有劳动能力的学生都回自家干活了，另一方面私学老师家里的土地都不是很多，靠自家劳动力能够耕种。传统时期在学校上学就是读书、背书、写字，下学了就回家，不存在参加劳动这一类的安排。受限于传统时期的生活条件与整体教育风气，逢年过节学生家长不需要给老师送礼物或是请老师吃饭。富裕的家庭也不会给老师送礼，因为没有这个必要，也没有这样的传统。但是宋跃臣在村内教书的时候，因为其是木栾店（县城）而非本村人，村内的绅士们如崔茂新等就会对其给予特殊照顾，每年给其额外的粮食、蔬菜等等，隔一段时间请他到家里吃饭，且最终崔茂新的儿子认在其名下做了干儿子。

有的家庭富裕的好户们也会给孩子请家庭教师，专门教自家的子弟，外边的学生不能来学习。能去做家庭教师的人必须是学识很高的。比如李三辰曾在木栾店毛长喜

图 5-1 任徐店村私学旧址
资料来源：华中师范大学中国农村研究院黄河区域村庄调查影像纪录片之《亨泰任庄》。

（兵部尚书）家当家庭教师，只教毛长喜的孙女一个人，后又在木栾店刘举人家里给其孙子、孙女两个人做家庭教师。在任徐店村还没有请家庭教师的案例，即使是家庭条件比较好的，在其他方面例如家里的文化底蕴、政治上的地位等也达不到请家庭教师的资格，但是村民李三辰曾在县城做过家庭教师。

私学里的学生没有等级之分，保长、甲长、老板、财主、绅士以及穷人家的孩子都是在一个教室里上课，只有年级高低之分。老师对于不同身份的人也是一视同仁，富户、保长们的孩子在学校不学习同样得挨打。

三、新式学堂教化及其关系

任徐店村新式学校建于民国十九年（1930年），学校校名为培英小学，校址在村内牛王庙内，发起人为崔绍程、赵文纲、李三辰、崔茂森等人，崔绍程与当时的武陟县县长王国章关系特别好，办学得到了县里的支持，县长亲自为学校题字书写牌匾。学校第一任校长是李芳秋（后龙睡村人），老师有宋跃臣、李三祝、赵锡美、郭恒德等7人。后因日本人侵占武陟，学校被迫停办，村内又成立了几所私塾。1945年又在原校址牛王庙内成立了新学校，校长崔茂森，教导主任刘俊卿，老师8名，学校还购置了鼓号，一年级、二年级在东上房屋，三、四年级在西上房屋，五、六年级在临街屋，共3个教室6个班，后与赵锡华家打通之后，学校进行了扩建，不同年级的教室得以分开。学校的课程有国语、算术、历史、地理、自然，学制6年。另外，还有一本书叫《尺牍》，专门讲述针对不同对象的信件怎么写，给父母、朋友、亲人、老师等不同的人写信应该采用何种写法、何种称呼等等。学校有统一服装，土色，在解放之前培英小学培养的学生统称为"童子军"。每天早上还要举行升国旗仪式（国民党的青天白日旗），学生每天早上到校的时候要在校长的领导下先整理孙中山的遗嘱："余致力国民革命凡四十年，其目的在求中国之自由平等。……"遗嘱两边还有一副对联，内容为"革命尚未成功，同志仍需努力"，横批为"天下为公"。到共产党时期童子军变成儿童团。当时除本村外，王村、兰封、苓村、南雎村、祝徐店、卢徐店等外村学生也到任徐店村的学校上学。适龄孩子不论男女均可以到培英小学上学。一些家庭特别困难但又特别想读书的孩子，向校长申请许可后也可以不交学费去读书，例如崔茂森当校长的时候，李如泰家的孩子在学校读书就免了学费，而且还免费发放了与其他同学一样的校服。在1950年代，学校在原校址路南逐年盖了50余间房屋，其中教室12间，教研室和办公室10间，1968年县文教局批准学校招初中班，并在1975—1977年又办了3届高中班。学科测评采取5分制，3分及格，5分为满分。

学校教育以读书、背书、写字为主，对于不愿意学习的学生，老师有权责罚，学生去上学就是为了能识字、学礼数，而老师担当的是教书育人的角色，家长不会因为孩子在学堂里被打骂而去找老师的麻烦。

四、学徒教育及其关系

1949年以前，任徐店村适龄学生的入学率相对比较高，上过学的人数比较多，因此村内做生意的就比较多。药铺、染坊等均会招收学徒，当学徒的时候虽然需要帮助师傅干活，但是晚上会给学徒学习写字、打算盘的时间。传统时期的珠算是十六进位，十六两为一斤，学珠算的时候要先背《斤秤歌》《斤秤谣》，"一四陆五，二四一二五，三四一八七五，四四二五，五四三一二五"。学徒要将珠算学到张口就来的程度，说到几斤几两的时候要能立马说出价格。

当学徒一般是三年学徒，两年效劳，伙计三年，而后可以成为掌柜。学徒必须要能够吃苦，早上5点多钟要起床，一直到凌晨1点才能去睡觉，到晚上10点钟掌柜睡觉以后，才有时间去学习打算盘、写字等，有的人当学徒学一辈子都没睡过床，一般是睡在店里的柜台上（二三尺宽）。学徒通常没有报酬，以跟着师傅学手艺为主。学徒期间的食宿由师傅负责，但是学徒要帮助师傅做农活以及家务活。学徒期间，过年的时候徒弟要去给师傅拜年，可大年初一过去，也可在初四左右过去，去给师傅拜年的时候要带礼品，礼品数量与类别没有讲究，一般以点心为主。

第七节　文娱与文娱关系

任徐店村村内平时的文化活动很少，冬春农闲季节打牌、听书的会多一些。到了腊月半春节前后村内的文化活动就多了，比如大架、旱船、别官、彩车等等，解放以后又增加了秧歌、腰鼓、故事。本节将重点考察传统时期任徐店村的文娱活动及其在文娱活动中所体现的关系。

一、打牌娱乐及其关系

传统时期，打牌是任徐店村村民一种日常的娱乐活动。一般村民在冬春天农闲的季节打牌的比较多，尤其是冬天，每天晚上都会有人在牌场打麻将，通宵打牌也是很常见的。麻将馆开门没有固定时间,只要有人玩就开门。一天之中以晚上打牌最为常见。打麻将不需要专门的人来发起或者组织,只要凑够人数就会自发开始玩。一般关系处得比较好或是经常一起打牌的人会约着一起到牌场去玩儿。打麻将一般是四个人组一个局,但是边上围观的人可以加赌注。

(一)牌场及其规则

在传统时期,打麻将兼具娱乐与赌博的性质。打麻将有专门的固定牌场,冬天时候牌场数量多于夏天,因为农闲的时候打麻将的人数高于平常,牌场一般分布在村庄的不同位置。在任徐店村,一共有两处牌场,均为村民私人开设。如村民李如桢因在外做搬运工被砸伤成残疾人,回到村中开设了一处牌场。一个牌场里只有一张麻将桌。在麻将馆里玩不收取场地费,由主人负责提供照明的煤油灯、取暖的火炉以及桌椅板凳、麻将牌等基础设施。来的人每隔一两个小时要给主人添置一点"灯油钱",一般是这个阶段赢钱的人来出。在牌场内,无论是打牌的、围观的,还是凑热闹的,均是自己解决饭食问题。在牌场内需要吃喝的话可在挑扁担叫卖的小商贩处购买。当时村内没有饭馆这样的公共服务空间,因此也不会出现打完牌后牌友一起吃饭聚餐的情况。

(二)牌场活动主体

牌场里每天打牌的人员是不固定的,参与打牌的一般是村内中等以上家庭的人,家境特别穷的人一般不会去打牌,一方面支付不了赌金,另一方面怕输了增加家里的生活负担。但是也有一些吊儿郎当的穷人用家里的贵重物品、牲口、粮食等作为抵押参与打麻将,李三流即是在一二十岁的时候因为幼年丧父,母亲又管教不了,所以嗜赌成性,最终因打牌输了七八石麦子没办法偿还而卖壮丁离开村庄的。打麻将是村民的一种娱乐方式,没有什么身份要求,只要能下得起赌注、带钱过来的都可以玩,有的还可以用东西抵押。一个麻将桌的人也不分身份等级,但是心不投机(彼此之间有过矛盾)的不会一起玩,避免再次产生矛盾。保长、甲长等村庄管理者也会参与打麻将,且与普通村民一样,输了需要给钱,赢了需要给老板添油蜡钱。除了本村村民,周边村庄例如祝徐店村的人农闲季节也会来村内的牌场打牌;本村村民也会外出到周边村庄或者县城去打牌。

在牌场里,除了打牌的人外,还有其他去凑热闹的、卖东西的。老人也可以去打牌,但是家教严的家庭小孩和妇女是不允许去的。但是因为牌场里有卖花生、卖油条等卖吃食的,且生了火,既暖和又热闹,也有小孩子偷偷跑过去凑热闹的,只是小孩子不允许坐桌打牌。女人绝不允许进去牌场这种地方,如果去了不但要被当家人处罚,还会坏了自己的名声。

（三）赌注

打牌的一般是比较有钱的人，打麻将的赌注高低不等，玩的人不一样下的赌注也不一样。赌注高的时候一个晚上能输掉几石麦子，有的一个晚上可以输一头大黄牛，输钱的人不会因此对赢家产生看法或记恨的心理，因为打麻将是一种你情我愿的行为。因为打牌而产生家庭矛盾的不在少数。打麻将过程中会导致同桌打牌的人之间的纠纷，产生纠纷的时候多是在其他牌友以及牌场老板的劝说下协调解决，不会闹到家族里或是保里去。打麻将以现金为计量单位，很少有用粮食来赌博的，但是有的把钱输光了之后会用家里的粮食、牲口或是贵重物品作为抵押继续参与。此时的打牌活动已演变为赌博，是一种陋习。

（四）牌场的其他活动

牌场里除打牌的以外，还有看牌的、凑热闹的、取暖的、卖花生的、卖油条的等，很是热闹。在牌场里卖东西不需要给老板抽成，但是必须是男性过去卖，女人不能去。除此之外，因牌场生有火，农闲季节也有一些村民会到此取暖，取暖期间与遇到的人进行闲聊。村民聊天的内容以日常的家长里短为主，比如哪家有了什么矛盾，谁家有了什么新鲜事，聊天的内容是无拘无束的，没有什么避讳。即使有外姓或是外村的人在场，也会聊到自己家族内部的事情。传统时期人们在一起聊天不会聊到与官府、国家有关的事情，因为群众对于官府的事情根本不了解，自然也就不会谈及和议论。

除了打麻将，年长的老人会聚在一起摸纸牌，摸纸牌一般是几个熟悉的、年长的人聚在一起在其中某一个人的家里共同进行的娱乐活动。摸纸牌的时候也赢钱，但是分量很小，玩一晌下来不管输赢都是微不足道的，主要是老年人在一起消遣、消磨时间的一种方式。摸纸牌多是熟识的人在一起玩，比打麻将文明。

二、节庆娱乐及其关系

传统时期，逢年过节是任徐店村村民表演与欣赏文娱活动的主要时机，在重大节日及庙会期间，产生了大架、旱船、看戏等一系列文娱活动，由此也衍生出了丰富的文娱关系。

（一）大架及其关系

大架又叫抬阁，它分为六部分：抬杠、底架、台桌、大轴、铁杠、小铁架（用木头制成）。大架高约六米，宽约七八米，长七八米，由几十个人抬着行进。架上面站的是经过精挑细选的精明英俊的儿童，这些儿童化装成传统戏曲中的人物，如《白蛇传》里的许仙、白蛇、小青，或《杨家将》里的杨六郎、杨宗保、穆桂英、佘太君等。一个大架构成一组戏曲人物的造型，十分巧妙地把人物固定在盆景的树枝上、山顶上、花丛中,他们随着锣鼓的节奏进行表演。大架规模大,用人多,又十分笨重,一般庙会不用,唯独春节"行水"和重大庆典时才用。传统时期大架得用人抬。

　　大架一般从腊月半头上开始练习,正月初一开始上街表演,一直到正月十五之前都会一直在村内以及周边村庄来回表演,本村五条街道每条都会去,去周边村庄时则主要是去一些庙宇,比如卢徐店的火神庙、祝徐店洪济寺等,村外的一些小庙也会去上香并表演。此外,村内的宗祠、庙宇也必须得去。在庙宇表演完以后,文娱表演者会再单独去绅士、保长、大户等有身份的人家里或门口表演,表演完以后主家要给东西,一般是给点心之类的吃食,算是庆祝新年之喜,也算是对大架表演者的感谢。去宗祠的时候村民也会给东西,一般是给一些核桃、柿饼之类的物品;但是去庙宇里表演是不给东西的,有的是因为庙里没有"正当家的",即使有正当家的,去庙里表演也属于义务性质,主要在于求神灵赐福保平安,不需要给报酬。

　　大架的表演必须先去庙里,再去宗祠,然后才去大户家里。庙里是求神拜佛,保佑平安;宗祠是祭祖的形式,在不同姓氏之间的宗祠,各类文娱活动会错开,避免扎堆;去保长、绅士等私人家里表演的时候不分前后顺序,举办各类文娱活动要相互协商一下,什么时间各去村庄的什么方位表演,避免聚在一起。

　　大架设备由村中大户赞助,当负责人去大户家里请求资助的时候,大户一般会爽快答应,每户集资的数量不多,一般是五升麦子,对大户来说是不疼不痒的支出,如果不给,则会失了面子。大架没有专门的管理组织,但有固定的参与者,村内不干预大架的组织和表演。因大架规模比较大且配套设施庞大,表演的时候必须要有人在前领路并清理路上的障碍物,一般领路的都是一些二流子、比较霸道的人,只有这样才能保证表演可以顺利进行。大架表演任何人都可以观看,女性也可以观看,但年轻女性只限于在自家门口观看,不能满街跑着围观。

　　在大架表演中,村民分别扮演着活动组织者、参与者、资助者、围观者等不同的角色。不管什么角色,均是以村落为单元的邻里乡亲,因此,在文娱活动中村民打交道的对象仍然是以街坊邻居为主。在文娱活动中,不会专门请保长、甲长、族长等参加。但在春节期间大架、旱船等文艺活动表演的过程中,文艺队会专门到有权威者家中进行表演共贺节庆之喜。表演完后主家要给一些小礼品表示感谢。

　　在娱乐活动中也会产生矛盾纠纷,如走街串巷的大架表演中,由于设备较大,难免会有磕磕碰碰,如挂到别人家的灯笼等,一般是围观的人或邻居出来说两句打个圆场就过去了。如果遇到比较霸道、不依不饶的人,则会请其族中比较有威望或者说话管用的家长来压制,文艺表演主要是为了庆祝节日供村民取乐,表演者也是无偿表演,不向观看者收取费用，村民也没有理由故意刁难表演者，即使吃点小亏也不会去计较，否则会引起其他村民的议论和排斥。在娱乐活动中，关系不好的村民一般不会一起参加，矛盾双方在日常生活中会尽量减少接触，避免尴尬。

（二）划旱船及其关系

划旱船起源于"刘胡子打鱼"的故事。据民间传说，在西汉末年，刘胡子在黄河上打鱼，王莽把刘秀撵到黄河岸边，刘秀无处躲藏，眼看就要被抓。刘胡子看到了，就放下渔网，把船开了过来，让刘秀上了船。船到河心，突然一个恶浪打来，船一倾斜，刘秀掉到了河里，刘胡子连忙跳进黄河，将刘秀救起，自己却筋疲力尽被河水冲跑了。刘秀得救了，灭了王莽的大新，建立了东汉政权，当了皇帝。为了纪念刘胡子对他的救命之恩，命人将刘胡子救他的故事编成戏在怀宫演出。因为这个故事是发生在船上的，表演的时候得有船，那时候就用一个船的形式来表演，这就是旱船的雏形，相传下来成了风俗。

划旱船以划船表演为主，演唱时有音乐伴奏。旱船的形状像一个鱼肚，渔船加桅，彩船加篷不加桅。旱船的一般结构分为船身、篷阁、桅杆、床帐，均为细小的软木或竹子加火烤制扎成。船身长八尺、宽四尺，两头尖、中间宽，中间留了三尺见方的空洞，供演员在里面操纵、表演。船身围有画蓝白水纹图案的黄布，桅杆用花布条缠着，上有各种彩旗，另有划船用木篙、木桨。演员化装成传统戏里的小生、小旦、老旦、老生、小丑等。划旱船表演以演唱怀梆为主，现在各个剧种都有。

划旱船是人民群众自娱自乐的一种形式，常在春节期间参加"行水"和一些庙会为神祇举办的庆典、祭祀活动，例如卢徐店火神庙会等。划旱船一般是腊月中旬开始练习，大年初一至十五期间在寺庙、宗祠、有头脸的人家里以及走街串巷进行表演。表演时间一般是在茶余饭后，表演者的饭食由各自解决。

在日常娱乐活动中，村民多以个体为单位参与，但对于大架、旱船等表演活动来说，则需要表演队伍的通力合作。通常是由对活动感兴趣、能说会道、有威望的人来组织，号召有兴趣的村民共同来学习参与表演。组织者必须具备一定的组织、协调、沟通能力，上要能和保长、绅士对话，下要能和邻里乡亲玩乐，还要能及时与其他文娱团队进行沟通，同时具备一定的纠纷调解能力。

（三）唱戏及其关系

1949年以前，唱戏是较为大型的、花费较高的文娱活动，通常只有在过庙会与还愿谢神的时候才会请戏。唱戏的一般是哪里请就去哪里唱，过庙会以及春节的时候请戏的比较多，有的大户有家里老人过寿等特殊情况也会请三到五天戏。那时，贫穷的人才会去学唱戏，唱戏属于"下九流"行业之一，对于一些大家族来说唱戏的不能上族谱。

请戏团开支较大，通常在因公共事务而请戏班的时候，费用在村民中进行摊派，通常是按照人头进行摊派，贫困者可以不摊，不足的部分村中大户再摊。戏团一般是由会首从外面请过来，报酬的数量由请戏的主要负责人与戏团的负责人商议决定。除此之外，还需要由村中负责演员们的吃住，吃饭的粮食从唱戏的费用中出，住宿的地方则是村民中谁家有空房子就安排在谁家。唱戏期间外村人也能来观看，不需要支付报酬。唱戏为村庄整体性的公共活动，因此要提前告知保甲长，以便于安排好唱戏期间的治安保障问题。唱戏结束之后，会首要对本次活动的费用收支进行公示，多余部分就由负责人保管作为下次活动经费。

第八节 任徐店村文化变迁

1949年以后，经历土地改革、土地集体化以及家庭联产承包责任制等一系列改革变迁，任徐店村的文化形态也随之发生了重大变化，新的村庄文化形态正在逐步形成。

一、崇拜与信仰的变迁

传统时期，任徐店村村民表现出强烈的祖先崇拜与神灵崇拜，村民以祠堂、寺庙、神龛为主要精神寄托，遇事、遇大病即求神拜佛请求保佑化灾，平日里逢年过节也要拜神祭祖，以寻求神灵保佑、祖先庇护。经过一系列政治运动后，村内的寺庙、祠堂悉数被毁，然而村民的祖先崇拜与神灵信仰并没有随着信仰场所的消失而消失。村内大姓任氏家族与李燕家族分别于1990年和1992年重修宗祠。信仰神灵的善男信女们也集资对村内的四仙爷庙、白衣奶奶庙等进行了扩建与重修。但相比1949年以前的神灵迷信，村民在新时期更多的是选择相信科学和科技，如生大病首选是寻医问药而非请巫婆吹吹打打。加之教育事业的发展、义务教育的普及以及经济、交通条件的改善，更多的村民有机会走出村庄看到"外面的世界"，村民接受新思想和新观念的能力逐年增强，如今求神拜佛更多的是发挥一种心理慰藉的功能。

二、生育观念的变迁

传统时期，村民多子多福、重男轻女的思想十分严重。所谓"不孝有三，无后为大"，生儿育女、添丁进口自古以来都备受重视，而且村民想方设法要生育男孩。久不生育的人要到寺庙去求子或是过继、收养孩子来继承家业。中华人民共和国成立后，随着文化水平和医疗条件的不断提高，20世纪60年代后，不孕不育者多到医院就医，但民间祈子的习俗尚可得见。尤其是重男轻女的思想，仍然十分严重，国家虽然一再提倡男女平等，但是希望生男孩者还是颇多。20世纪80年代后，国家强调计划生育，在孕育过程中预测生男生女之风更盛，虽然人们口头上说生男生女都一样，但仍希望生一个男孩，家中有了孕妇，便四处搜寻生男之良方。进入1990年代，科技突飞猛进，以B超鉴别婴儿性别的现象十分常见，以致造成了严重的男女比例失调。进入21世纪，国家严令各级医疗机构停止性别鉴定的活动，并采取了严厉的措施，但是祈子求育、超生超育或抛弃女婴的现象仍然存在。

在过寿方面，传统时期村民很少过生日，大户人家60岁以上的老人过生日时儿女近亲馈送寿桃以示祝寿。1980年代以后，一般60岁以上的老人都过寿，礼品除寿桃外，大多数是寿糕，还有酒肉和过寿者爱吃的食品，主家设宴招待亲朋。60岁祝寿后，逢十（即70、80、90、100岁）寿辰之日有的还大办，请响器班，发动亲朋好友，为长者祝寿。

三、教育观念的变迁

任徐店村历来重视教育。1949年以前，家庭教育和学校教育是教化村民的主要方式。家庭教育主要以长辈言传身教的方式教给后辈为人处世之道。学校教育以私学为主，主要教学生识字、写字、打算盘，以便于为将来做生意、当学徒打下一定的文化基础。

村内于1930年在崔绍程、赵文纲、李三辰等人的发起下，在牛王庙内开办学校——培英小学。1946年，武陟县召开体育运动会，学校派代表参加，其中任致重、李三国、赵清勋都获得了奖品。

1949年以后，党和政府为改变人民文化水平普遍偏低的问题，适应经济发展的需要，从1952年开始大规模的扫盲运动。村里也在此时成立了速成识字班，组织村民学习。通过学习，95%的人摘掉了文盲的帽子，学员能独立读书、看报、了解政策，有些学员后来成了记工员。当时在速成班做老师的都是义务性质，没有报酬。

在1950年代，学校在原校址路南逐渐盖了50余间房屋，其中教室12间，教研室和办公室10间。1968年文教局批准本村学校招初中班，并在1975—1977年间办了3届高中班。在上级"合校并点"政策的影响下，1996年任徐店村的初中停办。1998年村内投资38万元又修建1100平方米的两层教学楼，村民的文化素质普遍提高，初中文化程度者达到95%以上。目前，村内有六一幼儿园和英杰幼儿园两所私立幼儿园。

除教育场所的变迁外，村民的教育观念也在经历着深刻变迁，"读书改变命运"的观念越来越被村民所推崇，村民不再满足于私学、家庭教育的教育体验，该村逐渐形成了涵盖幼儿教育、学前教育、义务教育、高等教育、兴趣教育的等全面教育体系。村内的大学生数量大幅度上升，1920年代村内大学生数量为5个，1930年代6个，1950—1960年代16个，1970—1980年代33个，1990—2008年共有大学生88个。同时，上学读书不再是男孩子的专利，随着经济条件的进步以及义务教育的普及，教育事业的受众面逐渐扩展，适龄孩子不论男女都可以同等享受到受教育的权利。

四、文化活动的变迁

1949年以前，村庄有多种文艺群体，如大架、旱船、皇杆、别官、彩车等。1943年村中还成立了两个武术班，分别分布于村庄的东西两头，武术班里有武术教练、乐器人员、学员等。1950年代，任徐店村成立了三功京剧团，曾在外地和武陟剧院演出多场。同时群众自发组织成立了秧歌队、骑毛驴等文艺团体，学校有腰鼓队，村内购置了电影机。1970年代村内架设了高音喇叭，八九十年代村民将黑白电视机换成彩色电视机。2004年几乎家家户户安装上了有线电视。随着人们生活水平的不断提高，VCD、DVD、液晶电视、摄像机、家庭电话、手机等都进入普通百姓家，不断丰富着群众的艺术文化生活。

五、村落习俗的变迁

旧时，农村婚姻存在很多陋习，如贫穷人家将八九岁的女儿送往婆家做童养媳，全由父母包办的两三岁即说媒定亲的娃娃媒，为在世时没结婚或去世后妻子改嫁的男性亡故者娶鬼妻，以及有钱有势者纳妾娶小的一夫多妻现象等。1949年后，逐渐废除了封建婚姻，提倡婚姻自由，实行新式结婚，结婚时男女骑马。1970年代以后，多骑自行车。1980年代后，部分有钱人结婚时开始使用小轿车迎送。中共十一届三中全会以后，提倡婚礼从简，反对大操大办，新的婚姻风尚正在广大城乡逐步形成。传统时期，妇女被视为男性的附属品，男子娶妻只是为了传宗接代，妇女婚后不育则可能被休妻或是被迫接纳与其他女子共侍一夫的现实。1949年以后，由于时代的变革，家庭组合也在不断变化，妇女得以解放，同男性在社会上享有同等的权利，在社会和家庭中的作用得以凸显，"妇女能顶半边天"。原来"家大为荣"的大家庭也逐渐向小家庭转变，发挥每个家庭成员创造价值的智慧和积极性。

在丧葬方面，传统时期礼节众多，且以土葬为主。1949年以后，丧礼仪式逐渐简化，且随着国家殡葬改革的推行，村民的丧葬方式逐渐从土葬转变为火葬。但传统的丧葬习俗仍基本得以保存，在村民看来，丧葬是对长辈的尊敬和孝道，必须要办得风光体面。

第九节 任徐店村文化实态

当前,任徐店村的文化发展呈现出了新时期的新特征,但新特征并没有完全脱离传统文化形态,村落文化呈现出"在变迁中发展,在发展中延续"的实态。

一、祖先崇拜

随着社会的进步与发展,任徐店村村民的家族观念有所弱化,但在村民心中依然存在"本家"与"其他家族"的区分。首先,从祠堂来看,截至目前,任徐店村尚有李氏宗祠与任氏宗祠存在,其中以李氏宗祠日常活动更为丰富,族人于1992年共同集资修建新祠堂,并于1993年落成。遇族下修祠堂或修族谱等大事,以及每年春节期间,李氏家族都会组织族人进行集体的祭祖仪式。从族谱来看,目前多数任徐店村村民,尤其是上了年纪的老年人,十分重视追本溯源,重视家谱的编修与普及,以卧谱、挂谱等不同形式告诉族人勿忘先人。村内李燕家族、任氏家族、赵氏家族、崔氏家族、孟氏家族、郭氏家族、三和李家族、丁氏家族、薛氏家族等多个家族都编修有宗谱。从祭祖仪式来看,除春节期间祠堂的集体祭祀外,村民对于祖先的祭祀以家庭祭祀为主,通常以在家中堂屋摆放祖先牌位与墓祭为主要形式。祖先祭拜主要是三代以内的直系亲属,有的家庭在春节期间还会在堂屋内挂上本家支直系的挂谱,挂谱上所记载的代数不定,所有可追溯到的直系祖先都可以写在挂谱上。

目前祖先崇拜不同于传统时期的主要表现为:一是族长权威的消退,当下任徐店村较大的姓氏依然有族长存在,但相比传统时期,当下族长只在编修族谱、集体祭祀等活动中才会显现身份、发挥作用,在日常生活中无特殊权威,也无权干涉族人的生活。二是祖先祭祀条件的变化,随着社会的进步与土地私有化的发展,村民对于风水的讲究逐渐弱化,多数村民在家中老人过世后选择将老人葬在自家承包地里,从而使得讲风水的条件受到了极大限制。

二、文化信仰

当前,任徐店村村民的文化信仰依然是以神佛为主。在大多数村民家里,都会供奉着天地全神、灶王爷、财神爷、祖师爷等不同的神灵,春节期间还要祭门神、井神等各类神灵。除家神外,祭庙神的习俗也在一定程度上得以延续。当前,任徐店村有白衣堂、四仙爷庙等不同的庙宇。近年来,以李明德、郭继荣、李鸿珍等为首的善男信女们集资对四仙爷庙进行了扩建与维修,并形成会首组织,专门负责四仙爷庙的管理、维护与活动组织。除此之外,相关信仰者还集资重新打造了白衣堂的神像,并于

2017年11月15日举行神像开光仪式。村民认为神像开光之后就等于"开了佛眼",能够庇护村民,满足村民的愿景。在白衣堂神像开光仪式中,邻近村落其他庙宇的会首代表也前来祝贺,也有不少村民为新佛像的落成捐钱捐物。

三、娱乐活动

与传统时期相比,当下任徐店村村民的娱乐项目更为丰富。

(一)文娱表演

据村庄老人们介绍,传统时期的大架、划旱船等文娱活动已随着时间的推移逐渐消失,但又衍生出了秧歌、踩高跷、耍龙灯、舞狮子、哼小车、盘鼓、广场舞等形式更加多样的文娱活动。每逢过年与庙会,相关的文娱活动组织就会出来表演供村民们观看。但历经时间变迁,唱戏依然是为村民所喜闻乐见的文娱活动,相比传统时期,当下的戏班有了更为明确的班社行规:

1. 破台:新搭的戏台、盖的戏楼,在开始表演的前一天晚上的半夜,敲锣跳神,跳加官,然后杀鸡,将鸡血洒在台的四周,画符钉在戏台的正中,再撒五谷杂粮,放鞭炮,以求神祇保佑演戏时顺利、平安。

2. 还愿戏:因某事求神许下口愿,事成之后,请戏还愿。演戏前在戏台的对面供以香案,摆放供品敬之。唱戏的时候还要有"千手千佛眼"等。

3. 加官戏(庆官戏):某官高升,或有钱人家求吉祥请戏班唱戏。唱戏前戏主饰官服,面不化妆,戴上假面具,手持笏板,在锣鼓的伴奏下,跳上几个规定动作,然后亮出一条幅,上写"天官赐福"。接着唱加官戏《一门三进士》。另外还有庆寿戏、祭神戏、祈雨戏等。

4. 对戏:为热闹或争执等事,在相距不远的地方,两个以上的戏班同时搭台、同时开台唱戏叫对戏。对戏都是以点炮为信号,武打开场,文戏殿后。

5. 演出合同:戏班与请戏一方签订的合同叫演出合同,合同须标明演戏的日期、戏价、生活待遇等等。

6. 争唱神戏:一般唱神戏都是唱三天,听说是唱神戏,戏班得赶快去,只要唱一天,生活就有保障,刮风下雨有吃有钱花。赶不上唱神戏(比如中途误了日期,不能按时赶到),刮风下雨无人管吃住。

7. 拜访:演戏前,领班的得去拜访当地有钱有势的人,将折子(折子上写的都是戏名)递上叫他们点戏。不拜访唱不成,因为他们可能会找事,叫戏班唱不成,拜访了还有赏钱。

8. 观众男女混席:过去唱戏时,台下的观众分男女席位,中间用木板隔开,不能混杂，一些地痞流氓喜欢看溜边戏，就是指在男女交界处挤来挤去。如今，看戏已不分男女席，可以混杂看戏。

（二）日常娱乐

相比传统时期，当下任徐店村村民打牌的现象更为普遍。村民一般不去固定的场所，多是邻里之间三五成群在其中一个人家里组成牌局，以休闲娱乐为主。除打牌之外，村民的日常娱乐还延伸到了下棋、跳广场舞、看电视、看电影、听广播等方方面面，也可以通过手机、电脑等电子产品获得一些其他形式的娱乐体验，娱乐活动相对丰富。

第六章　任徐店村的治理形态与实态

传统时期，国家权力止于县衙，任徐店村村民难以依靠国家力量来实现村庄的有效治理。但村庄治理依然绕不开国家政权的干预，如中华民国时期施行的保甲制度，政权治理在任徐店村主要体现于税收、劳役和摊派等方面。同时，村庄治理的有效实现也离不开村庄的自我治理，如在村庄公共防卫、纠纷处理等公共事务中，不同的治理主体发挥着不同的作用，形成了不同的治理关系。本章主要从政权治理、村落治理、家户治理、亲族治理、信缘治理等方面对任徐店村传统时期的村落治理形态与当下实态进行考察。

第一节　政权治理与治理关系

"皇权不下县"是对整个中国传统社会权力构架的宏观观察，"县下皆自治"是对传统乡村社会治理状况的描述。任徐店村在中华民国时期施行了保甲制，主要负责税赋、劳役、摊派等国家交办事务。除此之外，修武县和武陟县土地交叉部分的地税专设洪济保负责收缴。本节将从政权治理概况、政权治理主体、政权治理内容和政权治理方式等方面对任徐店村传统时期政权治理与治理关系进行考察。

一、政权治理概况

据《武陟县志》记载：任徐店村所在的武陟县于民国十九年（1930年）废除里制，

全县分设7个区，设区长，分辖村。民国二十七年（1938年），武陟县开始实行保甲制，全县7个区合并为3个区，辖47个联保，设联保主任，任徐店村全村设为一个保，保下设甲，一街为一甲，任徐店村共分为5甲，主要负责税赋、劳役和维护村庄治安，保为基本的政权治理单元，甲为最小的治理单位。民国三十五年（1946年），县域内改行乡镇自治制度，裁区公所，区长调县任自治指导员，分乡镇指导。全县改为1所（城镇公所）、1镇（木栾店）、8乡（嘉应乡、古阳乡、兴国乡、兴平乡、维宁乡、维新乡、永和乡、建国乡），设乡（镇）长，直属县政府。此时，任徐店村属木栾店，村内依然实行保甲制。

二、政权治理主体

民国二十七年（1938年），武陟县域开始推行保甲制度，任徐店村全村成为一个保，保设保长、小夫等，负责管理任徐店村的税赋、劳役、治安等，保下设甲，甲设甲长，管理本甲事务。另外还成立了洪济保，保设保长，但是此保长与大保保长有所不同，主要负责收取任徐店村位于修武县境内土地的税赋，不参与村庄其他事宜。为区分两个保的功能，村民通常将两个保称为"大保"与"洪济保"。

（一）大保保长

1949年以前任徐店村全村为一保。保长一般由家庭条件好、威望高的村内大户讨论决定，没有固定的任期。保长向上要承担乡上下达的任务，向下要负责收税、维护村庄治安、解决村民纠纷等任务。

1. 保长概况

任徐店村前后共经历了崔茂森、李三治、赵锡功、赵锡房、李三锡、李书德等几任保长。崔茂森，家中8口人，有80亩田地，其中包括65亩水田和15亩旱地，喂养四五头牲口，1辆马车，2挂铁皮水车，有3处院子，共34间房。除此之外，崔茂森还从事养蜂生意，共养蜂30—40箱。其学历为高师毕业，家中崔茂林、崔茂华两位兄弟均为大学毕业。崔茂森家在村中属于大户，由村民公认为保长，但由于家境富裕，不图名利，也不愿受保长繁杂事务的麻烦，就任两年之后将保长的职务交给小夫李三治担任。崔茂森家原被土匪骚扰得不行，后在别人的介绍下做了杨义九（国民党军官，司令，曾做过获嘉县县长，管辖封丘、延津、获嘉等几个县区）的干儿子，一方面避免了土匪的侵扰，后来在大家的举荐下还做了两年保长。

李三治，弟兄5个，共有8亩田地，且田地质量较差，没有浇水工具，只有一眼空井，灌溉季节靠借用地邻家辘轳浇水，自家没有可居住的房子，和妻子二人居住在大户崔茂森家里，通过帮崔茂森家里干活解决二人吃住问题。在崔茂森任保长期间，李三治担任崔茂森的小夫,对村庄事务熟悉之后,由于崔茂森不愿继续担任保长职务,便将保长职位让予李三治接任。李三治没读过书,村民称其为"大老粗"(文盲)。

赵锡功,村内大户,有田地近60亩,受教育程度高,高师毕业,有房屋12座,其中包括4个三间以及几个五间,由大家公认为村庄的保长。

赵锡房,水田、旱地共10亩,5间房,为人忠厚,办事低调。

李三锡,家里5口人,共有4亩田地、3间房屋。

李书德,有田地5亩,房屋数量仅够家里人居住,经营一家铁匠炉,主要打造铁水车,于冬春农闲季节推小车来往于新乡、焦作、郑州倒卖一些农产品或者生活用品。

2. 保长当选资格与方式

村内保长的产生有两种情况:一种是家庭条件好、在村内威望比较高的人,受村民抬举,由村民公认为村庄保长,例如崔茂森、赵锡功。另一种是家里没有赚钱门路、生活难以为继的人为了养家糊口而担任保长,比如李三治。当保长没有条件限制,由于当时保长事务多、容易得罪人,且收益不高,一般乡绅不愿意担任保长职务。保长主要承担执行国民党政府任务、纠纷调解、收税等村内相关事宜。

虽然大保保长代表全村最高权威,在村内"一手遮天,说一不二",但保长一般由村内有权有势、说话响亮的家庭商量决定,因此保长不惹村内大户,一般家里有办法、说话响亮的人可以当选保长。

3. 保长薪酬与任期

保长的工资也由村内大户商量决定,由村民共同负担,从收取的捐项里抽取。一般在收土地税的时候,收取的数额会比乡上派下来的数量多一些,多出来的部分即为保长的工资。保长也没有固定的任期,普通百姓忙于生计,不关注保长由谁担任或者任期多长。当保长也不断被打,比如捐飨收不起来的时候,派民夫派得不到位的时候,派官饭没及时送到或是送过去的饭不合官员胃口的时候,保长都会被打。因此,在传统时期,虽然保长的权力相对来说比较大,但是大户以及乡绅们一般不愿意担任保长的职位,而且保长的任期一般比较短。

4. 保长与村民的关系

大保保长掌握着向村民进行赋税摊派、兵役摊派等权力,一般保长的安排村民都不敢反抗。但保长在村内也并非拥有绝对的权威,保长的任命以及村落公共事务的经费来源大部分依赖村中大户,因此村中的大事保长一般会找村中大户进行商量,征求大户意见之后再做决定。保长与普通家户只有在收税等行政事务上才有往来,日常村民家里婚丧嫁娶、做生意、建房子等均不需要经保长同意,只有在与他人发生大的纠纷而他人无法调解的情况下才会去请保长。请保长不需要带礼物，也不需要管饭，但如果处理完事情刚好到饭点主家要管一顿饭，饭食没有特别要求，座位也没有特别讲究。涉及村中公共事务的时候一般需要提前告知保长，如组织唱戏、文艺活动等，以便于保长安排好活动期间的治安问题。

5. 保长与乡的关系

保长有事可以直接去找乡干部，但一般很少有机会去找。保长平时不需要定期向乡上汇报工作，平日里相互之间的交往也不频繁。乡上干部找保长的情况比较多，保长没有事情一般不会主动去找政府官员。如果乡上给保长的任务保长完不成，乡上的干部也有打骂保长的情况。

（二）洪济保保长

洪济保是独立于大保的一个单独机构，专门负责征收修武县和武陟县土地交叉部分的地税。洪济保内有土地100余亩，多数为旱地，是本县从修武县买过来的地，但是村民只拥有土地的使用权，而没有所有权，所以这100余亩土地的地税归修武县所有。洪济保保长专门负责征收此项地税。洪济保保长由村民公认的村内威望比较高的人担任，如村民李如哲、李三德、李书旺均担任过洪济保保长。除征收地税外，修武县政府过来催地税或者处理公务，洪济保保长也要负责派工、派饭。相比大保保长，洪济保保长的权威仅限于征收两县交叉地带赋税方面，其管辖范围也仅限于涉及交叉地带土地的农户，在与其他村民的交往中，洪济保保长无其他特殊权威与权力。

（三）甲长

在任徐店村，一街为一甲，全村共五甲，甲长由保长任命，一般是由生活水平在中等以上、能写会算的人担任，甲长没有实权，受保长管理，保长让做什么就做什么，比如派捐饷、派工、派饭。一般甲长要有一定的文化水平，因为甲长要负责本甲内地税的计算，保长将地税的任务派给甲长，由甲长具体负责计算每家收多少粮食。由于甲长没有报酬，事务繁杂，且容易得罪人，比如杂牌军队路过派饭的时候，如果被派到的农户家境贫寒，做出的饭不合胃口或者不好吃，甲长送饭时会挨打，收不起本甲的捐饷的时候也会挨打，所以甲长一般没有人愿意担任，也不存在给保长送礼"买"甲长做的现象。

保长与甲长之间无亲戚关系，平常也不聚会，遇村内大事保长难以一人拿定主意时会召集甲长或者村内大户、商人开会商议。比如县里派下来的任务比较大，需要五六辆车过去拉东西，或者派下来的任务难以分配，比如两个甲派出一辆车，抑或是因为修路等原因县里派工比较多的时候，保长会和甲长以及大户商议。甲长没有固定的任期，一般一年一换。后在国共两党拉锯时期，甲长实行轮换制，同一个甲的男性成年男子轮流做甲长，一年一换，不能连任，也不能不任。据村民李继宗介绍："到后来快解放的时候，国共拉锯战，社会不稳定，谁都不想去当这个甲长，就是轮流的，轮到谁头上不想当也得当。"

民国时期，甲长的主要任务就是将保里派下来的任务通知到本甲的各家各户，没有报酬，也无特殊权力，土地赋税、兵役摊派、劳役摊派等方面，甲长家里也同样需要出钱出力。据老人李继宗介绍："那个时候交捐饷、派车、派饭，甲长家里也都是要出的，但是甲长是负责计算、通知、收取的，里边有没有水分普通老百姓就不得而知了。"

（四）小夫

小夫即专门为保长跑腿的人，据李继宗老人介绍："小夫实际上就是保长的腿，保上有啥事了就叫小夫跑个腿去通知一下。"小夫承担上传下达的任务，执行保长布置的各项任务，保长要告知甲长的事情由小夫负责跑腿通知，例如派官饭、派工等，小夫一个月有一斗到二斗粮食作为报酬，从收取的捐饷里抽取。小夫由保长任命，不需要经过选举的程序，通常是由村中贫困家庭的带点痞气的青壮年担任，其任期也由保长决定，保长看得顺眼的任期就长，保长看不顺眼、不听话的可以随时撤换。小夫和保长之间无特殊关系。村内小夫的数量为一到两个。村民做小夫通常是为了通过给保长跑腿来赚取报酬补贴家用，小夫无固定工作时间，保长需要的时候就得随叫随到，即使是晚上保长叫了也得过去，要完全听从保长的安排。

三、政权治理内容

保甲制度实行之后，任徐店村全村为一个保，保设保长和小夫，负责管理保内收捐饷、派民夫、派官饭等事情。

（一）收捐饷

捐饷即为田赋，所谓"种地完粮，天经地义"，交土地税是拥有土地的村民不可避免要承担的义务。在任徐店村，捐饷通常是以实物收缴，即收粮食。在传统时期，捐饷是一月一派，每月派的数量不等，一年下来上交的捐饷总量保持在100斤左右。交捐饷的时候不分粮食种类，麦子或秋季杂粮都可以，只要交够当月派的数量就可以。由于当时村民普遍生活贫困，捐饷没有一齐上交的，特别是国共两党拉锯时期，村民均是按月缴纳捐饷。有时候会通过派工来抵捐饷，比如派人去送信，打仗期间派人去抬担架，均可以抵一部分捐饷，抵的额度不一，有的抵20斤，有的抵30斤。

在青黄不接的季节，穷人家的生活难以为继，捐饷自然也就交不上，但是捐饷又不得不交。这个时候，保上为了完成上面摊派的捐饷任务，就会从大户家里征集粮食，以交一斗抵两斗的办法，鼓励大户在粮少的季节帮助保里完成征收捐饷的任务，从而互惠互利。穷人若哪个月份交不起捐饷，也要想方设法还上，有的时候也可以延迟到下个月份一起上交，若拒不上交，则会被拷打。例如村民李超都家之前算得上是一个上中农户，因为保上征收捐饷他没上交，在一个下雪的天气里，被小夫抓到保公所，身上的衣服被扒掉，躺在雪地里挨冻，直到受不住冷交上捐饷。[1]

捐饷由保上派到甲里，然后由甲长负责计算每家每户应上交的份额，并负责具体收缴。捐饷按地亩进行均摊，以家户为征收单位，每个家庭的当家人与甲长直接对接，上交的时候以斗为计量单位。在收捐饷的时候，由外当家出面交，有时候也可以由当家人委派其他家庭成员交。

捐饷的摊派并不完全是有正当理由的，有的时候也是根据区大队长或者保长的主观事情而决定。据受访老人赵锡慧介绍："派捐饷有的时候并不是正当的，比如说李书德就说过，他做保内秘书的时候，区大队派下来收税的任务说是要帮区上解决什么困难，要求保上上交几十石粮食，实际就是胡说的。以前呀，权力掌握在人家手里，保长家里有结婚、老人去世的事情有的时候也会给换个名堂给老百姓派捐饷。在这些情况下，就算有人不乐意，也只能服从，没有人敢说不，人家挂的是收捐饷的名头，交捐饷是种地理所应当做的事情，如果不交，就会被拷打。"

穷人家交不起捐饷的时候也会去找亲戚朋友、街坊邻里借一些过来交上捐饷，一般是先找近本家借，次找其他关系比较近的宗亲借，再找街坊邻里借。也存在为了躲避捐饷而外出逃荒的现象，逃荒一般是整家外出，一般人数比较少的家庭才会外出逃荒。

征收捐饷的时候保上实际收取的数量通常高于区上派的任务，比如区上要求收1000斤粮食，在具体征收的过程中就会以1100斤来摊派，一方面是为保上开展工作预留一定的经费，另一方面也是为了防止有的穷人家庭真的交不上捐饷而完不成上级派的任务。按照规定保长、甲长、小夫等村庄管理人员同样需要上交捐饷，和普通村民缴纳的数量也应一致，但是具体在收取过程中究竟有没有减免的情况就不可知了。

（二）派民夫

派民夫一般存在于以下情况：一是国民党军队从村内或者周边地区路过的时候，有的时候会到村内找人去帮他们搬运东西或者用车给他们拉送东西。二是一些公共事务也会派民夫，例如修路、修寨等，任徐店村的寨就经常由国民党主持召集周边村庄

---

[1] 来自受访老人李三前的访谈。

的人共同参与修建，共产党部队过来的时候就拆掉，国民党部队来了就建起来，当时人们把这种活动称为"做工"，不管派啥任务都说是去做工。

民夫没有报酬，属于义务劳动。派民夫期间也不管饭，被派到的民夫需要自己从家里带干粮过去参加劳动，到晚上再回到自己家里休息。民夫没有年龄限制，能承担需要做的劳动的人均可。具体的民夫指派由保长决定。民夫不同于壮丁，大户家里也会被派到，一般体力劳动派给贫困家庭的人，需要派车的情况则会派给村庄大户，贫穷人家出人出力，有钱人家出钱出车。当派给大户出车的任务时，就需要大户家里的长工带着车过去，派民夫、派车一般是紧急事务，不存在不去的情况。不论穷富，遇到摊派任务都会服从安排。

（三）抓壮丁

1. 派兵

抓壮丁是县里下派给保里的任务，保长根据县里的要求进行抓丁。抓壮丁的周期不固定，基本上是两三年就会要一次壮丁；每次要壮丁的数量不一，有的时候要两三个人，有的时候就要一个人。壮丁要求年富力强，一般是从18—25周岁的男性村民中选择。壮丁的选择除考虑年龄外，身高等其他自身条件不予考虑，但是会考虑其家庭背景是否富裕、是否有权势等，同时也会考虑其家中男丁的数量，一般家境富裕、家里有人在做官的就可以免除壮丁的任务，抓壮丁会优先选择家里男丁比较多（起码弟兄两个以上）的家庭。具体谁充壮丁由保长和绅士讨论决定，在传统时期，壮丁一般是穷户们、生活过不去的来顶，对于生活特别贫困的家庭，保里会给予其一定的补偿。富裕家庭的孩子很少充壮丁，一是因为保长在村内的权力主要依托于绅士、大户的支持和帮助，所以一般不会选择这些人家的孩子来充壮丁；二是即使有些时候真的将壮丁派给了大户家里，大户们也可以通过特殊途径如收买保长、找人说情等方式免于充壮丁的任务，或是直接拿钱买一个壮丁代替自家成员充壮丁。抓壮丁不会存在错抓的情况，因为一个村庄人数有限，而且是保长和绅士在一起研究决定。如果一个家庭已经被抓了一个壮丁，再次抓壮丁的时候就不存在再次被抓的可能，一家只抓一个。

抓壮丁不能跨村去抓，只能在本村范围内。但是村内的人可以拿粮食买外村的人来代替自己充壮丁，外村的人也可以拿粮食买本村的人去充壮丁，只要双方自愿即可。有的外地经商的路过村庄的时候会被抓走去充本村的壮丁。被抓的壮丁送往部队以后就和村里失去联系了，如果送过去的壮丁逃走了，村里不承担责任，即使是第一天送过去第二天就逃走了村里也不承担责任。所以村内有很多充壮丁的人到军队没待多长时间就跑回来了。跑回来之后部队也不会再来村里抓人或者再问村里要人。

对于一个家庭而言,如果有两个或多个男丁,壮丁可以用另外一个来替换,这个时候就需要家庭成员讨论,综合考虑每个男丁的身体状况、劳动能力以及家人对其的喜好程度,然后确定是否替换或者替换顺序。抓壮丁没有体检、政审等程序,只要是活人,人数够了即可。由保上的小夫负责将壮丁送到上面要求的指定地点。送壮丁的时候不需要捆绑。保上对于被抓丁的家庭没有什么优待,该交的捐饷还是要交,但是对于一些家庭特别贫困的会给予一定的粮食救济,这部分救济多数情况下也不会直接发给被抓丁的家庭,而是抵捐饷。

2. 买壮丁与卖壮丁

买壮丁与卖壮丁是民国时期经常出现的兵役现象。村民在被派到充壮丁的任务时,如果不愿意去,可以自家出钱通过买壮丁冲抵的方式避免去充兵。1949年以前,在任徐店村,一是壮丁会的人会买壮丁,二是不愿自家男丁被抓走的会买壮丁。买壮丁的价格不等,有七八石的,也有十几石(合计2000—3000斤麦子)的。买卖壮丁都是口头协议,不需要签文书。买壮丁要在壮丁被抓走之前支付应允的粮食。保长不干涉壮丁的买卖,只要最终完成县里给下派的任务,人头数达到要求即可。买的壮丁送给保里逃跑了之后买家不需要承担责任,不需要再找另一个人来充壮丁。买壮丁也可以买外村的人,同样不需要中人、介绍人,双方在买卖意愿及买卖价格上达成共识即可。

一般卖壮丁的往往是家庭贫困吃不上饭的,所以通过卖壮丁为家庭获得一部分收入,同时自己到军队里边也能保证基本的一日三餐。杂牌军队盛行的时候,不在少数的穷人在青黄不接的时候会到周边的杂牌军队参军,混口饭吃,到农忙的时候就又偷偷跑回来了。也有一些平时游手好闲、嗜赌成性的人因为赌博欠下的债务太多,难以偿还,不得已通过卖壮丁的方式获得一部分收入,同时也避免了债主追债。例如,村内的李三流即是因为赌钱输得太多,无力偿还,卖壮丁从了军,后在台湾地区当上了某军队的排长。李玉才也是通过卖壮丁去参了军,被俘虏后参加了解放军。白银也是因为家穷所以卖了壮丁。[1] 由于当时社会混乱,而且军队少经训练,战斗力比较差,一般不到迫不得已不会去卖壮丁,村内有习语"好铁不打钉,好男不当兵""当兵是死了没埋的,下煤矿的是埋了没死的",即表达了对当兵的恐惧和排斥。

截至1948年任徐店村解放时,村内参军人员的基本情况为:村民白银、白毛、李玉才因卖壮丁成为国民党兵。崔茂松、任永平当时在十四中读书,流亡到湖南后参加了国民党组织成立的"青年救国军",从而成为国民党兵。李三海(文书)、李三凯(负责地勤,修理飞机)、赵锡齐、李三保均为国民党兵。李如恒也曾在国民党兵中做

---

[1] 来自受访老人李三前的访谈。

过连级文书。李如虎、赵锡温、赵兴元、李如雪、赵锡志、李泰恒均是先参加国民党军队后被共产党俘虏。

四、政权治理方式

传统时期，强制实施与奖惩是政权治理的基本方式。

1. 强制实施

国有国法，乡有乡约，家有家规，国法、乡约、家规共同约束着任徐店村村民的行为。国法政策都具有强制性，任徐店村的村民都需要服从，即便内心不能接受也不能反抗，如果反抗就会受到国家政权的干涉和惩罚。除了国法之外，任徐店村还有村规，家中还有家规，大的家族还有祖训，但是这些均不能超越国法，即便是与国法有相违背之处，也不能大过国法。从国法与乡约、祖训、家法对村民的约束情况来看，后者对村民更具有约束力，村民的内心更能接受，但后者主要是对村民的行为做出指引，引导村民该怎么去做，而国法主要是规定什么不能做，如果做了就需要受到惩罚。

正是因为国法的强制性，在传统社会中，没有出现过村民种地但拒不交税的现象。在村民看来，借粮也要交上赋税，不然就会被打。据村民王继温回忆："种地完粮，这都是天经地义的，哪有种地不交粮的理。你要是不上交，保上也不会愿意你，你比如说那个李超都，上中农户，没交捐飨，下雪天被抓到保上扒光衣服躺在雪地里，直到补上了该交的捐飨才算完。以前的人都不敢不交捐飨的，哪怕不够吃、借粮食都要把捐飨交上，实在交不上的就欠着，等下一年有了再补上。"

2. 奖惩分明

保长、甲长是村庄事务的"代理人"，但主要是负责完成上级指派的各项任务，如征收赋税、抓壮丁等，保中也没有设立专门的奖惩制度，如对于村庄中见义勇为者该如何奖励等均没有规定，但是国家会对村中的功臣或是名人进士进行嘉奖，主要是授予牌匾等。对于村民的违法犯罪而言，任何违法犯罪行为都要受到惩罚，不同的违法行为，执行惩罚的方式有所不同，从村庄来看，村庄对于村民的惩罚情况主要有打骂、抓捕等，主要是进行刑罚，刑罚一般是由保长来执行或是发布执行的命令。在对大家族或是有名望、有威望的人及其家人实施刑罚时，保长心中也会有一些考量和顾虑。被惩罚者不服保长的处罚可以向官府求助，但是有的村民不敢正面与保长等抗衡，特别是对于一些恶霸保长，心中更是畏惧，对于他们的惩罚只能忍气吞声，再说惩罚也不是要人命的事情。如果外村人在任徐店村犯了事，保长或是村民也会将其抓起来，有的时候也会受到打骂，但是保长一般不会对外村的人进行审问，而是将其送回到其所在保中接受审问和惩罚。

第二节 村落治理与治理关系

任徐店村历史悠久,传统时期村庄以自治为主,保甲制度施行之后,村庄虽有保长、甲长等政权治理主体,但其主要是完成税赋、摊派等事务,村庄仍以自治为主,且出现了中人、行户、担保人等特殊的治理主体,依据长期生产生活形成的惯习对村庄进行治理。本节将从村落治理主体、村落治理内容、村落治理方式等方面切入,对传统时期任徐店村的村落治理与治理关系进行考察。

一、村落治理主体

在村落事务上,绅士、中人、好管事的人等群体在不同程度上对村庄治理发挥着积极作用,促进村庄有效运转。

(一)绅士

1949年以前,绅士多是村落中有钱有势、有文化、有威望的大户人家,在村落治理中扮演着重要角色,具有较大的话事权。村落公共活动与公益事业建设主要依靠村中的绅士来捐款捐物。以修建学校为例,任徐店村培英小学的修建由村内的绅士发起、组织、筹资、建设,并为学校请合适的老师;日常学校遇添置设备、资金不足等问题时也是由校长向绅士求助集资。除此之外,村庄公共娱乐活动设备的购置、活动经费的筹集一般也是以大户出资为主要来源。类似于修建村寨等大事,一般也是先按家户或人口来摊派,不足部分则需大户来补齐。绅士多是做生意、有一定家底的人,在村中有一定的话语权,保长人选、村庄大修大建、抓壮丁等村内大事都需要征求绅士的意见,绅士在很大程度上弥补了保甲长治村存在的不足。

从绅士与村民的关系来看,村民因与绅士的血缘、地缘、交往关系不同而存在远近不同的关系。与绅士存在血缘关系的、邻近的或日常交往较为密切的,与绅士的关系较为亲近,居住得较远且不存在血缘关系的则与绅士接触不多。但不论关系如何,村民均不会称呼绅士为"绅士",而是以辈分次序来称呼,如"叔""伯""爷"等。绅士虽然多为村内有钱有势、地位较高的成员,但在与普通村民的交往过程中依然保持谦恭、和气的态度,不会因社会地位的差别而看不起其他村民,在其他村民遇到家庭纠纷、与同村人纠纷或与外村人纠纷等靠自身力量难以调和的矛盾时,如果有人来请也会出面去帮忙调解。日常生活中,绅士对村民也比较照顾,与村民相处和睦也是绅士权威来源的重要方面。

（二）中人

中人，即中间人，其在传统时期村落治理中发挥着重要的作用。一般情况下，发生财产买卖，比如土地买卖、宅院买卖、大件物品买卖或是分家等家庭重大事件的时候，需要请中人，中人要本着不偏不向、不左不右的原则将事情办成。中人的人选不是固定的，不同的人家请的中人是不一致的，各家根据自家的人际交往与社会关系选择与自己熟识的、信得过的、能说会道的、勤快的、好管事的、能办事的人来担任中人。保长、甲长也可以担任中人，和其他村民担任中人的形式一样。请中人要当家人去请，不需要带礼物，也不需要支付报酬。中人一般请了都会过去，但若与买卖双方其中一方存在矛盾的时候，会向来请的人说明情况，表示担任中人的困难，得到来请者的体谅后即可不去担任中人。在事件未达成之前，中人要负责调和矛盾、说合价钱等，但是事件达成在文书上签了字之后，再发生矛盾纠纷与中人无关，中人也不需要承担经济风险。"空口无凭，立据为证"，买地文书、分家时的文书就是解决矛盾纠纷的依据。

对于经常被请去做中人的人，请的人会越来越多，因为其对于担任中人的套路越来越熟，经验越来越丰富，办事的效率就会更高，成功的可能性就更大，效果也会更好。比如村民李三香，经常担任各类事件的中人。写约人由中人中比较有文化、字体漂亮的人担任，负责文书的书写，比如卖地文书、分家分单等等。

（三）担保人

担保人产生在发生经济借贷的情况下，比如银行借贷或是高利贷。村民任贵新即在县城的一家商铺做担保人帮商铺贷款。担保人要承担相应的经济风险，若担保的借贷不能按时偿还，担保人要担负起赔偿本息的责任，因此担保人需要具备一定的经济能力。当穷人家去向大户家里借高利贷粮食的时候，若与大户家里没有亲戚关系或是不熟络，也需要请担保人，担保人从中说合好本息，并承担起穷人还不起的风险，通常是借一斗还一斗半。

担保人不固定，也是各家根据自家的人际交往与社会关系进行选择，村民通常是找自家的亲戚朋友或是一起做生意的朋友或是关系好的街坊邻里进行担保，不亲近的人也不会愿意帮人担保，担保双方必须是相互信得过的人。请担保人不需要带礼物，不需要支付报酬，请的人也不需要管饭。因保人需要代还所担保的人还不起的债务，因此在刚打下粮食的季节，保人有权利在粮食还在晒场没运回家的时候带着债主直接去将所担保人晒场的粮食拿走用来还债，以避免借贷的人有粮不还或是过一段时间又还不上的风险。

（四）好管事的人

好管事的人是村庄公共事务的主要发动者以及矛盾纠纷调解的主要参与者。例如，街道公共财物的修护，如水井、道路的维修与管理等，均是由街道中好管闲事的人号召和组织同街道的人出工出力，并出面向大户人家或同街道的人集资的。

传统时期，在任徐店村，基本每条街道都有一个好管事的人，好管闲事的人一般是家庭条件中等或偏穷的人，但有能力、会沟通、被人们所信服，并具有一定公益精神。大户人家的人一般不好管事。好管事的人没有固定的选举流程，由大家默认产生，一般谁经常组织大家做公共事务，大家就信服他，愿意响应他的号召。好事者管事没有报酬。

好管事的人在村中具有一定的威望，在日常生活中，若村民遇到需要帮忙或是纠纷事件，就习惯于去找好管事的人帮忙。请好管事的人一般是由当家人去请，请的时候不需要带礼物，也不需要给报酬，好管事的人一般都会去帮忙。好管事的人一般主要参与村庄公益事业、纠纷调解等事务，其他事务很少参加。

（五）知客

知客是红白大事的"总管"，统筹人事安排以及婚礼流程等，通常是族下德高望重的、好管事的人担任。知客不一定是家境富裕的，而多是经济条件中等偏下的，因为知客需要来回跑腿，能够做到"穷事穷办，富事富办"，能把富人的事情办得风光，也能把穷人家的事情办得体面。知客有一定的权威，来帮忙的人必须得听从知客的安排，比如谁做厨师、谁端条盘、谁洗碗等等，即使是外姓来帮忙的也要服从知客的安排。

知客需要主家去请，且一般是当家人去请。请知客不需要带礼物，口头邀请即可。知客无报酬，但是在办事期间，主家要管饭、管抽烟。知客的选择一般不分人群，穷富、官民均是请所居住街道经常当知客的人来做知客，东边的就请东边的知客，西边的就请西边的知客，就近选择。知客不收徒弟，上了年纪之后就带一个年纪轻的人跟着学习。但是不需要经过拜师的过程。成为知客不需要经过保长、甲长等的允许，只要能被大家信任即可。知客办事不分主家的身份地位、财富等级，不管是保长还是普通村民，不管是富人还是穷人，只要知客接受了主家的邀请，就会尽心尽力帮忙把事情做好，以不辜负主家的信任。

（六）媒人

传统时期，任徐店村的媒人又称为"说亲的"，说亲的说成之后男女双方首先要"换书"，还要互换礼品，女方给男方的多是腰带等实用物品，男方给女方多是耳环、手镯等装饰品。换书之后暂时告一段落，等到男女双方都到了适婚的年纪，男方就会再找说亲的去女方家求亲，然后由双方及说亲的共同商量婚期，再由说亲的将好书下给女方家。媒人没有物质报酬，但是男方家要请媒人吃饭，而且饭食要是"酒肉大席"，亲事达成以后还要"谢媒人"，男方家带着肉和烧饼到媒人家里表示感谢。"谢媒人"之后就表示媒人已完成任务，被说媒的人也等于报了恩了，之后男女双方与媒人之间就没有关系了。男女双方结过婚之后到逢年过节的时候不需要再去媒人家拜年或是表示感谢。

村民李洪洲是当时村内比较有名的媒人，因为他好管这样的闲事，爱给别人说媒，对于全村人不管是否存在亲戚、邻里关系，他看到合适的就会主动上门去帮人说亲，有的时候还会帮外村人说亲。

二、村落治理内容

1949年以前，村落公共事务与治安维护是村落治理的主要内容。

（一）村落公共事务

传统时期，在村落治理中，保长、甲长主要起着连接村民与上级政府的作用，负责村庄税收、抓丁、派工、治安等行政事项。其他治理主体则主要起着补充和制约保甲长治村的作用。在村庄公共事务方面，如村庄共同财产的管理与使用、公共设施的建设等，一般是由保长或绅士、好事人等热心公益的人牵头，召集村庄的大户、有权威者共同议事，形成一致意见后再由具体的执行者号召全村人共同出力完成。对于村庄公共事务，普通农户也有参与权，但一般少有农户会主动参与村庄公共事务的议定。在传统时期，多数人生活贫困甚至食不果腹，村民多以"糊口"为主，在不得已被派工、派饭等情况下才会被动参与到村庄事务中，多数村民认为村庄事务与自己无关，多一事不如少一事。

在与外村的交往上，任徐店村联合周边村庄共同组织了联庄会来抵御土匪或杂牌军队的欺压。各村都有黄枪会、红枪会等自卫性组织，在政府的发动和组织下，各个村庄的自卫组织联合在一起共同保家护院，比如当任徐店村遭遇土匪或者杂牌军队的欺压时，只要县政府一通知，联庄会中的其他村庄的自卫组织必须来助威帮忙。

任徐店村与外村交往事务还体现在信仰活动方面，如共建寺庙等。民间认为火神爷是正义的化身，能够禳灾赐福、惩治邪恶，在武陟县基本家家户户都信奉火神爷。为方便祭祀，五社七徐店共同集资修建了火神庙。每个村庄的集资由各自村庄火神会的会首来负责，会首基本是村中大户、有能力的人，能为村民所信服。

（二）村落治安维护

村庄的社会治安主要由保里负责。保里成立了自卫队和特务队，并修建了城墙、土炮等来抵御匪患。为了加强保里的安全防范工作,保里还派了人打更。为了粮食安全,减少村民的损失,在春夏季节还派了看守到田间地头巡逻。

1. 自卫队

自卫队由保上组织成立,是负责护家护院护村的。自卫队的人只负责在村寨上站岗(通常是晚上),由村寨内穷困潦倒的、没办法的男子组成。站岗实行轮班制,轮到谁值班的时候必须准时到岗,下岗之后可以自由安排自己的时间,可回去干自家的农活等等。一般村内18—28周岁的成年男子,除在特务队的成员外,其余均为自卫队的成员。自卫队队长由保长任命,无报酬。队长的任命不分穷富,只要有能力、有威信、说话能让大家信服的人均可。自卫队成员也无报酬。适龄的男子除身体有残疾的外,其他成员均主动参加自卫队,不存在拒不参加的现象。因自卫队的任务仅为站岗,无其他需承担的义务,因此在平时除了站岗外没有日常的训练活动,站岗之外即为自身的自由活动时间。自卫队的成员多数没有武器,仅个别人有自己从家里携带过来的矛枪和土炮。

2. 特务队

特务队由保上组织成立,由村寨内中等家庭(家里不愁吃穿,能为村寨的防卫事宜多出力)的青壮年男性组成,成员通常在30岁以下。特务队不用在村寨上站岗,只需每天晚上到村寨上进行查岗,检查站岗人员是否认真执勤,是否存在缺岗、偷懒、偷睡的情况,查岗每两个小时进行一次。特务队的成员每天晚上都必须到保公所集合,定时进行查岗活动,除此之外,无别项集体活动。特务队队长由特务队成员共同推选,一般由有能力的、会办事的、能说会道的人来担任,无报酬。

3. 修寨墙

旧时为了抵御匪患和敌人入侵,村庄大多修建寨墙来进行防卫,任徐店村也不例外。清朝同治年间,任徐店村仁义寨由李朝梅(寨头)负责,本村人共同修建,冬春天农闲的时候即从村民中派劳力进行建设,整个过程大概耗时10年(《武陟县志》记载,小徐岗村村寨修建耗时11年,牛文庄村寨修建耗时8年)。1945年重修村寨时由国民党军队主持,以村为单位进行劳力摊派,确定每个村需出的人数后再由各村的保甲长在本村内进行具体的人员摊派。具体的人员安排由国民党军队说了算,没有人敢反抗。任徐店村位于武陟与修武两县交界处,邻村即属修武县管辖范围,但是在进行修寨劳力摊派时,邻近的修武县村庄如王村、周流村等的村民被派到也必须来参加。重修村寨时不需要村民分摊费用,主要是在原来村寨的基础上进行维修,基本没有开支,但是派到出劳力时要自带劳动工具,自备饭食,军队不负责修寨劳力的饭食。

村寨每天定时开，定时关。以冬季为例，冬季为西南门、东北门两扇门开，通常每天傍晚（下午5点钟左右）站岗人员会关寨门。晚归的人要叫站岗的开门才能进村。站岗的人必须确保放进来的人是本村的人，锁寨门之后外村人一律不准再进村。同时，锁上寨门后本村人晚上也一律不准外出。寨门开放的时间以及站岗、把寨等均没有明文规定，村民都会认真地遵守，不遵守者即是违反规则，会受到相应的惩罚。

寨墙上摆放有砖块、滚木条等武器，在遇到土匪来袭攀爬寨墙时，站岗的人先用砖块扔、用滚木条砸抵挡土匪。"没有大炮抬橡钩，没有枪支开油篓"，在受经济条件限制没有大型、强功能的武器的情况下，任徐店村村民因地制宜，根据自身条件仿制具有攻击力的武器，以起到威慑土匪的作用，达到保卫自身安全的目的。任徐店村的圩寨坚固且防御功能明显，遂有民间习语："任庄寨修得牢，土匪见到吓一跳。寨上放有滚木条，人山人海来把守，牲畜銮铃满寨跑。刀、弓、箭、枪、火药炮，吓得土匪不打自跑掉。"

4. 修土炮

国民党军队来之前，村寨上有土炮，土炮内装火药而不是炸药。国民党军队来之后寨上新修了炮楼，修炮楼所需的砖块由国民党军队主持在别村拆庙、拆石碑（多是老人墓碑）获得。炮楼主要由国民党军队支配使用，但是最终产权归任徐店村所有，其他村庄无权占有，也无权再将砖块等拆除带走。修炮楼的事项完全由国民党军队负责，村内保长、甲长均不干涉也不敢干涉，"谁干涉谁挨打"。炮楼的高度基本保持在12米左右，通常为两层，下层住人，上层站岗，两层均留有枪眼。修炮楼的劳力和重修村寨一样，从周边村庄中共同派工，如祝、白、卢等几个徐店以及邻近的周流、王村等村庄。

村民任贵志因家境富裕在自家修建了炮楼，保长、甲长均不干涉，他修炮楼的主要目的是为了防御土匪，维护自身的生命财产安全。任贵志家炮楼的高度与国民党军队重修的炮楼高度基本一致，达到10余米，炮楼只有修建得高一点才能起到更好的防御作用。遇土匪时，邻居家、穷人家通常不会去其个人家里的炮楼里躲避，一方面是因为"有土匪的时候通常是好户的往穷人家里跑"，土匪抢劫一般选择家庭富裕的家庭，抢穷人家难有收获，所以在遇土匪时富裕的人经常会跑到穷人家里进行躲避；另一方面是因为私人修建的炮楼比较狭小，只有一间屋子的空间，而村寨的炮楼空间比较大，里边包含厨房等生活空间，私人家里的炮楼难以容纳他人前去躲避。

5. 站岗

村内的寨墙上每天都有专门的人来站岗，每一个寨垛处安排一位站岗人员，站岗的人必须按时站岗、换岗、接岗。岗位上的小旗必须保持竖立,若站岗不认真,如站岗时睡觉等,被巡逻的人发现后即要挨打。站岗的人力从村内适龄的青年、中年男劳力中派,即使是保长、甲长的孩子只要适龄按照规定也需要去站岗,但是保长、甲长有权威,他们的孩子不去站岗也没人会说什么。派到站岗任务时,可由家里其他符合条件的男劳力代替,也可以由家里的长工去代替,但是不能由妇女、小孩或老人顶替。家中有男丁但在外打工的不算在站岗劳力中。由于传统时期吃食比较紧张,对于不愿站岗的人来说,到换岗的时候拿一个烧饼或者馍馍,有的时候甚至拿一个麻心饼就能找到人替站一班岗,替站岗的通常是家境贫穷生活难以为继的穷人。村民王继温谈道:"以前的站岗,那就是穷人给好户看家呢!"

6. 打更

打更人在国共拉锯、土匪横行的时期存在过一段时间。打更的主要作用一方面是提醒村民不要大意,要注意自家的财产生命安全;另一方面也是为了提醒寨墙上站岗的人不要偷懒睡觉,要认真站岗执勤,保障村民安全。打更一般两个小时一次,从夜里十点开始一直到早上五六点。打更人在夜间需每隔两个小时在村子巡逻一圈,每个街道都要去,四边的寨墙周围也要去,边敲锣边提醒人们注意安全。每天晚上都需进行打更。在秋季打下粮食之后打更需更加严格谨慎,因为这个季节村民家里存粮最多,要避免被抢盗。打更由专人负责,一般是两到三个,由保上确定,保上按期给打更人发放报酬,通常是一个月一斗麦子,打更人的报酬由保长从保上的积累里出。打更不需要签订文书,由保长和打更人口头沟通,双方都同意即可。

7. 看守

看守主要是为了防贼,春夏季节要经常到田地里去巡视。看守一般由贫穷又带点痞气的人充当。看守通常是两三个人,由保长任命,没有固定的任期。看守有报酬,由保上负责。看守一年四季都要工作,除了看地里的庄稼外,蔬菜、树木等都需要同时看护。根据规定,农户地里东西丢失看守需要承担责任,但是在任徐店村村内没有发生过大偷的情况,小偷小盗也不值得看守去赔偿。看守无固定工作时间,但是每天都要去,以此来威慑一些小偷小盗的行为。

三、村落治理方式

1949年以前,村落治理以礼法约束、受邀介入和主动介入为主要治理方式。

(一)礼法约束

传统时期,任徐店村没有成文的村规民约,但经历世代变迁,在村民心中有一套约定俗成的行事规则,如不偷不抢、种地纳粮、尊老爱幼等,主要以封建宗法礼教为指导思想，以劝善惩恶、广教化而厚风俗为主要方向，以稳固村庄社会秩序为目的。在规则面前人人平等，乡绅、官员、富人、辈分高的、年纪大的均需和普通村民一样遵守。相比村规民约，家法、族规祖训对村民更有约束力。一方面家户、家族相比村庄管辖的范围较小，另一方面家户是人们生产生活的基本单元，村民的日常活动离不开与家户、家族的交往关系，家法与每个村民息息相关。当有人违背家法的时候，家长可以当即进行教化或做出惩罚，其处理时间跨度较小，针对性更强，对村民行为的约束力也更强。村规民约的内容以教化为主，少有惩罚性的内容。但当村民的行为严重违背规则时，保长有打骂惩罚村民的权力。如村民因主观原因而不及时缴纳捐饷时，保上就会抓人、打骂。保长在实施惩罚时也要考虑被惩罚者的家族背景，保长施政要依仗村中大户的支持和帮助，因此一般不敢得罪村中大户。如果外村人在本村落范围内犯了事，本村保长同样有惩罚的权力。

（二）主动介入

传统时期，好管事的人、热心公益的人对于村庄公共事务往往是"不请自来"，由其自己主动出面发起组织大家进行村落公共建设。好管事的人主动介入的主要包括组织村庄公共活动与进行村庄公共设施维护两个方面。从村庄公共活动方面来看，一方面由好管事的人等村落治理主体出面组织是因为其经常参与村庄公共活动的组织，在村民心中积累了一定的威望，能够为村民所信服；另一方面通常村落治理主体所组织的村落公共活动往往是与村民的日常生产生活息息相关的，是对大家都有利的，比如过年期间组织大家进行大架、旱船等文娱表演，又如组织村民修建庙宇、进行求雨等。

除组织公共活动外，在村落公共设施的修建与维护方面，绅士、好管事的人等村落治理主体也发挥着重要作用：

一是村道维护。传统时期，任徐店村的村道均为乡间泥土道路，随着时间的推移或是下大雨等极端天气的发生，道路偶有损坏，此种情况下通常是由好管事的人组织就近的村民来进行修理、填补。

二是水井维护。1949年以前，任徐店村共有8眼吃水井供应着村内群众、来往客商以及村内大小牲畜的吃水。水井由同一街道的村民共同出资修建，由好管事的人发起和组织。好管事的人发起之后，不会挨家挨户地征求意见，而是直接入户收钱，根据打井的预算花费基本按照平均的原则均摊给每一家，但也不是绝对平均，富者多摊，穷者少摊或者不摊。每条街道上都会有好管事的人，比如后街的李三香。因为李三香经常组织大家做一些公共事务，因此大家都信任他，当他提出什么建议或者要求的时候村民会照办。在水井的修护上，也是由好管事的人来号召与组织。例如水井的井绳坏了，李三香就会去一些相对富裕的大户家里申请资助，请他们捐助两到三升麦子，直到积攒够买井绳的钱为止。那个时候钱比较紧张，所以一般是以收粮的形式进行集资，收集起来之后由好管事的人拿到集市上卖了钱再买需要的用具回来。当时村内住户较少，平均每条街有 20—30 户住户，比较便于管理，且水井关系到家家户户的利益，所以大家将此看成是一项公益事业，一般会积极响应号召。如果天气干旱水位下降或是井出水不好的时候，就需要淘井。淘井也是由街道中好管事的人来组织和指挥，由街道上的人共同出力来完成。

好管事的人没有报酬，其组织村庄公共活动、进行公共建设均不需要报告村内保长、甲长，保长、甲长不干涉活动与建设的进行，如果是涉及与保长、甲长相关的事务，保长、甲长也需要去帮忙。

（三）受邀介入

好管事的人、绅士等村落治理主体在主动介入村庄治理的同时，也存在受邀介入村庄治理的情况。一是受邀请进行纠纷调解，包括家庭内部矛盾、邻里矛盾、本村人与外村人的矛盾等，在进行纠纷调解时，一般需要有人请才会去参加，尤其是家庭内部矛盾的问题。除纠纷调解外，绅士等家底较厚的村落治理主体在村庄公共事务的组织与进行方面，还发挥着重要的资金供给的作用，如修建学校、学校设备供给、村庄公共娱乐活动设备的购置、村庄公共活动经费的筹集等。类似于修建村寨等大事，一般也是先按家户或人口来摊派，不足部分则需大户来补齐。对于为村庄公共事务集资的事情，通常是由村中好管事的人到绅士家里申请，绅士和大户根据活动需求给予一定的支持和帮助。通常只要是有人为了村庄公共事务而进了门，绅士和大户一般会出资赞助。对他们而言，每次几升粮食是完全能够负担的，况且频率也不高，不会影响家庭正常的生活水平，而且为村庄公共事务贡献力量也能为绅士在村中积累权威。

第三节 家户治理与家户关系

家户制度是中国传统社会的本源性制度，在此基础上形成了独特的中国农村发展道路。1949 年以前，任徐店村以家户为经营的基本单元，家户内部农工商互补，家户间互助合作。长期的发展形成了独具特色的家户治理，当家人具有较高权威，依传统惯行治理家户，产生了特定的家户关系。本节将对任徐店村传统时期的家户治理与治理关系进行考察。

一、家户治理概况

在任徐店村，保甲制时期以户为行政管理的单位，按户征收赋税、抓丁出役，以户为单位进行生产生活。此时的"户"就是平日里说的"家"，每户都有一个当家人，当家人具有较高的权威，直接或是间接管理家中大小事务。在任徐店村还存在"一家多户"的情况，这样的情况较少，主要是为了躲避抓丁而假分户，实际上只是将家里的人口数量分开，但原家庭的人员还是在一起生活，一起吃饭。

家户的大小不一，其大小等于家庭的大小，有的家庭较大，有的家庭较小。此时每一个家户都有当家人，叫一个家庭就以当家人的名字来叫。每一个家户没有门牌号，但是比较大的家庭会有自己的堂号。堂号为父辈的堂号，如果父亲去世，儿子可以重新再取一个堂号，但是父亲在的时候只能用父亲的堂号。堂号一般是由父亲所取，如果父亲去世，则是由长子所取，但是其余的儿子也可以提意见，或者别的儿子更有文化也可以由别的儿子取，但是最终的确定权在长子身上。"如李大寿、大祥、大鹤、大德四兄弟为万寿堂，李大鹤、大德两兄弟为鹤德堂，李超世家族为世德堂，李三辰家族为明垣堂，李三祥家族为福祥堂，李如哲家族为明仁堂，李如乾家族为乾坤堂，李如普家族为万世堂，李继宗家族为承德堂，卢清义家族为信义堂，郭仲杰家族为同顺堂，赵清奎家族为积玉堂等等。"[1]

家庭成员一般是居住在一个地方，不会分开居住，吃饭也是一起吃。一个家庭的成员不一定都具有血缘关系，如一些家庭中没有子嗣，就抱养或是买小孩来继承家业和传宗接代，这样的则不具有血缘关系，但同属一个家庭的成员。

二、家户治理主体

家长是家庭的主事人，也被称为"当家人""掌柜"，享有家庭内外事务的决断权，家中大小事务均是由当家人直接或间接决定。

(一)当家人概况

传统时期，任徐店村各家户的当家人一般是由家中的男性长辈担任，如爷爷与父亲，但若在家中无男丁或长者年老、长者无能等特殊情况下，也存在其他家庭成员担任当家人的情况，这种情况较少发生。在传统时期，村民普遍认为"家有一老，如有一宝"，老年人经历多，其生产经验与生活经验也相对比较丰富，能在家庭中享有较高的权威。一般在三代同堂、四代同堂的家庭里，都是由长辈男性当家。而且对于家户来讲，若长辈还在世，不到矛盾难以调和、家庭生活难以为继的情况下，一般不会进行分家，在村民看来，分家是一种长辈无能、当家不力的表现。据村民李继宗介绍：

---

[1] 来自对老人李继宗的访谈。

"那个时候不是说真过不下了，或者婆媳矛盾、妯娌矛盾太严重了，在父亲还在世的情况下，兄弟们一般不会要求分家，分家会让别人觉得是父亲家没当好，没有能力，才会导致大家庭分家分成小家庭。"如果父亲由于年老而主动让年轻一辈担任当家人，则一般是长子优先继承当家权，若长子去世，或长期在外，或嗜赌成性，或性格软弱、不会办事等，则其他儿子也可以接替当家人的位置。如在村民李继宗家里，1949年前，由于爷爷年老，父亲长期从事农业，对外交往经验较少，故是由叔叔当家。

当家人无特殊的称呼，依然按照年龄、辈分来进行称呼。若家中有兄弟几人，村民通常会称老大为大掌柜，老二为二掌柜，老三为三掌柜，以此类推。掌柜不一定是当家的，只是村民默认的一种称呼方式。

（二）内当家与外当家

传统时期，在任徐店村存在着外当家与内当家的区分。外当家必须要有一定的处事能力，由沟通能力强、会办事且有精力的人担任，没有性别限制，通常是男性，但是对于家中男性早逝的家庭，女人也可以做。内当家则一般是家中年长的长辈女性，因为家庭事务烦琐，男性来当内当家有些地方总会存在不便，比如儿媳妇的事情，而对于年长的长辈女性来说，可以管到家中的任何一个人，任何事情都可以说和做。当家人的确定不需要开家庭会议，不需要向保甲长、族长、门长汇报，同时也不需要告知四邻，时间一长大家均会得知当家人的身份，因为家庭有什么事情都是其出面处理解决。如在村民李继宗家里，叔叔为外当家，奶奶为内当家，叔叔主管对外事务，比如土地买卖、粮食买卖、税赋上交、与其他家族交往沟通等等。奶奶主管内部事务，比如家务分配、棉花分配等等，叔叔与奶奶之间没有特殊的管理规则，只是家人均默认对外的事务上叔叔说了算，内部事务上奶奶说了算。之所以叔叔是外当家是因为爷爷上了年纪且常年在外，而父亲主要干使唤牲口的农活没有精力当家。除此之外无别的当家人，当家人直至分家没发生过变动。

当家人在日常事务中有权威，但是在遇到家庭里的大事情时，必须要和家中的长辈与其他成年男性商量，比如李继宗家当时当家人是叔叔，但是在家里发生买地、买卖牲口、确定来年土地的种植作物种类等大事情发生时，叔叔必须要跟爷爷与父亲商量才可做决定。叔叔当上当家人之后，家人对其的称呼没有发生变化。

（三）当家人权责

当家人拥有家中事情的决定权，比如农产品买卖等。但是，当家人与其他家庭成员没有地位差别，吃同样的饭食，同样下地劳动。内当家主要负责家庭内部的事务，比如安排家中谁做饭以及给各个小分支分配东西等。在李继宗家里，根据奶奶的安排，母亲与婶子每人半个月轮流做饭,每个月的初二、十六接饭,不考虑每个小支的人口数量,轮到谁做饭另外的一人在这半月中只需负责磨面即可,农忙的季节有的时候还需要下地劳动。家庭中的生产、收支、借贷、对外等事情均是由外当家负责。对于家庭成员的婚配,要由其父母说了算,因为"身体发肤,受之父母",而且婚配要讲究"门当户对",即使当家人想为某一成员婚配也必须经过其父母的同意。在家庭成员的教育方面,通常是由家中的长辈男性做决定,然后由当家人负责为孩子交学费。对于父母的养老问题,所有儿子、儿媳均得承担,具体的养老方式由子女与父母协商。对于家庭事务,当家人通常会和家人进行沟通,征求家人的意见,以保证家庭和睦。

当家人首先要保证家中农业生产的顺利进行,比如购买牲畜、农具,雇用长短工,购买麻心饼等肥料以及牲畜的饲料等等。同时庄稼收获之后农产品的买卖也需要当家人寻找买卖机会和途径。对于家庭生活必需品,比如煤炭,要由外当家出面带粮食去换回来,但是对于油盐酱醋等物品,就由内当家负责买进。在涉及族谱或祠堂修缮、捐饷缴纳等与家族、村落之间的交往时,通常是由外当家出面与负责人进行沟通。若外当家因故不在家或有其他事情冲突,可以委托家庭中的其他成年男性进行对外交往。

(四)当家人更替

除内外当家人外,无代理当家人存在。下一任当家人根据家庭成员的沟通交往与办事能力来确定。所谓"当家",即是到外边买买东西、卖卖东西,对于家庭事务过问一下,对于家中实际的大事情,均是由家庭成员(多是成年男性)在一起商量决定。

通常不会更换当家人,但当家人在以下几种情况下会退出:一是分家,分家之后各小家庭再产生各自的当家人,原当家人不再具备权威;二是当家人年纪大不能承担家庭内外事务;三是家庭光景逐年衰败,当家人没有能力带领家庭劳动致富。旧的当家人退出的同时要产生新的当家人,若是因上了年纪而换下一代做当家人,原当家人偶尔还会管事,而且说的话也有一定的分量,家人也不敢不听。新的当家人做事情要与原当家人或是其他家庭成员商量,比如农产品的买卖、用卖农产品的收入买牲畜等。对于一些琐碎的小事,当家人可自己做决定。

三、家户治理内容

家户治理内容繁杂,大小事务均需要人管理,当家人便是这些大小事务的掌权人,内外当家分工协作,共同治理好一个家庭。就其治理的内容来看,主要包括财产处理、家庭公共事务、家庭外部事务等。

(一)家庭财产管理

从财产处理来看,家庭的土地都在当家人的名下,一般村民都会说是谁家谁家的土地，说的时候都是说当家人的名字，土地的处置只有当家人有权力。但是当家人也不能够随便处置，需要征询家人的意见，特别是家中有几个兄弟的情况，一般都需要征询兄弟的意见，因为土地是农民的命根子，一般只有家中遭遇变故或是遇上什么大困难，生活难以为继的时候才会考虑处理土地。这个时候需要家人相互商量，但是最终的决定是内外当家相互商量着确定。如果家人想要出售土地，当家人没有同意就不能出售，如果当家人不在家也不能出售，一定要征得当家人的同意。如果家庭拒绝缴纳赋税，官府也是去找当家人，不会找家中其他的人。如果去抓丁，之前会和当家人说，如果家中丁役逃跑，则会抓当家人，这个时候一般是抓外当家。有人找当家人借钱，当家人可以不和家里其他人商量，但是内外当家之间会商量，内外当家都同意了才能借钱。

从土地的经验管理来看，对于家庭土地的买卖、租佃、典当、置换、生产安排等经营行为均是由当家人说了算。其他家庭成员也可以提意见，在遇土地买卖、耕牛购买等家庭大事件时，家长通常也会和其他家庭成员商量，但商议和提意见的对象一般仅限于家庭其他男性成员，女性一般不参与各项家庭经营活动，且最终决定权掌握在当家人手里。家户内部的劳动分工，如第二天的农活安排，一般由当家人根据性别及劳动能力进行适当安排。对于农业生产的各个环节，一般不会由当家人或是某个家庭成员独自去完成，通常是由家里的空闲劳动力合作劳动，尤其像耕地、播种、浇水等环节必须要通过劳力合作才能完成。家户内部由当家人负责管钱，在没有分家之前，所有家庭成员包括长辈、儿媳等的钱均由当家人管理，但儿媳妇的嫁妆可以留作自己支配，其他家庭成员需要用钱时需向当家人申请。

从家庭财产分配来看，在任徐店村，家户是进行生产分配的基本单元，家户对家庭自我生产、自我创造的产品、财产具有自主分配权。从家户内部来看，无论是四代同堂、五代同堂的大家户，还是以一夫一妻为核心的小家庭，均是以当家人作为分配的主要权威代表。包括生产分配、收入分配、消费分配等在内的一切与家庭相关的事务均是由当家人说了算。在当家人的主持与平衡下，同吃同住的一家人往往是同居共财，无论干多干少、赚多赚少，都平等地享有家庭财产的使用权。一经分家，产品支配权也随之发生裂变，分家之后各个小家庭的当家人获得本家内部的产品支配权。

（二）家庭公共事务

从家庭公共事务来看，婚姻大事都是"父母之命，媒妁之言"，无论是儿子娶媳妇还是女儿嫁人都必须得到当家人的同意，如果当家人不同意，是不能够结婚的，也不会得到亲戚朋友的祝福。如果儿子离家很远，需要结婚也得得到当家人的同意，如果当家人没有同意,家里不会承认这一门婚事。如果家中的孩子要外出打工,也需要得到当家人的同意,如果当家人不同意,则不能外出打工。孩子上学的问题也是由当家人决定,哪一个孩子上学、什么时候去上学都是由当家人决定。家中孩子想去拜师学艺,也需要当家人的同意,在学习一些社会地位较低的手艺时需要和家人商量,如学唱戏。

从人口管理来看,如果家人内部吵架或是打架,当家人能够进行惩罚。在惩罚中,内当家只能进行批评教育和骂,一般需要打的时候都是由外当家来执行。如果家人犯下的错误较大,到了没有办法原谅的时候,可能会被驱逐出家庭,但是一般都不会这样做,如果被驱逐,不能带走家庭的财产。当家人不能处死家人,这是不被允许的,如果处死家人也会受到法律的制裁,在任徐店村没有出现过当家人处死家庭成员的情况。

(三)家庭对外事务

从家庭外部事务来看,通常与外部发生交往以家户为单位,在家户外部的人看来,一个家庭就是一个整体。如土地税的征收、壮丁的摊派、劳役的摊派,保长、甲长等村落权力所有者直接对接家户的当家人,而不会单独找家庭其他成员。又如与村庄其他家户发生交往关系的时候,如农业生产中的换工,通常也是当家人之间进行协商或相互邀约,然后再由当家人在家户内部进行具体安排。从与他人的人情往来来看,外当家是家庭外部事务的代理人,如红白喜事等一般是由外当家去参加,去参加的时候随礼多少由外当家和内当家商量决定,如果需要参加村庄会议,则是由外当家去参加。

四、家户治理方式

1949年以前,当家人作为家户治理主体,拥有家庭生产、分配、消费、公共事务决断等重大事务的最高发言权,在家庭内部享有较高的权威。但为了保持家庭的和睦,当家人在治家时也要遵循一定的治理规则。

(一)家法与家规

家户事务虽繁杂,但是在长期的生产生活中形成了一定的治理规则,当家人依据治理规则对家户进行治理。家庭决策规则就是家庭事务决策依据的规则,没有明文规定,是在长期的社会进程中积累下来的一种惯行,靠口口相传。在一个家庭中,家内的小事一般是由内当家来决定,内当家主要是管理家内的事务,如安排洗衣做饭等;生产性的事务主要是由外当家来决定,外当家主要掌管生产和对外的事务,如参加红白喜事等;经济权由内外当家共同掌管,家中开销、婚丧嫁娶均是由内外当家一起商量着来确定。另外,在家庭的较大事情中全家人一起开会商量,多为家中的男性和当家人一起商量，商量的时候每一个人都有发言的权利，但是最终的决定权在当家人的手上，当家人做出了决定之后家里的人可以提意见，当家人会根据意见情况决定是不是要听，做出决定后一般就不会再变动。

"国有国法，家有家规"，家庭一般有家法家规，家规一般是写在家谱上，然后代代相传。一些家庭没有家谱，但是也有家规，家规口口相传。家规主要对后人起到一种教育指引的作用，内容主要是教育后人该如何为人处世，如要尊敬长辈，要勤俭等。如果家庭成员违反了家法家规需要受到惩罚，不管是谁，当家人也必须要做到公平，如果当家人做的不公，就会失去威信。如果长辈不是当家人，长辈犯了错误，晚辈也要依据家法家规惩罚，但是对于长辈一般只是说理教育。

家规家法中没有明确的规定对家庭成员的行为进行奖励，但是在任徐店村也有一些相应的奖励规则。如家中的成员出去打工挣了钱回来，虽然这些钱要交给当家人，但是可以留不超过百分之十的钱作为自己的零花钱。

（二）共商共议

1949年以前，在任徐店村家户内部，当家人享有家庭事务决断的绝对权威，对于家庭的大小事务，最终都需要当家人"拍板"。但为了保持家庭和睦与长期延续，当家人在做出可能影响家庭发展或是要花费大量钱财的事务的相关决定时，一般会先与其他家庭成员进行商量，征求意见，才最终做出决定，如土地买卖、牲口买卖、壮丁选派、房屋建造与修缮等。

除此之外，如果是家中长辈男性因年老而由年轻一辈当家，新的当家人在做出家庭事务决策以前通常要先请示长辈，因为长辈见多识广，多向长辈请教可以避免走错路影响家庭发展，同时也是尊重长辈的一种体现。

五、家户治理关系

（一）家户治理与家户成员的关系

每一个家户的成员多少不一，成员关系也不尽相同，但大致可以分为夫妻关系、父子关系、当家人与佣人及长工关系、兄弟姐妹关系等。

1. 夫妻关系

"嫁鸡随鸡，嫁狗随狗"，妻子主要还是跟随着丈夫，家中的事情一般还是由丈夫说了算，即便是丈夫想纳妾、休妻等。纳妾前需要在家庭内部进行沟通，尤其是和头任妻子进行沟通，除此之外也要征求父母的意见，如果父母不同意则不能纳妾。但是纳妾不需要经过族长、保长、甲长同意，家务事宗族权力和村庄权力所有者都不干涉。纳妾同样不能选择同姓以及近亲。纳妾没有特殊的仪式，而且流程要比结婚简单得多。

妾进门后要向结发妻子请安,称呼其为姐姐,在日常生活中也多要听从结发妻子的安排。妾在家中的地位没有结发妻子高。妾也算是家人,如果丈夫去世,妾即使没有孩子也能分到一份家业。妾去世后可以进祖坟,但坟墓的顺序是结发妻子紧挨着丈夫,然后才是妾。

2. 父子关系

如果儿子是当家人,则由儿子来决定家中的大小事务,但是父亲在家中说话也比较有权威。如果儿子当家,父亲有做得不对的地方,儿子也可以管父亲,但是这种管一般是说理教育。如果违反了家规,有的家庭也会按照家规处理,但是这样的情况较少,父亲都是过来人,也熟知家规,不会明知故犯,另外作为长辈,也会给晚辈做好榜样。即便是儿子当了家,如果儿子有做得不好的地方,父亲也可以提出来,甚至是对其进行教育,儿子不能直接顶撞父亲。

3. 兄弟姐妹之间关系

在传统时期,一个家庭一般有多个孩子,当孩子成年以后,长子可以管次子和其余的兄弟姐妹。当家人还在的时候一般是由当家人来进行管理,如果当家人不在场就由长子来进行管理。如果弟弟是当家人,那就由弟弟来管家中的兄弟姐妹。姐姐在生活中可以管弟弟,对弟弟做得不好的地方也可以进行批评教育,但不是每一个弟弟都会听,即便是姐姐,也属于女性,在家中的地位并不高。

4. 家长和佣人、长工之间的关系

不是每一个家庭都会有佣人和长工,但是一般的土地大户和地主家中会有长工,一些经济条件较好的家庭还会请一些佣人,如请佣人做饭等。在任徐店村,家长和佣人、长工的关系虽属于雇用与被雇用的关系,但是相互之间的关系还是相对友好。家中的佣人和长工主要听从家长的安排,当然其余的家庭成员也可以安排佣人和长工做事情,一般被安排到的长工和佣人都会听,也都会去做。

5. 家庭成员之间关系

在一个家庭中,任何一个家庭成员都不会轻易脱离与原生家庭的关系,一般只有在分家、分户或被逐出家门才会和原生家庭脱离关系,除此之外,过继也会和原生家庭脱离关系。家庭成员一般也不会想着去从原生家庭中脱离出来,即便是想要脱离出来,也得征得当家人的同意,但是这样的情况当家人一般不会同意。分家、分户之后虽不再是一个家庭的成员,但是相互之间的关系依然存在,相互之间也仍然会往来。如果家中有人在外面遇到了困难,当家人要出面帮忙,如果当家人不出面帮忙,在家中就会失去威望,在村中也会受到别人的议论。

6. 当家人权威

当家人在家户中具有最高的权威，当家人中分内当家和外当家，外当家的权威要高于内当家，内当家主要是管理家中的事务，但是家内的较大事务内当家也会和外当家商量，寻求外当家的意见，一般的小事内当家可以自己做主。外当家主要是负责生产性事务和对外事务，外当家一般不用和内当家商量，只有在一些家庭公共事务上会和内当家商量，如儿子娶媳妇、嫁女儿等。当家人的权威还体现在座位的安排上，当家人一般是坐在上席，但是内当家一般不上桌，只有年纪较大的内当家会上桌吃饭，如果其上桌吃饭则是坐在上席的右边位置，上席的左边位置为外当家坐。当家人做出了决定之后，家庭成员可以提意见，也可以进行反驳，不会受到惩罚，如果意见有道理或是能说服当家人，当家人会对之前的决定进行修改。

（二）家户治理与国家治理的关系

家户中一般有家法家规，但是多为不成文的规定，靠家庭成员口口相传。家法家规都是在国法、村规的框架之下，不会存在和国法村规相冲突的情况。家庭成员如果同时触犯国法、村规、家法，首先要受到国法的惩罚，然后再受到村规的惩罚，最后还要受到家法的惩罚，如果只是违反了其中的一项，则是违反了什么就按照其规定进行相应的惩罚。家庭成员在做了一些违反国法的事情时，如杀人等，当家人可能会将其送进官府，但是也有的家庭不会将家庭成员送进官府，而是帮其隐藏和逃逸，还有一些家庭当家人会顶替家庭成员接受惩罚。

在惩罚中，当家人可以根据家庭成员做错事情的程度来对家庭成员进行惩罚，问题严重的，可能会被赶出去或是打出去，这样一般就是断绝了与原生家庭的关系，甚至不能进入家谱等。在惩罚中，如果当家人将自己的妻子或是孩子打死，会受到法律的制裁，国家会干涉，会将其抓进监狱，然后开堂审理，最后根据情节定罪判刑。

村庄召开会议，如果没有通知家户，家户可以不参加或是不配合，但是通知到就要参加。参加的时候一般是由外当家参加，如果外当家不在家，可以由长子或是儿子代替参加，但是需要做出决策的时候还是得征询当家人的意见。

第四节 亲族治理与治理关系

传统时期，相对独立的小农家户在血缘关系的基础上联结成以亲人为纽带的亲族社会。亲族社会内部的自我治理成为社会治理的重要组成部分，起到了辅助与补充政权治理的作用。本节将重点考察传统时期任徐店村的亲族治理与治理关系。

一、亲族治理概况

至 1948 年任徐店村解放时,村内共有李、任、赵、崔、王、郭、常、杨、卢、白、闫、汪、丁、金、张、关、孟、房、薛、陈、辛、刘、牛、曹、董、朱、冀、冯等 28 个姓氏。其中,以李、任、赵、崔 4 个姓氏为村落主要姓氏。一般同一个姓氏的村民多是相邻居住,集中分布在村庄的一个片区,但由于村民之间互有宅基地买卖往来,并非所有同族人都居住在一起。与其他村民相比,同族之间交往相对更为密切,尤其是同门、近亲之间,在日常农业生产、婚丧嫁娶以及祭祖仪式等活动中交往甚密。在任徐店村,村民之间同姓不婚且多选择村外婚,村民的结婚对象多在周边村庄寻找,婚姻圈相对较窄。姻亲之间走动比较频繁,逢重要的节日,如春节等,外嫁的女儿要回家看望父母。除节日外,家中有红白喜事的时候姻亲之间也要相互走动,平日里也会走动。

亲族政治责任单元以家户为基本单位。以税收为例,税收由县—区—保层级下达之后,最终由甲长负责去每家每户通知当家人。"种地完粮"是家户内部的事务,如果家户交不上,亲族没有代交税收的义务。农户交不起赋税的时候,可以找亲戚借粮来交,免于被打,等以后有了粮食再归还。如果亲族中有人犯了大罪,亲族没有连带责任。在任徐店村没有发生过大的案件,也没有以命抵命、连坐追责的事情发生。

二、亲族治理主体

传统时期,族长是亲族治理的主体,是宗族的最高权威。族下又以不同的支系分门,在各门中又产生门长作为支系内部的治理主体。

(一)族长

据家谱记载,民国十八年(1929 年)以前族下的当家人称为"总理",在民国十八年(1929 年)再续家谱的时候,族下的当家人即改称为"族长",至 1963 年续谱时又改称族长为总理。以下介绍均以"族长"来称呼。传统时期,族长必须是德高望重、人品好、办事公道、有一定文化素质、在族内说话响当当的人。从李氏家族的几任族长来看,李兆修是太学生,第二任族长李长庚是太学生,后李长润、李超英均是太学生、邑庠生,下一任李三辰为学士,曾在兵部尚书毛昶熙家当过家庭教师,且做过县政府的文职参事。继李三辰之后李三聘也是一个儒生,常做村内村外红白大事的知客,不管穷富都能将事情办得让主家满意,有一定声望。族长由门长以及族下的德高望重者讨论推荐人选,经族下的人公认后确定。族长的选择对于家庭土地数量、辈分、财富没有明确的要求,但是综合几任族长来看,均是家里有一定财富积累的。族长的人选对年龄也没有限制,村民李三辰 30 多岁的时候即当上了族长。

族长一般是一个，也可以两个人兼任，偶尔会出现三个的情况。两人兼任多为"老带新"的形式，上了年纪的老族长带领新任族长熟悉族内事务。如果是三位族长，多数是由常年在外工作但威望很大的族人挂名，由在村族长负责主持具体事务。

族长任期不固定，通常是实行终身制，从当上族长一直到去世名义上均是本族的族长，比如李三辰、李超楫，但是族长不世袭。族长没有报酬，必须是男性担任。

族长不存在跨村的情况，一个族长只能管本村族内的事情，比如任徐店村的李燕家族族长就只能管任徐店村的李氏家族事务，而其他村的李氏家族又会选出各自村的族长。但若外村的李氏是由本村李氏外迁的同宗族人，在族下修祠堂、修谱等时候也会通知其回来参与或捐赠。族长只在族下有权威，在村内无特殊权力。

（二）门长

门长由一门之中德高望重、有威望的人担任，由族长推荐、门下人公认产生，而不是由族长直接决定。门长必须是男性，无辈分、财产、年龄要求，同样对文化水平也没有要求，在门下说话能够起作用、被一门人认可即可。传统时期每一门大致都是几十口人，不会超过百口，因此门长通常是一门一个。门长的任务主要是协助族长搞好族下事务，多是向门下人传达族上的事务，协同门下人配合族上的安排。比如，要在祖坟内栽树的时候，就需要每一门的门长从本门之内安排几个劳动力来共同参与；族下续谱的时候门长要负责统计一门之内的人员信息以及收取相关费用。

门长的任期不定，不采取终身制，门长上了年纪之后就会卸任，主动向族长申请换成下一任年轻人担任。门长不世袭。换任也是族长推荐、门下人公认。族长与门长不能同时担任，若是族长，就不能兼任某一门的门长。

三、亲族治理内容

（一）内部事务

族下的公共财产包括祖坟、善坟地、祠堂、祖坟内的树木，除此之外无其他公共财产。每个家族公共土地的处置方式不一致，坟地不能买卖，也不出租，只能交予族人或其他固定的人看管并耕种空闲部分，族长有权决定坟地的耕种者，比如李氏家族是交给族人李如幸耕种，而王氏家族则是请了外姓的穷人来看坟，并在坟地周边帮其建三间简易的房子供居住。

春节的时候族下会组织共同的祭祖活动，由族长、门长牵头组织，确定祭祀流程，并定下祭祖当天的负责人，负责人没有条件限制，族下的男性均可。早期祭祖当天妇女不能进祠堂，到1940年代中后期以后祭祖当天族下的人不管男女老少均可以去参加，祭祖结束之后祠堂管理者会给来参加祭祖活动的人发核桃、柿饼等礼品。祭祖活动由族人自愿参与，不参与也不会有什么惩罚。祭祖的花销由耕种祠堂田的人负担，不需要族人集资。

族人分家、婚嫁、土地买卖等均不需要向族长、门长申请，族长、门长也不干涉，只有发生矛盾自家难以调和的时候才会请族长、门长出面调解。但是在抱养外子的时候必须得向近本家说明，得到近本家许可才可抱养，远本家不会干预，族长、门长一般也不会干预，但是抱养的孩子都不能上族谱、不能入祖坟。丧葬要通知亲族，人一断气要先通知近本家来帮忙穿寿衣、虑事（安排丧葬），以及请阴阳先生出魂、写幡。

(二) 对外事务

当族人与外族人发生矛盾纠纷的时候，族长、门长一般不参与调解，传统时期村民多是"各扫门前雪"，能不管事就不会主动揽事，只有在重大事件、涉及整个家族或是门下利益迫不得已的情况下才会参与调解。族长、门长参与调解的时候也要本着不偏不向的原则，根据事件的起因、过程来决定处理方式。在税负过重以及派兵役的事情上，族长、门长一概不管，因为这不在族长的权利义务范围之内，族长、门长只管得到祠堂、族下的事务，村内的事情无权干涉，即使去找保长、甲长说了也不会起作用。对于亲族人犯罪的情况，族长、门长会根据犯罪的性质与内容来决定是否组织施救，若性质恶劣，则不会主动救济。比如村民李三银原来是一位木匠，后因勾结土匪不务正业引起了民愤，被抓之后被打死了，但因其勾结土匪做尽坏事，族长、门长在其被抓期间也拒绝想办法施救。对于一些因贫困小偷小盗而被抓的族人，族长、门长就会出面将其保释。

春节期间，族长或亲自或派各门长或选族下三五个代表带着香火、点心，代表整个家族到其他家族祠堂进行祭拜、拜年，对于没有祠堂的家族就到保存挂谱的家庭进行祭拜，以示与其他家族的友好往来。其他时候宗族与宗族之间无其他交流。

四、亲族治理规则

村内较大的姓氏基本都有族规祖训。以李氏家族为例，李氏家族在很早之前就形成了成文的族规祖训，1970年代中后期在族长、门长以及族下有威望的人的号召下，又重新商讨编写新的族规祖训。

祖训族规贴于祠堂内，供族人查看。祖训由祖辈流传下来，由族下有文化的人编写，族长、门长与族下德高望重的人商议确定。祠堂里有专门的家棍，族下有专门的打手，只有在族人严重违背伦理道德的时候才会开祠堂门施惩，比如不孝顺父母、儿媳侮辱公婆等。

在宗族事务中，关于购置坟地、修族谱、修祠堂等需要花大钱的事件必须通过族长、门长会议讨论决定，族长不可独自做出决策。通常除了族下大事需要族长、门长讨论外，族人自家的事情由自己决定。有的时候亲戚之间会召开会议，比如家里有女性去世时，需要和娘家的亲戚一起开会讨论丧葬的规模和过程，如买什么样的寿木做棺材，买什么样的布料做寿衣，在丧葬事宜上要充分尊重娘家人的意见。

五、亲族治理关系

（一）亲族成员之间治理关系

亲戚之间发生口角的时候无人来调解，靠双方自己协调和让步，争执严重的时候就会导致互不来往。比如两叔伯兄弟发生矛盾，就可能导致两家互不来往，过年走亲戚也不同一天去，而是错开时间。而邻里之间的矛盾，通常遇到事儿的时候就会自然而然地化解，比如说当家里有红白大事的时候，主要就是依靠街坊邻里的力量来帮忙，因此遇事的一方就会首先低头去请另一方来帮忙，另一方受到邀请就要主动去帮忙。通常村民家里有事首先都会找自己的近本家帮忙，因为近本家均为同一血缘，相互之间团结一致家族才能强大、才能荣耀，如果兄弟之间不团结则会被其他人嘲笑、诟病。若近本家处理不了，则会求助于族长、门长，族长、门长利用其在族下门下的权威帮助族人解决问题。比如分家产生分歧的时候，若近亲叔伯等调解不了，就会请族长、门长出面在其中话事，解决矛盾纠纷。

对于同族人之间发生矛盾的情况，通常是依靠街坊邻里来进行说和调解，不一定会去请族长、门长出面解决。对于大的矛盾纠纷，必须要由其中一方去请族长、门长，若没人去请，族长、门长不会主动参与调解。若需要大户、绅士去调解，也必须要有人去请，受"多一事不如少一事""管闲事，落不是"等思想的影响，若没有人去请，村民都不愿意出面管闲事。

（二）亲族与成员之间治理关系

族长、门长都是一族中或一门中的德高望重者，因此都很得族人尊敬。但是族人对于族长、门长没有特殊称呼，而是根据辈分及年龄以爷、伯、叔来称呼，平辈且年龄长于族长、门长的村民则可以直呼其姓名。即使是官员在村民当中也是很平常的人，比如村民李如潮，当时官职为武陟县区大队长，手下有部队且有一百多杆枪，每次回家都要骑马、带护兵，但是每次到距离村庄一里多路的时候李如潮就要下马，然后步行走回家，随从的护兵只能在家门口等着而不能进家门，以维护和村民之间的亲密关系。在村民看来，称呼名字甚至小名相比称呼官名来说是一种表达亲近的方式。

在宗族集体活动比如春节祭祀的时候，族长、门长要站在最前边，且族长代表着最高权威，在祭祖中地位最高。在亲戚之间的集体活动上，以妻子的娘家人地位最高，其中又以辈分高、年纪大的人地位最高。

在因喜事集体聚餐的时候，要按辈分排座，辈分高的坐在主位，叔伯、舅舅分坐在主位的两边，其他人可以随意坐。在有白事发生的时候，吃饭的时候舅舅统一坐在屋里，其余的人（表弟、表哥）坐外边。若同桌上既有族长、门长，又有舅舅、叔伯，则年纪大的人坐在主位。在婚宴酒席中，主人敬酒主要是敬自家的亲戚或是婆婆家的长辈，敬酒的顺序按照辈分以及年纪来决定，不需要专门给族长、门长敬酒。族人去向族长、门长拜年也是以街坊、亲戚的身份拜年。过年走亲戚通常都要带礼物，大小、轻重不讲究，但是必须要有，因为礼物代表了彼此之间一年的友好相处。街坊邻里之间的相互拜年不需要带礼物。

（三）亲族与政权之间治理关系

政府以及保长、甲长与族长、门长没有事务上的联系。族长、门长只管族内的事务，如家族祭祀、祠堂地买卖以及族人纠纷处理等，而保长、甲长是国家权力的代表，管的是收税、村庄治安等事务，两者的权力不存在交叉。对于村里修路、修水利等大事，保长、甲长会找村中的绅士商议，而不会找各个家族的族长和门长商议。

保长、甲长不会干涉宗族的祭祀、聚会以及族谱编修等活动。每个人都有所属的宗族，保长、甲长也不例外，宗族活动是族下人联络感情的方式，且不影响保甲长对村庄的管理，所以保甲长没有理由干涉宗族活动。在其所属的宗族组织活动时，保甲长也会积极主动地参加。

第五节　信缘治理与治理关系

传统时期，任徐店村村民信仰丰富，基于信仰关系形成了相应的信仰权力结构，规范和约束着村民的信仰行为。本节将重点考察传统时期任徐店村村民的信缘治理与治理关系。

一、信缘组织及其治理关系

（一）信缘组织单元

村落内因信仰而形成的组织有火神会、牛王会、天地会、孙真会、白衣会等。任徐店村信仰组织的范围多是以村落为单位，依托本村的寺庙，以单一神明为纽带成立会首组织，维持寺庙祭祀的正常秩序。以白衣会为例，白衣会依托于村内的白衣堂而成立，白衣堂里供奉着白素贞，民间将其视为观音菩萨的化身，寄托着村民求子、保平安的愿望。白衣会的会首由两三个人组成，均为任徐店村本村人，外村人可以来祭拜但不可成为会首。

除以村落为单元的信仰组织外，在任徐店村还有联合周边五社七徐店共同成立的火神会。民间将火神爷视为正义的化身，能够攘灾赐福、惩治邪恶，且人们的生产生活与火息息相关，基本家家户户都信奉火神爷，每个村落都有以火神信奉为基础的火神会。但由于修建庙宇成本高、涉及范围大，并非村村都有火神庙，对于没有修建庙宇的村庄，多是请人雕琢一座1米左右的类似庙宇的神楼供村民祭拜，任徐店村的火神楼安放在会首家里，接受村民的香火祭拜。逢正月初八火神爷的生日，没有火神庙宇的村庄就要派代表到邻近的火神庙进行祭拜。由于任徐店村周边几村庄均没有火神庙，每次祭拜要走很远的路程，为方便祭拜，经五社七徐店的火神会会首共同讨论，决定在原火神庙旧址所在的卢徐店村共同修建一座火神庙，由五社七徐店共同集资、共同所有、共同祭拜。火神庙所在的卢徐店村的火神会为首社，其他村庄为分社，共同操办火神庙事宜。

（二）信缘治理主体

信缘组织又称为会首组织，以单一神灵信仰为依托而成立。会首组织内部有会首和助理会首之分。会首是信仰组织的"正当家"，其职责是决定一年祭祀活动中的重大事宜，如钱与物的来源、接任会首的人选等。助理会首主要是信仰活动的执行者，协助会首组织和办理信仰活动，主要职责就是负责组织和指挥祭祀活动中的一些具体事务，如人员的召集和分工等。会首由上一届会首推选和确定，一般只有一个，一年一轮换，具备一定经济实力、沟通交往能力等条件的人才能当上会首。会首没有报酬，多数情况下甚至要贴付，没有一定经济实力的人即使当上了会首也难以保证信仰活动的正常运转。但在村民看来，火神爷能保佑扶助村民发大财，因此也不存在没有人当会首的情况，有经济实力的家庭还会抢着当会首。助理会首由会首任命，一般是3个，根据寺庙规模大小的不同而不同。

联合组织会社内部有首社与分社之分。如在五社七徐店共同修建的火神庙中，寺庙所在的村庄卢徐店村的火神会即为联合火神会的首社，其他村庄为分社，分社之间没有高低贵贱、次序先后之分。首社主要负责集体祭拜的顺序安排、秩序维护、任务分配等主要事宜，分社主要负责协助首社协调集体祭拜活动、日常寺庙值班、各村祭拜经费的收取等事务。火神庙修建完成之后，联合火神会只在集体祭拜事宜上发挥作用，其余时间各村的火神会负责各村的火神祭拜，互不交叉，首社在非火神集体祭拜期间也无权干涉分社村庄的火神祭拜或为分社会首安排别的事项。

（三）信缘治理内容

信缘组织的主要职责即是组织各种信缘活动，规范村民的信缘行为。如火神会的主要职责就是组织春节期间的祭祀活动。春节期间的火神祭祀是一个复杂的仪式系列，包括除夕祭祀、新年祭祀、行水、破盘会、转会等。春节期间的祭祀仪式持续时间比较长，一般从除夕持续到正月十七。祭祀的用品、供品由祭拜者自行携带，但集体祭祀以及祭祀活动的经费需要在会首的组织下在村民中进行摊派，祭祀活动最主要在行水当天，有大架、旱船、武术等文艺表演，多数情况下还会请戏班唱三天大戏。筹集的活动经费由会首负责管理支配。活动期间，参与者的衣食住行均在自家解决。但若请了外面的戏班来表演，则需要会首为其安排住宿，一般是安排在村中中等以上、有空闲房间的家户里，吃饭由戏班自行解决。除祭祀活动外，信仰组织无专门的捐赠、救济活动。

庙宇、祭坛等由会首来负责管理，平日里不需要专门在庙里值班，一般逢初一、十五以及春节期间保证寺庙开门，能供村民祭拜即可。会首没有报酬。如果寺庙需要修缮，费用又不多，则由会首在村落大户中进行集资，如果重修寺庙等需要经费数量较多，就需要按户在村中进行摊派。

信缘组织只负责组织和规范村民的信仰行为，会首们也只在信仰范围内有权威，不参与其他村庄事务，也无权干涉。村民遇纠纷多数是请近亲、邻里、宗族成员来调解，遇难以调和的矛盾则请保甲长出面解决，不会请信缘组织成员来参与纠纷的调解。

（四）信缘治理过程

村民所信奉的神灵，多有攘灾赐福、教人向善、祈求平安之寓意。寺庙没有成文的教规戒律，依靠村民口口相传的形式对村民行为进行教化和约束。寺庙没有具体的惩罚措施，村民如果违反寺庙的道德规范，不会受到会首的实体惩罚，但是会受到其他信众的舆论谴责，自己也会在心理上觉得冲撞了神灵是不好的事情，得不到神灵的庇佑，有时候会因冲撞神灵而受到当家人的严厉惩罚。

在信缘事务上，会首拥有决策权。信仰活动基本是世代沿袭下来的惯例习俗，每到信缘活动开展的时间，会首即要召集老会首商议信缘活动的安排，向老会首请教组织信缘活动的经验，并形成活动方案。做出决策后，由助理会首协助会首做好具体的活动安排与执行工作。一般信众对于信仰活动有自主参与权，是否参加、何时参加、如何参加都由村民个体来自主选择。对于村庄集体的信缘活动，为了不被他人排挤，不给他人留下不合群的印象，村民一般会尽量参加。但村民参与信缘活动仅限于集资、祭拜等活动过程，普通村民没有参与信缘活动决策的权力。

二、祈雨及其治理关系

在邻近任徐店村的白徐店村，发生旱灾之后村民会自发组织进行集体的求雨活动。求雨没有固定的时间，只有连续干旱庄稼受损严重的时候才会求雨。是否求雨以及求雨的时间由寺庙的会首同村中的绅士们商议决定，商议结果不需要告知保甲长。

求雨一般是由寺庙的会首来组织，因寺庙的会首多是村中威望较高、信仰神灵且有一定经济实力的人，因此，由其来组织，既可向上联系村中绅士，又可向下取信于百姓。求雨的组织者没有报酬，只是为了村庄的公益事业而在无偿付出。

求雨的时间确定之后，不需要会首再村内挨家挨户地告知，而是通过一传十、十传百的方式，让村民奔走相告。求雨期间，村民从关爷庙里将关爷的神像请出来放在村庄中心的十字路口处，并在此处搭建一个棚子，作为共同祈雨的场所，供村民集体烧香磕头祭拜。之所以选择村庄中心，是因为村庄中心的人流量大，大家去比较方便。祭拜由村民自愿参与，没有人员限制，只要是为了祈雨，任何人都可以过来祭拜，不参与也没有什么影响，没有人干涉，求雨活动持续一个多月，直到求到雨之后停止，求不到雨神像不能放回屋里。求雨祭拜没有时间限制，村民可以自由选择祭拜的日期与时段。

求雨只有在搭建棚子的时候会产生一部分公共费用，这部分费用由会首负责在村中大户中筹集，对于为集体求雨的捐粮者，无论捐多少都会在寺庙内立碑进行记录。筹集到的费用由会首负责管理和支配，求雨结束之后要进行收支公示，若有剩余则留作寺庙的活动经费，没有出现过筹集的经费不够支出的情况。对于村民的集体祭拜，在祭拜过程中不产生公共费用，由村民自发过来祭拜，祭拜用品由祭拜者从自家带过来，多是一些核桃、柿饼、红枣、花生、西瓜、桃子等当地产的干果与水果，由一些上了年纪的妇女和个别年长的男子负责管理，隔一段时间收一次供品，收拾下桌的祭品一般就供管理者食用。集体祈雨是村民本身的一种信仰与精神寄托，保长、甲长不干涉，因为他们也希望通过祈雨仪式能够真正求来雨水，造福村民。同样上级政府也不干涉村民的集体求雨。

求雨成功之后要进行还愿谢神。谢神通常是以集体祭拜与唱三天大戏的方式进行。谢神的时间还是由会首与村中绅士进行商议，确定一个好日子然后再告知村民。谢神因为要举行祭祀活动且要请戏团，开支较大，因此费用通常是按照人头在村民中进行摊派，贫困者可以不摊，不足的部分村中大户再摊。唱戏的一般是由会首从外面请过来，需要支付一定的报酬，报酬的数量由会首与戏团的负责人商议决定。除此之外，村中还需要负责唱戏期间演员们的吃住。唱戏期间外村人也能来观看，不需要支付报酬。因为谢神是整体性的公共活动，因此要提前告知保甲长，以便于安排好谢神期间的治安问题。

第六节 业缘治理与治理关系

传统时期，任徐店村及其周边村庄虽然未形成相关的业缘组织，但在村民长期的市场交易活动中，形成了一种默认的心理规则，由此衍生出了丰富的业缘治理与治理关系。

一、集市治理及其关系

1949年以前，人们称定点开展贸易活动的场所为集市，任徐店村村内虽没有集市，但村民常到周边村庄及县城集市上赶集。从调查情况来看，集市交易没有专门的组织与管理人员，多为村民自发形成的。在长期的交易往来中，村民心中形成了一些默认的集市治理规则。

首先是同类销售者往往集中在集市的一个地方，如牛市、羊市、猪市，以及县城集市上的花店街、棉花行、土布行、粮行等。一是方便购买者挑选和选购，村民去赶集往往习惯于去自己想要购买的物品比较集中的地方，如果卖者不与同行在一起而另选地方，则很容易错过交易机会。二是在集市的大宗交易中，如耕牛买卖，通常不会发生买卖双方的直接交易，而是要找懂牲口也具有交易经验的行户作为中介，同行聚在一起有利于行户的分布与活动，促进交易的进行。也正是由于行户的存在，不存在同行之间恶性竞争、随意提高或降低价格的情况，交易大多采取"摸手指"的方式来讨价还价而不会直接喊价。

其次，村民普遍认为经商之道第一条是诚信，因为经商不是一锤子买卖，而是长期事业，因此必须取信于人。交易过程中必须要做到货真价实，不能弄虚作假欺骗顾客。在交易过程中要讲究公平交易、童叟无欺，不能对什么人定什么价。在传统时期，村民的交往空间相对较小，生活相对封闭，在集市上进行买卖往来的多是周边村庄互相熟识村民，即使在交易时互不认识，事后相互一打听或者与人交流就能摸清对方的情况。如果在集市上发生欺骗、少斤少两、"看准了宰一刀"的行为，对方往往不难找回来理论，这样就会坏了自己在集市上的名声，不利于今后生意的开展，也可能会影响自家在其他方面的交往关系，给人留下不诚信、偷奸耍滑的印象。

第三，集市上做交易讲究薄利广销，俗话说"十分利饿死人，一分利撑死人"，定价必须合理，在保证盈利的同时不能将价格定得太高。村民到集市上进行买卖的商品多为日常生产生活中的必需品，对于行情也会有一定的了解，而且买了东西之后彼此之间还会比较交易的价格，如果同样的东西一家比另一家卖得贵，通过口口相传，就会影响其日后的生意。同时，在集市上做生意也不能欺行霸市，欺行霸市、哄抬物价是行规所不允许的。同行之间虽存在竞争关系，但在各自的经营过程中，也要求要胸怀宽广、重义轻财，避免相互之间的猜疑与不信任。

从集市治理与村庄治理的关系来看，传统时期，集市交易属于村民独立的个体行为，不论到集市上卖东西或买东西，都不需要保长、甲长批准，也不需要向保里交税，村民可自由安排买卖行为。保长、甲长所在的家庭也不可避免地会去赶集或是到集市上卖东西，他们及其家人到集市上做交易也要遵循集市的一般规则，不享有特殊的权力。若在集市上发生买卖纠纷，通常是先请中人、熟人或者村庄有威望的人进行调解，只有在其他人调解不下的时候才会请保长、甲长出面调解。

二、行户治理及其关系

在发生猪、牛、羊等牲口买卖时请的中人称为行户，行户属于中人的一种。行户必须具备以下几个条件：一是能够贴得起功夫，因为行户是以通过促成牲口买卖而赚取中间费用为生的，多活动于集市中，而且是逢会都到，比如任徐店村村民陈继功、郭生仁均是专门的行户，县城及周边村庄逢会逢集的时候都会过去。二是要带有一定的痞赖性质，脸皮要厚，在促成买卖的过程中要能让买卖双方在价格上达成一致形成交易。三是对于牲口精通，具备一眼看出牲口质量好坏、年岁大小、大致价格的能力。

通常一个集会上会有两到三个行户，若有人需要买卖牲口或是在集市上看中了牲口，找行户去说合即可。村民买卖大型牲口必须要经过行户，因为买方和卖方可能互不相识，若不经过行户私下达成交易，就会增加买卖的风险产生矛盾，比如买方不支付余额、卖方卖的是生了病的牲口等等。买牲口时有三天的试用期，买方可以将牲口牵回家去试用，测试牲口干农活的效果以及吃食是否正常，若不经过行户，假设王村村民谎称是任徐店村村民而将牲口牵回家不再送回，卖牲口的人就无计可施。因此，村民在要买牲口时，可以自己先去集市上看，考察一下牲口的牙口以及大小等基本情况，相中之后找行户去谈价钱。行户与买卖双方虽然原本也可能互不相识，但是逢集会都会在集市上，因此能够降低买卖牲口的风险。

行户有的时候在集市上看到好的、价格低的牲口，会直接买下来牵回自己家，然后再高价倒卖给他人赚取差价。买卖牲口时，卖方要给买方三天的试用期，若买方觉得满意，再支付价钱，若不满意，将牲口退回即可。买方将牲口牵回家试用时要向卖方支付少量的订金，付全款的时候扣除订金的部分，若买家不满意在试用期期间将牲口退回，卖方需要将相应的订金同时退给买家。试用期结束买卖牲口交易达成之后，买方不得再以任何借口将牲口退回，卖方不会接受，行户也不会允许。

传统时期，行户说成一笔交易要收取一定的费用，收取的数量根据牲口的大小来决定，行户的费用由买卖双方共同承担。行户的报酬在交易达成之后支付，交易没达成行户就没有报酬。

第七节 任徐店村治理变迁

1949年以后，任徐店村经历土地改革、合作化、人民公社等重大变革，传统治理方式也随之发生了巨大的变化。本节将重点考察任徐店村治理形态的变迁与当下概况。

1949年以前，任徐店村的管理制度是保甲制，保长下设甲长。因任徐店村位于武陟县与修武县的交界处，与邻村发生土地买卖的少量土地归修武县管辖，因此1949年以前村内有两个保，管理者称为保长。其中，大保保长主要负责征收武陟地税，并负责村内的其他事务；小保长又称为洪济保保长，主要负责征收修武地税。

1948年以后，村庄行政机构随着政策形势的变化而发生了多次变更，具体如下表：

表6-1 任徐店村行政机构变更概况

时间	管理机构	区域划分	管理者
1948以前	保甲	一保五甲	保长
1948—1956	村公所	—	村长
1956	初级社	全村分为七社	社长
1956	高级社	与祝徐店、卢徐店共同成立光明高级社	社长
1958	人民公社	全村一个大队	大队长
1968—1972	生产队	—	革命委员会主任
1979	管理委员会	—	大队长
1983	行政村	—	村长

1948年村庄解放以后，于1949年3月进行土地改革运动。土改中，首先贯彻党的土地改革政策，发动群众，培养骨干，建立农会，建立民兵、妇女群众组织。其中，李树贵任村长，崔绍珍任农会主任，关运通任民兵队长，张德礼任治安主任。在革命骨干的组织发动下，村内按照政策划分阶级成分，没收地主、富农的土地和财产分配给贫下中农，建立村政府等农村政权组织，领导农民开展大规模的生产运动。土地改革大大促进了农业生产的恢复和发展。土地改革结束后，吸收了一批土改积极分子入党，任徐店村于1949年12月29日成立第一届党支部，李如新任村党支部书记，成员

有李如新、李三前、李如申、李如成、李如华、任永寿、任贵富、李如洲、张德礼、金占国、任永孟、赵锡清、李克英（女）、张翠娥（女）、周秀英（女）、关运通、王继温、郭生仁、李树义等19人。

土地改革后，为了防止村庄两极分化，加速农业生产的发展，党和政府引导农民走互助合作的道路。任徐店村广大群众在自愿互助的原则引导下，组织季节性互助组，逐渐发展到常年互助组和办社会主义性质的初级农业生产合作社，并逐步过渡到高级农业生产合作社和人民公社。1956年，任徐店村成立了第一个初级农业生产合作社，社长李如洲。后在全村共发展了7个初级农业生产合作社，一社社长李如洲，二社社长李三卷，三社社长赵清顺，四社社长任永孟，五社社长李如顺，六社社长李树义，七社社长房守仁。同年，任徐店村的7个农业生产合作社合并，并与祝徐店、卢徐店共同成立了光明高级农业生产合作社，社长为任徐店村村民李三前，另有财务股长祝运财，秘书股长赵兴元，农业股长祝应水，饲养股长关运顺，文教股长崔茂松，计划股长李如洲，副业股长李鸿阳，基本建设股长赵锡智，保卫股长李树义。在初级社和高级社时期，党和政府及时引导，在分配上、管理上定额记工，各项规章制度逐渐完善，农业生产稳步前进。1958年撤销高级社，全县成立14个人民公社，实行政社合一，任徐店属城关镇人民公社，其管理者称为大队长。成立人民公社后，任徐店、祝徐店、卢徐店各自成为独立的行政村。1962年，城关镇人民公社分成木城镇人民公社和城关人民公社，任徐店属城关人民公社。1968—1972年间，公社的管理者改称为革命委员会主任（简称革委会主任），下设生产队。1979年，撤销革命委员会称呼，组建管理委员会，村的管理者称为大队长。1983年4月，进行行政体制改革，政社分置、党政分立，撤销15个人民公社建制，建立1镇、14乡，任徐店村属城关乡，恢复行政村建制，村的管理者叫村长，生产队改为村民小组。1996年11月22日，省民政厅发文批准城关乡改龙源镇，任徐店村属龙源镇并一直延续至今。1997年，随着中央村委会组织法（试行）的颁布，村委主任和委员不再是上级任命，而是由村民直接选举产生，三年一届，可连选连任。

第八节 任徐店村治理实态

当前，经历了村民自治的实践，任徐店村建立了由党支部委员会、村民委员会、村民监督委员会构成的基本治理架构，形成了新时期的村庄治理关系。

1988年6月1日，《中华人民共和国村民委员会组织法（试行）》试行后，任徐店村所在的武陟县通过报纸、广播等多种形式进行宣传，为全面贯彻实施村委会组织法打下了基础。"九五"期间，根据《河南省村民自治示范活动方案》的要求，武陟县作为试点单位，在农村普遍开展了村民自治示范活动。县、乡民政部门积极帮助各村建立规章制度，完善工作程序，健全监督制度，把村委会建设纳入了依法治村、民主管理的轨道，促进了农村基层民主与法制建设。1999年，全县普遍开展了村务公开民主管理工作，武陟县全县366个村（街）委会全部建立了村务公开栏，任徐店村也不例外。县、乡两级建立了村务公开评比栏，坚持定期检查考评，实行挂"三旗"（即红、黄、黑旗）管理，按照内容规范、程序规范、时间规范、阵地规范、档案规范的要求进行，取得了良好的社会效果。

任徐店村紧跟国家、县委县政府的步伐，自1997年起村委会主任与委员不再是上级任命，而是由村民直接选举产生，三年一届，可连选连任。任徐店村历任党支部书记、村主任、团支部书记名单如下：

> 任徐店村历任党支部书记：李如新、李如洲、赵锡智、郭生仁、张树平、赵清顺、李如华、李平、李克明、李树芳、高俊妮（女）、李文全、李继洋、李社（女）、李继洋
>
> 任徐店村历任村主任：李树贵、李三前、赵锡清、李三凤、赵清顺、关运顺、李平、李继本、李继洋、孟国平、李永祥、李文生
>
> 任徐店村历任团支部书记：赵清顺、崔茂河、卢广森、金国喜、李秀英（女）、付王生等
>
> 任徐店村现任村委会班子成员：村委会主任李文生，副主任白文生，村委委员赵金亮、任国强、崔小青（女）[1]

---

1 来自《任徐店村史》。

附录一

任徐店村调查小记

黄河区域村庄调查是我参与的第一次村庄调查,在此之前虽然多次参与实地调查,但都是短期或团队调查,此次村庄调查是第一次长时段、大规模的个人深入调查。回顾我的调研过程,不得不说我是幸运的,第一次做村庄调查是回到自己的家乡,回到自己熟悉的地方,在减少心理压力的同时,也避免了语言障碍。但由于是第一次做村庄调查,也遇到了一些困难。

一、进村"前奏":一波三折,砥砺前行

第一次参与村调,在内心惶恐不安的前提下,正式开始选村之前又出现了一些小插曲。在经历了国庆期间的加班加点之后,终于将手头琐碎的工作处理得差不多,于是,10月8日便怀揣着一颗忐忑的心踏上了寻村之旅。由于此次华北村调选择的是自己的家乡,所以第一站先回家稍做休整。两天后,便给焦作市民政局副局长发了信息,表明身份和来意,结果,收到的回复是"我刚到外地开会,下周联系,并请国家老龄办正式通知我们!"一时不知所措的我想到去求助师兄,在云龙师兄的帮助下得以顺利和政府部门接洽。经过与武陟县老龄办杨主任沟通,第二天一早8点钟我便到达民政局,与马书记和杨主任进行了短暂的沟通。由于公车抽调不开,我只得暂回家里等待,下午再与马书记和杨主任一起到我的老家嘉应观乡进行试调查。下午2点半,我如约到达民政局,等待下乡,然而,一直到3点多钟才等来了车,到达嘉应观乡已将近4点钟,对接的王所长还因为中午饮了酒醉意微醺,好在有民政局马书记和杨主任陪同，沟通工作还算比较顺利。王所长以及分管的幕福霞大姐表示会极力配合我的工作，但是由于天色稍晚，而且基层干部多为农村人，还要顾及家务等，也不方便再带我下去看村，于是约定次日一早再去乡政府，查看老人名单，筛选村庄和老人进行试访谈。整个沟通流程下来最大的感觉就是北方的"官本位"思想果然名不虚传，开始有一点理解为什么老师会要求非河南籍的同学选点全部退出河南，在这样严格的官僚科层体制下，借助我本乡本土的身份进行交流尚会出现"意外"，更何况人生地不熟的"外来人"呢！

经历无边的等待以及死皮赖脸的坚持，一周的试访谈下来，共走了嘉应观乡的大刘庄、西五村、东营村、二铺营村以及小董乡的磨庄村、北王村、小董村、贾村、南官庄等10多个村庄。其中的东营村、南官庄、北王村相对符合调研条件，但细究起来，多多少少都还存在老人资源不丰富或是村庄形态稍欠缺的问题。作为第一次参加村调的调查员，还是希望定村能够更加谨慎一些，再继续寻访其他村庄。

二、奔波半月，终得一理想村庄

因县民政局工作人员政务繁忙，在难以继续下村试调查的情况下，我就径直走向了档案馆，因之前做百村调查与档案馆的阿姨有一定的"交情"，这次去找资料的过程特别顺利，很容易就拿到了《任徐店村史》。经过询问，《任徐店村史》的主编李继宗老人目前还在世，而且身体特别好，这一下子就勾起了我的兴趣，决心有机会一定要去拜访一下这位老人，于是便拿着村史打了一辆出租直接到任徐店村。到了之后任徐店村正在建新的村委会，而且老的村委会已经拆除，因此我就无法找到村干部。无奈，我只能在新村委会前的广场上找一人询问李继宗老人家的具体位置，正好碰上热情的李玉贵叔叔将我带去李继宗爷爷家里。有熟人带路再加上手里的村史，很快得到了李继宗爷爷的接纳，他也特别愿意交流而且很热心，不但给我口述很多资料，而且将其收藏的一些地方志、民俗志等等宝贵文史资料也借予我参考，其手绘的1953年村外道路地域与水井分布图更能说明爷爷对于文史与民俗的热爱与用心。在这样风雨交加的天气能寻得这样明白的老人真的是"如获至宝"，一扫天气寒冷带来的阴郁以及之前遇到的挫折带来的困扰。爷爷还说会带我走访他的一位挚友，像他这样明白的"宝贝"资源。经过与老师和民政局沟通，最终将调研点确定为任徐店村。除了帮我解决午饭问题外，村委会还为我提供一间办公室，供中午休息和整理材料使用，总算有了一个落脚之处。从开始选村到定村大概花了大半个月的时间，经历过挫折、无奈、纠结，中间甚至一度想放弃，定村的这天大概是村调以来最开心的一天了，希望这样的好运一直延续到做完村调。同时也以一句话激励自己：村调之路，坎坷艰难，但只要不忘初心，勇往直前，总会有柳暗花明的一天！

三、调研不易，且歌且行

因选村花费时间较长，一定下村，便快马加鞭开始调查，基本每天早上7点半起床，8点钟吃早饭，8点半出门，差不多9点钟到爷爷家，然后访谈到11点或者11点半结束，午餐过后稍微休息一下，到下午3点钟左右再到爷爷家里，访谈到5点钟结束一天的调研。就这样连续跑了多天，虽然很累很辛苦，但是爷爷的耐心和热心却让我忘记了寒冷，忘记了每天风尘仆仆的自己。

聊了几天之后，中间有几天时间，爷爷又帮我联系了村庄老干部等他觉得对我有帮助的人来让我访谈，每次去爷爷要不就是带我去他已经联系好的人家里，要不就是把已经约好的人叫到他家里供我访谈。连续一天半，我觉得这样的效果并不是很好，于是和爷爷商议目前先主要和他一人聊，之后遇到哪个专题有更了解的人再找别人，爷爷欣然答应了。果不其然，单和爷爷一人聊效果要比多人一起走马观花地聊好得多，爷爷收集了好多资料，家谱、方志各种老资料，聊到相关的话题爷爷就会拿出宝贵的资料给我拍照，另外还会动手帮我还原一些老资料，比如村庄地图、水井分布图、过继文书等等。最重要的是，在连续作战的情况下，自己都觉得有点吃不消，然而爷爷从来没有拒绝过我，反而热情邀请我过来，偶尔还会给我吃的让我带走。有了爷爷的帮助，村调的道路上少了很多艰难险阻，也多了一份感恩和欣慰。

村调的路也不是一帆风顺的，中间经历过大雨、撞车、生病，加上冬天的寒冷与雨雪，每当想要放弃的关口，总有老师的点播、家人的鼓励以及爷爷的耐心，使我的调研之路虽有波折但总算圆满收尾。

四、两月朝夕相处，有学更有情

调研两个月，说长也长，说短也短，刚开始的时候总在抱怨为什么两个月这么难熬、为什么调研进度进行得这么慢，但是在不经意间，两个月就要接近尾声了。在调研的最后几天，常去李继宗爷爷家里，奶奶总问我，调研什么时候结束，结束了是不是就不来了，调研结束之后以后节假日回到家一定要记得再回来看看。是啊，转眼间到村里已经有两个月的时间了，几乎天天都要来奶奶家报道，爷爷奶奶不但不反感我，反而对我照顾有加，到现在更是舍不得我走，两个月的时间，和爷爷奶奶从陌生到熟悉，从熟悉到不舍，爷爷奶奶有太多让我留恋和感激的地方，对我而言，调研即将接近尾声，而和爷爷奶奶的情谊则会一直持续下去！

在临近调研结束，专程跑到打印店去帮爷爷打印了一本他特别想看的书。其实，两个多月的调研，从爷爷身上得到的不仅有调研需要的内容，更有爷爷的人生智慧和做人原则，虽然年纪已八十多岁，但是活到老、学到老的态度让爷爷不断升华，再加上良好的心态，爷爷的晚年也算得上是有声有色、和睦美好。

趁着上班日，在村委会、镇政府、县民政局一一告别。两个月的调研终算是落下帷幕，两个月的时间，收获了很多感动，现如今要离开也是万分不舍，感谢所有帮助过我的人。

附录二

任徐店村调查日记（节选）

《任徐店村调研日记》（节选）是 2016 年 10 月 8 日至 12 月 19 日，笔者在河南省焦作市武陟县龙源镇任徐店村驻村调查期间，就个人选村过程、调查经过、调查感受、心得体会等方面所做的回忆与记录。

2016 年 10 月 13 日　星期四　多云

第一次参与村调，在内心惶恐不安的前提下，正式开始选村之前又出现了一些小插曲。在经历了国庆期间的加班加点之后，终于将手头琐碎的工作处理得差不多，于是，10 月 8 日便怀揣着一颗忐忑的心踏上了寻村之旅，由于此次华北村调选择的是自己的家乡，所以第一站先回家稍作休整。然而，还没踏上家乡的土地，就接到了来自老师的短信，说是 10 日有学校的考察团到院里参观。作为学院的讲解员，本该义无反顾地返校为学院服务，可是考虑到调研的行程也非常紧，于是鼓起勇气向老师解释已奔赴田野课堂，在老师表示可由低年级讲解员代替的时候总算是缓了口气安心回家去了。然而，哪瑟到第二天，还是接到通知要返校参与接待工作。一路马不停蹄赶往郑州，不赶巧，在郑州到武汉的高铁上又接到师兄电话说是学校的考察团临时调整行程，由于时间紧迫，参观流程取消，可惜了我的车票和选村时间。

在学校又处理了一些琐事，11 日重新踏上调研行程。火车上给焦作市民政局副局长发了信息，表明身份和来意，结果，收到的回复是"我刚到外地开会，下周联系，并请国家老龄办正式通知我们!"一时不知所措的我想到去求助师兄,在云龙师兄的帮助下得以顺利和政府部门接洽。经过昨天和武陟县老龄办杨主任沟通,今天一早8点钟我便到达民政局,并与马书记和杨主任进行了短暂的沟通。由于县局公车抽调不开,我只得暂回家里等待,下午再与马书记和杨主任一起到我的老家嘉应观乡。下午两点半,我如约到达民政局,等待下乡,然而,一直到3点多钟才等来车,到达嘉应观乡已是将近4点钟,对接的王所长还因为中午饮了酒醉意微醺。好在有民政局马书记和杨主任陪同,沟通工作还算比较顺利,王所长以及分管的幕福霞大姐表示会极力配合我的工作,但是由于天色稍晚,而且基层干部多为农村人,还要顾及家务等,也不方便再带我下去看村。于是约定明天一早再过去乡政府,查看老人名单,筛选村庄和老人进行试访谈。

整个沟通流程下来最大的感觉就是北方的"官本位"思想果然名不虚传,开始有一点理解为什么老师会要求非河南籍的同学选点全部退出河南。在这样严格的官僚科层体制下,借助我本乡本土的身份进行交流尚会出现"意外",更何况人生地不熟的"外来人"呢!临走跟幕大姐商量明天一早再过来找她,她却说:"要给我们所长打电话。他是我的直系领导,他让我干啥我就干啥,现在正包村禁烧呢,我不在得有人顶替我的岗位,得让领导批准!"王所长则表示需要向书记汇报才能安排具体事宜。对于急性子的我来说,真心不敢恭维行政部门的工作效率,一天下来真正的有效时间只有三四个小时,但愿我可以尽快定下村开展调研。

2016年10月14日　星期四　晴

早上挣扎着从被窝爬出来,赶上和民政局杨主任的约。由于局里工作繁忙,杨主任把我送至嘉应观乡政府简单交代之后便匆匆离开,之后我便跟着乡民政所所长王小亮开始寻村之旅。一天下来,走访了大刘庄、西五村、东营村、二铺营村4个村。

大刘庄有人口3400人,包含5个自然村,村民居住相对分散,试访3个老人之后感觉村庄形态不够丰富,于是便放弃前往下一个村。

西五村距离乡政府5公里,包括黄村、申村、小张村、狮路口村、关铁村5个自然村,其中,黄村以黄姓为主,申村以申姓为主,狮路口村以刘姓和严姓为主,小张村范围最小,且为张、李、陈等杂姓聚居区。通过访谈刘明亮等3位老人,了解到土地改革时村内一共划了3家地主(刘凤晨、刘兴堂、黄国福),1家富农(王作美),其中黄国福(伪保长)和刘凤晨属于大地主。村内有一座寺庙叫奶奶庙,另有代王会专管黄河相关事宜。

东营村属黄河滩区村，有人口4800人，农户1000户，分12个村民小组，临近黄河，原村庄面积20000亩，后因塌方等原因萎缩至16000亩，其中耕地面积占12000亩，属纯农业村，距离乡政府3公里，距离县城13公里，解放之前主要种植小麦、玉米，另有少量高粱。

受元末明初大迁徙的影响，东营村为荆、张、千、徐、李、王、苗等姓氏杂居村，其中以荆姓为主，占村庄总户数的70%。通过走访荆小麦、李秀青、荆汝福、苗子祥、苗茂忠5位老人，初步了解到：解放之前，东营村名为姚其营，归"老五区"管理（解放前分区管理，相当于现在的乡镇，当时全县共分6个区）。土地改革时村内一共划了荆汝文（书记）、梁红牡（保长）、苗子祥、唐明晨、荆保成等8户地主，10户富农，十几家中农，80%以上为贫农，但是由于村内土地资源有限，当时村内没有超过百亩土地的大地主，地主多拥有几十亩土地，因此村内租佃关系不是很明显。

寺庙：代王庙、火神庙、青龙寺、祖师庙、白衣堂、德神庙。

会：火神会（会首称为"老总"，由能混的人、富裕的人担任）。

节日：正月八（火神生日）、三月三、四月八、六月六（德神爷生日）、散油蜡（腊月三十晚上）。

水井：解放前东营村共分5条街，每条街一口吃水井，多者两口，没有专人管理。村内无公共灌溉水井，只有荆志尧家有一口私人的灌溉水井，铁皮水车，可使用人力或牲畜拉取水，其余的人都是利用黄河水浇地，一桶一桶提到田地里。

市场：解放前大街上有4家杂货铺，1家番（粮店），另有肩挑卖杂物的。村内有隔天集（两天一次），由于东营村在堤南，集辐射范围较小，只有东营、西营以及部分小庄村民受益，有民间说法"姚其营村的集无外人"。除此之外，村头有类似于码头、渡口的交易市场，供黄河上下游村民在此做货物交换（多为农产品），但解放之前已逐渐破落。

共同关系：由于当时普遍贫穷且牲畜需求量较大，解放前村内"伙养""伙种"的现象比较普遍。

老人：村内共有80岁以上老人62位，百岁老人1位，经初步筛选，可作为访谈对象的有10位。

二铺营村解放之前村内有2000多口人，共有53个姓氏，其中，以金、王、张三姓为主，村内有后小寺、奶奶庙、普安寺三个庙，有小满会、陆堂会、二月二等民间会，水井分片所有。

经过一天的访谈，东营村整体比较理想，但还是有租佃关系不明显、社会组织不是很丰富等缺陷，奈何周六、周日民政系统不上班，只能等到下周一再继续协调去别的乡镇看一下。一天马不停蹄地奔波和访谈，再加上北方的干燥和大风，即使作为土生土长北方人的我，也出现了一点点不适应的感觉，祝愿接下来一切顺利。

2016年10月17日　星期一　晴

前两日因民政部门双休，无奈只能在家翻阅相关资料，今天早早便起床收拾一下去民政局沟通去小董乡的事情。不赶巧，刚好赶上今天是"全国精准扶贫日"，对接的杨主任以及他的同事们都要下乡入户搞扶贫活动，本想着和他们一起去感受一下扶贫过程，但在杨主任和马书记的再三推阻之下，无奈放弃。经沟通，明天早上我再过来，由杨主任陪我一同再继续选村。但是想到自己起这么大早跑过来就这样再回去有点不甘心，于是就厚着脸皮继续询问局里有没有相关的文史资料（之前问过多次，有的时候回答说没有，有的时候回答说不好找），并提起前两日在嘉应观乡选村时民政所王所长提到的地名志。再三询问之下，杨主任带我来到了地名办，通过表明来意以及杨主任的引荐，顺利拿到了1991年编撰的《武陟地名志》。刚开始翻阅，坐在我对面的一个老爷爷询问我的基本情况和调研内容，经过一番交流后，老爷爷问我是否需要看一些其他的资料。我一听就乐开了花，高兴得不得了，能有相关资料给我看当然是最好不过了。爷爷给我拿来了中共武陟县史供我查阅，还给我建议读哪一部分会对调研有帮助有启发（后经交流了解到，爷爷名叫孙达人，是《中共武陟县史》的编撰人之一，现年79岁，受地名办邀请现在帮地名办修订新的地名志）。

今天在民政局拿到的资料已让我十分欣喜，傍晚还收到同学发给我的由其爷爷主笔的回忆录，回忆其一生特别是解放之前的亲身经历以及社会情况，感谢之余也遗憾未能早日回到家乡做这样的调研，如果可以早三年回来就又多了一位"百事通"，又能帮助一位老人记录其平凡而不平庸的一生。村调不易，老人难寻，且行且珍惜！

2016年10月18日　星期二　多云

因昨天和民政系统约好了今天一同前往小董乡，大清早不到7点钟我便起床洗漱收拾，吃完早饭差不多7点半，正准备出门，接到了老龄办杨主任的电话："慧慧，今天上午马书记有一个重要的会议要参加，他们是8：10开会，今天上午恐怕是不能下乡呀！"一句话我又懵圈了，算上周末已经等了三天了，今天是第四天，一直这样拖着可怎么办！于是我给杨主任回拨电话，咨询是否可以请他们电话联系乡镇，然后我自己过去，不出所料，被一口回绝了，遗憾之余也再一次验证了北方的"官本位"思想和作风。无奈只能在家里继续翻阅资料,看了一点同学发给我的由其爷爷主笔的书籍,又去翻阅了《文化、权力与国家》,既然不能下村做实证就先用理论充实自己吧!

吃过中午饭,稍作休息,我便早早来到了民政局,希望下午可以早一点下乡以便于留充足的时间去找村,两点多一点到达民政局之后我就给杨主任打电话,杨主任也早已到了局里开始工作,我到了之后他处理一下手头的事情就带着我去往小董乡。也许这次是因为没有马书记同行,杨主任和司机都是年轻人,和我年龄差距也小,这一路感觉比上次去嘉应观乡的时候轻松多了,就这样一路闲聊一路欢笑到了距离县城还蛮远的小董乡。接待我们的是小董乡民政所所长任丽娟,从任大姐松散凌乱的发型以及她说话的语气和作风上就可以看出来她是一个实干型的基层干部。她也非常热心,在了解我的来意后,给我介绍了小董乡整体概况并推荐我去磨庄村、北王村、小董村等几个相对比较大的村看一下,甚至还帮我考虑到了定村之后的食宿问题。因为时间原因,我们就商定今天下午暂时先看一个村,磨庄村。经过和村干部的短暂交流,感觉这个村庄希望不大:根据村干部的介绍,村里80岁以上的老人虽然有60多位,但是年龄大记忆又清晰的男性几乎没有,就连村里的老支书脑子也有点糊涂了,问他一些自己家里的事情都讲不上来。可是既然来了又不想轻易放弃,而且查看资料发现该村历史又比较悠久,更是革命老区,县委曾在此驻扎,还是决定去试访谈几位老人碰一下运气。在村干部带领下,先后拜访了三位老人,两位男性、一位女性,了解到解放之前村庄的形态还是比较丰富的,比较符合老师所说的一些条件,无奈可访谈的对象却太有限,不是听力不好就是脑子有点糊涂了,不是身体不好就是记不清楚了,思来想去,还是决定放弃在这个村做调研的想法。希望明后天再来此乡探访的其他村落会有充足的老人资源,祝我好运。

2016 年 10 月 19 日　星期三　晴

很遗憾,由于种种原因,今天我又"留守"县城,没能入村,遗憾之余开始翻阅同学提供的其爷爷的回忆录《嘱咐——不该忘却的往事》。一开始抱着很大的希望能翻阅到对调研"有价值"的信息,打开看了几页记录的却是荆智土老人的前半生经历。有点失落,但还是耐着性子继续多读了几页,结果一发不可收拾,怀着沉重的心情一口气读完了十多万字的回忆录。时下光辉灿烂的黄河文化早已举世闻名,为世界公认,就是一条黄河泥鳅也有远古的基因传承,承载着五千年的文化积淀。黄河儿女有品位,有才情,有独特的民族个性,闪烁着黄河文化的光芒。荆智土老人从小喝黄河水、种河滩地、吃蒺藜面,也是一条黄河泥鳅,但他不能与历史名人相比,荆智土太苦,他孤苦伶仃，九死一生，没上过几天学。在党的培养下，苦大仇深的他成了国家干部，在三年困难时期，他响应号召，回村当了党支部书记。和群众打成一片，与群众同吃、同住、同劳动。他不是"忘我劳动"，而是完完全全忘了自己，几十年过去了，他已经在人们的视线中消失了，被人淡忘了，唯有一本《嘱咐——不该忘却的往事》能够记录他坎坷的前半生。

的确，荆智土没有什么文字技巧，想写书却没有做一点文学准备工作。成书时荆智土已70岁了，却老而不休，为一家工厂看仓库，挣几个钱维持生活。人在一步一步走向衰老的时候，却要坐下来，用拿锄头的手拿笔杆写书，其中滋味恐怕习惯"爬格子"的作家也说不上来。

荆智土是黄河儿女，黄河人的优秀传统就是把自己的智慧、自己的精神和自己创造的财富一道留给子孙。黄河儿女最宝贵的财富，是精神财富，是文化积淀，是非物质文化遗产。物质财富方便我们的衣食住行，精神财富铸就了民族的个性、民族的灵魂。玛雅文明只留下了几个石人，华夏文明造就了一个伟大民族，传递了无穷的智慧。所以，我们不能像读文学艺术作品一样要求《嘱咐——不该忘却的往事》，它不是伟人"传记"和回忆录，也不是文学艺术作品，更不是政治教材。它只是一个好人的嘱咐，一个老实人的老实话，一个共产党人的告白。他写了一段历史，一段不加修饰的真实历史。虽然，这只是最基层的人用最朴素的语言表述的一个朴素地方的历史片段，留给后人解读，但那将是寻求历史答案的资料依据。

2016年10月20日　星期四　中雨

看着同学一个一个都定下村了，心里难免有些着急，一大早6点半我就起床洗漱准备再继续我的寻村之路。考虑到民政局杨主任工作繁忙，另一方面感觉和政府人员一同下村效率太低，我便没有去打扰杨主任，自己坐公交车去往小董乡乡政府。小董乡距离县城比较远，坐公交车40—50分钟才到达，因为之前和乡民政所王所长约好了，所以到了之后就直接去到了她的办公室。正巧赶上今天县审计局到小董乡各村检查幸福院资金使用情况，便一起去往村里。第一站去的是贾村，来到贾村村委会第一感觉是文化气息好浓厚，有剧团、文化广场、文化柱等等，相比上周看的嘉应观乡好了很多。村长也很热情，了解了我的来意和调研内容后，帮我叫来了村内的老干部谢文树和谢子宝，并帮我推荐村内可访谈的老人资源。紧接着又去了南官庄村、南王村、北王村，收获很大，还拿到了谢贻荣爷爷送的谢氏宗谱。从整体上看南官庄和北王村相对比较理想，但也使我陷入了纠结状态，东营村、南官庄、北王村三个村各有特色又各有缺陷,难以抉择究竟该将哪个村定为主调研村庄。于是写了近 3000 字的汇报发给邓老师看,期望能得到老师的指导。南官庄、北王村的简介如下:

1. 南官庄村

南官庄村,有人口 3321 人,800 户,耕地面积 4000 亩,主要种植小麦、玉米,位于乡镇驻地东北 2.5 公里。清康熙二十九年(1690 年)《武陟县志》始记载该村为南官庄,相传亦称为张官庄、云官庄(以姓氏为依据,哪个姓氏人多就以该姓命名村庄名称,但都是民间形成共识,没有官方认证的过程)。南官庄村共有 24 个姓氏,其中以张姓和云姓为主,张姓占村庄总人口的 70% 左右。张姓有两处祠堂(不同地方的张姓迁居此处),祠堂有祠堂田,由族长负责管理,按支分给本族人耕种,无外租。

社会形态:解放前南官庄村有人口 1800 人,共 500 户,土地改革时南官庄村共划分 13 户地主,1 户富农,30%—40% 为中农,其余为贫农。其中,任兴西家(兄弟五人)为大地主,家底比较丰厚;王民愈家为"买来的地主",之前在商丘做生意,后回村刚买部分土地就被划为地主。地主、富农家多采取找把式、雇长短工的形式,少有出租,地租随收成而变化。

寺庙:大庙、文昌阁(应风水的)、土地庙,土地庙有庙地,庙地归村里管理,一般是出租给穷人耕种。

公共组织:红枪会,由几十人组成,会首由国民党政府委派,一般是"闲人"(不做生意、平时比较清闲的人),红枪会受保长管理。

节日:六月初九会。

水井:当时全村分 8 条街,每条街吃一口水井。除地主家能打得起砖井外,普通农户只能打得起土井,用辘轳或者河水(沁河)灌溉。

市场:当时村内没有固定的集,村民平时到小董集镇赶集,南官庄距离集镇 1.5 公里,距离县城 15 公里。

共同关系:当时比较贫穷的家庭多伙用耕牛(两头牛一起套一个犁。普通家庭大多只能养一头或者养不起牲畜,所以多采取这种方式以方便农业生产)。

职业:村民除从事农业外,还有木匠、布行、走怀药(卖药材,焦作特产山药、牛膝、地黄、菊花四大怀药)等其他职业。

老人:南官庄村 80 岁以上老人有 68 位,经初步筛选,可访谈对象有 21 位。

2. 北王村

北王村,有人口 5000 人,1100 户,耕地 4600 亩,主要种植小麦、玉米。位于乡驻地 1.5 公里的沁河左堤北侧,可能由王姓得名,后分南王庄、北王庄,简称南王、北王。北王村共有13个姓氏，最初以王姓为主，后以谢姓为主（祖先在元朝末年为官，朱元璋灭元之后，因其元臣的身份退兵北下到此处隐居），但有民间说法"三乔不通水，五王不一家"，意指同一个姓氏的人可能由不同的地方迁居而来。村内有祠堂，族长由辈分高、年龄长的人担任，但族长只是一个虚职，没有实权，实际权力掌握在族会的会首手中，会首由有威望、有能力的人担任。族田一般采取出租的形式，谁价高谁租种，不分本族外族，地租春季一般是"卖六求四"（祠堂得六成，租种者得四成），秋季五五分成。

村庄由来：相传东汉末年，王允密谋杀董卓、吕布后，其儿子被追杀，一路逃亡渡过黄河到河滩，当时的沁河还未修建大堤，被在此摆渡的老两口救起，将其女儿许配给他，后育有两子，一居北王，一居南王。

社会形态：解放之前北王村有村民1500人，300户，土地改革时划分1户地主，7户富农，地主、富农的土地多靠雇工来耕种，不外租。

寺庙：文公庙（韩愈）、孙真药王庙（孙思邈）、关帝庙、天爷庙（玉皇大帝），庙地归本村管理。

节日：天地会（正月十四敬玉皇）、火神会（正月初八，跨村会）、关帝庙会（二月十九、三月初一、三月初十、八月十五）、文公庙会（三月二十）。

水井：解放前全村分7条街，每条街有三四口吃水井，无专人管理。地主、富农可打砖井进行灌溉，普通户只能打土井，靠人工提水到田里灌溉，一些贫农需要靠借水桶提水浇地。

市场：村内无固定集市，村民逢双日到小董乡集镇赶集，北王村距离集镇2公里，距离县城17.5公里。

共同关系：存在伙养、伙种、帮工等情况。

职业：除农业生产外，还有木匠、箍漏锅、定秤、张箩（筛子）等职业。

老人：村内共有80岁以上老人80位，经初步筛选，可访谈的有15位。

今天一整天都在下雨，虽然早上出门的时候带了伞，但无奈调研过程中大家都不打伞，老人都是草帽加胶鞋一身标配，搞得我也只好边淋雨边调研，再加上任性的秋风，一整天走访了4个村都精神抖擞，这会儿头疼、疲惫感一并袭来，还好坚持整理完了今天的内容，洗洗睡了，祝愿明天一切顺利！

2016年10月21日　星期五　小雨

考虑到周六、周日政府部门又不上班，急性子的我迫切希望今天能顺利定下村。

昨晚向老师汇报了初步选的三个村之后，老师说今天给我指导，等到差不多10点钟，不见老师的回复，急不可耐的我鼓起勇气又给老师发了一条信息，表达想要得到指导的迫切心情。还好老师立马就回复了我。经过和老师的简单交流，最终选择小董乡南官庄村为主调查村庄。我随即就给民政局杨主任打电话表明定村的想法，但是杨主任以"好的，马书记现在在开会，等一下开完会了跟他说一下"的回复让我只能在家等电话。等着等着到了饭点也没有接到杨主任的电话，但已经是下班时间也只得作罢。下午2：20，我又给杨主任拨电话，这次电话通了可是没有人接听，于是我打算直接去民政局找他。刚出门，杨主任给我回拨了电话，电话里急切表达了我想定村、不想拖过周末的心情，然而杨主任却告诉我马书记上午开完会就走了下午也没来上班，这周恐怕是去不了了。我又跟杨主任商量能不能给乡民政所去个电话说一下然后我自己过去，杨主任倒是没说别的，说是会给小董乡政府打电话，不一会儿，就又给我回拨了电话，可惜的是并没有给我带来好消息，说是小董乡任所长联系不上，只能下周再过去。虽然我一脸懵、万般不情愿，但是也奈何不了政府部门的推三阻四，只得满心忧伤地放弃今天驻村的想法。虽然人不了村不是很开心，但还是要打起精神做一些能力范围内可以做的事情，于是我就打车去了档案馆，希望可以拿到昨天调研时老人提到的《南官庄村志》。然而，然而，然而，今年的好运可能在上半年已经全用完了，下半年干什么都会出意外，就连找资料也不例外，虽然春节的时候已经来过档案馆，虽然档案馆的阿姨还记得我曾经来过，然而，村志并没有因为是"熟人"而出现。档案馆的阿姨介绍说，"我们这里没有解放前的资料，村志也只有几本，你说的那个没有"，无奈之下我只能翻阅一些县志以及民间故事传说集。本想看一下唯一有村史的任徐店村的资料，然而，档案馆的阿姨却告诉我说前两天因为要修订村志都被人拿走了，让我下周一再过来看，当时内心真的是觉得又好气又好笑，以前只是在书本、新闻里看到"门难进、事难办"，而如今真正地亲身经历了才体会到其中滋味。但愿我国或者说河南的"官本位"思想能早日有所改观，到此，更加想念书中读到的老人荆智土，一方面想念起清廉正直热心有责任感的品质，另一方面感叹如此宝贵的明白老人在三年前因病离世，与此同时，也真正体会到了村调的不易，祝愿接下来一切顺利！

2016年10月24日　星期一　中雨

又到周一，又重新燃起了希望，早上醒来第一反应就是上周五与民政局马书记和杨主任约好的"周一见"千万别再有什么意外。8点钟收拾好来到民政局，敲了敲杨主任办公室的门没有反应，还没敲下第二次旁边办公室的人就告诉我"里边没人"。于是我拿出手机拨了杨主任的电话，刚响了一声就被挂断了，紧接着来了一条短信"我正在开会"，其实也在意料之中，在来之前也做好了接受这个"现实"的准备。于是我就径直走向了档案馆，春节的时候和档案馆那个阿姨的"交情"再加上上周五打下的基础，这次去档案馆找资料的过程特别顺利，很容易就拿到了《任徐店村史》。经过询问，《任徐店村史》的主编李继宗老人目前还在世，而且身体特别好，这一下子就勾起了我的兴趣，决心有机会一定要去拜访一下这位老人。拿过资料之后我又去到了杨主任办公室，杨主任也果然没让我"失望"，说："现在去就有点晚了（差不多10点钟，本来约好了今天去小董乡协调驻村事宜），要不然就下午再去吧，刚好我现在还有一些事情要处理。"这次，我倒没有很失落，正好我可以趁此机会到任徐店村拜访一下李继宗老人，顺便考察一下村庄概况。出了民政局大门我就打了一辆出租车去往任徐店村村委会，到了之后任徐店村正在建新的村委会，而且老的村委会已经拆除，因此我就无法找到村干部。无奈，我只能在新村委会前的广场上找一人询问李继宗老人家的具体位置。运气好的时候真的是挡都挡不住，刚好问到村务监督委员会的李玉贵叔叔，又因为我手里拿着他们村的村史，刚好他也对此比较感兴趣（其名字也出现在村史的编审名单中），于是李玉贵叔叔二话不说就答应带我去李继宗爷爷家里。有熟人带路再加上手里的村史，很快得到了李继宗爷爷的接纳，他也特别愿意交流而且很热心，不但给我口述很多资料，而且将其收藏的一些地方志、民俗志等宝贵文史资料也借予我参考，其手绘的1953年村外道路地域与水井分布图更能说明爷爷对于文史与民俗的热爱与用心。在这样风雨交加的天气能寻得这样的明白老人真的是"如获至宝"，一扫天气寒冷带来的阴郁以及之前遇到的挫折带来的困扰。爷爷还说会带我走访另外一位他的挚友，同样像他这样明白的"宝贝"资源，请允许我得意地笑一下，今天大概是开始村调以来最开心的一天了，希望这样的好运一直延续到完全定下村，延续到顺利做完村调。同时也以一句话激励自己：村调之路，坎坷艰难，但只要不忘初心，勇往直前，总会有柳暗花明的一天，加油，亲爱的自己！

2016年10月25日　星期二　阵雨

不得不说今天真是难熬的一天，相比昨天的欢天喜地，今天情绪真是低到了极点，本以为已经找到了明白老人，只需要协调一下顺利进村便可以开展调研，然而，事实证明，我还是太傻太天真。早上八点钟准时来到民政局杨主任办公室，杨主任带着我来到马书记办公室，马书记让我们稍等一下，结果一等就等到了9点半，中间马书记接到电话说是省文明办又要来检查木城镇某幸福院，要不是杨主任替我说话，恐怕马书记又要让我回家等待了。9点半，终于和韩局长、马书记、杨主任一行从民政局出发。他们先是送我去龙源镇（任徐店村所属乡镇），因为提前电话联系过了，所以龙源镇民政所马所长就在镇政府等着。简单介绍了调研内容和要求之后，马所长开始各种推脱，想让我换村，想让我不住村，民政局一行也极力劝我不要住在村里面，刚开始我还反抗，表达我强烈想住村的愿望，可是后面看没有希望，也就不再挣扎了，也就退了一步，答应每天骑车往返，在家里住宿，他们帮我协调解决午饭，并且在村委会给我找一间办公的场所。然而，只是这样的简单的要求今天还是不能实现，简直和县政府一样的口径："那你明天再来吧，今天先和村里沟通一下，明天再去村里吧！"叔叔啊，看不出来我很着急吗？韩局长见状也赶紧附和说："小张也不要急，干脆就到明天再来算了，现在刚好和我们去参加那个会议（省文明办的参观）。"无奈，我只能乘坐韩局长的车和他们一同离开。忍不住想要吐槽自己的家乡，这行政效率简直让我不敢恭维，一整天心情都好差，希望明天不再有意外。也给自己加油打气，如果明天官道再打不通，就自己先下村开始调研，已经和老人联系沟通好，不能一直这样耗着，祝一切顺利！

2016年10月26日　星期三　阵雨

从开始选村到现在已有大半月的时间，经历过挫折、无奈、纠结，中间甚至一度想放弃，今天终于暂时安顿下来了。早上早早到龙源镇镇政府，给民政所马所长打电话，马所长说他在前院点名，让我在后院办事大厅等一下，于是我就边看村史边等待马所长。一个小时过去了马所长还是没有过来，担心上午又不能入村，我又拨通了马所长的电话，他依然是说让我再等一下，等了两个小时，到了差不多10点半，终于可以去村里了，因为提前和村里联系好了，所以村干部就在村委会等着。在我表明来意之后，虽然马所长在场，村书记仍然是很不配合的态度，但是妇女主任倒是很热心，于是我就机智地抓住这个契机，表示之后进村和妇女主任进行沟通，说是女同志之间更好进行交流。经过交流，初步决定让我在村内幼儿园吃午饭，不在村内住宿，因为距离家里相对较近，有6公里的路程，考虑到安全性和生活的便利性，县、镇、村都在劝我放弃住村的想法，为了能够快点进村调研，我暂时答应他们的要求，打算正式开展调研之后再慢慢协调住宿的问题，争取在村内找到一个蜗居之处。除解决午饭问题外，村委会还为我提供一间办公室，供中午休息和整理材料使用，虽然简陋，但总算有了一个落脚之处。

好不容易定了村，于是下午就迫不及待地下村找老人。虽然天气寒冷，但是李继宗爷爷却让我心头暖意洋洋，从上次我来拜访过后，爷爷就一直等着我再过去，而且还帮我列了一份名单，写明村内哪些人可以给我讲哪一部分，哪些人对哪部分比较熟悉，内心的感激之情溢于言表，希望自己的村调之路在这样的好人帮助下能够越走越顺。

2016 年 10 月 27 日　星期四　中雨

连续下了一周的雨了。今天一早起床看了一下窗外的天气，依然下着雨。受昨天淋雨的影响今天依然精神不振，加上近半月选村的压抑，就想偷懒，什么都不想做，于是，奥特曼还是败给了小怪兽，看完天气我就默默又回到了温暖的被窝，告诉自己，要劳逸结合，今天就整理访谈资料，同时好好休息吧。

2016 年 11 月 6 日　星期日　阴

连续进村访谈了 6 天，每天早上 7 点半起床，8 点钟吃早饭，8 点半出门，差不多 9 点钟到爷爷家，然后访谈到 11 点或者 11 点半结束，午餐过后稍微休息一下，到下午 3 点钟左右再到爷爷家里，访谈到 5 点钟结束一天的调研。就这样连续跑了 6 天，虽然很累很辛苦，但是爷爷的耐心和热心却让我忘记了寒冷，忘记了每天风尘仆仆的自己。

一开始和爷爷聊了一天之后，爷爷又帮我联系了村庄老干部等他觉得对我有帮助的人来让我访谈。每次去爷爷要不就是带我到他已经联系好的人家里，要不就是已经把人叫到他家里了，连续一天半，我觉得这样的效果并不是很好，于是和爷爷商议目前先主要和他一人聊，之后遇到哪个专题有更了解的人再找别人，爷爷欣然答应了。果不其然，单和爷爷一人聊效果要比多人一起走马观花地聊好得多。爷爷收集了好多资料，家谱、方志各种老资料，聊到相关的话题爷爷就会拿出宝贵的资料给我拍照，另外还会动手帮我还原一些老资料，比如村庄地图、水井分布图、过继文书等等。最重要的是，在连续作战的情况下，自己都觉得有点吃不消，然而爷爷从来没有拒绝过我，反而热情邀请我过来，偶尔还会给我吃的让我带走。有了爷爷的帮助，村调的道路上少了很多艰难险阻，也多了一份感恩和欣慰，祝好人一生平安。

2016 年 11 月 7 日　星期一　小雨

刺骨的冷风夹杂着淅淅沥沥的小雨，冬天如约而至。今年北方的冬天相较于往年又多了一份萧瑟和寒意。虽然今天才是立冬，但是我早早便已穿上了棉衣，但愿接下来一个多月的调研之路不会太过寒冷，希望自己可以坚持到底，在寒风中前行，在飘雪中成长！

图一 受访老人李如普

2016年11月10日　星期四　晴

今天访谈了赵锡慧、李如普两位爷爷。从一开始担心聊不出内容白白浪费时间，到访谈过程中爷爷严谨细致的讲述，真真切切感受到了"小人物也有历史"这句话的历史厚重感和使命感。之前做智库平台讲解员曾无数次说到这句话，然而，只有真正经历了、感受了才能明白其中的深意。

赵锡慧爷爷做了一辈子的煤矿工人，现年80岁，和儿子一起居住，因腿脚不好，平时不能外出。在我表明身份和来意之后，爷爷特别热情地接受了我的采访，而且留我中午在家中吃饭。考虑到爷爷身体不好，又不想给爷爷家里人添麻烦，便谢绝了爷爷的好意。

下午访谈的李如普爷爷更是一生坎坷。小人物本身也是一本读不完的历史教科书，希望通过自己的绵薄之力，能够记录下来更多的老人丰富多彩的一生，也许富有，也许贫寒，也许刀枪戎马，也许默默无闻，然而，无论哪一种人的经历都值得被尊重！或许这就是口述史调研真正的意义。

2016年11月11日　星期五　晴

今天朋友圈、微博都被各种"双十一"的信息刷屏了，然而，村调中的孩子还是前一天晚上乖乖整理白天的访谈资料，今天早上早早地起床进村找爷爷。其实这样也蛮好，既避免了"剁手"的风险，又推进了调研进度，同时也获得了一种心理上的满足感。

今天和爷爷聊关于村中职业的问题，听了一些故事，看了一些资料，每天像这样有收获、有所得就是最开心的事情。

2016年11月12日　星期六　晴

连续多日的奔波走访使自己的身体充满了疲乏感，本想趁着今天爷爷家里有事情偷一下懒在家里休息一天,但又担心自己的调研进度太慢,加上老师马上要来巡调的压力,经过一番激烈的思想挣扎,还是决定坚持做调研。上午去找了前天找过的赵锡慧爷爷,因为之前走的时候跟爷爷讲过今天可能还去找他。我差不多9点钟到的时候爷爷已经在家里等我了。爷爷今年80岁,因为腰椎间盘突出动过两次手术,去年又连续摔了几次住院,现如今腿脚不太好,不能外出,只能在自己家里稍微活动一下,但是爷爷的脑子绝对清楚,对于过往的历史和记忆绝不含糊,讲得也头头是道。今天没有专门问爷爷某一个专题,而是在过去访谈的基础上,再向爷爷确认一些问题,一方面对之前的调研内容做一个印证,另一方面也是做一个补充。果然,这样还是蛮有效果的,既发现了漏洞,又补充了缺失的内容。

下午也是在极不情愿的前提下强迫自己坚持去访谈,但是效果就明显不如上午了。再加上下午爷爷家里又来了亲戚,内心就更是有一种强烈的排斥感,隔一会儿就会看一下时间或者是录音时长,就这样坚持了一个多小时,便草草将今天的访谈收了个尾。接下来又和爷爷粗略梳理了一下截至目前已经访谈了的内容,从开始调研到现在一共问了8个专题了,还剩下8个专题,从数量上看已经完成了将近一半的内容,然而,我自己清楚地知道最开始调研的内容由于自身调研方法的不足,还只是一些皮毛,仍然需要后期继续完善和补充,再加上老师新增的部分,调研还有大半的内容没有完成。给自己鼓鼓气、加加油,村调之路任重而道远,姑娘一定要挺住,你可以的,加油!

2016年11月13日　星期日　晴

像往常一样,一早便到李继宗爷爷家里,可是今天爷爷好像并没有心情和我聊,而是带着我去找别的人。首先去崔茂恩爷爷家,爷爷的祖辈曾是村里的大户,其父亲崔绍文、叔父崔绍康、崔绍程在村里都小有名气。1940年代土改之前几个兄弟分了家,因为自己家孩子多(爷爷兄弟3人),而当时的分家都是按支分配,所以相比其他兄弟家里就是人多地少,也因此在土改的时候自己家被划为中农,而两位叔父则分别被划为地主和富农。爷爷十五六岁的时候因为家中条件限制,为解决吃饭难题,随人家去新乡滑县地区的同德堂药铺做了学徒。说是学徒,其实只是帮人家碾药、切药、抓药等,并没有学习医术,而且要帮老板做饭、打扫卫生,甚至提夜壶。然而学徒却连一个正儿八经睡觉的地方都没有,就是睡在药铺的柜台上。每天早上5点钟起床,晚上药铺关门了还要学习认字和打算盘,一个月工资1.5块,还是存在药铺的柜台上,需要的时候到柜台上取。据爷爷介绍,在药铺干了两年多就赚了一件大衣。

下午爷爷又带我去找当时村内出家和尚的儿子,很遗憾,老人因为身体原因住院了，只能向其孙子做一点简单了解便离开了。后又来到一个老人聚集地——麻将场，见识了一个有历史的麻将桌，四个玩的人平均年龄将近85岁，其中有一个90岁，一个94岁。94岁的李三前爷爷我曾经拜访过两次，我在想，是不是可以陪着爷爷一起打麻将，然后顺便将调研做了。

  今天一天爷爷带着我找了三四个人，但是感觉效果并不是很理想。考虑到每天去找，一方面会造成爷爷身体的疲乏，另一方面也担心连续作战会将爷爷的耐心消耗完，于是下午结束的时候和爷爷商量之后就固定四五个头脑比较清楚的爷爷循环访问，平均每周一个人访问一到两天，在推进调研进度的同时也给爷爷留一定休息和自由的时间，爷爷也欣然答应了。虽然是自己提出来的，但是也有了一种莫名的不安，感觉自己即将过上颠沛流离的生活，加油吧，姑娘！

2016年11月14日 星期一 晴

  今天同昨天一样，爷爷依然是带着我到处找人，但是感觉这样效果并不理想。加上收到明天老师要来巡调的通知，下午4点钟便早早结束了调研，来到县城帮老师和师兄一行寻找住宿和吃饭的地方，希望明天老师过来一切顺利！

2016年11月15日 星期二 多云

  中午到县城给老师订好酒店之后又匆匆忙忙赶回村里，等待老师和师兄的到来，今天一共带老师访问了两位爷爷，第一位是李继宗爷爷，82岁，解放前家里有13口人，分别是爷爷、奶奶、父、母、弟兄仨、叔、婶以及叔叔家的两个儿子、两个女儿。家里共有土地40多亩，3个牲口，1挂铁皮水车，土改时划定为上中农成分。由于其爷爷、父亲都在外工作和做生意，家里由叔叔当家。其爷爷李三辰早年从事私塾教育，在清翰林院学士毛长喜家里做过家庭教师，并于1944年受聘于武陟河南省第十四中学教高中古典文学，从30多岁就担任李氏族长直至寿终，在村中村外威望都很高。

  第二位是赵锡慧爷爷，80岁，解放前家里有6口人，分别是爹、娘、两个哥哥、自己以及一个弟弟。由于当时家庭条件不好，将自家土地卖出，所以家里没有土地。经说合人介绍租种人家3亩多地，没有签订租种文书，租种的田地属于差地，好地轮不到穷人家租种。一年种植两季作物，夏季种麦子，秋季种杂粮，例如高粱、大豆、红薯、稻谷等，地租每亩4斗麦子（平均亩产4斗麦子），基本上是夏季收获的麦子全部交租给地主，秋季收获的杂粮归自己所有，减产或是丰收地租都不改变，但是发生天灾人祸的时候可以减租。除租种土地外，平时也打小工养家糊口。

图二　和老人座谈
（左起：邓大才教授、李继宗、赵锡慧、作者）

经过老师的点拨，我更加清楚地看到村庄的特色，自我供给公共服务、种田人承担税费、精英治理以及双保长制等等。同时，老师的访谈方法更是给了我无限的启发，层层递进、纵横交错，我也渐渐明白了为什么之前的调研总是觉得每个专题都很简单，稍微问一点就觉得已经没有什么可调查的了。希望在接下来的调研中能够认真体会学习老师的调研方法，争取将调研做好做精。

2016 年 11 月 16 日　星期三　多云

今天跟着邓老师和云龙师兄到沁阳市魏村以及孟津县会盟镇小寨村进行参观学习，在这两个点调查的都是比我经验丰富得多的前辈。在邓老师的点拨下，更加发现自己的不足，同时也对于满铁的调查方法有了更多的感悟。

魏村是一个比较古老的村庄，然而解放前这个小村庄却饱受自然灾害的影响，面对大灾难，传统的亲友、邻里互助都难以发挥作用。在当时的社会情况下，"各人都是顾各人的嘴，你救得了一个人救不了一家人，救得了一顿饭下一顿还是得饿死"。就像老人所讲的，对于路边饿得发软的姑娘，"你给了这一餐，她没有下一餐，反正要死的，就别浪费了"，始终没有得到过路人的救济，最终饿死。

小寨村历史底蕴深厚，是八百诸侯会盟之地，在这里访谈了两位爷爷。一位 82 岁，语言表达能力甚好，讲起自己的生平经历津津有味，拉都拉不住，不时引起我们几个的大笑。第二位爷爷 97 岁高龄，耳聪目明，思维也相当清晰。

经过今天一天的参观学习，对于邓老师指导的"五性"有了更加直观和深刻的认识，个人性、家庭性、社会性、村庄公共性、国家性，需层层递进，有条不紊。

由于身体原因，到了下午已处于半懵圈的状态。病来如山倒，平时大大咧咧的我今天也变得沉默不语，早点休息了，祝愿自己早日满血复活！

2016 年 11 月 17 日　星期四　多云

今天继续跟着老师来到了偃师市南蔡庄村。这个村不但形态好，而且老人阵容也是相当强大,两位在世地主,一位92岁,一位89岁,头脑清晰,记忆力强,更重要的是还愿意说。另外还有3位可以访谈的富农均在86岁以上,就连访问的一个贫农也已92岁高龄,而且思维相当清晰,身体也还可以。真的是羡慕得不要不要的,虽然我选的村整体来看老人资源还算丰富,老师也还说要派人过来做集体化口述史,可是和帅兵的一比简直就是黯然失色呀!

    2016年11月18日 星期五 晴

之前的感冒加上这几天的来回奔波,我的小身板开始罢工了,感觉整个人都昏昏沉沉的。为了不把病毒传染给爷爷同时也让自己调整一下状态,今天就老老实实待在屋里整理之前落下的内容。身体在休息,但是思想仍然在路上。

    2016年11月20日 星期日 阴

今天专程跑到县城将前一段时间调研采集到的照片选一些打印出来并送到相关人员的手上。果不其然,爷爷奶奶们一个个都乐开了花,对于他们来说,这礼物算不上贵重,却是一份心意,同时也看到了我的态度。相信这样的感情维系会让我接下来的调研越来越顺利,加油姑娘!

    2016年11月21日 星期一 小雨

近几日又是到处参观学习又是生病的,连续几天都没有好好做访谈,今天打定主意一定要切换至紧张的调研状态。然而,早上还没起床,就听到外面淅淅沥沥的下雨的声音,8点钟妈妈又打电话过来提醒我下雨天就不要出门了。但是我还是执着地想要出去试一下,大概8点半收拾好就骑着我的小电瓶车出门了。果不其然,娘亲真的没有骗我,不但冷得要死,而且雨还不算小,我只好灰溜溜地又回来了。

吃过中午饭稍作休息,我还是不死心,还是想今天一定要去做访谈,于是趁着雨势稍微小一点的时候我就又骑车出门了。今天比往常到爷爷家里的时间稍微早一点,爷爷刚好出门了,大概10分钟,爷爷回来了,原来爷爷是去隔壁村帮我联系火神庙的访谈事宜了,村调路上有了爷爷这样的贵人,真是省心又省力。稍微唠了会儿家常爷爷就带我去找了一位89岁的老党员,这个老爷爷耳聪目明,脚底生风,整个人精神得很,也不驼背,也不耳背,看着和70多岁的人没差别。聊了差不多两个小时,爷爷的思维也很清晰,记忆力也相当好,看来接下来又多了一位优质的访谈对象,也不枉我顶着寒风冒着细雨坚决地跑过来村里,所以说,坚持到底,总会有意想不到的惊喜和生生不息的希望,加油!

2016年11月22日　星期二　中雪

去年这个季节,有幸和老师、师兄师姐一起在都江堰一边参与一场学术盛宴,一边享受南方的艳阳高照。今年今日,身负重任回到家乡做驻村调查,一边和爷爷畅聊历史,一边欣赏北方的大雪纷飞。记得去年因错过了家乡的第一场雪而难过许久,今日在调研的间隙回到家里陪母亲一同欣赏缤纷的雪景。此去经年,我还是那个我,依然奔跑在逐梦的路上,做着该做的事情!

2016年11月23日　星期三　晴

昨天的鹅毛大雪着实让我很惊喜,可是今天一早便感受到了雪后的威力。结冰的结冰,水坑的水坑,可怜我的小电瓶车难以蹚过途中的大水坑,只得铤而走险推着车从路边的缝隙走过去。不承想,除了弄了满身泥之外坑坑洼洼的路还将车陷了进去,还好路过的民警哥哥停车帮我把车抬了出来。好不容易可以顺利往前走了,没走多远,警车停下来了,虽然我骑车的速度并不快,无奈路太滑根本停不下来,于是就出现了人生中的第一次撞车,还好警车没被我撞坏,还好车也比较坚强,还好我也没有什么大事,也很"庆幸"撞到的是刚刚帮助过我的警车,要不我今天就摊上大事儿了吧!在此告诫自己和同在田间地头的小伙伴们,雪天路滑,小心慢行,注意安全!

2016年11月25日　星期五　晴

相比前两天的极度寒冷,今天气温稍微有了一点提升,趁着天气变好,要快马加鞭地赶调研进度,要不然以后天气越来越冷,调研条件也是越来越艰苦喽。所以告诫自己,不要想着偷懒,不要想着拖延,做事也是赶早不赶晚!期待早日完成调研归汉!

2016年11月27日　星期日　晴

今天天气依然像昨天一样温暖舒适,而且调研也显得非常顺利。上午爷爷带我到隔壁卢徐店村火神庙了解具体情况。火神庙由五社七徐店共同集资修建,因卢徐店村内原有小型火神庙,所以几村合作翻修时将庙址选在卢徐店村。庙里的会首叫来了86岁、87岁和78岁的3位老会首,加上现在的会首,为我详细介绍了火神庙的产权、修建情况、庙会情况,火神会的组织概况以及每年以火神爷生日为日期的定期庙会中的经济行为。

下午和爷爷以及李如普爷爷探讨了关于村内纪录片拍摄的问题。经过初步讨论，决定从自然形态（水井，旱涝保收）、经济形态（土地租佃、场镇经济中的行户、多样化的职业）、社会形态（多样化的社会组织、多种社会交往、重视教育）、治理形态（村庄视角下的双保长制、社会视角下的精英治理与熟人治理、家族视角下的生活互助）、村庄防卫（村内寨堡、炮楼、自卫队、童子军、红枪会、黄枪会等）等入手，希望明天可以将脚本初稿完成，加油！

2016年11月29日　星期二　阴

这两天和爷爷聊关于信仰以及红枪会、黄枪会方面的内容。爷爷说到最多的就是"心诚则灵"，不管信仰哪一位神仙，不管到哪座庙里烧香祈福，诚意到了自然就会灵验，顺带也还给我讲了许多比较神奇的故事，虽然没有依据，但是爷爷一直在强调这些都是实实在在存在的人和事。爷爷讲得绘声绘色，我也听得津津有味。其实调研也是一样，首先要让自己从内心里接受这件事，热爱这件事，如果只是抱着完成任务抑或是不负责任的态度，那断然是不能做好的，而且也会让自己陷入无限的痛苦中，毕竟历时比较久而且任务比较重。从进村到现在，一直沉迷于寻找村内的历史痕迹，加上马上要开始的视频拍摄，更是用心寻找比较有代表性的旧时建筑以及物件。经过近两个月的询问和走访，今天终于打听到了一眼老井的下落，解放前村内一共100多眼砖井，如今仅剩这一眼没有被填，还是因为产权所有者嫌填井成本高且费劳力就一直废弃着没处理。所以说，功夫不负有心人，用心做事，心诚则灵！

2016年11月30日　星期三　晴

一位热爱打麻将的爷爷，现年已90岁，第一次访问他的时候，由于连续问了两晌，他显得有些许不耐烦。经人介绍才得知老人热爱麻将，虽已90岁高龄，但仍然可以每天蹬自行车到打麻将的地方。经过这么久，今天终于第二次约到了爷爷。早早地到他家里，但因为家里有人上夜班在休息，其家人便建议我们去李继宗爷爷家里谈，于是我们三人又返回爷爷家里。还好，爷爷愿意和我聊，能顺利访谈就会觉得一切都很美好。

2016年12月1日　星期四　晴

潜心思考一天，终于初步将视频拍摄的内容梳理出来了，祈祷能顺利通过老师那一关，然后早日完成视频拍摄。今天写脚本的过程，其实也是对自己这么长时间调研成果的一个总结和检验，总结出了近两个月调研的精华，但同时也发现了一些调研中出现的问题，比如，一些细节捕捉不够，一些内容没有了解透彻，趁着现在还有时间，趁着现在还在村里，要抓紧时间查漏补缺喽，姑娘加油！

2016年12月2日　星期五　晴

克难攻坚的阶段能有今天这样的收获实在让人欣喜。经过昨天和爷爷沟通，今天不再找其他人，就和爷爷继续聊剩下的内容。在编写村史的三年调研走访基础上，爷爷对于传统时期的村庄各种情况都有一个整体的认识和把握，而且关于细节也能说出个一二三来。一上午的访谈相当顺利。

由于村内"文艺下乡"正在搞唱戏的活动，看出了爷爷想要听戏的心思，便决定下午早一点过来再继续访谈。1点多到爷爷家里，爷爷为了提高我的工作效率，放弃了去听戏的计划，陪着我又跑了一下午。先是到如普爷爷家里拷贝之前李氏家族祭祖的照片和视频，然后到村委会找妇女主任沟通视频拍摄的事情，又到隔壁祝徐店村调研关于1949年前税收的具体情况，充实而忙碌的一下午，感谢爷爷为我的付出。

今天还有另外的收获，就是每位老人都会向我提及的"借尸还魂"的传说。如普爷爷还专门为我写了一份借尸还魂前后经过的手稿：

借尸还魂

中华民国七年（1918年），河南省武陟县任徐店村李超全有一个女儿，乳名叫栓妮，亭亭玉立，可身体不好，常常犯病。成年后，嫁给白徐店村张禹山为妻，但其很不幸，婚后不久便暴病而死。张禹山家境十分贫穷，便将其草草掩埋了事。栓妮的鬼魂到了阴曹地府，阴间有规定，必须先喝迷魂汤，栓妮端着迷魂汤便放悲声大哭，她舍不得丢在阳间的爹娘和公婆丈夫。阎王爷闻声过来，看她可怜，同情她孝顺老人的可贵品德，便命令小鬼先不让她喝迷魂汤，并责令小鬼取来了生死簿查看了一下，果真发现，栓妮是误判而死的冤鬼。阎王爷对她讲，"栓妮，不要哭了，你还有阳寿，回家吧"，并责令一小鬼护送她回到了阳间。

可栓妮的魂回家一看，肉身已被掩埋而溃烂，魂已无法附体。无奈，她又哭着重回到了阴间去见阎王爷。阎王爷面见了栓妮，说："栓妮，你回去吧，我已查明，应该来阴间报到的是另一个和你年龄相仿的叫丑妮的女孩，我现在派阴司鬼再送你回阳间，附到她身上就可以了。"

栓妮又被送出了阴间，来到阳世。阴鬼将栓妮的魂推附到了已死待埋的丑妮身上，复活了。

这个丑妮的家位于任徐店偏东南隅的和杨豹峰村，尸体已入棺还未埋。栓妮的魂附体以后，在棺内哼哼了几声，就伸手抓着棺材沿坐起来。"丑妮又活了！丑妮没有死！"一时间，和杨豹峰村沸腾了，人们奔走相告，丑妮的爹妈激动得眼泪直流。乡亲们有的跳，有的笑，丑妮的家里人山人海，热闹极了。

可棺内坐起来的"丑妮"听到这乱糟糟的声音，却放声哭了起来，且大声吆喝："这不是我的家，我不叫丑妮，我叫栓妮，我家是任徐店的，俺爹叫李超全，俺娘叫李马氏，俺哥叫黑狗，我有个侄儿叫定成。你们这些人，我都不认识！""丑妮"越说越激动。她又扫了众人一眼，指着一个妇女说："我认识她！"并指着她说："三月二十八去南大庙烧香磕头，我下楼你上楼，你一脚踩脱了，差点掉下，是我一把拽住了你，你忘了？"那妇女一想，果真有这事，说的全是事实。

丑妮的家人和街坊邻居，都觉得这个事很蹊跷。大家认为有必要到任徐店村去落实一下，看丑妮说的情况是否属实。于是大家商议，便找了一个能说会道且有分析能力的人去任徐店打听一下。

这个人到任徐店一打听，果真有个叫李超全的人，且有个女儿叫栓妮，刚死没几天。这个人便被引到了李超全家并向李超全家讲了上述情况。李超全一家高兴无比，就迫不及待地想去认一下自己的女儿栓妮。李超全和来人商定以后，李超全老两口同本家有威望的兄弟李超位当天就去和杨豹峰认女儿了。

他们刚到门口，栓妮妈便对围观的人说："你给俺让个路，俺来认认是不是俺闺女。"话音未落，在院里的栓妮便高兴地说："俺妈来了，我懂得俺妈的声音，你可以看看，俺妈脸上还有几颗麻子。"说着说着李超全老两口便被人簇拥着到院里。栓妮高兴地喊了一声"妈、大"，又说："俺七叔（李超位排行老七）也来了！"

"丑妮"当着众人把她死后两次到阴曹地府的情况讲了一遍，大家都觉得很神奇，于是栓妮便拜认了双方老人。从此，栓妮便有了两个娘家。

事后，双方老人做主把栓妮许配给后牛文庄一个叫李安祥的人为妻，还先后生了两个儿子，长子叫李新安，次子叫李永安。

众人有诗云：

人生人死是前缘，阳寿长短各有年。

栓妮死后又复生，借尸还魂返人间。

——李如普据97岁老人赵锡祥论述撰稿

这借尸还魂的事从民国七年一直流传到今天，已近一百年。按老人的说法，此事所述村庄、姓名全是事实，无一点杜撰的成分。但时间久远，真伪已无从考证。

2016年12月3日　星期六　晴

早上访谈，下午爷爷去看戏。毕竟听戏只有三天，昨天爷爷已经因为我放弃了一天，今天我主动提出让爷爷陪着老伴儿去看戏，奶奶腿脚不好，只有让爷爷开三轮车载着才能过去。爷爷跟我讲到曾经和老伴儿一起连续听了11天11夜的戏，这是他们最大的共同爱好，无形中又被喂了一把"狗粮"，祝福爷爷奶奶。

2016年12月5日　星期一　晴

从开始选村到现在已有两月有余了，正式开展调研也有差不多一个半月了，有所倦怠，但还是告诉自己要坚持。上午访谈结束回去吃完饭就开始挣扎，下午不想再去访谈了，但是心里又急着想赶紧推进调研的进度。挣扎着挣扎着，还是默默骑着车来到了爷爷家里，加油，再坚持一下就可以完美收官了！

2016年12月6日　星期二　阴

每天最开心的时间就是看到爷爷又和我聊得很有兴致。今天访谈结束，爷爷又给我好多吃的。从进村到现在，爷爷一边担任我的调研向导，帮我找访谈对象，帮我找相关资料，帮我联系相关人员，同时也默默关心我的安全和生活，零食、牛奶、肉丸、蔬菜等等，总是给我一些伙食上的"救济"，而我想给爷爷带去一点礼品的时候他又总是拒绝。感谢爷爷在两月村调中给我的温暖与感动。

2016年12月7日　星期三　晴

经过反复重构与修改，村庄拍摄脚本终于定下来了。从一开始的拼凑，到模仿，再到最后的认真思考，在老师的一次次否定与指导下，开始认真思考如何找出对村庄影响最大的变量，如何写出一份有意义有内涵的脚本。经过反复修改，最终以任徐店村的经济基础为主线，将自然形态、土地租佃、文化教育、生产合作、社会组织以及村庄防御和治理容纳进来，具体内容如下：

亨泰任庄

【概况】

徐店，古称续封村，始建于明朝年间，至今已有700余年的历史。该村位于五条大道的交叉口，是晋、豫、京、洛人来往的必经之路，交通便利，客商来往频繁，居民多开设店铺。其中以黄河南一家徐姓在此开设的客店最为有名，人称徐家店，后以店名村，简称徐店。清道光年间，按姓氏派生出闫徐店、梁徐店、任徐店、祝徐店，任徐店村由此而生。至解放前任徐店村有人口1000余人，土地3200余亩，其中水浇地1200余亩，旱地2000余亩。

【经济基础】

位于交通要道上的任徐店村，店铺林立，历经几百年的变迁，到解放前村内仍有染坊3个，油坊4个，粉坊2个，铁匠铺3家，银匠铺1家，织布厂5家，中药铺5家，杂货铺1家。发达的工商业缓解了人口增长带来的人地不匹配压力，农忙时歇业生产，农闲时开门营业，在方便农民生活的同时增加了农民收入。除此之外，为提高经济效益，任徐店村民在秋季多会选择耕种一些收益相对较大的经济作物，比如怀兰、小兰（染料）、菊花、生地等。以生地为例，一亩生地的平均收益为2石麦子，长势好的能达到3石麦子，而最好的水浇地种植粮食作物亩产也只能达到一石二。

【经济基础催生发达的井灌溉系统】

任徐店村原处黄河故道平原地带，后因黄河改道，井成为了人们生产生活的唯一水供给源。解放前，位于村中东西向三条街和南北向两条街上的8口砖井保障着全村1000余人和来往客商的生活用水。同时，为改变"靠天吃饭"的农业生产现状，村民打井灌溉。但打井成本较高，打下一眼砖井需要花费12石麦，再配上一挂水车又需要花费12石麦，而土地亩产麦6—8斗，最好的水浇地亩产也只能达到1.2石，所以富裕村民单独打砖井，配置水车，一般家庭单独打砖井，配置辘轳，穷人只能合作打井或是打土井，形成了庞大的"井灌溉"水利。至1948年该村解放时，全村3200余亩土地中共打砖井120余眼，土井15眼左右，配置水车114挂，辘轳20余挂，有效灌溉面积

1200余亩，每一眼灌溉井能辐射10亩土地，加之良好的邻里、地邻关系使得村民间能免费借用灌溉水井，实现了"旱涝保收"。

访谈1：任徐店村解放前的水井数量比周围几徐店加起来还要多。打井的成本很高，打下一眼砖井需要花费12石麦，再配上一挂水车又需要花费12石麦，而最好的水浇地亩产也只能达到1.2石，也就是说20亩地这一年的收益才能配齐一挂水车。但是我们村收完麦子后种的经济作物效益高，比如说生地，产量高的一亩地一年能收获3石麦，这样子8亩地一年的收成就能打下砖井配上水车了。

【经济发展与文化教育】

发达的工商业解决了农闲季节村民的就业问题，提高了村民收入。然而，商业发展有赖于一定的文化基础，比如算术、写字、算盘等，因此，任徐店村民十分重视发展教育。崔茂森、李如俞、李超卫、赵锡美等近10家均开设过私学。村内还于民国十九年（1930年）成立了新式学堂——培英小学，学校在日本人来后被迫停办，1945年重新修建，开设了国语、算术、历史、地理、自然等课程，学制一年，穷人家的孩子可免费上学，并和其他同学一样发放学校统一服装。除此之外，店铺内也会为招收的学徒提供一定的素质教育，比如药铺的学徒白天抓药、切药，晚上则要学习写字与打算盘。由此，为任徐店村工商业发展奠定了一定的文化基础。

【经济发展与农民生活】

1. 经济失衡产生土地租佃

工商业的发展在提高村民收入的同时，也造成了"富人越来越富，穷人越来越穷"的困境。解放前，任徐店村土地占有严重失衡，处于上层的5.6%农户占有32%的土地，处于下层的84.4%农户仅占有47%的土地，大部分的少地农民和无地农民只能通过给土地大户打工或是租种其土地来维持生计。

访谈2：一般家中有劳动力、耕牛、农具及少部分土地的家庭选择租种土地，佃户按照"麦六秋四"的原则付给佃主地租，即每亩土地麦季3斗麦子，秋季2斗杂粮，一年共交5斗租。家中没有劳动力或者为了解放劳动力去拉长工的家庭会选择代地，即将土地交给贫穷且"老实"的家庭耕种，收成对半平分或四六分成，具体分配形式由双方协商决定，税赋由土地所有者承担。一般家中无土地、农具、耕牛的农户会选择通过拉长工的方式来维持生计。

2. 经济失衡导致生产合作

同时，任徐店村因生产资料占有不均而导致贫富悬殊，在生产生活中亲戚、邻里，甚至地邻不得不相互间辩犋、搭伙和帮工，由此也建立了良好的亲戚、邻里、地邻关系。加之集中居住，在农闲季节，村民就喜欢聚集到一起来为生活找一些乐趣，大架、旱船、别官、彩车等文艺形式由此产生。1943年在"好事人"的倡议下还在村东西两头分别成立了两个武术班，在强身健体的同时，武术班里有专门的乐器供大家娱乐。1950年代村内还成立了三公京剧团，曾在外地和县城剧院演出多场。

访谈3：解放前种地都是靠牲口拉犁，俩牲口套在一起犁地、耙地。这些穷人家买不起两个牲口就只能两家辩犋，你养个牛，我养个骡，到农忙的时候两家辩犋，把牲口套在一起干活。也有一些买不起牲口的，农忙的时候都是借别人家的牲口，那个时候的人都讲义气，借牲口也不要钱也不要饲料。水井也是，邻近的都可以免费借用。

3. 经济失衡催生多种社会组织

贫富悬殊使得本就拮据的家庭在应对"天灾"与"人祸"时显得更加无力。因此，对于灾荒、战乱、瘟疫，村民只能将希望寄托于神灵，故而建立起了牛王庙、土地庙、白衣堂、四仙爷庙、德神庙等庙宇，还联合卢徐店、白徐店等五社七徐店共同建立火神庙，并在此基础上成立了火神会、土地会、孙真会等社会组织。同时，为了能在"天灾人祸"中得以延续，贫苦百姓自发联结成立随老会、壮丁会等"穷人组织"。

访谈4：壮丁会是为了缓解村民充壮丁的压力，由18—25周岁的村民自发组织成立的社会组织。当有人成为抓壮丁的对象时，其他成员每人要出2斗粮食作为对被抓丁者家庭的补偿和救济，被抓丁者可拿其他成员筹集的粮食补贴家用，也可用作买壮丁的资本，买壮丁剩余的粮食归自己所有，不够的部分再由自己补齐。但是人家有身份、有势力的人就不参加，人家家里能走走关系这壮丁就派不到人家。

【经济发展与村庄防御及治理】

黄河从武陟县界内穿过，洪灾、蝗灾频发，匪患严重，而任徐店村"井灌溉"水利发达，旱涝保收，因而成为了匪患重灾区。为防御匪患，在清朝同治元年（1862年）建墙扎寨。寨南北宽280余米，东西长450余米，计地200来亩，呈正方形；寨外有寨沟，深约6米，上口宽10米，寨比村内路面高6米，寨上面宽2.5米，人能通行；有西南"太阳"、西北"天乙"、东北"太乙"、东南"天市"4个寨门。修寨经费按本村地亩均摊，贫困家庭不摊，不足部分由本村富裕大户再摊。民国三十四年（1945年）重修此寨，并在寨上增修数十个约12米高的炮楼；另外当时村内各街道还修了多处障碍墙；也有站岗哨兵用的岗楼。任徐店村的圩寨坚固且防御功能明显，遂有民间习语："任庄寨修得牢，土匪见到吓一跳。寨上放有滚木条，人山人海来把守，牲畜銮铃满寨跑。刀、弓、箭、枪、火药炮，吓得土匪不打自跑掉。"以寨为基础，村庄自卫队、村民自发组织的黄枪会以及周边地区联合组织的联庄会使得任徐店村在多重防卫下得以延续。

高墙坚寨，虽保护了任徐店村不受外匪侵扰，但无法保障任徐店村村民的正常生活秩序。而国家政权、社会力量、道义信仰的共同作用，让任徐店村得以世代延续。

任徐店村，因位于武陟县与修武县交界处，与相邻县辖区内王村互有土地买卖往来，故而设置两个保。一个保为大保，设有保长、甲长、小夫等职位，主要负责征收村庄辖区内税赋，管理村庄相关事务，如征收赋税，征兵纳粮，组织民兵训练，维护地方治安等。另一个保为洪济保，由保长、小夫组成，受大保保长领导，专门负责收取本村位于修武县王村辖区内的地赋，不参与村庄事务管理。

"土地就是农民的命根子"，土地资源成为了农村社会地位的象征，但土地占有不均，使得土地大户在村中威望较高，也多能接受教育，被视为"乡村精英"。所以村中公共事务（如村庄防卫、修路等）均会请村中威望较高的人参与商议，再由保公所负责执行。精英的参与，不仅提高了村庄管理的民主化，还确保了村庄公共事务决策的正确性，也更能被村中百姓所接受。

此外，因生产资料占有不均造成的贫富悬殊，亲戚、邻里在生产中只能互帮互助，建立起了和睦的亲戚、邻里关系。当农民遇到缺资金、缺粮食等生活难以为继的情况时，家庭救济就随之产生。

访谈5：那个时候大家的往来很频繁，谁家真的是过不去了，其余人也不会说坐视不管，都要想办法让他过下去，不让他这个家散了。比如那时候我爷爷弟兄是九个，老九家生活条件特别差，老四家好过，我爷爷在这村里包括这县城威望都很高，家庭也算是中等户，就号召着几兄弟来开会，各家根据情况多少拿点粮食作为公益粮，在危机的时刻用来救济老九，让他过下去，不能让这一支人断了。

任徐店村在长期的历史进程中形成了"大""合""稳""聚"的特点，塑造了独特的历史底色。虽然人们的生活水平、村庄管理制度在不断发生变化，但该底色依然在延续，影响着一代又一代任徐店村民的生产生活。

脚本初步完成，下一步就等待拍摄小组的同学前来创作喽，期待。

2016 年 12 月 8 日　星期四　晴

进村近两月，今天第一次看到爷爷精神稍显黯淡，早上到爷爷家里，明显看到爷爷眼睛有点浮肿，爷爷说这两日经常有胸闷的症状，经过询问，才得知是爷爷的一个弟弟因肺癌病逝，虽嘴上表示不伤心，但精神头儿和眼神却出卖了爷爷。爷爷的弟弟 30 多年在外，近几年只回过两次家，虽然孩子们瞒着爷爷不想让他知道，但爷爷还是无意中得知。因担心爷爷的身体状况，跟爷爷说让他好好休息，我改日再来，可是爷爷坚持说自己没事，可以访谈，我只得加快进度，草草将上午和爷爷约定要聊的内容说完好让爷爷休息。感谢爷爷对我的帮助和支持，愿爷爷早日康复。

2016 年 12 月 9 日　星期五　晴

今天鼓起勇气开始和爷爷聊家户方面的访谈内容，一开始爷爷看到提纲的长度是抗拒的，建议我找别人做，但是在我的一再坚持之下，爷爷还是答应接受这部分的访谈。家户方面多是一些很细致的内容，爷爷多数了解得比较清楚，但也有部分内容谈不上来，谈到其父亲母亲，爷爷也是一度哽咽。整体看来还比较顺利，而且进度也比较快，计划问完爷爷这部分内容再找其他老人重复访问这部分的内容，以实现穷富以及不同职业农民家庭的对比，祝一切顺利。

2016 年 12 月 10 日　星期六　阴

黄河村调拍摄第一天。进村近两月，关注点一直在如何找老人，如何做访谈，如何融入这个村庄上，今天在航拍的镜头下才发现原来自己一直忽略了村庄的美。以前只觉得村里路况好差，今天才发现原来村里住房、农田都是整齐划一，是一个典型的大聚居的北方村落，感谢赶夜车过来，顾不上休息便随我一同到村里进行拍摄的姑娘！

2016年12月11日　星期日　小雨

又是一整天的奔波。虽然一直下着小雨，但是拍摄却从早上7点一直持续到下午4点，跑了4个村庄，走访了无数个家户，发现了牲口棚、纺花车、织布机、老式辘轳、水车、水桶等各种怀旧物件。拍视频的两个姑娘很拼，爷爷也很给力，发动各种资源帮我们寻找拍摄点和物品，感恩所有的好心人！

2016年12月12日　星期一　雾霾

昨天就计划好今天一早要去拍黄河，早上早早起床看了看窗外的天气，灰蒙蒙的天空，能见度不足百米，但还是决定要去黄河边试一下，在爸爸的带领下，很快到达了目的地。文慧拿出航拍机器试验了一下，飞到60米的高度就已经什么都看不清楚了，无奈，只得放弃，不过两个拍视频的姑娘首次见到黄河倒是兴奋不已。在黄河边稍作停留，我们就赶往老家的村子寻找油坊和生地的拍摄点，路上和爸爸聊到到处找不到村寨和炮楼的惆怅，谁料爸爸竟然告知我们在离老家不远的地方还保存有完整的炮楼，兴奋之余，赶紧让爸爸带我们去拍摄。

中午拍摄完吃完饭已是差不多2点钟了，三个人又赶紧骑着车到村里拍摄祠堂、集市等，到村里的时候爷爷已经在家门口等我们了。到了祠堂，已经有好多人在了，为了方便拍摄，爷爷和族长找了好多人来帮忙收拾和配合，挂谱、灯笼、香火，一应俱全。

今天虽然雾霾严重且温度很低，但是我们却收获颇丰。

2016年12月13日　星期二　小雨

早上出门的时候发现天空飘起了小雨，想着雨很小应该没有问题，于是我们三个就径直奔向村里，结果雨越下越大，到爷爷家里时外衣已经淋湿了。爷爷带着我们去了之前说好的寺庙进行拍摄，虽然天气很冷，但是庙里进香的、要故事的、组织的，一片热闹的景象，后来才知道原来是爷爷为方便我们拍摄专门请了好多人到庙里。中午爷爷非得留我们吃饭，准备了七八个菜，饱饱吃了一餐，我们就继续拍摄了。到了下午两点多，除了航拍，能拍的已基本拍摄结束，回到爷爷家里，爷爷又帮我们煮了冰糖雪梨水和拔丝红薯，爷爷的热情让这个冬天不再寒冷！

2016年12月15日　星期四　晴

视频拍摄最后一天。天终于放晴，早上起来赶紧出门补拍村庄航拍图，然而，万万没想到，天虽放晴却抵挡不了严重的雾霾，拍摄的效果远不如第一天拍的。虽然第一天拍摄的全景有点少，但视频拍摄也只能在遗憾中收尾。下午将两个姑娘送上公共汽车赶往下一个拍摄点，自己也赶忙回到村里继续调研。收尾阶段，克难攻坚，希望自己克服遇到的一切困难和心理上的倦怠，坚持到底，早日收官！

2016年12月17日　星期六　霾

这两日，奶奶总问我，调研什么时候结束，结束了是不是就不来了，调研结束之后以后节假日回到家一定要记得再回来看看。是啊，转眼间到村里已经有两个月的时间了，几乎天天都要来奶奶家报到，爷爷奶奶不但不反感我，反而对我照顾有加，到现在更是舍不得我走，两个月的时间，和爷爷奶奶从陌生到熟悉，从熟悉到不舍，爷爷奶奶有太多让我留恋和感激的地方。对我而言，调研即将接近尾声，而和爷爷奶奶的情谊则会一直持续下去！

2016年12月18日　星期日　霾

今天专程跑到打印店去帮爷爷打印了一本他特别想看的书。其实，两个多月的调研，从爷爷身上得到的不仅是知识，是调研需要的内容，更是爷爷的人生智慧和做人原则。虽然年纪已80多岁，但是一种活到老、学到老的态度让爷爷不断升华，再加上良好的心态，爷爷的晚年也算得上是有声有色、和睦美好。

2016年12月19日　星期一　霾

上班日，去村委会、镇政府、县民政局一一告别，两个月的调研在今日算是落下帷幕。两个月的时间，收获了很多感动，现如今要离开也是万分不舍，感谢所有帮助过我的人，祝好人一生平安！

本卷后记

经过精细的筹划、调查、写作与编排，《中国农村调查》（总第53卷·村庄类第22卷·黄河区域第3卷），终于与读者见面了。2015年初，在徐勇教授、邓大才教授的统筹规划之下，华中师范大学中国农村研究院正式启动了村庄调查、家户调查和口述史调查三大"世纪工程"。在徐勇教授和邓大才教授的亲自主持下，三大工程同时启动，而村庄调查是三大调查中最复杂、最庞大、最深入的调查。新版中国村庄调查以"村"为调查单位，主要围绕"村庄形态与实态"展开，以1949年之前的村庄形态为调查起点和主要内容，同时调查1949年之后到当下60多年的村庄变迁与实态，涵盖村庄由来、自然、经济、社会、文化、治理等六个方面。通过2—3个月的驻村调查，调查员与农民同吃同住同劳动，在田野调查中搜集了大量的、翔实的、第一手的文献资料、访谈资料、视频资料、录音资料与图片资料，并在此基础上撰写了村庄形态与实态调查报告。本卷就是在众多调查报告中，选录了两份质量较高的调查报告，合体编辑而成的。

2016年9月正式启动"黄河区域村庄调查"项目，中国农村研究院有70多位老师、博士生走进陕西、山西、河南、河北、山东、安徽、江苏等省的多个地级市的村庄，与村庄明白人访谈，与老人们聊天交谈，走进乡镇与县政府档案部门查询资料，撰写调查日志，然后进一步撰写调查报告。正是调查员们深入扎实的调查，中期不厌其烦的整理，后期认真仔细的写作，使得本卷能收录到较为完美的调查报告。在后期，调查员们已经返校，就通过电话与村民们反复核实，这使得本卷的文本表述更加准确。在此，感谢各位调查员认真负责的态度以及为学术执着求索的品质。

本卷的问世，首先要感谢为调查员们提供调研支持与帮助的汝南县、武陟县等县政府以及所属职能部门的各位领导。同时，更要感谢接受调查员们访谈，并为调查员们提供支持的农民朋友：你们耐心地为调查员们详细讲解1949年之前的小农形态，你们热心地为调查员们翻箱倒柜找资料，你们将调查员们视为自己的家人，使调查员在调研中感受到了家的温暖。有的调查员与村庄融为一体，成为村庄一分子，有的调查员成为你们的干儿子、干女儿，有的调查员则成为村民们的知心人……正是你们的热心、好客、慷慨、无私鼓舞了我们的调查员，使调查员每每在调查低谷中有所发现、有所收获，最终完成驻村调查与报告写作。如果说田野是我们调查员的第二课堂，那么村庄的农民朋友则是我们调查员的老师。以农为师，方能深入田间地头，深耕、深挖与扎根，而这离不开你们的帮助与关怀。

调查员魏晨在汝南县的调查。首先，要感谢汝南县人大副主席贺庆华、政府办公室副主任武刚、档案局局长任大海、卫计委副主任李锡平、罗店镇党委书记王中伟、袁庄村村委书记王爱英等对调查工作的支持与帮助，感谢袁庄村村委会提供宝贵的文字资料与数据资料。其次，要感谢袁庄村的艾宝玉、靳逢安、张付中、李邦存、刘万斤以及附近村庄的王来法、张文礼、温有鑫、张自有、郭明云等数十位老人热情地接受访谈并提供丰富而宝贵的文献资料。最后，要感谢王爱英书记及其爱人张喜民在生活上给予了调查员无微不至的关怀与照顾。

调查员张慧慧在武陟县的调查。首先，要感谢武陟县民政局张荣举局长、民政局马国利副局长、武陟县老龄办杨主任、武陟县档案馆工作人员、龙源镇镇政府民政办马国平主任、任徐店村村委会李文生主任、任徐店村村委会崔小青委员等对调查工作的支持与帮助，感谢任徐店村村民李继宗提供的宝贵的文字资料与数据资料。其次，要感谢任徐店村李继宗、李如普、王继温、李继洋、李三前、赵锡慧、卢广森、李玉贵、李克有、崔茂恩等老人热情接受访谈并提供丰富而宝贵的文献资料。最后,要感谢任徐店村村民李继宗及其家人在精神上、生活上给予了调查员无微不至的关怀与照顾。

要特别指出的是,徐勇教授和邓大才教授为本卷的写作、审稿、编排等倾注了极大的心血。从调查的筹划布局到提纲的设计修改,从调查培训到调查开展,从调查指导到调查汇报,从材料使用到报告写作,两位老师都全程参与,并悉心指导调查员们写作、修订、完善报告。酷暑当头,两位老师深入村庄,开展"现场教学",指导调查员们调查;在百忙之中认真阅读各位调查员的调查汇报,及时予以指导;在报告写作阶段认真审阅报告并及时纠正错误,有时在车上微信指导调查员,有时直到凌晨还在审阅……正是两位老师的辛勤付出与孜孜不倦的教诲,本卷才得以迅速地、高质量地完成。

本卷收录了两份村庄调查报告,一是魏晨的《互斥互依:多精英主导型村庄的博弈与治理——黄河区域楚铺村调查》,共计39.7万字;二是张慧慧的《联利互保:农商结合型村庄的发展与治理——黄河区域任徐店村调查》,共计33万字。

最后,非常感谢江苏人民出版社的徐海社长、杨建平副总编对黄河区域卷书稿出版工作的支持,感谢汪意云编审、鲁从阳副编审、陈俊阳编辑在文稿的校对、编辑、排版与出版等方面所付出的细心工作。本卷的审稿、统稿、编辑与校对等工作由李华胤负责,内容核实与修改等工作由各位调查员负责,在此一并表示感谢。

由于编者的水平有限,错漏之处难以避免,敬请专家、学者及读者批评指正,我们将在今后的编辑中不断改进和完善。

编者谨记